Mexiko

VERLAG KARL BAEDEKER

Hinweise zur Benutzung

Sternchen (Asterisken) als typographisches Mittel zur Hervorhebung bedeutender Bau- und Kunstwerke, Naturschönheiten und Aussichten, aber auch guter Unterkunfts- und Gaststätten hat Karl Baedeker im Jahre 1846 eingeführt; sie werden auch in diesem Reiseführer verwendet: Besonders Beachtenswertes ist durch * einen vorangestellten 'Baedeker-Stern', einzigartige Reiseziele sind durch ** zwei Sternchen gekennzeichnet. Zur raschen Lokalisierung der Reiseziele von A bis Z auf der beigegebenen Reisekarte sind die entsprechenden Koordinaten der Kartennetzmaschen jeweils neben der Überschrift in Rotdruck hervorgehoben: Mexiko-Stadt **K 8**

Farbige Streifen an den rechten Seitenrändern erleichtern das Auffinden der Großkapitel des vorliegenden Reiseführers: Die Farbe Blau steht für die Einleitung (Natur, Kultur, Geschichte), die Farbe Rot für die Reiseziele, und die Farbe Gelb markiert die praktischen Informationen.

Wenn aus der Fülle von Unterkunfts-, Gast- und Einkaufsstätten nur eine wohlüberlegte Auswahl getroffen ist, so sei damit gegen andere Häuser kein Vorurteil erweckt.

Da die Angaben eines solchen Reiseführers in der heute so schnellebigen Zeit fast ständig Veränderungen unterworfen sind, kann der Verlag weder Gewähr für die absolute Richtigkeit leisten noch die Haftung oder Verantwortung für eventuelle inhaltliche Fehler übernehmen. Auch lehrt die Erfahrung, daß sich Irrtümer kaum gänzlich vermeiden lassen.

Baedeker ist ständig bemüht, die Qualität seiner Reiseführer noch zu steigern und ihren Inhalt weiter zu vervollkommnen. Hierbei können ganz besonders die Erfahrungen und Urteile aus dem Benutzerkreis als wertvolle Hilfe gar nicht hoch genug eingeschätzt werden. Vor allem **Ihre Kritik, Berichtigungen und Verbesserungsvorschläge sind uns stets willkommen.** Sie helfen damit, die nächste Auflage noch aktueller zu gestalten. Bitte schreiben Sie in jedem Falle an die

Baedeker-Redaktion
Karl Baedeker GmbH
Marco-Polo-Zentrum
Postfach 31 62
D-73751 Ostfildern.
Telefax: (07 11) 45 02-343; E-Mail: baedeker@

Der Verlag dankt Ihnen im voraus bestens für Ihre Mitteilungen. Jede Einsenderin und jeder Einsender nimmt an einer jeweils zum Jahresende unter Ausschluß des Rechtsweges stattfindenden Verlosung von drei JRO-Leuchtgloben teil. Falls Sie gewonnen haben, werden Sie benachrichtigt. Ihre Zuschrift sollte also neben der Angabe des Buchtitels und der Auflage, auf welche Sie sich beziehen, auch Ihren Namen und Ihre Anschrift enthalten. Die Informationen werden selbstredend vertraulich behandelt und die persönlichen Daten nicht gespeichert.

Titelbild: Ruine des Maya-Heiligtums am Strand von Tulum

◀ *Mariachi-Musiker*

Vorwort

Dieser Reiseführer gehört zur neuen Baedeker-Generation. In Zusammenarbeit mit der Allianz Versicherungs-AG erscheinen bei Baedeker durchgehend farbig illustrierte Reiseführer in handlichem Format. Die Gestaltung entspricht den Gewohnheiten modernen Reisens: Nützliche Hinweise werden in der Randspalte neben den Beschreibungen herausgestellt. Diese Anordnung gestattet eine einfache und rasche Handhabung. Der vorliegende Band hat Mexiko, den größten mittelamerikanischen Staat, zum Thema. Der Reiseführer gliedert sich in drei Hauptteile: Im ersten Teil wird über Allgemeines, Klima, Pflanzen und Tiere, Bevölkerung, Staat und Verfassung, Wirtschaft, Geschichte, berühmte Persönlichkeiten, präkolumbische Kulturen, Kunst und Kultur berichtet. Eine kleine Sammlung von Literaturzitaten und einige Routenvorschläge leiten über zum zweiten Teil des Reiseführers, in dem die touristisch interessanten Reiseziele – Städte, Orte und Landschaften – mit ihren Sehenswürdigkeiten beschrieben werden. Daran schließt ein dritter Teil mit reichhaltigen prak-

In Stein gehauenes Symbol der 365 Tage eines Jahres: die Pyramide des Kukulkán in Chichén Itzá

tischen Informationen, die dem Besucher das Zurechtfinden vor Ort wesentlich erleichtern. Specials beschäftigen sich mit dem geheimnisvollen aztekischen Stein der Fünften Sonne und dem nicht minder schwer entschlüsselbaren Kalender der Maya. Sowohl die Reiseziele als auch die Informationen sind in sich alphabetisch geordnet. Baedeker Allianz Reiseführer zeichnen sich durch Konzentration auf das Wesentliche sowie Benutzerfreundlichkeit aus. Sie enthalten eine Vielzahl eigens entwickelter Pläne und zahlreiche farbige Abbildungen.
Zu diesem Reiseführer gehört als integrierender Bestandteil eine ausführliche Reisekarte, auf der die im Text behandelten Reiseziele anhand der jeweils angegebenen Kartenkoordinaten zu lokalisieren sind. Wir wünschen Ihnen mit dem Baedeker Allianz Reiseführer viel Freude und einen erlebnisreichen Aufenthalt in Mexiko!

Baedeker
Verlag Karl Baedeker

Inhalt

Natur, Kultur Geschichte
Seite 9 – 129

Zahlen und Fakten 9
Allgemeines 9 · Klima 17 · Pflanzen und Tiere 24 · Bevölkerung 28 · Staat und Verfassung 35 · Wirtschaft 39

Geschichte 49

Berühmte Persönlichkeiten 67

Reiseziele von A bis Z
Seite 131 – 553

Acapulco 131 · Acatepec 135 · Acolman 137 · Actopan 139 · Aguascalientes (Bundesstaat) 141 · Aguascalientes (Stadt) 142 · Akumal 144 · Amecameca 145 · Baja California 147 · Barranca del Cobre 153 · Bonampak 157 · Cabo San Lucas 161 · Cacaxtla 162 · Campeche (Bundesstaat) 164 · Campeche (Stadt) 166 · Cancún 170 · Catemaco-See 173 · Celaya 177 · Chapala-See 178 · Chetumal 179 · Chiapas 183 · Chichén Itzá 185 · Chihuahua (Bundesstaat) 194 · Chihuahua (Stadt) 197 · Chilpancingo 201 · Cholula 203 · Coahuila 206 · Cobá 208 · Colima (Bundesstaat) 212 · Colima (Stadt) 214 · Córdoba 215 · Cozumel 216 · Cuautla 219 · Cuernavaca 221 · Distrito Federal 225 · Durango (Bundesstaat) 228 · Durango (Stadt) 230 · Dzibilchaltún 231 · Edzná 234 · El Tajín 236 · Guadalajara 241 · Guanajuato (Bundesstaat) 246 · Guanajuato (Stadt) 247 · Guaymas 252 · Guerrero 255 · Hermosillo 257 · Hidalgo 259 · Huejotzingo 261 · Isla Mujeres 262 · Izamal 265 · Jalapa 267 · Jalisco 270 · Kabah 272 · Kohunlich 274 · Labná 276 · La Paz 281 · León 283 · Malinalco 283 · Manzanillo 286 · Mazatlán 288 · Mérida 289 · Mexico (Bundesstaat) 294 · Mexiko-Stadt 296 · Michoacán 345 · Mitla 347 · Monte Albán 350

Praktische Informationen von A bis Z
Seite 555 – 639

Anreise 555 · Artenschutzabkommen 557 · Auskunft 557 · Badeurlaub 561 · Bahnverkehr 561 · Busverkehr 565 · Camping und Caravaning 568 · Diplomatische und konsularische Vertretungen 569 · Drogen 571 · Einkäufe und Souvenirs 572 · Elektrizität 574 · Essen und Trinken 575 · Fähren 577 · Feiertage und Fiestas 578 · Flugverkehr 582

Register 629

Verzeichnis der Karten und graphischen Darstellungen 638

Bildnachweis 640

Impressum 640

Präkolumbische Kulturen 77
Das Leben im Aztekenreich 89

Kunst und Kultur 96
Malerei 96 · Bildhauerei 99 · Architektur 102
· Musik 107 · Literatur 109 · Film 113 ·
Folklore 114

Mexiko in Zitaten 118

Routenvorschläge 125

Montebello-Seen 357 · Monterrey 358 ·
Morelia 363 · Morelos 368 · Nayarit 372 ·
Nuevo León 375 · Oaxaca (Bundesstaat)
376 · Oaxaca (Stadt) 380 · Orizaba 388 ·
Pachuca 389 · Palenque 392 · Pátzcuaro-
See 401 · Popocatépetl/Iztaccíhuatl 405 ·
Puebla (Bundesstaat) 408 · Puebla (Stadt)
410 · Puerto Escondido 417 · Puerto
Vallarta 418 · Querétaro (Bundesstaat) 419 ·
Querétaro (Stadt) 421 · Quintana Roo 427 ·
Salamanca 429 · San Cristóbal de Las
Casas 431 · San Luis Potosí (Bundesstaat)
437 · San Luis Potosí (Stadt) 439 · San
Miguel de Allende 441 · Sayil 447 · Sinaloa
449 · Sonora 452 · Tabasco 454 · Tamaulipas 456 · Tampico 457 · Taxco 460 · Tehuantepec 465 · Tenayuca 466 · Teotihuacán
468 · Tepic 476 · Tepotzotlán 478 · Texcoco 480 · Teziutlán 482 · Tijuana 483 · Tlaxcala (Bundesstaat) 485 · Tlaxcala (Stadt)
486 · Toluca 491 · Tula 495 · Tulum 499 ·
Tuxtla Gutiérrez 503 · Tzintzuntzan 506 ·
Uruapan 509 · Uxmal 511 · Veracruz (Bundesstaat) 518 · Veracruz (Stadt) 520 · Villahermosa 525 · Xel-ha 529 · Xochicalco
530 · Yagul 535 · Yaxchilán 537 · Yucatán
540 · Zacatecas (Bundesstaat) 544 · Zacatecas (Stadt) 546 · Zihuatanejo-Ixtapa 551

Fotografieren 583 · Frauenspezifisches 586 ·
Geld und Devisenbestimmungen 586 ·
Gesundheit 587 · Hotels 588 · Jugendherbergen 599 · Kleidung 599 · Literaturhinweise
600 · Maße und Gewichte 603 · Mehrwertsteuer 603 · Mietwagen 604 · Notrufe 604 · Öffnungszeiten 604 · Post, Telefon, Telegraf 605
· Reisedokumente 606 · Restaurants 607

Sicherheit 614 · Sport 616 · Sprache 618 ·
Straßenverkehr 624 · Trinkgeld 626 ·
Umgangsregeln 626 · Zeit 628 · Zollbestim-
mungen 628

Baedeker Specials

Der Maya-Kalender 82

Der Stein der Fünften Sonne 92

¡Viva

Eine einzige Reise wird wohl kaum ausreichen, um die faszinierende kulturelle und landschaftliche Vielfalt Mexikos zu erfassen, und kennt man von ihm nur die Strände von Cancún oder Acapulco, die jährlich Massen von Touristen anziehen, hat man nur einen kleinen Zipfel dieses größten Landes in Mittelamerika erwischt. Wer nach Mexiko kommt, sollte viel Zeit mitbringen, denn hier gehen die Uhren noch etwas langsamer – was heute nicht klappt, wird sich vielleicht morgen einrichten: beste Vorsätze für denjenigen, der dieses facettenreiche Land der Gegensätze kennenlernen will. Tauchen Sie ein in die Welt der präkolumbischen Hochkulturen; lassen Sie die Ruinen, Tempel und Pyramiden der Olmeken, Zapoteken und Mixteken, der Tolteken, Maya und Azteken auf sich wirken – und Sie werden eine Vorstellung bekommen von Reichtum und Leistungsfähigkeit dieser jahrtausendealten Zivilisationen. Deren Hinterlassenschaften an Plätzen wie Palenque, Chichén Itza, Teotihuacán oder Monte Albán brauchen keinen Vergleich zu scheuen mit den herrlichen Bauten der spanischen Kolonialzeit in Städten wie Guanajuato und Querétaro im mexikanischen Hochland, Oaxaca in der Sierra Madre oder San Cristóbal de las Casas in Chiapas. Im wahrsten Sinne des Wortes atemberaubend wird ein Besuch in Mexiko-Stadt, aber trotz Smog und tosendem Verkehr wird Sie das besondere Flair dieser 20-Millionen-Metropole mitreißen: Gönnen Sie sich ein Lied der Mariachis auf der Plaza Garibaldi, schauen Sie den Straßenkünstlern am Zócalo zu, und begegnen Sie in

Cacaxtla
Herrliche Wandfresken verewigen die mythischen Gestalten des alten Mexiko

Souvenirs
wie diese Keramikschüsseln auf dem Markt von Taxco bietet Mexiko in Hülle und Fülle

México!

den Museen der Stadt der wechselvollen Geschichte des Landes und seinen Schätzen aus Kunst und Kultur. Wer mit all diesem nichts anzufangen weiß, braucht Mexiko trotzdem nicht links liegen zu lassen, denn selbstverständlich kommen Freunde von Natur und unberührter Landschaft, Wasserratten und Sonnenanbeter in Mexiko voll auf ihre Kosten – seien es die Wüstenlandschaften des Nordens mit ihren Riesenkakteen, die ausgetrocknete Baja California mit ihren Traumbuchten und ihrer faszinierenden Tierwelt, die überwältigenden Schluchten der Barranca del Cobre, der Regenwald von Chiapas, die Buschlandschaft von Yucatán oder die mexikanische Hochebene. Auf Bergsteiger warten die sagenhaften Popocatépetl und Iztaccíhuatl; unzählige feinsandige Bilderbuchstrände an Pazifik und Karibik versprechen ungetrübte Badefreuden.

Bestellen Sie sich im Restaurant Tacos und Enchilladas, Mole poblano und Tortillas. Besuchen Sie die ländlichen farbenfrohen Märkte, kosten Sie von den exotischen Früchten, begegnen Sie mit Aufgeschlossenheit und Respekt der indianischen Bevölkerung. Gehen Sie, wenn sich die Gelegenheit bietet, auf eine Fiesta, lassen Sie sich nicht vom bizarren und fröhlichen Totenkult an Allerheiligen befremden. Wenn Sie es verstehen, sich dieser Kultur zu öffnen, werden Ihnen die Mexikaner eine großzügige und herzliche Gastfreundschaft entgegenbringen, und wer sich gar traut, beim Mezcal-Trinken auch noch den kleinen Wurm zu knacken und zu schlucken, ist fast schon Mexikaner ehrenhalber. ¡Ándale pués!

Die Mexikaner
sind ein Volk, dessen Kultur man sich aufgeschlossen und mit Respekt nähern sollte

Mexiko-Stadt
Über 20 Millionen Menschen leben in dieser Mega-Stadt

Chac-mool
wacht über viele altmexikanische Städte und Kultstätten

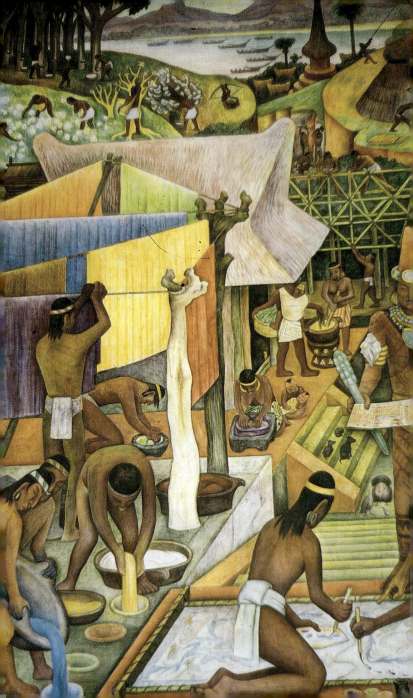

Zahlen und Fakten

Bei Urlaubern aus Europa erfreut sich Mexiko großer Beliebtheit, während es früher überwiegend ein Reiseziel für Touristen aus den USA und Kanada war. Viele Europäer reizt es, sich mit einem Land vertraut zu machen, das neben schönen Landschaften ein kulturelles Erbe von kaum überschaubarer Vielfalt aufzuweisen hat. Auf einen Beschluß der UNESCO wurden in Mexiko zum 'Kulturellen Erbe der Menschheit' erklärt: in Mexiko-Stadt das historische Zentrum und Xochimilco, die historischen Zentren der Städte Guanajuato, Puebla, Oaxaca, Morelia und Zacatecas; der historische Monumentenbereich von Querétaro; das Hospicio Cabañas mit den Orozco-Wandmalereien in Guadalajara; die archäologischen Stätten Teotihuacán, Monte Albán, Chichén Itzá und Palenque, El Tajín und Uxmal; Klöster am Abhang des Popocatépetl; das Naturreservat Sian-ka'an, die Sierra Francisco (Felsmalereien) und Teile der Bahía Sebastián Vizcaíno (Grauwale).

Vorbemerkung

Lage Mexikos in Amerika

Die Mexikaner gelten gemeinhin als gastfreundlich. Eine Reise durch Mexiko wird beim Besucher sicherlich tiefe Eindrücke hinterlassen und Einblicke in eine dem Europäer fremde Welt gewähren, in welcher Hast und Eile keinen Platz haben. Man erlebt die Begegnung mit einem fernen traditionsreichen Kulturraum sowie den so anders gearteten Vorstellungen und Lebensweisen der dort lebenden Menschen.

Mexiko, in der Umbruchphase zwischen Entwicklungsland und Industrienation begriffen, ist vielerlei raschen Veränderungen unterworfen. Einerseits wird die Infrastruktur ständig ergänzt, was es schwierig

Hinweis

◀ *Diego Rivera: "La Gran Tenochtitlán"*

Allgemeines

Hinweis (Fortsetzung)

macht, bei manchen praktischen Informationen (statistische Daten; Straßen und ihre Kilometrierung; Unterkünfte) den jeweils letzten Stand zu erfassen. Selbst Angaben offizieller Stellen sind nicht immer erschöpfend.
Andererseits macht die Wissenschaft bei der Erforschung der glanzvollen Vergangenheit Mexikos stetig Fortschritte. Dabei kann ein einziger archäologischer Fund neues Licht auf ganze Entwicklungsphasen werfen und tiefgreifende Änderungen in der Geschichtsschreibung erfordern. Aus diesem Grund sind dem Verlag Angaben über neueste Erkenntnisse stets willkommen.

Die Folgen des schweren Erdbebens vom 19. September 1985, das die Hauptstadt und begrenzte Teile der Pazifikküste schwer erschütterte, sind, zumindest was den Tourismus betrifft, fast zur Gänze behoben.

Allgemeines

Lage und Ausdehnung

Übersichtskarte s. S. 9

Mexiko liegt zwischen 32° 43′ und 14° 14′ nördlicher Breite sowie zwischen 88° 48′ und 117° 7′ westlicher Länge und bedeckt mit einer Fläche von 1 972 547 km² (zum Vergleich: Deutschland 356 974 km²; Österreich: 83 855 km²; Schweiz: 41 295 km²) den Südteil des nordamerikanischen Kontinents und südöstlich der Landenge von Tehuantepec einen Teil der mittelamerikanischen Landbrücke sowie den größten Teil der mit dieser verbundenen karstigen Halbinsel Yucatán. Im Westen wird das Land vom Pazifischen Ozean begrenzt, im Osten vom Golf von Mexiko und vom Karibischen Meer, die zum Atlantischen Ozean gehören. Insgesamt besitzt Mexiko 7 335 km Pazifikküste und 2 805 km Atlantikküste.
Die größte Ausdehnung des Landes beträgt von Norden nach Süden 3 170 km, von Westen nach Osten 1 200 Kilometer. Die engste Stelle, am Isthmus von Tehuantepec, ist nur 225 km breit. Im Norden grenzt Mexiko an die Vereinigten Staaten von Amerika, im Süden an Guatemala und Belize (früher Britisch-Honduras).

Landschaftsräume

Mexikanisches Hochland (Altiplano)

Kernstück des geographisch und geologisch überaus kontrastreichen Landes ist das riesige Mexikanische Hochland, welches den nördlichen und mittleren Teil Mexikos ausfüllt. Diese Hochebene, die von Norden nach Süden von 900 m auf 2400 bis 3000 m Höhe ansteigt, wird von der Westlichen Sierra Madre (Sierra Madre Occidental) und der Östlichen Sierra Madre (Sierra Madre Oriental) eingerahmt. Nur ein kleiner Teil der Niederschläge kann über diese gewaltigen Gebirgswälle das Landesinnere erreichen. Das Hochland ist keine gleichförmige Landschaft, sondern es besteht aus sieben großen Talbecken, die von Bergketten und Erdeinbrüchen durchzogen sind. Die Niederschläge, die überwiegend in der Regenzeit fallen, ergießen sich in diese Schluchten, die dann zu Abflußtälern werden.

Nördliches Hochland

Das niedrigere Nördliche Hochland wird hauptsächlich von breiten einheitlichen Senken (Bolsones) gebildet. Die größte dieser Art ohne Abfluß zum Meer sind die Bolsones von Mapimí und San Luis Potosí. Hingegen sorgen die rechten Nebenflüsse des Río Bravo del Norte (Rio Grande) für eine Entwässerung in den Golf von Mexiko. Im nördli-

Landschaftsräume — Allgemeines

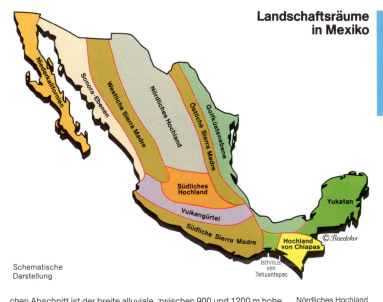

Landschaftsräume in Mexiko

Schematische Darstellung

chen Abschnitt ist der breite alluviale, zwischen 900 und 1200 m hohe Talboden stellenweise von Seen, Sanddünen, Salzsteppen und an den Bergabhängen von Schwemmland bedeckt. Im allgemeinen überragen die Berge das Wüstenbecken um 800 bis 900 Meter. Die Bergrücken ziehen sich von Norden nach Süden sowie von Nordwesten nach Südosten. Hier enthält die Erde zahlreiche Lagerstätten von Gold, Silber, Blei, Zink, Quecksilber, Ölschiefer, Kohle und Eisenerz. Eisenbahnen und Straßen durchschneiden die Berge und verbinden die 'Oasen' und Minenzentren miteinander sowie mit wichtigen Orten und Handelsplätzen in den Vereinigten Staaten von Amerika und Zentralmexiko. Die 'Oasen' werden von den Flüssen Casas Grandes, Conchos, Nazas und Aguanaval gespeist, die alle in der westlichen Sierra Madre entspringen. Sobald diese in die Senken einfließen, verlieren sie durch Verdunstung, Versickerung und Ableitung beträchtlich an Wassermenge. Der sogenannte Laguna-Distrikt um Torreón ist ein wichtiges, von den Flüssen Nazas und Aguanaval bewässertes Gebiet. Neben auf diese Art irrigierten Plätzen gibt es auch durch Überschwemmungen von Niederungen entstandene 'Oasen' wie jene von Ciudad Juárez und Ojinaga.

Nördliches Hochland (Fortsetzung)

Das Südliche zentrale Hochland umfaßt im Kerngebiet mehrere breite, alluviale Talbecken, unter denen die von Bajío, Toluca, México und Puebla zu erwähnen sind. Ablagerungen von Lava und Asche haben den Boden dieser Becken geprägt. Die Täler werden voneinander und auch vom südlichen Mexiko durch ein Hochland getrennt, das von sanften Kuppen wie auch von schroffen Vulkangipfeln geformt ist. Durch Lava blockierte Entwässerung ließ in den zwischen 1500 und 2600 m hohen Becken Seen und Sümpfe sowie heiße Quellen entstehen. Unter diesen Seen sind die von Chapala, Cuitzeo und Pátzcuaro die bekanntesten. Drei der wichtigsten Flußsysteme ergießen sich aus diesem Gebiet ins Meer: aus Puebla das Mezcala-Balsas-System,

Südliches Hochland

Allgemeines   **Landschaftsräume**

Ländliche Siedlung im Hochland

Südliches Hochland (Fortsetzung)

aus dem Gebiet westlich des México-Beckens der Río Lerma/Río Grande de Santiago sowie das System Río Moctezuma/Río Pánuco aus dem Talbecken von México. Schon in der vorspanischen Zeit war dieses große Gebiet sehr stark bevölkert. Eines der fruchtbarsten Getreidegebiete des Landes ist das Bajío, die Region, die sich entlang des Río Lerma erstreckt und vorwiegend Teile der Bundesstaaten Michoacán und Guanajuato umfaßt. Auch die Landwirtschaft von Puebla, México und Morelos hat durch Jahrhunderte eine beachtliche Bevölkerung ernährt.

Vulkangürtel (Sistema Volcánica Transversal)

Das Südliche zentrale Hochland wird von einem Vulkangürtel durchzogen, der sich etwa von San Blas am Pazifischen Ozean bis nach Verácruz an der Küste des Golfes von Mexiko erstreckt. In diesem Streifen, der den Norden und die Mitte des Landes vom Süden abgrenzt, ragen die höchsten Berge Mexikos auf: Citlaltépetl (Pico de Orizaba, 5700 m ü.d.M.), Popocatépetl (5452 m ü.d.M.), Iztaccíhuatl (5286 m ü.d.M.), Nevado de Toluca (Cinantecátl; 4575 m ü.d.M.), La Malinche (Matlalcuéyetl; 4461 m ü.d.M.). Die südlichen Abhänge des vulkanischen Gürtels sind stark zerklüftet, und das Vulkangestein ist durch Erosion der Nebenflüsse des Río Mezcala beseitigt worden.
Ein ähnliches Bild zeigt die Gebirgsbrücke der Sierra Mixteca, welche das Hochland mit der Südlichen Sierra Madre verbindet.

Westliche Sierra Madre (Sierra Madre Occidental)

Die Westliche Sierra Madre verläuft über eine Länge von etwa 1100 km von Nordwesten nach Südosten und hat eine Breite von rund 160 Kilometer. Die Gipfel steigen im allgemeinen über 1800 m auf, die höchsten überschreiten sogar die Höhenmarke von 3000 Meter. Die Streichrichtung der großen Bergketten und Schluchten entspricht weitgehend den Faltungen des Mesozoikums sowie älteren Sockelschichtungen. Im westlichen Teil findet man Erdspalten (Barrancas),

Landschaftsräume **Allgemeines**

Landschaft im Vulkangürtel

die über 1500 m tief sind und die in ihrer Großartigkeit dem Grand Canyon des Colorado River im US-amerikanischen Bundesstaat Arizona kaum nachstehen. Über das Gebirge bestehen zwischen dem Hochland und den Ebenen von Sinaloa und Sonora lediglich zwei große Straßenverbindungen sowie eine Eisenbahnlinie. Aus der Sierra Madre Occidental werden die 'Oasen' des Hochlandes und die an den Golf von Kalifornien grenzenden Niederungen bewässert. Für das Hochland sind es die Flüsse Carmen, Conchos, Nazas und Aguanaval; nach Westen fließen Yaqui, Mayo, Fuerte, Sinaloa und Culiacán.

Westliche Sierra Madre (Fortsetzung)

Von der großen Flußbiegung des Río Bravo del Norte (Rio Grande) zieht eine Reihe von relativ niedrigen Bergen nach Südosten, die sich aus durch Faltungen entstandenen sedimentären Schichten zusammensetzen. Südlich von Monterrey entwickeln sich diese Bergzüge zu einer eindrucksvollen Kette, der Östlichen Sierra Madre, einer Formation des späten Mesozoikums. Die Gipfelhöhen liegen im allgemeinen bei 2100 m, einige überragen 3000 m. Von den steilwandigen engen Tälern verlaufen manche in Nord-Süd-Richtung. Von den Flüssen, welche die östliche Flanke des Hochlandes durchbrechen und sich in den Golf von Mexiko ergießen, sei der Pánuco genannt.

Östliche Sierra Madre (Sierra Madre Oriental)

Die Nordpazifische Region besteht aus parallelen Bergketten und breiten Tälern im Bundesstaat Sonora sowie dem Korridor der Küstenebene, der Halbinsel Niederkalifornien und der Rinne des Golfes von Kalifornien (Mar de Cortés). Ihre Entstehung geht auf das mittlere und späte Tertiär zurück. Die Becken von Sonora sind von Gesteinsschuttformationen flankiert, die gegen Nordosten in zahlreiche Bergzüge übergehen. Die Küste ist überwiegend gerade, flach und sandig; daneben gibt es von Felshügeln umgebene Buchten mit tiefem Wasser sowie Lagunen. Zwischen dem Río Sonora und dem Río

Nordpazifische Region

Allgemeines   **Landschaftsräume**

Die wichtigsten Gebirge und Gewässer in Mexiko

Nordpazifische Region (Forts.)

Colorado findet man nur wenige Flüsse, die bis zum Meer gelangen. Im Süden hingegen bestehen fruchtbare 'Oasen', in denen Baumwolle, Weizen, Reis, Zuckerrohr, Obst und Gemüse angepflanzt werden. Bergbauzentren, vor allem für den Kupferabbau, liegen im äußersten Nordosten.

Niederkalifornien (Baja California)

Niederkalifornien ist eine langgestreckte, schmale Halbinsel, die eine Länge von etwa 1250 km und eine durchschnittliche Breite von nur 90 km aufweist. Man trifft hier auf Formationen aus der Kreidezeit und dem Tertiär sowie im südlichen Teil vorwiegend auf Meeresablagerungen und vulkanische Gebilde aus dem Pleistozän und Holozän. Das Rückgrat Niederkaliforniens bilden kristalline Berge, die meist die Höhe von 1500 m übersteigen; manche erreichen 3000 Meter. Neben Hochebenen gibt es auch zu beiden Seiten der Sierra de Santa Clara recht breite Streifen flachen Wüstenlandes. An den beiden Küsten findet man ausgezeichnete natürliche Hafenbuchten. Am Ende des Golfes von Kalifornien liegt das Flußdelta des Colorado.

Golfküste

Die Küstenebene am Golf von Mexiko geht im Südwesten allmählich in das Randgebiet der östlichen Sierra Madre über. Die Grundformationen des nördlichen und mittleren Teiles entstammen der Kreidezeit. In dieser Region entstanden niedrige Hügel aus abgelagerten Gesteinen, die selten über 200 m hoch sind. Dies trifft vor allem für die ausgedehnte 'Huasteca' im Süden von Tampico zu. Die Küstenebene ist durch lange Strände, Sandbänke, Sümpfe und Lagunen gekennzeichnet. Die nördliche Golfküste besitzt keine guten natürlichen Häfen. Im mittleren Teil des Bundesstaates Veracruz wird die Küstenebene durch die Ausläufer der Östlichen Sierra Madre auf eine Breite von weniger als 15 km eingeengt. Die Felsküste sowie ein Hügelland in der Umgebung von San Andrés Tuxtla unterbrechen die ebene Landschaft.

Landschaftsräume

Allgemeines

Die Küstenebene wird in ihrem nördlichen Teil von den großen Flüssen Río Bravo del Norte, der die Grenze zu den USA (dort Río Grande) bildet, und Tamesí-Pánuco durchschnitten. Südlich und östlich der Hafenstadt Veracruz fächern sich die Flüsse Papaloapán, Coatzacoalcos, Grijalva und Usumacinta in umfangreiche Sümpfe aus, bevor sie das Meer erreichen. Diese Küstengegend, vor allem aus Sandbänken und Lagunen bestehend, bietet für ankernde Schiffe wenig Schutz, so daß die meisten Häfen an den Flußläufen gelegen sind. Auch die Bedeutung der Hafenstadt Veracruz beruht mehr auf der Nähe zum mexikanischen Kernland als auf der natürlichen Qualität des Hafens.

Golfküste (Fortsetzung)

Das Tiefland erreicht seine größte Breite von etwa 450 km in der Kalksteinplatte der Halbinsel Yucatán. Geologisch betrachtet ist sie die jüngste Region Mexikos, und ihre Entwicklung wird dem Miozän und Pliozän, also der mittleren und jüngsten Stufe des Tertiärs, zugesprochen. Ein Teil der Kalkplatte liegt unter Wasser und bildet die Campeche-Bank. Yucatán erreicht die höchsten Erhebungen etwa im Zentrum der Halbinsel (z. T. in Guatemala), doch überragen diese selten 150 m. Eine Flußentwässerung gibt es praktisch nicht, da die Niederschläge durch das poröse und lösliche Gestein versickern. Dies hat die Entstehung von unterirdischen Höhlen sowie Wasserlöchern (Cenotes) zur Folge, die sich durch Einbruch der Höhlendecke bilden. Der Norden und Westen der Küste ist durch Sandbänke und Lagunen, der Osten durch Korallenriffe gekennzeichnet; Mangrovensümpfe sind zahlreich.

Halbinsel Yucatán

Der Süden Mexikos ist eine Gebirgsregion, die von Nordwesten nach Südosten über 1500 km mißt und eine maximale Breite von etwa 350 km erreicht. Sie erstreckt sich vom Cabo Corrientes bis zur mexikanisch-guatemaltekischen Grenze und dehnt sich im Süden des Vul-

Südliches Mexiko

Wasserfall in Agua Azul bei Palenque

Allgemeines   **Landschaftsräume**

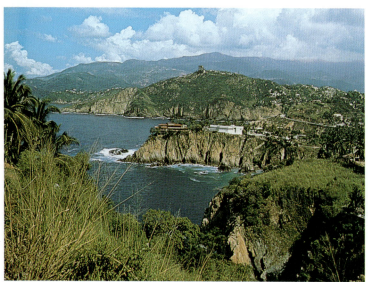

Pazifikküste bei Acapulco

Südliches Mexiko (Fortsetzung)

kangürtels, der Ebene der Golfküste und der Halbinsel Yucatán aus. Das Gebiet gliedert sich in die Südliche Sierra Madre, die Landenge von Tehuantepec und das Hochland von Chiapas.

Südliche Sierra Madre (Sierra Madre del Sur)

Ein Labyrinth von schmalen Bergkämmen und tiefen Tälern bildet die Südliche Sierra Madre. Das Grundgestein der zerklüfteten Gebirgsmasse besteht aus Kreidesedimenten. Die noch im Mesozoikum darüber abgelagerten Schichten vulkanischen Ursprungs sind durch Erosion weitgehend abgetragen worden. Die meisten Gipfel liegen über 2000 m, einige wenige über 3000 m hoch. Flaches Land ist fast nicht vorhanden. Im Osten wird die Region abrupt durch den Abfall zur Landenge von Tehuantepec begrenzt. Das Kernstück der Gebirgskette ist im Südwesten durch eine schmale unterbrochene Küstenebene und im Norden durch die Niederung des Balsa-Mezcala-Flußsystems eingefaßt. Östlich dieser Depression verläuft die Sierra Mixteca, die eine Hochlandbrücke zwischen dem Vulkangürtel und der Südlichen Sierra Madre bildet. Der Verlauf der Pazifikküste entspricht in diesem Abschnitt dem der Sierra Madre. Zuweilen ist die Küste felsig steil und bildet erstklassige natürliche Hafenbuchten wie jene von Acapulco und Manzanillo. Nur wenige Straßen durchqueren das Gebirge und führen ans Meer; noch gibt es keine Eisenbahnlinie. Im Gebirge kommen Eisenerz, Blei, Silber und Gold vor. Die relative Unzugänglichkeit hat dazu beigetragen, daß hier ansässige Indios weitgehend ihre Eigenständigkeit bewahren konnten.

Landenge von Tehuantepec (Istmo de Tehuantepec)

Die Rundhügel der Landenge von Tehuantepec ähneln topographisch jenen in den Ebenen entlang dem Golf von Mexiko. Geologisch hingegen ist das Gebiet eher mit seinen Nachbarregionen im Westen (Südliche Sierra Madre) und Osten (Hochland von Chiapas) verwandt. Die Erhebungen entwickelten sich im späten Pliozän und im Pleistozän.

Das niedrige, leicht hügelige Land schließt die Lücke zwischen zwei bedeutenden Gebirgsregionen. Es war von jeher ein natürlicher Verbindungskorridor, durch den heute Straßen, Eisenbahnlinien und Erdölleitungen führen. Der Plan, an der schmalsten Stelle Mexikos (225 km) einen Kanal zwischen Pazifik und Atlantik zu bauen, ist Jahrhunderte alt, wurde aber nie ausgeführt.

Landschaftsräume, Landenge von Tehuantepec (Fortsetzung)

Das Hochland von Chiapas erreicht bereits 40 km landeinwärts von der Küste eine Höhe von über 1500 m; einige Gipfel, so der Vulkan Tacaná, übersteigen die 3000-Meter-Grenze. Das Zentralplateau (Meseta Central), vorwiegend aus Kalk und Sandstein bestehend, entstand im Pliozän. Die Bildung der Sierra Madre de Chiapas geht geologisch auf vorkambrische Zeiten zurück, die Faltungen stammen aus dem Pliozän. Vorkambrische und paläozoische kristalline Felsen, mesozoische Ablagerungen und neuzeitliche Ausbrüche formten die Bergkette. Hier entspringen einige Flüsse, die nach kurzem Lauf die von Lagunen durchsetzten Küstenebene erreichen. Zwischen den beiden Hauptgebirgszügen liegt eine weite Niederung, die hauptsächlich vom Tal des Río Grijalva gebildet wird. Ihre Höhenlage bewegt sich zwischen 300 und 600 Metern.

Hochland von Chiapas

In der Region von Chiapas überwiegen Ackerland, Wald und Weiden, in den Zwischenhöhen wird Kaffee angebaut. Erst in den letzten zwei Jahrzehnten haben Straßenverbindungen zusammen mit einer Eisenbahnlinie in der pazifischen Küstenebene die Zeit der Isolation dieses Teils von Mexiko beendet.

Klima

Mexiko liegt am Nordrand der Tropen; der Nördliche Wendekreis geht mitten durch das Land. Größte landschaftliche Einheit ist ein Hochlandsockel, der sich von 2500 m im Süden auf 1300 m im Norden abdacht. Die Vielfalt der einzelnen Klimaregionen Mexikos ergibt sich aus der Überlagerung einiger grundlegender Gesetzmäßigkeiten:

Südliche Gebiete haben tropisch feucht-heißes Klima (im Tiefland); nach Norden wird es zunehmend trockener, weil das Land hier in die steppen- bis wüstenhaften Gürtel der Roßbreiten hineinreicht.

Die östlichen, atlantischen Küstenregionen und zum Meere gerichteten Gebirgsflanken der Sierra Madre Oriental haben feucht-schwüles Klima mit tropisch-üppigen Wäldern, bedingt durch den ganzjährig auflandig wehenden Passat; die pazifische Küstenregion ist demgegenüber deutlich trockener.

Mit wachsender Entfernung von den Ozeanen und auf der Leeseite von Gebirgszügen wird das Klima ärmer an Niederschlägen. Mit zunehmender Höhe kühlt das Klima ab, so daß sich natürliche Vegetation und Möglichkeiten der Landwirtschaft in typischer Weise ändern. Die Spanier haben bei der Eroberung des Landes dafür Namen gefunden, die bis heute gültig geblieben sind:

Die unterste Zone, die Tierra Caliente oder Heiße Zone, reicht bis 800 m Höhe, was etwa der Grenze des Kakao-Anbaus entspricht. Natürliche Vegetation ist in dieser Zone im Süden Mexikos bei ausreichender Feuchtigkeit ein tropischer Regenwald.

Klimazonen

Von 800 bis 1700 m reicht die Tierra Templada; es ist die Gemäßigt warme Zone, die bis zur Obergrenze des Kaffee-, Baumwoll- und Zuckerrohranbaus reicht.

Über 1700 m schließt sich die Tierra Fria, die Kühle Zone, an. Die höchsten Vulkangipfel schließlich sind ganzjährig schneebedeckt.

Klima

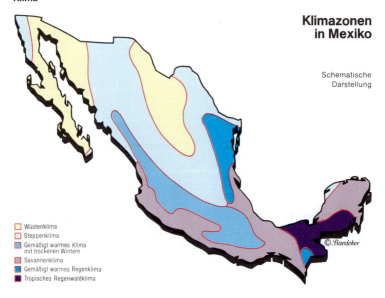

Klimazonen in Mexiko

Schematische Darstellung

- Wüstenklima
- Steppenklima
- Gemäßigt warmes Klima mit trockenen Wintern
- Savannenklima
- Gemäßigt warmes Regenklima
- Tropisches Regenwaldklima

Klimaregionen

Das Südliche zentrale Hochland mit sommerfeuchtem Klima bei gemäßigten Temperaturen;

das Nördliche zentrale Hochland mit sommerfeuchtem Steppenklima, subtropischem Halbwüsten- und Wüstenklima;

die Südliche Golfküstenregion mit der Halbinsel Yucatán mit der Abfolge von immerfeuchtem Regenwaldklima im Süden zu wechselfeuchten Savannenklimaten weiter im Norden;

die Nördliche Golfküstenregion mit sommerfeuchtem subtropischem Steppenklima;

die Südliche Pazifikküste mit tropisch wechselfeuchten Savannenklimaten;

die Küstenregion um den Golf von Kalifornien mit subtropischem Halbwüsten- und Wüstenklima;

der äußerste Nordwesten mit einem Winterregenklima.

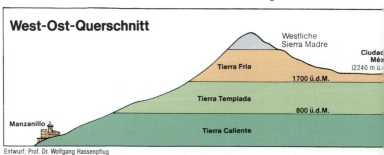

Entwurf: Prof. Dr. Wolfgang Hassenpflug

Klimaregionen

Die Besonderheiten der einzelnen Klimaregionen werden auf den Seiten 20/21 anhand von Klimadiagrammen erläutert, in denen der Jahresgang der Temperatur und des Niederschlags dargestellt ist (von links nach rechts; J = Januar, D = Dezember). Die blauen Niederschlagssäulen zeigen die Niederschlagsmenge (in mm) pro Monat entsprechend der blauen Skala am Rand.

Die Temperaturen sind als orangerotes Band dargestellt. Die obere Grenze entspricht der durchschnittlichen höchsten Tagestemperatur, die am frühen Nachmittag erreicht wird, die untere Grenze entspricht der durchschnittlichen niedrigsten Nachttemperatur. Die jeweiligen Temperaturwerte sind an den roten randlichen Skalen abzulesen.

Die Werte der ausgewählten sieben regionaltypischen Klimastationen sind jeweils auch für die weitere Umgebung gültig. Für Gebiete zwischen zwei Stationen gelten normalerweise Werte, die gemäß den eingangs genannten vier Gesetzmäßigkeiten im Bereich zwischen denen der Stationen liegen. Dabei muß man aber beachten, daß bei Veränderung der Höhenlage die Werte schon auf relativ kurze Entfernung beträchtlich abweichen können.

In das Klimadiagramm von Ciudad de México (Mexiko-Stadt) sind zum Vergleich die Kurven für Kassel gepunktet eingefügt. Im Vergleich mit dem aus Mitteleuropa gewohnten Klima werden so die Besonderheiten der einzelnen Gebiete Mexikos deutlicher, und man kann sich – etwa durch zweckmäßige Kleidung – besser darauf einstellen. Natürlich können auf diese Weise auch einzelne Klimastationen Mexikos untereinander verglichen werden.

Klima

Klimastationen

Südliches zentrales Hochland (Klimastation Ciudad de México)

Fast die Hälfte Mexikos liegt über 1500 m hoch; die Hauptstadt Ciudad de México liegt auf 2240 m Höhe. Sie gehört wie der größte Teil des Hochlandes von Mexiko zur Tierra Fría. Wegen dieser Höhenlage hat die Stadt trotz ihrer Lage in den Tropen keine tropisch hohen Temperaturen, auch tropisch große Niederschlagsmengen und Schwülewerte sind wegen der Abschirmung durch Gebirge selten.

Das Klimadiagramm zeigt die Besonderheiten der einzelnen Monate. So läßt sich eine geeignete Reisezeit aussuchen und ermitteln, welche Klimagegebenheiten den Reisenden in bestimmten Monaten erwarten.

Die Breite des orangeroten Bandes entspricht den hohen täglichen Temperaturschwankungen von 16°–20° C (in Kassel sind es nicht mehr als 10° C). Die Temperaturunterschiede zwischen den einzelnen Jahreszeiten sind – wie überall in den Tropen – nicht sehr hoch; sie sind (wie die stärker gekrümmte Kurve für Kassel zeigt) wesentlich geringer als in Mitteleuropa. Wer z.B. Mitte Oktober nach Mexiko fliegt, findet dort die aus Mitteleuropa gewohnten nächtlichen Tiefsttemperaturen vor und sollte sich darauf mit der Kleidung einstellen.

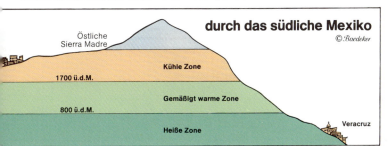

Klima — Klimaregionen

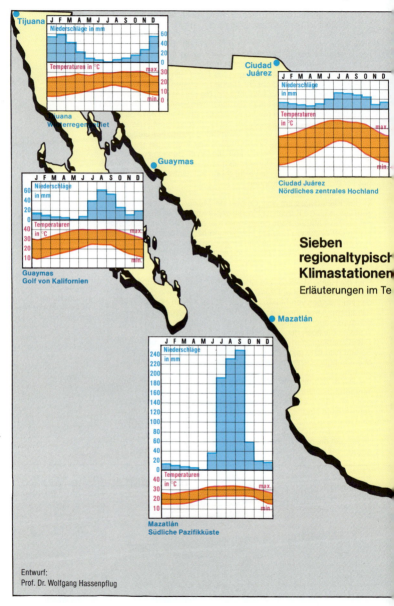

Sieben regionaltypisch Klimastationen

Erläuterungen im Te

Entwurf:
Prof. Dr. Wolfgang Hassenpflug

Klimaregionen — Klima

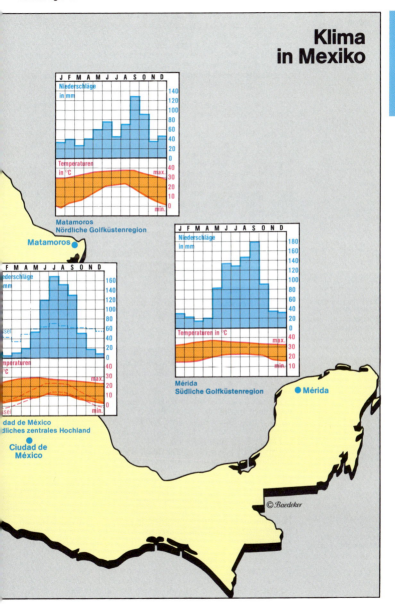

Klima

Klimaregionen

Südliches zentrales Hochland (Fortsetzung)

Die Säulen im oberen Teil der Abbildung geben die Niederschlagsmengen pro Monat an (gepunktet die Werte für Kassel). Der größte Teil der Niederschläge fällt wie in ganz Mexiko als Sommerregen, und zwar von Juni bis September, zum großen Teil wolkenbruchartig. In der übrigen Zeit des Jahres ist es wesentlich trockener als in Deutschland. In dieser Dürrezeit treten häufig Staubstürme auf, die sich über dem ausgetrockneten Seeboden bilden, auf dem Mexiko-Stadt liegt. Sie verringern die Sicht in der Dunstglocke aus Autoabgasen und Industrieemissionen über der Stadt noch weiter: Der 60 km entfernte schneebedeckte Vulkan Popocatépetl (5452 m ü.d.M.) ist an vielen Tagen nicht mehr zu sehen.

Mit der Höhenlage sind einige weitere Besonderheiten des Klimas verbunden. So ist der Luftdruck wesentlich geringer (Mexiko-Stadt: unter 600 mm). Die dünne Luft kann vereinzelt zu Atem- und Kreislaufbeschwerden führen und verlangt von allen Besuchern eine längere Eingewöhnungszeit von etwa drei Wochen Dauer. Die Sonnenstrahlung in dieser Höhe ist wesentlich intensiver als im Tiefland. Schon bei Lufttemperaturen von 10°–15° C wird sie – wie in der Höhenlage der Alpen – als warm empfunden. Da die Sonne zudem sehr hoch steht und in den südlichen Landesteilen mittags praktisch senkrecht von oben scheint, ist Lichtschutz durch Sonnenbrillen und Sonnenschutz unbedingt erforderlich. Der typische Sombrero ist für die Einheimischen ein wirklich wichtiges Kleidungsstück. In der Nacht ist umgekehrt in der Höhe die Ausstrahlung besonders stark, so daß es zu den niedrigen Nachttemperaturen kommt. Heiserkeit ist vielfach eine Folge des geringen Feuchtigkeitsgehaltes der Hochlandluft, zunehmend aber auch auf die Umweltverschmutzung zurückzuführen.

Nördliches zentrales Hochland (Klimastation Ciudad Juárez)

Das zentrale Hochland von Mexiko dacht sich nach Norden ab und gelangt weiter in dieser Richtung zunehmend unter subtropischen Hochdruckeinfluß, so daß sich ein trockenes steppenhaftes, im Kern wüstenhaftes Klima mit kontinentalem Charakter ausbildet. Die Klimastation Ciudad Juárez an der Grenze zu den Vereinigten Staaten von Amerika gegenüber El Paso zeigt die Abwandlungen des Klimas im Vergleich zu dem von Mexiko-Stadt. Das orangerote Band ist stärker gekrümmt, d. h. die Temperaturunterschiede zwischen Sommer und Winter sind beträchtlich gewachsen. Die mittleren nächtlichen Tiefstwerte gehen auf minus 8° C im Januar zurück, während die sommerlichen Tageshöchstwerte knapp unter 40° C liegen. Das Band ist wesentlich breiter als bei der Station Mexiko-Stadt: Die täglichen Temperaturschwankungen sind auf fast 30° C angestiegen, d. h. selbst im Winter ist es mittags noch so warm wie in Mexiko-Stadt, in der Nacht dafür aber bitter kalt.
Die meisten Niederschläge fallen auch hier noch im Sommer; sie sind mit 33 mm im Juli aber wesentlich geringer als weiter im Süden.

Für Hochlandgebiete zwischen Mexiko-Stadt im Süden und Ciudad Juárez im Norden ergeben sich klimatische Verhältnisse, die zwischen denen dieser beiden Diagramme liegen.

Südliche Golfküstenregion und Halbinsel Yucatán (Klimastation Mérida)

Diese Region hat ein tropisches, heiß-feuchtes Klima mit nach Norden zunehmender winterlicher Trockenzeit. Es gilt überwiegend als ungesund. Immer wieder bringen Kaltlufteinbrüche aus dem Norden zwischen Oktober und März beträchtliche Abkühlung. Am Gebirgsanstieg westlich von Veracruz führt der vom Meere wehende Passat zu Steigungsregen; die Niederschlagsmenge steigt von 1500 mm im Tiefland auf über 4000 mm in 2000 m Höhe an. Alle Höhenstufen vom tropischen Regenwald bis zum ewigen Eis auf den hohen Vulkanen sind hier vertreten.

Klimaregionen

Die Klimastation Mérida liegt im trockeneren Nordwestteil der Halbinsel Yucatán. Der größte Teil der Niederschläge fällt zwischen Mai und Oktober. Die höchsten Tagestemperaturen liegen dann zwar mit 34° C um 3° C unter denen des Mai, sind aber wegen gleichzeitiger hoher Luftfeuchtigkeit schwer zu ertragen. Schon 10 bis 30 m über dem Boden bzw. über dem Buschwald weht ganzjährig ein erfrischender Wind (der auch die Windräder antreibt), so daß es auf den Spitzen der Pyramiden schon recht angenehm ist.
Wirbelstürme (Hurrikans) aus dem Golf von Mexiko bzw. der Karibik erreichen zwischen Juli und Oktober gelegentlich auch den südlichen Teil von Mexiko.

Die Insel Cozumel vor der Ostküste von Yucatán entspricht im Temperaturgang der Station Mérida. Sie hat aber wie der östliche, dem Passat ausgesetzte Teil Yucátans höhere Niederschläge (insgesamt 1553 mm statt 928 mm im Jahr; Juli 200 statt 130 mm, September und Oktober 243 und 234 mm statt 180 und 91 mm).
Touristen, vor allem aus den USA, schätzen Cozumel, weil sie hier im Winter ein sonniges, für sie sommerliches Klima finden.

Nach Norden, bis zum Río Grande, dem Grenzfluß gegen die USA, verändert sich das Klima der Golfküste in verschiedener Hinsicht: Die Tageshöchsttemperaturen liegen immer noch recht hoch (28° C im Januar, 36° C im Juli bis August), aber die nächtlichen Tiefstwerte gehen bis auf minus 1° C im Januar zurück. Zu den nach Norden geringer werdenden sommerlichen Niederschlägen kommen nunmehr winterliche, insbesondere durch die 'Nortes' (Kaltlufteinbrüche aus dem Norden), so daß hier ein immerfeuchtes wintermildes, sommerheißes Klima herrscht.

Die gesamte südliche Pazifikküste Mexikos zeichnet sich durch ganzjährig recht hohe Temperaturen und ein sommerliches Niederschlagsmaximum aus; die übrige Jahreszeit ist praktisch niederschlagsfrei und entsprechend sonnig. Häufige Seewinde bringen Erfrischung.
Im Vergleich mit der annähernd 2500 m höhergelegenen Landeshauptstadt Ciudad de México wird deutlich, daß die nächtlichen Tiefstwerte der Temperatur durchwegs um 10° C höher und die Tageshöchstwerte in der zweiten Jahreshälfte um bis zu 7° C höher liegen. Die Tagesschwankungen sind hier an der See wesentlich geringer als im Binnenland.
Erträgliche Lufttemperaturen, warmes Wasser und viel Sonne machen die Strände von Acapulco, Mazatlán und andere vor allem im Winter für Touristen aus nördlicheren Breiten anziehend. Im Vergleich zu Mazatlán hat Acapulco noch höhere Temperaturen, die im Jahresgang kaum noch schwanken (Unterschiede von 2,3° C im Laufe eines Jahres), mittlere Tageshöchstwerte von 35° C und nächtliche Tiefstwerte von 17° C; die Niederschläge liegen mit 1377 mm deutlich höher als in Mazatlán und fallen fast ausschließlich von Juni bis Oktober.

Höhenlage und Lage zum Meer (Luv/Lee) können das allgemein tropisch heiße, sommerfeuchte Klima des südlichen Mexiko jeweils kleinräumig verändern.

Diese Region hat subtropisches Halbwüsten- und Wüstenklima. Das Colorado-Delta mit der Stadt Mexicali und der Sonora-Wüste gehört im Sommer zu den heißesten Gebieten der Erde. Hier scheint die Sonne durchschnittlich 10 1/2 Stunden pro Tag. Das Klimadiagramm zeigt einen Ort am südlichen Rand der Region, der nicht zu den heißesten gehört und auch noch eine deutliche sommerliche Regenzeit hat. Die tägliche Sonnenscheindauer beträgt hier im Durchschnitt gut

Klima

Südliche Golfküstenregion und Halbinsel Yucatán (Fortsetzung)

Nördliche Golfküstenregion (Klimastation Matamoros)

Südliche Pazifikküste (Klimastation Mazatlán)

Um den Golf von Kalifornien (Klimastation Guaymas)

Pflanzen und Tiere

Klima um den Golf von Kalifornien (Fortsetzung)

acht Stunden. Während Klimaanlagen etwa in Veracruz am Golf von Mexiko Wasser ausscheiden, muß hier am Golf von Kalifornien Feuchtigkeit zugeführt werden.

Das Klima der Halbinsel Niederkalifornien (Baja California) wird insbesondere auf ihrer Westseite durch den kalten Kalifornienstrom beeinflußt. 'Wasserkühlung' und kühle Brise bei gleichzeitig hoher Sonnenstrahlung sind die Grundlage für den starken Ausbau der Badeorte, insbesondere im Süden der langgestreckten Halbinsel.

Winterregengebiet im äußersten Nordwesten (Klimastation Tijuana)

Der äußerste Nordwesten Mexikos erhält Winterregen und Niederschläge, wie sie für das nördlich anschließende Kalifornien (USA) und das dort herrschende Mittelmeerklima typisch sind. Die Spanier, die aus einem Winterregengebiet nach Mexiko, einem Sommerregengebiet, kamen, übertrugen ihre Erfahrung, daß der Winter die trockene Zeit sei, auch auf dieses Land: Sie bezeichneten die Regenzeit von Juni bis Oktober als 'Invierno' (= Winter); die sonnig-trockene Zeit von November bis April nannten sie 'Verano' (= Sommer), auch wenn dann die Sonne tiefer am Himmel steht.

Pflanzen und Tiere

Flora

Die Flora ist sehr artenreich, und eine ganze Reihe unserer heutigen Nutzpflanzen wie Mais, Tomate, Tabak u.a. stammen aus Mexiko.

In der Wüste und Halbwüste Mexikos, also vorwiegend im nordöstlichen Teil des Landes, aber auch in Niederkalifornien, gedeihen Arten, die vor übermäßiger Austrocknung geschützt sind, wie z. B. Sukkulenten, die in ihrem Gewebe große Feuchtigkeitsmengen zu speichern vermögen. Zahlreich vertreten sind Feigenkakteen (Opuntien).

Die Gras- und Strauchsteppe zeigt demgegenüber etwas stärkeren Bewuchs und kann sich nach ergiebigeren Niederschlägen vorübergehend in üppiges Gras verwandeln. Auch hier gibt es viele Arten von Kakteen, ferner Mesquitesträucher, Yuccapalmen und die 'Chaparrales' genannten Dornensträucher, ferner Agaven und den von den Indios 'Peyotl' genannten, berauschend wirkenden Kaktus. Steppengebiete finden sich im Südlichen Hochland von Zentralmexiko.

Die Westliche, die Östliche und die Südliche Sierra Madre sowie der Vulkangürtel, die das Zentrale Hochland einfassen, sind reich an Laub- und Nadelwald. Er besteht aus immergrünen und laubabwerfenden Eichenarten, Lebensbaum, Wacholder sowie Kiefern und anderen Koniferen. Die Bodenvegetation bilden Horstgräser und Polsterpflanzen.

Immergrüner Tropenwald steht vor allem an und nahe dem Südwestlichen Küstenstreifen am Golf von Mexiko. In den amphibischen Küstenbereichen gedeihen Sumpfpflanzen, Bambus und Mangroven. Die Bäume sind von Schlingpflanzen und epiphytischen Farnen bedeckt; ferner gibt es Orchideen und Sumpfzypressen, so einen auf Náhuatl 'Wassergreis' ('Ahuehuetl') genannten Baum.

Ausgedehnter Busch prägt u. a. entlang der Pazifikküste Mittel- und Südmexikos und im Norden der Halbinsel Yucatán das Landschaftsbild. Das Grasland ist von niederer Strauchvegetation durchsetzt.

Pflanzen und Tiere

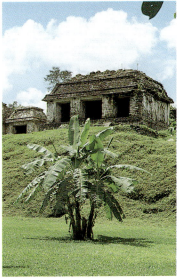
Bananenstaude

Bedroht: Kokospalmen

Typische Vegetation im Hochland: Kakteen und Sträucher

Pflanzen und Tiere

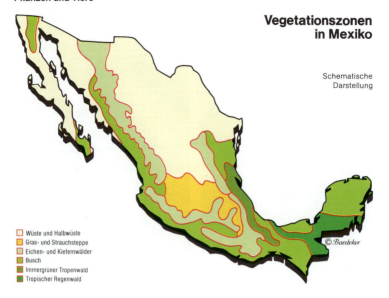

Vegetationszonen in Mexiko

Schematische Darstellung

- Wüste und Halbwüste
- Gras- und Strauchsteppe
- Eichen- und Kiefernwälder
- Busch
- Immergrüner Tropenwald
- Tropischer Regenwald

Flora (Forts.)

Tropischen Regenwald findet man im Süden der Halbinsel Yucatán, in Chiapas, Tabasco und Veracruz, Hier wachsen u. a. Mahagoni, Kapokbaum, Blauholz sowie der zur Gewinnung von Kaugummi-Rohmaterial genutzte Chicle-Baum; diese Gewächse sind oft von Kletterpflanzen und Epiphyten bedeckt.

Palmensterben

Seit 1982 werden die Kokospalmenhaine an den Küsten der Halbinsel Yucatán von einer Krankheit heimgesucht, die von Florida ausging und auch schon zu Beginn des 19. Jh.s auftrat. Ein durch Grashüpfer übertragener Mikroorganismus bewirkt, daß die Palmen einen Monat nach der Infektion ihre Früchte abwerfen; nach drei Monaten werden die Blätter gelb und sterben ab, nach fünf Monaten schließlich steht nur noch der tote Stamm. Bislang ist eine Viertelmillion Kokospalmen zugrunde gegangen, wodurch viele Kokosplantagen ruiniert worden sind. Die einstmals palmengesäumten Strände von Cozumel, Cancún und Isla Mujeres sind weitgehend kahl. Die mexikanische Regierung versucht, durch Neubepflanzung mit resistenten Palmenarten aus Südostasien den Palmenbestand wieder herzustellen.

Fauna

Auch die Fauna Mexikos ist von großer Vielfalt. Seit dem Pliozän hat sich hier die Tierwelt Nord- und Südamerikas gemischt. Aus dem Norden wanderten Wolf, Coyote, Schwarzbär und Biber ein und fanden auf der Hochebene neue Lebensräume. Das Tiefland zog Jaguar, Puma, Affen und andere südamerikanische Gattungen an. Daneben trifft man in Mexiko Ozelot, Luchs, Dachs, Otter, Gürteltier, Dickhornschaf, Faultier, Waschbär, Eichhörnchen, Tapir und Ameisenbär, ferner mehrere Wildschweinarten, Hirsche und kleine Nagetiere. Fledermäuse und Vampire sind als Überträger von Viehseuchen gefürchtet und werden deshalb bekämpft.

Pflanzen und Tiere

Fauna (Forts.)

An Reptilien und Amphibien gibt es Großechsen (Leguane), kleine Echsenarten, Alligatoren, Schildkröten sowie verschiedene Frösche und Kröten. Im Nordwesten des Landes kommt die giftige Gila-Krustenechse vor. Eine zoologische Besonderheit ist der Querzahnmolch Axolotl, der in unterirdischen Gewässern lebt und sich bereits im Larvenstadium fortpflanzt. Mexiko hat die meisten Schlangensorten der Welt, nämlich 705 verschiedene Arten. Als Giftschlangen sind vor allem Klapperschlangen (mehrere Arten), Korallennatter, Buschmeister und Lanzenotter zu nennen; keinen giftigen Biß hat die Würgeschlange (Boa Constrictor), die mehrere Meter Länge erreichen kann.

Die Vögel spielten wegen ihrer für die Indianer unerklärlichen Flugfähigkeit schon in der Mythologie eine große Rolle. Der Quetzal, aus dessen Federn Prunkgewänder für die indianischen Herrscher verfertigt wurden, ist sehr selten geworden, ebenso der Adler, das Wappentier Mexikos. Auch Kolibri und Papagei haben mythologische Bedeutung. Daneben gibt es Truthahn, Geier, Bussard, Kormoran, Pelikan, Tukan (Pfefferfresser), Reiher und Flamingo. Als Zugvögel aus dem Norden treten Specht, Wildgans und Wildente, Wildtaube, Schnepfe, Möwe, Schwalbe und Rebhuhn auf.

Die Insekten und Spinnentiere Mexikos können bisweilen lästig werden, u. a. die verschiedenen Arten von Stechmücken, Fliegen, Zecken und Milben. In fast allen trockenen Landesteilen kommen Skorpione vor, deren Stich unangenehm und gefährlich sein kann. Gleichfalls giftig sind manche Spinnen, u. a. die Vogelspinne und die Schwarze Witwe. Der Biß der Roten Ameise (Hormiga Roja) ist schmerzhaft.
Mexiko ist reich an Schmetterlingen; zu erwähnen sind u. a. Admiral, Monarchfalter, Kupferkopfbolla, Malachitfalter, Pfauenspinner, Morphofalter und Kalikospanner.

Kalifornischer Seelöwe

Bevölkerung

Pelikane in der Baja California

Pflanzen und Tiere, Fauna (Fortsetzung)

In den Ozeanen existiert eine artenreiche maritime Fauna. In Küstennähe des nördlichen Pazifik kann man Seelöwen und zeitweise Grauwale beobachten. In der Flachwasserzone findet man Garnelen (wichtiger Exportartikel), Panzerkrebse (Langusten, Krabben) und Plattfische. Von den Seefischen sind zu nennen Zackenbarsch, Makrele, Meeräsche, Sardine, Thunfisch, Bonito, Barrakuda, Schwertfisch, Muräne sowie verschiedene Hai- und Rochenarten. Vor allem an abgelegenen Stellen der Pazifikküste kommen bisweilen Delphine in die Nähe des Strandes.
Im Süßwasser leben Forellen, Barsche, Karpfen und Welse.

Hinweis

Den Erwerb vielerorts angebotener präparierter Tiere wie ausgestopfte Papageien und Krokodile, Schlangenhäute, Schildkrötenpanzer, Schmetterlinge u.a. sollte man unterlassen. Viele der Tiere unterliegen dem Washingtoner Artenschutzabkommen, da sie vom Aussterben bedroht sind. Ihre Einfuhr – auch in präparierter Form – in die Bundesrepublik Deutschland ist verboten.
→ Praktische Informationen, Artenschutzabkommen

Bevölkerung

Zahl und Zusammensetzung

Mexiko ist das einzige Land des amerikanischen Kontinents, in dem der überwiegende Teil der Bevölkerung aus der Verschmelzung der verschiedenen Rassen hervorgegangen ist. Aus sechs bis sieben Millionen indianischen Ureinwohnern zum Zeitpunkt der Conquista, 200 000 eingewanderten Spaniern und einer etwa gleichen Anzahl von eingeführten Negersklaven in der Kolonialzeit entstand das heutige mexikanische Volk von ca. 93 Millionen Menschen.

Bevölkerung

Zahl und Zusammensetzung (Fortsetzung)

In Ermangelung genauer Zahlen kann man annehmen, daß heute die Bevölkerung zu etwa 80% aus Mestizen vorwiegend indianisch-spanischer, aber auch afrikanischer und asiatischer Abstammung, zu 8 bis 10% aus Indios und zu über 10 % aus Weißen, meist altspanischer Herkunft ('Criollos'), besteht. Trotz ihres geringen Anteils an der Gesamtbevölkerung spielen die Weißen nach wie vor eine wichtige Rolle im politischen und wirtschaftlichen Leben.

Indianische Urbevölkerung (Indígenas)

Reinblütige Indios stellten noch 1870 die absolute Mehrheit, 1921 betrug ihr Anteil an der Gesamtbevölkerung noch 30 bis 35 Prozent.
Die Mehrzahl der Urbevölkerung ist im zentralen Hochland (México, Hidalgo, Puebla), im Süden (Guerrero, Oaxaca, Chiapas), an der Golfküste (Veracruz) und im Osten (Halbinsel Yucatán) konzentriert. Man geht davon aus, daß von den 9 bis 10 Millionen mexikanischer Indios bis zu etwa ein Viertel kein Spanisch, sondern nur eine indianische Sprache spricht. Die ursprünglich gut 130 Eingeborenensprachen haben sich naturgemäß nicht halten können. Heute anerkennt der Staat 52 individuelle Indianer-Gruppen; inoffizielle Schätzungen besagen, daß es noch etwa 115 dieser Gruppen gibt. Heute werden noch in der Mehrheit derselben indianische Sprachen gesprochen (darunter allein über 20 verschiedene Maya-und 6 Náhuatl-Idiome). Zu den volkreichsten und bekanntesten Indiostämmen, die z.T. noch ein eigenständiges Leben führen, gehören die Náhua, Otomí, Tarasken (Purépecha), Huicholes, Cora, Tarahumara, Mayo, Yaqui, Totonaken, Huasteken, Matlatzínca, Mazateken, Mazahua, Amuzgo, Trique, Míxteken, Zapoteken, Chinanteken, Tzeltal, Tzotzíl, Tajolabal, Chol und Yucatán-Maya. Gut zwei Dutzend Indiostämmen wird in ihren Wohngebieten weitgehende Selbstverwaltung zugestanden.
Ungeachtet der Tatsache, daß der mexikanische Staat das Erbe der indianischen Ureinwohner mit Stolz hochhält, stehen deren direkte

Siesta

Ein Vogelhändler

Bevölkerung

Indianische Bevölkerung in Mexiko
Grupos indígenas de México

Quelle: Instituto Nacional Indigenista

1 Kumiai
2 Cucapá
3 Paipai (akwa'ala)
4 Cochimí
5 Kiliwa
6 Seri
7 Tequistlateco/ Chontal de Oaxaca
8 Tlapaneco
9 Pame
10 Chichimeco Jonaz
11 Otomí
12 Mazahua
13 Matlatzinca
14 Ocuilteco
15 Mazateco
16 Popoloca
17 Ixcateco
18 Chocho-Popoloca
19 Mixteco
20 Cuicateco
21 Trique
22 Amuzgo
23 Chatino
24 Zapoteco
25 Chinanteco
26 Huave
27 Pápago
28 Pima Alto
29 Pima Bajo
30 Tepehuano
31 Yaqui
32 Mayo
33 Tarahumara
34 Guarijío
35 Cora
36 Huichol
37 Nahua
38 Huasteco
39 Maya Peninsular
40 Lacandón
41 Chontal (de Tabasco)
42 Chol
43 Tzeltal
44 Tzotzil
45 Tojolabal
46 Chuj
47 Jacalteco
48 Mame
49 Motozintleco
50 Mixe
51 Popoluca
52 Zoque
53 Totonaco
54 Tepehua
55 Purépecha / Tarasco
56 Kikapú

Bevölkerung

Tarahumara-Mädchen aus Chihuahua

Bevölkerung

Indianische Bevölkerung (Fortsetzung)

Nachfahren ökonomisch und sozial am Rande der Gesellschaft. Die Bestrebungen des Nationalen Indianerinstituts (Istituto Nacional Indígenista) zur Integration sind auch von dem Widerspruch geprägt, die wirtschaftliche Rückständigkeit der indianischen Landbevölkerung bekämpfen und gleichzeitig deren kulturelles Erbe erhalten zu wollen. Bei einzelnen Stämmen zeigt sich in den letzten Jahren ein steigendes Selbstbewußtsein. So kam es am 1. Januar 1994 zu einem auch ökonomisch bedingten Aufstand der Tzolzil und Tzeltal in Chiapas.

Bevölkerungsentwicklung

Die Regierung behauptet, daß die Geburtenrate auf 1,8% gesunken ist, Fachleute sehen sie jedoch immer noch bei 2,3%. Seit 1972 wurden über 10 000 Familienberatungsstellen eingerichtet, die aber einen schweren Stand haben in einem Land, in dem Kinderreichtum nach wie vor die fehlende staatliche Sozial- und Krankenversicherung ersetzen muß und die Männer in ihrem 'machismo', dem übertriebenen Männlichkeitskult, bestätigt. Schließlich erleichtert auch die Haltung der Kirche im streng katholischen Mexiko nicht die Einführung von Maßnahmen zur Geburtenkontrolle. Heute sind ca. 50% aller Mexikaner unter 19 Jahre alt, die durchschnittliche Lebenserwartung liegt offiziell bei 72 Jahren (Deutschland: 77 Jahre). 1995 wurden von rund 20 Mio. Haushalten 3,6 Mio. von Frauen geführt.

Bevölkerungsentwicklung
im Aztekenreich, in Neuspanien und Mexiko

519	5–6 Mio.
1600	2 Mio.
1810	6–6,5 Mio.
1910	15 Mio.
1960	35 Mio.
1980	70 Mio.
1984	77 Mio.[1]
1987	82,2 Mio.[1]
1997	97 Mio.[1]
2000	103 Mio.[2]

[1] Schätzung
[2] Hochrechnung bei 1,8% offizieller Zuwachsrate

Bevölkerungsstruktur

Im Unterschied zu manchen anderen lateinamerikanischen Staaten besitzt Mexiko einen verhältnismäßig breiten Mittelstand, der jedoch in der Krise der 80er und 90er Jahre stark gelitten hat. Es besteht ein krasser Gegensatz zwischen der kleinen, enorm reichen Oberschicht und der zum Teil noch immer bitterarmen Landbevölkerung sowie dem zugewanderten Stadtproletariat, die nach wie vor an ökonomischen und sozialen Fortschritten nur unzulänglich beteiligt werden.

Die Wirtschaftskrise der Jahre 1995 und 1996 hat die alten Probleme wie Inflation und Arbeitslosigkeit wieder aufleben lassen. 60 bis 70% der mexikanischen Bevölkerung gelten gegenwärtig als schlecht bzw. unterernährt. Die vor 1982 zu verzeichnenden erheblichen wirtschaftlichen Fortschritte kamen im wesentlichen den städtischen Zentren und industriellen Ballungsgebieten zugute. Der Sog der Großstädte bewirkte und bewirkt noch immer eine bedrohliche Landflucht, die z.T. durch die legale und illegale Emigration in die Vereinigten Staaten von Amerika entschärft wird. So leben heute in Mexiko, das bis vor

Bevölkerung

noch nicht allzu langer Zeit eine überwiegend ländliche Bevölkerung hatte, fast drei Viertel der Einwohner in den Städten. Auf der anderen Seite leben aber immer noch fast 19 Millionen Menschen in Ortschaften mit weniger als 1000 Einwohnern.

Bevölkerungsstruktur (Forts.)

Eines der erklärten Ziele der mexikanischen Revolutionäre, die mit der Losung "Tierra y Libertad" ("Boden und Freiheit") zum Kampf aufriefen, war die Rückführung des Ackerlandes der großen Haciendas an die Dorfgemeinschaften. Doch erst in den dreißiger Jahren wurde eine Bodenreform durchgeführt, die den Bauern Land entweder zur kollektiven Bewirtschaftung ('ejidos colectivos') oder zur privaten Nutzung gab ('ejidos individuales'). Eigentümer des Landes blieb der Staat; Ende 1991 wurde das 'ejido'-System radikal liberalisiert. Nur ein Drittel der Bauern besitzt einen Pflug, Traktoren sind nach wie vor eine Seltenheit. Die Hacke ist das gängigste Arbeitsgerät. Die Erträge werden zum Großteil zur Eigenversorgung genutzt und nur zu einem geringen Teil auf dem Markt verkauft, um Geld für den Erwerb von Konsumgütern zu erhalten. Überdies haben die Kleinbauern gegen die Konkurrenz der großen Agrarunternehmen anzutreten. Viele geben daher ihre Parzelle auf und verdingen sich als Saisonarbeiter bei den Agrarunternehmen oder ziehen in die Städte. So schätzt man, daß pro Jahr bis zu 700 000 Zuwanderer aus den ländlichen Gebieten nach Mexiko-Stadt ziehen; gleichzeitig verlassen aber auch jährlich 350 000 Menschen die Hauptstadt.

Landbevölkerung

Etwa 20% der Stadtbevölkerung können sich ein bescheidenes Leben in relativem Wohlstand leisten. Zwei Drittel der Stadtbewohner leben jedoch hart an der Armutsgrenze oder darunter. Wer keine feste Arbeitsstelle hat, verdingt sich als Tagelöhner oder muß sich als Gelegenheitsarbeiter durchschlagen. Frauen verdienen oft als Haushalts-

Stadtbevölkerung

Indianische Mutter mit Kind in Chiapas

Bevölkerung

Straßenmusikanten in Mexiko-Stadt

Stadtbevölkerung (Fortsetzung)

gehilfinnen hinzu oder bestreiten gar den Unterhalt allein. Auch Kinder müssen – z.B. als Kaugummiverkäufer oder Scheibenputzer – für das Familieneinkommen mitsorgen. Augenfälligstes Indiz für die Armut in den Städten sind die ständig wachsenden Slumviertel in den Außenbezirken, die 'ciudades perdidas' ('verlorene Städte'). Angesichts der immensen Wohnungsnot tolerieren die Behörden die illegalen Viertel.

Beschäftigungsstruktur

Wegen fehlender Statistiken können die Beschäftigtenzahlen in den einzelnen Wirtschaftssektoren nur grob geschätzt werden. Etwa 30% der arbeitenden Bevölkerung dürften immer noch in Land- und Forstwirtschaft und der Fischerei tätig sein. Auf die Industrie und auf das Dienstleistungsgewerbe kommen je ca. 25% aller Beschäftigten. Der Rest verteilt sich auf staatliche Verwaltung mit ca. 15%, Bergbau und Erdölförderung. Der Anteil der 'Schattenwirtschaft' ist erheblich. Die Krisensituation der 80er und 90er Jahre und das immer noch starke Bevölkerungswachstum hat das Arbeitslosenproblem noch verschärft. Man schätzt inoffiziell, daß von den 36,6 Millionen (1997) arbeitsfähigen Mexikanern über 15% dauernd arbeitslos und etwa 20% nur gelegentlich beschäftigt sind. Die alljährlich zwischen 900 000 und 1 Million auf den Arbeitsmarkt drängenden jungen Menschen finden nur eine beschränkte Anzahl von Arbeitsplätzen vor. Infolgedessen versuchen viele jüngere Menschen in den benachbarten USA Arbeit zu finden. Dort werden zwischen vier und sechs Millionen sogenannter 'wetbacks' oder 'braceros' ständig oder vorübergehend und in der Mehrheit illegal beschäftigt. Professionelle Schleuser (Coyotes genannt) bringen Nacht für Nacht Gruppen illegaler Einwanderer über den Río Grande in die USA, wo sie meist sofort aufgegriffen und wieder abgeschoben werden – um es kurz darauf wieder zu versuchen. Die 'braceros' schicken jährlich 4 bis 5 Mrd. US-Dollar nach Hause, wovon geschätzt 10 Millionen Mexikaner leben.

Staat und Verfassung

Die mexikanische Regierung gibt für das Erziehungswesen ca. 4% ihres Bruttoinlandsprodukts aus. Die seit den zwanziger Jahren dieses Jahrhunderts existierende allgemeine Schulpflicht und Alphabetisierungskampagnen dürften den Anteil der Analphabeten auf unter 15% gesenkt haben (offizielle Angabe für 1995: 10,6% der Bevölkerung über 15 Jahre). Die Schulpflicht umfaßt 6 Jahre 'primaria' (Grundschule) und drei Jahre 'secundaria', deren Abschluß dem Hauptschulabschluß entspricht. Allerdings verläßt fast die Hälfte der Kinder die Schule vor Ende der sechsten Klasse, in ländlichen Gegenden sind es sogar drei Viertel der Schüler. Die Gründe finden sich im Lehrermangel, in der Einstellung vieler armer Eltern, die keinen Nutzen im Schulbesuch sehen und ihre Kinder zur Arbeit drängen und auch in der Ernährungssituation der Kinder, die wegen chronischer Mangelernährung dem Unterricht nicht folgen können. Die Regierung hat es bisher unterlassen, beispielsweise Milch in den Schulen auszugeben. Von den insgesamt über 28 Millionen Schulbesuchern (1997) entfallen ca. 20 Millionen auf die Grundschulen, über 6 Millionen auf die weiterführenden Schulen (drei Jahre 'preparatoria') und etwa 1,6 Millionen auf die Hochschulen, darunter 108000 Besucher der 'Höheren Studien'. Mexiko besitzt 51 Universitäten; führend ist die Autonome Nationaluniversität von Mexiko-Stadt (UNAM = Universidad Nacional Autonoma Mexicana) mit etwa 270 000 Studenten. Die technischen Fachrichtungen sind unter den Studenten stark unterrepräsentiert.

Bevölkerung (Fortsetzung)
Bildungssystem

Die mexikanische Bevölkerung bekennt sich überwiegend zum römisch-katholischen Glauben (etwa 85%). Insbesondere die Indios sind oft zutiefst gläubig, haben daneben aber noch starke Elemente und Riten des altindianischen Glaubens bewahrt. Die Regierung steht aus historischen Gründen der Kirche eher neutral bis ablehnend gegenüber, wobei sich auch das Verhältnis zwischen Staat und Kirche in letzter Zeit wesentlich verbessert hat. Großen Zulauf unter der indianischen Bevölkerung des Südens haben die aus den Vereinigten Staaten gekommenen, christlich-fundamentalistischen Sekten. Im Norden Mexikos leben ca. 600 000 Mennoniten; die Zahl der Protestanten wird mit 5 Millionen beziffert.

Religion

Staat und Verfassung

Die Nationalflagge geht auf eine 1821 der französischen Trikolore nachempfundene Fahne zurück. Grün steht für die Unabhängigkeit, Weiß für die Reinheit der Religion und Rot für die nationale Einigkeit. Das Wappen erzählt die Sage von der legendären Gründung der Aztekenhauptstadt Tenochtitlán: Die im Norden aufgebrochenen Azteken sollten nach der Verheißung der Götter ihre Stadt dort gründen, wo sie einen Adler erblickten, der mit gespreizten Flügeln auf einem Kaktus sitzt und eine Schlange im Schnabel hält.

Staatswappen

Nach der Verfassung vom 5. Februar 1917 sind die Vereinigten Mexikanischen Staaten (Estados Unidos Méxicanos) eine Präsidialrepublik aus 31 Bundesstaaten (Estados) und einem Bundesdistrikt (Distrito Federal, kurz D.F.), der die Landeshauptstadt Mexiko-Stadt (span. Ciudad de México, engl. Mexico City) mit ihrer Umgebung umfaßt. Staatsoberhaupt ist der Präsident (Presidente), der zugleich als Regierungschef fungiert und alle sechs Jahre für eine Amtsperiode gewählt wird. Er ernennt die Minister seines Kabinetts. Der Gouverneur des Bundesdistriktes ist zugleich Oberbürgermeister der Hauptstadt. Den Gesetzgebenden Bundeskongreß (Congreso de la Unión) bilden die Abgeordnetenkammer (Cámara de Diputados), deren 500 Mitglie-

Präsidialverfassung

Staat und Verfassung

Mexiko
México

Vereinigte Mexikanische Staaten
Estados Unidos Méxicanos

Bundesstaat	Fläche in km²	Bevölkerungszahl	Hauptstadt
1a Baja California Sur (B.C.S.)	72 465	375 500	La Paz
1b Baja California Norte (B.C.)	71 627	2 112 100	Mexicali
2 Sonora (Son.)	182 553	2 085 500	Hermosillo
3 Chihuahua (Chih.)	245 612	2 793 500	Chihuahua
4 Sinaloa (Sin.)	58 488	2 425 700	Culiacán
5 Durango (Dgo.)	123 520	1 431 700	Durango
6 Coahuila (Coah.)	150 395	2 173 800	Saltillo
7 Nuevo León (N.L.)	65 103	3 550 100	Monterrey
8 Zacatecas (Zac.)	73 454	1 336 500	Zacatecas
9 San Luis Potosí (S.L.P.)	63 231	2 200 800	San Luis Potosí
10 Tamaulipas (Tamps.)	79 602	2 527 300	Ciudad Victoria
11 Nayarit (Nay.)	27 053	896 700	Tepic
12 Aguascalientes (Ags.)	5 586	862 700	Aguascalientes

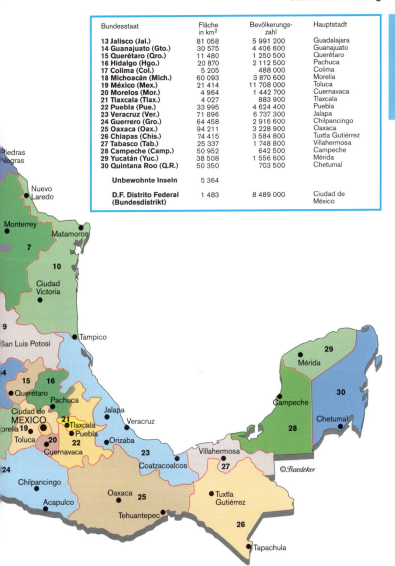

Staat und Verfassung

Präsidialverfassung (Fortsetzung)

der alle drei Jahre (300 nach Mehrheitswahlrecht und 200 nach Verhältniswahlrecht), und der Senat (Cámara de Senadores), dessen 96 (drei Senatoren pro Bundesstaat) Mitglieder für sechs Jahre gewählt werden. Die einzelnen Bundesstaaten haben regionale Autonomie und werden jeweils von einem Gouverneur (Gobernador) regiert.

Parteien

Die bis 1997 weitaus stärkste politische Partei im Staat war die Partido Revolucionario Institucional (PRI; Partei der Institutionalisierten Revolution), die seit ihrer Gründung im Jahre 1929 ununterbrochen den Präsidenten stellte, welche – eine für Süd- und Mittelamerika einmalige Erscheinung – jeweils ihre volle Amtszeit ableisteten. In der Opposition stehen die katholisch-konservative Partei der Nationalen Aktion (PAN), die linksgerichtete Partei der Revolutionären Demokratie (PRD), die Arbeiterpartei (PT), die Grüne Ökologische Partei (PVEM), die gemäßigte rechte Authentische Partei der Mexikanischen Revolution (PARM) und die rechtsgerichtete Demokratische Partei (PDM). Seit den Wahlen vom Juli 1997 hat die PRI in der Abgeordnetenkammer die absolute Mehrheit verloren (siehe Wahlen 1997). Der PRI-Dissident Cuauthémoc Cárdenas, Sohn des legendären Staatspräsidenten Lázaro Cárdenas und ehemaliger Gouverneur von Michoacán wurde im Juli 1997 mit großer Mehrheit zum Bürgermeister (Gouverneur) des Bundesdistriktes (D.F.) gewählt. Es war das erste Mal, daß nach dem neuen Wahlgesetz der Bürgermeister von den Einwohnern gewählt, anstatt vom Präsidenten ernannt wurde.

Politische Kultur

Der Schriftsteller Octavio Paz verglich die Stellung des mexikanischen Staatspräsidenten mit der eines Tlaotani, den Führern der Azteken vor der Conquista: "Der Tlaotani verkörpert die nicht an eine Person gebundene Fortdauer der Herrschaft. Eine Kaste von Priestern und Bonzen übt die Macht aus: Der Señor Presidente ist die Partei selbst." Tatsächlich besaß Mexiko bis 1997 ein auf der Welt einmaliges Führungssystem: Der noch amtierende Präsident bestimmt mit einem 'Fingerzeig' ('el dedazo') den Kandidaten der PRI für seine Nachfolge, der bislang auch immer gewählt wurde. Die Machtbasis des Präsidenten ist die PRI, deren Parteivorsitzende, Funktionäre, Senatoren, Abgeordnete und auch Staatsgouverneure wiederum vom Präsidenten ausgewählt sind. Arbeiter, Bauern und Soldaten machen einen Großteil der Mitglieder aus. Durch ein dichtes Netz von Abhängigkeiten sicherte sich die PRI die politische Herrschaft. Zu Beginn der neunziger Jahre wird der Druck seitens der Oppositionsparteien so groß, daß sie sich zu einer Anzahl von Reformgesetzen gezwungen sah.

Wahlen 1994

Am 21. August 1994 wählten die Mexikaner ihre Abgeordnetenkammer, den Senat und vor allem den Präsidenten neu, der das Land bis zur Jahrtausendwende führen wird. Die Wahlbeteiligung erreichte die bislang nie gekannte Zahl von 77%. Unter den Augen zahlreicher in- und ausländischer Wahlbeobachter lief die Wahl überwiegend korrekt ab und wurde erstmals von einem unabhängigen Institut ausgezählt. Der von manchen erwartete Wandel blieb aus: Neuer Präsident wurde damals der PRI-Kandidat Ernesto Zedillo, allerdings mit dem schlechtesten Resultat in der Geschichte seiner Partei (48,8%). 26% der Stimmen erhielt der Kandidat der PAN, 16,6% entfielen auf Cuauhtémoc Cárdenas von der PRD. Im Abgeordnetenhaus hat die PRI die absolute Mehrheit, im Senat besteht ein rechnerisches Patt zwischen PRI einerseits und PAN und PRD andererseits.

Wahlen 1997

Am 6. Juli wird das gesamte Abgeordnetenhaus mit 500 Sitzen und ein Drittel des Senats sowie eine Anzahl von Gouverneuren neugewählt. Obwohl die PRI ihre absolute Mehrheit verliert, bleibt sie mit 239 Sitzen die stärkste Partei. Es folgen die PRD mit 125, die PAN mit

122, die PVBEM mit 8 und die PT mit 6 Mandaten. Neben Cárdenas als Gouverneur (Bürgermeister) des Bundesdistriktes (Distrito Federal), nimmt die PAN der PRI zwei Gouverneursposten ab (Nuevo León und Querétaro). Somit regiert die PAN in sechs von 31 Bundesstaaten. Da nur ein Drittel des Senats zur Abstimmung gelangt, behält die PRI die absolute Mehrheit.

Staat und Verfassung, Wahlen 1997 (Fortsetzung)

Mexiko ist Mitglied der Vereinten Nationen (UN), der Organisation Amerikanischer Staaten (OAS), des Allgemeinen Zoll- und Handelsabkommens (GATT), der 'Allianz für den Fortschritt', des Nordamerikanischen Freihandelsabkommens NAFTA, des Asian Pacific Economic Council (APEC), der OECD und anderer internationaler Institutionen. Diplomatische Beziehungen bestehen u.a. zu Deutschland, Österreich und zur Schweiz. Ein umfasssendes Freihandelsabkommen zwischen Mexiko und der Europäischen Union wird 1998 ausgehandelt.

Außenpolitik

"Armes Mexiko – so weit weg von Gott und so nahe an den Vereinigten Staaten." Der berühmte Ausspruch von Porfirio Díaz charakterisiert nach wie vor die Beziehungen Mexikos zu seinem nördlichen Nachbarn. Die vor allem ökonomische Abhängigkeit des Landes zum 'Großen Bruder' hat sich kaum gemindert, die Wirtschaftskrise der achtziger Jahre hat sie eher verschärft.
Eine große Belastung in den Beziehungen zwischen den beiden Ländern ist das Problem der illegalen mexikanischen Arbeiter in den USA. Einerseits sind viele landwirtschaftliche Betriebe und auch kleinere Industrieunternehmen auf die billigen Arbeitskräfte angewiesen, andererseits wehren sich die amerikanischen Gewerkschaften gegen die Konkurrenz. Für Mexiko bedeuten die 'wetbacks' eine willkommene Entlastung des Arbeitsmarktes, aber man führt berechtigte Klage darüber, daß die Wanderarbeiter in den USA rechtlos seien. Nach längeren innenpolitischen Auseinandersetzungen trat im November 1986 ein neues Einwanderungsgesetz (Simpson-Rodino-Act) in Kraft. Es schließt unter anderem ein Amnestieprogramm für illegale Einwanderer, die sich seit 1982 in den USA aufhalten und Strafen für Arbeitgeber, die Illegale beschäftigen, ein. Die meisten Illegalen scheuen jedoch davor zurück, sich den Behörden zu stellen.
Mexiko ist der größte Lieferant von illegalem Rauschgift für die USA. Nach amerikanischen Angaben stammen 70% des Marihuana und 40% des Heroin, das in den USA konsumiert wird, aus Mexiko, das zudem zu den Haupttransitländern für Kokain aus den Andenstaaten zählt. Das Land macht große Anstrengungen, Anbau und Handel zu bekämpfen. Trotzdem ertönt manchmal Kritik aus den USA, die sich über mangelnden Willen zur Zusammenarbeit der mexikanischen Behörden beklagen. Nicht unberechtigt begegnen die Mexikaner dieser Kritik mit dem Hinweis, daß der Markt für Rauschgift schließlich nicht die lateinamerikanischen Staaten, sondern die USA sind.

Mexiko und die USA

Wirtschaft

Der mit Abstand wichtigste Handelspartner Mexikos sind die USA, mit denen rund zwei Drittel aller Importe und Exporte abgewickelt werden. Nach Kanada und Japan ist Mexiko das drittwichtigste Abnahmeland für die USA. Aus Deutschland, Mexikos Außenhandelspartner Nr. 2, wurden nach bisherigen Zahlen 1997 Waren im Wert von etwa 3,7 Mrd. US-Dollar eingeführt (Autoteile, Maschinen, Elektrotechnik, Stahlbleche und Stahlrohre, Meßgeräte, Trockenmilch u.a.); im Gegenzug importierte Deutschland Produkte wie Autos, Motoren, Tabak, Bienenhonig und Rohöl im Wert von ca. 700 Mio. US-Dollar.

Außenhandel

Wirtschaft

Außenhandel (Fortsetzung)

Bedingt durch die radikale Abwertung des Peso, v.a. 1994, erhöhten sich die Ausfuhren Mexikos (inklusive der Maquiladora-Industrie) 1997 um 15% auf insgesamt 110,4 Mrd. US-Dollar. Rund zwei Drittel davon entfiel auf Industrieprodukte wie Fernsehgeräte, Kraftfahrzeuge u.a., ca. 12% auf Erdölprodukte, etwa 10% auf Agrarprodukte bzw. Vieh und auf Mineralien. Eingeführt wurden Waren wie Maschinen, Flugzeuge, Fernmeldetechnik, Sojabohnen und Trockenmilch. 1994 hatte Mexiko noch ein Handelsdefizit von 15,4 Mrd. US-Dollar; 1995 gab es ein Plus von 7,4 Mrd. US-Dollar. Hingegen stiegen die Einfuhren 1997 um fast 23%, was einen Überschuß von lediglich 582 Mio. US-Dollar ergab. Somit belief sich der Anteil der Ausfuhren am mexikanischen Bruttoinlandsprodukt immerhin auf etwa 28%.

NAFTA/TLC

Ende 1992 unterzeichneten die Regierungen Mexikos, der USA und Kanadas das Nordamerikanische Freihandelsabkommen (NAFTA = North American Free Trade Agreement bzw. TLC = Tratao de Libre Comercio de Amércia del Norte) und schufen damit den potentiell verbraucherstärksten Markt der Welt mit 370 Millionen Konsumenten. NAFTA, 1994 in Kraft getreten, sieht u.a. die Abschaffung der Handelsbeschränkungen, Sicherstellung des freien Wettbewerbs, Vergrößerung der Investitionsmöglichkeiten und die Förderung internationaler Zusammenarbeit im Rahmen der GATT-Vereinbarungen vor. Als praktisches Beispiel sei die Abschaffung der Importzölle für 70% der mexikanischen Ausfuhrwaren zum 1. Januar 1994 erwähnt. Mexiko verspricht sich von NAFTA den Anschluß an die Nachbarn im Norden, wo jedoch vor allem in den USA der Verlust zahlreicher Arbeitsplätze an Mexiko mit seinen niedrigen Lohnkosten befürchtet wird.

Landwirtschaft

Mexiko ist trotz der fortgeschrittenen Industrialisierung noch weitgehend agrarisch geprägt. Die mexikanische Landwirtschaft beschäftigt etwa 23% der Arbeitskräfte, die nur etwas über 8% des Bruttoinlandsprodukts erwirtschaften. Die landwirtschaftlich genutzte Fläche von knapp 100 Mio. ha, ein Areal, das etwa der Hälfte der Gesamtfläche des Landes entspricht, wird zu knapp 12% als Ackerland bestellt. Hauptanbaugebiete sind die südliche Hochebene und die sich anschließenden Randgebirge des Hochlands, ferner die Küstengebiete am Pazifischen Ozean und am Golf von Mexiko.

Landwirtschaftliche Fläche und Produkte

Kleinbauern ('campesinos') bilden den größten Teil der mexikanischen Agrarbevölkerung. Die Flächen, die sie bewirtschaften, dienen weitgehend der Selbstversorgung. Dabei ist noch immer das altindianische Milpa-System auf Mais, Bohnen und einigen Früchten verbreitet. Hacendados und moderne Agrarunternehmen bestimmen demgegenüber die Produktion von Marktfrüchten. Eine Agrarreform, die in den dreißiger Jahren aufgrund des Reformgesetzes von 1917 durchgeführt wurde und in einer zweiten Phase in den siebziger Jahren zum Abschluß kam, erfaßte immerhin 59% der Agrarfläche und 74% der landwirtschaftlichen Betriebe. Heute gibt es in Mexiko drei Eigentumsformen in der Landwirtschaft: Kleinbesitz (bis 5 ha Betriebsfläche), Mittel- und Großbesitz (über 5 ha) und der 'ejido', eine Form von Gemeinschaftseigentum, bei dem Grund und Boden dem Staat gehören, aber unter einer Gruppe von Mitgliedern ('ejidatarios') zur Nutzung verteilt sind oder genossenschaftlich bewirtschaftet werden. Das Eigentumsrecht des Staates ruht, solange ordnungsgemäß bewirtschaftet wird. Allerdings wurde das 'ejido'-System 1991 insofern radikal revidiert, als der Ejidatario nun das Recht hat, sein Land zu verkaufen oder zu verpachten, sowohl an In- als auch an Ausländer.

Wirtschaft

Reichhaltiges Angebot auf den Märkten

Agavenverarbeitung in einer Tequilabrennerei

Wirtschaft

Landwirtschaftliche Fläche und Produkte (Fortsetzung)

Wichtigste Anbaukulturen für den heimischen Bedarf sind Mais und Weizen, ferner Baumwolle, Hülsenfrüchte, Kartoffeln, Gemüse, Zitrusfrüchte und Obst. In weiten Teilen des Landes ist der Anbau nur mit Bewässerung möglich. Die Bewässerungsflächen konnten bis 1995 auf über 8 Mio. ha ausgedehnt werden. Insbesondere in den Trockengebieten des Nordens kam es zu einer Vergrößerung der bewässerten Ackerflächen. In letzter Zeit ist die Vergrößerung der landwirtschaftlichen Nutzflächen durch die Kolonisation von Neuland, insbesondere in den tropischen Gebieten, angestrebt worden. Insgesamt wurde seit 1950 die verfügbare landwirtschaftliche Nutzfläche um ca. 20% erweitert.

Agrarimport und -export

Trotz Trockenheit und einer Kältewelle im Dezember konnte 1997 ein leichter Überschuß in den Ausfuhren gegenüber den Einfuhren erzielt werden. Der weitaus größte Teil der Agrareinfuhren wird von der staatlichen Nahrungsmittelgesellschaft CONASUPO (Compañia Nacional de Subsistencia Populares) abgewickelt. Wichtigstes Lieferland für Grundnahrungsmittel sind die Vereinigten Staaten. Bohnen kommen häufig aus südamerikanischen Staaten, Ölsaaten, Milch und Milchprodukte werden größtenteils aus westlichen Industrieländern bezogen. Die für den Export bestimmten landwirtschaftlichen Produkte, in erster Linie Kaffee, Baumwolle, Tomaten, Gurken, Kürbisse, Avocados und andere Gemüse, Zitrusfrüchte, Erdbeeren, Äpfel, Tabak und Tequila werden vorwiegend auf Ländereien privater Großgrundbesitzer erzeugt. So produzieren nur rund 15% aller landwirtschaftlichen Betriebe drei Viertel der vermarkteten Produkte, während die restlichen Betriebe vorwiegend auf Selbstversorgung ausgerichtet sind. Zunehmend spielt der Export in die USA eine Rolle. Heute werden hochwertige landwirtschaftliche Güter unter Einsatz amerikanischen Kapitals produziert und vermarktet.

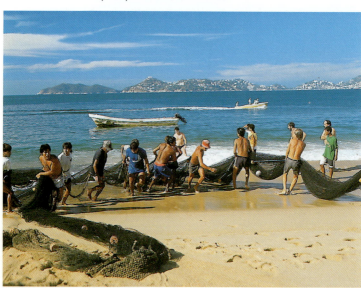

Traditionelle Fischerei bei Acapulco

Der Export von Fleisch hat sich in den letzten Jahren ebenfalls günstig entwickelt. Der Inlandsbedarf konnte zu einem höheren Prozentsatz aus eigener Produktion gedeckt werden, so daß auch Vieh in zunehmendem Maße in die USA exportiert wird. 1997 brachte eine Rekordernte von Zucker, so daß ein Teil davon exportiert werden konnte.

Agrarimport und -export (Fortsetzung)

Die mexikanische Forstwirtschaft leidet allgemein unter dem Mangel an Produktivität. Der Raubbau in den tropischen Regenwäldern des Südens, vor allem in Chiapas, nimmt beängstigende Formen an.

Forstwirschaft

Mexiko könnte mit mehr als 9 000 km Küste eine der führenden Fischfangnationen der Erde sein. Veraltete Boote und umständliche bürokratische Regelungen verhinderten bis vor kurzem jeden Aufschwung, doch hat die in den vergangenen Jahren unternommene Modernisierung der Flotte bereits Erfolge gezeigt. Wichtige Ausfuhrprodukte sind Garnelen, Thunfisch, Sardellen und Sardinen.

Fischerei

Bergbau, Erdölwirtschaft und Energie

Mexiko ist im weltweiten Vergleich ein bedeutendes Bergbauland. Es besitzt zahlreiche Vorkommen an mineralischen Bodenschätzen. Wegen teilweiser Preisrückgänge mußten einige Minen in den letzten Jahren stillgelegt werden. Hingegen konnte 1997 die Mineralienproduktion um etwa 4 % gesteigert werden. Nach wie vor ist Mexiko in der Welt führend im Abbau von Silber, Celestit und Wismut. Von großer Bedeutung ist auch die Produktion von Flußspat Graphit, Barit, Blei, Kupfer, Arsen, Zink Kadmium, Molybdän, Salz u.a.m.

Bergbau

Mexiko förderte im Jahre 1997 täglich 3,02 Mio. barrel (1 barrel = 159 l) Rohöl. Die sicheren, erdgaseinschließenden Reserven wurden Ende 1997 auf 50,8 Mrd. barrels geschätzt. Mindestens 75 % des Erdöls werden durch Offshore-Bohrungen im Golf von Mexiko gefördert; den Rest liefern die Ölfelder von Veracruz, Tabasco und Chiapas.
Noch 1982 konnte Mexiko aufgrund seiner Erdölexporte fast 16 Mrd. US-Dollar einnehmen, was 74 % vom gesamten Exportwert bedeutete. Die stark gefallenen Ölpreise, aber auch die gewachsenen Exporte der verarbeitenden Industrie haben diesen Anteil auf unter 9 % sinken lassen. Hingegen lieferte PEMEX 1997 immer noch etwa 38 % der gesamten Staatseinnahmen. Im gleichen Jahr wurden durch Erdölexporte 9,66 Mrd. US-Dollar (für 1,74 Mio. barrels/täglich) erzielt. Mindestens 75 % des Erdöls geht an die USA; den Rest teilen sich Spanien, Japan und Israel sowie Zentralamerika. Da die Ölpreise im März 1998 auf das niedrigste Niveau der letzten 14 Jahre fielen, kalkuliert Mexiko für 1998 mit Mindereinnahmen von mindestens 2 Mrd. Dollar. Die Erdgasförderung belief sich 1997 auf 350 Mio. m^3 pro Tag.

Erdöl

Die reichen Erdölquellen des Landes wurden zu Beginn dieses Jahrhunderts von britischen, holländischen und nordamerikanischen Gesellschaften erbohrt. Bereits in den zwanziger Jahren rückte Mexiko zum zweitgrößten Erdölexporteur der Welt auf. Das Land hatte allerdings selbst keine Kontrolle über sein Erdöl. Erst 1938 verkündete Präsident Lázaro Cárdenas die Nationalisierung der Erdölindustrie. Wenig später kam es zur Gründung des staatlichen Erdölkonzerns Petrólios Mexicanos (PEMEX), der seither Mexikos Energiepolitik dominiert. Die Verstaatlichung der Erdölwirtschaft war Eckpfeiler der mexikanischen Außenpolitik. Nach einer vertraglichen Einigung mit den Betroffenen Anfang der vierziger Jahre mußte die Regierung dafür Entschädigungen zahlen. 1982 überreichte Finanzminister Antonio Ortiz Mena den letzten Scheck an die ehemaligen britischen Eigner.

Verstaatlichung der Erdölindustrie

Wirtschaft

Ölboom und Krise

Längst verflogen ist allerdings der Erdölrausch der späten siebziger Jahre, von dem die Mexikaner sich enorme Entwicklungsimpulse erhofft hatten. Öl sollte die finanzielle Basis für die Entwicklung einer Industrie sein, die das Land nicht nur auf mittlere Sicht von Armut und Arbeitslosigkeit befreit, sondern auch für die Zeit nach dem Öl für genügend Jobs und Einkommen sorgt.

Tatsächlich bestand für Mexiko, nachdem Mitte der siebziger Jahre die neuen, alle Erwartungen übertreffenden Erdölquellen angebohrt wurden, die Chance, dank dieses Reichtums den entscheidenden Entwicklungsschritt tun zu können. Zwar stieg das Land zu den größten Erdölexporteuren der Welt auf, aber das qualitative Umsetzen von Petrodollars in Entwicklung fand nur teilweise statt.

Seit 1982, als die Schuldenkrise die Wirtschaftsentwicklung Mexikos zu bestimmen begann, mußten der Staat und seine Erdölgesellschaft PEMEX zurückstecken. Vor dem Ölboom 1970 kürzte der Staatskonzern im Rahmen der allgemeinen Sparmaßnahmen sein Investitionsprogramm erheblich. Das Absacken der Ölpreise zog Einschränkungen nach sich. 1970, vor dem Ölboom, förderte Mexiko lediglich 429 000 barrel Rohöl pro Tag. Damit konnte das Land nur einen Teil des Eigenbedarfs decken. 1981, am Höhepunkt des Booms, wurden 2,7 Mio. barrel täglich gefördert. Davon flossen 1,6 Mio. barrel in den Export.

Die PEMEX, 1988 mit über 210 000 Beschäftigten, war bis dahin nicht nur das offizielle Aushängeschuld Mexikos, sondern auch ein überbürokratisierter und korrupter Koloß, dessen Produktivität im internationalen Vergleich an letzter Stelle stand. Einen Staat im Staate bildete die PEMEX-Gewerkschaft mit ihren korrupten Führern, die sich ein eigenes politisches und wirtschaftliches Imperium aufgebaut hatte. 1989 ließ Salinas de Gortari das Gewerkschaftshauptquartier in Tampico von Armee und Polizei besetzen und die Bosse verhaften. Nach einem von der PEMEX verschuldeten Explosionsunfall in Guadalajara im April 1992, bei dem nach offiziellen Angaben 200 Menschen starben und 1150 Wohnungen, 450 Geschäfte und 600 Autos zerstört wurden, leitete man eine Reorganisation der Monopolgesellschaft in die Wege. Demnach wird die PEMEX-Holdinggesellschaft in vier begrenzt autonome Untergesellschaften für Prospektion und Förderung, Raffinierung, Erdgas und basische Petrochemikalien sowie sekundäre Petrochemie unterteilt. An letzterer können sich seit 1992 theoretisch auch Ausländer legal beteiligen, was aber bis Anfang 1998 nicht möglich war. So bleiben weiterhin die Hauptschwächen der PEMEX bestehen: Unterkapitalisierung, mangelnde Produktivität, unzureichende Raffineriekapazität und ein relativ hoher Schuldenstand.

Energiewirtschaft

Die Energieversorgung ist vorwiegend in den Händen der staatlichen Comisión Federal de Electricidad (CFE). Etwa 85% der gesamten Erzeugung wird aus fossilen Brennstoffen gewonnen, wobei Erdöl und Erdgas mit etwa 75% gegenüber der Kohle dominieren. Der Rest entfällt auf Wasserkraft. Das einzige mexikanische Atomkraftwerk, Laguna Verde bei Veracruz, befindet sich seit 1987 mit einem Reaktor in der Testphase. Das Projekt ist höchst umstritten wegen der immensen Kostensteigerung von der Planung bis zur Fertigstellung und des geringen Anteils an der Stromerzeugung (3%) sowie wegen Sicherheitsbedenken: Es steht 18 km entfernt von einem noch tätigen Vulkan.

Industrieentwicklung

Industrielle Zentren

Als Folge der Expansion des Erdölsektors Anfang der achtziger Jahre kam es auch zu einer beschleunigten Industrialisierung. 1997 beschäftigte dieser Sektor schon über neun Millionen Menschen, von

Wirtschaft

denen mehr als die Hälfte noch immer in den Großräumen von Mexiko-Stadt und Monterrey (N.L.) konzentriert ist. Als wichtige Industriestädte gelten außerdem Guadalajara, Querétaro, Toluca, San Luis Potosí, Saltillo und die Grenzstädte im Norden.

Industrielle Zentren (Forts.)

Neben Raffinerien und umfangreicher petrochemischer Industrie haben sich insbesondere die Schwerindustrie, der Fahrzeugbau und in den letzten Jahren die Fertigung elektrischer und elektronischer Geräte entwickelt. Die Stahlproduktion betrug 1997 14 Mio. t und stand damit an vierzehnter Stelle in der Welt. Die Stahlausfuhr machte im gleichen Jahr etwa 5,2 Mio. t aus. Zu den größten und modernsten Stahlwerken zählt Lázaro Cárdenas-Las Truchas (Sicartsas) an der Pazifikküste, das Ende 1991 privatisiert wurde.

Petrochemische und Schwerindustrie

Die Automobilindustrie spielt seit 1960 eine bedeutende Rolle. Von ihr gehen zahlreiche Zuliefereffekte auf Produktionsbereiche wie Stahlerzeugung und Gummiindustrie aus. Die Wirtschaftskrise zwischen 1982 und 1988 brachte der Branche jedoch einen schweren Einbruch. Erst 1989 war ein neuerlicher Aufschwung zu verzeichnen; 1992 wurde erstmals die Grenze von einer Million verkaufter Fahrzeuge überschritten. Der durch die Peso-Abwertung verursachte Kaufkraftverlust wirkte sich auf den inländischen Markt katastrophal aus. Nur durch gestiegene Exporte konnten die Produktionszahlen 1995 einigermaßen gehalten werden. Insgesamt wurden 1997 1,3 Mio. Personen- und Nutzfahrzeuge hergestellt, was eine Rekordzahl darstellt. Auch der Inlandsabsatz erhöhte sich um 49% auf rund 495 000 Einheiten. Auf dem Pkw-Sektor lag General Motors mit etwa 83 000 Fahrzeugen an der Spitze, gefolgt von Volkswagen, Nissan, Ford und Chrysler. Von dem in Puebla produzierten neuen VW-Käfer sollen 120 000 Stück im Jahr hergestellt werden, 110 000 für den Export.

Automobilindustrie

Feierabend bei VW de México in Puebla

Wirtschaft

Weitere Industrien

Die Herstellung von Nahrungsmitteln ist ein weiterer wichtiger Industriezweig. Besonders günstig entwickelte sich die Erzeugung von Fleischwaren, Fischkonserven, Zuckerprodukten und Getränken. Der Bau einer Milchpulverfabrik, die Errichtung von Ölmühlen sowie der Anlagenausbau in der Zuckerindustrie verringerten bisherige Einfuhren in diesem Sektor beträchtlich.
Weitere bedeutsame Zweige sind das Textilgewerbe, die chemische Industrie, der Maschinenbau, das Papier- und Druckgewerbe sowie die feinmechanische Industrie.

Ausländische Investitionen

Hauptsächlich US-amerikanische Firmen haben in Mexiko verstärkt Tochterfirmen errichtet und dorthin lohnintensive Fertigungsstufen verlegt. Durch die Abwertung im Dezember 1994 und danach hat sich die Spanne zwischen dem Durchschnittslohn des amerikanischen bzw. des deutschen Arbeitnehmers und der des mexikanischen Kollegen erweitert und wird auf ein Zehntel bzw. ein Fünfzehntel geschätzt.

Ende 1997 beliefen sich die ausländischen Gesamtinvestitionen (ohne Geldmarkt und Börse) auf rund 66 Mrd. US-Dollar (1997 gab es mit 12,1 Mrd. US-Dollar die höchste Direktinvestition überhaupt). Davon stammten etwa 64% aus den Vereinigten Staaten, 6,5% aus Großbritannien, ca. 6% aus Deutschland, jeweils etwa 4,5% aus der Schweiz und Frankreich und über 4% aus Japan. Der Rest verteilt sich hauptsächlich auf Spanien und die Niederlande. Der Schwerpunkt der deutschen Investitionen liegt in der Kraftfahrzeug- und in der Elektroindustrie, im Maschinen- und Apparatebau wie auch in der chemisch-pharmazeutischen Industrie.
Von 1990 bis 1993 sind große Summen ausländischen Kapitals und mexikanische Fluchtgelder an die Börse geströmt, die enorme Gewinne erzielte. 1994, 1995 und 1996 gab es herbe Verluste an der mexikanischen Börse, während 1997 weltweit Rekordgewinne zu verzeichnen waren. Man schätzt, daß heute weit mehr als 20% der Aktientitel und 80% des Handels in ausländischen Händen liegen. Das neue Auslands-Investitionsgesetz von 1994 hat weitere Schranken beseitigt.

Maquiladoras

Wesentlich beteiligt an der jüngeren Industrieentwicklung Mexikos waren die sogenannten Maquiladoras, die Lohnveredelungsbetriebe entlang der Grenze zu den Vereinigten Staaten. Dort lassen vorwiegend US-amerikanische, aber auch japanische und mexikanische Firmen Textilien, Haushalts- und Elektronikgeräte, Fahrzeugteile und Maschinen fertigen und profitieren von den niedrigen Löhnen des Landes. Die internationalen Produktions- und Montagebetriebe, die für den Export bzw. Rückexport von Fertigerzeugnissen arbeiten, können Maschinen und Anlagen sowie einen Großteil der Rohstoffe, Halbwaren und Teile zollfrei importieren. Dazu kommen weitere finanzielle und steuerliche Vergünstigungen, insbesondere in der 200-km-Zone südlich der Grenze zu den USA.

Die Veredlungsindustrie war 1997 wie in den Vorjahren der dynamischste Industriezweig in Mexico. Ihr Bruttoerlös belief sich auf rund 42 Mrd. US-Dollar. Im Januar 1998 gab es etwa 3800 Betriebe mit einer Million Beschäftigten. Sie ist mit ihren Nettoerlösen nach Erdöl der größte Devisenbringer Mexikos. Wichtigste Standorte der Maquiladoras sind Ciudad Juárez, Tijuana, Mexicali, Chihuahua, Matamoros, Reynosa, Nuevo Laredo und Nogales. Auch der mexikanische Arbeitsmarkt geriet durch die Maquiladoras in Bewegung: Arbeitslose wanderten jetzt aus dem ganzen Land in die Grenzregionen; als Folge des NAFTA-Abkommens werden solche Betriebe verstärkt auch im Landesinneren gegründet.

Wirtschaft

Der Ausbau der Industrie ging allerdings sehr zu Lasten der Umwelt. Verursacher der Umweltschäden sind insbesondere Kraftfahrzeuge, Zementwerke, Ölraffinerien, Wärmekraftwerke, metallurgische Betriebe, Zellstoff- und Papierfabriken sowie chemische Fabriken. Die Verschmutzung in den neuen Industrieregionen, besonders im Norden, hat große Schäden angerichtet.

Umweltprobleme

Die Luft- und Wasserverschmutzung in Mexiko-Stadt weist einer Studie der Vereinten Nationen von 1985 zufolge durchschnittlich das 20fache der entsprechenden Werte von New York auf. Nur 15% der ca. 30 000 umweltbelastenden Betriebe in der Hauptstadtregion verfügen über irgendwelche Umweltschutzanlagen. Durch die zusätzlichen Abgase von 3,5 Millionen Autos ist die einstmals vielgepriesene saubere Luft der Hauptstadt hoffnungslos verpestet. Als Tourist wird man mit tränenden Augen und einem Husten davonkommen, doch besonders die einheimischen Kinder bekommen die Folgen zu spüren: 80% gelten als mehr oder weniger krank.

Ein besonders erschreckendes Beispiel für die Folgen ungehemmten industriellen Wachstums ist die Region um die Hafenstadt Coatzacoalcos (Ver.) am Golf von Mexiko. Die jahrelange, ungehinderte Verschmutzung des gleichnamigen Flusses, des Meeres und der Luft durch die petrochemische Industrie und durch Pestizide hat zum Aussterben von Vogel-, Fisch-, Insekten- und Pflanzenarten geführt. Zugvögel meiden die Gegend ebenso wie die Meeresschildkröten. Die Zahl der Salmonellenvergiftungen durch Trinkwasser und der Infektions- und Augenkrankheiten steigt in hohem Maße.
Auch die Maya-Stätten auf der Halbinsel Yucatán werden durch den sauren Regen zunehmend in Mitleidenschaft gezogen.

Tourismus

Mexiko ist eines der wichtigsten Fremdenverkehrsländer der Welt. So hat die UNESCO neunzehn mexikanische Stätten zum Weltkulturerbe erklärt, mehr als in jedem anderen Land der Erde.
Die Abwertung des Peso 1995/96 hatte einen kleiner als erwarteten Zuwachs ausländischer Besucher gebracht. 1997 kamen 22,7 Mio. Touristen (die mindestens eine Nacht im Lande verbrachten) nach Mexiko. Sie ließen 7,3 Mrd. US-Dollar im Lande. Mexiko kann zur Zeit nicht mehr als sehr preisgünstiges Reiseziel bezeichnet werden. Das bedeutendste Herkunftsland der Touristen sind nach wie vor die Vereinigten Staaten von Amerika, aus denen rund 85% der Gäste kamen. Lateinamerikanische Besucher sind mit einem Anteil von ca. 6% vertreten, Kanadier und Europäer mit je 5%. Aus dem deutschsprachigen Raum kamen etwa 250 000 Besucher, wovon ca. 65% auf Deutsche, etwa 20% auf Schweizer und rund 15% auf Österreicher entfielen. Von allen Besuchern reisten rund zwei Drittel auf dem Luftweg und ein Drittel auf dem Landweg nach Mexiko.
In der Tourismusbranche sind über 3 Mio. Menschen beschäftigt. Das entspricht in etwa einem Achtel der Erwerbsbevölkerung. Dieses Achtel erwirtschaftet etwa 2% des Bruttoinlandsprodukts. Das Land Mexiko bietet seinen Besuchern 9000 Hotels mit über 364 000 Zimmern und liegt damit immerhin an achter Stelle in der Welt.

Neue Impulse erhofft man sich von der Zusammenarbeit mit den mittelamerikanischen Nachbarstaaten El Salvador, Honduras, Belize und Guatemala im Projekt 'La Ruta Maya' (1993 eröffnet). Durch die 'Straße der Maya' sollen die historischen Stätten dieser Länder unter Wahrung ökologischer Gesichtspunkte besser erschlossen werden.

Ruta Maya

Wirtschaft

Urlaubermagnet: Hotelanlage in Cancún

Wirtschaftskrise 1995 und 1996

Durch den überbewerteten Wechselkurs des Pesos gegenüber dem Dollar 1994 kam es zu einem konsumorientierten Exportboom und daher zu einem Bilanzdefizit, das mit kurzfristigen US-Dollar-Schuldverschreibungen (Tesobonos) finanziert wurde.
Mexikos Bruttoinlandsprodukt verlor 1995 fast 7% und stürzte das Land in die kritischste Phase der letzten 80 Jahre. Schwer belastet durch die Abwertung und die hohen Inlandszinsen, mußten Tausende von Betrieben schließen und etwa 1,5 Mio. Beschäftigte entlassen werden. Der Mittelstand ist am stärksten betroffen.
Dank der 1995 eingeleiteten Finanzhilfe der USA, des Internationalen Währungsfonds und der Weltbank im Gesamtrahmen von ca. 50 Mrd. US-Dollar, kam es zu einer Umschuldung, die eine Zahlungsunfähigkeit des Staates verhinderte. Dafür mußten die Erlöse der mexikanischen Ölausfuhren praktisch verpfändet und im Inland ein radikaler Sparkurs eingeführt werden. Im April 1995 wurden die Mehrwertsteuer (IVA) um 50%, Strom, Gas, Benzin und die Tarife der öffentlichen Verkehrsmittel extrem heraufgesetzt. Durch diese Maßnahmen und eine starke Abwertung des Pesos konnte 1995 ein erheblicher Überschuß in der Handelsbilanz und eine fast ausgeglichene Leistungsbilanz erzielt werden. 1996 konnte man einen Zuwachs des Bruttoinlandsprodukts von 5,1% verzeichnen. Die Inflationsrate fiel.

Entwicklung 1997 und 1998

Durch Verbesserung der wirtschaftlichen Lage entstanden zwischen August 1995 und April 1997 1,1 Mio. neue Arbeitsplätze. Von 1995 bis 1997 mußte der Staat Schulden in Millionenhöhe übernehmen, um einen Bankenkrach zu verhindern. Der Übernahmebetrag erreichte zeitweise 14% des jährlichen Inlandsprodukts. Es formierte sich die Schuldnerorganisation 'El Barzón', die sich weigerte, ihre Kredite zurückzuzahlen und bis heute für Unruhe sorgt. – Für 1998 erwartet man einen Anstieg des BIP unter 5%. Mitte März 1998 beliefen sich die Netto-Devisenreserven des Landes auf 21,61 Mrd. US-Dollar.

Geschichte

Vor- und Frühgeschichte (um 40 000 – 5000 v. Chr.)

Das vorübergehende Absinken des Meeresspiegels in den pleistozänen Eiszeiten ermöglicht es asiatischen Menschen und Tieren schon mindestens um 50 000 v. Chr., über die breite Bering-Landbrücke den amerikanischen Doppelkontinent zu erreichen. Diese sogenannten Paläo-Indianer ziehen als Jäger und Sammler nach Süden und gelangen, wie man heute vermutet, um 10 000 v. Chr. nach Feuerland an der Südspitze Amerikas.

Erste Spuren von Menschen in Lateinamerika. Bei El Cedral im Bundesstaat San Luis Potosí wurden bearbeitete Knochen und Steine gefunden.	Um 29 000 v. Chr.
Erste Siedlungsspuren in Mexiko (Tlapacoya); Jäger- und Sammlerkultur, die sich innerhalb der folgenden 10 000 Jahre kaum weiterentwickelt. Die Fauna umfaßt Mammut, Riesengürteltier und stammesgeschichtliche Vorfahren von Bison und Kamel.	Um 20 000 V.Chr.
Tepexpan-Mensch, ältester anthropologischer Fund in Mexiko.	Um 10 000 v. Chr.
Erste Spuren von Feldfrüchten (Kürbis, Avocado, Chili-Pfeffer, Baumwolle) im Tal von Tehuacán.	Um 7000 v. Chr.

Archaische Periode (5000 – 1500 v. Chr.)

Es entstehen größere Dauersiedlungen und damit die Grundlage für die präkolumbischen Hochkulturen. Beginn von Maisanbau.	Um 5000 v. Chr.
Die ersten Siedlungsgemeinschaften entstehen. Bäuerliche Arbeitsmethoden und handwerkliche Verfahren werden verfeinert, die um 2500 v. Chr. die ersten Obsidianklingen und die früheste Figurkeramik hervorbringen.	Um 3000 v. Chr.
Die erste Maya-Stätte entsteht in Cuello (Belize).	Um 2000 v. Chr.
Kulturblüte der Olmeken.	1200 – 400 v. Chr.
Monte Albán I	800 v. Chr.
Erstes nachweisbares Auftreten der Maya in Mexiko.	500 v. Chr.
Gründung von Teotihuacán.	200 v. Chr.
Stele C von Tres Zapotes (frühestes datiertes Zeugnis der Olmekenkultur).	31 v. Chr.

Klassische Periode (200 n. Chr. – 900 n. Chr.)

Mexikanische Hochkulturen erreichen den Höchststand ihrer Entwicklung. Obwohl Zug- und Tragtiere sowie Metallwerkzeuge unbekannt sind und das Rad nicht als technisches Hilfsmittel eingesetzt wird, entstehen großartige Leistungen auf den Gebieten der Architek-

Geschichte

Klassische Periode (Fortsetzung) — tur, Bildhauerei, Keramik, Malerei und der Schmuckherstellung. Astronomie und Mathematik entwickeln sich zu höchstem Niveau.

Um 400 — Beginn des Aufstiegs der Stadt El Tajín.

Nachklassische Periode (900–1521)

Aus dem Norden beginnen 'barbarische' Stämme nach Zentralmexiko einzudringen. Die Priesterherrscher, die bisher fast unumschränkte Macht besessen haben, werden immer mehr von der Kaste der Krieger verdrängt. Im kultischen Leben spielen Menschenopfer eine große Rolle. Der enorme kulturelle Aufschwung der klassischen Zeit kommt zum Stillstand; die bildenden Künste zeigen eine Vergröberung des Stils; die Metallbearbeitung breitet sich aus.
Die spanische Conquista setzt den Indianerkulturen ein Ende.

Um 900 — Verfall der Städte im zentralen Siedlungsgebiet der Maya.

968 — Gründung der Toltekenstadt Tollan (Tula).

1000–1200 — Blütezeit von Chichén Itzá.

1175 — Untergang von Tollan (Tula).

Um 1300 — Beginn der Einwanderung von Azteken.

Um 1350 — Gründung der Aztekenhauptstadt Tenochtitlán an der Stelle des heutigen Mexiko-Stadt.

Um 1450 — Ende der nachklassischen Maya-Kultur (Fall von Mayapan).

1492 — Entdeckung der Neuen Welt durch Christoph Kolumbus (Cristóbal Colón).

1512 — Erste Kontakte spanischer Seefahrer mit Maya-Indianern an der Küste von Yucatán. Gonzalo Guerrero und der Priester Jerónimo de Aguilar bleiben als Gefangene der Indianer zurück.

1517–1518 — Die Konquistadoren Hernández de Córdoba und Juan de Grijalva erkunden die Küste Yucatáns und den Golf von Mexiko.

1519 — Der vierunddreißigjährige Hernán Cortés segelt ohne Erlaubnis des Gouverneurs von Kuba, Diego de Velásquez, mit elf Schiffen, 100 Matrosen und 508 Soldaten von Kuba nach Südwesten. Nach einer Zwischenlandung auf der karibischen Insel Cozumel befreit er Jerónimo de Aguilar, der ihm von nun an als Dolmetscher wertvolle Dienste leistet. Cortés umsegelt die Halbinsel von Yucatán und landet an der Küste von Tabasco, die er nach einem Gefecht mit den Maya wieder verläßt. In seiner Begleitung befindet sich die Indianerin Malinche (Malintzin; 1500–1565?), von den Spaniern auf den Namen 'Marina' getauft, die ihm in der Folgezeit als Beraterin und Dolmetscherin große Dienste leistet.
In der Nähe der heutigen Stadt Veracruz empfängt Cortés die Boten des Aztekenherrschers Moctezuma II. ('Der zürnende Fürst', meist Montezuma), die feststellen sollen, ob es sich bei Cortés und seinen Männern um den wiederkehrenden Gottkönig Quetzalcóatl und sein Gefolge handelt.
Viele der von den Azteken tributpflichtig gemachten Stammesfürsten bieten Cortés ihre Unterstützung an. Nach der Gründung der Stadt

Geschichte

Moctezuma II. empfängt Cortés und Malinche

Villa Rica de la Vera Cruz rücken die Spanier in Richtung auf die Aztekenhauptstadt Tenochtitlán vor und erobern Cholula, wo sie ein Massaker unter der Bevölkerung anrichten und den Tempel des Quetzalcóatl zerstören. Kurz nachdem sie in der Hauptstadt von Moctezuma II. als Gäste empfangen worden sind, nehmen sie diesen gefangen.

1519 (Fortsetzung)

Im Auftrag des Gouverneurs von Kuba trifft Pánfilo de Narváez in Veracruz ein, um Cortés wegen seiner Unbotmäßigkeit zur Rechenschaft zu ziehen. Dieser läßt Pedro de Alvarado mit 80 Mann in Tenochtitlán zurück, eilt an die Küste und besiegt Narváez am 29. Mai bei Zempoala. Cortés kehrt nach Tenochtitlán zurück, wo in seiner Abwesenheit Pedro de Alvarado und seine Männer zweihundert Angehörige der aztekischen Oberschicht umgebracht haben. Ein Aufruhr gegen die Spanier ist die Folge; Moctezuma wird für abgesetzt erklärt und Cuitláhuac zu seinem Nachfolger bestimmt. Dieser stirbt jedoch schon drei Monate später an den Pocken, und ihm folgt der unbeugsame Cuauhtémoc ('Herabstürzender Adler') als letzter Aztekenherrscher. Moctezuma wird am 27. Juni getötet. Bis heute ist nicht geklärt, ob er von den Spaniern oder von seinen eigenen Landsleuten ermordet wurde. Am 30. Juni verlassen die Spanier unter großen Verlusten die Stadt ('Noche triste'). Wenig später besiegt Cortés bei Otumba eine starke Streitmacht der Azteken. Bei den verbündeten Tlaxcalteken ruhen sich die Spanier aus und bereiten sich auf die Belagerung von Tenochtitlán vor.

1520

Am 13. August erobern die Spanier und ihre indianischen Verbündeten Tenochtitlán und zerstören es; Cuauhtémoc wird gefangengenommen. Drei Jahre später nimmt ihn Cortés auf seine Expedition nach Honduras mit und läßt ihn 1525 unter dem Vorwurf des Verrats hinrichten.

1521

Geschichte

Spanische Kolonialherrschaft (1522–1821)

Im Auftrag der spanischen Krone herrscht Cortés zunächst als Gouverneur und Oberkommandeur ('Capitán general') über die nun so benannte Kolonie Neuspanien. Von 1527 bis 1535 regiert eine starke 'Audiencia' (Militär- und Zivilgerichtsbarkeit) das Land. Danach, bis zum Ende der Kolonialzeit, verwalten die von der Krone eingesetzten Vizekönige die Besitzungen.

Nach der fast vollständigen, oft gewaltsamen Christianisierung der einheimischen Bevölkerung setzt die erste Phase der Vermischung indianischer, iberischer und afrikanischer Rassen ein. Europäische Getreidesorten werden angebaut und die Viehwirtschaft eingeführt. Die Ausbeutung der Silberminen wird zu einer Haupteinnahmequelle des Mutterlandes.

1522	Cortés läßt das völlig zerstörte Tenochtitlán als künftige Kolonialhauptstadt mit dem Namen 'México' wieder aufbauen. Kaiser Karl V. setzt Cortés als Gouverneur für Neuspanien ein.
1522–1524	Cortés und seinen Unterführern gelingt es, fast alle von den Azteken beherrschten Gebiete bis nach Honduras und San Salvador zu erobern. 1523 treffen die ersten drei und 1524 zwölf weitere Franziskanermönche in Mexiko ein und beginnen im Land zu missionieren und Klöster zu errichten. Verdienten spanischen Söldnern werden sogenannte 'Encomiendas' zugeteilt, ausgedehnte Ländereien mit Indianerdörfern. Nach dem Gesetz sollen ihre Besitzer die Indianer nicht ausbeuten, sondern beschützen und zum Christentum bekehren, was aber häufig nicht befolgt wird. Obwohl die 'Encomiendas' bereits 1542 formal abgeschafft sind, bleiben sie zum Teil bis Anfang des 18. Jh.s bestehen.
1526	Dominikanermönche kommen nach Neuspanien und lassen sich vorwiegend im Süden, im Lande der Mixteken und Zapoteken, nieder. Später nehmen auch Augustiner und Jesuiten ihre Missionstätigkeit auf und christianisieren innerhalb eines Jahrzehnts Millionen von Eingeborenen. Obwohl sie die vorkolumbischen Denkmäler konsequent vernichten und die alten Riten untersagen, studieren sie die Indianersprachen und zeichnen Lebensweise und Gebräuche der Ureinwohner auf. Sie errichten Spitäler und Bewässerungssysteme, unterrichten die Indianer in europäischen Handwerks- und Landwirtschaftstechniken und schützen sie vor Übergriffen der Soldaten und Siedler. Zu nennen sind die Bischöfe Juan de Zumárraga, Vasco de Quiroga, Diego de Landa (der aber auch Tausende unersetzlicher Maya-Handschriften verbrennen ließ) und der Abt Bernardino de Sahagún, die z. T. historisch äußerst wichtige Aufzeichnungen niederschreiben. Bartolomé de las Casas (1474–1566), der 'Apostel der Indianer', setzt sich besonders vehement für die Eingeborenen ein und erwirkt bei Kaiser Karl V. Gesetze zum Schutz der Indianer (1542). Nach 1555, als die spanische Krone im Land mehr Entscheidungsgewalt gewinnt, werden die Rechte und die Handlungsfreiheit der Ordensmissionare mehr und mehr beschnitten und ihre Arbeit der Kontrolle der Bischöfe unterstellt.
1527	Cortés reist nach Spanien, um sich gegen Beschuldigungen wegen seiner Herrschaft in Mexiko zur Wehr zu setzen. Er verliert seinen Gouverneursposten, erhält aber den Titel 'Marqués del Valle de Oaxaca'. Die Macht über Neuspanien geht auf die Audiencia über, eine fünfköpfige Kommission, der Verwaltung und Gerichtsbarkeit unterstellt sind.

Geschichte

Der entmachtete Cortés kehrt nach Mexiko zurück und unternimmt mehrere wenig erfolgreiche Schiffsexpeditionen entlang der pazifischen Küste. Gleichzeitig erobert Nuño Beltrán de Guzmán einige Küstenregionen am Pazifik, u. a. das Gebiet des heutigen Bundesstaates Jalisco. Hingegen gelingt es Francisco de Montejo nicht, die sich erbittert zur Wehr setzenden Maya in Yucatán zu unterwerfen. Erst zehn Jahre später hat sein gleichnamiger Sohn hier Erfolg. — 1530

Dem Indianer Juan Diego soll am 12. Dezember auf dem Hügel von Tepeyac die Muttergottes erschienen sein. Als dunkelhäutige 'Nuestra Señora de Guadalupe' wird sie zur Schutzherrin der Indianer Mexikos. — 1531

Kaiser Karl V. ernennt Antonio de Mendoza zum ersten Vizekönig von Neuspanien. Verwaltungsmäßig sind ihm auch die Antillen und die Philippinen unterstellt. Auf mexikanischem Boden ist der Vizekönig die höchste Instanz der Verwaltung und Gerichtsbarkeit sowie stellvertretender Schutzherr der Kirche und oberster Befehlshaber der Streitkräfte. Bis zur Unabhängigkeit Mexikos (1821) regieren 62 Vizekönige das Land. Neuspanien wird in Provinzen unterteilt, die von Generalgouverneuren geleitet werden. Die höchste Autorität über die neuen Kolonien verbleibt beim König, dem ein Rat für koloniale Angelegenheiten beratend zur Seite steht. Hauptaufgabe der neuen Verwaltung in Mexiko ist es, die absolute königliche Gewalt zu sichern, wirtschaftlichen Nutzen aus dem Land zu ziehen sowie die Eingeborenen zu bekehren und zu schützen. Zu diesem Zweck werden 1542 besondere Indianergesetze erlassen, deren Anwendung jedoch nur begrenzt durchgesetzt wird. — 1535

Eroberungszüge der Konquistadoren Ponce de León, Pánfilo de Narváez (Florida), Álvaro Nuñez Cabeza de Vaca (Texas und Neumexiko), Hernán de Soto (vom Atlantik bis zum Mississippi) und Francisco Vázquez de Coronado (vom Golf von Mexiko bis nach Kansas) führen zur Ausdehnung des spanischen Machtbereiches.
Die ersten afrikanischen Sklaven werden nach Neuspanien verbracht. — 1535–1565

Hernán Cortés stirbt in Spanien in der Nähe von Sevilla als einsamer und verbitterter Mann. — 1547

In Mexiko-Stadt wird die erste Universität auf amerikanischem Boden gegründet.
Der Bergbau, vor allem auf Silber, erreicht einen ersten Höhepunkt. — 1551

Die 'Santa Inquisición', das höchste Gericht in Glaubensfragen, wird in Mexiko-Stadt eingesetzt. — 1571

Die Spanier haben ihre Herrschaft über das gesamte Festlandsgebiet des heutigen Mexiko ausgedehnt. Die indianische Bevölkerung ist vorwiegend durch von Europa eingeschleppte Krankheiten (Pocken), blutige Massaker und Fronarbeit in Bergwerken und auf den Feldern um etwa zwei Drittel dezimiert. Rund 30 % der Landesfläche sind in den Besitz der Kirche übergegangen. Es entstehen die 'Haciendas', große wirtschaftlich autarke Güter; daneben bestehen die seit vorkolumbischer Zeit bekannten 'Ejidos', landwirtschaftliche Nutzgebiete im Gemeindebesitz von Indianersiedlungen. — Um 1600

Wirtschaftlicher Niedergang Neuspaniens durch Verringerung der Silbergewinnung. — Um 1650

Die Spanier erobern Tayasal (Petén), den letzten freien Indianerstaat (Itzá-Maya). — 1697

Geschichte

Landbevölkerung im 19. Jahrhundert

1697 (Fortsetzung)	König Karl II., der letzte spanische Habsburger, stirbt. Das spanische Reich fällt an die Bourbonen, die mit wechselndem Erfolg die Kolonialpolitik reformieren.
1767	Wie in Spanien werden auch in Mexiko die Jesuiten des Landes verwiesen.
1708–1713	Indianeraufstände im Hochland von Chiapas.
Um 1800	Neuspanien erreicht seine größte Ausdehnung und ist mit rund vier Mio. km² nach Brasilien das zweitgrößte Land Amerikas. Die Bewohnerzahl wird auf 6 Millionen Menschen geschätzt (15 % Spanier, 25 % Mestizen, 60 % Indianer). Je nach Herkunft werden die Spanier in 'Gachupines' (in Spanien geboren) und 'Criollos' ('Kreolen'; in den Kolonien geboren) unterschieden; vor allem für den Staatsdienst werden die 'Gachupines' den 'Criollos' bei weitem vorgezogen. Gedankengut der Französischen Revolution und der nordamerikanischen Unabhängigkeitserklärung gelangt nach Neuspanien und läßt die Forderung nach mehr Selbständigkeit laut werden.
1803–1804	Alexander von Humboldt bereist Mexiko. Die spanische Krone beschlagnahmt Kirchenbesitz. Die 'Criollos' und weite Teile des Klerus wenden sich vom Mutterland ab.
1808	Unter Napoleon I. fallen französische Truppen in Spanien ein; Napoleons Bruder Joseph Bonaparte erhält die Krone. Neuspanien verweigert ihm die Anerkennung. Über die politischen Konsequenzen herrscht Uneinigkeit; eine kleine Gruppe sieht die Zeit für die Unabhängigkeit von Spanien gekommen, doch die Mehrheit befürwortet eine Fortführung der Regierungsgeschäfte im Sinne des gestürzten

Geschichte

spanischen Königs Ferdinand VII. Der mexikanische Vizekönig José de Iturrigaray, auf die Unterstützung der 'Criollos' rechnend, versucht sich zum König ausrufen zu lassen, wird aber von einer Gruppe von Spaniern nach Veracruz und weiter nach Spanien entführt.

1808 (Fortsetzung)

Unabhängigkeitskrieg.
Eine Gruppe von 'Criollos' unter Führung des aufgeklärten Priesters Miguel Hidalgo y Costilla aus Dolores und des nationalistischen Hauptmanns Ignacio Allende aus San Miguel leitet am 15. September mit dem 'Ruf von Dolores' ('Grito de Dolores') den ersten Volksaufstand ein unter der Devise: "¡Vivan las Américas, muera el mal gobierno, mueran los Gachupines!"

1810 – 1821

Nach militärischen Anfangserfolgen unterliegen die Aufständischen. Hidalgo und Allende werden gefangengenommen und wegen Rebellion hingerichtet. Ein zweiter Aufstand unter Führung des Priesters José Maria Morelos bricht aus.

1811

Die Aufständischen verkünden in Chilpancingo eine Unabhängigkeitserklärung. Eine künftige neue Verfassung soll die uneingeschränkte Souveränität des Volkes mit allgemeinem Wahlrecht, die Abschaffung von Sklaverei und Klassensystem sowie der Folter und der Staatsmonopole, ferner die Anerkennung des Katholizismus als Staatsreligion festschreiben.
In der Schlacht von Morelia unterliegen die Rebellen den Truppen des königstreuen Hauptmanns Agustín de Iturbide; Morelos wird 1815 gefangengenommen und in Mexiko-Stadt erschossen.

1813

Eine Revolution der 'Liberales' in Spanien zwingt Ferdinand VII., die Verfassung von Cádiz aus dem Jahre 1812 in Kraft zu setzen. Dadurch verstärken sich in Neuspanien die Unabhängigkeitstendenzen.

1820

Von der Erlangung der Unabhängigkeit bis zu den Reform- und Interventionskriegen (1821 – 1867)

Die durch Kämpfe errungene und in Verträgen zwischen den Aufständischen und den Königstreuen bestätigte Unabhängigkeit Mexikos vom Mutterland wird von Spanien erst 1836 anerkannt. Diese erste Phase des unabhängigen Mexiko, die gemeinhin bis 1857 angesetzt wird, ist geprägt von inneren Streitigkeiten, von Kriegen mit den Vereinigten Staaten von Amerika und von Einmischungsversuchen des Auslandes. Dies alles führt zur 'Guerra de la Reforma' (Bürgerkrieg), der die Intervention der um ihre finanziellen Forderungen an den mexikanischen Staat fürchtenden europäischen Mächte folgt.

General Agustín de Iturbide gelingt es, zwischen Aufständischen und Royalisten zu vermitteln. Nun unterstützt von den wichtigen Mächten des Landes, erklärt er mit dem 'Plan von Iguala' die Unabhängigkeit Mexikos. Der Vizekönig Juan O'Donojú und Iturbide unterzeichnen am 24. August den Vertrag von Córdoba, der Mexiko die nationale Souveränität gibt.

1821

Das spanische Parlament lehnt den Vertrag von Córdoba ab. Der von dem neuen mexikanischen Kongreß zum Kaiser gewählte Iturbide besteigt als Agustín I. den Thron.

1822

Aufstände gegen die Regierung, geführt von Vicente Guerrero, Guadalupe Victoria, Nicolás Bravo und Antonio López de Santa Ana. Iturbide tritt zurück und verläßt das Land. Die Monarchie wird abge-

1823

Geschichte

1823 (Fortsetzung)	schafft, und die mittelamerikanischen Provinzen erklären ihre Unabhängigkeit (Vereinigte Staaten von Zentralamerika; 1823–1839).
1824	Ausarbeitung einer Verfassung, ähnlich jener der USA. Der Revolutionsführer Guadalupe Victoria wird zum ersten Präsidenten der Republik, Nicolás Bravo zum Vizepräsidenten gewählt. Der zurückgekehrte Iturbide wird standrechtlich erschossen.
1825–1828	Der letzte spanische Stützpunkt, das Fort San Juan de Ulúa (Veracruz), wird von den Mexikanern erobert. Die mexikanische Regierung ermuntert die Nordamerikaner, sich in dem noch weitgehend unbesiedelten Texas niederzulassen. Politische Streitigkeiten zwischen den konservativen Zentralisten und den liberalen Föderalisten sowie Einmischungen Großbritanniens und der USA in innere Angelegenheiten Mexikos hemmen die Handlungsfähigkeit der Regierung. Der Föderalist Vicente Guerrero unterliegt bei der Wahl, wird aber gleichwohl zum neuen Präsidenten ernannt.
1829	Guerrero wird gestürzt und flieht nach Acapulco, wird aber verraten und wegen Hochverrats hingerichtet. Sein Nachfolger im Amt wird der bisherige Vizepräsident Anastasio Bustamante.
1832	Der mit den Liberalen verbündete General Antonio López de Santa Ana stürzt Bustamante, wird Präsident und schließlich Diktator. Die in Texas bestehenden Spannungen zwischen nordamerikanischen Einwanderern und den immer mehr zu einer Minorität gewordenen Mexikanern verschärfen sich .
1836	Schwere Konflikte zwischen Einwanderern und Mexikanern. Texas fällt von Mexiko ab. Santa Ana rückt mit seinen Truppen nach Norden vor und erobert San Antonio. In der Schlacht um die alte franziskanische Missionsstation El Alamo fallen alle amerikanischen Rebellen, die sich dort verschanzt haben, und unter schweren Verlusten erringen die Einheiten Santa Anas den Sieg. Wenige Wochen später unterliegen sie allerdings am San-Jacinto-Fluß den amerikanischen Truppen unter General Sam Houston, und Santa Ana wird gefangengenommen.
1845	Die Vereinigten Staaten von Amerika annektieren Texas und gliedern es als 28. US-Staat ein.
1847	Beginn des 'Krieges der Kasten' ('La guerra de las castas'), des Aufstandes der yucatekischen Maya-Stämme, der bis zum Beginn des 20. Jh.s dauert.
1846–1848	Infolge des Texas-Konfliktes kommt es zum Krieg zwischen den USA und Mexiko. Die Truppen von Santa Ana unterliegen in erbitterten Kämpfen. Ende September 1847 fällt Mexiko-Stadt, nachdem junge Kadetten im Schloß Chapultepec letzten Widerstand geleistet haben ('Niños Héroes'). Santa Ana tritt vom Amt des Präsidenten zurück. Sein Nachfolger Herrera unterzeichnet den Friedensvertrag von Guadalupe Hidalgo, in dem Mexiko auf Texas verzichtet und gegen eine Zahlung von 18 250 000 Dollar Nordkalifornien, Arizona und Neumexiko an die USA abtritt. Damit hat sich das Territorium Mexikos um mehr als die Hälfte verringert.
1849–1855	Die Niederlage verschärft die politischen Spannungen zwischen den klerikalen Konservativen und den antiklerikalen Liberalen Mexikos. 1853 kehrt Santa Ana für zwei Jahre als Diktator zurück, danach geht er für immer ins Exil.

Geschichte

Die Liberalen unter General Ignacio Comonfort und seinen Mitarbeitern Benito Juárez, Miguel Lerdo de Tejada und Melchor Ocampo übernehmen die Regierung und entwerfen radikale Reformgesetze. Diese umfassen u. a. die Aufhebung der Privilegien von Kirche und Militär, die Abschaffung des 'Hacienda'- und 'Ejido'-Systems zugunsten privaten Grundbesitzes sowie Programme zur Industrialisierung und zur Übernahme des Erziehungswesens durch den Staat. Die Zwangsverkäufe ehemals kirchlichen Grundbesitzes und die Verteilung der indianischen 'Ejidos' führen zur strikten Ablehnung der Gesetze durch den Klerus und zu weiterer Verarmung der Indianer, die Privateigentum nicht kennen und damit nicht zurechtkommen.
Die langjährigen Differenzen zwischen Konservativen und Liberalen kommen im Bürgerkrieg zum Austrag.

1856–1857

Reformkrieg.
Während der Präsidentschaft von Benito Juárez, einem Zapoteken aus Oaxaca, brechen die Kämpfe aus. Im ersten Jahr gewinnen die Streitkräfte der Konservativen unter den Generälen Miguel Miramón, Tomás Mejía und Leonardo Márquez die Oberhand. Juárez verlegt den Sitz seiner liberalen Regierung erst nach Guadalajara, dann nach Veracruz. Im Rahmen der Reformgesetze verfügt er die entschädigungslose Enteignung von Kirchenbesitz, die Abschaffung der Orden, die Einführung der Zivilehe und die Übernahme der Friedhöfe durch den Staat. Die Trennung von Kirche und Staat ist vollzogen.

1858–1861

Das Kriegsglück wendet sich zugunsten der Liberalen.

1860

Die liberalen Truppen unter General González Ortega ziehen in Mexiko-Stadt ein; zehn Tage später folgen ihnen Juárez und sein Kabinett. Wegen des desolaten Zustands der Staatsfinanzen beschließt der Präsident, die Rückzahlung von Auslandsschulden für zwei Jahre einzufrieren. Großbritannien, Spanien und Frankreich protestieren und beschließen, durch gemeinsames militärisches Eingreifen die Zahlung zu erzwingen. Im Dezember des Jahres landen die ersten alliierten Verbände in Veracruz.

1861

Europäische Intervention.
Während es der mexikanischen Regierung gelingt, durch Verhandlungen den Abzug der britischen und spanischen Einheiten zu erreichen, benutzt Napoleon III. die Gelegenheit, um seine aggressive Außenpolitik fortzusetzen. Sein Plan besteht darin, als Gegengewicht gegen die Ausdehnung der USA eine monarchische romanische Allianz zu schaffen und den einstigen französischen Einfluß in der Neuen Welt wiederherzustellen.

1862–1867

Das französische Truppenkontingent in Mexiko rückt gegen Mexiko-Stadt vor. Am 5. Mai erleiden die Franzosen gegen die Truppen des Generals Ignacio Zaragoza bei Puebla eine Niederlage, aber in den folgenden Gefechten werden die mexikanischen Einheiten fast völlig aufgerieben.

1862

Die Franzosen ziehen in Mexiko-Stadt ein. Die Regierung Juárez flieht in den Norden des Landes. Am 10. Juli wird in der Hauptstadt die Monarchie ausgerufen; Napoleon III. und konservative mexikanische Exilpolitiker bieten dem Habsburger Erzherzog Ferdinand Maximilian die Kaiserkrone an. Erst nach einer zu seinen Gunsten ausgefallenen Volksabstimmung nimmt dieser die Regentschaft an.

1863

Am 28. Mai trifft Kaiser Maximilian mit seiner Gemahlin, der belgischen Prinzessin Charlotte, in Mexiko ein. Zur Enttäuschung der Kon-

1864

Geschichte

Erschießung Maximilians I. (Gemälde von Edouard Manet)

1864 (Fortsetzung)	servativen beläßt er die Reformgesetze, setzt sich für die rechtliche Besserstellung der Landarbeiter ('seones') ein und versucht das Schicksal der Indianer zu erleichtern. Die trostlose finanzielle Lage, hauptsächlich durch die enormen Kosten des französischen Interventionsheeres verursacht, macht ihm aber eine wirkungsvolle Regierungsarbeit fast unmöglich. Hinzu kommen wachsende Zwistigkeiten mit den Konservativen, die ihn ins Land gerufen haben, und mit dem französischen Oberbefehlshaber, Marschall François Bazaine.
1865	Die Franzosen haben bis zum Frühjahr die Truppen von Juárez fast vollständig aus Mexiko vertrieben. In den USA, wo die Nordstaaten den Sezessionskrieg gewonnen haben, erblickt man in der Intervention Frankreichs eine Verletzung der Monroe-Doktrin und fordert den sofortigen Abzug der Truppen.
1866	Der Sieg Preußens über Österreich bei Königgrätz und die hieraus resultierende Bedrohung Frankreichs veranlassen Napoleon III., das Interventionsheer allmählich zurückzuholen. Kaiserin Charlotte reist im Juli nach Europa, um Napoleon umzustimmen und von Papst Pius IX. Hilfe zu erbitten. Ihre Mission ist jedoch erfolglos.
1867	Im März verlassen die letzten französischen Einheiten Mexiko. Maximilian weigert sich, 'sein' Volk im Stich zu lassen, und übernimmt den Oberbefehl über die kaisertreuen mexikanischen Truppen. Doch diese sind zu schwach, um den liberalen Verbänden unter den Generälen Mariano Escobedo, Ramón Corona und Porfirio Díaz standzuhalten. Am 15. Mai wird seine kleine Truppe bei Querétaro eingekreist, er selbst gefangengenommen und trotz vieler internationaler Fürsprachen mit seinen beiden Generälen Miguel Miramón und Tomás Mejía am 19. Juni standrechtlich erschossen.

Geschichte

Wiederhergestellte Republik (1867–1876).

In diesem Zeitabschnitt setzen die Liberalen ihre Regierungspolitik dort fort, wo sie durch die französische Intervention unterbrochen worden ist. Große Schwierigkeiten bereiten die Verwüstungen des Krieges, die Arbeitslosigkeit der einstigen Soldaten und eine wachsende Zersplitterung im liberalen Lager selbst. Zwei Hauptziele der Regierung Juárez sind die Wiederbelebung der Wirtschaft und die Neuorganisation des Bildungswesens.

Benito Juárez wird als Präsident bestätigt. Er versucht, die 'Ejidos', den Kommunalbesitz der Indianer, teilweise zu erhalten, obwohl dies den Reformgesetzen widerspricht. — 1867

Die Briten setzen den unterbrochenen Bau der Eisenbahnlinie von Veracruz nach Mexiko-Stadt fort (Fertigstellung 1873).

Juárez wird 1871 wiedergewählt, stirbt aber im folgenden Jahr. Sebastián Lerdo de Tejada tritt seine Nachfolge an. Er führt im wesentlichen die Politik von Juárez fort, strebt aber eine stärkere Zentralisierung an. Auf seine Initiative hin wird das bisherige parlamentarische System in ein Zweikammersystem mit Abgeordnetenhaus und Senat umgewandelt. — 1871–1876

Porfiriat (1876–1911)

Dieser Zeitabschnitt ist nach dem Präsidenten Porfirio Díaz benannt, der autokratisch regiert. Es ist dies die längste Epoche ohne Krieg, die Mexiko in den ersten hundert Jahren seiner Unabhängigkeit erlebt, und sie bringt die erste große Modernisierungswelle ins Land. Ein bedeutender wirtschaftlicher Fortschritt stellt sich ein; teilweise mit ausländischer Kapitalhilfe entstehen Industrieanlagen, Eisenbahnlinien, Telefon- und Telegrafennetze sowie neue Bergwerke.

Porfirio Díaz, ein aus ärmlichen Verhältnissen stammender Mestize, übernimmt die Regierung, nachdem Lerdo zurückgetreten und ins Ausland geflüchtet ist. — 1876

Nach wiederholten Verletzungen der Grenze zur USA durch mexikanische Banditen und Indianertrupps verstärkt Díaz die Grenztruppen, um weitere Übergriffe zu verhindern. Die USA erkennen daraufhin Díaz offiziell an. — 1877

Da die mexikanische Verfassung eine sofortige Wiederwahl des bisherigen Präsidenten verbietet, übernimmt der von Díaz unterstützte Manuel González nach einem überlegenen Wahlsieg die Regierung. Während seiner Amtszeit wird mehr in die Modernisierung des Landes investiert, als der Staatshaushalt zu leisten vermag. Um Auslandsverbindlichkeiten bezahlen zu können, kürzt González die Bezüge der Beamten. Die Folge ist eine erhebliche Zunahme der Korruption; die Volksmeinung wendet sich gegen den Präsidenten. — 1880–1884

Nach seiner Wiederwahl regiert Porfirio Díaz ohne Unterbrechung bis zu seinem Rücktritt. Der ursprünglich liberale Politiker zieht die Konservativen auf seine Seite und unterdrückt opponierende Gruppen (u. a. Indianer). Während die Oberschicht an der Weiterentwicklung des Landes partizipiert, ändert sich die Lage der armen Bevölkerungsteile kaum. Der Landbesitz konzentriert sich in den Händen weniger; Industrie und Bergbau sind überwiegend in fremder Hand. 1910 stellt sich — 1884–1911

Geschichte

1884–1911
(Fortsetzung)

Díaz ein letztes Mal zur Wahl und verspricht größere politische Freiheit. Als er sein Versprechen nicht einlöst, zwingen ihn Unruhen 1911 zum Rücktritt; er stirbt 1915 im Pariser Exil.

Mexikanische Revolution (1910–1920)

Mexikanische Historiker bezeichnen die Geschichte ihres Landes von 1910 bis zur Gegenwart als Zeit der 'permanenten Revolution'. Ihr erstes Jahrzehnt, das der 'Revolution und Zerstörung', in dem eine Million Mexikaner das Leben verliert, ist der blutigste Abschnitt in der Geschichte des unabhängigen Mexiko.

1910–1915

An der Spitze der ersten Revolutionsbewegung steht der liberale Großgrundbesitzersohn Francisco Madero, der sich mit dem grausamen ehemaligen Banditenführer Francisco ('Pancho') Villa verbündet. Nach dem Rücktritt von Díaz wird Madero 1911 Präsident. Durch einen Aufstand unter dem General Victoriano Huerta wird er gestürzt und 1913 erschossen. Der diktatorisch regierende Huerta läßt sich in einen Bürgerkrieg mit den Konstitutionalisten verwickeln. Diese werden von Venustiano Carranza (Coahuila), Álvaro Obregón (Sonora) und Pancho Villa (Chihuahua) angeführt; im Süden schürt Emiliano Zapata eine indianische Bauernrevolte, die unter dem Kampfruf "Tierra y Libertad" ("Boden und Freiheit") eine radikale Landreform fordert. Die USA unter Präsident Woodrow Wilson unterstützen die Konstitutionalisten und besetzen 1914 Veracruz. Im Juli flüchtet Huerta ins Ausland.

Carranza verbündet sich mit Obregón, der als erster im August 1914 die regierungslose Hauptstadt erreicht. Villa, zeitweise mit Zapata verbündet, wird im April 1915 bei Celaya in der verlustreichsten

Villa und Zapata auf dem Präsidentensessel in Mexiko-Stadt

Geschichte

Schlacht der mexikanischen Geschichte von Obregón geschlagen und flieht in den Norden. — 1910–1915 (Fortsetzung)

Es gelingt Carranza, der von den USA als Präsident anerkannt wird, noch 1916 den größten Teil Mexikos in seine Gewalt zu bringen. Nur Zapata kämpft weiter bis zu seiner Ermordung im Jahre 1919. Pancho Villa fällt 1916 in Neumexiko ein, was eine erfolglose US-amerikanische Strafexpedition unter General John Pershing nach Mexiko auslöst; 1923 wird Villa erschossen. — 1916–1920

In Querétaro wird eine neue Verfassung ausgearbeitet, die sich an die von 1857 anlehnt und u. a. das 'Hacienda'-System abschafft sowie alle Bodenschätze zum Eigentum des mexikanischen Volkes erklärt. Sie enthält ferner weitgehende Bestimmungen zum Schutz der Arbeiter sowie die Beschränkung der Präsidentschaft auf eine einmalige Amtszeit von vier Jahren. Am 5. Februar tritt die Verfassung in Kraft.
Die politischen Wirren halten an. Die USA entziehen Carranza ihre Unterstützung, da sich dieser weigert, an der Seite der Alliierten in den Ersten Weltkrieg einzutreten. Im Land erstarkt die Opposition gegen Carranza, und er wird im April 1920 ermordet. Sein Nachfolger ist Álvaro Obregón. — 1917

Konsolidierung der Revolution (1921–1933)

Diese Phase ist im wesentlichen noch von den Führern der großen Revolutionskriege, den 'Caudillos', geprägt. Die Verwirklichung der Hauptziele der alten Verfassung wie auch der Revolution – Landverteilung, Ausbau des Bildungswesens, Einschränkung der kirchlichen Macht – wird vorangetrieben.

In der Regierungszeit von Álvaro Obregón entwickeln sich die Gewerkschaftsbewegung, der Schulbau und die revolutionäre Malerei (Dr. Atl, Diego Rivera, José Clemente Orozco u. a.). Ländereien werden konfisziert und den 'Ejidos' zugeschlagen. Die bedeutendste Persönlichkeit des Kabinetts ist der streitbare Erziehungsminister José Vasconcelos, ein Philosoph und Schriftsteller, der den kulturellen Nationalismus und das neue Schulsystem ins Leben ruft.
Nach der Wahlniederlage Adolfo de la Huertas initiiert dieser einen Aufstand, der mit Unterstützung der USA unterdrückt wird. — 1921–1924

Präsident Plutarco Elías Calles setzt die von Obregón eingeleiteten Reformen in autokratischer Weise fort. Die anhaltenden Auseinandersetzungen mit der Kirche führen zu dem blutigen Cristero-Krieg (1926–1929), der schließlich das religiöse Leben für Jahre in den Untergrund treibt.
Durch eine Verfassungsänderung wird die Amtszeit des Präsidenten auf sechs Jahre verlängert und eine Wiederwahl unter der Voraussetzung ermöglicht, daß die Regierungsperioden nicht unmittelbar aufeinanderfolgen. Dies gestattet eine zweite Wahl von Obregón, der gegen Vasconcelos gewinnt, aber kurz nach seinem Amtsantritt ermordet wird. — 1924–1928

Die drei Präsidenten Emilio Portes Gil, Pascual Ortíz Rubio und Abelardo Rodríguez stehen weitgehend unter dem Einfluß des mächtigen Ex-Präsidenten Calles.
Gründung der Nationalrevolutionären Partei (PNR), welche die wichtigsten politischen Kräfte des Landes vereint. Aus dieser später mehrmals umbenannten und umgeformten Partei (seit 1946 PRI) stammen bis zum heutigen Tage alle Präsidenten Mexikos. — 1929–1933

Geschichte

Zeit des Nationalismus (1934–1940)

Die bisher noch bestehende Überfremdung wichtiger Wirtschaftszweige wird gebrochen. Obwohl die Nationalisierung wirtschaftliche Rückschläge mit sich bringt, stärkt sie das nationale Selbstbewußtsein.

1934　　Unter der Präsidentschaft von Lázaro Cárdenas, dem ersten nicht mehr aus den Reihen der Revolutionsführer hervorgegangenen Staatsoberhaupt, tritt eine verstärkte Linkstendenz zutage, da er sich mehr und mehr den Massen der Arbeiter und Bauern zuwendet. Calles, der Cárdenas zunächst unterstützt in der Hoffnung, auch ihn zu beeinflussen, sieht seine Erwartungen getäuscht. Cárdenas beginnt, die Armee zu reformieren, auf die sich Calles gestützt hat.

1935　　Cárdenas entfernt Anhänger des Ex-Präsidenten aus Regierung und Verwaltung. Calles selbst wird 1936 des Landes verwiesen.

1938　　Die in Mexiko vertretenen US-amerikanischen und britischen Erdölgesellschaften werden enteignet und ihr Besitz verstaatlicht. Dies nimmt die Bevölkerung als bedeutenden Schritt zur wirtschaftlichen Selbständigkeit begeistert auf.

Modernes Mexiko (seit 1940)

Der erste große wirtschaftliche Aufschwung seit der Revolution wird möglich durch Mexikos günstige Position im Zweiten Weltkrieg, durch die undoktrinäre, wirtschaftsorientierte Politik der Präsidenten Camacho und Alemán sowie durch das Ausbleiben von Staatsstreichen und Unruhen. Offiziell ist der Hauptabschnitt der Revolution abgeschlossen, aber die praktische Durchführung erscheint zweifelhaft. Diese Einstellung gibt der Regierung die Möglichkeit, von Form und Inhalt radikaler Gesetze abzuweichen, was der ökonomischen Entwicklung zugute kommt. Die Infrastruktur wird verbessert, aber die Verteilung und Bewirtschaftung des Landes bieten noch immer Probleme, ebenso die Beschaffung zusätzlicher Arbeitsplätze für die stark anwachsende Bevölkerung.

1940　　Präsident Manuel Ávila Camacho verlangsamt die Landreform, begünstigt die Einfuhr ausländischen Kapitals und die Bildung von Privateigentum.

1942　　Kriegserklärung Mexikos an die Achsenmächte.

1946–1952　　In der Person von Miguel Alemán Valdés steht erstmals seit der Revolution ein Zivilist an der Spitze des Staates. Die wirtschaftliche Entwicklung macht weitere Fortschritte. Riesige Bewässerungssysteme und ein dichter werdendes Straßennetz kommen der Landwirtschaft und dem Verkehr zugute. Im Jahr 1952 ist Mexiko wirtschaftlich unabhängig.

1952–1964　　Auch während der Amtszeit der Präsidenten Adolfo Ruiz Cortines und Adolfo López Mateos hält der wirtschaftliche Aufschwung an. Probleme bereiten die wachsende Inflation sowie die Korruption im Staatsapparat. Auch die ungleiche Beteiligung der verschiedenen sozialen Schichten am Wirtschaftswachstum bleibt bestehen.

Emiliano Zapata – legendenumwobener Revolutionsheld ▶

Geschichte

1964–1970

Unter der Regierung von Gustavo Díaz Ordaz richtet Mexiko die Olympischen Sommerspiele 1968 und die Fußballweltmeisterschaft 1970 aus. Als am 2. Oktober 1968 eine Großdemonstration auf dem Platz der Drei Kulturen in Mexiko-Stadt gegen den Aufwand für die Olympiade stattfindet, werden ca. 250 Demonstranten erschossen. Im Vertrag von Tlatelolco vom 2. 9. 1969 erklärt sich Lateinamerika zur atomwaffenfreien Zone.

1970–1976

Unter dem Präsidenten Luis Álvarez Echeverría werden Landverteilung und Dezentralisierung der Industrie fortgeführt und neue Touristenzentren geschaffen. Die inflationäre Entwicklung und die nachlassende Konkurrenzfähigkeit mexikanischer Erzeugnisse auf dem Weltmarkt führen zu großen wirtschaftlichen Schwierigkeiten. Innenpolitisch ist die Ära Echeverría durch Terrorismus und illegale Landbesetzungen belastet.

1976–1982

Am 1. Dezember 1976 tritt José López Portillo die Präsidentschaft an. Umfangreiche Erdölreserven werden entdeckt, und bereits 1980 wird Mexiko zum viertgrößten Erdölproduzenten der Welt. Basierend auf dem durch Ölexport erzielten Reichtum, ist die Regierung bestrebt, ihre Abhängigkeit von den USA zu verringern und eine aktive Rolle vor allem unter den Ländern der Dritten Welt zu spielen. Die reichlich fließenden Öleinnahmen und die von den ausländischen Banken im Übermaß angebotenen und akzeptierten Kredite heizen jedoch die Inflation in bisher nicht gekannten Ausmaßen an. Unwirtschaftliche Investitionen, Mißwirtschaft und Korruption treiben das Land in eine gefährliche Situation. Der überbewertete Peso und das mangelnde Vertrauen in die Regierung führen zu einer massiven Kapitalflucht. Im August 1982 ist Mexikos Devisenkasse leer, und die strikten Währungsbestimmungen führen erstmals zu einem Devisen-Schwarzmarkt. Am 1. September 1982 verkündet der Präsident die Verstaatlichung des Bankensektors, was die Kapitalflucht noch verstärkt.

1982–1988

Am 1. Dezember 1982 tritt Miguel de la Madrid Hurtado die Präsidentschaft an. Er findet ein schwieriges Erbe vor: Auslandsschulden von 86 Mrd. US-Dollar, keine Devisenreserven, ein hohes Haushaltsdefizit, eine Inflationsrate von 100% und eine demoralisierte Bevölkerung. Die Regierung schließt ein Umschuldungsabkommen mit dem Internationalen Währungsfonds (IWF) und den Gläubigerbanken und erhält Finanzhilfe von den USA. Als Resultat von Sparmaßnahmen verfügt Mexiko dann wieder über Devisenreserven und kann einen Rückgang des Haushaltsdefizits und der Inflationsrate verzeichnen. Gleichzeitig wachsen jedoch Arbeitslosigkeit und Kaufkraftverlust.
Erneute Mehrausgaben und der Ölpreissturz führen wieder zu einem höheren Haushaltsdefizit und zu einem abermaligen Inflationsschub, der Ende 1986 105 % p.a. erreicht. Im Juli 1986 wird Mexiko Vollmitglied des Allgemeinen Handels- und Zollabkommens (GATT). Ein neues Umschuldungsabkommen bringt dem Land im Frühjahr 1987 eine Erleichterung; nach der internationalen Börsenkrise im Oktober 1987 kommt es zu erneuter Kapitalflucht. Regierung, Gewerkschaften und Arbeitgeber schließen im Dezember einen Solidaritätspakt (PSE), der die Inflation langfristig reduzieren soll, die eine Rekordhöhe erreicht hat. Mitte 1988 erreicht die Inflationsrate ihren niedrigsten Stand seit 1981. Um die Jahreswende 1987/88 einigen sich die Regierungen Mexikos und der USA auf ein neues Umschuldungsmodell.
Der Bürgerkrieg in Guatemala treibt bis 1983 45 000 Flüchtlinge – vor allem Maya-Indianer – über die Grenze nach Chiapas. Sie werden dort sowie in Campeche und Quintana Roo angesiedelt.
Am 19. September 1985 trifft ein schweres Erdbeben (8,1 auf der Richter-Skala) Mexiko-Stadt und einige andere Gebiete des Landes.

Geschichte

Nach offiziellen Angaben gab es 8000 Tote, über 100 000 Obdachlose und einen Sachschaden von fünf Mrd. US-Dollar.
Die allgemeine Unzufriedenheit mit der Regierungspartei PRI führt, trotz der von Miguel de la Madrid versprochenen, aber im Sande verlaufenen 'moralischen Erneuerung', 1983 und 1984 in einigen größeren Städten vorübergehend zu Wahlsiegen der konservativen Oppositionspartei PAN. Der PRI gelingt es aber 1985 und 1986, diese Städte zurückzugewinnen und auch hart umkämpfte Gouverneursposten zu halten. Die Opposition beschuldigt die PRI des Wahlbetrugs; es kommt zu Unruhen u. a. in den Staaten Chihuahua, Nuevo León, Durango und Oaxaca. Im Sommer 1987 spaltet sich eine starke Fraktion unter Führung von Cuauhtémoc Cárdenas von der PRI ab. Cárdenas tritt bei den Präsidentschafts- und Kongreßwahlen am 6. Juli 1988 als Kandidat des Linksbündnisses FDN gegen Carlos Salinas de Gortari von der PRI an. Erwartungsgemäß wird Salinas de Gortari zwar zum neuen Präsidenten gewählt, er muß jedoch mit nur 50,36% der Stimmen erhebliche Verluste im Vergleich zu seinem Vorgänger hinnehmen. Nach dem offiziellen Wahlergebnis kam Cárdenas auf 31,12%, Clouthier auf 17,07% der Stimmen. Die Opposition präsentiert völlig andere Zahlen, und Cárdenas bezeichnet sich als Sieger der Wahl. Er bezichtigt zusammen mit den anderen Oppositionsparteien die PRI des Wahlbetrugs.

1982–1988
(Fortsetzung)

Carlos Salinas de Gortari leitet die radikalste Wirtschaftsreform seit der Revolution ein: Staatsbetriebe werden verstärkt privatisiert, Einfuhrschranken beseitigt, um Druck auf die heimische Industrie auszuüben, produktiver und konkurrenzfähiger zu werden. Im am 1. 1. 1989 geschlossenen Stabilitäts- und Wachstumspakt (PECE) verpflichten sich Regierung und Tarifpartner zur Haushaltsdisziplin bzw. Zurückhaltung in der Lohn- und Preispolitik. Infolgedessen sinkt die Inflation von 51,7% (1988) auf 19,7% (1989). Im Februar 1990 wird ein von der Weltbank abgesichertes Schuldenabkommen, das 47,9 Mrd. US-Dollar umfaßt, mit den privaten Gläubigerbanken abgeschlossen. Eine Verfassungsänderung vom Mai 1990 eröffnet die Möglichkeit, die 1982 verstaatlichten Banken zu reprivatisieren: Bis 1992 wurden daraus 12,5 Mrd. US-Dollar zur Schuldentilgung und für ein Sozialprogramm erlöst. Um die Produktivität der Landwirtschaft zu steigern, wird Ende 1991 das 'ejido'-System aufgekündigt (s. S. 40). Der Solidaritätspakt wird im Oktober 1992 um ein weiteres Jahr verlängert; er sieht u. a. maximale Lohnerhöhungen bis 9,9% vor, was für ungelernte Arbeiter einen weiteren Kaufkraftverlust, für Facharbeiter eine leichte Verbesserung bedeutet. Andererseits sinkt die Inflationsrate 1993 erstmals unter 10%. Im Dezember 1992 unterzeichnen die Präsidenten der USA und Mexikos sowie der kanadische Premierminister in San Antonio/Texas das Freihandelsabkommen NAFTA.
Im September 1988 richtet der Hurrikan Gilberto auf der Halbinsel Yukatán schwere Schäden an.
Neben der wirtschaftlichen Öffnung machen auch die politische Liberalisierung und der Kampf gegen die Korruption Fortschritte. Im Juli 1989 erringt erstmals seit 1929 ein Oppositionspolitiker, Ernesto Ruffo Appel von der PAN, einen Gouverneursposten (in Baja California Norte), was die PRI bislang – trotz möglicher Wahlsiege der Opposition in der Vergangenheit – zu verhindern wußte. In den ersten Monaten des Jahres 1989 werden die Führung der PEMEX-Gewerkschaft und führende Investmentbanker wegen Korruption bzw. Betrugs verhaftet. 1991 gewinnt die PRI erneut bei den Parlaments- und Senatswahlen. 1992 wird ein PAN-Politiker zum Gouverneur von Chihuahua, des flächenmäßig größten Bundesstaates, gewählt; der PRI-Gouverneur von Guanajuato wird durch einen PAN-Politiker ersetzt.
1990 Aufnahme diplomatischer Beziehungen zum Vatikan, die seit der

1988–1994

Geschichte

1988–1994
(Fortsetzung)

Revolution unterbrochen waren. Danach besucht der Papst Mexiko ein zweites Mal; Legalisierung der Römisch-Katholischen Kirche.
Am Neujahrstag 1994 besetzt die 'Zapatistische Nationale Befreiungsarmee' vier Orte in Chiapas. Die indianischen Revolutionäre, die wirtschafliche und politische Reformen fordern, werden von der Armee vertrieben. Mindestens 145 Menschen kommen dabei ums Leben. Regierung und Zapatisten schließen einen Waffenstillstand.
Ende März wird der von der PRI nominierte Präsidentschaftskandidat Luis Donaldo Colosio Murrieta erschossen. Als neuer Kandidat wird Ernesto Zedillo Ponce de León ernannt, der die Wahl vom 21. 8. 1994 mit dem für seine Partei bislang schlechtesten Ergebnis gewinnt.

1994–1998

Am 1. 12. 1994 tritt der 43jährige Technokrat Ernesto Zedillo Ponce de León die Präsidentschaft an. Im Februar 1995 besetzt die mexikanische Armee einen Teil des von den zapatistischen Guerilleros gehaltenen Gebietes von Chiapas. Gleichzeitig wird die Identität des stets maskierten Subcomandante Marcos enthüllt: Es ist ein weißer Professor der UNAM aus Tampico, namens Sebastián Guillen Vicente, der mehrere Jahre bei den Sandinistas in Nicaragua verbrachte. Der frühere Präsident, Carlos Salinas de Gortari, geht ins Exil (USA).
Im März 1995 gewinnt die konservative Partei PAN die wichtige Gouverneurswahl im Staat Jalisco mit der Hauptstadt Guadalajara, der zweitgrößten Stadt des Landes. – Die Regierung Zedillo sieht sich gezwungen, einen überaus harten Sparkurs in die Wege zu leiten.
Im Februar 1996 schließen die EZLN (Zapatistische Nationale Befreiungsarmee) und die Regierung den Vertrag von San Andrés Larrainzar, der die Rechte der indianischen Bevölkerung stärken soll. Im Sommer taucht eine neue Guerilla-Bewegung auf, die maoistische EPR (Ejército Popular Revolucionario). Diese überfällt Soldaten- und Polizeieinheiten in Chiapas sowie in Oaxaca, Guerrero und Tabasco und tötet mehr als 50 Uniformierte.
Im September fährt Bundeskanzler Kohl zu einem Staatsbesuch nach Mexiko, der erfolgreich verläuft. Bei den Zwischenwahlen im Oktober ist die rechtsgerichtete PAN erfolgreich. Sie regiert jetz in 13 der 20 größten Städte des Landes.
Am 6. Juli 1997 finden allgemeine Parlamentswahlen statt. Die seit fast 70 Jahren praktisch autoritär regierende PRI verliert zum ersten Mal die Mehrheit im Abgeordnetenhaus.
Im Oktober stattet Präsident Zedillo einen Staatsbesuch in Bonn ab; dabei wird ein Investitionsschutzabkommens zwischen Deutschland und Mexiko paraphiert. Am 5. 12. tritt Cuauhtémoc Cárdenas Solórzano (PRD) als erster freigewählter Bürgermeister (Regente) sein Amt in Mexiko-Stadt an. Die Grundsätze eines Freihandelsabkommens zwischen Mexiko und der EU werden paraphiert.
Am 22. 12. kommt es in der Ortschaft Acteal im Bezirk Chenal-hó in Chiapas zu einem Massaker, dem 45 Tzotzil-Indianer, hauptsächlich Frauen und Kinder, zum Opfer fallen. Man nimmt an, daß die Täter paramilitärischen, mit der Regierungspartei PRI in Kontakt stehenden Einheiten angehören. Bei den Angreifern handelt es sich gleichfalls um Maya-Stammesgenossen. Die Ursachen dieser Vorgänge liegen u.a. im Bereich ethnologischer und religiöser Konfklikte.
Als Folge dieser heftigen Zusammenstöße werden Anfang Januar 1998 der amtierende Innenminister Mexikos, Emilio Chuayffet, und der Gouverneur von Chiapas ausgewechselt. Neuer Innenminister wird der bisherige Agrarminister Francisco Labastida Ochoa. Neue Außenministerin wird die Karrierediplomation Rosario Green Macías, die jetzt die höchstplazierte Frau ist, die es im Staat je gab.
Im Februar 1998 gründet der ehemalige Bürgermeister von Mexiko-Stadt, Manuel Camacho Solís (PRI), eine neue Partei der Mitte, das Demokratische Zentrum (CDP).

Berühmte Persönlichkeiten

Die nachstehende, namensalphabetisch geordnete Liste vereinigt historische Persönlichkeiten, die durch Geburt, Aufenthalt, Wirken oder Tod mit Mexiko verbunden sind und überregionale Bedeutung erlangt haben.

Hinweis

Lázaro Cárdenas wurde in Jiquilpan in Michoacán geboren. Er schloß sich 1913 den Revolutionstruppen des Generals Guillermo Garcia und 1920 den Konstitutionalisten an, bei denen er es bis zum Brigadegeneral brachte. In den Jahren 1928 bis 1932 war er Gouverneur von Michoacán. Nach weiteren Regierungsposten wurde er 1934 zum Staatspräsidenten gewählt. Nach und nach befreite er sich vom Einfluß des mächtigen Ex-Präsidenten Plutarco Elias Calles und setzte seine Ideen in die Tat um: Cardenás Name steht heute für die bislang größte Landreform, bei der 18 Mio. ha Ackerland an Bauernfamilien und 'ejidos' verteilt wurden; er verstaatlichte unter großem Beifall der Bevölkerung die ausländischen Erdölgesellschaften und stärkte die Gewerkschaftsbewegung.

Lázaro Cárdenas (21.5.1895 bis 19.10.1970)

Der in London geborene Maler und Zeichner verbrachte zwar nur wenige Jahre seines Lebens in Mexiko, doch sind ihm eine Vielzahl von Zeichnungen der Überreste vor allem der Maya-Kultur zu verdanken. Catherwood begleitete den amerikanischen Archäologen John Lloyd Stephens als Illustrator auf dessen Reisen in Zentralamerika und Mexiko und schuf, obwohl von Malaria geschwächt, präzise Abbildungen der Ruinen, Stelen und Hieroglyphen in ihrem noch vom Dschungel überwachsenen Zustand. Der größte Teil seiner Originalzeichnungen ging durch Feuer verloren. Er versuchte sich später als Architekt und als Eisenbahnbauer in Südamerika und arbeitete in den Bergwerken Kaliforniens. 1854 ertrank er auf der Überfahrt von New York nach London beim Untergang des Dampfbootes "Arctic" – bei der ersten Dampfschiffkollision der Geschichte.

Frederick Catherwood (27.2.1799 bis September 1854)

Als Diego de Velásquez, Gouverneur von Kuba, Hernan Cortés, dem Sohn eines adligen Hauptmanns des Fußvolks aus Medellín in Spanien, den Oberbefehl über eine Expedition zur Erkundung des mittelamerikanischen Festlandes übergab, sah dieser wohl seine große Chance gekommen. Am 18. Februar 1519 stach er mit einer Flotte von elf Schiffen mit etwa 100 Mann Besatzung und 500 Soldaten in See. Er hatte keineswegs den Auftrag, das Aztekenreich rücksichtslos zu erobern und zu zerstören, wie er es dann tat.

Hernan Cortés (1485 bis 2.12.1547)

An der Golfküste gründetete er die Stadt Villa Rica de la Vera Cruz (beim heutigen Veracruz). Nachdem Abgesandte des Aztekenherrschers Moctezuma II. reiche Geschenke überreicht hatten, wollte der größte Teil seiner Gefolgschaft wieder umkehren. Cortés ließ daraufhin alle Schiffe bis auf eines verbrennen und trat den Marsch ins Landesinnere an. Am 3. November 1519 betrat er Tenochtitlán, wo sich Moctezuma II. ihm unterwarf, da er den Spanier für den wiedergekehrten Gott Quetzalcóatl hielt. Im Mai 1520 sah Cortés sich gezwungen, Tenochtitlán vorübergehend zu verlassen, um sich den ihm vom Gouverneur von Kuba wegen seiner Unbotmäßigkeit nachgeschickten Truppen unter Panfilo de Narváez zu stellen, die er auch bezwang. Bei der Rückkehr in die Aztekenhauptstadt fand er die Bevölkerung nach einem Massaker der zurückgebliebenen Spanier in Aufruhr, der ihn zur Flucht aus Tenochtitlán zwang. Über ein Jahr später eroberten Cortés'

Berühmte Persönlichkeiten

Hernan Cortés (Fortsetzung)	Truppen und ihre indianischen Verbündeten am 13. August 1521 die Stadt zurück und machten sie dem Erdboden gleich. Kaiser Karl V. ernannte ihn 1522 zum Gouverneur und Generalkapitän der neuen Kolonie Neuspanien. In der folgenden Zeit unterwarfen seine Truppen fast alle indianischen Staaten. In den Jahren 1528 bis 1530 hielt er sich wieder in Spanien auf, wo er zwar ehrenvoll empfangen wurde, aber wegen Anfeindungen seiner Gegner seinen Gouverneursposten verlor. Er blieb aber Oberbefehlshaber der Truppen und erhielt den Titel eines Marqués del Valle de Oaxaca. Nach seiner Rückkehr nach Mexiko unternahm er noch mehrere wenig erfolgreiche Expeditionen, die ihn u.a. nach Honduras und auf die kalifornische Halbinsel führten. Wiederum nach Spanien zurückgekehrt, nahm er noch am Feldzug gegen Algier teil. Er starb verbittert in Castilleja de la Cuesta bei Sevilla (Spanien).
Juana Inés de la Cruz (12.11.1651 bis 17.4. 1695)	Juana Inés de la Cruz, eine der bedeutendsten spanisch-sprachigen Dichterinnen des 17. Jh.s, wurde auf der Hacienda San Miguel Nepantla im heutigen Estado de México geboren. Schon früh wurde ihre außergewöhnliche Begabung deutlich, denn als sie acht Jahre alt war, wollte ihr Großvater sie schon auf die Universität schicken. Sie studierte dann in Mexiko-Stadt Latein und kam 1665 an den Hof der Vizekönigin. Auch dort fiel ihre Wissensgier auf, so daß der Vizekönig Marques de Mancera sie einem Examen vor 40 Gelehrten unterzog, das sie mit Bravour bestand. Zwei Jahre später trat sie in ein Kloster ein, weil sie nach ihren eigenen Worten nur dort ihre Erlösung zu erreichen glaubte. Im Kloster San Jerónimo war sie als Wirtschafterin und Archivarin tätig und widmete sich zusätzlich ihren Studien und der Literatur. Sie schrieb u.a. drei religiöse Schauspiele, zwei Komödien ("Los empenos de una casa" und "Amor es más laberinto") und zahlreiche Liebesgedichte, die beredt auch Zeugnis von den emotionalen Verdrängungsprozessen und Neurosen der Klosterfrau ablegen.
Cuauhtémoc (1496 bis 28.2.1525)	Als Nachfolger des nur drei Monate regierenden Cuitláhuac war Cuauhtémoc (Náhuatl: 'Herabstürzender Adler') der letzte freie Aztekenherrscher. Wie alle Söhne der aztekischen Oberschicht genoß er eine hervorragende Erziehung und Bildung. Bei der Verteidigung seines Volkes gegen die Konquistadoren zeichnete er sich durch Tapferkeit und Umsicht aus. Am 13. August 1521 wurde er von den Spaniern gefangengenommen, woraufhin er Cortés um die Gnade seines Todes bat. Dieser jedoch zwang ihn, ihn auf seinem Zug nach Honduras zu begleiten. Im Jahr 1525 wurde Cuauhtémoc wegen angeblicher Verschwörung bei Izancanac (Camp.) erhängt. Noch heute gilt er seiner Tapferkeit wegen als Vorbild für die Jugend.
Porifirio Díaz (15.9.1830 bis 2.7.1915)	Über dreißig Jahre lang war der in Oaxaca geborene General die alles beherrschende Figur in der mexikanischen Politik. Ihm ist einerseits die Modernisierung des Landes zu verdanken, andererseits führte eben diese zu einer extremen Ungleichheit in der Verteilung der Mittel in Mexiko, die heute noch aktuell ist. Díaz kämpfte zunächst gegen die Konservativen und an der Seite von Benito Juárez gegen die Franzosen, was ihn zum mächtigsten General des Landes und zum Volkshelden werden ließ. 1871 kandidierte er überraschend um die Präsidentschaft gegen seinen einstigen Gefährten Juárez. Nach seiner Niederlage rebellierte er offen, wurde jedoch geschlagen, worauf er sich ins Privatleben zurückzog. Nach Juárez' Tod eroberte er sich 1876 mit militärischer Gewalt die Macht. Fortan regierte er rücksichtslos und unterdrückte mit Hilfe der Armee jegliche Oppositon. Er öffnete das Land ausländischem Kapital und schloß es wirtschaftlich und politisch eng an die USA an. Post- und Fernmeldewesen wurden aufgebaut, der Ausbau der Industrie vorangetrieben

Berühmte Persönlichkeiten

Lázaro Cárdenas

Hernán Cortes

Porfirio Díaz

und weite Landstriche an vor allem US-amerikanische Agrargesellschaften verkauft. Doch nur die wenigsten Mexikaner profitierten von der Modernisierung. Die Landkonzentration in den Händen einiger Großgrundbesitzer führte schließlich zum Aufstand der Bauern unter Emiliano Zapata, wodurch die Opposition eine breite Basis erhielt. Auslöser der Revolution war schließlich Díaz selbst: 1908 hatte er noch verkündet, daß er die Zeit für gekommen sehe, sich nach Ablauf seiner Amtszeit zurückzuziehen, doch bei den Wahlen 1910 kandidierte er wieder. Offener Wahlbetrug und die Verhaftung seines Gegenkandidaten Francisco Madero ließen die Revolutionäre im November 1910 losschlagen. Schließlich trat Díaz im Mai 1911 zurück und ging über verschiedene Länder nach Paris, wo er starb.

Porfirio Díaz (Fortsetzung)

Noch heute erschallt alljährlich am 15. September, eine Stunde vor Mitternacht, in ganz Mexiko der 'Ruf von Dolores' ('Grito de Dolores'): "Mexikaner, es lebe Mexiko! Es lebe die Jungfrau von Guadalupe! Es lebe Ferdinand! Tod den Gachupines!" – allerdings verzichtet man heute auf den letzten Satz, der auf die einstige spanisch-stämmige Elite des Landes gemünzt war.

Miguel Hidalgo y Costilla (8.5.1753 bis 27.7.1811)

Dieser Ruf, ausgestoßen in der Dorfkirche von Dolores nordwestlich von Querétaro, machte den Pfarrer Miguel Hidalgo y Costilla zu einem mexikanischen Nationalhelden. Er war, zusammen mit dem Bürgermeister von Querétaro, Miguel Domínguez, dessen Frau und Hauptmann Ignacio Allende, Mitglied einer Verschwörung mit dem Ziel der Unabhängigkeit von Spanien. Als sie entdeckt zu werden drohten, trat Pater Hidalgo die Flucht nach vorn an und hatte binnen kurzer Zeit ein Heer von Zehntausenden zusammen, mit dem er Guanajuato, Morelia und Guadalajara eroberte. Dabei standen sich er und seine Gegner in Brutalität und Terror in nichts nach. Bei Puerto Calderón mußte sich seine Armee den Truppen des Generals Calleja stellen und wurde geschlagen. Hidalgo und seine Offiziere versuchten, in die USA zu entfliehen, wurden jedoch gefaßt und in Chihuahua erschossen.

Der erste Kaiser Mexikos, geboren in Valladolid, dem heutigen Morelia, tat sich zunächst als treuer Offizier des spanischen Vizekönigs hervor und bekämpfte erfolgreich die die Unabhängigkeit fordernden Rebellen. 1820, nachdem die liberale Verfassung Spaniens der mexikanischen Unabhängigkeitsbewegung neuen Auftrieb gab, schloß er sich einer konservativen Gruppe an, die zwar auch die Loslösung von Spanien verfolgte, aber ein monarchistisches System anstrebte. Als Befehlshaber ihrer Truppen zog er gegen das Rebellenheer von Vi-

Agustín de Iturbide (27.9.1783 bis 19.7.1824)

Berühmte Persönlichkeiten

Agustín de Iturbide
(Fortsetzung)

cente Guerrero. In Verfolgung eigener Ziele einigte er sich mit Guerrero auf den Plan von Iguala, der ein unabhängiges Mexiko als konstitutionelle, katholische Monarchie vorsah. Es gelang ihm, dem neuen spanischen Vizekönig Juan O'Donojú die Zustimmung abzuringen. Im Mai 1822 löste er jedoch die Verfassunggebende Versammlung auf und ließ sich zum Kaiser Agustín I. proklamieren. Seine Kaiserwürde war jedoch nur von kurzer Dauer: Der Druck eines neuen Aufstandes unter Santa Ana wurde zu groß, und so mußte er nach elf Monaten Kaisertum nach Italien fliehen. Der Kongreß klagte ihn des Verrats an. 1824 kehrte er heimlich nach Mexiko zurück, wurde jedoch erkannt und schließlich erschossen.

Benito Juárez
(21.3.1806 bis
18.7.1872)

Benito Juárez kam als Sohn zapotekischer Eltern in San Pablo Guelatao in Oaxaca zur Welt. Mit 13 Jahren lernte er Lesen und Schreiben, studierte dann und wurde Rechtsanwalt. 1848 wurde er zum Gouverneur von Oaxaca gewählt und setzte sich schon hier bis zum Ende seiner Amtsperiode 1852 für Reformen ein. Vor der unter Santa Ana durchgeführten Verfolgung der Liberalen floh er ins Ausland, wo er weitere Gesinnungsfreunde kennenlernte. Nach der endgültigen Flucht Santa Anas arbeitete er als Justizminister der Regierung Präsident Comonforts eine liberale Verfassung aus, geriet jedoch in Gegensatz zu diesem. 1858 wurde er schließlich selbst zum Präsidenten gewählt. Die ersten Jahre seiner Amtszeit waren geprägt von kriegerischen Auseinandersetzungen, die seine Reformvorhaben wie die Abschaffung der kirchlichen Privilegien, Einführung der Zivilehe und der Staatsschule, Verstaatlichung der Kirchengüter und Industrialisierung stark behinderten. Waren es zunächst die Konservativen, vor denen er mit seiner Regierung nach Guadalajara und Veracruz fliehen mußte, hatte er sich ab 1861 mit den Franzosen auseinanderzusetzen, als er die Auslandszahlungen einstellte. Während des Kaisertums Maximilians I. hielt er sich im Norden auf. Nach dem Ende der habsburgischen Episode übernahm Juárez 1867 wieder das Präsidentenamt und setzte sein Reformwerk fort. Er starb 1872 eines natürlichen Todes – auch dies bemerkenswert für das damalige Mexiko.

Frida Kahlo
(6.7.1907 bis
13.7.1954)

Die Tochter eines deutsch-jüdischen Vaters und einer Mestizin aus Oaxaca wurde in Coyacán geboren. Nach einem schweren Unfall im Alter von 18 Jahren mußte sie einen Teil ihres Lebens im Rollstuhl verbringen. In ihren Bildern drückt sie ihren Leidensweg, ihre Schmerzen, ihre Ängste und das Auf und Ab ihrer turbulenten Liebesbeziehung zu dem Muralisten Diego Rivera aus, mit dem sie zweimal (1929-30 und 1940-54) verheiratet war. Ihr tragisches Daseins und ihre Kunst haben sie in den letzten Jahren zu einer internationalen Kultfigur gemacht.

Eusebio
Francisco Kino
(10.8.1645 bis
15.3.1711)

Der Missionar und Forscher hieß eigentlich Eusebius Franz Kühn und war in Nonsberg in Südtirol zur Welt gekommen. Als Jesuitenzögling, denen er 1665 beigetreten war, erhielt er eine Ausbildung als Mathematiker und Kartograph. Nach dieser Ausbildung ging er auf Missionsreise in die Neue Welt. Zwei Expeditionen unter Isidro de Atondo führten ihn von 1683 bis 1685 auf die niederkalifornische Halbinsel. Danach übernahm Pater Kino die Missionierung der Píma-Indianer in der Pimería im Gebiet der heutigen mexikanischen Bundesstaaten Sonora, Sinlaoa, Baja California und im Südwesten der USA. Als Begründer der Jesuitenmission in Kalifornien gehen zahlreiche Missionskirchen auf seine Arbeit zurück. Auf 40 Expeditionen erforschte und kartierte er die unbekannten Wüstengegenden; dabei entdeckte er die Mündung des Río Grande, stieß bis zur Mündung des Río Colorado vor und wies nach, daß Niederkalifornien eine Halbinsel ist. Nach 24 Jahren Missions- und Forschungsarbeit starb er nach kurzer Krankheit in Magdalena im heutigen Sonora.

Berühmte Persönlichkeiten

Miguel Hidalgo

Benito Juárez

Maximilian I.

Der Vater des Dominikaners Bartolomé de Las Casas, Don Francisco, fuhr auf der "Santa María" des Christoph Kolumbus mit. Nach dem Studium der Theologie und Jurisprudenz in Salamanca hielt sich Bartolomé ab 1502 in den spanischen Besitzungen in Mittelamerika auf. 1512 reiste er nach Kuba. Schon bald empfand er die Ungerechtigkeit und Grausamkeit der Spanier gegen die Indianer. Seit 1514 setzte er sich gegen unzählige Intrigen und Anfeindungen vehement für deren Rechte ein und unternahm zu diesem Zweck u.a. vierzehn Seereisen. Der Großinquisitor verlieh ihm den Titel eines 'Defensor universal de los Indios'. In Audienzen bei Ferdinand V. und Karl V. legte er seine Vorschläge zur Verbesserung der Situation der Indianer vor. Tragischerweise brachte er auch ins Gespräch, Sklaven aus Afrika einzuführen, die körperlich robuster seien als die Indianer – ein Vorschlag, den er später bitter bereute. Als seine Bemühungen nichts fruchteten, zog er sich 1523 für zehn Jahre in das Dominikanerkloster auf Hispaniola (Kuba) zurück und arbeitete dort an seiner "Apolog'etica Historia de las Indias" ("Apologetische Geschichte der Westindischen Länder") und der "Historia General de las Indias" ("Allgemeine Geschichte der Westindischen Länder"). Nachdem er 1539 in Nicaragua spanische Soldaten zur Fahnenflucht veranlaßt hatte, mußte er nach Spanien zurückkehren, um sich zu verantworten. In den vier Jahren seines Aufenthalts verfaßte er sein wohl berühmtestes Werk, die "Brevísima relación de la destrucción de las Indias occidentales" ("Kurzgefaßter Bericht von der Verwüstung der Westindischen Länder"). Er erreichte, daß Kaiser Karl V. 1542 die 'Neuen Gesetze' verkündete, die den Indianern weitreichenden Schutz gewähren sollten, 1545 aber revidiert wurden. De Las Casas wurde zum Bischof von Chiapas in Mexiko berufen, wo er wiederum die Kolonialisten gegen sich aufbrachte und erneut nach Spanien vorgeladen wurde. 1547 verließ er Mexiko. In der berühmten Disputation von Valladolid im Jahre 1550 legte er noch einmal seine Auffassungen dar. Er starb 1566 in Madrid, ohne seine Schützlinge, die mittelamerikanischen Indianer, wiedergesehen zu haben. Wo er begraben wurde, ist nicht bekannt. Auch erinnert kein Denkmal in Spanien an sein Wirken. In Mittelamerika jedoch erfährt er noch heute große Verehrung.

Bartolomé de Las Casas war einer der ersten, die den eigenständigen Wert der indianischen Kulturen erkannten. Darüber hinaus leistete er unersetzliche Quellenforschung. So ist ihm u.a. die Kenntnis der Schiffstagebücher des Kolumbus zu verdanken, die er als Abschrift in seinem Archiv aufbewahrte.

Bartolomé de Las Casas (1474 bis 31.7.1566)

Berühmte Persönlichkeiten

José Joaquín Fernández de Lizardi (1776 bis 1827)

José Joaquín Fernández de Lizardi schrieb Fabeln, Dramen, Gedichte und Übersetzungen und war vor allem ein äußerst fruchtbarer und kritischer Journalist. Als Herausgeber verschiedener Zeitschriften wie "El Pensador Mexicano" und "El Conductor Eléctrico" setzte er sich während der letzten Jahre der spanischen Herrschaft vehement für die Unabhängigkeit und politische Freiheiten ein, vor allem für die Pressefreiheit. Des öfteren geriet er in Konflikt mit der Justiz und der Inquisition und verbrachte einige Zeit im Gefängnis. Nach dem Rückzug der Spanier bekämpfte er die Gegner der Verfassung. Schon bald erkannte er, daß sich auch nach dem Sieg Iturbides die Hoffnungen auf politische Freiheiten nicht erfüllen sollten.

Als Schriftsteller schuf er mit der Hauptfigur des Romans "El Periquillo Sarmiento" (1806) den Typus des mestizischen Schelmen in der Tradition des picarischen Romans.

Maximilian I. (6.7.1832 bis 19.6.1867)

Maximilian von Habsburg, ein jüngerer Bruder von Kaiser Franz Joseph I., wurde in Wien in Schloß Schönbrunn geboren und durchlief eine Militärkarriere, in deren Verlauf er es bis zum Kommandanten der k.u.k. Flotte brachte. 1857 wurde er zum Generalgouverneur von Lombardo-Venezia ernannt. Nach dem Verlust dieser Provinz zog er sich auf Schloß Miramare bei Triest zurück.

Dort erreichte ihn das Angebot einer konservativ-klerikalen Gruppe von Mexikanern, Kaiser des Landes zu werden. Der Vorschlag kam vom französischen Kaiser Napoleon III., dessen Truppen in Mexiko gegen die republikanische Regierung unter Benito Juárez aufmarschiert waren. Maximilian hatte Napoleon III. 1856 bei einer Reise nach Paris kennengelernt. Nach langer Überlegung und einer für ihn günstig ausgegangenen Volksabstimmung nahm er das Angebot an und betrat am 28. Mai 1864 in Veracruz mexikanischen Boden. Zum Entsetzen der Konservativ-Klerikalen hob er die meisten Reformen von Juárez nicht auf, führte unter anderem die Pressefreiheit ein und setzte die Verstaatlichung der Kirchengüter durch. Nachdem sich auch die Franzosen aus Mexiko zurückgezogen hatten, war er im nach wie vor tobenden Bürgerkrieg gegen die Republikaner praktisch ohne Unterstützung. Er floh nach Querétaro, wo er am 15. März 1867 in die Hände der Truppen der Generäle Corona und Escobedo fiel. Nach einem Militärprozeß wurde er auf dem Cerro de las Campanas in Querétaro zusammen mit seinen Generälen Mejía und Miramón erschossen. Im Dezember 1867 traf sein Leichnam in Wien ein.

Maximilian war verheiratet mit Charlotte Amalie ("Carlota"; geb. 1840), der Tochter des belgischen Königs Leopold I. Bei Napoleon III. und Papst Pius IX. suchte sie Unterstützung für die mexikanische Monarchie – jedoch vergeblich. Nach dem Tod ihres Mannes verfiel sie in geistige Umnachtung. 1927 starb sie in Schloß Bouchout bei Brüssel.

Moctezuma

Zumindest zwei bedeutende Azteken trugen den Namen Moctezuma oder auch Motecuhzoma, der in Náhuatl 'der zornige Herr' bedeutet, was sich auf die von Wolken verdunkelte Sonne bezieht.

Moctezuma I. (Regierungszeit 1440 bis 1468)

Dieser Herrscher mit dem Beinamen 'Ilhuicamina' (Náhuatl: 'der, der Pfeile in den Himmel schießt') baute das politische Gebilde Tenochtitlán zur beherrschenden Macht Zentralmexikos aus, indem er u.a. den Handel weit über das Tal von Anahuac ausdehnte, Steuern und Tribute verlangte und die Dreierallianz mit Texcoco und Tlacopan bewerkstelligte. Er initiierte zahlreiche Bauten in der Stadt Tenochtitlán; die Trinkwasserversorgung der Stadt über einen Aquädukt wurde von ihm in die Wege geleitet.

Moctezuma II. (Regierungszeit 1502 bis 1520)

Moctezuma II. Xocoyotzin (Náhuatl: 'der Jüngere') ist wohl eine der tragischsten Figuren der Geschichte. Zu spät erkannte er seinen Irrtum, Hernán Cortés für einen Nachfahren des Gottkönigs Quetzalcoátl gehalten zu haben. Mexikanische Forscher beschreiben ihn als

Berühmte Persönlichkeiten

Moctezuma II.   *Diego Rivera*   *Leo Trotzkij*

hart, despotisch und tief religiös. Unter seiner Regentschaft dehnte sich der Machtbereich Tenochtitláns bis zur Landenge von Panama aus; die Stadt selbst erlebte ihre höchste Blüte; über ihre Größe staunten sogar die Spanier. Nach spanischen Quellen starb Moctezuma II. am 27. Juni 1520 durch einen Steinwurf aus einer Menschenmenge, die er vom Wohnhaus Cortés' aus beschwichtigen wollte. Nach indianischen Berichten wurde er von den Spaniern umgebracht.

Moctezuma II. (Fortsetzung)

Orozco wurde in Ciudad Guzmán (Jalisco) geboren. Er hielt sich mehrere Jahre in den USA auf und gilt wie Rivera und Siqueiros als Schöpfer des 'Muralismo'. Seine streng komponierten Bilder sind oft von Skepsis und Mitleid über das menschliche Schicksal durchzogen. Sein Hauptwerk sind die riesigen Wandgemälde in der Hospicio Cabañas in Guadalajara.

José Clemente Orozco (23.11.1883 bis 7.9.1949)

Zusammen mit José Clemente Orozco und David Álfaro Siqueiros gilt der in Guanajuato geborene Diego Rivera als der Begründer der modernen mexikanischen Kunst. Nach einem ersten Studium an der Kunstakademie in Mexiko-Stadt hielt er sich lange Zeit in Europa, vor allem in Paris auf (1911 bis 1921), wo er zum Freund Modiglianis wurde und den Kubismus studierte. In die Heimat zurückgekehrt, schuf er in der Auseinandersetzung mit der altindianischen Kultur und der Revolution den 'Muralismo': kolossale, moderne und folkloristische Stilmittel verbindende Wandgemälde – etwa im Nationalpalast und im Erziehungsministerium in Mexiko-Stadt – mit Themen aus dem politischen und sozialen Leben Mexikos, in denen die Dreieinigkeit von Bauern, Arbeitern und Soldaten betont wird. Entsprechend seiner künstlerischen Ambitionen war Rivera als führendes Mitglied der Kommunistischen Partei Mexikos auch politisch aktiv, wurde 1929 als Trotzkist ausgeschlossen, 1954 jedoch wieder aufgenommen. Er war lange Jahre mit der Künstlerin Frida Kahlo verheiratet.

Diego Rivera (8.12.1886 bis 24.11.1957)

Wie Rivera und Orozco gehört der aus Chihuahua stammende Siqueiros zu den Vätern des 'Muralismo'. Hauptwerke von ihm sind in Mexiko-Stadt an der Escuela Preparatoria und in der Universität von Guadalajara zu finden. Auch er war wie Rivera von 1924 bis 1930 in der Leitung der mexikanischen KP tätig. Im Gegensatz zu diesem jedoch bekannte er sich als linientreuer Stalinist – nicht nur im Wort, sondern auch in der Tat: Drei Monate vor der Ermordung Leo Trotzkijs gab Siqueiros am 24. Mai 1940 mehrere Schüsse auf den russischen Revolutionär und dessen Frau ab, die jedoch nicht trafen.

David Álfaro Siqueiros (29.12.1896 bis 5.1.1974)

Berühmte Persönlichkeiten

Ernest Henri
'Teddy' Stauffer
(2.5.1909 bis
27.8.1991)

Der König des – zumindest deutschen – Swing der dreißiger Jahre, der Saxophonist und Violonist Teddy Stauffer aus dem schweizerischen Murten, kam 1942 nach Mexiko und lebte seit 1945 in ungebrochener Popularität als Hotel- und Nachtklubbesitzer und Förderer der Felsenspringer in Acapulco. Nach ersten Auftritten 1929 und erfolgreichen Tourneen war Teddy Stauffers Big Band zwischen 1936 und 1939 mit Titeln wie "Goody Goody" das beste unter den Tanzorchestern Deutschlands und spielte in dieser Zeit fast 300 Titel auf Schallplatte ein. Bei Kriegsausbruch 1939 befand sich Stauffer mit seiner Band in der Schweiz. Die deutschen Orchestermitglieder kehrten zumeist nach Deutschland zurück, er selbst blieb in der Schweiz und gründete ein neues Orchester, wanderte dann aber nach Mexiko aus. Dort begann er sein neues Leben in Acapulco, wo er auch verstarb.

John Lloyd Stephens
(28.11.1805 bis
12.10.1852)

Als der gebildete amerikanische Weltreisende aus Shrewsbury in New Jersey von der Entdeckung von Ruinen in Mittelamerika hörte, unternahm er in der Eigenschaft eines Sonderbotschafters der USA alsbald zusammen mit dem britischen Maler und Zeichner Frederick Catherwood in den Jahren 1839 bis 1842 zwei Reisen nach Mittelamerika und Mexiko. Zunächst erfolglos, entdeckten sie schließlich in Copán in Honduras Mauerreste und kauften die Ruinenstätte für 50 Dollar. Weitere Entdeckungen folgten, darunter Palenque, Chichen Itzá, Kabah, Labná und Uxmal. Ohne sich dessen bewußt zu sein, hatte Stephens das Siedlungsgebiet der Maya gefunden. Seine Reiseerlebnisse schilderte er in den 1841 in London erschienenen "Incidents of Travel in Central America, Chiapas and Yucatan" und in der 1843 in New York erschienenen Fortsetzung "Incidents of Travel in Yucatan". Nicht zuletzt dank der hervorragenden Illustrationen von Catherwood löste vor allem die erste Veröffentlichung eine Welle der Begeisterung aus und begründete die Maya-Forschung. 1849 leitete Stephens den Bau der ersten transkontinentalen Bahn durch die Sümpfe von Panama. Dabei infizierte er sich mit einer Tropenkrankheit, an deren Folgen er drei Jahre später starb.

Manuel Tolsá
(24.12.1757 bis
24.12.1816)

Der aus Enguera in Spanien stammende Architekt und Bildhauer gilt als einer der Hauptvertreter des Neoklassizismus in Mexiko, eine Kunstrichtung, die als Gegenbewegung zu überladenen Ausformungen des Rokoko zu den klaren Formen der Antike zurückkehren wollte. Von diesem Anspruch geleitet, renovierte Tolsá manche einst prächtig-barocke Kirche in nüchterner Weise und zerstörte dabei auch manche barocke Kunstwerke. Er leitete die Fertigstellung der Kathedrale von Mexiko-Stadt, deren Kuppel er selbst konstruierte. Als sein Hauptwerk wird der Palacio de la Minería mit dem Reiterstandbild Karls IV. in Mexiko-Stadt angesehen.

Francisco Eduardo
Tresguerras
(13.10.1759 bis
3.8.1833)

Auch der in Celaya geborene Tresguerras war einer der Hauptmeister des Neoklassizismus. Zu seinen Hauptwerken gehören die Kirche Nuestra Señora del Carmen in Celaya, das Teatro Alarcón in San Luis Potosí und das Palais des Grafen Rul in Guanajuato. Außer als Architekt tat er sich noch als Dichter, Musiker, Maler, Bildhauer und Kupferstecher hervor.

Leo Trotzkij
(7.11.1879 bis
21.8.1940)

"Trotzkij" war seit 1902 der Deckname des in Janowka geborenen russischen Revolutionärs Lew Davidowitsch Bronstein. Er war der Organisator der bewaffneten Revolution in Rußland und Schöpfer der Roten Armee. Als Volkskommissar des Äußeren leitete er 1918 die Friedensverhandlungen mit Deutschland und Österreich und als Kriegskommissar hatte er entscheidenden Anteil am Sieg der Bolschewiki im russischen Bürgerkrieg. Ideologisch vertrat er die Position der 'Permanenten Revolution', die den Sozialismus in der Sowjetunion

Berühmte Persönlichkeiten

erst nach erfolgreichen Revolutionen auch in den kapitalistischen Ländern als gesichert ansah. Damit stand er in klarem Gegensatz zu Stalin, der den 'Sozialismus in einem Lande' propagierte. Die Rivalitäten verschärften sich, als Trotzkij in der Diktatur Stalins ein Abweichen von den Ideen Lenins sah, so daß er 1929 aus der Sowjetunion ausgewiesen wurde. Er kam 1937 in Mexiko-Stadt an und lebte fortan mit seiner Frau und seinem Stiefsohn in einem festungsartigen Haus in Coyoacán. 1940 wurde er von Juan Ramón Mercader, einem stalinistischen Agenten, mit einem Eispickel ermordet.

Leo Trotzkij (Fortsetzung)

Francisco 'Pancho' Villa, eigentlich Doroteo Arango, war eine der schillerndsten Figuren der mexikanischen Revolution, zugleich aber auch eine etwas zwielichtige Gestalt in seiner Mischung aus Revolutionär und Bandit. Im Jahr 1910 schloß er sich dem bewaffneten Kampf gegen den Diktator Díaz an. Im September 1913 gründete er die 'División del Norte', eine berühmt-berüchtigte Reitertruppe, die sich in Kämpfen gegen die Regierungstruppen auszeichnete, sich aber auch beim Plündern nicht zurückhielt. Seinen größten Triumph erlebte Villa im Dezember 1914, als er zusammen mit Emiliano Zapata in Mexiko-Stadt einzog. Doch wie Zapata blieb er politisch ohne Wirkung. Nach seiner Rückkehr in den Norden Mexikos zerrieb er sich in zahlreichen Gefechten. Als auch US-Truppen gegen ihn zogen, überfiel seine Division sogar die zu den USA gehörende Stadt Columbus. Unter Präsident Álvaro Obregón wurde er amnestiert und erhielt eine Hacienda bei Hidalgo de Parral im Bundesstaat Chihuahua. Doch holte ihn dort seine Vergangenheit ein, als er 1923 zusammen mit seinem Kampfgefährten Miguel Trillo erschossen wurde.

Francisco 'Pancho' Villa (5.6.1878 bis 20.7.1923)

Als achtes Kind des Landarbeiters Gabriel Zapata wuchs Emiliano Zapata in Anenecuilco im Bundesstaat Morelos auf. Schon früh mußte er erleben, wie einige seiner Geschwister starben. Er zog als Zureiter von Dorf zu Dorf und kehrte schließlich nach Anenecuilco zurück, wo er zum Führer des Dorfrates gewählt wurde. Seine bisherigen Erfahrungen in einem Bundesstaat, in dem das Ackerland fest in der Hand einiger weniger Plantagenbesitzer war, ließen ihn zu der Überzeugung kommen, daß der Landbevölkerung nur dadurch geholfen werden konnte, wenn das Land gerecht verteilt sei: "Tierra y Libertad!" hieß die Losung, unter der er nach und nach eine schließlich mehrere zehntausend Mann umfassende Armee um sich versammelte. Mit dieser setzte er im Bundesstaat Morelos die Umverteilung des Landes und die Errichtung von Dorfschulen durch. Nach dem Sturz des Díaz-Nachfolgers Madero verbündete sich Zapata mit 'Pancho' Villas División del Norte und den Truppen von Venustiano Carranza gegen den neuen Diktator Huerta. Als dieser außer Landes geflohen war, zerbrach das Bündnis rasch. Carranza zeigte wenig Interesse an Zapatas Reformplänen und setzte Militär gegen ihn ein. Im Dezember 1914 gelang es Zapata und Villa, vorübergehend Mexiko-Stadt zu besetzen. Das Foto von beiden auf dem Stuhl des Präsidenten ging um die Welt. Bald darauf mußten sie sich jedoch in ihre angestammten Gebiete zurückziehen. Als nach der neuen Verfassung von 1917 Zapatas Landreform in Morelos rückgängig gemacht werden sollte, widersetzte sich der Revolutionär lange den Regierungstruppen. Carranza beschloß, Zapata endgültig aus dem Weg zu räumen. Einer dessen Offiziere, Jesús Guajardo, lockte ihn unter dem Vorwand, überlaufen zu wollen, nach Chinameca in einen Hinterhalt, wo man Zapata erschoß. Emiliano Zapata vertrat die radikalste Position in der mexikanischen Revolution. Doch seine politische Wirkung reichte über Morelos kaum hinaus. Bei der Ausarbeitung der Verfassung von 1917 wurde er übergangen. So ist er heute zur Legende geworden, der nach wie vor die Hoffnungen vieler armer Menschen auf dem Lande verkörpert.

Emiliano Zapata (1877? bis 10.4.1919)

75

Präkolumbische Kulturen
Präkolumbische Hochkulturen in Mexiko (synoptische Darstellung)

Zeit	Golfküste Olmeken	Zentrales Hochland	Maya	Oaxaca-Tal Zapoteken Mixteken	Golfküste El Tajín Huasteken Totonaken	Azteken (Mexica)	Zeit
Vorklassik (formativ)							
1500							1500
1400	S. Lorenzo → Tlatilco						1400
1200		Juxtlahuaca Chalcatzingo Oxtotitlán		S. José Mogote			1200
1000	La Venta / El Manatí						1000
800							800
600	Tres Zapotes	Cuicuilco		(Übergang) Monte Albán I			600
400			(Übergang) Izapa → Dainzú				400
Protoklassik							
200		Teoticuahán I	Chiapa de Corzo	Monte Albán II			200
Zeitenwende							**Zeitenwende**
200	La Mojarra / Cerro de las Mesas	II	Dzibilchaltún Yaxuná	Monte Albán III A			200
Klassik – Früh-							
400		III	Chichén Itzá (Gründung)	Monte Albán III B	El Pital		400
600		IV	Yaxchilan Palenque Oxkintok		Remojadas		600
Klassik – Spät-					El Tajín		
800		Tula Chico	Uxmal		El Tamuín		800
Nachklassik							
1000		Tollán (Tula)	Chichén-Itzá (Renaissance unter Toltekeneinfluß)	Monte Albán IV Yagul Mitla	El Tajín Chico		1000
1200			Mayapan Tulum	Monte Albán V			1200
1400			Maní	Zaachila	Zempoala	Tenochtitlán	1400
Conquista ab 1519							

© Baedeker

Präkolumbische Kulturen

Die Ursprünge der altindianischen Kulturen Mesoamerikas sind heute noch nicht klar erkennbar, da für diese Zeit verläßliche Quellen fehlen. In der indianischen Überlieferung werden meist historische Fakten mit Mythologie und Legendenbildung vermengt, weshalb der exakte Aussagewert weitgehend zweifelhaft bleibt. Hinzu kommt, daß – abgesehen von den jüngst entdeckten sog. epi-olmekischen Schriftzeichen (La Mojarra-Stele, s. S. 78 und 175) – die einzige entwickelte Schrift der vorspanischen Epoche, die der Maya, bisher noch nicht gänzlich entziffert werden konnte. So ist – trotz erheblicher Fortschritte der Amerikanistik – das Geschichtsbild Mesoamerikas noch immer lückenhaft. In Mexiko wurden bisher rund 13 000 archäologische Stätten registriert, von denen nur ein verschwindend geringer Teil freigelegt und wissenschaftlich ausgewertet ist. Bei den Ausgrabungen der jüngsten Zeit wurden immer frühere Datierungen festgestellt, so daß sich die Geschichtsschreibung der Neuen Welt durchaus noch beträchtlich ändern kann. Zwischen den einzelnen Hochkulturen, die sich zeitlich bisweilen stark überlappen, hat jedenfalls ein lebhafter Austausch und erhebliche gegenseitige Beeinflussung stattgefunden. Grundsätzlich bereitet die Chronologie der präkolumbischen Kulturen noch Probleme. Zwar ist die zeitliche Abfolge innerhalb des mesoamerikanischen Kulturraumes nachvollziehbar, wobei die sogenannten Leitscherben – Keramikfragmente bestimmter Kulturepochen – wesentliche Aufschlüsse gegeben haben. Als ungleich schwieriger erweist sich die Einordnung dieser Abläufe in unser Zeitschema. Durch die technische Verfeinerung der Radiokarbonmethode zur Altersbestimmung organischer Substanzen und das Thermoluminiszenzverfahren wurde hier ein großer Fortschritt erzielt. Es stellte sich heraus, daß die bisherige Datierung, die oft auf Spekulationen und Hypothesen beruhte, die indianischen Kulturen einer wesentlich späteren Zeit zuordnet als derjenigen, auf welche die neuen Analysen hindeuten.

Forschungsprobleme

Der Begriff der präkolumbischen Kulturen umschreibt im übrigen keineswegs eine Zeit, die mit Kolumbus' Entdeckung Amerikas im Jahre 1492 abrupt endet. Vielmehr ist darunter ein kulturhistorischer Abschnitt zu verstehen, der erst dann zu Ende ging, als die spanischen Konquistadoren in den Lebenskreis eben jener Kulturen eintraten. Ihr nach heutigen Erkenntnissen datierbarer Ursprung liegt am Übergang von der archaischen zur sogenannten formativen Zeit (um 1500 v. Chr.). Die letzte präkolumbische Hochkultur, die der Azteken, endete 1521, also gut eine Generation nach Kolumbus.
Die mesoamerikanischen Hochkulturen entwickelten sich vor allem in vier Großräumen: im Küstengebiet am Golf von Mexiko (Tabasco, Veracruz), im Zentralen Hochland (Distrito Federal, México, Puebla, Hidalgo), im Süden (Oaxaca, Chiapas; ferner in Guatemala, El Salvador und Honduras) sowie im Osten (Campeche, Yucatán, Quintana Roo; ferner in Belize, früher Britisch-Honduras).

Zeitliche und geographische Eingrenzung

Olmeken / La-Venta-Kultur (Blütezeit 1400–400 v. Chr.)

Vom Volk der Olmeken (Náhuatl: 'Die Leute aus dem Kautschukland') ist wenig bekannt. Die von den Olmeken gegründeten Stadtstaaten an der Golfküste (z. B. La Venta, Tres Zapotes und San Lorenzo Tenochtitlán) waren die ersten bedeutenden Kult- und Wohnsiedlungen. Auch gab es eine Art Glyphenschrift und ein Zahlensystem. Der sensatio-

Präkolumbische Kulturen

Olmeken (Fortsetzung)

nelle Fund der Stele von La Mojarra bei Veracruz 1986, die 400 erkennbare Hieroglyphen einer 'epi-olmekisch' genannten Schrift trug, zeigte, daß schon 100 bis 150 Jahre vor demjenigen der Maya ein entwickeltes Schriftsystem existiert haben muß.

Einfluß auf andere Kulturen

Der olmekische Einfluß wird in weit auseinanderliegenden Orten deutlich, die vermutlich vielfach keine Olmekensiedlungen, sondern kultische und merkantile Außenposten der Machtzentren der Golfküste waren. Zu ihnen gehörten vermutlich Tlatilco, Gualupita, Tlapacoya, Chalcatzingo, Xochipala, Juxtlahuaca, Oxtotitlán, Izapa sowie Monte Alto (Guatemala) und Las Victorias (El Salvador). Man nimmt an, daß die Olmeken auf der Suche nach der begehrten Jade bis zur Pazifikküste und über Chiapas, Guatemala und San Salvador bis nach Costa Rica vordrangen. An diesen Plätzen entdeckte man olmekische oder olmekisch beeinflußte Ton-, Stein- und Jadefiguren, Reliefs sowie Wandmalereien an Felsen und in Höhlen. Manche glauben auch, eine stilistische Verwandtschaft (Menschendarstellungen mit Zügen des Jaguars) mit der etwa gleichzeitig in Peru existierenden Chavín-Kultur feststellen zu können. Beide Kulturen entwickelten die ersten markanten Kunststile auf dem amerikanischen Kontinent.

Der Einfluß der Olmeken auf spätere mesoamerikanische Hochkulturen wie Maya, Monte Albán I, Dainzú und El Tajín zeigt sich vor allem in Reliefdarstellungen, Zahlen und Glyphen. Auch ein Teil der olmekischen Götterwelt (Xipe Tótec, Quetzalcóatl, Huehuetéotl u. a.) und das Ballspiel wurden von nachfolgenden Kulturen übernommen.

Olmekische Kunst

Die Leute von der Golfküste waren Meister in der Bearbeitung harter Steine. Sie hinterließen die berühmten bis zu 3,40 m hohen Kolossalköpfe aus Basalt, vermutlich Darstellungen von Priesterfürsten, sowie gewaltige Altäre, Stelen, Keramik und äußerst fein gearbeitete Jadefiguren. Allgegenwärtig ist die eigenartige Darstellung des Jaguars mit mehr oder weniger stark ausgeprägten menschlichen Zügen, wohl ein Bild des Regengottes. Die für die olmekische Kunst charakteristische Gesichtsform mit aufgeworfenen Lippen und breiter, fleischiger Nase hat zu Spekulationen über einen negroiden Einschlag geführt. Das älteste exakt datierte Zeugnis der Olmekenkultur ist die Stele C von Tres Zapotes (2. September 31 v. Chr.).

Die Funde der olmekischen Epoche befinden sich heute in den Museen von Villahermosa, Santiago Tuxtla, Tres Zapotes und Jalapa sowie im Anthropologischen Nationalmuseum von Mexiko-Stadt. Der Besuch der oft nicht leicht zugänglichen Originalplätze ist nur archäologisch besonders Interessierten zu empfehlen.

Teotihuacán (um 200 v. Chr. – 750 n. Chr.).

Mesoamerikanische Metropole

In der klassischen Zeit war das große kultische und urbane Zentrum in religiöser, politischer und ökonomischer Beziehung die bedeutendste Metropole Mesoamerikas. Über die Erbauer ist fast nichts bekannt; man vermutet, daß sie aus dem Norden kamen und sich später mit Zuwanderern aus Cuicuilco und Copilco sowie aus der Huasteca vermischten. Erstaunlich ist, daß aus dieser hochentwickelten Kultur keine Schriftzeichen überliefert wurden.

Geschichte

Die Entwicklung von Teotihuacán umfaßt mehrere Phasen. Die erste dauerte bis zur Zeitenwende, die zweite bis etwa 350 n. Christus. In der dritten Phase (bis etwa 650 n. Chr.) erreichte die Stadt ihre Blütezeit. Ein kultureller Austausch fand mit Monte Albán, Pánuco, El Tajín und dem Maya-Gebiet statt. Dieser beruhte offenbar nicht nur auf Handelsbeziehungen, sondern u. a. auch auf der Errichtung von

Präkolumbische Kulturen

Olmekischer Kolossalkopf *Gefiederte Schlange (Teotihuacán)*

Künstlerkolonien. Man neigt heute sogar zu der Ansicht, daß Teotihuacán so weit entfernte Orte wie Kaminaljuyú in Guatemala (Luftlinie 1100 km) und Ansiedlungen der Tiefland-Maya zeitweise unmittelbar kontrollierte. Unbekannt ist, ob dies nur politisch und kommerziell oder auch militärisch geschah. Auch auf die Kultstätten von Xochicalco, Cholula und das frühe El Tajín sowie auf zahlreiche Plätze im Bundesstaat Guerrero gewann die Stadt Einfluß. Um 750 n. Chr. ging die Metropole auf z. T. gewaltsame Weise unter.

Teotihuacán, Geschichte (Forts.)

Teotihuacán zeichnet sich vor allem durch beispielhafte Architektur aus, die Pyramiden, Tempel, Paläste sowie Wohnhäuser für Arbeiter und Bauern umfaßt. Ein Charakteristikum ist das architektonische Prinzip Talud-Tablero, durch welches geneigte Stützmauern mit Hilfe horizontaler Gesimse optisch gegliedert und statisch stabilisiert werden. Dieses Prinzip wurde – meist in modifizierter Form – von anderen Völkern übernommen. Von Interesse ist auch, daß diese große Stadt weder Schriftzeichen noch Ballspielplätze hinterlassen hat.
Gegenüber der monumentalen Architektur dieser Stätte tritt die Bildhauerei stark in den Hintergrund. Abgesehen von Schlangenkopfskulpturen und Steinreliefs konzentriert sich die künstlerische Tätigkeit auf prächtige Masken, oft in Einlegearbeit, sowie auf steinerne Figuren. Aus Ton werden Weihrauchgefäße mit bunten figürlichen Darstellungen, zylindrische bemalte Deckelgefäße und Figurinen gefertigt, von denen meist nur die Köpfe erhalten sind. Die hier gefundene, englisch als 'thin orange' bezeichnete feine Keramik (Figurengefäße, Tierdarstellungen u. a.) war vermutlich Handelsware aus Puebla oder dem Maya-Gebiet. Die zahlreichen Wandmalereien zeigen eine überraschende Vielfalt der Motive, sie stellen Göttergestalten, Tiere, Kultszenen und anderes dar. In der Mythologie dominieren die Götter des Maises, des Regens und des Feuers, die oft Tiergestalt besitzen.

Kultur

Präkolumbische Kulturen

Maya (500 v. Chr. – 1450 n. Chr.)

Herkunft

Auch die Herkunft der Maya liegt historisch im Dunkel. Bisher glaubte man, daß dieser Volksstamm erstmals um 500 v. Chr. im gemäßigten Hochland von Chiapas und Guatemala sowie im Tiefland des Petén in Erscheinung trat. Letzte Forschungsergebnisse beweisen aber, daß bereits um 2000 v. Chr. in Cuello (Belize) ein größeres Mayazentrum entstanden war, das bis 200 n. Chr. existierte. Ein Stamm, aus dem später die Huasteken hervorgingen, scheint sich schon zwischen 1500 und 2000 v. Chr. abgesplittert und an der Nordküste des Golfes von Mexiko niedergelassen zu haben.

Klassisches Maya-Gebiet

Das klassische Gebiet der Maya war zwar schon um 1500 v. Chr. recht dicht besiedelt, doch ist unklar, ob und wie stark die Stätten von Chiapa de Corzo, Izapa, Ocós und El Baúl mit der Entwicklung der Maya-Kultur in Zusammenhang stehen. Hier vermischten sich eigenständige, uns noch unbekannte Zivilisationen mit den Kulturen der Olmeken und der hier in das Licht der Geschichte tretenden Maya. Wenn man von den frühen Stätten in Guatemala (Nakbé, El Mirador) sowie in Belize absieht, so entstanden die ersten größeren Siedlungen in Dzibilchaltún und Yaxuná im nördlichen Yucatán und weitere im Petén (Guatemala), wo seit dem 5. Jh. v. Chr. steinerne Tempelbauten errichtet wurden. So bildeten sich Kultstätten in Uaxactún und Tikal (Guatemala) sowie in Kaminaljuyú, heute ein Außenbezirk von Guatemala-Stadt, Hauptstadt des südlichen Nachbarstaates Guatemala.

Früher Maya-Einfluß gelangte auch nach Oaxaca (Monte Albán II), dem dann in der klassischen Periode ein solcher in Teotihuacán, Cacaxtla und Xochicalco folgte. Umgekehrt war allerdings zwischen 400 und 600 auch Einfluß von Teotihuacán auf Städte der Maya spürbar.

Beispielhafte Maya-Architektur: Palacio in Palenque

Präkolumbische Kulturen

Puuc-Detail in Uxmal

Maya-Glyphen in Palenque

Die bedeutendsten Leistungen der Maya, die ohne Metallwerkzeuge, Zug- und Tragtiere auskommen mußten und das Rad nur für Kinderspielzeug verwendeten, entstanden in der klassischen Periode (200–900 n. Chr.) vor allem im zentralen Siedlungsgebiet. Sie zeigen sich in Orten und Stadtstaaten wie Palenque, Bonampak, Toniná, Yaxchilán und Chinkultic im Bundesstaat Chiapas, ferner in Guatemala, Belize und Honduras. In Tikal (Guatemala) entstand die höchste Pyramide (65 m) der bis heute bekannten Maya-Welt. Man errichtete Paläste, Ballspielplätze, Altäre und Stelen nach bestimmten Daten des Kalenders. Die Gestaltung der Stelen zeugt von großer Kunstfertigkeit; sie zeigen im Flachrelief Schriftzeichen, Daten, Darstellungen von Herrschern und historische Szenen oder sind als Vollplastiken gestaltet. Der Kalender der Maya ist der perfekteste seiner Zeit, die Astronomie hoch entwickelt. In der Mathematik kennt man die Null und den Stellenwert; das Zählsystem beruht auf der Zahl 20. Ausdruck jener großartigen Epoche sind die eindrucksvollen Wandmalereien (Bonampak, Cacaxtla; Tikal und Uaxactún in Guatemala), die feine polychrome Keramik und die Jadearbeiten.

Kulturelle Leistungen

Die glanzvollen Städte wurden schon im 9. Jh. aufgegeben und waren bereits um 900 verlassen und in kürzester Zeit von der Vegetation überwuchert. Über die Gründe konnte man bislang nur Vermutungen anstellen; man nimmt an, daß der große gemeinsame Kult und damit innere Auseinandersetzungen das Ende der Kultur herbeiführten. Jüngere Forschungsergebnisse weisen auch darauf hin, daß äußerer Druck durch neu einwandernde fremde Stämme den Zusammenbruch beschleunigte.

Untergang

Auch Orte im Norden des Zentralgebietes, z. B. Kohunlich und die dem Río Bec-Stil zugerechneten Gebiete im Südlichen Campeche

Weitere Maya-Stätten

Baedeker Special

Der Maya-Kalender

Die Maya besaßen zwei verschiedene Kalendersysteme, die – mehr oder weniger modifiziert – auch bei anderen Hochkulturen des mesoamerikanischen Raums zu finden sind.

Der *Ritualkalender* basierte auf einer Jahreseinheit von 260 Tagen, welche durch eine Zählreihe von 1 bis 13 sowie durch 20 Tagesglyphen unterteilt wurde. Mit jedem Tag rückte man sowohl in der Zahlenreihe als auch in der Glyphenreihe um eine Stelle weiter, wobei bei der 14. Glyphe wieder mit der Eins der Zahlenreihe begonnen wurde usw., so daß jedem der 260 Tage eine eigene Kombination zugeordnet war.

Der *Sonnenkalender* dagegen war in 18 Monate zu je 20 Tagen eingeteilt. Um auf eine dem Erdumlauf um die Sonne entsprechende Jahreslänge von 365 Tagen zu kommen, wurden fünf ungezählte, als unheilvoll angesehene

Kopf-zahlen									
	0	1	2	3	4	5	6	7	8

Monats-glyphen									
	Pop	Uo	Zip	Zotz	Tzec	Xul	Yaxkin	Mol	Chen

Tages-glyphen									
	Imix	Ik	Akbal	Kan	Chicchan	Cimi	Manik	Lamat	Muluc

Tages-zahlen									
	0	1	2	3	4	5	6	7	8

'leere' Tage (uayeb) angefügt.
Das Wort 'kin' stellte 1 Tag dar; es folgten 'unial' = 20 Tage, 'tun' = 360 Tage (1 Jahr), 'katun' = 7200 Tage (20 Jahre) und 'baktun' = 144 000 Tage (400 Jahre).
Das 'Äon' des Maya-Kalenders, ein Zyklus von 52 Sonnenjahren bzw. 18 980 Tagen, ging zu Ende, wenn der letzte Tag des Jahres im Ritualkalender und im Sonnenkalender auf dasselbe Datum fielen.
Die schriftliche Fixierung von Daten des Sonnenkalenders erfolgte mit Zahlzeichen oder Kopfzahlen, Tagesglyphen und Monatsglyphen, die eine eindeutige Kombination und genaue Angaben für jeden Tag des Jahres ermöglichten.

Die Jahresbezeichnung des Sonnenkalenders ergab sich aus dem Datum des Ritualkalenders, auf welches der jeweilige Jahresbeginn des 365-Tage-Zyklus fiel. Von großer Bedeutung war der Kalender für Religion und Mythologie der Maya, die sich ganz an **Astronomie und Astrologie** orientierte. Tage, Monate und Jahre waren einzelnen Gottheiten zugeordnet, und jede Datumsangabe hatte entsprechend den in ihr wirkenden göttlichen Kräften eine bestimmte glückbringende oder unheilvolle Bedeutung. Vor der Durchführung wichtiger Vorhaben mußte stets der Kalender befragt werden, denn auch die Götter und ihre Handlungen unterlagen den jeweiligen Konstellationen. Dieses komplexe System der Zeitrechnung gestattet den rechnerischen Umgang mit sehr langen Zeitspannen. So wurden von den Maya Daten berechnet, die mehrere Jahrmillionen zurückliegen. Der Gedanke liegt nahe, daß die Vorstellung von der Unendlichkeit der Zeit fest im Weltbild dieser Kultur verankert war.

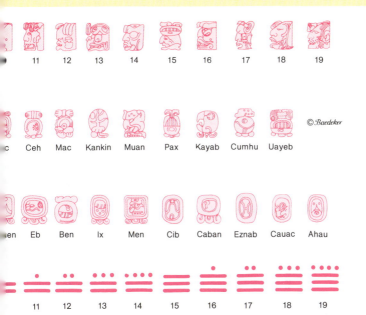

© Baedeker

Präkolumbische Kulturen

Maya (Fortsetzung) — (Hormiguero, Calakmul, Xpuhil, Becán, Chicaná) erlebten in der Klassik ihre Glanzzeit. In der spätklassischen Phase dieser Region, welche die skulptierten Stelen kaum noch kannte, blühten im nördlichen Teil von Yucátan u. a. der Chenes-Stil (Hochob, Dzibilnocac) und der Puuc-Stil (Uxmal, Kabah, Sayil, Labná). Sie zeichnen sich durch reichen Gebäudeschmuck aus Hunderten kleiner Skulpturelemente aus, die sich zu komplizierten Mustern zusammenfügen. Hauptmotiv ist der Regengott Chac. Diese Stätten gingen im 11. und 12.Jh unter.

Fremde Kultureinflüsse — Mit dem Eindringen der Tolteken und anderer mexikanischer Stämme in das nördliche Yucátan erlebte das Kunstschaffen einen neuen Aufschwung. Vor allem in Chichén Itzá zeigt sich die Verbindung von toltekischen und Maya-Stilelementen, so an den steinernen Großskulpturen der Chac-mool und der Atlanten. Dominierend tritt das Motiv der Federschlange hervor; Menschenopfer und Zunahme des Kriegswesens sind gleichfalls auf mexikanischen Einfluß zurückzuführen. Die Blütezeit von Chichén Itzá ging um 1200 zu Ende, als es von der Stadt Mayapán überflügelt wurde. Diese letzte große Maya-Metropole ging gegen 1450 unter und mit ihr die zweitausendjährige Maya-Kultur. Übrig blieb eine größere Anzahl von kleinen Fürstentümern ohne kulturelle Bedeutung. Es bedurfte 20 Jahre harten Krieges, bis die Spanier schließlich 1542 die Maya Yucátans unterworfen hatten.

Zapoteken und Mixteken (500 v. Chr. – 1521 n. Chr.)

Geschichte — Die Geschichte des großen Kultzentrums im Tal von Oaxaca (Südmexiko) wird in fünf Phasen (Monte Albán I, II, III, IV und V) eingeteilt. Die aus vorchristlicher Zeit stammenden Steinreliefs, Gräber und Keramikfunde lassen in der Frühzeit Einflüsse aus der olmekischen, später aus der Maya-Kultur erkennen. Erst um die Zeitenwende traten die Zapoteken in Erscheinung, die im klassischem Zeitalter das Wesen der Sakralstätte prägten. Von 300 bis 600 n. Chr. ist ein lebhafter Kulturaustausch mit Teotihuacán feststellbar. Zwischen 800 und 1000 trat erst Stagnation, dann Niedergang ein, und vieles spricht dafür, daß Monte Albán von den Zapoteken verlassen und von den Mixteken übernommen wurde, denen der Ort aber nur noch als Begräbnisstätte diente. Die letzte Hauptstadt der Zapoteken scheint Zaachila gewesen zu sein. Gegen Ende des 15. Jh.s unterwarfen die Azteken das Gebiet um Oaxaca.
Mitla, südöstlich von Oaxaca, stand abwechselnd unter dem Einfluß von Zapoteken, Mixteken und einer noch unbekannten Kultur.

Kultur — Aus der vorchristlichen Zeit stammen große, eindrucksvolle Tonplastiken von stehenden Menschengestalten und Jaguaren, ferner die 'Los Danzantes' genannten Flachreliefs. Man nimmt an, daß diese ersten bisher entdeckten Schriftzeichen des vorspanischen Amerika zwischen 400 und 300 v.Chr. entstanden sind. Eine Entzifferung der Schriftzeichen ist bisher nicht gelungen.
In der klassischen Zeit entstanden neben der von Teotihuacán beeinflußten Monumentalarchitektur Figurengefäße, die meist Priestergottheiten darstellen und in Gräbern gefunden wurden. Der Totenkult spielte eine große Rolle; die Grabkammern, von kreuzförmigem Grundriß, wurden mit Fresken und Reliefs geschmückt und bargen reiche Grabbeigaben. Die Mixteken fertigten musterhaften Schmuck und polychrome Keramik; ihre Bilderhandschriften haben wichtige historische Erkenntnisse möglich gemacht.
In der Götterwelt der Bewohner des Tales von Oaxaca dominierten der Regengott Cocijo, der Maisgott Pitao Cozobi, der Windgott Quetzalcóatl sowie der Gott der Erneuerung und der Juweliere Xipe Tótec.

Präkolumbische Kulturen

Aus vorchristlicher Zeit: 'Los Danzantes' in Monte Albán

El Tajín (600–1200 n. Chr.)

Geschichte

Die zwischen Tampico und Veracruz nahe dem Golf von Mexiko gelegene Kultstätte El Tajín wurde lange dem Volk der Totonaken zugeschrieben, die aber erst gegen Anfang des 13. Jh.s einwanderten, als die Stadt bereits verlassen war. Die Erbauer sind nicht eindeutig bekannt; man fand spätolmekische Merkmale und Einfluß von Teotihuacán. Manche Forscher schreiben El Tajín den Huasteken zu, die der Maya-Sprachgruppe angehören und daher vermutlich in archaischer oder frühformativer Zeit aus dem Süden einwanderten.

Kultur

Die Blütezeit von El Tajín dürfte zwischen 700 und 900 gelegen haben. Es entwickelte sich ein spezifischer, in seiner Verbreitung eng begrenzter Baustil, dessen bedeutendstes Zeugnis die sechsstöckige Nischenpyramide ist. Weitere typische Funde sind die oft kunstvoll ornamentierten Steinplastiken, die 'Yugo' (Joch), 'Hacha' (Axt) und 'Palma' (Palme) genannt werden. Sie sind vermutlich Nachbildungen hölzerner Schutzschilde, die man beim rituellen Ballspiel trug. Das Ballspiel war im Glaubensleben der Bewohner von großer Bedeutung; allein in El Tajín hat man 13 Ballspielplätze gefunden. Unklar bleibt, ob der Sieger oder der Verlierer den Göttern geopfert wurde.

Tolteken (950–1200)

Herkunft

Die Nachklassik der präkolumbischen Kulturen wird mit der Entstehung der toltekischen Metropole Tollán (Tula) eingeleitet. Der als Tolteken bezeichnete Stamm entstand wahrscheinlich aus zwei Gruppen, den aus dem Westen eingewanderten Náhuatl sprechenden primitiven Chichimeken und den aus Tabasco kommenden Nonoalca.

Präkolumbische Kulturen

Tolteken (Forts.) Geschichte

Der Legende nach hingegen gründeten die Tolteken erst 968 n. Chr. unter ihrem Herrscher Ce 'Acatl Topiltzín, der später den Namen des Gottkönigs Quetzalcóatl ('Federschlange') annahm, die Stadt Tollán. Etwa zwanzig Jahre später soll der Herrscher mit einer kleinen Gruppe Tollan nach einem Streit verlassen haben und über Cholula an die Golfküste von Yucatán gezogen sein. Tatsächlich begann um 1000 n. Chr. vor allem in Chichén Itzá die eindrucksvolle Mischung zwischen toltekischer und Maya-Kultur unter dem Gottkönig Kukulcán (Maya: 'Federschlange'). Heute vermutet man allerdings, daß bereits eine frühe Einwanderung aus dem mexikanischen Hochland (Tolteken?) stattgefunden hat, die sich (im 9. Jh.?) umkehrte. Die Tolteken, die manche Elemente der klassischen Zivilisation bewahrt hatten, übten auch – vermutlich militärisch und kommerziell bedingten – Einfluß auf die nördlichen Teile des Hochlandes von Mexiko (inklusive Teotenango und Malinalco) aus, ferner im Norden auf La Quemada, Chalchihuites und wahrscheinlich sogar auf Casas Grandes.

Untergang

Die relativ kurze Blütezeit der Tolteken endete 1175 mit dem raschen Untergang Tulas, der auf innere Zerwürfnisse und den Druck einer neuen chichimekischen Einwanderungswelle zurückzuführen ist. Ein Teil der geflüchteten Tolteken ließ sich im Hochtal von Mexiko (Culhuacán und auch Cholula) nieder, ein anderer zog weiter der Küste entlang nach Süden bis in das heutige Nicaragua.

Kultur

Stilistisch unterscheidet sich die Epoche von der Klassik durch eine Vergröberung des Stils in Architektur und Bildhauerei.
Zu den bemerkenswerten Zeugnissen der Toltekenkultur gehören große Säulenhallen, die bis 4,60 m hohen Kolossalstatuen der Atlanten, die eigenartigen liegenden Figuren des Chac-mool ('roter Jaguar') sowie die Schlangenmauer (Coatepantli) und die Schädelmauer

Maya- Dekor (Chichén Itzá)

Kriegertempel in Chichén Itzá

Präkolumbische Kulturen

(Tzompantli). Die kriegerischen Züge dieser Zivilisation, die von den Militärorden der 'Adler' und der 'Jaguare' repräsentiert wurde, zeigen sich in den Reliefs von Totenschädeln, Kriegs- und Opferszenen. Die schönsten Beispiele toltekischer Kunst in Yucátan findet man in Chichén-Itzá, wo offenbar die Grundkonzeption toltekischen Ursprungs ist, das Dekor dagegen von Maya-Künstlern ausgestaltet wurde. In die Epoche von Tollán fallen auch die ersten Zeugnisse der aus Guerrero übernommenen Metallbearbeitung sowie die Einführung des Spinnwirtels.

In der Götterwelt hatte Quetzalcóatl in seinen verschiedenen Symbolen und Gestalten eine überragende Bedeutung. Ihm stand sein Bruder und Gegenspieler Tezcatlipoca ('Rauchender Spiegel') gegenüber, der Gott des Nachthimmels, der Zauberer und der strafenden Gerechtigkeit. Allgemein begannen Astral- und Kriegsgottheiten die Erd- und Vegetationsgötter der klassischen Epoche zu verdrängen. Der Priesterstand mußte in jener Zeit seine Führungsrolle an die Kriegerkaste abtreten.

Tolteken, Kultur (Fortsetzung)

Azteken (1300–1521)

Die im 12. Jh. aus Nordwesten in das Hochtal von Mexiko eingewanderten Azteken ('Leute aus dem Land Aztlán') errichteten um die Mitte des 14. Jh.s auf einer Insel im Texcoco-See (heute Mexiko-Stadt) ihre Hauptstadt Tenochtitlán. Nach deren Gründung tauchte der Begriff 'Mexica' auf, mit dem die Azteken sich selbst bezeichneten. In den folgenden 150 Jahren dehnten sie ihre Herrschaft im Norden und Osten bis zu den von Huasteken bewohnten Küstenregionen am Golf von Mexiko aus, im Südwesten und Süden von Colima über Oaxaca bis zur Grenze des heutigen Guatemala. Es war dies allerdings kein

Geschichte

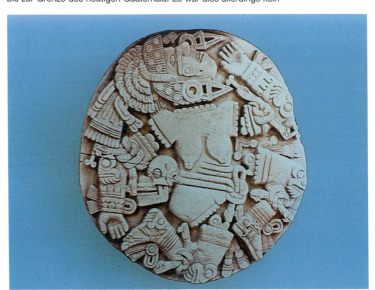

Coyolxauhqui, aztekische Göttin des Mondes und der Nacht

Präkolumbische Kulturen

Azteken,
Geschichte
(Fortsetzung)

einheitliches Reich, sondern außerhalb des Kernlandes ein Gebiet von 40 Provinzen, deren Bewohner den Azteken tributpflichtig waren.
Die Invasion der Spanier und ihrer indianischen Verbündeten zwischen 1519 und 1521 bereitete dieser letzten der mesoamerikanischen Hochkulturen ein jähes Ende.

Kultur

Die aztekische Kultur, die am wenigsten künstlerisch orientierte der präkolumbischen Hochkulturen, erzielte ihre Erfolge im wesentlichen durch ihre hochentwickelte technische, wirtschaftliche und sakrale Organisation. In den meisten Fällen übernahmen die Azteken die Grundlagen von ihren Vorgängern oder Nachbarn und entwickelten sie weiter.

Die Azteken betrachteten sich als Nachkommen der Tolteken, was sich auch in ihrer Architektur und Bildhauerei zeigt. Von den unterworfenen Völkern übernahmen sie künstlerische Techniken, importierten ihre Werke oder beschäftigten Künstler aus jenen Gebieten. Viele der im Kernland der Azteken aufgefundenen Stücke stammen aus den Kulturkreisen der Mixteca-Puebla, der Huasteken und der Purépecha (Tarasken). Die meisten der großen aztekischen Kultstätten wurden von den spanischen Eroberern abgetragen, die das Material für ihre eigenen Bauten verwendeten, so daß sehr wenig übriggeblieben ist.
Im Raum von Mexiko-Stadt wurden in den letzten Jahren Teile der Tempelanlagen von Tenochtitlán und Tlatelolco freigelegt, wobei man in Mexiko-Stadt den Haupttempel entdeckte.

Die bedeutendsten künstlerischen Relikte der aztekischen Kultur sind Monumentalskulpturen aus Stein ('Sonnenstein' bzw. 'Stein der Fünften Sonne' oder 'Kalenderstein' —→ S. 92; Stein des Tízoc; Statue der Erdgöttin Coatlícue, Stein der Mondgöttin Coyolxauhqui).

Schädelmauer, 1982 in Mexiko-Stadt entdeckt

Das Leben im Aztekenreich

Tenochtitlán

Als die spanischen Eroberer Tenochtitlán, die riesige Hauptstadt des Aztekenreiches, zu Gesicht bekamen, waren sie überwältigt von der Größe, Pracht und wohlgeordneten Anlage der Metropole. Besonders beeindruckten sie die Märkte. Selbst der zurückhaltende Cortés schrieb später an Kaiser Karl V. über den Markt von Tlatelolco: "Unter uns waren Soldaten, die in der Welt herumgekommen waren, in Konstantinopel, in ganz Italien, sogar in Rom, und sie sagten, sie hätten niemals einen so geordneten, großen und so von Waren und Menschen überfüllten Markt gesehen." Bernal Díaz del Castillo berichtet, daß täglich 25 000 Menschen diesen Markt besuchten, daß aber alle fünf Tage ein Markt abgehalten würde, der 40 000 bis 50 000 Menschen anlockte.

Tenochtitlán ('Ort der Kaktusfrucht') und das 1473 von ihm eroberte Tlatelolco waren zur Zeit der Ankunft der Spanier in vier große Bezirke geteilt, die noch lange nach der spanischen Eroberung beibehalten wurden. Die traditionelle Verwaltungseinheit bildeten jedoch die kleineren 'Calpulli', Stadtviertel mit gemeinsamem Landbesitz unter einem selbstgewählten Oberhaupt. Das Zentrum der von einem Kanalnetz durchzogenen Seestadt war durch drei große Dämme mit den Seeufern verbunden. Die nördliche Hochstraße, die von Tlatelolco ausging, erreichte das Ufer bei Tepeyacac in der Nähe der jetzigen Wallfahrtsstätte von Guadalupe. Der westliche Damm verband Tenochtitlán mit Tlacopan; der südliche teilte sich, so daß eine Abzweigung südwestwärts Coyoacán erreichte, während die andere ostwärts nach Iztapalapa führte. Außerdem gab es zwei Aquädukte; einer führte von Chapultepec zur Stadtmitte, der andere brachte Trinkwasser aus Coyoacán entlang der Straße von Iztapalapa.

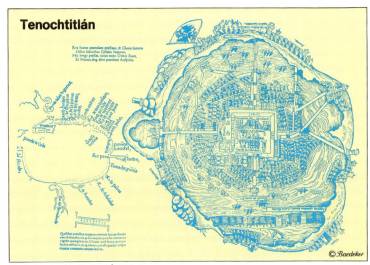

Stadtplan, gedruckt 1564 in Nürnberg

Das Leben im Aztekenreich

Ausschnitt aus Diego Riveras Gemälde "La Gran Tenochtitlán"

Gesellschaftsordnung

Würdenträger

Die Rangordnung der aztekischen Gesellschaft war hierarchisch gegliedert, ließ jedoch alle Aufstiegsmöglichkeiten zu. Die Mitglieder der obersten Schicht in Heer, Verwaltung und Gerichtsbarkeit wurden mit Tecuhtlí ('Herr', 'Würdenträger') angeredet, ein Titel, den auch der Kaiser trug. Früher wurden diese Würdenträger nach Verdiensten gewählt, in der letzten Zeit vor Ankunft der Spanier aber meist vom Kaiser ernannt, und zwar vorwiegend unter den Erben ihres Vorgängers ausgesucht. Der allgemein als 'Kaiser' bezeichnete Herrscher führte die Titel Tlatoaní ('Sprecher', d. h. Leiter im 'Tlatocan', dem Obersten Rat) und Tlacatecuhtlí ('Herr der Krieger', also Oberbefehlshaber). In Tenochtitlán wurde der Herrscher von einer Wahlversammlung der Oberschicht gewählt. Seit Moctezuma I. stand dem Kaiser als höchster Staatsbeamter der Cihuacóatl zur Seite, dessen Titel in Anlehnung an eine Göttin 'Schlangenfrau' bedeutet. Unmittelbar unter Kaiser und Cihuacóatl gab es vier hohe Würdenträger und Ratgeber; ihnen folgte an Machtbefugnis der Tlatocan genannte Oberste Rat.

Krieger

Alle Ämter und Würden im Aztekenreich wurden auf Lebenszeit verliehen. Es gab an sich keinen Erbadel; der Sohn eines Techtli wurde als Pilli ('Kind', 'Sohn') bezeichnet und hatte zunächst keinen Anspruch auf einen Titel, sondern mußte sich Rang und Ansehen durch Verdienste, besonders im Kriegshandwerk, selbst erwerben. Nur der Zugang zur Stätte der höheren Erziehung, dem 'Calmecac', war für ihn leichter. Normalerweise ergänzte sich die Oberschicht aus den Macehualtin (Einzahl; Macehualli) genannten 'Plebejern'. Diese, nicht aber die Kaufleute, konnten durch die Gefangennahme eines ersten Gegners den Rang eines Iyac erreichen. Wenn er dann zwei oder drei Feldzüge

Das Leben im Aztekenreich

mitgemacht hatte, ohne sich weiter auszuzeichnen, mußte er den Kriegsdienst aufgeben und blieb ein Macehualli. Hatte er dagegen vier feindliche Krieger getötet oder gefangengenommen, stieg er zum Tequia auf, was bedeutet, daß er einen Anteil am Tribut ('Tequitl') erhält. Höhere Ränge hatten ihre Bezeichnungen von den rauhen, kriegerischen Stämmen des Nordens; 'Quauhchichimecatl' (= Chichimekenadler) oder 'Otomitl' (= Otomí-Krieger).

Gesellschaftsordnung, Krieger (Forts.)

Unter den Kaufleuten, nach dem für seinen Handel berühmten Stadtviertel von Tlatelolco namens Pochtlan Pochteca genannt, war das Gewerbe erblich. Die Kriegerlaufbahn war ihnen verschlossen, jedoch hatten sie auf ihren abenteuerlichen Handelsfahrten in entlegene Gegenden die Funktion von Spähern. Durch ihr Außenhandelsmonopol erwarben sie oft beträchtliche Reichtümer, hüteten sich aber wohl, diese zur Schau zu stellen, um nicht den Neid der privilegierten Priester- und Kriegerkaste zu erwecken.

Kaufleute

Der Nachwuchs für den Priesterstand, der mit Krieger- und Beamtenschaft gleichberechtigt war, wurde in den 'Calmecac' genannten höheren Schulen erzogen. Mit zweiundzwanzig Jahren konnte der Novize, der sich entschloß, ehelos zu bleiben, den Ehrentitel eines Tlamacazqui (Priester) erwerben. An der Spitze der Geistlichkeit standen zwei Hohepriester, der Quetzalcóatl Tótec Tlamacazqui ('Federschlangenpriester unseres Herrn') für den Kult des Sonnen- und Kriegsgottes Huitzilopochtli und der Quetzalcóatl Tláloc Tlamacazqui ('Federschlangenpriester des Tláloc') für den des Regengottes. Für die weiblichen Gottheiten gab es Priesterinnen.

Priester

Eine wichtige Bevölkerungsgruppe waren auch die Kunsthandwerker, die unter den Azteken Tolteca genannt wurden, da man die Entwicklung der kunsthandwerklichen Fertigkeiten, die mit dem Begriff 'Toltecayotl' ('Toltekenangelegenheiten') bezeichnet wurden, den Tolteken zuschrieb. Die wichtigsten Handwerkergilden waren die Federflechter (Amantca) und die Goldschmiede (Teocuitlahuaque); besonders angesehen war der 'Schreiber' oder eigentlich Buchmaler (Tlacuilo).

Kunsthandwerker

Es gab auch Sklaven, die Tlatlacotin (Einzahl: Tlacotli) genannt wurden. Ihre Lebensbedingungen waren wesentlich humaner als in Europa. Sie durften Besitz haben, Ersparnisse machen und sich freikaufen; Ehen zwischen Freien und Sklaven waren gestattet. Die Sklaven rekrutierten sich aus den Kriegsgefangenen, die nicht geopfert wurden; auch konnte man wegen eines Vergehens zur Sklaverei verurteilt werden. Der größte Teil jedoch scheint sich freiwillig in die Sklaverei begeben zu haben, wobei er selbst den Kaufpreis empfing und in Freiheit blieb, bis dieser aufgezehrt war, was etwa ein Jahr dauerte.

Sklaven

Mythologie

Wie in der Kosmologie anderer Völker Mesoamerikas, herrschte auch bei den Azteken der Glaube, daß andere Welt andere vorausgegangen wären, die durch kosmische Katastrophen zerstört worden seien. Für die Azteken war unsere Welt die fünfte, weshalb der berühmte Kalenderstein auch der 'Stein der Fünften Sonne' (→ S. 92) heißt. Nach der Zerstörung der vierten Welt durch eine Art Sintflut versammelten sich die Götter in Teotihuacán. Durch die Selbstverbrennung einer Gottheit entstand die neue Sonne, die aber zunächst noch unbeweglich blieb. Hierauf opferten sich die übrigen Götter; ihre Lebenskraft übertrug sich auf die Sonne und setzte sie in Bewegung. Da nun das Universum erst durch Opfer in Gang gebracht worden war, konnte

Baedeker Special

Der Stein der fünften Sonne

Der 'Stein der fünften Sonne' genannte Kalenderstein, dessen Original sich im Anthropologischen Nationalmuseum von Mexiko-Stadt befindet, stammt wahrscheinlich aus dem Jahr 1479 ('13 Rohr'). Er diente jedoch nicht zur Zeitbestimmung, sondern als Opferstein ('cuauhxicali') für die Menschenopfer der Azteken.

© Baedeker

1 Sonnengott Tonatiuh, Regent des Weltalters der 'Fünften Sonne'

2 Symbole der vergangenen Weltalter, dazwischen (im Uhrzeigersinn) die Zeichen der Himmelsrichtungen:
Jaguarsonne
Wassersonne
Regensonne
Windsonne

3 Ring mit 20 Tageszeichen (im Uhrzeigersinn):
Blume
Regen
Feuerstein
Bewegung
Geier
Adler
Jaguar
Rohr
Kraut
Affe
Hund
Wasser
Kaninchen
Hirsch
Tod
Schlange
Eidechse
Haus
Wind
Krokodil

4 Schmuckring mit den Wert der Sonne hervorhebenden Symbolen:
a Adlerfedern
b Sonnenstrahlen
c Edelsteine
d Blutstropfen

5 Türkisschlangen; aus den Schlünden blicken rechts der Sonnengott Tonatiuh und der Feuergott Xluhtecutli

Das Leben im Aztekenreich

sein Fortbestand nur gesichert werden, indem man etwas Kostbares opferte, nämlich Menschenblut, das auf Náhuatl 'Chalchiuatl' (= 'kostbares Wasser') genannt wurde. Aus dieser Vorstellungswelt erklären sich die Menschenopfer, die den Spaniern in Unkenntnis der Hintergründe als sinnlose Grausamkeit erschienen.

Mythologie (Fortsetzung)

Besonders wichtig waren die Menschenopfer nach Ablauf eines sogenannten mexikanischen 'Jahrhunderts', das 52 Jahre umfaßte. Dieser Zeitabschnitt ergab sich aus dem heiligen Wahrsagekalender, dessen Daten sich wie bei anderen mesoamerikanischen Völkern aus zwanzig Glyphen und dreizehn Grundzahlen zusammensetzten. Der Jahresbeginn konnte nur auf vier der Glyphen fallen. Diese vier Jahresglyphen ergeben, multipliziert mit den dreizehn Grundzahlen, 52 Jahresbeginne, nach denen der erste Tag des Jahres wieder die gleiche Glyphe und die gleiche Zahl hat. An diesen Tag 'knüpfte' man die Jahre, und die Azteken glaubten, daß in diesem Moment die Gefahr einer kosmischen Katastrophe besonders groß sei. Im ganzen Land wurden die Feuer gelöscht und die bunte Stuckschicht auf Pyramiden und Tempeln zerschlagen. In der Nacht begaben sich die Hohenpriester auf den Gipfel des unweit der Hauptstadt gelegenen Berges Uixachtecatl, um die Gestirne zu beobachten. Wenn sie sich wider Erwarten weiterbewegten, wurde in der Brust eines getöteten Opfers mit dem Feuerbohrer eine Flamme entfacht und durch Sendboten das 'neue Feuer' ins Land getragen. Danach versah man die Heiligtümer mit einer neuen Ummantelung.

Menschenopfer

Im Mittelpunkt der Religion der Azteken stand Huitzilopochtli (Náhuatl: 'Kolibri des Südens'), Kriegsgott und Symbol der Sonne, der wie diese jeden Abend starb und jeden Morgen wiedergeboren wurde.
Zu den anderen Gottheiten, die zum guten Teil von unterworfenen Völkern übernommen wurden, gehörten Tláloc (Náhuatl: 'Tlalli' = 'Erde'), der Gott des Regens und des Wachstums, Tezcatlipoca ('Rauchender Spiegel'), Gottheit des Nachthimmels, der Zerstörung, der Zauberei und der strafenden Gerechtigkeit, Xipe Tótec ('Unser Herr der Geschundene'), der Gott der natürlichen Erneuerung und der Juweliere, Quetzalcóatl ('Gefiederte Schlange'), die vieldeutige Gottheit des Morgensterns, des Windes und der Zivilisationstechniken, Coatlícue ('die mit dem Schlangenschurz'), Erdgöttin und Mutter Huitzilopochtlis, sowie ihre Tochter Coyolxauhqui ('die die sich das Gesicht mit Glocken bemalt'), Göttin des Mondes und der Nacht.

Götterwelt

Kriegswesen

Berichte über die früheren Eroberungsfeldzüge der Azteken zeigen, daß eine ganz andere Auffassung vom Wesen des Krieges herrschte als in Europa. Es gab keine Überraschungsangriffe; der Kriegserklärung gingen stets Gesandtschaften voraus, die in langwierigen Verhandlungen dem Gegner immer wieder die Wahl zwischen freiwilliger Unterwerfung und dem Kampf ließen. Kam es zum Krieg, war das Ziel nicht die Tötung, sondern die Gefangennahme der Gegner. Sobald der Haupttempel der feindlichen Stadt erobert war, galt das als Gottesgericht; Huitzilopochtli, der Kriegsgott der Azteken, hatte sich als der Stärkere erwiesen. Die Kampfhandlungen wurden sofort eingestellt, und es begann das Feilschen um die Höhe des Tributs, der so festgesetzt wurde, daß das Wirtschaftsgefüge des unterworfenen Volkes intakt blieb, das auch seine Sitten und Gebräuche beibehalten durfte. Hieraus erklärt sich die Ratlosigkeit der Azteken angesichts der Kriegsführung der Spanier. Gegenüber dem Eroberungswillen der Konquistadoren, denen zur Vernichtung oder totalen Unterwerfung

Das Leben im Aztekenreich

Erziehung aztekischer Mädchen (Codex Mendoza)

Kriegswesen (Fortsetzung)

der 'Heiden' jedes Mittel recht war, erwiesen sich die Taktiken der Indianer als völlig ungeeignet.

'Blumenkriege'

Zur Zeit der spanischen Eroberung hatte das Aztekenreich bereits seine größte Ausdehnung erreicht, und neue Feldzüge waren selten. Daher mangelte es an Kriegsgefangenen für die Opferungen. Die herrschenden Stadtstaaten Tenochtitlán, Texcoco und Tlacopan kamen daher mit den Lehnsherrschaften Tlaxcala, Huejotzingo und Cholula überein, in regelmäßigen Abständen rituelle Kampfhandlungen nur zum Zweck der Gefangennahme von Opfern abzuhalten. Man nannte diese Kämpfe Xochíyáoyotl (= 'Blumenkrieg'), und besonders die Republik Tlaxcala hatte schwer unter dem ständigen Blutzoll zu leiden. Der aufgestaute Groll führte dazu, daß sich die Tlaxcalteken mit den Spaniern gegen die Azteken verbündeten; ohne diese Hilfeleistung wäre die Eroberung von Tenochtitlán wohl kaum gelungen.

Codices

Unsere Kenntnisse über das Leben der Azteken beruhen neben Aufzeichnungen der Konquistadoren und der ersten in die Neue Welt entsandten Mönche auf Originalquellen, den Codices. Die wichtigsten sind der Codex Mendoza, der Codex Magliabecchiano, der Codex Ríos und als Parallelband der Codex Telleriano, die alle von des Náhuatl kundigen Priestern mit Transkriptionen der Bildzeichen in lateinischer Schrift und Kommentaren auf Spanisch versehen wurden. Codices ohne solche Kommentare sind der Codex Florentino und der Codex Nuttall.

Überlieferung

Die Erläuterungen wurden äußerst notwendig, da diese Originalquellen in einer ideographischen Schrift abgefaßt waren. Wenn also ausgedrückt werden sollte, daß Kaiser Moctezuma Kriegsvorbereitungen traf, zeichnete der aztekische Buchmaler die sitzende Figur des Herr-

Das Leben im Aztekenreich

schers mit seiner Namensglyphe und dazu Waffen. Eine solche Schrift reichte natürlich nicht aus, um die Feinheiten der Náhuatl-Literatur, die Hervorragendes auf den Gebieten der Rhetorik, Lyrik und Epik geleistet hat, auszudrücken. Deshalb mußten die Zöglinge einer Priesterschule umfangreiche Texte auswendig lernen, wobei ihnen die Bilderschrift als Gedächtnisstütze diente.

Überlieferung

Glücklicherweise fanden die Mitglieder der geistlichen Orden, die nach der Eroberung die christliche Erziehung der Indianer in die Hand nahmen, noch genügend junge Leute aus der Oberschicht, nach deren Diktat sie die Náhuatl-Texte in lateinischer Schrift niederschreiben konnten oder die sie unsere Lautschrift lehrten.

Es ist jedoch festzustellen, daß die Azteken Glyphen, die einen bestimmten Begriff darstellten, auch für gleichlautende Silben mit anderer Bedeutung verwendeten. Damit war der erste Schritt zu einer Laut- oder Silbenschrift getan, und es läßt sich vermuten, daß man eine solche bald entwickelt hätte, wenn die Kultur der Méxica nicht durch die Conquista im Keime erstickt worden wäre. Ähnliche Hypothesen ließen sich in anderen Bereichen anstellen. Auch so aber sind die kulturellen Leistungen der mesoamerikanischen Völker erstaunlich, wenn man bedenkt, daß ihre wirtschaftliche Situation im Grunde jener der Steinzeit gleichkam.

Magische Jade

Die indianischen Ureinwohner im Mexiko der vorspanischen Zeit schrieben einigen Mineralien magische Kräfte zu. So wurde beispielsweise der Wert des hier recht seltenen, Chalchihuitl oder Quetzalitzli genannten Halbedelsteins Jadeit höher eingeschätzt als der des Goldes. Zu dieser Bedeutung verhalf dem Stein vermutlich die Ähnlichkeit mit dem metallisch glänzenden Grün des Gefieders des heiligen Vogels Quetzal.

Jade-Maske

Kunst und Kultur

Malerei

Präkolumbische Wandmalerei und Codices

In der Zeit vor der spanischen Conquista (bis um 1520) dominiert in Mexiko die präkolumbische Wandmalerei. Hervorragende Beispiele hierfür sind die Fresken des Maya-Tempels in Bonampak oder die Malereien in Teotihuacán, Tepantitla, Atetelco, Cacaxtla und Cholula bei Puebla. Leider blieben nur wenige dieser altindianischen Malereien erhalten. Die Rot- und Orangetöne, das Gold und das berühmte Maya-Blau der Fresken von Bonampak geben einen Eindruck vom hohen Stand der Maltechnik zur Zeit der klassischen Maya-Kultur. Außer Fresken hat man ebenfalls kunstvoll bemalte Keramik gefunden. In diese Epoche gehören auch die Codices (Einzahl: Codex) genannten Bilderhandschriften mit figürlichen Darstellungen und Bildzeichen (⟶ Abbildung S. 94).

Kolonialkunst

Bald nach der Conquista beginnen europäische Künstler an der von Franziskanermönchen gegründeten Schule in Mexiko-Stadt zu lehren. Wie die meisten Maler der Zeit stehen diese Künstler unter dem Einfluß der niederländischen Schule. Bedeutung erreicht in dieser Epoche allein der in Mexiko lebende flämische Maler Simon Pereyns (1566–1603).

Erst im frühen 17. Jh. entsteht eine eigenständige Kolonialkunst, dokumentiert in den Werken von Baltazar de Echave Orío (1548–1620), Baltazar de Echave Ibía (1585–1645) und Luis Juárez (1600–1635). Die Bilder dieser Maler findet man heute vorwiegend in Kirchen, Klöstern und Museen von Mexiko-Stadt, Querétaro, Tepotzotlán, Morelia und Guadalajara. Später folgen José Juárez (1615–1667), Baltazar de Echave Rioja (1632–1682) und Pedro Ramírez (1650–1678), denen es gelingt, Elemente so unterschiedlicher europäischer Maler wie Murillo und Rubens mit ihrem eigenen Stil zu verbinden. Gemälde dieser Künstler sind in Mexiko-Stadt, Texcoco, Puebla, San Miguel de Allende und Guadalajara zu sehen.

Mexikanisches Barock

Bedeutende Maler der ersten Phase des mexikanischen Barock (Ende 17. Jh./Anfang 18. Jh.) sind Cristóbal de Villalpando (1652–1714), Juan Correa (1674–1739) und Juan Rodríguez Juárez (1675–1728). Ihre Bilder lassen den europäischen Einfluß erkennen. Man findet sie heute hauptsächlich in Mexiko-Stadt, Puebla, San Miguel de Allende, Atotonilco, Aguascalientes und Querétaro. Die Correa-Schüler José María de Ibarra (1688–1756) und Míguel Cabrera (1695–1768) bestimmen die mexikanische Malerei des 18. Jahrhunderts. Ihre zahlreichen Werke sind vor allem in den Museen von Mexiko-Stadt, Puebla, Morelia, Tepotzotlán, San Miguel de Allende und Taxco vertreten.

Im Gegensatz zur mexikanischen Architektur und zu den Mestizo-Schulen von Cuzco und Potosí in Südamerika bleibt die mexikanische Malerei dieser Zeit fast gänzlich frei von indianischen Einflüssen.

19. Jahrhundert

Für die Mitte und die zweite Hälfte des 19. Jh.s sind der Vertreter der naiven Kunst, José María Estrada (1830–1862), als Porträtist, und José María Velasco (1840–1912), der spätere Lehrer von Diego Rivera, als Landschaftsmaler zu erwähnen.

Malerei

In der Provinz entwickelt sich jetzt eine volkstümliche, aussagekräftige und ansprechende Malerei, deren beste Zeugnisse in den vielen Dorfkapellen zu finden sind.
Gegen Ende des 19. Jh.s und zu Beginn des 20. Jh.s zeigt sich in der mexikanischen Malerei ein stärkerer Einfluß des Impressionismus, so in den Landschaftsbildern von Joaquín Claussel (1866–1935) und Mateos Saldaña.

19. Jahrhundert
(Fortsetzung)

Die nächste Epoche der mexikanischen Malerei beginnt im 20. Jh. zur Zeit der Revolution (1910–1920). Mit dem Muralismo entsteht eine eigenständige Kunstform. Ausgangspunkt dieser Richtung ist eine 'sezessionistische' Ausstellung im Jahre 1910, in deren Mittelpunkt Gerardo Murillo (1875–1964) steht, der sich Dr. Atl (Náhuatl: 'Wasser') nennt; er wird jedoch mehr durch seine Landschaftsbilder als durch seine Fresken bekannt. Francisco Goitía (1884–1960) stellt in seinen Werken in expressionistischer Manier vorwiegend menschliche Schicksale des Revolutionskrieges dar. Als Vorläufer der neuen Kunstrichtung gilt der Metallstecher und politische Karikaturist José Guadalupe Posada (1851–1913).
Die Maler wenden sich jetzt der alten, lebendig gebliebenen Volkskunst zu, übernehmen Farben, Formen und Themen aus der präkolumbischen Kunst und zeigen auf Wandbildern Szenen, die einer für die Erziehung analphabetischer Massen bestimmten Ideologie verpflichtet sind, meist ohne dabei in einen leeren 'sozialistischen' Realismus zu verfallen. In den Darstellungen werden das altindianische Erbe und revolutionäre Handlungen verherrlicht, das konservative spanische Element dagegen verhöhnt. Man gibt sich einerseits extrem antiklerikal, kommt andererseits jedoch von den eigenen katholischen Wurzeln nicht los. Die Voraussetzung für die Ausbreitung der neuen Kunst schafft Anfang der zwanziger Jahre der damaligen Erziehungsminister José Vasconcelos, der den Künstlern erlaubt, die Wände von Schulen und anderen öffentlichen Gebäuden zu bemalen.
1923 veröffentlichen mexikanische Maler ein Manifest, in dem sie sich gegen das Staffeleibild und für die Monumentalkunst aussprechen. Die drei berühmtesten mexikanischen Maler, die in erster Linie als 'Muralisten' arbeiten, sind José Clemente Orozco, Diego Rivera und David Alfaro Siqueiros.

Muralismo

Der bedeutendste ist wohl José Clemente Orozco (1883–1949). In seinen zahlreichen Werken, die auch Zeichnungen, Stiche und Gemälde umfassen, zeigt er in dramatisch bewegten Szenen einen harten, grausamen Realismus. Orozcos Malerei läßt den Einfluß des Barock erkennen, andererseits berühren sich Malweise und Thematik mit denen des europäischen Expressionismus. Doch ist er im Gegensatz zu Rivera und Siqueiros, die sich von den verschiedenen Stilrichtungen stärker beeinflussen lassen, ein sehr eigenwilliger Maler. Als sein Meisterwerk gelten die Deckenfresken des Hospicio Cabañas in Guadalajara (1938/39), besonders die Darstellung "Mensch in Flammen" in der Kuppel. In Guadalajara hat er auch das Treppenhaus des Regierungspalastes mit Fresken bemalt; in Mexiko-Stadt schuf er für die Escuela Preparatoria Nacional und den Palacio Nacional de Bellas Artes imposante Wandgemälde.

José Clemente Orozco

Diego Rivera (1886–1957) durchläuft als junger Maler verschiedene Stadien, vom Neoimpressionismus über den Fauvismus bis hin zum Kubismus. Später stellt er in riesigen Freskenwerken Szenen aus dem politischen und sozialen Leben Mexikos dar. In der Freskomalerei von der italienischen Renaissance ausgehend und thematisch von der Kunst der Maya und Azteken stark beeinflußt, entfaltet er einen äußerst subtilen und klaren Stil. Unter seinen zahlreichen Wandbildern

Diego Rivera

Malerei

José Clémente Orozco: "Katharsis" (Palacio de Bellas Artes, Mexiko-Stadt)

Diego Rivera (Fortsetzung)

sind jene im Palacio Nacional und in der Escuela Nacional de la Agricultura in Chapingo besonders hervorzuheben. Das berühmte Gemälde "Traum an einem Sonntagnachmittag im Alameda-Park" befindet sich in Mexiko-Stadt in einem Neubau an der Plaza de Solidaridad. Weiterhin erwähnt seien ferner Fresken im Gebäude des Erziehungsministeriums, im Palacio de Bellas Artes, im Gebäude des Gesundheitsministeriums, jeweils in Mexiko-Stadt, sowie im Cortés-Palast von Cuernavaca.

David Alfaro Siqueiros

David Alfaro Siqueiros (1886–1974) bezieht Elemente des Barock in seine Malerei ein, wie die Bewegung in seinen Bildern zeigt. Unter dem Einfluß des Futurismus entstehen Darstellungen von Maschinen und Werken der Technik. Im Auftrag verschiedener Regierungen schafft er für öffentliche Gebäude große Freskenwerke von monumentaler Wirkung. Man findet seine Werke vor allem in Mexiko-Stadt, so im Hospital de la Raza, im Palacio Nacional, im Palacio Nacional de Bellas Artes und am Rektorat der Universität; das Polyforum wurde von ihm entworfen und künstlerisch gestaltet.

Moderne

Als Altmeister der mexikanischen Moderne galt der Zapoteke Rufino Tamayo (1899–1991), der Elemente der mexikanischen Volkskunst mit denen der modernen Malerei, besonders des Kubismus, verband. Wie Rivera setzte er sich für eine 'indianische Renaissance' ein. Tamayo gehörte einer Künstlergruppe an, zu der auch Carlos Mérida (1891–1984), Ricardo Martínez (geb. 1918), Juan Soriano (geb. 1920) und Pedro Coronel (1922–1985) zählten und zählen. Tamayo und Mérida wie auch Miguel Covarrubias (1904–1957), José Chávez Morado (geb. 1909), Juan O'Gorman (1905–1982), Roberto Montenegro (1886–1968), Jorge Gonzales Camarena (1908–1980), Pablo O'Higgins (1904–1983) und Federico Cantú (1909–1991) traten als 'Murali-

Bildhauerei

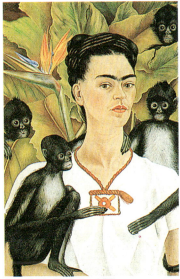
Frida Kahlo: "Selbstporträt"

Rufino Tamayo: "Wassermelonenfresser"

sten' hervor; Tamayo hat u. a. das Treppenhaus des Musikkonservatoriums in Mexiko-Stadt mit Freskenmalerei versehen.
Andere Maler, die in den letzten Jahrzehnten in Mexiko an Bedeutung gewonnen haben, sind Rosario Cabrera (1901–1975), Frida Kahlo (1907–1954, die Ehefrau von Diego Rivera), Manuel Rodríguez Lozano (1896–1972), María Izquierdo (1902–1955), Francisco Zuñiga (geb. 1913), Gunther Gerzo (geb. 1915), Leonora Carrington (geb. 1917), Juan Soriano (geb. 1920), Rafael Coronel (geb. 1923), Georg Rauch (geb. 1924), Pedro Friedeberg (geb. 1937), Guillermo Rode (geb. 1933), José Luis Cuevas (geb. 1933), Francisco Toledo (geb. 1940), Manuel Felgueres (geb. 1928) und Vicente Rojo (geb. 1932).

Moderne (Fortsetzung)

Bildhauerei

Bei den Maya, Azteken und anderen altamerikanischen Völkern dient die Plastik ebenso wie die Malerei vorwiegend der Verzierung der Tempelbauten; Kult und Götterverehrung stehen im Mittelpunkt des künstlerischen Schaffens der präkolumbischen Kulturen. Die Skulpturen werden aus Stein, Stuck oder Ton angefertigt. An den Tempeln findet man figürliche Darstellungen, etwa die berühmten 'Danzantes' von Monte Albán, und geometrische Mauerreliefs, deren Muster oft eine Verwandtschaft mit der Textilweberei zeigen, zum Beispiel in der Tempelstadt Mitla.
Auf dem Gebiet der Kleinplastik entstehen Gebrauchsgegenstände einfacherer Art sowie kunstvolle Objekte, die in erster Linie als Grabbeigaben dienen. Besonders häufig sind kleine Frauenfiguren, die manche Archäologen als Fruchtbarkeitsgöttinnen deuten. Im Laufe der Zeit wandelt sich das Schönheitsideal: Während die Figurinen der

Allgemeines

Bildhauerei

Allgemeines (Fortsetzung)

frühen Epochen üppige Proportionen zeigen, werden die Gestalten später zunehmend graziöser. Die Tonplastiken, oft nur 20 cm hoch, haben meist Gefäßform (Gefäßskulpturen). Bei den bemalten Terrakotten gibt es solche, die nur einen Lendenschurz oder Hüftgürtel tragen und andere mit wertvollen Gewändern. In der Körperhaltung und im Gesichtsausdruck kann man ebenfalls Unterschiede beobachten.

Olmeken

Die unvergleichliche Kunst der Olmeken (La-Venta-Kultur) bringt monumentale Steinplastiken hervor. Besonders eindrucksvoll sind die bis zu 3 m hohen Kolossalköpfe mit breiten, flachgedrückten Nasen und dicken, aufgeworfenen Lippen.

Auch im Bereich der Kleinplastik sind die Werke der Olmeken hervorzuheben. Sie gestalten Skulpturen aus Jade, bei denen die Oberflächenbearbeitung auf wenige Linien reduziert ist.

Maya

In der klassischen Kulturepoche der Maya entstehen Arbeiten aus Stein und Stuck von höchster Vollendung. Hervorzuheben sind die Stuckreliefs an den Bauten von Palenque. Die Maya vermengen das Gips-Wasser-Gemisch mit Naturkautschuk, damit der Stuck eine besonders harte und polierfähige Oberfläche bekommt.

Die Maya bringen auch kunstvolle Kleinplastiken hervor, wie die zahlreichen Funde aus den Gräbern der Toteninsel Jaina zeigen. Die Bemalung der kleinen Terrakotten läßt erkennen, wie Priester und Krieger aussahen und wie sich Angehörige der höheren Stände kleideten. Neben Werken aus Stein und Ton werden Goldschmiedearbeiten wie Masken oder Schmuckstücke und Federmosaiken angefertigt. Die Federn sind zu diesem Zweck gefärbt und nach vorgezeichneten Mustern in ein Gewirk von Stoffen eingearbeitet.

Präkolumbische Kleinplastik ...

... aus dem Anthropologischen ...

Bildhauerei

... Nationalmuseum in Mexiko-Stadt   Aztekische Schlangenskulptur

Für die Bildhauerei bedeutet die Eroberung Mexikos durch die Spanier ebenso wie für Malerei und Architektur einen grundlegenden Einschnitt. Wenn man von den dekorativen Skulpturen an öffentlichen Gebäuden und Kirchen absieht, fehlt es der Bildhauerei der Kolonialzeit in Mexiko an individuellem Ausdruck. Berühmt wird der zu Anfang des 18. Jh.s nach Mexiko gekommene Jerónimo Balbás, der u. a. den prächtigen Altar der Könige in der Kathedrale von Mexiko-Stadt schafft. Durch seine Werke übt er großen Einfluß auf andere mexikanische Künstler aus. Ende des 18. und zu Beginn des 19. Jh.s zeigen die Werke der Bildhauer, vor allem die skulptierten Kirchenfiguren, immer weniger Feinheit und Plastizität. Im Bereich der weltlichen Kunst verdient die bronzene Reiterstatue "El Caballito" von Manuel Tolsá Beachtung, die in Anlehnung an eine Plastik von Girardon entsteht. Um die Mitte des 19. Jh.s suchen die in Puebla tätigen Bildhauer José Villegas de Cora, sein Neffe Zacrías de Cora und sein Adoptivsohn José Villegas sowie in Querétaro Mariano Perusquía, Mariano Arce und Mariano Montenegro, der Bildhauerei neue Impulse zu geben. Ihre Skulpturen sind heute vorwiegend in Museen in Puebla und Querétaro zu sehen.

Eine mexikanisch geprägte Form der einfachen, aber originellen Bildhauerei entwickelt sich bei den Bauernaltären und den volkstümlichen Sakralfiguren, die es in großer Zahl gibt.

Im 20. Jh. arbeiten die Bildhauer nach der Revolution (1910–1920) vorzugsweise auf dem Gebiet der Monumentalskulptur, oft im Dienst der Politik.

Wie in der Architektur, so wächst auch in der Bildhauerei erst in den letzten drei Jahrzehnten eine Generation von Künstlern heran, die phantasievolle eigenständige Werke schaffen. Einige dieser Künstler sind mit Werken in Mexiko-Stadt und anderen Städten des Landes

Kolonialzeit

20. Jahrhundert

Architektur

Bildhauerei, 20. Jh. (Forts.)

vertreten: Juan F. Olaguíbel (1889–1971; Brunnen "Diana Cazadora" mit bronzener Dianastatue in Mexiko-Stadt; Monumento al Rey de Coliman in Colima); Germán Cueto (1893–1975; "La Tehuana" im Palacio Nacional de Bellas Artes in Mexiko-Stadt); Ignacio Asúnsulo (1890–1965; Obregón-Denkmal in San Angel, einem Stadtteil von Mexiko-Stadt); Rodrigo Arena Betancourt (geb. 1919; "Prometeus" in der Universitätsstadt von Mexiko-Stadt); Jorge Gonzáles Camarena (1908–1980; I.M.S.S. am Paseo de la Reforma in Mexiko-Stadt); Ernesto Tamariz (geb. 1904; Monumento a los Niños Héroes im Cuauhtémoc-Park von Mexiko-Stadt); Federico Canessí (1906–1977; Monumento de la Bandera in Iguala); Francisco Zúñiga (geb. 1913; "Yucatecas en el Parque", Galería Tasende in Acapulco), Sebastián (= Enrique Carbajal, geb. 1947; Las Puerta de Monterrey in Monterrey, La Puerta de Chihuahua in Chihuahua).

Architektur

Kolonialarchitektur

Die für eine relativ kurze Epoche sehr zahlreichen Beispiele der Kolonialarchitektur in Mexiko sind auf den natürlichen Reichtum an Baumaterialien zurückzuführen. Zudem verfügten die spanischen Eroberer über ein großes Reservoir an billigen Arbeitskräften. Besonders vielseitig verwendbar war und ist der poröse Vulkanstein 'Tezontle' (Náhuatl: 'versteinertes Haar'), der vor allem im zentralen Hochland abgebaut wird. Diese in Farbtönen von Rosa bis Dunkelbraun schattierende Steinsorte wurde bereits von den Azteken benutzt und ist bis heute an den meisten Palästen in Mexiko-Stadt zu sehen. Es gibt auch verschiedene farbige Kalksteine, die leicht zu bearbeiten sind und reizvolle Tönungen haben. Im allgemeinen werden diese für Bauwerke benutzten Steine 'Cantera' genannt.

Nach der 1519 begonnenen Eroberung Mexikos durch die Spanier wurden viele der prächtigen Werke altindianischer Architektur und Bildhauerei zerstört oder blieben unauffindbar. Im Laufe der nachfolgenden 400 Jahre kam vorwiegend aus Spanien eine Reihe von europäischen Architekturstilen in die Neue Welt, die vielfach lokale Varianten entwickelten.

Frühe Sakralbauten

In der ersten Generation nach der spanischen Conquista entfaltete sich eine Bauform, die man als mittelalterliche Klosterfestung bezeichnen kann. Die zuerst vom Franziskanerorden erbauten Kirchen und Klöster wurden oft anstelle altindianischer Pyramiden oder Tempel errichtet, wobei man als Material vielfach Teile der geschleiften alten Bauwerke benutzte. Diese frühen Sakralbauten, die zuweilen noch romanische und gotische Elemente aufwiesen, dienten mit ihren starken Mauern und massiven Pfeilerstützen zugleich als Festungen. Die wenigen Fenster waren hoch und weit auseinandergesetzt, das Innere einfach mit gerippten Decken oder Tonnengewölben versehen. Andere Besonderheiten dieser Klöster des 16. Jh.s sind das ummauerte Atrium und die nur in Mexiko anzutreffenden Capillas Posas (kleine Prozessionskapellen) in den vier Hofecken. Daneben entwickelte sich auch die spezielle Architekturform der nach vorn offenen Capillas Abiertas (Offene Kapellen), die wie Atrium und Posas der Abneigung der Indianer gegen geschlossene Kultbauten Rechnung trugen. Vor der Taufe wurde den Indianern der Zutritt zum Gotteshaus oft verwehrt. Hervorragende Beispiele für Atrium und Posas findet man in Huejotzingo, Calpan, Izamal und Tlaxcala (San Francisco). Die interessantesten Offenen Kapellen gibt es in Tlalmanalco, Teposcolula, Coixtlahuaca, Tlaxcala (San Francisco), Cuitzeo, Cuernavaca (Kathedrale) und Actopan.

Architektur

Offene Kapelle in Teposcolula   *Churrigueresker Dekor in Tlaxcala*

Elemente des spanischen Mudéjarstils (von Mudejaren = arabische Künstler, die nach der Reconquista in Spanien bleiben durften), der eine Mischung von maurischen und gotischen Elementen darstellt, zeigen sich auch in mexikanischen Bauten. Ein Merkmal dieses Stils ist der Alfiz, eine rechteckige Umrahmung des maurischen Torbogens durch einen schmalen Fries. An manchen Gebäuden des 16. Jh.s ist die Nachbildung der Kordel der Franziskanermönchskutte (z. B. Posas von Huejotzingo) ein Teil des Alfiz. Andere erst später auftretende Kennzeichen des mexikanischen Mudéjarstils sind die Verwendung von Azulejos (Kacheln, Fliesen), die Gestaltung von Torbögen und Decken sowie die Art der Holzbearbeitung (Alfarje und Artesonado).

Mudéjar-Stil

Im 16. Jh. kam auch die frühe Form des plateresken Stils (von spanisch 'platero' = Silberschmied) auf. Die ziselierten Steinmetzarbeiten, deren Muster vor allem Elemente der Heraldik und Blumen sowie Rankenwerk enthalten und meist die Portale schmücken, haben ihren Ursprung in den Entwürfen spanischer Silberschmiede. Der plateresk Stil weist auch Merkmale aus dem Mudéjarstil sowie Schmuckformen der Spätgotik und Renaissance auf. In Neuspanien entwickelten sich Varianten, die man wie folgt unterscheiden kann:
Reiner Renaissance-Stil mit italienischen Merkmalen, wie z. B. in Actopan, Teposcolula und der Kirche San Francisco in Morelia; spanisch-platerseker Stil, der spanische Renaissanceelemente aufweist und u. a. an den Posas von Huejotzingo, beim Montejo-Haus in Mérida sowie in Acolman zu erkennen ist; kolonial-platerseker Stil, der spanische Technik mit örtlicher Interpretation verbindet, wie z. B. in Tepoztlán, am Seitenportal der Kathedrale in Cuernavaca und am Nordeingang der Kirche von Huejotzingo; indianisch-platerseker Stil, der präkolumbische Kunstfertigkeit mit lokaler Auslegung vereint, wie etwa am Haupt- und Seitenportal der Kirche in Yuriria, an Fassade und

Plateresker Stil

Architektur

Plateresker Stil (Fortsetzung)

Nordportal der Pfarrkirche in Xochimilco sowie an der Offenen Kapelle in Tlalmanalco.

Barock

Das 17. Jh. brachte das allmähliche Aufkommen des Barock, zunächst noch in einer relativ nüchternen Form (z. B. La Soledad in Oaxaca). In diese Phase fielen auch die wichtigsten Bauarbeiten an den großen Kathedralen in Mexiko-Stadt, Puebla, Morelia, Guadalajara, San Luis Potosí und Oaxaca. Gleichzeitig baute man Nonnenklöster und zahlreiche Pfarrkirchen. Diese Bauten sind Ausdruck der wachsenden Macht der direkt der spanischen Krone unterstellten Kirche, während der Einfluß der unabhängigen Orden zurückging. Die Entwicklung des mexikanischen Barock in immer üppigerer Entfaltung und verschiedenen Stilarten spiegelt auch das Erstarken der in Mexiko geborenen Spanier ('Criollos') gegenüber den aus dem Mutterland kommenden ('Gachupines') wieder.

Churriguerismus

Im 18. Jh. kommt das mexikanische Hochbarock im Churriguerismus zu voller Blüte. Benannt wird dieser Stil nach dem in Spanien tätigen Architekten José Benito Churriguera (1665–1723) und seinen Nachkommen, die allerdings eine wesentlich zurückhaltendere Bauweise vertraten. Charakteristisch für die mexikanische Formgebung, die sich vorwiegend an Türmen, Portalen und Altären manifestiert, ist das uneingeschränkte Walten der Phantasie in der Gestaltung. Das im Barock noch als Säule erkennbare Bauelement wird im Churriguerismus in so vielfältige Formen zerlegt und verändert, daß die ursprüngliche Gestalt zuweilen verlorengeht. Das Hauptkennzeichen dieses Stils sind die Wandpfeiler ('Estípites') in Form eines Pyramidenstumpfes, der auf der kleineren Fläche steht. Sie schmücken vielerorts Fassaden und Altaraufsätze. Unter den zahlreichen Beispielen für diesen 'Überbarock' Neuspaniens sind zu nennen:

Neue Basilika von Guadalupe in Mexiko-Stadt

Architektur

In Mexiko-Stadt die Fassaden des Sagrario Metropolitano, der Kirche La Santísima und der Casa de los Mascarones sowie der Altar der Könige in der Kathedrale; in Tepotzotlán die Kirche San Francisco Xavier; in Tlaxcala die Basilika von Ocotlán; in Taxco die Kirche San Sebastián y Santa Prisca; in Dolores Hidalgo die Pfarrkirche; in Guanajuato die Kirche La Valenciana; in San Luis Potosí die Kapelle von Aránzazu, in Zacatecas die Kathedrale.

Churriguerismus

Eine besonders originelle Variante des mexikanischen Barock ist der nach der Stadt Puebla benannte Poblanostil, wie die typische regionale Bauweise zwischen in Tlaxcala und Puebla bezeichnet wird. Hier vereint sich phantasievolle, oft indianische Stuckornamentik mit farbigen Kacheln und roten Ziegeln. Neben dem schon erwähnten Ocotlán gelten als hervorragende Beispiele für diesen Stil die Kirchen San Francisco de Acatepec, Santa María de Tonantzintla, San Bernardino de Tlaxcalancingo, La Merced und die Rosenkranzkapelle in Atlixco sowie die Casa del Alfeñique und die Kapelle von San Antonio in Puebla; ferner die Casa de los Azulejos in Mexiko-Stadt.

Poblano-Stil

Im späten 18. Jh. gelangte auch der Neoklassizismus aus Europa nach Mexiko. Man sah in ihm ein willkommenes, auch politisches Mittel zur Befreiung vom übermächtigen spanischen Kulturerbe. In einem Überschwang, das Alte zu verwerfen, wurden zum Teil unersetzliche Kulturgüter zerstört. So versuchte der aus Spanien stammende Architekt und Bildhauer Manuel Tolsá (1757 – 1816), zum Teil mit wenig erfreulichen Folgen, die Kirchen ihrer reichen Formen zu entkleiden, um sie klassizistischen Bauformen anzugleichen. Daneben schuf er allerdings auch das prächtige Reiterstandbild Kaiser Karls IV. ("El Caballito" = das Pferdchen) und plante die Ingenieurschule in Mexiko-Stadt. Ebenso sehenswert sind seine Arbeiten an der Kuppel der Kathedrale der Hauptstadt mit den Malereien von Rafael Jimeno y Planes.

Neoklassizismus

Die bedeutendste Persönlichkeit der neuen Stilrichtung war der mexikanische Universalkünstler Francisco Eduardo Tresguerras (1759 bis 1833), der als Dichter, Musiker, Maler, Bildhauer, Kupferstecher und Architekt berühmt wurde. Zu seinen schönsten Werken gehören die Kirche El Carmen in Celaya, der Umbau der Kirche Santa Clara in Querétaro und das Stadtpalais der Grafen Rul in Guanajuato.
Ein wichtiges neoklassizistisches Werk, dem die barocken Wurzeln nicht abzusprechen sind, ist der Hauptaltar des Sagrario Metropolitano in Mexiko-Stadt von Pedro Patino Ixtilinque (1774 – 1835), einem indianischen Schüler Manuel Tolsás. Bedeutend war auch José Damián Ortiz de Castro (1750 – 1793), dem die Glockentürme und die letzten Änderungen an der Fassade der Kathedrale von Mexiko-Stadt zu verdanken sind.

In den hundert Jahren zwischen der Erlangung der Unabhängigkeit und der Revolution (1910 – 1920) kam es zu keiner nennenswerten Entwicklung in der mexikanischen Architektur. Ausnahmen bildeten die Verschönerungen an Bauten und Anlagen unter Kaiser Maximilian, die originellen, hauptsächlich neogotischen Werke von Ceferino Gutiérrez (gest. 1896) sowie einige wenige Beispiele für den Jugendstil, wie der ehemalige Justizpalast Quinta Gameros (heute Museo Regional del Estado) in Chihuahua.

Nach den Revolutionskriegen begannen mexikanische Architekten, sich mit den Formen des modernen Funktionalismus unter dem Einfluß des Bauhauses zu beschäftigen. Die in dieser Phase geschaffenen Monumentalkonstruktionen gelten als umstritten. Erst in den fünfziger und sechziger Jahren gelangten den modernen mexikanischen

Funktionalismus

Architekten eindrucksvolle Bauten: Enríque de la Mora y Palomar (1907–1977; Kirche La Purísima in Monterrey); Juan Sordo Madaleno (1916–1985; Hotel El Presidente in Acapulco), Ricardo Legorreta (geb. 1938; Hotel Camino Real, Mexiko-Stadt und Ixtapa; Kunstmuseum in Monterrey; in Mexiko-Stadt García José Villagrán (1901–1988), Mario Pani (1911–1993; Hotel Reforma, Colonía Satélite) und Enrique del Moral (geb. 1906; Universitätsstadt und Ministerium für Wasserwirtschaft, Mathias Goeritz (geb. 1915–1990; Funktionslose Türme in der Colnía Satélite, Sieben Stationen des Kreuzes in der Kirche Santiago Tlatelolco, Gitterwerk Hotel Camino Real in Mexiko-Stadt); Felix Candela (geb. 1910; Kirchen La Milagrosa und Santa Mónica); Rafael Mijares (geb. 1924) und Pedro Ramírez Vázquez (geb. 1919; Museum für Moderne Kunst, Anthropologisches Nationalmuseum, Neubau Basilika von Guadalupe), Luis Barragán (1902–1988; Wohnbauten, El Pedregal, Las Arboledas) und Abraham Zabludovsky (geb. 1925; Museo Tamayo, Regierungsgebäude in Guanajuato).

Architektur, Funktionalismus (Fortsetzung)

Musik

Die heutige mexikanische Musik geht zum Teil auf Elemente der präkolumbischen Musik zurück. Dies trifft hauptsächlich für die den Tanz begleitenden Schlaginstrumente zu. Über die altindianische Musik weiß man nicht viel; sie spielte jedoch offenbar beim Tanz und Gesang eine wichtige kultische Rolle. Die Azteken hatten beispielsweise ein 'Haus des Gesangs' (Cuicacalli), in dem Kinder ab zwölf Jahren obligatorisch am Musikunterricht teilnehmen mußten. Gedichte wurden stets gesungen oder mit Musikbegleitung vorgetragen. In erster Linie benutzte man Schlaginstrumente wie Trommeln aus Ton, Holz oder Schildkrötenpanzer, Raspeln aus gekerbten Knochen oder Holz, verschiedene Rasseln, aber auch einfache Flöten oder Muschelhörner. Letztere dienten auch der Befehlsübermittlung während kriegerischer Auseinandersetzungen. Ein Teil dieser alten Instrumente wird heute noch von einigen Indianerstämmen, etwa den Seri, Yaqui, Huichol und Tzotzil, vorwiegend bei Zeremonialtänzen benutzt. Die in der Gegenwart verwendeten Flöten sind aus Bein, Ton oder Schilfrohr gefertigt und unterscheiden sich kaum von denen der vorspanischen Zeit.

Indianische Ursprünge

Neu unter den Instrumenten der heutigen Volksmusik Mexikos sind Blechtrompete, Gitarre, Violine, Harfe und im Süden des Landes die Marimba. Letztere geht auf westafrikanische Vorbilder zurück und besteht aus mehreren übereinander angeordneten Holztäfelchen mit Kalebassen als Resonanzkörper. Die traditionellen Lieder und Melodien der verschiedenen Regionen sind meist eine Mischung aus spanischen und indianischen Elementen. Daneben gibt es maurische, afrikanische und nichtspanische europäische Einflüsse.
Wie jeder Tourist feststellen kann, sind die Mexikaner ein sehr sangesfreudiges Volk. Hervorzuheben sind die Corridos genannten Volksballaden, die vor der Erfindung der modernen Massenmedien auch der Nachrichtenübermittlung dienten. Der wandernde Barde berichtet lokalen Tratsch und singt über Themen aus der Geschichte sowie von Liebe und Tod. Viele der alten Corridos sind bis zum heutigen Tage populär. Aus ihnen entwickelte sich die Canción ranchera, die melancholisch Schmerz, Gewalt und unerfüllte Liebe mit Melodien meist spanischer Liedern aus dem 19. Jh. besingt, die 'mexikanisiert' wurden. Die Lieder mancher Regionen (z. B. Jalisco, Veracruz, Oaxaca oder Tehuantepec) haben einen Klang von unverwechselbarer

Volksmusik

◀ *'Funktionslose Türme' von Mathias Goeritz in Mexiko-Stadt*

Musik

Volksmusik (Fortsetzung)

Eigenart. Die Volksmusik der isoliert lebenden Tarasken (Michoacán), Yaqui und Seri-Indios (Sonora) ist auffallend melodiös.

Mariachis

Die bekannteste Form der mexikanischen Volksmusik ist die der Mariachis, die spanischen Ursprungs ist, aber auch durch französische und andere mitteleuropäische Elemente bereichert wurde. Ihren Namen erhielten sie wahrscheinlich durch Abwandlung des französischen Wortes 'mariage' (= Hochzeit), da die französischen Soldaten in Mexiko irrtümlich annahmen, daß die Musikanten in erster Linie zu Hochzeiten aufspielten. Das kleinere oder auch größere Ensemble besteht meist aus Geigern, Gitarristen, Trompetern und einem Sänger. Ursprünglich waren diese Wandermusikanten im Bundesstaat Jalisco und vor allem in seiner Hauptstadt Guadalajara beheimatet; heute findet man sie aber in den meisten Teilen des zentralen Hochlandes. In alten Trachten reitender Rancheros bringen sie ihre vorwiegend flotten Weisen in einem unverkennbaren Rhythmus dar. Sammelplatz der Mariachis in Mexiko-Stadt ist die Plaza de Garibaldi, in Guadalajara die Plazuela de los Mariachis unweit des Mercado Libertad.

Ernste Musik

Wenn man von der Volksmusik absieht, war Mexiko seit der Kolonialzeit und bis vor kurzem musikalisch nach Europa orientiert. Komponisten und Interpreten wurden ins Land geholt, wo sie die heimischen Musikwerke wesentlich beeinflußten. Erst zu Beginn des 20. Jh.s entwickelte sich auf dem Gebiet der ernsten Musik ein nationales Eigenleben. Als erster war es Manuel Ponce (1886–1948), der Kompositionen für Orchester, Kammermusik sowie Lieder schuf, in denen er Elemente aus der Volksmusik verarbeitete ("Chapultepec", "Ferial", "Estrellita"). Der vielleicht begabteste Komponist Mexikos war der relativ früh gestorbene Silvestre Revueltas (1899–1940), der Werke für Orchester, Streichquartett und Ballett komponierte ("Cuauhnáhuac",

Hingebungsvoll aufspielende Kapelle in Mexiko-Stadt

"Sensemayá", "Janítzio", "Magueyes", "Homenaje a Federico García Lorca"). Die herausragende Gestalt des mexikanischen Musikschaffens ist aber zweifellos Carlos Chávez (1899–1978), der außer als Komponist auch als Dirigent und Musikwissenschaftler großes Ansehen genoß. In seinen Kompositionen ("Konzert für Klavier und Orchester", "H.P.", "Sinfonía India", "Vier Sonnen", "Neues Feuer"; Oper "El Amor Propiciado" bzw. "Pánfilo and Lauretta") verarbeitete er nicht selten altindianische Weisen und Legenden. Bekannt ist ferner Julián Carillo (1875–1965), der als Schöpfer einer Dreizehnton-Musik gilt ("Preludio a Cristóbal Colón", "Tetepán"). Andere wichtige Komponisten sind und waren José Pablo Moncayo ("Huapango"), Miguel Bernal Jiménez, Luis Sandi und Blas Galindo (gest. 1993).

Ernste Musik (Fortsetzung)

Auf dem Gebiet der Unterhaltungsmusik traten vor allem Tata Nacho, Agustín Lara, Guti Cárdenas und Manuel M. Ponce hervor.

Literatur

Altindianische Aufzeichnungen

Obwohl unzählige altindianische Aufzeichnungen bei der Conquista von den Spaniern vernichtet wurden – der Bischof von Mérida, Diego de Landa ließ beispielsweise Mitte des 16. Jh.s in einem riesigen Autodafé nahezu sämtliche in Hieroglyphen abgefaßten Maya-Schriften verbrennen – so konnten doch, besonders aus dem aztekischen Kulturraum, manche wichtige Schriften der Nachwelt erhalten werden. Das Verdienst hierfür kommt in erster Linie einer Reihe von aufgeklärten spanischen Geistlichen zu, die bei aller Ablehnung der Inhalte der Schriften ihren hohen Wert für die Kulturgeschichte des Menschen erkannt hatten (⟶ S. 94, Codices).

Größte Bedeutung für die Erforschung der Náhuatl-Literatur, also der Literatur der Azteken und der mit ihnen verwandten Stämme, haben die Aufzeichnungen des spanischen Mönches Fray Bernardino de Sahagún (1500–1590). Sahagúns vier wichtigste Quellensammlungen sind die "Veinte Poemas rituales" ("Zwanzig rituelle Gedichte"), das "Manuscrito de los Romances de los Señores de la Nueva España" ("Manuskript der Romanzen der Herren von Neuspanien"), die "Cantares Mexicanos" ("Mexikanische Epen") und das "Manuscrito de Cantares" ("Manuskript der epischen Gesänge"). Es handelt sich hierbei in erster Linie um heldische und sakrale Dichtung. Aber auch subjektive, gefühlsbetonte Darstellungen, die dem Charakter der Lyrik verwandt sind, treten bereits in Erscheinung. Stilistisch ist der Refrain weit verbreitet, die Sprache ist oft äußerst reich an Metaphern und bedient sich symbolhafter Darstellung. Großer Beliebtheit erfreuten sich von Musik und Tanz begleitete Schauspiele, die oft religiösen Hintergrund hatten und zu denen nicht selten auch Wettkämpfe und Menschenopfer gehörten.

Náhuatl-Literatur

Bernardino de Sahagún

Besonders hervorzuheben sind die nach der Conquista ins Spanische übersetzten Werke des legendären Dichterkönigs Netzahualcóyotl (1402–1472) von Texcoco, der als höchst weiser Herrscher, Philosoph und Poet geachtet war. Ähnlichen Rang nahm sein Sohn Netzahualpílli (1464–1515) ein, dessen Gedichte zum Teil von Sahagún in den "Cantares Mexicanos" aufgezeichnet wurden. Weitere bedeutende Náhuatl-Dichter zur Zeit der Conquista waren Tecayehuatzin, der König von Huejotzingo, sowie Temilotzin, ein aztekischer Kriegerfürst unter der Herrschaft des letzten Königs von Tenochtitlán, Cuauhtémoc.

Netzahualcóyotl

Literatur

Altindianische Aufzeichnungen (Fortsetzung)

Eduard Georg Seler

In jüngerer Zeit hat sich der Deutsche Eduard Georg Seler (1849–1922), 1910/11 Direktor des Internationalen Archäologischen Instituts in Mexiko, große Verdienste um die Náhuatl-Literatur erworben, indem er unzählige Texte aus der Originalsprache übersetzte. Selers "Gesammelte Abhandlungen zur amerikanischen Sprach- und Altertumskunde" (1902–1923) geben einen guten Überblick über die präkolumbische Literatur.

Maya-Literatur

Aus der Maya-Literatur konnte kaum etwas in unsere Zeit herübergerettet werden. Ein einziges dramatisches Werk, das "Rabinal-Achi", überstand die Conquista. Es stellt ein interessantes Zeugnis der Maya-Quiché-Kultur dar und gibt Auskunft über Lebensstil und Bräuche der Maya. Ein wichtiges Dokument ist auch das "Popol-Vuh" ("Buch des Rates"), das durch mündliche Überlieferung erhalten blieb. Kurz nach der Conquista schrieb es ein Quiché-Indianer zwar in der Originalsprache, aber in lateinischer Schrift nieder. Fray Francisco Ximénez, ein Geistlicher aus Guatemala, der die Maya-Sprache sowie mehrere ihrer Dialekte beherrschte, übersetzte im frühen 18. Jh. das Werk, das wertvolle Angaben über Mythologie, Traditionen und Werdegang der verschiedenen Maya-Stämme beinhaltet. Ähnlich in Form und Aussage sind die yukatekischen Maya-Chroniken "Chilam Balam" ("Buch des Jaguar-Wahrsagers"), eine Mischung aus Geschichte, Orakel und Mythologie. Der eingangs erwähnte Bischof Diego de Landa, der einerseits Maya-Schriften von unschätzbarem Wert vernichten ließ, trug andererseits mit seinem Werk "Relación de las Cosas de Yucatán" ("Beschreibung der Angelegenheiten von Yucatán") später, offenbar von Reue gefaßt, Entscheidendes zur Kenntnis der Maya-Welt bei.

"Popol Vuh"

Diego de Landa

Conquista

Bernal Díaz del Castillo

Die Epoche der Conquista war naturgemäß die Zeit der Chronisten. Zugleich kann sie als die Geburtsstunde einer mexikanischen Literatur in spanischer Sprache gelten. Überaus anschaulich beschreibt der Mitstreiter von Hernán Cortés, Bernal Díaz del Castillo (1492–1580) in seiner "Historia verdadera de la Conquista de la Nueva España" ("Wahrhafte Geschichte der Entdeckung und Eroberung Neuspaniens") den historischen Zusammenprall der spanischen und indianischen Zivilisationen während der Conquista. Als bedeutende Historiker dieser Zeit verdienen neben Hernán Cortés (1485–1547) selbst, der mit seinen an Kaiser Karl V. adressierten "Cartas de Relación" äußerst informative und glänzend formulierte, wenngleich subjektive Augenzeugenberichte hinterließ, Bartolomé de las Casas (1474–1566), Jerónimo de Mendieta (1525–1604) und Antonio de Solís (1610–1686) erwähnt zu werden. Außer diesen spanischen Chronisten gab es auch eine Reihe indianischer Geschichtsschreiber, die sich ebenfalls der spanischen Sprache bedienten, nachdem sie diese in Klosterschulen erlernt hatten: Fernando de Alvarado Tezozómoc, ein Neffe von Moctezuma Xocoyotzin, und Fernando de Alva Ixtlilxóchitl, ein Nachkomme von Netzahualcóyotl, von dem die wichtige "Historia chichimeca" (1648) stammt.

Kolonialzeit und nationale Erhebung

In der Kolonialzeit bestanden neben der ohnehin nicht ganz objektiven Geschichtsschreibung keine guten Voraussetzungen für die Entwicklung einer unabhängigen, eigenständigen mexikanischen Literatur. Der spanische Einfluß war allgegenwärtig; die Integration wurde

Literatur

Kolonialzeit und nationale Erhebung (Fortsetzung)

mit vollem Einsatz und nicht selten mit Gewalt vorangetrieben. Abendländische Kultur und katholischer Glaube waren die höchsten Gebote, denen sich alles unterzuordnen hatte.

16. und 17. Jahrhundert

Dies verhinderte jedoch keineswegs, daß gegen Ende des 16. Jh.s und im 17. Jh. hervorragende Schriftsteller zutage traten. Dem in Mexiko geborenen Theaterautor Juan Ruiz de Alarcón y Mendoza (1581–1639), der seine Hauptwerke in Spanien schrieb, gelangen einige eigenwillige Beiträge zum Genre der Charakterkomödie, als einer deren Schöpfer er geachtet wurde, obwohl er in seinem Wesen und seiner Denkweise der damaligen spanischen Geisteswelt zuwiderlief. Als eine der bedeutendsten Dichterinnen spanischer Sprache des 17. Jh.s galt die Nonne Sor Juana Inés de la Cruz (1648–1695). Ihre religiösen Schauspiele (u. a. "El Cetro de José"/"Das Zepter Josephs") sowie ihre Komödien (u. a. "Amor es más Laberinto"/"Das Labyrinth der Liebe") genossen höchstes Ansehen. Inés de la Cruz schrieb außerdem zahlreiche Liebesgedichte, über die es vielfach noch heute heißt, sie seien die "lieblichsten und zartesten, die jemals aus der Feder einer Frau geflossen sind". Als ein wichtiger Exponent des neuspanischen Barock gilt der Dichter, Essayist und Philosoph Carlos de Sigüenza y Góngora (1645–1700). Gegen den Aberglauben verfaßte er 1680 ein "Philosophisches Manifest gegen die Kometen".

Inés de la Cruz

18. Jahrhundert

Das 18. Jh. war von sozialem Engagement, vom Aufschwung der Wissenschaft und von der Suche nach nationaler Identität geprägt. Aus Frankreich übernahmen einige Autoren den Neoklassizismus, der aber in Mexiko keine großen Früchte trug. Einzig José Manuel Martínez de Navarrete (1768–1809) verdient, in diesem Zusammenhang erwähnt zu werden.

19. Jahrhundert

Das 19. Jh. stand zu Beginn ganz im Banne der nationalen Erhebung des Jahres 1810. Um dieses Thema kreisten die meisten Werke jener Epoche, gleichgültig ob die Autoren Befürworter oder Gegner der Unabhängigkeit waren. José Joaquín Fernández de Lizardi (1776–1827), die herausragende Gestalt im ersten Viertel des 19. Jh.s, prangerte in zahlreichen Zeitungsartikeln die Mißstände der Kolonialzeit an, trat engagiert für die nationale Unabhängigkeit ein und kämpfte für die unterprivilegierten Bevölkerungsschichten. In seinem sozialkritischen Schelmenroman "El Periquillo Sarniento" ("Peterchen Sarniento", wörtlich "Der räudige Wellensittich") bringt er seine Gedanken im Stile der 'Novela Picaresca' unter dem Deckmantel des Frivolen zu Papier.

José Joaquín Fernández de Lizardi

Wichtige Vertreter des realistischen Romans in Mexiko waren Emilio Rabasa (1858–1930; "La Bola"/"Aufruhr", "El cuarto Poder"/"Die vierte Gewalt"), López Portíllo y Rojas (1850–1923; "La Parcela"/"Die Parzelle", "Los Precursores"/"Die Vorläufer") und Rafael Delgado (1853–1914; "La Calandria"/"Die Heidelerche", "Angelina"). Heriberto Frías (1870–1925) greift in seinem Roman "Tomochic" (1894) mit dem Indioaufstand der Tomochiteken ein historisches Thema auf. Gegen Ende des 19. Jh.s orientierte sich eine Reihe bedeutender Schriftsteller wie Manuel Acuña (1849–1873), Guillermo Prieto (1818–1897) oder Justo Sierra (1848–1912) an der französischen und spanischen Romantik.

Modernismus

Aus dem Drang zur Erneuerung und als Reaktion auf die Romantik entwickelte sich schon bald der sogenannte Modernismus, der als erster wichtiger Beitrag Lateinamerikas zur Weltliteratur betrachtet werden kann. Der Modernismus gibt sich kosmopolitisch, er greift Themen aus entlegensten Regionen auf und ist ständig um sprachliche

Literatur

Kolonialzeit und nationale Erhebung (Fortsetzung)

Manuel Gutiérrez Najera

Verfeinerung und Originalität bemüht. Manuel Gutiérrez Najera (1859–1895), ein Bewunderer französischer Kunst und Literatur, kann als Vater der gesamten modernen mexikanischen Literatur angesehen werden. Seine Gedichte beeinflußten Generationen von Dichtern. Weitere wichtige Vertreter des Modernismus sind Amado Nervo (1870–1919), Luis G. Urbina (1864–1934) sowie Enrique González Martínez (1871–1952), letzter Repräsentant dieses Stils.

Zeitgenössische Literatur

Revolution und Kolonialzeit als literarische Themen

Die zeitgenössische Literatur brachte schließlich auch international den Durchbruch mexikanischer Literatur. Unter dem Einfluß der Revolution von 1910 entstanden zunächst Werke mit aktuellem Hintergrund, oft mit autobiographischen Zügen und von starkem Nationalbewußtsein geprägt. Mariano Azuela (1873–1952) gehört in diese Gruppe. In seinem sozialkritischen Roman "Los de abajo" ("Die Rotte", wörtlich "Die von unten"), beschreibt er die Revolution in ihren hemmungslosesten Stunden. Martín Luis Guzmán (geb. 1887) setzte sich mit einigen großen Figuren der Revolution auseinander, so etwa in den Werken "Memorias de Pancho Villa" ("Memoiren des Pancho Villa") und "La Sombra del Caudillo" ("Der Schatten des Caudillo"), José Vasconcelos (1882–1959) zeichnete in seinen Romanen "La Tormenta" ("Der Sturm"), "Ulises criollo" ("Kreolischer Odysseus") und "El Proconsulado" ("Das Prokonsulat") ein genaues Bild jener schlimmen unruhigen Jahre. Das Interesse an der Kolonialzeit wurde in den zwanziger Jahren zu neuem Leben erweckt. Artemio de Valle Arizpe (1888–1961) gehörte zu den bedeutendsten Autoren, welche die koloniale Vergangenheit wieder aufgriffen. Gregorio López y Fuentes (geb. 1897) schilderte in einem äußerst pessimistischen Ton als erster die Tragödie eines Indianerdorfes in seinem 1935 entstandenen Roman "El Indio" ("Der Indio"). Viele andere Schriftsteller verfuhren ähnlich, so Ramón Rubín in "El callado Dolor de los Tzotziles" ("Der stumme Schmerz der Tzotziles"), Francisco Rojas Gonzáles in "El Diosero" ("Der Gottmacher") oder Rosarío Castellanos (geb. 1925) in "Balun Canan" ("Die neuen Wächter").

Carlos Fuentes

Carlos Fuentes (geb. 1928), Autor von "La Región más transparente" ("Landschaft in klarem Licht"), "La muerte de Artemio Cruz" ("Der Tod des Artemio Cruz"), "El gringo viejo" ("Der alte Gringo") und José Revueltas (1914–1976) traten mit sozialkritischen Romanen in Erscheinung. Agustín Yáñez (geb. 1904; "Al Filo del Agua") und Juan Rulfo (geb. 1918–1986; "Pedro Páramo") analysierten die Atmosphäre im ländlichen Mexiko vor dem Hintergrund der revolutionären Wirren. Juan José Arreola (geb. 1918) profilierte sich mit seinem Erzählband "Varia Invención y Confabulario", während Alfonso Reyes (1889–1959) und Octavio Paz (1914–1998), dessen "El otro México" ("Das andere Mexiko") und "Laberinto de la Soledad" ("Labyrinth der Einsamkeit") in alle Kultursprachen der Welt übersetzt wurde, der 1984 den Friedenspreis des Deutschen Buchhandels und 1990 den Literatur-Nobelpreis erhielt, als die großen Meister des mexikanischen Essays gelten. Führend sind auch der Essayist und Kritiker Carlos Monsiváis (geb. 1938) und die auch im deutschsprachigen Raum bekannte Elenia Poniatowska (geb. 1933). Theaterautoren von Ruf sind u. a. Rodolfo Usigli (geb. 1905), Xavier Villaurrutia (1903–1950) sowie Salvador Novo (geb. 1904) und Jorge Ibargüengoitia.

Octavio Paz

Lyrik

Wichtige Gegenwartslyriker sind Bernardo Ortiz de Montellano (1899–1949), Alí Chumacero (geb. 1918), Rosario Castellanos (geb. 1925), Guadalupe Amor (geb. 1920) und Jaime Sabines (geb. 1925).

In der schon 1960 gegründeten Gruppe 'La Espiga amotinada' hat sich eine Anzahl jüngerer, talentierter Autoren wie Augusto Shelley, Jaime Labastidas, Juan Buñuelos, Oscar Olivas und Eraclio Zepedas zusammengefunden.

Literatur, zeitgenössische Lyrik (Forts.)

Film

Der mexikanische Film hat nicht unerheblich dazu beigetragen, das Klischee des 'Charro' zu verfestigen, des mexikanischen Cowboys, der ständig singt, einen riesigen Sombrero trägt und mit ebenso riesigen, klirrenden Silbersporen stolz einherschreitet. Der erste Film, der dieses Bild zeichnete, war der 1936 gedrehte "Allá en el Rancho Grande" von Fernando de Fuentes, der damit eine Welle von 'Comedia Ranchera'-Filmen einleitete, die bis in die fünfziger Jahre anhielt: Harmlose Komödien, deren Handlungsrahmen das fröhliche Landleben lieferte und deren Protagonisten gutherzige Großgrundbesitzer, willige Landarbeiter und heißblütige 'Charros' waren, deren einzige Probleme sich aus ihrem Liebesleben ergaben. Die Streifen waren große Publikumserfolge und sicherten der mexikanischen Filmindustrie den lateinamerikanischen Markt der vierziger und fünfziger Jahre. Mit Emilio Fernández war in dieser Zeit jedoch auch ein Regisseur tätig, der nach Meinung des späteren Kameramannes von Luis Buñuel, Gabriel Figueroa, die 'mexikanischsten' Filme gedreht hat und heute als Pionier des mexikanischen Kinos gilt. Zu seinen Werken zählen "Janitzio" (1938), ein Film über die Indianer am Pátzcuaro-See, "Flor Silvestre" und "Enamorada". Auch seine Filme sind im Landleben angesiedelt, wo er die Seele des Mexikanischen beheimatet sieht, doch zeichnet er seine Figuren weit weniger sentimental.

Die Krise des mexikanischen Films begann in den späten fünfziger Jahren, als sich die Ranchero-Kömodien totliefen und Hollywood auch auf den lateinamerikanischen Markt drängte. Einzig herausragend waren der Spanier Luis Buñuel, der mit "El Joven" ("Das junge Mädchen", 1960), "El Ángel Exterminador" ("Der Würgeengel", 1962) und "Simón del Desierto" ("Simon in der Wüste", 1964) drei seiner wichtigsten Filme in Mexiko drehte, und sein einstiger Mitarbeiter Luis Alcoriza, der Komödien und halbdokumentarische Filme drehte. Mit der Einrichtung des 'Universitätszentrums für Filmstudien' in Mexiko-Stadt (1964) und der Nationalen Filmbank (1970) löste sich das Filmschaffen aus seiner Erstarrung. Die Nationale Filmbank überwachte die Filmstudios, Verleih und die Kinos. Erstaunlicherweise war die Folge nicht Zensur, sondern das Entstehen des neuen mexikanischen Films, dessen wichtigste Vertreter Alberto Isaac, Arturo Ripstein, Felipe Cazals und Alfonso Arau sind, die vor allem in der ersten Hälfte der siebziger Jahre inhaltlich und formal äußerst ansprechende Werke schufen. Neben der staatlich finanzierten Filmindustrie entstanden auch unabhängige Produktionen wie "Reed - México Insurgente" ("Reed - Mexiko in Aufruhr", 1972) von Paul Leduc, der die mexikanische Revolution während der Jahre 1913/14 nach Aufzeichnungen des amerikanischen Reporters John Reed schildert.

In den achtziger Jahren erfaßte eine Krise die einheimische Filmindustrie. Auch die Kassenschlager aus Hollywood finden weniger Anklang bei den Mexikanern, die lieber zu Hause bleiben und den Fernseher einschalten. Erst seit 1990 erlebt der mexikanische Film durch jüngere Regisseure wie Nicolás Echeverría, María Novaro, Umberto Hermosillo, Francisco Athié und Alejandro Pelayo eine kleine Renaissance. Ende April 1993 starb im Alter von 82 Jahren der große Komiker Mario Moreno 'Cantinflas', berühmt geworden v. a. durch die Rolle des "Passepartout" in "In 80 Tagen um die Welt".

Folklore

Stierkampf

Der aus Spanien stammende Stierkampf (corrida de toros) ist auch in Mexiko heimisch geworden. In den großen Städten gibt es Stierkampfarenen (plazas de toros), darunter in Mexiko-Stadt die größte der Welt (40 000 Plätze). In der Hauptsaison (November bis März, in Nordmexiko im Sommer) treten die besten Stierkämpfer (toreros, matadores oder espadas; oft aus Spanien) auf, während in der übrigen Zeit die Kämpfe von Neulingen (novilleros) bestritten werden. Die Corridas finden meist an Sonn- und Feiertagen um 16.00 Uhr statt; im Gegensatz zu den sonstigen Gepflogenheiten des Landes beginnen sie pünktlich zur angegebenen Zeit. Die besten Zuschauerplätze liegen auf der Schattenseite (sombra), die billigeren auf der Sonnenseite (sol).

Die Kampfstiere (toros bravos) werden auf spezialisierten Haciendas gezüchtet und im Alter von vier bis fünf Jahren nach einem strengen Auswahlverfahren in die Arena geschickt.

Kampfverlauf

Der Kampf (lidia) besteht aus drei Hauptteilen (suertes). Nach einem kurzen Vorspiel, in dem die Capeadores den Stier mit ihrem grellfarbenen Mantel (capa) gereizt haben, lassen sich – Suerte de picar oder Suerte de varas – die berittenen Picadores vom Stier angreifen, bohren dem erregten Tier ihre Pike (garrocha) in den Nacken und suchen der Wucht seines Ansturms zu widerstehen. Ist der Stier durch die Lanzenstiche (varas) 'mürbe' gemacht (castigado), so beginnt der zweite Teil, die Suerte de banderillas. Die Banderilleros gehen dem Stier mit mehreren Banderillas in den Händen entgegen und stoßen sie ihm, im Augenblick seines Angriffs geschickt ausweichend, in den Nacken. Die gewöhnlichen Banderillas sind 75 cm lange, mit Widerhaken und Flitterschmuck versehene Stäbe; die Banderillas á cuarta sind nur etwa 15 cm lang. Allzu ruhige oder heimtückische Stiere sucht man durch Mantelspiele (floreos) umzustimmen. Wenn der Stier drei Paare Banderillas im Nacken hat, beginnt die Suerte suprema oder Suerte de matar. Der Espada oder Matador, mit dem Scharlachtuch (muleta) und dem Degen (estoque) ausgerüstet, reizt zunächst das Tier mit dem Tuch. Schließlich sucht er es in die geeignete Stellung zu bringen, um ihm den Todesstoß (estocada) zu versetzen. Ein Punterillo gibt dem Stier, der, wenn er mutig und angriffslustig war, lebhaft beklatscht wird, mit einem Dolch den Gnadenstoß ins Genick. Ungeschickte Stierkämpfe werden laut kritisiert und ausgepfiffen.

Das blutige Schauspiel wiederholt sich bis zum Einbruch der Dunkelheit sechs- bis achtmal.

Hahnenkampf

Auf dem Land ist der Hahnenkampf (pelea de gallos) weit verbreitet. An den Füßen der beiden für den Kampf ausgesuchten Hähne werden scharfe Stahlklingen befestigt, mit denen die Tiere einander blutige Verletzungen zufügen. Auf den Ausgang des Kampfes werden hohe Wetten abgeschlossen.

Der Reisende mag selbst entscheiden, ob er diesen von Tierschutzorganisationen weltweit angeprangerten Spektakeln zusehen will.

Charreada

Die Charreadas sind Reiterspiele, die den Rodeos der USA ähneln. Sie werden von den meist in Vereinen organisierten Charros (= Reiter) in eigenen Stadien abgehalten und stehen in der Tradition der berittenen Viehhirten der einstigen großen Haciendas. Nach der Eröffnungsparade der in malerische Kostüme gekleideten Teilnehmer zeigen die Reiter ihre Künste im Reiten, Lassowerfen, im Einfangen wilder Stiere und ungezähmter Pferde. Die Pausen werden von Volkstänzen und Mariachi-Musik ausgefüllt.

Folklore

Charreada (Fortsetzung)

Nicht nur bei Einheimischen, sondern auch bei Touristen, finden die Charreadas im attraktiven Hipódromo de las Américas in Mexiko-Stadt Anklang (→ Praktische Informationen, Sport).

Jai Alai (Frontón)

Dieses in Spanien Pelota genannte Spiel hat seinen Ursprung im Baskenland. Es kam – wie viele andere Spiele – mit den Spaniern nach Mexiko und ist wohl das schnellste und gefährlichste Ballspiel überhaupt. Es wird auf einem rechteckigen, an drei Seiten von hohen Mauern umgebenen und meist überdachten Platz gespielt. Die Spieler, üblicherweise in Teams von je zwei Mann, tragen an der rechten Hand ein langes, rinnenförmiges Fanggerät aus Korbgeflecht, mit dem ein harter Ball von etwa 8 cm Durchmesser mit großer Geschwindigkeit gegen die Stirnwand geschleudert bzw. aufgefangen wird. Auf das Ergebnis dieses Spiels werden hohe Wetten abgeschlossen. In Mexiko-Stadt wird es im Frontón México gespielt (→ Praktische Informationen, Sport).
Eine Variante ist Frontenis, das mit Tennisschlägern gespielt wird.

Tänze

Viele der heute noch getanzten mexikanischen Volkstänze (bailes folklóricos) haben ihren Ursprung in den Kulturen der vorkolumbischen Zeit, andere stammen aus Europa und wurden von Einwanderern ins Land gebracht. Während die Konquistadoren die heidnischen Tänze abzuschaffen versuchten, waren die missionierenden Franziskaner- und Dominikanermönche bestrebt, die indianischen Gesänge und Tänze in den katholischen Ritus zu integrieren. So wurde beispielsweise der den Kampf zwischen Tag und Nacht, zwischen Gut und Böse symbolisierende Tanz der Azteken zum Ausdruck der Auseinandersetzung der Kirche mit den teuflischen Mächten. Vergleichbar ist die Entwicklung der Zeremonialtänze zu Ehren der aztekischen Erdmutter Tonantzín, die heute in fast unveränderter Form für die Mut-

Farbenprächtiger indianischer Tanz

Folklore

Tänze (Forts.)
tergottes von Guadalupe getanzt werden. Die Tänze sind ein wesentlicher Teil der zahlreichen Fiestas.

Quetzal-Tanz
Beim Quetzal-Tanz in den Bundesstaaten Veracruz und Puebla werden farbenprächtige Kostüme und ein riesiger kreisrunder Kopfschmuck getragen.

Viejito-Tanz
Der Viejito-Tanz (Tanz der kleinen alten Männer) geht auf die Niederlage der Tarasken gegen Cortés zurück. Deren Herrscher erschien in der symbolischen Rolle eines alten Mannes vor den Eroberern, um seine Unterwerfung auszudrücken. Die Tänzer tragen Masken, ahmen die müden Bewegungen von Greisen nach und verwandeln sich allmählich wieder in junge Männer.

Venado-Tanz
Matachin-Tanz
Der Venado-Tanz (Hirschtanz) der Yaqui-, Mayo- und Tarahumara-Indianer Nordwestmexikos soll Glück in der Jagd bringen. Ähnlich, aber einfacher ist der gleichfalls rituelle Matachin-Tanz.

Penachos-Tanz
In Oaxaca wird der Penachos-Tanz (Federtanz) getanzt, der seinen Namen dem mit Spiegeln geschmückten Federkopfputz verdankt.

Sonajero-Tanz
Wichtigste Requisiten der Sonajero-Tänzer sind Rasseln sowie Pfeil und Bogen. Auch hier tragen die Tänzer reichen Kopfschmuck. Der Tanz ist dem Symbol des Kreuzes und den Naturkräften gewidmet.

Conchero-Tanz
Vor allem in Zentralmexiko tanzt man die Conchero-Tänze zur Begleitung von Zupfinstrumenten aus Gürteltierpanzern.

Gesellschaftstänze
Die populären Gesellschaftstänze basieren vorwiegend auf spanischen Melodien und Schritten. Zu erwähnen sind die aus Guadalajara stammende Jarabe Tapatío, die Zandunga aus Tehuantepec, der in Veracruz beheimatete Huapango und die Jarana aus Yukatan. Bei den einfachen Leuten ist der Danzón verbreitet, z. B. in Mexiko-Stadt.

Trachten
Noch vor einer Generation wurde in weiten Teilen Mexikos von den Männern der Charro-Anzug, ursprünglich die festliche Reitkleidung

Elegantes Reiterpaar in Mexiko-Stadt

Folklore

der Viehhirten und Rancheros, getragen. Sie besteht aus Jacke und Hose, die aus feinem Leder gearbeitet und mit Reihen silberner Knöpfe besetzt sind, sowie aus einem Rüschenhemd und einem breitrandigen, mit Gold und Silber bestickten Filzhut. Heute wird dieser Anzug nur noch in den Charro-Vereinen und von den Mariachi-Ensembles getragen. Das China-Poblana-Kleid der Frauen, ein über mehreren Unterröcken getragener rot-grün bestickter Rock sowie eine weiße Bluse mit umgehängtem Wollschal (rebozo), soll von einer von den Philippinen nach Puebla eingewanderten Chinesin übernommen worden sein. Heute sieht man die China Poblana fast nur noch bei Kostümbällen und folkloristischen Darbietungen.

Trachten (Forts.)

Die traditionellen Indianertrachten dagegen sind noch an vielen Orten, vor allem abseits der größeren Städte, zu sehen. Die uralten Spinn- und Webemethoden haben sich bis heute nicht geändert; lediglich die früher verwendeten Pflanzenfarben sind durch synthetische Farbstoffe verdrängt worden. Vielfältige alte Trachten findet man heute vor allem noch in den Bundesstaaten Oaxaca, Veracruz, Yucatán und Chiapas. Meist sind es die Frauen, die sich in traditioneller Art kleiden; die Männer tragen überwiegend modernere Kleidung, etwa ein schlichtes weißes Manta-Hemd und eine von einem wollenen Gürtel gehaltene Hose. Schwere wollene Umhänge (sarapes) mit geometrischen Mustern schützen vor Kälte und Regen. In den warmen Gegenden von Yucatán am Golf trägt man weit geschnittene plissierte Hemden (guayaberas) mit vielen Taschen. Die Frauen tragen den Huipil, ein rechteckiges Stoffstück aus bestickter Baumwolle mit Öffnungen für Kopf und Arme. Ähnlich ist der in Nord- und Zentralmexiko gebräuchliche Quechquémetl aus zwei Stoffbahnen. Der Sombrero aus Stroh wurde von den Spaniern übernommen. Vorspanische Trachten findet man hauptsächlich noch bei den Indianervölkern der Tarahumara, Huicholes, Amuzgo, Tzotzil und Tzeltzal.

Indianertrachten

Hinsichtlich Qualität und Vielfalt der Volkskunst braucht Mexiko keinen Vergleich zu scheuen. Zwar ist auch hier in den letzten Jahren eine Tendenz zu industrieller Massenfertigung minderer Güte zu beobachten, aber das Angebot guter und phantasievoller Handarbeit ist noch immer sehr groß. Wie vieles andere im Land zeigt auch die Volkskunst eine reizvolle Mischung aus spanischen und mexikanischen Elementen. Viele Landschaften haben ihren eigenen Kunststil entwickelt, so daß man auf dem Land ein abwechslungsreiches Angebot antrifft (→ Praktische Informationen, Einkäufe und Souvenirs).

Handwerk und Volkskunst

Mexiko in Zitaten

Aztekische Gesänge

Mit 'Ipalnemoa' wird – trotz der vielfältigen Götterwelt der Azteken – nur ein Gott angerufen: der 'durch den man lebt.'

Mit unseren Pfeilen
und unseren Schilden
lebt die Stadt.
Wo Pfeile gefärbt werden,
wo Schilde bemalt werden,
dort ist Tenochtitlán.
Und dort stehen die Kakaoblumen
und die Herzblumen.
Dort blühen die Blumen Ipalnemoas.
Ihren Duft atmen die Edlen ein.

Bernal Diaz del Castillo
Spanischer Hauptmann
(1492 bis 1580)
"Wahrhafte Geschichte der Eroberung und Entdeckung von Mexiko"

Diaz del Castillo nahm als einfacher Soldat an der Eroberung Mexikos durch Cortés teil. Im folgenden Auszug beschreibt er die Besichtigung des Haupttempels von Tenochtitlán durch Cortés und dessen Gefolge:

Dieser Teufelstempel beherrschte wirklich die ganze Gegend. Wir sahen die drei Dammstraßen, die nach Mexiko führten: die von Iztapalapa, über die wir eingezogen waren, die von Tacuba, über die wir acht Monate später unter großen Verlusten fliehen mußten, und die von Tepeaquila. Wir sahen die große Wasserleitung, die von Chapultepec kommt und die ganze Stadt mit süßem Wasser versorgt, und die langen hölzernen Brücken, von denen die Dammstraßen unterbrochen waren, um die Verbindung zwischen den vielen Teilen des Sees zu ermöglichen. Auf dem See wimmelte es von Fahrzeugen, die Waren und Lebensmittel aller Art geladen hatten. Wir stellten einwandfrei fest, daß man Mexiko nur über die Zugbrücken oder in Kähnen erreichen konnte. Aus allen Orten ragten die weißen Opfertempel wie Burgen über die Häuser mit ihren Söllern, über kleinere kapellenartige Bauten und über die Befestigungstürme hinaus. Es war ein einmaliger Anblick.
Lange staunten wir dieses herrliche Gemälde unter uns an. Dann besahen wir uns von hier oben aus noch einmal den Marktplatz mit seinem Gewimmel von Menschen, die einen Lärm machten, den man über eine Stunde weit hören konnte. Leute, die Konstantinopel oder Rom gesehen hatten, erzählten, daß sie noch nirgendwo einen so großen und volkreichen Marktplatz gefunden hätten [...]
Unser Generalkapitän sagte lächelnd zu Moteczuma: "In der Tat, ich kann nicht begreifen, wie ein so großer und weiser Herrscher wie an diese Götzen glauben kann, die doch keine Gottheiten sein können, sondern böse Geister, Teufel. Erlaubt uns, auf die Spitze dieses Tempels ein Kreuz und in einen Raum neben eurem Kriegs- und Höllengott ein Muttergottesbild zu setzen. Ihr und Eure Papas, Ihr werdet sehr bald sehen, welche Angst diese Götzen ergreifen wird."
Moteczuma kannte das Madonnenbild. Er antwortete Cortés in Gegenwart von zwei Papas, die sehr böse dreinblickten, mit nur schlecht verhaltenem Zorn: "Malinche! Hätte ich gewußt, welche Schmähreden du hier halten würdest, ich hätte dir meine Götter keineswegs gezeigt! In unseren Augen sind es gute Götter. Sie schenken uns Leben und Gedeihen, Wasser und gute Ernten, gesundes und fruchtbares Wetter, und wenn wir sie darum bitten, auch Siege. Deshalb beten

Mexiko in Zitaten

wir zu ihnen, und deshalb opfern wir ihnen. Ich muß dich bitten, kein unehrerbietiges Wort mehr gegen sie zu sagen!"

Diaz del Castillo (Fortsetzung)

Neu-Spanien ward im Jahr eintausend fünfhundert und siebzehn entdeckt. Bei Gelegenheit dieser Entdeckung ward den Indianern von denen, welche es entdeckten, großes Ärgernis gegeben: auch wurden von ihnen verschiedene Mordtaten begangen. Im Jahr eintausend fünfhundert und achtzehn, bis zum Jahr eintausend fünfhundert und zweiundvierzig, worin wir gegenwärtig leben, ward die Bosheit, Ungerechtigkeit, Gewalttätigkeit und Tyrannei, welche die Christen in Indien verübten, aufs höchste getrieben. Sie setzten alle Furcht und Scheu vor Gott und dem Könige gänzlich hintenan, und dachten nicht einmal mehr daran, wer sie eigentlich waren. Grausamkeit und Blutvergießen, Menschenmord und Verheerung, Entvölkerung, Raub, Gewalttätigkeit und Tyrannei wurden in den großen und mannigfaltigen Reichen auf dem Festlande so häufig und auf eine so unerhörte Art begangen, daß alles, was wir bereits angeführt haben, als nichts zu betrachten ist, wenn man es mit demjenigen vergleicht, was hier geschah [...]
Es verdient hier bemerkt zu werden, daß der Vorwand, unter welchem die Spanier alle die unschuldigen Menschen ermordeten, und alle Länder entvölkerten, welche wahrhaften Christen, wegen ihrer außerordentlichen und unsäglichen Volksmenge, Freude und Vergnügen gemacht haben würden, darin bestand, daß man von ihnen verlangte, sie sollten kommen, sich unterwerfen und dem Könige von Spanien huldigen; wo nicht, so werde man sie ermorden und zu Sklaven machen. Diejenigen, welche nun nicht gleich herbeieilten, diese unvernünftige und närrische Forderung zu erfüllen und sich den Händen so ruchloser, grausamer und viehischer Menschen anzuvertrauen, die nannten sie Rebellen und Aufrührer, welche sich dem Dienste seiner Majestät entziehen wollten.

Bartolomé de Las Casas Spanischer Missionar (1474 bis 31.7.1566) "Kurzgefaßter Bericht von der Verwüstung der westindischen Länder"

Was die moralischen Eigenschaften der mexikanischen Ureinwohner betrifft, so ist es schwer, sie mit Richtigkeit zu beurteilen, wenn man diese unter langer Tyrannei schmachtende Kaste bloß im jetzigen Zustand ihrer Erniedrigung betrachtet. Zu Anfang der spanischen Eroberung wurden die wohlhabendsten Indianer, bei denen man eine gewisse intellektuelle Kultur vermuten konnte, größtenteils die Opfer der europäischen Grausamkeit. Besonders wütete der christliche Fanatismus aber gegen die aztekischen Priester; man vertilgte alle Teo pixqui oder Diener der Gottheit; alle die, welche die Teocalli oder die Häuser Gottes bewohnten und als die Bewahrer der historischen und astronomischen Kenntnisse des Landes ansehen konnte, indem die Priester in Mexiko den Mittagsschatten an den Sonnenuhren beobachteten und die Interkalationen regulierten.
Die Mönche ließen sogar die hieroglyphischen Bilder verbrennen, durch welche aller Art Kenntnisse von Generation zu Generation verpflanzt wurden. Nachdem das Volk dieser Unterrichtsmittel beraubt war, verfiel es in eine um so tiefere Unwissenheit, da die Missionare die mexikanischen Sprachen nur sehr schlecht verstanden und daher die alten Ideen durch wenige neue zu ersetzen vermochten. Die indianischen Frauen, welche noch einiges Vermögen gerettet hatten, verheirateten sich lieber mit den Eroberern, als daß sie die Verachtung teilten, welche man gegen die Indianer hatte, und die spanischen Soldaten strebten um so mehr nach dergleichen Verbindungen, da nur sehr wenige Europäerinnen der Armee gefolgt waren.
So blieb denn von den Eingeborenen bloß die dürftigste Rasse übrig, nämlich die Landbauer, die Handwerker, unter welchen man besonders eine Menge Weiber zählte, die Lastträger, deren man sich wie Saumtiere bediente, und besonders die Hefe des Volkes, diese

Alexander von Humboldt Deutscher Naturforscher und Geograph (14.9.1769 bis 6.5.1859) "Über den politischen Zustand des Königreiches Neuspanien"

Mexiko in Zitaten

Alexander von Humboldt (Fortsetzung)

Menge von Bettlern, welche die Unvollkommenheit der gesellschaftlichen Institutionen und den Druck des Feudalwesens bezeugten und schon zu Cortés' Zeit die Straßen aller großen Städte des mexikanischen Reiches anfüllten. Wie soll man nun nach solch elenden Resten über ein mächtiges Volk und über den Kulturzustand, auf den es sich vom 12. bis 16. Jahrhundert erhoben hatte, sowie über die intellektuelle Entwicklung urteilen, deren es noch fähig ist? Wenn von der französischen und deutschen Nation dereinst nichts als arme Landleute übrig wären, würde man es in ihren Gesichtszügen lesen können, daß sie Völkern angehört haben, die einen Descartes, Clairaut, Kepler und Leibniz hervorgebracht haben?

Basil Hall
Britischer Kapitän
"Reise an den Küsten von Chili, Peru und Mexico in den Jahren 1820, 1821 und 1822"

Hall berichtet von einem Marsch von San Blas nach Tepic :

Die Reise ging anfangs durch buschreiche Moräste, über denen ein dicker, schauerlicher Nebel lastete. Nach einigen Stunden ging es bergauf in die überall mit Schlingkraut durchwachsenen Urwälder, worin Hochwald und Unterbusch sich dergestalt durch einander schlängelten, daß kein Mensch, ohne sich durchzuhauen, einen Pfad nehmen konnte. Vom Boden sah man nichts wegen des Unterbusches, vom Himmel wegen des Hochwaldes. Grade so sieht in Ostindien das Buschrevier aus.
Wir passirten nun verschiedene Dörfer mit Häusern von Bambusrohr, welche, um Luftzug zu genießen, Dächer doppelt so hoch hatten, als die geflochtenen Seitenwände. Die überhängende Dachung bildeten die dickblättrigen Zweige des Cocosnußbaums, die durch Schlingpflanzen am Dachholze befestigt waren. Im Dorfe Fonseca, auf dem halben Wege nach Tepic, trafen wir alte englische Bekannte aus Lima an, [...] Wir speiseten zusammen und schwatzten hernach noch drei Stunden mit einander, worauf unsere alten Freunde nach San Blas aufbrachen und wir, die nicht Lust hatten, uns in der freien Luft der Nachmittagssonne auszusetzen, vorzogen, einen kühlen Ort zur Siesta aufzusuchen. Eine große Zuckermühle nahe bei uns, welche den ganzen Tag gearbeitet und fürchterlich wegen mangelnder Schmiere geknarrt hatte, stand still, während ihre Arbeiter im Busch schliefen; die ermatteten Ochsen schliefen in ihrer Dummheit in der Sonne, oder zerbissen einige ihnen vorgeworfene Maisaehren; alle Dorfbewohner waren verschwunden; um uns herrschte überall Stille der lebenden Natur; auch uns ergriff endlich die allgemeine Schläfrigkeit im Schatten einer ungeheuern Tamarinde, welche das halbe Dorf beschattete.

John L. Stephens
Amerikanischer Archäologe
(28.11.1805 bis 12.10.1852)
"Reisen in Zentralamerika und Yucatan"

Stephens und seine Begleiter dringen zur Ruinenstadt Palenque vor:

Um halb acht verließen wir das Dorf. Nach einem kurzen Stück über offenes Gelände gelangten wir in den Wald, der bis zu den Ruinen nicht mehr aufhörte und wahrscheinlich noch endlose Kilometer darüber hinausreichte. Wir benutzten den schmalen Fußpfad der Indianer, über dem die Zweige, vom Regen schwer, so tief heruntergingen, daß wir nur gebückt gehen konnten; dennoch waren Hut und Mantel in kürzester Frist völlig durchnäßt. Das Laub war überdies so dicht, daß der vom nächtlichen Regen durchfeuchtete Weg auch tagsüber ständig im Halbdunkel verlief.
Nach zwei Stunden erreichten wir den Michol und eine halbe Stunde später den Otula, der im Schatten des Waldes durch ein steiniges Flußbett majestätisch dahinfloß. Wir wateten zum anderen Ufer hinüber, wo zahllose Steinblöcke, darunter auch ein rundgehauener Stein, herumlagen. Dann ging es eine steinige Anhöhe so steil aufwärts, daß die Maultiere kaum schaffen konnten; oben fanden wir eine Art Terrasse, die genau wie der Weg unten von Bäumen völlig überwachsen war, so daß wir unmöglich ihr Ausmaß erkennen konn-

Mexiko in Zitaten

ten. Nach kurzer Zeit gelangten wir an den Fuß einer zweiten Terrasse, als plötzlich unsere Indianer "El palacio!", "Der Palast!" riefen. Durch die Baumlücken hindurch erspähten wir ein großes Gebäude, dessen Front mit seltsamen, feingearbeiteten Stuckfiguren reich geschmückt war. Auch hier standen die Bäume so dicht, daß die Zweige sogar zu den Türöffnungen hineinwuchsen. Es war ein einzigartiger Anblick, der uns in seiner düsteren Schönheit außerordentlich beeindruckte.
Wir banden unsere Maultiere an den Bäumen fest, erstiegen eine von Bäumen zersprengte und zerfallene Treppe und betraten den Palast. Von Neugier getrieben, machten wir einen ersten kurzen Streifzug durch den vorderen Gang bis zum Innenhof, dann feuerten wir jeder vier Freudenschüsse aus dem Palasteingang ab, wobei unsere letzten Gewehrpatronen draufgingen. So waren wir am Ziel unserer langen, mühevollen Reise angelangt, und die erste Besichtigung war uns reichliche Belohnung für alle Anstrengungen. Zum erstenmal standen wir in einem Gebäude, das von den Ureinwohnern des Landes errichtet worden war und also schon dort gestanden hatte, bevor die Europäer von der Existenz dieses Kontinents überhaupt etwas wußten.

John L. Stephens
(Fortsetzung)

Drei Wochen genügen für die Reise nach der Stadt Mexiko und zurück, mit Aufenthalt an den interessantesten Orten unterweges sowie einem Ausflug von Mexiko nach Orizaba, oder selbst nach Vera Cruz, Puebla und Oaxaca und zurück. Die Tour ist nicht besonders beschwerlich und wird häufig auch von Damen unternommen; mehr Zeit und Mühe erfordert der Besuch der Ruinenstätten von Yucatán und Chiapas. [...] Wegen der Tageshitze ist ziemlich leichte Kleidung ratsam, Überwürfe oder Plaids für die kalten Abende und Morgen aber unentbehrlich. Wer das Dampfboot in einer Richtung benutzen will, tut dies besser bei der Hin- als bei der Rückreise. Die dünne Luft des mexikanischen Plateaus wirkt manchmal ziemlich angreifend.
[...]
Die mexikanischen Gasthöfe sind vielfach dürftig und ihre Sauberkeit läßt zu wünschen [...] Die Stelle der Zimmermädchen versehen meist "Mozos" oder Knaben. Kleine Trinkgelder sind üblich und von guter Wirkung. Seife und Zündhölzer fehlen in den Schlafzimmern. Wein und ausländisches Bier sind teuer, einheimisches Bier und Pulque wohlfeil.

Baedekers
"Nordamerika"
(1904)

Aus der zweiten Auflage von Baedekers "Nordamerika. Die Vereinigten Staaten nebst einem Ausflug nach Mexiko – Handbuch für Reisende", Seite 539.

Kessler bereiste 1896/97 Mexiko. Eine Fahrt mit der Postkutsche führte ihn durch das mexikanische Hochland:

Harry Graf Kessler
Deutscher Schriftsteller und Diplomat
(23.5.1868 bis 4.12.1937)
"Notizen über Mexiko"

Die Straße, auf der wir reisen, soll vor vier Jahren noch unsicher gewesen sein; damals pflegte man die, die als Briganten erschossen wurden, nachher an den Telegraphenstangen aufzuknüpfen; wer reiste, sah zu seiner Beruhigung die Banditen, die er gefürchtet hatte, halb von Geiern zerfressen oder als Skelette längs des Wegs zwischen den elektrischen Drähten hängen. Jetzt ist die Straße erstaunlich belebt; die unsrigen, die von den Eisenbahnen entvölkert sind, können davon keinen Begriff geben. Streckenweise gleicht sie einer langen Kirmes. Trink- und Eßbuden stehen an der Chaussee alle paar hundert Schritt. Ochsenkarren und Reisewagen, Maultiere und Viehherden, Hausierer und Fußreisende, Reiter und Bettler drängen sich fast. Züge von Packeseln kommen des Weges, auf Anruf ihrer Treiber anzackelnd und dann wieder ein Weilchen am Wege grasend; Packwagen zu zehnen zusammen mit dem nötigen Troß an Reitern und Fußknechten, einem unruhigen, farbigen, hin- und hergaloppierenden Schwarm, sind

Mexiko in Zitaten

Harry Graf Kessler
(Fortsetzung)

nicht selten; und Männer gehen neben Frauen, die auf einem Esel reiten, ein kleines Kind im Mantel haltend, wie auf einem alten Holzschnitt der Flucht nach Ägypten.

Sergeij M. Eisenstein
Sowjetischer
Filmregisseur und
Schriftsteller
(23.1.1898 bis
11.2.1948)
Memoiren

Mexiko ist dadurch so erstaunlich, daß man dort hautnah erlebt, was man aus Büchern und der Metaphysik entgegengesetzten philosophischen Konzeptionen weiß.
Man kommt zu der Vermutung, daß die Welt im Wiegenalter von eben der königlich-gleichgültigen Trägheit und gleichzeitigen schöpferischen Potenz gewesen sein muß wie diese Plateaus und Lagunen, Wüsten und Dickichte, Pyramiden, von denen man erwartet, daß sie jeden Augenblick als Vulkan eruptieren; Palmen, die in die blaue Himmelskuppel wachsen, Schildkröten, die nicht aus dem Mutterschoß flacher Buchten und Lagunen schwimmen, sondern aus der Tiefe des Ozeans und das Zentrum der Erde berührt haben.
Leute, die in Mexiko waren, begegnen einander wie Brüder.
Denn Leute, die in Mexiko waren, haben die 'mexikanische Krankheit'.
Etwas vom Garten Eden steht vor dem geistigen Auge derer, die irgendwann die mexikanischen Weiten gesehen haben. Und mit Hartnäckigkeit verfolgt einen der Gedanke, daß Eden durchaus nicht irgendwo zwischen Euphrat und Tigris gelegen hat, sondern natürlich irgendwo hier zwischen dem Golf von Mexiko und Tehuantepec.
Und nichts kann diesen Gedanken verdrängen: weder der Schmutz der Essenkessel, die von räudigen Hunden beleckt werden, die sich in der Nähe herumtreiben, noch die allgemeine Korruption, die entnervende Verantwortungslosigkeit schwerfälliger Trägheit noch die zum Himmel schreiende soziale Ungerechtigkeit, weder die zügellose Polizeiwillkür noch die mittelalterliche Rückständigkeit neben modernsten Formen sozialer Ausbeutung.

Egon Erwin Kisch
Deutschsprachiger
Prager Schriftsteller
und Journalist
(29.4.1885 bis
31.3.1948)
"Entdeckungen
in Mexiko"

Wie der Jüngling Kaspar Hauser aus kerkerhafter Finsternis plötzlich ins Leben trat, welches er bisher noch niemals erblickt hatte, so staunte Mexiko, als es sich der weißen Menschheit gegenübersah.
Wie Europa den aus dem Geheimnis ins Leben getretenen Jüngling anstaunte, so staunte dieses Europa, als es sich der 'Neuen Welt' gegenübersah.
So eingebildet wie die Weißen waren die Roten nicht, sie hielten sich keineswegs für die seit ewig erbeingesessenen, für die einzige lebensberechtigte und herrschaftsberufene Menschenart. Sie sahen die Bärtigen und Blaßhäutigen nicht als minderwertig an.
Auch Kaspar Hauser glaubte nicht, als er mit Menschen zusammenkam, er habe sie gefunden, sie seien seine Findlinge. Obwohl er bislang ohne sie ausgekommen war, glaubte er nicht, mehr zu sein als sie. Er trat ihnen mit scheuem Respekt entgegen.
Die Indianer traten dem Cortés gleichfalls mit scheuem Respekt entgegen, leider. Ihnen schien er der gute Gott Quetzalcoatl zu sein, der einst dem Lande entschwunden war, aber versprochen hatte, wiederzukehren. Nun war er also wiedergekehrt, und siehe da, die steinernen Bildnisse, die man allerorten dem Quetzalcoatl gestellt hatte, erwiesen sich als verblüffend ähnliche Porträts von Cortés. [...]
Ohne dieses Äußere hätte Cortés dort Widerstand erweckt, wo er dank dieses Äußern Waffenhilfe und Gehorsam erweckte. Er wurde der umgekehrte Don Quijote, der Ritter von der glücklichen Gestalt, und seine Don-Quijoterien endeten mit siegreichem Ruhm. Wo er Windmühlen zu berennen glaubte, fand er ein feindliches Heer und besiegte es, wo er eine Kuhmagd umarmte, erwies sie sich als das geborene Ritterfräulein, und sie verhalf ihm zu Triumphen.
So rasch die Indios auch erkannten, daß sein Äußeres sie betrogen hatte, daß er alles eher als der Heiland sei – es war zu spät. Besser als die Indianer verstand die Kirche sich aufs Timing. Erst als Cortés sein

Mexiko in Zitaten

Egon Erwin Kisch (Fortsetzung)

Werk bereits vollendet hatte, verkündete sie von der Kanzel und auf Flugblättern den Mythos: Ein Fingerzeig Gottes sei es, daß zur gleichen Stunde, da in Deutschland Martin Luther geboren wurde, in Spanien Ferdinand Cortés zur Welt kam, um der Mutter Gottes und dem Papst so viele Seelen zuzuführen, als ihnen jener Erzketzer entrissen.

B. Traven Deutsch-Mexikanischer Schriftsteller (1882? bis 26.3.1969) "Land des Frühlings"

Als ich Felipe so vor mir stehen sah, so glücklich in seiner steifen blauen Kalikojacke, offenbar nichts Höheres vom Leben erwartend, als daß dieser Zustand nur anhielte für immer, da kam mir zum Bewußtsein, daß diese Selbstzufriedenheit, diese Selbstgenügsamkeit, dieses Glücklichsein in der Beschränktheit eine der wesentlichen Ursachen ist, warum das mexikanische Volk in seiner großen und überwiegenden Masse trotz der gewaltigen natürlichen Reichtümer seines Landes wirtschaftlich so weit hinter dem amerikanischen Volke zurückgeblieben ist. Aus dieser Selbstzufriedenheit ist das Volk durch die letzte Revolution, die rückgratstarke Männer mit durchaus erfrischend modernen Ideen an die Spitze des Volkes warf, gewaltsam gerissen worden. Das Volk sitzt zum Teil noch im Schlamm, den die unheilvolle Macht der Kirche und das unheilvolle Treiben verantwortungsloser, habgieriger und egoistischer politischer Abenteurer in diesem schönen, von der Natur so überreich gesegneten Lande hier zurückgelassen haben. Das Volk muß jetzt schwimmen, um sich zu retten und auf das Ufer zu kommen.
[...]
Der Zug stand zur Abfahrt bereit. Felipe kam zu mir und gab mir die Hand zum Abschied. Er sagte nur immer wieder und wieder: "Adios, Patrón, adios!"
Aber endlich fiel ihm etwas anderes ein, und er sagte: "Ich will Ihnen doch sagen, Patrón, ich habe nie in meinem Leben eine so schöne Zeit erlebt wie diese, in der ich mit Ihnen wandern durfte. Ich werde viele Dinge ganz anders sehen als vorher, denn ich habe viel gelernt."
"Auch ich werde viele Dinge ganz anders sehen als vorher, Felipe, das dürfen Sie mir gewiß glauben", gab ich ihm zur Antwort...
"Ihr schönes Land hier hat mich mehr gelehrt, als ich vorher wußte. Es ist ein Land, wo man alle Dinge und alle Weisheit der Welt ergründen kann."

Octavio Paz Mexikanischer Schriftsteller (31.3.1914 bis 19.4.1998) "Das Labyrinth der Einsamkeit"

Der 'einsame' Mexikaner liebt die Fiestas und alle öffentlichen Veranstaltungen. Alles ist ein Grund, sich zu treffen; jeder Vorwand berechtigt, den Lauf der Zeit zu unterbrechen, um feierlich und zeremoniell Männer und Ereignisse zu feiern...
Ob auf nationaler, lokaler, Vereins- oder Familienebene, bei diesen Zeremonien öffnet sich der Mexikaner der Außenwelt. Sie allein geben ihm das Gelegenheit, aus sich herauszugehen und mit der Gottheit, dem Vaterland, den Freunden oder Verwandten ein Zwiegespräch zu führen. An solchen Tagen pfeift, johlt und singt der sonst schweigsame Mexikaner, schießt Knallfrösche ab und ballert mit seiner Pistole herum. Seine Seele entladend, steigt sein Schrei wie eine Rakete – und das gefällt uns – in den Himmel, zerplatzt grün, rot, blau und weiß und stürzt schwindelerregend herab, einen Schweif goldener Funken nach sich ziehend. In solchen Nächten pflegen Freunde, die Monate hindurch nicht mehr Worte von sich gaben, als die Höflichkeit unbedingt erforderte, sich zu betrinken, Geständnisse abzulegen, einander ihr Leid zu klagen, einander als Brüder zu entdecken und manchmal sogar – um sich gegenseitig auf die Probe zu stellen – einander zu töten ...

Die Fiesta, von Blitzen des Wahnsinns durchzuckt, ist die glänzende Kehrseite unseres Schweigens, unserer Apathie, Zurückhaltung, Schroffheit.

Mexiko in Zitaten

Jacques Soustelle
Französischer
Politiker und
Ethnologe
(geb. 3.12.1912)
"Das Leben
der Azteken"

Mit ihren Kanonen, Pickelhauben und Rüstungen, ihren Stahldegen, Pferden und Segelschiffen besaßen die Europäer eine entscheidende Überlegenheit über die Krieger von Tenochtitlán mit ihren Holz- und Steinwaffen, Pirogen und ihren Truppen, die nur aus Fußvolk bestanden. Hätte eine mazedonische Phalanx oder eine cäsarische Legion es wohl mit einer Batterie von Feldgeschützen aufnehmen können? Die Berichte über die Belagerung von Mexiko zeigen zur Genüge, mit welch durchschlagendem Erfolg die spanischen Brigantinen an Hand ihrer Segel manövrierten und schwenkten, die Lagunen mit ihrem Feuer säuberten und die aufs Korn genommene Stadt bald derart einengten, daß sie von Zufuhr und Verbindungen abgeschnitten war. Man kann aus den Berichten auch ersehen, wie sehr das Kanonenfeuer durch das Umlegen von Mauern und den Häusern den Angriff der Conquistadores im Herzen der verschanzten Stadt erleichterte.
Bei einer näheren Beschäftigung mit diesen Berichten wird aber besonders auffallen, daß alle überlieferten Kriegsregeln, die den Mexikanern in Fleisch und Blut übergegangen waren, von den Eindringlingen auf das natürlichste von der Welt mißachtet wurden. Weit entfernt, etwaige Kampfhandlungen durch Unterhandlungen einzuleiten, schlichen sie sich mit Friedensbeteuerungen in Mexiko ein, um dann plötzlich über den indianischen Adel herzufallen, der auf dem Tanzplatz im Hofe des Uitzilopochtli-Tempels versammelt war.
Anstatt zu versuchen, Gefangene zu machen, hauen sie so viele Krieger als möglich nieder, während die Azteken ihre Zeit damit verlieren, Spanier oder einheimische Söldner als Menschenopfer zu verhaften. Als dann alles vorbei war, glaubten die mexikanischen Führer schließlich, einen hitzigen Wortstreit erwarten zu dürfen, damit die Frage des zu zahlenden Tributes geregelt werde. Sie waren sozusagen organisch außerstande, sich die wirklichen Folgen ihrer Niederlage vorzustellen. Nämlich den Umsturz ihrer gesamten Kultur, die Zerstörung ihrer Götter und ihres Glaubens, die Vernichtung ihrer politischen Einrichtungen, die Mißhandlung ihrer Könige, um ihnen ihre Schätze zu entreißen, und endlich das rotglühende Eisen der Sklaverei.
Die Spanier führten eben einen 'totalen' Krieg; für sie gab es nur einen Staat, die Monarchie Karls V., und eine mögliche Religion. Ein bewaffneter Zusammenstoß war nichts im Vergleich mit dem Aufeinanderprallen von Weltanschauungen. Die Mexikaner unterlagen, weil ihr Denken, das auf politischem und religiösem Gebiet einer überlieferten Vielheit gehorchte, einem Kampf gegen die Dogmatik der staatlichen und religiösen Einheit nicht gewachsen war.
[...]
Diese Kultur wurde mangels hinreichender Bewaffnung oder geistiger Anpassungsfähigkeit besiegt und ging unter, ohne die Blüten getrieben zu haben, deren Keime sie noch barg. Sie ist hauptsächlich unterlegen, weil ihre religiöse und rechtsförmige Auffassung sie angesichts von Eindringlingen lähmte, die aufgrund einer völlig verschiedenen Weltanschauung handelten. So widersinnig dies auf den ersten Blick erscheinen mag, so ist man doch anzunehmen geneigt, daß die Azteken, mochten sie im Vergleich zu den christlichen Europäern des 16. Jahrhunderts auch kriegerisch sein, es in Wirklichkeit vielleicht nicht genug waren. Oder sie waren es auf andere Weise, und dann war ihr Heldenmut ebenso ungenügend und unwirksam, wie es der Mut des Marnesoldaten gegenüber der Atombombe von heute wäre.

Alejandro Aura
Mexikanischer
Lyriker (geb. 1944)

Machen wir uns auf den Weg...
denn hier geschieht nichts,
die Zeit ist amtlich.

Routenvorschläge

Vorbemerkung

Aufgrund der großen räumlichen Ausdehnung Mexikos sind Routenvorschläge, die das ganze Land erfassen, wenig praktikabel. Nachstehend werden einige Vorschläge für Fahrten in Mexiko gemacht, die einige der wichtigsten Sehenswürdigkeiten und Gegenden des Landes berühren. Sie sind meist als Rundfahrten angelegt und können auch mit Bussen der mexikanischen Busgesellschaften abgefahren werden.

Die vorgeschlagenen Routen berühren nicht alle in diesem Band erwähnten Reiseziele. Orte, die im Abschnitt 'Reiseziele von A bis Z' mit einem Hauptstichwort genannt sind, erscheinen nachstehend **in halbfetter Schrift**. Alle beschriebenen sehenswerten Orte, Landschaften und archäologischen Stätten, ob Haupt- oder Nebenstelle, sind im Register zusammengefaßt.
Die meisten der beschriebenen Strecken folgen den Bundesstraßen (MEX...). Bei den in Klammern hinter den Routenüberschriften genannten Entfernungsangaben handelt es sich um gerundete Kilometerzahlen, die sich lediglich auf den direkten Routenverlauf beziehen; sofern bei den empfohlenen Abstechern und Varianten längere Strecken anfallen, sind die zu bedenkenden Entfernungen jeweils angemerkt.
Weitere Vorschläge für Routen befinden sich im Abschnitt 'Reiseziele von A bis Z' nach folgenden Hauptstellen: Acapulco, Baja California, Barranca del Cobre, Campeche (Stadt), Cancún, Catemaco-See, Chetumal, Chiapas (Bundesstaat), Durango (Stadt), Morelos, Oaxaca (Bundesstaat) und Pachuca.

1: Von Mexiko-Stadt über Cuernavaca nach Taxco und zurück (ca. 340 km)

Man verläßt **Mexiko-Stadt** in südlicher Richtung auf der MEX 95 (wahlweise auf der Autobahn MEX 95 D) und gelangt in die Hauptstadt des Bundesstaates **Morelos**, das koloniale **Cuernavaca**. 25 km nach der Stadt zweigt eine Straße nach Westen in Richtung Miacatlán ab, von der eine weitere Abzweigung nach Norden zur sehenswerten Ruinenstätte **Xochichalco** führt, in sich verschiedene präkolumbische Kultureinflüsse zusammengefunden haben. Nach Miacatlán wendet sich die Straße nach Süden, und entlang der Grenze zum Bundesstaat **México** gelangt man nach Cacahuamilpa (Umgebung von → **Taxco**), wo ein Besuch des ausgedehnten Höhlensystems nicht versäumt werden sollte. Schließlich ist mit dem überaus reizvollen **Taxco** der Wendepunkt der Rundstrecke erreicht. Wer Zeit sparen möchte, kann nun auf der Autobahn MEX 95 D zurück nach **Mexiko-Stadt** fahren oder gemächlicher auf der MEX 95.

Abstecher (52 km)

Von **Cuernavaca** lohnt die Fahrt zu dem östlich gelegenen Tepoztlán (→ **Morelos**), wo das bedeutende Dominikanerkloster besichtigt werden kann.

Streckenvariante

Als Alternative zur Rundfahrt bietet sich von **Taxco** aus die Weiterfahrt auf der MEX 95 zum weltberühmten Seebad **Acapulco** an der Pazifikküste an.

Routenvorschläge

2: Von Mexiko-Stadt über den Pátzcuaro-See nach Uruapan (ca. 430 km)

Auf der MEX 15 nach Westen wird **Mexiko-Stadt** verlassen. Erster Halt ist das für seinen Markt bekannte **Toluca**. Kurz nach der Stadt führt eine Abzweigung zur präkolumbischen Ruinenstätte Calixtlahuaca. Auf der MEX 15 geht es auf kurviger Strecke durch die Sierra Madre Occidental zur Hauptstadt des Bundesstaates **Michoacán**, **Morelia**, am Ufer des Río Grande de Morelia. Die Weiterfahrt führt nach Quiroga, Ausgangspunkt der Fahrt entlang des Südufers des malerischen **Pátzcuaro-Sees**, auf der die taraskische Ruinenstätte **Tzintzuntzan** und der Ort Pátzcuaro berührt werden. Eine Bootsfahrt zur Insel Janitzio gehört zum Besuch des Sees. Vom Ort Pátzcuaro führt die MEX 14 zum üppig blühenden **Uruapan**, von wo aus sich ein Besuch des Lavafeldes des Vulkans Paricutín anbietet.

Abstecher (40 km) — Vom Ort Pátzcuaro gelangt man auf der MEX 120 in südlicher Richtung zum durch sein Kupferhandwerk bekannten Städtchen Santa Clara del Cobre.

3: Von Mexiko-Stadt über Puebla nach Veracruz und zurück (ca. 850 km)

Nachdem man **Mexiko-Stadt** in Richtung Osten verlassen hat (auf der Autobahn MEX 190 D oder auf der MEX 150), ist **Puebla** der erste Halt auf dieser Fahrt zum Golf von Mexiko. Wer die MEX 150 benutzt, kommt zunächst durch **Huejotzingo** und **Cholula** (s. Abstecher). Nun setze man die Fahrt auf der MEX 190 D fort und vorbei am höchsten Berg Mexikos, dem Pico de Orizaba (Citlaltépetl), erreicht man **Orizaba** und kurz danach, über das parkähnliche Fortín de las Flores, **Córdoba**. Nach diesem Ort befindet man sich wieder auf der MEX 150, die nach **Veracruz** an der Golfküste führt, dem bedeutendsten Hafen Mexikos. Auf der MEX 180 geht es ein kurzes Stück an der Golfküste entlang nach Norden, bevor man sich wieder zurück nach Westen wendet und auf der MEX 140 nach **Jalapa** fährt, wo man unbedingt das Anthropologische Museum besichtigen sollte. Danach richtet sich die Straße nach Süden, bis man bei Zacatepec die MEX 140 Richtung Westen nimmt und über Huamantla das am Osthang der Sierra Madre gelegene **Tlaxcala** erreicht. Unweit südwestlich liegt die Ruinenstätte **Cacaxtla**, von wo aus man auf der MEX 150 zurück nach **Mexiko-Stadt** fährt.

Streckenvariante (ca. 1050 km) — Man fährt zunächst wie beschrieben nach **Veracruz** und verläßt dieses wieder nach Norden, wendet sich dann jedoch nicht nach Westen, sondern folgt der MEX 180 an der Küste bis Papantla, in dessen Nähe **El Tajín** mit seiner einzigartigen Nischenpyramide liegt. Danach folgt Poza Rica, wo man sich auf die MEX 130 nach Südwesten begibt. Beim Ort Teopancingo besteht nun die Möglichkeit, sich auf der MEX 119 nach Süden zu wenden und über Apizaco nach **Tlaxcala** zur ursprünglichen Streckenführung zurückzukehren, oder man bleibt auf der MEX 130 und biegt 8 km hinter Tulancingo (⟶ Bundesstaat **Hidalgo**) nach Südwesten ab, um über die großartige Ruinenstätte **Teotihuacán**, für deren Besichtigung man sich Zeit nehmen sollte, nach **Mexiko-Stadt** zurückzukehren.

Streckenvariante — Biegt man nach Tulancingo nicht nach Südwesten ab, gelangt man nach **Pachuca**, Ausgangspunkt einer Route, die in einer schönen

Routenvorschläge

Berglandschaft mehrere Augustinerklöster aus dem 16. Jh. berührt (→ Reiseziele von A bis Z, Pachuca).

Route 3 (Forts.)

Von **Puebla** kann man einen Ausflug zu den beiden Bergriesen **Popocatépetl** und **Iztaccíhuatl** unternehmen, der zunächst durch **Cholula** führt, einst ein Zentrum des alten Mexiko, wo die größte Pyramide der Erde errichtet wurde.

Abstecher

Ebenfalls von **Puebla** erreicht man auf der MEX 190 Richtung Atlixco nach ca. 20 km **Acatepec**, wo sich eine bedeutende Kirche im Poblano-Stil befindet.

Fährt man nach dem Verlassen von **Veracruz** auf der MEX 180 über José Cardel hinaus, wo die MEX 140 nach **Jalapa** abgeht, erreicht man nach wenigen Kilometern Zempoala, die letzte Hauptstadt der Totonaken.

4: Von Mexiko-Stadt über Tula und Querétaro nach San Miguel de Allende (ca. 320 km)

Diese Route führt in nördlicher Richtung aus **Mexiko-Stadt** hinaus. Kurz nach Passieren der Stadtgrenze versäume man nicht die Besichtigung der Klosterkirche von **Tepozotlán**, deren Innenraum prachtvoll ausgestattet ist. Die Fahrt wird auf der Autobahn MEX 57 fortgesetzt, die man dann verläßt und auf einer Nebenstrecke zur bedeutenden Toltekenstätte **Tula** (Tollán) gelangt. Zur raschen Weiterfahrt empfiehlt sich die Rückkehr auf die MEX 57, der man bis zum historisch bedeutsamen **Querétaro** folgt. 28 km nach der Stadt zweigt die MEX 111 nach Westen ab, auf der man nach **San Miguel de Allende** gelangt, das sich den Charakter einer Kolonialstadt fast vollständig erhalten hat.

5: Von San Miguel de Allende nach Zacatecas und zurück (ca. 805 km)

Man verläßt **San Miguel de Allende** auf der MEX 111 nach Norden. An der Kreuzung mit der MEX 110 wendet man sich auf dieser nach Westen und erreicht über Dolores Hidalgo, Ausgangspunkt der mexikanischen Unabhängigkeitsbewegung, das malerische **Guanajuato**. Hinter Silao geht die Fahrt weiter auf der MEX 45 nordwestlich über **León** nach **Aguascalientes**, der Hauptstadt des gleichnamigen Bundesstaates. Schließlich ist mit **Zacatecas**, wo man die bedeutende Kathedrale besichtigen sollte, der Wendepunkt der Rundfahrt erreicht. Man wendet sich nun wieder nach Osten, zunächst auf der MEX 45, später auf der MEX 49, und fährt zu der alten Silberstadt **San Luis Potosí**. Von dort führen die MEX 57 und dann die MEX 111 zurück nach **San Miguel de Allende.**

Von **Zacatecas** bietet sich eine Fahrt zum 55 km südlich gelegenen präkolumbischen Kultzentrum La Quemada (Chicomoztóc) an. Von **San Luis Potosí** läßt sich die ca. 20 km östlich gelegene Geisterstadt Cerro San Pedro besuchen, und auf der weiteren Fahrt zurück nach **San Miguel de Allende** kann man einen Aufenthalt bei den radioaktiven Quellen von Gogorrón und Lourdes einlegen, um sich von den Reisestrapazen zu erholen.

Abstecher

Routenvorschläge

6: Rundfahrt um den südlichen Golf von Kalifornien (ca. 950 km)

Diese Fahrt bietet sich an für Reisende, die über die USA weder ein- noch ausreisen möchten und dennoch die **Baja California** kennenlernen wollen. Allerdings muß man dabei ein zweimaliges Übersetzen mit der Autofähre von 7 bzw. 8 Stunden einrechnen.

Ausgangspunkt ist **Guaymas**, das auch mit dem Flugzeug zu erreichen ist, wo man zunächst einen Badeaufenthalt im benachbarten San Carlos einlegen kann. Mit der Autofähre geht es nun über den Golf von Kalifornien auf den südlichen Teil der **Baja California** in die Hafenstadt Santa Rosalía. Der MEX 1 (Carretera Transpeninsular) folge man nach Süden über La Paz nach **Cabo San Lucas** (s. Routenbeschreibung bei: Reiseziele von A bis Z, Baja California), wo sich die MEX 9 wieder zurück nach La Paz wendet. Wenn die Reisezeit entsprechend gewählt wird (Dezember bis Februar), besteht die Möglichkeit, die Paarung der Grauwale in der Bahía Magdalena zu beobachten. Von La Paz fährt eine Autofähre wieder zurück auf das Festland nach Los Mochis (Bundesstaat **Sinaloa**).

Streckenvariante (ca. 1480 km)

Man kann die Fahrt auch in Los Mochis beginnen, um auf der MEX 15 nach Norden durch ein ausgedehntes Bewässerungsgebiet zu fahren. Von Navojoa empfiehlt sich ein Abstecher nach Osten (106 km) zur unter Denkmalschutz stehenden Bergwerksstadt Álamos (→ **Guaymas**). Durch das Siedlungsgebiet der Mayo- und Yaqui-Indianer gelangt man nach **Guaymas** und setzt mit der Fähre über.

7: Um Oaxaca

Die reizvolle Stadt **Oaxaca** ist Ausgangspunkt für Fahrten zu im Umkreis von nicht mehr als 50 km gelegenen Orten und archäologischen Stätten, darunter **Monte Albán**, **Mitla**, **Yagul**, Dainzú, Santa María del Tule, Tlacochahuaya, Teotitlán, Tlacolula und Cuilapan.

8: Von Villahermosa nach San Cristóbal de Las Casas und zurück (ca. 730 km)

Diese Route führt überwiegend durch den Bundesstaat **Chiapas**. Ausgangspunkt ist **Villahermosa**, wo man zunächst das Museo Parque de La Venta besuchen sollte. Auf der MEX 186 geht es in östlicher Richtung weiter, bis man auf die MEX 199 stößt, der man nach Süden zur imposanten Maya-Ruinenstadt **Palenque** folgt. Der weitere Verlauf der Straße führt an der romantischen Lagune Agua Azul vorbei über Ocosingo nach **San Cristóbal de Las Casas**. Die MEX 190 führt nun nach **Tuxtla Gutiérrez**, in dessen Umgebung die sehenswerte Schlucht El Sumidero liegt. Auf der MEX 190 geht es nun wieder ein Stück zurück, bis die MEX 195 nach Norden zurück nach **Villahermosa** abbiegt.

Abstecher (ca. 300 km)

Von **Palenque** ist mit einem geländegängigen Fahrzeug über eine Schotter- bzw. Lehmstraße die wegen der dort gefundenen Fresken bedeutende Maya-Stätte **Bonampak** zu erreichen; wer diese mühselige Fahrt nicht auf sich nehmen will, kann auch mit einem Kleinflugzeug dorthin fliegen. Mit dem Kleinflugzeug gelangt man von Palenque aus auch zur im Urwald gelegenen Ruinenstätte **Yaxchilan**.

Routenvorschläge

9: Von Mérida zu den südlich gelegenen Maya-Stätten (ca. 250 km)

Von **Mérida**, der sehenswerten Hauptstadt des Bundesstaates **Yucatán**, gelangt man in südlicher Richtung auf der MEX 261 zu einigen der wichtigsten Maya-Stätten, die alle nur wenig voneinander entfernt sind.
Erster Halt ist die weitläufige Anlage von **Uxmal**. Nur wenige Kilometer danach gelangt man nach **Kabah**, bekannt für seinen Palast. Kurz hinter dieser Stätte verlasse man die MEX 261, um in östlicher Richtung nach **Sayil** zu kommen. Wiederum nur wenige Kilometer entfernt liegt **Labná**, ebenfalls mit einem eindrucksvollen Torbogen ausgestattet. Von hier geht es vorbei an der Grotte von Lol-tún nach Oxkutzcab (Abstecher nach Maní), wo man auf die MEX 184 stößt, die in nordwestlicher Richtung die MEX 261 kreuzt, auf der man zurück nach **Mérida** fährt.
In der Umgebung der genannten Orte liegen noch weitere, weniger bedeutende Ruinenstätten.

10: Von Mérida über Chichén Itzá zur Karibikküste (ca. 470 km)

Wiederum ist **Mérida** Ausgangspunkt dieser Fahrt, das man auf der MEX 180 in östlicher Richtung verläßt, um zur wohl bedeutendsten Maya-Stätte, **Chichén Itzá**, zu gelangen. Von dort geht es weiter über Valladolid in den Bundesstaat **Quintana Roo** zum Touristenzentrum **Cancún**. Hier und südlich davon entlang der MEX 307 bietet die Küste der Karibik Gelegenheit zu einem Badeaufenthalt. An der Straße liegen der Badeort **Akumal**, die Lagune **Xel-ha** und die Maya-Ruinen von **Tulum**.

Von **Cancún** verkehren regelmäßig Fährschiffe zur **Isla Mujeres**. Eine größere Karibikinsel ist **Cozumel**, das entweder von **Cancún** oder vom an der MEX 307 gelegenen Hafen Puerto Morelos (Autofähre) zu erreichen ist.

Abstecher

Von **Tulum** kann man einen Ausflug (54 km) zur weit im Urwald verstreuten Ruinenstätte **Cobá** unternehmen, von wo eine Straße über Nuevo Xcan (45 km) zu dem insgesamt 115 km entfernten Valladolid führt, wo sich der Kreis wieder schließt.

Reiseziele von A bis Z

Acapulco K 9

Bundesstaat: Guerrero (Gro.).
Höhe: 2 m ü.d.M.
Einwohnerzahl: 1 100 000
Telefonvorwahl: 01 74

Mit dem Flugzeug stündlich von Mexiko-Stadt und anderen mexikanischen und US-amerikanischen Flughäfen; mit dem Bus in ca. 5 Std. von Mexiko-Stadt; mit dem Auto auf der Autopista del Sol (MEX 95) in 3½ Std. (ca. 380 km) von Mexiko-Stadt. Bei Anreise mit dem Bus empfiehlt sich die Buchung der Rückfahrt gleich nach der Ankunft.

Anreise

Acapulco liegt gut 400 km südlich von Mexiko-Stadt an der Pazifikküste am Fuße der Sierra Madre del Sur.
Das weltberühmte, sonnenreiche Seebad Acapulco erstreckt sich entlang der großen halbmondförmigen gleichnamigen Bucht. Es ist nicht nur wegen des blauen Meeres, der weißen Strände und Felsklippen ein landschaftliches Paradies, sondern auch ein ausgezeichneter natürlicher Hafen. Obwohl in den letzten Jahren von Touristen überlaufen, ist der Ort immer noch einen Besuch wert, zumal man in seiner näheren Umgebung gute Ausweichmöglichkeiten findet.

Lage und Allgemeines
**Seebad

Obwohl die Region von Acapulco (Náhuatl: 'Platz, wo die Gräser zerstört werden') wahrscheinlich schon in archaischer Zeit besiedelt war, wurde der Ort erst nach der aztekischen Eroberung Ende des 15. Jh.s namentlich erwähnt. Nach manchen Theorien sollen schon früher peruanische Schiffe in dieses Küstengebiet vorgedrungen sein. Bereits 1521 dürfte der spanische Konquistador Gil Gonzales Ávila als erster Europäer die Bucht entdeckt haben. In den darauffolgenden Jahren wurde Acapulco zum Nachschubhafen für die Expeditionen entlang der Pazifikküste gen Norden sowie nach Südamerika. Ende des 16. Jh.s entwickelte sich der Ort zum Heimathafen für die Schiffe, die dem Handel mit den Philippinen, China und Indien sowie mit Südamerika dienten. Aus Ostasien kamen vor allem Seide, Porzellan und Spezereien, aus Südamerika Silber und Gold. Aus dem Vizekönigreich Neuspanien wurden hauptsächlich Silber, Textilien und Kakao exportiert. Über eine von den Spaniern gebaute Straße kamen die eingeführten Waren nach Mexiko-Stadt und weiter zum Golfhafen Veracruz, von wo aus sie nach Europa verschifft wurden. Wie andere Schiffsrouten hatten auch die von Acapulco ausgehenden im 17. und 18. Jh. unter Piratenüberfällen zu leiden. Der Niedergang des Hafens begann, als Ende des 18. Jh.s ein neuer Handelsweg von den Philippinen durch den indischen Ozean und um das Kap der Guten Hoffnung nach Spanien befahren wurde. Mit der Unabhängigkeit Mexikos verlor Acapulco seine Bedeutung. Erst durch Fertigstellung einer Autostraße zwischen Mexiko-Stadt und Acapulco (1927) konnte sich die Stadt wieder beleben; der steile Aufstieg begann nach dem Zweiten Weltkrieg mit der Entdeckung Acapulcos durch US-Touristen. In den letzten zehn Jahren hat das Seebad wegen Überfüllung und zunehmender Meeresverschmutzung an Besuchern verloren.

Geschichte

◀ *Koloniale Kirche in Guanajuato*

Acapulco

Sehenswertes

Außer seinen landschaftlichen Schönheiten und den Hotelpalästen kann Acapulco nur wenig Bemerkenswertes vorweisen.

*Fort San Diego (Historisches Museum)

Das zwischen 1615 und 1617 errichtete Fort San Diego (Fuerte San Diego) wurde nach einem Erdbeben im Jahre 1776 umgebaut. Es diente in erster Linie als Verteidigungsanlage gegen Piratenüberfälle und beherbergt heute das historische Museum (Museo Histórico de Acapulco), das neben Dokumenten und Gegenständen zur Conquista die Geschichte des Forts und der Handelsbeziehungen zu Asien und eine Ausstellung zur Geschichte der Piraten im Pazifischen Ozean zeigt.

Am Hauptplatz (Zócalo) steht die in den dreißiger Jahren im maurisch-byzantinischen Stil errichtete Kathedrale. Im Osten der Stadt liegt das Kultur- und Kongreßzentrum (Centro Cultural y de Convenciones) mit Konferenzsälen, Theater, Volkskunstausstellung (auch Verkauf) und einem kleinen archäologischen Museum. Das Touristenleben konzentriert sich entlang der Avenida Costera Miguel Alemán, an der die meisten großen Hotels, Restaurants, Nachtlokale und Läden liegen.

Strände

Von den mehr als zwanzig Stränden Acapulcos und seiner näheren Umgebung seien angeführt: die vor allem vormittags von Mexikanern besuchten Strände Caleta und Caletilla, die ruhiges Wasser und schöne Unterwasserfauna (Glasbodenboote) bieten. Von Playa Caletilla fahren die Boote zur Insel La Roqueta mit dem gleichnamigen Strand ab, welche in einen prächtigen Naturschutzpark umgewandelt wurde. Nordöstlich vor der Insel befindet sich in ca. 2 m Wassertiefe eine Bronzestatue der Jungfrau von Guadalupe ('Virgen Submarina').

Die Bucht von Acapulco am Pazifischen Ozean

Acapulco

Playa Hornos und Playa Hornitos sind hauptsächlich nachmittags stark besucht, ebenso wie der östlich davon gelegene Playa Condesa, der auch am Abend belebt ist und derzeit als besonders attraktiv gilt. Der bei dem Fischerdorf Puerto Marqués 13 km östlich von Acapulco in einer herrlichen Bucht gelegene gleichnamige Strand ist besonders am Vormittag beliebt und bietet ruhiges Wasser; Revolcadero (ca. 1 km weiter) ist ein schöner und noch wenig besuchter Strand am offenen Pazifik, an dem aber starke Brandung und Sog herrschen. Hier werden alljährlich Surf-Wettbewerbe ausgetragen. Der Ort Pie de la Cuesta, 12 km nordwestlich von Acapulco, liegt auf einer Sanddüne, die den Strand (starke Brandung und Sog) von der Laguna de Coyuca trennt. Bei Sonnenuntergang genießt man ein prächtiges Panorama und in der Nacht einen beeindruckenden Blick auf das erleuchtete Acapulco. Die Laguna de Coyuca ist ein Naturparadies mit dichter tropischer Vegetation, Süßwasserfischen und exotischen Vögeln. Von Pie de Cuesta aus werden Bootsausflüge in die Süßwasserlagune angeboten. Ferner sind noch die Strände La Angosta, Honda, Manzanillo, Redonda und Icacos zu erwähnen.

Strände (Fortsetzung)

*Laguna de Coyuca

Mittags (12.45 Uhr) und abends (19.15, 20.15, 21.15 und 22.30 Uhr) springen die berühmten Quebrada-Springer ('Clavidistas') aus 40 m Höhe per Kopfsprung vom Quebrada-Felsen in die zwischen den

*Quebrada-Springer

Acapulco

Entspannung: Hotelanlage   *Nervenkitzel: Quebrada-Springer*

Quebrada-Springer (Fortsetzung)

Klippen vor- und zurückbrandenden Wellen, nachdem sie zuvor vor einer Madonnenstatue gebetet haben. Am Abend werden die Springer von Flutlicht angestrahlt; einige stürzen sich mit Fackeln in die Tiefe. Im neben dem Felsen liegenden Hotel 'El Mirador' befindet sich auch das Restaurant 'La Perla', das 1949 von dem Schweizer Musiker Teddy Stauffer hier eröffnet wurde, der Acapulco in Europa bekannt gemacht hat.

Eine weitere Sehenswürdigkeit sind die Voladores, totonakische Indios aus Papantla bei der archäologischen Stätte → El Tajín, die an den meisten Abenden ihr rituelles Fliegerspiel vorführen, das auf den Mythos des jungen Maises zurückgeht.

Küstenfahrt von Acapulco nach Puerto Escondido

Ausblick

Die Strecke führt über die MEX 200 in die Region der Costa Chica, wie die Küstengegend östlich von Acapulco genannt wird. Bald nach Verlassen des Stadtgebietes hat man von der Carretera Escénica einen herrlichen Ausblick über die Bucht von Acapulco. Danach passiert man die Bucht von Puerto Marqués und kann später die malerische Lagune Tres Palos besuchen. Das nun folgende interessante, noch wenig bekannte Gebiet mit den Orten San Marcos (ca. 80 km), Cruz Grande (ca. 120 km), San Luis Acatlán (Abzweigung, ca. 27 km), Ometepec (Abzweigung, ca. 16 km), Cuajinicuilapa (ca. 234 km), Montecillos (Abzweigung, 17 km) und Punto Maldonado (Abzweigung, ca. 14 km) liegt zwischen der Sierra Madre del Sur und dem Pazifik. Es ist sehenswert wegen seiner tropischen Vegetation sowie vieler Flüsse, Lagunen und Felsformationen. Streckenweise ist es von Nachkommen geflohener schwarzer Sklaven bewohnt, die sich meist mit den hier heimischen Indianern vermischt haben. Ende des vorigen Jh.s hatte sich der deutschstämmige Amerikaner Johann Schmidt zum Duodezherrscher über die Region aufgeschwungen. Erst durch die Umwälzungen der Revolution von 1910 wurde er entmachtet.

Acapulco, Küstenfahrt (Fortsetzung)

Jenseits der Grenze nach Oaxaca liegt die Stadt Pinotepa Nacional (ca. 284 km; 60 000 Einw.). 6 km vor der Stadt führt die MEX 125 auf die Klösterroute der Mixteca Alta (→ Oaxaca, Bundesstaat). Von Pinotepa Nacional sind es noch ca. 145 km auf der MEX 200 nach dem Badeort → Puerto Escondido.

Acatepec K 8

Bundesstaat: Puebla (Pue.)
Höhe: 2200 m ü.d.M.
Einwohnerzahl: 12 000

Von → Puebla auf der MEX 190 nach Oaxaca in Richtung Atlixco ca. 16 km.

Anreise

Das kleine Acatepec liegt ca. 120 km südöstlich von Mexiko-Stadt und ca. 16 km westlich von Puebla.
Seine Kirche San Francisco de Acatepec stellt eines der besten Beispiele regionalen Hochbarocks in Mexiko dar.

Lage und Allgemeines

Über die Entstehung des Gebäudes weiß man nur wenig. Man nimmt an, daß die heutige Kirche um 1730 entstanden ist und die verwendeten Kacheln (Azulejos) speziell für diesen Sakralbau entworfen und in Puebla hergestellt wurden. Ende der dreißiger Jahre unseres Jahrhunderts wurde ein Teil des Inneren der Kirche durch Feuer zerstört. Die mit großem Eifer ausgeführte Restaurierung durch lokale Handwerker konnte allerdings die Pracht des 18. Jh.s nicht mehr ganz wiederherstellen. Daß es auch in kleinen Ortschaften dieser Region so prächtige Kirchen gibt, ist darauf zurückzuführen, daß sich die Spanier die besondere künstlerische und handwerkliche Fertigkeit der hier lebenden Indios zunutze machten.

Geschichte

*San Francisco de Acatepec

Durch einen eindrucksvollen Torbogen im Neo-Mudéjarstil kommt man zur Kirche. Die gesamte Fassade des Gebäudes ist mit Azulejos und Ziegeln bedeckt und gliedert sich in drei Teile. Das Portal, von einem unregelmäßigen Bogen eingerahmt, wird auf jeder Seite von drei getrennten korinthischen Säulen flankiert. Zwischen den Säulengruppen steht in Nischen je eine Skulptur. Im mittleren Teil sind die Säulen durch Wandpfeiler in Form umgekehrter Pyramidenstümpfe ('Estípites', eines der Hauptmerkmale des churriguereskes Stils) ersetzt. Das große Fenster in der Mitte ist mit dem Symbol des heiligen Franziskus geschmückt. Im oberen Teil werden die am äußeren Rand des mittleren Teils befindlichen Wandpfeiler durch Schneckenmuster (Voluten) fortgeführt, um einen Giebel anzudeuten. In der sternförmigen Nische sieht man die Skulptur des heiligen Franziskus, darüber als Abschluß die Darstellung der Dreifaltigkeit.
Die Ecken des rechten Turms werden durch salomonische Säulen gebildet, die mit Bändern blauer und gelber Azulejos verziert sind. Der Turm zur Linken ist in einem ungewöhnlichen Winkel angelegt.

Fassade

Acatepec

San Francisco de Acatepec

San Francisco de Acatepec (Fortsetzung) Innenraum

Das Innere der Kirche besteht aus einer Fülle von Stuck und Holzskulpturen, vielfarbig bemalt und vergoldet, im typischen Poblanostil des 18. Jahrhunderts. Interessant ist ein früherer Altaraufsatz aus dem 17. Jh., in welchem vergoldete und dann bemalte ('Estofadotechnik') Skulpturen inmitten goldener salomonischer Säulen und anderer Ornamente fast verschwinden. Zu beachten ist auch die überaus komplizierte und üppige Gestaltung der Eingangstür zur Taufkapelle. Der übrige Innenraum ist nüchterner gehalten und zeigt weniger indianischen Einfluß als der von Santa María de Tonantzintla.

Umgebung von Acatepec

1 km westlich liegt das Dorf Tonantzintla (2200 m ü.d.M.; 15 000 Einw.; Fiesta: 15. August, Día de la Asunción de la Virgen María).

**Santa María de Tonantzintla

Bildet San Francisco de Acatepec als Fassade einen Höhepunkt des Poblanostils, so kann man das Innere der Kirche Santa María de Tonantzintla als Meisterwerk eines Interieurs dieser Barockvariante ansehen. Die relativ einfache, in rot gehaltene zweiteilige Fassade ist mit weißblauen Kacheln und Skulpturen geschmückt.

Innenraum

Einzigartig ist der 'überbarocke' Innenraum der Kirche, dessen farbenprächtige indianisch-europäische Gestaltung anonymen lokalen

Künstlern zu verdanken ist. Hier zeigt sich die in präkolumbischer Zeit so ausgeprägte totale Dekoration des Raumes mit der mystischen Vorliebe des Volkes für Früchte, Blumen und Vögel, die sich mit christlichen Darstellungen vermischen. Weitere Motive sind u.a. beim Chor ein Orchester von indianischen Musikanten sowie Stuckrahmen mit Reliefs von Jesus, der Jungfrau Maria und dem heiligen Christophorus. In der Mitte des Kirchenschiffs erkennt man die Darstellung des heiligen Franziskus sowie Skulpturen des hl. Jakob und des hl. Antonius. Aus der Kuppel scheinen wie aus einer Blüte eine Schar von Engelsköpfen inmitten eines Meeres von Blattwerk herabzuschweben. Der Kanzelbogen birgt bemerkenswerte Stuckarbeiten, die früchtespeiende, gekrönte Teufel mit geschmückten Atlanten zeigen.

Unweit der Kirche steht ein staatliches Observatorium, das mit einem Schmidt-Teleskop ausgerüstet ist. Die 1942 errichtete Sternwarte enthält Fresken von Miguel Prieto.

Umgebung von Acatepec (Fortsetzung)
Santa María de Tonantzintla

Kuppel

Kehrt man nach Acatepec zurück und fährt von dort auf der MEX 190 in Richtung Puebla, erreicht man nach ca. 4 km die Ortschaft Tlaxcalancingo (2200 m ü.d.M.; 6000 Einw.). Zur Rechten liegt die aus dem 18. Jh. stammende Kirche San Bernardino, ebenfalls ein gutes Beispiel des Poblano-Barocks. Die prächtige Fassade mit dem geschwungenen Giebel ist ganz mit roten Ziegeln und Azulejos bedeckt. Den linken Abschluß bildet ein eleganter Turm mit Kuppel und Helm aus Kacheln.

Tlaxcalancingo
San Bernardino

Von Tlaxcalancingo aus sind es dann noch 6 km nach → Puebla.

Acolman de Netzahualcóyotl K 8

Bundesstaat: México (Mex.)
Höhe: 2215 m ü.d.M.
Einwohnerzahl: 25 000

Mit dem Bus ab Terminal Indios Verdes; mit dem Auto auf der MEX 85 bzw. 85D nach ca. 40 km (10 km vor Teotihuacán).

Anreise von Mexiko-Stadt

Nordöstlich von Mexiko-Stadt liegt auf einer Hochebene die prachtvolle Augustinergründung San Agustín de Acolman, ein für das 16. Jh. typischer neuspanischer Klosterfestungsbau. Im Gesamteindruck iberogotisch, stellt die Fassade der Kirche ein hervorragendes Beispiel des von der Renaissance beeinflußten platereskem Stils dar.

Lage und Allgemeines

Der Grundstein für die Errichtung des Klosters Acolman (Náhuatl: 'von Wasser umgeben') mit dem für die unruhige Zeit kurz nach der Conquista typischen Festungscharakter wurde bereits 1539 gelegt, wogegen mit dem Bau der heutigen Kirche erst um die Mitte des Jh.s begonnen wurde. Die Fassade stammt aus dem Jahre 1560; der Klosterbau wurde 1571 beendet, während ein Teil der Kirche noch unvollendet war. 1580 wurden im Kloster 24 Mönche gezählt, von denen 19 ihren Studien nachgingen und fünf mit der Missionierung der Indios beschäftigt waren. Im 19. Jh. wie auch in den dreißiger Jahren unseres Jh.s litt der Klosterbau unter Überschwemmungen.

Geschichte

*Klosterfestung

In der Bauweise des 16. Jh.s war die Gestaltung der Portalfassade von oft überragender Bedeutung. Dies kommt auch im rein plateres-

Acolman

Klosterfestung Acolman

Klosterfestung (Fortsetzung) Torbogen

ken Stil von Acolman zum Ausdruck. Der fein dekorierte Torbogen wird von je zwei klassischen italienischen Renaissancesäulen flankiert, in deren Mitte Heiligenstatuen mit reich verzierten Baldachinen stehen. Diese Art der Anordnung ist sonst in Mexiko fast unbekannt. Über dem Sims befinden sich drei Nischen mit Skulpturen, über denen ein Chorfenster im selben Stil wie das Portal zu sehen ist. Im Giebel desselben ist das reich dekorierte Augustinerwappen angebracht. Zu beiden Seiten des Fensterrahmens erkennt man zur Linken das Wappen der Könige von Kastilien und León, zur Rechten jenes von Acolman. Die mit Zinnen abgeschlossene Fassade wird von dem einfachen Glockenturm (Espadaña) überragt. Ein einfacher Bogen im Balkon auf der rechten Seite der Kirchenfassade bildete die Offene Kanzel, deren Inneres mit Fresken ausgemalt wurde.

Innenraum, Kreuzgänge, Posas

Das Kirchenschiff mißt 57 x 12,5 Meter. Lediglich ein Altar stammt noch aus der Gründungszeit, während die anderen im 17. und 18. Jh. hinzugefügt wurden. Am Ende des Langschiffs, wie auch in den Kreuzgängen des Klosters, befinden sich Fresken in den Farben Grau, Schwarz und Ocker, die um 1600 entstanden sind. Die Anlage der Kreuzgänge läßt darauf schließen, daß sie von verschiedenen Architekten erbaut wurden. Die Kirche ist in einer für Mexiko typischen 'Offenen Kapelle' (Atrium) integriert, um die Masse der getauften Indianer aufnehmen zu können. Die dortigen Prozessionskapellen (Posas) sind Überschwemmungen zum Opfer gefallen; eine wurde jedoch rekonstruiert.

Steinkreuz

Außerhalb des jetzigen Atriums steht ein prächtiges, skulptiertes Steinkreuz, dessen Mitte das Gesicht des leidenden Christus bildet; Arme und Körper tragen Symbole des Passionswegs sowie Blumenornamente. Manche Einzelheiten, wie die des Schädels am Fuße des Kreuzes, sind in einer auffallend einfachen Art ausgeführt.

Klostermuseum

Im Kloster befindet sich ein kleines Museum.

Umgebung von Acolman

4 km südwestlich liegt die Ortschaft Tepexpan. Hier wurde 1949 das Skelett eines Menschen gefunden, dessen Alter man mit 11 000 Jahren datiert. Ein kleines Museum zeigt die Teile eines 1952 in der Nähe ausgegrabenen Mammuts aus derselben Zeit, das zusammen mit Steinwerkzeugen entdeckt wurde.

Tepexpan

Von Acolman sind es noch etwa 10 km bis zu der großartigen Ruinenstadt → Teotihuacán.

Actopan K 7

Bundesstaat: Hidalgo (Hgo.)
Höhe: 2050 m ü.d.M.
Einwohnerzahl: 75 000

Mit dem Auto von Mexiko-Stadt auf der MEX 85, später MEX 45, über → Pachuca (92 km) rund 130 km.

Anreise

Das Kloster von Actopan liegt in dem gleichnamigen, vorwiegend von Otomí-Indianern bewohnten Städtchen nördlich von Mexiko-Stadt. Es ist ein wichtiges Beispiel für die im 16. Jh. in Neuspanien verwendete Bauweise des sakralen Festungsbaus.

Lage und Allgemeines

Das Kloster wurde im Dorf Actopan (Náhuatl: 'Ort des fruchtbaren Landes') 1548 vom Augustinerorden gegründet. Architekt war der Autodidakt Pater Andrés de Mata; die Kirche wurde San Nicolás Tolentino geweiht. Am Bau beteiligt waren Juan Mica Actopan und Pedro Izcuitloapilco, die indianischen Führer des Ortes.

Geschichte

*Klosterfestung

Die schöne Renaissancefassade mit platereskem Einschlag ist insofern originell, als sich die innere Portalumrahmung außen im größeren wiederholt. An jeder Seite befindet sich ein korinthisches Säulenpaar. Über dem kleineren erhebt sich eine fächerartige Bogeneinfassung mit Deckenfeldern. Die äußeren Säulen stützen einen Sims mit hübschem Fries, über welchem das Chorfenster angebracht ist. Neben den Dachzinnen verstärken die stilisierten Schilderhäuschen den Festungscharakter der Klosterkirche. Der mächtige quadratische Turm zeigt maurischen Einfluß.
Das Kirchenschiff mit gotischem Gewölbe ist mehr als 24 m hoch und endet in einer eckigen Apsis. Die innere Ausstattung, die mehrfach gewechselt hat, trägt vorwiegend neoklassizistische Züge. In der Sakristei befindet sich ein bemerkenswertes Taufbecken und eine Statue Johannes des Täufers.

Klosterkirche

Taufbecken

Links von der Kirche liegt der von einer Wehrmauer umgebene ehemalige Friedhof, an dessen Ende die Offene Kapelle (Bóveda de Actopan = 'Gewölbe von Actopan') errichtet ist. Sie besteht aus einem großen Bogen mit kühner Wölbung und ist mit Wandschmuck in Mosaiktechnik und an den Seiten mit Darstellungen biblischer und geschichtlicher Themen ausgestattet.

*Bóveda de Actopan
(Offene Kapelle)

Rechts vom Kirchenportal liegt der Eingang zum Kloster. Man geht durch eine Vorhalle (Portería), die eine höchst originelle Fassade hat.

Kloster

Actopan

Kloster (Fortsetzung)

Drei mit Deckenfeldern dekorierte Bögen ruhen auf massiven, ausgekehlten Säulen. Wandpfeiler, Brüstungsgeländer und Medaillons, zwei Augustinerwappen und ein verziertes Kreuz darstellend, ergänzen das Bild. Gleich zur Rechten liegt ein kleiner Raum, die Sala de Profundis, mit schönen Fresken, die im mittelalterlichen Stil die Klostergeschichte schildern. Der innere Klosterbau ist in gotischen Spitzbogen und Kreuzrippengewölbe ausgeführt.

***Renaissancefresken

Im Gegensatz hierzu stehen die Renaissancefresken, die in unterschiedlichem Erhaltungszustand die meisten Wände des Klosters schmücken. Lediglich in den Figuren findet man hie und da noch Spuren gotischen Einflusses. Die Fresken sind die schönsten dieser Epoche in Mexiko und stellen hauptsächlich Kirchenväter und Heilige des Augustinerordens, Friese mit Wappentieren sowie Girlanden und andere Schmuckformen dar. An einer Stelle unter der Treppe sieht man die Figur des Martín de Acevedo, dem eine wichtige Rolle in der Gestaltung Actopans und manche Fresken zugeschrieben werden, in Begleitung von zwei indianischen Noblen. Form und Ausstattung des Refektoriums mit freskengeschmücktem Tonnengewölbe und mehreckiger Kanzel sind ebenfalls beachtenswert.

Freskendecke in Actopan

In einem Nebengebäude des Klosters ist ein Museum für Otomí-Volkskunst untergebracht. In der früheren Pfarrkanzlei sind zeitweise kirchliche Gegenstände ausgestellt. Das riesige Atrium, heute fast vollständig verbaut, hatte einst die Maße 290 x 180 m und soll etwa 40 000 bis 50 000 Gläubigen Platz geboten haben.

Umgebung von Actopan

Ixmiquilpan

Etwa 45 km nordwestlich liegt Ixmiquilpan (1750 m ü.d.M.; 60 000 Einw.; Markttag Montag). Die Stadt, in präkolumbischer Zeit Kapitale der Otomí-Indianer, besitzt ein interessantes Augustinerkloster. Es wurde zwischen 1550 und 1554 ebenso wie Actopan von Pater Andrés de Mata errichtet. Die dem San Miguel Arcángel (Erzengel Michael) geweihte Kirche hat eine schöne Renaissancefassade der platereskEn Variante mit korinthischen Säulen und einer mit Deckenfeldern ornamentierten Bogeneinfassung. In der Kirche wie auch im Kloster fand man 1960 von einem offenbar indianischen Künstler stammende originelle Fresken, die u. a. Kampfszenen zwischen indianischen Kriegern und mythologischen Gestalten aus der Antike zeigen. Die Kirche El Carmen mit churrigueresker Fassade und barocken Retablos und zwei aus der Kolonialzeit stammende Brücken sind weitere sehenswerte Punkte der Stadt. Die heimische Volkskunst bietet Miniatur-Musikinstrumente, verzierte Spiegel und Kämme, bestickte Blusen und Taschen.

Thermalbäder

In der unmittelbaren Umgebung befinden sich mehrere Thermalbäder wie das 2 km vor Tasquillo liegende Tzindijeh.

Barranca de Tonaltongo

Nach 45 km in nordöstlicher Richtung erreicht man die malerische Schlucht Barranca de Tonaltongo mit Wasserfällen und subtropischer Vegetation.

Zimapán

Etwa 40 km nordwestlich von Ixmiquilpan auf der MEX 85 gelangt man zu der alten Bergwerksstadt Zimapán (1950 m ü.d.M.; 8000 Einw.; Fiestas: 24. Juni, San Juan Bautista; Markttage Samstag und Sonntag). Beachtenswert ist die Pfarrkirche aus dem 17. Jh. mit Barockfassade und neoklassizistischen Retablos.

Die MEX 85 führt weiter nach Norden durch eine prachtvolle Gebirgslandschaft nach Tamazunchale (Umgebung von → Tampico).

Aguascalientes (Bundesstaat)

Mexiko
Vereinigte Mexikanische Staaten
Estados Unidos Mexicanos

Aguascalientes

Bundesstaaten
Estados

1a Baja California Sur
1b Baja California Norte
2 Sonora
3 Chihuahua
4 Sinaloa
5 Durango
6 Coahuila
7 Nuevo León
8 Zacatecas
9 San Luis Potosí
10 Tamaulipas
11 Nayarit
12 Aguascalientes
13 Jalisco
14 Guanajuato
15 Querétaro
16 Hidalgo
17 Colima
18 Michoacán
19 México
20 Morelos
21 Tlaxcala
22 Puebla
23 Veracruz
24 Guerrero
25 Oaxaca
26 Chiapas
27 Tabasco
28 Campeche
29 Yucatán
30 Quintana Roo

D.F. Distrito Federal (Bundesdistrikt)

Aguascalientes (Bundesstaat)

Kürzel: Ags.
Hauptstadt: Aguascalientes
Fläche: 5586 km²
Bevölkerungszahl: 862 700

Aguascalientes ist einer der kleinsten Bundesstaaten Mexikos. Er grenzt im Norden, Westen und Osten an Zacatecas und im Süden an Jalisco. Mit einer durchschnittlichen Höhe von 1800 m ü.d.M. ist er Teil des zentralen mexikanischen Hochlandes und schmiegt sich im Westen an die Ausläufer der Sierra Madre. Zahlreiche kleine und ein größerer Fluß machen das Land zu einem für Mexiko ungewöhnlich fruchtbaren Gebiet. Die Bevölkerung des Staates ist fast ausschließlich spanischer Abstammung.

Lage und Landesnatur

In der präkolumbischen Zeit waren hier die halbnomadischen Chichimeken ('vom Hunde abstammend') ansässig. Der abfällige Name wurde ihnen von den indianischen Kulturvölkern gegeben; es war allerdings weniger eine Volks- oder Rassenbezeichnung, vielmehr einfach ein Sammelbegriff für primitive Stämme auf dem Niveau der Jäger und Sammler. Diese zur Sprachgruppe der Nahuas gehörenden Barbaren fielen seit dem 8. Jh. immer wieder in das zentralmexikanische Hochland ein und gingen meist in den dort etablierten Zivilisationen auf. Chichimekeneinfälle waren wohl auch Ursache der 1168 erfolgten Zerstörung der toltekischen Hauptstadt Tollan (→ Tula). Auch die im 13. Jh. auftauchenden Azteken waren ursprünglich den Chichimeken zuzurechnen. Die Region wurde offenbar nie von den Kulturzentren des zentralen Hochlandes oder La Quemada beeinflußt.
Bereits 1522 kam als erster Spanier der Kampfgefährte von Hernán

Geschichte

Aguascalientes (Stadt)

Aguascalientes (Bundesstaat), Geschichte (Fortsetzung)

Cortés, Pedro de Alvarado, ins Land, wurde aber zunächst zurückgeschlagen. Erst ein paar Jahrzehnte später gelang es den Eroberern, die Indianer zu vernichten oder in die Berge zu drängen. Daher mußten die Spanier hier ohne deren Frondienste das Land kolonisieren und ihre Städte aufbauen. Schon in der Kolonialzeit waren die Bewohner, vor allem die der Hauptstadt, politisch und kulturell äußerst aktiv und spielten daher auch im Unabhängigkeitskrieg (1810–1821) eine hervorragende Rolle. Bis 1789 war Aguascalientes ein Teil der Provinz Nueva Galicia und anschließend mit Zacatecas verbunden. Erst 1857 wurde es ein eigener Bundesstaat der Republik Mexiko. Im Zentrum des Landes gelegen, war Aguascalientes im Laufe der Revolutionskriege (1910–1920) Schauplatz erbitterter Kämpfe.

Wirtschaft

In den fruchtbaren Tälern wird neben Getreide vor allem Mais, Obst, Gemüse und Wein angebaut. Auf der Hochebene betreibt man umfangreiche Viehwirtschaft (Pferde- und Kampfstierzucht). Die Minen fördern Gold, Silber, Kupfer, Blei und Antimon. Textil-, Leder- und Keramikherstellung sowie Tabakveredelung und Branntweindestillation sind weitere Erwerbszweige. Der Tourismus wird hauptsächlich durch die beliebten Thermalbäder und das Frühjahrsfest in der Hauptstadt (Feria de San Marcos) angezogen.

Aguascalientes (Stadt)　　　　　　　　　　　　　　　　　　　　　H 7

Bundesstaat: Aguascalientes (Ags.)
Höhe: 1889 m ü.d.M.
Einwohnerzahl: 520 000
Telefonvorwahl: 01 49

Anreise von Mexiko-Stadt

Mit der Eisenbahn in 14 Std.; mit dem Bus in 9 Std.; mit dem Auto auf der MEX 57 (bis Querétaro) und MEX 45 via Salamanca 504 km.

Lage und Allgemeines

Die freundliche Kolonialstadt Aguascalientes hat ein angenehmes Klima und ist von Obst- und Weingärten sowie Haciendas, auf denen Kampfstiere gezüchtet werden, umgeben. Die im Herzen von Mexiko gelegene, sehr spanisch anmutende Stadt ist bekannt für ihre attraktiven Töpferwaren, Stick- und Webarbeiten sowie altberühmt wegen des lebhaften Treibens während des Frühlingsfestes, der in Volksliedern vielbesungenen Feria de San Marcos.

Geschichte

Nach hartem Kampf gegen die halbnomadischen Eingeborenen konnten die eindringenden Spanier erst 1575 hier eine Ortschaft mit dem klangvollen Namen Nuestra Señora de la Asunción de las Aguas Calientes gründen. Den Beinamen ('heiße Wasser') verdankt die Stadt den zahlreichen Thermalquellen. Lange Zeit hindurch war der Ort lediglich ein Außenposten gegen feindliche Indianerstämme. Nach der Bildung eines eigenen gleichnamigen Staates (1857) wurde Aguascalientes Hauptstadt. Als wichtiger Eisenbahnknotenpunkt wurde es während der Revolutionsjahre (1910–1920) hart umkämpft und abwechselnd von Führern der verschiedenen Seiten erobert.

Sehenswertes

'La Ciudad Perforada'

Die Stadt wird auch La Ciudad Perforada, die 'unterhöhlte Stadt' genannt, da sich unter ihr ein Labyrinth von Gängen erstreckt. Diese von vorspanischen Indios unbekannter Herkunft in den Fels gehauenen Katakomben kann man allerdings zur Zeit nicht besichtigen.

Aguascalientes (Stadt)

Kathedrale in Aguascalientes

Bekannt und populär ist Aguascalientes vor allem durch die heilenden Thermalquellen der Stadt und ihrer Umgebung geworden, die viele Besucher aus dem In- und Ausland anziehen.

Thermalquellen

Am Hauptplatz (Zócalo oder Plaza Principal) stehen das Rathaus (Palacio Municipal) und der Regierungspalast (Palacio de Gobierno) aus dem 17. bzw. 18. Jh.; letzterer war früher das Palais des Marqués de Guadalupe. Im Innenhof des prächtigen Barockbaus befinden sich Wandmalereien des Rivera-Schülers Osvaldo Barra, die die Landwirtschaft und Industrie des Staates Aguascalientes darstellen.

Palacio de Gobierno (Regierungspalast)

Wichtige Sakralgebäude sind neben der Kathedrale aus dem 18. Jh. die Kirchen San Marcos, in dem sich das Gemälde "Die Verehrung des Königs" von José Alzíbar befindet. Die Kirche El Encino enthält einen Schwarzen Christus und Bilder von Andrés López. Darüberhinaus gibt es noch die im neo-byzantinischen Stil errichtete Kirche San Antonio aus unserem Jahrhundert und das Kloster San Diego mit sehenswerten Gemälden.

Kirchen

Gegenüber der Kirche San Antonio liegt das städtische Museum (Museo de la Ciudad) mit einer schönen Gemäldesammlung. Im Jardín del Encino bei der gleichnamigen Kirche befindet sich das Museo Posada, das Drucke und Zeichnungen des in Aguascalientes geborenen Juan Guadalupe Posada (1852–1913) zeigt, der durch seine sozialkritischen Karikaturen bekannt wurde. In seinen Zeichnungen setzte er sich auch in karikaturistischer Weise mit dem Tod auseinander. Im Instituto Cultural (Zaragoza 45) sind u. a. Bilder von Saturnino Herrán (1887–1918) und Gabriel Fernández Ledesma (1900–1983), beide aus dem Staat Aguascalientes, ausgestellt. Sehenswert ist auch das Museo Regional de Historia (Calle Carranza 118).

Museen

Die meisten Besucher zieht die alljährlich im April und Mai stattfindende Feria de San Marcos an, die zu Ehren des Stadtheiligen seit 1604 mit Stier- und Hahnenkämpfen, Charreadas, Serenaden, Feuerwerk u.v.a. gefeiert wird. Für Interessierte ist ein Besuch der in der Nähe gelegenen Haciéndas (Stierzucht) zu empfehlen.

Feria de San Marcos

Akumal

Akumal   Q 7

Bundesstaat: Quintana Roo (Q.R.)
Höhe: Meereshöhe

Anreise

Mit dem Bus oder mit dem Auto auf der MEX 307 vom Stadtzentrum → Cancún 106 km, von Playa del Carmen 36 km, von → Tulum 25 km.

Lage und Allgemeines

*Badeplatz

Akumal, das aus einer kleinen Siedlung, einem Hotelkomplex und einem Club besteht, ist der einzige größere Badeort an der karibischen Festlandküste des Bundesstaates Quintana Roo südlich von → Cancún. Er liegt an einer halbmondförmigen Bucht mit schneeweißem 15 km langem, palmengesäumtem Strand. Akumal ist einer der schönsten und auch nach europäischem Standard gut erschlossenen Badeplätze an der Ostküste der Halbinsel Yucatán.

Geschichte

Akumal (Maya: 'Schildkröte') war ursprünglich eine kleine Maya-Siedlung und wurde erst bekannt, als vor 25 Jahren der mexikanische Verein CEDAM seine Aktivitäten hierher verlegte und später die Bucht zu seinem Hauptquartier machte. Diese Vereinigung widmet sich hauptsächlich der Erforschung und Erhaltung von archäologischen Funden unter dem Wasserspiegel. Durch zahlreiche Expeditionen gelang es der CEDAM, Maya-Stätten sowohl an der Küste als auch unter Wasser zu entdecken und altspanische Schiffswracks zu heben. Zusammen mit der US-amerikanischen National Geographic Society und dem Instituto Nacional de Arqueología e Historia (INAH) führte CEDAM auch die Taucharbeiten im heiligen Cenote von Chichén Itzá aus.

Sehenswertes

Neben den vielfältigen Wassersport-, Angel- und Ausflugsmöglichkeiten, die Akumal bietet, kann man unweit des Strandes unter Wasser in geringer Tiefe Wrackreste (Kanonen, Anker, Truhen u. a.), zum Teil aus dem 16. und 17. Jh., sehen. Das kleine Museum mit aus dem Meer geborgenen Funden wurde nach → Xel-ha verlegt.

Umgebung von Akumal

An der Küste südlich und nördlich des Badeortes befindet sich eine Reihe von Maya-Ruinen, Wasserlöchern (Cenotes) und Buchten. Die geologische Beschaffenheit der Halbinsel Yucatán bewirkt, daß die meisten Cenotes und Lagunen des praktisch abflußlosen Kalkplateaus unterirdisch mit dem Meer verbunden sind. In den Buchten und Lagunen vermengen sich Süß- und Salzwasser, was nicht nur eine 'gemischte' Unterwasserfauna begünstigt, sondern auch für Schnorchler und Taucher eigenartige Sichteffekte hervorruft.

Lagune Yal-ku

Etwa 2 km nördlich von Akumal liegt die hübsche Lagune Yal-ku (Maya: 'Sohn des Gottes'), die sich gut zum Schwimmen und Schnorcheln eignet.

Lagune Chakalal

Nach weiteren 12 km in nördlicher Richtung auf der MEX 307 führt rechts ein Weg zu der gelegenen Lagune Chakalal mit einem interessanten Maya-Tempel. Weiter auf der MEX 307 kommt man nach etwa 5 km zur Abzweigung zum Strand und den unerschlossenen Maya-Ruinen von Paamul.

Ferienzentrum Puerto Aventuras

In der Nähe von Paamul ist das Ferienzentrum Puerto Aventuras entstanden. Dazu gehören Hotels mit Schwimmbädern, Restaurants, ein Golfplatz und eine Marina mit Fährverbindung nach Cozumel.

Einige Kilometer weiter führt eine Straße zum Eco-Park (Eco-Archaeological Park) von Xcaret. Dort gibt es neben Ruinen einen botanischen Garten, einen Schmetterlingspavillon, einen Zoo, ein Aquarium, ein Museum und ein Delphinarium. Ferner kann man frei schwimmende Schildkröten beobachten. Indianische Kulturvorführungen.

Umgebung von Akumal (Fortsetzung)
*Eco-Park von Xcaret

Schließlich erreicht man nach weiteren 6 km den Hafenort Playa del Carmen (→ Cancún).

Álamos

→ Guaymas

Amecameca de Juárez K 8

Bundesstaat: México (Mex.)
Höhe: 2468 m ü.d.M.
Einwohnerzahl: 70 000

Mit der Eisenbahn in ca. 2 1/2 Std.; mit dem Bus in ca. 1 1/2 bis 2 Std.; mit dem Auto auf der MEX 190 bis zur Ausfahrt nach Chalco, dann auf der MEX 110 insgesamt 60 km.
Von Cuautla 44 km auf der MEX 115.

Anreise von Mexiko-Stadt

von Cuautla

Das Städtchen Amecameca liegt südöstlich von Mexiko-Stadt am Fuße der beiden schneebedeckten Vulkane Popocatépetl und Iztaccíhuatl (→ Popocatépetl/Iztaccíhuatl). Wegen seiner günstigen Lage in karger, aber eindrucksvoller Gebirgslandschaft und seiner Nähe zu bemerkenswerten Denkmälern der Kolonialkunst eignet sich Amecameca gut als Ausgangspunkt für Ausflüge und Bergtouren.

Lage und Allgemeines

Amecameca (Náhuatl = 'viele Wasserlöcher') war in der spätklassischen Epoche nach Chalco das wichtigste Mitglied in einem mächtigen Bund von Stadtstaaten. Im Jahre 1464 gelang es den Azteken, Amecameca einzunehmen, um von hier aus ein Jahr später ihre großen Widersacher, die Chalca, endgültig zu besiegen.
Die Spanier unter Hernán Cortés passierten den Ort 1519 auf ihrem Marsch nach Tenochtitlán.

Geschichte

Sehenswertes

Der 150 m über der Stadt aufragende Sacromonte ('Heiliger Berg') ist am Aschermittwoch das Ziel zahlreicher Pilger und Touristen, während unten im Ort buntes Markttreiben herrscht. Ein Passionsweg mit buntgekachelten Kreuzwegstationen führt zu einer kleinen Kirche auf der Höhe, in der ein wundertätig geglaubtes Christusbild aufbewahrt wird. Das Kirchlein wurde zu Ehren des vorher in einer Höhle hausenden Einsiedlermönchs Martín de Valencia, eines der ersten Franziskanerpatres in Neuspanien, errichtet. Oberhalb befindet sich eine der Jungfrau von Guadalupe geweihte Kapelle, die an der früheren indianischen Kultstätte Teteoinán erbaut wurde. – Besonders eindrucksvoll ist die Karfreitagsprozession (Viernes de Dolores).
Von hier hat man eine prächtige Aussicht auf das Tal von Mexiko und die umliegende Bergwelt, vor allem auf die schneebedeckten Popocatépetl und Iztaccíhuatl.

Sacromonte

Aussicht

Amecameca

Dominikanerkloster — Am Hauptplatz steht die Pfarrkirche mit schönen Barockaltären. Das dazugehörige Dominikanerkloster aus dem 16. Jh. hat einen gut erhaltenen Kreuzgang.

Umgebung von Amecameca

Tlalmanalco — 10 km nordwestlich liegt der Ort Tlalmanalco (Náhuatl: 'auf der Ebene'; 25 000 Einw.). Das Franziskanerkloster des Ortes wurde 1525 gegründet. Durch die Vorhalle kommt man in einen Kreuzgang, der Reste von Fresken enthält. Die vom Ende des 16. Jh.s stammende Kirche San Luis Obispo mit einer Renaissancefassade enthält einen schönen Barockaltar sowie einige Gemälde. Eine Besonderheit ist die *Offene Kapelle, die zwischen 1558 und 1564 errichtet wurde und nur teilweise erhalten ist. Mit ihren reichgeschmückten Pfeilern und Bögen gehört sie zu den schönsten Beispielen spanisch-platereskens Stiles in indianischer Bearbeitung.

Chalco — Von Tlalmanalco sind es noch 12 km nach Chalco (Náhuatl: 'viele Monate'; 2270 m ü.d.M.; 80 000 Einw.). Einst war der Ort Hauptstadt eines bedeutenden Nahua-Stammes, der durch mehr als ein Jahrhundert mit seinen Widersachern, den Städten Atzcapotzalco und Tenochtitlán, um die Vorherrschaft im Tal von Mexiko gerungen hat. Wegen dieser alten Fehde halfen während der Conquista die Chalca den Spaniern bei der Unterwerfung der Mexica von Tenochtitlán.

Der Ort ist durch ein Netz von Kanälen mit den 'schwimmenden' Gärten von Xochimilco (→ Mexiko-Stadt) verbunden. Einzige Sehenswürdigkeit ist ein Franziskanerkloster aus dem 16. Jh. mit einer Kirche, deren Fassade im 18. Jh. barock umgebaut wurde.

Tlapacoya — Etwa 10 km nordwestlich von Chalco, in der Nähe des Dorfes Ayotla, liegt die archäologische Stätte Tlapacoya, deren Erforschung neue Erkenntnisse über die frühe vorkolumbische Geschichte an den Tag gebracht hat. Eine sechsstöckige Pyramide, wahrscheinlich aus dem 6. bis 4. Jh. v. Chr., zahlreiche Gräber mit Figurinen, bis auf 1200 v. Chr. zurückgehend, lassen auf eine frühe olmekische Vergangenheit schließen. Hier fand man auch Nachweise für das bisher früheste Auftreten des Menschen in Mexiko, das auf ca. 23 000 v. Chr. datiert wird.

Fährt man von Amecameca in südlicher Richtung, kommt man nach 2 km zur Abzweigung in Richtung Paso de Cortés und Tlamacas bzw. La Joya am Fuße des Popocatépetl-Iztaccíhuatl-Massivs.

Ozumba de Aizate — Setzt man die Fahrt auf der MEX 115 in Richtung Cuautla fort, trifft man nach 10 km auf die Ortschaft Ozumba de Aizate (20 000 Einw.). Der Ort besitzt ein Franziskanerkloster aus dem 16. Jh. mit interessanten Fresken, die den Empfang der ersten zwölf Franziskanermönche in Neuspanien durch Hernán Cortés im Jahre 1524 zeigen. Die dazugehörige Kirche Concepción Immaculata mit Barockaltar und Offener Kapelle wurde im 18. Jh. umgebaut. In der Nähe liegt der Wasserfall Salto de Chimal und der von schönen Gärten umgebene Ort Chimalhuacán.

Atotonilco

→ San Miguel Allende

Atotonilco el Grande

→ Pachuca

Baja California / Niederkalifornien A – D 1 – 6

Baja California Norte (Bundesstaat)

Kürzel: B.C.
Hauptstadt: Mexicali
Fläche: 71 627 km²
Bevölkerungszahl: 2 112 100

Baja California Sur (Bundesstaat)

Kürzel: B.C.S.
Hauptstadt: La Paz
Fläche: 72 465 km²
Bevölkerungszahl: 375 500

Mit dem Flugzeug von Mexiko-Stadt und anderen mexikanischen Flughäfen nach → Tijuana, → La Paz, Mexicali und Los Cabos; mit der Fähre (→ Praktische Informationen, Fähren); mit der Eisenbahn von Mexiko-Stadt in ca. 60 Std. nach Mexicali; mit dem Bus von Mexiko-Stadt in ca. 44 Std.; aus den USA mit dem Flugzeug, mit dem Bus (Greyhound) und mit dem Auto.

Anreise

Traumbucht in Baja California

Baja California

Mexiko
Vereinigte Mexikanische Staaten
Estados Unidos Mexicanos

Baja California Norte
Baja California Sur

Bundesstaaten / Estados

- 1a Baja California Sur
- 1b Baja California Norte
- 2 Sonora
- 3 Chihuahua
- 4 Sinaloa
- 5 Durango
- 6 Coahuila
- 7 Nuevo León
- 8 Zacatecas
- 9 San Luis Potosí
- 10 Tamaulipas
- 11 Nayarit
- 12 Aguascalientes
- 13 Jalisco
- 14 Guanajuato
- 15 Querétaro
- 16 Hidalgo
- 17 Colima
- 18 Michoacán
- 19 México
- 20 Morelos
- 21 Tlaxcala
- 22 Puebla
- 23 Veracruz
- 24 Guerrero
- 25 Oaxaca
- 26 Chiapas
- 27 Tabasco
- 28 Campeche
- 29 Yucatán
- 30 Quintana Roo

D.F. Distrito Federal (Bundesdistrikt)

Lage und Landesnatur

Die 1250 km lange und durchschnittlich 90 km breite Halbinsel Baja California (Niederkalifornien), die aus zwei Bundesstaaten besteht, grenzt im Norden an die USA (Kalifornien). Sie wird im Westen vom Pazifik und im Osten vom Golfo de California umspült. Die Grenze zwischen Baja California Norte und Baja California Sur verläuft auf dem 28. Breitengrad. Die Halbinsel ist ein heißes und trockenes Gebiet mit Gebirgszügen und reichgegliederter Küste.

Die wichtigste Bergkette ist die etwa von Norden nach Süden verlaufende Sierra de San Pedro Mártir mit der höchsten Erhebung, dem Cerro de la Encantada (3080 m ü.d.M.). Die Grenze zum Staate Sonora bildet der Río Colorado, der in den Nordzipfel des Golfes von Kalifornien fließt.

Die Halbinsel, die durch den Bau der Carretera Transpeninsular 1974 eine durchgehende Nord-Süd-Straßenverbindung erhielt, bietet außer einigen Missionsstationen wenig typisch Mexikanisches. Durch die Nähe der USA und den großen Strom von Touristen aus dem Norden haben sich ihre Städte und Ortschaften weitgehend amerikanischem Charakter angeglichen. Die touristischen Reize liegen in der Wüstenflora (Kakteen), der eindrucksvollen Silhouette kahler Bergregionen und endlosen Küsten, an denen sich Sandstrände, Felsen und Lagunen abwechseln. Von einigen von Touristen überlaufenen Plätzen abgesehen, findet man in Baja California karge, einsame Landschaften.

Die indianische Urbevölkerung mit den Stämmen Cucapá, Kiliwa, Paipai, Cochimí und Ki-nai zählt kaum noch 1000 Köpfe.

Fauna

Baja California verfügt über eine reiche Tierwelt. Auf der Halbinsel leben noch Puma, Koyote, Fuchs, Rotwild, Hase, Wildgans, Wildente und Seevögel jeder Art; im Meer tummeln sich Grauwale (Beobachtung in der Bucht von San Ignacio Dezember – Februar), Seelöwen, Robben, Schwertfische, Delphine, Barracudas und Thunfische.

Baja California

Wenn man von einigen Felsmalereien, wie denen von San Borjita, San Ignacio und Calimalí absieht, birgt Baja California keine archäologischen Sehenswürdigkeiten. Höhlenfunde wurden in Caguama, Metate Comondú und auf der Isla de Cedros gemacht.

Archäologische Stätten

Aus präkolumbischer Zeit hat man Besiedlungsspuren, die bis um 7500 v. Chr. zurückgehen, gefunden. Über die nur wenig entwickelte Kultur der frühen Indianerstämme der Halbinsel weiß man fast nichts. Auf der Suche nach einem legendären, von einer schwarzen Königin namens Calafia regierten Amazonenparadies landete Hernán Cortés 1535 in der Gegend von La Paz. Die später folgenden Spanier stießen auf starken Widerstand der Indios und konnten nicht Fuß fassen. Erbittert über ihre Mißerfolge, nannten sie das Gebiet nach der nie gefundenen Königin 'California'. Erst nach dem Eintreffen der Jesuitenmissionare Francisco Eusebio Kino, Juan María de Salvatierra und Juan de Ugarte gelang es, Teile des Landes zu kolonisieren. Nach der Ausweisung der Jesuiten 1767 übernahmen erst Franziskaner, dann Dominikaner diese Aufgabe. 1804 wurde Niederkalifornien von Kalifornien getrennt; während des Krieges mit den USA war die Halbinsel 1847/1848 von amerikanischen Truppen besetzt. 1931 erfolgte die Aufteilung in ein Nord- und ein Südterritorium, 1952 wurden Baja California Norte und 1974 Baja California Sur zu je einem Bundesstaat erklärt. Baja California Norte war auch der erste Staat, der 1988 einen Oppositionspolitiker der PAN zum Gouverneur gewählt hat.

Geschichte

Neben dem Tourismus, der in den vergangenen Jahren weiteren Auftrieb erfahren hat, spielt in Gebieten mit künstlicher Bewässerung der Anbau von Baumwolle, Mais, Weizen, Alfalfa, Gemüse und Obst eine Rolle. Grenznahe Maquiladora-Industrie ist zunehmend wichtig geworden; zudem sind die Verarbeitung von Agrar- und Fischprodukten und im Bergbau Gold, Kupfer, Eisen, Silber und Salz zu nennen. Der Fischfang könnte eine gute Einnahmequelle bilden; es fehlt aber an einer starken Flotte und Möglichkeiten zur Weiterverarbeitung.

Wirtschaft

Neben → Tijuana sind wichtige Reiseziele in Baja California Norte die Orte Tecate, Mexicali und San Felipe (alle → Tijuana).

Reiseziele

Auf der Carretera Transpeninsular von Tijuana nach Cabo San Lucas

Baja Californias größte Stadt → Tijuana an der Grenze zu den USA ist Ausgangspunkt der 1700 km langen, die gesamte Halbinsel der Länge nach durchziehenden MEX 1 (Carretera Transpeninsular).

Zunächst erreicht man nach 30 km El Rosarito. Die nächste erwähnenswerte Stadt ist nach 80 km Ensenada (260 000 Einw.). Dieser Fischerhafen, jetzt beliebter Touristenort (Wassersport, Hochseefischerei), erstreckt sich entlang der schönen Bucht Todos los Santos, die 1542 von dem portugiesischen Seefahrer Rodríguez Cabrillo entdeckt wurde. Nach der Trennung des Nordteils vom Südteil der Halbinsel war Ensenada von 1888 bis 1910 Hauptstadt des Nordteils, bis Mexicali diese Stelle einnahm. Neben dem Tourismus lebt die Stadt hauptsächlich vom Fischfang und ihrem Tiefseehafen. In der Stadt befindet sich die größte Weinkellerei Mexikos, die 'Bodegas Santo Tomás'. Bemerkenswert ist das Museo de Antropología y Historia.

Ensenada

16 km südlich von Ensenada zweigt bei Maneadera eine Straße nach Nordwesten zur Landspitze von Cabo Punta la Banda (22 km) ab, wo mit 'La Bufadora' (von 'bufar' = schnauben) ein an der Pazifikküste

'La Bufadora'

Baja California

'La Bufadora'
(Fortsetzung)

häufiges Naturschauspiel zu verfolgen ist. Das Meerwasser wird von der Brandung mit ungeheurer Gewalt durch eine enge Felsöffnung gepreßt und unter großem Getöse bis zu 20 m emporgeschleudert.

Auf die Hauptstraße zurückgekehrt, kann man auf der nun folgenden ca. 175 km langen Strecke nach San Quintín einige alte Missionsstationen wie Santo Tomás, San Vicente und Vicente Guerrero und die von den Cochimí-Indios bewohnten Orte La Huerta und San Miguel besuchen. Der in einem fruchtbaren Tal an der gleichnamigen flachen Bucht gelegene Bauern- und Fischerort San Quintín hat schöne weiße Sandstrände.

San Quintín

Die weiter nach Süden führende Straße verläßt bei El Rosario die Küste und verläuft nun im Innern der Halbinsel. Außer El Rosario finden sich entlang der Strecke weitere Missionsstationen wie San Fernando, San Agustín und das in einer eindrucksvollen Felslandschaft gelegene Cataviña.

Bahía de los Ángeles

Die Straße führt an der Laguna Chapala vorbei und 50 km weiter zu einer Abzweigung (links) nach der 70 km entfernten schönen Bahía de los Ángeles (Angelsport).

Grenze

Auf die MEX 1 zurückgekehrt, erreicht man zunächst Rosarito. Kurz vor Guerrero Negro markiert ein 40 m hoher Stahladler (Monumento Aguila) den 28. Breitengrad, die Grenze zwischen den Bundesstaaten Baja California Norte und Baja California Sur, gleichzeitig auch Grenze zwischen den Zeitzonen Hora del Pacifico im Norden und Hora de las Montanas im Süden (+ 1 Std.).In der Nähe von Guerrero Negro befinden sich große, durch Verdunstung entstandene Salzlager, die zu den größten der Welt zählen.

Naturgewalten: tosende Gischt in der Baja California

Baja California

Die ruhigen Gewässer der Lagunen an der Bahía Sebastián Vizcaíno (Laguna Scammon, Laguna Ojo de Liebre) sowie südlich der Sierra Vizcaíno die besser zugängliche Lagune San Ignacio bieten alljährlich von Ende Dezember bis März das einmalige Schauspiel der sich hier paarenden und ihre Jungen zur Welt bringenden Grauwale (span. 'ballena gris'). Teile diese Bahía hat die UNESCO zum 'Kulturellen Erbe der Menschheit' erklärt. In und um Guerrero Negro gibt es mehrere Punkte, von denen man die Wale beobachten kann. Etwa 3 km südlich der Stadt zweigt eine mit Schildern mit Grauwalsymbolen markierte Straße zum dann noch 27 km entfernten Naturpark ab (Parque Natural de la Ballena Gris). Besichtigung per Boot z. Z. eingeschränkt.

✻✻Grauwale

Die bis 25 t schweren und 10 bis 15 m langen Grauwale (eschrichtius gibbosus) beginnen im Herbst in den arktischen Gewässern der Beringsee ihre lange Reise. Da Grauwale eine Tragzeit von 13 Monaten haben, kommen die trächtigen Wale zum Gebären, während die anderen Tiere sich zur Paarung versammeln. Bei der Paarung sind zwei männliche und ein weibliches Tier beteiligt. Der dominierende Wal führt den Paarungsakt aus, während das andere männliche Tier dem Weibchen zu einer geeigneten Stellung verhilft. Nachdem die Tiere durch Jagd stark dezimiert wurden, stehen sie seit 1947 unter Schutz. Eine von einem japanischen Großkonzern und der mexikanischen Regierung geplante, mit Sonnenenergie gespeiste Salzverarbeitungsanlage in der Laguna San Ignacio, die die größte der Welt werden soll, war im Frühjahr 1998 noch ökologisch höchst umstritten.

Von Guerrero Negro führt die Straße landeinwärts und erreicht nach ca. 126 den hübschen Ort San Ignacio. Er besitzt mit der 1728 begonnenen und 1786 von Juan Crisóstomo Gómez vollendeten Jesuitenkirche das besterhaltene koloniale Gottesaus in Baja California. Für Interessierte empfiehlt sich von hier aus ein Ausflug (Führung!) zu den drei bis vier Stunden entfernten Höhlenmalereien der Sierra de San Francisco von Cueva de la Cuesta del Palmerito mit großen Tier- und Menschendarstellungen, deren Herkunft bisher unerforscht ist. Die Felszeichnungen in der Sierra San Francisco (100 v.Chr.–1300 n.Chr.) wurden von der UNESCO zum Weltkulturerbe der Menschheit erklärt. In der Umgebung gibt es weitere Höhlen.
Auf dem Weg zur Küste liegt zur Linken der noch tätige Vulkan Las Tres Virgenes (2180 m ü.d.M.).

San Ignacio

✻Jesuitenkirche

✻Cueva de la Cuesta del Palmerito

Nach 74 km von San Ignacio gelangt man zu dem Hafenstädtchen Santa Rosalía (40 000 Einw.). Der Ort wurde erst Mitte des 19. Jh.s gegründet. Franzosen, denen früher die Kupferminen der Gegend gehörten, errichteten die Kirche Santa Rosalía. Sehenswert sind ferner das anthropologische Museum in der Casa de Cultura und ein Bergbaumuseum am nördlichen Ortseingang mit einem alten Erztransportzug. Es besteht eine Fährverbindung nach Guaymas (Son.).

Santa Rosalía

Setzt man die Fahrt von Santa Rosalía aus fort, so kommt man nach ca. 40 km zu einer Abzweigung zur Hacienda Baltasar, die auf einem Feldweg zu den rund 22 km entfernten Höhlen von San Borjita in der Sierra de la Guadalupe führt, wo Wandmalereien (Jagd- und Kriegsszenen) besichtigt werden können. Die Anfahrt empfiehlt sich nur mit einem geländegängigen Fahrzeug, die letzten 2 bis 3 km muß man zu Fuß gehen. In der Umgebung gibt es noch andere Höhlen (La Trinidad, San José de los Arce, El Coyote, La Esperanza) mit Malereien.

Höhlen von San Borjita

Die nächste größere Ortschaft ist das am Golf von Kalifornien gelegene Städtchen Mulegé (25 000 Einw.), mit der Jesuitenmission Santa Rosalía de Mulegé (1705), einer Nachbildung des aus Volksliedern und Moritaten berühmten Gefängnisses von Cananea (Son.), das we-

Mulegé

Baja California

Höhlenmalerei in San Borjita *San Francisco Javier*

Mulegé (Fortsetzung)
der Gitter noch versperrte Türen besaß. Ein schöner Spaziergang führt durch die Dattelpalmenhaine entlang des Flusses. Der Ort bietet auch mehrere Strände und gute Angelmöglichkeiten.

*Bahía Concepción
10 km hinter Mulegé erstreckt sich in einer besonders reizvollen Küstenlandschaft die Bahía Concepción mit schönen Stränden wie Punta Arena, Santiapac, El Coyote, El Requesón und Los Muertos.

Loreto
Nach 135 km von Mulegé gelangt man zu dem malerischen Städtchen Loreto (50 000 Einw.; Fiesta: 8. September, Día de Nuestra Señora de Loreto), das 1697 von Jesuiten mit dem Bau der heute restaurierten Missionskirche gegründet wurde und somit die älteste Jesuitengründung auf der Halbinsel ist. Loreto war Ausgangspunkt der Erforschung und Christianisierung Niederkaliforniens, die im Missionsmuseum dokumentiert ist. Zwischen 1776 und 1830 war die Stadt auch Hauptstadt Niederkaliforniens. Der Küstenort am Golf von Kalifornien eignet sich besonders als Ausgangspunkt für Ausflüge zu den vorgelagerten Inseln, zum Hochseeangeln und Tauchen.

San Francisco Javier
Ein Abstecher von Loreto führt über 40 km meist schlechte Straßen (geländegängiges Fahrzeug) nach San Javier, wo man die gut erhaltene, dem San Francisco Javier geweihte Missionskirche aus der ersten Hälfte 18. Jh.s mit schöner Barockfassade und vergoldetem Hauptaltar besuchen kann.
26 km südlich von Loreto wächst in herrlicher Natur das neue Seebad Puerto Escondido heran.

Nach rund 40 km von Loreto wendet sich die Straße wieder ins Innere und erreicht nach 80 km die Ortschaft Villa Insurgentes. Von hier führt eine Abzweigung zu dem an der ausgedehnten Bahía de Magdalena

(Pazifikküste) gelegenen Puerto A. López Mateos. Diese Bucht ist wie jene von Sebastián Vizcaíno Schauplatz der Paarung und des Gebärens von vielen Grauwalen, die alljährlich hier den Winter verbringen. Ein ähnlich gut gelegener Schauplatz für die Walbeobachtung per Boot ist das südlich gelegene Hafenstädtchen Puerto San Carlos, das man am besten von Ciudad Constitución aus 55 km in westlicher Richtung erreicht. Die in der Bucht gelegene Isla de Santa Margarita wird von zahlreichen Seelöwen bewohnt.

Baja California (Fortsetzung)

Kehrt man bei Ciudad Constitución auf die Carretera Transpeninsular zurück, sind es noch ca. 210 km nach → La Paz.

Von La Paz führt die MEX 1 über San Pedro (nach 26 km Abzweigung nach Todos Santos und → Cabo San Lucas) und El Triunfo (ehemalige Bergbaustadt) zu dem Fischerdorf und Seebad Los Barriles (104 km). Nach weiteren 6 km folgt Buenavista, das hauptsächlich von Sportfischern und Seglern besucht wird.

Von Buenavista über die Ortschaft Miraflores, einer ehemaligen Siedlung der Pericúe-Indianer, jetzt bekannt für schöne Lederarbeiten, sind es rund 75 km nach San José del Cabo (40 000 Einw.; Fiesta: 19. März, Día de San José). Dieser alte Fischer- und Missionsort ist heute ein für die Region wichtiges landwirtschaftliches Zentrum; zudem ist er Mittelpunkt einer bedeutenden Ferienregion geworden, die sich zwischen ihm und Buenavista erstreckt und über den neuen internationalen Flughafen Los Cabos erschlossen ist. Dieser Küstenabschnitt bietet mehrere Strände mit z.T. starkem Wellengang sowie gute Angel- und Surfmöglichkeiten.

San José del Cabo

Nach etwa 35 km gelangt man nach → Cabo San Lucas, dem Endpunkt der Carretera Transpeninsular.

Barranca del Cobre D/E 3/4

Bundesstaat: Chihuahua (Chih.)

Mit dem Auto von → Chihuahua (Stadt) nach Cuauhtémoc (104 km), dann Asphaltstraße über La Junta (152 km) nach Creel; mit der Eisenbahn von Chihuahua nach Los Mochis (653 km; auch in umgekehrter Richtung möglich); Kleinflugzeuge.
Die landschaftlichen Schönheiten der Tarahumara-Schluchten lassen sich durch Ausflüge per Auto, Maulesel oder Pferd und zu Fuß erschließen. Geeignete Ausgangspunkte sind die Orte Creel, Divisadero und weitere Stationen der Bahnstrecke. Ein unvergeßliches Erlebnis ist die ca. 13stündige Bahnfahrt mit der 'Ferrocarril de Chihuahua al Pacífico' von Chihuahua nach Los Mochis, die zu Aufenthalten und Ausflügen unterschiedlicher Länge unterbrochen werden kann.

Anreise

Die Barranca del Cobre (Kupfercañon) umfaßt ein gutes Dutzend großer Schluchten der Sierra Madre Occidental im Nordwesten Mexikos. Das wild zerklüftete Felsengebirge wird nach den dort lebenden Indianern auch Sierra Tarahumara genannt.

**Lage

In präkolumbischer Zeit war dieses Gebiet von halbseßhaften Indianern bewohnt, die als Vorfahren der heutigen Tarahumara angesehen werden können. In Höhlen fand man steinerne Gebäudereste mit riesigen Vorratsbehältern, deren Datierung bis 1000 n. Chr. zurückreicht. Anfang des 17. Jh.s entdeckten Jesuitenmissionare auf der Suche nach Kupfer das Gebiet und nannten es Barranca del Cobre (Kupfer-

Geschichte

Barranca del Cobre

Geschichte (Fortsetzung)

cañon). Die unwegsame Gegend wurde erst zum Wohngebiet der Tarahumara, als diese von Großgrundbesitzern aus der Hochebene verdrängt wurden. Die Spanier fanden in den Schluchten Silber, Gold, Opale und andere Bodenschätze. Bereits 1903 entwarf man den Plan einer Eisenbahn, welche die USA (Texas) und Nordmexiko mit dem Pazifik verbinden sollte. Der Bau der ungewöhnlich kühn angelegten Strecke wurde jedoch erst zwischen 1953 und 1961 durchgeführt.

✱✱Eisenbahnfahrt von Chihuahua nach Los Mochis und zurück

Reservierung:
Ferrocarril de Chihuahua al Pacífico,
AP 46, Mendez 24a,
Chihuahua (Chih.),
México 31030,
Tel.: (01 14)
12 22 24

Die Strecke von Chihuahua nach Los Mochis wird täglich in beiden Richtungen von je einem Touristenzug (Primero) und einem Zug 2. Klasse (Ordinario) befahren. Meist ist es möglich, sich am Vortag oder am Reisetag selbst eine Fahrkarte für den Touristenzug zu besorgen. Abfahrt in Chihuahua ist 7.00 Uhr morgens, Ankunft in Divisadero (Aussichtspunkt!) ca. 13.40 Uhr, Ankunft in Los Mochis ca. 20.45 Uhr. Der Zug 2. Klasse braucht 4–5 Std. länger als der Primero. Das Touristenticket für die Strecke Chihuahua–Los Mochis kostet 218 Pesos, in der 2. Klasse zahlt man für Hin- und Rückfahrt 44 Pesos.

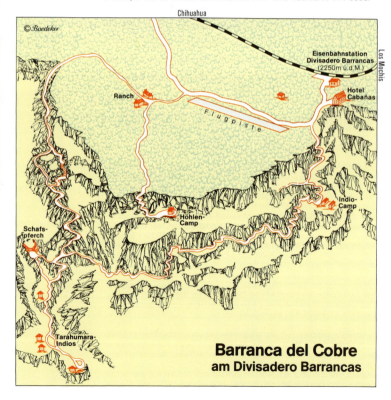

Barranca del Cobre
am Divisadero Barrancas

Barranca del Cobre

Hinweis

Aufgrund von Verspätungen kann es vorkommen, daß die landschaftlich interessantesten Abschnitte zwischen Creel und Los Mochis z.T. erst bei Dunkelheit durchfahren werden; eine Alternative ist also eine Fahrt von Los Mochis nur bis Creel und zurück.

Die Bahn überwindet annähernd 2500 m Höhenunterschied und führt durch 86 Tunnels und über 39 Brücken in abwechslungsreichen Landschaften, die von Hochebenen mit Kakteen über nadelholzbewaldete Hügel und Berge, bizarre Felsformationen und Schluchten, üppig bewachsene Berghänge und suptropische Plantagen bis zu Palmen- und Bambushainen reichen. Zwischen Creel und Los Mochis sind die gewaltigen Cañons bis zu 1200 m tief und bis zu 1500 m breit und übertreffen noch den berühmten Grand Canyon in Arizona. Während die Höhen oft kahl, teils auch von Nadelwäldern und im Winter mit Schnee bedeckt sind, wuchert am Boden der Cañons üppige tropische Vegetation (Zitrusfrüchte und Bananenstauden). Die wichtigsten Schluchten sind die von Batopilas, Sinforosa, Tararécura, Chinipas, Candameña und Río San Miguel.

Stationen

Creel

Das Städtchen Creel (2345 m ü.d.M.; 25 000 Einw.) lebt von der Holzindustrie. Es eignet sich als Ausgangspunkt für Ausflüge in die nähere und fernere Umgebung, für die man allerdings Zeit benötigt. 21 km südlich befindet sich in Cuzárare eine von Indianern ausgemalte jesuitische Missionskirche des 18. Jahrhunderts. In der Nähe indianische Höhlenmalereien und ein prächtiger Wasserfall, der zu Fuß oder mit geländegängigem Fahrzeug zu erreichen ist. Abstecher empfehlen sich nach Basíhuare, Humira (52 km), zum Minenort La Bufa, nach Batopilas und zur Mission San Ignacio. Weitere Tarahumara-Siedlungen in dieser Region sind Rocheáchic, Norogáchic und Guachóchic.

Wasserfall

Von Creel aus lassen sich auch die herrlichen Wasserfälle von Basáseachic besuchen, die aus rund 250 m Höhe in die Tiefe stürzen und die

*Wasserfälle von Basaseáchic

Der Wasserfall von Cuzárare

155

Barranca del Cobre

Wasserfälle von Basaseáchic (Fortsetzung)

höchsten Wasserfälle in Mexiko sind. Die Anfahrt erfolgt über San Juanito (31 km), von wo eine nicht asphaltierte Straße über Yoquivo zum Parque Nacional Cascadas (ca. 135 km) führt.

Divisadero

Bei Divisadero (2250 m ü.d.M.; viertelstündiger Fotostop der Eisenbahn) verläuft die Wasserscheide zwischen Atlantik und Pazifik. Von hier hat man einen besonders schönen Ausblick über das grandiose Panorama der Schluchten del Cobre, Urique und Tararécura.

∗∗Panorama

Cerocahui

12 km von der Bahnstation Bahuichivo liegt die Ortschaft Cerocahui (600 Einw.; Buszubringer für Hotelgäste) mit einer Missionsschule der Jesuiten vom Ende des 17. Jh.s, an der heute noch Kinder unterrichtet werden. In der Umgebung findet man wiederum Wasserfälle.

Nach Bahuichivo beginnt der Abstieg über Serpentinen hinunter zur Pazifikküste.

Tarahumara-Indianer

Die Barranca del Cobre ist das Siedlungsgebiet der etwa 50 000 Tarahumara-Indianer, das sich über 60 000 km² fast ausschließlich im Staate Chihuahua erstreckt. Die Tarahumara, die sich selbst Rarámuri ('Läufer') nennen, gehören der großen utoaztekischen Sprachfamilie an und sind am nächsten mit den Pima (⟶ Hermosillo) verwandt. Über ihre Vergangenheit weiß man wenig; sicher ist, daß sie vor der Conquista über weite Teile Chihuahuas verbreitet waren. Nach erbitterten Kämpfen, die sie bis ins 20. Jh. gegen Weiße und Mestizen führten, wurden sie in die unwegsame Sierra Madre Occidental abgedrängt und konnten dort ihre Eigenständigkeit einigermaßen bewahren. Als erster europäischer Forscher der Neuzeit besuchte der Norweger Carl Lumholtz um 1900 die Barrancas und ihre Bewohner und erforschte deren Gewohnheiten.

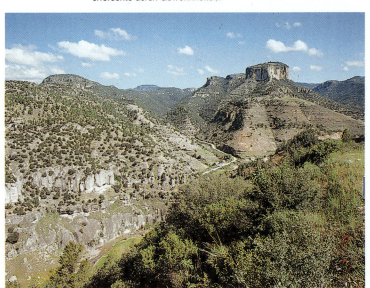

Zuflucht für die Tarahumara: Barranca del Cobre

Außer den bereits erwähnten Ortschaften bewohnen die Tarahumara noch die Dörfer Bocoyna, Carichic, Guazápares und Guanacevi. Manche von ihnen leben im Winter in Höhlenwohnungen am Boden der Schluchten. Die lokale Verwaltung jedes Dorfes wird durch einen gewählten dreiköpfigen Rat gebildet.

Die langhaarigen Männer tragen ein weißes oder rotes Kopfband, einen einfachen Umhang und eine Art Lendenschurz. Eine sackähnliche Tunika und ein weiter, mit einem Gürtel zusammengehaltener Wollrock ist die Tracht der Frauen.

Neben der Jagd wird etwas Ackerbau und Viehzucht betrieben. Unter den kunstgewerblichen Arbeiten des Stammes findet man tönerne Räuchergefäße, geflochtene Korbwaren, Holzmasken, die Menschen oder Tiere darstellen, handgewebte Gürtel und Wolldecken.

Barranca del Cobre, Tarahumara-Indianer (Fortsetzung)

Die Tarahumara sind zwar pro forma zum guten Teil christianisiert, doch überwiegt noch die altindianische Religion. Die Hauptgottheiten sind Sonne und Mond. Ebenso wie den Huicholes (→ Nayarit) ist ihnen der Peyotl-Kaktus heilig, dessen berauschende Wirkung eigentlich den Ältesten und Medizinmännern vorbehalten sein sollte. Sie glauben an die Rückkehr der Seelen Verstorbener, welche die Kraft haben sollen, Menschen in Tiere zu verwandeln. Daher ist beim Tod eines Stammesmitgliedes eine geheime Zeremonie zur Beschwichtigung der Seele notwendig. Zu den christlichen Feiertagen, die von den Tarahumara festlich begangen werden, gehören die Karwoche, Fronleichnam, Allerseelen und Weihnachten. Ihre bekanntesten Tänze sind der 'Tanz der Mauren und Christen', der 'Tanz der Matachines' und der 'Tanz des Peyotl'.

Ein wichtiges Ereignis im Jahresablauf sind Laufwettbewerbe. Sie erstrecken sich meist über mehrere Tage und Strecken von über 200 km, wobei oft mit dem Fuß ein Holzball vorangetrieben wird.

Religion

Bonampak O 9

Bundesstaat: Chiapas (Chis.)
Höhe: 360 m ü.d.M.

Mit dem Flugtaxi von → Villahermosa, Tenosique, → Palenque, → San Cristóbal de las Casas und → Tuxtla Gutiérrez.
Eine häufig ganz unpassierbare Straße führt von Palenque über Río Chancalá, San Javier, Lacan-há, Frontera Echeverría nach Bonampak (ca. 120 km); sie ist zeitweise nur mit geländegängigen Fahrzeugen zu benutzen. Von Palenque aus werden Tagesausflüge angeboten.

Anreise

Die relativ kleine Ruinenstadt Bonampak liegt nahe dem Río Lacan-há an einem Hügel im dichten Regenwald des Ostens von Chiapas. Obwohl architektonisch von geringer Bedeutung, war die Entdeckung dieser Stätte im Jahre 1946 eine Weltsensation, da man in einem der Gebäude prachtvolle Wandmalereien fand, die wie kaum ein anderer Fund Aufschluß über Leben und Mythologie der Maya geben.

Lage und Allgemeines

Bonampak (Maya: 'bemalte Mauer') nannte erst der Maya-Forscher S.G. Morley den Ort. Er gehört zur Epoche der Maya-Klassik (300 – 900 n. Chr.), die hier zwischen 650 und 800 n. Chr. ihre Blütezeit hatte. Obwohl man bisher nur einen Teil des Ruinenfelds ausgegraben hat, war die Tempelstadt im Vergleich zu den großen Zentren desselben Gebietes (Palenque und Yaxchilán in Chiapas sowie Piedras Negras in Guatemala) doch wohl von geringerer religiöser und politischer Bedeutung. Da man die Emblemglyphe (Wappenschriftzeichen) von Yax-

Geschichte

157

Bonampak

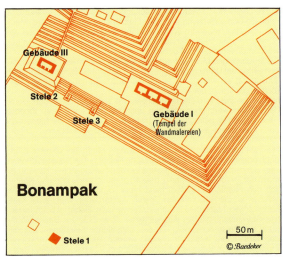

Geschichte (Fortsetzung)

chilán in Zusammenhang mit einer der am prominentesten dargestellten Frauengestalten in den Fresken von Bonampak gefunden hat, glaubt man, daß diese Tempel von dem großen Kultzentrum Yaxchilán abhängig waren. Hieroglyphenentzifferungen in jüngerer Zeit erhärten diese Theorie, indem man herausfand, daß Yaxchiláns Herrscher 'Schild Jaguar' 729 n. Chr. seinen Gegenspieler Ah-chuen aus Bonampak besiegte. Wieso gerade an einem relativ unbedeutenden Ort wie Bonampak und noch dazu in einem vergleichsweise einfachen Gebäude die künstlerisch wertvollsten und in der Fläche größten Wandmalereien Mesoamerikas geschaffen wurden, wird wohl nie geklärt werden.

Die Stätte wurde im Februar 1946 von den Amerikanern Charles H. Frey und John Bourne, der Tempel mit den Wandmalereien erst drei Monate später von Giles G. Healy entdeckt und in Fotos festgehalten. Die damals glücklicherweise hervorragend erhaltenen Fresken – die Feuchtigkeit hatte eine schützende Kalkschicht über die Farben gelegt – wurden von Antonio Tejeda im Auftrag des Carnegie-Institutes kopiert. In den Jahren nach der Entdeckung waren Bonampak und seine Umgebung das Ziel von mehreren wissenschaftlichen Expeditionen und von zahlreichen Abenteurern, die von dem sensationellen Fund angezogen wurden.

Besichtigung der *Ruinenstätte

Die wesentlichen Gebäude stehen auf einem Hügel mit künstlichen Terrassen. Vor diesem befindet sich ein rechteckiger Platz von etwa 90 x 110 m. In der Mitte des Platzes steht die wiederaufgerichtete zerbrochene Stele 1, die rund 6 m hoch ist und den reichgeschmückten Herrscher-Chaan-muan zeigt; ihr Datum wurde mit 785 n. Chr. entziffert. Die beiden anderen wichtigen Stelen 2 und 3 stehen an der zum Platz führenden Treppe. Die Stele 2 (links) trägt das besonders fein gemeißelte Relief einer Herrschergestalt, die von zwei weniger bedeutenden Personen bedient wird. Auffallend ist die reiche Kostümierung

Stele 1

Stele 2

Bonampak

Relief der Stele 1   *Malerei in Raum 2 (Rekonstruktion)*

sowie der hohe Kopfschmuck. Im oberen Teil befinden sich Glyphen. Die Treppen führen zum nächsten Absatz, auf dem links das Gebäude III steht. Der am Boden des Gebäudes liegende Stuckkopf diente früher als Fassadenschmuck eines der Tempel.

Stelen (Fortsetzung)

Zur Rechten liegt das Gebäude I, der Tempel der Wandmalereien (Templo de las Pinturas, Edificio I). Der Bau wird heute durch ein Wellblechdach geschützt und hat drei Türen, die alle mit Türstürzen versehen sind. Sie ähneln denen im Gebäude 44 in Yaxchilán. Über dem mittleren Sims sieht man drei Nischen, die einst sitzende Stuckfiguren enthielten. Der obere Teil des Gebäudes war ursprünglich mit Stuckreliefs dekoriert, von denen heute nur noch sehr wenig zu sehen ist. Alle drei Räume des Gebäudes haben die gleichen Maße. Ihre Wände sind ganz mit den weltberühmten Malereien bedeckt. Man hat die klassische Freskentechnik benutzt, d. h. reine Farbpigmente mit Wasser auf eine dicke Schicht frischen Kalkmörtels gelegt. Die zwischen 790 und 792 n. Chr. entstandenen Wandmalereien zeigten einst in strahlenden Farben und vollendeter Linienführung Szenen aus der klassischen Maya-Zeit. Die Originale der zwischen 790 und 792 n. Chr. entstandenen Fresken sind heute in situ in recht schlechtem Zustand. Ob eine Restaurierung erfolgreich sein wird, bleibt abzuwarten. Aus diesem Grund sind die Räume des öfteren auch verschlossen. Es empfiehlt sich daher, die vorzüglichen Reproduktionen im Anthropologischen Nationalmuseum von → Mexiko-Stadt zu besichtigen.

Tempel der Wandmalereien

Hinweis

Links sieht man Würdenträger bei einer Zeremonie; sie sind mit Umhängen und Muscheln geschmückt (Symbole der Erde und der Unterwelt). Auf einer Plattform sitzt Halachuinic ('wirklicher Mann' = Herrscher des Stadtstaates), als Chaan-muan ('Himmel-Schleiereule') entziffert, flankiert von zwei Frauen, während am Rande ein Diener mit

**Wandmalereien

Raum 1

Bonampak

Wandmalereien (Fortsetzung)

dem Kind des Herrschers auf dem Arm steht. Drei Häuptlinge niederen Ranges sind von zahlreichen Dienern umgeben. In der Mitte des unteren Teils erscheinen wieder die drei Häuptlinge, nun schon mit dem großen Quetzalfederschmuck.
Links davon stehen Musikkanten, deren Instrumente Trommeln, Trompeten, Pfeifen, Klappern und Schildkrötenpanzer sind, sowie zwei Personen mit Sonnenschirmen. In den Reihen der Musikanten bewegen sich auch sechs Darsteller von Göttern, die grotesk maskiert sind. Von einer noch nicht zugeordneten Maske abgesehen, symbolisieren sie den Krokodil-, Krabben-, Erd-, Fruchtbarkeits- und Maisgott. Rechts sieht man Zuschauer, ebenfalls mit Sonnenschirmen.

Raum 2

Die Kampfszenen zwischen geschmückten und mit Lanzen bewaffneten Kriegern, die unbekleidete, waffenlose Männer angreifen, sind mit 2. August 792 n. Chr. datiert. Es scheint sich um einen Überraschungsangriff der Krieger von Bonampak zu handeln, der, wie es in der damaligen Kriegsführung üblich war, dem Zweck diente, Gefangene für Opferungen zu machen.
Eine weitere Darstellung zeigt die Vorführung der Gefangenen. Auf einer Plattform steht der mit Jaguarweste und -gamaschen, Jade und Quetzalfedern geschmückte Herrscher Chaan-muan, umgeben von seinen Häuptlingen und Würdenträgern. Vor und unter ihm sitzen und liegen die fast nackten Gefangenen. Einigen von ihnen tropft Blut aus den Fingern und man bemerkt auch einen abgeschlagenen Kopf, der auf großen Blättern ruht.

Raum 3

Hier handelt es sich um die Vorbereitungen für ein Fest. Man sieht wieder den Häuptling, der gerade ein Blutopfer bringt und von drei Frauen umgeben ist. Er durchbohrt seine Zunge, während ein Diener ihm weitere spitze Dornen reicht. Zwischen beiden steht das Gefäß, welches das Blut aufnimmt. Hierzu scheinen auch die zehn z. T. mit weißen Umhängen bekleideten Würdenträger zu gehören, die sich lebhaft unterhalten, ebenso die neun daruntersitzenden Personen.
In einer anderen Szene weiter oben tragen 12 Männer auf einer Bahre eine kleine Gestalt mit grotesken Gesichtszügen, bei der es sich um den Erdgott handeln könnte.
Den größten Teil der Wände dieses Raumes nimmt die Schlußszene mit dem Menschenopfer und den Tänzern ein. Auf den beiden obersten Stufen einer Pyramide erkennt man die drei Haupttänzer, denen auf dem unteren Absatz sieben weitere folgen. Sie sind überreich geschmückt, vor allem mit riesigen Quetzal-Kopfbedeckungen. Der nackte Körper eines offenbar bereits geopferten Menschen wird von zwei Helfern an Füßen und Händen losgebunden.
Links von dieser zentralen Szene stehen vier Persönlichkeiten mit Kopfputz, die wahrscheinlich Teilnehmer der Blutentnahmezeremonie waren, während man rechts acht Personen sieht, die teils Musikinstrumente und teils Sonnenschirme tragen.

Umgebung von Bonampak

Lacandonen

In der Umgebung der Ruinenstätte am Río Lacan-há leben die letzten Familien der Lacandón-Maya (Yucateca-Maya: 'Ah acantun' = 'Die die Steine aufstellen'). Diese galten vor einiger Zeit noch als die letzten von der Zivilisation unberührten Nachfahren der Maya. Über ihre Herkunft ist man nur auf Vermutungen angewiesen. Der heute aussterbende Stamm zählte einst Tausende von Mitgliedern und hatte nie Berührung mit den Spaniern. Man nimmt an, daß sie Nachkommen eines Maya-Stammes sind, der im frühen 18. Jh. aus dem Süden von Yucatán einwanderte. Sie lebten als Nomaden in dem nach ihnen benann-

ten Regenwald (Selva Lacandona) oder betreiben an ihren temporären Niederlassungen eine rudimentäre Landwirtschaft.
Die Lacandonen nennen sich selbst Kariben und ihre Siedlungen werden daher auch 'Caribal' genannt. Heute existieren höchstens noch 400 Lacandonen vorwiegend in Na-há (Maya: 'Großes Wasser') und Santo Domingo, weniger in Lacan-há ('am Schlangenfluß') und Mensäbäk ('Pulvermacher'). Sie tragen ihre Haare lang und kleiden sich in lange weiße Gewänder. Bis vor kurzem jagten diese isoliert lebenden Waldindianer noch mit Pfeil und Bogen und hielten ihre alten Riten in den Ruinen alter Tempel ab. In den letzten Jahren wurden sie ein beliebtes Besuchsziel von Missionaren, Ethnologen und Touristen, wodurch sie ihre Eigenständigkeit weitgehend verloren haben.

Umgebung von Bonampak, Lacandonen (Fortsetzung)

Bundesdistrikt

→ Distrito Federal

Cabo San Lucas E 6

Bundesstaat: Baja California Sur (B.C.S.)
Höhe: Meereshöhe
Einwohnerzahl: 25 000
Telefonvorwahl: 01 114

Mit dem Auto oder mit dem Bus auf der Carretera Transpeninsular (MEX 1) von → Tijuana über Ensenada, Mulegé, Loreto, La Paz und

Anreise

Campingstrand bei Cabo San Lucas

Cacaxtla

Cabo San Lucas, Anreise (Fortsetzung)

San José del Cabo; mit der Fähre von → Puerto Vallarta (z. Z. außer Betrieb). In- und ausländische Flugverbindungen nach Los Cabos.

Lage und Allgemeines

An der vegetationslosen Südspitze der niederkalifornischen Halbinsel liegt Cabo San Lucas, das in den vergangenen Jahren vom einfachen Fischerort zum Tourismuszentrum förmlich explodiert ist. Spektakuläre Felsformationen, verschiedenartige Strände und eine ausgezeichnete Infrastruktur locken vor allem Reisende aus den USA an, insbesondere die Hochseeangler, die reiche Beute in den Fischgründen finden.

*Seebad

Der Badeort am Ende der 1700 km langen Carretera Transpeninsular (→ Baja California) entstanden, ist mittlerweile zu einer Ansammlung von Hotel- und Appartmentbauten geworden, die sich bis nach Cabo San Lucas an der Küste entlangziehen. Geboten wird u. a. jede Art von Wassersport. Mit einem Boot erreicht man El Arco, einen vom Meer zu einem Tor ausgehöhlten Felsen, bei dem sich die Wasser des Golfs von Kalifornien mit denen des Pazifiks treffen. Die Strände und Buchten zu beiden Seiten des Kaps (El Médano, Amor, Sol, Santa María, Colorado u. a.) weisen verschiedene Arten von Sand und Fels, teils ruhiges Wasser, teils starke Brandung und einen enormen Fischreichtum auf. Unter manchen interessanten Tauchplätzen ist die von hier erreichbare einzigartige Sandkaskade unter Wasser zu erwähnen sowie eine Stelle am Meeresgrund, die von Manganknollen bedeckt ist.

*El Arco

Sandkaskade

Umgebung von Cabo San Lucas

Entlang der Straße Nr. 19 in Richtung Todos Santos (70 km) ziehen sich Strände und interessante Küstenlandschaften hin. Seit einigen Jahren gilt die Küste von Todos Santos als Surfer-Paradies: Wegen des 'El Niño' mit bis zu 15 m hohen Wellen fühlen sich Freunde des Extremsports dorthin gezogen. Von Todos Santos führt die Straße weiter nach San Pedro und → La Paz (80 km). – Etwa 40 km nordöstlich von Cabo San Lucas liegt der Touristenort San José del Cabo.

Cacahuamilpa-Höhlen

→ Taxco

Cacaxtla

Bundesstaat: Tlaxcala (Tlax.)

Anreise

Mit dem Auto von Mexiko-Stadt auf der MEX 150 oder MEX 190 D, von → Tlaxcala (Stadt) auf der MEX 136 jeweils bis San Martín Texmelucan, von dort noch ca. 5 km.

Lage und Allgemeines

Nicht ganz 20 km südwestlich von Tlaxcala liegt bei dem Ort San Miguel del Milagro die Ausgrabungsstätte Cacaxtla (Náhuatl: 'Rückentrage des Händlers'). 1975 wurde sie über Nacht berühmt, als Grabräuber bei der Ausschachtung eines Tunnels auf vorspanische Wandmalereien stießen und den Fund den Behörden meldeten.

Cacaxtla

Die Entstehung dieser Stätte scheint wie Xochichalco und El Tajín eine Folge der mit dem Niedergang von Teotihuacán zusammenhängenden Völkerwanderung zu sein. Man nimmt an, daß die von der südlichen Golfküste eingewanderten Olmeca-Xicalanca, eine schwer definierbare Volksgruppe, die nicht mit den vorklassischen Olmeken identisch ist, zwischen 650 und 900 n. Chr. das Tal von Puebla und somit auch Cacaxtla beherrschte. Die Blütezeit Cacaxtlas dürfte daher zwischen 700 und 900 n. Chr. gelegen haben. Die Entstehung der so eindrucksvollen und schwer einzuordnenden Fresken fällt hauptsächlich in das 8. Jahrhundert. Die Malereien zeigen starke Merkmale des Maya-Stils und der Endphase von Teotihuacán, deren Kultur sich vor allem in dem leicht abgeänderten Tablud-Tablero-Stil (Schräg-/Steilwand) und durch die umrahmenden Szenen und Glyphen in den Wandgemälden ausdrückt. Bis heute ist ungeklärt, ob kleine Gruppen von Künstlern aus dem Zentralgebiet der Maya in Cacaxtla lebten und diese Werke schufen oder ob sie unter den von Maya beeinflußten Olmeca-Xicalanca entstanden.

Allgemein herrschen in Cacaxtla der einen oder anderen Form Venussymbole vor, die eng mit den mesoamerikanischen Ritualen von Krieg und Opfer verbunden sind.

Geschichte

Besichtigung der *Ruinenstätte

Die Stätte ist Di.–So. 10.00–17.00 Uhr geöffnet; die Wandmalereien können zur Zeit nur bis 13.00 Uhr besichtigt werden. Danach wird das Gebäude der Malereien geschlossen, um die Fresken vor der schädlichen Wirkung des Sonnenlichts zu schützen. Der größte Teil der 'Los Cerritos' genannten Stätte ist mittlerweile überdacht worden. Das kleine Museum am Eingang zeigt vor allem Keramik.

Öffnungszeiten

Zunächst trifft man auf den Hügel B (Montículo B), eine dreistöckige Pyramidenbasis, die noch nicht zur Gänze freigelegt ist.

Hügel B

Der Rundgang führt über den Großen Sockel (Gran Basamento), einen enormen, abgestuften Komplex mit einer großen Anzahl von Bauwerken verschiedenen Alters wie Paläste, Säulengänge, Plattformen, Patios und Altäre. Dabei sieht man unter einer Glasplatte auch die Malereien an der Treppe des Roten Tempels, so benannt nach der vorherrschenden Farbe.

Großer Sockel

Der Weg führt über die Nordplaza zum Gebäude B mit dem 'Schlachtengemälde'. Die auf die Schrägwände des Gebäudes B aufgetragenen beiden mehrfarbigen Wandbilder stellen den grausamen Kampf zwischen siegreichen Jaguar-Kriegern und unterliegenden Vogel-Menschen dar. In der Mitte des Schlachtfeldes stehen zwei Monumentalfiguren, die die Szene beobachten und im Stil des Hochlandes von Mexiko gekleidet sind, jedoch hohe Sandalen nach Art der Maya tragen. In der Deformierung der Köpfe, den langen gebogenen Nasen sowie in den Brustschilden kommt ebenfalls der Einfluß der Maya zum Ausdruck.

Es ist ungeklärt, inwieweit diese Kampfszenen einen historischen oder einen mythologischen Hintergrund – Dualismus zwischen Nacht (Jaguar) und Tag (Vogel) – haben. Letzte Theorien besagen, daß die Szenen höchst eindringlich Massenopferungen verkörpern.

Schlachtengemälde

Die interessanteste Sehenswürdigkeit der Stätte ist das im rechts des Schlachtengemäldes anschließende Gebäude A oder Gebäude der Malereien (Edificio de las Pinturas). Das Innere ist mit fünf mehrfarbigen Wandbildern ausgemalt, die in der Mehrzahl wohl symbolhaft

Gebäude der Malereien

Campeche (Bundesstaat)

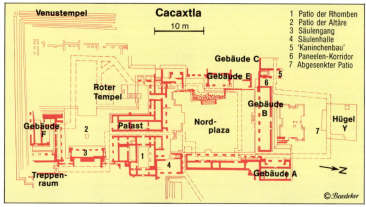

Cacaxtla

1 Patio der Rhomben
2 Patio der Altäre
3 Säulengang
4 Säulenhalle
5 'Kaninchenbau'
6 Paneelen-Korridor
7 Abgesenkter Patio

Cacaxtla,
Gebäude der
Malereien
(Fortsetzung)

Quetzalcóatl und Tlaloc darstellen. Das Fresko im nördlichen Säulengang zeigt eine als Jaguar verkleidete lebensgroße Figur mit einem breiten Zeremonialstab, von welchem Wassertropfen auf eine Schlange im Jaguarfell fallen. Auffallend ist die in der Art von Teotihuacán gemalte Glyphe '9 Reptilauge' mit Balken- und Punktzahlen. Das Wandbild am Torpfosten zeigt eine wiederum jaguarverkleidete Person mit einem Tlaloc-Gefäß und einer Schlange in der Hand. Der Kopfschmuck und die Kreuzbandmotive auf den Gürteln sind typisch für den Maya-Stil. Die prächtige Figur auf dem südlichen Eingangsbild stellt im klassischen Maya-Stil eine geflügelte Figur auf einer Schlange stehend dar. Der übergroße Zeremonialstab endet in einem stilisierten Schlangenkopf. Die Glyphen der Zahl 13 in Balken- und Punktform und die Hand- und Fußabdrücke links oben sind Teotihuacán-Elemente. Die Figur auf dem südlichen Torpfosten scheint eine dem Meer verbundene Persönlichkeit zu sein. Sie hält eine große Muschel in der Hand und trägt einen Oktopus als Kopfschmuck, wodurch sie an den südlichen Muschelgott der Maya von der Golfküste erinnert.
1987 wurden wesentlich älter als die beschriebenen und ohne Tiersymbolik versehene Fresken von Persönlichkeiten gefunden; auch 1990 wurden neue Gebäude mit Fresken freigelegt, die neue Erkenntnisse über dieses archäologische Gebiet bringen werden.

Xochitécatl

Unweit von Cacaxtla liegt die kürzlich entdeckte und überaus sehenswerte Ausgrabungsstätte von Xochitécatl (in Náhuatl: 'Ort des Blumenadels'), deren Blüte in die Zeit zwischen 600 und 800 n. Chr. fiel. Die neue Fundstätte weist eine Anzahl von interessanten Pyramiden, Plattformen und anderen Strukturen sowie ein Museum auf.

Campeche (Bundesstaat)

Kürzel: Camp.
Hauptstadt Campeche
Fläche: 50 952 km²
Bevölkerungszahl: 642 500

Lage und
Landesnatur

Der Bundesstaat Campeche bildet den südwestlichen Teil der Halbinsel Yucatán. Im Norden und Osten wird er vom Staat Yucatán, im

Campeche (Bundesstaat)

Mexiko
Vereinigte Mexikanische Staaten
Estados Unidos Mexicanos

Campeche

Bundesstaaten
Estados

1a Baja California Sur	12 Aguascalientes
1b Baja California Norte	13 Jalisco
	14 Guanajuato
2 Sonora	15 Querétaro
3 Chihuahua	16 Hidalgo
4 Sinaloa	17 Colima
5 Durango	18 Michoacán
6 Coahuila	19 México
7 Nuevo León	20 Morelos
8 Zacatecas	21 Tlaxcala
9 San Luis Potosí	22 Puebla
10 Tamaulipas	23 Veracruz
11 Nayarit	24 Guerrero
	25 Oaxaca
26 Chiapas	
27 Tabasco	
28 Campeche	
29 Yucatán	
30 Quintana Roo	

D.F. Distrito Federal (Bundesdistrikt)

Nordwesten vom Golf von Mexiko, im Südwesten vom Staat Tabasco, im Süden von Guatemala und im Südosten vom Bundesstaat Quintana Roo begrenzt. Campeche liegt auf einem Kalkplateau. Die nördliche Hälfte ist relativ trocken und besitzt nur unterirdische Seen und Wasserläufe. Im Süden und Osten des Staates bildet sich aufgrund starker Niederschläge üppiger Regenwald. Die Flüsse des Südens ergießen sich in die Laguna de Términos. Die Küste am Golf besitzt viele schöne Strände, besteht streckenweise aber auch aus Sumpfgebieten. Campeche wird hauptsächlich von Maya und Mestizen bewohnt.

Lage und Landesnatur (Fortsetzung)

Der Busch und die Regenwälder von Campeche beherbergen noch immer eine vielfältige Fauna. Man findet Jaguar, Ozelot, Tapir, Wildschwein, Gürteltier und Rehe; an Vögeln u. a. Fasan, Wildente, wilder Truthahn, Papageien, Reiher und Flamingos. An Reptilien gibt es noch Alligatoren, Schildkröten und die Boa constrictor. Die Küste von Campeche gehört zu den fischreichsten Gegenden Mexikos (u.a. Thunfisch, Barrakuda, Schwertfisch); ferner Krustentiere wie Krabben.

Fauna

Zu den wichtigsten Ruinenstätten der Maya im Staate Campeche gehören ⟶ Edzná, Hochob, Dzibilnocac, El Tabasqueño (beide ⟶ Campeche, Stadt), Xkalumkin, Calakmul, Balamkú, Hormiguero, Becán, Chicaná, Xpuhil (⟶ Chetumal) und Río Bec.

Ruinenstätten der Maya

Einen Sonderfall stellt Jaína dar. Diese der Nordküste Campeches vorgelagerte kleine Kalksteininsel war in alter Zeit eine riesige Begräbnisstätte. Da hier nur wenige Bauten gefunden wurden, die in keiner Weise zu der Zahl und dem Reichtum der Gräber passen, kann man annehmen, daß Jaína als Friedhof für die Maya-Noblen des Puuc-Gebietes gedient hat. Die hier gefundenen feinmodellierten und bemalten Tonfigurinen, die hohl sind und Pfeifen auf dem Rücken tragen, gelten als Spitzenprodukte der präkolumbischen Keramik. Ein Besuch ist nur mit Sondererlaubnis möglich. Funde sind im Anthropolo-

Jaína

Campeche (Stadt)

Campeche (Bundesstaat), Jaína (Forts.)	gischen Nationalmuseum von → Mexiko-Stadt in der Maya-Abteilung und im Archäologischen Museum von → Campeche (Stadt) ausgestellt.
Geschichte	So wie in anderen Teilen der Halbinsel Yucatán gab es auch in Campeche eine große Anzahl von Zentren der Maya-Klassik (300 v.Chr. – 900 n. Chr.). Archäologischen Funden zufolge dürften einige dieser Orte bereits in der vorklassischen Zeit (300 v. – 300 n. Chr.) besiedelt gewesen sein. Über die altindianische Geschichte zwischen 1000 und 1500 n. Chr. weiß man nur wenig. Zweifellos waren manche Orte an der Golfküste Zentren des Handels zwischen dem mittleren und südlichen Mexiko und dem Norden und Osten der Halbinsel Yucatán. Als erster Europäer landete 1517 Francisco Hernández de Córdoba an der Küste beim heutigen Champotón. Nach kurzem hartem Kampf mit den Indianern wurden die Spanier vertrieben und Córdoba selbst erlag später den erlittenen Verwundungen. Obwohl Juan de Grijalva 1518 und Hernán Cortés 1519 in Campeche vorübergehend Fuß fassen konnten, gelang es erst 20 Jahre später Francisco de Montejo, das Land zumindest teilweise zu erobern. Zur Kolonialzeit und während der ersten drei Jahrzehnte der mexikanischen Republik war Campeche ein Teil des Staates Yucatán. Erst im Jahr 1863 wurde es zum Bundesstaat der Republik Mexiko erhoben.
Wirtschaft	Wegen der damals noch fehlenden Verbindungen zum übrigen Mexiko spielte Campeche bis vor etwa 30 Jahren wirtschaftlich eine geringe Rolle. Lediglich seine Edelhölzer, daneben noch das Blau- oder Campecheholz, das einst der Farbgewinnung diente, und der Sapotilbaum (Achras sapota), der den Rohstoff Chicle für die Kaugummierzeugung liefert, waren von Bedeutung. Der jetzt stark geförderte Fischfang sowie die vor der Küste entdeckten Erdölquellen haben in den letzten Jahren die Hoffnung auf wirtschaftliche Entwicklung Campeches genährt, aber auch zu Umweltproblemen geführt. Auch Akkerbau und Viehzucht werden staatlich gefördert. Die interessanten archäologischen Fundstätten, die schönen Strände sowie die vielfältigen Angelmöglichkeiten sollen in der näheren Zukunft dem Tourismus Auftrieb geben.

Campeche (Stadt) O 8

	Bundesstaat: Campeche (Camp.) Höhe: 16 m ü.d.M. Einwohnerzahl: 320 000 Telefonvorwahl: 01 981
Anreise von Mexiko-Stadt	Mit dem Flugzeug in ca. 1 1/2 Std.; mit der Eisenbahn über Coatzacoalcos (16 Std.), von dort noch einmal 16 Stunden; mit dem Bus ca. 17 Stunden.
Lage und Allgemeines	Campeche, die Hauptstadt des gleichnamigen mexikanischen Staates, liegt an der Westküste der Halbinsel Yucatán am Golf von Mexiko. Die Stadt stellt eine Mischung aus Zeugnissen der romantischen Frühzeit und aus den in den letzten Jahren entstandenen modernen Vierteln dar. Der Ölboom der letzten Jahre hat jedoch das Bild der Stadt und ihrer Umgebung beeinträchtigt.
Geschichte	Der spanische Konquistador Hernández de Córdoba landete hier als erster Europäer im Jahre 1517. Die Gründung des Ortes erfolgte am 4. Oktober 1540 durch Francisco de Montejo den Jüngeren ('El Mozo').

Campeche (Stadt)

Geschichte (Fortsetzung)

Die Siedlung wurde nach dem Maya-Ort Ah-kin-pech ('Ort der Schlange und Zecke') Campeche genannt. Im Laufe des 16. Jh.s entwickelte sich die Stadt zum wichtigsten Hafen auf der Halbinsel Yucatan. Im 16. und 17. Jh. wurde er wiederholt von Piratenüberfällen heimgesucht. Die schwersten Angriffe waren die unter William Parck 1697, Diego El Mulato 1631, Laurent van Graff ('Lorencillo') 1672 und 1685 und L'Olonois ('El Olonés'); immer wieder wurden Teile der Stadt zerstört und die Bevölkerung dezimiert. Noch heute sieht man viele unterirdische Gänge in Campeche – Verstecke, in die sich die Frauen und Kinder während der Überfälle flüchteten. Schließlich wurden zwischen 1686 und 1704 um die Stadt eine 2,5 km lange und 2,5 m starke Wehrmauer von bis zu 8 m Höhe sowie acht Forts gebaut. Seitdem war die Festung vor Piraten sicher. 1777 wurde Campeche durch König Karl III. von Spanien zur Stadt erhoben. Ein Wirbelsturm zerstörte 1807 einen Großteil der Gebäude. 1867 wurde Campeche Hauptstadt des gleichnamigen Staates.

Sehenswertes

An der Plaza Principal (Plaza de Independencia) steht neben schönen alten Kolonialhäusern die Kathedrale La Concepción, deren Bau bereits 1540 begonnen, aber erst 1705 beendet wurde.

Kathedrale

Die prächtige Villa Mansión Carbajal (Calle 10 Nr. 584) beherbergt eine beachtliche Verkaufsausstellung für Kunsthandwerk.

Mansión Carbajal

Unweit des Platzes liegt eine der Bastionen (Baluartes) der noch weitgehend erhaltenen Festungsmauer. Dieses Fort, Baluarte de la Soledad genannt, beherbergt heute das Museum für Geschichte (Museo de Historia) und enthält Dokumente zur Chronik der Stadt, eine Waffensammlung und in einem besonderen Raum 22 Mayaskulpturen.

Baluarte de la Soledad

Wenn man in die Calle 8 nach rechts einbiegt und das Stadttor Puerta de Mar passiert, kommt man vorbei am Palacio de Gobierno (auch Edificio de Poderes), dem modernen Regierungsgebäude, zur Cámara de Diputados, dem Parlament des Bundesstaates.

Palacio de Gobierno, Cámara de Diputados

Die Calle 8 stößt auf das Fuerte San Carlos, eines der ältesten und besterhaltenen Bollwerke der Stadt, in dem ein Kunstgewerbezentrum untergebracht ist.

Fuerte San Carlos

Schutz vor Piraten: Fort in Campeche

Campeche (Stadt)

Regionalmuseum	In der Casa del Teniente del Rey, nahe der Puerta de Tierra, wurde das neue Regionalmuseum (Museo Regional) eingerichtet, welches archäologische Funde zur Geschichte Campeches zeigt, u.a. Grabbeigaben aus Calakmul, darunter eine kostbare Mosaikmaske.
Kirche und Kloster San Francisco	An der Kreuzung der Calle 59 und Calle 18 erhebt sich die aus dem 16. Jh. stammende Kirche San Francisco. Sie enthält fünf holzgeschnitzte Altäre, die in Zinnoberrot und Weiß bemalt sind. Am Kai Miguel Alemán (Malecón) in nördlicher Richtung steht das Kloster San Francisco. An dieser Stelle soll 1517 die erste christliche Messe auf mexikanischem Boden abgehalten und der 1562 geborene Enkel des Hernán Cortés, Jerónimo, getauft worden sein. Das Taufbecken ist immer noch in Benutzung.
Markt	Der Markt (Mercado) lohnt besonders während der Fiesta einen Besuch. Als Andenken werden 'Jipis' (eine Art Panamahüte) und kunstgewerbliche Gegenstände aus Schildpatt, Muscheln und Harthölzern angeboten.
Fuerte de San Miguel	Am südlichen Stadtrand führt eine Abzweigung von der Küstenstraße zu dem hübsch oberhalb der Stadt gelegenen Fuerte de San Miguel. Diese Bastion ist über eine Zugbrücke zu erreichen und mit Kanonen bestückt. Im Innern findet man das kleine, aber sehr sehenswerte Archäologische Museum (Museo de Arqueología) mit Fundgegenständen aus den Maya-Kulturen. Besondere Beachtung verdienen die Terrakottafiguren aus Jaína sowie die gelungenen Übersichtstafeln aller präkolumbischen Kulturen.
*Archäologisches Museum	

Küstenfahrt nach Villahermosa

	Auf der in Richtung Süden führenden MEX 180 erreicht man über die Hafen- und Fischerorte Lerma (8 km) und Seybaplaya (33 km) nach insgesamt ca. 65 km Champotón (41 000 Einw.).
Champotón	Die Hafenstadt Champotón war in der vorspanischen Zeit Mittelpunkt eines größeren indianischen Siedlungsgebietes, das eine Art Drehscheibe für den Kulturaustausch zwischen Guatemala, Yucatán und Zentralmexiko bildete. Wahrscheinlich überschnitten sich hier die Kulturkreise der Tolteken mit denen der von ihnen beherrschten Maya-Stämme, die dann nach dem 10. Jh. nach Osten wanderten und mit dort ansässigen Maya verschmolzen. Nach alten Chroniken, denen allerdings nur unter Vorbehalt zu glauben ist, sollen es zu verschiedenen Zeiten die Stämme der Itzá und Xiú gewesen sein, die hier vorübergehend siedelten. Heute ist der Ort vornehmlich ein Fischerhafen und ein günstiger Ausgangspunkt für Hochseefischen und Ausflüge in das Innere von Campeche.
Isla del Carmen	105 km von Campotón erreicht man den Ort Isla Aguada, von wo die 3400 m lange Straßenbrücke 'Puente de Unidad' zur Isla del Carmen führt. Vor der Nordküste dieser Insel liegt die Bucht von Campeche, während die Südküste die Laguna de Términos abschließt, ein großer Süßwassersee, der von verschiedenen Flüssen gespeist wird. Die Insel, die einer riesigen Sandbank gleicht, hieß früher Isla de Tris und war von 1558 bis 1717 ein Schlupfwinkel für Piraten, von dem aus sie ihre Überfälle auf die spanischen Hafenorte entlang des Golfes von Mexiko unternahmen. Am Südwestende der 40 km langen Insel liegt Ciudad del Carmen (100 000 Einw.; Fiesta: 15. bis 31. Juli zum Sieg von 1717 über die Piraten).

Routen   **Campeche** (Stadt)

Die Stadt erhielt ihren Namen von Alfonso Felipe de Andrade, der 1717 die Piraten vertrieb. Ihre Namenspatronin ist die Jungfrau vom Berge Carmel. Heute ist der Hafen ein wichtiges Zentrum des Garnelenfangs und seit einigen Jahren der bedeutendste Umschlagplatz für das im Golf von Mexiko geförderte Erdöl. Bemerkenswert ist die Kathedrale La Virgen del Carmen wegen ihrer bunten Glasfenster. Ein kleines archäologisches Museum, das hauptsächlich Maya-Keramik zeigt, ist im Liceo Carmelita untergebracht.   *Isla del Carmen (Fortsetzung)*

Über eine erst kürzlich fertiggestellte Brücke gelangt man bei dem Fischerort El Zacatal wieder auf das Festland. Nach dem Ort passiert man nach wenigen Kilometern den Leuchtturm von Xicalango, einem Ort, der in präkolumbischer Zeit ein wichtiger Handelsplatz zwischen Mittelmexiko und Yucatán war. Während einer Zwischenlandung auf dem Weg nach Veracruz nahm Cortés von hier das Indianermädchen 'La Malinche' mit, das ihm dann später bei der Eroberung Mexikos als Dolmetscherin, Beraterin und Geliebte zur Seite stand.   *Xicalango*

Nach etwa 30 km führt eine Brücke über den Río San Pedro y Pablo, und nach weiteren 24 km wird auf einer anderen Brücke der Río Grijalva bei Frontera überquert. Landeinwärts sind es dann noch 75 km nach → Villahermosa.

Nördliche Route von Campeche nach Mérida

Man verläßt Campeche auf der MEX 180 (auf manchen Karten MEX 261). Über Tenabo erreicht man den Ort Hecelchakán (56 km), der eine Franziskanerkirche aus dem Jahr 1620 und das Museo Arqueológico del Camino Real beherbergt. Hier findet man eine schöne Sammlung der bekannten Tonfiguren von der Insel Jaína. Im Patio des Museums sind Stelen und Türsturze aus den Ausgrabungsorten der Umgebung aufgestellt.   *Hecelchakán*
In der Umgebung von Hecelchakán gibt es eine ganze Reihe von Ruinenstätten, von denen nur Kocha und Xcalumkin (Holactún) erwähnt seien.

Auf der Weiterfahrt erreicht man die größeren Orte Calkiní (25 km) und Becal (32 km). Letzterer ist Zentrum der Erzeugung von 'Jipis'. Diese leichten Tropenhüte werden in feuchten Kammern unter den Patios zum 'Reifen' gelagert, ehe sie auf den Markt kommen.   *Becal*

Von Becal sind es noch 30 km nach Maxcanú (→ Uxmal) und 95 km nach → Mérida.

Östliche Route von Campeche über Hopelchén nach Mérida

Man verläßt die Stadt zunächst auf der MEX 180 in östlicher Richtung und erreicht über Chencoyí nach ca. 43 km Cayal, wo man auf die MEX 261 stößt. Die Straße nach Süden zweigt zur Ausgrabungsstätte → Edzná ab. Rund 42 km östlich von Cayal erreicht man Hopelchén (Maya: 'fünf Brunnen'), mit einer Wehrkirche aus dem 16. Jahrhundert.

Von Hopelchén empfiehlt sich für den archäologisch Interessierten ein Abstecher nach Süden in das Gebiet der sogen. Chenes-Kultur (550–830 n. Chr.; nach der häufigsten Endung -chén = Brunnen).
In der späten Klassik wurde die Halbinsel Yucatán von drei Maya-Bau-   **Chenes-Kultur**

169

Cancún

Campeche (Stadt, Routen), Cheneskultur (Fortsetzung)

stilen geprägt. Im Nordwesten war es die Architektur des Puuc (→ Uxmal), im Süden die des Río Bec (→ Chetumal) und nördlich davon die des Chenes. Die Bauweisen ähneln einander, doch unterscheidet sich der Chenes- vom Puuc-Stil dadurch, daß die gesamte Fassade eine Verkleidung aus behauenem Stein und aus Stuck trägt. Ein Monsterrachen bildet das Eingangstor, und die Gebäudeecken sind mit langnasigen Göttermasken dekoriert. Beispiele finden sich in den Ausgrabungsstätten Dzehkabtún, El Tabasqueño und Dzibalchén (San Pedro), 20 km südöstlich von Hopelchén.

Hochob

13 km südwestlich von Dzibalchén erreicht man auf einem nur in der Trockenzeit benutzbaren Feldweg über Chenkoh die Maya-Stätte Hochob (Maya: 'Ort, wo man die Maiskolben aufhebt') im klassischen Chenes-Stil. Unter den Gebäuden um den zentralen Platz ist an dessen Nordseite ein gut erhaltener Tempel mit drei Kammern hervorzuheben, von denen die mittlere von den Resten eines Dachkamms überragt wird. Die Türen bilden Rachen großer Masken; die übrige Fassade ist mit stilisierten Schlangenmotiven bedeckt.

Dzibilnocac

Ein anderer Weg führt von Dzibalchén zu dem fast 20 km entfernten Iturbide, in dessen Nähe die Ausgrabungsstätte Dzibilnocac (Maya: 'Bemalte Gebäude') liegt. Sie ist eine der größten im Chenes-Gebiet, die Fassade ihres Haupttempels ähnelt derjenigen des Haupttempels in Hochob.

*Grutas Xtacumbil-xunan

Von Hopelchén nach Norden auf der MEX 261 sind es 33 km bis nach Bolonchén (Maya: 'neun Brunnen') de Rejón. Von hier führt ein Weg zu den nahen Grutas Xtacumbil-xunan (Maya: 'versteckte Frau'). Es handelt sich um ein riesiges System von Tropfsteinhöhlen und Cenotes, von nicht abschätzbaren Ausmaßen. Die Legende berichtet von einer schönen Mestizin, die nach einer unglücklichen Liebe ihr Leben als Einsiedlerin in diesen düsteren Grotten beschlossen haben soll.

Kichmool und Itzimté

Unweit von Bolonchén befinden sich die Tempelruinen von Kichmool und Itzimté. Die Architektur dieser archäologischen Stätten verbindet den Chenes- und den Puuc-Stil.

Rund 150 km von Campeche (24 km nördlich von Bolonchén) überquert man die Bundesstaatsgrenze nach Yucatán. Von hier gibt es zwei Möglichkeiten, nach Mérida zu kommen: Die erste führt über → Kabah (8 km), → Uxmal (31 km) und Muna (46 km) zur der 'weißen' Stadt. Auf der anderen fährt man nach 3 km rechts ab und gelangt über → Sayil (6 km), Xlapak (10 km; Umgebung von → Sayil), → Labná (14 km), Loltún (32 km; Umgebung von → Labná), Oxkutzcab (41 km), Tikul (58 km) und Muna (79 km) nach Mérida (138 km).

Cancún Q 7

Bundesstaat: Quintana Roo (Q.R.)
Höhe: Meereshöhe
Einwohnerzahl: 260 000
Telefonvorwahl: 01 98

Anreise

Mit dem Flugzeug von Mexiko-Stadt (ca. 2 Std.), Mérida und Monterrey; von US-amerikanischen Flughäfen; aus Europa von Zürich, London und Paris; aus der Bundesrepublik Deutschland Charterflüge mit Condor oder LTU von München, Frankfurt, Köln und Düsseldorf; mit dem Bus von Mexiko-Stadt in ca. 24 Stunden.

Cancún

Die 21 km lange und 400 m breite L-förmige, der Nordküste Yucatáns vorgelagerte Insel Cancún ist ein auf dem Reißbrett geplanter Badeort mit ausgezeichneter Infrastruktur. Das große Ferienzentrum, das in den letzten Jahren aus dem Nichts entstanden ist, liegt zwischen herrlichen weißen Sandstränden und Korallenbänken. Es zeichnet sich durch ausgeglichenes subtropisches Klima mit relativ wenig Niederschlägen aus. Die Touristenzone ist durch einen Damm mit dem Festland verbunden, wo die moderne Stadt Cancún errichtet wurde. In den letzten Jahren sind die Palmenbestände an der Küste von Yucatan durch eine auch schon in den vergangenen Jahrhunderten aufgetretene Krankheit stark dezimiert worden.

Lage und Allgemeines
*Ferienzentrum

Ursprünglich eine alte Maya-Siedlung, wurde der Ort von Stephens und Catherwood 1843 zuerst beschrieben und Can-cune (Maya: 'Gefäß am Ende des Regenbogens') genannt. Im Jahre 1970, als das Projekt der Ortsgründung Gestalt annahm, lebten hier kaum mehr als 100 Maya, die sich mit Fischfang und Chicle-Suche ihren Unterhalt verdienten. Die mexikanische Regierung und Privatunternehmer wählten die Gegend mit Computerhilfe als günstigsten Standort für ein internationales Ferienzentrum aus; die Bebauung wurde planmäßig entworfen und in den letzten Jahren fertiggestellt. 1995 war das Seebad mit seinen 22 000 Betten und über 2,5 Mio. Gästen mit einem Anteil von 20% am Gesamtaufkommen der größte Devisenbringer des Landes. Im September 1988 richtete der bis zu 270 Stundenkilometer starke Hurrikan 'Gilbert' schwere Verwüstungen an.

Geschichte

Touristische Attraktionen

Die Stadt Cancún (Ciudad de Cancún) bietet wenig Sehenswertes. Sie ist als Experiment einer Retortenstadt mit allen öffentlichen Einrichtungen, Geschäften, Hotels, Restaurants etc. zu betrachten.

Retortenstadt Cancún

Der eigentliche Badeort liegt auf der vorgelagerten Insel, die jetzt mit dem Festland verbunden ist. Sie formt einen reizvollen Küstengürtel, auf welchem sich die großen Hotels aneinanderreihen. Die Landzunge

Badeort Cancún

Cancún

Badeort Cancún (Fortsetzung)

zwischen Punta Cancún und Punta Nizuc trennt das Karibische Meer von der Laguna Nichupte. Die im Norden gelegene Festlandbrücke zieht sich an der Bahía de Mujeres mit der → Isla Mujeres entlang. Der Badeort selbst umfaßt neben Ferienhäusern, Eigentumswohnungen und modernen großen Hotels auch ein Kongreßzentrum (Centro de Convenciones), dessen Auditorium 2500 Personen Platz bietet und auch kulturellen Veranstaltungen, z.B. mit dem Ballet Folklórico, dient. Im selben Gebäudekomplex befindet sich auch das Archäologische Museum (Museo de Arqueológia), das Fotomontagen, Pläne und Objekte zur Maya-Kultur zeigt. In der unmittelbaren Nähe liegen zwei Einkaufszentren.

Archäologisches Museum

CEDAM-Museum

Das CEDAM-Museum in der Nähe des Bahía-Komplexes auf dem Paseo Kukulkán stellt Funde des mexikanischen Unterwasserforscher-Klubs zur Schau.

Strände

Von der Stadtgrenze aus erstrecken sich entlang des Blvd. Cancún und des Paseo Kukulkán die Strände de las Perlas, Juventud, Linda, Langosta, Tortugas, Caracol und Chac-mool, von denen die drei letztgenannten die beliebtesten sind. Am km 7,5 des Paseo Kukulkán wurde der öffentliche Golfplatz Pok-ta-Pok (18 Löcher) angelegt.
Zu den Inseln → Cozumel und → Isla Mujeres besteht eine Tragflügelboot-Verbindung (Ablegestelle beim Centro de Convenciones).

Maya-Stätten

Zwischen Punta Cancún und Punta Nizuc gibt es eine Anzahl interessanter Maya-Ruinen, die meist im Puuc-Stil gehalten sind. Sie sind vor allem unter der Bezeichnung El Rey bekannt geworden, werden aber auch gelegentlich Pinturas, San Miguel, Yamilum, Pok-ta-poc oder El Conchero genannt. Man fand Pyramidenstümpfe mit aufgesetzten Tempeln, manchmal mit abgerundeten Ecken. Auch wurden hier mehr als 50 Grabstätten entdeckt.

Cancún – weiße Strände und kristallklares Wasser

Küstenroute von Cancún nach Playa del Carmen

Die nach Süden führende MEX 307 zieht nach 15 km am Flughafen von Cancún vorbei und erreicht nach 37 km Puerto Morelos. Von diesem Hafenstädtchen gehen Personen- und Autofähren nach → Cozumel ab.

Etwa 25 km weiter gelangt man nach Punta Beté, wo in Strandnähe gute Unterkünfte bereitstehen und man sich Tauchausrüstungen leihen kann. — Punta Bete

Schließlich erreicht man nach weiteren 10 km Playa del Carmen. Diese kleine Hafenstadt ist Anlegeplatz einer Personenfähre von und nach Cozumel. Der Ort besitzt einen hübschen Strand, hat aber unter dem raschen Wachstum der letzten Jahre gelitten. Es bestehen Möglichkeiten zum Tauchen und Hochseefischen. — Playa del Carmen

Von Playa del Carmen sind es noch 37 km nach → Akumal, 47 km nach → Xel-há und 62 km nach → Tulum.

Casas Grandes

→ Chihuahua (Bundesstaat)

Catemaco-See (Laguna de Catemaco)   M 8

Bundesstaat: Veracruz (Ver.)

Mit dem Bus von → Veracruz (umsteigen in San Andrés Tuxtla); mit dem Auto von Veracruz ca. 155 km auf der MEX 180, von Minatitlán ca. 120 km auf der MEX 180. — Anreise

An der MEX 180 Veracruz–Coatzacoalcos, rund 10 km südöstlich von San Andrés Tuxtla und etwa 35 km von der Küste des Golfs von Mexiko entfernt, liegt zwischen Bergen vulkanischen Ursprungs der Catemaco-See. Der See, eines der schönsten Binnengewässer Mexikos, ist 16 km lang und umfaßt etwa 130 km^2; in ihm liegen die Inseln Ténapi und Agaltepec. — Lage

*Landschaftsbild

Das Gebiet von Catemaco wird durch die Sierra de los Tuxtlas von den feuchtheißen Niederungen der Golfküste getrennt und hat daher ein angenehm gemäßigtes Klima. Deshalb und wegen des europäisch anmutenden Landschaftsbildes nannte Alexander von Humboldt diese Gegend 'Suíza Veracruzana' ('Schweiz des Staates Veracruz'). Die höchste Erhebung in der weiteren Umgebung ist der erloschene Vulkan San Martín (1850 m ü.d.M.). Der für mexikanische Verhältnisse ungewöhnliche Wasserreichtum zeigt sich an den Fluten des Río Cuetzalapa und am romantischen, 41 m hohen Wasserfall Eyipantla 8 km südlich von San Andrés Tuxtla, wo mancher Dschungelfilm gedreht wurde. An den Hängen des Vulkans San Martín, östlich Acayucan, finden sich noch Dörfer der nicht zur Sprachgruppe der Nahua gehörenden Popoluca-Indianer, wie Mecayapan und Soteapan.

Catemaco-See

Catemaco

Der wichtigste Ort am See ist die am Nordwestufer gelegene kleine Stadt Catemaco (370 m ü.d.M.; 42 000 Einw,), deren Bevölkerung neben dem Fischfang hauptsächlich vom Tourismus lebt. Die an der Plaza gelegene Kirche Virgen del Carmen ist ein beliebtes Wallfahrtsziel (Festtag: 16. Juli), wie man aus den am Portal angebrachten Votivgaben sieht. Catemaco ist auch Heimat zahlreicher 'curanderos' (Heiler) und 'brujos' (Zauberer), die auf Teile der Bevölkerung eine große Anziehungskraft ausüben, da ihnen wundertätige Kräfte zugeschrieben werden. Die tropischen Wälder um Catemaco sind bekannt für ihre verschiedenartigen Heilpflanzen. Ein beliebtes Ausflugsziel per Boot ist die Isla Tanaxpilo oder Isla de Changos (Affeninsel). Auf ihr leben unter Obhut des biologischen Instituts der Universität von Veracruz eine Anzahl ursprünglich aus Thailand importierter Makaken.

Isla Tanaxpilo

Montepío

Von Catemaco führt eine Straße nach Norden zu dem ca. 40 km entfernten Fischerort Montepío entlang an steilen Berghängen mit üppiger Vegetation, malerischen Lagunen und attraktiven Stränden, von denen Jicacal und Escondida die sehenswertesten sind.

Von Catemaco nach Veracruz

San Andrés Tuxtla

Nach etwa 15 km auf der MEX 180 in westlicher Richtung erreicht man San Andrés Tuxtla (370 m ü.d.M.; 60 000 Einw.). Die in einem kesselförmigen Tal gelegene Kolonialstadt ist von vulkanischen Hügeln umgeben. In vorspanischer Zeit hieß der Ort Zacoalcos (Náhuatl: 'eingeschlossener Platz'). Erwähnenswert sind die beiden Kirchen San José und Santa Rosa. In der Nähe wurde 1902 die 20 cm hohe olmekische Jadefigur eines Priesters gefunden, welche die Jahreszahl 162 n. Chr. trägt. Die sog. 'Tuxtla-Statuette' befindet sich heute in Washington, DC (USA). San Andrés ist Zentrum der Zigarrenfabrikation; es empfiehlt sich ein Besuch der "Te amo" Puro-Fabrik.

Laguna Encantada

Unweit der Stadt, ca. 5 km auf schlechtem Feldweg und per Auto nicht erreichbar, liegt der legendenumwobene Kratersee Laguna Encantada ('Verwunschener See'). Der Wasserspiegel des Sees fällt paradoxerweise in der Regenzeit, während er in der Trockenperiode steigt. Von Zeit zu Zeit erwärmt sich das Wasser durch vulkanische Einflüsse so stark, daß die Fische sterben; sobald die Wassertemperatur fällt, erneuert sich der Fischbestand von selbst.

Santiago Tuxtla

Folgt man der MEX 180 weiter nordwestlich, so erreicht man nach etwa 10 km Santiago Tuxtla (360 m ü.d.M.; 51 000 Einw.; Fiestas: am 24. Juni San Juan und vom 23. bis 25. Juli Santiago Apóstol). Der Ort liegt zu beiden Seiten des Río Tuxtla am Rande des tropischen Waldes. Auf der Plaza steht einer der typischen olmekischen Kolossalköpfe. In dem kleinen Tuxteco-Museum befinden sich weitere olmekische Funde, vor allem Steinplastiken, die man in dem olmekischen Kulturzentrum Tres Zapotes sowie in Nestepe fand.

Tuxteco-Museum

Tres Zapotes

In Tres Zapotes wurden zwei der riesigen Basaltköpfe und die Stele C ausgegraben, die die bisher zweitälteste schriftlich fixierte Jahreszahl der Neuen Welt trägt, nämlich 32 v. Chr. Die meisten Funde wurden auf mehrere Museen verteilt, doch gibt es seit einiger Zeit in Tres Zapotes selbst ein hübsches Museum, das man von Santiago Tuxtla über Villa Isla nach 24 km erreicht. Dem an der olmekischen Kultur Interessierten bieten sich vorwiegend steinerne Großskulpturen, darunter der erste je gefundene Kolossalkopf (Monument A); die sehr alte, aber noch nicht einwandfrei datierte Stele A, die Stele B und der obere

Teil der berühmten Stele C, der erst 1972 gefunden wurde. Der andere Teil mit der Punkt-Balken-Datierung ist im Anthropologischen Nationalmuseum von → Mexiko-Stadt zu finden. Die Ausgrabungsstätte selbst bietet kaum Sehenswertes.

Westlich von Tres Zapotes fand man am sumpfigen Ufer des Río Acula 1986 eine 4 t schwere Basaltskulptur, die heute die 'La Mojarra-Stele' genannt wird. Dieses sensationelle Fundstück weist oben und seitlich 21 Reihen mit insgesamt 465 bis dato unbekannten Glyphen auf und zeigt weiterhin eine Fürstenfigur, deren Name mit 'Herrscher Bergernte' übersetzt wurde, dessen Regierungszeit möglicherweise der im Text genannte Zeitraum 21.5.143 bis 13.7.156 n.Chr. war. Die von Wissenschaftlern entzifferte und 'epi-olmekisch' genannte Schrift beruht grundsätzlich auf der Mixe-Zoque-Maya-Sprache – die heute noch in abgewandelter Form von ca. 150 000 Indianern gesprochen wird – und ähnelt den Glyphen auf der 'Tuxtla-Statuette'. Sie ist der Beleg, daß es entgegen bisheriger Annahmen ein noch älteres Schriftsystem als dasjenige der Maya gegeben haben muß: 100 bis 150 Jahre älter und von den Nach-Fhren der Olmeken benutzt.

Die 'La Mojarra-Stele'

Etwa 70 km nordwestlich von Santiago Tuxtla erreicht man bei Alvarado (50 000 Einw.) die Golfküste. Der Ort liegt auf einer Nehrung, welche die Laguna de Alvarado vom Golf von Mexiko trennt.

Für den archäologisch Interessierten empfiehlt es sich, etwa 40 km nordwestlich von Alvarado auf der MEX 180 in Richtung Tlalixcoyán abzubiegen und über El Callejón die zwischen den Orten Piedras Negras und Ignacio de la Llave in einem Überschwemmungsgebiet des

Alvarado

Río Blanco gelegene archäologische Stätte Cerro de las Mesas ('Hügel der Altäre') zu besuchen. Dieses ausgedehnte Gebiet ist von Hunderten nur zum Teil ausgegrabenen künstlichen Erdhügeln bedeckt. Das US-amerikanische Bureau of American Ethnology und die National Geographic Society haben hier in den vierziger Jahren gegraben. Man fand kleine Pyramiden, Tempelplattformen, Altäre, Steinskulpturen, Stelen (die älteste auf 206 n. Chr. datiert), Keramik und 782 kunstvoll bearbeitete Jadegegenstände. Die Funde sind in die Museen Mexikos und der USA gebracht worden, so daß ein Besuch der Stätte dem Laien wenig bietet.

Cerro de las Mesas

Unweit dieses Platzes liegt die in jüngster Zeit entdeckte archäologische Stätte El Zapotal, wo man lebensgroße Terrakotta-Figuren (600–900 n. Chr.) fand, die heute im Anthropologischen Museum von → Jalapa ausgestellt sind.

El Zapotal

Von Alvarado sind es noch gute 70 km bis → Veracruz.

Catemaco-See   **Routen**

Von Catemaco nach Villahermosa

Rund 80 km südöstlich auf der MEX 180 gelangt man zu dem wichtigen Verkehrsknotenpunkt Acayucan (160 m ü.d.M.; 37 000 Einw.). Hier zweigt die MEX 185 ab, die südlich über den Isthmus von Tehuantepec nach Juchitán (195 km), → Tehuantepec (220 km) und Salina Cruz (235 km) führt.

Minatitlán

Ca. 40 km nordöstlich von Acayucan, abseits der MEX 180, gelangt man nach Minatitlán (65 m ü.d.M.; 180 000 Einw.; Hotels). Diese Stadt hat sich in den letzten Jahren dank des Erdölbooms und der Schwefelgewinnung zu einem Industriezentrum entwickelt.

San Lorenzo Tenochtitlán

Etwa 45 km südwestlich von Minatitlán liegt am Río Chiquito die schwer zugängliche Ausgrabungsstätte San Lorenzo Tenochtitlán. Hier wurden außer Statuen neun steinerne Olmekenköpfe entdeckt. Dieses früheste Olmekenzentrum an der Golfküste erlebte seine Blütezeit zwischen 1200 und 900 v. Christus. Man fand zahlreiche rituell verstümmelte Steinbilder, die mit dem Ableben des jeweiligen Herrschers in Zusammenhang stehen und offenbar beim Untergang der Stätte begraben wurden. Ein 1995 eröffnetes Museum ist für Interessierte sehenswert. Ein kürzlich entdeckter Monumentalkopf ist in Situ zu bewundern. Andere Funde aus San Lorenzo sind in Mexiko vor allem in den Museen von → Jalapa und → Villahermosa ausgestellt.

Coatzacoalcos

Von Minatitlán führt eine Autobahn über eine eindrucksvolle Brücke über den Río Coatzocoalcos zu der 25 km nordöstlich gelegenen wichtigen Hafen- und Industriestadt Coatzacoalcos (5 m ü.d.M.; 400 000 Einw.). In den Jahren des Ölbooms ist die Stadt, die auch ein petrochemisches Zentrum geworden ist, enorm gewachsen. Der Aufschwung ist jedoch teuer bezahlt worden. Die Vergiftung von Luft, Erde und Wasser hat in dieser Region ein starkes Ausmaß erreicht.

La Venta

Etwa 40 km südöstlich von Coatzacoalcos überquert man die Grenze zum Bundesstaat Tabasco, die vom Río Tonalá gebildet wird. 4,5 km weiter führt eine Abzweigung zu der 5 km nordwestlich an einem sumpfigen Erdölfeld liegenden Ortschaft La Venta. Am Rande des Städtchens trifft man auf die olmekische Ausgrabungsstätte gleichen Namens. In den zwanziger Jahren machten Frans Blom und Oliver La Farge von der Tulane-Universität dort die ersten Ausgrabungen; 15 Jahre später nahm M.W. Stirling die Forschungen wieder auf. Dieser Ort war wohl das bedeutendste politische und religiöse Zentrum der Olmeken. Daher wird auch die olmekische Epoche oft als die der La-Venta-Kultur bezeichnet. Der Einfluß dieser ersten mesoamerikanischen Hochkultur dehnte sich von der Golfküste über Zentralmexiko (z.B. Tlatilco, Tlapacoya und Chalcatzingo) bis zur Westküste (Guerrero) und im Süden bis El Salvador aus und beeinflußte die frühen Phasen der Kultur von Monte Albán und der Maya-Zivilisation. Vom Volk der Olmeken weiß man nichts, man kennt nur die großartigen Kunstwerke, die sie hinterließen. Vor allem in La Venta, dessen Blütezeit zwischen 900 und 600 v. Chr. lag, das aber auch noch zu Beginn unserer Zeitrechnung existierte, wurden einzigartige Funde gemacht. Neben der heute überwachsenen, einst gewaltigen Tempelpyramide aus Tonerde von über 32 m Höhe entdeckte man vier der bekannten Kolossalköpfe aus Basalt, steinerne Altäre und Stelen sowie Keramik- und Jadefiguren, von denen einiges in einem jüngst eröffneten Museum zu sehen ist. Viele in La Venta ans Licht gebrachten Zeugnisse dieser geheimnisvollen Kultur sind im La-Venta-Freiluftmuseum von → Villahermosa ausgestellt.

Celaya I 7

Bundesstaat: Guanajuato (Gto.)
Höhe: 1800 m ü.d.M.
Einwohnerzahl: 400 000
Telefonvorwahl: 01 461

Mit der Eisenbahn in ca. 6½ Std.; mit dem Bus in ca. 3½ Std.; mit dem Auto ca. 270 km über die MEX 57.

Anreise von Mexiko-Stadt

Inmitten des Bajío genannten fruchtbaren Talbeckens nordwestlich von Mexiko-Stadt liegt die betriebsame Stadt Celaya. Obwohl durch die natürliche Lage nicht eben begünstigt, besitzt die Stadt hübsche Parks und Plätze sowie einige treffliche Beispiele barocker und neoklassizistischer Architektur.

Lage und Allgemeines

Celaya (von baskisch: 'Zalaya' = 'Flachland') wurde 1570 von 16 Baskenfamilien gegründet. Um die Mitte des 17. Jh.s wurde dem Ort das Stadtrecht verliehen. Celayas berühmtester Sohn ist der Universalkünstler Francisco Eduardo Tresguerras (1759–1833). Wie die meisten Städte des Staates Guanajuato spielte auch Celaya im mexikanischen Unabhängigkeitskrieg (1810–1821) eine wichtige Rolle. 1915 wurde während der Revolutionskriege bei Celaya die blutigste Schlacht der mexikanischen Geschichte geschlagen, in der es dem späteren Präsidenten Álvaro Obregón gelang, Francisco ('Pancho') Villa entscheidend zu besiegen.

Geschichte

Sehenswertes

Auf dem Hauptplatz (Plaza Principal, Jardín), der von Arkaden gesäumt ist, steht das neue Rathaus (Palacio Municipal).
Unweit davon öffnet sich die alte Plaza de Armas, an welcher sich das bemerkenswerte Unabhängigkeitsdenkmal (Monumento a la Independencia) von Francisco Eduardo Tresguerras erhebt. Hier befinden sich auch die Kirche des Dritten Ordens (Iglesia de la Tercer Orden) und die Kreuzkirche (Iglesia de la Cruz).

An der Ecke der Straßen Miguel Doblado und Guadalupe Victoria steht die Kirche San Francisco aus dem 17. Jh., deren Fassade, Türme und Hochaltar von Tresguerras umgestaltet wurden.

Das Meisterwerk dieses vielseitigen Künstlers ist aber die zwischen 1803 und 1807 erbaute Kirche Nuestra Señora del Carmen. Dieser neoklassizistische Bau besticht ungeachtet seiner Größe durch Anmut und Harmonie. Beachtenswert die Hauptkuppel sowie die ebenfalls von Tresguerras stammenden Skulpturen, Altaraufsätze und Fresken. Die bedeutendsten seiner Wandmalereien finden sich in der Kapelle des Jüngsten Gerichts (Capilla del Juicio). Neben dem Hauptthema sind die Wiederauferstehung des Lazarus und die Bestattung des Tobias dargestellt. Tresguerras entwarf auch die originelle Brücke über den Río Laja, etwas außerhalb der Stadt.

*Nuestra Señora del Carmen

Umgebung von Celaya

69 km nach Süden auf der MEX 51 über Salvatierra liegt am gleichnamigen Kratersee das Städtchen Yuriria (1733 m ü.d.M.; 40 000 Einw.; Fiesta: 3. Januar, Día de la Preciosa), die frühere Taraskenstadt

Yuriria

Chapala-See

Umgebung von Celaya, Yuriria (Forts.)

*Augustinerkloster

Turm des Klosters Yuriria

Apaseo el Alto

Yuririapúndaro. Der Ort beherbergt ein imposantes Augustinerkloster, das zwischen 1556 und 1567 von den Padres Diego Chávez y Alvarado (verwandt mit dem Konquistador Pedro de Alvarado) und Pedro del Toro errichtet wurde. Dieser sakrale Festungsbau diente längere Zeit Mönchen und christlichen Indios als Zufluchtsstätte gegen die häufigen Angriffe feindlicher Indianer. Ungewöhnlich für das 16. Jh. ist das Kreuzschiff der noch in mittelalterlicher und gotischer Tradition erbauten Kirche. Das Äußere wird von dem massiven Turm mit offenem Glockenstuhl, dem zinnenbewehrten Dach und den wuchtigen Strebepfeilern geprägt. Ein glänzendes Beispiel für den plateresken Stil, durch die Phantasie indianischer Künstler abgewandelt, ist die Hauptfassade, sichtlich eine Kopie der spanisch-plateresken Fassade von → Acolman. Die plateresken Linien werden hier durch ein kompliziertes Muster von Blumen und Blattwerk verwischt; seitlich des Tores stehen Statuen des heiligen Peter und und des heiligen Paul. Eine kleinere Ausführung der Hauptfassade stellt die des Nebeneingangs dar, über deren Sims eine Statue des hl. Nicolás de Tolentino steht, des Schutzherrn der Provinz. Ein Teil des Kircheninneren fiel zu Beginn des 19. Jh.s einem Brande zum Opfer und wurde später restauriert. Der prächtige zweistöckige Kreuzgang wird von gotischen Arkaden gebildet und hat eine monumentale Freitreppe. In vier Sälen werden prähispanische Artefakte sowie koloniale Bilder und Skulptuern aus dem 17.–18. Jh. ausgestellt.

Von Yuriria sind es noch 30 km zu der Ortschaft Cuitzeo (Umgebung von → Morelia).

Rund 25 km südöstlich von Celaya liegt Apaseo el Alto, weitbekannt für seine Glasbläser und feinen Holzschnitzereien.

Cempoala (Zempoala)

→ Veracruz (Stadt)

Chapala-See (Laguna de Chapala)   H 7

Bundesstaat: Jalisco (Jal.)

Anreise

Mit dem Bus oder mit dem Auto von → Guadalajara ca. 55 km.

Lage

Rund 55 km südöstlich von Guadalajara liegt Mexikos größter natürlicher See, die Laguna de Chapala. Der 82 km lange und durchschnittlich 28 km breite See gehört vorwiegend zu Jalisco, nur in seinem südöstlichen Teil zu Michoacán. In ihm liegen die drei Inseln Chapala (Alacranes), Mezcala (Presidio) und Maltarana.

Landschaftsbild

Obwohl die Seeverschmutzung zeitweise sehr stark ist und das Schwimmen beeinträchtigt, bietet der von niedrigen, meist kahlen Bergen umgebene See doch eine Vielfalt von Wassersportmöglichkeiten. Unter den Speisefischen, die im See gefangen werden, findet man Karpfen (Carpa), Mojarra, Katzenwels (Bagre) und Weißfisch (Pescado Blanco). Die hübsche Lage und das angenehme Klima hat eine große Anzahl von US-Amerikanern und Kanadiern angezogen, die sich am Nordwestufer des Sees niedergelassen haben.

Abendstimmung am Chapala-See

Zu den wichtigsten Orten am See gehören:

Chapala (Náhuatl: 'plätschernde Wellen'; 1500 m ü.d.M.; 60 000 Einw.), zusammen mit der Nebengemeinde Chula Vista die größte Ausländerkolonie.

Ajijic (1500 m ü.d.M.; 40 000 Einw.), ein Fischerdorf mit Künstlerkolonie, kleinem archäologischen Museum, Verkauf von handgewebten Stoffen und Stickereiarbeiten; bekannt auch durch seine Thermalbäder, jedoch überlaufen von US-amerikanischen Touristen.

Jocotepec (1444 m ü.d.M.; 65 000 Einw,; Fiesta: 14./15. Januar, Fiesta de los Dulces Nombres), ein hübsches, 1528 gegründetes Fischerdorf mit kleiner Künstlerkolonie, weitbekannt für seine weißen Sarapes.

Chapala-See (Fortsetzung)
Chapala
Ajijic
Jocotepec

Chetumal P 8

Bundesstaat: Quintana Roo (Q.R.)
Höhe: Meereshöhe
Einwohnerzahl: 180 000
Telefonvorwahl: 01 983

Mit dem Bus von Mexiko-Stadt in ca. 22 Stunden.

Anreise

Chetumal, die Hauptstadt von Quintana Roo, liegt am südlichsten Punkt der Ostküste von Yucatán an der Mündung des Río Hondo, welcher die Grenze zu Belize (ehemals Britisch-Honduras) bildet. Die Hafenstadt hat seit dem Ausbau der Landwege und der Einrichtung eines Freihafens einen raschen Aufschwung genommen.

Lage und Allgemeines

Chetumal

Geschichte

Chetumal hat eine lange und abwechslungsreiche Geschichte. Ursprünglich hieß die Stadt Chactemal (Maya: 'der Platz, an welchem Rotholz wächst'). Durch viele Jahrhunderte war sie für die Maya Mittelpunkt des Bootsbaus und der Seefahrt. Die ersten Spanier, die 1512 als Schiffbrüchige hierherkamen und Sklaven der Maya wurden, waren Gerónimo de Aguilar und Gonzalo Guerrero. Während Aguilar später von Cortés befreit wurde und ihm unschätzbare Dienste als Dolmetscher leistete, heiratete Guerrero eine Maya-Prinzessin und kämpfte längere Zeit erfolgreich auf der Seite der Maya gegen die spanischen Eindringlinge. Die spanische Geschichte Chetumals beginnt erst 1898, als die Stadt von Kapitän Othón P. Blanco unter dem später wieder aufgegebenen Namen Payo Obispo gegründet wurde. Die Hauptaufgabe der Hafenstadt war die Unterdrückung des Schmuggels von Waffen und Munition für die aufständischen Indios während des 'Krieges der Kasten'. Die ursprünglich planlos aus Holzhäusern gebaute Stadt lebte recht und schlecht von Ackerbau und Fischfang. Im Jahre 1954 vernichtete ein Wirbelsturm den Ort fast völlig. Die mexikanische Zentralregierung erbaute danach eine neue Stadt, die heute als Handelszentrum für die Ostküste der Halbinsel Yucatán eine beachtliche Rolle spielt.

Museo de la Cultura Maya

Die moderne Stadt Chetumal bietet abgesehen von einigen alten Holzhäusern wenig Bemerkenswertes. Zu erwähnen ist das Museo de la Cultura Maya auf der Av. Héroes, das einen Überblick über Kunst, Architektur, Religion und das tägliche Leben der Maya gibt. In den letzten Jahren hat Chetumal als Ausgangspunkt für Reisen zu den zahlreichen archäologischen Stätten sowie wegen der schönen Lagunen und Riffe in der Umgebung touristische Bedeutung erlangt.

Umgebung von Chetumal

*Laguna Bacalar

35 km nordwestlich von Chetumal über die MEX 307 erreicht man die Laguna Bacalar. In den flachen und ruhigen Gewässern des 56 km langen Süßwassersees kann man viele Arten von Wasser- und Angelsport ausüben. An den Küsten der Lagune finden sich Maya-Ruinen und Reste spanischer Siedlungen. In Bacalar am Südwestende der Lagune steht noch das alte spanische Fort Fuerte de San Felipe aus dem 18. Jh., das heute ein historisches Museum beherbergt. Vom 13. bis 16. August wird hier das Fest des hl. Joachim (San Joaquín) gefeiert. 3 km außerhalb der Stadt liegt der Cenote Azul, ein See mit über 70 m Tiefe und 200 m Durchmesser (Fisch- und Wildrestaurant).

Bucht von Chetumal

Die Bucht von Chetumal bietet gute Angelmöglichkeiten. Am südlichsten Teil der die Bucht östlich begrenzenden Landzunge, dem Karibischen Meer zugewandt, liegt das über Majahual und von dort auf schlechter Straße zu erreichende Fischerdorf Xcalak, ein guter Stützpunkt für Hochseefischer und Sporttaucher. Der Landzunge ist die Chinchorro-Bank vorgelagert, die wiederum Teil eines riesigen Korallenriffs ist.

Felipe Carrillo Puerto

153 km nördlich von Chetumal auf der MEX 307 liegt der Verkehrsknotenpunkt Felipe Carrillo Puerto (30 m ü.d.M.; 31 000 Einwohner). Unter dem Namen Chan Santa Cruz ('kleines heiliges Kreuz') war er das Zentrum des Kultes des 'Sprechenden Kreuzes', eine indianische Bewegung, die der Motor des 'Krieges der Kasten' (1847–1901) war. In dieser Zeit war Chan Santa Cruz vorübergehend auch die Hauptstadt des unabhängigen Mayastaates von Yucatán.
Reste des ursprünglichen Tempels ('Oratorio') des 'Sprechenden Kreuzes' befinden sich an der Nordwestecke der Calle 60 y 69. Im Mu-

seum 'Santuario de la Cruz Parlante' sind Dokumente und Fotos zum 'Krieg der Kasten' und zur Stadtgeschichte ausgestellt. Auf dem Hauptplatz steht die 1858 erbaute große Kirche dieses Kultes, aus der die Stimme des Kreuzes zu den Indianern sprach und ihre Geschicke leitete – die wahrscheinlich die eines Bauchredners oder eines versteckten Mannes war.

Über Francisco Escárcega nach Villahermosa

Die MEX 186 durchzieht das kaum bewohnte, vorwiegend von dichtem Busch und weiten Savannen bedeckte südliche Yucatán. Bei Kilometer 145 befindet sich das Ramada Inn Eco Village. 58 km westlich von Chetumal führt von Francisco Villa links eine Abzweigung zu der 9 km entfernten Maya-Stätte ⟶ Kohunlich.

Etwa 60 km westlich von Francisco Villa liegt rechts unweit der Straße die archäologische Stätte Xpuhil (Maya: 'Platz der Katzenschwänze'), bereits im Bundesstaat Campeche. Man rechnet diese Ausgrabung der späten Maya-Klassik (800–900 n. Chr.) zu, obwohl Xpuhil und die benachbarten Orte auch früher schon besiedelt waren. Das Hauptgebäude ist ein Palast, der zwei seitliche und einen mittleren, etwas zurückgesetzten Turm aufweist. Diese Türme sind funktionslos, d. h. sie sind reines Schmuckwerk, das die Front von Tempelpyramiden, wie sie im Petén (Guatemala) üblich war, nachahmt. Hier sind die Türme jedoch massiv und die Stufen so eng und steil, daß auf ihnen kein Aufstieg möglich ist. Die Fassade über den Türen war einst mit riesigen, wahrscheinlich stilisierte Katzen darstellenden Masken verziert. Diese Kombination der 'falschen Türme' mit der Dekoration der

Die funktionslosen Türme von Xpuhil

Chetumal

Route

Río-Bec-Stil

Fassade, die an Werke der Chenes-Kultur erinnert, wird als 'Río-Bec-Stil' bezeichnet. An den seitlichen Türmen des palastartigen Gebäudes von Xpuhil kann man heute noch Teile von Großmasken sehen.

Hormiguero

Archäologisch Interessierte können von Xpuhil aus per Auto und zu Fuß die ca. 15 km entfernte große Maya-Stätte Hormiguero erreichen.

*Becán

Nur 4 km weiter rechts unweit der Straße liegt Becán (Maya: 'Wassergraben'), dessen Bauten ebenfalls dem Río-Bec-Stil zuzurechnen sind. Man sieht u.a. Paläste mit den zwei typischen 'falschen Türmen', eine Pyramide mit Tempel, Altäre und einen Ballspielplatz.
Die erste Plaza wird von den Strukturen I bis IV gesäumt, die vorwiegend in der letzten Bauperiode (550–830 n. Chr.) errichtet wurden. Der interessanteste Bau der gesamten Stätte ist die im Norden der Plaza gelegene Struktur IV mit ihrer monumentalen Freitreppe. Im Oberbau, auf der südlichen Fassade, sind noch intakte Relief-Skulpturen erhalten. Die nördliche Fassade besteht aus mehreren Terrassen und zahlreichen in Räume führenden Türeingängen, umrahmt von Steinornamentik. Auf der sich anschließenden Plaza Central erstreckt sich auf der Südseite die doppeltürmige Struktur VIII mit einem Eingang, der zu mehreren Räumen führt. Die noch nicht ausgegrabene Struktur IX auf der Nordseite ist mit über 32 m das höchste Gebäude von Becán. Wie dieses sind die meisten der zahlreichen Bauten ganz oder teilweise von tropischer Vegetation überwuchert.

*Chicaná

2 km weiter auf der Hauptstraße zweigt man links ab und erreicht nach fünf Minuten Fahrt den Ausgrabungsort Chicaná (Maya: 'Haus des Schlangenrachens'), der aus zahlreichen Gebäuden besteht. Manche der dekorierten Fassaden sind gut erhalten bzw. restauriert, so daß man hier den Río-Bec-Stil gut studieren kann. Auf der Ostseite des Hauptplatzes erhebt sich die Struktur II, die zwischen 750 und 770 n. Chr. entstanden ist. Hauptmerkmal der Fassade ist eine Riesenmaske, deren geöffneter Rachen das Tor bildet. Wiederum typisch ist die Verkleidung der gesamten mittleren Fassade, also auch des unteren Teils bis zur Terrasse, mit stilisierten Motiven. Andere Gebäude sind mit seitlichen Türmen ausgestattet. Bemerkenswert sind auch die Ecken der Tempel, die aus übereinandergesetzten Masken des Regengottes Chac mit rüsselförmigen Nasen gebildet sind.

Weitere Maya-Stätten

Zwischen diesen drei Stätten und der guatemaltekischen Grenze im Süden gibt es noch etwa 20 weitere Maya-Orte, die vorwiegend über schlechte Wege oder ausschließlich in der Trockenzeit erreichbar sind. Die bedeutendste Stadt war mit über 6000 Gebäuden Calakmul, vielleicht die größte Maya-Stadt überhaupt. Kürzlich entdeckte man sieben Fernstraßen (sacbé) und reichgeschmückte Grabstätten. Man nimmt an, daß Calakmul schon in der vorklassischen Zeit zusammen mit Nakbé und El Mirador (beide Guatemala) eine dominierende Rolle in der Region gespielt hat. Man fand bisher nicht weniger als 115 Stelen. Das 7500 km² großen Biosphärenreservat ist nach Calakmul benannt. Río Bec, nach dem der hier vorherrschende Stil bezeichnet ist, wie Multún und La Muñeca sind perfekte Beispiele dieses Stils. Balamkú (von Xpuhil in ca. 60 km zu erreichen; hier fand man kürzlich einen seltenen Fries), Dzibanché und Kinichná sind andere wichtige Maya-Stätten dieser Region. Die mexikanische Regierung bemüht sich, Straßen zu diesen interessanten Ruinenorten zu bauen.
Von Chetumal bis zum Verkehrsknotenpunkt Francisco Escárcega sind es 273 km. Hier mündet die MEX 261 aus Campeche und Champotón in die MEX 186. Nach 150 km überquert man den Río Usumacinta, und nach 182 km erreicht man bei Catazaja eine Abzweigung nach ⟶ Palenque. – Von Catazaja sind es noch 116 km bis nach ⟶ Villahermosa, nachdem man vorher den Río Grijalva überquert hat.

Mexiko
Vereinigte Mexikanische Staaten
Estados Unidos Mexicanos

Chiapas

Bundesstaaten / Estados

1a Baja California Sur
1b Baja California Norte
2 Sonora
3 Chihuahua
4 Sinaloa
5 Durango
6 Coahuila
7 Nuevo León
8 Zacatecas
9 San Luis Potosí
10 Tamaulipas
11 Nayarit
12 Aguascalientes
13 Jalisco
14 Guanajuato
15 Querétaro
16 Hidalgo
17 Colima
18 Michoacán
19 México
20 Morelos
21 Tlaxcala
22 Puebla
23 Veracruz
24 Guerrero
25 Oaxaca
26 Chiapas
27 Tabasco
28 Campeche
29 Yucatán
30 Quintana Roo

D.F. Distrito Federal (Bundesdistrikt)

Chiapas (Bundesstaat)

Kürzel: Chis.
Hauptstadt: Tuxtla Gutiérrez
Fläche: 74 415 km²
Bevölkerungszahl: 3 584 800

Chiapas, der Staat im Südosten Mexikos, reicht im Westen, wo er an die Bundesstaaten Oaxaca und Veracruz grenzt, bis fast zum Isthmus von Tehuantepec. Im Norden verläuft die Grenze mit Tabasco und Campeche in feuchtheißen Niederungen; im Osten wird die Grenze nach Guatemala im mittleren Abschnitt durch den im Regenwald fließenden Río Usumacinta gebildet, während weiter südlich auf beiden Seiten der Grenze Hochland vorherrscht. Es handelt sich dabei um die Ausläufer der Sierra Madre del Sur, die im Schnitt um 1500 m hoch sind, in einzelnen Gipfeln wie dem Tacaná aber auch die 3000-Meter-Grenze übersteigen. Die Sierra fällt südlich steil zur Pazifikküste ab.

Lage und Landesnatur

Da Chiapas als Randgebiet bis in jüngste Zeit von der Modernisierung in der Zentralregion kaum erfaßt wurde, hat sich die bäuerliche Kultur der zur Sprachgruppe der Maya gehörenden Stämme wie die Zoque, Tzotzil, Tzeltal, Chol und der Lacandon-Indianer mit ihren vielfältigen Sitten und Gebräuchen besser erhalten als in anderen Gebieten des Landes. Bezeichnend für die Struktur von Chiapas ist, daß es insgesamt 15 178 Siedlungen mit weniger 100 Einwohnern gibt.

Indianische Urbevölkerung

Bedeutende präkolumbische Stätten der Maya in Chiapas sind Chiapa de Corzo (Lagartero), Toniná (Umgebung von → San Cristóbal), Chinkultic (→ Montebello-Seen), → Bonampak, → Yaxchilán, → Palenque und Izapa.

Archäologische Stätten

Chiapas

Geschichte

In der Frühzeit waren es wahrscheinlich Stämme der Olmeken, die als erste in diesem Gebiet siedelten. In der vorklassischen Epoche wurden sie von den Maya abgelöst. Die Maya-Kultur hatte hier ihre Blütezeit zwischen 300 und 900 n. Chr. Nachdem die Maya ihre großen Städte verlassen hatten, zerstreuten sie sich in viele kleine Siedlungen, die gegen Ende des 15. Jh.s meist von den Azteken tributpflichtig gemacht wurden. Die Spanier erschienen 1524 in Chiapas, und es gelang ihnen nach harten Kämpfen, den Südosten des heutigen Mexiko zu unterwerfen. Im Jahre 1544 wurde Bartolomé de Las Casas Bischof von Chiapas. Er schaffte die Versklavung der Indios durch die Spanier ab und erreichte durch seinen Einfluß am spanischen Hof gesetzlichen Schutz für die Indianer in den neu eroberten Gebieten Amerikas. Obwohl sein Wirken nur begrenzten Erfolg hatte, gilt Las Casas immer noch als Beschützer der Indianer. Chiapas wurde von 1543 bis zur Unabhängigkeit Mexikos 1822 von der spanischen Administration in Guatemala regiert. Während der Kolonialzeit, aber auch noch nach Erlangung der Unabhängigkeit, kam es wiederholt zu Aufständen der Indianer gegen die Regierung. Zuletzt erhoben sich 1911 die Stämme der Tzotzil und der Tzeltal. Am 1. Januar 1994 besetzte die 'Zapatistische Nationale Befreiungsarmee' San Cristóbal de las Casas, Altamirano, Ocosingo und Las Margaritas. Nach heftigen Kämpfen gegen die massiv angetretene Armee wurde die vorwiegend aus Tzeltal und Tzotzil bestehenden Bauernrevolutionäre in die Berge zurückgedrängt. Bis Ende 1997 herrschte hier ein unsicherer Waffenstillstand.

Wirtschaft

Neben der traditionellen Landwirtschaft, der Gewinnung von tropischen Hölzern sowie von Chicle (Kaugummirohstoff) und Salz spielt der Anbau von Kaffee und Kakao eine große Rolle. In den letzten Jahren haben der Abbau von Gold, Silber und Kupfer, insbesondere aber die Erdölförderung und auch der Tourismus stark zugenommen.

Küstenfahrt am Golf von Tehuantepec

Tonalá

Die Küstenstraße MEX 200 erreicht man über die von Oaxaca nach Tuxtla Gutiérrez führende MEX 190, die man hinter San Pedro Tepanatepec rechts in Richtung Arriaga (44 km) verläßt. Von dort sind es noch 23 km bis Tonalá (50 000 Einw.), einem von üppiger tropischer Vegetation umgebenen Ort mit einem kleinen archäologischen Museum. Von hier führt eine Abzweigung südlich zu dem 17 km entfernten Fischerhafen Puerto Arista. In der Nähe befindet sich eine Ausgrabungsstätte, deren Ruinen frühe aztekische Einflüsse zeigen.

Tapachula

Von Tonalá über Huixtla sind es 221 km bis Tapachula (150 m ü.d.M.; 190 000 Einw.). Die Stadt liegt hübsch am Fuße des erloschenen 4093 m hohen Vulkans Tonaná und ist das Wirtschaftszentrum der vom Kaffeeanbau bestimmten Region. Tapachula besitzt einen zoologischen Garten und das Museo Arqueológico de Soconusco mit Fundstücken aus Chiapas, v.a. aus Tonalá und Izapa.

Izapa

Knapp 11 km östlich von Tapachula liegt die archäologische Zone von Izapa, das größte vorspanische Kulturzentrum an der Pazifikküste Mesoamerikas. Es handelt sich um eine sehr alte Tempelstadt, die schon etwa 1500 v. Chr. bis 900 n. Chr., also von der frühformativen Epoche bis zum Ende der klassischen Zeit, bedeutsam war. Neben einer großen Anzahl von künstlichen Erdhügeln, Tempelplattformen, Innenhöfen und einem Ballspielplatz sind es vor allem die mehr als 50 bearbeiteten Steinmonumente, die die heute bekannte 4 km^2 große archäologische Zone auszeichnen. Die meisten Steinskulpturen wur-

den bereits zwischen 300 und 50 v. Chr. hergestellt und weisen vielfach auf olmekischen Einfluß hin bzw. bilden bereits den Übergang zum Maya-Stil. Unter anderem fand man Stelen mit Flachreliefs, die einen eigenartigen 'langlippigen' Gott zeigen. Der wichtigste Fund war wohl die Stele 5 mit ihrem eingemeißelten Lebensbaum und alten Göttern, wahrscheinlich den Schöpfungsmythos darstellend.
Die Straße schneidet die Stätte in zwei Teile. Im südlichen Sektor, rechts der Straße, etwa 600 m entfernt, findet man in der Grupo Central einen überwachsenen Erdhügel und einen Zeremonialplatz mit mehreren Stelen und Altären, darunter Stele 5, ebenso in der Grupo del León, in der besonders das Monument 2 hervorzuheben ist, das eine menschliche Gestalt im Rachen eines Jaguars darstellt. Im nördlichen Teil, links an der Straße, sieht man ein Dutzend Pyramidenplattformen, einen überwachsenen Erdhügel, den Ballspielplatz und Stelen und Altäre, darunter die Reste der Stele 60 und die ornamentierte Stele 67. Ein Teil der Stelen ist im Museum in Tapachula ausgestellt.

Chiapas (Route), Izapa (Fortsetzung)

27 km südlich von Tapachula erreicht man Puerto Madero, eine Hafenstadt und ein beliebtes Seebad. Grenzübergänge nach Guatemala bestehen bei Puente Talismán (18 km) bzw. bei Ciudad Hidalgo (weitere 20 km). Etwa parallel zur Küstenstraße verläuft die Eisenbahnlinie von Salina Cruz über → Tehuantepec nach Guatemala.

Puerto Madero

Chichén Itzá P 7

Bundesstaat: Yucatán (Yuc.)
Höhe: 10 m ü.d.M.

Mit dem Bus oder mit dem Auto auf der MEX 180 von → Mérida (1¹/₂–2¹/₂ Std. bzw. 116 km) oder von Valladolid (1 Std. bzw. 42 km); Flugtaxi.

Anreise

Eine der größten und am besten restaurierten archäologischen Stätten Mexikos ist das 116 km östlich von Mérida gelegene Chichén Itzá. Von kurzen Unterbrechungen abgesehen war der Ort über 700 Jahre lang eine heilige Stätte der Maya und danach im 11. und 12. Jh. unserer Zeitrechnung politisches und religiöses Zentrum einer Renaissance des Maya-Reiches unter toltekischer Vorherrschaft. Chichén Itzá wurde von der UNESCO zum 'Kulturerbe der Menschheit' erklärt.

Lage und Allgemeines

Chichén Itzá (Maya: 'nahe beim Brunnen der Itzá') wurde wahrscheinlich um 450 n. Chr. von aus dem Süden zugewanderten Maya-Stämmen gegründet. Man nimmt heute an, daß die Stätte nicht wie die damals weit bedeutenderen Orte im Zentrum und im Süden der Maya-Region (Campeche, Chiapas, Guatemala, Honduras) am Ende der klassischen Maya-Epoche (um 900) verlassen wurde. Nach neuesten Forschungen glaubt man sogar, daß bereits im 7. und 8. Jh. Stämme aus dem zentralmexikanischen Hochland in diese Region vordrangen und mit den Maya verschmolzen. Es könnte dann im 9. oder 10. Jh. eine Rückwanderung stattgefunden haben, was die starken Maya-Elemente in Tula erklären würde. Bisher herrschte die Meinung vor, daß die Tolteken um 1000 n. Chr. aus dem 1200 km entfernten Tollán (heute → Tula) einwanderten und sich an dem Ort, der damals wahrscheinlich noch Uucil-abnal (Maya: 'sieben Büsche') hieß, niederließen. Nach alten Nahua-Chroniken führte der wegen seiner Friedfertigkeit aus Tula vertriebene legendäre Fürst Ce Ácatl Topiltzín, der sich wie mehrere Toltekenherrscher Quetzalcóatl oder Kukulkán (Náhuatl bzw. Maya: 'gefiederte Schlange') nannte, die Auswanderer an.

Geschichte

Chichén Itzá

Gebäude der Nonnen (Zeichnung von Catherwood, 1841/42)

Geschichte (Fortsetzung)

Durch die Verschmelzung der beiden Hochkulturen der Tolteken und Maya kam es in den folgenden zwei Jahrhunderten auf dem Gebiet der Architektur zur nachklassischen Renaissance der Maya-Kunst. Die den Nahua-Chroniken in vielem widersprechenden Aufzeichnungen der Maya, wie die Bücher des Chilam Balam (des 'Jaguar-Wahrsagers'), besagen, daß Chichén Itzá zusammen mit Uxmal und Mayapán zwischen 1007 und 1194 n. Chr. eine Dreierallianz, die sogenannte Liga von Mayapán, bildete. Dies wird von der modernen Forschung als zweifelhaft angesehen, da Uxmal schon im 11. Jh. verlassen war und Mayapán vermutlich erst im frühen 13. Jh. gegründet wurde. In der Glanzzeit Chichén Itzás waren die toltekischen Stilelemente vorherrschend, so daß die Bauwerke trotz vieler Maya-Merkmale erstaunliche Ähnlichkeiten mit denen der alten Toltekenhauptstadt Tollán aufweisen. Auch die Aufzeichnungen über das Ende Chichén Itzás sind recht widersprüchlich; wahrscheinlich wurde es um 1250 n. Chr. verlassen. Als Ursache wird eine zweite Einwanderung der vom Hochland beeinflußten Maya angesehen, die Chichén Itzá seinen heutigen Namen gaben. Wieder beanspruchte der Führer der Eroberer den Namen Kukulkán oder Quetzalcóatl, um an die toltekische Tradition anzuknüpfen. Bald darauf kam es zu einer Aufsplitterung der Itzá. Ein Teil des Stammes gründete unter dem Geschlecht der Cocom die Stadt Mayapán, von wo aus sie bis ca. 1450 den Norden der Halbinsel beherrschten. Zu dieser Zeit spielte Chichén Itzá offenbar keine große Rolle mehr, da die Bautätigkeit fast eingestellt wurde und ein Großteil der Stadt verlassen lag.

Zur Zeit der Eroberung durch die Spanier im Jahre 1533 war sie kaum noch besiedelt, aber immer noch ein vielbesuchter Wallfahrtsort. Bischof Diego de Landa besuchte ihn und beschrieb 1566 einen Teil der Gebäude. 1841 bis 1842 durchforschte der Amerikaner John Stephens die Stätte und 1876 arbeitete der französische Archäologe Le

Chichén Itzá

Plongeon in Chichén Itzá. Danach waren der Engländer Maudslay und der Österreicher Maler dort tätig. Edward Thompson, US-Konsul in Mérida, erwarb 1885 das gesamte Gelände und ließ 1904 bis 1907 für das Peabody Museum im Heiligen Cenote nach Opfergaben tauchen. In den zwanziger Jahren machte sich der Amerikaner Sylvanus Morley besonders um die Ausgrabung und Restaurierung Chichén Itzás verdient. In den sechziger Jahren bemühten sich vor allem die US-amerikanische National Geographic Society und das mexikanische Institut für Anthropologie und Geschichte I.N.A.H. um neue Erkenntnisse.

Geschichte (Fortsetzung)

Besichtigung der **Ruinenstätte

Die archäologische Zone erstreckt sich über ein Gebiet von fast acht Quadratkilometern. Wie bei fast allen präkolumbischen Stätten ist auch in Chichén Itzá nur ein Teil der Gebäude ausgegraben. Die oft irreführenden Bezeichnungen für die Gebäude stammen entweder aus frühen spanischen Quellen oder von Archäologen; die historischen Maya-Namen sind fast alle in Vergessenheit geraten. Am Haupteingang befindet sich ein großes Besucherzentrum mit dem interessanten Museum, einem Auditorium, Restaurant und Buchladen.

In der Nordgruppe findet man in erster Linie Merkmale des toltekischen Stils. Charakteristisch ist die Figur des Chac-mool (Maya: 'roter Jaguar'), eine unzutreffend benannte zurückgelehnte Steinfigur mit abgewandtem Gesicht, die eine Opferschale hält und wahrscheinlich als Tempelwächter diente. Typisch toltekische Elemente sind auch die sogenannten Atlanten, Steinbilder aufrechtstehender Krieger, die Tempeldächer oder Altäre trugen. Das immer wieder auftauchende Symbol der gefiederten Schlange (Maya: 'Kukulkán') verdrängte Darstellungen des Chac (Regengott der Maya). Auch Kampf- und Opferszenen sind weitaus häufiger als in der klassischen Maya-Kunst.

Nordgruppe

Das dominierende Gebäude ist El Castillo, auch Pyramide des Kukulkán genannt. Wie bei den meisten präkolumbischen Bauten wurde auch dieses Gebäude streng nach astronomisch-astrologischen Vorschriften errichtet.
Die in ihrer klassischen Einfachheit überaus eindrucksvolle und hervorragend restaurierte, insgesamt 30 m hohe, vierseitige Pyramide weist neun Terrassen und vier Treppen auf, welche die neun Himmel und die vier Himmelsrichtungen symbolisieren. Jede der vier Treppen hat 91 Stufen, also zusammen 364 und mit der Plattform als letzter Stufe 365, entsprechend der Anzahl der Tage eines Jahres. An den Aufgängen ist jeweils ein großer Schlangenkopf postiert. Wenn man die 45 Grad steile Treppe erklommen hat, steht man auf der oberen Plattform, auf welcher der eigentliche Tempel des Kukulkán steht. Von dort hat man eine prächtige Aussicht über das gesamte Gelände. Der Haupteingang wird von zwei typisch toltekischen Schlangensäulen flankiert. Während der Restaurierung des Castillo entdeckte man im Innern einen auf einer früheren, später überbauten Pyramide stehenden vollständig im Maya-Stil gehaltenen Tempel. Am Eingang fand man einen steinernen Chac-mool und einen Thron in Form eines rotbemalten, steinernen Jaguars, dessen Fell mit Jadestücken eingelegt war. Durch einen zur inneren Pyramide führenden Gang kommt man in diese Räume (geöffnet 10.00–16.00 Uhr).
Zu den Tag- und Nachtgleichen (21. März und 21./22. September) ist die Kukulkán-Pyramide Schauplatz einer spektakulären Erscheinung: Der Sonneneinfall an diesen beiden Nachmittagen bis zum Sonnenuntergang wirft die Schattenlinien der Ecken der neun Pyramidenterrassen an die Nordwestmauer des Treppenaufgangs und erzeugt eine

**El Castillo (Pyramide des Kukulkán)

Aussicht

*Schlangenerscheinung

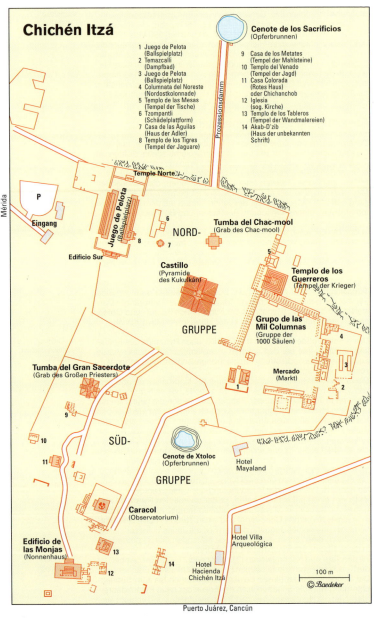

Chichén Itzá

El Castillo (Pyramide des Kukulkán)

zu den Schlangenköpfen gleitende Linie, so daß der Eindruck entsteht, als krieche die große Schlange von der Spitze der Pyramide – Sinnbild des herabsteigenden Kukulkán, der die Saatzeit ankündigt bzw. die Regenzeit beendet.

Schlangenerscheinung (Fortsetzung)

Östlich vom Castillo liegt der Kriegertempel (Templo de los Guerreros), ein prachtvoller Bau auf einer Stufenplattform, umgeben von weiten Säulenhallen. Er ist zweifellos eine vergrößerte Nachahmung des Tempels des Morgensterns von Tula. Mehrere Reihen viereckiger Pfeiler führen zur Treppe, an deren Ende ein Chac-mool liegt. Den Eingang zum Haupttempel bilden zwei große Schlangensäulen, deren Köpfe am Boden liegen und deren Schwänze, die ursprünglich den Türsturz hielten, in den Himmel ragen. Dahinter tragen vier Atlanten den großen steinernen Altar. Im Innern der Pyramide haben Archäologen Überreste eines früheren, kleineren Kriegertempels gefunden.

*Kriegertempel

Unterhalb des Kriegertempels liegt die Gruppe der Tausend Säulen (Grupo de las Mil Columnas). Der ursprüngliche Verwendungszweck dieser Anlage ist ungeklärt. Sie könnte als Markthalle oder als Versammlungsort gedient haben. Daneben liegen ein kleiner Ballspielplatz (Juego de Pelota), der sogenannte Markt (Mercado) und ein Dampfbad (Temazcalli), von dem noch der Vorraum, das eigentliche Bad und der Heizraum zu erkennen sind.

Gruppe der Tausend Säulen

Vom Castillo in Richtung Norden kommt man am sogenannten Chac-mool-Grab (Tumba del Chac-mool, auch Venusplattform genannt) vorbei. Hier fand vor mehr als 100 Jahren Le Plongeon eine Steinfigur, die er Chac-mool nannte. Interessant sind die Reliefdarstellungen an dieser Plattform, welche das Symbol des Kukulkán mit dem der Venus verbinden.

Chac-mool-Grab

Chichén Itzá

Kriegertempel und Gruppe der Tausend Säulen

Chac-mool bewacht den Kriegertempel

Chichén Itzá

Weiter nördlich auf einem 6 m breiten Dammweg gelangt man nach 300 m zu dem großen Heiligen Cenote (Cenote Sagrado oder Cenote de los Sacrificios; Chen-ku), dessen Existenz wahrscheinlich die Maya veranlaßte, sich hier niederzulassen. Das kreisrunde natürliche Wasserloch hat einen Durchmesser von 60 m und seine Wände ragen bis zu 24 m über den Wasserspiegel empor. Als größte Tiefe wurden bisher 82 m gemessen.

*Heiliger Cenote

Der Cenote wurde wohl vom 7. Jh. bis nach der Eroberung durch die Spanier als Opferort und Wallfahrtsziel benutzt. Ein Schwitzbad am Rande des Gewässers dürfte zur rituellen Reinigung gedient haben. In Zeiten der Trockenheit warf man lebende Menschen und wertvolle Gegenstände als Opfer für die Götter, vor allem für den Regengott Chac, in den Brunnen. Schon 1904 bis 1907 tauchten Bowditch und Thompson nach Opfergaben. Sie fanden die Skelette von 50 Menschen sowie zahlreiche Gegenstände aus Keramik, Stein, Gold, Kupfer, Jade und Obsidian. Forschungen in den sechziger Jahren, die neue Tiefen erschlossen, brachten weitere 4000 Objekte ähnlicher Art, aber auch Kopalharzstücke, Kautschuk- und Holzpuppen sowie Menschen- und Tierknochen zutage. Die Legende, daß im Cenote vornehmlich schöne Jungfrauen geopfert wurden, ist durch die Untersuchung der gefundenen Skelette, die hauptsächlich von Männern und Kindern stammen, widerlegt worden.

Auf dem Rückweg vom Heiligen Cenote stößt man rechts an der Plaza auf eine große rechteckige Plattform, Tzompantli genannt, was auf Náhuatl Schädelmauer bedeutet. Das Bauwerk diente als Unterbau für eine Palisade, auf der die Schädel der den Göttern dargebrachten Menschenopfer aufgereiht wurden. Reliefdarstellungen von Totenköpfen schmücken das Gemäuer.

Tzompantli

Daneben steht eine kleinere Plattform, die als Haus der Adler (Casa de los Águilas) bezeichnet wird. Die Treppen zieren Steindarstellungen von Schlangen, die Wände weisen Reliefs von Adlern und Jaguaren auf, welche menschliche Herzen in ihren Klauen halten. Es handelt sich hierbei um Symbole der beiden toltekischen Kriegerorden.

Haus der Adler

Wie fast alle Maya-Städte besitzt auch Chichén Itzá mehrere Anlagen für das rituelle Ballspiel. Insgesamt wurden sieben Plätze gefunden. Der am Nordwestende der Plaza gelegene Ballspielplatz (Juego de Pelota) ist der imposanteste, der bisher in Mesoamerika entdeckt wurde.

**Ballspielplatz

Das eigentliche Spielfeld ist fast 146 m lang und rund 37 m breit, längsseitig eingerahmt von senkrechten 8,5 m hohen Mauern. In der Mitte der beiden Seitenmauern in einer Höhe von 7,25 m ist jeweils ein schwerer Steinring angebracht, der mit Schlangenornamenten verziert ist. Die Spieler mußten einen Hartgummiball durch die Steinringe schlagen, wobei sie lediglich Ellbogen, Knie und Hüfte verwenden durften. Der Ball, als Sinnbild der Sonne, durfte wahrscheinlich den Boden nicht berühren, da sonst der symbolische Lauf der Sonne unterbrochen worden wäre. Es bleibt unklar, ob die Verlierer oder die Sieger geopfert wurden. Die Mauern werden nach unten durch eine Rampe begrenzt, deren Paneele Reliefdarstellungen der zur Opferung geführten Spieler zeigen.

Zwei kleine Tempel – Edificio Sur und Templo Norte – an den beiden Schmalseiten waren, wie manche Forscher behaupten, den Göttern der Sonne und des Mondes geweiht.

Der Tempel der Jaguare (Templo de los Tigres) lehnt sich an die südöstliche Mauer des Ballspielplatzes. Auf der zur großen Plaza hin geöffneten Seite steht als Altar eine steinerne Jaguarplastik. Das über

Tempel der Jaguare

Chichén Itzá

Heiliger Cenote

Tempel der Jaguare (Fortsetzung)

eine steile Treppe zugängliche Obergeschoß des Baus öffnet sich nach Westen auf den Ballspielplatz. Den Eingang flankieren wie beim Tempel der Krieger Schlangensäulen. Die Fassade ist mit mehreren Friesen, die meist Jaguare zeigen, dekoriert. Innen sind noch Wandmalereien zu sehen, die offenbar eine Schlacht zwischen Maya und Tolteken darstellen (geöffnet 10.00–11.00 und 15.00–16.00 Uhr).

Südgruppe

Die Südgruppe von Chichén Itzá, deren außen liegende Ruinen Chichén Viejo ('Das alte Chichén') genannt werden, erreicht man nach Überquerung der ehemaligen Trasse der Straße Mérida – Puerto Juárez. Rechts erhebt sich das Grab des Hohenpriesters (Tumba del Gran Sacerdote), eine 10 m hohe beschädigte Pyramide. Das Gebäude enthielt sieben Gräber mit Skeletten und wertvollen Gegenständen.

Grab des Hohenpriesters

*Schneckenhaus (Observatorium)

In der Nähe liegt das Schneckenhaus (span. 'Caracol'), eines der interessantesten Gebäude dieser Stadt, das aller Wahrscheinlichkeit nach als Observatorium diente. Spiralförmig und leicht ansteigend windet sich ein Gang in das Innere des Rundbaus, der auf einer zweistufigen Plattform errichtet ist.
Durch schmale Fensterschlitze dringen nur zweimal im Jahr die Sonnenstrahlen für Sekunden bis in das Zentrum des Baus. Auf diese ebenso einfache wie zuverlässige Weise bestimmten die Maya-Priester in Chichén Itzá die Zeit. Das Observatorium weist Stilformen des zentralen Hochlandes neben klassischen Maya-Elementen auf.

Gebäude der Nonnen

Weiter südlich gelangt man zum Gebäude der Nonnen (Edificio de las Monjas), das irrigerweise von den Spaniern so genannt wurde. Der reich verzierte Bau und seine Nebengebäude sind im klassischen Chenes-Stil der Maya erbaut. Die Steindekorationen, welche die Fassaden fast bedecken, symbolisieren den Maya-Gott Chac. Die anschließende sogenannte Kirche (Iglesia) zeigt Merkmale der Puuc-Bauweise, eines frühen Stils, dessen Fassaden neben den klassischen Chac-Masken geometrische Ornamente und Tierdarstellungen aufweisen. Zwischen den Chac-Masken sieht man eine Krabbe und ein Gürteltier sowie eine Schnecke und eine Schildkröte, die als Tiere auftretenden Träger des Himmels aus der Maya-Mythologie.

'Kirche'

Zu erwähnen in diesem Teil von Chichén Itzá sind noch der Tempel der Wandmalereien (Templo de los Tableros) mit toltekische Krieger und Jaguare darstellenden Reliefs; das Gebäude der unbekannten Schrift (Akab D'zib; Maya: 'schwarze-Schrift'), so benannt nach bislang nicht entzifferten Schriftzeichen über der Tür des zweiten Raumes; der Tempel der Fenstersturze (Templo de los Dinteles), das Rote Haus (Casa Colorada oder Chichan-chob) mit vorherrschendem Puuc-Stil, die Datumsgruppe (Grupo de las Fechas) mit einem Phallustempel, hauptsächlich im toltekischen Stil; sowie ein weiterer Ballspielplatz (Juego de Pelota) und der Cenote Xtoloc, der wohl als Wasserreservoir diente.

Weitere Gebäude

Umgebung von Chichén Itzá

5 km östlich des Grabungsfeldes auf der MEX 180 in Richtung Valladolid und Puerto Juárez erreicht man die Grotte Balankanché ('Thron des Jaguarpriesters'), eine 1959 durch Zufall entdeckte sehenswerte Tropfsteinhöhle. Der Zugang zu dem offenbar seit vielen Jahrhunderten unberührten unterirdischen Kult- und Bestattungsort war mit groben Bruchsteinen versperrt. Die Grotte ist wahrscheinlich Teil eines ausgedehnten Labyrinths von Höhlen und Gewässern, welches noch der Erforschung harrt. Der Besucher sieht in den künstlich beleuchteten Höhlen die seinerzeit von den Priestern aufgestellten zahlreichen Schalen und Schüsseln aus Ton, 'Metates' (Mahlsteine für Mais), Kopal-Rauchgefäße u. a. m. Viele der Kultgegenstände sind mit dem Antlitz des toltekisch-aztekischen Regengottes Tláloc verziert, woraus man schließt, daß die Grotte eine rein toltekische Grabanlage war. Mittelpunkt der Höhle ist ein Altarraum, in welchem ein Tropfsteingebilde zu sehen ist, die Ceiba, den heiligen Baum der Maya, erinnert. Ein schmaler Durchgang führt in eine tiefer liegende Stalaktitenkammer, an deren Ende ein glasklares Gewässer einen ebenfalls dem Regengott Tláloc geweihten Altar umschließt. Im Teich leben kleine Garnelen und blinde Fische.

*Balankanché

42 km östlich von Chichén Itzá liegt Valladolid (60 000 Einw.), die zweitgrößte Stadt Yucatáns. Die Kirche San Bernardino, eine Franziskanergründung aus dem Jahre 1552, ist eines der wenigen Kolonialgebäude, welches den Bürgerkrieg in der zweiten Hälfte des vorigen Jahrhunderts überstand. Bemerkenswert sind die beiden Cenotes Cis-ha und Zac-hi; ein Steg führt zu dem 45 m tiefer gelegenen Gewässer. Schon 5 km vor Valladolid rechts der ca. 20 m tiefe, durch sein warmes, kobaltblaues Wasser sehr reizvolle Cenote Dzitnup.

Valladolid

Von Valladolid führt die MEX 295 nach Norden zu dem 52 km entfernten Ort Tizimín. Hier werden vom 30. Dezember bis zum 6. Januar große Festlichkeiten zu Ehren der Heiligen Drei Könige abgehalten.

Tizimín

52 km weiter nördlich an der Küste liegt die kleine Stadt Río Lagartos (Nefertiti) in reizvoller Landschaft. Bemerkenswert sind bei Las Coloradas (16 km) im Mündungsgebiet des Río Lagartos die Brutkolonien zahlreicher rosa und roter Flamingos und anderer Vögel, die unter Naturschutz stehen (Bootsausflüge). Östlich des Ortes befindet sich eine

Río Lagartos

*Flamingo-Brutkolonien

Chihuahua (Bundesstaat)

Umgebung von
Chichén Itzá,
Río Lagartos
(Fortsetzung)

in Yucatán seltene echte Schwefelquelle, Chiquila genannt. Westlich von Río Lagartos liegt der Fischerort San Felipe.

Von Valladolid führt eine neue Straße über Nuevo X-can nach → Cobá.

Chihuahua (Bundesstaat)

Kürzel: Chih.
Hauptstadt: Chihuahua
Fläche: 245 612 km²
Bevölkerungszahl: 2 793 500

Lage und Landesnatur

Chihuahua ist der größte und einer der reichsten Bundesstaaten Mexikos. Er grenzt im Norden und Nordosten an die USA (New Mexico und Texas), im Osten an Coahuila, im Süden an Durango und im Westen an Sinaloa und Sonora. Die Grenze nach Texas wird vom Río Bravo del Norte (Río Grande del Norte) gebildet, in den auch Chihuahuas bedeutendster Fluß, der Río Conchos, mündet. Der Hauptteil des Staates besteht aus einem Hochplateau, dessen Höhe zwischen 1200 und 2400 m ü.d.M. liegt. Der westliche Teil wird von den durch tiefe Schluchten zerklüfteten Bergzügen der Sierra Madre Occidental gebildet. Die Einwohner sind vorwiegend Mestizen und Weiße. Die Indiostämme wie die Guarijio im Westen, die Tarahumara im gebirgigen Südwesten und die Tepehuano im Süden sind nach der Conquista in diese Randgebiete abgedrängt worden.

Präkolumbische Stätten

Außer der archäologischen Zone von Casas Grandes und Umgebung sind präkolumbische Fundstätten um Pacheco (El Willy oder Cueva

Mexiko
Vereinigte Mexikanische Staaten
Estados Unidos Mexicanos

Chihuahua

Bundesstaaten Estados

1a Baja California Sur
1b Baja California Norte
2 Sonora
3 Chihuahua
4 Sinaloa
5 Durango
6 Coahuila
7 Nuevo León
8 Zacatecas
9 San Luis Potosí
10 Tamaulipas
11 Nayarit
12 Aguascalientes
13 Jalisco
14 Guanajuato
15 Querétaro
16 Hidalgo
17 Colima
18 Michoacán
19 México
20 Morelos
21 Tlaxcala
22 Puebla
23 Veracruz
24 Guerrero
25 Oaxaca
26 Chiapas
27 Tabasco
28 Campeche
29 Yucatán
30 Quintana Roo

D.F. Distrito Federal (Bundesdistrikt)

© Baedeker

Chihuahua (Bundesstaat)

de la Olla), um Ciudad Madera (Huaynopa, Vallecito oder Cuarenta Casas) und in der Sierra Tarahumara (Arroyo de Guaynopa) zu erwähnen. Meist sind es Klippenhäuser (Cliff Dwellings) oder reine Höhlenbehausungen, die oft nur schwer zu erreichen sind.

Präkolumbische Stätten (Fortsetzung)

Das Gebiet hat sicherlich eine lange vorkolumbische Vergangenheit, über deren Chronologie man sich aber noch nicht schlüssig ist. Der Haupteinfluß kam wohl aus dem Südwesten der heutigen USA und erst später in geringem Maße aus Zentralmexiko. Rund 700 Jahre lang spielte das Kultzentrum von Casas Grandes eine wichtige Rolle. In der letzten Zeit vor der Conquista wurden die in Chihuahua ansässigen Nahua-Völker von aus Norden kommenden Stämmen wie den Apachen zurückgedrängt. Dennoch waren zu dieser Zeit wahrscheinlich schon die Tarahumara die stärkste Gruppe. Álvaro Núñez Cabeza de Vaca kam 1528 als erster Spanier in das Gebiet. Die Erzsuche der Spanier war erfolgreich; jedoch konnten sich die meisten ihrer Siedlungen im 16. Jh. nicht gegen die ständigen Angriffe der Indios halten. So unternahmen vor allem die Komantschen aus Texas bis ins vorige Jahrhundert regelmäßig ihre berüchtigten Raubzüge, die sie durch Chihuahua und bis nach Zacatecas führten. Zusammen mit Durango bildete Chihuahua in der Kolonialzeit einen Teil der Provinz Nueva Vizcaya. Die Geschichte des Staates nach der Unabhängigkeit Mexikos ist eng mit der seiner gleichnamigen Hauptstadt verbunden. 1823 wurde Chihuahua von Durango getrennt und 1824 zum eigenständigen Bundesstaat erklärt.

Geschichte

Der wichtigste Zweig ist die Viehzucht (meist Rinder). In Gebieten mit künstlicher Bewässerung ist der Anbau von Getreide, Baumwolle, Bohnen, Alfalfa, Obst und Gemüse möglich. Bedeutend ist der Bergbau (Eisen, Antimon, Gold, Silber, Kupfer, Blei und Kohle); daneben ist noch die Forstwirtschaft zu erwähnen. Immer größere Bedeutung gewinnt die Veredelungsindustrie.

Wirtschaft

Reiseziele im Bundesstaat Chihuahua

Neben der Hauptstadt —→ Chihuahua und den in ihrer Umgebung liegenden Orten Cuauhtémoc, Ciudad Camargo und Hidalgo del Parral sowie der großartigen —→ Barranca del Cobre sind in Chihuahua sonst nur noch wenige andere Reiseziele zu nennen.

8 km südlich der modernen Agrarstadt Nuevo Casas Grandes (ca. 335 km nordwestlich von Chihuahua; 1600 m ü.d.M.; 80 000 Einw.) liegt am Rande des alten Städtchens Casas Grandes die wichtigste vorkolumbische Ruinenstätte Nordmexikos, Casas Grandes (Paquimé; Náhuatl: 'große Stadt'). Sie gehört im wesentlichen zum Kulturkreis des heutigen Südwestens der USA, während der Einfluß der mesoamerikanischen Kulturen geringer blieb.
Man rechnet Casas Grandes zu den Oasenkulturen, deren wichtigste die von Casa Grande (Arizona), Mesa Verde (Colorado) und Pueblo Bonito (New Mexico) sind. Über die Erbauer und ihre Zeit ist sehr wenig bekannt. Wahrscheinlich zwischen dem 7. und 8. Jh. von Norden her besiedelt, erlebte Casas Grandes um das Jahr 1000 n. Chr. eine erste Blütezeit. Neuere Funde lassen darauf schließen, daß es im 13. und 14. Jh. unter den Einfluß der Kultur des zentralen Hochlandes geriet. Danach zeigen sich wieder Spuren von Einwirkungen aus dem Norden, die man der Anasazi-Kultur zuschreibt. Welche Bedeutung für die Geschichte dieser Zivilisation die Tarahumara, Pima und Apachen hatten, ist ungewiß. Manche glauben, daß die Apachen für ihren Zusammenbruch, der wahrscheinlich um 1450 erfolgte, als die Stadt

✵Casas Grandes

Chihuahua (Bundesstaat)

Casas Grandes, Stadt am Schnittpunkt der Kulturen

Schmaler Hauseingang zum Schutz vor Feinden in Casas Grandes

Chihuahua (Bundesstaat)

niedergebrannt und verlassen wurde, verantwortlich sind. Paquimé muß ein wichtiges Zentrum für Handwerk und Handel gewesen sein, da man Reste von Werkstätten für Keramik, Türkis- und Muschelbearbeitung fand. Man nimmt an, daß die Federn der hier gehaltenen Papageien gegen Türkis aus dem Norden getauscht wurden.

In der archäologischen Zone fand man aus der frühen Zeit Grubenhäuser, erste Keramik und unterirdische Kultkammern (Kivas); aus der mittleren Epoche Reste von mehrstöckigen Adobe-Häusern, Treppen und Bewässerungskanäle. Aus der Spätzeit stammen neben Anasazi-Keramik, Bauwerke im toltekisch-mexikanischen Stil wie Ballspielplätze, Plattformen, Reste von Pyramiden und Darstellungen des Quetzalcóatl-Motivs. An der Ausgrabungsstätte Paquimé entstand kürzlich ein sehenswertes Museo de las Culturas del Norte. In drei Sälen werden dort u.a. die Geschichte der Region, archäologische und ethnologische Fundstücke sowie das Leben der früheren und jetzigen Bewohner gezeigt.

Chihuahua (Bundesstaat), Casas Grandes (Fortsetzung)

336 km nordwestlich von Nuevo Casas Grandes an der Grenze zu den USA erreicht man Ciudad Juárez (1144 m ü.d.M.; 1 100 000 Einw.; Fiestas: 4. Dezember, Día de Santa Bárbara; 5.-12. Dezember, Stadtgründung; 10.-20. August, Baumwoll-Messe; Flug-, Bus- und Eisenbahnverbindungen nach Mexiko-Stadt). Die Stadt liegt am Südufer des Río Grande gegenüber von El Paso (Texas). Sie hieß früher Paso del Norte und wurde 1888 zu Ehren von Benito Juárez umgetauft, der hier 1865/1866 während des Interventionskrieges sein Hauptquartier hatte. Während der Revolutionskriege (1910–1921) war die Stadt Standquartier des Revolutionshelden und Banditenhäuptlings Francisco ('Pancho') Villa. Heute ist Ciudad Juárez als Warenumschlagplatz und Grenzstadt von Bedeutung und ein Zentrum der 'Veredelungsindustrie' ('Maquiladoras').

Ciudad Juárez

Sehenswert sind die interessante Missionskirche Guadalupe aus der Mitte des 17. Jh.s und das neue Kulturzentrum (Centro Cultural) mit einem archäologischen und historischen Museum (Keramik aus Casas Grandes, Erinnerungsstücke aus den Revolutionskriegen) sowie Volkskunstausstellungen.

Chihuahua (Stadt)   F 3

Bundesstaat: Chihuahua (Chih.)
Höhe: 1330 m ü.d.M.
Einwohnerzahl: 600 000
Telefonvorwahl: 01 14

Mit dem Flugzeug in ca. 2–3 Std.; mit der Eisenbahn in ca. 30 Std.; mit dem Bus in ca. 21 Stunden.

Anreise von Mexiko-Stadt

Chihuahua, die Hauptstadt des gleichnamigen ausgedehnten Bundesstaates, liegt schön in einem nach Norden geöffneten Tal, das auf den übrigen Seiten von Hügelketten der Sierra Madre Occidental eingeschlossen ist. Früher in erster Linie ein Bergwerksort, ist die Stadt heute ein lebhafter Industrie- und Handelsplatz.

Lage und Allgemeines

In vorkolumbischer Zeit und auch noch später wurde die Region von den aus dem Norden kommenden Apachen (Arizona) und Komantschen (Texas) durchstreift.
Die ersten Siedlungs- und Missionierungsversuche der Spanier im 16. Jh. scheiterten. 1709 gründete Antonio de Deza y Ulloa hier eine Siedlung, die er San Francisco de Cuéllar nannte. 1718 bekam der Ort den

Geschichte

Chihuahua (Stadt)

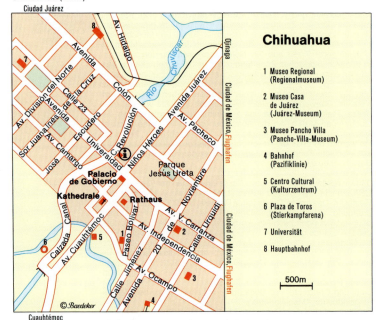

Geschichte (Fortsetzung)

Namen San Felipe El Real de Chihuahua (Tarahumara: 'trockener Platz'). Reiche Silberfunde machten Chihuahua zwar wohlhabend, doch hemmten die ständigen Angriffe der Indianer die Entwicklung. Der Vater der mexikanischen Unabhängigkeit, Pater Miguel Hidalgo y Costilla, wurde nach seiner Gefangennahme durch Truppen der spanischen Krone 1811 in Chihuahua mit seinen Mitstreitern standrechtlich erschossen. Während des Krieges zwischen den USA und Mexiko (1846–1848) und des Interventionskrieges (1862–1866) besetzten zeitweise US-amerikanische Truppen die Stadt; eine Zeit lang residierte auch Benito Juárez in Chihuahua. Die Ende 1910 von hier ausgehende Revolte führte zum Rücktritt des Präsidenten Porfirio Díaz und zum Revolutionskrieg. Hauptbeteiligte waren im Norden Abraham Gonzáles und der Bandenführer Francisco ('Pancho') Villa, der dann 1913 die Stadt mit seiner 'División del Norte' einnahm und sie zu seinem Hauptquartier machte.

Sehenswertes

*Kathedrale

Die auf der Plaza de la Constitución stehende, dem hl. Franz von Assisi geweihte Kathedrale wurde zwischen 1717 und 1826 erbaut. Mit ihrer von Statuen der zwölf Apostel geschmückten barocken Fassade stellt sie den eindrucksvollsten Sakralbau in Nordmexiko dar.

Regierungspalast

Nicht weit davon, an der Plaza Hidalgo, findet man den Regierungspalast (Palacio de Gobíerno), ein im 19. Jh. umgebautes früheres Jesuitenkolleg. Hier wurden 1811 Pater Hidalgo und seine Hauptleute

Kathedrale von Chihuahua ▶

Chihuahua (Stadt)

Regierungspalast (Fortsetzung)	gefangengehalten und hingerichtet. Ihre aufgespießten Köpfe wurden später in Guanajuato ausgestellt. Ebenfalls an der Plaza Hidalgo erhebt sich der Bundespalast (Palacio Federal), in welchem Miguel Hidalgo während seines Prozesses inhaftiert war. An der Calle Libertad
San Francisco	steht die Kirche San Francisco, die zwischen 1721 und 1741 erbaut wurde. Hier lagen Hidalgos sterbliche Überreste begraben, bis sie 1823 nach Mexiko-Stadt überführt wurden.
Museo Regional *Quinta Gomeros	Am Paseo Bolívar 401 (Ecke Calle 4 a) befindet sich im ehemaligen Justizpalast das Regionalmuseum des Staates (Museo Regional del Estado). Dieses Quinta Gameros genannte Gebäude wurde 1907 bis 1910 errichtet und stellt eines der besten Beispiele für Jugendstil in Mexiko dar. Es enthält u.a. Räume mit Jugendstilmöbeln, archäologische Stücke vornehmlich aus Casas Grandes (Paquimé), Utensilien und Fotos der im Staat Chihuahua ansässigen Mennoniten sowie Fotografien und Dokumente aus der Geschichte Chihuahuas.
*Historisches Museum der Revolution	An der Calle 10 Norte Nr. 3014 steht das Haus Quinta Luz, das Palais, in dem einst Pancho Villa residierte. Früher ein von seiner Familie betriebenes Museum, untersteht es jetzt als Historisches Museum der Revolution (Museo Histórico de la Revolución) der mexikanischen Armee und wird auch 'Pancho-Villa-Museum' genannt. Es enthält neben seiner Totenmaske viele Erinnerungsstücke aus dem Leben des berühmt-berüchtigten Banditen und Revolutionshelden, darunter Waffen, Fotos, Uniformen, Flaggen, Dokumente und das Auto, in dem er erschossen wurde.
Weitere Museen	Das Museo Casa de Juárez (Av. Juárez y Calle 3 a) zeigt Dokumente, Fotos und Zeitungen über den Aufenthalt von Benito Juárez in der Stadt und über die Verfassung von 1857 sowie Mobiliar aus dieser Zeit. In einem schönen spanischen Gebäude aus dem 19. Jh. in der Aldama 430 ist das Centro Cultural de Chihuahua untergebracht, in dem Keramik aus der Casas Grandes-Kultur zu sehen ist. Zu den weiteren bemerkenswerten Bauten gehören noch die Kirchen Santa Rita (1731) und Guadalupe (1826) sowie der nicht mehr benutzte Aquädukt (1754–1864; 5583 m lang).
'Perritos Chihuahuenses'	In Chihuahua werden auch die winzigen (600–1200 g Körpergewicht; Durchschnittskörpertemperatur 40° C) haarlosen Hunde, Perritos Chihuahuenses genannt, manchmal auf dem Sonntagsmarkt angeboten. Die Rasse stammt wahrscheinlich aus Europa oder Afrika und nicht aus Chihuahua.

Umgebung von Chihuahua

In der Nähe der Stadt gibt es eine Anzahl von Stauseen (Presa Francisco Madero, Las Vírgenes, Chuviscar), die Bade- und Angelmöglichkeiten bieten.
Auch einige der alten Silberminen (Santa Eulalia oder Aquiles Serdán) sind einen Besuch wert.

Cuauhtémoc	105 km westlich von Chihuahua liegt die Stadt Cuauhtémoc (2100 m ü.d.M.; 42 000 Einw.; Fiesta: 13. Juni, Día de San Antonio). In ihrer Umgebung leben etwa 50 000 Angehörige einer mennonitischen Gemeinde, die Ackerbau und Viehzucht betreiben. Sie sprechen überwiegend noch 'Plautdietsch', eine niederdeutsche Mundart.
Mennoniten	Angehörige dieser im 16. Jh. von dem holländischen Reformator Menno Simons begründeten und ursprünglich vor allem in der Schweiz, Deutschland und den Niederlanden beheimateten Sekte

wurden zu Beginn des 18. Jh.s aus ihrer friesischen Heimat vertrieben und wanderten über die Danziger Gegend nach Südrußland aus. Auch dort wurden ihnen jedoch ihre Privilegien – religiöse Freiheit, eigene Schulen und Befreiung vom Militärdienst – beschnitten, so daß sie nach den USA und Kanada weiterzogen. Kanada forderte 1921 die Eingliederung der mennonitischen Gemeinden in das staatliche Schulsystem. Wiederum sahen sich verschiedene Gruppen gezwungen auszuwandern und fanden eine neue Heimat in Chihuahua, wo sie landwirtschaftliche Mustersiedlungen einrichteten. Maßnahmen der mexikanischen Regierung ließen einen Teil der strenggläubigen Mennoniten 1976 erneut nach Texas auswandern. Die um Cuauhtémoc lebenden Mennoniten gehören nicht zu den 'Conservadores', die etwa elektrischen Strom als Teufelswerk ablehnen. Zwar sind auch sie durchweg äußerst konservativ gekleidet – die Männer tragen blaue Latzhosen, die Frauen hochgeschlossene Kleider und bänderverzierte Strohhüte über ihren Kopftüchern – doch bedienen sich sie sich der Vorteile von Elektrizität, Autos und Traktoren. Ihre aus schmucklosen, sauberen Häusern bestehenden Dörfer werden 'Campos' genannt und tragen lediglich Nummern. Unter den landwirtschaftlichen Erzeugnissen sind vor allem Butter, Käse, Schinken und Äpfel weitbekannt. Es erscheint auch die "Menno-Zeitung" in deutscher Sprache.

Umgebung von Chihuahua (Stadt), Mennoniten (Fortsetzung)

Von Cuauhtémoc erreicht man nach 47 km in westlicher Richtung auf der MEX 16 La Junta, von wo man mit der Bahn oder auf der jetzt gut ausgebauten Straße in die → Barranca del Cobre gelangt.
Fährt man auf einer nur im ersten Abschnitt asphaltierten Straße weiter nach Westen in Richtung Yepáchic, erreicht man über Ocampo die bei dieser Ortschaft gelegenen Wasserfälle von Basaseáchic. Diese in herrlicher bewaldeter Berglandschaft 310 m tief in die Schlucht des gleichnamigen Flusses fallende Kaskade ist die höchste des Landes.
Von La Junta erreicht man auf passabler Staubstraße über San Juanito nach 132 km den Ort Creel, ein guter Ausgangspunkt für Ausflüge in die → Barranca del Cobre.

La Junta

*Wasserfall von Basaseáchic

Etwa 150 km südöstlich von Chihuahua an der MEX 45 liegt das Städtchen Ciudad Camargo, das für die in der Nähe befindlichen heilkräftigen Thermalbäder Ojo de Jabalí, Ojo Caliente und Ojo Salado bekannt ist. In der Nähe liegt der Stausee Boquilla.

Ciudad Camargo

Von Ciudad Camargo auf der gleichen Straße sind es noch etwa 150 km in Richtung Süden zu der Bergbaustadt Hidalgo del Parral (1660 m ü.d.M.; 85 000 Einw.). Beachtenswerte Bauten sind die Pfarrkirche (1710) mit churriguereskem Altar, die als Pilgerziel der Indianer beliebte Kirche El Rayo (18. Jh., churriguereske Retablos) und die aus Erzen der Region erbaute Kirche La Fátima (20. Jh.). In Parral wurde 1923 Pancho Villa in seinem Auto aus dem Hinterhalt niedergeschossen. Ein kleines Museum und eine Gedenktafel erinnern daran.

Hidalgo del Parral

Chilpancingo de los Bravos

Bundesstaat: Guerrero (Gro.)
Höhe: 1360 m ü.d.M.
Einwohnerzahl: 180 000
Telefonvorwahl: 01 747

Von Mexiko-Stadt mit dem Bus ca. 4 1/2 Std.; mit dem Auto ca. 300 km auf der MEX 95.

Anreise

Chilpancingo

Lage und Allgemeines

Chilpancingo de los Bravos, die Hauptstadt des Bundesstaates Guerrero, liegt in einem Tal an einem Bergabhang der Sierra Madre del Sur. Die Stadt bietet wenig Interessantes, kann aber aufgrund ihrer verkehrstechnisch guten Lage an der Straße Cuernavaca–Acapulco als günstiger Ausgangspunkt für Touren in nahe und entferntere unberührte Bergregionen dienen.

Geschichte

Das Gebiet um Chilpancingo (Náhuatl: 'Platz der Wespen') war seit der archaischen Epoche Siedlungsgebiet verschiedener Indianervölker, von denen die Olmeken die frühesten Spuren hinterlassen haben. In der Kolonialzeit spielte die Stadt vor allem als Zwischenstation für Transporte vom Pazifik ins Hochland eine Rolle. Bekannt wurde die Stadt durch die Tatsache, daß 1813 in ihr der erste mexikanische Nationalkongress unter dem Vorsitz von José María Morelos tagte. Den Beinamen 'de los Bravos' erhielt sie 1825, um die Brüder Bravo, die sich im Kampfe um die Unabhängigkeit verdient gemacht hatten, zu ehren. Heute ist die Stadt Zentrum des umliegenden Land- und Forstwirtschaftsgebietes.

Ortsbild

Außer dem Regierungspalast (Palacio de Gobierno), mit Fresken aus der Geschichte Mexikos, der Pfarrkirche und einem zoologischen Garten gibt es kaum Nennenswertes zu sehen. Am ehesten lohnt einen Besuch das Museo Regional mit archäologischen Funden vornehmlich aus Guerrero.

Umgebung von Chilpancingo

Das riesige Gebiet zwischen der Straße Chilapa–Tlapa und der Pazifikküste gehört, da es keine Zufahrtsstraßen gibt, zu den unbekanntesten Gegenden Mexikos.

Chilapa

56 km östlich von Chilpancingo liegt Chilapa, die frühere Hauptstadt des Staates Guerrero (21 000 Einw.; Fiesta: 3./4. Juni, Tänze; Sonntagsmarkt) mit einer modernen Kathedrale und einem Augustinerkloster aus dem 16. Jahundert.

✻Grotten von Oxtotitlán

Wandmalereien

7 km nördlich von Chilapa befindet sich das Dorf Acatlán. Nach einem Aufstieg von ca. 45 Min. erreicht man die Grotten von Oxtotitlán, die erst 1968 entdeckt wurden. In zwei etwa 30 m tiefen Tropfsteinhöhlen sind Wandmalereien (900–700 v. Chr.) erhalten, deren Motive auf olmekischen Ursprung schließen lassen. Dargestellt sind u.a. ein auf einem Jaguarthron sitzender Mensch, stilisierte Jaguarköpfe und Kindergesichter.

Tlapa

Rund 66 km weiter folgt Tlapa (Augustinerkloster, 16. Jh.), eine weitere Ansiedlung der wahrscheinlich im 9. Jh. aus dem Südwesten der heutigen USA eingewanderten Tlapaneken.

Olinalá

Lackarbeiten

Auf der Strecke zwischen Atliztac und Tlapa führt nach 34 km eine Abzweigung nach links zum dann noch 35 km entfernten Olinalá. Der Ort ist berühmt für seine Lackarbeiten auf Holz und kürbisartigen Schalen, deren Verfahren auf vorspanische Zeit zurückgeht. Olinalá-Arbeiten werden auch in manchen Geschäften und auf Märkten größerer Städte angeboten.

✻Grotten von Juxtlahuaca

Fährt man von Chilpancíngo auf der MEX 95 nach Süden und biegt nach 9 km bei Petaquillas nach links ab, so erreicht man nach weiteren 38 km Colotlipa. 7 km nördlich liegen die Grotten von Juxtlahuaca, die man seit den dreißiger Jahren kennt, aber erst 1966 erforscht hat.

Juxtlahuaca: Darstellung eines Jaguars

In diesen nur mit Führer zu besuchenden Tropfsteinhöhlen fand man 3000 Jahre alte Wandmalereien, Skelettreste und Keramik. Die Malereien, die sich in 1050 m und 1150 m Entfernung vom Eingang befinden, zeigen in schwarzen, roten, gelben und grünen Tönen gehaltene olmekische Motive wie Olmekenherrscher, Jaguar und Schlangen.

Umgebung von Chilpancingo, Grotten von Juxtlahuaca (Fortsetzung)

Chinkultic

→ Montebello-Seen

Cholula K 8

Bundesstaat: Puebla (Pue.)
Höhe: 2150 m ü.d.M.
Einwohnerzahl: 40 000

Mit dem Bus von Mexiko-Stadt vom Terminal del Oriente in ca. 1½ Std., von Puebla ca. 20 Min.; mit dem Auto von Mexiko-Stadt 126 km auf der Autobahn nach Puebla, von dort noch 12 km.

Anreise

Auf der gleichen Hochebene wie das 12 km entfernte Puebla liegt das heutige Cholula, einst eines der bedeutendsten religiösen, wirtschaftlichen und politischen Zentren des alten Mexiko. Heutzutage sieht man von dem früheren Glanz kaum mehr als einen riesigen Erdhügel, unter dem sich die dem Umfang nach größte Pyramide der Welt verbirgt. Von der Höhe der Pyramide, auf der sich eine Kirche erhebt,

Lage und Allgemeines

Cholula

Allgemeines (Fortsetzung)

schweift der Blick über die Türme der von den Spaniern nach der Eroberung über Pyramiden und Tempeln erbauten Gotteshäuser.

Geschichte

Wer die frühen Bewohner und Erbauer Cholulas (Náhuatl eigentlich 'Atchololan': 'Platz, aus dem das Wasser entspringt') waren, weiß man nicht. Sicher ist, daß hier schon zwischen 400 und 300 v. Chr. eine Siedlung bestand. Um die Zeitenwende machte sich dann ein langanhaltender Einfluß der großen klassischen Kultur von Teotihuacán bemerkbar. Er äußerte sich durch die Gliederung der Bauten in schräge pyramidale Plattformen und senkrechte Tafelgesimse ('tableros'). Vergleiche mit früher Keramik bestätigen diesen Befund.
Die Lage des Ortes im Schnittpunkt mehrerer vorkolumbischer Zivilisationen brachte später auch stilistische Merkmale der Kulturen von Monte Albán III b und El Tajín nach Cholula. Im 7. Jh. n. Chr. übernahm das Volk der Olmeca-Xicalanca die Macht, bis sie um 850 vertrieben wurden. Kurz vor 1000 soll der aus Tula vertriebene legendäre Gottkönig Quetzalcóatl (Ce Ácatl Topiltzín) sich hier längere Zeit aufgehalten haben, bevor er nach Yucatán weiterwanderte. Nach dem Fall von Tula (1175 n. Chr.) drangen Tolteken und Chichimeken in das Gebiet von Cholula ein. Diese Invasion zwang schließlich die Beherrscher Cholulas zur Flucht an die Küste des Golfes von Mexiko.
Schon vorher, nun aber verstärkt, machte sich in der Kunst mixtekischer Einfluß bemerkbar. Es entwickelte sich die Mixteca-Puebla-Kultur, die vor allem in der Herstellung glasierter polychromer Keramik Hervorragendes leistete. Obwohl zeitweise von Nachbarmächten besetzt, blieb Cholula im Laufe seiner langen vorspanischen Geschichte als religiöses Zentrum relativ unberührt.
Die spanischen Eroberer unter Cortés kamen 1519 mit ihren tlaxcaltekischen Hilfstruppen nach Cholula, dessen Bevölkerung sie auf 100 000 schätzten. Angeblich um einer Falle zu entgehen, richteten sie ein Blutbad unter den Bewohnern an, dem zwischen 3000 und 6000 Menschen zum Opfer gefallen sein sollen, und zerstörten die dem Quetzalcóatl geweihte Hauptpyramide. Als schließlich die große Pestepidemie 1544 bis 1546 einen Großteil der Bevölkerung hinraffte, war es mit der einstigen Bedeutung Cholulas endgültig vorbei.
Die Ausgrabung der riesigen Pyramide hat erst 1931 unter der Leitung von José Reygadas Vértiz begonnen und wurde danach von Ignacio Marquina im Auftrag des I.N.A.H. (Instituto Nacional de Antropología e Historia) fortgesetzt. Weitere Ausgrabungen dauern bis heute an.

*Schlangenerscheinung

Erst 1997 hat man entdeckt, daß zur Sonnenwende am 22. März bzw. 22. Dezember auf der großen Tempelpyramide, ähnlich wie auf der Kukulcán-Pyramide in Chichén Itzá, morgens und abends eine gleitende Linie aufscheint, die einer kriechenden Schlange gleicht. Zum Unterschied von Chichén Itzá scheint die 'Schlange' von Cholula nicht nur von oben und unten, sondern auch von unten hinauf zu gleiten.

Sehenswertes

*Tempelpyramide

Die Tempelpyramide war dem Gott Quetzalcóatl gewidmet, der als hellhäutiger, bärtiger Gott des Windes, des Morgen- und Abendsterns und der Zivilisationstechniken den Menschen Mesoamerikas die Kenntnis von Kunst, Wissenschaft und Ackerbau gebracht haben soll. Die noch fast ganz von Erde und Vegetation bedeckte Pyramide ist der umfangreichste unter den vergleichbaren Bauten der Welt. Die im Laufe von rund 1500 Jahren siebenmal neu überbaute Pyramide maß im Grundriß 425 m auf jeder Seite, erreichte einst eine Höhe von über 62 m und bedeckte eine Fläche von 17 Hektar. Der umbaute Raum maß 3,4 Mio. m³. Lediglich an der Westseite ist sie teilweise rekonstruiert. Die bisherigen Forschungsarbeiten, im Laufe derer man fast 9 km

Cholula

Tunnel gegraben hat, erbrachten neben Resten von Plattformen, Wohngemächern, Tempelwänden und Patios auch eine ungewöhnliche Umlauftreppe sowie interessante Fresken. So fand man Darstellungen von Schmetterlingen und Heuschrecken im Stile von Teotihuacán neben einem 50 m langen, prächtigen farbigen Wandgemälde (ca. 200 n. Chr.), das lebensgroße Figuren beim Trinken oder nach Drogeneinnahme darstellt und besichtigt werden kann.

Tempelpyramide (Fortsetzung)

Wandgemälde

Ein kleines Museum gegenüber des Pyramideneingangs gibt mit einem Modell einen Überblick über die Ausmaße der Anlage.

Da die indianische Bevölkerung auch nach der Conquista noch dem Kult des Quetzalcóatl und ihrer anderen Gottheiten treu blieb, bauten die Spanier ihre Kirchen auf die alten Heiligtümer oder an deren Stelle. So errichteten sie auf der zerstörten Spitze der Hauptpyramide die Kirche Nuestra Señora de los Remedios ('Jungfrau der Immerwährenden Hilfe'), die nach einem Einsturz 1666 neu begonnen, im 18. Jh. fortgesetzt, 1884 durch ein Erdbeben weitgehend zerstört und anschließend in neoklassizistischem Stil wieder aufgebaut wurde. In einer Vitrine über dem Altar wird eine Madonnenstatue aufbewahrt, die angeblich Cortés den Franziskanermönchen zum Geschenk gemacht hat. Von der Kirche hat man eine großartige Aussicht über die Stadt.

Nuestra Señora de los Remedios

Aussicht

Auf den Resten einer alten Kultstätte erhebt sich auch das gewaltige Kloster San Gabriel, das 1549 von Franziskanern errichtet wurde. Bemerkenswert sind das große Atrium, das platereske Portal, die massiven Türen und die gotischen Bögen. Die architektonisch der großen Moschee in Córdoba (Spanien) nachempfundene Capilla Real ('Königliche Kapelle') stammt aus der Mitte des 16. Jh.s und wurde im 17. Jh. erneuert. Der wuchtige Bau besteht aus sieben mit 49 kleinen

Kloster San Gabriel

*Capilla Real

Tempelpyramide und Nuestra Señora de los Remedios

Coahuila

Cholula, Capilla Real (Fortsetzung) — Kuppeln gedeckten Schiffen und öffnet sich in ein weitläufiges Atrium mit drei hübsch verzierten Posas (Prozessionskapellen).

Von den anderen Kirchen Cholulas sind zu erwähnen San Andrés, San Miguel Tianguistengo, Guadalupe, Santiago Mixquitla und San Miguelito.
Cholula ist seit 1970 der Sitz der University of the Americas.

Umgebung von Cholula — In südlicher Richtung sind es nur wenige Kilometer nach → Acatepec, Tonantzintla und nach Tlaxcalancingo (Umgebung von → Acatepec). In nordwestlicher Richtung liegt → Huejotzingo und etwas weiter Calpan (Umgebung von → Huejotzingo).

Citlaltépetl (Pico de Orizaba)

→ Puebla (Stadt)

Ciudad del Carmen

→ Campeche (Stadt)

Ciudad de México

→ Mexiko-Stadt

Ciudad Juárez

→ Chihuahua (Bundesstaat)

Ciudad Obregón

→ Guaymas

Ciudad Victoria

→ Tamaulipas

Coahuila de Zaragoza (Bundesstaat)

Kürzel: Coah.
Hauptstadt: Saltillo
Fläche: 150 395 km^2
Bevölkerungszahl: 2173800

Lage und Landesnatur — Der nach Chihuahua und Sonora drittgrößte Bundesstaat Mexikos wird im Norden von den USA (Texas), im Westen von Chihuahua und

Coahuila

Mexiko
Vereinigte Mexikanische Staaten
Estados Unidos Mexicanos

Coahuila

**Bundesstaaten
Estados**

1a Baja California Sur
1b Baja California Norte
2 Sonora
3 Chihuahua
4 Sinaloa
5 Durango
6 Coahuila
7 Nuevo León
8 Zacatecas
9 San Luis Potosí
10 Tamaulipas
11 Nayarit
12 Aguascalientes
13 Jalisco
14 Guanajuato
15 Querétaro
16 Hidalgo
17 Colima
18 Michoacán
19 México
20 Morelos
21 Tlaxcala
22 Puebla
23 Veracruz
24 Guerrero
25 Oaxaca
26 Chiapas
27 Tabasco
28 Campeche
29 Yucatán
30 Quintana Roo

D.F. Distrito Federal (Bundesdistrikt)

Durango, im Süden von Zacatecas und im Osten von Nuevo León begrenzt. Coahuila besteht hauptsächlich aus einem riesigen unebenen Plateau, das von mehreren Bergketten durchschnitten wird. Es herrscht ein vorwiegend trockenes, heißes Klima. Fruchtbares Land gibt es nur in den Tälern, die mit großem Aufwand künstlich bewässert werden.

Lage und Landesnatur (Fortsetzung)

Als erster Europäer erreichte Álvaro Nuñez Cabeza de Vaca auf seinem acht Jahre langen Fußmarsch das hauptsächlich von Nomaden bewohnte Gebiet. Die erste nennenswerte Siedlung in Coahuila (Náhuatl: 'nackte Schlange') wurde 1575 von Francisco de Urdiñola an der Stelle der heutigen Hauptstadt Saltillo angelegt. Zum Schutz gegen feindliche Indianer siedelte er die mit den Spaniern verbündeten Tlaxcalteken an, welche zum Unterschied zu anderen Stämmen bedeutende Privilegien genossen. Von hier aus stießen die Spanier langsam weiter nach Norden bis in die heutigen USA vor.

Geschichte

Seit der Unabhängigkeit Mexikos bis zur Abtrennung der texanischen Territorien 1836 waren Coahuila und Texas ein Staat mit der Hauptstadt Monclova bzw. Saltillo. In dieser und in der darauffolgenden Zeit kam es nach bürgerkriegsähnlichen Unruhen im Verlauf des Krieges zwischen den USA und Mexiko zu Kampfhandlungen der Mexikaner unter General Antonio López de Santa Ana gegen die Nordamerikaner unter Zachary Taylor. 1857 verband sich Coahuila mit Nuevo León und wurde erst 1868 ein eigener Staat. 1863 richtete Benito Juárez auf der Flucht vor den französischen Truppen vorübergehend sein Hauptquartier in Saltillo ein.

Der Staat, der über gute Verkehrsverbindungen verfügt, hat eine recht ausgeglichene Wirtschaft: bedeutende Stahlerzeugung, beachtliche Bodenschätze (Silber, Blei, Kohle, Kupfer, Eisen), eine wachsende

Wirtschaft

Cobá

Coahuila, Wirtschaft (Fortsetzung) — 'Veredelungsindustrie' und vielfältige Landwirtschaftsbetriebe (Mais, Weizen, Bohnen, Baumwolle, Zuckerrohr und Wein). Auch die Viehzucht spielt eine große Rolle.

Reiseziele im Bundesstaat Coahuila

Saltillo — Die Hauptstadt von Coahuila ist Saltillo (1550 m ü.d.M.; 600 000 Einw.; Fiestas: 8. August, Santo Cristo de la Capilla; 13. August, Messe). Auf dem Hauptplatz steht die Kathedrale Santiago, ein schöner Barockbau, der zwischen 1746 und 1801 errichtet wurde. Beachtenswert sind auch die Kirche San Esteban von 1592 und der malerische Alameda-Platz. Einmalig ist das Museum der Vögel (Museo de las Aves de México) im restaurierten Antiguo Colegio de San Juan auf der oberen Hidalgo und das originelle Centro Cultural Vanguardia (Hidalgo 231) sowie das Stadttheater Fernando Soler.

Torreón — Im Südwestzipfel des Staates liegt seine größte Stadt, Torreón (1137 m ü.d.M.; 700 000 Einw.). Um einen Verkehrsknotenpunkt entstanden, ist diese Stadt kaum 100 Jahre alt und bietet dem Touristen recht wenig. Das Museo Regional de la Laguna (Parque Carranza) zeigt archäologische Stücke. Die Umgebung ist sehr trocken, wird jedoch durch künstliche Bewässerung äußerst fruchtbar gemacht, so daß Weizen und Baumwolle angebaut werden kann. In den Industriebetrieben werden Mineralien, Getreide und Weintrauben verarbeitet.

Monclova — Eine weitere wichtige Industriestadt ist Monclova (600 m ü.d.M.; 240 000 Einw.) Sie ist Standort eines der größten Eisen- und Stahlwerke Mexikos. Das Museo Biblioteca Pape (Blvd. Constitución 505 Sur) zeigt Bilder und Grafiken moderner mexikanischer Maler, präkolumbische Objekte, Münzen und antiquarische Bücher.

Weitere wichtige Städte sind noch Piedras Negras am Eagle-Paß (Grenzübergang zu den USA), Parras, die älteste Stadt Nordmexikos, bekannt für ihren Weinbau (Museo del Vino am km 18 der Straße Paila–Parras) und Sabinas mit dem Stausee Don Martín.

Coatzacoalcos

→ Catemaco-See

Cobá Q 7

Bundesstaat: Quintana Roo (Q.R.)
Höhe: 8 m ü.d.M.

Anreise — Mit dem Bus von → Cancún in ca. 2½ Std., von → Tulum in ca. 1 Std., von Valladolid in ca. 2 Std.; mit dem Auto von Cancún auf der MEX 307 bis Abzweigung 2 km südlich von Tulum (128 km) nach Norden und von dort weitere 42 km auf guter Straße oder ebenfalls von Cancún auf der MEX 180 bis Nuevo Xcan (85 km) und von dort auf der Abzweigung nach Süden 45 km.

Lage und Allgemeines — Im dichten Busch von Quintana Roo liegt zwischen mehreren kleinen Seen Cobá, eine Anzahl von Ruinengruppen und eine der größten Maya-Stätten Mexikos. Dieses noch fast zur Gänze überwachsene

Cobá

Kult- und Siedlungszentrum blieb dank des für die Halbinsel Yucatán ungewöhnlichen Wasserreichtums sehr lange von der Frühklassik bis ins späte 15. Jh. bewohnt.

Allgemeines (Fortsetzung)

Nach bisherigen Forschungen scheint Cobá (Maya: 'Wasser vom Winde bewegt') seine Blütezeit in der Epoche der Maya-Klassik (600–900 n. Chr.) gehabt zu haben. Man kann jedoch feststellen, daß ein Teil der Bauwerke aus der Nachklassik (900–1450 n. Chr.) stammt. Offenbar war Cobá noch zur Zeit des Eintreffens der Spanier bewohnt, wurde aber von diesen nie entdeckt.
Im Jahr 1891 wurde die Stätte durch den Österreicher Teobald Maler wiederentdeckt. Zwischen 1926 und 1929 arbeiteten führende Amerikanisten, zuerst der Engländer Dr. Thomas Gann, dann die Amerikaner und Engländer Sylvanus G. Morley, J. Eric Thompson und H.D. Pollock für das Carnegie-Institut an den Ausgrabungen. Seit 1973 sind mexikanische Archäologen in Cobá tätig.

Geschichte

Besichtigung der *Ruinenstätte

Aufgrund der großen räumlichen Ausdehnung der Stätte und auch der landschaftlichen Schönheit wegen nehme man sich genügend Zeit zur Besichtigung. Manche der ausgegrabenen Pyramiden, Tempel und Stelen haben noch keine Namen, andere wiederum tragen Nummern oder Buchstaben, die ihnen von den Archäologen gegeben wurden. Auch das Wegenetz wird häufig geändert.
In dem riesigen, auf mindestens 70 km² geschätzten Areal zählte man bisher 45 lokale und regionale Straßen und über 6000 Bauten. Man entdeckte bislang 32 Stelen aus der Maya-Klassik, die meist Reliefs aufweisen. Die bisher älteste Jahreszahl trägt die Stele 6, sie lautet 613 n. Chr. Allerdings läßt die Bauweise mancher Gebäude, die der des Petén (Guatemala) gleicht, darauf schließen, daß sie schon in der Frühklassik (300–600 n. Chr.) entstanden sind. Die Bedeutung Cobás als Metropole wird auch durch die große Anzahl hier gefundener Sacbeob (Mehrzahl von Sacbé = weiße Straße) erhärtet. Sie bildeten ein ausgedehntes Netz von mit gewalztem Kalksteinmörtel bedeckten Dammwegen, die das Zentrum mit den äußeren Bezirken verbanden. Ungewöhnlich ist, daß diese Chausseen z. T. bis zu 10 m breit sind und eine von ihnen fast 100 km weit nach Yaxuná, einem Kultzentrum südwestlich von Chichén Itzá, führte. Dort fand man Anfang der neunziger Jahre zwei Gräber mit der Datierung 300 bis 315 n. Chr., die erstaunlicherweise einen Einfluß aus Teotihuacán zeigten. Das Straßennetz in der Umgebung von Cobá war das dichteste in Mesoamerika.

Hinweis

'Sacbeob'

Nach Betreten der archäologischen Zone liegt zur rechten Hand eine Reihe von Bauten, die Cobá-Gruppe (Grupo de Cobá) oder Gruppe B genannt wird. Die große, 24 m hohe Pyramide wird als 'Kirche' ('La Iglesia') bezeichnet und ist teilweise restauriert. Ihre Grundfläche beträgt 40 m von Ost nach West und 50 m von Nord nach Süd. Sie hat neun Terrassen mit abgerundeten Ecken. Nach der siebenten Terrasse folgt eine Mauer, welche die höchste Plattform trägt, auf der ein kleiner Tempel steht. Von hier aus hat man eine hervorragende Sicht über das Gebiet von Cobá mit seinen zahlreichen Pyramiden, Tempeln und den Seen.

Cobá-Gruppe

'La Iglesia'

Vor der Treppe der 'Kirche' steht die Stele 11. Der etwa 1,40 m hohe und 90 cm breite Steinblock trägt auf einer Seite eine große Anzahl von Glyphen, die jedoch nicht mehr lesbar sind. Links von der Pyramide befindet sich innerhalb einer kleinen Bautengruppe eine Kammer mit einem Kraggewölbe.

Stele 11

Cobá

Ballspielplatz

Unweit der 'Kirche', von der Straße aus besser sichtbar, liegen die Reste vom Ballspielplatz (Juego de Pelota).

Nohoch-Mul-Gruppe
*El Castillo (Pyramide)

Folgt man der Straße in nordöstlicher Richtung, trifft man links auf die Nohoch-Mul-Gruppe (Maya: 'großer Hügel'), auch Gruppe C genannt. Die beherrschende Pyramide (Struktur I), als El Castillo bezeichnet, gilt mit 42 m als das höchste zugängliche altindianische Bauwerk der Halbinsel Yucatán. Die Grundfläche der Pyramide mißt 55 x 60 m. Die 12 m breite Freitreppe führt in 120 Stufen über sechs Terrassen zur letzten Plattform. Bemerkenswert sind auf vielen der Stufen die in den Stein gemeißelten Muschelmotive. Über zwei kleine Treppen von 1 m Breite kommt man schließlich zu dem auf der Pyramide stehenden Tempel. Die Pyramide selbst ist im Stil der Maya-Klassik gehalten, während der auf ihrer Spitze stehende Tempel denen von Tulum ähnelt, also aus einer wesentlich späteren Zeit stammt, wahrscheinlich aus dem 14. oder 15. Jahrhundert. Vor dem Tempel erhebt sich ein kleiner Altar. Im oberen Fries des Tempels finden sich drei rechteckige Vertiefungen, die ursprünglich alle drei Skulpturen des sogenannten 'herabstürzenden (tauchenden) Gottes' enthielten; zwei von ihnen sind heute noch zu sehen. Der einzige Eingang führt in einen Raum mit einem Kraggewölbe. Auch von hier genießt man einen großartigen Ausblick.

Stele 20

Ebenfalls an der Plaza liegen die Reste der Struktur X, eine Plattform mit abgerundeten Ecken, sowie die prächtige Stele 20, die das Datum 780 n. Chr. trägt. Das Relief zeigt eine reich geschmückte Herrschergestalt, deren Füße auf dem Rücken von zwei kriechenden Sklaven

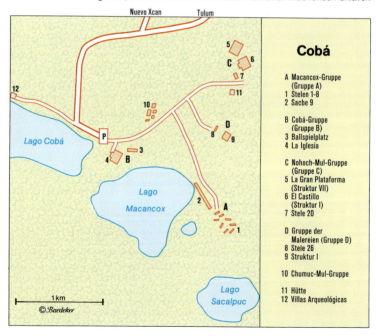

Cobá

A Macancox-Gruppe (Gruppe A)
1 Stelen 1-8
2 Sacbe 9

B Cobá-Gruppe (Gruppe B)
3 Ballspielplatz
4 La Iglesia

C Nohoch-Mul-Gruppe (Gruppe C)
5 La Gran Plataforma (Struktur VII)
6 El Castillo (Struktur I)
7 Stele 20

D Gruppe der Malereien (Gruppe D)
8 Stele 26
9 Struktur I

10 Chumuc-Mul-Gruppe
11 Hütte
12 Villas Arqueológicas

ruhen. Diese Figur trägt einen Zeremonialstab in schräger Stellung, ein typisches Element des Cobá-Stils. Die Seiten und der obere Teil der Stele sind mit Glyphen bedeckt.

Stele 20 (Fortsetzung)

Nördlich des Castillo breitet sich das dem Volumen nach größte Bauwerk Cobás, La Gran Plataforma oder Struktur VII aus. Sie mißt an der Basis 110 x 125 m und ist über 30 m hoch.

La Gran Plataforma

Geht man den Weg ein Stück zurück, so kommt man zu einer Abzweigung nach links, die zur sogenannten Gruppe der Malereien (Grupo de las Pinturas oder Gruppe D) führt. Der wichtigste Bau ist eine Pyramide (Struktur I), die von einem kleinen Tempel gekrönt wird. Dieser hat Türen nach Osten und Westen sowie ein Hauptportal an der Nordseite, das durch eine Säule geteilt wird. Der Türsturz über dem Portal sowie die drei horizontalen Steinsimse darüber zeigen noch deutlich Reste der ursprünglichen Bemalung. Die Fresken aus der Nachklassik stellen Ziffern und Gottheiten dar. Durch das Osttor hat man einen schönen Ausblick auf die Pyramide El Castillo.
Im Zentrum der Gruppe befindet sich die Struktur IV mit der Stele 26, deren Reliefs wiederum typisch für den Stil von Cobá sind.

Gruppe der Malereien

Ein kurzes Stück zurück führt ein Weg nach links zu der zwischen den Seen Macanxoc und Sacalpuc gelegenen Macanxoc-Gruppe (Gruppe A). Ohne wesentliche Architektur, mit der enormen, 20 m breiten Sacbe 9 verbunden, muß dieser heute stark überwachsene Platz eine Zeremonialstätte gewesen sein. Bisher wurden acht Stelen gefunden, von denen Nr. 1, 4 und 6 noch relativ gut erhalten sind. Diese bis zu 3 m hohen und 1,5 m breiten abgeflachten Steinpfeiler zeigen Darstellungen von Herrschern und Maya-Inschriften in Glyphenform. Stele 1 ist eine der wenigen in der bisherigen Maya-Ar-

Macanxoc-Gruppe

Die Pyramide El Castillo beherrscht die Nohoch-Mul-Gruppe

Colima (Bundesstaat)

Cobá,
Macanxoc-Gruppe
(Fortsetzung)

chäologie gefundenen, die vier verschiedene Daten trägt: 29. 1. 653, 29. 6. 672, 28. 8. 682 und 21. 12. 2011. Die drei ersten Daten dürften aktuelle Ereignisse in Cobá betreffen, während die letzte einen zukünftigen Winteranfang ankündigt. Sie weist mit 313 Glyphen an den vier Seiten eine ungewöhnlich reiche Beschriftung auf. Neben Stelen befinden sich in dieser Gruppe noch mehrere Rundaltäre.

Cobá bietet noch weitere interessante Ruinen, über deren Besuch je nach Restaurierungszustand der Bauten und ihrer Zugänglichkeit an Ort und Stelle entschieden werden sollte.

Colima (Bundesstaat)

Kürzel: Col.
Hauptstadt: Colima
Fläche: 5205 km²
Bevölkerungszahl: 488 000

Lage und Landesnatur

Der kleine Bundesstaat Colima an der pazifischen Küste wird im Norden und Nordwesten von Jalisco, im Osten von Michoacán begrenzt. Den größten Teil des Staates nimmt eine flache Küstenebene ein, die im Nordosten in das aus tektonischem Gestein bestehende Vorgebirge der Sierra Madre übergeht. Die rund 800 km westlich gelegenen Islas Revilla Gigedo (Socorro, San Benedicto, Roca Partida und Clarión) gehören ebenfalls zu diesem Bundesstaat. Neben Nachkommen von Spaniern und Mestizen leben in Colima auch Nahua-Indianer.

Archäologische Stätten

Von den archäologischen Stätten des Landes, meist Gräberfelder, sind El Chanal, La Campana, Los Ortices und Períquillos, die sich immer mehr als historisch bedeutungsvoll erweisen, zu erwähnen.

Colima (Bundesstaat)

Geschichte

Über die frühen Völkerschaften, welche die altindianische Kunst Colimas und der benachbarten Regionen hinterließen, weiß man praktisch nichts. Zuweilen werden sie einfach Teca genannt. Wahrscheinlich waren es in der Spät- und Nachklassik Nahua-Völker, die sich zu verschiedenen Zeiten hier niederließen.

Aufgrund der zahlreichen Gräberfunde, die gut erhaltene Stücke der ungewöhnlich naturalistischen und liebenswerten Keramikkunst dieser Region enthielten, hat man eine Einteilung in verschiedene Kulturphasen vorgenommen. Nach dieser Chronologie war die klassische Epoche, die man Los Ortices/Las Ánimas (etwa von 200 bis 850 n. Chr.) nennt, die künstlerisch fruchtbarste. Sie entwickelte sich parallel zur entsprechenden Phase in Teotihuacán. Die nächste Entwicklungsstufe, als Armería/Colima bezeichnet, dauerte etwa von 850 bis 1250 n. Chr., bestand also während der frühen Nachklassik und zeigt toltekische Einflüsse. Die letzte oder Periquillo-Phase (1250–1521 n. Chr.) wurde durch den Chimalhuacán-Staatenbund geprägt, dem vier Staaten, darunter das heimische Colimán (Náhuatl: 'erobert durch unsere Großväter'), angehörten. In der zweiten Hälfte des 15. Jh.s bedrängten die Purépecha (Tarasken) diese Konföderation. Der angeblich bereits im 11. Jh. gegründete Ort Cajitlán (Náhuatl: 'Platz, wo Töpferware gemacht wird'), später eine wichtige Stadt der Region, lag wahrscheinlich an der Stelle des heutigen Tecomán.

Schon ein Jahr nach dem Fall von Tenochtitlán (1521) kamen die spanischen Eroberer unter Gonzalo de Sandoval und Juan Álvarez Chico in die Gegend des heutigen Colima. Die ersten erfolgreichen Eroberungen waren jedoch Francisco Cortés de San Buenaventura, einem Neffen von Hernán Cortés, vorbehalten. Während der Kolonialzeit war Colima ein Teil der von Guadalajara regierten Provinz Nueva Galicia.

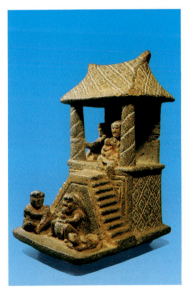

Tontempelchen und ...

... Keramik-Hunde aus Colima

Colima (Stadt)

Colima (Bundesstaat), Geschichte (Fortsetzung)

Miguel Hidalgo, der Vater der mexikanischen Unabhängigkeit, hatte 1792 die Pfarre von Colima unter sich. Zeitweise mit dem Staat Michoacán verbunden, dann ein selbständiges Territorium, wurde Colima erst 1867 ein Bundesstaat Mexikos.

Wirtschaft

Viehzucht wird in den höhergelegenen Gebieten betrieben; die wichtigsten Anbauprodukte sind Rohrzucker, Reis, Mais, Kopra und Kaffee. Von den Bodenschätzen werden hauptsächlich Kupfer, Blei und Eisen sowie Salz ausgebeutet. Auch Forstwirtschaft und Fischfang sowie der Tourismus sind von Bedeutung. Die Inselgruppe der Revilla Gigedos liefert Schwefel, Guano, Holz, Früchte, Schafe und Fische.

Wichtige Städte

Neben der Hauptstadt → Colima und dem Hafen- und Badeort → Manzanillo sind als größere Städte Armería in der Nähe von Manzanillo und Tecomán (80 m ü.d.M.; 53 000 Einw.; Fiestas: 2. Februar, Día de la Candelaria, 12. Dezember, Día de Nuestra Señora de Guadalupe) zu nennen.

Colima (Stadt)   H 8

Bundesstaat: Colima (Col.)
Höhe: 508 m ü.d.M.
Einwohnerzahl: 350 000
Telefonvorwahl: 01 331

Anreise von Mexiko-Stadt

Mit der Eisenbahn über → Guadalajara in ca. 17 Std. (von Guadalajara ca. 4 Std.); mit dem Bus über Guadalajara in ca. 13 Std. (von Guadalajara ca.2$^1/_2$ Std.); mit dem Auto von Guadalajara auf der MEX 54 über Ciudad Guzmán 265 km.

Lage und Ortsbild

Colima, die Hauptstadt des gleichnamigen Bundesstaates, liegt an den Hängen eines von zwei Flüssen bewässerten fruchtbaren Tales. Mit zwei prächtigen Berggipfeln in Sichtweite ist Colima eine ruhige, anmutige Stadt mit einfachen kolonialen Bauten und üppigen Gärten.

Geschichte

Die Region um die heutige Stadt hatte wahrscheinlich eine lange vorkolumbische Vergangenheit, über deren Völker man allerdings nur wenig weiß. Die bereits 1522 hier eindringenden Spanier unter Gonzalo de Sandoval fanden eine Indianersiedlung, neben der sie den Ort San Sebastián de Caballeros gründeten. Im Laufe der Zeit, vor allem im 18. Jh. und wieder in den letzten Jahrzehnten, entwickelte sich die Stadt zu einem Handels- und Verarbeitungszentrum für die Produkte der Viehzucht und Forst- und Agrarwirtschaft aus den Ranchos und Haciendas der Umgebung.

Sehenswertes

Museen

Allein das Museum der Kulturen des Westens (Museo de las Culturas de Occidente; Calz. Galván y Ejército Nacional), lohnt einen Besuch der Stadt. Gezeigt werden hauptsächlich archäologische Funde aus den Gräberfeldern der Colimakultur.
Das Museo de Arte y Cultura Popular bzw. Museo María Teresa Pomar (Ecke C. 27. Septiembre/Manuel Gallardo Zamora) besitzt regionale Kostüme, Musikinstrumente aus ganz Mexiko sowie eine voll eingerichtete Backstube für das typische 'pan dulce'.
Prähispanische Keramik, Körbe, Möbel und Tanzmasken zeigt das Museo de Historia de Colima (Portal Morelos 1).

Umgebung von Colima

Das Hotel von Tampuchamay (über Abzweigung nach Los Azmoles 12 km südlich von Colima; nach 5 km Richtung Los Ortices) besitzt ein Freilichtmuseum mit zahlreichen Skulpturen; in Gräberfeldern sieht man ab und an noch Knochen und Keramikreste in situ. Die Gruta de Tapuchamay bewohnen noch verschiedene Fledermausarten und andere Höhlentiere.

Tampuchamay

Der etwa 10 km nördlich von Colima gelegene Ort Comalá ist Zentrum des lokalen Kunsthandwerks mit Möbeln, Schmiedeeisen u.a. Rund 6 km außerhalb befindet sich ein Magnetfeld auf der Landstraße. Vom Hauptplatz nimmt man ein Taxi dorthin, der Fahrer stellt den Motor ab, und der Wagen wird wie von Geisterhand bergauf gezogen.

Comalá

Rund 40 km nördlich von Colima, schon im Staate Jalisco gelegen, ragen die Gipfel des Nevado de Colima (4339 m ü.d.M.) und des Volcán de Colima (3838 m ü.d.M.) empor. Der erstere, auch Zapotépetl ('Berg der Zapotebäume') genannt, ist Mexikos siebthöchster Berg. Der Volcán de Colima, auch 'Feuriger Vulkan' (Volcán de Fuego; Kraterdurchmesser 1800 m, Tiefe 250 m) genannt, wurde zwischen 1957 und 1975 mehrmals aktiv und richtete erhebliche Schäden an. Zum Vulkan führt ein Zufahrt knapp vor dem Ort Atenquique (Holzfabrik) nach links abgehender sehr schlechter Weg in den noch 27 km entfernten Parque Nacional de Volcán de Fuego. Wenn überhaupt ist dieser Weg derzeit nur mit einem geländegängigen Fahrzeug befahrbar. Kurz nach Atenquique zweigt ebenfalls nach links eine schlechte Landstraße bzw. ein Feldweg zum Parque Nacional de Nevado de Colima (37 km) ab. Eine weitere Zufahrt zu diesem Nationalpark beginnt 2 km vor Ciudad Guzmán und führt zur Albergue La Joya und zur Radiostation Canal 13. Auch diese Wege sind nur mit geländegängigen Fahrzeugen befahrbar. Vielfach verkehren auch Holztransporter.

*Nevado de Colima und
*Volcán de Colima

Córdoba   L 8

Bundesstaat: Veracruz (Ver.)
Höhe: 920 m ü.d.M
Einwohnerzahl: 200 000
Telefonvorwahl: 01 271

Mit der Eisenbahn in ca. 7 Std.; mit dem Bus in ca. 5 Std.; mit dem Auto ca. 305 km auf der MEX 150.

Anreise von Mexiko-Stadt

Die malerische Stadt Córdoba, derzeitiger Endpunkt der noch nicht vollendeten Autobahn von Mexiko-Stadt nach Puebla und von Orizaba nach Córdoba, die bis nach Veracruz ausgebaut werden soll, liegt inmitten üppiger Vegetation im Tal des Río Seco. In den Niederungen in Richtung auf die heiße Küstenebene wachsen tropische Früchte, in der mittleren Zone Kaffee und Tabak; die Berghänge sind noch vielfach mit mächtigen Zedern und Nußbäumen bewaldet.

Lage und Allgemeines

Córdoba (nach der gleichnamigen Stadt und maurischen Residenz in Andalusien benannt) wurde 1618 von den Spaniern gegründet. Am 24. August 1821 wurde hier zwischen dem General und späteren Kaiser Mexikos Agustín de Iturbide und dem letzten, neu aus Spanien angekommenen Vizekönig Juan O'Donojú der Vertrag von Córdoba, der die Unabhängigkeit Mexikos anerkannte, unterzeichnet. Der Vertrag wurde allerdings von Spanien zunächst nicht akzeptiert.

Geschichte

Cozumel

Sehenswertes in Córdoba

Zócalo

Bei zahlreichen Häusern der Stadt ist der stark andalusisch-maurische Einfluß noch erkennbar; er zeigt sich an den massiven alten Holztoren, stark vergitterten Fenstern und hölzernen Balkons. An dem von Arkaden umgebenen Hauptplatz (Zócalo) steht das im klassizistischen Stil erbaute Rathaus (Palacio Municipal). Am Rande des Platzes liegt das historisch interessante Hotel Zevallos, in dem der Vertrag von Córdoba geschlossen wurde. Ein weiteres geschichtliches Wahrzeichen ist die sogenannte Casa Quemada ('verbranntes Haus') an der Ecke Calle 7 und Avenida 5, wo ein kleiner Trupp mexikanischer Freiheitskämpfer den Spaniern ein letztes Gefecht zu Beginn des Unabhängigkeitskrieges lieferte.

Stadtmuseum

Das kleine Stadtmuseum (Museo de la Ciudad de Córdoba) in der Calle 3 Nr. 303 zeigt vor allem Funde aus der Totonakenkultur und eine Kopie des Vertrages von Córdoba.

Markt

Lohnend ist ein Besuch auf dem Markt (Mercado Juárez) zwischen Calle 7 und 9 und Avenida 8 und 10, der vor allem samstags und sonntags großen Zulauf aus der ganzen Umgegend hat.

Umgebung von Córdoba

*Fortín de las Flores

6 km westlich der Stadt liegt an der MEX 150 Fortín de las Flores ('Fort der Blumen'; 1010 m ü.d.M.; 60 000 Einw.; Fiesta: 15.–17. April, Blumenfest). In der Kolonialzeit lag hier eine spanische Festung; heute bietet das Städtchen wegen seines ausgeglichenen Klimas und der Fülle von blühenden Pflanzen der subtropischen und der gemäßigten Zone angenehmen Aufenthalt. Der prachtvolle Hauptplatz besteht aus zwei gleichgroßen Parkanlagen, die durch eine enge Straße voneinander getrennt sind. Am Platz liegen das Rathaus und die öffentliche Bibliothek. Fortín de las Flores ist umgeben von Kaffeepflanzungen auf den höheren Berghängen, während in den tiefer gelegenen Regionen subtropische und tropische Früchte wie Mangos, Orangen, Bananen, Ananas und Papaya gedeihen. An klaren Tagen, besonders

Aussicht auf den Pico de Orizaba

in den Morgenstunden, hat man eine hervorragende Aussicht auf den schneebedeckten Pico de Orizaba (Citlaltépetl = 'Berg des Sternes'; Umgebung von → Puebla), mit 5700 m ü.d.M. der höchste Berg in Mexiko. Lohnend ist der Besuch von Haciendas und des sonntäglichen Marktes.

Die Gegend um Córdoba und Fortín de las Flores ist die niederschlagsreichste Mexikos. Zwischen Januar und Mai setzen die Regengüsse jedoch aus, von Mai bis September sind sie sehr stark, von Oktober bis Ende Dezember schwächer, aber lang anhaltend.

Cozumel   Q 7

Bundesstaat: Quintana Roo (Q.R.)
Inselfläche: ca. 500 km^2
Bewohnerzahl: 70 000
Telefonvorwahl: 01 987

Anreise

Mit dem Flugzeug von Mexiko-Stadt in ca. 2$^1/_2$ Std., von → Mérida in ca. 40 Min., von → Cancún in ca. 15 Min. und von anderen mexikanischen und US-amerikanischen Flughäfen; mit der Fähre von Playa del

Cozumel

Carmen (Personenfähre) in ca. 1 Std. und von Puerto Aventuras (Autofähre) in ca. 2 Std., von Puerta Morelos (Autofähre) in ca. 2 Std.; mit dem Luftkissenboot von Cancún.

Anreise (Fortsetzung)

Cozumel gehört mit einer Länge von 45 km und einer Breite bis zu 18 km zu den größten mexikanischen Inseln. Dieses flache Eiland, 20 km vor der Nordostküste der Halbinsel Yucatán gelegen, ist vorwiegend von dichtem grünen Buschwald bedeckt. Die prachtvollen weißen Sandstrände bilden einen lebhaften Kontrast zu den blaugrünen Schattierungen des Meeres. Da der Meeresgrund aus sehr feinem weißen Korallensand besteht, ist das Wasser kristallklar.

Lage und Allgemeines

*Badeort und
*Tauchrevier

Erst Ende der fünfziger Jahre erschloß man die Insel dem Tourismus als ideales Tauchrevier.

Cozumel

Geschichte

Cozumel, früher Ah-cuzamil (Maya: 'Land der Schwalben') genannt, scheint in der Maya-Nachklassik, vor allem zwischen 1000 und 1200 n. Chr., eine große Rolle gespielt zu haben. Als östlichste der Maya-Stätten war Cozumel wohl ein Heiligtum der aufgehenden Sonne. Auch soll die Insel nach alten Aufzeichnungen der Ausgangsort für die Einwanderung einiger Maya-Stämme auf das Festland gewesen sein. Jedenfalls war Cozumel ein bedeutender Wallfahrtsort zu Ehren der Göttin Ix-chel, der Fruchtbarkeitsgottheit und Schutzherrin der Geburt. Als Mondgöttin und Frau des Itzamná, des obersten Herrschers und Sonnengottes, nahm sie eine wichtige Stellung in der yukatekischen Maya-Mythologie ein. Die der Ix-chel geweihten Stätten genossen besonders bei den Maya-Frauen große Verehrung.
Als erster Spanier entdeckte 1518 Juan de Grijalva die Insel, gefolgt 1519 von Hernán Cortés und 1527 von Francisco de Montejo bei seinem Versuch, von hier aus Yucatán zu erobern. Als Cortés landete, soll die Insel 40 000 Einwohner gehabt haben.
Im 17., 18. und 19. Jh. diente Cozumel vor allem als Unterschlupf für Piraten und Schmuggler wie Henry Morgan, Laurent de Graff, Long John Silver und Jean Lafitte. In der zweiten Hälfte des 19. Jh.s kamen während des Krieges der Kasten viele Flüchtlinge vom Festland nach Cozumel. Während des Zweiten Weltkriegs wurde die alte Stadt San Miguel bei der Errichtung eines US-Luftstützpunktes abgerissen.
Auch über Cozumel zog im September 1988 der Hurrikan 'Gilbert' mit einer Geschwindigkeit von 370 km/h hinweg und richtete schwere Verwüstungen an. Trotz heftiger Proteste von Umweltschützern wurden 1997 die Pläne für einen großen Pier in der Nähe des Paradies-Riffs im Rahmen des Puerta-Maya-Projekts vorläufig genehmigt.

Sehenswertes

San Miguel de Cozumel

Der im Nordwesten der Insel gelegene größere Ort San Miguel de Cozumel bietet außer einem kleinen Seeaquarium das Museo de la Isla (Avda. Rafael E. Melgar/C. 6 Norte) mit Exponaten zu Geographie und Geschichte der Insel und ihrer faszinierenden Unterwasserwelt.

*Strände

Zu den beliebtesten und schönsten Stränden von Cozumel gehören die Playas San Juan und Pilar im Nordwesten und die Playas San Francisco, Santa Rosa und Palancar im Südwesten. Auf der zum offenen Karibischen Meer liegenden Ostseite befinden sich die Strände Encantada, Hanan, Bonita, Punta Morena, Chen Río und Chiqueros. Vor oft starkem Wellengang und Strömungen sei gewarnt.

Laguna Chankanab

Ein beliebtes Ausflugsziel ist die Laguna Chankanab (Maya: 'kleines Meer'), ein 7 km südlich von San Miguel de Cozumel gelegener kleiner Süßwassersee, der durch unterirdische Kanäle mit dem Meer verbunden ist. Das kristallklare Gewässer, das eine vielfältige Fauna aufweist, lädt zum Schwimmen und Schnorcheln ein. In den vergangenen Jahren ist an der Lagune ein Naturschutzpark mit Botanischem Garten entstanden. Auf der Isla de la Pasión vor der Nordküste wird derzeit ein Wildreservat eingerichtet.

Tauchreviere

*Palancar-Riff

Obwohl die Tierwelt der Gewässer um Cozumel vor allem durch übermäßige Jagd mit Harpunen stark dezimiert wurde, ist die Insel immer noch ein lohnender Ort für Schnorchler und Gerätetaucher. Eines der schönsten Tauchreviere ist das Palancar-Riff an der Südwestspitze der Insel, das sich aus 80 m Tiefe bis knapp unter den Meeresspiegel erhebt. In 17 m Tiefe wurde eine bronzene Christusfigur aufgestellt. Weitere Tauchziele sind die Riffe San Francisco, Paraíso, Columbia und Maracaibo sowie die Santa-Rosa-Wand.

Ideal zum Schnorcheln: Laguna Chankanab auf Cozumel

Auf der Insel wurden mehr als 30 kleinere Maya-Stätten gefunden, aber nur wenige sind erforscht oder gar restauriert. Die meist schwer zugänglichen Ruinen sind zwar architektonisch weniger interessant, sie liegen aber zum Teil an reizvollen versteckten Plätzen im Dschungel. Am bedeutendsten ist das 16 km von San Miguel de Cozumel entfernte und auch mit einem Fahrzeug zu erreichende San Gervasio mit dem Tempel der Ix-chel, das religiöse Zentrum und Wallfahrtsort der Insel. In der Nähe liegen die Ruinen von Santa Rita. Weitere Stätten sind im Norden Santa Pilar und im Nordosten Castillo Real, wo das größte Maya-Gebäude der Insel zu finden ist. Im Südosten hinterließen die Maya Spuren in Buenavista und im Süden in El Caracol in der Nähe des Leuchtturms.

Cozumel
(Fortsetzung)
Maya-Stätten

Cuauhtémoc

→ Chihuahua (Stadt)

Cuautla

Bundesstaat: Morelos (Mor.)
Höhe: 1280 m ü.d.M.
Einwohnerzahl: 150 000
Telefonvorwahl: 01 735

Mit der Eisenbahn in ca. 3½ Std.; mit dem Bus in ca. 2 Std.; mit dem Auto ca. 100 km auf der MEX 115.

Anreise von
Mexiko-Stadt

Cuautla

Lage und Allgemeines

Der von alters her für seine Thermalbäder bekannte und viel besuchte Ort Cuautla liegt in einer Landschaft mit subtropischem Klima und entsprechend üppiger Vegetation. Am Schnittpunkt von Überlandstraßen ist Cuautla ein guter Ausgangspunkt für Ausflüge zu den Sehenswürdigkeiten der Umgebung, insbesondere zu den zahlreichen Klöstern (→ Morelos).

Geschichte

Schon in vorkolumbischen Zeiten war Cuautla (Náhuatl: 'Cuauhtlán' = 'Platz der Adler') für seine Heilbäder bekannt. Anfang des 17. Jh.s entwickelte sich der Ort zu einem Modebad für wohlhabende Spanier.
Im mexikanischen Unabhängigkeitskrieg kam es 1812 hier zu einer Schlacht zwischen den Freiheitskämpfern unter Führung von José María Morelos und den königlich spanischen Truppen.
Emiliano Zapata, der Anführer der großen Bauernrevolte im mexikanischen Revolutionskrieg (1910–1920) stammt aus dem 6 km südlich gelegenen Anenecuilco.

Sehenswertes

Die Stadt bietet wenig an Kolonialkunst. Die bekanntesten Kirchen sind San Díego und Santíago, beide aus dem 17. Jahrhundert. In der Casa de Morelos sind Erinnerungsstücke aus der Zeit des Unabhängigkeitskrieges ausgestellt.

Heilbäder

Die bedeutendsten Heilbäder in und um Cuautla, vorwiegend heiße Schwefelquellen, sind Agua Hedionda (span. 'stinkendes Wasser') am östlichen Stadtrand, Agua Linda, Casasano und El Almeal.

Umgebung von Cuautla

Zacualpan de Amilpas

Fährt man auf der MEX 160 in Richtung Puebla, zweigt nach ca. 20 km eine Straße nach Norden zu dem 8 km entfernten Zacualpan de Amilpas ab. Dieses malerische Dorf besitzt ein Augustinerkloster mit einer Wehrkirche aus dem 16. Jahrhundert. An den Ecken des Atriums erheben sich zwei Posas (Prozessionskapellen); im Kreuzgang finden sich Fresken, die im 19. Jh. restauriert worden sind.

Atotonilco

In südlicher Richtung führt die Abzweigung nach ca. 8 km zu dem hübschen Thermalbadeort Atotonilco.

Tepalcingo
*Schrein des Jésus Nazareno

Etwa 7 km weiter liegt das Städtchen Tepalcingo (16 000 Einw.;). Unter den sechs Kirchen des Ortes ist der Schrein des Jesús Nazareno (1759–1789) ein hervorragendes Beispiel für mexikanisch-indianischen Barock. Die reich skulptierte Fassade unterscheidet sich dadurch von anderen barocken und churriguereskten Fassaden des Landes, daß die Estípites genannten Wandpfeiler und salomonische Säulen fehlen. Sie ist wie ein Altaraufsatz gearbeitet und zeigt im indianischen Geschmack gehaltene Szenen des Neuen Testamentes. Im Innern sind die Altaraufsätze imitierenden Gemälde (um 1800) zu beachten, die Juan de Sáenz zugeschrieben werden.
Am dritten Freitag in der Fastenzeit ist Topalcingo das Ziel einer großen Wallfahrt, die mit einer lebensfrohen Fería verbunden ist.

Chalcatzingo

In Chalcatzingo, zu erreichen über eine Abzweigung von der MEX 160 nach Süden unweit von Amayuca, von der nach 2 km wiederum eine Abzweigung nach links zum dann noch 4 km entfernten Dorf führt, steht die hübsche Kolonialkirche San Mateo mit indianisch beeinflußten naiven Skulpturen und Ornamenten an der Fassade.

Cerro de la Cantera und Cerro Delgado
*Felsreliefs

Von Chalcatzingo sind es noch 2 km zu der auf dem Cerro Delgado und Cerro de la Cantera gelegenen gleichnamigen vorspanischen Fundstätte. Die dort in den Fels gehauenen Reliefs gehören zu den bedeutendsten ihrer Art. Da die Motive olmekischen Charakter haben, nimmt man an, daß die Stätte von Olmeken bewohnt wurde oder zumindest zu ihrem Einflußbereich gehörte. Aufgrund in jüngerer Zeit vorgenommener Datierungen glaubt man, daß die Blütezeit dieser Stätte zwischen 1100 und 550 v. Chr. lag. Die wichtigsten Reliefs dürften zwischen 700 und 500 v. Chr. entstanden sein. Am interessantesten ist die Petroglyphe 1, auch 'El Rey' genannt, eine fast 3 m hohe Reliefsszene, die eine sitzende, reich geschmückte Gestalt in einer Höhle zeigt, die auch den riesigen Rachen eines Jaguars darstellen könnte. Am Rande des Rachens sieht man sprießende Maisstauden, oberhalb erkennt man Wolken, aus denen Regen fällt. Weitere Reliefs sind die Petroglyphe 2 (bärtiger Gefangener, von zwei Olmekenkriegern mit Jaguarmasken bedroht), Petroglyphe 4 (Jaguare greifen hingestreckte Menschen an) und Petroglyphe 5 (eine seltsame Schlange verschlingt einen liegenden Menschen, was eine frühe Anspielung auf den Kult des Quetzalcóatl bedeuten könnte. Am Fuß der Berge befindet sich der Komplex III, der aus einer Anzahl von Plattformen und Altären besteht.

Umgebung von Cuautla, Cerro Delgado (Fortsetzung)

Die archäologische Stätte Las Pilas liegt 3 km westlich von Chalcatzingo.

Las Pilas

Cuernavaca K 8

Bundesstaat: Morelos (Mor.)
Höhe: 1540 m ü.d.M.
Einwohnerzahl: 800 000
Telefonvorwahl: 01 73

Von Mexiko-Stadt mit dem Bus in ca. 1 1/2 Std.; mit dem Auto ca. 75 km auf der MEX 95.

Anreise

Nur eine knappe Autostunde südlich von Mexiko-Stadt liegt Cuernavaca, die Hauptstadt des Bundesstaates Morelos. Ihr mildes, subtropisches Klima, die üppige Blumenpracht und der altkoloniale Charme der Innenstadt haben diesen Ferienort zu einem beliebten Ausflugsziel und zu einer Pensionistenkolonie gemacht. Zunehmende Industrialisierung und steigende Besucherzahlen haben der früher eher intimen Atmosphäre der Stadt allerdings Abbruch getan.

Lage und Allgemeines
*Stadtbild

Cuernavaca (Náhuatl: Cuauhnáhuac = 'in der Nähe der Bäume') hat eine lange altindianische Vergangenheit, die wahrscheinlich bis auf die Olmeken zurückgeht. Etwa seit 1200 n. Chr. war Cuernavaca die Hauptstadt der Tlahuica (Náhuatl: 'Leute der Erde'), die zu Anfang des 15. Jh.s von den Azteken unter Itzcóatl unterworfen wurden. Schon vorher soll es zu einer wohl eher legendären Verbindung zwischen dem Aztekenoberhaupt Huitzilíhuitl und Miahuaxihuitl, der Tochter des als Zauberer berühmten Herrschers von Cuernavaca, gekommen sein. Angeblich soll aus dieser Beziehung der spätere bedeutende Aztekenherrscher Moctezuma I. hervorgegangen sein. Bis zur Conquista unterhielten die Aztekenherrscher prächtige Sommerresidenzen in Cuernavaca.
Die Spanier unter Hernán Cortés eroberten und zerstörten Cuauhnáhuac im Jahre 1521. Nach seiner politischen Entmachtung durch Kaiser Karl V. verbrachte Cortés als Graf von Cuernavaca längere Zeit in der Stadt, bis er schließlich 1540 nach Spanien zurückkehrte. In der Kolonialzeit war Cuernavaca ein beliebter Aufenthaltsort der spanischen Oberschicht. Auch Kaiser Maximilian und seine Frau Charlotte

Geschichte

residierten während ihrer kurzen Regierungszeit (1864–1867) mehrfach in Cuernavaca. Im Revolutionskrieg (1910–1920) zerstörten die aufständischen Bauern, die unter Führung von Emiliano Zapata mit dem Ruf "Tierra y Libertad" (Land und Freiheit) die Aufteilung der riesigen Ländereien der Großgrundbesitzer forderten, viele Haciendas in der Umgebung.

Der englische Schriftsteller Malcolm Lowry (1909–1957) lebte von 1936 bis 1938 in Cuernavaca in der Calle Humboldt 15 und machte die Stadt unter ihrem alten Namen zum Schauplatz seines 1947 erschienenen Romans "Under the Volcano".

Sehenswertes

*Palacio Cortés

*Historisches Regionalmuseum

Unweit der Plaza Principal (Zócalo oder Plaza Morelos) liegt der Palacio Cortés, der um 1530 begonnen und später mehrmals umgebaut wurde. Früher Residenz- und Verwaltungsgebäude, beherbergt er heute u.a. das Historische Regionalmuseum Cuauhnáhuac, das die Geschichte der Gegend um Cuernavaca dokumentiert. Von den Log-

Cuernavaca

Palacio Cortés, Heimstatt des Historischen Regionalmuseums

gias des ersten Stocks hat man einen großartigen Ausblick auf die Stadt und ihre Umgebung. Bemerkenswert sind die Fresken, die Diego Rivera im Auftrag des US-Botschafters Dwight Morrow, dem Schwiegervater des Atlantikfliegers Charles Lindbergh, in den Jahren 1929 und 1930 malte. Sie stellen Szenen der Conquista, der Geschichte Cuernavacas, des Unabhängigkeits- und des Revolutionskrieges dar, darunter ein Bildnis von Emiliano Zapata, der den Schimmel des Hernán Cortés führt – Sinnbild für die Rückeroberung des Landes durch das Volk.

Historisches Regionalmuseum (Fortsetzung)

Aus einem 1529 gegründeten Franziskanerkloster ging der Bau der heutigen Kathedrale hervor, die sich an der Ecke der Straßen Hidalgo und Morelos erhebt. Ihre festungsartige Anlage, mit deren Bau 1533 begonnen wurde, geht auf Hernán Cortés zurück. Das Seitenportal der Kirche hat eine kolonial-platereske Fassade; über dem Giebel sieht man die Symbole Krone, Kreuz, Totenschädel und Gebein, umrahmt von einem Alfiz.

*Kathedrale

Das Innere der Kathedrale wurde in den fünfziger Jahren restauriert, wobei frühe Wandmalereien zum Vorschein kamen. Sie zeigen die Einschiffung von 24 mexikanischen Franziskanermönchen zur Missionsreise nach Japan und ihren Märtyrertod am Kreuz im Jahr 1597, darunter der einzige mexikanische Heilige, San Felipe de Jesús.

Innenraum

Im hinteren Teil der Klostergebäude befindet sich eine Kapelle des Dritten Ordens mit typisch mexikanischer Barockfassade. Der schöne holzgeschnitzte Altar aus dem Jahre 1735 zeigt starken indianischen Einfluß, ebenso die Fassade, an der eine kleine Figur Hernán Cortés darstellen soll.

Kapelle des Dritten Ordens

An die Kathedrale lehnt sich die geräumige Offene Kapelle an, deren Gewölbe auf drei Bögen ruht; zwei Strebepfeiler verstärken die mittleren Säulen. Im Kreuzgang des Klosters findet man Reste von Wand-

Offene Kapelle

Cuernavaca

Kathedrale (Fortsetzung)

malereien, die den Stammbaum des Franziskanerordens zeigen. Sonntags findet in der Kathedrale um 11.00 Uhr eine populäre Messe mit Mariachi-Musik statt. Die Mariachis spielen auch am Sonntag- und am Mittwochabend in der Kathedrale.

Jardín Borda

Schräg gegenüber von der Kathedrale liegt der Borda-Garten (Jardín Borda), der in der zweiten Hälfte des 18. Jh.s von dem 'Silberkönig' der Bergwerksstadt Taxco, José de la Borda, angelegt wurde. Der 1987 wiederhergerichtete Park umfaßt terrassierte Gärten, Teiche, Springbrunnen und ein Freilichttheater. Kaiser Maximilian und seine Frau Charlotte haben hier während ihrer Regierungszeit (1864–1867) Feste gegeben. Die Sommerresidenz des Kaiserpaares war die Casa de Maximiliano in der Calle Galeana.

Museo Casa Robert Brady

Das ehemalige Privathaus Casa Robert Brady (C. Netzahualcóyotl 4) enthält 1300 Kunstwerke wie präkolumbische und koloniale Stücke, Bilder von Frida Kahlo und Rufino Tamayo sowie Kunsthandwerk aus Amerika, Afrika und Asien.

Museo Taller

Das Museo Taller (C. Venus 7) ist in dem Haus untergebracht, in dem der Künstler David Álfaro Siqueiros zusammen mit Angélica Arenal die letzten neun Jahre seines Lebens verbrachte. Zu sehen sind unvollendete Wandmalereien, Fotos und andere Erinnerungsstücke.

Casa Olinda

Etwa 1½ km südlich des Stadtzentrums lohnt im ehemaligen Dorf und jetzigen Stadtteil Alcapatzingo ein Besuch der Casa Olinda oder Casa del Olvido. Das Gebäude in geruhsamer, ländlicher Umgebung wurde von Kaiser Maximilian errichtet und diente ihm als Refugium, das er mit seiner indianischen Geliebten ('India Bonita') teilte. Im Park befindet sich heute das Museum der Kräuter (Museo de la Herbolaría).

Bunter Markt in Cuernavaca

Im Westteil von Cuernavaca gelangt man zu dem Wasserfall San Antón (Salto de San Antón), einer 30 m hohen Kaskade in malerischer Umgebung.

<small>Cuernavaca (Forts.)
Salto de San Antón</small>

Am nordöstlichen Stadtrand, nahe dem Bahnhof, liegt die präkolumbische Stätte Teopanzolco (Náhuatl: 'verlassener Tempel'), die aus der späten Nachklassik (1250–1521) stammt und erst 1910 entdeckt wurde, nachdem bei einem Gefecht zwischen Regierungstruppen und den Rebellen unter Zapata Granateinschläge erste Mauerreste freilegten. Die Anlage, ein letztes Relikt der früheren Hauptstadt der Tlahuica, ist in typisch aztekischem Stil errichtet. Sie besteht aus zwei übereinander gebauten Tempelpyramiden, die aus verschiedenen Zeiten stammen. Eine doppelte Freitreppe führt zur Spitze der Pyramide, wo man noch Mauerreste zweier Tempel für Huitzilopochtli bzw. Tláloc sieht. In die Mauern eingebettete, aus Stein gearbeitete primitive Tierköpfe, die einst mit Stuck überzogen waren, sind noch zu erkennen. Kleinere Pyramiden waren den Göttern Ehécatl ('Windgott') und Tezcatlipoca ('Rauchender Spiegel') geweiht.

<small>Teopanzolco</small>

Umgebung von Cuernavaca

Rund 50 km südlich der Stadt liegt inmitten subtropischer Vegetation der Kratersee Tequesquitengo, an dessen Ostufer sich die gleichnamige Ortschaft befindet (914 m ü.d.M.; 12 000 Einw.). Der See bietet vielfältige Wassersportmöglichkeiten.

<small>Kratersee
Tequesquitengo</small>

16 km nordöstlich von Tequesquitengo liegt die Ortschaft Tlaquiltenango. Das hier um 1530 gegründete Franziskanerkloster wurde 40 Jahre später von Dominikanern übernommen. Neben dem Atrium und den Posas (Prozessionskapellen) ist das Seitenportal interessant, das mit seiner kolonialplateresken Fassade dem der Kathedrale von Cuernavaca ähnelt.

<small>Tlaquiltenango</small>

Rund 35 km südwestlich von Cuernavaca befindet sich die Ruinenstätte → Xochicalco, die Einflüsse verschiedener präkolumbischer Kulturen aufweist.

<small>Xochichalco</small>

Im östlichen Teil von → Morelos gibt es eine Anzahl interessanter Orte, die hauptsächlich wegen ihrer Klosterbauten aus dem 16. Jh. bekannt sind.

<small>Klöster</small>

Distrito Federal / Bundesdistrikt

Kürzel: D.F.
Fläche: 1483 km²
Bevölkerungszahl: 8489000

Der Distrito Federal wurde analog zum US-amerikanischen Bundesdistrikt für die mexikanische Hauptstadt geschaffen, um die Zentralregierung von jeder Einflußnahme der Bundesstaaten freizuhalten. Seine Verwaltung ist direkt dem Präsidenten unterstellt. Das Gebiet nimmt die Südostecke des Hochtals von Mexiko ein und wird von drei Seiten vom Estado de → México eingeschlossen, während es südlich an den Estado de → Morelos grenzt. Seine natürlichen Grenzen sind im Norden die Sierra de Guadalupe, im Osten die Ausläufer des Vulkangürtels, der hier wegen der schneebedeckten Fünftausender → Popocatépetl und → Iztaccíhuatl auch Sierra Nevada genannt

<small>Lage und Allgemeines</small>

Distrito Federal

Allgemeines (Fortsetzung)

wird, im Westen der Bergzug Las Cruces und im Süden, wo sich die Bergkuppen Ajusco und Cuautzín erheben, der unweit der Höhe Tres Marías gelegene gleichnamige Paß. Die Bevölkerung setzt sich aus Mestizen, Kreolen und hier ansässigen Indios der Nahuagruppe sowie zugewanderten Angehörigen anderer Stämme zusammen; es gibt auch eine starke Kolonie von Ausländern.

Archäologische Stätten

Die interessantesten archäologischen Fundstätten, Cuicuilco und Copilco, liegen in der Nähe der Universitätsstadt von Mexiko-Stadt am Rande des Lavafeldes Pedregal, das den südlichen Teil des fast den ganzen Norden des Bundesdistrikts einnehmenden Stadtgebietes bedeckt. Diese Funde stammen aus präklassischer bzw. archaischer Zeit. Aus der Blütezeit des Aztekenreiches dagegen haben nur wenige, relativ unbedeutende Reste das systematische Zerstörungswerk der Konquistadoren überstanden. Den besten Einblick gewähren noch die Ausgrabungen an der Ecke der Straßen Argentina und Guatemala unweit vom Zócalo und die Rekonstruktionen auf der Plaza de las Tres Culturas in Tlatelolco (→ Mexiko-Stadt).

Geschichte

Das Tal von Mexiko (oder Tal von Anáhuac) war bereits, wie die Fundstätten El Arbolillo, Ticomán, Zacatenco, Cuicuilco und Copilco beweisen, in der präklassischen (frühformativen und mittelformativen) Epoche zwischen 1500 und 800 v. Chr. von ersten Ackerbau treibenden Stämmen besiedelt. Das dem heutigen Bundesdistrikt benachbarte Tlatilco (1300 – 800 v. Chr,) war eine bedeutende Siedlung innerhalb des olmekischen Kulturhorizonts.

Klassische Periode

In der Klassik (300 – 900 n. Chr.) stand die Gegend zeitweise unter dem Einfluß von Teotihuacán. Nach dem Untergang des toltekischen Tollán (Tula) in der zweiten Hälfte des 13. Jh.s begann die Einwanderung verschiedener Stämme in das Tal von Anáhuac. Es bildeten sich hier kleine Reiche, unter denen die Otomí sprechenden Tepaneken von Atzcapotzalco (Náhuatl: 'Platz des Ameisenhügels'), die Acolhua von Coatlichán, die Chichimeken (Náhuatl: 'vom Hunde stammend', d. h. barbarische Stämme) von Tenayuca und später von Texcoco sowie die Tolteken von Culhuacán (Náhuatl: 'Ort der Großväter') die bedeutendsten waren.

Azteken

Das Volk jedoch, welches während der letzten 150 Jahre des vorspanischen Zeitalters dieses zentrale Tal und weite Teile Mexikos beherrschen sollte, waren die Náhuatl sprechenden Azteken (Tenocha oder Mexica). Um 1111 n. Chr. sollen die Azteken ihren geheimnisvollen Inselwohnsitz Aztlán oder Aztatlán (Náhuatl: 'Ort der Reiher'), wahrscheinlich in einer Lagune an der Nordwestküste Mexikos gelegen, verlassen haben. Unter der Führung ihres Häuptlings und Gottes Huitzilopochtli (Náhuatl: 'Kolibri des Südens') kamen sie über Chicomoztoc (Náhuatl: 'sieben Höhlen'), den legendären Ausgangspunkt aller Mitte des 12. Jh.s auswandernden Nahua-Völker, in das Hochtal von Mexiko. Der sich nun Mexica nennende barbarische Stamm erreichte 1299 Chapultepec (Náhuatl: 'Heuschreckenhügel'). Von den Tepaneken geknechtet, später nach Culhuacán geflüchtet und auch von dort vertrieben, gründeten sie schließlich 1345 Tenochtitlán (Náhuatl: 'Ort der Kaktusfrucht') auf einer Insel im Texcoco-See. Der Legende nach soll Huitzilopochtli den Stamm angewiesen haben, dort Wohnsitz zu nehmen, wo er einen Adler auf einem Kaktus sitzend und eine Schlange fressend finden würde. Der Adler verkörpert das Symbol der Sonne und damit Huitzilopochtli, während die rote Kaktusfrucht das menschliche Herz, das von der Sonne verschlungen wird, darstellt. Heute noch ist diese Darstellung das Staatswappen. In kurzer Zeit machten die Mexica, die sich überheblich als Nachfolger der großen

Distrito Federal

Mexiko
Vereinigte Mexikanische Staaten
Estados Unidos Mexicanos

Distrito Federal

Bundesstaaten
Estados

1a Baja California Sur	12 Aguascalientes
1b Baja California Norte	13 Jalisco
	14 Guanajuato
2 Sonora	15 Querétaro
3 Chihuahua	16 Hidalgo
4 Sinaloa	17 Colima
5 Durango	18 Michoacán
6 Coahuila	19 México
7 Nuevo León	20 Morelos
8 Zacatecas	21 Tlaxcala
9 San Luis Potosí	22 Puebla
10 Tamaulipas	23 Veracruz
11 Nayarit	24 Guerrero
	25 Oaxaca
26 Chiapas	
27 Tabasco	
28 Campeche	
29 Yucatán	
30 Quintana Roo	

D.F. Distrito Federal (Bundesdistrikt)

© Baedeker

Azteken
(Fortsetzung)

Tolteken fühlten, deren kulturelle Errungenschaften sie in Bausch und Bogen übernahmen, unter der Führung des Oberpriesters Ténoch aus einer unwirtlichen, sumpfigen Insel mit Hilfe der Chinampas (künstliche Inseln für den Anbau; ⟶ Xochimilco bei Mexiko-Stadt) ein wirtschaftlich autarkes Siedlungsgebiet. 1358 wurde auf einer Nebeninsel die Stadt Tlatelolco (Náhuatl: 'Erdhügel') gegründet, die lange eine Rivalin Tenochtitláns blieb, bis sie später dem Herrschaftsgebiet einverleibt wurde und als Handelsmetropole eine bedeutende Rolle für das Aztekenreich spielte.

1372 begann mit der Thronbesteigung des Herrschers Acamapichtli (Náhuatl: 'eine Hand voll Rohr'), eines toltekischen Prinzen aus Culhuacán, die aztekische Dynastie, die unter insgesamt elf Herrschern bis zur Eroberung Tenochtitláns 1521 durch die Spanier andauerte. Auf Vorschlag der Mexica wurde dagegen in Tlatelolco ein Tepanekenfürst als Gründer des dort regierenden Herrscherhauses eingesetzt. Mit Hilfe von Eheschließungen, wechselnden Bündnissen und zahlreichen Kriegen gelang es den Mexica im Laufe der nächsten 150 Jahre, sich nicht nur zur herrschenden Macht des Tals von Anáhuac aufzuschwingen (⟶ Texcoco), sondern ihr Einflußgebiet über weite Teile des heutigen Mexiko bis fast nach Guatemala auszudehnen. Vor allem unter ihren kriegerischen Herrschern Moctezuma I. (Náhuatl: 'Zorniger Herr', 1440–1468), Axayácatl ('Wassergesicht', 1468–1481) und Ahuizotl ('Gespenstisches Wassergesicht', 1486–1502) gelang es ihren Heeren, weite Teile der heutigen Bundesstaaten México, Hidalgo, Morelos, Guerrero, Veracruz, Puebla, Oaxaca und Chiapas zu erobern und tributpflichtig zu machen. Lediglich das Reich der Purépecha (Tarasken) in Michoacán sowie die Staaten Tlaxcala und Meztitlán blieben unbesiegt und konnten ihre Selbständigkeit bewahren. Als letzter uneingeschränkter Herrscher kam 1502 Moctezuma II., der spätere Kontrahent des Hernán Cortés, an die Macht. Die durch Krieg und Drohungen unterworfenen Völker mußten

Durango (Bundesstaat)

Distrito Federal, Azteken (Fortsetzung)

Tenochtitlán hohe Tribute vor allem in Form von Handelswaren, Sklaven und Kriegsdiensten leisten. Ständige aztekische Garnisonen an strategisch wichtigen Punkten, spezielle Steuereintreiber und die reisenden Kaufleute sorgten für die Einhaltung der Verträge und für die Verbreitung des Náhuatl, der damaligen Lingua franca Mesoamerikas. 1517 landete als erster Spanier Francisco Hernández de Córdoba an der Küste der Halbinsel Yucatán, und 1519 betrat Hernán Cortés mexikanischen Boden, womit der Untergang des aztekischen Imperiums eingeleitet wurde, welchen die Herrschenden nicht zuletzt dem Aufstand der unterdrückten Völker zuzuschreiben hatten.

Moctezumas Nachfolger im umkämpften Tenochtitlán wurde sein Bruder Cuitláhuac (Náhuatl: 'Bewahrer des Reiches'), der nach viermonatiger Herrschaft an einer Seuche starb. Sein Neffe Cuauhtémoc ('Stürzender Adler'), der nun den Thron bestieg, wurde nach der endgültigen Niederlage der Mexica von den Spaniern gefangengenommen und 1525 gehenkt.

Die Geschichte des Bundesdistrikts, der durch ein Dekret des Präsidenten Guadalupe Victoria (1824) geschaffen wurde, ist während und nach der Kolonialzeit identisch mit der Entwicklung der Republik Mexiko und ihrer Hauptstadt.

Wirtschaft

Mehr als 50 % der Industriekapazität des ganzen Landes sind im Distrito Federal angesiedelt, und auch die Dezentralisierungsversuche der letzten Jahre werden an dieser Tatsache nicht viel ändern. Die wichtigsten Branchen sind Eisen und Stahl, Bau, Fahrzeuge, Textilien, Papier, Chemikalien, Glas und Keramik, Maschinen, elektrische Anlagen sowie Lebensmittel. Neben der Zentralregierung und den Spitzen der zahlreichen Verwaltungsbehörden haben auch die wichtigsten Unternehmungen des Bank- und Versicherungswesens ihren Hauptsitz in Mexiko-Stadt. Die Hauptstadt ist Mittelpunkt der wichtigsten Eisenbahnstrecken und Luftlinien sowie Knotenpunkt der zahlreichen Autobusrouten. Als größter Absatzmarkt und Produktionsstätte vieler Konsumgüter ist sie auch der bedeutendste Handelsplatz des Landes. Dank der zahlreichen Sehenswürdigkeiten in der Stadt und ihrer Umgebung sowie der gut ausgebauten Infrastruktur spielt natürlich auch der Tourismus eine wichtige Rolle im Distrito Federal.

Die Industriezusammenballung bringt erhebliche Umweltprobleme vor allem in → Mexiko-Stadt. Die einst als überaus klar und gesund gepriesene Luft des Hochlandes im Distrito Federal ist einem selten verschwindenden und kaum zu ertragenden Smog gewichen.

Dolores Hidalgo

→ San Miguel de Allende

Durango (Bundesstaat)

Kürzel: Dgo.
Hauptstadt: Durango
Fläche: 123 520 km²
Bevölkerungszahl: 1 431 700

Lage und Landesnatur

Der große, dünnbesiedelte Staat Durango wird im Norden von Chihuahua, im Westen von Sinaloa, im Süden von Nayarit und im Osten von Zacatecas und Coahuila begrenzt. Er liegt an den Abhän-

Durango (Bundesstaat)

Mexiko
Vereinigte Mexikanische Staaten
Estados Unidos Mexicanos

Durango

**Bundesstaaten
Estados**

1a Baja California Sur
1b Baja California Norte
2 Sonora
3 Chihuahua
4 Sinaloa
5 Durango
6 Coahuila
7 Nuevo León
8 Zacatecas
9 San Luis Potosí
10 Tamaulipas
11 Nayarit
12 Aguascalientes
13 Jalisco
14 Guanajuato
15 Querétaro
16 Hidalgo
17 Colima
18 Michoacán
19 México
20 Morelos
21 Tlaxcala
22 Puebla
23 Veracruz
24 Guerrero
25 Oaxaca
26 Chiapas
27 Tabasco
28 Campeche
29 Yucatán
30 Quintana Roo

D.F. Distrito Federal (Bundesdistrikt)

gen der Westlichen Sierra Madre und besteht vorwiegend aus trockenen Hochebenen, die von Lavagestein bedeckt und durch tiefe Schluchten gegliedert sind. Mestizen und Kreolen bewohnen das Land, an entlegenen Plätzen siedeln noch Tepehuano-Indianer.

Lage und Landesnatur (Fortsetzung)

Das heutige Staatsgebiet wurde in vorspanischer Zeit von den halbnomadischen Stämmen der Tepehuano und Acaxe bewohnt.
Als erster Spanier soll 1551 der Konquistador Ginés Vásquez del Mercado auf der Suche nach Edelmetallen ins Land gekommen sein. Ihm folgte der Baske Francisco de Ibarra, der die ersten Siedlungen wie Nombre de Dios (1555) und Durango (1563) anlegte. Die ständigen Kämpfe mit den Indianern dauerten bis 1616 an, als die Tepehuano eine entscheidende Niederlage erlitten. Immer wieder jedoch revoltierten die Eingeborenen bis ins späte 19. Jahrhundert. Bis 1823 bildeten Durango und Chihuahua die Provinz Nueva Vizcaya; seither sind sie getrennte Bundesstaaten der Republik Mexiko.

Geschichte

Durango ist reich an Bodenschätzen wie Gold, Silber, Kupfer, Eisen, Zinn, Schwefel und Antimon. In den durch Flüsse oder durch künstliche Bewässerung fruchtbaren Gebieten wachsen landwirtschaftliche Produkte wie Baumwolle, Weizen, Mais, Tabak, Zuckerrohr und Gemüse. Daneben spielen die Viehzucht und die Landesprodukte verarbeitende Industrie eine Rolle. Der Tourismus ist noch nicht von allzu großer Bedeutung.

Wirtschaft

Reiseziele im Bundesstaat Durango

Neben der Hauptstadt → Durango ist die Torréon (→ Coahuila) benachbarte Stadt Gómez Palacio (138 000 Einw.; Baumwoll- und Weinmesse im Spätsommer) durch Handel und Verarbeitung von

Gómez Palacio

Durango (Stadt)

Durango (Bundesstaat, Fortsetzung)	Agrarindustrie wirtschaftlich von einiger Bedeutung. Dem Reisenden bietet die Stadt sehr wenig.
Bermejillo	45 km nördlich von Gómez Palacio an der MEX 49 liegt die Ortschaft Bermejillo (30 000 Einw.), in der in der Umgebung gefundene versteinerte Fische und Schnecken verarbeitet und zum Kauf angeboten werden.
*Puente Ojuela	Von Bermejillo führt die MEX 30 Richtung Mapimí. Nach 20 km biegt nach links eine schmale Straße zu der in eine bizarre Landschaft gebetteten Mine Puente Ojuela (7 km) ab. Eine freischwingende, zerbrechliche Holzbrücke über eine Schlucht ist ein ungewöhnlicher Blickfang in diesem z.T. verlassenen, z.T. noch aktiven Bergwerk, wo nach Silber, Blei und Mangan geschürft wird.
Mapimí	In der Umgebung der von Bermejillo noch 3 km entfernten alten Minenstadt Mapimí (Tepehuano: 'Stein über dem Hügel; 1360 m ü.d.M.; 40 000 Einw.) in der Sierra del Rosario finden sich eigenartige Gesteinsformationen und die sogenannten 'Roten Grotten', deren Farbe durch Eisenoxid entstand.
'Zone des Schweigens'	Nach 145 km von Bermejillo auf der MEX 49 Richtung Norden sind über Ceballos die Dörfer San José del Centro und Mohóvano zu erreichen. Zwischen ihnen erstreckt sich eine 'Zone des Schweigens' ('Zona del Silencio') genannte Region, in der aufgrund von starken elektromagnetischen Kräften, die von Eisenoxidfeldern ausgehen, jeglicher Empfang von Radio-, Fernseh- und Funkwellen unmöglich ist. Ein weiteres Phänomen dieser überaus trockenen Gegend (durchschnittliche Jahresniederschlagsmenge 250 mm) ist die im Vergleich zu ähnlichen Orten um 35% höher liegende Absorption der Sonneneinstrahlung. Darüber hinaus hat man ungewöhnliche Mutationen bei Pflanzen und Tieren festgestellt. Forschungen einer internationalen Wissenschaftlergruppe sind noch nicht abgeschlossen.

Durango (Stadt)   G 5

Bundesstaat: Durango (Dgo.)
Höhe: 1890 m ü.d.M.
Einwohnerzahl: 500 000
Telefonvorwahl: 01 18

Anreise von Mexiko-Stadt	Mit der Eisenbahn über Felipe Pescador in ca. 26 Std.; mit dem Bus in ca. 17 Stunden.
Lage und Allgemeines	An einem östlichen Ausläufer der Sierra Madre Occidental gelegen, beherrscht die Stadt Durango (de Victoria) das malerische, fruchtbare Guadianatal. Sie hat ein trockenes, angenehmes Klima und eine noch spürbar altspanische Atmosphäre. Durango ist ein regional wichtiges Handels- und Industriezentrum, in welchem vor allem Produkte der Umgebung verarbeitet werden.
Geschichte	Pater Diego de la Cadena gründete hier 1556 eine Siedlung namens San Juan de Analco. Formell wurde der Ortschaft 1563 durch Francisco de Ibarra und Alonso Pacheco der Name Durango gegeben, doch war sie bis ins 18. Jh. nur als Villa de Guadiana bekannt. Als Außenposten der Edelmetall suchenden Spanier litt die Stadt lange Zeit unter Überfällen der Indianer, vor allem der Tepehuano. Im 17. Jh. wurde die Region befriedet, und die Erhebung Durangos zur Bi-

schofsstadt führte zu einem beachtlichen kulturellen Aufschwung. Im 19. Jh. blieb jedoch eine wirtschaftliche Entwicklung aus. Erst in den letzten Jahrzehnten erzielte man größere Fortschritte.

Durango (Stadt), Geschichte (Fortsetzung)

Sehenswertes

Die beschauliche Stadt bietet dem Touristen nur wenige kulturelle Höhepunkte. Am Hauptplatz (Zócalo) steht die beachtenswerte Kathedrale, die zwischen 1695 und 1777 erbaut wurde und daher die Entwicklung des mexikanischen Barocks jener Zeit wiederspiegelt. Zu erwähnen sind noch die barocke Jesuitenkirche Sagrario und die Casa del Conde de Suchil, Wohnhaus des Grafen von Suchil und einst Sitz des Inquisitionstribunals.

Im Norden der Stadt erhebt sich der Cerro del Mercado. Dieser über 200 m hohe Berg besteht fast ganz aus Eisenerz (Hämatit). Obwohl dieser Umstand schon im 16. Jh. von den Konquistadoren entdeckt wurde, hat der Abbau erst 1828 begonnen. In letzter Zeit wurden mehr als 300 t täglich gewonnen, und man schätzt, daß diese Lagerstätte noch weitere 100 Jahre ausgebeutet werden kann.

Cerro del Mercado

Das Museo de Antropología e Historia 'El Aguacate' (Victoria 100 Sur) zeigt archäologische und ethnographische sowie Gegenstände der Kolonial- und Volkskunst. Im Garten steht ein großer Avocadobaum. Im Museum Colección de Minería (Casa del Cuerno) sind Gold, Silber und andere Metalle sowie ein riesiger Mammutzahn ausgestellt.

Museen

Umgebung von Durango

Die Stadt eignet sich gut als Ausgangspunkt für den Besuch mehrerer eisen- und schwefelhaltiger Thermalbäder, wie z. B. Navacoyan und El Saltito.

Thermalbäder

Eine Reihe von Stauseen nicht weit von der Stadt bietet Wassersport- und Angelmöglichkeiten (Garabltos, La Tinaja, Guadalupe Victoria, Peña del Águila u. a.).

Stauseen

Filmfreunde sollten einen der zahlreichen Drehorte für Wildwestfilme aufsuchen. Sie liegen an der MEX 45 nach Norden ab km 12 und umfassen Teile des Dorfes Chupadores. Eine weitere Kulissenstadt ist Villa del Oeste mit Saloon, Kirche und Friedhof.

Westernstädte

Landschaftlich sehr eindrucksvoll ist die Fahrt auf der MEX 40 von Durango über El Salto nach → Mazatlán (320 km), die bis El Salto auch mit der Eisenbahn unternommen werden kann. Die durch wilde Bergwelt führende Autostraße ist streckenweise sehr kurvenreich. Man erkundige sich vor Antritt der Fahrt nach dem Straßenzustand.

*Fahrt nach Mazatlán

Dzibilchaltún   P 7

Bundesstaat: Yucatán (Yuc.)
Höhe: 12 m ü.d.M.

Mit dem Bus von → Mérida zur Abzweigung nach Dzibilchaltún, dort warten Taxis; mit dem Auto auf der MEX 261 nach 15 km Abzweigung nach rechts.

Anreise

Dzibilchaltún

Lage und Allgemeines

Der nur 17 km nördlich von Mérida unweit der Straße nach Progreso gelegene Ausgrabungsort Dzibilchaltún wurde lange Zeit wegen seiner wenig spektakulären Architektur von der Forschung vernachlässigt. Erst in den letzten zwanzig Jahren haben Archäologen festgestellt, daß Dzibilchaltún die ausgedehnteste und am längsten besiedelte präkolumbische Stadt der Halbinsel Yucatán war.

Geschichte

Die in den vierziger Jahren sporadisch unternommenen Ausgrabungen ergaben bereits, daß es sich um ein sehr ausgedehntes und altes Siedlungsgebiet handelt. Die Universität von Tulane und die US-amerikanische National Geographic Society begannen 1956 mit einer großen Grabungskampagne unter der Leitung von E. Wyllys Andrews IV. Seither konnte nachgewiesen werden, daß Dzibilchaltún (Maya: 'wo die flachen Steine beschriftet sind') schon mindestens seit 600 v. Chr. besiedelt war und eine Fläche von über 50 km² umfaßte. Diese Tatsachen, zusammen mit den mehr als 8000 erfaßten Gebäuden auf diesem Areal, machen Dzibilchaltún nicht nur zu einer der größten und ältesten, sondern auch zu der vielleicht am längsten besiedelten altindianischen Stadt in Yucatán und in ganz Mexiko. Es ist durchaus möglich, daß die Gründung des Ortes sogar in die archaische Zeit, also vor 1500 v. Chr., zurückgeht. Fest steht, daß die Stadt beim Eintreffen der Spanier noch bewohnt war. Man nimmt an, daß Dzibilchaltún sowohl ein Wallfahrtsort als auch eine bedeutende politische Metropole war. In ihrer Blütezeit soll die Stadt über 40 000 Einwohner gehabt haben.

Manche der bisher ausgegrabenen Gebäude stammen aus der Vorklassik, also aus dem 3. bis 1. vorchristlichen Jh., sind aber zum Teil in der Spätklassik (600 – 900 n. Chr.) überbaut worden. Man fand auch zum erstenmal in dieser Gegend, analog zum südlichen Zentralgebiet, eine beachtliche Anzahl von datierten Stelen, darunter eine mit der re-

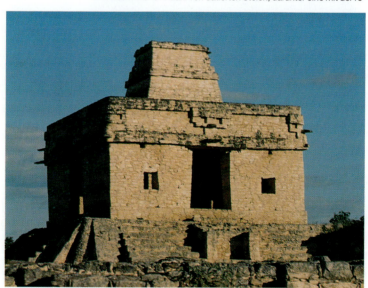

Tempel der Sieben Puppen

Dzibilchaltún

lativ frühen Jahreszahl 327 n. Christus. Aus den Erkenntnissen der Ausgrabungen muß geschlossen werden, daß es in Yucatán offenbar früh eine eigenständige Maya-Zivilisation gegeben hat. Dies steht im Gegensatz zu der bisherigen Annahme, daß die zur Zeit der Klassik (300–900 n. Chr.) blühende Maya-Kultur des südlicher gelegenen Zentralgebiets nach Norden getragen wurde. Die Spanier zerstörten die Bauten und errichteten aus den Trümmern eine Kirche. Über lange Zeit wurden die Ruinen als Steinbruch benutzt.

Geschichte (Fortsetzung)

Besichtigung der Ruinenstätte

Die Stätte umfaßt verschiedene Zeremonialzentren, die einst durch Sacbeob ('weiße Straßen') verbunden waren. Heute sind erst wenige Gebäude in dem weiten Gelände ausreichend restauriert und daher wert, besichtigt zu werden.

Ein eigenartiger Bau ist der sogenannte Tempel der Sieben Puppen (Templo de las Siete Muñecas), auch Gebäude I sub genannt. Durch Radiokarbontests an Holzresten hat man festgestellt, daß der Tempel aus dem 7. Jh. n. Chr. stammt. Er unterscheidet sich nicht nur durch seinen einfachen Stil von der bekannten Maya-Architektur, sondern auch dadurch, daß er einen quadratischen Grundriß und rechts und links vom Eingang zwei Fenster hat. Bisher hat man sonst in keinem Bau der Maya Fenster vorgefunden. Auch der Dachkamm des Tempels weicht vom traditionellen Stil ab, da er aus einem Pyramidenstumpf besteht. Wahrscheinlich handelt es sich um eine Frühform des Dachkamms, durch den das Innengewölbe dem quadratischen Grundriß angepaßt werden sollte. Im Gebäude fand man sieben primitive Tonfiguren, die man als 'Puppen' bezeichnete und welche dem Tempel den Namen gaben. Der Tempel steht mit anderen kleineren Gebäuden auf einer Plattform von etwa 250 x 90 m und hat auf allen vier Seiten Freitreppen.

*Tempel der Sieben Puppen

In der Zentralgruppe, unweit des Eingangs zur archäologischen Zone, befindet sich ein Tempel, der Gebäude 38 genannt wird; er weist Verzierungen und schwache Reste früherer Wandmalereien auf.

Zentralgruppe

Von großer Bedeutung war der in der Mitte der Stadt gelegene Cenote Xlacah (Maya: 'alte Stadt'). Sein Durchmesser erreicht fast 30 m, und die Tiefe wird mit 45 m angenommen. Aus dem Cenote bargen Forschungstaucher nicht weniger als 30 000 archäologische Fundstücke, darunter Tongefäße und Keramikfiguren, Schmuckstücke sowie einige Skelettreste. Man kann daher annehmen, daß in diesem heiligen Teich kaum Menschenopfer dargebracht wurden. Heute wird der Cenote zum Baden benutzt.

Cenote Xlacah

Im Zentrum des Hauptplatzes stehen noch die Reste einer großen spanischen 'Offenen Kapelle' vom Ende des 16. Jahrhunderts. Die Lage und die Größe der Kapelle zeigt, daß Dzibilchaltún zu Beginn der Kolonialzeit eine beachtliche Einwohnerzahl gehabt haben muß. Weitere Gebäude in der Zentralgruppe sind der Palacio und der Templo del Pedestal.

Offene Kapelle

Das kleine Museum am Eingang zur Ruinenstätte zeigt Stelen, Skulpturen und Keramik. Viele der Stücke wurden aus dem Cenote geborgen. Das große Museum des Maya-Volkes wurde kürzlich in Form eines Maya-Dorfes eröffnet. In den Hütten kann man Eingeborene beim Kochen, bei der Garten- und Handwerksarbeit beobachten. Bemerkenswert ist auch der Eco-Park mit seiner reichen Flora und Fauna.

Museum

Edzná

Edzná O 8

Bundesstaat: Campeche (Camp.)
Höhe: Meereshöhe

Anreise

Mit dem Bus von → Campeche; mit dem Auto von Campeche auf der MEX 180 und später 261 östlich über Chencoyl (42 km) nach Cayal, von dort noch 19 km auf der MEX 261 nach Süden. Eine neue Direktstraße von Campeche nach Edzná ist im Bau.

Lage

Die Ausgrabungsstätte Edzná befindet sich am Rande eines archäologischen Gebietes, das nach einer häufigen Nachsilbe bei den Ortsnamen dieser Gegend 'Chenes' (Brunnen) genannt wird. Die Maya-Stätte liegt in einem ausgedehnten Tal, das mit Buschwald und Akkerflächen bedeckt ist. Es wird im Norden und Osten von einer niedrigen Hügelkette umschlossen.

Geschichte

Da Edzná (Maya: 'Haus der Grimassen') neuerdings etwas mehr ausgegraben und erforscht wurde, weiß man nun, daß der Platz schon 400 v. Chr. besiedelt war. So fand man einen Festungsgraben aus der präklassischen Periode. Zweifellos lag die Hochblüte dieser Stätte in der Maya-Klassik. Die hier ausgegrabenen Stelen tragen Datierungen von vor 435 bis ins 810 n. Christus. Über eine nachklassische (ab 1000 n. Chr.) Entwicklung ist bis heute nichts bekannt.

In den zwanziger Jahren waren es der Amerikaner Sylvanus Morley und der Mexikaner Enrique Juan Palacios, die hier archäologische Studien trieben. In den vierziger Jahren forschten die mexikanischen Archäologen Alberto Ruz l'Huillier und Raúl Pavón Abreu in Edzná. Der letztgenannte setzte vor allem die Restaurierungsarbeiten in den fünfziger und sechziger Jahren fort. Die letzten Ausgrabungen wurden durch die New World Archeological Foundation und Wissenschaftler des Instituto Nacional de Antropología e Historia durchgeführt. Von 1986 bis 1989 war die I.N.A.H. unter Pavón Nabreu und Luis Mellet Camara hier aktiv. Als Hilfskräfte wurden Flüchtlinge aus Guatemala beschäftigt und teilweise von der UNO bezahlt.

Besichtigung der *Ruinenstätte

Das archäologische Gebiet von Edzná umfaßt eine Fläche von rund sechs Quadratkilometern. Viele der Gebäude sind noch nicht ausgegraben oder nach ersten archäologischen Arbeiten wieder überwachsen. Wie so oft in den alten Maya-Städten wurden auch hier die Gebäude zum Teil mehrmals überbaut, was zu Schwierigkeiten bei der Datierung führt. Sehenswert sind hauptsächlich die um die Plaza Central angeordneten Bauten. Inmitten dieses Platzes steht ein quadratischer Altar, der an der Westseite einen kleinen Aufsatz hat, der 'La Picota' genannt wird.

*Gebäude der fünf Stockwerke

An der Ostseite steht das interessanteste zugängliche Monument Edznás, das Gebäude der Fünf Stockwerke (Edificio de los Cinco Pisos). Die fast quadratische Grundfläche der Pyramide mißt 60 x 58 m. Eine Freitreppe führt über die je 4,60 m hohen Geschosse bis zum vierten Stockwerk. Den fünften Stock bildet der Tempelbau mit einer Höhe von 5 m, der von einem 6 m hohen Dachkamm überragt wird. Die Gesamthöhe des Bauwerkes beträgt 31 m.

Man nimmt an, daß die ersten vier Stockwerke mit Kammern als Wohnungen für die Priesterschaft und der Tempel mit dem Altar als eigentlicher Schrein dienten. Im unteren Stockwerk sieht man Säulen aus

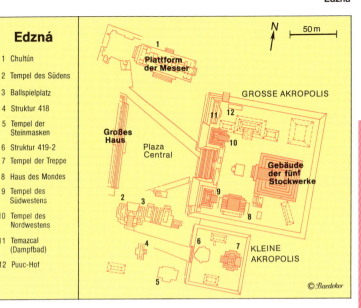

Mauerwerk, die an den Río-Bec-Stil erinnern, während im 4. Stock bereits monolithische Säulen mit Kapitellen verwendet wurden, wie sie im Puuc-Gebiet gebräuchlich waren. Ebenfalls im ersten Geschoß befindet sich unter der Treppe ein durch ein Kraggewölbe überdachter Durchgang, in welchem auch der Zugang zu dem zentralen Innenraum untergebracht war.

Dieses beindruckende Bauwerk ist ein gutes Beispiel für den in Edzná vorherrschenden nüchternen Stil mit einfachen Simsen und schmucklosen Fassaden, der sich so deutlich von der Bauweise der Kultstätten im klassischen Chenes- oder Puuc-Gebiet unterscheidet. Lediglich der Dachkamm war mit Stuckfiguren reich geschmückt.

Gebäude der fünf Stockwerke (Fortsetzung)

An der Westseite des Platzes steht das restaurierte Haus des Mondes (Casa de la Luna; Maya: 'Paal u'ná'). Das Bauwerk ruht auf einer Plattform und wird von den Resten eines Tempels überragt. Die breite Freitreppe ist von einer Doppelreihe von sechs Absätzen eingerahmt.

Haus des Mondes

In einer Ecke des Platzes liegt der Tempel des Südwestens (Templo del Suroeste). Er besteht aus einer rechteckigen Plattform, von der schräge Wände, die an die Petén-Bauweise erinnern, zur oberen Terrasse führen. Hier finden sich Mauerreste des einstigen Tempelaufbaus. Die andere Ecke derselben Seite wird vom Tempel des Nordwestens (Templo del Noroeste) ausgefüllt.

Tempel des Südwestens und des Nordwestens

Diesem Tempel angeschlossen ist ein Gebäude, das als Schwitzbad ('Temazcalli') diente.

Dampfbad

Erwähnenswert ist noch die um einen anderen Platz gruppierte Gebäudereihe, die man Grupo del Centro Ceremonial nennt. Die Bauten sind zu einem Teil noch nicht ausgegraben und zum anderen Teil wie-

Grupo del Centro Ceremonial

El Tajín

Edzná, Grupo del Centro Ceremonial (Fortsetzung)

der überwachsen. Im Osten des Platzes liegt die sogenannte Große Akropolis (La Gran Acrópolis), im Westen das Große Haus (Casa Grande oder Nohol'ná), im Norden die Plattform der Messer (Plataforma de los Cuchillos) und im Süden der Tempel des Südens (El Templo del Sur). Da ein Teil der Anlagen Edznás unter dem Meeresspiegel lag, mußten die Maya für Anlagen zur Entwässerung sorgen. Dies gelang durch ein ausgeklügeltes System von unterirdischen Kanälen und Auffangbecken, das südlich der Großen Akropolis lag.

El Sumidero

→ Tuxtla Gutiérrez

El Tajín   L 7

Bundesstaat: Veracruz (Ver.)
Höhe: 298 m ü.d.M.

Anreise

Mit dem Flugzeug nach Poza Rica, von dort mit dem Auto ca. 15 km; mit dem Bus von → Veracruz in ca. 4 Std. bis Papantla, von dort lokaler Bus; mit dem Auto von Mexiko-Stadt zunächst auf der MEX 85 Richtung → Teotihuacán, dann auf der MEX 130 und 132 ('Vanillestraße') über Tulancingo und Poza Rica insg. ca. 300 km, von Veracruz auf der MEX 180 über Nautla und Papantla insgesamt ca. 240 km.

Lage und Allgemeines

Die von Vanilleplantagen umgebene Ruinenstadt El Tajín liegt inmitten einer tropisch-grünen, hügeligen Landschaft mit feuchtwarmem Klima. Das ausgedehnte archäologische Gebiet mit einer Fläche von etwa 11 km² ist in den letzten Jahren zu ca. 40% erforscht worden. Die Stätte, in ihrer Blütezeit von 50 000 Menschen bewohnt, gehört zu den wichtigsten präkolumbischen Ausgrabungsorten Mexikos.

Geschichte

Da das Gebiet um El Tajín (totonakisch: 'Blitz') zur Zeit der Eroberung durch die Spanier von Totonaken bewohnt war, wurde die große Stadt bisher diesem Volksstamm zugesprochen. Schon mindestens 300 Jahre vor der Conquista war sie jedoch bereits verlassen. Vielleicht war es ursprünglich eine spätolmekische oder eine Proto-Maya-Gründung in Verbindung mit den Huasteken. Die eigentliche Gründung um 200 n. Chr. wurde stark von Teotihuacán beeinflußt. Erst um 600 n. Chr. entwickelte sich eine eigenständige Kultur. El Tajíns Einfluß begann sich auszubreiten und wurde auch in Teotihuacán spürbar. Die Stadt erreichte ihre höchste Blüte zwischen 700 und 900 n. Christus. Die ersten wichtigen Gebäude stammen aus dem 4. und 5. Jh., darunter der Grundbau der Pyramide der Nischen. Die nächste Phase der Bauten und Überbauten fällt in El Tajín zwischen das 6. und 8. Jh. und in El Tajín Chico zwischen das 9. und 12. Jahrhundert. Ab dem 12. Jh. zeigen sich toltekische Stileinflüsse. Um das Jahr 1200 hörte El Tajín als Stadt und Kultstätte auf zu existieren. Spuren von Zerstörungen und Bränden lassen auf eine Eroberung durch die Tolteken schließen. Die danach in diesem Teil von Veracruz ansässigen Totonaken wurden im 15. Jh. von den Azteken tributpflichtig gemacht. El Tajín fand nach der Eroberung Mexikos durch die Spanier (1519–1521) zunächst keine Beachtung. Als erster besuchte Diego Ruiz 1785 den Ort und berichtete darüber. Es folgten Berichte des Deutschen Alexander von Humboldt (1811) und des Österreichers W. Dupaix (1836). Erst 1934 begann man mit systematischen Ausgra-

El Tajín

bungen. Diese standen unter der Leitung des mexikanischen Archäologen José García Payón und wurden von S. Jeffrey K. Wilkersen fortgesetzt. Seit 1984 durchgeführte neuerliche Grabungen unter Leitung der I.N.A.H., an denen Alfonso Wedell und Jürgen Brüggemann maßgeblich beteiligt waren, haben bis heute 36 neue Gebäude freigelegt, so daß nun insgesamt 48 Gebäude in gutem Zustand zu sehen sind.

Geschichte (Fortsetzung)

El Tajín ist in einem einzigartigen, nur in dieser Gegend zu findenden Stil gebaut (u. a. auch in Yohualichán). Er zeichnet sich durch fliehende Simse, fensterähnliche Nischen bzw. zurückgesetzte Paneele in den Pyramidenwänden aus. Die Gebäude waren rot, schwarz oder blau bemalt und trugen vereinzelt außen Wandmalereien.

Stil

Besichtigung der *Ruinenstätte

Das eigentliche El Tajín und El Tajín Chico erstrecken sich über mehrere Ebenen: Grupo Plaza del Arroyo, Zona Central mit der Pyramide der Nischen, Complejo de las Columnas mit dem Gebäude der Säulen, La Gran Greca und La Gran Xicalcoiunqhui.

Überblick

Kurz nach dem Eingang gelangt man auf die von in jüngster Zeit freigelegten Pyramiden umgebene Plaza del Arroyo (Platz des Baches). Schönstes Gebäude ist das dreimal überbaute Edificio 16, hinter dem zwei neue Ballspielpätze (17/27 und 13/14) freigelegt wurden.

Plaza del Arroyo

1 Gebäude 16
2 Ballspielplatz 17/27
3 Ballspielplatz 13/14
4 Südlicher Ballspielplatz
5 Gebäude 12
6 Pyramide der Nischen
7 Zentraler Ballspielplatz
8 Gebäude I
9 Gebäude der Säulen
10 Nördlicher Ballspielplatz

El Tajín

Zentrum des Ballspiels

Mit 17 Ballspielplätzen in verschiedenen Ausformungen – T-, Doppel-T- oder I-förmig – steht El Tajín an der Spitze in Mesoamerika. Das Spiel fand von der Golfküste aus eine enorme Verbreitung in Mesoamerika, wobei trotz regional unterschiedlicher Regeln und Spielkleidung der Ritualcharakter immer derselbe blieb: der Ausgleich zwischen Gut und Böse, Tag und Nacht, Leben und Tod, die Dualität von Quetzalcóatl und Tezcatlipoca, von Venus und Mond – wie es an den Wänden der beiden vorerwähnten und des südlichen Ballspielplatzes dargestellt ist.

*Südlicher Ballspielplatz

Dieser ist 60 m lang und 10 m breit und zeigt an den Enden der Seitenmauern zwischen Bändern mit stilisierten Schlangen äußerst interessante Flachreliefs, darunter die Weihe eines jungen Kriegers, der vor Göttern oder Priestern steht, einen Ballspieler, der von einem Priester über einem Opferstein gehalten wird, während ein anderer ihm das Obsidianmesser in die Brust stößt, zwei miteinander sprechende Ballspieler, die ein 'Yugo' (s.u.) mit 'Palma' tragen, beobachtet von Gottheiten, eine davon maskiert; die Weihe eines auf einer Bank liegenden Kriegers, wahrscheinlich zum Gott des Ballspiels (Tlachtli), symbolisiert durch den Sonnenvogel, der über ihm schwebt. Auch die Zubereitung des Pulque, wichtiges Element des Ballspiels von El Tajín, ist dargestellt. Eine Eigenheit der Golfküste und insbesondere von El Tajín sind die sog. Joche ('Yugos'), Äxte ('Hachas') und Palmen ('Palmas'). Yugos sind hufeisenförmige, bis zu 30 kg schwere, reichverzierte Steinplastiken, Hachas dünne und oft durchbrochen gearbeitete axtförmige Steinklingen, meist mit menschlichen Gesichtern verziert, und Palmas sind feingearbeitete dreieckige Keile, die als Schutzpolster seitlich an oder auf dem Yugo getragen wurden. Vermutlich sind alle drei Arten von Steinplastiken Nachbildungen der hölzernen Ausrüstungsgegenstände der Spieler. Sie gehören zu den kunstreichsten Arbeiten der präkolumbischen Zeit.

**Pyramide der Nischen

In der Zona Central stehen neben der Pyramide der Nischen die Monumente II, III und IV, von denen der Bau II und das angeschlossene Monument V bemerkenswert sind. Die einzigartige Pyramide der Nischen (Pirámide de los Nichos) ist 25 m hoch, hat einen quadratischen Grundriß von 35 m Seitenlänge und war dem Regen- sowie dem Windgott geweiht. Der wohl vom 4.–7. Jh. entstandene Bau hat mitsamt dem Tempelgeschoß sieben Absätze. Auch diese Pyramide wurde über einem älteren Gebäude errichtet. Sie ist mit 365 nicht sehr tiefen, quadratischen Nischen in umlaufenden Reihen geschmückt, welche die Tage des Jahres symbolisieren sollen. Jede Nische ist von hervorstehenden Steineinfassungen umgeben. Nachdem man zunächst geglaubt hatte, daß die Nischen zur Aufnahme von Figuren benutzt wurden, neigt die Forschung heute zu der Ansicht, daß die Nischen lediglich dekorativen Charakter hatten. Einst war das Äußere des Baus mit farbigem Stuck überzogen, und auch die Nischen selbst waren mit leuchtenden Farben ausgemalt, wahrscheinlich um einen mystischen Hell-Dunkel-Effekt zu erzielen. Zu beiden Seiten der 10 m breiten Treppe läuft eine Balustrade mit einem steinernen Mäandermosaik. Die später angefügte Treppe war wohl nur wie eine Leiter zu benutzen. In der Mitte befinden sich in gleichen Abständen fünf Plattformen mit je drei kleineren Nischen.

Nach Norden führt ein Weg zum jüngeren Teil der Stadt und zur Plaza El Tajín Chico. Die Architektur mit Dachkämmen und Räumen mit Säuleneingängen und Kraggewölben erinnert an die Bauweise der Maya.

*Gebäude der Säulen

Im Complejo de las Columnas, dem höchsten Ort der Stätte, liegt das Gebäude der Säulen (Edificio de las Columnas oder Palacio del Gobierno) auf einem 45 m hohen, z.T. aufgeschütteten Hügel. Hier fand man Glyphen, die die Geschichte des Herrschers "13 Kaninchen" wiedergeben, der wahrscheinlich im 10. Jh. gelebt hat. Die Nischen die-

El Tajín

Einzigartig: Pyramide der Nischen

Gebäude der Säulen (Fortsetzung)

ses Gebäudes sind mit Mäandermotiven geschmückt. Die Anlage der Simse scheint den Gesetzen der Schwerkraft zu widersprechen. Verblüffend ist, daß die massiv gebauten Treppen nie benutzt werden konnten, sondern lediglich als Dekoration dienten. Man mußte Leitern zu Hilfe nehmen, um in das Innere der oberen Räume zu gelangen. Andererseits besaßen die Baumeister für ihre Zeit ungewöhnliche Fertigkeiten, da sie Dächer mit Platten aus einer Zementmischung deckten, die in der Bautechnik Mesoamerikas sonst nicht bekannt ist. Am Fundament des Gebäudes sieht man eine Anzahl von riesigen Säulentrommeln von 1,20 m Durchmesser, die einst zu einer Galerie an der Vorderseite des Gebäudes gehörten. Sie sind mit Flachreliefs bedeckt, die Szenen mit Kriegern, Priestern, Menschenopfern und Hieroglyphen zeigen. Das oberste Geschoß schmücken an der Ostseite Paneele mit kreuzförmigen Reliefs. Von der Spitze des Gebäudes hat man einen großartigen Ausblick auf das gesamte Gelände.

Restliches Gelände

Vom Gebäude der Säulen herab passiert man das Gebäude I mit polychromen Malereien in Gestalt zoomorpher Gottheiten. Unterhalb der Treppe der zentrale Ballspielplatz mit sechs Paneelen, die u.a. die Gottheiten Tláloc, Quetzalcóatl und Macuilxochitl zeigen. Nördlich des Ballspielplatzes erhebt sich 'La Gran Greca', eine in ihren Ausmaßen in Mesoamerika einzigartige Plattform, die als Basis für mehrere Gebäude diente. Noch weiter nördlich erstreckt sich 'La Gran Xicalcoiunqhui' (Nahuátl: 'große gestufte Mäander'), eine riesige, schneckenförmige Mauer, die mit Quetzalcóatl in Verbindung gebracht wird.

Museum

Nahe beim Eingang werden in einem schönen neuen Museum Fundstücke aus den Ausgrabungen gezeigt, u.a. auch die anderswo so seltenen Säulentrommeln. Auf dem nahen Zeremonialplatz finden häufig Vorführungen der 'Voladores' statt.

El Tajín

Umgebung von El Tajín

Papantla

Von der Ruinenstätte sind es noch 15 km in südöstlicher Richtung nach Papantla (290 m ü.d.M.; 90 000 Einw.; Fiestas: Neujahr, Fronleichnam, Fiesta de Vainilla Anfang Juni, Allerheiligen), einem hübschen Ort in einer hügeligen, von dichtem Tropenwald bewachsenen Landschaft, die Zentrum der ausgedehntesten Vanillepflanzungen Amerikas ist. Berühmt geworden ist Papantla durch das Fliegerspiel der 'Voladores', das an hohen Feiertagen, vor allem während des acht Tage dauernden Fronleichnamsfestes, vorgeführt wird. Diese Zeremonie ist ursprünglich Teil eines Kultdramas, das um den Mythos des jungen Maises kreist und von dem vorspanische Darstellungen in Bilderschriften überliefert sind. Während ein Musikant auf einer kleinen Plattform auf der Spitze eines hohen Mastes tanzt und spielt, lassen sich vier 'fliegende Menschen' ('tocotines') von oben herabschweben, wobei ein Seil ihre Füße mit einem drehbaren Gestell an der Mastspitze verbindet. So beginnen sie mit dem Kopf nach unten um den Mast zu kreisen, bis sich das Seil abgewickelt hat und sie wieder auf den Boden kommen. Dieses Spiel wird vor allem von den Totonaken, aber auch von den Huasteken und Otomí vorgeführt. Ähnliche Fliegerspiele kennen die Chorti in Honduras und die Quiché in Guatemala.

*'Voladores'

Tecolutla

Nach weiteren 40 km auf der MEX 180 ist Tecolutla (30 000 Einw.) erreicht, ein bei den Mexikanern beliebtes Familienbad mit flachem Sandstrand, umgeben von üppiger Vegetation.

Castillo de Teayo

19 km nordwestlich von El Tajín liegt die Industriestadt Poza Rica (60 m ü.d.M.; 224 000 Einw.). Von dort weiter nach Norden Richtung Tihuatlán zweigt nach 15 km eine Straße nach dem 22 km entfernten Ort Teayo (huastekisch: 'in der Steinschildkröte') ab. Auf dem Haupt-

Waghalsige Vorführung der Voladores

platz des Dorfes steht die gut restaurierte Pyramide Castillo de Teayo. Die obere Plattform des fast 13 m hohen dreistufigen Gebäudes zeigt noch Reste eines rechteckigen Tempels. Die an der Pyramide bisher aufgestellten, meist aztekischen Skulpturen, sind nun in einem kleinen Museum ausgestellt. Andere ähnliche Plastiken findet man in den Ortsteilen Zapotitlán und La Cruz. Zunächst nahm man an, daß die Azteken die Pyramide im 15. Jh. an ihrem Stützpunkt im Totonakengebiet errichtet hatten; heute glaubt man, daß sie schon mindestens 400 Jahre früher von aus Tula gekommenen Tolteken erbaut wurde, und von einem geplanten Tunnelbau verspricht man sich, auf einen huastekischen Gebäudekern zu stoßen. Erst um 1870 wurde die Umgebung der Pyramide besiedelt. Die Dorfbewohner benutzten Teile des altindianischen Baus zur Errichtung ihrer Häuser.

Umgebung von El Tajín, Teayo (Fortsetzung)

58 km nördlich von Poza Rica liegt 10 km landeinwärts von der Küste der Flußhafen Tuxpan (135 000 Einw.). Die Stadt ist bekannt für ihre erstklassigen Angelmöglichkeiten in Fluß und Meer. Ende Juni / Anfang Juli finden hier beliebte Angelwettbewerbe statt.

Tuxpan

Ensenada

→ Baja California

Guadalajara H 7

Bundesstaat: Jalisco (Jal.)
Höhe: 1552 m ü.d.M.
Einwohnerzahl: 4 100 000
Telefonvorwahl: 01 3

Mit dem Flugzeug in ca. 1 Std.; mit der Eisenbahn in ca. 13. Std.; mit dem Bus in ca. 9$^1/_2$ Std.; mit dem Auto auf der MEX 57 und MEX 90 über → Querétaro und Irapuato 572 km.

Anreise von Mexiko-Stadt

Guadalajara, die zweitgrößte Stadt Mexikos, liegt auf einem sanften Hügel im fruchtbaren Hochtal von Atemajac und zeichnet sich durch ausgeglichenes subtropisches Klima aus. Durch lange Isolierung von der mexikanischen Metropole bewahrte sich die Hauptstadt des Bundesstaates Jalisco den Charakter einer traditionsbewußten, europäisch wirkenden Stadt. Die Tapatíos, wie sich die Einwohner Guadalajaras nennen, schufen dank ihres Wohlstands und ihres Kunstsinnes ein liebenswürdiges Ortsbild mit breiten Avenidas, gepflegten Parks und hellen, sauberen Bauwerken. Die starken Modernisierungstendenzen der letzten Jahre und das rasche Wachstum der Bevölkerung haben allerdings die anheimelnde Atmosphäre Guadalajaras beeinträchtigt. Guadalajara ist nicht nur ein Zentrum der Mariachi-Musik, sondern auch eine Hochburg der als Charreadas bekannten Reiterspiele und des populären Volkstanzes Jarabe Tapatío, alle drei für Ausländer Inbegriff der mexikanischen Folklore.

Lage und Allgemeines

*Ortsbild

Folklorezentrum

Die altindianische Vergangenheit des heutigen Guadalajara entspricht der des Staates → Jalisco und seiner Nachbargebiete. Nachdem die spanischen Eroberer zwischen 1530 und 1542 ihre vorläufigen Siedlungen in dieser Gegend wieder aufgegeben hatten, gründete schließlich Pérez de la Torre 1542 Guadalajara (nach der gleichnamigen spanischen Stadt) an der heutigen Stelle. 1560 wurde es die Hauptstadt

Geschichte

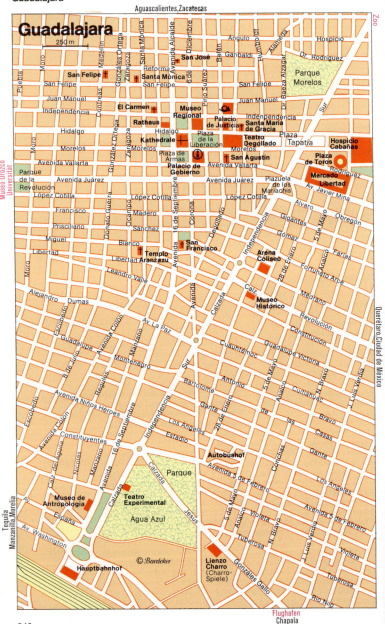

Guadalajara

der Provinz Nueva Galicia. Die Entfernung von Mexiko-Stadt und die isolierte Lage ersparten Guadalajara größere Rückschläge durch die Kriegsereignisse des 19. und 20. Jahrhunderts. Historisch wichtige Ereignisse waren die 1810 in Guadalajara ausgesprochene Erklärung des Unabhängigkeitshelden Miguel Hidalgo über die Abschaffung der Sklaverei, die 1811 verlorene Schlacht Hidalgos und Allendes gegen die Spanier und die Besetzung durch französische Truppen zwischen 1863 und 1866. Erst Ende des 19. Jh.s wurde Guadalajara durch eine Eisenbahnlinie mit Mexiko-Stadt verbunden. Am 22. April 1992 erschütterte eine gewaltige Explosion in der Kanalisation die Stadt; über 200 Menschen starben.

Geschichte (Fortsetzung)

Sehenswertes

Das Zentrum der Stadt wird von einer großzügigen Anlage von vier kreuzförmig angeordneten Plätzen gebildet.
An dem schönsten der vier Plätze, der Plaza de Armas, erhebt sich der Regierungspalast (Palacio de Gobierno, 1643–1774), ein Prachtbau im barocken Stil mit Säulen mit Zickzackmuster, großen Voluten und churriguereskén, 'Estípites' genannten Wandpfeilern. Das Treppenhaus und einer der Sitzungssäle wurden von dem aus Jalisco stammenden berühmten Freskenmaler José Clemente Orozco mit Wandmalereien ausgeschmückt. Dargestellt sind Hidalgo im Unabhängigkeitskrieg und Helden der drei großen mexikanischen Kriege.

Regierungspalast

*Wandmalereien

Nördlich davon, mit der Fassade in Richtung auf die westliche Plaza de los Laureles mit einem großen Brunnen, steht die Kathedrale mit dem Sagrario, die zwischen 1558 und 1616 errichtet und später mehrmals umgebaut wurde. Der in den Grundzügen barocke Bau stellt eine

Kathedrale

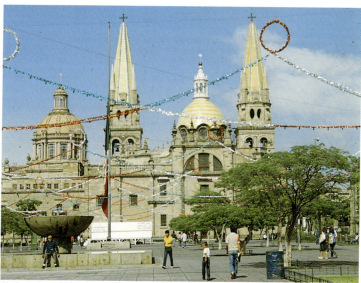

Kathedrale und Plaza de los Laureles

Guadalajara

Kathedrale (Fortsetzung)

merkwürdige Mischung verschiedener Stilarten dar. Kapellen und Sagrario enthalten angeblich von Cristóbal de Villalpando, Miguel Cabrera und Murillo stammende Gemälde. Ein dem letzteren zugeschriebenes ("Mariae Himmelfahrt") hängt über dem Sakristeiportal. An der Nordseite schließt sich die Plaza de los Hombres Illustres an, mit einer Säulen-Rotunde zu Ehren berühmter Männer aus Jalisco.

*Santa Mónica

Drei Häuserblocks weiter nordwestlich erhebt sich die aus der zweiten Hälfte des 17. Jh.s stammende Kirche Santa Mónica. Die barocke Portalfassade mit den salomonischen Säulen zeigt reiche und feingearbeitete Ornamente (Weintrauben, Maiskolben, Engel, Doppeladler und Ordenssymbole). An der Ecke über dem Straßenverkehr ist die sehr früh entstandene St.-Christophorus-Statue angebracht.

Regionalmuseum von Jalisco

Unweit der Plaza de Armas lohnt das Museo Regional de Jalisco einen Besuch. Es enthält präkolumbianische Fundstücke sowie ethnologische Exponate. Ferner ist ein fast 800 kg schwerer Meteorit zu sehen.

Regionalmuseum von Guadalajara

An der Plaza de la Rotunda, nördlich der Kathedrale, befindet sich in einem ehemaligen Jesuitenseminar das Museo Regional de Guadalajara. Dieses vielseitige Museum enthält Abteilungen für Archäologie der westlichen Bundesstaaten und der Westküste, Ethnographie (Huicholes, Cora), Gemälde (Kolonialkunst 17.–19. Jh.; europäische Maler 18.–19. Jh.; moderne mexikanische Gemälde und Fresken), religiöse Gegenstände, historische und paläontologische Sammlungen.

Teatro Degollado

Südöstlich des letztgenannten Museums, an der Plaza de la Liberación, steht das neoklassizistische Teatro Degollado mit Fresken aus Dantes "Göttlicher Komödie" von Gerardo Suárez in der Kuppel.

Orozco-Museum

Im früheren Studio und Haus (Aurelio Aceves 27) des berühmten Malers José Clemente Orozco kann man – neben Bildern des Künstlers – Fotos, Briefe und sonstige persönliche Gegenstände sehen.

Hospicio Cabañas

Vom Theater sind es vier Häuserblocks nach Osten über die neugeschaffene Fußgängerzone Plaza Tapatía zum Hospicio Cabañas, einem Anfang des 19. Jh.s von Manuel Tolsá errichteten neoklassizistischen Waisenhaus. In einer ehemaligen Kapelle des Gebäudes, das 23 Patios umschließt, befinden sich die wahrscheinlich schönsten

**Orozco-Fresken

Fresken von José Clemente Orozco, der sich hier in den Jahren 1938/1939 mit den vier Elementen, der Kunst und der Wissenschaft, der Conquista und den vier Reitern der Apokalypse beschäftigte. Krönung ist der "Mensch in Flammen" ("Hombre del Fuego") in der Kuppel. In verschiedenen Räumen um die Patios widmet sich eine Ausstellung dem Werk Orozcos. Ende 1997 wurde das Gebäude Hospicios Cabañas samt der Orozco-Fresken von der UNESCO in die Liste des Weltkulturerbes der Menschheit aufgenommen.

Mercado Libertad

Unweit südlich des Hospicio Cabañas werden auf dem riesigen Mercado Libertad neben üblichen Waren regionale Trachten und Keramik, Papierblumen, Musikinstrumente und lebende Vögel angeboten.

Plazuela de los Mariachis

Zwischen den Straßen Javier Mina und Obregón liegt die Plazuela de los Mariachis, wo am Nachmittag die bekannten Musikgruppen aufspielen und engagiert werden können.

Parque Agua Azul

Die Calzada Independencia führt südwestlich zu dem schönen Park Agua Azul, an welchem sich das Haus der Volkskunst (Casa de las Artesanías), ein kleines Anthropologisches Museum, ein Freilichttheater, ein Vogelpark, ein Blumenmarkt und das Kulturhaus befinden.

Guadalajara

José Clemente Orozco   *Orozco-Fresken im Hospicio Cabañas*

An der Avenida Vallarta im Westen liegt nach dem Triumphbogen das ehemalige Heim und Atelier (Av. Aceves 27) des Malers José Clemente Orozco (1883–1949), heute Orozco-Museum mit zahlreichen Bildern und Zeichnungen des Künstlers. Weitere Wandgemälde von ihm, darunter Szenen aus Dantes "Inferno" sind im Auditorium der Universität (Avenida Vallarta) zu besichtigen.   Orozco-Museum

An der Calzada Independencía Norte/Av. Flores Magón, nördlich vom Zentrum, erstreckt sich oberhalb der Santiago-Schlucht der Zoo.   Zoo

Umgebung von Guadalajara

Südöstlich vom Zentrums liegt die Vorstadt San Pedro Tlaquepaque mit einem Keramikmuseum (Independencía 237); Läden für Keramik u.a. Schon seit jeher war der Ort ein Zentrum des Töpferhandwerks.   *San Pedro Tlaquepaque

Nach weiteren 7 km gelangt man nach Tonalá, bekannt wegen seiner Keramikarbeiten in verschiedenen Formen und mit typischen Mustern (Keramikmuseum, Constitución 4; Markt Do./Sa.). 1997 wurde hier das neue Museum für Archäologie und Volkskunst ('Tonalán'), C. Ramón Corona 73, eröffnet. Es enthält moderne Keramik, präkolumbische Fundstücke aus Jalisco, Masken u.a. In altindianischer Zeit war Tonalá die Hauptstadt des Staates Tonalán.   Tonalá

Etwa 8 km nordwestlich vom Stadtzentrum liegt der Ort Zapopan, früher eine Indianersiedlung, heute ebenfalls ein Vorort von Guadalajara. Weit bekannt ist seine barocke Franziskanerkirche aus dem 17. Jh., die der Stadtheiligen von Guadalajara, der Jungfrau von Zapopan, geweiht ist. Ihre Statue wird im Sommer abwechselnd in den Kirchen der   Zapopan

Guanajuato (Bundesstaat)

Umgebung von Guadalajara, Zapopan (Fortsetzung)

Stadt aufgestellt und am 4. Oktober in einer eindrucksvollen Prozession von Tänzern, Charros und Mariachis begleitet nach Zapopan zurückgebracht. Das der Kirche angeschlossene Museum zeigt und verkauft Kunstgegenstände der im Gebirge von Jalisco und Nayarit lebenden Huichol-Indianer.
Etwa 50 km südöstlich von Guadalajara erstreckt sich der → Chapala-See, an dessen Ufer mehrere malerische, als Sommerfrische beliebte Orte liegen.

Guanajuato (Bundesstaat)

Kürzel: Gto.
Hauptstadt: Guanajuato
Fläche: 30 575 km^2
Bevölkerungszahl: 4 406 600

Lage und Landesnatur

Guanajuato, das Kernland Mexikos während der Kolonialzeit, wird im Norden vom Bundesstaat San Luis Potosí, im Westen von Jalisco, im Süden von Michoacán und im Osten von Querétaro begrenzt. Das vorwiegend gebirgige Gebiet mit fruchtbaren Tälern und Ebenen ist ein Teil des 'Bajío', der Kornkammer des mexikanischen Zentralplateaus. Außer der gleichnamigen Hauptstadt liegen in Guanajuato mehrere schöne Kolonialstädte, die zusammen mit der reizvollen Landschaft und den zahlreichen Thermalbädern den Staat zu einer beliebten Touristenregion machen. In Guanajuato leben noch Indianer der Stämme Otomí und Chichimeco-Jonaz sowie Tarasken.

Archäologische Stätten

Kleinere archäologische Fundstätten gibt es in Ibarilla bei León, Agua Espinoza bei Dolores Hidalgo, Cañada de la Virgen bei San Miguel de Allende und Oduña bei Comonfort.

Mexiko
Vereinigte Mexikanische Staaten
Estados Unidos Mexicanos

Guanajuato

Bundesstaaten
Estados

1a Baja California Sur
1b Baja California Norte
2 Sonora
3 Chihuahua
4 Sinaloa
5 Durango
6 Coahuila
7 Nuevo León
8 Zacatecas
9 San Luis Potosí
10 Tamaulipas
11 Nayarit
12 Aguascalientes
13 Jalisco
14 Guanajuato
15 Querétaro
16 Hidalgo
17 Colima
18 Michoacán
19 México
20 Morelos
21 Tlaxcala
22 Puebla
23 Veracruz
24 Guerrero
25 Oaxaca
26 Chiapas
27 Tabasco
28 Campeche
29 Yucatán
30 Quintana Roo

D.F. Distrito Federal (Bundesdistrikt)

Die ursprünglichen Bewohner der Region waren die Otomí und die Chichimeken. Im 15. Jh. wanderten Tarasken (Purépecha) und Azteken (Mexica) in das Land ein, welches sie schließlich beherrschten. Nach dem Fall des Aztekenreiches kamen die ersten Spanier um 1526 unter Nuño Beltrán de Guzmán in den heutigen Staat Guanajuato (taraskisch: 'Cuanax-huato' = 'hügeliger Ort der Frösche'). Gleichzeitig mit den ersten Entdeckungen von Erzlagerstätten wurde fruchtbares Land den spanischen Kolonisten als 'Encomiendas' zugewiesen. Die nachfolgende Geschichte der Kolonialzeit Neuspaniens und der Unabhängigkeitsepoche Mexikos ist im wesentlichen mit der Chronik der wichtigsten Städte dieses Staates identisch. Bis 1824 unterstand Guanajuato zusammen mit Querétaro der spanischen Intendantur.

Guanajuato (Bundesstaat, Fortsetzung) Geschichte

Der Staat hat ein gut ausgebautes Verkehrsnetz von Straßen und Eisenbahnen. Guanajuato barg einst die ergiebigsten Silberminen der Welt, die z. T. heute noch ausgebeutet werden. Daneben fördert der Bergbau Gold, Zinn, Blei, Kupfer, Quecksilber und Opale. Die Industrie verarbeitet hauptsächlich Getreide, Baumwolle, Schafwolle und Alkohol; auch Erzgießerei und Keramikherstellung sind vertreten. León ist das Zentrum der Schuhherstellung des ganzen Landes. Besonders der südliche, fruchtbare Teil des Staates weist eine leistungsfähige Landwirtschaft auf (u.a. Mais, Weizen). Die Gegend um Irapuato zählt zu den größten Erdbeer-Anbaugebieten der Welt. Eine beachtliche Rolle in der Wirtschaft des Landes spielt der Tourismus.

Wirtschaft

Reiseziele im Bundesstaat Guanajuato

Der Staat bietet neben seiner Hauptstadt → Guanajuato eine Anzahl von interessanten Reisezielen wie → San Miguel de Allende, Atotonilco, Dolores Hidalgo (beide Umgebung von → San Miguel de Allende), → Celaya, Yuriria (Umgebung von → Celaya), → Salamanca, Irapuato (Umgebung von → Salamanca) und → León.

Guanajuato (Stadt)

Bundesstaat: Guanajuato (Gto.)
Höhe: 2050 m ü.d.M.
Einwohnerzahl: 115 000
Telefonvorwahl: 01 473

Mit der Eisenbahn in ca. 8½ Std. nach Irapuato, dort umsteigen und weitere 1½ Std. nach Guanajuato (kein direkter Anschluß); mit dem Bus in ca. 5½ Std.; mit dem Auto 370 km auf der MEX 57 und MEX 45.

Anreise von Mexiko-Stadt

Guanajuato, die Hauptstadt des gleichnamigen Bundesstaates, erstreckt sich entlang eines schmalen Tales und wächst an den Abhängen der umliegenden kahlen Höhen empor. Die oft buntbemalten Häuser, die engen Straßen und Gäßchen, die kleinen lauschigen Plätze sowie die Bauten aus der Kolonialzeit geben der Stadt einen eigenen Charme. Das malerische Stadtbild und ein reiches kulturelles Leben machen Guanajuato zu einem der anziehendsten Reiseziele Mexikos; die UNESCO hat die Stadt und ihre Silberminen zum Weltkulturerbe der Menschheit erklärt.

Lage und Allgemeines

**Stadtbild

In der vorkolumbischen Zeit war das Gebiet von Tarasken bewohnt, die den Ort Cuanax-huato ('hügeliger Ort der Frösche') nannten. Die Spanier unter Nuño Beltrán de Guzmán eroberten und besiedelten

Geschichte

Guanajuato (Stadt)

Geschichte (Fortsetzung)

die Region zwischen 1526 und 1529. Bereits Mitte des 16. Jh.s wurden die ersten Silberbergwerke in Betrieb genommen, die den Reichtum der Stadt begründeten. 1557 erhielt die Ortschaft den Namen Santa Fé y Real de Minas de Quanaxhuato; 1741 wurde sie zur Stadt erhoben. Kurz nach der Unabhängigkeitserklärung von 1810 gelang es Ignacio de Allende, die Stadt vorübergehend zu besetzen, nachdem Juan José de los Reyes Martínez, genannt 'El Pípila' ('Truthähnchen'), den Eingang zur spanischen Festung Alhóndiga de Granaditas sprengen konnte. Wenig später nahmen die Royalisten unter General Felix M. Calleja die Stadt wieder ein. Nach ihrer Hinrichtung 1811 in Chihuahua wurden die Köpfe der Unabhängigkeitskämpfer Hidalgo, Allende, Jiménez und Aldama an den Ecken der Alhóndiga de Granaditas aufgehängt; hier blieben sie, bis Mexiko 1821 unabhängig wurde. Im Verlauf des Reformkrieges (1857 – 1860) war Guanajuato Anfang 1858 für einen Monat die Hauptstadt der Republik. Während der Diktatur von Porfirio Díaz (1876 – 1911) strömte ausländisches Kapital in die Minenbetriebe, die Stadt erlebte einen Aufschwung, und es entstanden öffentliche Bauwerke wie das Teatro Juárez, der Mercado Hidalgo und der Palacio Legislativo. Heute ist Guanajuato dank der Festspiele und der Universität ein Zentrum des Geisteslebens.

Sehenswertes

Teatro Juárez

*San Diego

Ausgangspunkt der Stadtbesichtigung ist der hübsche kleine Hauptplatz (Jardín de la Unión, Zócalo) mit dem Teatro Juárez an der Südseite. Dieses neoklassizistische, mit dorischen Saulen geschmückte Opernhaus wurde 1903 nach 30jähriger Bauzeit eröffnet. Daneben erhebt sich die anmutige Kirche San Diego mit schöner churrigueresker Fassade, im 17. und 18. Jh. umgebaut.

Museo Iconográfico del Quijote

Das Museo Iconográfico del Quijote (Manuel Doblado 1) ist ein Muß für jeden Cervantes-Freund.

Nuestra Señora de Guanajuato

*Marienstatue

Folgt man der Avenida Juárez, gelangt man zur Plaza de la Paz (Platz des Friedens), an welcher zur Rechten die barocke Basilika Nuestra Señora de Guanajuato, die ehemalige Pfarrkirche, steht. Das aus dem 17. Jh. stammende und mehrmals umgebaute Gotteshaus enthält die hoch verehrte Statue der Muttergottes von Guanajuato.

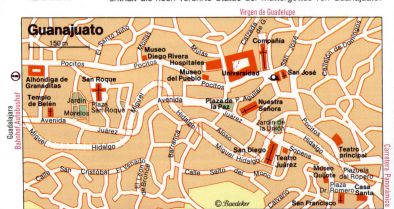

Guanajuato (Stadt)

Diese auf einem silbernen Podest stehende holzgeschnitzte Madonna soll aus dem 7. Jh. stammen und kam 1557 als Geschenk König Philipps II. von Spanien nach Guanajuato.

Nuestra Señora de Guanajuato (Fortsetzung)

An der Plaza de la Paz erhebt sich auch die Casa Rul y Valenciana, ein neoklassizistischer Bau, der Ende des 18. Jh.s von Francisco Eduardo Tresguerras für den reichen Minenbesitzer Conde de Rul errichtet wurde. In diesem Palais hielt sich 1803 für kurze Zeit der deutsche Naturforscher und Geograph Alexander von Humboldt auf.

Casa Rul y Valenciana

Zu beiden Seiten der Avenida Juárez befinden sich mehrere malerische Plazuelas ('Plätzchen'). Von der links gelegenen Plazuela de los Angeles zweigt der Callejón del Beso (Kußgäßchen) ab; der Name kommt von der geringen Breite (68 cm) dieses steilen Durchgangs, die es einem Liebespaar erlaubt, sich aus gegenüberliegenden Fenstern zu küssen. Etwas weiter liegt auf der linken Seite der Markt Mercado Hidalgo, der 1910 eröffnet wurde.

*Plazuelas

Gegenüber führt eine Straße zur Klosterkirche Templo de Belén (Bethlehem), einem 1773 begonnenen Bau mit churrigueresker Fassade.

Templo de Belén

Nördlich dieser Kirche liegt die Alhóndiga de Granaditas, ein ehemaliger Getreidespeicher. Das 1799 fertiggestellte Gebäude diente später abwechselnd als Gefängnis und Festung, deren Tor 'El Pípila' sprengte, wodurch er zum Volkshelden Guanajuatos wurde. Heute beherbergt der Bau das Museo de la Alhóndiga Granaditas, in dem archäologische und ethnologische Funde der Region sowie historische Erinnerungsstücke gezeigt werden, darunter Stücke zur Geschichte des Silberbergbaus. Das Treppenhaus ist mit Wandmalereien von José Chávez Morado (1955/1966) zu Themen der Unabhängigkeits-

Alhóndiga de Granaditas

Nuestra Señora de Guanajuato, im Hintergrund die Universität

Guanajuato (Stadt)

Alhóndiga de Granaditas (Fortsetzung)

und Revolutionsgeschichte sowie der folkloristischen Tradition ausgestaltet. An den Ecken der Alhóndiga hängen noch die Haken, an denen in eisernen Käfigen die Köpfe der von den Spaniern hingerichteten Freiheitshelden zehn Jahre lang zur Schau gestellt waren.

Museo Diego Rivera

An der Calle de los Pocitos, Ecke Calle Mollas, liegt das Geburtshaus des berühmten Freskenmalers Diego Rivera (1886–1957), in welchem heute ein Museum über den Künstler und sein Werk untergebracht ist.

Cervantes-Festspiele

Südwestlich öffnet sich die Plaza San Roque mit der gleichnamigen Barockkirche. Dieser Platz bildet die stimmungsvolle Kulisse für die "Entremeses Cervantinos" ("Cervantinische Zwischenakte"), Einakter des spanischen Dichters Miguel de Cervantes Saavedra (1547–1616), des berühmten Verfassers des "Don Quijote". Die Aufführungen werden von der Universität alljährlich zu gegebenen Anlässsen inszeniert, vornehmlich zu den meist im Oktober stattfindenden Cervantes-Festspielen. Ende 1987 eröffnete der spanische Ministerpräsident Felipe González das Don Quijote-Museum.

Stadtmuseum

Am Ende der Calle de los Pocitos hat in der ehemaligen Residenz des Marqués de Rayas das Stadtmuseum (Museo del Pueblo de Guanajuato) seinen Sitz. In diesem Museum werden in Wechselausstellungen u.a. Werke des Malers José Chavez Morado und andere Gemälde sowie Volkskunstsammlungen gezeigt.

Universität

Nördlich davon erhebt sich das 1955 umgebaute Hauptgebäude der Universität der Stadt. Eine eindrucksvolle Freitreppe führt zu dem aus weißem Stein errichteten Bauwerk, das sich mit seinem maurisch beeinflußten Kolonialstil harmonisch in das Gesamtbild Guanajuatos einfügt.

La Compañía

Der wuchtige Bau der Kirche La Compañía östlich neben der Universität ist eine Jesuitengründung aus dem Jahre 1747. Die Fassade ist in churrigueresken und die gewaltige Kuppel in neoklassizistischem Stil gehalten. In der Kirche sind zwei Gemälde des großen mexikanischen Malers Miguel Cabrera beachtenswert. Der Weg zum Hauptplatz zurück führt über die Plazuela del Barratillo, deren hübscher Brunnen ein Geschenk Kaiser Maximilians von Mexiko an die Stadt war.

Avenida Miguel Hidalgo

Es empfiehlt sich, eine Fahrt durch die Avenida Miguel Hidalgo zu unternehmen. Sie verläuft streckenweise unterirdisch über einem früheren Flußbett und mündet in die Carretera Panorámica, von der man eine großartige Aussicht über die Stadt und ihre Umgebung hat. An dieser Straße liegt südwestlich das Denkmal des Pípila (Monumento al Pípila).

Iglesia de Cata

Die Carretera Panorámica führt in nördlicher Richtung zu der an der Calle Mineral de Cata gelegenen Iglesia de Cata (Iglesia del Señor de Villaseca), die im ersten Viertel des 18. Jh.s erbaut wurde und eine bemerkenswerte churrigueresque Fassade aufweist.
Weitere Kirchen sind San Francisco, Guadalupe, und Pardo mit der hierher verlagerten Fassade der Kirche San Juan Rayas.

*Mumienmuseum

Die Calzada de Tepetapa führt vorbei am Bahnhof in Richtung Guadalajara zum Friedhof (Panteón Municipal), welchem ein makabres Mumienmuseum (Museo de las Momias) angeschlossen ist. Hier sind in einer Krypta in Vitrinen mehr als 50 mumifizierte Leichname von Männern, Frauen und Kindern aus den letzten 120 Jahren ausgestellt, deren Erhaltungszustand auf die in der Friedhofserde enthaltenen Mineralsalze zurückzuführen sein soll.

Guanajuato (Stadt)

Aufgang zur Universität

Barockkirche La Valenciana

Umgebung von Guanajuato

Nach 4 km auf der Straße Richtung Silao ist die Ortschaft Marfil erreicht, eine ehemalige Silberstadt, deren alte Bauten z.T. von Ausländern als Eigenheime ausgebaut wurden. Sehenswert sind hier die Gärten der Hacienda San Gabriel und ihre alte Kapelle.

Marfil

Weiter in Richtung Silao führt nach etwa 16 km eine Straße rechts ab zum noch 14 km entfernten Cerro del Cubilete (2700 m ü.d.M.), den die weithin sichtbare, fast 23 m hohe Christkönigstatue (El Cristo Rey) krönt. Sie wurde zwischen 1922 und 1929 von Fidias Elzondo und Carlos Olvera errichtet und ist ein beliebtes Ziel für Ausflügler und Pilger (speziell am Karfreitag), besonders wegen des herrlichen Rundblicks über das 'Bajío' und die Berge des Taraskenlandes. Der Cubilete wird als geographischer Mittelpunkt Mexikos angesehen.

Cerro del Cubilete

Etwa 5 km außerhalb von Guanajuato liegt an der Straße nach Dolores Hidalgo die Kirche La Valenciana oder San Cayetano. Sie wurde auf Veranlassung des Conde de Valenciana, Antonio Obregón y Alcocer, Besitzer der berühmten Silbermine, errichtet.
Diese die höchste und letzte Blüte des mexikanischen 'Ultrabarock' repräsentierende Kirche wurde 1788 eingeweiht. Der zweite Turm des aus rosa getöntem Canterastein errichteten Baues wurde nicht mehr ausgeführt. Die Fassade ist im späten churriguereskem Stil gehalten, während die Fenster an den Seiten Neo-Mudéjar-Bögen aufweisen. Die vom Garten in die Kirche führende Seitentür ist mit einer kunstvoll aus Stuck geformten und verzierten Muschel und der Statue des hl. Joseph versehen.
Im Innern der Kirche findet man drei prächtige churrigureske Retablos, die teils vergoldet, teils polychrom verziert sind. Zu beachten sind

*Kirche
La Valenciana

Guaymas

Umgebung von
Guanajuato (Stadt),
La Valenciana
(Fortsetzung)

die feinen Intarsien aus Elfenbein und Edelhölzern an der Kanzel. Auffallend und wie die Fassade meisterhaft gestaltet ist die Eingangstür zur Sakristei mit ihren aus Stein gemeißelten Lambrequin über dem Mudéjar-Bogen. Die Bögen erfuhren durch fein verzierte Bänder aus Tezontle-Stein eine besonders elegante Gestaltung.

Silbermine
La Valenciana

Unweit der Kirche liegt die besuchenswerte Silbermine La Valenciana, zumal sie wieder in Betrieb ist. Sie wurde von dem einstigen Bergarbeiter und späteren Minenbesitzer und Grafen von Valenciana, Antonio Obregón y Alcocer, 1766 entdeckt. In kürzester Zeit entwickelte sich die Mine zur ergiebigsten der Welt, in deren 500 m tiefen Stollen bis zu 3300 Arbeiter beschäftigt waren. Ein Teil der alten Gebäude ist verfallen oder verschwunden. Heute noch sieht man die pyramidenförmigen Mauern, um die angeblich indianische Arbeiter Seile herumziehen mußten, welche die Förderkörbe betrieben.

Guaymas D 4

Bundesstaat: Sonora (Son.)
Höhe: 8 m ü.d.M.
Einwohnerzahl: 150 000
Telefonvorwahl: 01 622

Anreise

Flugverbindungen von La Paz, Tijuana, Guadalajara und Tucson (Arizona); mit der Eisenbahn von Mexiko-Stadt zur Bahnstation Empalme in ca. 34 Std.; mit dem Bus von Mexiko-Stadt über Guadalajara in ca. 31 Std.; aus den USA über Tijuana oder Nogales.

Lage und
Allgemeines
*Landschaftsbild

Die in einer ruhigen Bucht gelegene Hafenstadt Guaymas am fischreichen Meer des Cortés, wie der Golf von Kalifornien hier genannt wird, ist von einer eindrucksvollen Berglandschaft umgeben. Eine Landzunge trennt der Hafendistrikt von den von Touristen bevorzugten Buchten Bacochibampo und San Carlos.

Geschichte

Die ersten Spanier erforschten die Bucht 1535 und benannten sie – nach einem Seri-Stamm – Guaima. Um 1700 gründete Pater Francisco Eusebio Kino in der Nähe des heutigen Hafens eine Missionsstation namens San José de Guaymas, aber erst 1769 entstand die Ortschaft Guaymas de Zaragoza. Als bedeutender Verschiffungsort für Edelmetalle aus dem Hinterland war Guaymas lange Zeit Ziel von Abenteurern, Piraten und ausländischen Interventionen. 1847–1848, während des Krieges zwischen den USA und Mexiko, wurde Guaymas von US-Truppen besetzt. Sechs Jahre später versuchte eine französische Expedition unter Führung des Grafen Gaston Raousset de Boulbon, Guaymas zu erobern, um in Sonora eine Privatkolonie zu errichten. Dies mißlang jedoch; der Graf wurde gefangengenommen und erschossen. Französische Truppen besetzten 1865 während des Interventionskrieges die Stadt. Die spätere Geschichte der Stadt deckt sich im wesentlichen mit der des Staates Sonora.

Ortsbild

Die Stadt hat kaum sehenswerte Bauten, wenn man von der Kirche San Fernando, dem Gebäude des Banco de Sonora und dem Rathaus (Palacio Municipal) absieht.

Wassersport

Guaymas ist aber bei Touristen wegen seiner Wassersportmöglichkeiten, insbesondere als Stützpunkt für das Hochseefischen (Segelfisch, Fächerfisch, Schwertfisch u. a.) sehr beliebt. Zu den populären Stränden gehören Miramar, San Francisco, San Carlos Lalo und Catch 22.

Guaymas

Die Inseln San Nicolás, Santa Catalina und San Pedro bieten gute Tauchsportbedingungen und Möglichkeiten zur Beobachtung der Vogelwelt und der Seelöwen.

Wassersport (Fortsetzung)

Umgebung von Guaymas

Um das von Guaymas 20 km entfernte Dorf San Carlos (5000 Einw.) hat sich in den letzten Jahren ein für Sportfischer und Taucher attraktives Touristenzentrum gebildet.

San Carlos

Etwa 10 km nördlich von Guaymas liegt das Dorf San José de Guaymas, das eine Wallfahrtskirche der Jesuiten aus dem 18. Jahrhundert besitzt.

San José de Guaymas

La Pintada ist zu erreichen über die MEX 15 Richtung ⟶ Hermosillo. Nach ca. 80 km zweigt ein Feldweg nach rechts zur dann noch 6 km entfernten Ortschaft ab. Von hier führt ein 20-minütiger Aufstieg zu sehr interessanten Felsmalereien, die an den Wänden einer Schlucht angebracht sind. Zu sehen sind – vorwiegend in Schwarz-, Ocker- und Rottönen – Reit-, Tanz-, Jagd- und Bootsszenen sowie Tier- und Wappenzeichen, als deren Urheber Angehörige des Stammes der Seri-Indianer vermutet werden.

*Felsmalereien bei La Pintada

Guaymas ist Ablegehafen für die Fähre nach dem ungefähr in der Mitte der Halbinsel ⟶ Baja California liegenden Santa Rosalía (⟶ Praktische Informationen, Fähren).

Fähre zur Baja California

Südöstlich von Guaymas, entlang des Unterlaufs des Río Yaqui, zwischen Ciudad Obregón und dem Golf von Kalifornien, liegen mehrere Ortschaften, die heute Heimat der Yaqui-Indianer sind, eines Stamms der großen uto-aztekischen Sprachfamilie, der über 15 000 Angehörige hat. Die Herkunft dieses einst überaus kriegerischen Volkes liegt im Dunkeln, sie war jedoch noch bis Mitte des vorigen Jahrhunderts über weite Teile von Sonora verbreitet. Die Yaqui konnten von den Spaniern nie ganz unterworfen werden. Um die Jahrhundertwende deportierte die mexikanische Regierung elnen Teil der rebellischen Yaqui nach Yucatán, von wo sie jedoch später fast alle zurückkehrten. Zuletzt kam es 1927 zu einem Aufstand dieses Stammes gegen die Regierung, der mit dem Tod ihres letzten Kriegshäuptlings Luis Matuz ein Ende fand. Heute gehen sie vorwiegend der Landwirtschaft, der Jagd und dem Fischfang nach.

Yaqui-Indianer

Auch die Yaqui mischen in ihrer Religionsausübung altindianische und katholische Elemente. Wichtig in ihrer Sozialstruktur sind bestimmte Bruderschaften, vor allem die der Zauberer und Wahrsager, die einerseits als Medizinmänner die bösen Geister vertreiben und andererseits eine Rolle bei kirchlichen Feierlichkeiten spielen. Die meisten gesellschaftlichen und religiösen Riten sind mit Tänzen verbunden, von denen der bekannteste der Hirschtanz (Danza del Venado) ist. Der Hirsch ist den Yaqui und den mit ihnen verwandten Mayo als Verkörperung der Kraft des Guten heilig.

Religion

Elemente der Yaqui-Musik, besonders ihre Rhythmen, wurden auch von modernen mexikanischen Komponisten, wie z. B. von Carlos Chávez, in symphonischen Kompositionen verwendet.

Musik

Zu den Hauptfesten der Yaqui gehören die Karwoche, der 24. Juni (Día de San Juan Bautista), der 4. Oktober (Día de San Francisco) und die Weihnachtswoche.

Feste

253

Guaymas — Umgebung

Yaqui-Indianer (Fortsetzung)

Die Selbstverwaltung der Dorfgemeinschaften und der übergeordneten Region geht sowohl auf altindianische als auch auf jesuitische Vorbilder zurück.

Die Kleidung der Männer unterscheidet sich nur noch wenig von der der übrigen Landbevölkerung in Sonora. An den Ledergürteln sieht man oft Messer, Pistolen oder Munitionstaschen. Die Frauen tragen bunte Baumwollblusen, Röcke und Rebozos, deren Enden aber über den Rücken herunterhängen; ihre langen Haare schmücken sie mit bunten Bändern.

Yaqui-Volkskunst zeigt sich am besten in schön gearbeiteten Holz- und Papiermasken, die meist Tiere darstellen und bei den Tänzen benutzt werden.

Ciudad Obregón

Etwa 130 km südöstlich von Guaymas liegt die moderne Stadt Ciudad Obregón (70 m ü.d.M.; 380 000 Einw.). Die Stadt, die bis 1924 nach einem Yaqui-Häuptling Cajeme hieß, ist ein wichtiges Verarbeitungszentrum für die landwirtschaftlichen Produkte der Umgebung. Der Anbau von Getreide, Baumwolle, Alfalfa, Reis u. a. wird durch den Álvaro-Obregón-Stausee ermöglicht.

Navojoa

Nach weiteren 68 km in südöstlicher Richtung erreicht man Navojoa (36 m ü.d.M.; 145 000 Einw.), eine rasch wachsende, moderne Stadt, Zentrum der durch künstliche Bewässerung ertragreich gemachten Landwirtschaft (Baumwolle, Obst und Gemüse).

Mayo-Indianer

Im Staate Sonora um die Ortschaften Álamos, Navojoa, Etchojoa und Huatabampo, in Tesila, Guasave und San Miguel Zapotitlán und im Staate Sinaloa um die Städte El Fuerte, San Blas und Los Mochis leben weit verstreut die Mayo-Indianer. Der Stamm, der zur uto-aztekischen Sprachfamilie gehört und mit den Yaqui verwandt ist, zählt noch etwa 28 000 Mitglieder. Wie bei den meisten Indianergruppen dieses Gebietes weiß man über seine Herkunft sehr wenig. Wahrscheinlich sind die Mayo im Zuge der großen Wanderung der Nahua-Völker irgendwann zwischen 1100 und 1300 n. Chr. hierhergekommen. Ihre ersten Begegnungen mit den spanischen Eroberern fanden zwischen 1530 und 1540 statt. Aber erst mit der Missionierung durch die Jesuiten unter der Leitung des berühmten Forschungsreisenden Pater Eusebio Francisco Kino wurde das kriegerische Volk um 1700 erstmals befriedet. Neuerliche Aufstände zusammen mit den Yaqui Ende des 18. Jh.s gegen die Spanier und des 19. Jh.s gegen die Mexikaner bedrohten die Verwaltung des Staates. Um 1900 gaben die Mayo den Kampf auf und begannen, sich mit der Landwirtschaft zu beschäftigen.

Religion

Wie bei anderen Indianerstämmen dieser Region besteht ihr Glaube aus einer Mischung altindianischer und katholischer Riten, wobei allerdings das letztere Element überwiegt. So wie bei den Yaqui spielen bei den Mayo der Hirschtanz (Danza del Venado) und der 'Pascola' eine wichtige Rolle. Zu den mit Tänzen verbundenen religiösen Hauptfesten gehören der 3. Mai (Día de la Santa Cruz), der 24. Juni (Día de San Juan Bautista) und der 4. Oktober (Día de San Francisco).

Die bis vor kurzem auf dörflicher Gemeinschaft beruhende eigenständige Verwaltung der Mayo, mit Dorfvorstehern und Stammeschef, beginnt sich langsam aufzulösen. Die Kleidung des Stammes entspricht jetzt mehr oder weniger der ihrer nichtindianischen Nachbarn.

Álamos

Landeinwärts, 53 km östlich von Navojoa, liegt die unter Denkmalschutz stehende ehemalige Bergwerksstadt Álamos (410 m ü.d.M.; 20 000 Einw.; Fiesta: 8. Dezember, Maria Empfängnis). Nachdem

Plaza de Armas in Álamos

die ersten Gold- und Silberlagerstätten entdeckt worden waren, wuchs der Ort rasch und zählte 100 Jahre später mehr als 30 000 Einwohner. Der Niedergang der Stadt begann mit den fallenden Silberpreisen; Angriffe der kriegerischen Mayo-Indianer und die Revolutionswirren ließen sie veröden und machten den Ort schließlich zu einer Geisterstadt. Nach dem Zweiten Weltkrieg ließ sich eine Gruppe US-amerikanischer Künstler in Álamos nieder und begann mit der Restaurierung einiger Gebäude. In der Casa de los Tesoros und dem Palacio Almada befinden sich jetzt Hotels; sehenswert ist ferner die Pfarrkirche, das Haus für mexikanische Volkskunst und das Keramikzentrum 3 km außerhalb. In den letzten Jahren sind zahlreiche Pensionäre aus den USA zugezogen, die für ihre Häuser eine 'amerikanisierte' Version des Kolonialstils bevorzugten.

Umgebung von Guaymas, Álamos (Fortsetzung)

Guerrero (Bundesstaat)

Kürzel: Gro.
Hauptstadt: Chilpancingo
Fläche: 64 458 km²
Bevölkerungszahl: 2 916 600

Der Bundesstaat Guerrero wird im Norden vom Estado de México und vom Staate Morelos, im Nordwesten von Michoacán, im Nordosten und Osten von Puebla und Oaxaca sowie im Süden und Westen vom Pazifischen Ozean begrenzt. Er erstreckt sich zu beiden Seiten der Sierra Madre del Sur und gehört daher zu den gebirgigsten und unberührtesten Landesteilen Mexikos, obwohl sich an der Küste ausgesprochene Fremdenverkehrszentren entwickelt haben. Neben dem

Lage und Landesnatur

Guerrero

Mexiko
Vereinigte Mexikanische Staaten
Estados Unidos Mexicanos

Guerrero

Bundesstaaten
Estados

1a Baja California Sur	12 Aguascalientes
1b Baja California Norte	13 Jalisco
2 Sonora	14 Guanajuato
3 Chihuahua	15 Querétaro
4 Sinaloa	16 Hidalgo
5 Durango	17 Colima
6 Coahuila	18 Michoacán
7 Nuevo León	19 México
8 Zacatecas	20 Morelos
9 San Luis Potosí	21 Tlaxcala
10 Tamaulipas	22 Puebla
11 Nayarit	23 Veracruz
	24 Guerrero
	25 Oaxaca
26 Chiapas	
27 Tabasco	
28 Campeche	
29 Yucatán	
30 Quintana Roo	

D.F. Distrito Federal (Bundesdistrikt)

© Baedeker

Lage und Landesnatur (Fortsetzung)	großen Stromsystem des Río Balsas und dem Río Papagayo ergießen sich noch mehrere kleinere Flüsse in den Pazifik. Guerrero wird vorwiegend von Mestizen und von verschiedenen Indianerstämmen wie den Nahua, Tlapaneken, Mixteken und Chatino bewohnt; im Südosten des Staates leben noch Nachfahren von Sklaven.
Archäologische Stätten	In Guerrero wurde eine große Anzahl von archäologischen Stätten entdeckt; sie sind aber entweder noch nicht freigelegt oder nicht bemerkenswert genug. Zu erwähnen sind u.a. Los Monos, Momoxtli, Ixcateopan und Xochipala. Ein Besuch der Grotten von Juxtlahuaca und Oxtotitlán (präkolumbische Wandmalereien; → Chilpancingo) ist zu empfehlen.
Geschichte	Wahrscheinlich war die Region schon in der archaischen Zeit besiedelt. Die ersten kulturellen Zeugnisse stammen von dem geheimnisvollen Volk der Olmeken, das vermutlich auf der Suche nach Jadevorkommen schon vor 1000 v. Chr. von der Golfküste über das zentrale Hochland in diese Gegend kam, was durch Höhlenmalereien sowie Ton- und Jadefiguren belegt wird. Über das Volk, das später die sogenannte Mezcala-Kunstform (geometrische, stilisierte Figuren aus verschiedenartigen Steinen) geschaffen hat, weiß man bisher so gut wie nichts. Hier verschmolzen offenbar Einflüsse der olmekischen Kultur mit der von Teotihuacán zu einem eigenständigen Ganzen. In Guerrero fand man aber auch Figurinen und Masken in reinem Teotihuacán-Stil. Die spätere Entwicklung der Metallverarbeitung in Zentralmexiko führt man auf mögliche Verbindungen zurück, die aus Peru, Kolumbien und Costa Rica über Guerrero liefen. Kultureinflüsse der Mixteken und später der Azteken, die Mitte des 15. Jh.s Teile Guerreros eroberten, dominierten in der Nachklassik (950–1521 n.Chr.). Zwischen 1522 und 1532 eroberten die spanischen Konquistadoren unter Cristóbal de Olid, Gonzalo de Sandoval und Hurtado de Men-

doza Teile von Guerrero und gelangten bis zur Küste. In der Kolonialzeit führte durch Guerrero der wichtige Verbindungsweg vom Pazifikhafen Acapulco nach Mexiko-Stadt und weiter zum Golf von Mexiko. Der Staat Guerrero wurde 1849 gegründet und nach dem Unabhängigkeitskämpfer und zweiten Präsidenten der Republik Vicente Guerrero benannt. Seit den siebziger Jahren dieses Jahrhunderts sind Teile des Staates Schauplatz blutiger Auseinandersetzungen zwischen Campesinos und Soldaten bzw. Polizisten.

Guerrero, Geschichte (Fortsetzung)

Neben dem Bergbau (Silber, Gold, Quecksilber, Blei, Zinn, Zink und Schwefel) spielen die Landwirtschaft (Zuckerrohr, Baumwolle, Kaffee, Tabak, Vanille und Getreide) und die Forstwirtschatt (Hartholz, Kautschuk) eine Hauptrolle. Auch der Tourismus mit den Schwerpunkten Taxco, Acapulco und Zihuatanejo-Ixtapa ist von großer Bedeutung.

Wirtschaft

Reiseziele im Bundesstaat Guerrero

Neben der Hauptstadt ⟶ Chilpancingo und den bekannten Touristenzentren ⟶ Taxco, ⟶ Acapulco sowie ⟶ Zihuatanejo-Ixtapa ist noch die Stadt Iguala zu nennen. Agustín Iturbide proklamierte hier den "Plan von Iguala", Grundlage der mexikanischen Unabhängigkeit.

Hermosillo D 3

Bundesstaat: Sonora (Son.)
Höhe: 237 m ü.d.M.
Einwohnerzahl: 500 000
Telefonvorwahl: 01 62

Mit dem Flugzeug von Mexiko-Stadt in ca. 2 Std., weitere Verbindungen von anderen mexikanischen Flughäfen; mit der Eisenbahn von Mexiko-Stadt über ⟶ Guadalajara und Ciudad Obregón in ca. 38 Std.; mit dem Bus von Mexiko-Stadt über Guadalajara in ca. 35 Std.; aus den USA über Tijuana oder Nogales.

Anreise

Hermosillo, die Hauptstadt des Bundesstaates Sonora, am Zusammenfluß von Río Sonora und Río Zanjón und an einem See gelegen, ist von Obst-, Gemüse- und Ackerland umgeben. In jüngerer Zeit hat sich auch hier die 'Veredelungsindustrie' ('maquiladoras') angesiedelt. Von den Bauten der Kolonialzeit ist wenig übriggeblieben, da die Stadt wegen des starken Wachstums der letzten Jahre weitgehend modernisiert wurde. Der Küstenabschnitt gegenüber der Isla Tiburón ist wegen des angenehmen Winterklimas ein beliebtes Ziel für Touristen.

Lage und Allgemeines

1531 drangen die ersten Spanier in das Gebiet vor und stießen auf kriegerische Indianerstämme. Erst 1742 errichtete Agustín de Vildósola eine befestigte Siedlung, die El Real Presidio de la Santísima Trinidad de Pític genannt wurde. Der Ort wurde 1828 zu Ehren des Freiheitskämpfers General José María Gonzáles Hermosillo umgetauft. Seit 1879 ist Hermosillo Hauptstadt des Staates Sonora.

Geschichte

Sehenswertes

Die Stadt bietet kaum bauliche Sehenswürdigkeiten. Zu erwähnen sind die neoklassizistische Kathedrale aus dem 19. Jh., der Regierungspalast (Palacio de Gobierno, 19. Jh.), der Madero-Park und der

Hermosillo

Sehenswertes (Fortsetzung)

Aussichtspunkt 'Mirador' auf dem Cerro de la Campana. An der Nordausfahrt auf die MEX 15 nach Nogales steht die Reiterstatue des Jesuitenmissionars Eusebio Francisco Kino.

Museo Regional de Historia

Auf dem Gelände der modernen Universität befindet sich das Museo Regional de Historia de Sonora. Es enthält archäologische Funde aus Sonora und ethnologische Sammlungen zu den Indianerkulturen der Seri, Pima, Ópata und Yaqui). Bemerkenswert ist der wahrscheinlich mindestens 10 000 Jahre alte mumifizierte Yécora-Mensch, der in einer Höhle bei dem gleichnamigen Dorf gefunden wurde.

Paläontologisches Museum

Im ehemaligen Gefängnis neben dem Cerro de la Campaña (Glockenhügel) zeigt heute das Paläontologische Museum u. a. eine Waffensammlung aus dem 19. Jh. und Tanzkostüme der Yaquí.

Umgebung von Hermosillo

Bahía Kino

Etwa 115 km westlich von Hermosillo – zu erreichen durch ein Bewässerungsgebiet – liegt die hübsche Bucht Bahía Kino mit dem Fischerdorf Viejo Kino und dem Touristenort Nuevo Kino, der vielfältige Wassersportmöglichkeiten bietet. Die Orte sind nach dem berühmten Jesuitenpater und Forschungsreisenden Eusebio Francisco Kino (1644–1711) benannt, der Ende des 17. und Anfang des 18. Jh.s mehr als 25 Missionen in Sonora gründete und dadurch die Erschließung des Gebietes ermöglichte. Der aus Südtirol stammende Kino (Kühn) bewies u. a., daß Niederkalifornien keine Insel, sondern eine Halbinsel ist. In Nuevo Kino lohnt ein Besuch des neuen Museo Regional (C. Puerto Peñasco), in dem Kunsthandwerk der Seri gezeigt wird.

Punta Chueca

15 km nördlich der beiden Ortschaften liegt die kleine Siedlung Punta Chueca, die einen besonders schönen Strand hat und ein wichtiger Treffpunkt der Seri-Indianer ist.

Isla Tiburón

Die Isla Tiburón ('Haifischinsel'), mit 1208 km² (über 50 km lang und bis zu 30 km breit), die größte Insel Mexikos, liegt nur wenige Kilometer vor der Küste Sonoras in dem See des Cortés (Golf von Kalifornien). 1540 von Fernando de Alarcón entdeckt, war sie lange Zeit Siedlungsgebiet der Seri-Indianer; nach deren Umsiedlung 1976 ist die Insel ein unbewohntes Naturschutzgebiet mit einer reichen Fauna und Flora, das nur mit Genehmigung besucht werden kann.

Seri-Indianer

Die vom Aussterben bedrohten Seri-Indianer, von denen heute weniger als 500 noch leben, sind immer noch halbnomadische Fischer, Jäger und Sammler. Über die Herkunft dieser hochgewachsenen Indianer weiß man fast nichts; bekannt ist, daß ihre Sprache der Siouan-Gruppe angehört.

Religion und Lebensweise

Obwohl sie sich von den Jesuiten zum Christentum bekehren ließen, verehren sie immer noch Sonne, Mond und verschiedene Tierdämonen. Ihre Festlichkeiten, die mit Tänzen verbunden sind, sollen meist gutes Gelingen bei Jagd und Fischfang beschwören. Auch die Pubertätsriten für die jungen Mädchen spielen eine wichtige Rolle.
Große Autorität liegt bei den Frauen, in Notzeiten wählen die Seri jedoch einen Jäger zu ihrem Anführer. Heutzutage bemalen nur noch die Frauen manchmal ihre Gesichter in verschiedenen Farben; ihr Schmuck ist meist aus Muscheln, Knochen und Samen gefertigt. Das traditionelle Handwerk beschränkt sich auf kunstvoll geflochtene Körbe und geschnitzte Tierfiguren aus Eisenholz, das an Wochenenden von ihnen in Nuevo Kino angeboten wird.

Hidalgo

Östlich von Hermosillo um die Ortschaften Ures, El Novilio, Sahuaripa, Yécora und Maycoba an den Hängen der Sierra Madre Occidental erstreckt sich das Stammesgebiet der rund 1500 Pima-Indianer. Die Pima, deren Sprache zur uto-aztekischen Familie gehört und daher dem Náhuatl ähnelt, waren früher Nomaden, die im Raume Sonora und Arizona umherzogen. Gegen Ende des 17. Jh.s gelang es mit Hilfe der Jesuiten, die Pima zu befrieden. Später kämpften sie an der Seite der Spanier gegen die Seri und ihre Erbfeinde, die Komantschen. Heute leben die Pima vorwiegend von Landwirtschaft und Viehzucht. Ihr Hauptfeiertag ist der 4. Oktober (Día de San Francisco).

Umgebung von Hermosillo (Fortsetzung)
Pima-Indianer

Nordöstlich von Hermosillo, zwischen dem Río Sonora und dem Río Bavispe, sind die noch rund 300 Ópata-Indianer zu Hause. Dieser ebenfalls der uto-aztekischen Sprachfamilie angehörende Stamm ist mit den Pima und Tarahumara verwandt und soll von den Azteken abstammen. Sie ernähren sich heute vornehmlich von Ackerbau und der Seidenraupenzucht.

Ópata-Indianer

Obwohl ebenfalls Ende des 17. Jh.s von den Jesuiten christianisiert, üben sie bis heute vielfach ihre altindianischen Riten aus. Sie glauben an eine Art Seelenwanderung und stellen in ihren Tänzen Kämpfe gegen die Apachen und ihre frühen Begegnungen mit den Spaniern dar. Ähnlich wie die Tarahumara veranstalten sie Dauerläufe und Geschicklichkeitswettbewerbe.

Religion

Etwa 140 km südlich von Hermosillo liegt → Guaymas.

Hidalgo (Bundesstaat)

Kürzel: Hgo.
Hauptstadt: Pachuca
Fläche: 20 870 km²
Bevölkerungszahl: 2 112 500

Der größtenteils zum zentralen mexikanischen Hochland gehörende Bundesstaat Hidalgo wird im Norden von den Staaten San Luis Potosí und Veracruz, im Westen von Querétaro, im Süden vom Estado de México und Tlaxcala sowie im Osten von Puebla begrenzt. Der Norden und Osten des Staates sind sehr gebirgig, während der Süden und Westen von einer relativ flachen Hochebene gebildet werden. Hidalgo hat neben Weißen und Mestizen einen starken indianischen Bevölkerungsanteil, der sich aus Otomí- und Nahua-Völkern sowie Huasteken zusammensetzt.

Lage und Landesnatur

Außer der großen toltekischen Ruinenstätte → Tula liegen im Staat Hidalgo archäologische Stätten wie die neue ausgegrabene Stadt Xihuingo-Tepeapulco, Tepeyahualco, Huacalco u.a.m.

Archäologische Stätten

In der präkolumbischen Epoche der Klassik stand das Gebiet hauptsächlich unter dem Einfluß der Kulturen von Teotihuacán und in geringerem Maße der von El Tajín. Später war die Region mit der Stadt Tula (Tollán) Zentrum der großartigen toltekischen Hochkultur (968–1175 n. Chr.). Die nach der Abwanderung der Tolteken hier ansässigen Otomí und Huasteken wurden in der zweiten Hälfte des 15. Jh.s von den Azteken (Mexica) unterworfen.
Die Geschichte des Staates während der Kolonialzeit deckt sich im wesentlichen mit der seiner Hauptstadt Pachuca. Erst 1869 wurde der Staat Hidalgo, der bis dahin ein Teil des Estado de México war, ge-

Geschichte

Hidalgo

Mexiko
Vereinigte Mexikanische Staaten
Estados Unidos Mexicanos

Hidalgo

Bundesstaaten
Estados

1a Baja California Sur	12 Aguascalientes	
1b Baja California Norte	13 Jalisco	
	14 Guanajuato	
2 Sonora	15 Querétaro	
3 Chihuahua	16 Hidalgo	
4 Sinaloa	17 Colima	
5 Durango	18 Michoacán	
6 Coahuila	19 México	
7 Nuevo León	20 Morelos	
8 Zacatecas	21 Tlaxcala	26 Chiapas
9 San Luis Potosí	22 Puebla	27 Tabasco
10 Tamaulipas	23 Veracruz	28 Campeche
11 Nayarit	24 Guerrero	29 Yucatán
	25 Oaxaca	30 Quintana Roo

D.F. Distrito Federal (Bundesdistrikt)

© Baedeker

Geschichte (Fortsetzung)	gründet und nach dem mexikanischen Unabhängigkeitshelden Miguel Hidalgo y Costilla (1753–1811) benannt.
Wirtschaft	Hidalgo ist einer der erzreichsten Staaten Mexikos; der Bergbau liefert hauptsächlich Silber, Gold, Quecksilber, Kupfer, Eisen, Blei, Zink und Antimon. Die Land- und Forstwirtschaft umfaßt vorwiegend Reis, Getreide, Kaffee, Agaven, Tabak, Mahagoni und Ebenholz. Im Süden des Landes ist die bedeutende Industrie konzentriert, die vor allem Textilien, Zement, Waggons, Transportfahrzeuge und Maschinen erzeugt. Außerdem besitzt Hidalgo eine große Erdölraffinerie; auch der Tourismus nimmt zu.

Reiseziele im Bundesstaat Hidalgo

Außer den schon erwähnten archäologischen Stätten, der Hauptstadt → Pachuca sowie den Orten → Actopan, Ixmiquilpan und Zimapán (Umgebung von → Actopan) und Tepejí del Río (Umgebung von → Tula) lohnt ein Besuch nachstehender Orte:

Tulancingo	Tulancingo (2200 m ü.d.M.; 72 000 Einw.; Fiesta: 2. August, Día de Nuestra Señora de los Ángeles), ist ein Industrie- und Landwirtschaftszentrum, das vor allem durch die Herstellung von Sarapes und Apfelmost bekannt wurde. In der Nähe befindet sich die archäologische Stätte Huapacalco.
Huichapan	In Huichapan (2100 m ü.d.M.; 19 000 Einw.; Fiesta: 19. März, Día del Señor San José und 21. September, Día de San Mateo; Markttag Sonntag) ist die aus dem 16. Jh. stammende Pfarrkirche mit indianisch-plateresken Portal, ihrem Barockturm und einem Steinkreuz sehenswert.

Epazoyucan ist von Pachuca über die MEX 130 Richtung Tulancingo (Abzweigung rechts nach 17 km bei El Ocote) zu erreichen. Im Ort befindet sich ein Augustinerkloster aus dem 16. Jh. mit Atrium mit Steinkreuz, spanisch-plateresken Posas (Prozessionskapellen) und Offener Kapelle. Die Kirche mit Renaissancefassade ist im Innern in der Taufkapelle und in der Sakristei mit teilweise vielfarbigen Fresken, die auch im Kreuzgang zu finden sind, ausgemalt.

Singuilucan erreicht man über eine weitere, 12 km von El Ocote von der MEX 130 nach rechts abgehende Abzweigung. Auch in diesem Ort findet sich ein bemerkenswertes Augustinerkloster aus dem Jahr 1540 mit platereskem Portal und interessantem Kreuzgang, einer barocken Klosterkirche mit Retablos aus dem 18. Jh. und ein Franziskanerkloster von 1527. Beachtenswert sind ein indianisches skulptiertes Steinkreuz aus dem 16. Jh. und der mit Fresken versehene Kreuzgang des Klosters.

Reiseziele im Bundesstaat Hidalgo (Fortsetzung)
*Augustinerklöster Epazoyucan und Singuilucan

Hidalgo del Parral

→ Chihuahua (Stadt)

Huejotzingo (Huexotzingo) K 8

Bundesstaat: Puebla (Pue.)
Höhe: 2304 m ü.d.M.
Einwohnerzahl: 65 000

Mit dem Auto auf der MEX 190 von Mexiko-Stadt 106 km, von Puebla 26 km und von Cholula 14 km; lokale Busse.

Anreise

Die Ortschaft Huejotzingo liegt auf einer fruchtbaren Hochebene inmitten von Obstplantagen am Fuße des 5286 m hohen schneebedeckten Vulkans Iztaccíhuatl. Die einstige präkolumbische Stadt Huejotzingo nahm in der späten Nachklassik eine führende Stellung in diesem Gebiet ein. Das heutige Huejotzingo ist als Zentrum der Apfelmost- und Sarape-Erzeugung bekannt.

Lage und Allgemeines

In der altindianischen Geschichte trat Huejotzingo erst im 14. Jh. n. Chr. in Erscheinung, als sich Náhuatl sprechende Nomaden (Chichimeken) aus dem Norden hier niederließen. Im Laufe der Zeit bauten sie ein unabhängiges Reich auf, das zeitweise die Konkurrenzstaaten von Cholula und Tlaxcala beherrschte. In der zweiten Hälfte des 15. Jh.s kam es zu Auseinandersetzungen mit den Azteken (Mexica) und dem benachbarten Tlaxcala, die sich u.a. in der Form sogenannter Blumenkriege abspielten. Diese Kämpfe dienten grundsätzlich nicht der Eroberung von Territorien, sondern der Einbringung von Gefangenen für religiöse Opferungen. Nach Niederlagen gegen Tlaxcala verbündete sich Huejotzingo schließlich 1518 mit diesem gegen die Azteken von Tenochtitlán.

Geschichte

Als die Spanier unter Hernán Cortés 1519 auf ihrem Wege nach Tenochtitlán hier eintrafen, leistete Huejotzingo, damals eine Stadt von 40 000 Einwohnern, wie auch Tlaxcala den Eroberern Hilfsdienste. Die Bedeutung Huejotzingos als indianische Metropole erkennend, gründeten die Spanier hier eine ihrer frühesten und imposantesten Klosteranlagen. Das Kloster wurde etwas außerhalb der alten Indianerstadt im wesentlichen zwischen 1529 und 1570 von Pater Juan de Alameda und Toribio de Alcazar errichtet.

Huejotzingo

✳︎Kloster San Francisco

Das Kloster San Francisco de Huejotzingo gehört zu den ältesten und schönsten Gründungen seiner Art in Neuspanien.

Atrium

Auf dem Wege zum Kloster betritt man zunächst das Atrium, das man über eine breite Treppe und durch ein Tor aus drei plateresken Bögen erreicht. In der Mitte des Hofes steht ein gemeißeltes Steinkreuz. In den vier Ecken findet man Posas (Prozessionskapellen), die zu den schönsten ihrer Art in Mexiko zählen. Mit ihren pyramidenförmigen Dächern und ihrer Ornamentik folgen sie der spanisch-plateresken Tradition. Zu beachten sind die Wappen der Franziskaner und die Alfiz (Sims als Umrahmung des Torbogens), hier meist in Form der Kordel der Mönchskutte des Ordens, ein Merkmal des Mudéjar-Stils.

*Posas

Wehrkirche

Die Fassade der typischen Wehrkirche ist auf spanisch-plateresque Art mit Säulen und Ordenssymbolen geschmückt. Die Umrahmung an dem zugemauerten Nordportal stellt ein treffliches Beispiel für den kolonial-plateresken Stil dar. Auch hier rahmt ein Alfiz den Torbogen ein, und die Wappen des Ordens schmücken die harmonisch und phantasievoll dekorierte Fassade. Die dreieckigen Zinnen mit Öffnungen findet man nur in Huejotzingo.

Innenraum

*Altaraufsatz

Im geräumigen Kirchenschiff mit dem prächtig gotisch gerippten Gewölbe sieht man den großen, vierteiligen, mit 14 Statuen dekorierten Altaraufsatz (1586), ebenfalls ein Beispiel plateresker Tradition. Seine sieben erhaltenen Ölgemälde stammen von dem Flamen Simon Pereyns, der 1566 nach Neuspanien kam. Von den einst die Wände bedeckenden Fresken sind nur noch Reste erhalten. Die Wand am Eingang zur Sakristei ist in Mudejár-Ornamentik gehalten.

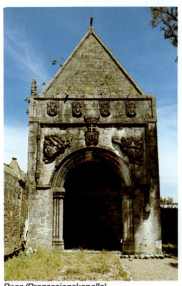

Posa (Prozessionskapelle)

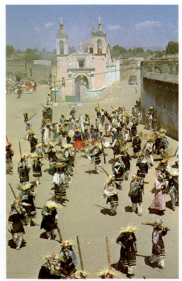

Danza de los Viejitos in Huejotzingo

Das Kloster betritt man durch ein Tor an der rechten Seite der Kirche. In der Vorhalle befindet sich die Dreifaltigkeitskapelle, an die sich der Kreuzgang anschließt. Die Friese der Gänge und Zellen sind im Renaissancestil gehalten. Sehenswerte Fresken sind die u.a. Darstellungen der Unbefleckten Empfängnis, der Ankunft der ersten zwölf Franziskanermönche 1524 in Neuspanien (Sala de Profundis) und Szenen aus dem Leben des heiligen Franziskus.

Huejotzingo (Fortsetzung) Klostergebäude

Eine kleinere Kirche in Huejotzingo ist San Diego aus dem 18. Jh. mit einem reich geschnitzten Sakristeidach des frühen 17. Jh.s, einem Taufbecken mit Ordenssymbolen der Franziskaner und Fassadenornamenten, die denen in Calpan ähneln.

San Diego

Umgebung von Huejotzingo

Auf unasphaltierter Straße sind es 10 km bis zu der südwestlich gelegenen Ortschaft Calpan (Náhuatl: 'in den Häusern'), heute auch als San Andrés Calpan bekannt. Auch hier steht ein interessantes, 1548 gegründetes Franziskanerkloster. Die schlichte platereske Fassade der Kirche ist mit Skulpturen geschmückt, von denen einige Agavenpflanzen darstellen. Im Inneren der Kirche befindet sich ein mit Franziskanerkordel versehener Triumphbogen. Im Atrium stehen vier sehenswerte Posas, die alle reich mit Skulpturen verschiedener Motive (Blumen, geometrische Muster, Verkündigung, Jüngstes Gericht, Ordenssymbole u. a.) ausgestattet sind.

*Franziskanerkloster Calpan

Isla Mujeres   Q 7

Bundesstaat: Quintana Roo (Q. R.)
Bewohnerzahl: 30 000
Telefonvorwahl: 01 987

Mit der Fähre von Puerto Juárez und von Punta Sam (⟶ Praktische Informationen, Fähren), beide Häfen zu erreichen mit dem Bus von ⟶ Mérida oder⟶ Chetumal; mit dem Tragflügelboot von⟶ Cancún.

Anreise

Die der Halbinsel Yucatán im Karibischen Meer vorgelagerte Isla Mujeres (Fraueninsel) ist etwa 8 km lang und bis zu 2 km breit. Sie ist mit Kokospalmen bestanden und bietet schöne weiße Sandstrände, glasklare Lagunen und fischreiche Korallenriffe.

Lage und Allgemeines
*Badeort

Über die vorspanische Geschichte der Isla Mujeres ist nur wenig bekannt. Die Maya haben allerdings eine Anzahl von Gebäuden hinterlassen, die zum Teil aus dem 8. und 9. Jh. n. Chr. stammen. Die meisten vorgefundenen Tempel waren vermutlich der Mond- und Fruchtbarkeitsgöttin Ix-chel geweiht.
Die Insel wurde 1517, also bereits zwei Jahre vor Cortés' Landung in Mexiko, von einer spanischen Expedition unter Francisco Hernández de Córdoba entdeckt. Dieser gab ihr auch ihren Namen, da er und seine Leute in den Maya-Ruinen auffallend viele weibliche Tonfiguren fanden. Wie die meisten karibischen Inseln war auch Isla Mujeres in der Folge ein Schlupfwinkel von Piraten und Schmugglern. Erst vor etwa 20 Jahren entdeckte sie der Tourismus und machte aus einer verschlafenen und etwas heruntergekommenen Fischerinsel ein beliebtes Reiseziel. Im Gegensatz zu der Nachbarinsel Cozumel und dem modernen Badeort Cancún ist Isla Mujeres noch relativ einfach. Zur Belebung des Handels wurde sie zum Freihafen erklärt.

Geschichte

Isla Mujeres

El Garrafón Korallentaucher bei der Isla Mujeres

Sehenswertes auf der Isla Mujeres

Strände und Korallenriffe

Die Hauptattraktionen der Insel liegen am und im Meer und sind sehr gut zu Fuß, mit dem Fahrrad oder mit einem kleinen Motorrad zu erreichen. Zum Schwimmen bestens geeignet ist die Playa Cocoteros ('Los Cocos') auf der Nordwestseite der Insel. An der Nordspitze mit der Islote Yunque beginnen Korallenriffe, die zum Schnorcheln einladen. Die Ostküste, dem Karibischen Meer zugewandt, besitzt ebenfalls schöne Strände und Riffe, z.B. Playa Pancholo, doch machen starke Strömungen das Schwimmen riskant.

*El Garrafón

Im südlichen Teil der Insel befindet sich die reizvolle Bucht El Garrafón (span.: 'die Karaffe'), die über eine Straße oder per Boot zu erreichen ist. In diesem Unterwasserschutzgebiet kann man zahlreiche tropische Korallenfische beobachten. An einer Stelle der Bucht steht knapp unter der Wasseroberfläche ein riesiger Fischschwarm, der sich seltsamerweise seit vielen Jahren fast an der gleichen Stelle aufhält und in seiner Art einmalig war. Durch den Touristenstrom der vergangenen Jahre hat sich leider die Anzahl der Fische stark verringert.

Los Manchones

*Höhlen der schlafenden Haie

El Garrafón vorgelagert ist das Riff Los Manchones, ein beliebtes Ziel für Sporttaucher. Für geübte Gerätetaucher können Bootsfahrten zu den in 20–30 m Tiefe gelegenen Höhlen der schlafenden Haie organisiert werden, die Ende der sechziger Jahre von einem einheimischen Fischer entdeckt und durch Fernsehfilme weltbekannt wurden.

Am Weg nach El Garrafón empfiehlt sich für Tierfreunde ein Besuch der Schildkrötenfarm und der etwa in der Mitte der Insel gelegenen Meeresbiologie-Station, in der Fische und Amphibien gezeigt werden und Vorführungen – u.a. mit Delphinen – stattfinden.

Eine eigenartige Atmosphäre verbreitet die Hacienda Mundaca oberhalb der Playa Lancheros, welche die Überreste des Hauses und Gartens des baskischen Piraten und Sklavenhändlers Antonio de Mundaca aus dem vorigen Jahrhundert zeigt.

Isla Mujeres (Fortsetzung) Hacienda Mundaca

Die interessanteste, vom Hurrikan Gilbert 1988 allerdings beschädigte Maya-Ruine auf Isla Mujeres liegt hinter dem Leuchtturm an der Südspitze. Sie soll als Observatorium, welches der Göttin Ix-chel geweiht war, gedient haben. Von hier aus hat man einen prächtigen Blick auf die Karibische See und auf → Cancún.

Maya-Ruine

Umgebung der Isla Mujeres

Ein interessanter Tagesausflug führt per Boot zu der ca. 20 km nördlich gelegenen Isla Contoy (Maya: 'conto' = Pelikan). Als Vogelparadies mit mehr als 70 Vogelarten steht die seit 1961 unter Naturschutz. Hier können Flamingos, Fregattvögel, Pelikane, Enten, Löffler, Kormorane und andere Vögel beobachtet werden.

Isla Contoy

In den Gewässern zwischen Cabo Catoche und der Isla Holbox leben u.a. Marlin, Hai, Segelfisch, Barrakuda, Zackenbarsch und Makrele. Die Isla Holbox ist auch mit dem Auto von einer Abzweigung der MEX 180 Valladolid – Puerto Juárez nach Chiquilá (ca. 90 km) und von dort per Boot zu erreichen.

Isla Holbox

Ixtaccíhuatl

→ Popocatépetl / Iztaccíhuatl

Ixtapa

→ Zihuatanejo-Ixtapa

Izamal   P 7

Bundesstaat: Yucatán (Yuc.)
Höhe: 13 m ü.d.M.
Einwohnerzahl: 45 000

Mit der Eisenbahn von → Mérida in ca. 1½ Std.; mit dem Auto von Mérida auf der MEX 180 bis zur Abzweigung bei Kantunil (68 km), von dort weitere 26 km.

Anreise

Izamal, einer der interessantesten doch relativ wenig besuchten Orte Yucatáns, liegt 26 km nördlich der MEX 180 von Mérida nach Chichén Itzá. Er vereint in klassischer Form Zeugnisse des historischen Zusammenpralls der präkolumbischen mit der spanischen Kultur: Hier stehen die Reste von Pyramiden und Tempeln der Maya der Kirche und Klosteranlage der Franziskaner aus dem 16. Jh. gegenüber.

Lage und Allgemeines

Obwohl Izamal (Maya: 'Stadt der Hügel') archäologisch wenig erforscht wurde, glaubt man, daß seine glänzendste Periode in die Maya-Klassik (300–900 n. Chr.) fiel. Nach der Legende gründete

Geschichte

Izamal

Geschichte
(Fortsetzung)

Itzamná (Maya: 'Tau vom Himmel'), der später als Himmelsgottheit verehrt wurde, die Stadt. Nach seinem Tode soll sein Körper in drei Stücke geteilt und unter den drei Hügeln des Ortes begraben worden sein. Auf diesen Hügeln wurden riesige Tempel errichtet, deren bedeutendster Kinich-kakmó (Maya: 'Sonnenvogel mit dem Feuergesicht') war. Diese Pyramide ist die drittgrößte ihrer Art in Mesoamerika nach der von Cholula und der Sonnenpyramide von Teotihuacán. Schon zu jener Zeit entstand für die Verehrung des Sonnengottes Kinich-kakmó und des Himmelsgottes Itzamná hier ein Wallfahrtsort, der Scharen von Pilgern aus allen Teilen des Landes anzog. Zusammen mit anderen heiligen Stätten wie Cozumel und vor allem Chichén Itzá wurde auch Izamal, vielleicht unter der Herrschaft der Itzá, der legendären 'mayanisierten' Tolteken oder 'toltekisierten' Maya, später auch ein wichtiges politisches Zentrum. Die Chroniken berichten vom Raub der Braut des Ah-ulil, des Oberhaupts von Izamal, durch Chacxib-chac, den Herrscher von Chichén Itzá, was zu einem Kampf führte, der damit endete, daß die Bewohner von Chichén Itzá etwa um 1200 n. Chr. vertrieben wurden. Dieser Krieg scheint den politischen Niedergang Izamals eingeleitet zu haben. Offenbar gleichzeitig begann der Aufstieg des Herrschaftsbereichs von Mayapán, welcher den letzten Abschnitt der Entwicklung der Maya-Zivilisation darstellt.

Der Bedeutung Izamals als Wallfahrtsort entsprach die harte Reaktion der Spanier, die nach der Eroberung Izamals um 1540 die meisten Pyramiden umgehend zerstörten und deren Steine zum Bau ihrer Sakralbauten verwendeten.

Sehenswertes

*Kloster San Antonio de Padua

Vom Hauptplatz des Ortes, dessen Häuser weiß und gelb gestrichen sind, geht man über einen breiten Treppenaufgang zu dem für die Franziskaner zwischen 1553 und 1561 von Juan de Mérida erbauten Kloster San Antonio de Padua. Das riesige Atrium mit rund 8000 m^2 ist von einer Arkade mit 75 Bögen umgeben. Es soll nach dem Petersplatz in Rom das zweitgrößte der Welt sein.

Klosterkirche

Die Klosterkirche hat eine sehr schlichte Fassade und ist ein typisches Beispiel für die festungsartigen Sakralbauten der Franziskaner im 16. Jahrhundert. Der hufeisenförmige Bogen über der Arkade stammt aus dem 19. Jahrhundert. An den Wänden des Kirchenschiffs hängen Ölgemälde der Erzbischöfe von Mérida. Der ursprüngliche Altar der Jungfrau von Izamal, der Königin von Yucatán, stammte aus Guatemala, verbrannte aber 1829. Die kunstvolle Kopie des Schutzheiligen der Halbinsel geweihten Altars besteht aus zehn Nischen, die hauptsächlich Bildnisse von Heiligen enthalten. Im Klosterhof ist ein altindianischer Sonnenstein zu sehen.

Atrium, Kirche und Kloster wurden auf den Fundamenten des zerstörten großen Maya-Tempels Popol-chac, den die Spanier 'Burg der Könige' (Castillo de los Reyes) nannten, errichtet.

Maya-Pyramiden

Die meisten der zwölf ehemaligen Pyramiden sind von den Spaniern oder von der Natur zerstört worden. Die drei Hauptpyramiden trugen die Namen Itza-matul, Kab-ul und Kinich-kakmó. Heute ist es vor allem die letztgenannte, dem Sonnengott geweihte Pyramide, die noch etwas von der einstigen imposanten Größe vermittelt. Die Ausmaße dieser Pyramide machen sie zu einer der größten Mexikos. Auffallend sind die besonders hohen Stufen der zur Spitze führenden Treppe. Vom Gipfel hat man einen ausgezeichneten Rundblick über die Stadt.

Im Atrium des Klosters San Antonio de Padua

Umgebung von Izamal

Kehrt man bei Kantunil auf die MEX 180 zurück und fährt östlich in Richtung Chichen Itzá und Valladolid, erreicht man nach 26 km den Ort Libre Unión. Von hier folgt man einer südlichen Abzweigung nach Yaxcabá. Nach 3 km kann man einen Abstecher zu dem 1 km entfernten hübschen Cenote Xtojil machen. Nach weiteren 15 km erreicht man Yaxcabá, in dem eine interessante Pfarrkirche mit eigenartiger Fassade und drei Türmen steht. In den im Dorf gelegenen Cenote wurden im 'Krieg der Kasten' aus Angst vor Plünderungen Waffen, Schmuck und Geld geworfen, die zum großen Teil später wieder geborgen werden konnten.

Yaxcabá

Iztaccíhuatl

→ Popocatépetl / Iztaccíhuatl

Jalapa (Xalapa)   L 8

Bundesstaat: Veracruz (Ver.)
Höhe: 1420 m ü.d.M.
Einwohnerzahl: 400 000
Telefonvorwahl: 01 28

Mit der Eisenbahn von Mexiko-Stadt in ca. 8½ Std., von → Veracruz in ca. 4 Std.; Busse von Mexiko-Stadt und Veracruz; mit dem Auto von

Anreise

Jalapa

Anreise (Fortsetzung)

Mexiko-Stadt 315 km auf der MEX 140, von Veracruz ca. 120 km auf der MEX 180 bzw. MEX 140.

Lage und Allgemeines

Jalapa, die Hauptstadt des Bundesstaates Veracruz, ist auf mehreren Hügeln erbaut und liegt inmitten einer Gartenlandschaft am Fuße des Cerro de Macuiltepec. Die Stadt ist von hohen Berggipfeln umgeben, unter denen der Cofre de Perote (Nauhcampatépetl) herausragt; im Süden kann man den Pico de Orizaba (Citlaltépetl), den höchsten Berg Mexikos, sehen. Die Lage bringt reiche Niederschläge und zeitweise eine feuchte Nebeldecke mit sich, die eine üppige Vegetation hervorrufen. Jalapa ist auch Universitätsstadt.

Geschichte

Als Cortés 1519 auf seinem Weg nach Mexiko-Stadt durch Jalapa (Náhuatl: 'Xallaapan' = 'Fluß im Sand') kam, war es ein unter dem Einfluß der Azteken stehender blühender Indianerort. Nach der Eroberung Mexikos wurde Jalapa in der Kolonialzeit berühmt durch die bedeutende jährliche Messe, auf der die mit den zurückkehrenden 'Silberschiffen' aus Spanien kommenden Waren verkauft wurden. 120 km von Veracruz und 300 km von Mexiko-Stadt entfernt war Jalapa auch wichtige Postkutschenstation.

Sehenswertes

Ortsbild

Aus spanischer Zeit stammen die engen Gassen und Straßen mit ihren farbenfrohen Häusern und üppigen Gärten, die einen starken Kontrast zu den breiten Avenidas der neueren Stadtteile bilden. Bedeutende Kolonialbauten gibt es wenige; erwähnenswert ist die Ende des 18. Jh.s erbaute mächtige Kathedrale schräg gegenüber vom Parque Juarez. Auf dessen anderer Seite steht der helle Regierungspalast.

**Anthropologisches Museum

Im Nordwesten der Stadt, an der Ausfallstraße nach Mexiko-Stadt, liegt das Anthropologische Museum (Museo de Antropología de la Universidad Jalapa). Zusammen mit dem Anthropologischen Museum von Mexiko-Stadt gilt es als das bedeutendste und attraktivste des Landes. Die drei Atrien und sechs Säle des Museums werden durch eine ausgedehnte Orientierungshalle mit Schautafeln, Modellen und vergleichenden Stücken verbunden. Die 3000 Exponate umfassen vorwiegend die vorspanischen Golfkulturen wie Olmeken, Huasteken, Remojadas und Totonaken.
Im Park stehen aus Basalt gehauene olmekische Kolossalköpfe, die von ihrem Fundort San Lorenzo hierher gebracht wurden. Unter ihnen sticht besonders der Kopf Nr. 8 hervor. Im Unterschied zu den anderen weist er leicht geöffnete Lippen auf und ist nicht rituell verstümmelt. Die in La Venta gefundenen olmekischen Großskulpturen sind im Freilichtmuseum von → Villahermosa ausgestellt. Zu weiteren eindrucksvollen Steinplastiken der Olmeken wie Altären und Stelen gesellen sich lebensgroße Tonfiguren (600–900 n. Chr.), die erst 1986 in El Zapotal westlich von Alvarado gefunden wurden. Man fand insgesamt 22 dieser neuartigen, reich geschmückten Statuen, die wahrscheinlich der Cihuatéotl, der Schutzpatronin der im Kindbett Gestorbenen, gewidmet sind.
Das Museum beherbergt auch die größte Sammlung der mit dem Ballspiel verbundenen steinernen Kultgegenstände (Joche, Äxte und Palmen) sowie der 'lachenden Gesichter', Terrakottaskulpturen der Remojadas-Kultur vom mittleren Golf. Neu hinzugekommen sind Teile einer vielfarbigen Wandmalerei aus Las Higueras (600–900 n. Chr.), wahrscheinlich einst eine Satellitenstadt des großen El Tajín. Ethnologische Sammlungen zu den Stämmen der Umgebung runden das Gesamtbild sinnvoll ab.

Konservator des Museums ist seit einiger Zeit Brigido Lara, dessen Name als Hersteller perfekter Nachbildungen altindianischer Figuren um die Welt ging. Er hatte diese als Kopien an Händler verkauft, die sie dann als echte Stücke an die großen Museen weiterveräußerten.

Anthropologisches Museum (Fortsetzung)

Umgebung von Jalapa

7 km nordwestlich an der MEX 140 in Richtung Puebla liegt in der Gartenstadt Banderilla der prachtvolle botanische Garten Jardín Lecuona, in dem allein an die 200 Orchideenarten wachsen.

*Jardín Lecuona

Nach weiteren 53 km erreicht man die Stadt Perote (2400 m ü.d.M.; 40 000 Einw.), die sich zu Füßen des kofferförmigen Vulkans Cofre de Perote (Nauhcampatépetl = 'viereckiger Berg'; 4282 m ü.d.M.) ausbreitet. Am Stadtrand liegt das wuchtige Fort San Carlos de Perote aus dem 18. Jahrhundert. Seinerzeit zur Bekämpfung von Banditen und Aufständischen erbaut, diente es später als Gefängnis.

Perote

Rund 16 km südlich von Jalapa liegt Coatepec. Dieses alte Indianerdorf ist von tropischen Wäldern umgeben, deren Flora für den botanisch Interessierten sehr sehenswert ist. Die Kaffeeplantage genießt den Ruf, den besten Kaffee Mexikos zu produzieren.

Coatepec

Ein Mitstreiter von Cortés gründete die 12 km von Jalapa in Richtung Vercaruz gelegene Groß-Hacienda El Lencero. Die Zufahrtsallee ist von großen Bäumen überdacht. Teile der Gebäude und Gärten der Hacienda wurden in den letzten Jahren restauriert und stilgerecht eingerichtet, so daß die Anlage eine aufschlußreiche Darstellung der fast 450jährigen Geschichte der Haciendas in Mexiko widerspiegelt.

*El Lencero

Tonfigur im Museum Jalapa

Agavenplantage in Jalisco

Jalisco

Mexiko
Vereinigte Mexikanische Staaten
Estados Unidos Mexicanos

Jalisco

**Bundesstaaten
Estados**

1a Baja California Sur
1b Baja California Norte
2 Sonora
3 Chihuahua
4 Sinaloa
5 Durango
6 Coahuila
7 Nuevo León
8 Zacatecas
9 San Luis Potosí
10 Tamaulipas
11 Nayarit
12 Aguascalientes
13 Jalisco
14 Guanajuato
15 Querétaro
16 Hidalgo
17 Colima
18 Michoacán
19 México
20 Morelos
21 Tlaxcala
22 Puebla
23 Veracruz
24 Guerrero
25 Oaxaca
26 Chiapas
27 Tabasco
28 Campeche
29 Yucatán
30 Quintana Roo

D.F. Distrito Federal (Bundesdistrikt)

© Baedeker

Jalisco (Bundesstaat)

Kürzel: Jal.
Hauptstadt: Guadalajara
Fläche: 81 058 km²
Bevölkerungszahl: 5 991 200

Lage und Landesnatur

Der Bundesstaat Jalisco wird im Norden von Zacatecas und Aguascalientes, im Westen von Nayarit und dem Pazifik, im Süden von Colima und Michoacán sowie im Osten von Guanajuato begrenzt. Die vielfältige Landschaft umfaßt ein weites Hochplateau, Bergketten der Sierra Madre Occidental, tiefe Schluchten, zahlreiche Seen und eine von tropischer Vegetation bedeckte Küstenregion. Das vielerorts vulkanische Gebirge erreicht seine höchsten Erhebungen im Süden mit dem Nevado de Colima (4339 m ü.d.M.) und dem Volcán de Colima (3838 m ü.d.M.). Jalisco hat neben Weißen und Mestizen noch einen starken Bevölkerungsanteil von Indios, die vorwiegend den Stämmen der Nahua, Huicholes und Purépecha (Tarasken) angehören.

Archäologische Stätten

Eine Anzahl von präkolumbischen Stätten ist bekannt, die allerdings zum Teil nur aus Gräberfeldern bestehen. Zu erwähnen sind Ixtepete, Teuchtitlán, Etzatlán, Tuxacuesco und Ameca.

Geschichte

Die altindianische Vergangenheit des heutigen Jalisco (Náhuatl: 'Ort vor dem Sand"), begann bereits in der Vorklassik und setzte sich in der Klassik fort. Da man über die Völker, welche diese Zivilisation schufen, sehr wenig weiß, werden sie einfach als Kulturen des Westens (Occidente) bezeichnet. Sie wurden hauptsächlich durch ihre lebensnahen Tonplastiken, die man nach den Staaten Jalisco, Colima und Nayarit benennt, bekannt. In der Nachklassik entwickelte sich in die-

Jalisco

sem Gebiet eine Reihe von Indianerstaaten wie Coliman, Zapotlán, Xalisco und Tollan, die in der zweiten Hälfte des 15. Jh.s von den Purépecha (Tarasken) unter ihrem König Tzitzic Pandácuaro unterworfen wurden.

Als erster spanischer Eroberer kam 1525 Francisco Cortés de San Buenaventura hierher, der auf die indessen zur Vorherrschaft gelangten Chimalhuacanes stieß. Aber erst dem berüchtigten Konquistador Nuño Beltrán de Guzmán gelang es zwischen 1530 und 1535, das Gebiet weitgehend zu erobern. Nach der Absetzung und Inhaftierung Guzmáns wurde Nueva Galicia, dem auch Aguascalientes und Zacatecas bis 1789 angehörten, Pérez de la Torre unterstellt. In den folgenden Jahren kam es zu erbitterten Kämpfen zwischen den Spaniern und den aufständischen Indianern, die sich in den seinerzeit von den Tarasken angelegten Festungen (Peñoles) verschanzt hatten. Nach der Befriedung und den ersten Erzfunden entwickelte sich der Staat mit seiner Hauptstadt Guadalajara zu einer eigenständigen und wohlhabenden Region. 1889 trat Jalisco einen Teil seiner Küste mit der Stadt Tepic ab, woraus sich später der Staat Nayarit entwickelte. Der Ausgangspunkt des blutigen Cristero-Krieges (1926–1929) lag in der Gegend von Los Altos im nordöstlichen Teil von Jalisco. In dieser Auseinandersetzung rebellierten katholische Bauern gegen die Unterdrückung der Kirche durch die Präsidenten Plutarco Elías Calles und Emilio Portes Gil.

Geschichte (Fortsetzung)

Der Staat ist reich an Agrarprodukten wie Mais, Bohnen, Weizen, Zuckerrohr, Baumwolle, Agaven, Reis, Indigo und Tabak. Neben der bedeutenden Viehzucht werden in den Küstengebieten Kautschuk und Kopra gewonnen. Zu den Bergbauprodukten gehören Gold, Silber, Zinnober, Kupfer und Halbedelsteine. Die Industrie, die hauptsächlich in Guadalajara angesiedelt ist, stellt Textilien, Leder, Chemikalien, Tabak, Glas, Keramik, Zement und Getränke her. Der wachsende Tourismus konzentriert sich auf die Hauptstadt, das Gebiet um den Chapala-See und die Badeorte am Pazifik.

Wirtschaft

Reiseziele im Bundesstaat Jalisco

Neben der Hauptstadt ⟶ Guadalajara, der Region um den ⟶ Chapala-See und den Badeorten ⟶ Puerto Vallarta, Barra de Navidad und Playa de Tenacatita (beide Umgebung von ⟶ Manzanillo) sind in Jalisco die nachstehenden Orte zu erwähnen:

Tequila (Náhuatl; 'Getränk von Mezcal'; 1218 m ü.d.M.; 50 000 Einw.; Fiestas: 3. Mai, Día de la Santa Cruz und 12. Dezember, Día de la Virgen de Guadalupe). Der Ort, mit der hübschen Kirche San Francisco, ist ein Zentrum der Tequila- und Mezcalherstellung. Diese scharfen Getränke werden aus dem gegorenen Saft der 'Maguey' genannten Mezcal-Agave gebrannt. Die in der Stadt angesiedelten Brennereien, die man besuchen kann, werden von den großen Agavenplantagen der Umgebung beliefert.

Tequila

Ciudad Guzmán (früher Zapotlán; 1507 m ü.d.M.; 215 000 Einw.; Fiesta: 22.–25. Oktober, Día del Señor San José). Die Stadt besitzt ein kleines archäologisches Museum mit Bildern von José Clemente Orozco. Von hier aus sind Besteigungen des Nevado de Colima und des Volcán de Colima (⟶ Colima, Stadt) möglich.

Ciudad Guzmán

San Juan de los Lagos (1864 m ü.d.M; 80 000 Einw.; Fiestas: 2. Februar, Mariä Lichtmeß – Día de la Candelaria und 8. Dezember, Día de la Inmaculada Concepción). Die in der Pfarrkirche aufbewahrte Statue

San Juan de los Lagos

Kabah

Jalisco (Fortsetzung)
*Wallfahrten

der wundertätigen Virgen de la Candelaria ist vor allem Anfang Februar das Ziel von bis zu 3 Millionen Pilgern aus vielen Teilen Mexikos; die Wallfahrten sind mit großen Festen (Mariachis, Tänze, Stier- und Hahnenkämpfe) verbunden. Der Ort ist auch bekannt für seine Stickereiarbeiten und seinen Pferdemarkt (20. November bis 13. Dezember).

Kabah   P 7

Bundesstaat: Yucatán (Yuc.)
Höhe: 25 m ü.d.M.

Anreise

Mit dem Bus von → Campeche und → Mérida; mit dem Auto von Campeche auf der MEX 261 ca. 120 km, von Mérida auf der MEX 261 ca. 130 km, von → Uxmal ca. 20 km.

Lage und Allgemeines

Erst 1990 wurde die bis dahin vernachlässigte Erforschung von Kabah wieder aufgenommen. Da es nur 20 km südlich von → Uxmal direkt an der Straße Mérida–Campeche liegt, ist ein Besuch sehr zu empfehlen, zumal 1993 1000 ha zu einem Schutzgebiet (Parque Estatal) erklärt wurden. Obwohl die bisher ausgegrabenen Gebäude im traditionellen Puuc-Stil errichtet wurden, stieß man auf eine bemerkenswerte stilistische Abweichung, die auf Chenes-Einfluß zurückgeht.

Geschichte

Die jüngste Erforschung hat erbracht, daß Kabah schon 300 v.Chr. besiedelt war. Der Ort dürfte eine Tochterstadt des großen Uxmal gewesen sein, mit dem er durch ein Sacbé (Zeremonial-Straße) verbunden war. Mitte des 19. Jh.s waren es Stephens und Catherwood, die hier forschten. Die ersten systematischen Ausgrabungen führte Teo-

Palast der Masken

bert Maler gegen Ende des letzten Jahrhunderts durch. Diesen und späteren Forschungen konnte man entnehmen, daß die bedeutenderen Gebäude aus dem 9. Jh. stammen und das Ende von Kabah um 1200 n.Chr. kam

Geschichte (Fortsetzung)

Besichtigung der *Ruinenstätte

Im südlichen Teil, östlich der Straße, liegt der Palast der Masken (Templo de las Máscaras) oder Codz-poop (Maya: 'aufgerollte Matte'). Die Bezeichnung stammt von der einer aufgerollten Matte ähnelnden, rüsselförmigen Nase des Regengottes Chac, die hier als Treppe benutzt wurde.

*Palast der Masken

Der 45 m lange und 6 m hohe Tempel steht auf einer niedrigen Plattform, deren Front mit einer waagerechten Reihe von stilisierten Masken verziert ist. Der Palast ist insofern ein Einzelfall in der Puuc-Architektur, als auch die Fassade des Untergeschosses bereits ganz dekoriert ist, was dem Einfluß des Chenes-Stils zugeschrieben wird. Über einem reich verzierten Sims ist eine durchgehende Reihe von Masken zu sehen, deren aufgerollte Nasen allerdings meist abgebrochen sind. Darüber läuft ein Gesims mit geometrischen Motiven, worauf wiederum drei Reihen von unmittelbar aneinandergesetzten Chac-Masken folgen. Von dem einst 3 m hohen Dachkamm mit rechteckigen Öffnungen unterschiedlicher Höhe ist heute fast nichts mehr zu sehen. So fremdartig die Fassade, so beeindruckend ist die handwerkliche Leistung, die über 250 Masken geschaffen hat.

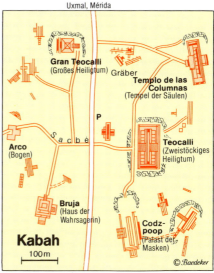

Unweit nördlich des Maskentempels steht der sogenannte Palast (Palacio), meist Teocalli genannt. Dieses zweistöckige Gebäude, dessen Erdgeschoß stark zerstört ist, steht mit seiner nüchternen Architektur in deutlichem Gegensatz zu der überreich dekorierten Fassade des Codz-poop. Die Dekoration besteht aus Paneelen von aneinandergereihten Säulen zwischen zwei hervorspringenden Simsen.

Palast

Der daneben befindliche, stark verfallene Tempel der Säulen (Templo de las Columnas) hat gewisse Ähnlichkeit mit dem Gouverneurspalast von → Uxmal.

Tempel der Säulen

Westlich der Straße steht der sehenswerte Bogen von Kabah (Arco de Kabah), der ein Musterbeispiel für das in der Maya-Architektur so typische Kraggewölbe ist, das auch 'falscher Bogen' genannt wird. Bei dieser Bautechnik werden die Steinlagen so lange gegeneinander vorgeschoben, bis sie sich gegenseitig berühren. Der schmucklose Kabah-Bogen war vermutlich das Eingangstor zum Kultzentrum des Ortes. Ein Sacbé ('weiße Straße') führte durch diesen Bogen wahr-

*Bogen von Kabah

Kohunlich

Arco de Kabah – Beispiel für einen 'falschen' Bogen

Kabah, Bogen (Fortsetzung)

scheinlich nach Uxmal. Die aus Kalkstein gebauten und mit Zement bedeckten Zeremonialstraßen lagen in einer Höhe von 0,50 bis 2,50 m über dem Boden und hatten eine durchschnittliche Breite von 4,50 m.

Im westlichen Teil von Kabah ist der noch wenig ausgegrabene Bereich des Großen Tempels (Gran Teocalli), das Viereck des Westens (Cuadrángulo del Oeste) und der Tempel der Türsturze (Templo de los Dinteles) bemerkenswert.

Umgebung von Kabah

Mul-chic

In der Nähe von Santa Elena, etwa 5 km nördlich von Kabah, liegt der kleine Ausgrabungsort Mul-chic. Das größte Gebäude der Stätte ist die restaurierte sechsstöckige Pyramide mit Freitreppe, die über einen Tempel mit gewölbtem Dach und Dachkamm gebaut wurde. Die im Gebäude entdeckten Malereien sind kaum noch auszumachen.

→ Routenvorschläge, Nr.9

Kohunlich (Kojunrich) P 8

Bundesstaat: Quintana Roo (Q. R.)
Höhe: 85 m ü.d.M.

Anreise

Mit dem Auto von Chetumal auf der MEX 186 Richtung Westen, nach 58 km in Francisco Villa links eine Abzweigung zu der 9 km entfernten Ruinenstätte.

Kohunlich

Das freigelegte Zentrum der Ruinenstätte Kohunlich liegt inmitten des tropischen Urwaldes und gehört trotz seiner isolierten Lage zu den gepflegtesten Ausgrabungsorten Mexikos. Die relativ unbekannte Stätte aus der frühen Maya-Klassik ist leicht zugänglich und auch der landschaftlich schönen Umgebung wegen einen Besuch wert.

Lage und Allgemeines

Kohunlich ist ein aus der englischen Bezeichnung 'Cohoon Ridge' verballhornter Name für die eigentliche Ortsbezeichnung Aserradero ('Sägemühle').

Geschichte

Über die frühe Geschichte des Ortes, wie auch über die des benachbarten Río-Bec-Gebietes, weiß man recht wenig. Kohunlich war sicherlich schon mehrere Jahrhunderte vor unserer Zeitrechnung und bis zum 13. Jh., von der formativen bis zur nachklassischen Epoche, bewohnt. Ihre Blütezeit erlebte die Stadt, die sowohl religiöse als auch politische Bedeutung hatte, zwischen 400 und 930 n. Chr.; sie ist also im wesentlichen der späten Maya-Klassik zuzurechnen.

Im Rahmen der 1912 durchgeführten archäologischen Forschungen im benachbarten Süd-Campeche war es der US-Amerikaner R. E. Merwin, der als erster die Lage von Kohunlich aufzeichnete. Richtig entdeckt wurde der Ort erst 1968, als Plünderer überrascht wurden, die gerade dabei waren, die Großmasken vom Tempel der Masken zu stehlen. Seither haben mexikanische Institutionen unter Leitung von Victor Segovia vorbildliche Ausgrabungs- und Restaurierungsarbeit geleistet.

Besichtigung der *Ruinenstätte

Das bisher erkundete archäologische Gebiet von Kohunlich erstreckt sich über mehr als zwei Quadratkilometer. Die früheren Bewohner planierten und zementierten fast die Hälfte des gesamten Geländes; sie bauten natürliche Gräben zu Sammelbecken aus, in denen ein Trinkwasservorrat für die Trockenzeit angelegt werden konnte.

Der große Platz der Stelen (Plaza de las Estelas) wurde nach den im Ostgebäude (Edificio Oriente) gefundenen vier monolithischen Stelen benannt, die jetzt an den Treppenseiten eingelassen sind. Das Bauwerk, wie auch die drei anderen den Platz umgebenden Gebäude, stammt aus dem 8. Jh. unserer Zeitrechnung. Es ist 60 m lang, und seine neun Stufen führten zu einem einst sehr hohen Heiligtum. Von den früheren drei Türen ist nur die mittlere als Haupteingang übrig geblieben.

Platz der Stelen
Ostgebäude

Das Südgebäude (Edificio Sur) mißt 87 m und hat eine sehr lange, aus neun auffallend breiten Stufen gebildete Treppe.

Südgebäude

Das fast 50 m lange Westgebäude (Edificio Poniente) besitzt eine kurze seitliche Treppe von fünf Stufen, die durch einen kleinen Gang zu der vorderen Plattform führte; letztere diente offenbar als Zeremonialbühne.

Westgebäude

Das Nordgebäude (Edificio Norte) hat eine Länge von 70 m, und seine Treppe führt zu einem anderen an der Westseite des Baus gelegenen Platz, von dem aus man Zugang zu einem 10 m hoch gelegenen Patio von 2500 m^2 Fläche hat.

Nordgebäude

Der Ballspielplatz (Juego de Pelota) von Kohunlich hat eine Mauerlänge von 33 m, besitzt keine Steinringe und ähnelt in der Bauweise denen von Copán (Honduras) und Becán im Bundesstaat Campeche.

Ballspielplatz

Labná

Kohunlich (Fortsetzung)
*Pyramide der Masken

Das interessanteste und in seiner Art im Maya-Gebiet einzigartige Bauwerk ist die Pyramide der Masken (Pirámide de los Mascarones). Grabräuber fanden einst die Freitreppe von acht großen Stuckmasken flankiert, von denen noch fünf vorhanden sind und durch Dächer gegen Wettereinflüsse geschützt werden.
Die Pyramide wie auch die Masken stammen aus dem 5. nachchristlichen Jahrhundert. Im Inneren des obersten Teils der Pyramide befanden sich auf verschiedenen Ebenen vier Gräber, die jedoch Plünderern zum Opfer fielen. Ursprünglich sechs voneinander verschiedene, etwa 1,60 m hohe anthropomorphe Masken scheinen den Sonnengott darzustellen. Im großen Kopfschmuck kann man ein mythologisches Wesen mit schneckenförmigen Augen erkennen. Einige Augen der Masken selbst tragen das Zeichen Chuen, welches dem Tzolkin, dem heiligen Jahr der Maya von 260 Tagen, entspricht. Wie bei den noblen Maya üblich, sind die Nasen mit Ringen geschmückt; die Inkrustierung der Zähne in T-Form, die der Glyphe 'Ik' ('Wind') entspricht, ist kaum mehr sichtbar. Die raubkatzenartigen Münder, welche mit den Zwirbelbärten des Regengottes geschmückt sind, weisen interessanterweise olmekische Merkmale auf. Alle Masken tragen Ohrringe mit Pflöcken, deren Seiten Schlangen bilden, welche den Regen symbolisieren könnten. Reste roter Farbe auf den Masken sind noch zu erkennen. Eine der Großmasken wurde um 1960 von Dieben mit Kunstharz gehärtet, in kleine Teile zerschnitten und in die Vereinten Staaten geschmuggelt. Dort wurde sie wieder zusammengesetzt und für einen hohen Betrag einem New Yorker Museum angeboten. Das Museum verständigte die mexikanische Regierung, die das Kunstwerk zurückholen ließ. Heute ist die Plastik im Anthropologischen Nationalmuseum von Mexiko-Stadt zu sehen.

Etwas unterhalb des ausgegrabenen Ruinengeländes liegt eine malerische kleine Lagune.

Umgebung von Kohunlich

Für den archäologisch Interessierten empfiehlt sich ein Besuch der etwa 62 km westlich an der MEX 186 gelegenen Orte Xpuhil, Becán und Chicaná (alle ⟶ Chetumal).

Labná P 7

Bundesstaat: Yucatán (Yuc.)
Höhe: 28 m ü.d.M.

Anreise

Mit dem Bus von ⟶ Mérida; mit dem Auto auf der MEX 261 führt ca. 5 km südlich von ⟶ Kabah eine neue Straße über ⟶ Sayil zu dem 13 km entfernten Labná.

Lage und Allgemeines

Das wie seine Nachbarorte Sayil und Xlapak von dichter tropischer Vegetation bedeckte Labná war ein bedeutendes Maya-Zentrum, welches noch nicht in seiner ganzen Ausdehnung erfaßt werden konnte. Labná ist ein klassisches Beispiel für die Architektur des Puuc-Stils.

Geschichte

Wie im Falle von Sayil und Xlapak weiß man recht wenig über die Geschichte dieses interessanten Ortes. Die wenigen gefundenen Datierungen lassen darauf schließen, daß die bekannten Gebäude von Labná (Maya: 'zerbrochene Häuser') im 9. Jh., also in der Maya-Spätklassik, errichtet wurden. Wie bei den meisten Maya-Stätten des Landes stammen die ersten Berichte von John Lloyd Stephens und Frederick Catherwood, die sich hier Mitte des vorigen Jahrhunderts

Labná

aufhielten. Aufgrund der großen Anzahl von Chultunes – man fand über 60 dieser Zisternen – nimmt man an, daß die Stadt Labná eine ansehnliche Bevölkerungszahl hatte.

Das US-amerikanische Carnegie-Institut und mexikanische Institutionen haben in den letzten Jahren hier wie in Sayil und Xlapak gute Restaurierungsarbeit geleistet.

Geschichte (Fortsetzung)

Besichtigung der *Ruinenstätte

Die als Palast (Palacio) bezeichnete Baugruppe im Nordteil Labnás ist eine der größten Tempelanlagen des Puuc-Gebietes. Die etwas planlos und unsymmetrisch gebaute Gruppe steht auf einer 167 m langen Terrasse und hat eine Ost-West-Länge von fast 135 m. Vor der Anlage öffnet sich ein riesiger Platz, der von den Resten des ehemaligen Sacbé (Zeremonialstraße) durchzogen wird.

Palast

Die Fassade des Osttraktes wird durch Dreiergruppen von eingebundenen Säulen, Bändern mit geometrischen Ornamenten und Nasenmasken gekennzeichnet. An der Südostecke, über drei gebündelten Säulen, sieht man eine ungewöhnliche Chac-Maske mit aufgerissenem Schlangenrachen, der einen Menschenkopf ausspeit. Die rüsselförmige Nase ist zur Stirn hin aufgerollt. Hier hat man eine der beiden Jahreszahlen von Labná gefunden.

Die Fassaden der übrigen Teile des Palastes sind von ein paar Ausnahmen abgesehen ähnlich gestaltet, jedoch in vereinfachter Form. Auf der oberen Ebene befindet sich ein Sammelbecken für Regen, das mit einer vor der Gruppe liegenden Chultún verbunden ist.

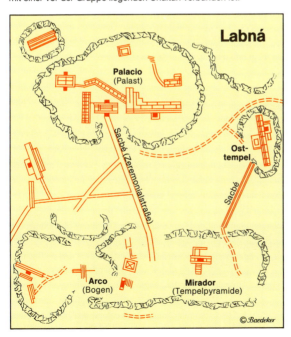

Labná

Labná: Bogen und Aussichtsturm

Ostgebäude

Etwa 130 m südöstlich des Palastes erhebt sich das Ostgebäude, eine ebenfalls palastartige, allerdings einfacher dekorierte Konstruktion. Die L-förmige, auf einer Terasse gelagerte Struktur umfaßt mehrere Räume. Nur die obere Fassade zeigt durch eine Reihe kleiner Säulen mit einfachem Fries eine gewisse Ornamentik.

Aussichtsturm

Die Südgruppe wird von einer noch wenig restaurierten Pyramide mit aufgesetztem Tempel beherrscht, den man als Aussichtsturm (Mirador) bezeichnet. Über den beiden restaurierten Plattformen und dem Tempelgebäude ragt, gleichsam als freistehende Fassade, der eindrucksvolle Dachkamm. Wie Stephens berichtete, zierte ihn früher das Stuckrelief einer großen, buntbemalten sitzenden Figur. Die vorstehenden Steine der Fassade des Dachkamms bildeten die Basis für das Stuckwerk. Das einzige Überbleibsel der Tempeldekoration ist der untere Teil einer Figur an der Südwestecke des Gebäudes.

*Bogen von Labná

Das bekannteste Kunstwerk dieser Maya-Stätte ist der südwestlich vom Aussichtsturm stehende prächtige Bogen von Labná (Arco de Labná). Da die Maya das echte Gewölbe nicht kannten, behalfen sie sich mit dem sogenannten Kraggewölbe. Durch das Überkragen der Steine entstand der 'falsche Bogen', der oben mit einer Deckplatte abgeschlossen wurde. Der reich dekorierte Bogen, der drei Meter tief ist und eine innere Höhe von 5 m hat, wird von zwei kleinen Räumen flankiert, deren Eingänge auf der Nordwestseite liegen. Vorspringende Simse rahmen den Fries ein, dessen Mosaiken an → Uxmal erinnern. Über den beiden Eingängen in die Räume sind in Hochrelief zwei typische Maya-Hütten dargestellt, deren Strohdächer mit Federn dekoriertsind. In den Eingängen der Hütten standen vermutlich einst Figuren. Auf dem treppenförmigen Dach mit der erhöhten Mitte sind noch die Reste des offenen Dachkamms zu sehen. Die Rückseite des

Labná

Arco de Labná: Vorderseite ...

... Rückseite mit Resten von Bemalung

Labná

Bogen (Fortsetzung)

Baus ist sehr viel nüchterner. Über dem in gleicher Weise dekorierten Sims läuft ein großzügiger Fries mit einem mäanderartigen Motiv vor dem Hintergrund von eingebundenen Säulen.

Umgebung von Labná

*Grotten von Lol-tún

Folgt man der Straße über Cooperativa in Richtung Oxcutzcab, kommt man nach etwa 20 km zu den Grutas de Lol-tún (Maya: 'Blume aus Stein').

Flachrelief

An der äußeren Felswand nahe des Nahkab-Eingangs zur Höhle sieht man eine überlebensgroße Flachrelief-Figur eines reichgeschmückten Maya-Kriegers mit einer Lanze in der rechten Hand. Eine Reihe von vertikalen Glyphen darüber und zur Linken der Figur konnten noch nicht entziffert werden, dürften jedoch zu den ältesten bisher gefundenen Maya-Inschriften gehören. Man datiert das Relief heute mit 300 bis 100 v. Christus. Die sehenswerten Tropfsteinhöhlen enthalten u.a. Reste von Wandmalereien und Felszeichnungen sowie den 'steinernen Kopf von Lol-tún' mit olmekischen Zügen. Es wurde festgestellt, daß die Höhlen wahrscheinlich schon um 2500 v. Chr. bewohnt waren. Man fand Keramik, die auf den Zeitraum von 1200 bis 600 v. Chr. datiert werden konnte, aber auch solche, die aus der Maya-Klassik und später stammt. Man nimmt an, daß die Höhlen als Zufluchtsort vor den spanischen Eindringlingen dienten. Führungen durch die Grotten finden nur zu bestimmten Tageszeiten statt.

Maní

Das nur 7 km entfernte Oxkutzcab ist Ausgangspunkt für einen Abstecher zu dem 10 km nördlich gelegenen Ort Maní.
Dieser Ort war einst geschichtlich von großer Bedeutung. Um 1450 n. Chr., nach der Zerstörung von Mayapán, gründeten die aus der Gegend von Uxmal kommenden Xiú diese Stadt, die sie ahnungsvoll Maní (Maya: 'es ist alles vorbei') nannten. Die nun folgende Phase bis zum Eintreffen der Spanier war durch den Niedergang der großartigen Maya-Zivilisation gekennzeichnet. Der Zerfall in etwa 20 sich bekriegende Stadtstaaten, von denen Maní unter den Xiú der wichtigste war, erleichterte den Spaniern die Eroberung des Landes. Der letzte Herrscher von Maní, Titul-Xiú, ergab sich 1542 dem Eroberer von Yucatán, Francisco de Montejo, und trat zum Christentum über.
Auf der Plaza des Ortes veranstaltete 1562 Bischof Diego de Landa sein großes Autodafé, in dessen Verlauf sämtliche damals gefundenen Maya-Handschriften, mit Ausnahme von drei Codices, als Teufelswerk verbrannt wurden. In Maní steht die imposante, von Franziskanern gegründete Klosterkirche San Miguel. Bemerkenswert ist auch der sagenumwobene Cenote im Ort.

*Chacmultún

Für den archäologisch Interessierten empfiehlt sich ein wiederum von Oxkutzcab ausgehender Ausflug zur selten besuchten, aber eindrucksvollen Maya-Stätte Chacmultún. Sie ist zu erreichen in südöstlicher Richtung über Tekax (18 km), dort rechts ab auf einer unbefestigten Straße über Kancab (7 km), von wo es noch 3 km sind.

Chacmultún-Gruppe

Chacmultún (Maya: 'Hügel aus rotem Stein') besteht aus drei Gruppen. Zunächst stößt man auf die Westgruppe (Chacmultún). Gebäude 3 besteht aus mehreren Räumen, in denen Reste von Wandmalereien gefunden wurden. Gebäude 1 mit einer zentralen Freitreppe und Säuleneingängen erstreckt sich auf einer höheren Terassenebene und weist an der oberen Fassade eingebundene Säulen auf. Eine gut erhaltene hüttenartige Nische erinnert an die Architektur von Labná. In einem der relativ großen Räume sind sechs hervorstehende, fußförmige Steine besonders bemerkenswert. Gebäude 2 ist durch ihre von gewölbten Zimmern umgebene Freitreppe ungewöhnlich.

Auf den Feldweg zurückgekehrt, sind es noch etwas mehr als 200 m zur Gruppe Cabalpak (Maya: 'untere Terasse'), deren wichtigstes Bauwerk Gebäude 5 ist. Das untere Geschoß der mehrstöckigen Struktur besteht aus zwölf Räumen mit z.T. noch intakten Kraggewölben. Auf der oberen Fassade sind wiederum eingebundene Säulen zu finden. Die höheren, überwachsenen Stockwerke sind über einen nach rechts führenden Pfad zu erreichen.

Umgebung von Labná, Chacmultún (Fortsetzung) Cabalpak-Gruppe

Der Weg durch die archäologische Stätte führt noch weitere 500 m zu der höher gelegenen Gruppe Xetpol. Auf dem Hügel erhebt sich das teilweise restaurierte Gebäude 4 mit fünf Eingängen im Mittelteil. Im zentralen Raum sind noch Wandmalereien zu erkennen. Oberhalb dieses Gebäudes bietet eine weitere Struktur mit vorgelagerter Terasse einen eindrucksvollen Ausblick auf diese Ruinenstätte inmitten einer kaum berührten Urwaldlandschaft.

Xetpol-Gruppe

Lago de Pátzcuaro

→ Pátzcuaro-See

Laguna de Catemaco

→ Catemaco-See

Laguna de Chapala

→ Chapala-See

Lagunas de Montebello

→ Montebello-Seen

La Paz   D 5

Bundesstaat: Baja California Sur (B.C. S.)
Höhe: 13 m ü.d.M.
Einwohnerzahl: 190 000
Telefonvorwahl: 01 112

Mit dem Flugzeug von Mexiko-Stadt in ca. 1^1/$_2$ – 2 Std., von anderen mexikanischen und US-amerikanischen Flughäfen; mit der Fähre von Los Mochis (Topolobampo) in 8 Std., von → Mazatlán in 16 Std. (→ Praktische Informationen, Fähren); mit dem Bus von → Tijuana in ca. 22 Stunden.

Anreise

La Paz, die Hauptstadt des Bundesstaates Baja California Sur, erstreckt sich entlang der gleichnamigen Bucht am Meer des Cortés (Golf von Kalifornien). Noch vor einem Jahrzehnt ein altmodischer, geruhsamer Fischerort, der lediglich Sportfischern bekannt war, ist es heute vor allem durch die Nord-Süd-Verbindung der Carretera Trans-

Lage und Allgemeines

La Paz

Allgemeines (Fortsetzung)

peninsular (MEX 1) eine wichtige Stadt geworden. Trotz ihrer rasanten Entwicklung hat die Hafenstadt noch etwas von ihrer beschaulichen Atmosphäre bewahren können.

Geschichte

Vor der Conquista war der Südteil Niederkaliforniens von Indianerstämmen wie den Pericúe, Cochimí und Guaicura bewohnt, die anfänglich den Spaniern friedfertig entgegentraten, später jedoch die ersten Siedlungsversuche zu verhindern suchten. Hernán Cortés soll 1535 in der Nähe des heutigen La Paz als erster Spanier die Halbinsel betreten haben. Ende des 16. Jh.s diente die Gegend um La Paz als Versteck für Piraten, die es auf die spanischen Schiffe von den Philippinen abgesehen hatten. Unter ihnen befand sich auch der legendäre Sir Francis Drake. Die 1720 hier gegründete Missionsstation der Jesuiten mußte wegen Wassermangels und Krankheit 1745 wieder aufgegeben werden. Erst 1800 entstand eine permanente Siedlung. 1830 wurde La Paz die Hauptstadt des Süd-Territoriums, und 1847/1848 war sie während des Krieges zwischen Mexiko und den USA von US-Truppen besetzt. Ein amerikanischer Abenteurer namens William Walker eroberte 1853 den Hafen, um sich an die Spitze eines selbständigen Staates zu setzen, was ihm aber nicht gelang. La Paz war lange Zeit ein Zentrum der Perlenfischerei (schwarze und rosa Perlen), die jedoch heute kaum noch Bedeutung hat. Tourismus, Fischfang, Handel und die verarbeitende Industrie herrschen jetzt vor.

Touristische Attraktionen

Wegen ihres geringen Alters hat die Stadt außer der Pfarrkirche (19. Jh.), dem Regierungspalast (Palacio de Gobierno, 20. Jh.), dem Haus der Volkskunst, dem Anthropologischen und Historischen Museum, dem Muschelmarkt sowie der Hafenpromenade (Malecón) nur wenig Interessantes zu bieten. La Paz ist aber ein hervorragender Ausgangspunkt für Ausflüge zum Hochseefischen, zum Tauchen und zu den zahlreichen schönen Stränden der Umgebung. Die Stadt hat auch Bedeutung als Freihafen.

Strände

Von den bekannten nahen und etwas entfernteren Stränden der Stadt sind zu erwähnen: Playa Sur im Süden, Centenario im Westen; im Norden und Nordosten Costa Baja, Eréndira, Pichilingüe, El Tecolote, Puerto Balandra; bei Las Cruces: El Saltito, El Palo, Los Muertos und El Rosarito.

Ausflüge

Empfehlenswert sind Bootsausflüge zu den vorgelagerten Inseln wie Espíritu Santo, La Partida und Islotes, auf denen man Seelöwen und verschiedene Vogelarten beobachten kann und gute Angel- und Tauchmöglichkeiten findet.

Über Los Planes führt ein Ausflug nach Punta Arenas Las Ventanas und Ensenada de los Muertos, wo schöne einsame Strände zum Baden einladen.

Von La Paz sind es auf der MEX 1, der Carretera Transpeninsular (→ Baja California) über San José del Cabo 215 km und über Todos Santos 150 km bis → Cabo San Lucas.

La Venta

→ Catemaco-See

León de los Aldamas

Bundesstaat: Guanajuato (Gto.)
Höhe: 1884 m ü.d.M.
Einwohnerzahl: 970 000
Telefonvorwahl: 01 47

Mit der Eisenbahn in ca. 9 Std.; mit dem Bus in ca. 5³/₄ Std.; mit dem Auto 380 km auf der MEX 57.

Anreise von Mexiko-Stadt

León liegt in einem fruchtbaren Tal am Ufer des Río Turbio und besitzt ein ausgeglichenes Klima. Es ist der wichtigste Industrieort und die größte Stadt des Staates Guanajuato. Umgeben von einem reichen Getreideanbaugebiet, produziert die Stadt hauptsächlich Lederwaren (Schuhe, Sättel u. a.), Textilien, Seife und Stahlwaren.

Lage und Allgemeines

In vorkolumbischer Zeit war hier eine Mischbevölkerung von Otomí-Indianern und nomadischen Stämmen aus dem Norden, die man als Chichimeken bezeichnet, beheimatet. In der zweiten Hälfte des 15. Jh.s wurden sie von Tarasken und Azteken verdrängt. Die eindringenden Spanier ließen sich 1552 erstmals an diesem Ort nieder. Zur offiziellen Gründung kam es 1576 und zur Verleihung der Stadtrechte 1836. Die Stadt erhielt damals ihren Beinamen nach Juan Aldama, einem der Kampfgefährten von Miguel Hidalgo und Ignacio Allende im mexikanischen Unabhängigkeitskrieg (1810–1821).
Die Stadt, die sich in der Folge rasch entwickelte, wurde mehrmals Opfer von Überschwemmungen, so vor allem 1888, als hereinbrechende Fluten einen Großteil der Stadt zerstörten. Heute ist sie durch einen Damm geschützt.

Geschichte

Ortsbild

Obwohl León vorwiegend ein modernes Zentrum der Industrie ist, die sich aus dem Handwerk entwickelt hat, besitzt es eine Anzahl von schönen Kolonialgebäuden. Der Hauptplatz (Zócalo) zeichnet sich durch zahlreiche alte Arkaden aus. Hier steht auch die barocke Kathedrale aus dem 18. Jahrhundert.
Am Rathaus (Palacio Municipal) fällt die reich gestaltete Fassade auf. Die aus unserem Jahrhundert stammende neugotische Sühnekirche beherbergt mehr als zwanzig Altäre und zahlreiche Grüfte, die während des Cristero-Krieges (1926–1929) als Verstecke dienten.
Bekannt sind auch der Markt und die Sportstadt (Ciudad Deportiva).

Von der MEX 45 in Richtung Süden nach Silao zweigt nach 17 km nach links eine Straße zum 10 km entfernten Thermalbad Comanjilla ab, dem auch eine Gesundheitsfarm angeschlossen ist.

Comanjilla

Malinalco

Bundesstaat: México (Mex.)
Höhe: 1750 m ü.d.M.
Einwohnerzahl: 35 000

Mit dem Bus von Mexiko-Stadt oder → Toluca nach Chalma, von dort Sammeltaxi; mit dem Auto von Mexiko-Stadt 44 km auf der MEX 95 D bis Tres Marías, dort Abfahrt rechts über die Lagunas de Zempoala

Anreise

Malinalco

Anreise (Fortsetzung)

(14 km), Chalma (40 km) nach Malinalco (11 km); von Toluca auf der MEX 55 Richtung Süden bis 13 km nach Tenango, dort links nach Malinalco (27 km). Vom Ort Malinalco halbstündiger steiler Aufstieg.

Lage und Allgemeines

Inmitten einer Landschaft grüner Wälder und schroffer Felsformationen liegt die archäologische Stätte Malinalco. Sie erhebt sich auf dem die gleichnamige Ortschaft um 220 m überragenden Cerro de los Idolos (span.: 'Götzenhügel'). Die von den Azteken erbaute Kultstätte ist insofern einzigartig, als sie zu den ganz wenigen aus dem Fels gehauenen präkolumbischen Anlagen Mesoamerikas gehört.

Geschichte

Keramikfunde im Stil von Teotihuacán lassen auf eine frühklassische Besiedlung des Ortes schließen. Später dürfte das Gebiet unter dem Einfluß der Tolteken gestanden haben. Im 12. Jh. n. Chr. ließ sich einer der von Artlán nach dem Tal von Anáhuac ziehenden Nahua-Stämme in Malinalco (Náhuatl: 'Platz des Krautes Malinallí') nieder. Die Azteken (Mexica) unter Axayácatl eroberten Malinalco 1476, als die Matlatzinca das Gebiet beherrschten; mit dem Bau der kultischen Hauptanlage wurde wahrscheinlich erst 25 Jahre später begonnen.

Als die Spanier unter Andrés de Tapia 1521 Malinalco einnahmen, war das Zeremonialzentrum noch nicht vollendet. Der Augustinerorden ließ sich hier 1537 nieder.

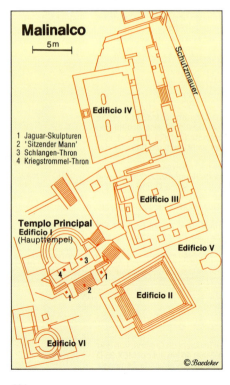

Besichtigung der *Ruinenstätte

In der Südwestecke der auf einer schmalen, in den Hügel gegrabenen Plattform erbauten Anlage liegt das Gebäude VI (Edificio VI), dessen Fertigstellung durch die Conquista verhindert wurde.

Nördlich folgt das Gebäude I (Edificio I) oder Haupttempel (Templo Principal). Dieser ganz aus dem Felsen gehauene Bau war einst mit einer dünnen farbigen Stuckschicht bedeckt. Als Haus des Adlers (Cuauhcalli), der die Sonne symbolisiert, diente es der Weihe von Mitgliedern der religiösen Kriegerorden 'Adler' und 'Jaguare'.

Die Treppe wird zu beiden Seiten von Resten in Stein gemeißelter Jaguare flankiert; in der Mitte der Treppe sitzt die beschädigte Skulptur eines Standartenträgers. Der auf der Plattform stehende Tempel ist heute durch ein Palmblattdach geschützt. Der Eingang zu dem runden Schrein ähnelt durch eine Umrahmung mit Flachreliefs dem offenen Rachen einer Schlange, zu dessen Seiten ein Schlangen- und ein Kriegstrommel-Thron stehen. Die Tempelkammer, die einen Durchmesser von 6 m hat, enthält drei aus dem umlaufenden Fels-

Malinalco

Haupttempel (Fortsetzung)

rand gemeißelte Skulpturen heiliger Tiere: links und rechts sind Adler dargestellt, hinten in der Mitte erkennt man einen Jaguar; im Zentrum des Halbrunds ruht die Figur eines Adlerbalges. Dahinter öffnet sich eine Höhlung, in die wahrscheinlich die Herzen geopferter Menschen gelegt wurden.

Gebäude III

Nordöstlich vom Haus des Adlers und nördlich vom Gebäude II (Edificio II) liegt das Gebäude III (Edificio III). Diese Anlage besteht aus einer Vorhalle und einer runden Kammer mit einem ausgehöhlten Altar. Der Bau war wahrscheinlich ein Tzinacalli, ein Tempel, wo der im Kampf getötete oder von den Feinden der Azteken geopferte 'Sonnenbote' verbrannt und damit in den Rang eines Gottes erhoben wurde. Ein derartiger Tod verwandelte nach dem Glauben der Azteken die Geister der Krieger in Sterne. In der Vorhalle sind noch Reste von interessanten Fresken erhalten, die vermutlich bereits zu Sternen gewordene Krieger darstellen.

Gebäude IV

Das sich nördlich anschließende große Gebäude IV (Edificio IV), das z.T. aus dem Fels gehauen ist, soll einen der Sonne geweihten Tempel beherbergt haben. Eine an dieser Stätte gefundene bemerkenswerte Holztrommel ('Tlapanhuéhuetl') mit fein geschnitzten Darstellungen und Glyphen von Adler und Jaguar, die in Zusammenhang mit dem 'Sonnenboten' verstanden werden müssen, ist heute im Museum von Tenango zu sehen.

Ortschaft Malinalco

Im Ort Malinalco sollte man sich die zum Augustinerkloster gehörende Kirche San Salvador mit einem nüchternen Renaissanceportal aus dem 16. Jh. und frühen Fresken ansehen, die sich nach dem Eingang rechts an der hinteren Wand befinden. Vom 6. – 8. Januar wird zu Ehren der Heiligen Drei Könige im Klosteratrium getanzt.

In den Fels gehauen: Haus des Adlers

Umgebung von Malinalco

Chalma
: 12 km östlich liegt das Dorf Chalma, einer der bedeutendsten Wallfahrtsorte des Landes. In vorkolumbischer Zeit wurde hier die Statue des Otzoctéotl, des Gottes der Grotten, angebetet. Als diese zerstört und 1533 durch ein großes Kruzifix der Augustinermönche ersetzt wurde, übertrug sich die Verehrung auf dieses. Seither ist die 1683 errichtete Kirche, in welcher der Christus von Chalma (El Santo Señor de Chalma) verehrt wird, an hohen Feiertagen, insbesondere am ersten Freitag in der Fastenzeit, zu Christi Himmelfahrt und am Tag des San Agustín (28. August), das Ziel tausender Pilger. Dabei mischen sich katholische und altindianische Riten, die in Zeremonien, Prozessionen, Tänzen und reinigenden Bädern zum Ausdruck kommen, in eindrucksvoller Weise.

Lagunas de Zempoala
: Von Chalma sind es noch etwa 40 km nach Nordosten zu den herrlich gelegenen sieben Lagunas de Zempoala inmitten einer an die Alpen erinnernden Landschaft.

Tenancingo
: Von Malinalco in westlicher Richtung sind es 15 km nach Tenancingo (Náhuatl: 'Platz der kleinen Mauern'; 2040 m ü.d.M.; 40 000 Einw.; Fiestas: 15. Mai, Día de San Isidro Labrador; 4. Oktober, Día de San Francisco; 8. Dezember, Día de la Inmaculada Concepción). Der Ort ist bekannt durch ein aus dem 18. Jh. stammendes Karmeliterkloster (Convento del Santo Desierto de Tenancingo) sowie für die hier hergestellten Holzmöbel und Rebozos.

Ixtapán de la Sal
: 33 km südlich von Tenancingo erreicht man auf der MEX 55 den Kurort Ixtapán de la Sal (1900 m ü.d.M.; 40 000 Einw.; Sonntagsmarkt Fiesta: zweiter Freitag in der Fastenzeit, Día del Señor de la Misericordia). Der hübsch gelegene Ort ist wegen seiner radioaktiven Quellen und zahlreichen Sportmöglichkeiten ein beliebtes Ausflugsziel.

Grutas de la Estrella
: 14 km südlich von Ixtapán liegen die seit 1976 zugänglichen Grutas de la Estrella, die mit denen von Cacahuamilpa (Umgebung von → Taxco) verbunden sein sollen. Bislang wurde die Verbindung jedoch noch nicht gefunden.

Manzanillo H 8

Bundesstaat: Colima (Col.)
Höhe: Meereshöhe
Einwohnerzahl: 145 000
Telefonvorwahl: 01 333

Anreise von Mexiko-Stadt
: Mit dem Flugzeug in ca. 1 Std.; mit der Eisenbahn über → Guadalajara (ca. 12 Std.) nach Manzanillo (ca. 8 Std.; es besteht jedoch kein direkter Anschluß in Guadalajara; Wartezeit); mit dem Bus in ca. 19 Std.; mit dem Auto ca. 940 km über Guadalajara und ca. 840 km über Morelia und Zamora.

Lage und Allgemeines
: Manzanillo liegt auf einer Halbinsel am südlichen Ende zweier geschwungener Buchten, der Bahía de Santiago und der Bahía de Manzanillo. Der von üppigem Dschungel, Bananen- und Kokosplantagen umgebene Ort ist ein wichtiger Hafen an der mexikanischen Pazifikküste. Dank seiner ausgedehnten Strände und seiner ausgezeichneten Möglichkeiten für die Hochseefischerei hat sich Manzanillo in den letzten Jahren zu einem viel besuchten Reiseziel entwickelt.

Manzanillo

Geschichte

In vorkolumbischer Zeit befand sich in der Nähe des heutigen Manzanillo der Ort Tzalahua (Náhuatl: 'wo Stoff gedehnt und getrocknet wird'), zeitweise die Hauptstadt des Indianerstaates Coliman. Es gibt Theorien, die besagen, daß dieser Ort schon damals ein Handelshafen für den Verkehr mit Peru, Ecuador und Kolumbien war. Die spanischen Eindringlinge unter Führung von Hernán Cortés stießen 1526 bis nach Tzalahua vor und gründeten wenig später dort die Ortschaft Santiago de Buena Esperanza. Von hier aus unternahmen sie Expeditionen entlang der Küste bis in den Golf von Kalifornien. Nach 1560 wurden die Schiffe, die nach Ostasien segelten, so z. B. zur Unterwerfung der Philippinen, hier gebaut und ausgerüstet. Aber erst durch die Schaffung von Straßen-, Eisenbahn- und Flugverbindungen in den letzten Jahrzehnten erhielt Manzanillo seine jetzige Bedeutung.

Touristische Attraktionen

Fischereisport

Hauptattraktionen für Touristen sind die guten Möglichkeiten für den Angelsport (Meerrabe, Katzenwels, Mojarra, Zackenbarsch, Schnapper u. a.) und Hochseefischerei (u. a. Segelfisch, Fächerfisch, Bonito).

Strände

Zu den bekanntesten Stränden zum offenen Meer hin gehören im Süden die Playa de Campos und die Playa de Ventanas (Wellen und Strömung); in der Bahía de Manzanillo in nordwestlicher Richtung die Strände Rompeolas, San Pedrito, Las Brisas, Playa Azul, Salagua und Las Hadas (mit architektonisch interessanter Feriensiedlung); in der Bahía de Santiago La Audiencia, Santiago Olas Altas, Playa de Miramar und La Boquita; nach der Halbinsel Juluapán der Playa de Oro.

Umgebung von Manzanillo

Laguna de Cuyutlán

Südöstlich erstreckt sich die wegen ihrer Fauna und Flora interessante Laguna de Cuyutlán.

'Grüne Welle'

Von der Lagune sind es über Armería 24 km bis zum Badeort Cuyutlán. Das Küstengebiet zwischen diesem Ort und Boca de Pascuales 8 km südwestlich von Tecomán ist bekannt durch die sogenannte bis zu 8 m hohe 'Grüne Welle', ein meist in den Monaten April und Mai auftretendes Naturschauspiel, bei dem das Meer durch fluoreszierende Mikroorganismen grün leuchtet.

Barra de Navidad

Das beliebte Seebad Barra de Navidad im Staat Jalisco (30 000 Einw.) ist nach 65 km in nördlicher Richtung am Flughafen vorbei auf der MEX 200 zu erreichen. Der einstige Fischerort war 1564 Ausgangspunkt der Pazifiküberquerung des Kapitäns Miguel López de Legazpi nach den Philippinen, wo er die erste spanische Siedlung anlegte und damit die spanische Kolonisierung Asiens begründete.

*Playa Tenacatita

Im weiteren Verlauf der MEX 200 nach → Puerto Vallarta reihen sich mehrere Badeorte mit schönen Stränden bzw. Inseln aneinander – wie das Touristenzentrum Isla Navidad (Marina, Golfplatz), später Melaque/San Patricio und die besonders attraktive Bucht von Tenacatita. Es folgen die Bahía Careyes und nach etwa 120 km die Playa von Chamela (innerhalb des Biosphären-Reservats Chamela-Cuixmala).

Matamoros

→ Tamaulipas

Mazatlán

Matehuala

→ San Luis Potosí (Bundesstaat)

Mazatlán F 6

Bundesstaat: Sinaloa (Sin.)
Höhe: Meereshöhe
Einwohnerzahl: 410 000
Telefonvorwahl: 01 69

Anreise von Mexiko-Stadt	Mit dem Flugzeug in ca. 1½ Std., weitere Verbindungen von anderen mexikanischen und US-amerikanischen Flughäfen; mit der Eisenbahn in ca. 23 Std.; mit dem Bus in ca. 17 Stunden.
Lage und Allgemeines	Mazatlán liegt nur unweit südlich vom Wendekreis des Krebses auf einer vorgeschobenen Landzunge an einer natürlichen Bucht. Es ist der größte mexikanische Verschiffungs- und Fischereihafen am Pazifik mit der größten Krabbenfangflotte der Welt und hat in den letzten Jahren als Seebad enorm an Bedeutung gewonnen.
Geschichte	Schon lange vor der Conquista war Mazatlán (Náhuatl: 'Ort des Hirsches') indianisches Siedlungsgebiet. Die Spanier kamen 1576 unter Führung von Hernando de Bazán, aber erst 1806 wurde die Stadt gegründet. Vorher waren Mazatlán und seine Umgebung Ziel von Piratenüberfällen und Versteck für Freibeuter. Den Grundstein für die Bedeutung Mazatláns legten deutsche Siedler Mitte des 19. Jh.s, als sie den Hafen ausbauten, um ihre Agrarprodukte besser ausführen bzw. landwirtschaftliche Geräte einführen zu können.

Touristische Attraktionen

	In Mazatlán gibt es praktisch keine bemerkenswerten Gebäude. Besuchen sollte man den 154 m hohen Leuchtturm (El Faro); hübsch ist auch das historische Teatro Angela Peralta, benannt nach einer großen Diva, die 1863 Opfer einer Cholera-Epidemie wurde. Weitere Attraktionen sind der 'Todesspringer' vom Mirador, der Cerro del Vigia mit Observatorium, von dem aus die Piraten Ausschau hielten, und Cerro del Neveria, ebenfalls ein Aussichtspunkt, dessen Name von den in den Berg getriebenen Stollen zur Lagerung von Eis für die Kühlung der Fischfänge herrührt. Das gut ausgestattete Aquarium, Av. de los Deportes 111, mit angeschlossenem botanischem Garten und Zoo ist eines der größten seiner Art in Mexiko. Im Museum Seashell-City, Rudolfo Loaiza 407, werden Muscheln aus allen Weltmeeren gezeigt. Das mächtige 'Monumento al Pescador' erinnert an die Fischfangtradition Mazatláns.
*Aquarium	
Wassersport	Hervorragende Möglichkeiten bestehen zur Ausübung jeder Art von Wassersport, in erster Linie der Hochseefischerei nach Segelfisch, Fächerfisch, Hai, Schwertfisch und Tarpun. Zu den beliebtesten Stränden nördlich der Stadt gehören Olas Altas, Norte Camarón, Las Gaviotas, Sábalo, Los Cerritos und El Delfín.
Ausflüge	Beliebt sind Ausflüge zu den vorgelagerten Inseln, auf denen zahlreiche Vögel nisten. Boote fahren von den Hotels der 'Zona Dorada' zur Isla Pájaros und zur Isla Venados, vom Fährhafen zur Isla de la Piedra.

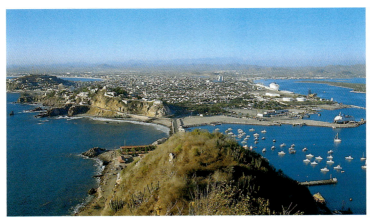

Blick auf Mazatlán

Auf der MEX 15 nach Süden bis Villa Unión und dann Richtung Durango kommt man über Concordia mit seiner hübschen Pfarrkirche (18. Jh.) in die pittoreske alte Minenstadt Copala, die mit ihren engen Gassen, bunten Häuserfassaden und schmiedeeisernen Balkonen an das Mexiko vergangener Zeiten erinnert.

Umgebung von Mazatlán
Copala

Eine tägliche Fährverbindung besteht nach → La Paz, der Hauptstadt von → Baja California Sur (→ Praktische Informationen, Fähren).

Fährverbindung zur Baja California

Mérida   P 7

Bundesstaat: Yucatán (Yuc.)
Höhe: 8 m ü.d.M.
Einwohnerzahl: 820 000
Telefonvorwahl: 01 99

Mit dem Flugzeug in ca. 1½ Std., weitere Verbindungen von anderen mexikanischen und US-amerikanischen Flughäfen; mit der Eisenbahn in ca. 37 Std. (oft erheblich länger); mit dem Bus in 24 – 28 Stunden.

Anreise von Mexiko-Stadt

Mérida, die Hauptstadt des Bundesstaates Yucatán, liegt am Nordende eines porösen Kalkplateaus, welches sich besonders für die Anpflanzung einer Agave eignet, aus der man Henequén- oder Sisalfasern gewinnt. Vor der Erfindung der Kunstfaser war die Stadt durch die Gewinne der Henequénindustrie sehr wohlhabend und durch Handelsverbindungen nach Europa und vor allem nach Frankreich orientiert. Aus jener Zeit stammt auch die Bezeichnung 'Ciudad 'Blanca' (Weiße Stadt), da die Bewohner meistens weiß gekleidet waren und die Straßen sehr sauber hielten. Das feuchtwarme Klima bringt farbenfrohen Blütenwuchs hervor und bestimmt den beschaulichen Lebensrhythmus dieser reizvollen Stadt.

Lage und Allgemeines

٭'Ciudad Blanca'

Die Stadt wurde am 6. Januar 1542 von dem Konquistador Francisco de Montejo gegründet. Um ihn von seinem Vater ('El Adelantado'= 'der Ältere') zu unterscheiden, wurde er 'El Mozo' ('der Jüngere') ge-

Geschichte

Mérida

Mérida

1 Kathedrale

2 Casa Montejo

3 Palacio Municipal
(Rathaus)

4 Palacio de Gobierno
(Regierungspalast)

5 Convento de las Monjas
(Kloster)

6 Universidad de Yucatán
(Universität)

7 Iglesia de Jesus
(Jesuskirche)

200 m

© Baedeker

Geschichte
(Fortsetzung)

nannt. In harten Kämpfen mit den Maya-Stämmen gelang es ihm, innerhalb der folgenden vier Jahre den größten Teil Yucatáns zu erobern. Mérida wurde an der Stelle der Maya-Stadt Tihó erbaut, wobei man als Baumaterial Teile der abgetragenen Tempel benutzte. Im Gründungsjahr von Mérida ergab sich auch Titul-Xiú, der Kazike von Maní und letzter Herrscher des Landes. Eine verhängnisvolle Rolle spielte der zweite Bischof von Mérida, Diego de Landa, der mit allen Mitteln versuchte, die altindianische Kultur auszurotten. So ließ er eine große Anzahl unersetzlicher, in Hieroglyphen abgefaßter Maya-Handschriften verbrennen. Andererseits verfaßte der Bischof das berühmte Werk "Relación de las Cosas de Yucatán", eine historische Beschreibung der Eroberung Yucatáns und der Zivilisation der Maya aus spanischer Sicht. Diego de Landa starb 1579 in Mérida. Mérida und Yucatán wurden 1648 von einer Gelbfieberepidemie erfaßt, die durch afrikanische Sklaven eingeschleppt worden war.

Im Unabhängigkeitskampf Mexikos gegen Spanien spielten Mérida und Yucatán wegen ihrer Lage kaum eine Rolle. Es gab dagegen mehrfach Bestrebungen, welche die Unabhängigkeit Yucatáns von Mexiko zum Ziel hatten. In der zweiten Hälfte des 19. Jh.s war Yucatán Schauplatz eines grausamen Bürgerkrieges ('Krieg der Kasten'), in welchem sich die Maya-Stämme gegen die mexikanische Herrschaft erhoben. Erst Anfang des 20. Jh.s gelang die Befriedung.

Sehenswertes

Im Unterschied zu den meisten anderen mexikanischen Städten verlaufen die Straßen in Mérida im rechten Winkel zueinander. Sie tragen Zahlen statt Namen: Alle Nord-Süd-Straßen haben gerade und alle Ost-West-Straßen ungerade Ziffern.

Orientierungshilfe

Die Plaza Mayor (Plaza de la Independencia) bildet das wirtschaftliche und kulturelle Zentrum. Sie ist umgeben von einigen der wichtigsten Gebäude der Stadt.

Plaza Mayor

An der Ostseite des Platzes, an der Stelle eines früheren Maya-Tempels, befindet sich die von Pedro de Aulestia und Miguel de Auguero zwischen 1561 und 1598 erbaute Kathedrale. Die Fassade dieses größten christlichen Sakralgebäudes der Halbinsel weist wenig architektonisch Bemerkenswertes auf.
Über einem Tor im Innern der Kathedrale befindet sich ein Bild des Maya-Herrschers von Maní, Titul Xiú, während eines Besuches bei seinem Bezwinger Francisco de Montejo in Tihó. In der Kapelle des Christus der Brandblasen (Capilla del Cristo de las Ampollas) ist eine indianische Holzschnitzerei aus dem 16. Jh. sehenswert. Der Legende nach wurde sie aus einem Baum geschnitzt, den Indianer einst nächtelang brennen sahen, ohne daß er nachher Spuren des Feuers aufwies. Die Skulptur stand ursprünglich in der Kirche von Ichmul. Als ein Brand diese zerstörte, fand man die Skulptur schwarz und mit Blasen bedeckt. Seit 1645 befindet sie sich in der Kathedrale und ist alljährlich Anfang Oktober Gegenstand besonderer Verehrung.

Kathedrale

Neben der Kathedrale, durch eine Straße von ihr getrennt, steht der ehem. Erzbischöfliche Palast, der heute Regierungsbüros beherbergt.

Erzbischöflicher Palast

Die Südfront des Hauptplatzes beherrscht die Casa Montejo, einer der schönsten Bauten der spanischen Kolonialzeit, 1549 als Residenz der Familie des Konquistadoren errichtet. Seinerzeit erstreckte sich das Gebäude mit der prachtvollen platteresken Fassade über die ganze Seite des Platzes. Die schönen großen Räume sind als Museum um zwei Patios angelegt und mit aus Europa importierten antiken Möbeln eingerichtet. Zu beachten ist das Wappen der Familie Montejo sowie die Steinskulpturen der spanischen Eroberer, die ihren Fuß auf das gebeugte Haupt eines bezwungenen Maya setzen. Das Haus, bis 1978 im Besitz der Familie Montejo, gehört heute der Stadt.

*Casa Montejo

Gegenüber der Kathedrale erhebt sich das Rathaus (Palacio Municipal), ein Gebäude aus dem 16. Jh. mit Kolonnaden und einem Uhrturm. Von hier wurde 1821 die Unabhängigkeit Yucatáns ausgerufen.

Rathaus

An der Nordostecke steht der Regierungspalast (Palacio de Gobierno) aus dem Jahre 1892, der im Festsaal mit interessanten, von 1971 bis 1974 entstandenen Wandmalereien des aus Campeche stammenden Künstlers Fernando Castro Pacheco geschmückt ist. Vom Balkon bietet sich ein schöner Blick auf die Plaza Mayor und die Kathedrale.

Regierungspalast

In der Nähe der Kathedrale (zwischen Calle 60 und Calle 58) liegt auch das neue Museum für zeitgenössische Kunst ('MACAY'), das Werke moderner Yukatanischer Maler zeigt, u.a. Bilder von Fernando Castro Pacheco, Fernando Garcia Ponce und Gabriel Ramirez Aznar.

*Museo de Arte Contemporaneo Ateneo de Yucatán

Einen Häuserblock westlich vom Rathaus erhebt sich ein stattlicher Klosterbau, der Überrest des im ausgehenden 16. Jh. gegründeten Convento de las Monjas mit einem Aussichtsturm aus dem Jahr 1633.

Convento de las Monjas

Mérida

Jesuskirche

Die Jesuskirche oder Kirche des Dritten Ordens (Iglesia de la Tercera Orden) am Parque Cepeda Peraza (bzw. Parque Hidalgo), einen Häuserblock vom Hauptplatz an der Calle 80, ist bei den Bewohnern von Mérida besonders für Hochzeiten beliebt. Links des Hochaltars befindet sich ein Altargemälde aus geschnitztem und vergoldetem Holz im platereskem Stil. Der Park ist auch Standplatz für Pferdekutschen.

Pinacoteca Gamboa Guzmán

Neben der Kirche, mit dem Eingang an der Calle 59, lädt die Pinacoteca Gamboa Guzmán zur Besichtigung von Gemälden des 19. und 20. Jh.s ein. Ausgestellt sind vorwiegend Porträts und religiöse Themen sowie Bilder des Künstlers Gamboa Guzmán.

Kirchen

Die Kirche Ermita de Santa Isabel, Calle 66 und 77, ist vor allem wegen der sie umgebenden, mit Maya-Statuen ausgestatteten Gärten bemerkenswert. Die Einsiedelei war einst ein Treffpunkt der Reisenden von und nach Campeche, die hier für eine sichere Reise beteten oder Dank für ihre Rückkehr abstatteten. Die Kirche Santa Lucía an der Ecke der Straßen 60 und 55 war ursprünglich von den Spaniern zur ausschließlichen Benutzung durch die als Sklaven gehaltenen Schwarzen und Mulatten gedacht. Im Parque Santa Lucía werden wöchentlich (meist Do.) Abendkonzerte gegeben.

Paseo Montejo

Während der Blütezeit Méridas zu Anfang unseres Jahrhunderts wurde in Anlehnung an Pariser Vorbilder der Paseo Montejo angelegt. Der Boulevard führt durch vornehme Wohngegenden und ist von zahlreichen Denkmälern gesäumt, von denen das auffallendste das Monument des Vaterlandes ist ('Monumento a la Patria'), 1946 bis 1957 von dem kolumbianischen Bildhauer Rómulo Rozo geschaffen. Im Stil der Maya sind die wesentlichen Abschnitte der mexikanischen Geschichte und ihrer Persönlichkeiten dargestellt.

Mérida: Rathaus

Mérida

An der Ecke Paseo Montejo und Calle 43 ist in dem früheren Regierungsgebäude Palacio del General Cantón das Museum für Archäologie und Geschichte (Museo de Arqueología e Historia) untergebracht. Das imposante Gebäude aus dem 19. Jh. beherbergt Sammlungen vor allem aus der Glanzzeit der Maya, aber auch aus den anderen präkolumbischen Hauptkulturen Mexikos. Herausragende Stücke sind die aus dem Cenote von → Chichén Itzá geborgenen Opfergaben. Weiterhin Reproduktionen der Zeichnungen der Maya-Stätten von Frederick Catherwood und die um die Jahrhundertwende gemachten Fotografien dieser Stätten von Teobert Maler.

*Museum für Archäologie und Geschichte

Die Universität von Yucatán, ursprünglich eine jesuitische Knabenschule aus dem Jahre 1618, an der Ecke der Straßen 57 und 60, bietet den Besuchern Sommerkurse u. a. in Spanisch und Archäologie.

Universität

Im Museo Regional de Arte Popular ('La Mejorada') in der Calle 59 Nr. 441 werden Textilien und Trachten, Keramik, Schmuck, Spielzeug und Musikinstrumente ausgestellt. Im nahen restaurierten Klostergebäude Calle 63 Nr. 513 kann man gut regionale Volkskunst kaufen.

Museo Regional de Arte Popular

Auf dem südlich des Hauptplatzes gelegenen Markt werden vorwiegend Produkte aus Sisalfasern wie Hängematten, Panamahüte, Taschen, Teppiche, Sandalen sowie die sogenannten 'Huipiles', die am Ausschnitt bestickten Maya-Kleidungsstücke für Frauen aus weißer Baumwolle und die 'Guayabera'-Hemden für Männer angeboten.

*Mercado Municipal

Umgebung von Mérida

Der Ort ist der günstigste Ausgangspunkt für Ausflüge zu den meisten archäologischen Stätten in Yucatán wie → Dzibilchaltún, → Uxmal, → Kabah, → Izamal, → Chichén Itzá und andere.

35 km südlich von Mérida Richtung Uxmal kann man auf der recht gut erhaltenen, sehr großen Hacienda Yaxcopoil (heute Museum) studieren, wie es auf einem Sisalhanf (Henequén) produzierenden Gut im 19. Jh. zuging.

Hacienda Yaxcopoil

Von Mérida sind es auf der MEX 261 Richtung Norden 35 km nach Progreso, Haupthafen Yucatáns mit einer über 2 km langen Mole.

Progreso

Etwa 130 km nördlich von Progreso liegen im Golf von Mexiko die Arrecifes Alacranes (Skorpion-Riffe), eine halbmondförmig um eine Lagune gelegene Ansammlung von Inseln, Sandbänken und Riffen. Dank ihrer reichen Unterwasserwelt und der vielen Schiffswracks sind die Riffe ein erstklassiges Ziel für ambitionierte Sporttaucher, das jedoch nur mit Charter-Boot von Progreso aus zu erreichen ist.

Arrecifes Alacranes

Östlich und westlich von Progreso befinden sich in der Nähe von Chicxulub die traditionellen Sommerbadeorte der Bewohner von Mérida. Neben Bungalow-Hotels gibt es auch die Möglichkeit, möblierte Privathäuser zwischen September und Juni günstig zu mieten. Allerdings ist diese Küste mit der an der karibischen Seite Yucatáns gelegenen nicht zu vergleichen.

Badeorte

Von Mérida über Huncumá in westlicher Richtung zu erreichen ist Sisal (52 km), zu Zeiten des Sisal-Booms wichtigster Hafen Yucatáns. Hier ist das Haus zu besichtigen, in dem Kaiserin Charlotte Amalie ('Carlota') nächtigte, bevor sie sich 1865 nach Europa einschiffte, um Unterstützung für ihren kaiserlichen Gemahl zu erbeten.

Sisal

México (Bundesstaat)

Umgebung von Mérida (Fortsetzung)
Celestún

Dieser hübsche Fischerhafen liegt 92 km westlich von Mérida an einer großen, grünen Lagune. Die Einwohner leben von Fischfang, Kokosanbau und Salzgewinnung. Die Lagune selbst ist ein sehenswerter Naturschutzpark, in dem unzählige Wasservögel wie Pelikane, Flamingos, Reiher, Kormorane und Enten beobachtet werden können. Es bestehen allerdings Pläne, in der Region einen der internationalen Schiffahrt zugänglichen Großhafen zu bauen.

Südöstlich von Mérida liegt eine Anzahl von kleinen Orten mit z. T. interessanten Kirchen und Klöstern aus der Kolonialzeit (→ Yucatán). In Verbindung mit dieser Klosterroute lohnt ein Besuch des einstigen Maya-Zentrums Mayapán, 48 km südlich von Mérida.

Mayapán

Die Maya-Chroniken widersprechen sich bezüglich der Entstehung und Entwicklung Mayapáns. Wahrscheinlich ist, daß die Itzá (wie man heute vermutet ein 'toltekisierter' Chontal-Maya-Stamm aus Tabasco) um 1200 nach Yucatán kamen, das bereits verlassene Chichén Itzá wiederbesiedelten und schließlich Mayapán (Maya: 'Banner der Maya') gründeten. Fast 200 Jahre lang war nun Mayapán unter der Dynastie der Cocom die Yucatán beherrschende Stadt. Ihr Ende kam, als ein Aufstand des früher in Uxmal beheimateten Xiú-Stammes um 1450 Mayapán zerstörte. Dies leitete den endgültigen Niedergang der Maya-Zivilisation ein, da das Reich nun in rund 20 unbedeutende Kleinstaaten zerfiel. In ihrer Glanzzeit umfaßte die Stadt eine Fläche von ca. 6,5 km² mit etwa 3500 Gebäuden und war von einer gewaltigen Stadtmauer umgeben. Die Architektur Mayapáns ist eine kleinere und sehr einfache Kopie der von Chichén Itzá und ist nur zu einem geringen Teil ausgegraben und restauriert.

Auf der rechten Seite liegt zunächst das 'Haus des Alten' und danach der Tzompantli (Maya: 'Schädelmauer'). Der halblinks gelegene Palast der Säulen weist noch eine große Steinmaske und zwei Figuren auf. Dominierend ist jedoch das Castillo (Pyramide des Kukulkán) mit einer schönen Aussicht über den die Stätte umgebenden Buchenwald. An der Ostseite des Castillo führt ein Pfad nach links zu einer niedrigen Struktur, die merkwürdigerweise mit Masken des Regengottes Chac im reinsten Puuc-Stil dekoriert ist, ein Stil, der mindestens 300 Jahre früher seine Glanzzeit hatte.

Mexicali

→ Tijuana

México (Estado de México; Bundesstaat)

Kürzel: Mex.
Hauptstadt: Toluca
Fläche: 21 414 km²
Bevölkerungszahl: 11708000

Lage und Landesnatur

Der Bundesstaat México (Estado de México), nicht zu verwechseln mit der Republik oder mit dem Bundesdistrikt, der Mexiko-Stadt umfaßt, wird im Norden von den Bundesstaaten Hidalgo und Querétaro, im Westen von Michoacán, im Süden von Guerrero und Morelos sowie im Osten von Puebla und Tlaxcala begrenzt. An drei Seiten umschließt der Staat, dessen östliche Hälfte bergig und dessen westlicher Teil eben gestaltet ist, den Bundesdistrikt mit der Hauptstadt. Obwohl stark in der Industrialisierung begriffen, bietet der Staat, in

México (Bundesstaat)

Mexiko
Vereinigte Mexikanische Staaten
Estados Unidos Mexicanos

México

Bundesstaaten
Estados

1a	Baja California Sur
1b	Baja California Norte
2	Sonora
3	Chihuahua
4	Sinaloa
5	Durango
6	Coahuila
7	Nuevo León
8	Zacatecas
9	San Luis Potosí
10	Tamaulipas
11	Nayarit
12	Aguascalientes
13	Jalisco
14	Guanajuato
15	Querétaro
16	Hidalgo
17	Colima
18	Michoacán
19	México
20	Morelos
21	Tlaxcala
22	Puebla
23	Veracruz
24	Guerrero
25	Oaxaca
26	Chiapas
27	Tabasco
28	Campeche
29	Yucatán
30	Quintana Roo

D.F. Distrito Federal (Bundesdistrikt)

© Baedeker

Lage und Landesnatur (Fortsetzung)

welchem mehrere Nationalparks liegen, viele landschaftliche Schönheiten wie schneebedeckte Berge, Seen und Wälder, aber auch Kunstwerke aus der Kolonialzeit und archäologische Stätten. Neben Weißen und Mestizen bewohnen mehrere Indianerstämme den Staat, darunter die Otomí, Matlatzinca, Ocuilteca und Nahua.

Archäologische Stätten

Der Staat ist ungewöhnlich reich an präkolumbischen Stätten; die bedeutendsten sind → Teotihuacán, Tepexpan (Umgebung von → Acolman), Texcotzingo, Huexotla, San Miguel Coatlinchán (alle Umgebung von → Texcoco), Tlapacoya (Umgebung von → Amecameca), → Tenayuca, Santa Cecilia Acatitlán (Umgebung von → Tenayuca), Calixtlahuaca, Teotenango (beide Umgebung von → Toluca), Tepozteco (→ Morelos) und → Malinalco.

Reiseziele im Bundesstaat México

Neben diesen wichtigsten archäologischen Stätten, an denen z. T. auch Zeugnisse der Kolonialkunst zu sehen sind, liegen im Estado de México → Toluca (Hauptstadt), → Tepotzotlán, → Acolman, → Texcoco und → Amecameca.

Geschichte

Besiedlung und Kultur im Estado de México haben eine lange Vergangenheit, wie die Funde von Tepexpan und Tlapacoya beweisen. Im wesentlichen entspricht die Geschiche des Staates der von Mexiko-Stadt sowie der seiner wichtigsten Orte. Als Teil des Vizekönigreiches Neuspanien, lange als Intendencia de México mit der Hauptstadt Mexiko-Stadt, war der Staat einst wesentlich größer als heute. Erst nach der Unabhängigkeit Mexikos erhielt er die jetzigen Grenzen.

Wirtschaft

Die Industrie konzentriert sich auf Zement, Eisen, Metallverarbeitung und Fahrzeugmontage, die Landwirtschaft auf Getreide, Mais, Agaven, Zuckerrohr, Kaffee, Obst, Gemüse und Milchvieh. Daneben sind Forstwirtschaft und Tourismus von Bedeutung.

Mexiko-Stadt / Ciudad de México / Mexico City K 8

Distrito Federal (D.F.)
Höhe: 2240 m ü.d.M.
Einwohnerzahl (mit Vororten): 22 Mio. (Schätzung 1997)
Telefonvorwahl: 01 5

Anreise

Der internationale Flughafen 'Benito Juárez' ist mit allen großen europäischen und vielen US-Verkehrsflughäfen verbunden.

✱✱Landeshauptstadt

Die mexikanische Landeshauptstadt, Sitz der Zentralregierung und aller wichtigen Behörden, liegt auf über 2200 m Höhe in dem von gewaltigen Bergzügen umgebenen Tal von Anáhuac, oft auch als Hochtal von Mexiko bezeichnet. Das Klima der Umgebung ist durch die Höhenlage ausgeglichen und Europäern zuträglich, die Lage am Fuße der schneebedeckten, auf über 5000 m ansteigenden Vulkane Popocatépetl und Iztaccíhuatl einzigartig. Die Stadt weist zahllose Zeugnisse ihrer über 650jährigen Vergangenheit auf, wobei die präkolumbische Kunst überwiegend in Einzelstücken oder Rekonstruktionen in den Museen zu sehen ist, da die Konquistadoren den neuen Stadtkern direkt auf den Trümmern der von ihnen zerstörten Aztekenmetropole Tenochtitlán errichteten. Erst in den letzten Jahren wurden durch umfangreiche Grabungen die Reste des Haupttempels Tenochtitláns zutage gefördert. Sehr zahlreich hingegen sind Kirchen und Paläste aus der Kolonialzeit, vorwiegend im Barockstil. Aber auch die moderne mexikanische Architektur hat, insbesondere in den fünfziger und sechziger Jahren, viele sehenswerte Bauten geschaffen.
Das Stadtgebiet mißt in der Nord-Süd-Achse über 40 km und durchschnittlich 25 km von West nach Ost. Der für den Sitz der Hauptstadt geschaffene Bundesdistrikt ⟶ Distrito Federal, dessen Verwaltungschef 'Regente' genannt und vom Staatspräsidenten ernannt wird, reicht im Norden bereits nicht mehr aus, so daß neue Industrievororte sich bis in den benachbarten Estado de México erstrecken.

Bevölkerungswachstum

Das Bevölkerungswachstum, hauptsächlich durch Zuzug aus den klimatisch ungünstigen Agrargegenden des Landes, ist enorm. Gegenwärtig schätzt man die Einwohnerzahl von Mexiko-Stadt auf fast 20 Millionen (andere Schätzungen sprechen schon von über 26 Millionen), womit es die volkreichste Stadt der Welt wäre. Diese Übervölke-

Bevölkerungsentwicklung
von Mexiko-Stadt mit Vorstädten

1910	0,8 Mio.
1930	1 Mio.
1950	3 Mio.
1960	5 Mio.
1970	7,5 Mio.
1980	12 Mio.
1997	22 Mio.
2000	25 Mio.[1]

[1] Hochrechnung bei 1,8% offizieller Zuwachsrate plus netto 350 000 Neueinwanderer pro Jahr

Mexiko-Stadt

Bevölkerungswachstum (Forts.)

rung schafft zusammen mit der zunehmenden Industrieansiedlung, die jedoch nicht genügend Arbeitsplätze bietet, schwerwiegende wirtschaftliche und soziale Schwierigkeiten. Die Zahl derer, die ihr Glück in der Großstadt zu finden hoffen und sich als 'paracaidistas' (span.: 'Fallschirmspringer') über Nacht eine armselige Unterkunft aus Karton, Wellblech und Plastikfolie in den Elendsvierteln im Osten der Stadt zusammenbauen, wird auf täglich rund 2000 geschätzt.

Umweltprobleme

Verkehrsprobleme sind durch den Ausbau der Metro und kreuzungsfreier Straßenzüge (Stadtautobahn 'Anillo Periférico') entschärft worden, doch herrschen in den Stoßzeiten noch immer chaotische Verhältnisse. Die Zahl der Autos wird auf ca. 3,5 Mio. geschätzt. Ausgerechnet vor der einzigen Öffnung des Tales von Anáhuac, durch die frische Luft über die Stadt strömen könnte, hat sich die Schwerindustrie angesiedelt, so daß deren z.T. noch ungefiltert in die Luft abgegebenen Emissionen zusätzlich über die Stadt geblasen werden. Die Einwohner von Mexiko-Stadt müssen über 11 t Schmutzpartikel pro Tag verkraften. Eine erhebliche Schuld an der Misere schreiben Umweltschützer außer dem Auto den 35 000 Industriebetrieben im Hochtal von Mexiko zu. Die einst vielgerühmte kristallklare Bergluft des Hochtals wurde von einer Schadstoffglocke abgelöst, die tränende Augen und Reizungen der Atemwege hervorrufen können. Die Aussicht auf die herrlichen Bergkulissen ist selten geworden. Die mit dem sog. IMECA-System gemessenen Werte der Luftverschmutzung auf einer Skala von 1 bis 500 werden in den Zeitungen veröffentlicht.

IMECA-Index zum Schadstoffgehalt der Luft in Mexiko-Stadt

1 – 100: befriedigend

100 – 200: bedingt erträglich

200 – 300: schlecht erträglich

über 300: gefährlich

Mittlerweile versucht die Regierung gegenzusteuern. Mexiko gibt 1 % des BIP für Umweltschutz aus, und auch das NAFTA-Abkommen enthält Maßnahmen gegen Luft- und Wasserverschmutzung. Ende der achtziger Jahre begann das Programm 'Ein Tag ohne Auto' (Un Día sin

Alltag: Smog über Mexiko-Stadt

Panorama von Mexiko-Stadt mit den Schneebergen Iztaccíhuatl ...

Umweltprobleme (Fortsetzung)

Coche; auch für ausländische, aber nicht für Mietwagen; Achtung: Autos müssen jüngeren Ursprungs sein!). Wenn die IMECA-Werte 250 übersteigen, wird ein zweiter und u.U. auch ein dritter 'autofreier' Tag eingeführt. Die PEMEX bietet verstärkt bleifreies Benzin an, Neuwagen müssen einen Katalysator haben.

Mexiko-Stadt ist auf unsicheren Grund gebaut. Der sumpfige Untergrund läßt die Stadt jährlich um ca. 20 cm absinken. Viele Gebäude, so der Palacio de Bellas Artes, stehen schief. Schon die Spanier begannen, das einst von Seen umgebene und von Kanälen durchzogene ehemalige Tenochtitlán zu entwässern. Heute sind von diesen Seen nur noch staubige Flächen übriggeblieben. Da die Brunnen nicht mehr zur Versorgung mit Trinkwasser ausreichen, muß ein Drittel des Wasserbedarfs in die hochgelegene Stadt gepumpt werden, was einen hohen Energieaufwand erfordert. Gleichzeitig liegen viele Stadtteile wesentlich niedriger als das Abwassersystem, so daß auch die Abwässer abgepumpt werden müssen. Ein Ausfall der Pumpen würde größere Teile der Stadt mit Schmutzwasser überfluten.

Trotz dieser z.T. erschreckenden Zustände und trotz der Tatsache, daß einige neue Wohngebiete in einem nichtssagenden Einheitsstil errichtet wurden (die bei der Erdbebenkatastrophe prompt in sich zusammenfielen) und in den Außenbezirken ausgesprochene Elendsviertel bestehen, bietet die Stadt mit der Prachtstraße Paseo de la Reforma, den Kunstschätzen der zahlreichen Museen, den vielen Parks mit altem Baumbestand und einigen lauschigen Winkeln mit altspanischer Atmosphäre dem Besucher faszinierende Eindrücke. Zudem ist die Hauptstadt idealer Ausgangspunkt für weitere Reisen in das Land.

... und Popocatépetl – ein selten gewordener Anblick

Geschichte

Die präkolumbische Geschichte des Gebietes um die Hauptstadt wurde vornehmlich von den Náhuatl sprechenden Azteken oder Mexica geprägt. Sie gründeten 1345 auf einer sumpfigen Insel im Texcoco-See, der bis zur Conquista den östlichen Teil des heutigen Stadtgebiets bedeckte, Tenochtitlán, den 'Ort der Kaktusfrucht'. Neben dieser sich schnell entwickelnden Hauptstadt der Mexica gab es im Umkreis mehrere zunächst unabhängige Stadtstaaten anderer Chichimekenstämme, wie Tenayuca, Texcoco (Stamm der Acolhua), Chalco (Stamm der Chalca), Tlatelolco, Coyoacán, Tlacopán (heute Tacuba, Stamm der Tepenaken), Atzcapotzalco (Stamm der Tepaneken), Xochimilco (Stamm der Xochimilca, toltekische Chichimeken) und Culhuacán (Stamm der Colhua-Tolteken). Drei große Dammstraßen und ein Aquädukt verbanden die Inselstadt, die von zahlreichen Kanälen durchzogen war, mit dem Festland. Im Zentrum erhob sich die mächtige Hauptpyramide, deren beide Tempel dem Kriegs- und Sonnengott Huitzilopochtli und dem Regengott Tláloc geweiht waren. Der von der 'Schlangenmauer' (Coatepantli) umgebene Zeremonialbezirk (Teocalli) enthielt auch Kultstätten für andere wichtige Götter (Tezcatlipoca, Xochiquetzal, Quetzalcóatl, Chicomecóatl). Die Trümmer dieser prunkvollen Bauten liegen unter dem heutigen Zócalo (Plaza de la Constitución) und seiner unmittelbaren Umgebung und wurden in den vergangenen Jahren teilweise freigelegt. Außerhalb des Kultzentrums befanden sich die königlichen Paläste, die Wohnbezirke mit Marktplätzen und kleinere Tempelgruppen.

Tenochtitlán

Mexiko-Stadt

Geschichte

Tlatelolco

Die ältere Stadt Tlatelolco, Rivalin und spätere Bundesgenossin von Tenochtitlán, hatte eine Hauptpyramide, die der von Tenayuca ähnelte. Man fand dort Reste von Tempeln, die den Göttern Tláloc und Quetzalcóatl geweiht waren. Seine größte Bedeutung hatte dieser Ort jedoch als wichtigstes Handelszentrum des Imperiums der Mexica. Das präcortesianische Tlatelolco ist heute vom Markt La Lagunilla, der Kirche Santiago, dem Außenministerium und modernen Wohnblocks überbaut; am Platz der Drei Kulturen wurden Reste freigelegt. Am Rande der beiden Städte, in dem sie umgebenden Seengebiet, dehnten sich die Chinampas genannten schwimmenden Anbauflächen aus. Überbleibsel dieser Anbaumethode finden sich in den 'schwimmenden Gärten' von Xochimilco; auch die Seen von Chalco (im Süden) sowie von Xaltocán und Tzompanco (heute Zumpango) im Norden wurden wohl auf ähnliche Weise genutzt.

Eroberung durch die Spanier

Am 8. November 1519 betrat Hernán Cortés mit seinem kleinen Trupp von Spaniern und zahlreichen tlaxcaltekischen Verbündeten erstmals den Boden der aztekischen Hauptstadt. Diese dürfte zu dieser Zeit mit einer Fläche von 12 bis 15 km^2 und einer Bevölkerung von 200 000 bis 300 000 Menschen nach London und Peking die drittgrößte Stadt der Welt gewesen sein. Nach der Gefangensetzung des Aztekenherrschers Moctezuma II. Xocoyotzín in seinem eigenen Palastviertel und seinem gewaltsamen Tod, wurde Cortés von den Mexica unter dem neuen Herrscher Cuitláhuac (Náhuatl: 'Bewahrer des Reiches') aus Tenochtitlán vertrieben. Während der Flucht, die als 'Noche Triste' (Traurige Nacht, 30. Juni 1520) in die Geschichte eingegangen ist, verloren die Spanier mehr als die Hälfte ihrer Truppe und die Beute. Nachdem sie ihre Streitmacht reorganisiert sowie durch neue Hilfstruppen ergänzt hatten und durch den Bau von 13 Brigantinen auch die Seeufer beherrschten, begannen sie im Mai 1521 mit der Belagerung von Tenochtitlán, das sich schließlich nach der Gefangennahme seines letzten Königs Cuauhtémoc am 13. August 1521 ergeben mußte. Tenochtitlán wurde dem Erdboden gleichgemacht und die Kanäle der Stadt zugeschüttet.

Hauptstadt der Provinz Neuspanien

Bereits 1522 begannen die Spanier mit dem Aufbau einer neuen Stadt, die sie Méjico nannten und auf und mit den Trümmern der ihnen verhaßten 'Götzentempel' erbauten. 1523 wurde ihr ein Stadtwappen verliehen. Franziskanermönche gründeten 1535 in Santiago Tlatelolco das nachmalig berühmte Colegio de Santa Cruz, in dem die Kinder des aztekischen Adels erzogen wurden. Im gleichen Jahr wurde das Vizekönigreich Neuspaniens gegründet, in dem das heutige Mexiko-Stadt eine führende Rolle spielte. 1537 bestand die Bevölkerung der Stadt schon wieder aus etwa 100 000 Indianern und 2000 Spaniern. Die Hauptstadt Neuspaniens wurde 1546 Sitz eines Erzbistums mit Juan de Zumárraga als Oberhirten und erhielt 1551 eine Universität, die erste auf dem amerikanischen Kontinent. Während der Indianeraufstände von 1692 wurden mehrere öffentliche Gebäude durch Brandstiftung verwüstet, darunter der vizekönigliche Palast, der ursprünglich auch Cortés als Residenz diente. Im Unabhängigkeitskrieg (1810–1821) konnten die mexikanischen Freiheitskämpfer die königstreuen Truppen lange nicht aus der Hauptstadt vertreiben. Erst als Agustín de Iturbide sich der Bewegung anschloß, wurde die Hauptstadt 1821 den Spaniern entrissen.

Kaiserliche Residenz und Hauptstadt der Republik

Nach der Episode des 'Kaiserreichs' unter Iturbide gab es langwierige Machtkämpfe zwischen Liberalen und Konservativen sowie Anhängern des zentralistischen und des föderativen Systems. Während des Krieges zwischen Mexiko und den USA (1846–1848) war die Stadt von US-amerikanischen Truppen besetzt.

Mexiko-Stadt

1863 eroberten französische Truppen die Hauptstadt, und von 1864 bis 1867 regierte der österreichische Erzherzog Maximilian als Kaiser vom Schloß Chapultepec aus die Stadt und das Land. Unter seiner Regierung entstand u. a. der Paseo de la Reforma, heute noch der eindrucksvollste Boulevard der Metropole. Nach seinem Sieg über die französischen Invasoren und Maximilians Erschießung in Querétaro kehrte der vertriebene Präsident Benito Juárez in die Stadt zurück. Während der Diktatur von Porfirio Díaz (1876–1911) wurde die Stadt unter ausländischem, vor allem französischem Stileinfluß modernisiert, und es entwickelte sich eine rege Bautätigkeit. In den darauffolgenden Jahren war Mexiko-Stadt Schauplatz von wechselnden Eroberungen und blutigen Auseinandersetzungen zwischen den Revolutionsführern Francisco Madero, Victoriano Huerta, Álvaro Obregón, Francisco 'Pancho' Villa und Emiliano Zapata. Erst in der nachrevolutionären Zeit konnte die Entwicklung der Stadt wieder Fortschritte machen. 1930 erreichte die Zahl der Einwohner die Millionengrenze.

Geschichte, Kaiserliche Residenz und Hauptstadt der Republik (Fortsetzung)

Im Zweiten Weltkrieg und danach begann schließlich die Modernisierung und Industrialisierung von Mexiko-Stadt, die den Zuwandererstrom der armen Landbevölkerung bis heute nicht abreißen ließ und ein explosionsartiges Bevölkerungswachstum auslöste. Heute konzentrieren sich in Mexiko-Stadt ca. 50% der Industrie des Landes; ca. 70% aller Bank- und 50% aller weiteren Handelsgeschäfte werden in der Stadt getätigt. Im Oktober 1968 war die Stadt Schauplatz der Olympischen Sommerspiele. Kurz zuvor wurden bei einer Demonstration auf dem Platz der Drei Kulturen 250 Menschen getötet. Das Erdbeben vom 19. September 1985 forderte nach offiziellen Angaben fast 10 000 Tote, machte über 100 000 Menschen obdachlos und verursachte enorme Sachschäden, die das Stadtbild verändert haben. Vor allem die Betonneubauten hielten den Erdstößen nicht stand.

Jüngste Entwicklung

Stadtbeschreibung

Verwaltungstechnisch ist Mexiko-Stadt in 16 Delegaciones (Großbezirke) eingeteilt, die Namen wie Álvaro Obregón, Benito Juárez, Cuauhtémoc, Coyoacán, Atzcapotzalco, Xochimilco u. a. tragen. Diese sind in über 240 Colonias (Wohnviertel) unterteilt, deren Straßen oft nach einem Thema, wie z. B. bekannte Flüsse, Philosophen oder europäische Städte benannt sind. Vielfach tragen Straßen in verschiedenen Stadtteilen den gleichen Namen. Allein nach Emiliano Zapata sind über 100 Straßen benannt. Es ist daher wichtig, bei Adressenangaben den dazugehörigen Stadtteil zu wissen.

Orientierung

Obwohl Mexiko-Stadt, wie alle spanischen Kolonialstädte, schachbrettartig angelegt wurde, hat die rasante Entwicklung der Metropole das System so durcheinandergebracht, daß es für den Besucher nicht leicht ist, sich zu orientieren. Im allgemeinen laufen die Avenidas von Ost nach West und die Calles (Straßen) von Nord nach Süd, daneben gibt es aber auch noch Bulevares (Boulevards), Calzadas (frühere Fahrdämme), Callejones (Gassen), Prolongaciones (Verlängerungen), Ejes Viales (Schnellstraßen) und Stadtautobahnen. Nur die größten und wichtigsten Chausseen laufen in ihrer ganzen Länge unter einem Namen, wie z. B. die Nord-Süd-Achse Avenida de los Insurgentes und der Paseo de la Reforma, der vom Nordosten nach Westen führt. Eine weitere wichtige Nord-Süd-Verbindung bilden Calzada Vallejo, Avenida Lázaro Cárdenas (früher San Juan de Letrán), Calzada Niño Perdido und Avenida Universidad. Eine zweite Ost-West-Achse besteht aus den Avenidas Chapultepec, Dr. Río de la Loza und Fray Servando Teresa de Mier. Zu den teilweise aus Stadtautobahnen bestehenden Ringverbindungen (Circuito Interior) gehören Calzada Melchor

Mexiko-Stadt

Orientierung (Fortsetzung)

Ocampo, Avenida Río Consulado, Bulevar Puerto Aéreo und Viaducto Miguel Alemán; im Süden wird dieser Ring durch die Avenida Río Churubusco ergänzt, die ebenso wie der Viaducto in den Außenring Anillo Periférico mündet, der aber in seinem südöstlichen Teil noch nicht fertiggestellt ist.

Centro Histórico

Im Jahr 1980 erklärte die Regierung ein Areal von ca. 15 km^2 mit 1436 repräsentativen Gebäuden aus dem 16. bis 19. Jh. zum 'Historischen Zentrum der Stadt' ('Centro Histórico de la Ciudad'). Das Gebiet wird von den Straßen Abraham González und Paseo de la Reforma im Westen, von der Calle Anfora im Osten, von der Bartolomé de Las Casas im Norden und von der José María Izazaga im Süden begrenzt und steht unter Denkmalschutz. Wichtige Gebäude sind restauriert worden. Als zusätzliche Maßnahme wurde im September 1987 der Autoverkehr aus einem Teil der Zone verbannt. Das historische Zentrum wurde von der UNESCO zum kulturellen Erbe der Menschheit erklärt.

Besichtigungsprogramm

Ein mehrtägiger Aufenthalt in Mexiko-Stadt sollte zunächst mit der Besichtigung der Sehenswürdigkeiten rund um den Zócalo beginnen, allen voran die Kathredale mit Sagrario, der Nationalpalast und das neue Museo del Templo Mayor in der Ausgrabungszone, mit deren Besuch ein Tag gut ausgefüllt ist. Ein weiterer Tag ist mit einem den Sehenswürdigkeiten um den Alameda-Park und die angrenzende Av. Juárez verbracht: Palacio de Bellas Artes, Torre Latinoamericana, Casa de los Azulejos, Iglesia de San Francisco und vieles mehr. Ruhe vom Großstadtlärm findet man im Bosque de Chapultepec mit seinem Botanischen Garten, dem Zoologischen Park und dem Castillo de Chapultepec. Höhepunkt ist sicherlich ein Besuch des Anthropologischen Nationalmuseums, für das mindestens ein Tag eingeplant werden sollte; auch das Museo de Arte Moderno (Museum für Moderne Kunst) sollte nicht ausgelassen werden. Buntes Leben am Abend bietet die Plaza de Garibaldi mit den dort spielenden Mariachi-Kapellen. Zum weiteren Aufenthalt in der mexikanischen Hauptstadt gehören Besuche der etwas außerhalb liegenden Stadtviertel: ein Spaziergang durch Coyoacán mit dem Frida-Kahlo-Museum und dem Museo Leo Trotzkij, die Besichtigung der Ciudad Universitaria, eine Bootsfahrt in den schwimmenden Gärten von Xochimilco und die Besichtigung der Basilika von Guadalupe. Selbstverständlich bietet Mexiko-Stadt zahlreiche Alternativen, die man je nach Interesse nutzen sollte.

Verkehr

Aufgrund der chaotischen Verkehrsverhältnisse und der hohen Luftverschmutzung ist vom Gebrauch eines Mietwagens abzuraten.

Metro

Das wichtigste und billigste Verkehrsmittel ist die Metro, die bisher auf zehn Linien verkehrt (Streckenplan s. nebenstehend). Mit ihr sind die meisten wichtigen Sehenswürdigkeiten gut zu erreichen. Das Streckennetz wird täglich von 4,5 Mio. Menschen benutzt. Die Orientierung ist durch Schrift und Symbole (für Analphabeten) gut möglich, darüber hinaus verfügen die meisten Stationen über Informationsschalter. Schweres Gepäck ist verboten. In den Hauptverkehrszeiten (bis 10.00 Uhr und ab 16.00 Uhr) sollte man die Metro meiden, da ein unbeschreibliches Gedränge herrscht und Taschendiebe Hochkonjunktur haben. In dieser Zeit sind an den Hauptstationen Teile der Bahnsteige nur für Frauen und Kinder reserviert, und auch die Züge verfügen dann über eigene Frauenabteile. In der Nacht sollten Frauen nicht allein die Metro benutzen, da Handgreiflichkeiten häufig vorkommen.

Stadtbusse

Die Benutzung der etwa 60 Buslinien empfiehlt sich nur für Reisende, die des Spanischen mächtig sind und über ein gutes Orientierungsvermögen verfügen. Touristen fahren gern mit der Linie 76 vom Zócalo

Mexiko-Stadt

über den Paseo de la Reforma zum Bosque de Chapultepec. Aus diesem Grund ist die Linie aber auch bei Taschendieben beliebt und man tut gut daran, möglichst wenig Wertvolles bei sich zu tragen und auch auf dies Wenige scharf aufzupassen.

Verkehr, Stadtbusse (Fortsetzung)

In Mexiko-Stadt gibt es verschiedene Arten von Taxis: Die 'Peseros', meist VW-Busse, sind billige Sammeltaxis, die auf festen Routen auf dem Paseo de la Reforma, der Av. Insurgentes und Umgebung verkehren. Der Fahrer zeigt mit den Fingern seiner aus dem Wagen gestreckten Hand an, wieviele Passagiere er noch mitnimmt. Kleingeld bereithalten. Man muß dem Fahrer ankündigen, wenn man aussteigen will. Die 'Peseros' werden nach und nach durch etwas größere 'Midibusse' mit 22 Plätzen ersetzt.
Die gelben und die etwas neueren grünen 'Taxis Libres' verkehren frei und nehmen Passagiere nach Aufforderung mit. Man bestehe auf Einschalten des Taxameters. Eine genaue Angabe des Fahrtziels ist angeraten, da sich die Fahrer in der riesigen Stadt, in der mancher Straßenname mehrmals in verschiedenen Stadtteilen vorkommt, selbst nicht auskennen können. Achtung: Da sich in den letzten Jahren Überfälle auf diese Taxis mehren, empfiehlt es sich, diese möglichst zu meiden und Hotel- oder Standtaxis zu benutzen. Das sind rote Funktaxis ('Taxis de Sitio') mit festen Standplätzen, von denen sie abgerufen werden können. Vor den großen Hotels warten sogenannte 'Turismos', meist Limousinen, die entsprechend teuer sind und keinen Taxameter haben. Vor Fahrtbeginn sollte man unbedingt den Fahrpreis festlegen. – Die Taxis zum Flughafen haben einen Festpreis.

Taxi

Mexiko-Stadt

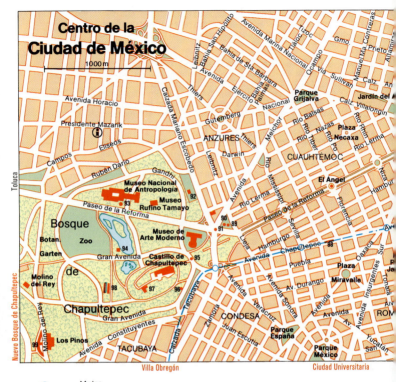

– –◦– – Metro

(Streckenplan s. S. 303)

1 Sagrario Metropolitano
2 Museo de Arte Religioso
3 Monte de Piedad
4 Templo Mayor
5 Primer Edificio de la Universidad
6 Casa del Arzobispado
7 Santa Teresa la Antigua
8 Primera Imprenta de América
9 Mayorzago de Guerrero
10 Mayorzago de Guerrero
11 Santa Inés
12 Casa del Siglo XVII
13 Casa de los Marqueses del Apartado
14 La Enseñanza Antigua
15 Colegio Nacional
16 Antigua Aduana
17 Biblioteca Iberoamericana
18 Secretaría de Educación Pública
19 Santo Domingo
20 Escuela Nacional Preparatoria
21 Anfiteatro Bolívar
22 Hemeroteca Nacional
23 Colegio de San Pedro y San Pablo
24 Iglesia de Loreto
25 Santa Teresa la Nueva
26 Museo Juárez
27 Antigua Casa de Moneda
28 Academia de San Carlos
29 La Santísima
30 Departamento del Distrito Federal
31 Suprema Corte de Justicia
32 San Bernardo
33 Casa de Don Juan Manuel
34 Casa de los Condes de la Cortina
35 Museo de la Ciudad de México
36 Iglesia de Valvanera
37 Convento de la Merced
38 Hospital de Jesús Nazareno
39 San Pablo el Viejo
40 San Pablo el Nuevo
41 Mercado de la Merced
42 Concepción Tlaxcoaque
43 Santa Cruz Acatlán
44 La Profesa
45 Casa de los Azulejos
46 Palacio de Minería
47 Museo Nacional del Arte und 'El Caballito' (Monumento a Carlos IV)
48 Cámara de Senadores
49 Cámara de Deputados

50 Torre Latinoamericana
51 San Francisco
52 San Felipe de Jesús
53 Claustro de San Francisco el Grande
54 Palacio de Iturbide
55 Casa de Don José de la Borda
56 Casa del Marques de Prado Alegre
57 Casa de los Condes de Miravalle
58 Portales de Mercaderes
59 Colegio de Niñas
60 Casa de los Condes de San Mateo de Valparaíso
61 Biblioteca Nacional
62 Mercado de Curiosidades
63 San Felipe Neri
64 Iglesia de Regina
65 Colegio de las Vizcaínas
66 Mercado San Juan
67 San Jerónimo (Claustro de Sor Juana)
68 Capilla de Monserrat
69 Museo de Artes e Industrias Pouplares
70 Hemiciclo Juárez
71 Monumento a Beethoven
72 Santa Veracruz
73 San Juan de Dios und Museo Franz Mayer
74 Museo Pinacoteca Virreinal
75 Reloj Chino
76 Exposicion de Artesanías
77 Escuela de Artesanías
78 Templo de Belén
79 San Hipólito
80 San Fernando
81 Palacio de Buenavista (Museo de San Carlos)
82 Monumento a la Revolución
83 Monumento a la Madre
84 Librería Benjamin Franklin
85 Arena México
86 Iglesia de Romita
87 Sagrada Familia
88 Restos del Acueducto Azteca
89 Monumento a Venustiano Carranza
90 Diana Cazadora
91 Monumento a Simón Bolivar
92 Deportivo Chapultepec
93 Monolito Chalchiuhtlícue
94 Casa del Lago
95 Monumento a los Niños Heroes
96 Baño de Moctezuma
97 Galería de Hostoria
98 Fuente de Netzahualcóyotl
99 Monumento a Madero

Mexiko-Stadt

*Nationalpalast

Metro-Station
Zócalo (Linie 2)

Öffnungszeiten
Di.–So. 9.00–18.00

Die gesamte Ostseite des Hauptplatzes von Mexiko-Stadt (Zócalo, → S. 312) nimmt der Nationalpalast (Palacio Nacional) mit seiner über 200 m langen Fassade ein. Der aus Tezontle, einem rötlichen Vulkanstein, errichtete Bau ist Amtssitz des Präsidenten und enthält zahlreiche Verwaltungsbüros. Ursprünglich 1523 auf dem geschleiften 'Neuen Palast' Moctezumas II. von Cortés errichtet, war er in der Kolonialzeit Sitz der spanischen Vizekönige und danach der Präsidenten der Republik. Mehrmals um- und ausgebaut sowie während der Revolte von 1692 teilweise zerstört, gehört er zu den ältesten und eindrucksvollsten Gebäuden der Stadt. Das dritte Stockwerk wurde in den zwanziger Jahren unter der Regierung von Präsident Calles hinzugefügt.

Freiheitsglocke

Über dem großen mittleren Portal hängt unter dem mexikanischen Staatswappen die Freiheitsglocke, mit der Pfarrer Miguel Hidalgo am 16. September 1810 in Dolores die Unabhängigkeitsbewegung einläutete. Alljährlich am 15. September, eine Stunde vor Mitternacht, wiederholt der Staatspräsident vom Balkon aus den 'Ruf von Dolores' ('Grito de Dolores') unter dem Geläute dieser Glocke.

**Rivera-Fresken

Das Innere des Nationalpalastes besteht aus 14 für den Besuch nur teilweise freigegebenen Höfen und einer großen Anzahl von Sälen. Vom arkadengesäumten Haupthof führt ein Treppenhaus in den ersten Stock. Die Wände beider Räumlichkeiten sind mit einem der berühmtesten Wandgemälde des Muralisten Diego Rivera bemalt: "México a Través de Los Siglos" ("Mexiko im Lauf der Jahrhunderte"). Auf einer Fläche von 450 m² hat der Künstler in den Jahren 1926 bis 1945 Themen aus der Geschichte des Landes von der altindianischen Epoche bis zur Zeit nach der Revolution dargestellt. Im weitgespannten Bogen historischer Ereignisse und der Darstellung ihrer Hauptakteure kommt Riveras soziales und politisches Bewußtsein zum Ausdruck, am deutlichsten vielleicht am Beginn des Treppenhauses mit dem Bild "La Lucha de Clases" ("Klassenkampf"). In der Galerie im ersten Stock befindet sich mit "La Gran Tenochtitlán" ein weiteres berühmtes 'Mural' des Künstlers (→ S. 8, 90).

Museo Benito Juárez

Öffnungszeiten
Mo.–Fr.
10.00–18.00

Die ehemaligen Wohnräume von Benito Juárez am nördlichen Innenhof sind für Besucher zugänglich. In dem Raum, in dem er 1872 starb, erinnern Möbel und persönliche Gegenstände an den großen Präsidenten. Ebenfalls zu besichtigen sind einige Säle und die Abgeordnetenkammer, in der 1857 die Reformverfassung verabschiedet wurde. Diese und die Verfassung von 1917 sind ausgestellt.

Der Nationalpalast beherbergt außerdem noch das staatliche Hauptarchiv mit interessanten historischen Dokumenten und die Biblioteca Miguel Lerdo de Tejada, eine der größten und wichtigsten Mexikos.

*Kathedrale

Metro-Station
Zócalo (Linie 2)

Die neben dem Nationalpalast den Zócalo beherrschende Kathedrale an der Nordseite gehört zu den ältesten und größten Sakralbauten der westlichen Hemisphäre. Sie steht auf dem südwestlichen Teil des ehemaligen aztekischen Tempelbezirks, der u. a. die Schädelmauer (Tzompantli) und den Tempel des Xipe Tótec einbezog. Der 1525 begonnene ursprüngliche Bau der Kathedrale wurde teils abgerissen, teils umgebaut. Die heutige Kathedrale geht auf das Jahr 1563 zurück, wobei die maßgeblichen Pläne aus der Zeit Ende des 16. und Anfang

Kathedrale   Mexiko-Stadt

Der langgestreckte Nationalpalast

des 17. Jh.s von den Architekten Claudio de Arciniega, Juan Gómez de Mora und Alonso Pérez de Castañeda stammen. Obwohl an dem gewaltigen Bauwerk aus Basalt und grauem Sandstein über 250 Jahre gebaut wurde und es daher unterschiedliche Stile in sich vereinigt, besticht es dennoch durch beeindruckende Harmonie. Trotz der beiden neoklassizistischen, durchbrochenen Türme und anderer Bauelemente wirkt die Fassade durch ihre massiven Voluten und gewundenen Säulenpaare überwiegend barock. Die Glockentürme, das Werk von José Damián Ortiz de Castro, wurden 1793, die Manuel Tolsá zugeschriebenen drei Statuen der Tugenden Glaube, Hoffnung und Nächstenliebe auf dem Uhrturm sowie die Kuppel erst 1813 fertiggestellt. Ungewöhnlich ist die Aufhängung und die sehr unterschiedliche Größe der Kirchenglocken; eine, die den Namen "Guadalupe" trägt, wiegt nicht weniger als 5600 kg.

Die Kathedrale ist im Inneren (118 m x 54 m; 55 m hoch) in ein Haupt- und zwei Nebenschiffe sowie 14 Seitenaltäre unterteilt. Wiederum sind alle Kunststile, Richtungen und Moden, die während der Kolonialzeit vorherrschten, vertreten. Glanzstück ist der reich geschnitzte Altar der Könige (Altar de los Reyes, 1718 – 1739) am Ende des Hauptschiffes hinter dem Hochaltar, mit einem Altaraufsatz (Retablo) von Jerónimo de Balbás, einem Bildhauer der churrigueresken Schule aus Sevilla. Der Retablo, der der Form der Apsis folgt, enthält Gemälde von Juan Rodríguez y Juárez, darunter die "Anbetung der Könige" ("La Adoración de los Reyes") und "Mariä Himmelfahrt" ("Asunción de María"), der die Kathedrale geweiht ist. Die Kapelle westlich vom Hauptaltar birgt die sterblichen Überreste des mexikanischen Kaisers Agustín de Iturbide. In der dritten Kapelle links vom Haupteingang ist die Figur des 'Señor del Cacao' beachtenswert, die einst vor der ursprünglichen Kirche aufgestellt war. Bei ihr lieferten die Indianer ihre

Innenraum

**Altar de los Reyes

Mexiko-Stadt

Kathedrale

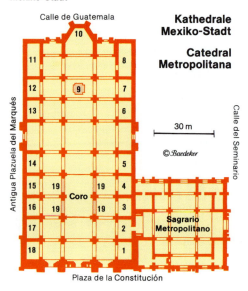

Kathedrale Mexiko-Stadt

Catedral Metropolitana

1 Capilla de Nuestra Señora de las Angustias de Granada
2 Capilla de San Isidro
3 Capilla de Santa Ana y la Purísima Concepción
4 Capilla de Nuestra Señora de Guadalupe
5 Capilla de Nuestra Señora de la Antigua
6 Capilla de San Pedro
7 Capilla del Santo Cristo o de las Reliquias
8 Sacristía
9 Altar Mayor
10 Altar de los Reyes
11 Sala Capitular
12 Capilla de San Felipe de Jesús
13 Capilla de los Dolores
14 Capilla de San Eligio o del Señor del Buen Despacho
15 Capilla de la Soledad
16 Capilla de San José
17 Capilla de los Santos Cosme y Damián
18 Capilla de San Miguel o de los Ángeles
19 Orgelprospekte

Innenraum (Fortsetzung)

Opfergaben für den Bau der Kathedrale in Form von Kakaobohnen ab. Die anderen Kapellen und Seitenaltäre sind mit wertvollen, meist barocken Gemälden ausgestattet.

Chor

Bemerkenswert ist das aus Zedernholz geschnitzte Chorgestühl, welches 1696 von Juan de Rojas geschaffen, jedoch zerstört wurde und nun wieder hergestellt wird. Als südliche Begrenzung des Chores, gegenüber dem Haupteingang, steht der Gnadenaltar (Altar del Perdón), dessen churriguereskes Retablo von Jerónimo de Balbás mit dem Hauptgemälde der "Jungfrau Maria" (1568) von Simon Pereyns 1967 einem Brand zum Opfer fiel, inzwischen jedoch ergänzt worden ist.

*Sakristei

In der Sakristei mit gotischem Kreuzrippengewölbe aus dem 16. Jh. sind Gemälde aus der Zeit um 1665 von Cristóbal de Villalpando ("Die unbefleckte Empfängnis" und "Triumph der Kirche") und Juan Correa ("Die Krönung der Mutter Gottes", "Kampf des heiligen Michael mit dem Drachen" und "Jesu Einzug in Jerusalem") sehenswert.

Krypta

In der Krypta, links vom Haupteingang, sind die meisten Erzbischöfe von Mexiko-Stadt begraben, darunter auch Juan de Zumárraga, der große Lehrmeister der Indianer und erste Oberhirte der Metropole.

*Museum für religiöse Kunst

Der Kathedrale angeschlossen ist ein Museum für religiöse Kunst, in dem kostbare kirchliche Gegenstände ausgestellt sind.

*Sagrario Metropolitano

Das Sakramentenhaus schließt sich direkt östlich an die Kathedrale an. Diese von der Kathedrale unabhängige Pfarrkirche wurde 1768 geweiht. Sie ist eines der besten Beispiele für den mexikanischen churriguereskesn Baustil, ein Werk des spanischen Architekten Lorenzo Rodríguez.

Fassade

In der Fassade ist die geometrische Ornamentik in Form der Estípites genannten Wandpfeiler vorherrschend. Bemerkenswert ist der gelungene harmonische Übergang von der hohen zentralen Fassade zu den niedrigen Stützseiten. Im Inneren fällt der von Pedro Patiño Ixtolinque 1829 geschaffene Hauptaltar auf. Der Künstler war ein indianischer Schüler Manuel Tolsás, dem wiederum

Mexiko-Stadt

Kathedrale und Sagrario Metropolitano

der Altar in der Kapelle der Virgen Dolorosa zugeschrieben wird. Feuer und Erdbeben zerstörten im 18. Jh. einen Teil des Inneren. Wie bei vielen anderen alten Bauten der Stadt sinken auch hier die Fundamente nach einer Seite hin ab, was auf den nachgebenden Untergrund des ausgetrockneten Sees zurückzuführen ist.

An der Ostseite des Gebäudes bieten Handwerker, die Werkzeuge vor sich ausgebreitet, ihre Dienste an – ähnlich den Musikern auf der Plaza Garibaldi.

Sagrario Metropolitano Fassade (Forts.)

✴✴Templo Mayor

Hinter der Kathedrale, an der Ecke der Straßen Argentina und Guatemala, hatte man schon seit Jahren einige Reste vom Tempelbezirk der Stadt Tenochtitlán freigelegt und dort belassen. Im Februar 1978 fanden Arbeiter beim Bau der Metro einen behauenen Stein. Er wurde von Archäologen geborgen und erwies sich als eine runde Scheibe von 3,25 m Durchmesser und 8500 kg Gewicht. Sie zeigt in kunstvollem Relief eine Darstellung der enthaupteten und zerstückelten Göttin Coyolxauhqui (Abbildung → S. 87).

Dieser Fund gab den Anstoß zu weiteren Grabungen. Vermutete man die Lage der Hauptpyramide (Gran Teocalli) bisher unter dem heutigen Zócalo, so zeigten die Ausgrabungen, daß das religiöse und politische Zentrum des Aztekenreiches sich weiter nordöstlich an dieser Stelle befunden hatte. Die Tempelpyramide war das alles beherrschende Gebäude des heiligen Bezirks. Auf ihrer Spitze befanden sich der nach Süden weisende Tempel des Kriegsgottes Huitzlipochtli und der nach Norden ausgerichtete Tempel des Regengottes Tláloc, die als Hauptgottheiten der Azteken Krieg und Tod, Leben und Wasser symbolisieren (→ Abbildung S. 300). Die Arbeiten erforderten den Abriß

✴Ausgrabungsstätte

Metro-Station
Zócalo (Linie 2)

Öffnungszeiten
Di. – So. 9.00 – 17.00

Mexiko-Stadt   **Templo Mayor**

Ausgrabungsstätte (Forts.)

eines ganzen Häuserblocks und begannen an der Hauptfassade mit der Doppeltreppe, die etwa entlang der Ostseite der Calle Argentina verlief. Es stellte sich heraus, daß die Fassade elfmal überbaut worden war, während an den anderen Pyramidenseiten nur fünf neue Ummantelungen gefunden wurden. Von den beiden Tempeln für Tláloc und Huitzilopochtli ist nichts mehr vorhanden. In der fünften Schicht von oben jedoch fand man die Pyramidenplattform eines früheren Baukerns mit gut erhaltenen Tempelmauern. Vor dem linken, dem Tláloc geweihten Tempel, stand eine Chac-mool-Figur, die noch den größten Teil ihrer Bemalung in lebhaften Farben trägt. Aus Größe und Material der Tempelmauern schließt man, daß diese Bauten wahrscheinlich errichtet wurden, bevor die Azteken die Vorherrschaft über das Tal von Anáhuac errangen, also vor dem Jahre 1428. Möglicherweise existieren in tieferen Schichten noch ältere Tempelbauten; ihre Freilegung ist jedoch unwahrscheinlich. In den Hohlräumen zwischen dem Mauerwerk der einzelnen Bauperioden fanden sich neben den Schädeln geopferter Menschen zahlreiche Behälter mit Opfergaben. Interessant ist, daß nur ein Bruchteil der über 7000 Fundgegenstände aztekischen Ursprungs ist, während die übrigen aus den Gebieten an-

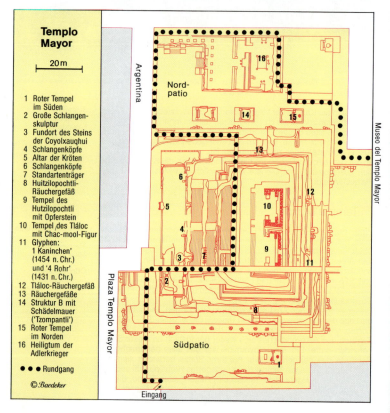

Templo Mayor

20 m

1 Roter Tempel im Süden
2 Große Schlangenskulptur
3 Fundort des Steins der Coyolxauqhui
4 Schlangenköpfe
5 Altar der Kröten
6 Schlangenköpfe
7 Standartenträger
8 Huitzilopochtli-Räuchergefäß
9 Tempel des Hutzilopochtli mit Opferstein
10 Tempel des Tláloc mit Chac-mool-Figur
11 Glyphen: 1 Kaninchen' (1454 n. Chr.) und '4 Rohr' (1431 n. Chr.)
12 Tláloc-Räuchergefäß
13 Räuchergefäße
14 Struktur B mit Schädelmauer ('Tzompantli')
15 Roter Tempel im Norden
16 Heiligtum der Adlerkrieger

● ● ● Rundgang

© Baedeker

Templo Mayor **Mexiko-Stadt**

derer Indianervölker stammen. Wahrscheinlich handelt es sich um Tribute unterworfener Stämme, die vor dem Abschluß einer neuen Überbauung der Pyramide den Göttern dargebracht wurden.
Durch das Ausgrabungsgelände führt ein Rundweg, der u.a. den Bezirk der 'geflügelten Krieger' berührt, wo Reste der Wohnungen der Adlerkrieger mit vielfarbigen Reliefs freigelegt wurden.

Templo Mayor
(Fortsetzung)

Da das Anthropologische Nationalmuseum keinen Platz zur Aufnahme der zahlreichen Funde mehr hatte, entschloß man sich, direkt bei der Ausgrabungsstätte ein neues Museumsgebäude zu errichten (Eingang Seminario 8). Mit dem Entwurf wurde Pedro Ramírez Vázquez, der auch schon das Anthropologische Nationalmuseum konstruierte, betraut. Am 12. Oktober 1987, dem Jahrestag der Entdeckung Amerikas, wurde das neue Museum eröffnet. Das Gebäude verfügt nur über eine große Fensterfront, die den Blick auf das Ausgrabungsfeld freigibt. Um einen Patio sind auf vier Ebenen acht Ausstellungsräume, ein Auditorium und eine Bibliothek auf einer Gesamtfläche von 1700 m² angeordnet. Auf Vitrinen für die 3000 Ausstellungsstücke wurde weitgehend verzichtet. Zur Erläuterung dienen Texte in spanischer Sprache aus den verschiedenen aztekischen Codices.
Am Eingang zum Museum ist ein 'Tzompantli' (Schädelmauer) aufgestellt, der sich ursprünglich im nördlichen Teil der Ausgrabungsstätte befand (→ Abbildung S. 88).Im Zentrum des Patio unterrichtet ein Modell über das Aussehen des Tempelbezirks von Tenochtitlán vor dem Eintreffen der spanischen Eroberer.
Eindrucksvollstes Ausstellungsstück ist der Opferstein mit dem Relief der Mondgöttin Coyolxauhqui (Náhuatl: 'die, sich das Gesicht mit Glocken bemalt'). Zu sehen ist eine nackte Frauengestalt, deren Kopf, Arme und Beine vom Rumpf abgetrennt sind. Der Sage nach wurde sie von ihrem Bruder, dem Kriegsgott Huitzlopochtli, auf dem Schlangenhügel Coatepec bei Tula (→ Tollán) zusammen mit 400 Gefolgsleuten getötet und zerstückelt, weil sie ihrer Mutter, der Erdgöttin Coatlicue, nach dem Leben trachtete und sich gegen Menschenopfer wehrte. Die Herzen der Opfer verspeiste Huitzilopochtli. Den Sohn der Mondgöttin, Copil, der sie rächen wollte, brachte der Kriegsgott ebenfalls um und warf dessen Herz in den Texcoco-See. Daraus soll der Kaktus mit dem Adler entsprungen sein, der den Azteken anzeigte, wo sie sich niederlassen sollten. Der Besucher kann den Stein auf zwei Arten betrachten: Im Erdgeschoß ist er flach vor der Fensterfront aufgestellt und vom zweiten Stock herab sieht man ihn durch eine Öffnung in der Decke. Diese Perspektive weist auf den Verwendungszweck des Steines hin. Er stand am Fuße der Pyramide unter dem Tempel von Huitzilopochtli. Die Priester töteten oben die Gefangenen und warfen deren Körper, nachdem sie ihnen die Herzen herausgerissen hatten, hinunter auf den Stein der Coyolxauhqui.

****Museo del Templo Mayor**

Öffnungszeiten
Di. – So. 9.00 – 17.00

*Opferstein

Entsprechend der Anordnung der beiden Tempel auf der Pyramide ist auch das Museum in einen Süd- und einen Nordflügel aufgeteilt. Der Südflügel ist dem Kriegsgott Huitzlipochtli vorbehalten. Der erste Saal zeigt die Wanderung der Azteken bis zu ihrer Ankunft im Tal von Anáhuac. Thema des zweiten Saales sind der Krieg und die zur Versöhnung der Götter notwendigen Opfer, während der dritte Saal sich mit Tributsystem und Handel der Azteken beschäftigt. Im vierten Saal schließlich sind einige der bedeutendsten Monolithen der Ausgrabungsstätte zu sehen. Den Treppenaufgang flankieren zwei lebensgroße Steinskulpturen von Adlerkriegern mit stilisierten Adlerschwingen, die ursprünglich im Bezirk der Adlerkrieger standen. Eindrucksvoll ist eine Darstellung des Feuergottes Xiuhtecutli. Ein besonderer Fund waren die an der Treppe zum Altar des Huitzilopochtli gefundenen acht 'Standartenträger', von denen manche noch Farbspuren und

Südflügel

*'Standartenträger'

Mexiko-Stadt

In dieser Lage wurden die 'Standartenträger' aufgefunden

Museo del Templo Mayor, Standartenträger (Fortsetzung)

Obsidian- und Muschelreste zur Imitation der Augen trugen. Bis heute ist ihre Funktion nicht bekannt. Man nimmt an, daß sie aus der dritten Bauperiode (1431) stammen und zu Beginn des vierten Bauabschnittes auf die Stufen gelegt und überdeckt wurden, um sie vor Beschädigung zu schützen.

Nordflügel

Die vier Säle des Nordflügels sind dem Regengott Tláloc gewidmet, dessen Erscheinung in zahlreichen Stücken wiederkehrt. Ein Saal zeigt die Skelette der Opfertiere wie Krokodile, Adler, Pumas, Jaguare und Haifische. In einem weiteren Saal werden Aspekte des Lebens und der Religion der Azteken gezeigt: Geburt, Erziehung und die Vorstellung der Azteken vom Universum.

Rings um den Zócalo

**Zócalo

Mittelpunkt der Stadt ist der Zócalo (Plaza de la Constitución), auf dem 1813 die erste Verfassung Mexikos verkündet wurde. Er mißt 240x240 m und ist damit einer der größten Plätze der Welt. Sofort nach der Eroberung Tenochtitláns durch die Spanier begannen diese, den Hauptplatz so anzulegen, daß sein Nordteil den Südsektor des zerstörten aztekischen Tempelbezirks (Teocalli) einnahm. Zu Beginn der Kolonialzeit diente der Platz u.a. als Stierkampfarena und Markt. Heute ist der Platz eine leere Fläche, in deren Mitte jeden Morgen eine überdimensionale Nationalflagge aufgezogen und der für Feste und Paraden genutzt wird. In der unter dem Platz liegenden Metro-Station zeigt eine Ausstellung in Modellen die Stadtentwicklung. Der Platz wird beherrscht vom Nationalpalast und der Kathedrale mit dem dahinterliegenden Ausgrabungsgebiet des Templo Mayor. Die Dachterrasse des Hotels Majestic bietet einen guten Blick über den Platz.

Rings um den Zócalo   **Mexiko-Stadt**

An der Südseite des Platzes, links an der Einmündung der Avenida 20 de Noviembre, steht das Alte Rathaus (Palacio del Ayuntamiento), ein um 1700 umgebautes Gebäude aus der Kolonialzeit, und zur Rechten das Neue Rathaus. Beide beherbergen jetzt Behörden des Departamento del Distrito Federal.
Daneben lohnt ein Blick in die Halle des Gran Hotel de la Ciudad de México (Av. 16 de Septiembre 82), deren Ausstattung die Atmosphäre des ausgehenden 19. Jh.s aufleben läßt. Besonderer Blickfang ist das von Tiffany entworfene Glasdach im Jugendstil.
    Altes und Neues Rathaus

An der Westseite werden unter den Arkaden der Kaufleute ('Portales de los Mercadores') schon seit Cortés Zeiten Waren angeboten.
    Arkaden der Kaufleute

Oberhalb der Arkaden, westlich der Kathedrale, schließt sich ein mehrfach umgebautes Gebäude aus der Kolonialzeit an, die 'Monte de Piedad' ('Berg des Erbarmens') genannte Staatliche Pfandleihanstalt. Die Pfandleihe, heute die größte in Lateinamerika, wurde 1775 von Pedro Romero de Terreros gegründet und bezog 1850 dieses Gebäude. Monatlich werden die nicht ausgelösten Pfänder versteigert.
    Monte de Piedad (Pfandleihe)

An der Kathedrale vorbei gelangt man in der Nordostecke des Zócalo zur Calle Moneda. Diese führt nach Osten zunächst zunächst zum auf der linken Straßenseite gelegenen barocken Erzbischöflichen Palais ('Palacio del Arzobispado', Ecke Licenciado Verdad) und auf der anderen Seite der Querstraße zu einem weiteren Gebäude, in dem 1536 durch den Vizekönig Antonio de Mendoza die erste Druckerei Neuspaniens eingerichtet wurde.
    Calle Moneda
    Erzbischöfliches Palais

Rechts, in der Calle Moneda Nr. 13, die Antigua Casa Moneda, die seit 1734 das Staatliche Münzamt beherbergte; heute Museum der Kulturen (Museo de las Culturas) mit Kunstgegenständen und Kunsthandwerk aus aller Welt (Di. – So. 9.00 – 18.00 Uhr).
    Antigua Casa Moneda (Museo de las Culturas)

Das Museo José Luis Cuevas (C. Academia 13), stellt neben Werken dieses Künstlers auch Arbeiten anderer moderner Maler und Grafiken bekannter Künstler aus (Di. – Sa. 10.00 – 18.00, So. 10.00 – 17.30 Uhr).
    Museo Cuevas

Einen Häuserblock weiter, jenseits der Calle Academia, liegt auf der rechten Seite der Academia de San Carlos, früher die bedeutendste Kunstlehranstalt des Landes. Heute sind in dem während des 19. Jh.s umgebauten Gebäude nur noch Reproduktionen von Skulpturen der europäischen Klassik untergebracht (Mi. – Mo. 10 – 18.00 Uhr).
    Academia de San Carlos

An der Verlängerung der Calle Moneda, der Calle Emiliano Zapata, liegt zur Linken die Kirche La Santísima. Ihre zwischen 1755 und 1789 entstandene Fassade gehört zu den schönsten der Stadt; sie wird in ihrer ersten Bauphase Lorenzo Rodríguez, dem Architekten der Sagrario Metropolitano, zugeschrieben. Beachtenswert ist der Glockenturm in Form einer päpstlichen Tiara.
    *Iglesia de La Santísima Fassade

In der kürzlich renovierten Kirche San Pedro y Pablo, Ecke C. Ildefonso und C. Carmen, wurde 1996 das neue Museum de la Luz eröffnet. Es enthält u.a. Exponate, die mit Astronomie, Fotografie und audiovisueller Technologie in Zusammenhang stehen.
    Museo de la Luz

Folgt man der C. Ildefonso bis zur C. Loreto, stößt man auf einer beschaulichen Plaza gleichen Namens auf die Kirche Nuestra Señora de Loreto, eines der interessantesten neoklassizistischen Gotteshäuser des Landes. Es wurde von Ignacio de Castera und José Agustín Paz zwischen 1809 und 1816 erbaut. Neben der eleganten Kuppel sind die großen Fenster zwischen den Strebepfeilern und in der Sakristei eine Nachbildung des Heiligen Hauses von Loreto mit schönen Gemälden aus der Kolonialzeit (Miguel Cabrera u. a.) zu erwähnen. Es spricht für
    Nuestra Señora de Loreto

Mexiko-Stadt

Rings um den Zócalo

Nuestra Señora de Loreto (Forts.)

den soliden Bau, daß sich bisher keine nennenswerten Schäden zeigten, obwohl sich infolge des nachgebenden Untergrunds der aus schwerem Stein gefügte Ostteil sehr stark, hingegen der aus leichterem vulkanischen 'Tezontle' bestehende Westteil nur geringfügig senkte.

Escuela Nacional Preparatoria

Zwei Häuserblocks westlich, an der Calle Ildefonso 33–45, steht das 1749 erbaute Jesuitenkolleg Ildefonso, das heute die Escuela Nacional Preparatoria 'Gabino Barreda', die berühmteste der Staatlichen Oberschulen, und ein Büro der Universität UNAM beherbergt. Von großer Bedeutung sind die die Patio- und Treppenhauswände

*Fresken

schmückenden Fresken der Künstler Fermín Revueltas, Ramón Alva de la Canal, Fernando Leal, Jean Charlot, David Álfaro Siqueiros und José Clemente Orozco, die 1921 von dem damaligen Erziehungsminister José Vasconcelos eingeladen wurden, das Gebäude auszumalen. Dies war die Geburtsstunde der weltbekannten Schule der mexikanischen Wandmalerei ('Muralismo'). Am bedeutendsten sind die zwischen 1922 und 1927 entstandenen Wandmalereien Orozcos, die geistig-religiöse Themen mit denen der revolutionären Geschichte des Landes verbinden. In der 'El Generalito' genannten Aula der Lehranstalt findet man das nach einem Brand gerettete Chorgestühl der

*Barockes Chorgestühl

früheren Augustinerkirche (später Biblioteca Nacional). Es gehört zu den kunstvollsten Schnitzwerken seiner Art und wurde von Salvador de Ocampo, dem Sohn des großen indianischen Bildhauers Tomás Xuárez, zwischen 1701 und 1702 geschaffen. Die Reliefs aus Nußbaum stellen Szenen aus dem Alten und Neuen Testament dar.

Anfiteatro Bolivar

Zur Escuela Nacional gehört das Anfiteatro Bolivar (Calle Justo Sierra 16), in dem Diego Rivera mit dem Wandgemälde "Die Schöpfung" erstmals seine Freskotechnik anwandte.

Erziehungsministerium

Nordwestlich, in der Calle República Argentina, zwischen den Straßen Venezuela und L.G. Obregón, befindet sich das Erziehungsministerium (Secretaría de Educación Pública), das heute die Stelle des Mitte des 17. Jh.s gegründeten Klosters La Encarnación einnimmt. In der barocken Kirche dieses Klosters ist die Iberoamerikanische Bibliothek (Biblioteca Iberoamericana) untergebracht. Auf einer Gesamtfläche von 1600 m² ist das Ministerialgebäude mit hervorragenden Wand-

*Wandmalereien

malereien u.a. von Amado de la Cueva, Juan O'Gorman, Carlos Mérida, hauptsächlich aber von Diego Rivera dekoriert. Riveras Fresken, die sich vor allem mit dem Leben und der Arbeit der Indios Mexikos beschäftigten, wurden zwischen 1923 und 1928 geschaffen und spiegeln den sozialkritischen Geist des Künstlers wieder. In der Publikationsabteilung des Ministeriums liegen Veröffentlichungen und Informationsmaterial über Land und Leute aus.

***Plaza de Santo Domingo**

Einen Block weiter in Richtung Norden, westlich der Avenida República de Brasil, öffnet sich die Plaza de Santo Domingo, ein Platz aus der Kolonialzeit, der noch viel altspanische Atmosphäre bewahrt hat. Unter den Arkaden an der Westseite sitzen öffentliche Schreiber, 'Evangelistas' genannt, die ihren oft analphabetischen Kunden ihre Dienste anbieten. Am Rande des Platzes, Calle Cuba Nr. 95, weist eine Gedenktafel darauf hin, daß hier die Indianerin Malinche (Doña Marina), die Dolmetscherin, Ratgeberin und Geliebte des Hernán Cortés, mit ihrem späteren Mann, Juan de Jaramillo, im Jahre 1527 gelebt hat. Auf der Plaza stehen zwei Denkmäler: Das Sitzbild zeigt eine der Heldinnen des Unabhängigkeitskampfes, Josefa Ortiz de Dominguez, genannt 'La Corregidora', nach welcher der Platz früher 'Jardín de la Corregidora' hieß; die Statue vor der Kirchenfassade zeigt den Arzt Manuel Carmona y Valle, einen bekannten Wissenschaftler und Direktor der Medizinischen Fakultät.

Mexiko-Stadt

An der Nordseite des Platzes erhebt sich der schöne Barockbau der Kirche Santo Domingo, die allein von einem gewaltigen Dominikanerkloster übriggeblieben ist. Der heutige Bau aus rotem Tezontle geht auf die erste Hälfte des 18. Jh.s zurück und ist wegen seines eleganten, mit Kacheln verzierten Turms, der ausgewogenen Fassade und der zwei churriguresken Retablos sowie des neoklassizistischen Hauptaltars von Manuel Tolsá im Inneren bemerkenswert.

Plaza de Santo Domingo (Forts.)
Iglesia de Santo Domingo

Die Ecke der Straßen Brasil und Venezuela an der Ostseite des Platzes wird von der Antigua Escuela Nacional de Medicina eingenommen, einem Palast aus dem 18. Jahrhundert. Während der Kolonialzeit diente das Gebäude als Gefängnis der Santa Inquisición, des höchsten Glaubensgerichts, dem allerdings die Indianer nicht unterworfen waren. Die Inquisition wurde in Neuspanien 1571 eingesetzt und war bis 1815 tätig. Heute ist im Gebäude das Museum für Medizingeschichte untergebracht (Di.–So. 9.00–16.00 Uhr).

Escuela Nacional de Medicina (Museum für Medizingeschichte)

Zwei Häuserblocks zurück in Richtung auf die Kathedrale liegt an der Calle Donceles die Klosterkirche La Enseñanza Antigua, ein barocker Bau des Architekten Francisco Guerrero y Torres aus der zweiten Hälfte des 18. Jahrhunderts. Im Inneren sind besonders schöne Altaraufsätze im churriguresken Stil und Gemälde aus der mexikanischen Schule der Kolonialzeit zu besichtigen.

*Iglesia de La Enseñanza Antigua

Zurückgekehrt auf den Zócalo, gelangt man am Nationalpalast vorbei zur Straße Corregidora an einen rekonstruierten Kanal, den Acequia Real. Er ist ein Überrest der einst Mexiko-Stadt durchziehenden Wasserstraßen, auf denen Lastkähne mit Gütern aus den umliegenden Dörfern verkehrten.

Acequia Real

Die Südostecke des Zócalo bildet das Gebäude des Obersten Gerichtshofes ('Suprema Corte de Justicia'), 1929 im Kolonialstil anstelle eines Marktgebäudes aus dem 18. Jh. errichtet. Das Treppenhaus ist mit zwei Wandgemälden von José Clemente Orozco geschmückt.

Oberster Gerichtshof

Zwischen Alameda und Zócalo

Das seit der Fertigstellung des Hotel de México zweithöchste Gebäude der Stadt ist der 44stöckige und 181,33 m hohe Torre Latinoamericana (Lateinamerika-Turm) an der Ecke Avenida Madero und Lázaro Cárdenas südlich der Metro-Station, dessen Aussichtsterasse im 42. Stock an den wenigen klaren Tagen einen ausgezeichneten Überblick über die Stadt bietet. Das schwere Erdbeben vom September 1985 ließ den Turm zwar erheblich schwanken, doch blieb er dank seines Schwimmfundamentes unbeschädigt.

Metro-Station
Bellas Artes (Linie 2)

Torre Latinoamericana

Vom Lateinamerika-Turm führt die Avenida Francisco I. Madero nach Osten. Auf der rechten Straßenseite begegnet zunächst die Kirche San Francisco, deren schönes churriguereskes Portal aus dem frühen 18. Jh. stammt. Sie ist Überbleibsel eines einst gewaltigen, 1524 von Hernán Cortés gegründeten Klosters, das 1856 von der Reform-Regierung zerstört wurde; angeblich lag Cortés von 1629 bis 1794 in dieser Kirche begraben.

San Francisco

Auf der gegenüberliegenden Straßenseite steht die bereits 1598 errichtete Casa de los Azulejos (Haus der Kacheln), die der Conde del Valle de Orizaba 150 Jahre später mit blauen und weißen Kacheln aus Puebla ausschmücken ließ. Das Treppenhaus malte José Clemente Orozco 1925 mit Fresken aus. Im Haus selbst befinden sich ein Geschäft und ein Café der Sanborn's-Kette, in dem sich 1914 nach ihrem

*Casa de los Azulejos

Zwischen Alameda und Zócalo **Mexiko-Stadt**

Einzug in Mexiko-Stadt Emiliano Zapata und Pancho Villa zum Frühstück trafen. Ein Foto des Treffens hängt im Café.

Casa de los Azulejos (Fortsetzung)

Der auf der rechten Seite folgende Palacio de Iturbide ist heute im Besitz der Banco Nacional de México. Dieses schön restaurierte Barockpalais wurde von Francisco Guerrero y Torres im Jahr 1780 entworfen und war bis zum Jahr 1823 Wohnsitz von Agustín de Iturbide, dem ersten Kaiser von Mexiko. Im Innenhof des Gebäudes veranstaltet die Nationalbank von Zeit zu Zeit Ausstellungen.

✻Palacio de Iturbide

Über einem großen Schuhgeschäft (C. Bolívar 27) gibt es im originellen neuen Schuhmuseum (Museo del Zapato) über 7500 Stück altes und neues Schuhwerk zu sehen.

Museo del Zapato

Wiederum auf der linken Straßenseite, an der Ecke Madero und Isabel la Católica, findet man die schöne, 1720 gegründete barocke Kirche La Profesa, die einst Teil eines Jesuitenklosters war. Der Hochaltar stammt von Manuel Tolsá.

Iglesia de La Profesa

In südlicher Richtung, Ecke Isabel la Católica und Uruguay, war in einer Augustinerkirche die jetzt in die Universitätsstadt verlagerte Nationalbibliothek untergebracht. Die danach folgende Querstraße ist die República de Salvador, an der in östlicher Richtung, jenseits der Avenida Pino Suárez, das Museum der Stadt Mexiko (Museo de la Ciudad de México, Pino Suárez 30) liegt. Das imposante ehemalige Palais der Grafen von Santiago de Calimaya beherbergt Dokumente, Fotos, Möbel und andere Gegenstände aus der Geschichte der Stadt von der prähistorischen bis zur heutigen Zeit. Bemerkenswert sind u.a. ein Modell des Teocalli, des Kultzentrums von Tenochtitlán, sowie eines der heutigen Stadt. An der Hausecke ist ein Schlangenkopfstein aus der Schlangenmauer des Templo Mayor beachtenswert.

✻Museo de la Ciudad de México

Öffnungszeiten
Di.–So. 9.00–19.30

Ein kurzer Abstecher führt auf der Straße El Salvador weiter in Richtung Osten zu den einige Häuserblocks (Cuadras) entfernten, von Enrique de la Mora y Palmor entworfenen modernen Gebäuden des einstigen Marktes La Merced, einst größter Markt der Stadt, dessen Betrieb aber nach Verlegung nach Itzpalapa nun zurückgegangen ist.

La Merced

In der ehemaligen Marktregion empfiehlt sich ein Besuch des aus dem 17. Jh. stammenden und 1834 umgebauten Klosters La Merced an der Ecke Uruguay und Jesús María. Der noch erhaltene herrliche Kreuzgang zeigt verschiedene Bauformen, unter denen der Mudéjar-Stil besonders auffällt.

✻Convento de La Merced

Ein Stück weiter an der Avenida Uruguay steht die hauptsächlich von den Marktleuten besuchte Capilla Manzanares mit hübscher churrigueresker Fassade aus dem 18. Jahrhundert.

Capilla Manzanares

Schräg gegenüber vom Stadtmuseum erhebt sich die barocke Kirche Jesús Nazareno, die im 17. Jh. erbaut und deren Gewölbe 1944 mit Fresken von Orozco ausgemalt wurde. Man nimmt an, daß an dieser Stelle Hernán Cortés am 8. November 1519 dem Aztekenherrscher Moctezuma II. zum ersten Mal begegnet sein soll (andere Quellen geben die Kirche Santa Cruz Acatlán an). Der 1547 im spanischen Sevilla gestorbene Cortés liegt heute in der Kirche Jesús Nazareno begraben. Das angeschlossene Hospital La Purísima Concepción wurde bereits 1524 von Cortés als erstes seiner Art in Amerika gegründet und bis vor wenigen Jahren von seinen Nachfahren verwaltet.
In der südlich gelegenen Metro-Station Pino Suárez steht eine an dieser Stelle ausgegrabene aztekische Rundpyramide.

Hospital e Iglesia Jesús Nazareno

◀ *Torre Latinoamericana*

Mexiko-Stadt

Convento San Jerónimo / Museo Claustro de Sor Juana

Von der Metro-Station geht es in westlicher Richtung auf der Calle San Jerónimo zu dem an der gleichnamigen Plaza (Nr. 47) liegenden ehemaligen Kloster San Jerónimo. Hier lebte und wirkte die große Dichterin und Malerin Juana Inés de la Cruz (1651–1695), deren sterbliche Überreste man in der Klosterkirche entdeckte. Ihrem Andenken widmet sich das heute im Gebäude untergebrachte Museum (Öffnungszeiten: Di.–So. 10.00–15.00, 16.00–18.00 Uhr).

Museo de la Charrería

Auf der Isabel la Católica, einen Block nach Süden, erreicht man die Avenida José María de Izazaga, an der nahe der Metrostation Isabel la Católica die kleine Kirche Nuestra Señora de Monserrat liegt. Das frühere Kloster enthält heute das Charro-Museum (Museo de la Charrería), in dem alles rund um Pferde und Pferdesport ausgestellt wird, darunter die traditionellen Charro-Trachten und auch der Sattel des Revolutionärs 'Pancho' Villa.

*Colegio de las Vizcaínas

Kehrt man zurück zur Calle San Jerónimo und folgt dieser nach Westen, erreicht man kurz vor der Avenida Lázaro Cárdenas auf der Callejon San Ignacio das Colegio de las Vizcaínas oder de San Ignacio. Dieser zwischen 1734 und 1786 nach Plänen von Miguel José de Quiera als Internat für baskische Mädchen errichtete Barockbau hat eine besonders hübsche Kapelle im churriguereskem Stil, die wie die Nordfassade Lorenzo Rodríguez zugeschrieben wird. Ein kleines sakrales Museum ist der Öffentlichkeit nur zeitweise zugänglich.

La Purísima

Am Westende der Calle Izazaga, auf der Avenida Lázaro Cárdenas, steht die aus der Mitte des 18. Jh.s stammende Kirche La Purísima. Beachtenswert ist ihr reich dekoriertes Portal und auf dem Platz davor der Brunnen Salto del Agua, dessen koloniales Original vor 60 Jahren abgebaut und in → Tepotzotlán neu aufgestellt wurde.

*Mercado San Juan

Nordwestlich des Platzes erstreckt sich der Mercado San Juan (Kreuzung Lopez und Ayuntamiento), einer der ältesten und bedeutendsten Märkte für Lebensmittel, Blumen, Gebrauchsartikel und Volkskunst.

Bellas Artes und Alameda

*Palacio de Bellas Artes Metro-Station Bellas Artes (Linie 2)

An der Avenida Lázaro Cárdenas, östlich des Alameda-Parks, erhebt sich der gewaltige Marmorbau des Palacio de Bellas Artes (Palast der Schönen Künste). Das unter der Regierung des Diktators Porfirio Díaz in Auftrag gegebene Bauwerk wurde im wesentlichen von dem italienischen Architekten Adamo Boari entworfen und zeigt deutliche Elemente von Jugendstil und Art deco; von 1900 bis 1934 wurde daran gebaut. Das aus schwerem Carrara-Marmor bestehende, mächtige Gebäude ist auf Grund seines Gewichtes im Laufe der Zeit um über vier Meter in den sumpfigen Untergrund abgesunken, obwohl man einen Teil der Verkleidung der Kuppel entfernt hat, um das Gewicht zu verringern. Bei Bauarbeiten vor dem Palast fand man 1993/94 nicht weniger als 2000 prähispanische Stücke und 200 Gräber aus der Kolonialzeit. Seit 1946 Hauptquartier des Nationalinstituts für Schöne Künste (Instituto Nacional de Bellas Artes), dient der Palast hauptsächlich als Opern- und Konzerthaus.

Teatro de Bellas Artes
*Tiffany-Glasvorhang

Der große Saal, Teatro de Bellas Artes genannt, bietet Platz für 3500 Zuschauer. Die Bühne hat einen 22 t schweren Glasmosaik-Vorhang, der von Dr. Atl (Gerardo Murillo) entworfen und von Tiffany in New York hergestellt wurde. Er zeigt, durch raffinierte Lichteffekte unterstrichen, die Landschaft des Tals von Mexiko mit den darüber aufragenden Vulkanen Popocatépetl und Iztaccíhuatl.
Dreimal wöchentlich tritt das berühmte Ballet Folklórico auf.

Bellas Artes und Alameda — **Mexiko-Stadt**

Sinkt langsam in den Untergrund: Palacio de Bellas Artes

Im Palacio de Bellas Artes ist auch das Museum für Bildende Kunst (Museo de Artes Plásticas) untergebracht, mit vorwiegend mexikanischen Werken aus dem 19. und 20. Jh., Räumen für wechselnde Kunstausstellungen und einer Reihe von Vortrags- und Konzertsälen. Der zweite und dritte Stock zeigen Wandmalereien der berühmtesten mexikanischen Künstler dieses Genres. In den Korridoren des zweiten Stocks befinden sich zwei große Wandgemälde des hervorragenden Malers Rufino Tamayo mit den Titeln "Geburt unserer Nationalität" und "Mexiko heute". Im dritten Stock sieht man ein Gemälde von Diego Rivera mit dem Titel "Mensch am Wendepunkt" (1934), eine Kopie des für das Rockefeller Center in New York geschaffenen Werks, das dort aber wegen seiner antikapitalistischen Tendenz übermalt wurde. Interessant ist auch eine Reihe von Fresken des Malers David Álfaro Siqueiros, in einer zur Entstehungszeit neuartigen Technik mit der Spritzpistole gemalt, welche die Demokratie und den letzten Aztekenherrscher Cuauhtémoc verherrlichen. José Clemente Orozco malte das Werk "Katharsis" (1934, → Abbildung S. 98).

*Museo de Artes Plásticas

Öffnungszeiten
Mo.–Sa.
10.00–17.30,
So. 10.00–14.00

Südlich des Alameda-Parks verbindet die Avenida Benito Juárez (östlich von Bellas Artes Av. Francisco I. Madero) den Paseo de la Reforma mit der Avenida Lázaro Cárdenas. An ihr liegen elegante Läden (Silber, Lederwaren, Volkskunst u. a.), Bürohäuser und Hotels und Restaurants. Zu erwähnen ist im Haus Nr. 89 das Museum für Volkskunst und Handwerk (Museo Nacional de Arte y Industrias Populares) im Gebäude der ehemaligen Kirche Corpus Christi (mit Fresken von Miguel Covarrubias), wo unter der Regie des Mexikanischen Indianer-Instituts INI kunsthandwerkliche Erzeugnisse verkauft werden. Kunsthandwerk ist ebenfalls in den staatlichen FONART-Läden Londres 136/Zona Rosa, Avda. de la Paz/San Angel, Patriotismo 691/Mixcoac und Venustiano Carranza 115 in Coyoacán zu erstehen.

Museo Nacional de Arte y Industrias Populares

Mexiko-Stadt

*Rivera-Gemälde

Öffnungszeiten
Di.–So.
10.00–17.00

In der Halle des bei dem Erdbeben im September 1985 zerstörten Hotel del Prado (Juárez Nr. 70) befand sich das berühmte Gemälde "Traum an einem Sonntagnachmittag im Alameda-Park" von Diego Rivera aus den Jahren 1947–1948. Es konnte geborgen werden und befindet sich jetzt in einem Neubau an der Plaza de Solidaridad. Der Platz, der nach dem Erdbeben anstelle von zerstörten Gebäuden angelegt wurde, schließt sich an den Alameda-Park an. In seinem Wandgemälde karikierte der Künstler historische Persönlichkeiten Mexikos, die er als Feinde seines Volkes ansah. Nach der Fertigstellung kam es zu einem Skandal, da Rivera sein Bild mit der Inschrift "Dios no existe" ("Gott existiert nicht") versehen hatte. Jahrelang blieb das Gemälde verhängt, bis Rivera 1958 unter großer Publizitätsentfaltung den umstrittenen Satz übermalte. Ende 1997 wurde eine Reproduktion des Gemäldes am Platz des zerstörten Hotels Prado aufgestellt.

Plaza de las Culturas

Zur gleichen Zeit wurde zwischen den Straßen Luis Moya und Revillagido die Plaza de las Culturas geschaffen. Reproduktionen der Werke berühmter Bildhauer des 19. Jh.s sind hier ausgestellt.

Parque Alameda Central

Metro-Stationen
Bellas Artes (Linie 2)
Hidalgo (Linien 2, 3)

Der bereits 1592 angelegte Parque Alameda Central wird im Süden von der Av. Juárez, im Norden von der Av. Hidalgo begrenzt. Der gepflegte, schattige Park mit seinen alten Bäumen, Springbrunnen und Skulpturen war in vorkolumbischer Zeit ein Marktplatz (Tianguis). Der von Besuchern und fliegenden Händlern stark frequentierte Park hat um Weihnachten seine bunteste Zeit, wenn er sich festlich illuminiert und geschmückt in eine Art Vergnügungspark verwandelt.

Hemiciclo Juárez

Das halbkreisförmige Ehrenmal Hemiciclo Juárez wurde 1910 zu Ehren des Reformers Benito Juárez (1806–1872) errichtet. Hinter der sitzenden Gestalt von Juárez stehen zwei Frauengestalten als Symbole für Gerechtigkeit und Ruhm. Alljährlich am 18. September nimmt der Staatspräsident an dieser Stelle eine Parade ab.

Beethoven-Denkmal

An der Ostseite des Platzes, gegenüber vom Palacio de Bellas Artes, befindet sich ein von der deutschen Kolonie gestiftetes Beethoven-Denkmal mit der Totenmaske des Komponisten.

Nordwestlich von Bellas Artes

Metro-Stationen
Bellas Artes (Linie 2)
Hidalgo (Linien 2, 3)

Iglesia de
La Santa Veracruz

An der den Alamedapark im Norden begrenzenden Avenida Hidalgo liegt die kleine Plaza Morelos (Plaza 2 de Abril oder Plazuela de San Juan de Dios), an welcher zwei Gotteshäuser stehen. Die Kirche La Santa Veracruz an der Ostseite des Platzes geht auf einen Bau aus der Mitte des 16. Jh.s zurück; die heutige Kirche mit dem schönen churrigueresken Hauptportal wurde 1764 eingeweiht. Das einst reich geschmückte Innere fiel Plünderungen zum Opfer. Beachtenswert ist noch das von Karl V. gestiftete Kruzifix am Hauptaltar. Manuel Tolsá, der berühmte Architekt und Bildhauer, ist in dieser Kirche beigesetzt.

San Juan de Dios

Auf der gegenüberliegenden Seite des Platzes steht die Kirche San Juan de Dios, der ein ehemaliges Hospital angeschlossen ist, in dem heute zeitweise Kunsthandwerk angeboten wird. Die Fassade der Kirche ist wie eine riesige Nische gestaltet. Der obere Teil hat die Form einer Muschel. Um die Kirchenheiligen sind weitere Statuen gruppiert.

*Museo Franz Mayer

Neben der Kirche San Juan de Dios (Av. Hidalgo 45) zeigt seit August 1986 das Museo Franz Mayer als einzige Einrichtung dieser Art im Land Angewandte Kunst europäischer und mexikanischer Herkunft (Di.–So. 10.00–17.00 Uhr).

Mexiko-Stadt

An der Westseite der Alameda (Dr. Mora 7) liegt die Pinacoteca Virreinal (Vizekönigliche Gemäldesammlung), die in der zwischen 1594 und 1621 errichteten früheren Klosterkirche San Diego untergebracht ist. Die Gemälde, die in der Kirche, den Kapellen und im Kreuzgang ausgestellt sind, stammen von den bedeutendsten Künstlern der Kolonialzeit (16.–19. Jh.) wie Simon Pereyns, Baltazar de Echave Orio, Cristóbal de Villalpando, Juan Rodríguez Juárez, José María de Ibarra, Miguel Cabrera und José María Tresguerras.

*Pinacoteca Virreinal

Öffnungszeiten
Di.–So. 9.00–17.00

Geht man die Avenida Hidalgo entlang bis zum Paseo de la Reforma und überquert diesen, liegt rechts die Kirche San Hipólito, ein mächtiges Gebäude vom Beginn des 17. Jh.s mit einer barocken Fassade. Sie ist dem Schutzheiligen der Stadt Mexiko geweiht.

Iglesia de San Hipólito

Zwei Häuserblocks weiter westlich öffnet sich rechts die Plaza San Fernando. An ihrer Nordseite liegt die Kirche San Fernando, ein Mitte des 18. Jh.s entstandener Bau mit vergleichsweise nüchterner Barockfassade; auf dem Friedhof liegen berühmte Mexikaner begraben, darunter Benito Juárez.

Iglesia de San Fernando

Von der Plaza San Fernando zwei Blocks westlich, links an der Ecke der Calle Puente Alvarado (Nr. 50), steht der frühere Palast des Grafen von Buenavista, ein neoklassizistischer Bau Manuel Tolsás vom Beginn des 19. Jh.s. Kaiser Maximilian von Mexiko schenkte das Palais 1865 dem Oberbefehlshaber der französischen Truppen, Marschall François Bazaine. Heute ist hier das Museo San Carlos untergebracht, benannt nach König Carlos III. von Spanien, der die erste Gemäldesammlung anlegen ließ. Gezeigt wird eine gute Zusammenstellung von Gemälden mexikanischer und europäischer Künstler, die früher in der Academia San Carlos ausgestellt waren, darunter Werke von Tizian, Tintoretto, Goya und El Greco.

*Museo San Carlos

Öffnungszeiten
Di.–So.
10.00–17.00

Nordöstlich von Bellas Artes

Östlich von Bellas Artes, an der Kreuzung Av. Lázaro Cárdenas und Calle Tacuba, liegt die Hauptpost (Correo Mayor, Dirección General de Correos). Das Gebäude wurde 1902 bis 1908 von dem Architekten Adamo Boari, der auch die Pläne für Bellas Artes entwarf, im Neorenaissancestil mit gotisierenden Elementen erbaut. In den Obergeschossen befindet sich ein Postmuseum (Museo Postal). Briefmarkensammler kommen in der Verkaufsstelle für Sondermarken auf ihre Kosten.

Metro-Stationen
Bellas Artes, Allende (Linie 2)

Hauptpost mit Postmuseum

Westlich der Hauptpost, mit der Fassade zur Calle Tacuba, steht der Palacio de Minería, um 1800 von Manuel Tolsá im französischen Geschmack der neoklassizistischen Schule erbaut. Bis 1954 beherbergte er die Hochschule für Bergwerksingenieure.

Palacio de Minería

Vor dem Palast steht jetzt das berühmte, ebenfalls von Manuel Tolsá geschaffene bronzene Reiterdenkmal Karls IV. von Spanien, von der Bevölkerung 'El Caballito' (span.: 'das Pferdchen') genannt, bei dessen Entwurf sich der Bildhauer an ein französisches Vorbild von Girardon anlehnte. Das 'Pferdchen', das ursprünglich auf dem Zócalo gestanden hatte, erlebte nach der Unabhängigkeit eine Odyssee über mehrere Plätze der Stadt, bis es schließlich am heutigen Ort aufgestellt wurde.

'El Caballito'

In dem gegenüberliegenden imposanten Gebäude Calle Tacuba 8, das Anfang dieses Jh.s von dem italienischen Architekten Silvio Con-

*Museo Nacional de Arte

Mexiko-Stadt

*Museo Nacional de Arte (Forts.)

Öffnungszeiten
Di.–So.
10.30–17.30

tri erbaut wurde, befand sich lange Zeit das Ministerium für Verkehr und Öffentliche Arbeiten. Seit 1982 beherbergt es das neue Nationalmuseum für Kunst (Museo Nacional de Arte). In 22 Sälen auf zwei Stockwerken wird ein breiter Querschnitt mexikanischer Kunst gezeigt, der von Maya-Skulpturen über religiöse Exponate der spanischen Kolonialzeit, Landschaftsmalerei des 19. Jh.s bis zu zeitgenössischer Kunst reicht.

Parlamentsgebäude

Nordwestlich vom Palacio de Minería liegen die Gebäude der beiden Kammern des mexikanischen Parlaments: an der Ecke der Straßen Donceles und Xicoténcatl die Cámara de Senadores (Senat), mit Wandmalereien von Jorge González Camarena im Treppenhaus, und an der Ecke der Donceles (Nordseite) mit der Calle Allende die Cámara de Diputados (Abgeordnetenkammer).

Kloster La Concepción

Zwei Straßenzüge nordöstlich, nördlich der Calle Belisario Domínguez, erreicht man die Plaza de la Concepción, in deren Mitte sich eine kleine achteckige Kapelle erhebt. An diesem Platz liegt das Kloster La Concepción, 1540 als erstes Nonnenkloster der Stadt von Bischof Juan de Zumárraga gegründet. An den Gebäuden baute man bis ins 19. Jh., so daß Stilelemente vom frühen Barock bis zum Neoklassizismus vorhanden sind.

*Plaza Garibaldi

Zwei Häuserblocks weiter nördlich, zwischen den Straßen Montero, Ecuador, Allende und Santa María la Redonda, von Bellas Artes aus direkt über die nördliche Verlängerung der Av. Lázaro Cárdenas zu erreichen, öffnet sich die verwinkelte Plaza Garibaldi, umgeben von mehreren bei Touristen sehr beliebten Lokalen. In diesen und auf dem Platz spielen größere und kleinere Gruppen Volksmusik, wobei die ursprünglich aus Jalisco stammenden Mariachis (Charrotracht; Trompete, Geigen, Gitarren und 'Guitarrón' genannte Baßgitarre) am häufigsten sind, meist sind aber auch Gruppen aus Veracruz (weiße Tracht mit Strohhut, Harfe, kleine Gitarren) und anderen Gegenden anwesend. An Ort und Stelle wird pro Lied bezahlt, man kann aber auch ein Arrangement auf Zeit treffen und die Gruppe für Privatveranstaltungen engagieren. Besonders am Abend herrscht reges Treiben auf dem Platz; allerdings sind nicht nur vertrauenswürdige Zeitgenossen unterwegs – man achte daher auf seine Wertsachen.

Mercado de la Lagunilla

Unweit östlich, nördlich der Calle República de Honduras, liegt der Mercado de la Lagunilla. Seit der größte Teil der Stände in einem modernen Gebäude untergebracht ist, hat er viel von seiner farbigen Flohmarktatmosphäre verloren. Sonntags werden aber noch 'Antiquitäten' (nur selten echte Stücke) angeboten.

Mercado de Tepito

Wenige Blocks nordöstlich, um die Calle de Aztecas, liegt der Mercado de Tepito, auf dem im Umkreis einer modernen Markthalle Gebrauchtwarenhändler (aber auch Schmuggler) ihre Waren zu oft sehr günstigen Preisen anbieten.

Tlatelolco

Metro-Station
Tlatelolco (Linie 3)

Westlich vom Tepito, mit dem Taxi vom Zentrum über den Paseo de la Reforma in nördlicher Richtung direkt zu erreichen, erstreckt sich das Viertel Tlatelolco, in dem das fast 1 Mio. m² umfassende Wohngebiet Conjunto Urbano Nonoalco-Tlatelolco geschaffen wurde. Bei dem Erdbeben von 1985 wurde das Viertel schwer beschädigt; ein Wohnblock kippte regelrecht um und begrub Hunderte von Opfern unter sich. Viele der Gebäude stehen nun wegen Baufälligkeit leer.

Tlatelolco   **Mexiko-Stadt**

Mittelpunkt und Hauptsehenswürdigkeit des Viertels ist der Platz der Drei Kulturen (Plaza de las Tres Culturas oder Plaza Santiago de Tlatelolco). Die Plaza liegt ungefähr an der gleichen Stelle wie der Hauptplatz der präkolumbischen Stadt Tlatelolco, Rivalin Tenochtitláns bis zum Jahre 1473. In jenem Jahr wurde die Stadt von den Mexica in Besitz genommen und ihr Herrscher Moquihuix von der Hauptpyramide zu Tode gestürzt. Tlatelolco blieb jedoch die wichtigste Handelsstadt der Region, und sein berühmter Markt soll nach Berichten der Konquistadoren täglich von 60 000 Käufern und Verkäufern besucht worden sein. Während der Belagerung Tenochtitláns 1521 durch die Spanier war Tlatelolco Schauplatz des letzten Widerstands der Azteken. Eine Gedenktafel erinnert daran mit den Worten: "Am 13. August 1521 fiel das von Cuauhtémoc heldenhaft verteidigte Tlatelolco in die Hände von Hernán Cortés. Es war weder Triumph noch Niederlage. Es war die schmerzhafte Geburtsstunde des heutigen Mexiko, eines Volkes von Mestizen." 1968 ging die Polizei mit Schußwaffen gegen eine auf dem Platz demonstrierende Menschenmenge vor und tötete dabei nach inoffiziellen Schätzungen 250 Menschen. In den Jahren 1985/86 war die weite Fläche mit Zelten bedeckt, in denen zahlreiche nach dem Erdbeben Obdachlose eine notdürftige Unterkunft fanden.
Der Platz wurde von Mario Pani entworfen und 1964 fertiggestellt. Seinen Namen erhielt er wegen des interessanten Nebeneinanders von Bauten aus drei Epochen: aztekische Pyramiden und Tempel, eine spanische Klosterkirche und moderne Hochhäuser.

*Platz der Drei Kulturen

Zu den altmexikanischen Anlagen zählen neben der Hauptpyramide, die 14 Überbauungen aufweist, Überreste von mehreren Pyramidenbauten, Plattformen, Treppen, Mauern, Altären und einer Schädelmauer (Tzompantli). An einer der Nebenpyramiden sind schöne Reliefs aztekischer Kalenderzeichen erhalten.

Aztekische Ruinen

Platz der Drei Kulturen

Mexiko-Stadt

Santiago de Tlatelolco

In der Mitte des parkartigen Platzes der Drei Kulturen erhebt sich die in schlichtem Barockstil gehaltene Kirche Santiago de Tlatelolco. Anstelle einer bereits 1535 für das gleichnamige Franziskanerkloster erbauten kleinen Kapelle entstand Anfang des 17. Jh.s die heutige Kirche, die man bei der Neugestaltung etwas unglücklich restauriert hat. Dazu gehört ein altes Klostergebäude, welches das berühmte Colegio Imperial de Santa Cruz beherbergte. In dieser Lehranstalt unterrichteten Franziskanermönche die begabten Söhne des aztekischen Adels. Einer ihrer bedeutendsten Lehrer war Bernardino de Sahagún, der große Chronist der Geschichte Neuspaniens.

Außenministerium

Den Südwesten des Platzes nimmt der moderne Bau des mexikanischen Außenministeriums (Secretaría de Relaciones Exteriores) ein. Der Errichtung dieses Hochhauses und der Straße fielen allerdings die Quetzalcóatl-Pyramide und Teile eines anderen Kultbaus zum Opfer.

*Paseo de la Reforma

Metro-Stationen
Hidalgo (Linien 2, 3)
Chapultepec (Linie 1)

Bus
Mehrere Haltestellen entlang des Boulevards

Der Paseo de la Reforma, die von Osten nach Westen führende Hauptverkehrsader der Metropole, erstreckt sich über insgesamt 15 km von Tlatelolco bis zu dem Villenviertel Las Lomas ('Die Hügel') an der westlichen Stadtgrenze. Die eigentliche Prachtstraße beginnt jedoch erst an der Einmündung der Avenida Benito Juárez und reicht bis zum Chapultepec-Park. Der Boulevard ist 60 m breit und hat sechs bis acht Fahrbahnen mit einem Grünstreifen in der Mitte. Er wird gesäumt von Bronzestatuen berühmter Männer, vorwiegend Helden der Unabhängigkeits- und Interventionskriege. Die Kreuzungen sind als große Rondells (Glorietas) mit Denkmälern oder Baumgruppen angelegt. Zahlreiche moderne Hochhäuser, in denen Büros, Hotels,

Paseo de la Reforma mit Kolumbus-Denkmal

Paseo de la Reforma Mexiko-Stadt

Restaurants, Kinos und Läden u. a. untergebracht sind, haben die Patrizierwohnhäuser der Kolonialzeit fast gänzlich verdrängt. Die Stadt verdankt diese prächtige Allee Kaiser Maximilian, der eine direkte Verbindung zwischen seiner Residenz im Schloß Chapultepec und dem Amtssitz am Zócalo wünschte. Ihren heutigen Namen hat die Straße nach den von Maximilians Gegenspieler Benito Juárez im Jahre 1861 erlassenen Reformgesetzen.

Die erste Glorieta nach der Einmündung der Avenida Juárez ist die Glorieta de Cristóbal Colón. Die Statue des Entdeckers von Amerika wurde von dem Franzosen Cordier geschaffen und 1877 hier aufgestellt. Um den Sockel des Denkmals gruppieren sich die Statuen von gelehrten Mönchen, die sich um die Kolonisation und die Eingliederung der Indianer verdient gemacht haben: Juan Pérez de Marchena, Diego de Deza, Pedro de Gante und Bartolomé de Las Casas.

Kolumbus-Denkmal

Von der Glorieta de Cristóbal Colón zweigt nach rechts die Calle Ignacio Ramírez ab, die zur nördlich gelegenen Plaza de la República mit dem riesigen, der Revolution von 1910 gewidmeten Monumento a la Revolución führt. In den Säulen des 67 m hohen Kuppelbaus ruhen die Gebeine der Revolutionsführer Francisco I. Madero, Venustiano Carranza, Francisco 'Pancho' Villa, Lázaro Cárdenas und Plutarco Elías Calles. Im Erdgeschoß ist das Museum der Revolution (Museo de la Revolución) untergebracht.

Monumento de la Revolución

Öffnungszeiten
Di. – So. 9.00 – 17.00

Unweit des Monumento de la Revolución auf der Dr. Enrique González M. Nr. 10 befindet sich das Museo Universitario del Chopo. Die große Stahlstruktur wurde Anfang des 20. Jh.s aus Deutschland hierher gebracht und von dem deutschen Ingenieur Luis Bachmeister zusammengebaut. In dem Gebäude werden jetzt Ausstellungen von mexikanischen und ausländischen Malern und Bildhauern gezeigt.

Museo del Chopo

Vom Kolumbus-Rondell bietet sich ein Abstecher (über die Avs. Versailles und Atenas) zu der südöstlich gelegenen sogenannten Zitadelle (Ciudadela) an. In diesem Gebäude wurde der Unabhängigkeitsführer José María Morelos vor seiner Hinrichtung gefangengehalten. Heute beherbergt es das Nationale Institut für Volkskunst (Instituto Nacional de Artesanía) mit einer Schule für Kunsthandwerk und einer Verkaufsausstellung sowie der Biblioteca México.

Ciudadela

Die auf dem Paseo de la Reforma südwestlich folgende Glorieta wird von der von Porfírio Díaz gestifteten Statue des letzten Aztekenherrschers Cuauhtémoc geschmückt. Hier wird die Reforma von der 26 km langen Avenida de los Insurgentes ('Allee der Aufständischen'), der großen Nord-Süd-Achse, gekreuzt.

Cuauhtémoc-Denkmal

Südlich des sich anschließenden Straßenabschnitts in Richtung Chapultepec erstreckt sich bis zur Av. Chapulpultepec die Zona Rosa (Rosa Zone; Colonia Juárez). In diesem Bezirk konzentrieren sich Hotels, Restaurants, Nachtclubs, Kunstgalerien und elegante Geschäfte. In der Calle Londres 6 befinden sich das Wachsmuseum (Museo de Cera) und das Absurditätenkabinett "Aunque Usted no le crea", auf derselben Straße ein Markt für Kleider und Kunsthandwerk.

Zona Rosa

Wachsmuseum

In der Mitte der übernächsten Glorieta nach dem Cuauhtémoc-Denkmal steht weithin sichtbar das Unabhängigkeitsdenkmal (Monumento a la Independencia), das nach der auf einer hohen Säule stehenden geflügelten Siegesgöttin im Volksmund 'El Ángel' (der Engel) genannt wird. Auch dieses Denkmal geht auf eine Stiftung des Diktators Díaz anläßlich des 100. Jahrestags der mexikanischen Unabhängigkeit im

Unabhängigkeitsdenkmal

Mexiko-Stadt

'El Ángel', Denkmal der Unabhängigkeit

Unabhängigkeitsdenkmal (Forts.)

Jahre 1910 zurück. An der Basis der hohen Säule stehen Statuen der Helden der Unabhängigkeitsbewegung wie Miguel Hidalgo, Guerrero und Morelos. Seit März 1998 ist versuchs- und zeitweise die Krypta mit den Totenköpfen der Freiheitshelden Hidalgo, Aldama, Allende und Jiménez geöffnet. Das Denkmal ruht auf einem tiefen Zementfundament, um ein Absinken in den sumpfigen Untergrund zu verhindern. Da aber die Umgebung jährlich um ca. 20 cm absinkt, 'wächst' das Monument in die Höhe, so daß oft neue Stufen erforderlich sind.

I.M.S.S.

Hinter dem folgenden Rondell sieht man zur Linken das Institut für Sozialversicherung (I.M.S.S., Instituto Mexicano del Seguro Social), dessen Eingang mit einem Relief und Skulpturen von Jorge González Camarena geschmückt ist. Das Innere ist mit Fresken desselben Künstlers sowie Werken von Federico Cantú ausgestattet.

Etwas weiter links am Beginn des Chapultepec-Parks erhebt sich das Gesundheitsministerium (Secretaría de Salubridad), dessen Räume mit Fresken und Glasfenstern von Diego Rivera ausgeschmückt sind. Rechts auf einer Grünfläche steht der Diana-Brunnen mit der Statue der Göttin der Jagd; daneben ein Denkmal für Venustiano Carranza und davor – am Eingang zum Park – eine Statue von Simón Bolívar, dem Helden des südamerikanischen Unabhängigkeitskampfes.

✻ Park von Chapultepec

Metro-Station
Chapultepec (Linie 1)

Der Bosque de Chapultepec (Náhuatl: 'Heuschreckenhügel') ist der wichtigste und mit rund 4 km² der ausgedehnteste Park der Stadt. Der Hügel war ehemals eine Burg der Tolteken, in der sich 1177 der aus Tula geflüchtete letzte Toltekenherrscher Huémac erhängt haben soll.

Park von Chapultepec   Mexiko-Stadt

1299 ließen sich die Mexica (Azteken) nach langer Wanderschaft auf dem Hügel nieder, wurden aber 20 Jahre später von Nachbarstämmen wieder vertrieben. Angeblich soll Netzahualcóyotl, der Dichterkönig von Texcoco, in der ersten Hälfte des 15. Jh.s die ursprüngliche Parkanlage geschaffen haben. Mit der zunehmenden Machterweiterung Tenochtitláns wurde schließlich der Hügel zu einer Sommerresidenz der Aztekenherrscher ausgebaut. Die Quellen des Hügels versorgten über einen Aquädukt den Tempelbezirk von Tenochtitlán; Reste dieses Bauwerks stehen noch in der Av. Chapultepec zwischen den Einmündungen der C. Praga und C. Warsovia. Porträts der Könige der Mexica wurden in die Felsen des Hügels gehauen; von diesen Skulpturen sind am Ostabhang noch Fragmente erhalten.

Bus
Mehrere Haltestellen am durch den Park führenden Paseo de la Reforma

Bis heute hat der Park seinen reichen, alten Baumbestand bewahrt; am eindrucksvollsten sind mächtige Exemplare von Zedern und Ahuehuetes (Náhuatl: 'Wassergreis', eine Sumpfzypresse). Seen, Sportanlagen, ein prächtiger botanischer Garten, der Zoo, mehrere Museen sowie das Schloß von Chapultepec ziehen vor allem am Wochenende Scharen von Einwohnern der Hauptstadt an, die hier spazierengehen, reiten, Picknicks machen oder an den angebotenen vielfältigen Veranstaltungen (Konzerte, Theateraufführungen, Kinderprogramme u. a.) teilnehmen.

Freizeitstätte

Der größere Teil des Parks liegt südlich des Paseo de la Reforma.
An der Ostseite liegt links vom Paseo de la Reforma das bedeutende Museum für Moderne Kunst (Museo de Arte Moderno), das von Rafael Mijares und Pedro Ramírez Vázquez entworfen und 1964 eröffnet wurde. Das Museum enthält neben einem Rückblick auf die Kunst vor und während der Kolonialzeit hauptsächlich Gemälde und Skulpturen mexikanischer Künstler aus dem 19. und 20. Jh. sowie wechselnde Ausstellungen von Werken in- und ausländischer Künstler.

Südteil

*Museo de Arte Moderno

Öffnungszeiten
Di. – So.
10.00 – 18.00

Unweit südlich erhebt sich das halbkreisförmige, aus sechs Säulen bestehende und mit Springbrunnen geschmückte Monumento a los Niños Héroes ('Denkmal für die jugendlichen Helden'). Es erinnert an den letzten Widerstand, den sechs junge, im Schloß Chapultepec belagerte Kadetten 1847 den US-amerikanischen Truppen leisteten. Die Skulptur einer Mutter, die einen kämpfenden und einen schon sterbenden Sohn in den Armen hält, ist umgeben von sechs Marmorsäulen mit Bronzefackeln, die für die sechs Kadetten stehen.

Monumento a los Niños Héroes

Vom Denkmal aus erblickt man westlicher Richtung das auf einem Hügel thronende Schloß von Chapultepec (Castíllo de Chapultepec), das zu Fuß, per Autobus und über einen Aufzug zu erreichen ist.
Anstelle der aztekischen Anlagen und einer späteren spanischen Einsiedelei errichtete der spanische Vizekönig Conde de Gálvez Ende des 18. Jh.s auf dem Hügel ein Schloß als Sommerresidenz. Im Jahre 1841 wurde es in eine Militärakadamie verwandelt, die 1847 als letztes Bollwerk gegen die in die Stadt eindringenden US-Truppen diente. Kaiser Maximilian und seine Frau Carlota ließen 1864/65 das Gebäude, das ihnen als Residenz diente, umbauen. Auch der Diktator Porfirio Díaz wählte das Schloß 1884 zu seiner Sommerresidenz.

Castillo de Chapultepec

Im Jahre 1944 wurde das Schloß von Chapultepec zum Nationalmuseum für Geschichte (Museo Nacional de Historia) erklärt. In 19 Sälen sieht man neben einer Sammlung von präkolumbischen Exponaten und Reproduktionen von Codices eine große Anzahl von Ausstellungsstücken, welche die Geschichte Mexikos seit der Eroberung durch die Spanier veranschaulichen. Man zeigt u. a. Waffen, Rüstungen, Dokumente, Pläne und Karten aus der Zeit der Conquista

*Museo Nacional de Historia

Öffnungszeiten
Di. – So. 9.00 – 18.00

Mexiko-Stadt

Park von Chapultepec

Museo Nacional de Historia (Fortsetzung)

und der anschließenden Epoche; Möbel, Keramik, Kleidung, Schmuck und Münzen aus drei Jahrhunderten sowie eine Reihe von Erinnerungsstücken aus dem Unabhängigkeitskampf und dem Revolutionskrieg. Zu besichtigen sind Porträts bedeutender Männer der Geschichte des Landes sowie Fresken von Orozco, Siqueiros und O'Gorman. Bemerkenswert sind die ausgestellten Staatskarossen, die u. a. von Benito Juárez und Kaiser Maximilian benutzt wurden. Der von dem Kaiserpaar bewohnte Trakt im neoklassizistischen Stil ist mit dem seinerzeit aus Europa mitgebrachten Mobiliar ausgestattet. Von der Terrasse hat man bei klarem Wetter einen herrlichen Rundblick.

Galería de Historia

Der Abstieg vom Schloß führt an dem weißen Rundbau der Galería de Historia vorbei (Galerie der Geschichte), in der in Schaukästen Darstellungen der mexikanischen Geschichte vom Unabhängigkeitskampf (1810–1821) bis zur Zeit nach der Revolution studiert werden können. Man betritt die Galerie im obersten Stockwerk und folgt dem schneckenförmig gewundenen Gang nach unten.

Lago Antiguo

Nordwärts gelangt man zum Lago Antiguo, der durch die Gran Avenida geteilt wird. Am Westufer liegt die Casa del Lago ('Haus am See'), heute eine Institution der Universität.

Zoologischer Park und Botanischer Garten

Auditorio Nacional

Zwischen dem See und der westlich verlaufenden Calzada Molino del Rey erstrecken sich der Zoologische Park (Parque Zoológico), in dem als einzigem Zoo außerhalb Chinas die Nachzucht von Riesenpandas gelang, und der sehenswerte Botanische Garten (Jardín Botánico), sowie im neueren Teil des Parks das Auditorio Nacional, ein riesiger (30 000 m²), 15 000 Personen fassender Hallenbau, (kulturelle Großveranstaltungen, Hallensportwettbewerbe u. a.).

Fuente de Netzahualcóyotl

Geht man vom Lago Antiguo in Richtung Südwesten, so kommt man zum Brunnen des Netzahualcóyotl (Fuente de Netzahualcóyotl), einer Erinnerungsstätte an den König von Texcoco, der sich auch als Dichter und Philosoph einen Namen gemacht hat.

Los Pinos

Die Calzada Molino del Rey durchschneidet den Park von Norden nach Süden. Sie führt in südlicher Richtung nach Los Pinos ('Die Nadelbäume'), der Residenz der mexikanischen Präsidenten.

Nuevo Bosque de Chapultepec

Westlich dieser Straße und des Anillo Periférico erstreckt sich der neue Teil des Parkes von Chapultepec, mit dem künstlich angelegten Lago del Nuevo Bosque. Südlich davon liegt die Fuente Lerma, ein Wasserwerk mit einem Raum, der mit einem Unterwassermosaik von Diego Rivera geschmückt ist.
Unweit östlich befindet sich der Vergnügungspark mit einer riesigen Achterbahn und weiter südwestlich das moderne Naturgeschichtliche Museum (Museo de Historia Natural) sowie das Technologische Museum (Museo Tecnológico) und der Friedhof Panteón de Dolores.

*Museo del Niño

Öffnungszeiten
Mo.–So.
9.00–13.00,
14.00–18.00

Am Südrand des Parks liegen an der Avda. Constituyentes das neue und sehr originelle, weil hochtechnolgisch orientierte Kindermuseum Pápalote Museo del Niño (Nr. 268), das Erwachsene nur in Begleitung von Kindern betreten dürfen; weiterhin ein Lienzo Charro, auf dem regelmäßig Charreadas stattfinden (Nr. 500).

Nordteil

Museo Rufino Tamayo

Unweit östlich vom Anthropologischen Nationalmuseum (Paseo de la Reforma und Calzada Gandhi) liegt das nach Rufino Tamayo (1900–1991), einem der berühmtesten mexikanischen Maler, benannte Museum (Museo Rufino Tamayo). Das von Abraham Zabludovsky und Teodore González entworfene, in der Innengestaltung sehr unge-

Mexiko-Stadt

Bootspartie auf dem Lago Antiguo

wöhnliche Gebäude wurde 1981 eingeweiht. Neben Werken von Tamayo wird auch dessen eigene Sammlung von mehreren hundert Werken zeitgenössischer Künstler (Grafiken, Gemälde, Skulpturen, Wandteppiche u.a.) ausgestellt (Di.–So. 10.00–17.00 Uhr).

Museo Rufino Tamayo (Forts.)

Nördlich des Anthropologischen Nationalmuseums trifft man im Wohnviertel (Colonia) Polanco auf ein David Álfaro Siqueiros gewidmetes Museum (Museo Sala de Arte Público David Álfaro Siqueiros; Tres Picos 29). In dem früheren Haus der Familie Siqueiros werden Bilder, Zeichnungen, Fotografien, Auszeichnungen und Dokumente des berühmten Muralisten und Mitglieds der Kommunistischen Partei gezeigt.

Museo Siqueiros

Öffnungszeiten
Di.–So.
10.00–18.00

Ein eindrucksvolles rotes Marmorgebäude nebem dem Hotel Presidente Chapultepec auf der Calle Campos Elíseos enthält das neue Centro Cultural de Arte Contemporáneo des Fernsehkonzerns Televisa. Das Museum zeigt vorspanische Kunst, zeitgenössische mexikanische und ausländische Malerei und Fotografie.

Centro Cultural de Arte Contemporáneo
Öffnungszeiten
Di.–So.
10.00–18.00

✼✼Museo Nacional de Antropología

Im Nordteil des Bosque de Chapultepec liegt eines der bedeutendsten anthropologischen Museen der Welt, das Nationalmuseum für Anthropologie. Der riesige Monolith am Eingang, als Regengott Tláloc bekannt, stellt nach neueren Theorien wohl dessen Schwester dar, die Wassergöttin Chalchiuhtlicue (Náhuatl: 'die mit dem Jade-Rock). Der 167 t schwere, unvollendete Koloß wurde nahe bei San Miguel Coatlinchán (Umgebung von → Texcoco) gefunden und unter großen Schwierigkeiten an seinen jetzigen Platz transportiert.

Metro-Station
Chapultepec (Linie 1)

Bus
Haltestelle
Museo de
Antropología
am Paseo de
la Reforma

Mexiko-Stadt   Museo Nacional de Antropología

Anthropologisches Nationalmuseum   Ciudad de México
Museo Nacional de Antropología

OBERGESCHOSS

  I Einführung in die Ethnologie
  II Sala Cora-Huichol
 III Sala Purépecha (Tarasken)
 IV Sala Otomi-Pame
    (Tal von Toluca, Querétaro)
  V Sala de Puebla
    (Otomi, Tepehua, Totonaken, Nahua)
 VI Sala de Oaxaca (Zapoteken, Mixteken)
VII Sala Totonaca y Huasteca
VIII Sala Maya (Hochland)
 IX Sala Maya (Tiefland)
  X Sala del Norte (Seri, Tarahumara)
 XI 'Indigenismus' (Maßnahmen zur
    Förderung der Indianer)

ERDGESCHOSS

  I Sala del Resumen (Übersicht)
  II Wechselausstellungen
 III Auditorium
 IV Neueste Ausgrabungen
  V Einführung in die Anthropologie
 VI Übersicht über die
    Kulturen Mesoamerikas
VII Sala de Prehistoria
    (Vorgeschichte)
VIII Sala del Periodo Preclásico
    (Vorklassische o. formative Epoche)
 IX Sala de Teotihuacán
  X Sala de Tula
    (Klassische toltekische Epoche)

 XI Sala México
    (Nachklassische aztekische Epoche)
XII Sala de Oaxaca
    (Zapotekisch-Mixtekische Kultur)
XIII Sala de las Culturas del
    Golfo de México
    (Kulturen der Golfküste)
XIV Sala Maya
XV Sala de las Culturas del Norte
    (Nordkulturen)
XVI Sala de las Culturas
    de Occidente (Westkulturen)
XVII Salón de Venta
    (Verkaufsabteilung)
XVIII Monolith Chalchiuhtlicue
    (genannt 'Tláloc')

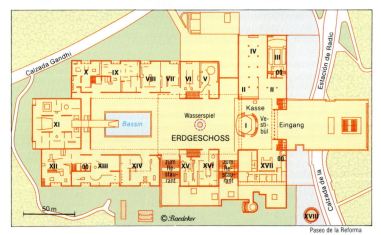

Paseo de la Reforma

Museo Nacional de Antropología — Mexiko-Stadt

Der harmonisch wirkende Museumsbau ist ein Entwurf des Architekten Pedro Ramírez Vázquez aus den Jahren 1963/64 und gehört mit seiner gelungenen Architektur und seinen hervorragend präsentierten altindianischen Schätzen zu den schönsten Museen der Welt.

Öffnungszeiten
Di.–Sa. 9.00–19.00
So. 10.00–18.00

Bemerkenswert ist die Konstruktion des Innenhofes, der teilweise von einem auf einer 11 m hohen Säule ruhenden enormen Steinschirm überdacht wird. Von diesem von José Chavez Morado skulptierten Schirm fällt als Symbol der lebenspendenden Kraft des Wassers ein Wasservorhang und versickert im Steinboden.

Führungen
auch in
deutscher Sprache

Das Museum ist in zwei inhaltlich und räumlich klar voneinander getrennte Bereiche gegliedert: Im Erdgeschoß sind in zwölf Sälen neben einer Einführung in die Anthropologie die archäologischen Funde der untergegangenen indianischen Kulturen zu sehen, das Obergeschoß dokumentiert die Lebensweisen der noch existierenden indianischen Bewohner des heutigen Mexiko. Jeder Saal ist einem Kulturkreis bzw. einer Volksgruppe zugeordnet.

Gliederung

In der Weihnachtsnacht 1985 suchten Einbrecher das Museum heim und entwendeten 173 äußerst wertvolle Stücke, darunter einen Großteil der Grabbeigaben von ⟶ Palenque. Bei einer Drogenrazzia im Juni 1989 wurde der größte Teil der Stücke sichergestellt und kann heute wieder besichtigt werden.

In der Eingangshalle bietet auf der linken Seite die Verkaufsabteilung (Salón de Venta) eine gute Auswahl auch deutschsprachiger Bücher, Museumsführer und Kataloge sowie Reproduktionen präkolumbischer Kunstgegenstände an. Die Sala de Resúmen (Einführungsraum) in der Mitte der Halle gibt anhand von Tonbildschauen eine Einführung in die Sammlungen. Auf der rechten Seite fällt ein Wandgemälde von Rufino Tamayo auf, das die zentralen altindianischen Göttersymbole Gefiederte Schlange und Jaguar darstellt. Auf dieser Seite beginnt auch der gegen den Uhrzeigersinn verlaufende Rundgang, der zunächst durch Säle führt, in denen in wechselnder Folge Ausstellungen zu Themen der präkolumbischen Kulturen stattfinden.

Erdgeschoß

Eingangshalle

In diesem Saal wird durch Modelle, Dioramen, Karten und andere bildliche Darstellungen ein Abriß der Wissenschaft vom Menschen und ihren Hilfswissenschaften gegeben.

Einführung in
die Anthropologie

Die Grundlagen des Lebens der Menschen Mesoamerikas sind das Thema dieses Saales. Erläutert werden die Jagd (Waffen, jagdbare Tiere), die Entwicklung des Ackerbaus, die Bevölkerungssituation, Riten (Bestattungsarten und Feste) und die kulturellen Errungenschaften anhand von Beispielen zu Musik, Zahlensystem, Kalender, Schrift, Medizin, Architektur und Malerei.

Mesoamerikanische
Kulturen

Die Geschichte der menschlichen Besiedelung Amerikas beginnt mit der Einwanderung asiatischer Stämme über die Beringstraße. Weitere Themen der Ausstellung sind die Jäger- und Sammlerkulturen, von denen menschliche und tierische Fossilien zeugen, und der Beginn des Ackerbaus im Hochtal von Anáhuac.

Sala de Prehistoria

Die vorklassische oder formative Epoche (1400–300 v. Chr.) wird durch Exponate zur Entwicklung der Keramik und anderer handwerklicher Techniken dargestellt. Gezeigt werden u.a. besonders gute Beispiele der Figuren von Tlatilco, darunter die 'mujer bonita' genannten weiblichen Figuren, die sogenannte 'Akrobatenvase' in Gestalt eines Menschen in grotesk verzerrter Körperhaltung und ein Modell der Pyramide von Cuicuilco (⟶ S. 342).

Sala del
Período Preclásico

Mexiko-Stadt **Museo Nacional de Antropología**

Monolith der Chalchiuhtlicue *Realistische Aztekenskulptur*

Sala de Teotihuacán

Beispiele künstlerischer Techniken, insbesondere Keramiken, charakterisieren die vier Phasen der Kultur des Hochtales von → Teotihuacán (200 v. – 700 n. Chr.). Besonders beachtenswerte Objekte sind Skulpturen verschiedener Gottheiten, darunter Xipe Tótec (aus Tlamimiloplan), Chalchiuhtlicue und Huehuetéotl. Ein Abschnitt des Quetzalcoátl-Tempels aus Teotihuacán ist in seiner ursprünglichen Bemalung restauriert worden. Ebenfalls eine Rekonstruktion ist das Fresko 'Paradies des Tláloc', in dem sich die Seelen der Krieger und der Ertrunkenen tummeln.

Sala de Tula

Herausragendstes Beispiel für die Kultur der Tolteken von Tula (→ Tollán) ist einer der über 4 m hohen Atlanten. Weitere Zeugnisse der klassischen toltekischen Epoche (700–1200 n. Chr.) sind Stelen, Chac-mool-Skulpturen und ein mit Perlmuttmosaik eingelegter Kopf eines Kriegers.

Sala México

**Stein der Fünften Sonne

Beschrieben wird die Kultur der Azteken von der Einwanderung der Chichimeken bis zum Fall von Tenochtitlán. Dieser Saal birgt das Glanzstück der Sammlung, den 'Stein der Fünften Sonne', fälschlicherweise auch als 'Kalenderstein' bezeichnet (→ S. 92). Weitere sehenswerte Stücke sind der Stein des Tizoc, Codices, Karten und Skulpturen u.a. von Coatlicue und Xochipillis (Náhuatl: 'Herr der Blumen'), Gott der Liebe, des Tanzes und der Poesie. Ein von Miguel Covarrubias gemaltes Wandbild, ein Modell des Tempelbezirks und ein Diorama des Marktes von Tlatelolco geben einen Eindruck von der Größe und Pracht Tenochtitláns. Der ausgestellte angebliche Federkopfschmuck des Moctezuma aus Quetzalfedern ist lediglich eine Nachbildung. Das Original befindet sich in Wien im Museum für Völkerkunde, wohin es auf verschlungenen Wegen gelangte: Zusammen mit einem Federschild und einem rituellen Fächer wurde es Kaiser

Museo Nacional de Antropología — **Mexiko-Stadt**

Der Stein der Fünften Sonne

Karl V. überbracht, der die Stücke 1524 seinem Bruder Ferdinand, dem späteren Kaiser Ferdinand I., schenkte; dieser wiederum übergab sie seinem Sohn Erzherzog Ferdinand II. für dessen Kunstsammlung auf Schloß Ambras in Tirol, von wo sie 1806 nach Wien kamen.

Sala Méxica (Fortsetzung)

Hauptort der zapotekisch-mixtekischen Kultur (600 v.–um 1500 n. Chr.) war → Monte Albán. Von dort stammt ein Großteil der ausgestellten Objekte aus Keramik und Gold. Ebenfalls zu sehen ist ein Nachbau des Grabes 7 von Monte Albán. Zwei Prunkstücke der Sammlung sind die aus grünem Stein gehauene Maske des Fledermausgottes und der Yanhuitlán-Brustschild aus Gold und Türkisen in Wappenform.

Sala de Oaxaca

Olmekische Kolossalskulpturen im Freigelände, huastekische Stelen und bemalte Keramik, 'Hachas' ('Beile' genannte Zeremonialobjekte), 'Yugos' und 'Palmas' ('Joche' und 'Palmen' genannte Steinobjekte, wohl mit dem rituellen Ballspiel zusammenhängend) aus → El Tajín repräsentieren die indianischen Kulturen der Golfküste.

Sala de las Culturas del Golfo de México

Allein ein Drittel ihrer Beute nahmen die Diebe der Weihnachtsnacht 1985 aus dem Saal der Maya mit – auch dies ein Beweis für die Attraktivität der Abteilung. Ein Großteil der Grabbeigaben aus → Palenque, darunter eine Maske aus Jademosaiken, und verschiedene Arbeiten aus Gold, Perlmutt, Türkisen und Korallen aus dem heiligen Cenote von → Chichén Itzá wurde 1989 wiedergefunden. Sehr sehenswert sind eine Nachbildung der berühmten Grabplatte von Palenque, im Freigelände eine Rekonstruktion des Tempels von → Bonampak mit den berühmten Wandmalereien, Stuckköpfe, Stelen, besonders schöne Keramiken von der Insel Jaína und feine Steinarbeiten aus Chichén Itzá.

Sala Maya

Mexiko-Stadt

Museum (Forts.)
Sala de las
Culturas de Norte

Die nördlichen indianischen Kulturen sind durch Grabbeigaben, Gebrauchsgegenstände, Keramik und verschiedene Funde aus Casas Grandes (→ Chihuahua, Bundesstaat) und La Quemada erfaßt.

Sala de las
Culturas de
Occidente

Tonfiguren aus Jalisco, Nayarit und Colima geben ein Bild vom Leben der westlichen Kulturen vor der Ankunft der Spanier. Taraskische Funde vervollständigen die Darstellung.

Obergeschoß

Entsprechend der Raumaufteilung des Untergeschosses sind im Obergeschoß über den Sälen der untergegangenen Kulturen die Lebensformen der Nachfahren der einzelnen Stämme dargestellt. Die ethnologischen Sammlungen umfassen Trachten, Werkzeuge und Wohnformen der heute noch in Mexiko lebenden Indianer. Im rechten Gebäudeteil folgen auf einen Raum zur Einführung in die Ethnologie die Sala Cora-Huichol, die Sala Purépecha (Tarasken), die Sala Otomí-Pame (Tal von Toluca, Querétaro) und die Sala de Puebla (Otomí, Tepehua, Totonaken und Nahua). Gegenüber befinden sich die Sala de Oaxaca (Zapoteken und Mixteken), die Sala Totonaca y Huasteca, zwei Säle über die Maya (Hoch- und Tiefland) und die Sala del Norte (Seri, Tarahumara). Den Abschluß bildet ein Raum, der die Maßnahmen zur Förderung der Indianer dokumentiert und ausgesuchte Stücke des Kunsthandwerks zeigt.

Nationalbibliothek
für Anthropologie

Im Museumsgebäude ist auch die von Lucas Almán 1831 gegründete und von Kaiser Maximilian geförderte Nationalbibliothek für Anthropologie untergebracht, die heute über 300 000 Bände ihr eigen nennt. Die Staatliche Schule für Anthropologie ist vor einigen Jahren in den Wohnbezirk (Colonia) Isidro Favela (Periférico Sur y Zapote) übergesiedelt. Das Museum eröffnete 1983 eine neue Sektion, die Werkstätten, Ausstellungen und Gärten umfaßt.

Nördliche Außenbezirke

Anfahrt

Zur Anfahrt zu den nördlich des Autobahnringes (Av. Río Consulado und Calz. Melchor Ocampo) gelegenen Sehenswürdigkeiten empfiehlt es sich, die Metro (Linien 3, 5 und 6) oder ein Taxi zu benutzen.

*Wallfahrtsstätte von Guadalupe

Lage
ca. 6 km nördlich
vom Zócalo

Metro-Station
Basílica (Linie 3)

Atahualpa-Denkmal

Bei der Anfahrt mit dem Taxi läßt sich der Wallfahrtsbezirk von Guadalupe über zwei verschiedene Routen erreichen.
Der Paseo de la Reforma führt in nördlicher Richtung zunächst zur Kreuzung mit der Av. Matamoros. Auf dem Rondell stand früher ein Denkmal für den vorletzten Aztekenherrscher Cuitláhuac, das jetzt die Plaza de Armas der peruanischen Stadt Cuzco ziert, während der die Figur des letzten Inkakönigs Atahualpa aus Cuzco hierher gebracht wurde. Am Stadtteil Tlatelolco vorbei geht es weiter zur Glorieta de Peralvillo, von wo die Calzada de Guadalupe und die Calzada de los Misterios direkt zur Wallfahrtsstätte führen.
Die andere Strecke verläuft vom Bahnhof Buenavista (Estación Central) auf der Insurgentes Norte über einen stark befahrenen Verkehrsknotenpunkt, wo sich die nach → Tenayuca führende Calzada Vallejo, die Av. Río Consulado und die Insurgentes Norte treffen. Auf dem

Monumento
a la Raza

Rondell erhebt sich das pyramidenförmige Monumento a la Raza. Dieses von mehreren Bildhauern unter der Leitung des Künstlers Luis Lelo de Larrea geschaffene und 1964 eingeweihte Denkmal ist der Verschmelzung der europäischen und indianischen Rassen gewidmet. Jedes Jahr wird hier der 12. Oktober, der Tag der Entdeckung der

Wallfahrtsstätte von Guadalupe **Mexiko-Stadt**

Neuen Welt durch Christoph Kolumbus, als Día de la Raza (span.: 'Tag der Rasse') gefeiert. In der Nähe befindet sich das Hospital de la Raza, in dem Fresken von Siqueiros und Rivera zu sehen sind.
Vorbei an der links am Ende der Insurgentes Norte liegenden Rancho Grande (Lienzo Grande), wo regelmäßig Charreadas (Reiterspiele) abgehalten werden, und den zu beiden Seiten der Fahrbahn stehenden 'Indios Verdes' ('Die grünen Indianer') genannten Bronzestatuen der beiden aztekischen Herrscher Itzcóatl (1426–1440) und Ahuítzotl (1486–1502), erreicht die Straße schließlich das Rondell 'Glorieta Lindavista', von wo die Calle Montevideo nach rechts zum Wallfahrtsbezirk abgeht.

Rancho Grande

'Indios Verdes'

Die Alte Basílica de Nuestra Señora de Guadalupe wurde 1709 anstelle eines Schreins aus dem 16. Jh. errichtet und mehrmals ausgebaut. Im Gegensatz zu ihrem architektonisch wenig bemerkenswerten Äußeren beeindruckte das Innere, solange es den Besuchern offenstand, durch sein weiträumiges Schiff, den Kontrast zwischen dem weißen Marmor und den vergoldeten Ornamenten, mehr aber noch durch die von tiefer Frömmigkeit durchdrungenen Pilgerscharen. Ein großer Teil der alten Basilika beherbergt ein sehenswertes Museum.
Da die Kirche wegen des schlammigen Untergrunds immer mehr absank und eine Gefahr für die Besucher darstellte, wurde eine neue Basilika errichtet. Dieser moderne Bau aus Beton und Marmor wurde von Pedro Ramírez Vázquez entworfen, dem Architekten des Anthropologischen Nationalmuseums. Die Einweihung erfolgte 1976. Ihr weiträumiges Inneres (⟶ Abbildung S. 104), das außer dem Bildnis der Mutter Gottes von Guadalupe keine Statuen und Gemälde enthält, hat ein Fassungsvermögen von 20 000 Personen. Einen etwas sonderbaren Anblick bietet ein Rollband hinter dem Hauptaltar, das die Gläubigen vollautomatisch am Marienbild vorbeitransportiert.

Alte Basilika

*Neue Basilika

Alte Basilika von Guadalupe

Mexiko-Stadt

Guadalupe (Forts.) Marienlegende

Der Legende nach soll am 9. Dezember 1531 dem getauften Azteken Juan Diego die Heilige Jungfrau als dunkelhäutige Indianerin erschienen sein. Sie trug ihm auf, beim Bischof zu erwirken, daß an einer bestimmten Stelle für sie eine Kapelle errichtet werden solle. Bischof Juan de Zumárraga glaubte dem Bericht nicht und verlangte Beweise. Die Madonna erschien dem Indianer daraufhin am 12. Dezember zum zweitenmal und ließ in der Trockenzeit Rosen auf einem Hügel erblühen, die Juan Diego pflückte und zum Bischof brachte. Als er den Umhang, in dem er die Rosen getragen hatte, öffnete, war auf dem Stoff das Bild der Jungfrau im Strahlenkranz zu sehen. Dieses Abbild soll das wundertätige Gnadenbild der Jungfrau von Guadalupe sein, das heute in der Neuen Basilika hängt. Der Bischof ließ 1531 einen Schrein auf dem Hügel Tepeyac an eben der Stelle errichten, wo vorher ein aztekischer Tempel stand. In kurzer Zeit wurde die Kirche und das darin aufbewahrte Bildnis Ziel zahlreicher Pilger; auch die vorher wegen der Grausamkeiten des Kolonialregimes vom Christentum enttäuschten Indianer ließen sich wieder leichter bekehren. Nachdem die Jungfrau von Guadalupe durch Jahrhunderte als Schutzherrin der Indianer und Mestizen verehrt wurde, nahm man sie auch als Patronin der mexikanischen Unabhängigkeit in Anspruch, da der Priester Miguel Hidalgo 1810 unter ihrem Banner in den Freiheitskampf zog.

Wallfahrtsstätte

Das ganze Jahr hindurch besuchen viele Tausende von Wallfahrern die Basilika, aber am 12. Dezember, dem Jahrestag der zweiten Erscheinung der Jungfrau Maria, ist der Platz vor der Kirche und diese selbst von unübersehbaren Menschenmassen erfüllt. Vom 9. bis 12. Dezember 1997 waren es nicht weniger als 5 Millionen. Überall werden Tänze und Pantomimen in farbenfrohen Trachten aufgeführt, die dem Ganzen den Charakter eines riesigen Volksfestes geben. Der Glaube an die Heilige Jungfrau von Guadalupe durchdringt alle Schichten der mexikanischen Bevölkerung; aber auch Bewohner vieler anderer Länder Lateinamerikas pilgern hierher. Man bezeichnet diese Äußerungen des Volksglaubens als 'Culto Guadalupano', und es ist bemerkenswert, daß viele seiner Elemente außerhalb des katholischen Dogmas liegen und oft an vorchristliche Mythen anschließen.

Capilla del Pocito

Neben der alten Basilika steht die Capilla del Pocito (Brunnenkapelle) aus dem späten 18. Jahrhundert. Die Kuppeln dieses von Francisco de Guerrero y Torres stammenden Baus sind mit Azulejos verkleidet. Im Inneren sprudelt eine Quelle aus dem Felsen, deren Wasser Heilkräfte zugeschrieben werden, weshalb es von den Gläubigen in Behältern gesammelt wird.

Kapuzinerkirche

In der ehemaligen Kapuzinerkirche befindet sich heute ein Museum sakraler Kunst, in welchem Schätze aus der alten Basilika und eine große Anzahl von meist silbernen Weihegaben zu sehen sind.

Capilla del Tepeyac

Auf dem Hügel Tepeyac, von dem aus man an klaren Tagen einen schönen Ausblick auf die Umgebung hat, steht die Capilla del Tepeyac. Sie wurde im 18. Jh. an der Stelle errichtet, an welcher Juan Diego die Gottesmutter erschienen sein soll. Im Inneren sieht man das Wunder darstellende Fresken von Fernando Leal.

Nördlich von Chapultepec

Fuente de Petróleos

Am Nordwestende des Parkes von Chapultepec trifft der Paseo de la Reforma auf die Fuente de Petróleos, ein Brunnendenkmal, das die Erinnerung an die Nationalisierung der ausländischen Erdölgesellschaften im Jahre 1938 wachhalten soll.

Mexiko-Stadt

Die Reforma, die hier den Anillo Periférico kreuzt, biegt nun nach Südwesten ab und durchquert das elegante Wohnviertel Lomas de Chapultepec.

Der Anillo Periférico geht im Nordwesten in die Av. Manuel Ávila Camacho (MEX 57 D) über. Zur Linken liegen zunächst die Pferderennbahn (Hipódromo de las Américas) mit 60 000 Plätzen und das Olympische Sportzentrum (Centro Olímpico Mexicano). Ein Stück weiter auf der rechten Seite sieht man die Stierkampfarena El Toreo mit 35 000 Plätzen, die z. Z. im Umbau begriffen ist.

Rechts der Av. Manuel Ávila Camacho erstreckt sich der Bezirk Tacuba, das frühere Tlacopán. In präkolumbischen Zeiten war es durch drei Generationen bis zur Niederlage gegen andere Nahuastämme (1428) die Hauptstadt des Tepanekenreiches. Die Siegerstädte Tenochtitlán, Texcoco und Tlacopán bildeten danach eine Dreierallianz, die bis zur Machtübernahme durch die Mexica andauerte. Im Zentrum von Tacuba befindet sich in der Nähe der Metro-Station Cuitlahuac (Calle Campos Elíseos y Jorge Eliot) der durch Feuer stark beschädigte 'Árbol de la Noche Triste' ('Der Baum der Traurigen Nacht'), ein Ahuehuete, unter dem Hernán Cortés seine Niederlage vom 30. Juni 1520 beklagt haben soll, als die Azteken ihn und seine Truppe vorübergehend aus Tenochtitlán vertrieben hatten.

In der in Tacuba beginnenden Avenida Ribera de San Cosme, die ins Zentrum führt, steht das Haus der Masken (Casa de los Mascarones, Nr. 71), der Profanbau mit der schönsten churrigueresk024 Fassade der Stadt.

Weitere 2 km nördlich von der Stierkampfarena El Toreo auf der Av. Manuel Ávila Camacho kreuzt die Avenida 16 de Septiembre, die links zur Calle de los Remedios führt. Auf dieser gelangt man zu der 1829 geweihten Wallfahrtsstätte La Virgen de los Remedios, in der eine von den spanischen Konquistadoren mitgebrachte Muttergottesstatue verehrt wird. Im Unabhängigkeitskrieg (1810–1821) fochten die royalistischen Truppen unter Fahnen, die das Bildnis dieser 'Jungfrau der Immerwährenden Hilfe') trugen. Die siegreichen Mexikaner hingegen kämpften unter Bannern, die das Bild der Madonna von Guadalupe zeigten. Am 8. September findet hier jährlich eine Fiesta zu Ehren der Jungfrau statt.

Kehrt man auf die Av. Manuel Ávila Camacho zurück und fährt auf ihr (Ausfallstr. MEX 57 D) nördlich stadtauswärts, trifft man bei der Einfahrt zu dem Neubauviertel Ciudad Satélite auf die 'Funktionslosen Türme'. Die fünf prismenförmigen, verschieden hohen, farbigen Obelisken sind ein interessanter Versuch des aus Danzig stammenden Künstlers und Architekten Mathias Goeritz aus dem Jahr 1957, eine Verschmelzung zwischen Skulptur und Architektur herzustellen (⟶ Abbildung S. 106).

Südliche Außenbezirke

Zur Anfahrt zu den südlich des Viaducto Miguel Alemán gelegenen Stadtvierteln Mixcoac, Coyoacán, San Ángel, San Jerónimo, El Pedregal, Tlalpan und Xochimilco und ihren Sehenswürdigkeiten empfehlen sich wiederum die Metro (Linien 1, 2 und 3) oder ein Taxi.
Die Metro-Station Insurgentes (Linie 1) ist Abfahrtstelle für zahlreiche Stadtbusse in die südlichen Außenbezirke.

Nördliche Außenbezirke (Forts.)

Tacuba

Lage
ca. 5 km nordwestlich vom Zócalo

Metro-Station
Cuitlahuac (Linie 2)

'Árbol de la Noche Triste'

*Haus der Masken

La Virgen de los Remedios

Lage
ca. 13 km nordwestlich vom Zócalo

Bus
ab Metro-Station Tacuba (Linie 2)

*'Funktionslose Türme'

Anfahrt

Mexiko-Stadt

Entlang der Insurgentes Sur

Parque de la Lama

Etwa 3 km nach der Kreuzung mit dem Paseo de la Reforma liegt an der Insurgentes Sur zur Rechten der Parque de la Lama mit dem Hotel de México, dem höchsten Gebäude der Stadt, das das World Trade Center beherbergt.

*Polyforum Siqueiros

Öffnungszeiten
Di.–So.
10.00–19.30

Im Hotelpark, an der C. Filadelfia, erhebt sich das moderne Polyforum Siqueiros, ein zwölfeckiges, pilzförmiges Gebäude. Der Entwurf des Baus (1965–1969) und die Gestaltung des großen eiförmigen Raumes im Innern mit dem riesigen 'plastischen' Wandgemälde "Der Marsch der Menschheit" stammen von David Álfaro Siqueiros selbst. Im Saal unterstreicht eine regelmäßige Licht- und Tonschau die Wirkung des eine Fläche von 2400 m² bedeckenden Gemäldes. Daneben gibt es noch einen Theatersaal, Konferenz- und Ausstellungssäle und Verkaufsräume für Kunstgewerbe.

Ciudad de los Deportes

Weitere 3 km in südlicher Richtung liegt die Ciudad de los Deportes ('Sportstadt') mit einem Fußballstadion für 65 000 Besucher und der Plaza México, die mit einer Kapazität von fast 60 000 Zuschauern die größte Stierkampfarena der Welt ist.

*Coyoacán

Lage
ca. 10 km südwestlich vom Zócalo

Metro-Stationen
Coyoacán, Viveros, Quevedo (Linie 3)
General Anaya (Linie 2)

*Calle Francisco Sosa

San Juan Bautista

*Capilla de Santísima

Die Anfahrt mit dem Taxi führt von der Insurgentes Sur nach links auf die Av. Río Churubusco und von dieser rechts ab auf die Avenida Universidad in das Stadtviertel Coyoacán (Náhuatl: 'Ort der Kojoten'), das weitgehend seinen beschaulichen Charakter aus der Kolonialzeit bewahrt hat. An der Ecke Universidad und Calle Francisco Sosa, wenige Minuten von den Metro-Stationen Viveros und Quevedo entfernt, erhebt sich die moderne Kirche El Altillo ('Die Anhöhe') und die kleine barocke Capilla de San Antonio (Panzacola) aus dem 18. Jahrhundert. Die von schönen Häusern aus dem 17. und 18. Jh. gesäumte Calle Francisco Sosa führt zum Hauptplatz, der Plaza Hidalgo, an welcher die Klosterkirche San Juan Bautista steht. Sie wurde 1538 von den Dominikanern errichtet und zeigt die typische Bauweise des 16. Jahrhunderts. Beachtenswert ist das reich geschmückte ehemalige Seitenportal zum Atrium, das im indianischen Stil verziert ist. Im Inneren befindet sich auf der linken Seite die sehenswerte hochbarocke Capilla de Santísima.

Museo Nacional de Culturas Populares

Im Gebäude Hidalgo 289 ist das Nationalmuseum für Volkskultur (Museo Nacional de Culturas Populares) untergebracht, in dem nicht auf die sonst in Museen übliche Art nur Gegenstände ausgestellt werden, sondern auf anschauliche Weise eine Begegnung mit den noch lebenden Traditonen der mexikanischen Volksgruppen stattfindet.

*Frida-Kahlo-Museum

Öffnungszeiten
Di.–So.
10.00–18.00

Die Avenida Centenario führt von der Plaza aus nach Norden zur Calle Londres. An der Ecke der Calle Allende lohnt auf jeden Fall ein Besuch des Frida-Kahlo-Museums (Londres 247). Das kleine blaue Haus ist das Geburtshaus der Malerin Frida Kahlo (1907–1954), in dem sie mit ihrem Mann Diego Rivera von 1929 bis zu ihrem Tod lebte. Die Räume wurden wie zu Lebzeiten der an den Rollstuhl gefesselten Künstlerin belassen. Auch Leo Trotzkij hielt sich hier als Gast nach seinem Eintreffen (1937) in Mexiko auf. Das Museum enthält neben persönlichen Dingen und Werken des Ehepaares hauptsächlich Bilder und Skulpturen mexikanischer Künstler des 18. und 19. Jahrhunderts. Präkolumbische Objekte und mexikanische Volkskunst aus der Privatsammlung Frida Kahlos sind ebenfalls ausgestellt.

Mexiko-Stadt

An der Ecke der Straßen Viena und Morelos liegt das Leo-Trotzkij-Museum. In diesem zu einer wahren Festung ausgebauten Haus lebte der russische Revolutionär im Exil, bis er am 20. August 1940 von Ramón Mercader, einem Agenten Stalins, mit einem Eispickel erschlagen wurde. Im Museum führen Mitglieder der trotzkistischen Partido Revolucionario de los Trabajadores die Besucher durch die Räume. Das Arbeitszimmer ist im selben Zustand wie am Tage der Ermordung Trotzkijs, auch seine zerbrochene Brille liegt noch auf dem Schreibtisch. Das einfach eingerichtete Schlafzimmer zeigt an den Wänden die Gewehreinschüsse eines früheren Überfalls von Stalinisten auf das Haus, an dem auch der Muralist David Álfaro Siqueiros beteiligt war. Am Hauseingang erinnert eine Gedenktafel an den dabei erschossenen Leibwächter Trotzkijs, Robert Sheldon Hart. Das Grab des Revolutionärs und seiner Frau befindet sich im Garten.

*Leo-Trotzkij-Museum

Öffnungszeiten
Di.–So.
10.00–17.00

Das Nationalmuseum der Interventionen (Museo Nacional de las Intervenciones) an der Calle 20 de Agosto, wenige Minuten von der Metro-Station General Anaya (Linie 2), belegt die Räume eines früheren Franziskaner-Klosters. Das 1981 eröffnete Museum gibt mit einer von Fotos, Waffen, Bildern, Flaggen und anderen historischen Dokumenten eine interessante, wenngleich etwas subjektive Darstellung der Kriege Mexikos gegen eindringende fremde Mächte: der Unabhängigkeitskrieg 1810 bis 1821 mit nachfolgender spanischer Intervention, der mexikanisch-amerikanische Krieg in den Jahren 1846 bis 1848, die französischen Interventionen von 1838 und 1861 bis 1867 und schließlich die Revolutionsepoche, während der auch US-amerikanische Truppen in Mexiko eindrangen. Am Ort des Museums fand im Jahre 1847 die Schlacht von Churubusco statt, bei der die Mexikaner unter General Anaya von einer Übermacht von US-Truppen unter General Winfield Scott entscheidend geschlagen wurden.

*Museo Nacional de las Intervenciones

Öffnungszeiten
tgl. 9.00–21.00

Auf dem ehemaligen Gelände der Churubusco-Filmstudios wurde im Herbst 1994 das von sechs führenden Architekten Mexikos gestaltete Nationale Zentrum der Künste eröffnet, das Institute und Akademien verschiedener Kunstrichtungen beherbergt.

Centro Nacional para los Artes

Ein etwas längerer, dennoch lohnender Abstecher (Taxi) führt weiter nach Süden über die Av. División del Norte, von der nach ca. 3 km die Calle del Museo nach rechts abgeht. In dem von ihm selbst entworfenen 'Haus von Anáhuac' ('Anahuacalli') richtete Diego Rivera seine hervorragende eigene Sammlung präkolumbischer Stücke ein. Der pyramidenförmige, einem Maya-Grab nachempfundene Bau beherbergt rund 2000 Objekte, vor allem Keramik der Westkulturen und aztekische Steinplastiken und eine Rekonstruktion von Riveras Studio.

*Anahuacalli (Diego-Rivera-Museum)

Öffnungszeiten
Di.–So.
10.00–18.00

Die Av. División del Norte mündet in die Calzada Tlalpan, die zum durch die Olympischen Sommerspiele im Jahr 1968 und die Fußballweltmeisterschaften 1970 und 1986 weltbekannt gewordenen Aztekenstadion (Estadio Azteca, seit 1997 umbenannt in 'Estadio Guillerma Cañeda') führt. Das 1966 erbaute Stadion bietet 115 000 Zuschauern Platz.

Aztekenstadion

Villa Obregón

Südlich der Kreuzung der Insurgentes Sur mit den Straßen Río Mixcoac und Río Churubusco sieht man auf der rechten Seite das moderne Teatro de los Insurgentes. Die Fassade des Rundbaus ist mit einem Mosaik Diego Riveras geschmückt, das die Geschichte des mexikanischen Theaters darstellt.

Lage
ca. 10 km südwestlich vom Zócalo

Metro-Station
Quevedo (Linie 3)

Mexiko-Stadt   Villa Obregón

Álvaro-Obregón-Denkmal

Weiter südlich dehnt sich der Bezirk Villa Obregón aus, in dem sich links von der Insurgentes das Álvaro-Obregón-Denkmal erhebt, das dem Andenken des 1928 hier ermordeten Revolutionshelden und Präsidenten gewidmet ist. Die Skulpturen und Reliefs an diesem mächtigen Granitmonument stammen von Ignacio Asúnsolo. Im Denkmal befindet sich als recht makabres Schaustück ein Glasbehälter. In ihm schwimmt in Spiritus die rechte Hand und der Unterarm des Revolutionärs, die dieser im Revolutionskrieg verloren hatte.

*San Ángel

Der Osten des Bezirks, rechts der Insurgentes, ist unter dem Namen San Ángel bekannt. Vom Denkmal einen Häuserblock westlich befindet sich an der Ecke Av. Revolución und Av. La Paz in einem ehemaligen Karmeliterkloster das Museo Colonial del Carmen. Das aus dem Jahr 1617 stammende Kloster wurde von Fray Andrés de San Miguel erbaut und war dem Märtyrer San Ángelo, der dem Städtchen den Namen gab, geweiht. Sehenswerte Stücke in dem reich mit Azulejos geschmückten Bau sind die Virgen del Carmen aus Talaverakacheln, eine Christusfigur 'de caña', Gemälde von Cristóbal de Villalpando und wertvolle sakrale Gegenstände. Im Patio steht ein schöner gekachelter Brunnen; in der Krypta, wo auch einige Mumien zu sehen sind, liegen Edelleute und Nonnen begraben. Die Sakristei weist eine schön getäfelte Decke und feine Kolonialmöbel auf.

Museo Colonial del Carmen

Öffnungszeiten
Di.–So.
10.00–17.00

Plaza San Jacinto

Unweit westlich öffnet sich die malerische Plaza San Jacinto, wo samstags der Bazar Sábado abgehalten wird. Hier werden in einem Gebäude aus dem 17. Jh. Erzeugnisse der Volkskunst, aber auch moderne Kunstwerke angeboten.

Museo Casa del Risco

An der Nordseite der Plaza befindet sich in den Gebäuden Nr. 5 und 15 das Museo Casa del Risco ('Haus der Klippe'), ein Palais aus dem 18. Jh. mit wertvollen Antiquitäten und einem interessanten, zweistöckigen Brunnen aus Kacheln und Porzellan. Die ausgestellten Gemälde stammen aus dem 14. bis 18. Jh. und sind europäischen und mexikanischen Ursprungs. Historisch ist der Platz von Bedeutung, weil hier 1847 sechzehn irische Deserteure der US-amerikanischen Armee, die auf Seiten der Mexikaner kämpften, gefangen und gehenkt wurden.

Museo Estudio Diego Rivera

Öffnungszeiten
Di.–So.
10.00–18.00

Juan O'Gorman errichtete 1929 an der Ecke der heutigen Straßen Altavista und Rivera (Palmas) einen Zweckbau, in dem in den Jahren 1933 bis 1957 Diego Rivera zeitweise lebte. Heute ist in dem Gebäude das Studio-Museum Diego Rivera (Museo Estudio Diego Rivera) untergebracht, in dem anhand von persönlichen Dokumenten, Kleidern, Möbeln, Bildern, Zeichnungen und Fotografien das Leben des Künstlers studiert werden kann.

Museo de Arte

Öffnungszeiten
Di.–So.
10.00–18.00

Ein weiteres Museum im Viertel San Ángel ist das Kunstmuseum (Museo de Arte, C. Alvar y Carmen T. de Carillo Gil), in dem Werke der großen Muralisten und von weniger bekannten zeitgenössischen mexikanischen Künstlern wie Gunther Gerzo und Wolfgang Paalen gezeigt werden.

Ausflug zum Nationalpark Desierto de los Leones

Von San Ángel führt die Calzada del Desierto de los Leones zu dem ca. 25 km entfernten Nationalpark Desierto de los Leones, einem prachtvollen, etwa 3000 m hoch gelegenen Nadelwald um ein schönes Karmeliterkloster aus dem 17. Jh., der bei den Hauptstädtern als Ausflugsziel beliebt ist.

Copilco

Der weitere Verlauf der Insurgentes Sur führt zu dem südlich von Villa Obregón gelegenen Stadtteil Copilco. Er liegt am Rande des Pedre-

Mexiko-Stadt

gal, einer rund 40 km² umfassenden und 6–8 m dicken Lavaschicht, die vorwiegend durch die Ausbrüche des Vulkans Xitle (3120 m ü.d.M.) um 50 v. Chr. und um 300 n. Chr. entstanden ist. Auf diesem Lavafeld und z.T. unter Benutzung des Gesteins wurde die Universitätsstadt und das westlich gelegene Villenviertel Pedregal de San Ángel erbaut. Ausgrabungen brachten Reste einer Kultur zutage, die hier ein abruptes Ende fand.

Metro-Stationen
Quevedo, Copilco
(Linie 3)

Verläßt man die Insurgentes Sur in östlicher Richtung auf der Avenida Copilco und biegt links in die Calle Victoria ein, gelangt man zum Büro des Nationalen Institutes für Anthropolgie und Geschichte (Gebäude Nr. 110), das die Ausgrabungsstätte verwaltet. Unter einer 3 m dicken Lavadecke fand man eine Anzahl von Gräbern mit Skeletten, Steinwerkzeugen, Keramik und Figurinen, die teilweise bis zur archaischen Zeit (vor 1500 v. Chr.) zurückgehen.

Ausgrabungsstätte

✻Ciudad Universitaria

Südlich von Copilco, von der Insurgentes Sur durchschnitten, erstreckt sich die ausgedehnte Ciudad Universitaria ('Universitätsstadt'). Unter der Präsidentschaft Miguel Alemáns begonnen, wurden zwischen 1950 und 1955 auf rund 3 km² Fläche mehr als 80 Universitätsgebäude errichtet, in denen heute 350 000 Studenten ihren Studien nachgehen. Hauptsächlich nach Plänen von José García Villagrán, Mario Pani und Enrique del Moral arbeiteten rund 150 Architekten an diesem Projekt. Zu den wesentlichen Bauten, die oft Dekorationen mit vorwiegend altindianischen Symbolen aufweisen, gehören das Rektorat mit seinem harmonischen Wechsel zwischen waagerechten und senkrechten Bauelementen (Fresken von Siqueiros), die Zentralbibliothek mit dem zehnstöckigen fensterlosen Bücher-

Lage
Ca. 12 km südwestlich vom Zócalo

Metro-Station
Universidad (Linie 3)

✻Rektorat

✻Zentralbibliothek

Rektoratsgebäude mit Siqueiros-Fresken

341

Mexiko-Stadt

Turm der Zentralbibliothek

Zentralbibliothek (Fortsetzung)	turm, dessen Fassaden von Juan O'Gorman mit dem größten Natursteinmosaik der Welt (4 x 1200 m²) bedeckt wurden, das Auditorium der Naturwissenschaften mit einem Glasmosaik von José Chávez Morado und die Medizinische Fakultät mit einem Wandgemälde von Francisco Eppens Huelguera. Die Sportanlagen umfassen große Schwimmbecken, Fußball-, Baseball-, Tennis- und Frontón-Plätze. Südlich des Hauptgebäude der Universität liegt eine mit 2500 Sitzen ausgestattete moderne Konzerthalle, die Sala de Netzahualcóyotl.
Olympiastadion	Auf der Westseite der Insurgentes befindet sich das Olympiastadion (Estadio Olímpico), das über 80 000 Zuschauerplätze verfügt und mit bunten Steinreliefs von Diego Rivera geschmückt ist. Wie bei etlichen Gebäuden der Universitätsanlage hat man auch hier manche Elemente der vorkolumbischen Architektur übernommen.
Botanischer Garten	Unweit des Olympiastadions liegt rechts der zur Universität gehörende Botanische Garten.

Cuicuilco

Lage ca. 15 km südwestlich vom Zócalo	Etwa 3,5 km südlich des Olympiastadions zweigt direkt nach der Unterführung unter dem Anillo Periférico hindurch eine Straße nach links zur archäologischen Stätte von Cuicuilco (Náhuatl: 'Platz des Gesanges und des Tanzes') ab. Wahrscheinlich von einem Ackerbau treibenden Volk in der präkolumbischen formativen Epoche zwischen 900 und 700 v. Chr. begonnen, erlebte Cuicuilco zwischen 600 und 400 v. Chr. seine Blütezeit und muß damals eine beherrschende Rolle in der Region gespielt haben. Durch den Aufstieg der Rivalin Teotihuacán verlor die einst 20 000 Einwohner zählende Stadt schnell an Bedeu-

Mexiko-Stadt

tung und wurde noch vor dem verhängnisvollen Ausbruch des Vulkans Xitle um 50 v. Chr. verlassen. Man nimmt an, daß die Bewohner nach → Teotihuacán und Tlapacoya (Umgebung von → Amecameca) zogen.

Cuicuilco (Fortsetzung)

Die heute 18 m hohe Rundpyramide, erbaut zwischen 600 und 400 v. Chr., hat einen Durchmesser von 112 m und ist seit dem Ausbruch des Vulkans Xitle von Lava bedeckt bzw. umschlossen. Bei der schwierigen Freilegung wurde ein Teil des Bauwerks zerstört, so daß die Restaurierung als wenig authentisch gilt. Die Pyramide entstand wohl aus einem künstlichen Erdhügel und wurde im Lauf der Zeit mehrfach überbaut. Die primitive, festungsartige Bauweise markiert den Beginn der präkolumbischen sakralen Monumentalarchitektur. Die Pyramide besteht aus fünf runden, sich nach oben verjüngenden Baukörpern, die in einer Plattform mit den Resten eines Altars enden. Man nimmt an, daß früher zwei Freitreppen auf die damals 27 m hohe Pyramide führten. Neben der Hauptpyramide entdeckte man eine weitere, möglicherweise noch ältere Pyramide, Reste eines hufeisenförmigen, mit Flußsteinen bedeckten Altars sowie rechts vom Hauptaufgang zur großen Pyramide eine aus Steinplatten geformte Kammer, an denen Reste roter Bemalung zu sehen sind. Man fand auch eine große Anzahl von Figurinen, Schmuck- und Gebrauchsgegenständen aus Ton und Stein. Die zentrale Gottheit der Bewohner dürfte der alte Feuergott Huehuetéotl gewesen sein, der naturgemäß mit den tätigen Vulkanen der Umgebung in Verbindung gebracht wurde.

Rundpyramide

Das dazugehörige Museum enthält Fundstücke, hauptsächlich aus Ton, die in die vorklassische Epoche gehören und in Zusammenhang mit Cuicuilco stehen.

Museum

Südlich der Ruinenstätte schließt sich der hübsche Vorort Tlalpan (Náhuatl: 'Spur des Menschen') an, beliebt als Ausflugsziel und ruhige Wohngegend. Die Ortschaft war zwischen 1827 und 1830 die Hauptstadt des Bundesstaates México. Bemerkenswert sind einige Gebäude aus der Kolonialzeit wie z. B. die Kirche San Agustín de las Cuevas aus dem 16. Jh. und die Casa Chata aus dem späten 18. Jh., einst Haus der Inquisition, heute ein Restaurant.
Von Tlalpan gelangt man über den Anillo Periférico Sur nach Xochimilco mit seinen 'Schwimmenden Gärten'.

*Tlalpan

*Xochimilco

Weit im Süden der Stadt, jenseits vom Anillo Periférico Sur, liegt der kleine Ort Xochimilco (Náhuatl: 'Ort der Blumenfelder'). Das teilweise noch von Nahua-Indianern bewohnte Städtchen wurde wahrscheinlich Ende des 12. Jh.s zunächst von aus Tula geflüchteten Tolteken besiedelt. Im 13. Jh. ließ sich hier ein Náhuatl sprechender Nomadenstamm, der mit den Azteken verwandt war, nieder. Man nannte sie später Chinampaneken, da sie für ihr Chinampa-System berühmt waren. Bei dieser Anbaumethode bepflanzte man kleine mit Schlamm und Wasserpflanzen bedeckte Flöße, die von Korbgeflecht zusammengehalten wurden. Mit der Zeit wuchsen diese 'schwimmenden Gärten' durch Wurzelbildung am Seegrund fest. Die ständige Wasserzufuhr und Schlammdüngung ermöglichten bis zu sieben Ernten im Jahr. Die reichen Erträge, die nach dem gleichen System auch an anderen Stellen des Seengebietes erzielt wurden, ermöglichten die Versorgung von Tenochtitlán. Um 1430 wurde Xochimilco von den Azteken unterworfen. Während der Conquista war die Stadt 1521 Schauplatz heftiger Kämpfe und wurde schließlich niedergebrannt.

Lage
ca. 20 km südöstlich vom Zócalo

Metro-Station
Tasqueña (Linie 2); von dort weiter mit Straßenbahn, Bus oder Sammeltaxi

Noch heute ist die Region um den Ort ein wichtiges Anbaugebiet für Gemüse und Blumen. Von der einstigen Lagune ist nur noch ein geringer Teil übriggeblieben. In den 80er Jahren hat die Gegend durch Wasserrückgang erheblich gelitten. Mit finanzieller Hilfe der UNO wurden und werden weitere Wasserwege freigelegt; ein ökologischer Park von 3000 ha ist im Entstehen. Damit sind die 'Schwimmenden Gärten' von Xochimilco wieder ein beliebtes Ausflugsziel: In buntbemalten Barken fährt man durch die verzweigten Kanäle, umgeben von anderen Booten, von denen Speisen und Getränke angeboten werden; auch Mariachi-Musikanten lassen ihre Weisen erschallen. Von der UNESCO wurde Xochimilco zum Weltkulturerbe erklärt.

Mexiko-Stadt, Xochimilco (Fortsetzung) ※'Schwimmende Gärten'

Im Ort Xochimilco selbst ist die Pfarrkirche San Bernardino am Hauptplatz sehenswert. Die Kirche, um 1590 errichtet, gehört zu den ältesten Sakralbauten des Landes. Zu beachten sind die indianischplatereske Fassade des Hauptportals, ein seltenes Renaissance-Retablo aus dem 16. Jh., das Chorgestühl aus dem 17. Jh. und ein Kruzifix, dessen Erlöserfigur nach indianischer Technik aus Maisstengeln gefertigt ist. Auch der Samstagsmarkt lohnt einen Besuch. Das gleiche gilt für das neue archäologische Museum, an der Kreuzung von Av. Tenochtitlán und C. La Planta. Es zeigt u.a. 10000 Jahre alte Mammut-Knochen und prähispanische Fundstücke aus der Region.

※San Bernardino

Auf der Av. México 5843 befindet sich das kürzlich eröffnete 'Museo Dolores Olmedo Patiño' – in dem Privathaus 'La Noria Xochimilco' von Dolores Olmedo, zeitweise Gefährtin von Diego Riveras. Es beherbergt eine Anzahl von Bildern Riveras selbst und von Frida Kahlo. Daneben sind Kunsthandwerk und präkolumbische Stücke zu sehen.

Museo Dolores Olmedo Patiño

Öffnungszeiten
Di.–So.
10.00–18.00

Michoacán (Bundesstaat)

Kürzel: Mich.
Hauptstadt: Morelia
Fläche: 60 093 km²
Bevölkerungszahl: 3870600

Michoacán wird im Norden von den Bundesstaaten Guanajuato und Jalisco, im Westen von Jalisco und von Colima, im Süden vom Pazifischen Ozean und Guerrero und im Osten vom Estado de México sowie Querétaro begrenzt. Die Landschaft ist besonders anziehend durch ihre Kontraste, da sie Hochebenen mit Seen und Vulkanen, Täler mit Flüssen, Wasserfällen und Schluchten sowie unberührte weiße Strände bietet. Die meist bewaldeten Berge von Michoacán erreichen mit dem Pico de Tancítaro (3850 m ü.d.M.) ihre höchste Erhebung. Michoacán ist vorwiegend von Mestizen und Indianern bewohnt.

Lage und Landesnatur

Im Staate Michoacán liegen einige präkolumbische, v. a. taraskische Stätten wie → Tzintzuntzan, Ihuatzío (Umgebung von → Tzintzuntzan), Zacapu (→ Pátzcuaro-See), Tingambato, Los Alzati (Umgebung von → Morelia) und Tres Cerritos.

Archäologische Stätten

Das heutige Michoacán (Náhuatl: 'Platz der Fischer') wurde wahrscheinlich im 11. und 12. Jh. von aus dem Nordwesten einwandernden Indianern besiedelt. Diese nannten sich später Purépecha und wurden nach der Conquista von den Spaniern Tarasken genannt. Die altindianische und koloniale Geschichte Michoacáns ist eng mit der

Geschichte

◀ In den 'Schwimmenden Gärten' von Xochimilco

Michoacán

Mexiko
Vereinigte Mexikanische Staaten
Estados Unidos Mexicanos

Michoacán

Bundesstaaten
Estados

1a Baja California Sur
1b Baja California Norte
2 Sonora
3 Chihuahua
4 Sinaloa
5 Durango
6 Coahuila
7 Nuevo León
8 Zacatecas
9 San Luis Potosí
10 Tamaulipas
11 Nayarit
12 Aguascalientes
13 Jalisco
14 Guanajuato
15 Querétaro
16 Hidalgo
17 Colima
18 Michoacán
19 México
20 Morelos
21 Tlaxcala
22 Puebla
23 Veracruz
24 Guerrero
25 Oaxaca
26 Chiapas
27 Tabasco
28 Campeche
29 Yucatán
30 Quintana Roo

D.F. Distrito Federal (Bundesdistrikt)

Geschichte	seiner Hauptstadt Morelia und den Städten Pátzcuaro und Tzintzuntzan verknüpft. Im Unabhängigkeitskrieg Mexikos (1810–1821) spielten Persönlichkeiten aus Michoacán wie Ignacio López Rayón, Gerdis Bocanegra und José María Morelos eine bedeutende Rolle. Mit dem Namen des letzteren ist auch die Einberufung der ersten verfassunggebenden Versammlung und die Verkündung der Verfassung in Apatzingán am 22. Oktober 1814 verbunden. Im Dezember 1821 wurde Michoacán Bundesstaat der Republik Mexiko. Melchor Ocampo (1814–1861), liberaler Mitautor der radikalen Reformgesetze von 1859 unter der Präsidentschaft von Benito Juárez, war ebenfalls ein Sohn des Landes. Der mexikanische Präsident General Lázaro Cárdenas (1895–1970), der während seiner Amtszeit (1934–1940) die ausländischen Erdölgesellschaften enteignete, stammte aus Jiquilpan.
Wirtschaft	Die Landwirtschaft spielt mit dem Anbau von Getreide, Gemüse, Früchten und Kaffee eine wesentliche Rolle. Auch die Forstwirtschaft, die Viehzucht und mit Abstand der Bergbau (Gold, Silber, Blei, Kupfer, Eisenerz) sind von Bedeutung. In letzter Zeit hat sich die Stromerzeugung durch Wasserkraft und die Stahlindustrie stark entwickelt. Handwerk, Volkskunst und Tourismus sind weitere Schwerpunkte der Wirtschaft. Das Verkehrsnetz wurde in den letzten Jahrzehnten stark verbessert. Michoacán verfügt heute mit Lázaro Cárdenas über einen der betriebsamsten Häfen Mexikos.

Reiseziele im Bundesstaat Michoacán

Neben den bekannten Reisezielen mit ihren Umgebungen wie → Morelia , → Pátzcuaro-See, → Tzintzuntzan und → Uruapan sind u. a. im Staate Michoacán noch folgende Städte zu erwähnen:

Zamora de Hidalgo (1600 m ü.d.M.; 123 000 Einw.) mit einer neoklassizistischen Kathedrale des 19. Jh.s; das Dorf Ocumicho südlich von Zamora, mit origineller Keramik in Form von Teufeln jeder Art produziert wird; Apatzingán de la Constitución (680 m ü.d.M.; 79 000 Einw.) mit dem Museo de la Casa de la Constitución; Lázaro Cárdenas (290 000 Einw.), ein moderner Industriehafen mit einem großen Stahlwerk, petrochemischer und Düngemittel-Industrie; La Piedad Cavadas (69 000 Einw.); Jiquilpan de Juárez (1645 m ü.d.M.; 29 000 Einw.) mit der Kirche San Francisco (Portal aus dem 17. Jh.), der Bibliothek Gabino Ortíz mit Wandmalereien von José Clemente Orozco und der Casa Museo del General Lázaro Cárdenas; Playa Azul (Meereshöhe; 14 000 Einw.), ein Fischerdorf und beliebter Badeort. Wenige Kilometer nördlich dieses Ortes beginnt eine z.T. kurvenreiche Küstenstraße entlang weiter, einsamer Strände und malerischer Buchten über Tecomán nach → Manzanillo.

Reiseziele im Bundesstaat Michoacán (Fortsetzung)

Mitla   L 9

Bundesstaat: Oaxaca (Oax.)
Höhe: 1480 m ü.d.M.
Einwohnerzahl: 20 000

Mit dem Bus von → Oaxaca in ca. 1 Std.; mit dem Auto von Oaxaca auf der MEX 190 in östlicher Richtung über El Tule, nach 38 km Abzweigung nach links zu dem 4 km entfernten Mitla.

Anreise

Die am Rande des gleichnamigen Dorfes gelegene Ruinenstätte Mitla gehört zu den bekanntesten archäologischen Reisezielen Mexikos. Obwohl die Anlage, wie auch ihre Architektur, vergleichsweise wenig imposant erscheint, ist die kunstvolle Steinornamentik unübertroffen in der mesoamerikanischen Kunstgeschichte.

Lage und Allgemeines

*Steinornamentik

Höhlenfunde belegen, daß schon um 6000 v. Chr. die Berge um das spätere Mitla besiedelt waren. Da das Gebiet um Oaxaca ein Schnittpunkt häufiger Völkerverschiebungen war und daher unter wechselnden Einflüssen stand, ist die Vorgeschichte Mitlas (Náhuatl: 'Mictlán' = 'Platz der Toten') nur schwer zu enträtseln. Zweifellos dominierte der Einfluß der Zapoteken in der klassischen Zeit, also während der Phasen Monte Albán III a und III b (200 – 800 n. Chr.). Von 900 n. Chr. an machte sich in dieser Gegend der Einfluß der Mixteken (Náhuatl: 'die aus dem Wolkenland') bemerkbar. Dieses Volk, das vor allem in Nordoaxaca lebte und zwischen dem 10. und 12. Jh. von den Tolteken aus Tollán (Tula) bedrängt wurde, wanderte langsam südlich in das Reich der Zapoteken ab. Durch Krieg und Heirat gelang es den Mixteken bis zur Ankunft der Spanier, etwa drei Viertel der rund 200 wichtigen Orte den Zapoteken und anderen Völkern zu entreißen. Man vermutet, daß die Mixteken in der Zeit von 900 bis 1500 n. Chr. einen beachtlichen Einfluß auf Mitla ausübten. Aus dem wichtigen Abschnitt des 10. und 11. Jh.s stammen jedoch auch Stilelemente, die weder mixtekisch noch zapotekisch sind, so daß man heute noch nicht weiß, wer noch zum Bau dieser Stätte beigetragen hat. Die in Mitla gefundene Keramik aus dem 14. Jh. ist fast ausschließlich mixtekisch. Im Jahre 1494 gelang es den nach Oaxaca vordringenden Azteken, die Stadt zu erobern. Als die Spanier 1521 nach Mitla kamen, war der Ort vorwiegend von Zapoteken bewohnt. Diego García de Palacio berichtete bereits 1576 über Mitla. Ihm folgte Francisco de Burgoa, der seine Eindrücke 1679 niederschrieb. Weitere Chronisten waren u. a. Alexander von Humboldt, Guillermo Dupaix und Eduard Seler.

Geschichte

Mitla

Besichtigung der *Ruinenstätte

Die archäologische Zone umfaßt fünf wichtige Baugruppen und eine große Anzahl von Häusern und Gräbern um diese Anlagen.

*Grupo de las Columnas

Im Ostteil des Geländes liegt der wichtigste Komplex, die Säulengruppe (Grupo de las Columnas). Das palastartige Bauwerk besteht aus zwei viereckigen Patios, die sich an einer Ecke berühren. Die Innenhöfe sind jeweils von drei großen Räumen umgeben.

Salón de las Columnas

In der Mitte des ersten Patios, der 45 x 36 m mißt, befindet sich ein Altar. Auf der Nordseite führt eine Treppe zu einer Plattform, über welche man durch drei Türen in die Halle der Säulen (Salón de las Columnas) kommt. Dieser einst überdachte Raum (38 x 7 m) weist sechs Rundsäulen aus Porphyr auf, die eine Höhe von 4,20 m und einen Durchmesser von fast einem Meter erreichen.

*Patio de las Grecas

Durch einen schmalen Gang mit einem niedrigen Dach gelangt man in einen kleinen Innenhof, der Patio de las Grecas genannt wird und von langen engen Räumen umgeben ist. Angeblich soll hier der Hohepriester Uija-táo (Náhuatl: 'der, welcher alles sieht'), der gleichzeitig oberster Richter der Region war, residiert haben.

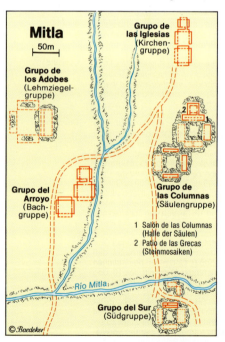

Die Wände des Hofes und der Räume sind mit dem für Mitla typischen Steinmosaik geschmückt. Diese Mosaikwände wurden geschaffen, indem man die Mauer mit einer Mörtelschicht überzog, in welche die sehr genau zugerichteten Steine nach bestimmten Mustern eingesetzt wurden. Die überaus kunstvollen, stets geometrischen Formen – menschliche oder mythologische Darstellungen wurden in Mitla nicht gefunden – sind in nicht weniger als 14 Variationen zu sehen. Es wechseln sich Kreuz- und Flechtbänder mit gestuften Mäandern, Zickzackfriesen und anderen Ornamenten á la grecque ab. Ihre optische Wirkung wandelt sich durch das Spiel von Licht und Schatten. Man glaubt, daß die verschiedenen Formen religiöse Vorstellungen wie die der Federschlange oder des Himmels und der Erde symbolisieren. Schätzungsweise mehr als 100 000 exakt behauene Mosaiksteine sind zur Dekoration dieses Bauwerks benutzt worden.

Typisch für die Architektur Mitlas sind auch die mächtigen, meisterhaft behauenen Steinquader, die als Türsturze und Pfosten dienten.

Der Einbau dieser bis zu acht Meter langen und 23 t schweren Steinblöcke muß für Menschen, die das Rad nicht benutzten und keine Trag- und Zugtiere besaßen, eine gewaltige Leistung gewesen sein.

Mitla

Typische Steinornamentik im Patio de las Grecas

Der sich südlich anschließende Innenhof der Kreuze (Patio de las Cruces) wird an der Ostseite von einem Gebäude mit einem prächtigen Säuleneingang begrenzt, welcher wiederum aus schweren Steinquadern gehauen ist.

Patio de las Cruces

Davor befindet sich eine unterirdische kreuzförmige Grabkammer, die ebenfalls mit einem Mäandermosaik dekoriert ist, zu dem allerdings größere Steinplatten verwendet wurden. Dieses gut erhaltene Grab fand man wie auch schon einige andere in Mitla beraubt vor. Die an der Nordseite gelegene, gleichfalls in Kreuzform erbaute Grabkammer wurde durch eine Säule getragen, die Columna de la Muerte ('Todessäule') genannt wird. Die Spanne, die beim Umarmen der Säule zwischen den Händen offen bleibt, soll die Dauer des noch verbleibenden Lebens anzeigen.

Grabkammern

Columna de la Muerte

Die nördlich gelegene Kirchengruppe (Grupo de las Iglesias) trägt diesen Namen nach der von den spanischen Eroberern erbauten Kirche Iglesia de San Pablo inmitten des altindianischen Mauerwerks. Der Grundriß dieser Anlage ähnelt dem der Säulengruppe, jedoch in kleinerem Maßstab. Ein Patio und ein Teil der ihn umgebenden Bauten fielen allerdings der Errichtung der Kirche zum Opfer. Der nördliche Patio blieb einigermaßen erhalten; er und ein kleiner an der Nordseite befindlicher Innenhof zeigt an den Wänden und in den Kammern noch Mosaikdekoration. Hier finden sich auch Überreste eines Frieses mit Wandmalereien. Diese schmückten einst die meisten Türbalken der Anlage. Sie waren im Stile der mixtekischen Bilderschriften gehalten, deren berühmteste der Codex Vindobonensis (Mexicanus I) und der Codex Becker I (Manuskript des Kaziken) sind, die in der Österreichischen Nationalbibliothek bzw. im Wiener Museum für Völkerkunde aufbewahrt werden.

Grupo de las Iglesias

Monte Albán

Grupo de las Iglesias – auf den indianischen Bauten errichtet

Mitla (Forts.) Weitere Gebäudegruppen	Auf der anderen Seite des Río Mitla liegen die Südgruppe (Grupo del Sur) und im Westen die Bachgruppe (Grupo del Arroyo) sowie die Gruppe der Lehmziegel (Grupo de los Adobes), die noch nicht gründlich ausgegraben und restauriert sind.
*Frissell-Museum	Unweit des Dorfplatzes befindet sich das Frissell-Museum (Museo Frissell de Arte Zapoteca), welches die größte Sammlung prähispanischer Keramik aus dem Oaxaca-Tal überhaupt zeigt.
Umgebung von Mitla	Wenige Kilometer südöstlich fand man in der Hacienda Xaaga eine interessante kreuzförmige Grabkammer, die mit Mäanderornamenten verziert ist und teilweise noch Originalbemalung aufweist.

Monte Albán

Bundesstaat: Oaxaca (Oax.)
Höhe: 2000 m ü.d.M.

Anreise	Mit dem Bus von → Oaxaca in ca. 30 Min.; mit dem Auto von Oaxaca ca. 10 km in südwestlicher Richtung.
Lage und Allgemeines	Das insgesamt 40 km² umfassende Siedlungsgebiet von Monte Albán erstreckte sich einst über mehrere Berge und diente verschiedenen Völkern fast 2500 Jahre lang als Kultstätte. Das Zentrum der Ruinenstätte erhebt sich auf einer künstlichen Plattform 400 m über dem subtropischen Tal von Oaxaca und ist vielleicht die eindrucksvollste präkolumbische Anlage Mesoamerikas. Zur Blütezeit lebten in der 6,5 km² großen Kernsiedlung ca. 35 000 Menschen.

Monte Albán

Monte Albán: Blick von der Südplattform auf Mittlere Reihe und Ostgruppe

Bereits um 6000 v. Chr. gab es schon sporadische Siedlungen im Tal von Oaxaca. Nach dem Untergang von San José Mogote um ca. 1150 v.Chr., der bis dahin wichtigsten Stätte des Tales, wurde Monte Albán wahrscheinlich im 6. Jh. v. Chr. gegründet. Vermutlich schon früher wurden die ersten kalendarischen Zeichen, vor allem Tagesglyphen aus dem 260tägigen Kalender ('Tzolkin') in den Stein gehauen. Ob die ersten Siedler und Erbauer der Kultstätte bereits Zapoteken waren, ist bislang unbekannt geblieben. Die Epoche Monte Albán I (500–200 v. Chr.) wird jedenfalls von künstlerischen Merkmalen der Olmeken mitgeprägt. Zwischen 500 und 400 v. Chr. entstand eine Siedlung mit städtischem Charakter, aus der Gräber mit Keramik und behauene Steinblöcke mit Flachreliefs von menschlichen Figuren und Kalenderschriften im 260-Tage-Zyklus überliefert sind. Im Abschnitt Monte Albán II (200 v. Chr.–200 n. Chr.) wurde präklassischer Einfluß der Maya aus dem Süden spürbar. Qualitativ bessere Keramik, eine Vervollständigung des Kalenders und große zyklopische Bauten fanden Eingang in den Stil dieser Epoche. Zeitlich zusammenfallend mit dem Auftreten der Zapoteken werden die nachfolgenden Phasen, die man Monte Albán III a (bis etwa 600 n. Chr.) und Monte Albán III b (bis etwa 800 n. Chr.) nennt, als kulturelle Blütezeit angesehen. Diese Epoche war gekennzeichnet durch die Errichtung der meisten bedeutenden Bauwerke im Talud-Tablero-Stil (Schräg- und Steilwand) und kunstvoller Grabkammern mit schönen Fresken und formenreichen Graburnen aus Ton. In der ersten Hälfte dieses Zeitabschnitts machten sich auch Stilelemente der vom Zentralplateau ausstrahlenden Hochkultur von Teotihuacán bemerkbar. Gegen Ende dieser Periode kann man bereits kulturelle Einflüsse der Mixteken erkennen. Mit der nun einsetzenden Epoche Monte Albán IV (800–1200 n. Chr.) beginnt der Niedergang. Es wurden keine neuen Bauten mehr errichtet; die grandiose Anlage begann zu verfallen, während Städte wie Lambit-

Geschichte

Monte Albán I

Monte Albán II

Monte Albán III

Monte Albán IV

Monte Albán

Geschichte, Monte Albán IV (Forts.)

yeco, Yagul, Mitla und Zaachila gegründet bzw. ausgebaut wurden. Monte Albán scheint nur noch als Begräbnisstätte für die Zapoteken und später vor allem für die Mixteken gedient zu haben. Die künstlerische Gestaltung der Keramik und die Form und Ausstattung der Grabkammern werden einfacher. Die Phase Monte Albán V, die letzte vor der spanischen Eroberung (1200–1521 n. Chr.), wurde im wesentlichen von den Mixteken bestimmt, die zahlreiche Gräber anlegten bzw. vorhandene ausräumten und neu benutzten.

Monte Albán V

Die Azteken, die 1486 einen Militärstützpunkt an der Stelle der heutigen Stadt Oaxaca errichteten, hatten ebensowenig Einfluß auf die Entwicklung von Monte Albán wie die 1521 eintreffenden Spanier. Zu ernsthafteren Forschungen in Monte Albán kam es erst im 19. Jh., hauptsächlich durch Desiré Charnay, Eduard Seler und W. H. Holmes. Im 20. Jh. waren es vor allem die mexikanischen Archäologen Alfonso Caso und Ignacio Bernal, die hier bahnbrechende Arbeit leisteten; ihnen folgten u. a. Ernesto Gonzáles Licón und Marcus Winter. Auch Monte Albán wurde von der UNESCO zum Weltkulturerbe erklärt.

Besichtigung der ✻✻Ruinenstätte

Gran Plaza

Das Zentrum der archäologischen Stätte bildet der 200 x 300 m messende Große Platz (Gran Plaza). Das Plateau wurde teils durch Abtragung, teils durch Aufschüttung geschaffen, wobei schwer zu entfernende Felsblöcke mit in die Bauwerke einbezogen wurden, wie bei der Nordplattform, der Südplattform und der Gebäudegruppe G, H, I. Die Folge war, daß diese nicht exakt in der Mitte des Platzes stand und die großen Freitreppen der beiden Plattformen einander nicht genau gegenüber lagen. Um diesen Mangel an Symmetrie zu verbergen, errichteten die Zapoteken in der Periode III zwei zusätzliche kleine Gebäude, die durch Patios getrennt vor den Bauten M und IV stehen. Wie üblich in der präkolumbischen Architektur, wurden auch hier fast alle Gebäude mehrfach – bis zu sechsmal – überbaut. Auch die Wände der Gebäude waren mit verschiedenfarbigem Stuck überzogen.

Ostgruppe

Ballspielplatz

Die erste Anlage vom Parkplatz her links, also auf der Ostseite des Platzes, ist der Ballspielplatz (Juego de Pelota). Wie bei allen Plätzen dieser Art in der Oaxaca-Region wurden hier keine Steinringe, die als 'Tore' hätten dienen können, gefunden. Die letzte Überbauung dieser Anlage erfolgte in der Phase III b.

Pyramide

Von den anschließenden aneinandergereihten Strukturen, die im typischen Stil von Monte Albán III gebaut sind, ist vor allem die erste Pyramide von Bedeutung. Sie besitzt einen inneren Treppenaufgang, der zur Spitze des Bauwerks führt. Von hier aus ging ein Tunnel unterhalb des Platzes zur mittleren Gruppe (Bauten G, H, I), der es den Priestern erlaubte, letztere ungesehen zu erreichen.

Palast

Das nächste bedeutende Gebäude in dieser Gruppe, ebenfalls mit breitem Treppenaufgang, wird Palast (Palacio) genannt. Auf seiner oberen Plattform blieben nur noch Mauerreste der Räume übrig, die wahrscheinlich Priestern als Wohnung gedient haben. Unter dem Innenhof fand man ein kreuzförmiges Grab aus der Periode Monte Albán IV. Zwischen dem Palast und der Mittleren Reihe sieht man einen eingelassenen Altar, in dem man eine höchst originelle Maske des Fledermausgottes aus Jade gefunden hat.

Mittlere Reihe

Drei Bauten der Mittleren Reihe (G, H, I) bilden eine Gruppe, die vermutlich als Altarzentrum diente. Das zentrale Gebäude H (45 x 30 m) besitzt eine breite Treppe, die zu einem zweiteiligen Tempel führt. Etwas darunter befinden sich zwei Tempelräume mit zwei Säulen davor. Die beiden flankierenden Bauwerke G und I sind fast identisch: Tempel ruhen auf zwei Plattformen, die untere mit senkrechten, die obere mit abgeschrägten Wänden; die Treppen führen nach Norden bzw. Süden.

Mittlere Reihe (Fortsetzung)

Der vierte, isoliert stehende Bau wird Hügel J (Montículo J) genannt. Diese interessante Anlage ist die einzige, die nicht in die Symmetrie der Gesamtanlage paßt, da sie in einem Winkel von 45° zu den übrigen Gebäuden steht. Auch die Form des Bauwerks ist ungewöhnlich; sein Grundriß ähnelt einer Pfeilspitze, wobei die Treppe das stumpfe Ende bildet. Ein den vorderen Teil durchquerender gewölbter Tunnel führt nach oben. Solche Durchtunnelungen dienten in der mesoamerikanischen Architektur meist der Beobachtung von Himmelskörpern; seltsamerweise ist aber durch diesen Tunnel das Firmament gar nicht sichtbar. An der Mauer der Breitseite sind auf Steinplatten Figuren und Hieroglyphen zu sehen, die offenbar gelungene Eroberungen von Städten aufzeichnen. Man nimmt an, daß der wesentliche Teil dieses Bauwerks einige Zeit vor Christi Geburt, also gegen Ende der Phase Monte Albán II, entstanden ist.

*Hügel J

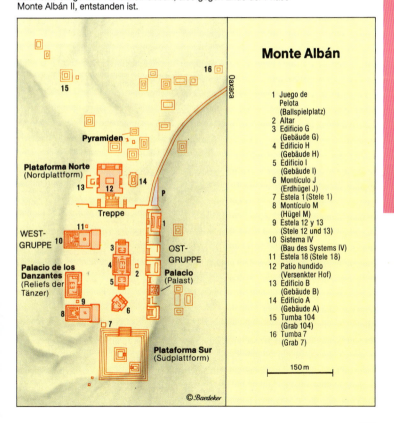

Monte Albán

Südplattform

*Ausblick

Die Südplattform (Plataforma del Sur), die den Platz auf der Südseite abgrenzt, ist ein riesiges Bauwerk, von dem bisher nur wenig ausgegraben wurde. Eine 40 m breite Treppe führt auf eine Plattform, von der man vor allem bei Sonnenuntergang einen großartigen Ausblick auf die Gesamtanlage hat, die oft als 'Symphonie der Treppen' gerühmt wird. Auf der Plattform fand man die bemerkenswerten Stelen 5 und 6, die heute im Anthropologischen Nationalmuseum von Mexiko-Stadt zu sehen sind.

*Stele 1

An der Nordwestecke dieser Struktur steht die Stele 1, eine der besterhaltenen und künstlerisch wertvollsten von Monte Albán. Man erkennt links einen auf einem Hügel sitzenden Jaguar mit dem Kopfschmuck des Regengottes Cocijo, der eine geschmückte Lanze hält. Oben und an der rechten Seite sieht man Glyphenreihen. Weitere hier gefundene Stelen wurden ins Anthropologische Nationalmuseum von Mexiko-Stadt verbracht.

Westgruppe

Hügel M

In der Südwestecke des Platzes stößt man auf den Hügel M (Montículo M), eine rechteckige Anlage, die aus zwei Bauten besteht, getrennt durch einen Patio mit einem kleinen Altar. Wie an dieser Stätte üblich, führt eine zentrale Treppe über zwei Stockwerke mit vier schrägen Wänden zu einer oberen Plattform, wo man Reste von vier Säulen, die einst zur Fassade des Tempels gehörten, sehen kann. Das vordere Bauwerk wurde während der Periode III zur Korrektur der Symmetrie angelegt. An der Nordseite des Hauptbaus stehen Reproduktionen der Stelen 12 und 13, deren Originale sich im Anthropologischen Nationalmuseum von Mexiko-Stadt befinden. Sie sind mit Zahlenglyphen bedeckt und stehen in Beziehung zum sich anschließenden Gebäude der Tänzer (Palacio de los Danzantes).

*Palacio de los Danzantes

Dies ist zweifellos der interessanteste Teil der Anlage, dessen Altar mit dem 6./5. Jahrhundert v. Chr., entsprechend der Phase Monte Albán I, datiert wird. Der ursprüngliche Baukern wurde mehrfach überbaut. Heute sieht man ein hohes doppelstöckiges Bauwerk (30 x 60 m), welches aus den Epochen III a und III b stammt. Die wichtigsten Elemente sind aber die früher eine 3 m hohe Terrassenmauer schmückenden Steinplatten, welche Reliefs von Figuren, die sogenannten Danzantes, aufweisen. Heute sind sie in mehreren Gruppen aufgestellt.

**Danzantes (Reliefs)

Die Gesichtszüge und die Glyphen zeigen eine große Ähnlichkeit mit denen der Olmeken (La-Venta-Kultur) der Küste des Golfes von Mexiko. Es zeigt sich, daß die Bewohner von Monte Albán schon in der Frühzeit eine Art Schrift sowie ein Kalender- und Zahlensystem anwendeten. Bisher nahm man an, daß die in seltsamen Körperhaltungen dargestellten Figuren berauschte Tänzer seien, oder daß es sich um gepeinigte Sklaven handeln könnte. Heute glaubt man aus den Glyphen um die Köpfe herum schließen zu können, daß sie bedeutende Persönlichkeiten verkörpern. In den letzten Jahren wurden mehrere der Steinplatten in Museen gebracht und durch Polyester-Reproduktionen ersetzt. Es ist geplant, einen kompletten Austausch vorzunehmen, um die Originale vor Witterungseinflüssen zu schützen.

System IV

Stele 18

Weiter in nördlicher Richtung steht das System IV (Sistema IV), welches dem Hügel M äußerst ähnlich ist. An der Nordseite des Gebäudes ist noch die stark verwitterte Stele 18 erhalten, von der man annimmt, daß sie aus der Periode Monte Albán II stammt. Sie ist die einzige erhaltene Stele dieser Zeit und dürfte etwa gleichzeitig mit dem ursprünglichen Bau des Systems IV entstanden sein, der aus mächtigen Steinblöcken im zyklopischen Stil dieser Epoche errichtet wurde. Zwischen dem Bau und der Nordplattform liegt eine flache Anlage mit Räumen und mehreren Gräbern.

Monte Albán

Die berühmten Danzantes

Auf die gewaltige, 12 m hohe Nordplattform (Plataforma del Norte), die sich über eine Fläche von 250 x 200 m erstreckt, führt eine 38 m breite Treppe. Zu beiden Seiten des Treppenaufgangs fand man je einen mit Hieroglyphen und Figuren geschmückten Kultraum mit Grabstätte. Gegenüber dem westlichen Kultraum fand man die Stele 9, die auf allen vier Seiten mit Reliefs versehen ist und als der bedeutendste Fund dieser Art angesehen wird; sie befindet sich heute im Anthropologischen Nationalmuseum von Mexiko-Stadt. Auf der Plattform sieht man die Reste von 2 m dicken Säulen in Doppelreihen, die einst das Dach der enormen Halle trugen. Eine Treppe führt in den Versenkten Hof (Patio Hundido), in dessen Mitte ein Altar steht. Dieses einst feinskulptierte Rechteck diente als Basis für die Stele 10, die ebenfalls nach Mexiko-Stadt gebracht wurde.

Nordplattform

Stele 9

Patio Hundido

Links von der Nordplattform erhebt sich das Gebäude B (Edificio B), dessen schlecht erhaltener Überbau vielleicht der jüngste in der Geschichte Monte Albáns ist und den Mixteken zugeschrieben wird; rechts von der Plattform steht das Gebäude A (Edificio A), eine frühere Pyramide, von der nur der Mauersockel und der Treppenaufgang einigermaßen erhalten geblieben sind.
Nördlich der großen Plattform liegen noch mehrere unausgegrabene Ruinen verschiedener Art.

Gebäude A und B

Über einen Pfad gelangt man nordwestlich zum Grab 104 (Tumba 104), dem prächtigsten der in Monte Albán entdeckten, das etwa um 500 n. Chr. angelegt wurde. Über der kunstvollen Eingangsfassade befindet sich eine Nische, in der eine Tonurne in Form einer sitzenden Person mit dem Kopfschmuck des Regengottes Cocijo steht. Die Tür zwischen der Grabstätte und dem Vorraum besteht aus einer massiven, mit Hieroglyphen bedeckten Steinplatte. Alle drei Seiten der

Gräber

*Grab 104

Monte Albán

Blick von der Südplattform auf die Westgruppe

Grab 104 (Fortsetzung)
: Grabkammer sind mit farbigen Fresken ausgeschmückt. Auf der rechten Seite erkennt man die Figur des Titao Cazobi, des Maisgottes der Zapoteken, mit einem großen Kopfschmuck aus Schlange und Federn. Das mittlere Bild auf der hinteren Wand, über einer Nische, stellt den Kopf einer unbekannten roten Gottheit mit einem bogenförmigen Kopfschmuck, der Hieroglyphe '5 Türkis' und der Himmelsöffnung dar. An der linken Wand sieht man eine Figur mit greisenhaften Gesichtszügen, einen Kopalbeutel in der Hand, reich geschmückt an Taille, Hals und Kopf, die wahrscheinlich den Gott Xipe Tótec darstellt. Er gilt bei den Zapoteken, Mixteken und Azteken als Gottheit der Erneuerung, der Juweliere und der Geschundenen. In der Grabkammer entdeckte man Überreste einer männlichen erwachsenen Person mit einer großen Urne, welche die gleiche Persönlichkeit darstellt wie die auf der Hinterwand abgebildete; daneben fand man noch vier kleinere Urnen.

Grab 172
: Unter dem Hügel des Grabes 104 liegt das Grab 172, in welchem man das Skelett und die Grabbeigaben in dem Zustand sehen kann, wie sie gefunden wurden.

Grab 7
: Nordöstlich des großen Platzes, aber bereits etwas außerhalb der eigentlichen Kultstätte rechts von der Zufahrtsstraße, liegt das berühmte Grab 7 (Tumba 7), das 1932 von Alfonso Caso entdeckt wurde. Die Entdeckung war eine archäologische Sensation: Die von den Zapoteken in der Periode III errichtete Grabkammer enthielt den bisher größten in Mesoamerika gefundenen Schatz. Die Vorkammer barg zapotekische Gefäße und Graburnen; die Mixteken bestatteten hier später, wahrscheinlich um die Mitte des 14. Jh.s, die sterblichen Überreste von Noblen. An mixtekischen Grabbeigaben fand man fast 500

**Grabbeigaben
: überaus kunstvoll gearbeitete Gegenstände aus Gold, Silber, Jade,

Montebello-Seen

Türkis, Bergkristall, und Alabaster. Sie befinden sich heute im Regionalmuseum von → Oaxaca (Kloster Santo Domingo).

Monte Albán, Grab 7 (Forts.)

Ein weiteres sehenswertes Grab ist das auf dem sogenannten 'Plumaje-Hügel' gelegene Grab 105 mit prächtigem Eingangstor und interessanten Wandmalereien.

Grab 105

Das sehenswerte Museum am Parkplatz stellt vor allem Original-Stelen mit Flachreliefs, Keramikfiguren, Schmuck und eine Dokumentation der Grabungsarbeiten aus. Eine Buchhandlung ist angeschlossen.

Museum

Montebello-Seen (Lagunas de Montebello) O 9

Bundesstaat: Chiapas (Chis.)
Höhe: von 1500 m ü.d.M. abwärts

Mit dem Bus oder mit dem Sammeltaxi von Comitán de Domínguez; mit dem Auto auf der MEX 190 (Panamericana) von → San Cristóbal de Las Casas 103 km nach Comitán de Domínguez, von dort nach weiteren 16 km bei La Trinitaria Abzweigung nach links und weitere 40 km zum Nationalpark 'Montebello-Seen'.
Durch den Nationalpark führt eine nur anfänglich asphaltierte Straße, von der mehr oder weniger gut befahrbare Feldwege zu einzelnen Seen führen.

Anreise

Die allgemein mit dem Namen Lagunas de Montebello bezeichnete Gruppe von kleinen und mittleren Seen zieht sich vom Beginn des Nationalparks (6700 ha) in östlicher Richtung bis nach Guatemala und in die Selva Lacandona hinein; man schätzt ihre Zahl auf über hundert. Diese Gewässer, die verschiedene Farben aufweisen, erstrecken sich über ein terrassenförmiges Gelände, das meist von Pinienwäldern bewachsen und noch weitgehend unberührt ist. Neben den Seen gibt es noch eine Anzahl von Dolinen, Grotten und Wasserfällen, die diese weitläufige Region zu einem schönen Ausflugsziel machen.

Lage und Allgemeines

*Landschaftsbild

Der Besucher sollte sich einen Führer nehmen, da das ausgedehnte und unübersichtliche Gelände schwerlich allein erforscht werden kann. Eine Gruppe der Seen wird Lagos de Colores ('farbige Seen') genannt, weil sie in den verschiedensten Tönungen vom smaragdgrün bis nachtblau erscheinen. Dieses Phänomen hängt mit dem Sonneneinfall, der Tiefe und der Beschaffenheit des Grundes und des Wassers zusammen. Die Seen und ihre Umgebung tragen daher auch so klangvolle Namen wie La Encantada ('verwunschener See'), Ensueño ('Traum'), Esmeralda ('Smaragd'), Bosque Azul ('blauer Wald') und Agua Tinta ('farbiges Wasser').

Lagos de Colores

In der Nähe einer kleinen Ansiedlung liegt der bemerkenswerte Bogen von San Rafael (Arco de San Rafael), eine natürliche Brücke aus Kalkstein, durch welche der Río Comitán in eine Höhle fließt, in der er zu verschwinden scheint.

Arco de San Rafael

Einer der größten unter den zugänglichen Seen ist der 10 km östlich gelegene Lago Tziscao, der die Grenze zu Guatemala bildet und an dem die z. Z. einzige Unterkunft des Gebietes liegt (Albergue und Campingplatz). Die Straße wird weiter nach Osten ausgebaut.

Lago Tziscao

Umgebung der Montebello-Seen

Chinkultic

Nach 32 km auf der Abzweigung von der MEX 190 zu den Montebello-Seen geht nach links der 2 km lange unbefestigte Fahrweg nach Chinkultic ab. Diese Ruinenstätte liegt am Felsabbruch eines bewaldeten Berges in 1600 m Höhe über dem Meer, umgeben von einer reizvollen Seen- und Wiesenlandschaft. Bemerkenswert ist, daß auch hier, weit entfernt vom Karstgebiet Yucatáns, ein Cenote existiert.

Chinkultic (Maya: 'Höhle der Stufen') war etwa von Beginn unserer Zeitrechnung an bis ins 13. Jh. bewohnt. Seine Blütezeit erlebte es während der Maya-Klassik (300 – 900 n. Chr.). Als erster besuchte der deutsche Archäologe Eduard Seler 1895 die Maya-Stätte, danach wurde sie um 1928 von dem Dänen Frans Blom und dem Amerikaner Oliver La Farge erforscht; in den sechziger Jahren leiteten Stephan F. de Borhegyi und Gareth W. Lowe die Ausgrabungen. In den letzten Jahren wurden manche bereits freigelegten Anlagen wieder von der Vegetation überwuchert. Über 200 große und kleine Hügel des ausgedehnten Gebietes bergen noch Maya-Bauten. Von den sechs Hauptgruppen ist heute nur wenig sichtbar. Ein Museum ist im Entstehen.

Ballspielplatz

Auf der Westseite erstreckt sich in der Gruppe C ein großer Ballspielplatz (Juego de Pelota), der 54 m lang und 25 m breit ist. An seiner westlichen Seite liegen drei skulptierte Stelen; insgesamt fand man bisher in Chinkultic 19 Stelen mit Reliefs, die figürliche Darstellungen und Glyphen zeigen.

El Mirador

Nicht zu übersehen ist die im Nordwesten gelegene Gruppe A mit dem freigelegten Tempel 1 oder El Mirador, der den Abschluß einer etwa 40 m hohen Pyramide bildet. Er steht auf einer Terrasse, auf der sich vier Plattformen erheben. Die breite, auf die Pyramide führende Freitreppe ist heute wieder vom Busch überwachsen.

Agua Azul

Rund 50 m unterhalb des Tempels liegt der malerische, türkisblaue Cenote Agua Azul. Da man annahm, daß wie im Falle des Cenote von Chichén Itzá Menschenopfer und Gaben hineingeworfen worden waren, tauchten die Archäologen nach solchen Objekten. Wegen der undurchsichtigen Schlickschicht, die knapp unter der Wasseroberfläche beginnt, waren diese Versuche jedoch vergebens. Man pumpte das Wasser des Cenote in den benachbarten See Chanujabab und führte eine Grabung durch, wobei verschiedene Keramiken gefunden wurden.

Neben interessanten Stelen und kunstvollen Räuchergefäßen grub man in der Nähe der Stätte eine Steinscheibe von 55 cm Durchmesser und 78 kg Gewicht aus, die mit 590 n. Chr. datiert ist. Diese wertvolle, als Markierstein für das Ballspiel dienende Plastik zeigt, von einem Glyphenband umgeben, einen Ballspieler mit kunstvollem Federkopfschmuck und kultischer Spielausrüstung. Der Stein ist im Anthropologischen Nationalmuseum von Mexiko-Stadt zu sehen.

Monterrey   I 5

Bundesstaat: Nuevo León (N.L.)
Höhe: 538 m ü.d.M.
Einwohnerzahl: 2 800 000
Telefonvorwahl: 01 8

Anreise von Mexiko-Stadt

Mit dem Flugzeug in 1½ bis 2 Std.; mit der Eisenbahn in ca. 16 Std.; mit dem Bus in ca. 12 Stunden.

Monterrey

Die Industriestadt Monterrey liegt im Tal von Santa Catarina und wird von dem seltsam gezackten Cerro de la Silla ('Berg des Sattels', 1740 m ü.d.M.) sowie dem Cerro de la Mitra ('Berg der Bischofsmütze', 2380 m ü.d.M.) beherrscht. Die Hauptstadt des Bundesstaates Nuevo León ist nach Mexiko-Stadt und Guadalajara die drittgrößte Stadt und das zweitwichtigste Industriezentrum des Landes. Obwohl sie sich zu einer modernen Großstadt entwickelt hat, findet man doch noch stellenweise altspanische Atmosphäre mit engen Gassen, flachen Hausdächern und malerischen Patios. Das Klima ist im Sommer heiß und trocken, im Winter oft feucht und kalt. Monterrey zeigt sich als durchweg spanische Stadt, ein indianischer Einfluß ist nicht vorhanden.

Lage und Allgemeines

Das Gebiet um Monterrey hat keine altindianische Geschichte; lediglich Nomaden durchstreiften das Land und hinterließen fast keine Spuren.

Geschichte

Die ersten Spanier trafen 1584 unter Luis Carvajal y de la Cueva ein und gründeten den Posten Ojos de Santa Lucía gegen die Indianer; aber erst elf Jahre später waren es zwölf spanische Familien unter der Führung von Diego de Montemayor, die sich hier endgültig niederließen und den Ort Ciudad de Nuestra Señora de Monterrey nach dem damaligen Vizekönig, dem Grafen von Monterrey, tauften. Die isoliert liegende Ortschaft, die 1775 nur 258 Einwohner hatte, mußte sich oft gegen Überfälle nomadisierender Indianer wehren. Im Krieg zwischen Mexiko und den USA wurde sie 1846 von US-amerikanischen und 1864 während der Intervention von französischen Truppen besetzt. Erst 1882, als die Eisenbahnverbindung zwischen Laredo und Monterrey geschaffen wurde, kam es zum wirtschaftlichen Aufschwung der Stadt, der unvermindert anhält.

Im September 1988 ergossen sich im Gefolge des über die Stadt hinwegfegenden Hurrikans 'Gilbert' schwere Regenfälle, die den Santa

Plaza Cinco de Mayo mit Regierungspalast und Palacio Federal

Monterrey

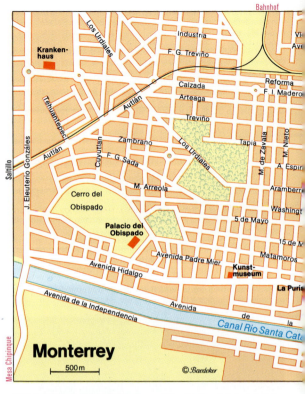

1 Palacio de Gobierno 2 Esplanada de los Heroes 3 Plaza 5 de Mayo 4 Casino de Monterrey

Geschichte (Fortsetzung)

Catarina-Fluß derart anschwellen ließen, daß die Fluten vier vollbesetzte Omnibusse mit sich rissen. Wahrscheinlich sind dabei über 200 Menschen ertrunken. Auch in der Stadt richteten die Wassermassen einige Schäden an.

Wirtschaft

Der verkehrstechnisch günstigen Lage ist es zuzuschreiben, daß Monterrey ein Zentrum der Schwerindustrie ist; die Gebrauchsgüterindustrie hat ihre Schwerpunkte in der Glas-, Zement-, Textil-, Kunststoff-, Lebensmittel- und Biererzeugung. In ihrem Instituto Tecnológico besitzt die Stadt eine der größten und besten Technischen Hochschulen Lateinamerikas.

Sehenswertes

Da Monterrey noch vor einem Jahrhundert ein Ort von geringer Bedeutung war, bietet es nur wenig Kolonialkunst. Dennoch ist die lebendige Stadt und ihre Umgebung Anziehungspunkt für viele Touristen, v. a. aus den USA.

Monterrey

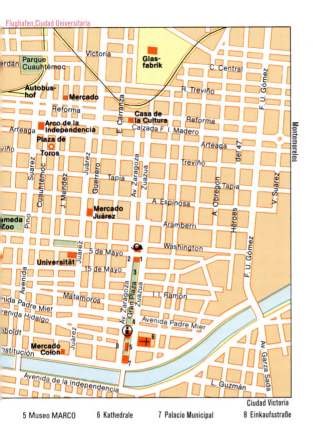

5 Museo MARCO 6 Kathedrale 7 Palacio Municipal 8 Einkaufsstraße

Im Zentrum der Stadt, den Nordteil der Gran Plaza bildend, liegt die Plaza Cinco de Mayo mit der Statue des Benito Juárez in der Mitte. Am Platz erhebt sich der aus Sandstein erbaute Regierungspalast (Palacio de Gobierno). Sehenswert sind der koloniale Patio und die mit Fresken geschmückten Repräsentationsräume mit einer kleinen historischen Ausstellung, darunter die Gewehre, mit denen Kaiser Maximilian und seine Generale 1867 erschossen wurden. Schräg gegenüber liegt der moderne Palacio Federal, von dessen Turm man eine gute Aussicht über die Stadt und ihre Umgebung hat.

Plaza Cinco de Mayo

Zwischen dem Regierungspalast und dem südlich gelegenen modernen neuen Rathaus erstreckt sich die 1984 eröffnete Gran Plaza. Dieser 40 ha bedeckende Komplex ist fünfmal größer als der Zócalo in Mexiko-Stadt. Beim Regierungspalast führt die Esplanada de los Héroes ('Esplanade der Helden') an den Denkmälern von Miguel Hidalgo, José María Morelos, Benito Juárez und Mariano Escobedo vorbei. Der eindrucksvolle, 60 x 30 m messende Neptunbrunnen (Fuente de la Vida), ergießt seine Wasser auf drei Ebenen zwischen Bronzeskulpturen von Luis Sanginio. Die eintürmige Kathedrale auf der Westseite

*Gran Plaza (Macro-Plaza)

Monterrey

Neptunbrunnen mit Stahlmonument und Kathedrale im Hintergrund

Gran Plaza (Fortsetzung)

des Platzes wurde 1603 begonnen und 1851 beendet. Ihr gegenüber auf der Ostseite erhebt sich ein bemerkenswertes, 76 m hohes Monument von Luis Barragán, von dessen Spitze nachts ein Laserstrahl in den Himmel geschickt wird. Inmitten des Südteils der Gran Plaza stehen das Reiterstandbild des Generals Zaragoza und das Denkmal des Stadtgründers Diego de Montemayor. Unweit des neuen Rathauses (Palacio Municipal), das den Platz abschließt, hat Rufino Tamayos Skulptur "Huldigung an die Sonne" ihren Platz gefunden.

*Museo de Arte Contemporáneo

An Gran Plaza, Zuazo und Ocampo wurde 1991 das architektonisch großartige, von Ricardo Legorreta entworfene Museum für Zeitgenössische Kunst MARCO eröffnet. Außer exzellenten Wechselausstellungen zeigt es eine ständige Ausstellung moderner Gemälde.

*Iglesia La Purísima

Westlich vom Platz steht an der Kreuzung Avda. Padre Mier und C. Serafín Peña die Kirche La Purísima, von Enrique de la Mora y Palomar, eines der besten Beispiele modernen Sakralbaus in Mexiko.

Cerro del Obispado

Weiter westlich endet die Avda. Padre Mier an dem Hügel Cerro del Obispado oder Chepe Vera, der vom Bischöflichen Palais (Obispado) gekrönt wird. Der Palast vom Ende des 18. Jh.s diente später abwechselnd als Festung und Hospital. Im Jahre 1913 verschanzte sich hier auch der berüchtigte Bandit und Revolutionsheld Francisco 'Pancho' Villa. Heute beherbergt der Bau das Regionalmuseum (Museo Regional de Nuevo León). Zu beachten sind die Kapelle mit schöner churrigueresker Fassade, die Druckerpresse, auf der Pater Servando Teresa de Mier im mexikanischen Unabhängigkeitskrieg (1810 – 1821) gegen die spanische Herrschaft gerichtete Pamphlete herstellte, und zwei Gewehre, mit denen angeblich Kaiser Maximilian und seine beiden Generäle in Queretaro erschossen wurden.

Museo Regional

Das moderne Technologische Institut (Instituto Tecnológico, 'El Tec' genannt) verfügt über eine Bibliothek, die einen großen Bestand an Büchern über die mexikanische Geschichte des 16.Jh.s und solche in indianischen Sprachen und eine umfassende Sammlung verschiedener Ausgaben des Don Quijote vorweisen kann. Die Bibliothek ist mit einem Wandgemälde von Jorge González Camarena ausgeschmückt.

Monterrey (Fortsetzung) Technologisches Institut

Im alten Sudhaus der vielbesuchten Cuauhtémoc-Brauerei (Av. Universidad 2202 Nte.), einer der größten des Landes, ist das Museo Monterrey untergebracht, das vorwiegend Bilder lateinamerikanischer Künstler des 20. Jh.s zeigt. Im Brauereigarten befindet sich ein Baseball-Museum (Salón de la Fama del Beisbol).

Cuauhtémoc-Brauerei (Museo Monterrey)

Zu den weiteren Sehenswürdigkeiten gehören die Kirche Espíritu Santo, ein asymmetrischer moderner Bau von Armando Rauize mit großem Wandmosaik, das Haus der Kultur (Casa de la Cultura, Colón 400 Ote.), ein Glasmuseum (C. Zaragoza/Magallanes) und ein Oldtimermuseum in der Vorstadt Del Valle (C. Río Suchiata y Vasconcelos).

Weitere Sehenswürdigkeiten

Umgebung von Monterrey

Verläßt man die Stadt in Richtung Club de Golf auf der Avenida Mesa Chipinque nach Süden, gelangt man in den Stadtteil San Pedro Garza García, wo im Centro Cultural Alfa vorspanische Fundstücke, Bilder mexikanischer Maler, Volkskunst, Muscheln und Mineralien ausgestellt sind und ein in Form eines umgekippten Zylinders erbautes Planetarium Einblicke in die Welt der Astronomie gibt.

Centro Cultural Alfa

Nach San Pedro Garza García führt die Straße hinauf zur Mesa Chipinque, einem bewaldeten Bergrücken, von welchem man eine schöne Aussicht auf Monterrey und Umgebung hat.

Mesa Chipinque

Folgt man der MEX 85 in Richtung Ciudad Victoria nach Süden bis nach Villa de Santiago (36 km), gelangt man zu einer Abzweigung, die zu den Cascadas Cola de Caballo ('Pferdeschwanzfälle') führt, einem eindrucksvollen, aus 30 m Höhe herabstürzenden Wasserfall, der allerdings manchmal ausgetrocknet ist.

Cascadas Cola de Caballo

Von der MEX 40 in Richtung Saltillo führt nach etwa 18 km eine Abzweigung nach links zum Cañón de la Huasteca, einer fast senkrechten Schlucht von 300 m Tiefe, umrahmt von bizarren Felsen.

Cañon de la Huasteca

Auf derselben Ausfallstraße folgt nach weiteren 6 km eine Abzweigung nach rechts zu den noch 24 km entfernten Grutas de García, einem der größten und schönsten Höhlensysteme des Landes, deren Eingang mit einer Seilbahn erreicht wird.

*Grutas de García

Morelia

Bundesstaat: Michoacán (Mich.)
Höhe: 1950 m ü.d.M.
Einwohnerzahl: 710 000
Telefonvorwahl: 01 43

Mit dem Flugzeug in ca. 45 Min.; mit der Eisenbahn in ca. 10 Std.; mit dem Bus in ca. 6½ Std.; mit dem Auto 309 km auf der MEX 15 über → Toluca.

Anreise von Mexiko-Stadt

Morelia

Lage und Allgemeines
*Stadtbild

Morelia, die prächtige Hauptstadt des Bundesstaates Michoacán, liegt am rechten Ufer des Flusses Río Grande de Morelia inmitten eines weiten fruchtbaren Talkessels in der Mitte zwischen Mexiko-Stadt und Guadalajara, den beiden größten Städten Mexikos. Morelia hat sich bis heute den Charakter einer vornehmen spanischen Kolonialstadt erhalten. Das Zentrum der Stadt wurde von der UNESCO zum Kulturerbe der Menschheit erklärt.

Geschichte

In der vorkolumbischen Zeit siedelte hier eine Stammesgruppe der Matlatzinca, die sich Mitte des 15. Jh.s vor den Azteken in diese von Tarasken (Purépecha) beherrschte Region zurückgezogen hatten.
Schon kurz nach der Conquista kamen die ersten Spanier unter Cristóbal de Olid in die Gegend und unterwarfen die Tarasken. In der spanischen Chronik des Ortes steht an erster Stelle das von dem Franziskanerpater Juan de San Miguel 1537 errichtete Missionskloster. Als Ort wurde Morelia zunächst mit dem Namen Valladolid im Auftrag des ersten Vizekönigs von Neuspanien, Antonio de Mendoza, 1541 gegründet. Bereits 1547 erhielt Valladolid das Stadtrecht. In Konkurrenz mit dem 'indianischen' Pátzcuaro, wo der Bischof Vasco de Quiroga seinen Amtssitz hatte, wurde schließlich auch das 'spanische' Valladolid 1570 Bischofssitz und 1582 Hauptstadt von Michoacán. Im 17. und 18. Jh. entwickelte sich Morelia zu einem Handelszentrum für die Landwirtschaft der Umgebung. Im mexikanischen Unabhängigkeitskrieg (1810–1821) war die Stadt zeitweise Operationsbasis für den Freiheitskämpfer Miguel Hidalgo y Costilla. Nach Erringung der Unabhängigkeit wurde sie 1828 zu Ehren des von hier stammenden Unabhängigkeitskämpfers Pfarrer José María Morelos y Pavón (1765–1815) Morelia genannt. Gegründet auf spanischem Kulturerbe, wurde Morelia im Laufe der Zeit, hauptsächlich dank seiner Universität, ein wichtiges geistiges Zentrum des Landes.

Sehenswertes

*Kathedrale

Der schöne Hauptplatz (Plaza de los Mártires, Zócalo) ist auf drei Seiten von Arkaden gesäumt. Die Ostseite wird ganz von der prächtigen Kathedrale eingenommen, einem 1640 begonnenen und über hundert Jahre später beendeten Bau aus rosa-bräunlichem Trachyt. Trotz der langen Bauzeit ist die Einheitlichkeit des Stils, in dem der strenge Barock überwiegt, durchaus bewahrt geblieben. Auffallend ist die mit Azulejos verkleidete Kuppel der Kirche. Im Innern, das Ende des 19. Jh.s teilweise neu ausgestattet wurde, sind mehrere interessante Stücke zu beachten: die neoklassizistischen Retablos, das silberne Taufbecken, ein Kruzifix von Manuel Tolsá, die imposante, 1903 in Deutschland gebaute Orgel sowie einige Gemälde im Chor und in der Sakristei, die den bedeutendsten Malern der ersten Hälfte des 18. Jh.s, Juan Rodríguez Juárez, José María de Ibarra und Miguel Cabrera zugeschrieben werden. In der Sakristei wird eine indianisch ('de caña') gefertigte Christusfigur mit einer vom spanischen König Philipp II. gestifteten goldenen Krone aufbewahrt.

Regierungspalast

Gegenüber der Kathedrale, auf der anderen Seite der Avenida Madero Oriente, liegt der Regierungspalast (Palacio de Gobierno), ein zwischen 1732 und 1770 entstandener Barockbau mit einem interessanten Patio. Beachtenswert sind die riesigen Wandmalereien des heimischen Künstlers Alfredo Zalce, welche die Geschichte der Unabhängigkeit, der Reformen und der Revolution Mexikos darstellen.

Regionalmuseum

An der Ecke der Straßen Allende und Abasolo, in einem Barockbau aus der Mitte des 18. Jh.s, ist das Regionalmuseum (Museo Regional

Morelia

Kathedrale von Morelia

de Michoacán, Av. Allende 305) untergebracht. Es enthält u. a. Exponate aus der präkolumbischen Zeit und aus der Kolonialepoche. Die Treppenhäuser wurden von Alfredo Zalce und Federico Cantú bemalt.

Regionalmuseum (Fortsetzung)

Links vom Museum trifft man auf das Rathaus (Palacio Municipal), ein neoklassizistisches Gebäude vom Ende des 18. Jahrhunderts.

Rathaus

Folgt man der Calle Galeana in Richtung Norden und überquert die Avenida Madero Poniente, erreicht man das Colegio de San Nicolás. Ursprünglich war es ein Bau aus dem Jahr 1580, der die in Pátzcuaro 1540 gegründete Schule aufnahm; sie ist nach der von Santa Cruz de Tlatelolco (1537) die älteste des amerikanischen Kontinents. Heute gehört sie zur Universität von Morelia. Bemerkenswert ist der große, mit schönen barocken Arkaden umgebene Hof.

Colegio de San Nicolás

Auf der gegenüberliegenden Straßenseite steht der gewaltige Clavijero-Palast, benannt nach dem Lehrer des Jesuitenordens Francisco Javier de Clavijero. Teil des Komplexes ist die frühere, zwischen 1660–1681 errichtete Jesuitenkirche (Iglesia de la Compañía), die heute die öffentliche Bibliothek (Biblioteca Pública) beherbergt. Im Mercado de Dulces ('Markt der Süßigkeiten') werden außer Leckereien auch Kunstgewerbeprodukte angeboten.

Palacio de Clavijero mit Iglesia de la Compañía und *Bibliothek

Nach Überquerung der Calle Santiago Tapia trifft man an einem hübschen Plätzchen auf die Kirche Santa Rosa de Lima. Der bereits Ende des 16. Jh.s begonnene Bau hat ein von der Renaissance beeinflußtes Doppelportal, obwohl in der übrigen Fassade wie auch bei den vergoldeten und bemalten Retablos der Barockstil in seiner churrigueresken Form dominiert. Der Kirche ist ein Konservatorium, die älteste Musikhochschule Amerikas, angeschlossen.

Santa Rosa de la Lima

Morelia

Museo del Estado

Schräg gegenüber, im sogenannten 'Haus der Kaiserin' (La Casa de la Emperatriz, Guillermo Prieto 176), in dem die Ehefrau des Kaisers Agustín de Iturbide, Doña Ana Huarte, ihre Jugend verbrachte, befindet sich das 1986 eröffnete Museo del Estado (Staatsmuseum). Es zeigt eine Vielzahl von Exponaten wie präkolumbische Stücke und indianische Kostüme, eine kostbare Edelstein- und Mineraliensammlung, eine Apotheke und weitere Gegenstände und Dokumente zur Geschichte Michoacáns.

Museo del Arte Colonial

Ein Stück weiter auf der Santiago Tapia nach Osten gelangt man in der kreuzenden Av. Benito Juárez (Nr. 240) zum Museum für Kolonialkunst (Museo del Arte Colonial), das Gemälde, Skulpturen, Inkunabeln und andere Kunstgegenstände der Kolonialzeit ausstellt.

Casa de la Cultura

Weiter nördlich an der Ecke Humboldt und Fray Juan de San Miguel steht nahe der Kirche del Carmen (frühes 17. Jh.) das Kulturhaus (Casa de la Cultura). In ihm sind neben archäologischen Objekten vor allem schöne Masken und Christusfiguren aus allen Landschaftsteilen Mexikos zu sehen.

Iglesia de San Francisco

Hinter der Plaza Valladolid erhebt sich die Kirche San Francisco, die um 1540 entstanden und damit der älteste Sakralbau der Stadt ist. Zu beachten ist die im Renaissancestil mit plateresken Einschlag gehaltene Eingangsfassade mit einem Glockenturm, dessen kleine Kuppel mit Azulejos bedeckt ist. Das früher der Kirche angeschlossene Kloster beherbergt heute den Palacio de las Artesanías, in dem vielfältige und erstklassige regionale Volkskunst wie Lack- und Kupferwaren, Holzschnitzereien, Keramik und Stickereien ausgestellt und verkauft wird.

*Palacio de las Artesanías

Morelos-Museen

Zwei Gebäude in der Altstadt von Morelia sind heute dem Andenken des Unabhängigkeitshelden José María Morelos gewidmet: sein Geburtshaus (Casa Natal de Morelos) an der Ecke Corregidora y García Obeso mit Briefen und anderen Erinnerungsstücken, und das eigentliche Morelos-Museum (Museo Morelos) in seinem späteren Wohnhaus (Av. Morelos 323), in dem seine Waffen, seine Uniform, sein Priestergewand und Dokumente ausgestellt sind. Dem Museum sind eine Bibliothek und ein Auditorium angeschlossen.

Aquädukt

Ein Wahrzeichen der Stadt ist der in den Jahren 1785 bis 1789 errichtete Aquädukt im Osten des Stadtzentrums, der eine Länge von 1600 m hat und von 253 Bögen getragen wird.

Weitere Sehenswürdigkeiten sind noch die Kirchen San Agustín, Guadalupe, Santa Catalina, das Museum für zeitgenössische Kunst (Museo de Arte Contemporáneo) im hübschen Park Cuauhtémoc sowie das neue Planetarium, welches das größte und modernste seiner Art in Mexiko ist.

Umgebung von Morelia

*Augustinerkloster Cuitzeo

Die nach Norden führende MEX 43 überquert den fast ausgetrockneten Cuitzeo-See und erreicht nach ca. 35 km die Ortschaft Cuitzeo (1883 m ü.d.M.;. 17 000 Einw.). Dieses einstige Fischerdorf wird gerne wegen seines aus dem Jahre 1551 stammenden Augustinerklosters besucht. Die dazugehörende Kirche besitzt eine schön ornamentierte Fassade im vorwiegend spanisch-plateresken Stil. Über dem Portal kann man ein durchbohrtes Herz, das Emblem des Augustinerordens, sehen. In den flankierenden Säulen ist jeweils der Doppeladler der

Umgebung

Casa Austria skulptiert. Der Turm wurde Anfang des 17. Jh.s errichtet. Der Festungscharakter der Kirche und des Klosters mit seinem einst viel größeren geschlossenen Atrium ist augenscheinlich. Am Beginn der Vorhalle links sind noch die Reste von einem das Jüngste Gericht darstellenden Fresko zu sehen. Die Offene Kapelle ist in den dritten Bogen der Vorhalle integriert.

Von Cuitzeo sind es noch 30 km bis Yuriria (Umgebung von → Celaya).

Verläßt man Morelia in Richtung Uruapan, erreicht man nach 58 km die Stadt Pátzcuaro, die ein guter Ausgangspunkt für Ausflüge zu den interessanten Orten rund um den → Pátzcuaro-See ist, darunter vor allem die archäologische Stätte → Tzintzuntzan.

Auf der MEX 15 in Richtung Osten (Toluca, Mexiko-Stadt), mehrfach über 3000 m hohe Pässe, kommt man nach etwa 70 km nach Mil Cumbres ('Tausend Gipfel'). Von hier hat man einen einzigartigen Blick über die bewaldeten Bergketten der Sierra Madre Occidental.

Nach weiteren ca. 30 km erreicht man Ciudad Hidalgo (2360 m ü.d.M.; 80 000 Einw.). Die zu einem Franziskanerkloster des 16. Jh.s gehörende Pfarrkirche hat eine plattereske Fassade. Schon 2 km vor der Stadt biegt nach links eine Schotterstraße zum 25 km entfernten Nationalpark Los Azufres ab, eine Region mit prachtvollen Nadelwäldern, Seen und Schwefelquellen.

Weiter in Richtung Zitácuaro führt nach dem Ort Tuxpan (19 km) eine Abzweigung nach rechts zum etwa 8 km entfernten San José Purúa (1689 m ü.d.M.; 35 000 Einw.). Das malerische Thermalbad liegt inmitten tropischer Vegetation am Rande einer tiefen Schlucht.

Auf die MEX 15 zurückgekehrt, stößt man nach 6 km auf einen nach links abgehenden Feldweg, der nach 4 km zu der alten indianischen Ruinenstätte Los Alzati (Camají) führt. Nach jüngsten Erkenntnissen wird die Stätte den Puréchepas (1200–1520 n. Chr.) zugeschrieben. Die Anlage besteht aus einem mächtigen, mehrstöckigen, jedoch nur zu einem kleinen Teil freigelegten Pyramidenkomplex. Neben Plattformen sind auch Steine mit eingemeißelten Kultzeichen zu sehen.

Die nächste Ortschaft an der MEX 15 ist nach 2 km San Felipe de Alzati. Von hier führt eine Straße nach links über Ocampo zum 24 km entfernten früheren Bergwerkstädtchen Angangueo (2268 m ü.d.M.; Purépecha: 'am Eingang der Höhle'). Von hier werden Touren organisiert, die zum Santuario de la Mariposa Monarco führen, einer der seltenen und einziges offiziell zugängliches Überwinterungsgebiet der Monarchfalter. Millionen dieser Schmetterlinge (Danaus plexippus) fliegen alljährlich im November aus Kanada und dem Norden der USA ein und verlassen diesen über 3000 m hoch gelegenen Nadelwald wieder im April. Auf ihren langen Flügen legen sie bis zu 140 km pro Tag zurück. Dieser und zwei andere Überwinterungsorte in Michoacán und im Estado de México wurden 1975 von amerikanischen Wissenschaftlern entdeckt und erst 10 Jahre später publik gemacht. In den letzten Jahren haben die Abholzung der Wälder, allzuviele Touristen (1997: 200 000) und die oft kalten Winter die Zahl der Falter erheblich reduziert. Offiziell wird von 35 Mio. Schmetterlingen gesprochen; im Interesse des Artenschutzes sollte man sich aber überlegen, ob man sie unbedingt aufsuchen will.

Von San Felipe de Alzati sind es noch 9 km nach Zitácuaro und von dort noch weitere 97 km nach → Toluca und nochmals 70 km nach → Mexiko-Stadt.

Morelia

Augustinerkloster Cuitzeo (Forts.)

Pátzcuaro

Mil Cumbres

Ciudad Hidalgo

Los Azufres

*San José Purúa

Los Alzati

Angangueo

**Monarchfalter

Mexiko

Vereinigte Mexikanische Staaten
Estados Unidos Mexicanos

Morelos

Bundesstaaten / Estados

1a Baja California Sur
1b Baja California Norte
2 Sonora
3 Chihuahua
4 Sinaloa
5 Durango
6 Coahuila
7 Nuevo León
8 Zacatecas
9 San Luis Potosí
10 Tamaulipas
11 Nayarit
12 Aguascalientes
13 Jalisco
14 Guanajuato
15 Querétaro
16 Hidalgo
17 Colima
18 Michoacán
19 México
20 Morelos
21 Tlaxcala
22 Puebla
23 Veracruz
24 Guerrero
25 Oaxaca
26 Chiapas
27 Tabasco
28 Campeche
29 Yucatán
30 Quintana Roo

D.F. Distrito Federal (Bundesdistrikt)

Morelos (Bundesstaat)

Kürzel: Mor.
Hauptstadt: Cuernavaca
Fläche: 4964 km²
Bevölkerungszahl: 1 442 700

Lage und Landesnatur

Morelos, nach Tlaxcala der kleinste Bundesstaat Mexikos, wird im Norden vom Bundesdistrikt und dem Estado de México, im Westen ebenfalls vom Estado de México sowie von Guerrero und im Südosten von Puebla begrenzt. Am südlichen Abhang des mexikanischen Zentralplateaus gelegen, umfaßt der Staat bewaldete Gebirgszüge und üppig bewachsene Flußtäler mit zahlreichen Wasserfällen. Dank der Nähe zu Mexiko-Stadt und der guten Verkehrsverbindungen gehört Morelos zu den meistbesuchten Gegenden Mexikos. Neben Mestizen gibt es in manchen Teilen des Staates geschlossene Gemeinschaften von Nahua-Indios.

Archäologische Stätten

Von den altindianischen Ruinenstätten im Staate Morelos seien vor allem die von → Xochicalco, Tepozteco, Chalcatzingo (Umgebung von → Cuautla) und Teopanzolco (→ Cuernavaca) erwähnt.

Geschichte

Zahlreiche Funde (Chalcatzingo, Gualupita, La Juana, San Pablo) beweisen, daß das Gebiet bereits um 1200 v. Chr. von Olmeken besiedelt oder zumindest stark beeinflußt war. In der klassischen Periode lag das heutige Morelos überwiegend im Machtbereich von Teotihuacán. Anschließend spielte Xochicalco eine beachtliche Rolle, wobei später starker Einfluß der Tolteken hinzukam. Im 11. oder 12. Jh. kamen die aus dem Tal von Anáhuac vertriebenen, Náhuatl sprechenden Tlahuicas, Abkömmlinge der Chichimeken, in dieses Gebiet. In der er-

Morelos

sten Hälfte des 15. Jh.s gelang es den Azteken, sich die Bevölkerung tributpflichtig zu machen.
Bereits 1520 eroberten die Spanier unter Gonzalo de Sandoval Teile der Region, während Hernán Cortés 1521 nach erbitterten Kämpfen das heutige Cuernavaca einnahm. 1529 belehnte Karl V. Cortés mit umfangreichen Ländereien. Dieser residierte bis 1540 vorwiegend in Cuernavaca. Die erste Zuckerrohrplantage Neuspaniens wurde in Tlaltenango eingerichtet und als Arbeiter schwarze Sklaven eingeführt, die im Laufe der Zeit von der indianischen Bevölkerung assimiliert wurden. Im mexikanischen Unabhängigkeitskrieg (1810–1821) spielten einige Orte des Landes, wie z. B. Cuautla, eine wichtige Rolle. Nach dem Krieg wurde der Staat Morelos nach dem Freiheitskämpfer José María Morelos benannt. Während des Revolutionskrieges (1910–1920) war Morelos Schauplatz der von Emiliano Zapata angeführten Bauernrevolte. Zapata gelang es, Teile des Staates unter seiner Kontrolle zu halten, bis er 1919 in der Nähe von Cuautla aus dem Hinterhalt ermordet wurde.

Geschichte
(Fortsetzung)

Morelos ist vor allem ein blühendes Agrarland, dessen Landwirtschaft hauptsächlich Zucker, Reis, Mais, Kaffee, Weizen, Obst und Gemüse produziert. Die vorhandenen Bodenschätze (Silber, Zinnober, Eisen, Blei, Gold, Erdöl und Kohle) werden noch wenig ausgebeutet. Der Tourismus spielt eine wichtige Rolle.

Wirtschaft

Klösterroute in Morelos

Neben der Hauptstadt ⟶ Cuernavaca und den hübschen Kur- und Badeorten sollte man sich die historisch interessanten Klöster der Gegend nicht entgehen lassen. Die vorwiegend im 16. Jh. von den Orden der Dominikaner und Augustiner errichteten Bauten wurden, wie es der Politik der spanischen Eroberer entsprach, meist in wichtigen indianischen Zentren errichtet.

Etwa 80 km südlich von Mexiko-Stadt und 26 km östlich von Cuernavaca liegt das malerische Städtchen Tepoztlán (Náhuatl: 'Platz der Axt'; 1701 m ü.d.M.; 65 000 Einw.; Fiestas: Karnevalsdienstag; 1. und 2. November, Allerheiligen und Allerseelen; Markttag: Sonntag und Mittwoch). Der von bizarren klippenartigen Bergwänden überragte Ort beherbergt ein bedeutendes ehemaliges Dominikanerkloster.

*Tepoztlán

Der festungsartige Sakralbau stammt aus den Jahren 1559 bis 1588 und wurde wahrscheinlich von dem spanischen Architekten Francisco Becerra entworfen. In den Ecken des Atriums stehen interessante Capillas Posas (Prozessionskapellen) mit Giebeln und gotisch gerippten Gewölben, die sich allerdings in der Ausführung mit denen von ⟶ Huejotzingo und Calpan nicht messen können. Zur Rechten, vor den Resten einer Offenen Kapelle, sieht man ein Steinkreuz aus dem 16. Jahrhundert.

Dominikanerkloster

Die Klosterkirche Nuestra Señora de la Asunción weist ein herrliches Portal auf, ein gutes Beispiel des kolonial-platereresken Stils. In perfekter Ausführung sieht man Darstellungen der Jungfrau zwischen zwei Heiligen sowie Medaillons mit Sonne, Mond, Planeten und dem Dominikanerkreuz. Über dem Fassadengiebel sind Skulpturen von Engeln angebracht, die einst eine Inschriftentafel trugen. Auf der linken Seite der Vorhalle findet man zwei Kapellen mit schönem gotischen Kreuzrippengewölbe, die restlichen Teile sind jedoch in der Renaissancetradition erbaut. Sowohl in den Kapellen als auch in den Posas sind

Klosterkirche

Morelos   **Klösterroute**

Klosterkirchen in Atlatlahuacán ...   *... und Yecapixtla*

Tepoztlán, Klosterkirche (Forts.)

noch Reste von Fresken erhalten. Durch die einschiffige Kirche gelangt man in den rustikalen Kreuzgang.
Vom ersten Stock der Loggia an der Nordwestecke des Klosters hat man einen schönen Ausblick auf die den Ort umgebenden Berge.
Das kleine archäologische Museum an der Rückseite des Klosterkomplexes zeigt prähispanische Fundstücke aus der Gegend.

Tepozteco

Auf einer steilen Felshöhe, 500 m über dem Ort, befindet sich die Ruinenstätte Tepozteco, wo die Tlahuicas zu Ehren ihres Ernte- und Pulque-Gottes Tepoztécatl eine 20 m hohe dreistöckige Tempelpyramide errichtet haben. Diese ist über einen steilen Fußweg in etwa einer Stunde zu erreichen; die Aussicht von oben ist bemerkenswert.
Zwei Treppen führen auf den ersten Absatz der Pyramide, eine dritte zu dem zweiten Teil und zu dem Eingang eines kleinen Schreins. Im Innern der Pyramide finden sich Säulen mit Figuren und abstrakten Zeichnungen. Die Wände und der Steinboden zeigen Kalenderzeichen sowie Symbole für Pulque, Wasser, Krieg und Blut.
In der Nähe liegen weitere altindianische Ruinen.

Yautepec

Etwa 15 km südlich von Tepoztlán liegt Yautepec (10 000 Einw. ; Fiesta: erster Freitag in der Fastenzeit, 'Entierro del Malhumor' = 'Begräbnis der schlechten Laune'). Das festungsartige Dominikanerkloster wurde Mitte des 16. Jh.s von Lorenzo de la Asunción gegründet. Zu sehen sind noch eine Offene Kapelle, ein Atriumkreuz und Reste einer kleinen Prozessionskapelle (Posa).

Oaxtepec

Fährt man ca. 20 km in Richtung Westen und zweigt bei Cocoyoc ab, erreicht man nach 4 km das Heilbad Oaxtepec (1085 m ü.d.M.; 12 000 Einw.). Dieser Ort ist in den letzten Jahren zu einem Zentrum des staatlichen Sozialtourismus ausgebaut worden. In der vorspanischen

Klösterroute

Zeit soll hier der Aztekenherrscher Moctezuma I. einen Sommerpalast gehabt haben.
Auch in diesem Ort befindet sich ein Dominikanerkloster aus der ersten Hälfte des 16. Jh.s, welches jetzt eine Schule sowie zeitweise eine Ausstellung archäologischer Funde des Staates Morelos beherbergt. Verglichen mit anderen Klöstern ist dieses von geringer Bedeutung. Im Kreuzgang kann man reizvolle naive Bilder von Heiligen und Mönchen sowie vom Mudéjarstil beeinflußte Fresken sehen. Die Wehrkirche mit dem gotischen Kreuzrippengewölbe ist durch große Säulen und Doppelbögen in fünf Teile geteilt.

Nach weiteren ca. 10 km in Richtung Norden gelangt man in einer besonders hübschen, bergigen Umgebung nach Tlayacapan (Náhuatl: 'in den ersten Hügeln'; 1634 m ü.d.M.). Die Kirche San Juan Bautista mit dem Augustinerkloster ist eine der ersten Gründungen des Ordens in dieser Gegend, deren indianische Bewohner sich besonders hartnäckig gegen die spanischen Eroberer wehrten.
Zu beachten ist, daß das Kloster auf der Südseite und nicht wie üblich auf der Nordseite angelegt wurde. Am Ende des geräumigen Atriums steht die Kirche mit schlichter Fassade, die von einer Espadaña mit fünf Nischen überragt wird. Links von der Kirche erreicht man durch eine Vorhalle den Kreuzgang mit gotischen Arkaden aus Steinen verschiedener Farben. Es schließt sich die 'Sala de Profundis' an, in der man Fresken aus dem 16. Jh. mit Szenen des Passionsweges und mit Heiligen sehen kann. Im Refektorium ist in ein kleiner Ausstellungssaal mit archäologischen Stücken, historischen Dokumenten und Mumien untergebracht.

Etwa 10 km in nordwestlicher Richtung liegt das Dorf Totolapan mit seinem bereits 1534 von Jorge de Ávila gegründeten, aber erst später erbauten Augustinerkloster. Das große Atrium mit einer Posa liegt vor der Wehrkirche. Im Kloster mit dem einfachen Kreuzgang kann man noch Reste von Fresken aus dem 16. Jh. sehen.

Etwa 6 km südöstlich von Totolapan liegt Atlatlahuacan. Das Augustinerkloster wurde zwischen 1570 und 1600 errichtet. Im großen Atrium stehen zwei bemerkenswerte Prozessionskapellen (Posas). Die Kirche mit ihrer einfachen Fassade hat einen offenen Glockenturm. Zur Linken sieht man eine Offene Kapelle, die vor einem hohen, später erbauten Turm steht. Die Kreuzganggewölbe sind mit Fresken bemalt.

Über zwei Abzweigungen gelangt man nach etwa 10 km zu der Ortschaft Yecapixtla (Náhuatl: 'wo die dünne Luft bläst'; 20 000 Einw.; Fiestas: Ostersonntag; 25. April, Día de San Marcos; 3. Mai, Día de la Santa Cruz; letzter Donnerstag im Oktober, Tianguis). Bemerkenswert ist, daß am Markt vor Allerheiligen, an dem die Indianer Grabgaben für den 'Día de los Muertos' einkaufen, verschiedenfarbige Kerzen zur Kennzeichnung der Toten verkauft werden: schwarze für die Gräber der Verheirateten und Erwachsenen, blaue für die der Jugendlichen, grüne für die der Kinder und weiße für die der jungen Mädchen.

Schon 1525 eine Klause der Franziskaner in einer indianischen Siedlung, wurde die Kirche San Juan Bautista mit dem Augustinerkloster 1535 durch Pater Jorge de Ávila gegründet. Dieser Festungsbau weist mehr gotische Merkmale auf als irgendeine andere Klosteranlage des 16. Jh.s in Neuspanien. Im Atrium befinden sich ein Kreuz und relativ einfache Posas, die mit Zacken verziert sind.
Die Klosterkirche zeigt eine schöne, nüchterne, zinnenbesetzte Fassade flankiert von Strebepfeilern, die in Wachtürme übergehen. Das Hauptportal ist mit typischen kolonial-platéresken Ornamenten wie

Morelos

Oaxtepec (Forts.)

*Tlayacapan

Totolapan

*Atlatlahuacan

Yecapixtla

*San Juan Bautista

Nayarit

Klösterrouten in Morelos, Yecapixtla (Forts.)

Medaillons, Cherubinen, Nischen, Tritonen und Blumen verziert. Unterhalb des Giebels erkennt man das Wappen des Augustinerordens (ein Herz von Pfeilen durchbohrt) und die fünf Wundmale des hl. Franz von Assisi. Das Chorfenster ist in der Form einer gotischen Rosette gehalten. Im Innern der Kirche sind das gotische Kreuzrippengewölbe über dem Altar, die aus Stein gemeißelte Kanzel aus dem 16. Jh. sowie die Decken- und Seitenbemalung unter dem Chor besonders hervorzuheben. Der Kreuzgang ist einfach und solide gestaltet.

Ocuituco

Rund 20 km weiter in Richtung Osten erreicht man Ocuituco, ein Dorf, in welchem 1534 der Bau des ersten Augustinerklosters Neuspaniens begonnen wurde. Im Atrium steht ein Steinkreuz aus dem 16. Jh. und in der Kirche Santiago sieht man noch Reste von Fresken. Bemerkenswert im Kloster sind der sechseckige Brunnen aus dem 16. Jh. mit Skulpturen von Tieren sowie Reste von Fresken.

Nayarit (Bundesstaat)

Kürzel: Nay.
Hauptstadt: Tepic
Fläche: 27 053 km²
Bevölkerungszahl: 896 700

Lage und Landesnatur

Der an der Pazifikküste gelegene Bundesstaat Nayarit wird im Norden von Durango und Sinaloa sowie im Süden und Osten von Jalisco begrenzt. Etwa 100 km vor der Küste liegt die Inselgruppe Tres Marías (María Magdalena, María Madre, María Cleofas). Von einem schmalen pazifischen Küstenstreifen steigt die Sierra Madre Occidental steil empor und gliedert die Landschaft in tiefe Schluchten und enge Täler. Das Küstengebiet besteht aus Lagunen und Marschland mit reicher Vogelwelt. Unter der Einwohnerschaft findet sich neben Weißen und Mestizen eine starke eigenständige indianische Bevölkerung, deren Hauptstämme die Cora und die Huicholes sind.

Archäologische Stätten

Neben der präkolumbischen Ruinenstadt Ixtlán del Río (Umgebung von → Tepic) gibt es in Nayarit noch eine Anzahl von archäologischen Stätten, deren Besuch allerdings kaum lohnend ist. Zu ihnen gehören Santa Cruz, Chacala, Amapa, Coamiles und Penitas.

Geschichte

Nayarit, nach einem altindianischen Priesterkönig benannt, wird allgemein in der präkolumbischen Archäologie zusammen mit den Nachbarstaaten Jalisco und Colima unter dem Begriff Kulturen des Westens (Culturas del Occidente) behandelt. Zweifellos begannen sie bereits in der Vorklassik und erreichten in der Klassik (ca. 200 – 850 n. Chr.) ihre Blütezeit. Die zum Nayarit-Stil gerechneten Funde, in erster Linie Tonplastiken, sind wie die von Colima und Jalisco Darstellungen aus dem täglichen Leben. Im Unterschied zu den überaus fein gearbeiteten Figuren Colimas sind sie gröber, zeigen aber dafür karikaturistische Züge. Über die Völker, die diese Kultur hervorbrachten, weiß man sehr wenig. In der Nachklassik wanderten schubweise Indianerstämme wie die Tepehuano, Totorano, Huicholes und Cora in die Region ein. Sie wurden in der späten Nachklassik (1250 – 1521) von dem zur Chimalhuacán-Konföderation gehörenden indianischen Staat Xalisco zurückgedrängt.
Die 1526 eindringenden Spanier unter Francisco Cortés Buenaventura und später unter Nuño Beltrán de Guzmán trieben die Indianer in die Berge, soweit es ihnen nicht gelang, sie zu unterwerfen. Es kam jedoch immer wieder zu Rebellionen der Cora und der Huicholes, zuerst

Mexiko
Vereinigte Mexikanische Staaten
Estados Unidos Mexicanos

Nayarit

Bundesstaaten / Estados

1a Baja California Sur
1b Baja California Norte
2 Sonora
3 Chihuahua
4 Sinaloa
5 Durango
6 Coahuila
7 Nuevo León
8 Zacatecas
9 San Luis Potosí
10 Tamaulipas
11 Nayarit
12 Aguascalientes
13 Jalisco
14 Guanajuato
15 Querétaro
16 Hidalgo
17 Colima
18 Michoacán
19 México
20 Morelos
21 Tlaxcala
22 Puebla
23 Veracruz
24 Guerrero
25 Oaxaca
26 Chiapas
27 Tabasco
28 Campeche
29 Yucatán
30 Quintana Roo

D.F. Distrito Federal (Bundesdistrikt)

Geschichte (Fortsetzung)

gegen die spanische und später gegen die mexikanische Herrschaft. Eine der blutigsten und längsten Erhebungen war die unter der Führung von 'Mariano', welche die ersten 20 Jahre des 19. Jh.s andauerte. 1854 erhoben sich die Stämme unter der Führung von Manuel Lozada ('Tiger von Alica') gegen die mexikanische Regierung, unterstützten später Kaiser Maximilian und unterlagen schließlich, als ihr Anführer 1873 hingerichtet wurde. Andere Aufstände, vor allem von den Huicholes geführt, hielten jedoch bis ins 20. Jh. an. 1889 von Jalisco abgetrennt und zum selbständigen Territorium Tepic erhoben, wurde Nayarit erst 1917 ein Bundesstaat der Republik Mexiko.

Wirtschaft

Nayarit ist hauptsächlich ein landwirtschaftliches Gebiet, dessen Hauptprodukte aus Ackerbau und Forstwirtschaft Mais, Tabak, Zuckerrohr, Baumwolle, Bohnen, Kaffee, Obst sowie verschiedene Hölzer sind. Der Tourismus sowie der Verkauf von Volkskunst haben sich erst in den letzten Jahren entwickelt.

Huicholes

Der heute in und um Nayarit lebende Stamm der Huicholes mit etwa 9000 Mitgliedern hat auf Grund seines abgelegenen Siedlungsgebiets sein Brauchtum relativ gut erhalten können. Er gehört zur großen utoaztekischen Sprachfamilie, aber die genaue Herkunft liegt im Dunkeln. Wahrscheinlich sind die Huicholes aus dem Norden des heutigen Staates San Luis Potosí eingewandert, einem Gebiet, das sie als ihr Heiliges Land Wirikuta bezeichnen.

Religion

Sie wandern alljährlich zwischen Oktober und Februar 500 km weit bis in diese Wüstengegend, um sich den Kaktus Peyotl (auch Peyote oder Híkuri) zu besorgen, der für sie den Körper des Hirschgottes darstellt. Um diese heilige, Rauschzustände hervorrufende Pflanze hat sich ein Kult gebildet, bei dem die Indianer den Kaktus unter komplizierten Zeremonien 'jagen', d. h. mit Pfeilen durchbohren, und dann verzehren,

Nayarit

Religion
(Fortsetzung)

wobei sie im Mescalinrausch, dem halluzinogenen Wirkstoff des Peyotl, Botschaften ihrer Götter zu empfangen glauben.
Obwohl weitgehend christianisiert, leben sie in Polygamie und beten vorwiegend Naturgottheiten an, wie z. B. Sonne, Feuer, Wasser und die Fruchtbarkeit. Zu den Festlichkeiten der Huicholes gehören der lokale Regierungswechsel um den 1. Januar, der Karneval, die Karwoche sowie verschiedene mit der Ernte zusammenhängende Feiern. Sie sind alle mit eigenen Riten, zu denen besondere Speisen, Getränke, Musik, Tänze, Opferungen usw. gehören, verbunden.

Siedlungsgebiet

Heute siedelt dieses Volk im Osten Nayarits zwischen La Yesca und Guadalupe de Ocotán; im Norden Jaliscos u. a. in Santa Catarina, Mexquitic, San Andrés Cohamiapa, San Sebastián und Tuxpan de Bolaños; in Zacatecas in Colotlán und in Durango in Huazamote.
Die Huicholes üben in ihren fünf politisch-geographischen Distrikten eine weitgehende Selbstverwaltung aus.

Trachten und Kunsthandwerk

Obwohl die Trachten von Dorf zu Dorf verschieden sind, so sind für die Huicholes mit Kreuzstich bunt bestickte Baumwollhemden mit geometrischen und stilisierten Mustern typisch. Darüber tragen sie eine Reihe von bunt bestickten Gürteln und Taschen, die an farbigen Bändern hängen. Die breitkrempigen Hüte sind aus Palmfasern geflochten und mit buntem Filz und Wolle geschmückt.

An Kunsthandwerk produzieren Huicholes-Frauen vorwiegend bestickte Blusen, Taschen, Gürtel, Röcke und Bänder sowie für ihre religiösen Riten Papierblumen, symbolische Pfeile, Fächer, mit Perlen dekorierte Kürbisse, Miniaturreproduktionen von Gegenständen ihres täglichen Lebens oder der Tiere und rituelle Objekte in zahlreichen Formen und Farben. Am interessantesten sind zweifellos die 'Garn-Gemälde', bei denen vielfarbige Garne auf mit Bienenwachs bestrichenes Holz geklebt werden. Die Garnbilder zeigen Hirsch, Peyotl, Mais und andere religiös-symbolische Motive.

Cora-Indianer

Der Stamm der Cora, der heute etwa 8000 Menschen umfaßt, lebt in einem Küstenstreifen des Staates Nayarit und in den Siedlungen der Sierra Nayar, wie z. B. in Dolores, Santa Teresa, Mesa del Nayar, Jesús María, San Francisco und Corepán. Ihre Selbstverwaltung entzieht sich noch weitgehend dem Einfluß des Staates. Ihre Herkunft ist unbekannt, doch nimmt man an, daß sie aus dem Südwesten der heutigen USA in das mexikanische Zentralplateau einwanderten und später an die Westküste gedrängt wurden.

Religion

Obwohl christianisiert, praktizieren sie noch vielfach heidnische Riten. Neben den katholischen Heiligen beten sie auch ihre alten Idole an, die die Sonne, die Sterne und das Wasser darstellen. Eine wichtige Zeremonie der Cora ist die Austreibung der bösen Geister aus den Körpern der Toten. Zu ihren kultischen Handlungen gehören eine Anzahl von Tänzen, deren Ursprünge vorchristlich sind, die aber auch katholische Merkmale angenommen haben. Die Hauptfeste, die sich nach dem christlichen Kalender richten, sind der 2. Februar (Mariae Lichtmeß), die Karwoche, der 15. Oktober (Santa Teresa) und der 2. November (Allerseelen).

Trachten und Kunsthandwerk

Die Festtracht der Cora ähnelt der der Huicholes, wenn man von eigenständigen Mustern absieht.

Ihre handwerklichen Arbeiten bestehen aus Handtaschen aus Maguey-Fasern mit geometrischen Blumen- und Tiermustern, dekorierte wollene Taschen sowie bunte Gürtel und bestickte Hemden.

Niederkalifornien

→ Baja California

Nogales

→ Sonora

Nuevo Laredo

→ Tamaulipas

Nuevo León (Bundesstaat)

Kürzel: N.L.
Hauptstadt: Monterrey
Fläche: 65 103 km²
Bevölkerungszahl: 3550100

Der Bundesstaat Nuevo León hat im Norden eine kurze gemeinsame Grenze mit den Vereinigten Staaten von Amerika und ist im Westen von Coahuila, im Süden von San Luis Potosí sowie im Osten und Nordosten von Tamaulipas umgeben. Der Norden des Staates ist dürr und trocken, der Osten subtropisch bewachsen und die Bergketten

Lage und Landesnatur

Mexiko
Vereinigte Mexikanische Staaten
Estados Unidos Mexicanos

Nuevo León

Bundesstaaten
Estados

1a Baja California Sur	12 Aguascalientes
1b Baja California Norte	13 Jalisco
	14 Guanajuato
2 Sonora	15 Querétaro
3 Chihuahua	16 Hidalgo
4 Sinaloa	17 Colima
5 Durango	18 Michoacán
6 Coahuila	19 México
7 Nuevo León	20 Morelos
8 Zacatecas	21 Tlaxcala
9 San Luis Potosí	22 Puebla
10 Tamaulipas	23 Veracruz
11 Nayarit	24 Guerrero
	25 Oaxaca
	26 Chiapas
	27 Tabasco
	28 Campeche
	29 Yucatán
	30 Quintana Roo

D.F. Distrito Federal (Bundesdistrikt)

© Baedeker

Oaxaca (Bundesstaat)

Nuevo León, Lage und Landesnatur (Fortsetzung)

des Südens und Westens mit Wäldern bedeckt. Der Staat hat als Schwerpunkt für Industrie und Handel eine führende Rolle im Lande errungen. Nuevo León wird vorwiegend von Mestizen und Criollos (Nachkommen von Spaniern) bewohnt.
Der Staat hat keine nennenswerten indianischen Ausgrabungsorte aufzuweisen.

Geschichte

In der vorspanischen Zeit konnte sich hier keine Indianerkultur entwickeln; das Land blieb wegen seiner Kargheit den Nomaden überlassen. Die Spanier begannen 1582/83 unter der Führung von Luis Carvajal y de la Cueva das Gebiet zu kolonisieren. Gegen Ende des 16. Jh.s umfaßte das Reino de Nuevo León die heutigen Staaten Tamaulipas, Coahuila, Zacatecas, Durango und Teile von San Luis Potosí, Texas und New Mexico. Nach der Unabhängigkeit entstand 1824 der heutige Staat. Im Freiheitskrieg (1810 – 1821), im Krieg zwischen den USA und Mexiko (1846 – 1848) und während der französischen Intervention (1862 – 1866) kam es zu häufigen kriegerischen Auseinandersetzungen in dieser Region. Zwischen Anhängern von Venustiano Carranza und Francisco 'Pancho' Villa fanden gegen Ende des Revolutionskrieges (1917 – 1919) harte Kämpfe statt. Der wirtschaftliche Aufschwung des Staates in unserem Jahrhundert ist unmittelbar mit dem seiner Hauptstadt Monterrey verbunden.

Wirtschaft

Das gut ausgebaute Verkehrsnetz sowie die Energiegewinnung durch Wasserkraft und Erdgas sind die Basis für die starke Industrialisierung des Staates, die sich v.a. um Monterrey konzentriert. Die wichtigsten Industriezweige sind Stahlerzeugung und metallverarbeitende Industrie sowie die Herstellung von Kunststoffen, Glas, Textilien, Keramik, Zement, Lebensmitteln und Bier. In der Landwirtschaft spielt der Anbau von Baumwolle, Zuckerrohr, Orangen und Agaven eine Rolle. Auch die Viehzucht und der Tourismus sowie die Silber- und Bleiminen sind von Bedeutung.

Wichtige Städte

Neben der Wirtschaftsmetropole → Monterrey sind noch als größere Städte Linares (180 000 Einw.), Montemorelos (85 000 Einw.), Sabinas Hidalgo (75 000 Einw.) und Cerralvo (42 000 Einw.) zu erwähnen.

Oaxaca (Bundesstaat)

Kürzel: Oax.
Hauptstadt: Oaxaca
Fläche: 94 211 km^2
Bevölkerungszahl: 3228900

Lage und Landesnatur

Oaxaca, der fünftgrößte Bundesstaat Mexikos, grenzt im Norden an die Staaten Puebla und Veracruz, im Westen an Guerrero, im Süden an den Pazifik und im Osten an Chiapas. Er ist einer der landschaftlich abwechslungsreichsten Bundesstaaten des Landes mit langen Stränden, zerklüfteten Bergketten der Sierra Madre mit Wäldern und tiefen Tälern sowie von Busch und Kakteen überzogenen Savannen. Der höchste Berg von Oaxaca ist der Cempoaltépetl (3400 m ü.d.M.). Zusammen mit Chiapas ist Oaxaca der 'indianischste' Staat der Republik Mexiko.

Indianische Urbevölkerung

Die Nachkommen der Zapoteken und Mixteken, die einst große vorspanische Zivilisationen schufen, und nicht weniger als 15 andere Indianerstämme bevölkern die vielen, von der modernen Entwicklung noch relativ unberührten Ortschaften des Staates Oaxaca. Man

Oaxaca (Bundesstaat)

Mexiko
Vereinigte Mexikanische Staaten
Estados Unidos Mexicanos

Oaxaca

Bundesstaaten
Estados

1a Baja California Sur
1b Baja California Norte
2 Sonora
3 Chihuahua
4 Sinaloa
5 Durango
6 Coahuila
7 Nuevo León
8 Zacatecas
9 San Luis Potosí
10 Tamaulipas
11 Nayarit
12 Aguascalientes
13 Jalisco
14 Guanajuato
15 Querétaro
16 Hidalgo
17 Colima
18 Michoacán
19 México
20 Morelos
21 Tlaxcala
22 Puebla
23 Veracruz
24 Guerrero
25 Oaxaca
26 Chiapas
27 Tabasco
28 Campeche
29 Yucatán
30 Quintana Roo

D.F. Distrito Federal (Bundesdistrikt)

schätzt, daß es heute noch neben den kleineren Stämmen rund 300 000 Zapoteken, 200 000 Mixteken, 100 000 Mazateken, 60 000 Mixe, 55 000 Chinanteken, 25 000 Amuzgo und 20 000 Trique gibt.

Indianische Urbevölkerung (Fortsetzung)

Unter den zahlreichen altindianischen Ruinenstätten seien folgende genannt: → Monte Albán, Dainzú, Lambityeco, Zaachila, San José Mogote, Huijazoo, Cuilapan (alle Umgebung von → Oaxaca-Stadt), → Yagul, → Mitla und Guíengola (Umgebung von → Tehuantepec).

Archäologische Stätten

Das 1200 km² große Tal von Oaxaca weist menschliche Siedlungsspuren auf, die bis ins 7. Jt. v. Chr. zurückgehen. Um 1500 v. Chr. entwickelte sich San José Mogote zum wichtigsten Ort des Tales und behielt diese Stellung bis 600 v. Chr., als es von Monte Albán als zentraler Ort abgelöst wurde, das wie auch Huijazoo und Dainzú anfänglich unter dem Einfluß der Olmeken stand. Die Herkunft der Zapoteken ist ungewiß, vielleicht wanderten sie von der Golfküste, der Heimat der Olmeken, ein. Noch vor Beginn unserer Zeitrechnung machten sich Einflüsse der Maya aus Guatemala und später dann der Kultur von Teotihuacán aus dem Hochtal von Mexiko bemerkbar. Zweifellos lag Oaxaca seit frühester Zeit im Schnittpunkt von Völkerwanderungen und wechselnden Kultureinflüssen. Im 7. Jh. waren es die Mixteken, die in den Nordwesten des Staates einwanderten und in Tilantongo am Monte Negro ihre erste Dynastie gründeten. Im 9. und 10. Jh. breiteten sie sich immer mehr aus und verdrängten die Zapoteken aus Monte Albán und anderen Kultzentren. Es begann der Niedergang der Zapoteken, sie blieben jedoch wie die Mixteken als Volk bis zum heutigen Tage erhalten. Während die Zapoteken gewaltige, kunstvolle Bauten und Großkeramiken als Denkmäler hinterließen, waren die Mixteken Meister in der Herstellung feiner Keramik, von Schmuck und von Codices. In der zweiten Hälfte des 15. Jh.s wurden diese beiden Völker von den Azteken angegriffen und teilweise unterworfen.

Geschichte

Oaxaca (Bundesstaat)

Geschichte (Fortsetzung)

Die Spanier eroberten bereits 1521 einen Teil des Landes, indem sie geschickt die Gegnerschaft zwischen Zapoteken, Mixteken und Azteken ausnutzten. Hernán Cortés wurden hier große Ländereien zusammen mit dem Titel Marqués del Valle de Oaxaca verliehen. Nach Beendigung des Unabhängigkeitskrieges wurde Oaxaca 1824 ein mexikanischer Bundesstaat. Zwei der berühmtesten Präsidenten Mexikos stammen aus Oaxaca, Benito Juárez, ein reinblütiger Zapoteke, und der Mestize Porfirio Díaz.

Wirtschaft

Obwohl Oaxaca reich an Bodenschätzen wie Silber, Gold, Kohle, Uran und Onyx ist und über fruchtbare Böden verfügt, ist es wegen der ungünstigen Wirtschafts- und Sozialstruktur einer der ärmsten Staaten Mexikos. Einen Aufschwung erhoffte man sich durch die Reserven an Erzen, Erdöl und Holz, den zunehmenden Tourismus und dem vielfältigen Angebot an Volkskunst. Doch das trockene Klima, Überweidung und teilweise rücksichtsloses Abholzen haben dazu geführt, daß sich an der Wirtschaftslage kaum etwas geändert hat.

Klösterroute in der Mixteca Alta

Neben den zahlreichen interessanten Sehenswürdigkeiten aus präkolumbischer und kolonialer Zeit in der Hauptstadt Oaxaca und ihrer Umgebung ist ein Besuch der berühmten Dominikanerklöster aus dem 16. Jh. in der Gebirgsregion der Mixteca Alta zu empfehlen. Da diese Orte an nicht allzu weit von der MEX 190 in nordwestlicher Richtung von Oaxaca liegen, sind sie leicht zu erreichen. Die Straße führt im wesentlichen durch hochgelegene, kalte Täler. In der präkolumbischen Zeit war diese Region das Kernland des Herrschaftsbereichs der Mixteken ('die aus dem Wolkenland'), welche hier vor allem zwischen 1000 und 1521 n. Chr. große Städte besiedelten (Tilantongo, Achiotla, Yanhuitlán, Coixtlahuaca, Tlaxiaco, Zopollán u. a.). Die spanischen Eroberer, um eine möglichst schnelle Kolonisierung und Missionierung bemüht, errichteten eine Anzahl von großartigen Dominikanerklöstern, die wahrscheinlich alle von demselben Architekten erbaut wurden. Vorhandene bauliche Abweichungen sind auf die Verschiedenheit der Handwerker zurückzuführen. Für die Fundamente ihrer Klöster verwendeten die Spanier Teile der zerstörten altindianischen Tempelbauten.

Yanhuitlán

In Yanhuitlán (Náhuatl: 'neuer Ort'), ca. 120 km nordwestlich von Oaxaca, wurde zwischen 1541 und 1575 eines dieser Dominikanerklöster errichtet. Die eher einfache Klosterkirche Santo Domingo besitzt eine ursprünglich platereske Hauptfassade, die im 17. Jh. mit barocken Anklängen verändert wurde und deren sechs Nischen Statuen enthalten. Das Nordportal hat ein gotisches Fenster mit Fensterrose, ist sonst aber ein typisches Beispiel für den platereken Stil. Das große Kirchenschiff zeigt ein kompliziertes Rippengewölbe, und die Fenster sind wie in der Gotik durch Säulen geteilt. Der Alfarje (holzgefügtes Dach im Mudéjarstil) ist im Chor besonders schön gearbeitet,

*Hauptaltar

der 20 × 10 m große, prächtige Hauptaltar aus dem 17. Jh. mit Skulpturen und Gemälden, die Andrés de la Concha zugeschrieben werden, geschmückt. Über dem Altar der Rosenkranzkapelle befindet sich ein einzigartiges polychromes Marmorrelief der Kreuzabnahme. Bevor man den Kreuzgang erreicht, durchquert man im Kloster einen Raum mit einer Anzahl von bunten Holzstatuen. Im Treppenhaus sieht man noch Fresken aus dem 16. Jh.; in den Mönchszellen sind zeitweise koloniale Skulpturen und Fotografien verschiedener Klöster der Umgebung ausgestellt.

Klösterroute   **Oaxaca** (Bundesstaat)

Offene Kapelle von Teposcolula

Nach weiteren 15 km auf der MEX 190 in Richtung Nordwesten erreicht man die Abzweigung der MEX 125, die nach Südwesten zu dem 13 km entfernten San Pedro y San Pablo Teposcolula führt. Dieser kleine Ort, der heute noch von der von den Dominikanern eingeführten Seidenraupenzucht lebt, beherbergt die Reste einer von Erdbeben und der Zeit zerstörten Klosteranlage. Obwohl sie in Ruinen liegt, ist die Offene Kapelle eines der hervorragendsten Beispiele sakraler Architektur aus dem 16. Jh. in Mexiko. Mit Ausnahme des mittleren Gewölbes ist der Bau im reinen Renaissancestil gehalten. In der Mitte der Doppelreihe von Bögen befindet sich ein von dorischen Säulen getragener Raum, den einst ein Gewölbe bedeckte. – Basierend auf mixtekischer Tradition findet man im Ort den als 'La Casa de la Teposcolula' in die Geschichte eingegangenen Sitz der "Herren von Teposcolula". Das Haus wurde etwa 1560 errichtet und diente bis 1760 als Zentrum der Macht. Das in Lateinamerika in seiner Art einmalige Kazikenzentrum herrschte über eine weite Region der Mixteca Alta.

San Pedro y San Pablo Teposcolula

*Offene Kapelle

45 km südwestlich von San Pedro y San Pablo auf der MEX 125 gelangt man nach Santa María Asunción Tlaxiaco. Das Kloster des Ortes ist der Himmelfahrt Mariae geweiht und stammt aus dem Jahr 1550. Zu beachten ist die nüchterne platereske Fassade und das gotische Gewölbe der Kirche; die Altäre im Innern sind neoklassizistisch.

Santa María Asunción Tlaxiaco

Kehrt man zurück auf die MEX 190 und fährt 12 km weiter in nordwestlicher Richtung, gelangt man über eine nach rechts führende Abzweigung nach 24 km zu der Ortschaft San Juan Bautista Coixtlahuaca. Dieser Ort war einst die Hauptstadt des Königreiches der Mixteca Alta und ein wichtiges Handelszentrum des Landes. 1458 wurde es von den Azteken unter ihrem Herrscher Moctezuma I. erobert und tributpflichtig gemacht.

San Juan Bautista Coixtlahuaca

Oaxaca (Stadt)

Klösterroute im
Bundesstaat Oaxaca
(Fortsetzung)
 Klosterkirche

Das Dominikanerkloster hat eine Kirche aus dem Jahr 1546 mit einer beachtenswerten Hauptfassade im vorwiegend platereskem Stil. Man sieht die hierfür typischen Medaillons sowie Figurennischen und ein gotisches Rundfenster über dem Portal. Ein gewisser Einfluß des aufkommenden strengen Herreriano-Stils ist bereits zu bemerken. Ähnlich gestaltet ist die Fassade des Seitenportals, nur fehlt hier die Nischenkombination. Im Innern der Kirche findet man einen großen churriguereskem Altar, einen interessanten Bogen im Presbyterium, eine hübsche Tür zum Chor und eine schön geschnitzte Kanzel. In der Nähe der Kirche befindet sich die Ruine einer einst prächtigen Offenen Kapelle im gotischen Stil. Das Kloster liegt in Trümmern.

Unweit der Ortschaft fand man eine spätklassische präkolumbische Stätte sowie eine größere Anzahl von Gräbern.

Oaxaca (Stadt) L 9

Bundesstaat: Oaxaca (Oax.)
Höhe: 1545 m ü.d.M.
Einwohnerzahl: 400 000
Telefonvorwahl: 01 951

Anreise von
Mexiko-Stadt

Mit dem Flugzeug in ca. 50 Min.; mit der Eisenbahn in ca. 15 Std.; mit dem Bus in ca. 10 Std.; mit dem Auto ca. 540 km auf der MEX 190.

Lage und
Allgemeines

**Stadtbild

Die reizvolle Stadt Oaxaca liegt fast genau in der Mitte des gleichnamigen Bundesstaates in einem Tal mit subtropischer Vegetation, umgeben von den hohen Bergen der südlichen Sierra Madre. Die Stadt zeigt eine anziehende Mischung aus indianischen und spanischen Elementen. Im Unterschied zu anderen mexikanischen Kolonialstädten hat hier bisher noch keine Industrialisierung stattgefunden und ist auch wenig Bevölkerungszuwachs zu verzeichnen, so daß der Ort den Charakter einer beschaulichen Residenzstadt Neuspaniens weitgehend bewahrt hat. Die UNESCO hat das historische Zentrum der Stadt zum Weltkulturerbe der Menschheit erklärt.

Geschichte

Das Tal von Oaxaca war schon um 6000 v. Chr. von primitiven Indianergruppen besiedelt. Der Beginn einer eigenständigen Kultur kann mit San José Mogote (San José-Phase 1450–1050 v. Chr.) angesetzt werden. Es folgte die Übergangsphase zu Monte Albán I zwischen dem 8. und 7. vorchristlichen Jahrhundert. Die Entwicklung der 'Vor-Zapoteken', die vielleicht selbst Olmeken waren oder von ihnen beeinflußt wurden, mündete in den nachfolgenden Perioden in die zapotekischen und mixtekischen Zivilisationen, die sich in der Umgebung der Stadt ausbreiteten, als von einer Ansiedlung an der Stelle des heutigen Oaxaca noch nichts bekannt war. Erst 1486 errichteten die eindringenden Azteken unter ihrem König Ahuítzotl an dieser Stelle den Militärstützpunkt Huayxaca (Náhuatl: 'am Akazienhain').

Im Jahre 1521 kamen die Spanier unter Francisco de Orozco, besiegten die Indianer und gründeten eine kleine Siedlung, die 1529 Antequera getauft wurde. Bereits 1532 erhob Kaiser Karl V. den Ort zur königlichen Stadt Oaxaca, ein Name, der von dem der ursprünglichen Aztekenfestung abgeleitet wurde. Im Unabhängigkeitskampf Mexikos (1810–1821) spielte die Stadt keine Rolle. 1830 wurde Porfirio Díaz, der nachmalige Präsident der Republik, als Mestize mixtekischer Herkunft hier geboren. Der spätere Präsident und Nationalheld Benito Juárez, ein Zapotekenindianer, residierte in dieser Stadt, als er von 1847 bis 1852 Gouverneur des Staates Oaxaca war.

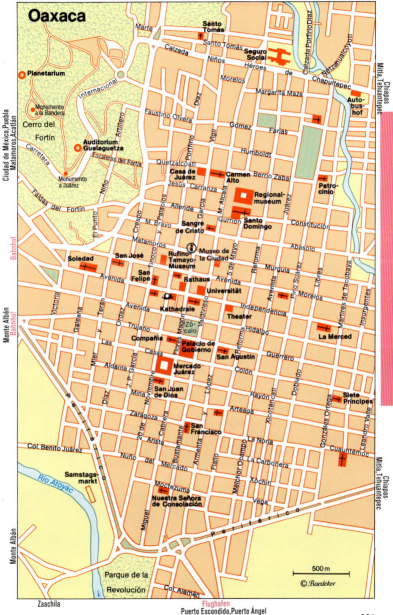

Oaxaca (Stadt)

Sehenswertes

*Zócalo

Zentrum des bunten Lebens in Oaxaca ist der Zócalo (Plaza de Armas oder Plaza Central) mit einem hübschen Musikpavillon, schönen alten Bäumen und Arkadencafés. An der Südseite des Platzes steht der im Kolonialstil erbaute Regierungspalast (Palacio de Gobierno). Am 23. Dezember jeden Jahres findet das einzigartige und überaus bunte Fest der Radieschen ('Fiesta de Rábanos') statt.

Kathedrale

An der Nordwestseite erhebt sich die Kathedrale, deren Bau Mitte des 16. Jh.s begonnen wurde und rund 200 Jahre in Anspruch nahm. Auffallend ist die gedrungene Bauweise mit zwei niedrigen Türmen, die angewandt wurde, um den Erdbeben zu widerstehen. Die originelle Turmuhr, deren Werk ganz aus Holz geschnitzt ist, war ein Geschenk des Königs von Spanien an die Kirche. Die Barockfassade weist feingearbeitete Figuren und Flachreliefs an den Säulen auf. Im Innern des Gotteshauses, das im neoklassizistischen Stil gehalten ist, sind vor allem acht gravierte Glasbilder und Kapellen zu beachten.

*Mercado B. Juárez

Nicht weit vom Zócalo, einen Häuserblock südlich, wird im alten Marktgebäude täglich ein Markt (Mercado Benito Juárez) abgehalten, der wie die meisten Märkte Oaxacas ein besonders buntes Schauspiel bietet. Samstags, wenn die Indios aus allen Richtungen herbeiströmen, ist er noch lebendiger; es werden u. a. Web- und Töpferwaren, Lederartikel, Messer und Macheten angeboten.
Ein anderer bunter Markt ist der Mercado de Abastos (v.a. Lebensmittel) südwestlich vom Zentrum (täglich); ebenfalls samstags besonders lebendig, wenn die Indianer aus den umliegenden Dörfern kommen. Ein dritter besuchenswerter Markt ist der Mercado de Artesanías südlich vom Benito Juárez Markt, der auf Textilien spezialisiert ist.

Herrliche Deckenreliefs in der Kirche Santo Domingo

Oaxaca (Stadt)

Fünf Häuserblocks nördlich vom Hauptplatz erreicht man die prächtige Kirche Santo Domingo, eine Dominikanergründung aus dem Jahre 1575. Sehr eindrucksvoll ist die Barockfassade.	****Iglesia de Santo Domingo**
Das Innere der Kirche zeigt an den Wänden und der Decke eine Fülle von vergoldeten Ornamenten und bunten Skulpturen in Hochrelief, die sich gegen den weißen Hintergrund glanzvoll abheben. Der Gesamteindruck ist eher der eines Palastes als der einer Kirche. Der bäuerliche Stil der farbigen Plastiken gibt dem Kirchenschiff, dem Chorbogen und den Kapellen eine unverwechselbare mexikanische Note. An der Decke über dem Eingang sieht man einen skulptierten Weinstock, aus dessen goldenen Zweigen und Blättern 34 Porträts wachsen. Es handelt sich hierbei um den Stammbaum des 1221 gestorbenen hl. Domingo de Guzmán, des Gründers des Dominikanerordens, der mit den Königsfamilien Spaniens und Portugals verwandt war.	Innenraum
Von den elf verschiedenen Kapellen ist die größte und schönste die Rosenkranzkapelle (Capilla de la Virgen del Rosario). Sie hat einen eigenen Chor, eine Sakristei und sogar eigene Türme. Der überreich geschmückte Altar mit der Jungfrau Maria gilt als Juwel des mexikanischen Rokoko. Die meisten der ursprünglichen Altäre und Dekorationen wurden in den sechziger Jahren des 19. Jh.s zerstört, als das Gotteshaus vorübergehend in einen Pferdestall verwandelt worden war. Die späteren Restaurierungen folgten den alten Vorbildern.	Rosenkranzkapelle Altar
In dem benachbarten Kloster ist heute das staatliche Regionalmuseum (Museo Regional de Oaxaca) untergebracht. In zwei Etagen werden archäologische und ethnologische Sammlungen zu den Indianerkulturen sowie kirchliche und weltliche Exponate aus der Kolonialzeit ausgestellt. In der Ethnologischen Sammlung sieht man u. a. Trachten, Masken, Schmuck, Zeremonial- und Hausgeräte der verschiedenen Indianerstämme der Region. Nebenan befinden sich die archäologischen Funde aus den umliegenden Stätten der Zapoteken und Mixteken; Fotos, Tabellen und Karten runden die Ausstellung ab. Glanzpunkt der Archäologischen Samm lung ist der 1932 im Grab 7 von Monte Albán gefundene Mixtekenschatz aus Gold, Jade, Türkis und anderen Halbedelsteinen. Aus diesen Materialien wurden überaus kunstvolle Armbänder, Halsketten, Ohrschmuck, Brustplatten, Masken u. a. hergestellt. Aus der Geschichte des Klosters und des Dominikanerordens findet man historische Dokumente sowie kirchliche und weltliche Gegenstände, darunter eine altspanische Küche.	*Museo Regional de Oaxaca **Mixtekenschatz
Südlich von Santo Domingo zeigt das Stadtmuseum (Museo de la Ciudad, Alcalá 202) zeitgenössische Kunstwerke. Es ist in der schön restaurierten Casa de Cortés aus dem 16. Jh. untergebracht, das angeblich 1529 von Hernán Cortés in Auftrag gegeben wurde, nachdem er den Titel des Marqués del Valle de Oaxaca erhalten hatte. Er starb, ohne es je gesehen zu haben.	Museo de la Ciudad
Fünf Häuserblocks westlich vom Zócalo steht die Kirche La Soledad (Basílica de Nuestra Señora de la Soledad), die der Schutzheiligen der Stadt geweiht ist. Der Kirchenbau entstand zwischen 1682 und 1690 und hat ein kalksteingepflastertes Atrium, das von einem erhöhten Wandelgang umgeben ist. Die Figur der Virgen de la Soledad trägt eine Robe aus schwarzem, mit Gold und kostbaren Steinen besticktem Samt und eine besonders große Perle auf der Stirn. Dieser 'königlichen' Heiligen, die auch Schutzpatronin der Seefahrer ist, werden verschiedene Wunder zugeschrieben.	*Basílica de Nuestra Señora de la Soledad
Weitere bemerkenswerte Kirchen sind San Felipe Neri (kunstvolle Altäre), San Juan de Dios (indianische Darstellung der Eroberung) und San Agustín (Fassadenreliefs des hl. Augustín).	Weitere Kirchen

Oaxaca (Stadt)

Goldmaske und ... ... Türkisschädel aus dem Mixtekenschatz

*Museo Rufino Tamayo: In einem Palais an der Av. Morelos (Nr. 503), vier Blocks vom Zócalo entfernt, ist das dem Staat von dem berühmten mexikanischen Maler Tamayo geschenkte Museum Rufino Tamayo (Museo de Arte Prehispánico Rufino Tamayo) untergebracht. In fünf Räumen werden in anschaulicher Weise archäologische Objekte der wichtigsten altindianischen Kulturen gezeigt.

Museo Casa Juárez: Das Haus García Vigil 609, in welchem Benito Juárez zwischen 1818 und 1828 als Diener lebte, wurde in ein Museum (Museo Casa Juárez) umgewandelt. Hier findet man Erinnerungsstücke an den Präsidenten, der 1806 in Guelatao bei Oaxaca geboren wurde.

Cerro de Fortín de Zaragoza / 'Guelaguetza': Auf dem Cerro de Fortín de Zaragoza, einem Berg, der sich etwa 100 m über die Stadt erhebt, stehen zwei nationale Monumente für Benito Juárez und die mexikanische Staatsflagge sowie ein Freilichttheater. Dieser Ort ist alljährlich Schauplatz der größten und buntesten Fiesta des Landes, der sogenannten 'Guelaguetza' (zapotekisch: 'Darbietung'), die an den zwei auf den 16. Juli folgenden Montagen stattfindet. Sie zeigt eine Mischung von vorspanischen und christlichen Tänzen der Indianerstämme aus dem Staat Oaxaca.

Umgebung von Oaxaca

*Baum von Tule: Etwa 10 km östlich von Oaxaca an der MEX 190 liegt das kleine Dorf Santa María del Tule. Vor einer reizvollen kleinen Kirche steht der berühmte Baum von Tule (Árbol del Tule), ein gewaltiges Exemplar einer Zypressenart (Taxodium Mucronatum Ten), dessen Alter auf 2000 Jahre geschätzt wird und der eine Höhe von 40 m sowie einen Umfang von 42 m hat.

Umgebung   **Oaxaca** (Stadt)

Der mächtige Baum von Tule

Nach weiteren 10 km führt eine Abzweigung nach rechts zu dem nahen Ort Tlacochahuaya mit der Kirche San Jerónimo aus dem 16. Jahrhundert. Originell sind die bunten Malereien im Innern. Indianer haben hier in höchst eigenwilliger Weise ihre künstlerischen und religiösen Vorstellungen verwirklicht, indem sie die Wände mit Sternen, Blumen, Vögeln, Sonnen und Engeln bedeckten.

Tlacochahuaya

*Indianische Malereien

Nach weiteren 3 km geht eine Abzweigung nach links zum 5 km entfernten Teotitlán del Valle. Dieses Dorf mit vorspanischer Vergangenheit, das um eine Kirche aus dem 17. Jh. gebaut wurde, ist weitbekannt für die hier hergestellten Sarapes (rechteckige Wollumhänge mit Kopfloch in der Mitte). In 'La Grana Tejido' kann man zuschauen, wie der Cochenille-Farbstoff (s. Cuilapan S. 386) verarbeitet wird.

Teotitlán del Valle

Kurz darauf zweigt rechts eine Straße zur archäologischen Stätte Dainzú ab. Die Ausgrabungsarbeiten haben ergeben, daß es sich um eine sehr alte Stadt handelt, die von etwa 500 v. Chr. – 1400 n. Chr., also während der Epochen von Monte Albán I bis V, bewohnt war. Der schön gelegene Ort hatte wahrscheinlich seine Glanzzeit in der spätformativen Periode (600 – 300 v. Chr.). Bisher sind erst wenige Gebäude dieses großen zapotekischen Zentrums erforscht worden.

Dainzú

Einer der bedeutendsten dieser Bauten hat eine pyramidenförmige Basis und erinnert in der Bauweise an die Nordplattform in Monte Albán. An der Südseite des Untergeschosses fand man eine Galerie hochinteressanter flacher, bearbeiteter Steine, deren Reliefs ähnlich olmekisch beeinflußt sind wie die 'Danzantes' in Monte Albán. Sie zeigen u. a. Personen während des Ballspiels sowie Priester oder Gottheiten mit Jaguaren als Schutzherren des Spieles. Die Haupttreppe an diesem Bauwerk ist später errichtet worden (etwa 700 n. Chr.). Ähnli-

Besichtigung der Ruinenstätte

*Reliefs

Oaxaca Stadt) **Umgebung**

Dainzú (Forts.) che Figuren und Szenen wie in der Wandgalerie sind in den Felsen an der Spitze des Hügels eingemeißelt. In dieser Anlage hat man auch das Grab eines Herrschers oder Priesters gefunden.
Im unteren Teil der Ruinenstätte sieht man ein in Ausgrabung befindliches Bauwerk mit Wänden und Verbindungstreppen aus dem 3. vorchristlichen Jahrhundert und etwas abseits einen Ballspielplatz aus dem 10. oder 11. nachchristlichen Jahrhundert.

Lambityeco Wenige Kilometer weiter liegt an der Straße die archäologische Stätte Lambityeco. Dieser Ort, der wesentlich größer war als es nach den heutigen Überresten scheint, hatte seine Blütezeit zwischen 700 und 900 nach Christus, parallel zum Niedergang und zur Aufgabe Monté Albáns durch die Zapoteken. Man sieht eine kleine Pyramide, unter der ein altes Haus ausgegraben wurde. Insgesamt fand man hier sieben Gräber; auf der Fassade des Grabes 5 sind zwei Köpfe und Namen eingemeißelt, die den früheren Besitzer des Hauses und seine Frau darstellen könnten. Im Grab 2 von Lambityeco, das mehrmals überbaut wurde, entdeckte man zwei eindrucksvolle Skulpturen des zapotekischen Regengottes Cocijo. In einem Patio befinden sich aus Stein gehauene Friese mit menschlichen Figuren und Hieroglyphen, ein Altar und ein Grab. Man nimmt heute an, daß die Bewohner diesen von der Lage her ungeschützten Platzes verließen, um sich an der 5 km weiter befindlichen älteren Kultstätte → Yagul niederzulassen.

Pfarrkirche Tlacolula Gut 2 km weiter führt eine kurze Abzweigung nach rechts zu dem alten Zapotekenstädtchen Tlacolula, das eine sehenswerte Pfarrkirche aus dem Jahre 1647 besitzt.
Die barocke Fassade der Pfarrkirche besteht aus drei Teilen mit Rundbogen, Säulen, Nischen und einem Chorfenster. Auch das Innere entspricht vorwiegend dem Barockstil, allerdings mit den üblichen lokalen Eigenheiten. Ein großartiges Beispiel der einfachen Schmiedeeisenarbeiten aus der Kolonialzeit sind das Tor zur Christuskapelle (Capilla del Santo Cristo) und das Chor- und Kanzelgeländer. Die Kapelle ähnelt in ihrer phantasievollen und meisterlich ausgeführten Stuckornamentik der Kirche Santo Domingo in Oaxaca bzw. der Rosenkranzkapelle in → Puebla. Man sieht Darstellungen von Jesu Christi, der Jungfrau von Guadalupe und solche von Märtyrern, die ihre Köpfe unter dem Arm tragen. Beachtenswert sind auch die goldgerahmten Spiegel, einige mit dem habsburgischen Doppeladler versehen, die silbernen Lüster, die Bänke sowie der silberne Hauptaltar. Obwohl der indianische Einfluß in den Ornamenten zuweilen deutlich sichtbar ist, ist er nicht so stark wie in manchen der Poblano-Kirchen.
In der Pfarrkirche stieß man auf einen Geheimgang zu einem Raum, in dem wertvolle religiöse Gegenstände aus Silber gefunden wurden. Man hatte diese während des mexikanischen Revolutionskrieges dort versteckt; heute sind sie zeitweise ausgestellt.

Sonntagsmarkt Der Ort Tlacolula ist auch bekannt für seinen malerischen Sonntagsmarkt. Von Tlacolula sind es noch 10 km bis → Mitla

Cuilapan Etwa 12 km südlich von Oaxaca liegt der Ort Cuilapan (Náhuatl: 'Coyote-Fluß'). Der Ort ist ein Zentrum der früher bedeutenden Cochenille-Verarbeitung. Ein leuchtend roter Farbstoff wird aus diesen auf Kakteen lebenden Läusen gewonnen.

*Santiago Apóstol An einer Anhöhe sieht man Kirche und Kloster Santiago Apóstol, eines der größten seiner Art in Mexiko.

Klosteranlage Mit dem Bau der massigen Klosteranlage wurde 1555 begonnen, aber sie blieb unvollendet. Die Renaissancefassade der dachlosen Basilika steht vor zwei inneren Säulengängen, von denen ein Teil durch Erdbeben zum Einsturz gebracht wurde. Auf der linken Seite sieht man eine aus Stein gehauene Kanzel, zu der eine kleine Treppe hinaufführt. Das

Umgebung   **Oaxaca** (Stadt)

Santiago Apóstol in Cuilapan

anschließende Klostergebäude wurde 1663 verlassen, als der Orden nach Oaxaca übersiedelte. Die Mauern sind fast 3 m dick. Die Wandmalereien im Eingang beschreiben die Geschichte des Ordens. Im letzten Raum im Hauptgeschoß war einst der mexikanische Präsident Vicente Guerrero eingesperrt, bevor er 1831 von seinen Feinden erschossen wurde. Von der Terrasse des zweiten Stocks, in dem sich die Mönchszellen befanden, hat man einen guten Rundblick. An der rückwärtigen Wand trägt eine hochinteressante Steinplatte neben der präkolumbischen Kalenderinschrift '10 Rohr' die christliche Jahreszahl 1555. In der Kirche, die als einziges Gebäude noch benutzt wird, liegt das Grab der letzten Zapotekenprinzessin, der Tochter des Herrschers Cocijo-eza, die sich nach ihrer Taufe Juana Donaje nannte.

Cuilapan, Santiago Apóstol (Fortsetzung)

Kirche

Im restaurierten Teil des Klosters ist ein Museum für Ethnologie, Kolonial- und moderne Kunst untergebracht.

Museum

In der Nähe von Cuilapan wurden altindianische Ruinen gefunden, darunter ein bemerkenswertes Grab, um welches eine Pyramide gebaut wurde, eine für Mexiko ungewöhnliche Architekturform. Eine Freitreppe mit neun Stufen führt in eine Vorkammer, von der aus man unter einem prächtigen steinernen Türsturz hindurch in das eigentliche Grab gelangt. Die Datumsglyphen konnten bislang nicht entziffert werden. Man nimmt an, daß es sich um ein Zapotekengrab handelt.

Altindianische Ruinen

6 km nach Cuilapan, an derselben Straße weiter südwärts, folgt das Dorf Zaachila. Donnerstags findet ein Markt statt, hauptsächlich Handel mit Vieh. Hier befand sich einst die letzte Hauptstadt des Zapotekenreiches, deren Reste erst 1962 wiederentdeckt wurden. Vorläufig hat man nur die Fundamente einiger Bauwerke ausgegraben, die sich auf einer Anhöhe hinter der Kirche Virgen de Juquila ausbreiten.

Zaachila

Orizaba

Umgebung von Oaxaca (Stadt), Zaachila (Forts.)

Besichtigung der Ruinenstätte

❋ Gräber

Die große zentrale Pyramide ist noch kaum erforscht. In einem Patio innerhalb einer rechteckigen Plattform entdeckte man die Gräber 1 und 2. Die Fassade von Grab 1 schmücken zwei Jaguarköpfe; im Vorraum sieht man zwei in Stuck modellierte Eulen mit ausgebreiteten Flügeln. In der Grabkammer selbst befinden sich Stuckfiguren von zwei Herrschern der Unterwelt mit von der Schulter hängenden Herzen, begleitet von je einem Priester namens "5 Blume" und "9 Blume" mit Kopalbeuteln. An der hinteren Wand ist ein Greis mit Kopfschmuck, Schildkrötenpanzer am Leib und Feuersteinen in den Händen abgebildet. Das Grab 2 war wesentlich bescheidener ausgestattet, doch fand man hier wertvolle Grabbeigaben aus Gold, Jade und Edelsteinen, die heute im Anthropologischen Nationalmuseum von Mexiko-Stadt untergebracht sind. Wie so oft im Gebiet von Oaxaca wurden auch hier zapotekische Gräber später von den Mixteken als Begräbnisstätten verwendet. Am Dorfplatz von Zaachila werden zeitweise mit Reliefs geschmückte Monolithen ausgestellt.

San José Mogote

Etwa 10 km nordwestlich von Oaxaca, an der MEX 190 nach Guadalupe Etla, liegt die sehr alte Ruinenstätte San José Mogote. Unter mehreren Siedlungen im Tal von Oaxaca war dieser Ort im Zeitraum von etwa 1150 bis 850 v. Chr. der bedeutendste in der Region, bis er zwischen 600 und 500 v. Chr. von Monte Albán abgelöst wurde.
Aus der Blütezeit der Stätte stammt ein aus Stein und Adobe errichtetes Bauwerk, an dem Reliefdarstellungen von Jaguarkopf und Raubvögeln angebracht wurden, die die ältesten bisher in Oaxaca gefundenen Steinskulpturen sind. In der Zeit von 800 bis 600 v. Chr. wurde eine Reliefplatte geschaffen, die als Eingangsschwelle eines Gebäudes diente und eine nackte, sich krümmende Gestalt zeigt, die an die späteren 'Danzantes' von Monte Albán I erinnert.
Im dem kleinen Museum sind neben anderen Stücken rekonstruierte Grabstätten zu sehen.

Huijazoo

❋ Grab 5

Hinweis

Auf der MEX 190 gelangt man in nordwestlicher Richtung nach weiteren 21 km in das Städtchen Huitzo. Kurz hinter dem Ort führt eine Abzweigung nach links über Bahngleise zu dem Ausgrabungsort Huijazoo (Náhuatl: 'in der Kriegsfestung'). Diese Stätte hat auch eine protoolmekische Vergangenheit, und vor kurzem entdeckte man neun Gräber. Das bemerkenswerteste ist das unter einer noch nicht erforschten Pyramide liegende Grab Nr. 5. Eine Schlangenmaske bildet das Portal dieser Grabstätte, deren Inneres mit fein skulptierten Säulen und farbigen Wandmalereien ausgestattet ist. Man nimmt an, daß diese Herrscher oder Priester darstellenden Fresken aus dem 8. bis 10. Jh. n. Chr. stammen und zapotekischen Ursprungs sind. Architektur und Malerei sind einzigartig für diesen Teil des Landes.
Die Stätte ist zeitweise für Besucher gesperrt.

Orizaba L 8

Bundesstaat: Veracruz (Ver.)
Höhe: 1250 m ü.d.M.
Einwohnerzahl: 320 000
Telefonvorwahl: 01 272

Anreise von Mexiko-Stadt

Mit der Eisenbahn in ca. 8 Std.; mit dem Bus in ca. 4 Std.; mit dem Auto 275 km auf der MEX 150 D.

Lage und Allgemeines

Orizaba liegt in einem niederschlagsreichen und fruchtbaren Tal der östlichen Sierra Madre mit gemäßigten Temperaturen und ist von Bergen umgeben. Die Stadt ist ein wichtiger Verkehrsknotenpunkt und gleichzeitig eines der bedeutendsten Industriezentren Mexikos. Trotzdem hat sie bis zu einem gewissen Grad ihren kolonialen Charakter bewahren können. Die fruchtbare Umgebung und das gemäßigte Klima verhalfen ihr zu einer steten landwirtschaftlichen und industriellen Entwicklung. In der Nähe gibt es Kaffee- und Obstplantagen sowie Marmorsteinbrüche und Kraftwerke, in der Stadt die Brauerei Moctezuma, Zementfabriken, Baumwollspinnereien und -webereien. *(Orizaba, Lage und Allgemeines (Forts.))*

Der einst unbedeutende indianische Ort wurde Mitte des 15. Jh.s von den Azteken erobert und zu einem Militärstützpunkt namens Ahuaializapán (Náhuatl: 'angenehme Gewässer') gemacht. Im 16. Jh. ließen sich die Spanier an diesem strategischen Punkt nieder. Kaiser Maximilian von Mexiko und seine Frau Carlota hielten sich hier besonders gern in ihrer am Stadtrand gelegenen Hacienda Jalapilla auf. Ein Erdbeben zerstörte im Jahre 1973 einen Teil der Altstadt. *(Geschichte)*

Sehenswertes

An der Nordseite des Parque de Castillo liegt die wuchtige festungsartige Pfarrkirche San Miguel. Diese interessante, mehrtürmige Kirche wurde zwischen 1620 und 1729 errichtet. Der rechteckige Glockenturm dient auch als meteorologisches Observatorium. Ein Turm der Kirche ist im Mudéjarstil mit Kacheln verkleidet. Die bemerkenswerte Sakristei birgt Einlegearbeiten sowie Wandmalereien und Bilder des einheimischen Künstlers Gabriel Barranco (19. Jh.). *(Pfarrkirche San Miguel)*

Ein Unikum ist das Rathaus (Palacio Municipal). Das in grün und gelb gehaltene Gebäude, das ganz aus Stahl besteht, diente einst als belgischer Pavillon bei der Weltausstellung 1889 in Paris. Es wurde zerlegt, nach Orizaba transportiert und 1914 eingeweiht. *(Rathaus)*

In der einstigen Kirche San Felipe Neri zeigt das 1992 eröffnete Museo del Estado de Veracruz Werke europäischer und mexikanischer Maler. *(Museo del Estado de Veracruz)*

Umgebung von Orizaba

Nach etwa 6 km in östlicher Richtung auf der MEX 150 gelangt man über eine kurze Abzweigung zu der Talsperre und dem Stausee von Tuxpango (Presa de Tuxpango) am Río Blanco. Mit einer Seilbahn kann man das fast 800 m tiefer gelegene Dorf Tuxpango erreichen. *(Presa de Tuxpango)*

An der Grenze zum Bundesstaat Puebla, etwa 30 km nördlich von Orizaba, liegt der Pico de Orizaba (Citlaltépetl), mit 5700 m ü.d.M. der höchste Berg Mexikos. Er ist am besten von der Westseite her zu erreichen (Umgebung der Stadt → Puebla). *(*Pico de Orizaba)*

Pachuca de Soto   K 7

Bundesstaat: Hidalgo (Hgo.)
Höhe: 2426 m ü.d.M.
Einwohnerzahl: 425 000
Telefonvorwahl: 01 771

Mit der Eisenbahn in ca. 2½ Std.; mit dem Bus in ca. 1½ Std.; mit dem Auto 86 km auf der MEX 85. *(Anreise von Mexiko-Stadt)*

Pachuca

Lage und Allgemeines

Pachuca, die Hauptstadt des Bundesstaates Hidalgo, ist an drei Seiten von Bergen umschlossen und das Zentrum eines der ältesten und reichsten Minengebiete Mexikos. Die Stadt mit ihren steilen krummen Gassen, kleinen Plätzen, den braun und beige gestrichenen Häusern bietet nicht viele Sehenswürdigkeiten. In der Umgebung gibt es jedoch Orte mit interessanter früher Kolonialkunst.

Geschichte

Angeblich sollen schon die Azteken um 1490 die Siedlung Patlachiucán gegründet haben, um hier knapp unter der Erdoberfläche Gold und Silber zu schürfen. Der Ort Pachuca (Náhuatl: 'Pachoa' = 'enger Platz') wurde 1527 von dem spanischen Konquistador Francisco Téllez angelegt. Der erste Aufschwung kam, als 1555 Bartolomé de Medina die Amalgamation erfand, das Verfahren zur Gewinnung von Edelmetallen aus den Erzen durch Anlagerung von Quecksilber. Im 18. Jh. erreichte die Erzausbeute durch neue Entwicklungen, vor allem dank der Bemühungen von Pedro Romero de Terreros, dem späteren Grafen von Regla, einen neuen Höhepunkt. Zu dieser Zeit entstanden auch die meisten Kolonialbauten in der Stadt. 1869 wurde Pachuca die Hauptstadt des mexikanischen Bundesstaates Hidalgo.

Sehenswertes

Las Cajas

Zu den historisch bedeutenderen Gebäuden der Stadt gehört das festungsartige, 1670 erbaute ehemalige Schatzhaus Las Cajas in der C. Venustiano Carranza 106. Hier wurde früher der 'Quinto Real' gelagert, das königliche Fünftel, das der spanischen Krone von allen Bodenschätzen abzuliefern war.

Franziskanerkloster

Das ehemalige Franziskanerkloster, Teil eines riesigen Komplexes, wurde Ende des 16. Jh.s errichtet und im Laufe der Jahre mehrmals umgebaut und erweitert. In der Kirche liegt seit 1781 der legendäre Graf von Regla begraben. Mittelpunkt der Capilla de la Luz ist ein aus dem 18. Jh. stammender prächtiger churrigueresker Altar. Im Klosterareal sind das Centro Cultural Hidalgo, das Historische Museum (Museo Histórico Regional; archäologische und ethnologische Sammlungen der Kulturen der Huasteken, Chichimeken, Tolteken, Azteken und aus Teotihuacán sowie militärische und religiöse Objekte) sowie das einzigartige Museum für Fotografie (Museo de Fotografía) untergebracht.

*Museo de Fotografía

Dieses Museum enthält die berühmte Sammlung Casasola, darunter Aufnahmen vom späten 19. bis Anfang des 20. Jh.s und aus der Zeit der mexikanischen Revolution. Besonders hervorzuheben sind Meisterwerke der Starfotografen – wie Hugo Brehme, Tina Modotti, Charles B. Waite, Edward Weston, Guillermo Kahlo u.a.

Torre de Reloj

Der Torre de Reloj ist ein 40 m hoher Uhrturm mit vier Skulpturen in den Nischen, die die Freiheit, die Unabhängigkeit, die Reform und die Republik darstellen. Das Glockenspiel wurde aus Österreich importiert und 1910 von dem Deutschen Albert Gross eingebaut.

Weitere bemerkenswerte Bauten sind Las Casas Coloradas vom Ende des 18. Jh.s (heute Gerichtshof) und das aus dem 20. Jh. stammende Teatro Efrén Rebolledo.

Umgebung von Pachuca

Venta Prieta

Südlich der Stadt liegt unweit der MEX 85 das Dorf Venta Prieta. Ein Teil der Bevölkerung, Nachfahren spanischer Juden und mexikanischer Indianer, bildet eine strenggläubige jüdische Gemeinde. Sie war Ende des 19. Jh.s wegen Verfolgungen aus Michoacán eingewandert.

Pachuca

Etwa 12 km östlich von Pachuca erreicht man inmitten bewaldeter Berge die bedeutende alte Silberstadt Mineral del Monte, früher als Real del Monte eine der reichsten Minen der Welt. — Mineral del Monte

Ein weiterer wichtiger Bergwerksort 25 km nördlich ist das malerische Mineral del Chico, den man über den Nationalpark El Chico erreicht. — *Mineral del Chico

Etwa 35 km nordöstlich von Pachuca, in reizvoller Landschaft, liegen die Ortschaften Huasca de Ocampo, San Miguel Regla und San Juan Hueyapan. Das heutige Hotel Hacienda San Miguel Regla wurde im 18. Jh. errichtet und war einst Aufbereitungsstelle für das geschürfte Silbererz. Hier findet man gute Ausgangspunkte für Ausflüge in die unmittelbare Umgebung bzw. zum Befahren der nach Norden verlaufenden Klösterroute. — Huasca de Ocampo

Klösterroute von Pachuca nach Huejutla

Entlang dieser Strecke (MEX 105), die sich durch eine sehr abwechslungsreiche Landschaft von Bergformationen, Schluchten und fruchtbaren Tälern auszeichnet, befindet sich eine Anzahl von interessanten Sakralbauten des Augustinerordens aus dem 16. Jh. — *Landschaftsbild

Von Pachuca sind es 34 km auf der MEX 105 bis nach Atotonilco el Grande (Náhuatl: 'Platz der heißen Wasser'; 2138 m ü.d.M.; 20 000 Einw.; Markttag Donnerstag), wo sich ein Augustinerkloster aus der Mitte des 16. Jh.s befindet. Die nur zum Teil erhaltene Fassade der Kirche ist im Renaissancestil mit plateresken Einschlag erbaut und zeigt u. a. Medaillons des hl. Peter und des hl. Paul. Das lange Kirchenschiff mit einem sehr hohen Kreuzrippengewölbe weist noch Reste von Fresken auf. Im Treppenhaus des Klosters kann man Wandmalereien sehen, welche die großen Philosophen der Antike darstellen. — Atotonilco el Grande

Nach weiteren 31 km führt eine Abzweigung nach links zu dem 22 km entfernten Metztitlán (Náhuatl: 'Platz des Mondes'; 1600 m ü.d.M.; 20 000 Einw.). Der Ort war Hauptstadt des gleichnamigen unabhängigen Herrschaftsbereichs der Otomí, welche nie von den Azteken unterworfen werden konnten. Das aus dem 16. Jh. stammende Augustinerkloster besitzt ein großes Atrium mit einem Steinkreuz, zwei Offenen Kapellen und eine Posa. Die nüchterne Fassade der Kirche ist im Renaissancestil mit plateresken Merkmalen gehalten. Im Kreuzgang findet man noch Fresken aus dem 16. Jh. und aus späterer Zeit. Von der Klosterruine hat man einen prächtigen Ausblick auf das Tal. — *Augustinerkloster Metztitlán

Kehrt man auf die Hauptstraße zurück und fährt weiter nach Norden, erreicht man nach 10 km die Ortschaft Metzquitítlán. Die Augustinerkirche Señor de la Salud aus dem 16. Jh. hat eine schöne indianisch-plateresken Portaleinfassung, die im Stil der Tequitqui-Steinmetzkunst gearbeitet ist. — Metzquitítlán

Von Metzquitítlán führt eine Landstraße in Richtung San Nicolás. Nach 2,5 km zweigt links über ein Flüßchen ein Feldweg nach Santa María Xoxoteco ab. In der Kirche entdeckte man 1974 überaus eindrucksvolle Fresken aus dem 16. Jh., die religiöse Themen in teilweise grausamer Interpretation im Stil der Fresken von → Actopan darstellen. — *Santa María Xoxoteco

17 km nördlich von Metzquitítlán zweigt eine Straße von der MEX 105 nach rechts ab und führt zu dem 9 km entfernten Tlahualompa. Der Ort ist ein Zentrum der Glockengießerei, die man unter Umständen — Tlahualompa

391

Palenque

Klösterroute von Pachuca, Tlahualompa (Forts.)	auch beobachten kann. Die in der Region lebenden Indianer bieten Kupferarbeiten an. Das Gebiet zwischen dem Ort und der Straße ist reich an Obsidianstein, der frei umherliegt.
Zacualtipán	Auf die MEX 105 zurückgekehrt, sind es noch 6 km bis Zacualtipán (2020 m ü.d.M.; 35 000 Einw.), in dem ein Augustinerkloster aus dem 16. Jh. und eine Kirche mit indianisch-plateresker Fassade besichtigt werden können.
Molango	Die nächste interessante Ortschaft ist das 39 km entfernte, reizvoll gelegene Molango (1650 m ü.d.M.; 12 000 Einw.), nach der altindianischen Gottheit Mola benannt. Das 1546 gegründete Augustinerkloster, auf einer vorkolumbischen Kultstätte errichtet, hat eine originell gestaltete spanisch-plateresque Kirchenfassade mit einer schön ausgeführten gotischen Fensterrose. Man beachte die seltene behauene Innenseite (Alféizar) der Eingangspilaster. Der teilweise zerstörte Kreuzgang besticht durch seine Harmonie. Bemerkenswert in Molango ist die sogenannte 'Espadaña', eine Verlängerung der Atriummauer statt eines Glockenturms.
'Espadaña'	6 km entfernt ist die Laguna Atezca, die Wassersportmöglichkeiten bietet.
Huejutla de Reyes	Die letzte bemerkenswerte Ortschaft an dieser Route im Staate Hidalgo ist das ca. 95 km von Molango entfernte Huejutla de Reyes (80 000 Einw.; Fiestas: 2. November, Día de los Fieles Difuntos und 12. Dezember, Día de la Virgen de Guadalupe; Sonntagsmarkt). Diese Huasteken-Stadt beherbergt ebenfalls ein Augustinerkloster aus der Mitte des 16. Jahrhunderts. Seine Kirche hat eine umgebaute plateresque Fassade und im Inneren ein steinernes Taufbecken mit stilisierten Pflanzenornamenten. Die Anlage des Atriums im Rahmen des Ortsplatzes ist recht ungewöhnlich. Die Stadt ist auch bekannt für ihre Töpferwaren.
	Von Huejutla führt die MEX 105 durch den Bundesstaat Veracruz bis zu dem ca. 165 km entfernten Hafen → Tampico.

Palenque   N 9

	Bundesstaat: Chiapas (Chis.) Höhe: 150 m ü.d.M. Einwohnerzahl: 15 000
Anreise	Mit dem Flugtaxi von → Villahermosa, → San Cristóbal de Las Casas und → Tuxtla Gutiérrez; mit dem Bus von Villahermosa in ca. 2½ Std.; mit dem Auto von Villahermosa 114 km auf der MEX 186 bis Cataja, dort Abzweigung nach Süden auf die MEX 199 bis zum Ort Palenque (23 km) und weitere 9 km bis zur Ruinenstätte; von San Cristóbal de Las Casas über Ocosingo 205 km auf der MEX 199.
Lage und Allgemeines	Die große klassische Maya-Stätte Palenque liegt am Fuß einer Kette niedriger, mit hohem Regenwald bedeckter Hügel über der grünen Schwemmlandebene des Río Usumacinta. Der hier zwischen 600 und 800 n. Chr. entwickelte lokale Stil in der Architektur und Bildhauerkunst ist in seiner Schönheit und technischen Perfektion einzigartig. Im Unterschied zu den Maya Nord-Yucatáns, die ihre imposanten Bauten in großzügiger Weise um offene Plätze anlegten, wählten die Baumeister Palenques ein den Hügeln angepaßtes geschlossenes System.

Palenque

Geschichte

Es ist sicher, daß der heute mit dem spanischen Namen Palenque ('befestigte Häuser') bezeichnete Ruinenort schon in der Vorklassik (300 v. - 300 n. Chr.) existierte. Zu dieser Zeit blühte bereits im sogenannten Südgebiet (Pazifische Küste und Hochland von Guatemala) die erste Maya-Kultur. Sie wurde zu Beginn durch die Kultur der Olmeken und später von Teotihuacán beeinflußt. Es gibt jedoch Anhaltspunkte dafür, daß es bereits lange vorher eine eigenständige kulturelle Entwicklung der Maya gegeben hat.

In die uns heute bekannte Geschichte trat Palenque allerdings erst in der Maya-Frühklassik (300 – 600 n. Chr.) ein. Seine Blütezeit erlebte dieses religiöse und politische Zentrum zwischen 600 und 800 unserer Zeitrechnung. Neueren Glyphenforschungen ist es zu verdanken, daß man einen Stammbaum der Könige von Palenque rekonstruieren konnte, der von der Thronbesteigung von Bahlum-kuk ('Jaguar Quetzal', geb. 397) im Jahre 431 bis zum Tode von Cimi-pacal ('6 Tod') 799 n. Chr. reicht. Zu dieser Zeit war Palenque im sogenannten Zentralgebiet der Maya zusammen mit Yaxchilán (Chiapas), Caracol (Belize), Tikal, Piedras Negras, Quiriguá, Uaxactún (alle in Guatemala) und Copán (Honduras) eine der großen Städte. In dieser Phase wurden grundlegende Elemente der Maya-Kultur zu höchster Reife entwickelt, wie z. B. das Kraggewölbe, eine neue Hieroglyphenschrift, Stelenkunst und Kalender. Früher nannte man diesen klassischen Abschnitt das 'Alte Reich' zum Unterschied von dem nach dem 10. Jh. folgenden 'Neuen Reich' in Nord-Yucatán. Diese Einteilung ist jedoch heute nicht mehr aufrechtzuerhalten.

So wie alle anderen Maya-Städte im Zentralgebiet wurde auch Palenque im 9. Jh. verlassen. Das letzte gefundene Datum entspricht 799 unserer Zeitrechnung. Schon 20 Jahre später hatte Palenque aufgehört zu existieren. Über das plötzliche Verlassen dieser und anderer Maya-Stätten wird seit vielen Jahren gerätselt und man weiß heute

Palenque: Blick auf Palast und Tempel der Inschriften

Palenque

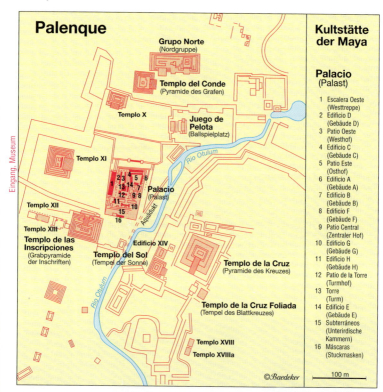

Geschichte (Fortsetzung)

noch nicht, was damals geschah. Am wahrscheinlichsten ist, daß es neben äußerem Druck zu einer Revolte des Volkes gegen die immer härter regierende Herrscherkaste kam. Innerhalb kürzester Zeit verfielen die großartigen Stätten dieses Gebietes und wurden vom Urwald verschlungen.

Die ersten Besucher der Ruinenstätte waren 1784 Ordónez y Aguilar, José Antonio Calderón und Antonio Bernanconi, zwei Jahre später gefolgt von dem spanischen Kapitän José Antonio del Río, der Karl III. von Spanien den ersten Bericht über Palenque unterbreitete. 1805 erforschte Guillermo Dupaix den Ort und verfertigte einen illustrierten Bericht. 1832 bis 1834 lebte der umstrittene Jean Frédéric de Waldeck in Palenque, und 1841 hielten sich J. L. Stephens und F. Catherwood hier auf, deren Berichte und Zeichnungen um die Welt gingen. Es folgten die illustren Forscher Desiré Charnay, Teobert Maler, Alfred Maudslay und im 20. Jh. Eduard Seler, Sylvanus G. Morley und Frans Blom. In den letzten Jahrzehnten war es das mexikanische I.N.A.H. (Instituto Nacional de Arqueología e Historia) unter den Archäologen Miguel Ángel Hernández und später Alberto Ruz l'Huillier und Jorge Acosta, das wichtige Forschungsarbeiten leistete. Es schlossen sich César Sáenz, Arnoldo Gonzáles und Roberto García an. Palenque wurde von der UNESCO zum Weltkulturerbe erklärt.

Palenque

Klassischer Maya-Stuckkopf   *Relief im Gebäude E des Palastes*

Besichtigung der ✵✵Ruinenstätte

Die archäologische Zone mißt etwa 300 m von Osten nach Westen sowie 500 m von Norden nach Süden und ist nur ein Bruchteil des Gebietes von Palenque. Ein Aquädukt leitet das Wasser des Flüßchens Otulum unterirdisch in die Stadt. Das neue Museum liegt kurz vor dem Haupteingang und enthält u.a. Skulpturen, Steinpaneele, Grabbeigaben wie Keramik, Jade und Obsidian.

Auf dem Gelände sieht man die Ruinen der Tempel XII und XIII, wohl zwischen 731 und 764 n. Chr. errichtet. Im Tempel XIII machte man 1994 einen sensationellen Fund: eine Grabkammer mit einem Sarkophag. Darin lagen die Überreste eines mit Zinnober rotbemalten Körpers (typisch für verstorbene Maya-Fürsten) einer etwa 40jährigen, 1,70 m großen Frau, ausgestattet mit Jademaske, edelsteinbesetztem Brustschild, Hunderten von Jadestücken und Ohrpflöckchen. In einer Kammer entdeckte man zwei weitere Skelette. Obwohl man in dem Grab keine Glyphen fand, nimmt man an, daß es sich um eine hochrangige weibliche Person ('Rote Königin von Palenque') handelt, vielleicht sogar die Mutter von Pacal und Herrscherin von Palenque. Somit scheint sich die Theorie zu bestätigen, daß der zentrale Platz von Palenque als Nekropole der herrschenden Klasse diente.

Archäologische Zone

Der nächste Bau ist der Tempel der Inschriften (Templo de las Inscripciones), der unter dem Herrscher Pacal (603–683 n. Chr.) 675 begonnen und 683 beendet wurde. Es wurde zuerst die Krypta und dann die Pyramide erbaut. Diese klassische Pyramide ist mit dem Tempelaufsatz 20 m hoch und besteht aus neun aufeinandergesetzten Sockeln. Auf den sechs Pfeilern, die die fünf Eingänge zum Tempel umrahmen, kann man Figuren aus Stuck erkennen. Auf der Wand rechts und links vom Haupteingang sind 620 Hieroglyphen eingemeißelt. Diese In-

✵**Tempel der Inschriften**

(geöffnet ab 10.00)

✵Hieroglyphen

Palenque

Hieroglyphen (Fortsetzung)

schrift, der das Gebäude seinen Namen verdankt, scheint hauptsächlich die Familienchronik der Herrscher von Palenque zu enthalten.

Tempel der Inschriften, **Krypta

Eine der größten Sensationen in der präkolumbischen Archäologie begann sich abzuzeichnen, als Alberto Ruz l'Huillier 1949 in der mittleren Kammer des Tempels einen Zugang zu einer von Schutt bedeckten Treppe entdeckte. Der Zugang wurde freigelegt. Man stieß auf eine gemauerte Wand, an der Tongefäße, Jadestücke und eine Perle als Weihegaben lagen. Die Mauer wurde eingerissen, und die Forscher standen vor einer aufrechten dreieckigen Platte, vor der sich Reste einer Grabstätte mit sechs Skeletten befanden. Man drehte die Steinplatte um ihre Achse und legte so den Zugang zu einer Krypta unter der Tempelplattform frei. Der Raum zeigte an den Wänden neun Stuckreliefs von Göttern oder Priestern. Auf dem Fußboden fand man zwei Stuckköpfe. Die den Sarkophag abschließende schwere Steinplatte ist mit einem Relief geschmückt: Herrscher Pacal sitzt mit angezogenen Knien und rückwärts geneigtem Oberkörper auf einer Maske, die den Erdgott darstellt. Über dieser Szene wölbt sich ein kreuzartiges Gebilde, welches die 'Ceiba', den heiligen Baum der Maya, darstellen könnte. Oben schwebt der Himmelsvogel, und neben der Zentralfigur sind noch mehrere symbolische Todeszeichen zu erkennen. Auf den Seiten der Platte sind 52 Glyphen eingemeißelt. Heute weiß man, daß die Darstellung ein Sinnbild des Todes und der Wiedergeburt des Herrschers Pacal von Palenque (Regierungszeit 615–683 n. Chr.) ist. In dem Sarkophag lag das Skelett Pacals, von dessen Gesicht eine Maske aus Jade herabgeglitten war. Finger, Hals und Arm waren ebenfalls mit Jadeschmuck versehen. In jeder Hand hielt der Tote ein Stück Jade, ein weiteres lag in seinem Mund. Diese Entdeckung von 1952 zeigte erstmals, daß auch eine Maya-Pyramide als Grabmonument eines Herrschers (wie in Ägypten) dienen konnte.

Tempel der Inschriften

Palenque

Der Grabschatz und eine Rekonstruktion der Krypta von Palenque sind im Anthropologischen Nationalmuseum von Mexiko-Stadt zu sehen. Ein Teil dieser unersetzlichen Stücke, darunter die erwähnte Jademaske, wurde bei einem Einbruch in der Weihnachtsnacht 1985 gestohlen, inzwischen aber wieder aufgefunden.

**Grabschatz

Als nächstes folgt linker Hand der Palast (Palacio), ein für die Maya-Architektur ungewöhnlicher Bau. Er wurde auf einer riesigen, trapezförmigen, etwa 10 m hohen, 100 m langen und 80 m breiten künstlichen Plattform errichtet. Man glaubt, daß der heute sichtbare Teil des Palastes in mehreren Phasen zwischen 650 und 770 n. Chr. erbaut wurde. Die unregelmäßige Anlage besteht im wesentlichen aus einem guten Dutzend Gebäuden, die um Innenhöfe angeordnet sind, unterirdischen Passagen (Subterráneos) und einem das Ganze beherrschenden Turm (→ Abbildung S. 80).
Man nimmt an, daß der Palast vorwiegend ein Verwaltungsgebäude war, obwohl ein Teil von den Herrschern bewohnt wurde.

*Palast

An der Westtreppe zur Linken liegt das Gebäude D, das zwei parallel verlaufende Gänge aufweist. An der Außenseite befinden sich fünf Türen, deren Pfeiler prachtvolle, z.T. aber schon stark beschädigte Reliefs tragen. Sie zeigen, wie man annimmt, u. a. einen Weiheritus und den tanzenden Herrscher Pacal mit seiner Mutter oder Frau. Nach der Innenseite wird das Gebäude D von dem Westhof begrenzt.

Gebäude D

Der vierstöckige, 15 m hohe Turm, der auf einer fast quadratischen Basis ruht und wahrscheinlich als Observatorium diente, ist in der altindianischen Architektur einzigartig.

*Turm

Vom Turmhof gelangt man in das Gebäude E, in dem typische Kraggewölbe der Maya in den Gängen bzw. Räumen zu sehen sind. Hier fand man auch eine ovale Tafel mit dem Relief zweier sitzender Figuren, wobei die eine der auf einem doppelköpfigen Jaguarthron höher sitzenden Person einen Kopfschmuck überreicht. Den oben angebrachten Glyphen konnte man entnehmen, daß es sich um die Herrscherin Zac-kuk und ihren Sohn Pacal, offenbar bei seiner Thronbesteigung (615 n. Chr.), handelt. Es ist bemerkenswert, daß Zac-kuk meist mit krankhaft geschwollenen Fingern und Kopfteilen und Pacal mit einem Klumpfuß dargestellt wird.

Gebäude E

Der größte und interessanteste Patio ist der Osthof, der im Westen vom Gebäude C, im Osten vom Gebäude A und im Süden vom Gebäude B umschlossen wird.

Osthof

Der Treppenaufgang zum Gebäude C wird flankiert von Steinplatten, die kniende Figuren in unterwürfiger Haltung oder Gefolterte zeigen. Jede dieser Figuren scheint auf die interessanten Hieroglyphenstufen aufmerksam zu machen. Soweit man die Glyphen entziffern kann, geben sie die Daten der Geburt (603 n. Chr.) und der Thronbesteigung (615 n. Chr.) sowie den Namen des Herrschers Pacal wieder. Rechts von der Hieroglyphentreppe steht eine Tafel mit vier vergrößerten Glyphen, die man bisher noch nicht deuten konnte.

Gebäude C

Die Treppe am gegenüberliegenden Gebäude A ist zu beiden Seiten von Steinquadern eingerahmt, in die links vier und rechts fünf wuchtige Figuren eingemeißelt sind. Da einige der Figuren in unterwürfig kniender Haltung dargestellt sind, glaubt man, daß es sich um Sklaven oder Gefangene handelt. Die Pfeiler, welche die Eingänge an der äußeren, östlichen Fassade des Gebäudes unterteilen, sind mit schönen, allerdings schon stark beschädigten Stuckreliefs versehen. Die zwei äußeren Paneele tragen Hieroglyphen, während die anderen Herrschergestalten darstellen.

Gebäude A

Palenque

Palast (Forts.)
Thron

Der mit Glyphen geschmückte Thron mit der Jahreszahl 662 n. Chr. war einst das Hauptstück eines mehrteiligen Kultraumes.

Im Palast befinden sich auch drei Latrinen und ein Dampfbad, das der rituellen Reinigung diente.

Tempel des Grafen

An den Resten des Ballspielplatzes vorbei führt der Weg zum Tempel des Grafen (Templo del Conde), so genannt, weil einstmals Frédéric de Waldeck während seines Aufenthaltes in Palenque in dem Heiligtum Quartier nahm. Das Gebäude wurde in der Zeit zwischen 640 und 650 n. Chr. erbaut und ist das älteste bisher ausgegrabene Gebäude. Typisch für den Palenque-Stil sind die beiden parallel verlaufenden Gänge, von denen der hintere in drei Kammern unterteilt ist.

'Mansarden'

Hier sieht man auch zum erstenmal den 'Mansardeneffekt', der durch die schräg abfallenden Außenmauern erzielt wird. Diese lehnen sich nämlich an den Innenbogen, der sich parallel zu ihnen neigt, an. Dies ist ein für Palenque typischer Unterschied zum Puuc-Stil in Yucatán, wo vertikale Außenwände zwischen dem mittleren und oberen Sims verwendet wurden. Auch sind in Palenque die schrägen Wände über dem mittleren Sims mit Stuckreliefs in Form von Figuren und Masken geschmückt, wohingegen im Puuc-Gebiet Steinmosaikverzierungen vorherrschen. Außerdem diente die Gebäude von Palenque oft als Begräbnisstätten; unter dem Fußboden des Tempels des Grafen wurden drei Gräber mit Grabbeigaben wie Jadeperlen, Obsidianmesser und Muschelschmuck entdeckt.

Nordgruppe

Nordöstlich schließt sich die Nordgruppe (Grupo Norte) an, deren Tempel II, III, IV und V zwischen 695 und 730 n. Chr. erbaut wurden.

*Tempel der Sonne

Folgt man dem Weg in Richtung Palast, gelangt man vorbei an den Resten des Aquäduktes nach Überquerung des Otulum zum Tempel der Sonne (Templo del Sol). Der im Jahre 692 fertiggestellte Tempelbau ruht auf einer vierstöckigen Pyramidenplattform und gehört zu den anmutigsten Bauten von Palenque.

Dachkamm

Der Tempel hat drei Portale, die zu zwei Gängen und einem rückwärtigen Schrein führen. Auffallend ist der gut erhaltene Dachkamm, der einst die meisten Gebäude dieser Stadt zierte. Die Dachkämme dienten als Dekorationsflächen und zur optischen Erhöhung der Bauten sowie zur Verlängerung der mittleren Stützmauern. Die Pfeiler der Portale sind mit menschlichen Figuren und Hieroglyphen aus Stuck geschmückt, von denen nur Reste zu sehen sind.

*Flachrelief

An der rückwärtigen Wand, gegenüber dem mittleren Eingang, ist ein meisterhaftes Flachrelief zu sehen: Die Mitte der Tafel bildet ein Schild mit zwei gekreuzten Lanzen, welcher den Sonnengott darstellt; darunter befindet sich ein Altar, getragen von zwei sitzenden Figuren, die Götter der Unterwelt symbolisieren könnten. Rechts und links davon ist je eine Figur dargestellt. Heute glaubt man, daß es sich bei der linken um den Herrscher Pacal (schon als Gottheit?) und bei der rechten um seinen Sohn und Nachfolger Chan-bahlam ('Schlangenjaguar') handelt. Dieser wurde im Jahre 635 geboren, seine Regierungszeit dauerte von 684 bis 702 n. Chr.

Die Inschrift über dem Schild des Sonnengottes zeigt das Datum der Machtübernahme Chan-bahlams. Beide Figuren sind umgeben von Glyphen. Auch Chan-bahlam ist mit sechs Fingern und sechs Zehen dargestellt. Diese körperliche Anomalie könnte ihm einen besonderen Status verliehen haben.

Palenque

Gebäude XIV

Das nördlich anschließende Gebäude XIV wurde wahrscheinlich nach dem Tode von Chan-bahlam unter seinem Bruder und Nachfolger Kan-xul ('kostbares Tier', auch Hok genannt; Regierungszeit 702 bis 722 n. Chr.?), der vom Herrscher von Toniná gefangen und getötet wurde, errichtet. Das Relief mit dem Datum 705 n. Chr. zeigt Chanbahlams Auferstehung aus der Unterwelt Xibalba und die Huldigung durch seine Mutter Apo-hel. Man nimmt an, daß dieses Gebäude zur Abschreckung des als bedrohlich empfundenen Geistes des verstorbenen Herrschers angelegt wurde, der die benachbarten Tempel der Sonne, des Kreuzes und des Blattkreuzes zu seinen Ehren hatte erbauen lassen.

Tempel des Kreuzes

In derselben Gruppe befindet sich der Tempel des Kreuzes (Templo de la Cruz). Auch dieser Tempel, der dem der Sonne ähnelt, ist von Chanbahlam 692 n. Chr. errichtet worden. Es wird vermutet, daß der Herrscher in diesem Bau begraben liegt. Die mittlere große Relieftafel, die im rückwärtigen Schrein des Tempels gefunden wurde und heute im Anthropologischen Nationalmuseum von Mexiko-Stadt ausgestellt ist, zeigt rechts Chan-bahlam und links seinen Vater Pacal mit einem kreuzartigen Gebilde ('Ceiba', der heilige Baum der Maya?). Dieser Szene verdankt der Tempel seinen Namen. In die beiden seitlichen Paneele ist links Chan-bahlam nach seiner Thronbesteigung und rechts der mit dem Herrscherhaus verbundene Gott L eingemeißelt, ein alter Gott der Unterwelt, der eine Zigarre raucht.

Der Portikus des nach Süden hin orientierten Bauwerks, das auf der Spitze einer Pyramide steht, ist nicht mehr vorhanden, von seinem Dachkamm dagegen sind einige Teile gut erhalten. Bisher wurde von den Archäologen noch nicht herausgefunden, wie viele Plattformen der Tempel des Kreuzes ursprünglich hatte.

Tempel des Blattkreuzes

Tempel der Sonne

Palenque

Tempel des Blattkreuzes

Der Tempel des Blattkreuzes (Templo de la Cruz Foliada) steht dem Sonnentempel gegenüber, ähnelt in der Anlage diesem und den beiden vorher erwähnten Bauten und stammt auch aus demselben Jahrzehnt. Das hier vorhandene Relief ist wiederum dem Machtwechsel zwischen Pacal und Chan-bahlum gewidmet. Das Hauptmotiv ist ein Kreuz, das aus dem Haupt des Sonnengottes wächst und auf dem ein Sonnenvogel sitzt. Die Arme des Kreuzes bilden die Blätter der Maispflanze, die mit menschlichen Köpfen verziert ist. Wieder steht auf jeder Seite eine Herrschergestalt: die des verstorbenen Vaters auf der rechten, die seines Sohnes und Nachfolgers auf der linken.
Weitere Gebäude sind noch in der Nähe die Tempel XVIII und XVIII A sowie auf der anderen Seite des Otulum das Haus des Jaguars.
In dem an sich unbedeutenden Tempel XVII fand man 1993 die 'Stele der Krieger', die von Hieroglyphen geradezu überhäuft ist und auch zwei interessante Stuckfiguren aufweist. Auch die Errichtung dieses Gebäudes geht vermutlich auf Chan-bahlam zurück.

Umgebung von Palenque

Mizol-há

Fährt man südwestlich in Richtung Ocosingo, führt nach etwa 20 km rechts eine Abzweigung zu den Wasserfällen von Mizol-há (Maya: 'Wasserfall'). Diese schöne, romantisch gelegene Kaskade fällt von fast 30 m Höhe in einen großen Teich, in dem man baden kann.

Agua Azul

Nach weiteren ca. 45 km zweigt nach rechts ein Weg zu den 4 km entfernten Wasserfällen von Agua Azul ab. Das Wasser stürzt hier in mehreren breiten Kaskaden in den Río Bascán und später in den Río Tulijá. In den natürlichen Bassins kann man gut baden. Einfache Restaurants, ein Campingplatz und eine Flugpiste sind errichtet worden.

Die traumhaften Wasserfälle von Agua Azul

Papantla

→ El Tajín

Paricutín

→ Uruapan

Parral (Hidalgo del Parral)

→ Chihuahua (Stadt)

Pátzcuaro-See (Lago de Pátzcuaro) I 8

Bundesstaat: Michoacán (Mich.)

Mit der Eisenbahn auf landschaftlich schöner Strecke in ca. 12 Std.; mit dem Bus; mit dem Auto auf der MEX 15 ca. 350 km über Morelia.

Anreise von Mexiko-Stadt

Der ausgedehnte Pátzcuaro-See (Lago de Pátzcuaro) liegt mit einer Länge von 19 km und einer durchschnittlichen Breite von fast 5 km auf einer Höhe von 2050 m über dem Meere. In dem von bewaldeten Bergen und erloschenen Vulkanen umgebenen Gewässer befinden sich eine Reihe von Inseln, von denen Janítzio, Jarácuaro, Tecuén, Yunuén und Pacanda die wichtigsten sind. Am Ufer des Sees und in seiner Nähe gibt es zahlreiche malerische Indiodörfer, in denen zu einem guten Teil die alte Lebensweise erhalten geblieben ist. Lage und Umgebung machen den Pátzcuaro-See zu einem der anziehendsten Reiseziele des Landes, ist daher jedoch manchmal überlaufen. Allerdings ist der See in den letzten Jahren durch Verschmutzung in Mitleidenschaft gezogen worden.

Lage und Allgemeines
*Landschaftsbild

*Pátzcuaro

Der wichtigste Ort der Region ist das 4 km vom See entfernte Pátzcuaro (taraskisch: 'Platz der Steine für Tempelbauten'; 2175 m ü.d.M.; 90 000 Einw.; Markttag: Freitag).

Dieses reizvolle Städtchen zeigt noch weitgehend ein Bild vergangener Zeiten. Wie seit jeher ist im Leben der ehemaligen Tarasken-Metropole das indianische Element vorherrschend, während die schönsten alten Bauten auf die Zeit um 1550 zurückgehen, als Pátzcuaro spanischer Bischofssitz war. Nach wie vor wird die Erinnerung an den großen Beschützer und Lehrer der Indianer, Bischof Vasco de Quiroga ('Tata Vasco', 1470–1565) hochgehalten. Die Geschichte der Stadt, die 1553 von Kaiser Karl V. das Stadtrecht erhielt, ist mit jener von → Tzintzuntzan und → Morelia eng verbunden.

An der vom Kolonialstil geprägten Plaza de San Agustín (Plaza Chica, Plaza Bocanegra) steht die ehemalige Kirche San Agustín, die heute die Biblioteca Gertrudis Bocanegra beherbergt; im Innern die Geschichte Michoacáns darstellende Wandmalereien von Juan O'Gor-

San Agustín

Pátzcuaro-See

✽✽Plaza Principal	man. Der interessante Markt (Mercado) schließt sich an den Platz an. Über die Calle Iturbide oder die Calle Zaragoza gelangt man zur Plaza Principal (Plaza Vasco de Quiroga, Plaza Grande), einem der schönsten und größten Plätze des Landes. Zur Rechten steht das Rathaus (Palacio Municipal), ein ehemaliges Palais aus dem 18. Jahrhundert. An der Ostseite des Platzes liegt die Casa del Gigante ('Haus des Riesen') mit schönem Portal und verzierten Balkonfenstern.
Calle Ponce de León	An der Südwestecke in der Calle Ponce de León befindet sich das alte Königliche Zollamt. Im nächsten Häuserblock steht die barocke Kirche San Francisco; im Inneren ist eine Christusstatue zu sehen, die von vielen Gläubigen für wundertätig gehalten wird.
Cerro del Estribo	Folgt man der Calle Ponce de León weiter nach Westen, erreicht man den erloschenen Vulkan Cerro del Estribo ('Hügel des Steigbügels'), von dem man einen schönen Blick auf Stadt und See hat.
Casa de los Once Patios	Südöstlich der Plaza Principal liegt die Casa de los Once Patios ('Haus der Elf Patios'), ein Nonnenkloster aus dem 17. Jahrhundert. Heute beherbergt das Gebäude die Casa de las Artesanías de Michoacán, in der hochwertiges Kunsthandwerk zum Verkauf geboten wird.
La Compañia	Durch die Calle Enseñanza, vorbei am Hospital Santa María, gelangt man wieder nördlich zur Kirche La Compañia, die 1546 von Bischof Quiroga gegründet und im 18. Jh. umgebaut wurde.
✽Museo de Artes Populares	An der nächsten Ecke liegt das frühere Colegio de San Nicolás, eine von Quiroga 1540 gegründete Schule. Heute ist hier das bemerkenswerte Museo de Artes Populares untergebracht, in welchem ethnologische Exponate sowie alte und neue Volkskunst der Region gezeigt werden.
La Colegiata	Ganz in der Nähe die Basilika Nuestra Señora de la Salud (La Colegiata), die 1543 als Kathedrale von Bischof Quiroga gegründet, aber nie vollendet wurde. Sie enthält eine für die taraskische Sakralkunst typische Statue der Virgen de Salud, die aus Maisbrei (Pasta de Caña) modelliert ist.
El Humilladero	Die Calle del General Serrato führt zu der etwas außerhalb gelegenen Kalvarienkapelle El Humilladero mit einem originellen indianisch beeinflußten Renaissanceportal aus dem 17. Jh. und einem mit 1553 datierten Kruzifix sowie einem interessanten Altar.

✽Insel Janítzio

Vom Stadtzentrum in Pátzcuaro sind es 4 km zum Kai (Muelle). Hier kann man Boote für die Fahrt zu den verschiedenen Inseln mieten. In und um den See liegen an die 30 malerische Indianerdörfer. Ihre Bewohner leben vor allem vom Fischfang, wozu sie hauptsächlich aus Baumstämmen gehauene Boote verwenden. Man benutzt verschiedene Netze, um den zarten Weißfisch (Pescado blanco) sowie diverse Arten von Barschen und Forellen zu fangen. Der Gebrauch der bekannten Schmetterlingsnetze (Uiripu) wird heute nur noch für die Touristen vorgeführt.

Als hübscheste Insel im Pátzcuaro-See gilt Tecuén. Die wichtigste, aber auch am meisten überlaufene jedoch ist Janítzio, die in einer halbstündigen Bootsfahrt zu erreichen ist. Das malerische Fischerdorf Janítzio mit seinen schmalen gewundenen Gassen und ziegelgedeck-

Pátzcuaro-See

Insel Janítzio mit der monumentalen Morelos-Statue

Nur noch für Touristen: Fischen mit Schmetterlingsnetzen

Pátzcuaro-See

Insel Janítzio (Fortsetzung) Morelos-Statue

ten Häusern wird von einem pompösen Denkmal des mexikanischen Unabhängigkeitshelden José María Morelos überragt. Im Innern dieses Monuments führt eine Treppe zum Kopf der Statue, von wo man einen schönen Rundblick über den See hat. An den Wänden des Treppenhauses sieht man Fresken über das Leben des Pfarrers Morelos, die von Ramón Alva de Canal stammen.

*Allerseelenfest

Janítzio ist auch bekannt für das hier besonders feierlich begangene Allerseelenfest (span.: Día de los Muertos; taraskisch: 'Animecha-Kejtzitakua' = 'Gaben für die Toten') in der Nacht vom 1. auf den 2. November. Hier verbinden sich katholische und heidnische Elemente zu besonders eindrucksvoller Religiosität. Am 31. Oktober wird morgens die zeremonielle Wildentenjagd (Kuirisi-ataku) auf dem See veranstaltet, die mit etwa 2½ m langen Wurfspeeren (Atlatl) betrieben wird.

Umgebung des Pátzcuaro-Sees

*Erongarícuaro

An der Westseite des Sees, etwa 18 km vom Ort Pátzcuaro entfernt, liegt das hübsche Taraskendorf Erongarícuaro (Purépecha: 'Aussichtsturm des Sees'). Das Dorf beherbergte während des Zweiten Weltkriegs eine Gruppe von französischen Surrealisten.

Quiroga

An der Nordseite des Sees, ca. 25 km nördlich von Pátzcuaro und 8 km von → Tzintzuntzan, liegt die Ortschaft Quiroga (1996 m ü.d.M.; 25 000 Einw.). Sie birgt ein Franziskanerkloster aus dem 16. Jh. und ist bekannt als Verkaufszentrum für Volkskunst der Region.

Zacapu

Die MEX 15 in Richtung Guadalajara führt nach wenigen Kilometern durch den kleinen Badeort Chupícuaro. Nach insgesamt 40 km von Quiroga ist die Stadt Zacapu erreicht (Purépecha: 'steinerner Platz'; 1980 m ü.d.M.; 80 000 Einw.) Sie soll im 12. oder 13. Jh. die erste Hauptort der Tarasken (Purépechas) gewesen sein. Die aus dem 18. Jh. stammende Klosterkirche weist eine plateresque Fassade mit Mudéjarelementen auf. In der Nähe der Stadt gibt es mehrere Ausgrabungsstätten (Malpaís und La Iglesia), in denen eine große Anzahl von Gräbern gefunden wurden.

Santa Clara del Cobre

Fährt man von der Stadt Pátzcuaro 20 km nach Süden, gelangt man nach Villa Escalante oder Santa Clara del Cobre (2140 m ü.d.M.; 30 000 Einw.; Fiesta: 15. August, Mariä Himmelfahrt und Kupferhandwerksmesse). Dieses alte Taraskenstädtchen ist weitbekannt für die schönen Arbeiten aus gehämmertem Kupfer. Dieses Handwerk war schon in vorspanischer Zeit gut entwickelt und wurde dann im 16. Jh. durch Bischof Vasco de Quiroga besonders gefördert. Das Handwerksmuseum dokumentiert diese Entwicklung.

*Zirahuén-See

Von Villa Escalante führt eine Straße nach Westen zu dem hübschen, 11 km entfernten und über 4 km langen Zirahuén-See (Purépecha: 'Tzirahuén' = 'wo es dampft').

**Santiago Apóstol de Tupátero (Mo.–Mi. 9.00–15.00; Do.–So. 15.00–18.00; vorherige Erkundigung beim Touristenbüro in Pátzcuaro empfohlen)

Verläßt man Pátzcuaro in Richtung Tiripetío und Morelia, stößt man nach 15 km auf eine nach rechts abzweigende Straße nach Guanajo. Schon nach 4 km ist man im Dorf Tupátero angelangt, dessen einfache Adobe-Kirche Santiago Apóstol im Innern mit einem dem hl. Jakob geweihten Altar und einem bemerkenswerten Gewölbe im Mudéjar-Stil überrascht. Dieses ist mit einzigartigen Holzmalereien geschmückt, die das Leben Christi und der Muttergottes in eindrucksvoller Weise zeigen, wie es den Indianern im 16. Jh. von den Missionaren vorgeführt wurde. Vergleichbare religiöse Malereien fand man lediglich noch in zwei Kirchen in der Nähe von Cuzco in Peru.

Paz, La

→ La Paz

Pico de Orizaba (Citlaltépetl)

→ Puebla (Stadt)

Piedras Negras

→ Coahuila de Zaragoza

Popocatépetl / Iztaccíhuatl K 8

Bundesstaaten: México (Mex.) und Puebla (Pue.)

Von Mexiko-Stadt über Chalco und Amecameca ca. 86 km bis zur Hütte (Albergue) bei Tlamacas.
Von Puebla nach Chalco und von dort noch 43 km auf schlechter Straße über San Nicolás de los Ranchos zum Paso de Cortés: Abzweigung nach Süden zum 5 km entfernten Tlamacas (Ausgangspunkt für den Popocatépetl), Abzweigung nach Norden zum 7 km entfernten La Joya (Ausgangspunkt für den Iztaccíhuatl).

Anreise

Popocatépetl, der 'Rauchende Berg'

Popocatépetl / Iztaccíhuatl

Auf dem Weg zum Gipfel des Popocatépetl

Lage und Allgemeines	Den südlichen Rand des großen mexikanischen Hochlandes bildet ein Vulkangürtel, der das Land vom Pazifik bis zum Atlantik durchzieht. Im frühen und mittleren Tertiär ergossen sich enorme Mengen Lava über das Land. In der zweiten Eruptionsphase, die im Pliozän begann und bis heute anhält, vollzog sich auch die Entstehung der Bergriesen Popocatépetl (5452 m ü.d.M.) und Iztaccíhuatl (5286 m ü.d.M.). Die beiden Fünftausender der Sierra Nevada bilden den trennenden Bergkamm zwischen dem Hochtal von Mexiko und der Hochebene von Puebla. Seit 1994 speit der Popocatépetl öfters Felsstücke, Asche und Rauch. Ein Ausbruch Ende Juni 1997 bedeckte ein hundert Quadratmeter großes Gebiet mit einer feinen Ascheschicht. Von der UNESCO wurden 14 der am Hang des Vulkans liegenden Klöster des frühen 16. Jh.s zum Weltkulturerbe der Menschheit erklärt.
Hinweis	Zwar erfordert die Besteigung der beiden Vulkane keine alpinistischen Fähigkeiten, jedoch sollte man ohne entsprechende Ausrüstung die Tour nicht antreten. Der Aufstieg sollte langsam, aber stetig erfolgen. Zu schnelles Gehen kann aufgrund der Höhenlage zu Kreislaufproblemen führen. Ungeübte sollten sich einem Führer anvertrauen (→ Praktische Informationen, Aktivsport: Bergsteigen). Am besten lassen sich die Berge in den Monaten November bis März besteigen. Je nach Windrichtung können Schwefeldämpfe den Aufstieg erschweren.
Nationalpark Paso de Cortés	Der Weg von Amecameca nach Tlamacas führt durch den Popocatépetl-Iztaccíhuatl-Nationalpark, der sich zwischen den beiden Bergen erstreckt, und erreicht den Cortés-Paß (Paso de Cortés). Diesen Paß überschritten Hernán Cortés und seine Konquistadoren am 3. November 1519 auf ihrem Marsch von der Küste des Golfes von Mexiko nach Tenochtitlán.

Popocatépetl / Iztaccíhuatl

Iztaccíhuatl, die 'Weiße Frau'

Rechts gelangt man zur Hütte (Albergue; 3998 m ü.d.M.), dem letzten mit einem Fahrzeug erreichbaren Ausgangspunkt zur Besteigung des Popocatépetl (Náhuatl: 'Rauchender Berg'). Von hier aus kann man den Gipfel des Berges über zwei Routen ersteigen. Bei sehr frühem Aufbruch (ca. 3.00 Uhr morgens) ist der Auf- und Abstieg in einem langen Tag möglich. Da die 1985 abgebrannte Biwakschachtel Las Cruces noch nicht wieder in Betrieb ist, ist ein zweitägiger Aufstieg derzeit nicht möglich. Der gewaltige Krater am schneebedeckten Gipfel mit seinen fast senkrechten Felswänden mißt 826 x 400 m.

**Popocatépetl

Der letzte größere Ausbruch erfolgte 1802; seitdem gab es nur kleinere Eruptionen; häufig aber schwebt über dem Gipfel eine Rauchwolke. Seit den Zeiten des Eroberers Cortés wurden dem Krater große Mengen Schwefel, zu Beginn für die Erzeugung von Schießpulver, entnommen.

Aktiver Vulkan

Den Berg Iztaccíhuatl oder Ixtaccíhuatl (Náhuatl: 'Weiße Frau') erreicht man, wenn man vom Paso de Cortés in Richtung La Joya fährt. Dieses kraterlose Bergmassiv, in der Legende eine aus Liebeskummer gestorbene und im Tode mit dem Krieger Popocatépetl vereinte Prinzessin, liegt etwa 15 km von diesem entfernt. Von Mexiko-Stadt aus beobachtet, wenn es die Sichtverhältnisse erlauben, haben die drei von Schnee bedeckten Gipfel des Iztaccíhuatl eine gewisse Ähnlichkeit mit Kopf, Brust und Knien einer liegenden Frau. Für den schwierigen Auf- und Abstieg sollten zwei Tage vorgesehen werden, Biwakschachteln sind vorhanden. Eine gute und kostenlose Übernachtungsmöglichkeit vor und nach dem Aufstieg bietet die Radiostation 'Torre Retransmisora' in 3950 m Höhe.

**Iztaccíhuatl

Von Paso de Cortés nach → Amecameca sind es 23 km.

Puebla (Bundesstaat)

Mexiko
Vereinigte Mexikanische Staaten
Estados Unidos Mexicanos

Puebla

Bundesstaaten
Estados

1a Baja California Sur	12 Aguascalientes
1b Baja California Norte	13 Jalisco
	14 Guanajuato
2 Sonora	15 Querétaro
3 Chihuahua	16 Hidalgo
4 Sinaloa	17 Colima
5 Durango	18 Michoacán
6 Coahuila	19 México
7 Nuevo León	20 Morelos
8 Zacatecas	21 Tlaxcala
9 San Luis Potosí	22 Puebla
10 Tamaulipas	23 Veracruz
11 Nayarit	24 Guerrero
	25 Oaxaca
	26 Chiapas
	27 Tabasco
	28 Campeche
	29 Yucatán
	30 Quintana Roo

D.F. Distrito Federal (Bundesdistrikt)

© Baedeker

Puebla (Bundesstaat)

Kürzel: Pue.
Hauptstadt: Puebla
Fläche: 33 995 km²
Bevölkerungszahl: 4 624 400

Lage und Landesnatur

Der Bundesstaat Puebla wird im Norden und Osten von Veracruz, im Süden von Oaxaca und Guerrero, im Westen und Nordwesten von Morelos, dem Estado de México, Tlaxcala und Hidalgo begrenzt. Die Landschaft zeigt Hochebenen, Gebirgszüge mit Gletschergipfeln und fruchtbare Täler. Puebla ist dicht besiedelt und gehört zu den kulturell und wirtschaftlich bedeutendsten Gebieten Mexikos. Zur Bevölkerung gehören neben Criollos (Nachkommen von Spaniern) und Mestizen auch Indianer wie die Náhua, Otomí, Totonaken und Mazateken.

Archäologische Stätten

Obwohl es in Puebla zahlreiche archäologische Stätten gibt, sind diese, wenn man von → Cholula und Yohualichán (Umgebung von → Teziutlán), Cantona, Xochitécatl und Filo-Bobos absieht, kaum sehenswert. Als Fundorte sind noch Las Bocas und Coxcatlán zu nennen.

Geschichte

An das kulturträchtige Hochtal von Anáhuac grenzend, spielte das Gebiet des heutigen Staates Puebla schon in der vorkolumbischen Zeit eine beachtliche Rolle. Im Tal von Tehuacán fand man die ersten Nachweise von angebauten Feldfrüchten (Kürbis, Avocado, Chili-Pfeffer, Baumwolle), die mit 7000 v. Chr. datiert werden. Spätere altindianische Kulturvölker wie die Olmeken, Zapoteken, Mixteken, Tolteken, Totonaken und Azteken (Mexica) regierten hier ab 1200 v. Chr. nach- und miteinander bis zur Ankunft der Spanier. Das bedeutendste

Puebla (Bundesstaat)

religiöse und politische Zentrum der klassischen Zeit war zweifellos Cholula, von dem bis zur Conquista starke Einflüsse ausgingen.
Die Spanier unter Hernán Cortés kamen 1519 auf ihrem Wege von der Golfküste nach Tenochtitlán in das Gebiet des heutigen Staates. Die Eroberer kolonisierten das Land rasch, und die weitere Geschichte Pueblas ist eng mit der seiner gleichnamigen Hauptstadt verknüpft.

Geschichte

Bis heute spielt der Staat als Anbaugebiet von Getreide, Mais, Kaffee, Zuckerrohr und Agaven eine Rolle. Im Bergbau werden Gold, Kupfer, Kohle und Marmor gewonnen. Von Bedeutung ist auch die Elektrizität (Wasserkraft). Die Industrie erzeugt Keramik (vor allem Kacheln), Textilien, Glas, Lederwaren und Kraftfahrzeuge (Volkswagenwerk bei Puebla). Handwerkliche Volkskunst, Tourismus und Mineralwasserabfüllung (Tehuacán) ergänzen diese Wirtschaftsbereiche.

Wirtschaft

Reiseziele im Bundesstaat Puebla

Neben den bekannten Reisezielen mit ihren Umgebungen wie → Puebla, → Acatepec, → Cholula, → Huejotzingo und → Teziutlán sind im Staate Puebla noch folgende Orte zu erwähnen:

Tehuacán (1670 m ü.d.M.; 160 000 Einw.; Erntedankfest im Juni; Samstagsmarkt) im Südwesten des Staates ist ein Kurort mit den Kirchen San Francisco (17./18. Jh.) und El Carmen (18. Jh.) sowie dem archäologischen Museum des Tals von Tehuacán und der Dr. Miguel Romero-Mineraliensammlung. Bekannt sind die Thermalbäder und das Wasser, das in Mexiko zum Inbegriff des Mineralwassers wurde.

Tehuacán

Im ca. 80 km südlich von → Puebla gelegene Ort (1300 m ü.d.M.; 70 000 Einw.; Fiesta: 25. Juli, Día de Santiago; Montagsmarkt) gibt es einen Brunnen aus dem 16. Jh., ein Dominikanerkloster (16. Jh.) mit Resten von Prozessionskapellen und die Kirche Santiago (18. Jh.).

Izćuar de Matamoros

In diesem Ort an der Grenze zum Bundesstaat Tlaxcala (2270 m ü.d.M.; 68 000 Einw.; Fiesta: 11. November, Día de San Martín) sind das Franziskanerkloster und die Kirche San Martín sehenswert.

San Martín Texmelucan

Huauchinango (1500 m ü.d.M.; 60 000 Einw.; 10.–20. März Blumenmesse) im Norden ist ein Indianerstädtchen in schöner Lage.

Huauchinango

Acatlán de Osorio (1213 m ü.d.M.; 20 000 Einw.; Fiesta: 24. Oktober, Día de San Rafael Arcángel; Sonntagsmarkt), ein Mixtekenstädtchen, bekannt als Keramikzentrum, vor allem für bemalte Töpferwaren.

Acatlán de Osorio

Für den Besucher des Nordwestteiles des Bundesstaates Puebla empfiehlt sich ein Abstecher zu den höchst originellen Steinformationen von Piedras Encimadas ('Gestapelte Steine'), die in einem Tal in der Nähe von Zacatlán zu finden sind.

Piedras Encimadas

Im Osten des Staates Puebla begann man 1993 mit der Ausgrabung einer der wichtigsten Stätten des zentralen Altiplano, Cantona, deren Blütezeit zwischen 600 und 950 n. Chr. lag. Diese befestigte Stadt im Ausmaß von 12 km² war als Schnittpunkt zwischen der Golfküste und dem Hochtal von Mexiko von überragender Bedeutung. Hinzu kamen Landwirtschaft und die Gewinnung von Obsidian. Die Anlage umfaßt eine Reihe von Pyramiden, von Palästen und Plattformen. Man entdeckte nicht weniger als 24 Ballspielplätze, die größte Zahl, die bisher an einem Ort in Mesoamerika gefunden wurde. Die Stätte ist zeitweise für Besucher geschlossen.

*Cantona

Puebla (Stadt)

Puebla de Zaragoza K 8

Bundesstaat: Puebla (Pue.)
Höhe: 2162 m ü.d.M.
Einwohnerzahl: 2 000 000
Telefonvorwahl: 0122

Anreise von Mexiko-Stadt	Mit der Eisenbahn in ca. 5 Std.; mit dem Bus in ca. 2¹/₂ Std.; mit dem Auto 126 km auf der MEX 150.
Lage und Allgemeines	Puebla, die Hauptstadt des gleichnamigen Bundesstaates, liegt in einem fruchtbaren Hochtal, umgeben von meist vulkanischen Bergen wie dem Popocatépetl (5452 m ü.d.M.), dem Iztaccíhuatl (5286 m ü.d.M.) und La Malinche (4461 m ü.d.M.). Geschichte und Kolonialarchitektur prägen diese alte Stadt, die 60 Kirchen ihr eigen nennt und auch durch die Herstellung und Verwendung von bunten Kacheln bekannt wurde. Im letzten Jahrzehnt hat sich Puebla zu einem bedeutenden Industriezentrum entwickelt, aber noch den Charakter einer Stadt der Kolonialzeit bewahrt. Das historische Zentrum von Puebla wurde von der UNESCO zum Weltkulturerbe der Menschheit erklärt.
*Stadtbild	
Geschichte	Soweit bekannt ist, hat Puebla keine vorspanische Vergangenheit. Der Ort wurde 1531 als Ciudad de los Ángeles im Auftrag des Bischofs Julián Garcés von Tlaxcala von Mönchen gegründet. Bereits 1537 erhielt er eine Universität, 1539 wurde der Ort Bischofssitz und fortan Puebla de los Ángeles genannt. Bald entwickelte sich die Stadt zum Zentrum des umliegenden Agrargebietes sowie zu einem wichtigen Verkehrsknotenpunkt zwischen Golf von Mexiko und Pazifik. Bereits um die Mitte des 16. Jh.s begann die Herstellung von Azulejos (Kacheln) nach spanischem Vorbild, besonders nach denen von Talavera de la Reina. Als spanische Gründung und vorwiegend europäisch geprägt, stand Puebla im natürlichen Gegensatz zu der benachbarten alten Indiometropole Cholula, der es im 17. Jh. den Rang ablief. Im Krieg zwischen den Vereinigten Staaten von Amerika und Mexiko (1846–1848) kam es in Puebla zu erbitterten Kämpfen zwischen den Truppen der Generäle Winfield Scott und Antonio López de Santa Ana, die zu einer vorübergehenden Besetzung Pueblas durch die US-Amerikaner führten. Während der französischen Intervention schlugen die Mexikaner unter General Ignacio Zaragoza am 5. Mai 1862 die Franzosen zurück. Seither wird dieser Tag als Nationalfeiertag in ganz Mexiko gefeiert. Ein Jahr später schließlich eroberten die Franzosen die Stadt, die im Machtbereich Kaiser Maximilians blieb, bis es General Porfirio Díaz im April 1867 gelang, die kaiserlichen Truppen aus der Stadt zu vertreiben. Auch im Revolutionskrieg (1910–1920) war die Stadt Schauplatz heftiger Kämpfe.

Sehenswertes

Orientierung	Die Avenida de la Reforma führt vom Zócalo nach Westen, die Avenida Avila Camacho vom Hauptplatz nach Osten; sie trennen die Stadt in eine nördliche (Norte) und eine südliche (Sur) Hälfte. Die Calle 16 de Septiembre südlich vom Zócalo und die Calle del 5 de Mayo nördlich davon teilen die Stadt in eine westliche (Poniente) und östliche (Oriente) Zone. Alle Straßen in Ost-West-Richtung heißen 'Avenidas', die in der Nordhälfte gerade, in der Südhälfte ungerade Zahlen tragen. Alle von Norden nach Süden führenden Straßen sind 'Calles' und tragen in der Osthälfte gerade, in der Westhälfte ungerade Zahlen

Puebla (Stadt)

Der prachtvolle Hauptplatz (Zócalo, Plaza de la Constitución) mit seinen hohen Bäumen, Blumenbeeten und Brunnen ist von Arkaden (Portales) eingerahmt und bildet das geschäftige Zentrum der Stadt.

*Zócalo

An der Südseite steht die Kathedrale, nach der von Mexiko-Stadt die zweitgrößte des Landes. Mit dem eindrucksvollen, vorwiegend im Renaissancestil errichteten Bau begann man bereits um 1575, aber erst 1649 wurde er eingeweiht. Das Nordportal am Hauptplatz ist mit Hochreliefs der vier spanischen Könige aus der habsburgischen Linie (Karl V., Philipp II., Philipp III. und Philipp IV.) geschmückt; unter der Bogeneinfassung das Wappen der spanischen Könige. Die Hauptfassade mit ihrem Portal, durchaus nüchtern und einheitlich gestaltet, zeigt bereits Merkmale des aufkommenden Barock. Die beiden Türme sind ungewöhnlich hoch und luftig; der eine stammt aus dem Jahr 1678, während der andere 90 Jahre später fertiggestellt wurde. Bemerkenswert ist die riesige, mit den für Puebla typischen Azulejos bedeckte Kuppel.

**Kathedrale*

Das eindrucksvolle Innere der Kathedrale mit den Maßen 90 x 47 m und einer Höhe von 25 m hat drei Langschiffe und ein großes Querschiff. Besonders zu beachten sind der neoklassizistische Hochaltar (um 1800) von Manuel Tolsá und José Manzo, das schmiedeeiserne Chorgitter (1679) von Mateo de la Cruz sowie das holzgeschnitzte Chorgestühl (1719–1722) von Pedro Muñoz und die beiden eindrucksvollen Orgeln aus derselben Zeit. Zu erwähnen sind auch der

Innenraum

*Chorgestühl

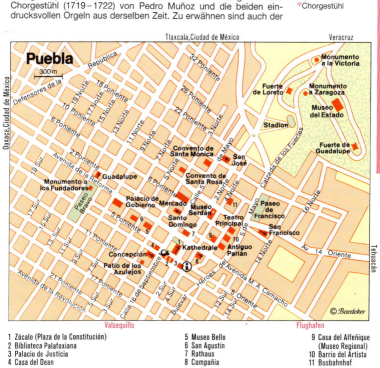

1 Zócalo (Plaza de la Constitución)
2 Biblioteca Palafoxiana
3 Palacio de Justicia
4 Casa del Dean
5 Museo Bello
6 San Agustín
7 Rathaus
8 Compañía
9 Casa del Alfeñique (Museo Regional)
10 Barrio del Artista
11 Busbahnhof

Puebla (Stadt)

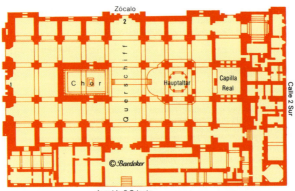

Catedral de Puebla

1 Hauptportal
2 Nordportal

Kathedrale (Forts.)	Barockaltar in der Königlichen Kapelle und der barocke Altaraufsatz des Flamen Diego de Borgraf in der Kapelle San José, ferner Pedro García Ferrer und Miguel Cabrera zugeschriebene Gemälde.
*Biblioteca Palafoxiana	Südlich der Kathedrale befindet sich im alten Erzbischöflichen Palais, heute Casa de la Cultura, die 1646 von Bischof Juan Palafox gegründete Biblioteca Palafoxiana mit einer großen Sammlung bibliophiler Kostbarkeiten und einem prächtigen barocken Lesesaal.
*Museo Amparo	Ebenfalls südlich (Calle 2 Sur) zeigt das Museo Amparo die präkolumbische Sammlung von Josué und Jacqueline Sáenz, eine der größten Privatsammlungen dieser Art, zu der auch der Maya-Altar des 'Herrn von Yaxchilán' gehört (Mi.–Mo. 10.00–18.00 Uhr).
Westlich vom Zócalo Casa del Dean	Im nächsten Häuserblock westlich vom Erzbischöflichen Palais steht das Haus des Dechanten (Casa del Dean; C. 16 de Septiembre 505), ein schönes altes Bürgerhaus im Renaissancestil aus dem Jahre 1580. Im Inneren beeindrucken Wandgemälde, die das Petrarca-Gedicht "I trionfi" vom Triumph von Liebe, Tod, Keuschheit, Ruhm, Zeit und Ewigkeit mit indianischen Symbolen interpretieren.
Museo Bello	In dem Haus im Poblano-Stil in der Av. 3 Pte. 302, wird die Sammlung von chinesischem Porzellan, Talavera-Keramik und Schmiedeeisen des Sammlers José Luis Bello gezeigt (So.–Di. 10.00–16.30 Uhr).
Santo Domingo *Rosenkranzkapelle	Zwei Häuserblocks vom Hauptplatz auf der Calle del 5 de Mayo erhebt sich die Kirche Santo Domingo, die 1611 eingeweiht wurde und eine eigenwillige Barockfassade zeigt. Die 1690 errichtete Rosenkranzkapelle (Capilla del Rosario) ist eine Glanzleistung der mexikanischen Barockkunst. Jeder Zentimeter der Wände, der Decke, der Säulen und der Portale ist mit Kacheln, Blattgold, Skulpturen und Schnitzereien bedeckt. Bemerkenswert ist ein Orchester von Cherubinen, umrankt von einer Fülle von Arabesken, aus deren Mitte Gottvater herabzuschweben scheint.
*Kloster Santa Mónica	Im weiteren Verlauf der 5 de Mayo stößt man auf das Kloster Santa Mónica (Av. 18 Pte. 103), das 1609 gegründet und 1680 umgebaut wurde. Obwohl es durch die Reformgesetze von 1857 geschlossen

Zuckerbäckerstil in Reinkultur: Casa del Alfeñique ▶

Puebla (Stadt)

Santa Mónica (Fortsetzung)

wurde, führten es die Nonnen heimlich bis zur Entdeckung im Jahre 1934 weiter. Die einstigen Geheimkammern und ihre Einrichtung fielen bedauerlicherweise einem Umbau zum Opfer. Es können aber u.a. noch zwei Zellen mit Pritschen und Instrumenten zur Selbstzüchtigung und eine alte Küche mit anschließendem Speisesaal besichtigt werden. Das Kloster beherbergt heute das Museum für religiöse Kunst.

Kloster Santa Rosa

An der Calle 3 Norte 1203, zwei Blocks südwestlich, findet man das ehemalige Kloster Santa Rosa, das heute das Volkskunstmuseum (Museo de Arte Popular), eine Bibliothek, Läden und eine originalgetreue, vollgekachelte Klosterküche mit alten Utensilien beherbergt, in der eine Nonne um 1680 die berühmte 'Mole poblano', ein Gericht mit einer Vielzahl von Gewürzen und Schokolade, erfunden haben soll (→ Praktische Informationen, Essen und Trinken).

Östlich vom Zócalo

La Compañía

Zwei Blocks östlich vom Hauptplatz liegt die 1767 eingeweihte Jesuitenkirche La Compañía mit churriguereskem Fassade und weiß-blau gekachelter Kuppel. Gerade im Jahr ihrer Einweihung wurde der Jesuitenorden aus Mexiko ausgewiesen. In der Sakristei wird das Grab einer vermeintlichen chinesischen Prinzessin gezeigt, die von Piraten als Sklavin nach Mexiko verkauft wurde und Ende des 17. Jh.s in Puebla ihre Freiheit erhielt. Angeblich soll sie die Schöpferin der später weitverbreiteten malerischen China-Poblana-Tracht gewesen sein. In dem angrenzenden früheren Jesuitengymnasium ist heute die Universität untergebracht.

Casa de los Muñecos

Am Beginn der Calle 2 Nte. steht ein schönes Haus im 'Zuckerbäckerstil', die Casa de los Muñecos ('Haus der Männchen').

Casa Arquiles Serdán

Im weiteren Verlauf der Calle 2 Nte. gelangt man zum Revolutionsmuseum Casa Arquiles Serdán, das an den Führer des Widerstandes gegen die Wiederwahl von Porfirio Díaz im Jahre 1910 in der Stadt Puebla erinnert.

*Casa del Alfeñique

Von der Calle 2 Nte. geht nach rechts die Av. 4 Ote. 416 ab, auf der man die originelle Casa del Alfeñique (Mandelkuchenhaus; 4 Ote. 16) erreicht. Dieses angeblich von Antonio de Santa María Incháurregui Ende des 18. Jh.s errichtete Gästehaus ist mit seinen bunten Kacheln, roten Ziegeln und weißem Stuckwerk eines der besten Beispiele für den Poblanostil. Heute beherbergt dieser typische Bau des lokalen Barock das Regionalmuseum (Museo Regional), in welchem hauptsächlich Keramik, Waffen, Gemälde, Kostüme und Möbel ausgestellt sind.

Antigua Parián

Ursprünglich im 18. Jh. angelegt, um die fliegenden Händler vom Zócalo wegzulocken, wird heute in den kleinen Läden Kunsthandwerk (C. 6 Nte. zwischen Av. 2 und 6 Ote) angeboten, besonders günstig Erzeugnisse aus Onyx. Im sich anschließenden 'Barrio del Artista' kann man Künstlern bei der Arbeit zusehen.

Teatro Principal

Nördlich liegt das in den Jahren 1756 bis 1769 erbaute Teatro Principal (6 Nte. y 8 Ote.). Es gilt als eines der ältesten Theaterhäuser Lateinamerikas.

Kloster San Francisco

Ein kurzer Abstecher führt zu diesem Kloster an der Av. 14 Oriente. Es stammt aus dem Jahr 1551 und verfügt über eine schön gekachelte Fassade. Bemerkenswert sind das churrigureske Hauptportal und das geschnitzte Chorgestühl aus dem 18. Jahrhundert. Um 1800 wurde das Kloster in neoklassizistischem Stil umgebaut.

Puebla (Stadt)

Auf dem Festungshügel im Nordosten der Stadt thront das Fort von Loreto (Fuerte de Loreto) das 1816 erbaut wurde und heute als Kriegsmuseum an die Kämpfe gegen die Franzosen erinnert, die auf dem Hügel stattfanden. Vom Fort genießt man einen schönen Ausblick auf die Stadt. Auf der südlichen Seite des Hügels befindet sich das Fort Guadalupe (Fuerte Guadalupe). — Fort Loreto

Zwischen den beiden Forts Loreto und Guadalupe erstreckt sich das Centro Cívico de 5 de Mayo, auf dessen Gelände sich neben einem Planetarium, einem Freilichttheater und Ausstellungen von Kunsthandwerk auch das Staatsmuseum (Museo del Estado de Puebla) befindet, in welchem interessante archäologische Funde (Olmeken, Tolteken, Azteken) und ethnologische Exponate aus der Region ausgestellt sind. — Centro Cívico

Im Nordwesten der Stadt ist im alten Bahnhof (Ecke 12 Pte./11 Norte) ein originelles Eisenbahnmuseum entstanden. Es besitzt fast 200 alte Lokomotiven, Waggons und anderes Material aus der Glanzzeit der mexikanischen Eisenbahn. — Museo Nacional del Ferrocarril

Umgebung von Puebla

Etwa 15 km südlich der Stadt erstreckt sich der Stausee Valsequillo (Presa Manuel Ávila Camacho), der Wassersportmöglichkeiten bietet. In der Nähe liegt Africam, ein Freigehege mit vielen exotischen Tierarten. — Stausee / Africam

Auf der MEX 190 in Richtung Oaxaca erreicht man nach ca. 6 km Tlaxcalancingo (Umgebung von → Acatepec), nach 17 km → Acatepec und nach einem weiteren Kilometer rechts ab Tonantzintla (Umgebung von → Acatepec).

Folgt man der MEX 190 weiter, gelangt man zu der von Puebla 31 km entfernten Stadt Atlixco (Náhuatl: 'Ort, der über dem Wasser liegt'; 1885 m ü.d.M.; 160 000 Einw.). mit einigen Gebäuden im Poblano-Stil. Sehenswert ist die Pfarrkirche (16. Jh., Überbauung im 19. Jh.) am Hauptplatz, die Stuckfassade der früheren Kirche La Merced und die franziskanische festungsartige Klosterkirche (16. Jh.) auf dem Hügel von San Miguel (Cerrito de San Miguel) mit einer nüchternen kolonial-platereske Fassade. — *Atlixco

Jeweils in der letzten Septemberwoche eines Jahres halten Indianergruppen im Ort das farbenprächtige Fest 'Atlixcáyotl' ab, bei dem sie Tänze vorführen. — Fiesta 'Atlixcáyotl'

Auf der MEX 150 in Richtung Tehuacán erreicht man nach 36 km Tepeaca (Náhuatl: 'Tepeyacac' = 'Nase des Hügels'; 2257 m ü.d.M.; 40 000 Einw.; Freitagsmarkt). Cortés gründete diese Ortschaft bereits 1520 als zweite Siedlung nach Veracruz. Auf dem Hauptplatz dieser früheren Poststation steht ein Wachtturm ('Rollo') mit maurischen und Renaissancemerkmalen. Angeblich sollen die Spanier indianische Gefangene an diesen Turm gekettet und ausgepeitscht haben. Das Haus gegenüber mit einer roten Fassade ließ Cortés errichten. Er soll darin nach seiner Niederlage in Tenochtitlán ('Noche Triste', 30. 6. 1520) gewohnt haben. — *Tepeaca

Der wuchtige Wehrbau des Franziskanerklosters aus dem 16. Jh. gehört zu den ersten und eindrucksvollsten im Lande. Zu beachten ist der die Kirche umgebende Wehrgang, die kolonial-platereske Fassade und die Ausführung der Vorhalle des Klosters. — *Franziskanerkloster

Puebla (Stadt)   **Umgebung**

Mexikos höchster Berg: Pico de Orizaba

Tecali
: Etwa 10 km südlich von Tepeaca liegt die Ortschaft Tecali (Náhuatl: 'Alabaster'), ein Zentrum der Verarbeitung und des Verkaufs von Onyx und Marmorgegenständen.

Acatzingo
: Wenige Kilometer auf der MEX 150 hinter Tepeaca führt eine Abzweigung nach links zum 11 km entfernten Acatzingo (2160 m ü.d.M.; 24 000 Einw.; Dienstagsmarkt). Das Franziskanerkloster aus dem 16. Jh. ist eine kleinere Kopie jenes von Tepeaca und besitzt ein hübsches Taufbecken in indianischer Ausführung.

*Pico de Orizaba
: Von Acatzingo gibt es zwei Möglichkeiten, um zum Fuße des 5700 m hohen Pico de Orizaba oder Citlaltépetl (Náhuatl: 'Berg des Sternes'), des höchsten Berges Mexikos, zu gelangen. Zur Südseite fährt man zunächst über die MEX 140 in nordöstlicher Richtung bis El Seco, um von dort nach weiteren 25 km auf der MEX 144 El Serdan als Ausgangspunkt zu erreichen.

Die Nordostseite des Berges geht man am besten von Tlachichuca an. Um dorthin zu gelangen, fährt man über El Seco hinaus, um nach 9 km rechts zum noch 21 km entfernten Tlachichuca abzubiegen. Dort kann man geländegängige Fahrzeuge mieten (schwierige Strecke) oder sich 32 km bis zu der Hütte an der Piedra Grande (Übernachtungsmöglichkeit) in 4260 m Höhe fahren lassen. Von hier aus kann die Besteigung dieses prachtvollen vergletscherten Vulkans durch Bergerfahrene in einem Tag unternommen werden. Über Zufahrt und Aufstiegsrouten sollte man sich vorher bei zuständigen Stellen erkundigen (Praktische Informationen, Aktivsport: Bergsteigen).

Von Puebla sind es ca. 120 km nach Tehuacán (Bundesstaat → Puebla) und etwa 180 km nach → Teziutlán.

Puerto Escondido   L 10

Bundesstaat: Oaxaca (Oax.)
Höhe: Meereshöhe
Einwohnerzahl: 35 000
Telefonvorwahl: 01 958

Mit dem Flugzeug von → Oaxaca und Mexiko-Stadt (1 Std.); mit dem Bus von Oaxaca in 10–18 Std., von → Acapulco in 7½ Std.; mit dem Auto von Oaxaca ca. 265 km auf der kurvenreichen MEX 131 über Miahuatlan und Pochutla oder ca. 310 km auf den besseren MEX 175 und MEX 200, von Acapulco ca. 420 km auf der MEX 200.

Anreise

Der Fischerhafen Puerto Escondido liegt in einer geschützten Bucht des Pazifischen Ozeans und ist von üppig bewachsenen Hügeln umgeben. Zu beiden Seiten des Ortes erstrecken sich ausgedehnte, herrliche Strände. Die Brandung ist stellenweise recht hoch. Puerto Escondido galt bis vor einiger Zeit als Geheimtip für Urlauber, die abseits vom großen Touristentrubel einfaches Leben am Meer suchten. Durch den Bau eines neuen Flughafens hat dieses Seebad allerdings wesentlich mehr Zulauf erhalten.

Lage und Allgemeines

*Seebad

Der Ort besteht hauptsächlich aus kleinen Restaurants und Bars entlang der Hauptstraße Pérez Gazga. Die langen Strände und die in kleinen Buchten (Puerto Angelito, Carizalillo, Manzanillo, Bacocho) liegenden Lagunen sind reich an Wasservögeln. Einige Küstenabschnitte eignen sich trotz der Brandung gut zum Schwimmen, andere erweisen sich wegen des Sogs als nicht ungefährlich. Puerto Escondido ist wegen seines Wellengangs ein beliebtes Ziel für Surfer (Wettbewerbe an der Playa Zicatela).

Umgebung von Puerto Escondido

Auf der MEX 200 zweigt nach 75 km in westlicher Richtung eine Straße zu dem noch 10 km entfernten San Pedro Tututepec ab. In diesem Bergdorf der Chatino-Indianer können hinter der alten Kirche einige präkolumbische Skulpturen besichtigt werden.

San Pedro Tututepec

Nach wenigen weiteren Kilometern auf der MEX 200 führt links eine Straße zu dem Nationalpark Lagunas de Chacahua, der drei Lagunen und mehrere Inseln mit zahlreichen Vögeln und Amphibien umfaßt.

*Lagunas de Chacahua

84 km östlich von Puerto Escondido liegt der hübsche Fischerhafen Puerto Ángel (9000 Einw.), der über zwei schöne Strände (Puerto Ángel und Pantéon) verfügt. Beliebt bei jungen Campern ist der 10 km westlich gelegene Playa Zipolite. Puerto Ángel und Umgebung sind erst in den letzten zehn Jahren für den Tourismus entdeckt worden.

Puerto Ángel

Etwa 35 km östlich von San Pedro Pochutla (ca. 110 km von Puerto Escondido) erstrecken sich neun malerische größere und kleinere Buchten, die unter dem Sammelnamen Huatulco bekannt geworden sind. Schöne Strände und eine Anzahl von Luxus- und Mittelklasse-Hotels sorgen für genügend Unterkunft. Um den Ort Santa María Huatulco wurde in den letzten Jahren von der mexikanischen Regierung und privaten Investoren ein 20 000 ha umfassendes Touristenzentrum

*Huatulco

Puerto Vallarta

Umgebung von Puerto Escondido, Huatulco (Forts.)

nach dem Vorbild Cancún aus dem Boden gestampft. Der kleine Ort La Crucecita (mit Strand) bietet preiswerte Unterkünfte. Santa María Huatulco, 12 km landeinwärts, hat einen internationalen Flughafen. Auch dieses Projekt war in Mexiko nicht unumstritten, nachdem die Beschaffung des nötigen Baugrunds mit teilweise rüden Methoden durchgeführt worden war. So erhielt z.B. die Gemeinde Santa María Huatulco 1984 durch einen Erlaß des Präsidenten 51 000 ha Land zugestanden, von denen am nächsten Tag 21 000 ha für das Tourismusprojekt wieder enteignet wurden. Manche Grundstücksbesitzer bekamen für ihr Land nur eine geringe finanzielle Entschädigung.

Puerto Vallarta G 7

Bundesstaat: Jalisco (Jal.)
Höhe: Meereshöhe
Einwohnerzahl: 280 000
Telefonvorwahl: 01 322

Anreise

Mit dem Flugzeug von Mexiko-Stadt in ca. 2 Std., weitere Flugverbindungen mit anderen mexikanischen und US-amerikanischen Städten; mit dem Bus von → Guadalajara in ca. 7 Std.; mit dem Auto von → Tepic ca. 170 km auf der MEX 200, von Guadalajara ca. 320 km auf der MEX 15 und MEX 200; Fährverbindung von → Cabo San Lucas.

Lage und Allgemeines

In einer weitgeschwungenen Bucht, an bewachsene Hügel gelehnt, liegt Puerto Vallarta, eines der beliebtesten Ziele Mexikos für Badegäste. Der Ort gehört zu den bekanntesten Reisezielen des Landes.

Geschichte

Die Ortschaft wurde erst im Jahre 1851 gegründet und erhielt 1918 ihren Namen nach dem damaligen Gouverneur des Staates, Ignacio Luis Vallarta. Das verschlafene Fischerdorf wurde erst bekannt, als Anfang der sechziger Jahre in dem Nachbardorf Mismaloya der Hollywood-Film "Die Nacht des Leguans" mit Richard Burton und Elizabeth Taylor gedreht wurde, deren schlagzeilenträchtige Liebesbeziehung hier begann. Im Jahre 1968 erhielt der Ort eine Straßenverbindung mit Tepic und erlebte seither einen raschen Aufstieg.

✻Seebad

Obwohl Puerto Vallarta mit seinen kopfsteingepflasterten Gassen und den weißen Häusern mit roten Ziegeldächern eine hübsche Stadt ist, sind es vor allem die ausgedehnten Strände, die Wassersportmöglichkeiten und die tropische Landschaft, die viele Besucher anziehen. Neben der Seepromenade (Malecón) sowie den zahlreichen Hotels, Restaurants, Nachtlokalen und Ladengeschäften bietet Puerto Vallarta auch ein kleines Museum in der Escuela 15 de Mayo sowie die Kirche Guadalupe mit einem eigenartigen kronenförmigen Turm.

✻Bahía de Banderas

Die Bahía de Banderas ('Bucht der Fahnen'), an der Puerto Vallarta liegt, hat gut zwei Dutzend Strände, die sich nördlich und südlich des die Stadt teilenden Río Cuale erstrecken. Zu den bekanntesten Stränden nördlich des Flusses gehören die Playa de las Glorias, Las Palmas, de Oro und Chino (bereits im Bundesstaat Nayarit).

Südlich des Flusses liegen die Strände Playa del Sol (oder de los Muertos, populär), Las Amapas und Conchas Chinas (unterhalb der Klippen), Las Estacas, Punta Negra, Palo María und Gemelas (alle mit

Querétaro (Bundesstaat)

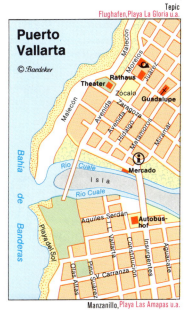

Am Strand von Puerto Vallarta

hübschen Buchten) sowie 12 km südlich Mismaloya mit den Felsformationen Los Arcos. Schließlich Yelapa, ein Strand mit Süßwasserlagune und Wasserfall, ebenfalls Tauchgebiet. Ein spektakuläres Ereignis für Teile der Küste von Jalisco und Nayarit ist von Dezember bis März das Beobachten der Buckelwale. Diese kommen zur Paaarung tausende Kilometer aus dem Nordpazifik in wärmere Gewässer.

*Yelapa

Nördlich gelangt man nach etwa 15 km auf der MEX 200 zu dem Urlaubszentrum Nuevo Vallarta im Bundesstaat Nayarit, der einen der größten Jachthäfen Mexikos (10 km schiffbare Kanäle) besitzt; anschließend der Fischerort Bucerías. Nach weiteren 15 km folgen die Badeorte Rineón de Guayabitas und Peñita de Jaltemba (→ Tepic). Südlich erstreckt sich entlang der MEX 200 die Costa Alegre mit herrlichen Stränden und reicher Flora und Fauna. Einmalig ist das Seebad Las Alamandas, Quemaro, der Enkelin des bolivianischen Zinnkönigs Patiño, Isabel Goldsmith. Es besteht aus vier Villen für max. 22 Gäste.

Umgebung von Puerto Vallarta

Nuevo Vallarta

Costa Alegre

Querétaro (Bundesstaat)

Kürzel: Qro.
Hauptstadt: Querétaro
Fläche: 11 769 km²
Bevölkerungszahl: 1 250 500

Der Bundesstaat Querétaro, ziemlich genau im Zentrum des Landes gelegen, teilt sich mit dem Staat Guanajuato in das sogenannte Bajío, die Kornkammer Mexikos. Dieses fruchtbare Plateau zwischen den östlichen und westlichen Bergketten der Sierra Madre liegt in einer

Lage und Landesnatur

Querétaro (Bundesstaat)

| | Lage und Landesnatur (Fortsetzung) | Höhe zwischen 1500 und 2000 m. Querétaro grenzt im Süden an den Estado de México und den Bundesstaat Michoacán, im Westen an Guanajuato, im Norden an San Luis Potosí und im Osten an Hidalgo. Die Landschaft gliedert sich in eine erzreiche, gebirgige Region und in landwirtschaftlich genutzte Ebenen und Täler. Die höchste Erhebung ist der Cerro El Gallo mit 3350 m. Die Bevölkerung des Staates besteht aus Mestizen, Otomí-Indianern und Criollos. |

Geschichte und archäologische Stättn

Einst beherrschten die Otomí-Indianer das Gebiet des heutigen Staates Querétaro (taraskisch: 'Ort des Ballspiels'); Mitte des 15. Jh.s wurden sie von den Azteken unterworfen. Zeugnisse aus der vorspanischen Zeit findet man noch in den archäologischen Fundstätten Las Ranas, Toluquilla, Neblinas, El Lobo und Villa Corregidora. Zu nennen ist auch das kürzlich wiederentdeckte Atarjea. Die Spanier erschienen erstmals 1531 in dieser Region. In der Kolonialzeit wie auch nach der Erlangung der Unabhängigkeit war die Geschichte des Bundesstaates weitgehend mit der Entwicklung seiner Hauptstadt verbunden.

Wirtschaft

Eine wichtige Rolle spielt die Landwirtschaft, die vor allem Mais, Klee, Gemüse und Obst produziert. Daneben ist auch die Viehzucht von großer Bedeutung. Im Bergbau werden hauptsächlich Quecksilber und Opale, aber auch Silber, Blei und Kupfer gewonnen. In den letzten Jahren haben sich um die Hauptstadt Industrien wie landwirtschaftliche Maschinen, Motoren, Glas und Fahrzeuge angesiedelt.

Otomí-Indianer

Siedlungsgebiet

Querétaro ist wie die Bundesstaaten Hidalgo, Guanajuato, San Luis Potosí, Nord-Veracruz, Nordwest-Puebla, Tlaxcala und Estado de México ein Siedlungsgebiet der Otomí. Dieses relativ weit verbreitete Indianervolk, dessen Zahl auf 300 000 geschätzt wird, gehört einer eigenen Sprachgruppe an. Über ihre Herkunft weiß man wenig; wahrscheinlich lebten sie im mexikanischen Hochland und wurden zwischen dem 8. und 9. Jh. in die umliegenden Regionen verdrängt. Im 14. und 15. Jh. waren es die Mexica, die sie unterwarfen oder in unzugängliche Gebiete trieben. Während der Conquista standen die Otomí zumeist auf der Seite der Spanier im Kampf gegen ihre aztekischen Unterdrücker.

Querétaro (Bundesstaat), Otomí-Indianer (Fortsetzung)

Die Otomí praktizieren eine Mischung zwischen katholischer und altindianischer Religion. Sie opfern vor allem der Erdgöttin und glauben an die Rückkehr der Seelen ihrer Verstorbenen, vor denen sie sich fürchten und die sie deshalb zu beschwichtigen versuchen.

Religion

Soweit die Otomí nicht die heute übliche Kleidung der Landbevölkerung tragen, sieht man zumindest die Frauen in buntbestickten Trachten. Die künstlerisch wertvollen handwerklichen Arbeiten dieses Volkes umfassen u. a. Korbwaren, Keramik, Wollstoffe und Holzmöbel.

Trachten und Kunsthandwerk

Querétaro (Stadt)

Bundesstaat: Querétaro (Qro.)
Höhe: 1836 m ü.d.M.
Einwohnerzahl: 780 000
Telefonvorwahl: 01 42

Mit der Eisenbahn in ca. 5 Std.; mit dem Bus in ca. 2½ Std.; mit dem Auto 225 km auf der MEX 57 D.

Anreise von Mexiko-Stadt

Querétaro, die Hauptstadt des gleichnamigen Bundesstaates, liegt umgeben von Bergkuppen in einem Tal des mexikanischen Hochlandes am Fuße des Cerro de las Campanas ('Hügel der Glocken'). Die Stadt ist bekannt für ihre schönen Häuser, Kirchen und Plätze aus der Kolonialzeit sowie für ihre gepflegten Parks und Brunnen. Obwohl in den letzten Jahren in der Umgebung Industrie angesiedelt wurde, hat der Stadtkern viel von seinem beschaulichen Charakter bewahren können. 1996 wurden die historischen Monumente der Stadt von der UNESCO zum Kulturerbe der Menschheit erklärt.

Lage und Allgemeines

*Stadtbild

1 Zócalo (Plaza Principal)
2 Casa del Marqués
3 El Carmen
4 Palacio del Gobierno
5 Santa Clara
6 San José de Gracia
7 Ex-Convento San Augustín
8 Hostería de la Marquesa
9 Museo Regional (San Francisco)
10 Casa de Escala
11 Casa de la Corregidora (Rathaus)
12 Teatro de la República

Querétaro (Stadt)

Geschichte

Die Stadt wurde lange vor der Entdeckung Mexikos von den Otomí-Indianern gegründet und Mitte des 15. Jh.s von den Azteken eingenommen.
Die Spanier brachten das Gebiet zwischen 1531 und 1570 unter ihre Kontrolle; es diente ihnen als Versorgungszentrum für die reichen Minen in Guanajuato und Zacatecas. 1699 wurde Querétaro zur Stadt erhoben. Später sollte Querétaro wie kaum eine andere Stadt in Mexiko der Schauplatz historischer Ereignisse werden. Von hier nahm im Jahre 1810 die Verschwörung um Pater Hidalgo ihren Ausgang, die zum Freiheitskrieg und schließlich zur Unabhängigkeit Mexikos von Spanien führte. Im Jahre 1848 wurde in Querétaro der Vertrag von Guadalupe Hidalgo unterzeichnet, der den Krieg zwischen den USA und Mexiko beendete. Das letzte Gefecht zwischen dan Truppen des Präsidenten Benito Juárez und des habsburgischen Kaisers Maximilian von Mexiko wurde 1867 hier geschlagen. Nach der Gefangennahme und Verurteilung Maximilians und seiner beiden Generäle Miramón und Mejía wurden diese drei am 19. Juni 1867 am Cerro de las Campanas erschossen.
Die heute noch gültige Verfassung von Mexiko wurde 1917 in Querétaro niedergeschrieben.

Sehenswertes

Aquädukt

Das Stadtbild prägt besonders der eindrucksvolle, noch immer Wasser führende Aquädukt östlich des Stadtzentrums, der zwischen 1726 und 1738 im Auftrag des Marqués de la Villa del Villar del Aguilar errichtet wurde. Dieses interessante Bauwerk hat eine Länge von fast 9 km; seine 74 Bögen sind bis zu 29 m hoch.

Convento San Francisco

✻Museo Regional

Südlich vom Hauptplatz (Plaza Principal oder Jardín Obregón) liegt das alte Kloster San Francisco, dessen Gründung auf die Mitte des 16. Jh.s zurückgeht. Hundert Jahre später wurde die Kirche und etwas danach das Kloster umgebaut. Heute beherbergt es das interessante Regionalmuseum (Museo Regional), mit Werken der großen Maler der Kolonialzeit aus dem 17. bis 19. Jh sowie einer Sammlung historischer Waffen, Dokumente und anderer Gegenstände.

Teatro de la República

Im Teatro de la República nördlich vom Hauptplatz fand der Prozeß gegen Maximilian und seine beiden Generäle Mejía und Miramón statt, der mit dem Todesurteil endete. 1917 wurde hier die Bundesverfassung verkündet.

Plaza de la Independencia

Die stille Plaza de la Independencia (Plaza de Armas) hat ihren kolonialen Charakter noch bewahrt.

Aguila-Denkmal

In der Mitte der Plaza erhebt sich das Denkmal für den Erbauer des Aquädukts, den Marquis de la Villa del Villar del Aguila.

Casa de la Corregidora

An der Avenida 5 de Mayo und der Plaza de la Independencia liegt das Rathaus (Casa de la Corregidora, der frühere Regierungspalast), ein hübsches Gebäude aus dem Jahr 1770 mit schmiedeeisernen Balkons. Hier warnte Josefa Ortiz de Domínguez, die Ehefrau des derzeigen Bürgermeisters ('Corregidor'), die Verschwörer der Unabhängigkeitsbewegung von 1810 vor der Entdeckung ihrer Pläne, was zum vorzeitigen Ausbruch des Freiheitskrieges führte.

Casa de Ecala

Ebenfalls an der Plaza steht die Casa de Ecala (Casa Municipal de la Cultura), ein schönes mit Skulpturen und schmiedeeisernen Balkons ausgestattetes Gebäude.

Querétaro (Stadt)

Geht man die Avenida Venustiano Carranza nach Osten, gelangt man zum Kloster La Cruz, dessen ursprünglicher Bau aus dem 16. Jh. etwa hundert Jahre später durch eine Barockanlage ersetzt wurde. Kaiser Maximilian hatte hier 1867 sein Hauptquartier, und auch nach seiner Gefangennahme war er zeitweise im Kloster untergebracht. Im Klostergarten beachte man einen Baum, dessen Nadeln kreuzförmig wachsen.

Convento de la Cruz

Gegenüber liegt die Capilla del Calvarito aus der Mitte des 17. Jh.s an der Stelle, an der die Spanier nach der Eroberung der Ortschaft 1531 angeblich ihre erste Messe zelebrierten. Der Legende nach soll sich auf dem Höhepunkt der Schlacht der Himmel verdunkelt haben, und es erschienen der Apostel Jakob auf einem Pferd und ein leuchtendes Kreuz – und die Spanier siegten. Auf diese Legende geht die Gründung des Klosters La Cruz zurück.

Capilla del Calvarito

Folgt man vom Hauptplatz der Avenida Francisco Madero in südwestlicher Richtung, kommt man zur Linken an der Hostería de la Marquesa (Mitte des 18. Jh.) und zur Rechten an der Kirche San José de Gracia (spätes 17. Jh.) vorbei. In der kleinen Anlage Ecke Madero und Allende steht der Neptunbrunnen (Fuente de Neptuno), ein neoklassizistisches Werk des Künstlers Francisco Eduardo Tresguerras aus dem Jahre 1797.

Die sich anschließende Kirche Santa Clara, einst zu einem mächtigen Kloster gehörend, hat eine einfache Fassade (17. Jh.).
Das Innere der Kirche hingegen ist ein besonders schönes Beispiel des churriguereksen Stils aus dem 18. Jh. mit üppig geschnitzten und vergoldeten Retablos. Skulpturen von Aposteln, Heiligen, Cherubinen sowie Blumen und andere Ornamente schmücken die Altaraufsätze.

*Santa Clara

Innenraum

Führt noch Wasser: der Aquädukt

Querétaro (Stadt)

Lauschiger Platz in Querétaro

Santa Clara
(Fortsetzung)

Besonders hervorzuheben ist das raffiniert geschnitzte, hölzerne Gitterwerk des Chors mit der Christusstatue in der Mitte und den bemalten, drapierten Vorhängen an den Seiten. Eindrucksvoll ist auch das schmiedeeiserne Gitter über dem zur Sakristei führenden Portal und die mit Silber und Muscheln eingelegte Kanzel. Die Av. Madero führt weiter zur Plaza de Guerrero mit dem neoklassizistischen Rathaus.

*Augustinerkloster

An der Ecke Calle Allende Sur und Pino Suáres liegt das einstige, prächtige Augustinerkloster aus der ersten Hälfte des 18. Jahrhunderts. Dieser Bau, dessen Entwurf Ignacio Mariano de Las Casas zugeschrieben wird, gehört zu den schönsten der Stadt. Hervorzuheben sind die dreiteilige barocke Fassade mit Nischenstatuen und die prachtvoll gearbeiteten Bögen und Pfeiler im Kreuzgang.
In diesem Komplex befindet sich das Museo del Arte Querétaro mit seiner umfangreichen Sammlung mexikanischer und europäischer Gemälde aus dem 16. und 17. Jahrhundert.

Santo Domingo
Rosenkranzkapelle

Schräg gegenüber sieht man die vom Ende des 17. Jh.s stammende nüchterne Fassade der Kirche Santo Domingo und die Rosenkranzkapelle, ein Werk von Mariano de Las Casas aus dem Jahr 1760.

Casa de
los Perros

Unweit an der Calle Allende Sur 16 steht das Haus der Hunde (Casa de los Perros), der einstige Wohnsitz des Mariano de Las Casas. Das kleine Palais aus dem 18. Jh. verdankt seinen Namen den Wasserspeiern an der Außenseite und in dem schönen Patio, der mit einem originellen Brunnen geschmückt ist.

*Santa Rosa
de Viterbo

Biegt man an der nächsten Ecke in die Avenida General de Arteaga ein und folgt dieser nach rechts bis zur Plaza Ignacio Mariano de Las Casas, erreicht man die Kirche Santa Rosa de Viterbo, die zu den inter-

Querétaro (Stadt)

essantesten der Stadt gehört. Ebenfalls ein Werk von Ignacio Mariano de Las Casas, wurde sie 1752 fertiggestellt, später aber von Tresguerras verändert. Auffallend sind die beiden hervorstehenden Strebepfeiler mit den Volutenstützen. Die Turmuhr soll die erste Repetitionsschlaguhr Amerikas sein.

Santa Rosa de Viterbo (Fortsetzung)

Im Inneren der Kirche sind die Retablos reich im churrigueresken Stil geschmückt; auch wertvolle Gemälde aus der Kolonialzeit sind vorhanden. Wie in manchen zu Nonnenklöstern gehörenden Kirchen findet man im Chor ein besonders fein gearbeitetes Gitterwerk, hinter dem die Nonnen an der Messe teilnehmen konnten. Bemerkenswert sind der prächtig geschnitzte Beichtstuhl, die hochbarocke Orgel sowie in der Sakristei die lebensgroßen Statuen der 12 Apostel beim Heiligen Abendmahl; dahinter ein wandfüllendes Gemälde von Tresguerras, das die hl. Rosa im Kreise ihrer Nonnen zeigt.

Innenraum

Weitere erwähnenswerte Bauten in Querétaro sind die Kathedrale Felipe Neri (18. Jh.), die Kirchen El Carmen (17. und 18. Jh.), San Antonio (18. Jh.) und Santiago (17. und 18. Jh.) mit einem arkadengesäumten Klosterkreuzgang und Neo-Mudéjar- Portalen. Das Kapuzinerkloster aus dem frühen 18. Jh. war letzter Aufenthaltsort Kaiser Maximilians vor seiner Erschießung. Die Casa de la Marquésa (Casa de Cultura) stammt aus der ersten Hälfte des 18. Jh.s und besitzt einen phantasievollen Patio mit Neo-Mudéjar-Elementen.

Weitere Bauwerke

Auf dem Cerro de las Campanas ('Hügel der Glocken') am westlichen Stadtrand steht die vom österreichischen Kaiser Franz Joseph gestiftete und 1901 eingeweihte Capilla de Maximiliano zum Gedächtnis für seinen an dieser Stelle erschossenen Bruder Kaiser Maximilian von Mexiko. Die Kapelle wird von der nahen Kolossalstatue seines siegreichen Gegenspielers, des mexikanischen Präsidenten Benito Juárez, überragt.

Cerro de las Campanas

Das Gebiet um Querétaro ist ein Zentrum der Opalgewinnung. Opale werden zusammen mit anderen aus dieser Gegend stammenden Halbedelsteinen wie Topas, Aquamarin und Amethyst hier verarbeitet und in Spezialgeschäften angeboten.

Opalverarbeitung

Umgebung von Querétaro

55 km südöstlich an der MEX 57 D liegt die Stadt San Juan del Río (1980 m ü.d.M.; 100 000 Einw.) ein Zentrum des Korbflechthandwerks und des Holzmöbelbaus.

San Juan del Río

Von San Juan del Río sind es auf der MEX 120 rund 20 km nach Nordosten bis zu dem reizvollen Kurort Tequisquiapan (1700 m ü.d.M.; 30 000 Einw.), dessen Hotels und Thermalbäder (radioaktive Quellen) sowie die Reit- und Angelmöglichkeiten vorwiegend Besucher aus Mexiko-Stadt anziehen.

Tequisquiapan

17 km nördlich von Tequisquiapan zweigt in Ezequiel Montes eine Straße nach Bernal ab. Die Bewohner dieses, an einem spektakulären hutförmigen Felsenberges gelegenen Ortes sind bekannt für die Herstellung schwerer wollener Sarapes.

Bernal

Die MEX 120 führt von Tequisquiapan weiter nach Cadereyta de Montes (2070 m ü.d.M.; 30 000 Einw.). In der früheren Minenstadt befindet sich die große Kaktusfarm 'Quinta Federico Schmoll', die ihre Erzeugnisse in die ganze Welt verschickt.

Cadereyta de Montes

Querétaro (Stadt) **Umgebung**

Toluquilla und Las Ranas

33 km nördlich von Cadereyta geht eine gute, kurvige Straße nach rechts ab zu dem 24 km entfernten San Joaquin (2550 m ü.d.M.), wo die archäologischen Stätten Toluquilla und Las Ranas besucht werden können. Das teilweise restaurierte Las Ranas ('Die Frösche') ist auch mit dem Auto zu erreichen. Über die Erbauer dieser Stätte der Spätklassik (700–1000 n. Chr.) weiß man wenig. Sie waren wahrscheinlich von den Kulturen der Tolteken und aus Xochichalco, vielleicht aber auch von den Huasteken beeinflußt. Las Ranas besteht aus vier Ebenen, von denen die beiden oberen mit je fünf Strukturen bebaut sind. Auffallend sind die Schräg- und Steilwände und die abgerundeten Treppenstufen, die auf den Tablud-Tablero-Stil hinweisen.

Jalpan

*Barockkirchen

Von der Abzweigung nach San Joaquín führt die MEX 120 durch die herrliche Landschaft der Sierra Gorda zu dem rund 95 km entfernten Jalpan (770 m ü.d.M.; 25 000 Einw.). Diese in einem Zuckerrohr- und Kaffeeanbaugebiet gelegene Ortschaft besitzt eine sehenswerte Barockkirche in indianischer Ausführung, die dem hl. Jakobus geweiht ist und zwischen 1751 und 1758 erbaut wurde. Im unteren Teil der Fassade ist der kaiserliche Doppeladler kombiniert mit dem Adler der Azteken, der eine Schlange frißt.

Für die Errichtung der Kirche ist der legendäre Franziskanerpater Junípero Serra verantwortlich, der mit der Missionierung der Indianer in dieser Region beauftragt war und später in Kalifornien mehrere Missionen gründete, aus denen u.a. die Städte San Diego, San Francisco und Santa Clara in den heutigen USA hervorgingen. In der Umgebung von Jalpan gründeten Serra und seine Brüder vier weitere Missionen, deren Kirchen wegen ihrer originellen Barockfassaden einen Besuch wert sind: Concá (38 km), Landa (22 km), Tilaco (49 km) und Tancoyol (60 km).

Detail der Kirchenfassade von Jalpan

Schon im Bundesstaat San Luis Potosí liegt der 84 km von Jalpan entfernte Ort Xilitla. Etwa 4 km nach Xilitla auf der Straße nach Ciudad Valles biegt nach links ein Feldweg zum Rancho Conchita ab. Hier ist das nie fertiggestellte Dschungelschloß des Edward James zu besichtigen. Der 1984 verstorbene exzentrische englische Millionär und Kunstsammler baute sich inmitten üppiger tropischer Natur sein bizarres Refugium. Seit seinem Tod ist das Schloß unbewohnt und verfällt; der Urwald gewinnt wieder die Oberhand, und langsam überwuchert die Vegetation das Gebäude.

Umgebung von Querétaro (Stadt, Forts.)
*Dschungelschloß Rancho Conchita

Quintana Roo (Bundesstaat)

Kürzel: Q.R.
Hauptstadt: Chetumal
Fläche: 50 350 km²
Bevölkerungszahl: 703 500

Der Bundesstaat Quintana Roo, der den östlichen und südlichen Teil der Halbinsel Yucatán umfaßt, grenzt an die mexikanischen Bundesstaaten Campeche und Yucatán sowie im Süden an Belize (ehemals Britisch-Honduras) und Guatemala. Das vorwiegend flache Land ist von tropischem Urwald und Savannen bedeckt und hat eine ausgedehnte Küste am Karibischen Meer mit herrlichen Stränden, Lagunen, Korallenriffen und Inseln. Sowohl an der Küste als auch im Landesinneren gibt es präkolumbische Maya-Stätten, die bisher nur zu einem Bruchteil erforscht wurden, so daß künftige Grabungen auf weitere Funde hoffen lassen. Der Staat wird vorwiegend von Maya-Indianern und Mestizen bewohnt. 1986 wurde das Naturreservat Sian Ka'an eingerichtet und wenig später zum Weltkulturerbe der UNESCO erklärt.

Lage und Landesnatur

Mexiko
Vereinigte Mexikanische Staaten
Estados Unidos Mexicanos

Quintana Roo

Bundesstaaten
Estados

1a Baja California Sur
1b Baja California Norte
2 Sonora
3 Chihuahua
4 Sinaloa
5 Durango
6 Coahuila
7 Nuevo León
8 Zacatecas
9 San Luis Potosí
10 Tamaulipas
11 Nayarit
12 Aguascalientes
13 Jalisco
14 Guanajuato
15 Querétaro
16 Hidalgo
17 Colima
18 Michoacán
19 México
20 Morelos
21 Tlaxcala
22 Puebla
23 Veracruz
24 Guerrero
25 Oaxaca
26 Chiapas
27 Tabasco
28 Campeche
29 Yucatán
30 Quintana Roo

D.F. Distrito Federal (Bundesdistrikt)

© Baedeker

Quintana Roo

Maya-Stätten

Zu den wichtigsten Maya-Stätten im Staate Quintana Roo gehören ⟶ Tulum, ⟶ Cobá, ⟶ Kohunlich und ⟶ Xel-há sowie die Fundorte El Rey (⟶ Cancún), Xcaret (⟶ Akumal), Tancah (⟶ Xel-há) und Chunyaxché.

Geschichte

Wie man aus den archäologischen Funden schließen kann, war das Gebiet des heutigen Staates Quintana Roo in der Zeit der Maya-Klassik (300–900 n. Chr.) und auch noch während der Nachklassik bis zur Konquista dicht besiedelt.
Die ersten Kontakte der spanischen Seefahrer fanden bereits 1512 statt. Später ließen sich die spanischen Eroberer nur an einigen Küstenorten nieder, wo sie sich in ihren Forts gegen die ständigen Überfälle von Indianern und Piraten verteidigen mußten. Das weite Land blieb vorwiegend den Maya überlassen. Als erste spanische Siedlung wurde 1544 Salamanca Bacalar gegründet. Die Stadt wurde 1652 von Piraten zerstört. Die spätere Siedlung Bacalar spielte bis Mitte des 19. Jh.s als Festung und Handelsplatz eine vorherrschende Rolle. Im Krieg der Kasten (ab 1847) wurde sie 1858 von den aufständischen Maya, die in der britischen Kolonie Honduras Unterstützung fanden, zerstört. Erst 1901 gelang es dem mexikanischen Heer, die Rebellion der Maya endgültig niederzuschlagen. Bis 1910 beherbergte dieses Gebiet eine Sträflingskolonie für politische und kriminelle Häftlinge, unter ihnen aufständische Yaqui-Indianer aus Sonora. Das Territorium Quintana Roo wurde 1902 aus Teilen der Bundesstaaten Campeche und Yucatán gebildet und nach dem mexikanischen Dichter und Führer der Unabhängigkeitsbewegung des 19. Jh.s, Andrés Quintana Roo, benannt. Im Jahre 1974 gliederte man das Territorium als 30. Staat in den Bund der Vereinigten Mexikanischen Staaten ein.

Im September 1988 richtete der Hurrikan 'Gilbert' schwere Schäden vor allem in den Touristenzentren Cancún und Cozumel an.

Verkehr

Neben regelmäßigen Flugverbindungen nach ⟶ Isla Mujeres, ⟶ Cancún, ⟶ Cozumel und ⟶ Chetumal wurde in den letzten Jahren ein leistungsfähiges Straßennetz geschaffen. Von Mérida über ⟶ Chichén Itzá und Valladolid führt die MEX 180 nach Cancún, Puerto Juárez und Punta Sam (Fähren zur Isla Mujeres). Von hier geht die neue Küstenstraße MEX 307 über Puerto Morelos (Fähre nach Cozumel), Playa del Carmen und Puerto Aventuras (Fähre nach Cozumel) und Akumal nach Tulum und dann landeinwärts über den Knotenpunkt Felipe Carillo Puerto und Bacalar zur Hauptstadt Chetumal. Von Tulum fährt man heute auf guter Straße zu der Mayatätte ⟶ Cobá, von wo aus eine Straßenverbindung nach Nuevo Xcan an der MEX 180, 70 km östlich von Valladolid, besteht. Die MEX 295 verbindet Valladolid direkt mit Felipe Carillo Puerto. Es besteht ferner die südliche Route MEX 184 von ⟶ Mérida über Muna und Oxkutzcab nach Felipe Carillo Puerto und dann zur Küste nach ⟶ Tulum oder direkt Richtung Süden nach Chetumal. Von dort führt eine Straßenverbindung nach Belize City, der größten Stadt des Staates Belize. Die MEX 186 durchquert den Süden der Halbinsel Yucatán in Richtung Westen zum Verkehrsknotenpunkt Francisco Escárcega, wo sich die Straße nach Süden Richtung ⟶ Palenque und ⟶ Villahermosa und nördlich Richtung Champotón und ⟶ Campeche gabelt.

Wirtschaft

In dem lange vom Zentrum des Landes isolierten Territorium standen bis vor kurzem die Gewinnung von Harthölzern, Chicle, Sisalfasern und Kokosnüssen sowie der Fischfang im Vordergrund. Durch den Ausbau der Ferienorte und des Straßennetzes sowie durch die Einrichtung von Freihandelszonen ist der Tourismus heute mit Abstand der wichtigste Wirtschaftszweig im Bundesstaat Quintana Roo.

Küstenlandschaft in Quintana Roo

Im Jahre 1986 wurde ein Gebiet von über 485 000 ha zum Naturreservat Sian Ka'an (Maya: 'Anfang des Himmels'; Reservación de la Biósfera Sian Ka'an) erklärt. Diese fast unberührte und unbesiedelte Region von Lagunen, Tropenwald, Mangrovensümpfen, Palmhainen, Marschland und Korallenriffen wird im Norden von Tulum, im Westen von Felipe Carrillo Puerto, im Süden von Punta Herrero und im Osten von einem Korallenriff begrenzt. Das Reservat soll nicht nur Fauna und Flora schützen, sondern auch im Einklang mit den Bewohnern eine ausgewogene Nutzung der Natur gewährleisten. Neben einer Unzahl von Fischen, Krustentieren und Muscheln leben im Reservat Krokodile, Schildkröten, Seekühe, Tapire, Affen, Kleinhirsche, Jaguare, Ozelote, Pumas und viele Vogelarten von Papageien über Pelikane bis zu Flamingos.

Quintana Roo (Fortsetzung)
Naturreservat Sian Ka'an

Salamanca   I 7

Bundesstaat: Guanajuato (Gto.)
Höhe: 1760 m ü.d.M.
Einwohnerzahl: 250 000
Telefonvorwahl: 01 464

Mit der Eisenbahn in ca. 7½ Std.; mit dem Bus; mit dem Auto insgesamt ca. 300 km auf der MEX 57 D bis Querétaro und von dort über Celaya auf der MEX 45 D oder MEX 45.

Anreise von Mexiko-Stadt

Die Stadt Salamanca liegt am Nordufer des Río Lerma inmitten des sogenannten Bajío, einer fruchtbaren Hochebene, die von Teilen der beiden Bundesstaaten Guanajuato und Querétaro gebildet wird.

Lage und Allgemeines

Salamanca

Lage und Allgemeines (Forts.)

Zu Unrecht ist der Ort heute nur für seine große Erdölraffinerie bekannt, beherbergt er doch eine der am reichsten ausgestatteten Kirchen des Landes.

Geschichte

In vorspanischer Zeit befand sich hier die Otomí-Siedlung Xidoo. Nach dem Eindringen der Spanier waren es die Brüder Juan und Sancho Barahoma, die Besitzer einer Hacienda, die der Siedlung den Namen Salamanca gaben. Als offizielles Gründungsdatum wird das Jahr 1603 angegeben. Im 17. und 18. Jh. entwickelte die Kirche hier eine rege Bautätigkeit. Wie alle Orte im Kernland von Mexiko spielte auch Salamanca eine Rolle im mexikanischen Unabhängigkeitskrieg (1810–1821). Die Revolutionskämpfe im 20. Jh. und die in der Folge auftretenden Epidemien brachten Rückschläge für die Entwicklung dieser Region. In den letzten 40 Jahren kam es zu einem starken landwirtschaftlichen und industriellen Aufschwung, von dem auch Salamanca profitierte.

Sehenswertes

*San Agustín

Das glänzendste Baudenkmal der Kolonialzeit in der Stadt ist die Kirche San Agustín, mit deren Bau bereits 1615 begonnen wurde. Das hohe und relativ schmale Gebäude, unauffällig gelegen, hat eine einfache Fassade. Strenge, mit spiralförmigen Hohlkehlen versehene Säulen flankieren den Eingang. Ungewöhnlich ist die Plazierung des Kruzifixes an der Fassadenspitze unterhalb einer offenen Muschel.

Innenraum

Das Innere der Kirche ist fast ganz mit farbigen und goldenen Täfelungen verkleidet. Die Art der vergoldeten Holzverzierung in der Kuppel und die des hölzernen Chorgeländers zeigt starken maurischen Einfluß (Mudéjar). Der Seitenaltar des San Nicolás de Tolentino stellt in kunstvoller Weise die Lebensgeschichte dieses Paters aus dem 14. Jh. dar; meisterhaft ist die Gestaltung des netzförmigen Hintergrundes. Der Hauptaltar wurde 1832 durch ein neoklassizistisches Werk ersetzt. Unverändert blieben jedoch zwei weitere prächtige Seitenaltäre, die dem heiligen Joseph und der heiligen Anna geweiht sind. Diese beiden Altäre stellen glänzende Beispiele des churriguereskenStils dar. Im Gegensatz zu der relativ flachen Gestaltung der Altäre im Mittelschiff liegt hier die Betonung auf einer besonders plastischen Darstellung der fast lebensgroßen Heiligenfiguren.

Seitenaltäre

San Bartolo

Die alte Pfarrkirche San Bartolo zeigt eine 'ländliche' Barockfassade. Die für den churriguereskenStil typischen 'Estípites' (auf der Spitze stehende Wandpfeiler) werden hier ergänzt durch Skulpturen örtlicher Meister, die in ihrer Gestaltung altindianische Motive (z. B. die Schlange) verwenden.

Umgebung von Salamanca

Irapuato

Auf der MEX 45 D sind es in nordwestlicher Richtung 20 km nach Irapuato (1795 m ü.d.M.; 327 000 Einw.; Fiestas: 15. Februar, Gründungstag; 2. April, Erdbeer-Messe). Diese schnell wachsende Stadt ist ein Zentrum der Landwirtschaft und des wahrscheinlich größten Erdbeeranbaugebietes der Welt. Daneben zeigt sie einige interessante Bauten wie das schöne neoklassizistische Rathaus (Palacio Municipal) mit riesigem Patio und die Kirche El Hospital (churrigureske Fassade, Anfang 18. Jh.) sowie die Pfarrkirche La Parroquia (Mitte 18. Jh.) mit einem reich verzierten Portal. In der Kirche San Francisco befinden sich die Gemälde "Jungfrau von Guadalupe" von Cabrera und "Jungfrau der Apokalypse" von Tresguerras.

Saltillo

→ Coahuila de Zaragoza

San Blas

→ Tepic

San Cristóbal de Las Casas N 9

Bundesstaat: Chiapas (Chis.)
Höhe: 2200 m ü.d.M.
Einwohnerzahl: 125 000
Telefonvorwahl: 01 967

Mit dem Bus von Mexiko-Stadt in ca. 18 Std., von → Tuxtla Gutiérrez in ca. 1½ Std.; mit dem Auto von → Tuxtla Gutiérrez 83 km auf der MEX 190 (Panamericana), die von Mexiko-Stadt kommt.

Anreise

San Cristóbal de Las Casas, die älteste spanische Siedlung in Chiapas, liegt im Tal von Jovel und ist von bewaldeten Bergen umgeben, von denen der Tzontehuitz (2858 m ü.d.M.) und der Huetepec (2717 m ü.d.M.) die höchsten sind. Obwohl eine typische Kolonialstadt mit vielen Kirchen sowie niedrigen Häusern mit Ziegeldächern und vergitterten Fenstern, wird der Ort doch im wesentlichen vom indianischen Element geprägt. Dies gibt ihm eine besondere Atmosphäre. San Cristóbal und seine Umgebung gehören sicherlich zu den interessantesten Reisezielen Mexikos. Obwohl die Stadt ziemlich weit im Süden liegt, hat sie – aufgrund der Situation in großer Höhe – ein recht kühles Klima, was sich besonders nach Sonnenuntergang bemerkbar macht. Das Gebiet ist auch verhältnismäßig niederschlagsreich, und selbst in der Trockenzeit (November bis Mai) kommt es zu Regenfällen. Bis in die sechziger Jahre recht abgeschlossen und unberührt vom Fremdenverkehr, hat die Stadt nun touristisch einen großen Aufschwung genommen und dementsprechende Änderungen erfahren.
Die Stadt wurde am Neujahrstag 1994 vorübergehend von aufständischen Tzotzil und Tzeltal der 'Zapatistischen Befreiungsarmee' (EZLN) besetzt. In der Kathedrale fanden die Verhandlungen zwischen der Regierung und den Aufständischen statt.

Lage und Allgemeines

*Ortsbild

Bei Ausflügen in die Indianerdörfer sollte man daran denken, daß die Bewohner sich nur sehr ungern fotografieren lassen, so daß entweder darauf verzichtet oder eine entsprechende Genehmigung eingeholt werden sollte. Der einfachste Weg, Schwierigkeiten zu vermeiden, ist der, erst gar keinen Fotoapparat mitzunehmen. Allzu freizügige Kleidung und 'touristisches' Benehmen können Unwillen hervorrufen.

Hinweis

Sehenswertes

San Cristóbal besitzt eine große Anzahl von Kirchen, von denen allerdings nur einige von Bedeutung sind. Am Zócalo (Plaza 31 de Marzo) steht die Kathedrale Nuestra Señora de la Asunción, mit deren Bau 1528 begonnen und die später mehrmals umgebaut sowie neu ausgestattet wurde. In ihrem Inneren befinden sich mehrere Barockaltäre,

Kathedrale und Pfarrkirche San Nicolás

San Cristóbal de Las Casas

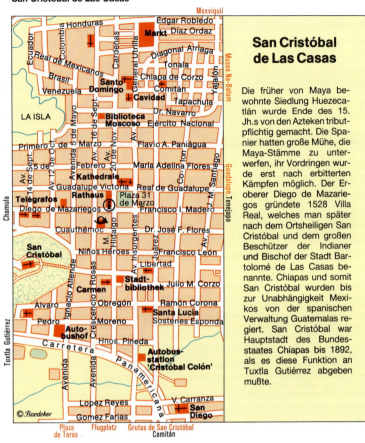

San Cristóbal de Las Casas

Die früher von Maya bewohnte Siedlung Huezecatlán wurde Ende des 15. Jh.s von den Azteken tributpflichtig gemacht. Die Spanier hatten große Mühe, die Maya-Stämme zu unterwerfen, ihr Vordringen wurde erst nach erbitterten Kämpfen möglich. Der Eroberer Diego de Mazariegos gründete 1528 Villa Real, welches man später nach dem Ortsheiligen San Cristóbal und dem großen Beschützer der Indianer und Bischof der Stadt Bartolomé de Las Casas benannte. Chiapas und somit San Cristóbal wurden bis zur Unabhängigkeit Mexikos von der spanischen Verwaltung Guatemalas regiert. San Cristóbal war Hauptstadt des Bundesstaates Chiapas bis 1892, als es diese Funktion an Tuxtla Gutiérrez abgeben mußte.

Kathedrale und Pfarrkirche San Nicolás	Gemälde und Skulpturen aus dem 17. bis 19. Jh., darunter ein Magdalenenbild von Miguel Cabrera und das Hauptbild des Altar del Perdón von Juan Correa. Zu beachten sind auch Holzschnitzereien, besonders schöne verzieren die Kanzel. Neben der Kathedrale findet man die Pfarrkirche San Nicolás, welche zwischen 1613 und 1620 erbaut und 1815 restauriert wurde.
Casa de Mazariegos	Das Haus des Gründers der Stadt, heute ein Hotel, liegt gegenüber der Kathedrale an der Ecke der Av. Insurgentes. Am Portal sind steinerne Köpfe der kastilischen Löwen zu sehen.
*Santo Domingo	Geht man vom Zócalo nach Norden die Avenida General Utrilla entlang, kommt man zu dem wichtigsten Sakralbau der Stadt, der Kirche Santo Domingo. Sie wurde zwischen 1547 und 1560 im Auftrag des Bischofs Francisco de Marroquin von Guatemala geschaffen. Die heutige, aus dem 17. Jh. stammende Fassade ist im typischen mexi-

San Cristóbal de Las Casas

Indio-Markt

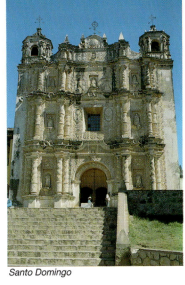
Santo Domingo

kanischen Barock gehalten und ist einer der flächenmäßig größten dieser Art in Mexiko. Über der vergitterten mittleren Öffnung und an den Seiten sieht man den kaiserlichen Doppeladler, das Wappen Kaiser Karls V. Das Innere ist überreich dekoriert und enthält eine Anzahl von Skulpturen und mit Blattgold überzogenen Holzaltären. Aus dem 19. Jh. stammt die besonders reich und kunstvoll geschnitzte Kanzel, deren Sockel aus einem einzigen Stück Holz gefertigt ist und als eines der bemerkenswertesten Beispiele des Barock in der westlichen Hemisphäre gilt.

Angeschlossen ist das zur selben Zeit erbaute Kloster, welches im 19. Jh. als Gefängnis diente und heute von einer indianischen Textilkooperative (Tianguis Jolobil) genutzt wird. Daneben befindet sich ein Religionsmuseum.

Santo Domingo (Fortsetzung)

Unweit der Kirche Santo Domingo liegt der Markt (Mercado), auf welchem sich täglich die Indios der umliegenden Bergdörfer versammeln. Vor einigen Jahren wurde ein Teil des Marktes durch eine moderne Markthalle ersetzt. Damit hat das frühere einzigartige Marktgeschehen in San Cristóbal sehr viel an Charakter verloren. Hier sieht man hauptsächlich Mitglieder der beiden zur Maya-Gruppe gehörenden Stämme der Tzotzil (ca. 110 000 Stammesangehörige; Chamula, Zinacantán, Larrainzar, Huixtán und Chenal-hó) und der Tzeltal (ca. 100 000 Stammesangehörige; Tenejapa, Carranza, Amatenango del Valle, Oxchuc und Cancuc) in ihren von Dorf zu Dorf verschiedenen Trachten. Am augenscheinlichsten ist die Kleidung der Chamula und der Indianer aus Tenejapa und Zinacantán.

*Markt

Im Gästehaus Na-Bolom (Maya: 'Haus des Jaguars'; Av. Vicente Guerrero 33) lohnt ein Besuch des archäologischen und ethnologischen Museums und der Bibliothek. Beide wurden von dem 1963 verstorbe-

*Museo Na-Bolom

433

San Cristóbal de Las Casas

Museo Na-Bolom (Fortsetzung)

nen dänischen Archäologen Frans Blom angelegt und sind den Indianern von Chiapas und ihrem kulturellen Erbe gewidmet, vor allem den Lakandonen, deren untergehende Kultur durch die Fotografien der 1993 verstorbenen Gertrude Duby-Blom, der Frau des Forschers, hervorragend dokumentiert wird. Seit ihrem Tode führt ein Direktorium das Haus, das nachmittags ab 16.00 Uhr geöffnet ist.

Museo del Ambar Theater/Oper

Sehenswert ist auch das kleine Bernstein-Museum (Museo del Ambar) in der Utrilla 10. Im Jahre 1993 wurde der pompöse und umstrittene Theater/Opern-Komplex mit 1000 Sitzplätzen fertiggestellt.

Casa Sergio Castro

Das Haus in der Av. 16 de Septiembre 32 beherbergt eine berühmte Privatsammlung indianischer Kostüme.

Weitere Kirchen

Weiterhin erwähnenswert sind die Kirchen Carídad, Merced, San Francisco, die im März 1993 niedergebrannte und wiederhergerichtete Carmen (mit dem Arco del Carmen), Guadalupe und San Cristóbal westlich der Stadt, von wo sich ein weiter Ausblick bietet.

Umgebung von San Cristóbal de Las Casas

Hinweis

Manche Orte sind nur mit geländegängigen Fahrzeugen zu erreichen. Vom Zócalo in San Cristóbal fahren 'Colectivos' in die Dörfer.

Grutas de San Cristóbal

Nach 10 km auf der MEX 190 in Richtung Comitán führt eine Abzweigung nach rechts zu den nahen Grotten von San Cristóbal (Grutas de San Cristóbal). Der heute erschlossene Teil ist nur ein Bruchteil dieser ausgedehnten Tropfsteinhöhlen.

*Huixtán

Wenige Kilometer weiter zweigt links die Straße nach Ocosingo (ca. 90 km) und → Palenque ab. Nach etwa 20 km Fahrt auf dieser Straße erreicht man die Ortschaft Huixtán. Nach alter Maya-Tradition lebt auch hier nur ein kleiner Teil des indianischen Tzotzil-Stammes. Im Ort gibt es eine Kirche, ein Verwaltungsgebäude und ein paar Läden. Der Großteil der Bevölkerung wohnt in den Hügeln der Umgebung.

Die meisten Männer tragen noch ihre traditionellen weiten, weißen Baumwollhosen, die durch eine breite rote Schärpe gehalten werden. Die weißen Hemden sind meist am Kragen und an den Ärmeln bestickt; darüber legt man einen schwarzen oder braunen Wollumhang. Die von den Indios selbst hergestellten flachen Hüte ziert ein rotes Band. Die Frauen tragen lange dunkelblaue Röcke mit einem roten Gürtel mit gelben Streifen. Ihre Baumwollblusen sind am Kragen blau und ihre weißen Tücher mit Tieren und Blumen bunt bestickt. Von den etwa 12 000 Huixtecos vom Tzotzil-Stamm leben nur etwa 10 % im Ort Huixtán (Fiestas: 14.–16. Mai: San Isidro; 27.–30. Juni: San Pedro; 28. und 29. September: San Miguel Arcángel).

Ocosingo

Nach weiteren rund 50 km gelangt man nach Ocosingo, einem bis vor wenigen Jahren völlig isolierten Städtchen inmitten des Siedlungsgebiets der Tzeltal-Indianer. Es hat noch immer eine gewisse Bedeutung als Zentrum der Holzfäller, Chicle-Sucher und Jäger. In der Umgebung, die allerdings zum Teil schwer zugänglich ist, gibt es in prächtiger Landschaft neben unberührten Indianerorten und Haciendas (El Real, Australia u. a.) noch den malerisch gelegenen Ort Altamirano.

*Toniná

14 km östlich von Ocosingo liegt der Ausgrabungsort Toniná. Diese Maya-Stätte hatte ihre Blütezeit während der Maya-Klassik im 8. und 9. Jahrhundert. Steleninschriften konnte man entnehmen, daß Herr-

scher 3 von Toniná wohl im Jahr 711 n. Chr. den Herrscher Kan-xul (Maya: 'kostbares Tier') von Palenque gefangengenommen hatte. Der Platz erstreckt sich über sieben Terassen auf einem Hügel, an dessen Basis zwei Ballspielplätze liegen. In der Ausgrabungsstätte wurden eine größere Anzahl von Stelen mit Daten zwischen 495 und 909 n.Chr., runde Kalendersteine und menschliche Skulpturen ohne Köpfe gefunden. Besonders beachtenswerte Funde sind eine unterirdische Kammer mit typischen Kragbögen und einem hölzernen Türsturz, eine Grabstätte mit Sarkophag, große Steinmasken und Stuckfiguren. Funde vom Anfang der neunziger Jahre – u.a. der aus zuvor in dieser Gegend völlig unbekannten Steinen gebaute, 4 x 12 m große Palast der Unterwelt ('Palacio del Inframundo') mit Maya-Motiven und toltekischen Merkmalen oder das große Stuckwandbild mit der Vierten Sonne – lassen darauf schließen, daß Toniná den Untergang der Maya-Klassik überstand und unter toltekischen Einfluß geraten sein mag. Im September 1997 wurde ein herrlicher Fries mit einem einzigartigen Wandgemälde, die vier Fürsten der Unterwelt in rot darstellend, entdeckt. Diese symbolisieren Krieg, Landwirtschaft, Handel und Tribut. Dadurch scheint auch die im Popol-Vuh enthaltene Legende eine Bestätigung zu finden. Ein neues Museum, dessen Bau umstritten ist, soll im Jahre 2000 eröffnet werden.

Toniná (Fortsetzung)

Im Nordosten von San Cristóbal de Las Casas, etwa 28 km entfernt, liegt der Indianerort Tenejapa. Im Ort wohnen nur einige Hundert der insgesamt rund 15 000 Tzeltal sprechenden Indianer der Umgebung. Die Männertracht besteht aus schwarzen Wolltuniken über weißen Hosen und einem Strohhut. Die Frauen von Tenejapa tragen bestickte Blusen und dunkelblaue Röcke mit schmalen Streifen sowie einen rot-schwarz gestreiften Gürtel und darüber noch einen schmalen weißen (Fiestas: 23. Januar: San Ildefonso; 22.–24. Juli: Santiago Apóstol).

*Tenejapa

Kirchlein in San Juan Chamula

San Cristóbal de Las Casas — Umgebung

*Zinacantán

Etwa 12 km westlich von San Cristóbal de Las Casas liegt Zinacantán. Dieser Ort, in dem wenige Hundert Menschen leben, ist religiöses und politisches Zentrum der rund 14 000 in der Umgebung wohnenden, Tzotzil sprechenden Zinacantecos.
Auffällig an der Männertracht ist ein graukarierter Schal über weißen kurzen Hosen sowie flache, mit vielfarbigen Bändern gezierte Strohhüte. Die Form, in der die Bänder getragen werden, zeigt, ob die Indianer verheiratet sind oder nicht. Die Tracht der Frauen fällt gegenüber der der Männer stark ab (Fiestas: 18. Januar, San Sebastián; 8.–11. August, San Lorenzo; 8. September, Virgen de la Navidad).

*San Juan Chamula

Das Zeremonialzentrum der Chamula-Indianer, der größten Tzotzil sprechenden Gruppe, ist San Juan Chamula, etwa 11 km im Nordwesten von San Cristóbal. Von den mehr als 40 000 Chamulas lebt ein Großteil verstreut in kleinen Siedlungen der Umgebung. Wie oft in den Bergdörfern der Maya-Stämme sieht man auch hier im Ort und auf den Hügeln drei große Kreuze, die den Lebensbaum symbolisieren. Sehenswert ist die kleine Kirche, in der die Menschen Kerzen zum Andenken an ihre Verstorbenen abbrennen. Katholische Riten verschmelzen hier aufs innigste mit alten Maya-Mythen.
Die Chamuals tragen über weißen Baumwollhosen und -hemden weiße Wollumhänge, oft von einem orangefarbenen Ledergürtel gehalten. An Festtagen schmücken sie sich mit Strohhüten, deren farbige Bänder nach hinten hängen. Männer, die in der Gemeinde offizielle Posten innehaben, legen schwarze Umhänge an. Die Frauen tragen halblange schwarze Wickelröcke mit orange-rot-grün gestreiften Gürteln. Ihre Blusen waren früher weiß, heute bevorzugen sie blaue Baumwolle oder dunkle Wolle (Fiestas: 16.–22.Januar, San Sebastián; Karneval; Osterwoche; 3. Mai, Santa Cruz; 22.–25. Juni, San Juan Bautista und 30. August, Santa Rosa).

Hinweis

Es sei darauf hingewiesen, daß die im Dorf zum Gottesdienst Versammelten äußerst empfindlich auf Touristen mit gezückter Kamera reagieren. In der Kirche ist Fotografieren strikt verboten, und es empfiehlt sich, ebenso strikt daran zu halten.
Weniger bekannt, aber sicher genauso eindrucksvoll, sind auch andere Indianerorte, vor allem während der Fiestas, wie San Andrés Larrainzar, San Pedro Chenal-hó und Amatenango del Valle.

Comitán

Von San Cristóbal de Las Casas sind es auf der MEX 190 (Panamericana) 57 km in südöstlicher Richtung bis Comitán (1630 m ü.d.M.; 63 000 Einw.), einer freundlichen Kolonialstadt in gartenartiger Umgebung (Orchideenzucht), mit einem kleinen Museum in der Casa Dr. Belisario Domínguez. Spezialität des Ortes ist der 'Comiteco', eine bekannte Tequila-Sorte.

Montebello-Seen

16 km weiter auf der MEX 190 führt eine Abzweigung nach links zu den → Montebello-Seen (40 km).

Mexikanisch-guatemaltekisches Grenzgebiet

Von Comitán auf der MEX 190 sind es insgesamt rund 80 km nach Ciudad Cuauhtémoc, der Grenzstadt nach Guatemala. In dem Gebiet vor der mexikanisch-guatemaltekischen Grenze, Lagartero genannt, welches sich durch herrliche Landschaft, angenehmes Klima, viele Seen und Maya-Ruinen auszeichnet, soll eine neue Region für den Tourismus erschlossen werden. Der Bürgerkrieg in Guatemala hat viele Flüchtlinge über die Grenze nach Mexiko getrieben, so daß ein solches Projekt derzeit nicht verfolgt wird.

San Cristóbal de Las Casas ist ein guter Ausgangspunkt, um mit Lufttaxis die im Urwald der Selva Lacandona liegenden Maya-Stätten → Palenque, → Bonampak und → Yaxchilán zu erreichen.

San Luis Potosí (Bundesstaat)

Mexiko
Vereinigte Mexikanische Staaten
Estados Unidos Mexicanos

San Luis Potosí

Bundesstaaten
Estados

1a Baja California Sur
1b Baja California Norte
2 Sonora
3 Chihuahua
4 Sinaloa
5 Durango
6 Coahuila
7 Nuevo León
8 Zacatecas
9 San Luis Potosí
10 Tamaulipas
11 Nayarit
12 Aguascalientes
13 Jalisco
14 Guanajuato
15 Querétaro
16 Hidalgo
17 Colima
18 Michoacán
19 México
20 Morelos
21 Tlaxcala
22 Puebla
23 Veracruz
24 Guerrero
25 Oaxaca
26 Chiapas
27 Tabasco
28 Campeche
29 Yucatán
30 Quintana Roo

D.F. Distrito Federal (Bundesdistrikt)

San Luis Potosí (Bundesstaat)

Kürzel: S.L.P.
Hauptstadt: San Luis Potosí
Fläche: 63 231 km²
Bevölkerungszahl: 2 200 800

Der zentral gelegene Bundesstaat San Luis Potosí grenzt an die Staaten Zacatecas, Nuevo León, Tamaulipas, Veracruz, Hidalgo, Querétaro und Guanajuato. Der gebirgige Osten ist von Bergketten der Sierra Madre Oriental durchzogen, während die Mitte und der Westen des Landes von einer trockenen Hochebene gebildet wird. Die Bewohner des Staates sind vorwiegend Criollos, Mestizen und Indios von den Stämmen der Otomí, Nahua, Huasteken und Pame.

Lage und Landesnatur

Zu den wichtigsten archäologischen Stätten im Staate gehören El Tamuín, El Tomohil und El Ébano (→ Tampico, Umgebung).

Archäologische Stätten

Der Osten des Landes wurde in der vorkolumbischen Zeit durch die wichtige Kultur der Huasteken geprägt, die in der zweiten Hälfte des 16. Jh.s von den Azteken tributpflichtig gemacht wurden. Die übrigen Teile des Staates waren von halbnomadischen Stämmen wie den Cuachichiles, Pames, Guamares, Copucas, Nahuas und Otomí bevölkert, von denen nur wenige geblieben sind.
Die Spanier unter Hernán Cortés kamen bereits 1522 in den östlichen Teil des heutigen Bundesstaates. Die wichtigen Funde von Edelmetallen und ihre Ausbeutung erfolgte erst 70 Jahre später mit Hilfe von hierher umgesiedelten Tlaxcalteken. Im Unabhängigkeitskrieg (1810–1821) spielten Persönlichkeiten des Landes eine wichtige Rolle. 1824 wurde die bis dahin bestehende Intendantur aufgelöst,

Geschichte

San Luis Potosí (Bundesstaat)

Geschichte (Fortsetzung)

und es entstanden verschiedene Staaten, darunter das jetzige San Luis Potosí.

Wirtschaft

Der Staat ist reich an Salz sowie an Erzen, vor allem Gold, Silber, Kupfer, Blei, Quecksilber und Zink. Neben der bedeutenden Viehzucht liefert die Agrarwirtschaft aus den tropischen Niederungen bzw. bewässerten Gebieten Zuckerrohr, Kaffee, Tabak, Getreide, Mais, Bohnen und Baumwolle. Die Industrie, hauptsächlich in der Hauptstadt ansässig, umfaßt Gerbereien, Gießereien, Mühlen, Brauereien, Textil- und Möbelfabriken.

Reiseziele im Bundesstaat San Luis Potosí

Außer der Hauptstadt → San Luis Potosí und ihrer Umgebung, den archäologischen Stätten des Staates sowie Ciudad Valles und Tamanzunchale (beide Umgebung von → Tampico) sind noch folgende Orte zu erwähnen:

Matehuala

Matehuala, ('Platz des grünen Wassers'; 1614 m ü.d.M.; 135 000 Einw.; Fiestas: 8. Januar, Fiesta del Cristo de Matehuala; 13. Juni, Día de San Antonio), 130 km nördlich von San Luis Potosí, bietet wenig Sehenswertes, ist aber ein günstiger Übernachtungsort für Überlandreisende.

*Real de Catorce

Rund 30 km nordwestlich von Matehuala, über eine gebirgige Straße und durch einen 2,5 km langen Tunnel zu erreichen, liegt die eindrucksvolle Geisterstadt Real de Catorce. Angeblich nach 14 Soldaten benannt, die hier um 1700 von Indianern getötet wurden, spielte der Minenort vor allem Ende des 19. Jh.s eine bedeutende Rolle. Damals hatte die Stadt 45 000 Einwohner (heute ca. 800) und beherbergte ein Theater, eine Münzprägeanstalt und eine elektrische Minenbahn. Sehr zu empfehlen ist der Besuch der Kirche San Francisco, die alljährlich am 4. Oktober Ziel Tausender von Pilgern ist. Diese hinterlassen eine große Anzahl von Votivtafeln mit Danksagungen für erhörte Gebete, in denen sie um Gesundheit, Wohlstand und Schutz vor Schicksalsschlägen gebittet hatten.

In der Geisterstadt Real de Catorce

San Luis Potosí (Stadt)

In der Umgebung von Real de Catorce wächst der Peyotl-Kaktus, den manche Indianerstämme wie die Huicholes und Tarahumara für heilig halten, um in den durch das Mescalin erzeugten Rauschzuständen Botschaften ihrer Götter zu empfangen glauben. Da im heutigen Siedlungsgebiet der Huicholes kein Peyotl vorkommt, unternehmen sie jeden Winter Pilgerzüge über Entfernungen bis zu 500 km in dieses Gebiet, das für sie das heilige Land 'Wirikuta' ist. Dieser Pilgerzug vollzieht sich unter komplizierten Zeremonien und endet mit dem Pflücken des Kaktus, der vorher mit einem Pfeil durchbohrt wird.

Reiseziele im Bundesstaat San Louis Potosí (Forts.) Heiliges Land 'Wirikuta'

San Luis Potosí (Stadt) I 6

Bundesstaat: San Luis Potosí (S.L.P.)
Höhe: 1877 m ü.d.M.
Einwohnerzahl: 950 000
Telefonvorwahl: 01 48

Mit der Eisenbahn in ca. 10 Std.; mit dem Bus in ca. 6 Std.; mit dem Auto ca. 425 km auf der MEX 57.

Anreise von Mexiko-Stadt

San Luis Potosí, die Hauptstadt des gleichnamigen Bundesstaates, liegt auf einer steppenartigen Hochebene und ist wichtig als Verkehrsknotenpunkt und als Handelszentrum. Trotz zunehmender Modernisierung hat die Stadt mit ihren schönen alten Gebäuden und Parks weitgehend den Charakter der Kolonialzeit bewahren können.

Lage und Allgemeines

*Stadtbild

Über die vorspanische Geschichte des Platzes weiß man wenig. Einst soll sich hier die Siedlung Tanjamanja der Cuachichil-Indianer befunden haben.
Die ersten Spanier unter der Führung von Miguel Caldera und bald darauf auch Franziskanermönche kamen zwischen 1585 und 1590 in die Gegend. Zu dieser Zeit wurden auch bedeutende Silber- und Goldfunde gemacht, und man gründet die Ortschaft Real de Minas de San Luis Potosí, wobei man den Namen Potosí (Quechua: 'Platz des großen Reichtums') von der gleichnamigen Silberstadt in Bolivien übernahm. Im Jahre 1658 wurde dem Ort von Philipp IV. das Stadtrecht verliehen. Bis 1824 war San Luis Potosí die Hauptstadt einer

Geschichte

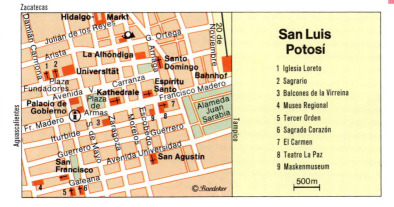

San Luis Potosí (Stadt)

Geschichte (Fortsetzung)

ausgedehnten Intendantur, zu der auch Texas gehörte. Im französischen Interventionskrieg (1862–1866) und kurz danach diente San Luis Potosí zeitweise als Sitz der aus Mexiko-Stadt vertriebenen Regierung von Benito Juárez.

Sehenswertes

Palacio de Gobierno

Mittelpunkt der Stadt ist die Plaza de Armas mit dem Jardín Hidalgo. An ihrer Westseite befindet sich der Regierungspalast (Palacio de Gobierno), ein mächtiger, vom Ende des 18. Jh.s stammender neoklassizistischer Bau. In diesem befindet sich die Sala Juárez, in der lebensgroße Wachsfiguren ausgestellt sind. Dargestellt ist u.a. die dramatische Begegnung zwischen Benito Juárez und der Prinzessin Salm-Salm am 18. Juni 1867, in der diese den mexikanischen Präsidenten um das Leben des Kaisers Maximilian bat, der jedoch am darauffolgenden Tag in Querétaro hingerichtet wurde.

*Kathedrale

Ebenfalls am Hauptplatz erhebt sich die barocke Kathedrale, die zwischen 1670 und 1740 errichtet wurde. Die Fassade des ungewöhnlich angelegten sechseckigen Vorbaus ist mit in Nischen gestellten Statuen der zwölf Apostel geschmückt. Die überladene Gestaltung des Inneren ist eine Mischung verschiedener Stilarten.

*El Carmen

An der Plaza del Carmen östlich der Kathedrale steht die Kirche El Carmen aus dem 18. Jh., deren Fassade ein prächtiges Beispiel für den mexikanischen Barock ist. Die Kuppel ist mit verschiedenfarbigen Azulejos gedeckt. Im Inneren findet man einen neoklassizistischen Hauptaltar, mehrere churriguereske Seitenaltäre und einen besonders schönen Camarín in Muschelform.

Kathedrale an der Plaza de Armas

Neben El Carmen befindet sich das Teatro La Paz, erbaut Ende des 19. Jh.s aus rosa Cantera-Stein und innen mit Wandgemälden von Fernando Leal ausgemalt.

San Luis Potosí (Stadt, Forts.)
Teatro La Paz

Im gegenüberliegenden Palacio Federal aus der Zeit des Porfiriats ist das Nationalmuseum der Maske (Museo Nacional de la Mascara) eingerichtet. Ausgestellt wird eine ehemalige Privatsammlung alter und neuer Masken aus allen Teilen Mexikos.

*Maskenmuseum

An der Calle Galeana südlich des Hauptplatzes ist in einem alten Franziskanerkloster das Regionalmuseum (Museo Regional Potosino) untergebracht. Es enthält vorwiegend archäologische Funde der Region (Huasteken, Totonaken und Azteken).

Museo Regional

In der ersten Etage des Gebäudes befindet sich die Capilla de Aránzazu, ein Meisterwerk des neuspanischen Churriguerismus aus dem frühen 18. Jahrhundert. Bemerkenswert sind die aus Mesquite geschnitzten Türflügel, die übergroßen, das Gewölbe tragenden Estípites (auf der Spitze stehende Wandpfeiler), die aus Schilfrohr gearbeitete und mit einer Harzmischung bestrichene Christusfigur in der Vorhalle sowie die Gemälde in der Kapelle und ihren Nebenräumen.

*Capilla Aránzazu

Die Klosterkirche San Francisco am Jardín Guerrero stammt aus dem 17. Jh. und hat eine prächtige überbarocke Fassade. Im Inneren sind besonders beachtenswert ein Kristallüster in Form eines Schiffes und fein gearbeitete Heiligenfiguren.

San Francisco

Weitere Sehenswürdigkeiten der Stadt sind die Kirche San Agustín (Kreuzung Morelos und Abasolo; 17./18. Jh.), mit barocker Fassade, schönem Turm und neoklassizistischem Innenraum, die Jesuitenkirche Loreto (Av. Obregón und Av. D. Camona) und der daran anschließende Sagrario. Zum Einkaufen empfehlen sich das Haus der Volkskunst (Jardín Guerrero 6; Museo Regional de Arte Populár), das Kulturhaus (Av. Carranza 1815; Casa de la Cultura) und der Markt Hidalgo (Korbwaren, Keramik u.a.) nördlich vom Hauptplatz. Schließlich sei noch das Stierkampfmuseum (Museo Taurino) erwähnt.

Etwa 20 km östlich Richtung Río Verde liegt die Geisterstadt Cerro de San Pedro. Die hier Ende des 16. Jh.s gemachten Gold- und Silberfunde bildeten die Grundlage für den Reichtum von San Luis Potosí. Ca. 5 km vor Río Verde führt eine Abzweigung zur warmen, immer klaren und daher bei Tauchern beliebten Lagune Media Luna ('Halbmond'), in der manch archäologisches Stück gefunden wurde.

Umgebung von San Luis Potosí

Cerro de San Pedro

Laguna de Media Luna

50 km südlich von San Luis Potosí liegt Santa María del Río, bekannt für die hier gefertigten Rebozos. Nicht weit von diesem Ort befinden sich die radioaktiven Thermalbäder Gogorrón, Lourdes und Ojo Caliente. Auch das Ex-Hacienda Jesus-María-Museum ist sehenswert.

Santa María del Río

San Miguel de Allende I 7

Bundesstaat: Guanajuato (Gto.)
Höhe: 1910 m ü.d.M.
Einwohnerzahl: 85 000
Telefonvorwahl: 01 415

Mit dem Bus in ca. 4 St.; mit dem Auto ca. 280 km auf der MEX 57 D über → Querétaro.

Anreise von Mexiko-Stadt

San Miguel de Allende

Lage und Allgemeines
**Stadtbild

Die Stadt San Miguel de Allende liegt an einen Hügel geschmiegt und erstreckt sich in ein Tal hinein. Sie ist einer der wenigen unter Denkmalschutz stehenden Orte des Landes und konnte daher den Charakter einer Kolonialstadt fast vollständig bewahren.

Hinter den oft einfachen Fassaden verbergen sich z. T. besonders hübsche Häuser mit Patios und Gärten. Das reizvolle Stadtbild, die anziehende Umgebung und das angenehme Klima haben San Miguel de Allende zu einem beliebten Ziel von vorübergehend oder ständig hier lebenden Ausländern gemacht. Dadurch wurde die Stadt ein Zentrum für Geistesleben und Kunst, vor allem auf dem Gebiet der Malerei, Bildhauerei, Töpferei, Musik, Literatur und des Schauspiels.

Geschichte

In der präkolumbischen Zeit gab es in der Umgebung von San Miguel de Allende mehrere Siedlungen der Tarasken und Chichimeken. Der in Michoacán für seine segensreiche Tätigkeit unter den Indianern bekannt gewordene Franziskanerpater Juan de San Miguel gründete hier 1542 eine Indianermission. Er benannte sie nach seinem Namenspatron und den hier ansässigen Indios San Miguel de los Chichimecas. Wenig später ließen sich dort indianische Siedler aus Tlaxcala nieder, die sich noch gegen Angriffe der kriegerischen Chichimeken zu wehren hatten. Im Jahre 1555 wurde das Dorf zur Provinzstadt, die man bald darauf in San Miguel el Grande umtaufte. In der Kolonialzeit ließen sich reiche Minen- und Grundbesitzer aus der Gegend von Guanajuato und Zacatecas nieder. Einige ihrer Paläste und Häuser gehören heute noch zu den schönsten der Stadt.
Der hier 1779 geborene Ignacio de Allende nahm 1810 zusammen mit Juan Aldama und Pater Miguel Hidalgo den Kampf um die mexikanische Unabhängigkeit auf. In Anerkennung der Taten des später von den Spaniern hingerichteten Allende wurde 1862 der Stadt der Beiname 'de Allende' gegeben.
Im Laufe der letzten Jahrzehnte entwickelte sich der Ort zu einem bedeutenden kulturellen Zentrum des Landes, ohne dabei wesentlich von seinem traditionellen Charme zu verlieren.

Sehenswertes

*Parroquia

Wahrzeichen des Ortes ist die an dem hübschen Hauptplatz (ElJardín, Plaza de Allende) gelegene Pfarrkirche (Parroquia). Dieser originelle neogotische Bau, der um 1880 anstelle einer alten, einfachen Kirche errichtet wurde, ist ein Werk des indianischen Baumeisters Ceferino Gutiérrez, der sich einige europäische Kathedralen zum Vorbild genommen hat.

Linker Hand liegt die Kapelle des Señor de la Conquista mit der Figur des Cristo de la Conquista. Diese hochverehrte Statue aus dem 16. Jh. wurde von Indianern in → Pátzcuaro nach einer altindianischen Technik aus Maisrohrpaste gefertigt, die mit Orchideenknollenbrei zusammengeklebt und mit Kalk überzogen wird ('de caña'). In der Kapelle sind noch Teile von Wandmalereien von Federico Cantú zu sehen, die nach Vollendung ein Priester als zu radikal empfand und sie teilweise zerstörte. In der Krypta ruht u.a. der in San Miguel verstorbene ehemalige mexikanische Präsident General Anastasio Bustamante (1770–1833). Der neoklassizistische Camarín hinter dem Hauptaltar stammt von dem Universalkünstler Tresguerras.

San Rafael

An die Parroquia schließt sich im rechten Winkel die Kirche San Rafael aus dem 18. Jh. an, deren Innenraum einfache plastische Darstellungen enthält.

San Miguel de Allende

1 Rathaus 2 Casa del Mayorazgo de Canal 3 Geburtshaus von Ignacio de Allende 4 San Rafael 5 Nuestra Señora de la Salud 6 San Felipe Neri

Auf der Westseite des Hauptplatzes ein im Barockstil verziertes Eckhaus, Geburtsstätte von Ignacio de Allende, heute Museum mit archäologischen, historischen und kunsthandwerklichen Gegenständen.

Museo Allende

Die Nordwestecke der Plaza an der Calle Canal bildet der imposante Bau der Casa del Mayorazgo de Canal, der Elemente des Barock und des Neoklassizismus zeigt und einen attraktiven Innenhof enthält.
An der Nordseite des Platzes liegen hübsche Kolonialbauten aus dem 18. Jh., darunter das Rathaus (Palacio Municipal).

Casa del Mayorazgo de Canal

Folgt man der Calle Canal nach Westen, vorbei am Casa de Canal mit einem prachtvoll geschnitzten Tor, erreicht man jenseits des ersten Häuserblocks die Kirche und das Kloster La Concepción (Las Monjas), deren Bau Mitte des 18. Jh.s begonnen, aber erst Ende des letzten Jahrhunderts beendet wurde. Bemerkenswert ist die 1891 fertiggestellte, prächtige zwölfeckige Kirchenkuppel, ebenfalls ein Werk des Baumeisters Ceferino Gutiérrez. Im Innern der Kirche findet man Bilder, die den Malern Miguel Cabrera und Juan Rodríguez Juárez zugeschrieben werden. Das Kloster hat einen eindrucksvollen, mit alten Bäumen bewachsenen Innenhof und zweistöckige Arkadengänge. Das Gebäude beherbergt heute das Centro Cultural Ignacio Ramírez. Schräg gegenüber steht das Teatro Angela Peralta. Es wurde als Opernhaus gegründet und hatte seine Glanzzeit 1873, als die 'mexikanische Nachtigall' Angela Peralta hier auftrat.

Convento La Concepción

Am dem Kloster entlang verläuft die Calle Hernández Macías nach Süden, auf der man an den sich gegenüberliegenden Bauten des früheren Gefängnisses und der Inquisition (Cuadrante 18) vorbeikommt.
In derselben Richtung stadtauswärts steht an der Calzada Ancha de San Antonio links das schöne ehemalige Herrenhaus des Don Manuel Tomás de la Canal aus dem 18. Jh., das heute das Instituto Allende, eine der beiden bedeutenden Kunstschulen der Stadt, beherbergt.

Instituto Allende

Einen Häuserblock nordöstlich des Hauptplatzes liegt die Kirche San Francisco, die Ende des 18. Jh.s erbaut wurde. Sie hat eine schöne

*San Francisco

San Miguel de Allende

churrigureske Fassade mit einem hohen neoklassizistischen Turm, der ein Werk von Francisco Eduardo Tresguerras sein soll. Vor der Kirche liegt ein Park mit dem Denkmal von Christoph Kolumbus; an der Westseite der Kirche des Dritten Ordens aus dem 18. Jahrhundert.

San Francisco (Fortsetzung)

Fassade

Nördlich, jenseits der Calle Mesones, erhebt sich die Kirche El Oratorio de San Felipe Neri, die 1712 gegründet wurde und die ehemalige 'Mulato'-Kirche Ecce Homo ersetzte. Die Fassade weist starke indianische Stilmerkmale auf, besonders an den in Nischen stehenden fünf Heiligenstatuen. Im rechten Querschiff am Altar ein Gemälde der Jungfrau von Guadalupe des Miguel Cabrera, dem auch die 33 Bilder über das Leben des heiligen Felipe Neri zugesprochen werden.

San Felipe Neri

Linker Hand gelangt man zur Santa Casa de Loreto, einer 1735 von Manuel Tomás de la Canal gestifteten Nachbildung des heiligen Hauses von Loreto mit der Statue der Jungfrau Maria. Auf jeder Seite führt ein Gang zum Camarín, einem achteckigen Raum mit sechs Altären, von denen einer neoklassizistisch und fünf im Barockstil gehalten sind. Die Retablos bilden ein Beispiel für den mexikanischen Churrigurismus. In der Kapelle sind der Stifter und seine Frau begraben.

Santa Casa de Loreto

Camarín

Östlich neben San Felipe Neri erhebt sich die Kirche Nuestra Señora de la Salud (18. Jh.). Den oberen Teil der churrigurresken Fassade bildet eine große Muschel. Das Innere ist ausgestattet mit neoklassizistischen Altären und Gemälden, u.a. von Miguel Cabrera, Antonio Torres und Tomás Xavier de Peralta. An der renovierten Plaza Allende vor der Kirche steht seit 1993 das Reiterdenkmal des Ignacio de Allende.

Nuestra Señora de la Salud

In San Miguel gibt es kaum mehr Indianer-Kapellen. Hingegen findet man sie noch vereinzelt in den benachbarten Dörfern und Ranchos. Die einfachen Bauten weisen eigentümliche Darstellungen von Heiligen, Kreuzen und religiösen Themen sehr persönlicher Art auf. In diesen Kapellen konnten die Indianer frei von spanischer Aufsicht Andachten auf ihre indianisch-katholische gemischte Weise abhalten.

Indianer-Kapellen

Auf einer Hügelregion, El Charco del Ingenio genannt, am nordöstlichen Rand der Stadt erstreckt sich der 65 ha umfassende Botanische Garten Cante (in Chichimeca "das Wasser, das Leben gibt"). Dieser in seiner Art einzigartige Garten dient der Aufzucht und dem Verkauf von Sukkulenten, vor allem von Kakteen, auch seltener Arten.

Botanischer Garten Cante

An der Ausfahrt nach Querétaro oberhalb der Stadt hat man vom Aussichtspunkt El Mirador einen Rundblick über San Miguel de Allende.

Aussichtspunkt

Umgebung von San Miguel de Allende

In unmittelbarer Nähe der Stadt, hauptsächlich in Richtung Dolores Hidalgo, gibt es eine Anzahl von Thermalbädern.

Thermalbäder

Folgt man der Straße in Richtung Celaya und biegt rechts ab in Richtung Guanajuato und passiert den Stausee (Presa de Allende), so erreicht man nach ca. 15 km die bisher relativ unbekannte archäologische Stätte Cañada de la Virgen. Bisher fand man u.a. eine 18 m hohe Pyramide, einen Tempel, Terrassen und eine Chaussee. Bisherige Datierungen ergaben, daß diese Stätte in der Periode zwischen 800 und 1000 n. Chr. existierte und wohl unter toltekischem Einfluß stand.

Cañada de la Virgen

◀ *Blick auf San Miguel de Allende*

San Miguel de Allende

Atotonilco

Etwa 15 km nördlich der Stadt und 3 km abseits der Straße liegt der vielbesuchte Wallfahrtsort Atotonilco (Náhuatl: 'Platz der heißen Wasser') mit seiner vielverehrten Erlöserstatue, eine Klostergründung des Paters Felipe Neri de Álfaro aus dem Jahre 1740. Nach Ausrufung der Unabhängigkeit Mexikos von Spanien unterbrach hier der Pfarrer Miguel Hidalgo seinen Marsch an der Spitze seines zusammengewürfelten Heeres. Er holte das Bildnis der Jungfrau von Guadalupe aus der Kirche und heftete es an sein Banner. So wurde die Madonna zur Schutzherrin der mexikanischen Freiheitsbewegung.

*Santuario de Jesús Nazareno
**Fresken

Das Innere der Klosterkirche Santuario de Jesús Nazareno und die verschiedenen Kapellen sind mit schönen Fresken geschmückt, die volkstümliche Themen darstellen. Hinter dem Hochaltar, im Camarín, findet man Skulpturen der Jungfrau Maria und der Apostel. Die Rosenkranzkapelle auf der rechten Seite mit Fresken der Schlacht von Lepanto führt zu einem Camarín mit einer Decke in Muschelform.

Wallfahrtsort

Der Ort ist alljährlich Ziel von Pilgerzügen aus ganz Mexiko. Zwei Wochen vor Ostersonntag wird die Christusstatue des Señor de la Columna in einer nächtlichen Prozession in die Kirche San Juan de Dios in San Miguel de Allende getragen. Am dritten Sonntag im Juli findet in Atotonilco ein Kirchenfest mit indianischen Tänzen statt.

Dolores Hidalgo

Rund 28 km nordwestlich von Atotonilco liegt das Städtchen Dolores Hidalgo (1990 m ü.d.M.; 41 000 Einw.). Von der Pfarrkirche dieses Ortes wurde am frühen Morgen des 16. September 1810, nachdem die Verschwörung aufgedeckt zu werden drohte, mit dem 'Ruf von Dolores' ('Grito de Dolores') durch Pfarrer Miguel Hidalgo y Costilla der Krieg um die Unabhängigkeit Mexikos eingeleitet.

*Pfarrkirche

Die 1712 bis 1778 erbaute Pfarrkirche hat eine schöne Fassade. Eine ähnlich eindrucksvolle Gestaltung zeigen die beiden Retablos zur Linken und zur Rechten; der erstere, der vergoldet ist, enthält das historisch bekannt gewordene Bildnis der Jungfrau von Guadalupe.

Casa de Don Miguel de Hidalgo

Die Casa de Don Miguel Hidalgo beherbergt ein Museum, das Erinnerungsstücke an den Freiheitshelden zeigt. Dolores Hidalgo ist auch bekannt durch die hier hergestellten bunten Kacheln (Azulejos).

*Mineral de Pozos

Wenige Kilometer außerhalb von San Miguel in Richtung Querétaro biegt links eine Straße in Richtung Dr. Mora ab. Nach der Überführung der Bundesstraße 57 geht es links nach noch ca. 11 km in Richtung San Luis de la Paz (2020 m ü.d.M.; 31 000 Einw.). Nach 14 km erreicht man die Ortschaft Mineral de Pozos. Früher eine Bergbaustadt von 60 000 Einwohnern, ist sie heute zum größten Teil verlassen und bietet die Atmosphäre einer Geisterstadt. Eine große Zahl von Gebäuderesten und tiefe Schächte zeugen noch von der einstigen Aktivität. Die Galerie am Hauptplatz zeigt wechselnde Ausstellungen.

San Miguel de Cozumel

→ Cozumel

San Miguel Regla

→ Pachuca

Sayil

P 7

Bundesstaat: Yucatán (Yuc.)
Höhe: 28 m ü.d.M.

Mit Bus (nur bis Abzweigung der 'Puuc-Straße') oder) Auto von ⟶ Mérida auf der MEX 261 in südlicher Richtung bis ⟶ Kabah (ca. 100 km), von dort weitere 5 km auf derselben Straße bis zu einer Abzweigung nach links und 4 km bis Sayil.

Anreise

Sayil gehört zusammen mit Xlapak (s.u.) und ⟶ Labná zu einer wenig erforschten und besuchten, aber über die seit einigen Jahren bestehende neue 'Puuc-Straße' leicht erreichbaren Gruppe von Maya-Zentren, deren Gebäude alle im reinen Puuc-Stil erbaut sind.

Lage und Allgemeines

Da man in Sayil (Maya: 'Platz der Ameisen') bisher keine Datierungen gefunden hat, muß man das Alter nach Stilelementen bestimmen. Aus diesen kann man schließen, daß die beiden Hauptgebäude aus dem 9. Jh. n. Chr., also aus der Epoche der Maya-Spätklassik stammen. Die Bautätigkeit wurde offenbar vor dem Jahr 1000 eingestellt.

Geschichte

Besichtigung der *Ruinenstätte

Der die Anlage beherrschende, teilweise restaurierte Palast (Palacio) stellt mit seinem mehrstöckigen Terrassenbau eine der vollkommensten architektonischen Schöpfungen im klassischen Puuc-Stil der Maya dar. Jedes Stockwerk des 80 x 40 m messenden Gebäudes ist gegenüber dem tiefer liegenden um ein Stück zurückgesetzt, so daß

*Palast

Palast von Sayil

Sayil

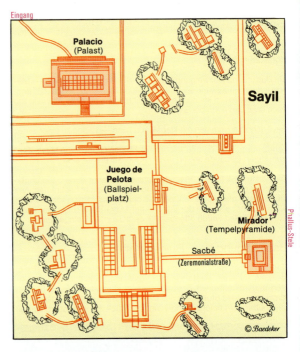

Palast (Forts.)

das Dach des unteren teilweise als Terrasse für das darüberliegende Geschoß dient. Das dritte Stockwerk ist somit die Spitze dieses sich nach oben verjüngenden Gebäudes, auf das an der Südseite eine große Treppe hinaufführt.

*Westtrakt

Am interessantesten ist der Westtrakt des mittleren Stockwerks, der zwei Türen und vier Öffnungen mit jeweils zwei von quadratischen Capitellen gekrönten Steinsäulen aufweist. Dazwischen vermitteln eingebundene Säulen, die den Holzstämmen der Maya-Hütten nachgebildet sind, einen harmonischen Gesamteindruck. Der darüberlaufende Fries trägt in der Mitte eine riesige Maske des Regengottes Chac, die von ornamentalen Glyphen flankiert ist. Außerdem findet man auf dem Fries Gruppen von aneinandergereihten runden, kleinen Säulen und über den Türen das stilisierte Motiv des 'Herabstürzenden Gottes' zwischen abgewandten geöffneten Schlangenmäulern.
An der Nordwestecke des Palastes war einst eine große Chultún (Zisterne) angelegt

Mirador

Außer den Resten vom Ballspielplatz (Juego de Pelota) und eines kleinen Tempels gibt es in Sayil noch den unter dem Namen Mirador bekannten, stark verwitterten Tempel zu besichtigen. Er war einst durch eine Sacbé (Zeremonialstraße) mit dem Palast verbunden. Der Tempel ruht auf einer Plattform und besitzt einen beachtlichen Dachkamm, der wahrscheinlich einst mit Stuckornamenten verziert war, eine relative Seltenheit im Puuc-Gebiet, da hier hauptsächlich Kalkstein für Mosaikarbeiten verwendet wurde.

Westtrakt des Palastes

Von diesem Bauwerk führt ein etwa 100 m langer Pfad zu einer in der Maya-Welt eher fremdartigen, groben Stele mit einer Figur mit überbetontem Phallus.

Sayil (Forts.)
Phallus-Stele

Umgebung von Sayil

Folgt man der Straße ostwärts in Richtung Labná, gelangt man nach etwa 6 km zu dem Ausgrabungsort Xlapak. Das wichtigste restaurierte Gebäude wird auch hier Palast (Palacio) genannt und ist im typischen Puuc-Stil errichtet. Über dem einfachen Erdgeschoß der Hauptfassade sieht man unter einem mit Säulenornamenten geschmückten Sims einen interessanten Fries. Über der mittleren der drei Türen erhebt sich ein turmähnlicher Aufsatz, der eine komplizierte Maskenornamentik aufweist. Zu seinen beiden Seiten tragen Paneele geometrische Verzierungen, die nach oben in ein breites Gesims übergehen. Die noch vorhandenen Ecken werden von weiteren Aufsätzen aus kunstvoll übereinandergesetzten Chac-Masken gebildet.

Xlapak

Sinaloa (Bundesstaat)

Kürzel: Sin.
Hauptstadt: Culiacán
Fläche: 58 488 km²
Bevölkerungszahl: 2 425 700

Dieser schmale, an der Küste des Mar de Cortés (Golf von Kalifornien) gelegene Bundesstaat wird im Norden von Sonora, im Süden von

Lage und Landesnatur

Sinaloa

Mexiko
Vereinigte Mexikanische Staaten
Estados Unidos Mexicanos

Sinaloa

**Bundesstaaten
Estados**

1a Baja California Sur
1b Baja California Norte
2 Sonora
3 Chihuahua
4 Sinaloa
5 Durango
6 Coahuila
7 Nuevo León
8 Zacatecas
9 San Luis Potosí
10 Tamaulipas
11 Nayarit
12 Aguascalientes
13 Jalisco
14 Guanajuato
15 Querétaro
16 Hidalgo
17 Colima
18 Michoacán
19 México
20 Morelos
21 Tlaxcala
22 Puebla
23 Veracruz
24 Guerrero
25 Oaxaca
26 Chiapas
27 Tabasco
28 Campeche
29 Yucatán
30 Quintana Roo

D.F. Distrito Federal (Bundesdistrikt)

Lage und Landesnatur (Fortsetzung)	Nayarit sowie im Osten von Durango und Chihuahua begrenzt. Das kahle tropische Küstengebiet geht nach Osten in die Gebirgsausläufer der Sierra Madre Occidental über. Die fünf Ströme, die aus den Bergen in den Golf fließen, versorgen oberhalb von Staudämmen ausgedehnte Bewässerungssysteme. Den Hauptanteil der Bevölkerung stellen Mischlinge und Criollos; an einigen Plätzen leben noch Indianer, vornehmlich vom Mayo-Stamm.
Archäologische Stätten	Zu den wenigen archäologischen Plätzen des Staates, die zumeist aus Gräberfeldern oder Höhlenmalereien bestehen, gehören u. a. Camanito, Majada de Abajo, La Nanchita, Majada de Arriba, Imalá, Chametla und Guasave.
Geschichte	In der vorspanischen Zeit gab es in Sinaloa (Cahita: 'runder Hanfstrauch') starke Einflüsse aus dem mexikanischen Zentralgebiet, deren Überreste allgemein unter den Namen der Fundorte Chametla, Aztatlán, Culiacán und Guasave bekanntgeworden sind. Man bezeichnet damit hauptsächlich Funde von Gefäßen aus Alabaster und Onyx sowie von glasierter, farbiger Keramik. Sie werden heute in die Zeit von 400 bis 1400 n. Chr. eingestuft und den Einwirkungen der Kulturkreise von Teotihuacán, Tula (Tolteken) und Mixteca-Puebla zugeschrieben. In den letzten 200 Jahren vor der Conquista wurden die hier ansässigen Völker von aus dem Norden kommenden Nomadenstämmen weitgehend verdrängt. Einen gewissen Einfluß zu dieser Zeit übte auch der weiter südlich gelegene Staatenbund von Chimalhuacán aus. Als erster Spanier kam wahrscheinlich Nuño Beltrán de Guzmán 1531 in das Gebiet des heutigen Sinaloa. Die meisten der im 16. Jh. gegründeten Siedlungen wurden von den Indianern zerstört. Erst in der zweiten Hälfte des 17. Jh.s gelang es mit Hilfe von Jesuitenmissionaren wie Juan Padilla, Juan de la Cruz und Eusebio Francisco Kino, eine

Sinaloa

Befriedung zu erreichen. Zusammen mit Sonora bildete Sinaloa innerhalb des spanischen Vizekönigreiches einen Teil der relativ unabhängigen Westprovinzen. Nach dem Unabhängigkeitskrieg (1810–1821) wurde schließlich 1830 Sinaloa von Sonora getrennt und somit ein eigener Bundesstaat der mexikanischen Republik.

Geschichte (Fortsetzung)

In der letzten Zeit hat sich Sinaloa durch künstliche Bewässerung zu einem wichtigen Agrargebiet entwickelt, dessen Landwirtschaft Weizen, Baumwolle, Tabak, Zuckerrohr, Wintergemüse und Obst liefert. Naturgemäß spielen der Fischfang und die Verarbeitung von Meeresprodukten eine große Rolle. Die Industrie erzeugt vor allem Bier, Tabakwaren, Speiseöl, Seife, Textilien und Eisenwaren. Im Bergbau werden Salz, Graphit, Manganerze und einige Edelmetalle gewonnen. Auch der Tourismus nimmt zu. Sinaloa ist verkehrstechnisch vor allem durch die Eisenbahnlinien gut erschlossen.

Wirtschaft

Reiseziele im Bundesstaat Sinaloa

Neben dem wichtigen Hafen- und Badeort → Mazatlán sind noch folgende Orte in Sinaloa zu erwähnen:

Die Hauptstadt des Bundesstaates Sinaloa ist Culiacán (Náhuatl: 'Ort, wo Gott Coltzín verehrt wird' oder 'wo sich Zwei Gewässer treffen'; 65 m ü.d.M.; 700 000 Einw.). An der Stelle eines vorkolumbischen Nahua-Dorfes gründete Nuño Beltrán de Guzmán 1533 hier die Siedlung San Miguel de Navito. Später ein Minenort, entwickelte sich Culiacán zu einem Zentrum ausgedehnter, durch Bewässerung entstandener Agraranbaugebiete (Baumwolle, Zuckerrohr, Wintergemüse u. a.). Die Umgebung von Culiacán ist bekannt für den legalen Mohnanbau (Opiatgewinnung) und für die verbotene Kultivierung der Cannabis-Pflanze (Marihuana).

Culiacán

An sehenswerten Gebäuden hat Culiacán wenig aufzuweisen, wenn man von der aus dem 19. Jh. stammenden Kathedrale, dem riesigen Bau des modernen Sozialzentrums (Centro Cívico Constitución) und dem Museum mit archäologischen Stücken und Exponaten der Flora und Fauna der Region absieht.

Populär sind in Culiacán und im Staate die 'Bandas Sinaloenses', lokale Kapellen, die Militärmusik mit Dixieland-Jazz und kubanischen Rhythmen mischen.

'Bandas Sinaloenses'

Am Rande bzw. in der Nähe von Culiacán findet man die Thermalbäder Carrizalejo, Macurimi und Imalá am Río Tamazula; in der Nähe altindianische Höhlenmalereien. Möglichkeiten für Angler bieten die Stauseen Sanalona und Adolfo López Mateos (Barsch, Katzenwels, Forelle u. a.). An der Küste des Golfes von Kalifornien liegen die schönen Strände von Altata, Campo Aníbal und El Dorado.

Thermalbäder, Stauseen und Strände

In Guasave (38 m ü.d.M.; 140 000 Einw.; Fiesta: erster Sonntag im Oktober, Día de la Virgen del Rosario), finden Mayo-Tänze statt; in der Nähe eine archäologische Gräberzone.

Guasave

Los Mochis (73 m ü.d.M.; 180 000 Einw.;) ist ein wichtiger Eisenbahnknotenpunkt und ein bedeutendes Zentrum der umliegenden Anbauflächen von Zuckerrohr, Reis, Gemüse und Blumen, besonders von Dotterblumen als Hühnerfutter zur besseren Färbung des Eidotters. Die Stadt ist Ausgangspunkt für die spektakuläre Eisenbahnfahrt in die → Barranca del Cobre.

Los Mochis

Sonora

Sinaloa (Bundesstaat, Forts.)
San Miguel de Zapotitlán

Rund 20 km nördlich von Los Mochis liegt der Ort San Miguel de Zapotitlán, wo an Festtagen für lokale Heilige, in der Karwoche und zu Weihnachten Mayo-Tänze geboten werden.

Topolobampo

Topolobampo (12000 Einw.; Fiesta: 1. Juni, Día de la Marina), 24 km südwestlich von Los Mochis, ist Endpunkt der Chihuahua-Pazifik-Eisenbahnlinie und hat Fährenverbindung nach La Paz in Niederkalifornien. Dieses Fischerdorf, dessen Bewohner sich vornehmlich dem Garnelenfang widmen, liegt an der großen Bucht Ohuira mit ihren teilweise bizarren Felsformen. Der Ort bildet das Ziel von Tagesausflüglern. Einige der nahen Inseln sind Paarungsreviere für Seelöwen.

*Ohuira-Bucht

Sonora (Bundesstaat)

Kürzel: Son.
Hauptstadt: Hermosillo
Fläche: 182 553 km²
Bevölkerungszahl: 2085500

Lage und Landesnatur

Sonora, Mexikos zweitgrößter Bundesstaat, wird im Norden von den Vereinigten Staaten von Amerika (Bundesstaat Arizona), im Westen von Niederkalifornien und dem Golf von Kalifornien (Meer des Cortés), im Süden von Sinaloa und im Osten von Chihuahua begrenzt. Die Landschaft besteht aus kakteenreichen Wüsten und Halbwüsten, aus teilweise bewaldeten Bergketten der Sierra Madre Occidental, aus künstlich bewässerten Tälern sowie felsiger und sandiger Küste. Mexikos größte Insel, die Isla del Tiburón, ist der Küste von Sonora vorgelagert. Neben einer Mehrheit von Weißen und Mestizen sind hier auch einige noch eigenständige Indianerstämme wie die Pápagos, Opatas, Pima, Seri, Yaqui und Mayo zu Hause.

Mexiko
Vereinigte Mexikanische Staaten
Estados Unidos Mexicanos

Sonora

Bundesstaaten
Estados

1a Baja California Sur
1b Baja California Norte
2 Sonora
3 Chihuahua
4 Sinaloa
5 Durango
6 Coahuila
7 Nuevo León
8 Zacatecas
9 San Luis Potosí
10 Tamaulipas
11 Nayarit
12 Aguascalientes
13 Jalisco
14 Guanajuato
15 Querétaro
16 Hidalgo
17 Colima
18 Michoacán
19 México
20 Morelos
21 Tlaxcala
22 Puebla
23 Veracruz
24 Guerrero
25 Oaxaca
26 Chiapas
27 Tabasco
28 Campeche
29 Yucatán
30 Quintana Roo

D.F. Distrito Federal (Bundesdistrikt)

© Baedeker

Sonora

Archäologische Stätten

Von den wenigen archäologischen Stätten in Sonora, wie bei Caborca, Sahuaripa, La Pintada und Yécora, sind nur diejenigen mit Höhlenmalereien für Interessierte einen Besuch wert.

Geschichte

In vorspanischer Zeit gab es in Sonora (span: 'klangvoll', nach dem Klang, der entsteht, wenn der hier gewonnene Marmorstein gehauen wird), eine Anzahl von nomadischen und seßhaften Indianerstämmen, deren Nachfahren noch heute in begrenzten Gebieten siedeln.

Spanische Konquistadoren wie Francisco Vázquez de Coronado, Álvaro Núñez Cabeza de Vaca und Pedro Almindes Chirinos erreichten zwischen 1531 und 1533 als erste diese Region und stießen auf heftigen Widerstand der Indianer. Eine Expedition unter Francisco de Ibarra entdeckte 1567 die ersten reichen Bodenschätze. Zahlreiche spanische Niederlassungen fielen in den folgenden 100 Jahren Überfällen der Indianer, vor allem der Yaqui, zum Opfer. Erst mit dem Eintreffen des großen Forschungsreisenden Pater Eusebio Francisco Kino im Jahr 1687, der das Land mit einem Netz von Jesuitenmissionen überzog, erfolgte eine vorübergehende Befriedung. Nach der Ausweisung der Jesuiten aus Neuspanien (1767) flackerten die Indianerrevolten wieder auf. Zu Beginn des 19. Jh.s wurde Sonora mit Sinaloa Teil der Westlichen Provinzen innerhalb des spanischen Vizekönigreiches. Nach dem Unabhängigkeitskrieg (1810–1821), in welchem José María Gonzáles Hermosillo eine bedeutende Rolle spielte, wurde Sonora 1830 als Staat von Sinaloa getrennt. Zu großen Indianeraufständen der Yaqui und Mayo kam es in den Jahren 1825, 1875 und 1886. Ende des 19. Jh.s, in der Regierungszeit von Porfirio Díaz, wurden das Verkehrssystem und der Bergbau stark ausgebaut, gleichzeitig aufständische Yaqui nach Yucatán deportiert, von wo sie jedoch später zurückkehrten, um in Sonora 1927 ihren letzten Aufstand zu unternehmen. Im Revolutionskrieg (1911–1920) spielten Söhne des Landes eine große Rolle. Einige von ihnen wurden später Präsidenten Mexikos, wie z. B. Álvaro Obregón, Adolfo de la Huerta, Plutarco Elías Calles und Abelardo Rodríguez.

Wirtschaft

Bis zum Zweiten Weltkrieg war das erzreiche Sonora lediglich als Lieferant von Bodenschätzen (Gold, Silber, Kupfer, Blei und Zinn) von Bedeutung. Heute spielt neben dem Fischfang und der Viehzucht in den künstlich bewässerten Gebieten der Anbau von Baumwolle, Obst, Gemüse, Weizen, Sojabohnen, Mais, Zuckerrohr und Tabak eine beachtliche Rolle. Auch die Veredelungsindustrie und der Tourismus haben sich in letzter Zeit stetig aufwärtsentwickelt. Der Staat verfügt über gute Eisenbahn- und Straßenverbindungen.

Reiseziele im Bundesstaat Sonora

Neben der Hauptstadt → Hermosillo, der Hafenstadt → Guaymas, Álamos (→ Guaymas) und deren Umgebungen sind in Sonora noch folgende Orte erwähnenswert:

Nogales

Nogales (1179 m ü.d.M.; 180 000 Einw.; Fiesta: 5. Mai, Schlacht von Puebla). Als Grenzort zum US-Bundesstaat Arizona, mit der gleichnamigen Stadt auf der US-amerikanischen Seite, und als Handelszentrum ist die Stadt zwar bedeutend, bietet aber keine nennenswerten Sehenswürdigkeiten.

Magdalena de Kino

In Magdalena de Kino (693 m ü.d.M.; 40 000 Einw.; Fiesta: 4. Oktober, Día de San Francisco Xavier), einem etwa 90 km südlich von Nogales gelegenen Kolonialstädtchen, steht die Kirche San Francisco Xavier, in welchem erst 1966 das Grab des Paters Kino entdeckt wurde.

Tabasco

Reiseziele im Bundesstaat Sonora (Fortsetzung)

Weitere bekannte Missionsstationen in Sonora, die auf Pater Kino zurückgehen, sind Cocospera, Caborca, Pitiquito, Sonoita, Oquitoa und Tubutama.

Puerto Peñasco

Der Fischerort Puerto Peñasco (Meereshöhe; 40 000 Einw.), im Nordteil des Golfes von Kalifornien und an der Bahnlinie Guaymas – Mexicali – Tijuana gelegen, ist in den letzten Jahren durch die Nähe zu den USA zu einem rasch wachsenden Badeort geworden.

Pápago-Indianer

In Sonora leben noch einige Hundert Angehörige des Stammes der Pápago. Dieser mit den Pima eng verwandte Stamm zählt in Süd-Arizona noch rund 12 000 Mitglieder. 1950 gab es noch 15 000 Pápagos in Mexiko, die jedoch zum Großteil in die USA auswanderten. Man nimmt an, daß die Pima-Pápagos Nachfahren der einst im Südwesten der USA von ca. 700 bis 1400 n. Chr. blühenden Hohokam-Kultur (Pima: 'das Volk, das gegangen ist') sind. Der halbnomadische Stamm, der immer wieder in Fehde mit den Apachen lag, wurde Ende des 18. Jh.s von den Jesuiten teilweise christianisiert. Mitte des 19. Jh.s kam es zu größeren Aufständen, die jedoch von der mexikanischen Regierung niedergeschlagen wurden. Die Pápago leben heute als Ackerbauern, Jäger und Sammler. Ihre Religion, die nur gewisse christliche Merkmale zeigt, kennt den Glauben an die Unsterblichkeit der Seele und zählt Sonne und Sterne zu ihren Gottheiten. Ihre Feste, die mit Tänzen verbunden sind, stehen meist im Zusammenhang mit den Ernten und der Jagd. Ihr katholischer Hauptfeiertag ist der 4. Oktober (Día de San Francisco).

Sumidero, El

→ Tuxtla Gutiérrez

Tabasco (Bundesstaat)

Kürzel: Tab.
Hauptstadt: Villahermosa
Fläche: 25 337 km²
Bevölkerungszahl: 1 748 800

Lage und Landesnatur

Der am südlichen Rand des Golfs von Mexiko gelegene Bundesstaat Tabasco wird im Osten vom Staat Campeche und von Guatemala, im Süden vom Staat Chiapas und im Westen von Veracruz begrenzt. Allgemein ist das Land flach, vielfach von Seen, Flüssen und Sümpfen durchzogen und teilweise von dichtem Regenwald bedeckt. Zwei schiffbare Flüsse, der Usumacinta und der Grijalva, durchqueren das Gebiet auf ihrem Wege zum Golf. Tabasco ist hauptsächlich von Mestizen und Chontal-Indianern bewohnt. Viele Arten von tropischen Tieren bevölkern die Wälder, Savannen und Gewässer.

Archäologische Stätten

Zu den wichtigsten präkolumbischen Stätten der Olmeken gehören La Venta (→ Catemaco-See) und San Miguel, zu denen der Maya Comalcalco (→ Villahermosa), El Bellote, Jonuta und Balancán. Die bedeutendsten heutigen Städte sind neben der Hauptstadt → Villahermosa Frontera, Emiliano Zapata, Tenosique, Huimanguillo, Teapa.

Geschichte

In grauer Vorzeit war Tabasco ('feuchte Erde') zusammen mit Veracruz die Urheimat der geheimnisvollen Olmeken. Später wurde Tabasco

Tabasco

Mexiko
Vereinigte Mexikanische Staaten
Estados Unidos Mexicanos

Tabasco

Bundesstaaten
Estados

1a Baja California Sur
1b Baja California Norte
2 Sonora
3 Chihuahua
4 Sinaloa
5 Durango
6 Coahuila
7 Nuevo León
8 Zacatecas
9 San Luis Potosí
10 Tamaulipas
11 Nayarit
12 Aguascalientes
13 Jalisco
14 Guanajuato
15 Querétaro
16 Hidalgo
17 Colima
18 Michoacán
19 México
20 Morelos
21 Tlaxcala
22 Puebla
23 Veracruz
24 Guerrero
25 Oaxaca
26 Chiapas
27 Tabasco
28 Campeche
29 Yucatán
30 Quintana Roo

D.F. Distrito Federal (Bundesdistrikt)

von den Chontal-Indianern besiedelt, die in der vorspanischen Zeit eine wichtige Rolle in der Bevölkerungsbewegung zwischen Zentral- und Südmexiko sowie Yucatán spielten.

Geschichte (Fortsetzung)

Juan de Grijalva (1518) und Hernán Cortés (1519) waren die ersten Europäer, die hier landeten, aber bald wieder vertrieben wurden. Erst Francisco de Montejo gelang es nach 1540, einen Teil des Gebietes zu erobern. Tabasco wurde 1824 Bundesstaat der mexikanischen Republik. In den sechziger Jahren des 19. Jh.s war Tabasco Schauplatz von Revolutionskämpfen und Gefechten mit den französischen Truppen, die zeitweise Teile Mexikos besetzt hielten, um Kaiser Maximilian zu stützen. In den zwanziger und dreißiger Jahren dieses Jahrhunderts führte der radikale Gouverneur Tomás Garrido Canabal einen erbitterten Kampf gegen die Kirche. Die meisten Kirchen wurden zerstört, die Priester vertrieben und der Gottesdienst untersagt. Diese Ereignisse inspirierten Graham Greene zu seinem Buch "Die Kraft und die Herrlichkeit".

In dem feuchtheißen Klima gedeihen an Nutzpflanzen Bananen, Kokospalmen, Kakao, Kaffee und Zuckerrohr, die neben Hart- und Edelhölzern und der Gewinnung von Chicle eine wichtige Rolle spielen. Auch die Viehzucht und der Fischfang sind von Bedeutung. Die ergiebigen Erdölquellen haben allerdings den größten Einfluß auf die Entwicklung der Wirtschaft des Bundesstaates gehabt, allerdings zum Preis der zunehmenden Verschmutzung der Küste.

Wirtschaft

Tajín, El

→ El Tajín

Tamaulipas

Mexiko
Vereinigte Mexikanische Staaten
Estados Unidos Mexicanos

Tamaulipas

Bundesstaaten / Estados

- 1a Baja California Sur
- 1b Baja California Norte
- 2 Sonora
- 3 Chihuahua
- 4 Sinaloa
- 5 Durango
- 6 Coahuila
- 7 Nuevo León
- 8 Zacatecas
- 9 San Luis Potosí
- 10 Tamaulipas
- 11 Nayarit
- 12 Aguascalientes
- 13 Jalisco
- 14 Guanajuato
- 15 Querétaro
- 16 Hidalgo
- 17 Colima
- 18 Michoacán
- 19 México
- 20 Morelos
- 21 Tlaxcala
- 22 Puebla
- 23 Veracruz
- 24 Guerrero
- 25 Oaxaca
- 26 Chiapas
- 27 Tabasco
- 28 Campeche
- 29 Yucatán
- 30 Quintana Roo

D.F. Distrito Federal (Bundesdistrikt)

© Baedeker

Tamaulipas (Bundesstaat)

Kürzel: Tamps.
Hauptstadt: Ciudad Victoria
Fläche: 79 602 km²
Bevölkerungszahl: 2 527 300

Lage und Landesnatur

Der Bundesstaat Tamaulipas grenzt im Norden an die Vereinigten Staaten von Amerika (Bundesstaat Texas), im Westen an Nuevo León sowie im Süden an San Luis Potosí und Veracruz. Die östliche Begrenzung bildet der Golf von Mexiko mit seinen weiten Stränden und zahlreichen Lagunen; Bergketten der östlichen Sierra Madre und tropische Täler prägen den Westteil des Staates. Der Norden ist hauptsächlich durch weite, trockene Ebenen gekennzeichnet. Heute noch bewohnen vorwiegend indianische Huasteken den südlichen Teil des Staates.

Geschichte

In der Frühzeit des heutigen Staates Tamaulipas ('Hoher Berg') waren es Nomaden, die das Land durchstreiften; später wurden einzelne Stämme ansässig, und bereits 1100 v. Chr. entwickelte sich eine Keramikkultur, die allgemein den Huasteken zugeschrieben wird. Man nennt die ersten Phasen dieser formativen Zeit Pavón, Ponce und Aguilar (bis 350 v. Chr.) und die nachfolgenden vorklassischen, klassischen und nachklassischen Epochen Pánuco I bis V. Woher und wann die Huasteken wirklich in das Gebiet kamen, weiß man nicht mit Sicherheit. Man vermutet, daß sie um 2000 v. Chr. von der südlichen Golfküste, der wahrscheinlichen Wiege der mesoamerikanischen Kulturen, einwanderten. Da ihre Sprache zur Maya-Gruppe gehört und auch äußere Ähnlichkeiten vorhanden sind, schließt man darauf, daß es sich um einen weitergewanderten Maya-Stamm handelt. Ihr Stammesgebiet breitete sich von Tamaulipas über Teile von San Luis Potosí, Hidalgo und Querétaro sowie über den Norden von Veracruz aus.

Tamaulipas, Geschichte (Forts.)

Huasteken

Der Einfluß der Huasteken (Huaxteken) auf die Zivilisationen des mexikanischen Hochlandes und des Nordens war im Laufe ihrer langen Geschichte recht groß. So gab es schon in früher Zeit einen Austausch mit Teotihuacán, der längere Zeit andauerte. Einer Chronik zufolge sollen die Huasteken später an den dynastischen Streitigkeiten in Tula (Tollán) beteiligt gewesen sein, die schließlich den Niedergang der Tolteken-Metropole einleiteten. Man glaubt auch, daß der Einfluß der Huasteken im Norden bis ins Mississippi- und Ohio-Tal reichte. Schließlich wurden sie Ende des 15. Jh.s von den Azteken zwar tributpflichtig gemacht, aber nicht unterworfen. Auch übernahmen andere Völker, zuletzt die Azteken (Mexica) Gottheiten von den Huasteken wie z. B. Quetzalcóatl als Windgott Ehécatl, Xipe Tótec, den 'Geschundenen Gott' als Erneuerungssymbol und Xochiquétzal, die Göttin der Liebe und der Blumen. Obwohl sich ihre kulturellen Leistungen mit denen der Maya des Südens nicht messen konnten, haben sie der Nachwelt Beachtliches hinterlassen. Ihre feinen Tonfigurinen und großen Steinstatuen von Priestern und Noblen sowie ihre Verarbeitung von Metall, Muscheln und Halbedelsteinen zeigen hohe Qualität. Der Rundbau und kegelförmige Gebäude waren für die huastekische Architektur kennzeichnend.

Die Spanier fanden in dieser Region kein geeintes Huastekenreich, sondern eine größere Anzahl von kleinen 'Herrschaften' vor, die sich erbittert gegen die Eindringlinge wehrten. Zuerst kamen Hernández de Córdoba und Juan Grijalva 1518 hierher, aber erst Francisco da Garay, Hernán Cortés und Gonzalo de Sandoval gelang es zwischen 1521 und 1526, das Gebiet zu unterwerfen. Es folgte die Verwaltung der Provinz durch Nuño Beltrán de Guzmán, unter dessen harter Herrschaft ein lukrativer Sklavenhandel zwischen der Huasteca und den Antillen eingerichtet wurde. Die spätere Geschichte dieser Region entwickelte sich analog der ihrer größten Hafenstadt ⟶ Tampico.

Die Häfen der Golfküste und die gemeinsame Grenze mit den USA (Texas) machen den Staat zu einem der wirtschaftlich aktivsten Mexikos. Erdöl und seine Verwertung stehen an der Spitze der Wirtschaftszweige, gefolgt vom Ackerbau mit Baumwolle, Mais und Sorghum (eine Getreideart). Auch die Viehzucht und der Fischfang spielen eine große Rolle. In den letzten Jahren hat sich die 'Veredelungsindustrie' in den Grenzgebieten rasant entwickelt.

Wirtschaft

Größere Städte, die als Häfen, Grenzumschlagsorte oder als neue Industrie- und Agrarzentren Bedeutung haben, sind ⟶ Tampico, Matamoros (12 m ü.d.M.; 500 000 Einw.), Reynosa (37 m ü.d.M.; 450 000 Einw.), Nuevo Laredo (171 m ü.d.M.; 350 000 Einw.) und die Hauptstadt des Staates, Ciudad Victoria (321 m ü.d.M.; 300 000 Einw.).

Wichtige Städte

Tampico L 6

Bundesstaat: Tamaulipas (Tamps.)
Höhe: 12 m ü.d.M.
Einwohnerzahl: 600 000
Telefonvorwahl: 01 12

Mit dem Flugzeug in ca. 45 Min.; mit der Eisenbahn über San Luis Potosí; mit dem Bus in ca. 10 Stunden.

Anreise von Mexiko-Stadt

Tampico

Lage und Allgemeines

Die Stadt Tampico liegt am Nordufer des Río Pánuco und ist neben Veracruz der wichtigste Hafen an der Küste des Golfes von Mexiko. Ursprünglich als Öl- und Baumwollhafen entstanden, ist der Ort heute ein gut eingerichteter, reger Umschlagplatz für Waren vor allem nach den USA, Europa und Südamerika. Öltanks und Raffinerien, der betriebsame Hafen, Flußmündungen, Lagunen und Strände prägen diese Stadt und ihre Umgebung.

Geschichte

Die Gegend von Tampico war wahrscheinlich schon sehr früh von den Huasteken, einem Maya sprechenden Volk, besiedelt, da man ihre Keramikerzeugnisse bis vor 1000 v. Chr. zurückverfolgen kann. In der zweiten Hälfte des 15. Jh.s gelang es den Azteken, die Huasteken tributpflichtig zu machen.
Eine Expedition auf dem Fluß führte bereits 1519 die ersten Spanier unter Alonso Alvárez de Pineda hierher. Innerhalb der folgenden zehn Jahre wurden die Huasteken unterworfen. Auf den Ruinen eines Aztekenstützpunktes errichtete der Franziskanerpater Andrés de Olmos 1532 ein Kloster, um das sich die spätere Stadt entwickelte. Der Titel 'Villa' (Kleinstadt) wurde dem Ort San Luis de Tampico 1560 verliehen. Im Laufe der folgenden hundert Jahre war der Hafen Ziel vieler Angriffe der aus dem Norden einbrechenden Indianerstämme, wie z. B. der Apachen, und der von See kommenden Piraten. Im Jahre 1683 wurde Tampico zerstört und erst 1823, also nach dem Unabhängigkeitskrieg, wiederaufgebaut. Es folgte 1829 eine Besetzung durch die Spanier, die schließlich durch den mexikanischen General und späteren Präsidenten Antonio López de Santa Ána besiegt wurden. Während des amerikanisch-mexikanischen Krieges (1846–1848) besetzten US-Truppen unter General Zachary Taylor vorübergehend die Stadt. Auch französische Soldaten setzten sich während ihrer Intervention in Tampico fest. Die Anfang des 20. Jh.s unter der Präsident-

Lagerhallen aus der Jahrhundertwende im Hafen von Tampico

schaft von Porfirio Díaz in der Nähe gemachten Erdölfunde brachten US-amerikanisches und britisches Kapital; der große Aufschwung machte Tampico zeitweise zum größten Ölhafen der Welt. Nach der Verstaatlichung der Erdölgesellschaften im Jahr 1938 ging die Bedeutung des Hafens vorübergehend erheblich zurück.

Geschichte (Fortsetzung)

Sehenswertes

Für den Touristen ist Tampico kein allzu lohnendes Reiseziel. Die Plaza de Armas (Zócalo) ist ein guter Beobachtungspunkt für das abendliche Leben der Stadt. An diesem Platz liegen auch die Kathedrale und das Rathaus (Palacio Municipal).

Etwa 7 km nördlich von der Plaza, in der Satellitenstadt Ciudad Madero, befindet sich im Instituto Tecnológico das Museum der Huasteken (Museo de la Cultura Huasteca). Es enthält hauptsächlich Steinplastiken, Terrakottafigurinen, Tongefäße, Schmuckgegenstände aus Gold, Silber, Kupfer, Muscheln und Halbedelsteinen, Ritualobjekte aus Stein, ferner Waffen und Trachten dieses interessanten Volkes.

Museum der Huasteken

Beliebte Strände nahe der Stadt sind Miramar und Altamira.

Strände

Umgebung von Tampico

Etwa 60 km auf der MEX 70 in westlicher Richtung liegt die Stadt Ébano (S.L.P.), in deren Nähe eine Huastekenstätte gefunden wurde, die ein interessantes, frühes Gebäude aus den Epochen Pánuco I bis II (350 v. Chr. bis 200 n. Chr.), also aus der vorklassischen Zeit, aufweist. Es handelt sich um einen kuppelförmigen Bau von fast 30 m Durchmesser und 3 m Höhe, dessen runder Schnitt typisch für die huastekische Architektur ist. Dieser Tempelbau war vermutlich dem Windgott Ehécatl geweiht. Die Ausgrabungsstätte ist allerdings nicht leicht zu erreichen.

Ébano

Nach weiteren 44 km (6 km vor der Ortschaft Tamuín) führt eine Abzweigung nach links in Richtung San Vicente Tancualayab zu dem 6 km entfernten huastekischen Ausgrabungsort El Tamuín. Die Stätte war eine der wichtigsten Städte im Huastekenreich, jedoch sind die Ruinen weder spektakulär noch gut erhalten.

El Tamuín

Entlang des Río Tamuín erstrecken sich über ein Gebiet von rund 17 ha Plattformen, Altäre, Patios und Hügel. Man fand u. a. eine 3 m hohe Plattform mit einer großen Freitreppe, die einst mit bemaltem Stuck verkleidet war. Eine ebenfalls ausgegrabene niedrige Tempelplattform in Verbindung mit kegelförmigen Altären weist noch heute sichtbare Wandmalereien auf. Man nimmt an, daß diese Anlage aus dem 8. oder 9.Jh., also aus der klassischen Periode stammt. In El Tamuín entdeckte man auch eine der bekanntesten und schönsten huastektischen Skulpturen, die 1,45 m hohe Statue eines Jünglings mit den Symbolen des Windgottes Ehécatl. Eine Kopie ist im Museum in Tampico / Ciudad Madero, das Original im Anthropologischen Nationalmuseum von Mexiko-Stadt zu sehen.

Zurück auf der MEX 70 folgt 30 km nach Tamuín Ciudad Valles (90 m ü.d.M.; 195 000 Einw.) im Bundesstaat San Luis Potosí, ein landwirtschaftliches Zentrum mit einem kleinen archäologischen Museum und einer Reihe von attraktiven Thermalbädern, Höhlen und Wasserfällen in der Umgebung.

Ciudad Valles

Taxco

Umgebung von
Tampico (Forts.)
Tamazunchale

Fährt man die MEX 85 nach Süden, erreicht man nach 107 km Tamazunchale (206 m ü.d.M.; 31 000 Einw.; Fiesta: 24. Juni, San Juan Bautista). Die Umgebung dieses inmitten üppiger tropischer Vegetation gelegenen Huastekenortes ist ein Paradies für Ornithologen und Schmetterlingssammler. Die sich durch die prächtige, wilde Gebirgslandschaft der östlichen Sierra Madre an Orangenhainen entlangschlängelnde Straße nach Süden führt in den Bundesstaat Hidalgo.

Tapachula

→ Chiapas

Taxco de Alarcón K 8

Bundesstaat: Guerrero (Gro.)
Höhe: 1670 m ü.d.M.
Einwohnerzahl: 125 000
Telefonvorwahl: 01 762

Anreise von
Mexiko-Stadt

Mit dem Bus in ca. 3 Std.; mit dem Auto ca. 170 km auf der MEX 95 bzw. 95 D, Abzweigung in Amacuzac.

Lage und
Allgemeines
**Stadtbild

Taxco, an den Abhängen einer Gruppe von Hügeln herrlich gelegen, ist durch sein geschlossenes Stadtbild aus der Kolonialzeit mit ziegelgedeckten niedrigen Häusern, kleinen Plätzen, Gäßchen und Winkeln eines der bekanntesten und beliebtesten Reiseziele Mexikos.

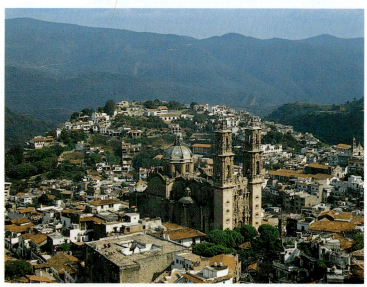

Panorama von Taxco

Taxco

Geschichte

In vorkolumbischer Zeit war die Gegend von den Tlahuicas, einem der Nahuastämme, bewohnt. Etwa 10 km vom heutigen Taxco entfernt lag die indianische Stadt Tlachco (Náhuatl: 'wo Ball gespielt wird'). Die Azteken unter ihren Herrschern Itzcóatl und Moctezuma I. fielen hier ein und annektierten schließlich Mitte des 15. Jh.s das Gebiet.

Die Spanier kamen bereits 1522 auf der Suche nach Zinn und Silber hierher. Sie gründeten 1529 die Ortschaft El Real de Tetzelcingo, aus welcher schließlich 1581 Taxco wurde. Große Silberfunde wurden erst Mitte des 18. Jh.s gemacht, als José de la Borda die große Mine San Ignacio entdeckte und ausbeutete. Als Dank für den erworbenen Reichtum ließ Borda die Kirche Santa Prisca bauen. Nach dem Revolutionskrieg (1910–1920) verarmte die Region zunehmend, bis sich 1930 der US-Amerikaner William Spratling (1900–1967) niederließ. Es gelang ihm, das alte Kunsthandwerk wieder zu beleben, indem er von Iguala Silberschmiede kommen und sie nach indianischen Vorbildern Schmuck herstellen ließ. Heute lebt Taxco fast ganz vom Frem-

Taxco

Geschichte
(Fortsetzung)

denverkehr und der Silberschmiedekunst, die von über 1500 Kunsthandwerkern in einigen hundert kleinen Werkstätten ausgeübt wird. Das hier verarbeitete Edelmetall besteht aus einer Legierung von 950–980 g Silber und 20–50 g Kupfer.

Sehenswertes

**San Sebastián y Santa Prisca

Überaus malerisch ist der kleine Zócalo (Plaza de la Borda), an welchem die Kirche San Sebastián y Santa Prisca steht. Dieses Meisterwerk churrigueresker Architektur wurde im Auftrag des Silberkönigs José de la Borda zwischen 1751 und 1758 von den beiden Architekten Diego Durán und Juan Caballero errichtet. Das Portal wird von je einem Paar korinthischer Säulen flankiert, die eine Reihe von Skulpturen einschließen. Im oberen Teil der Fassade sieht man über der päpstlichen Tiara statt eines zentralen Fensters ein großes Medaillon, die Taufe Christi darstellend; darüber das Chorfenster, das nach oben von einem runden Giebel abgeschlossen wird. Die üppige Ornamentik aus Statuen, Wappen, Blattwerk, Muscheln, Bändern, Cherubinen u. a. ist besonders fein gearbeitet. Zu beiden Seiten unterbrechen reich gerahmte Fenster die Gleichformigkeit der Seitenwände. Die sich über der Fassade erhebenden Türme sind mit verzierten Säulen und skulptierten Fratzen reich geschmückt. Die mit blauen und gelben Azulejos gedeckte Kuppel rundet das prächtige Bild ab.

Innenraum

Im Inneren der Kirche sind herrlich geschnitzte, bemalte und vergoldete churrigueresque Retablos zu sehen, die zahlreiche Figuren von Aposteln, Engeln und Heiligen inmitten reich gestalteter Motive von Blumen, Früchten, Vögeln u. a. zeigen. Über dem Eingang zur Kapelle der Indianer (Capilla de los Indios) hat Miguel Cabrera in einem Gemälde das Martyrium der Namenspatronin der Kirche dargestellt. Weitere sehenswerte Gemälde des Künstlers hängen in der Kapelle selbst und in der Sakristei.

Südlich vom Zócalo

Über die Calle del Arco gelangt man zum sehenswerten Markt (Mercado). Weiter südöstlich liegt die barocke Kirche Santísima aus dem Jahr 1713, von der nach Westen die Calles Real de San Nicolás und Progreso zur 1822 vollendeten Iglesia de Ojeda führen.

Casa Figueroa

Geht man von der Kirche durch die Calle de San Agustín zurück in Richtung Hauptplatz, kommt man an der noch altspanische Atmosphäre ausstrahlenden Plaza de los Gallos und der Casa Figueroa (C. Guadalupe 2) vorbei. Dieses Gebäude aus der Mitte des 18. Jh.s hieß ursprünglich 'Casa de las Lágrimas' ('Haus der Tränen'), da der Bauherr Conde de Cadena das Haus von Indianern in Fronarbeit errichten ließ, von denen sich viele zu Tode schindeten. Der Künstler Fidel Figueroa erwarb es 1943; heute ist das Haus ein Museum, das von seiner Witwe betreut wird.

Nördlich vom Zócalo

Die Casa Borda nicht weit vom Hauptplatz ist das einstige Wohnhaus des Silberbarons José de la Borda. An der Plaza Borda kann man das Silbermuseum (Museo de la Platería) besuchen.

Museum William Spratling

Hinter Santa Prisca befindet sich in der Porfirio Delgado 1 das Museum William Spratling (Museo Guillermo Spratling), in dem archäologische Stücke der Westkulturen und Gegenstände aus Taxcos Glanzzeit als Silberstadt ausgestellt sind.

Casa Humboldt

An der C. Juan Ruíz de Alarcón erhebt sich die Casa Humboldt, ein prächtiges Gebäude mit einem schönen Mudéjar-Portal, das Juan de

Taxco

Silberschmuck aus Taxco

Villanueva im 18. Jh. errichten ließ. Seinen Namen verdankt es dem Umstand, daß im April 1803 der deutsche Naturforscher und Geograph Alexander von Humboldt auf seiner mehrjährigen Reise durch die spanischen westindischen Kolonien hier übernachtete. Seine Reiseeindrücke hielt er in 35 Bänden und auf 1300 Kupfertafeln fest. Heute werden im Haus Silberarbeiten ausgestellt.

Casa Humboldt (Fortsetzung)

Die Calle Convento führt am Rathaus vorbei zum einstigen San-Bernardino-Kloster. Das Kloster war ursprünglich eine Franziskanergründung aus dem 16. Jh., brannte jedoch im 19. Jh. aus und wurde dann im neoklassizistischen Stil neu aufgebaut.

Convento de San Bernardino

In südwestlicher Richtung erblickt man auf einem Hügel die Kirche der Heiligen Jungfrau von Guadalupe. Diese Kirche, von der man eine schöne Aussicht auf den Zócalo und Santa Prisca hat, stammt aus dem 18. Jh. und wurde 1877 neu gestaltet.

Iglesia de la Virgen de Guadalupe

Vom Zócalo aus fahren Kleinbusse und Taxis zur Talstation einer Seilbahn, die im Norden der Stadt in der Nähe der Hacienda del Chorillo liegt. Die Bahn schwebt hinauf zu der 240 m hohen Hügelkette Lomás de Taxco. Die Aussicht während der Fahrt und vom Plateau ist außergewöhnlich.

Lomas de Taxco

Alljährlich finden in Taxco in der Osterwoche einzigartige Prozessionen statt. Sie beginnen am Palmsonntag und erreichen ihren Höhepunkt am Gründonnerstag und Karfreitag, wenn 'Penitentes' (Büßer, die Fußketten tragen), 'Encruzados' (Gläubige, die schwere Dornbüsche auf den nackten Schultern schleppen) und Flagelentes (sich mit dünnen Geißeln Peitschende) durch die Straßen ziehen und sich dadurch Erlösung von ihren Sünden erhoffen.

*Prozessionen

463

Taxco

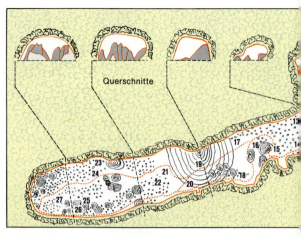

INTERESSANTE FORMATIONEN	1 Chivo 2 Fuentes 3 Canastas 4 Confites 5 Aurora 6 Tronos	7 Portada de los Querubines 8 Panteón 9 Relicario 10 Plaza de Armas 11 Hornos

Umgebung von Taxco

Grutas de Cacahuamilpa

Von Taxco aus sind es 31 km in nordwestlicher Richtung zu den im gleichnamigen Nationalpark 1100 m hoch gelegenen Tropfsteinhöhlen Grutas de Cacahuamilpa (Náhuatl: 'in den Saatfeldern des Kakao'). Seit ihrer Entdeckung im Jahre 1835 hat man Stollen in einer Länge von über 16 km ins Innere getrieben, ohne bisher an das Ende des Höhlensystems gelangt zu sein. Verschiedenste Arten von Tropfsteinformationen in 16 Sälen, die z. T. bis zu 80 m breit und bis zu 77 m hoch sind, machen die Grotten zu den größten und interessantesten in Mexiko.

Grutas de la Estrella

26 km nördlich von Cacahuamilpa liegen die seit 1976 Besuchern zugänglichen Grutas de la Estrella, die in einem bequemen Fußmarsch von 15 Minuten Dauer zu erreichen sind. Die etwa 1 km lange und fast durchgehend Stalaktiten aufweisende Grotte steht wahrscheinlich in noch nicht entdeckter Verbindung zu den Höhlen von Cacahuamilpa.

Ixcateopan

Die Ortschaft Ixcateopan (Náhuatl: 'Tempel der Baumwolle'; 8000 Einw.) befindet sich 40 km westlich von Taxco in herrlicher Gebirgslandschaft. In der aus dem 16. Jh. stammenden Kirche Santa María de la Asunción, die heute ein Museum beherbergt, glaubt man unter dem Altar die sterblichen Überreste des letzten Aztekenherrschers Cuauhtémoc gefunden zu haben, den Cortés 1525 in Honduras töten ließ.

Tehuacán

→ Puebla (Bundesstaat)

12 Volcán
13 Pedregal del Muerto
14 Virginias
15 Nacimiento
16 Campanario
17 Ánimas
18 Água Bendita
19 Puerto del Aire
20 Bautisterio
21 Lagunillas
22 Torres Palmares
23 Gloria
24 Canastillas
25 Emperatriz
26 Infiernillo
27 Órganos

Tehuantepec M 9

Bundesstaat: Oaxaca (Oax.)
Höhe: 110 m ü.d.M.
Einwohnerzahl: 90 000
Telefonvorwahl: 01 971

Mit der Eisenbahn in ca. 23 Std.; mit dem Bus über → Oaxaca in ca. 12 Std.; mit dem Auto auf der Panamericana (MEX 190).

Anreise von Mexiko-Stadt

Die Stadt Tehuantepec, nach welcher der gleichnamige Golf im Pazifik wie auch der Isthmus (Landenge), der mit 200 km schmalste Teil Mexikos, benannt ist, ist ein wichtiger Verkehrsknotenpunkt für Überlandstraßen und Eisenbahnlinien. Die feuchtheiße Tropenstadt inmitten üppiger Vegetation liegt in einer Senke, umgeben von niedrigen Hügeln und dem weiten Bogen des Río Tehuantepec. Sie wird von Zapoteken und Mestizen bewohnt.

Lage und Allgemeines

Tehuantepec (Náhuatl: 'Berg des Jaguars') hatte wahrscheinlich eine lange vorspanische Geschichte, da es ein Zentrum der Zapoteken war. Um 1470 n. Chr. wurde der Ort von einem Heer unter Axayácatl, dem Herrscher der Azteken, besetzt.
Zur Zeit der Ankunft der Spanier 1521/22 regierte der Fürst Cocijo-pii die Stadt, welcher der Sohn des Zapotekenkönigs Cocijo-eza und einer Aztekenprinzessin war. Der Fürst verbündete sich mit den Spaniern gegen die Azteken. Zu Beginn der Kolonialzeit war Tehuantepec eine der Besitzungen von Hernán Cortés.
Der strategisch wichtige Ort, an der kürzesten Landverbindung zwischen Atlantik und Pazifik in Mexiko gelegen, löste schon bei Cortés

Geschichte

Tenayuca

Tehuantepec, Geschichte (Fortsetzung)

und später bei den spanischen Vizekönigen und der mexikanischen Regierung Überlegungen zu Verkehrswegen aus. Man baute Straßen und eine Eisenbahnlinie, aber die Pläne, einen Kanal zu graben, wurden nie verwirklicht. Die Bedeutung Tehuantepecs sank rapide, als 1914 der Panamakanal eröffnet wurde. Erst mit dem Ölboom der vergangenen Jahre in Mexiko und dem Bau einer Pipeline von Teapa im Bundesstaat Veracruz erlangten der Hafen Salina Cruz und damit auch Tehuantepec eine bedeutsamere Rolle.

Sehenswertes

Der Ort hat nur wenige alte Gebäude von Bedeutung. Die frühere Dominikanerkirche aus dem Jahre 1544, jetzt die Kathedrale der Stadt, wurde mehrmals umgebaut, hat aber noch ihre alten Bögen und Kuppeln. Auffallend ist das säulengetragene helle Rathaus.

Umgebung von Tehuantepec

Salina Cruz

17 km südlich liegt die Hafenstadt Salina Cruz (70 m ü.d.M.; 120 000 Einw.), die als Umschlag- und Verarbeitungsplatz für Erdöl in jüngster Zeit einen großen Aufschwung genommen hat. Sie ist einen Besuch jedoch nur wert, wenn man zu dem 7 km entfernten ausgedehnten Strand von La Ventosa (Posada Rustrian) will.

Juchitán de Zaragoza

Folgt man von Tehuantepec der MEX 190 in östlicher Richtung, gelangt man nach 26 km nach Juchitán de Zaragoza (38 m ü.d.M.; 100 000 Einw.; Fiestas: 15. Mai, San Isidro Labrador; 13. August, Vela de Agosto; 3. September, Vela Pineda). Die Stadt ist als Handelszentrum für die umliegende Region von Bedeutung. Für den Besucher von Interesse sind der Markt sowie die hübschen Volkstrachten, die hauptsächlich zu den Fiestas getragen werden.

Guiengola

Etwa 15 km westlich von Tehuantepec zweigt von der MEX 190 nach rechts ein Feldweg zu der Ruinenstätte Guiengola (zapotek.: 'Großer Fels') ab. Am Ende dieses etwa 6 km langen Weges führt ein Berghang ein Pfad durch malerische Fels-, Busch- und Kakteenlandschaft zu einer Anhöhe (Aufstieg ca. 1 Std.). Hier, rund 400 m über dem Tal, liegen auf dem gleichnamigen Berg die Ruinen der letzten großen Festung der Zapoteken. Erhalten geblieben sind die Reste einer 3 m hohen und 2 m starken Mauer, die einst den ganzen Berg entlanglief. Auf dem großen Platz befinden sich noch die Reste einer großen vierstufigen Tempelpyramide, dreier kleinerer Kultgebäude und die eines Ballspielplatzes. Am Berghang stand einst der Palast des Zapotekenkönigs Cocijo-eza, der diese Festung 1496 erfolgreich gegen die Angriffe der eindringenden Azteken verteidigte. Von den Klippen des Berges hat man eine herrliche Aussicht auf das Tal von Tehuantepec.

Tenayuca

Bundesstaat: México (Mex.)

Anreise von Mexiko-Stadt

Mit der Metro-Linie 5 bis zur Station Autobuses del Norte, von dort weiter mit dem Bus; mit dem Auto oder mit dem Taxi über die Insurgentes Norte bis zur Kreuzung mit der Río Consulado und der Calzada Vallejo, dann in nordwestlicher Richtung auf der Calzada Vallejo zum Dorf San Bartolo.

Lage und Allgemeines

12 km nördlich vom Zentrum von Mexiko-Stadt in der Nähe von Tlalnepantla steht die eindrucksvolle Pyramide von Tenayuca, die zwi-

Tenayuca

schen dem 13. und 16. Jh. siebenmal überbaut wurde. Als Produkt der Überschneidung der Hochkultur der Tolteken mit dem aufstrebenden Chichimekenreich ist die Schlangenpyramide von Tenayuca ein klassisches Beispiel für den Baustil aztekischer Tempelpyramiden.

Lage und Allgemeines (Forts.)

Der Überlieferung nach siedelten sich an der Zerstörung Tulas beteiligte Chichimeken unter ihrem Führer Xólotl ('Ungeheuer') 1224 n. Chr. in Tenayuca (Náhuatl: 'ummauerter Platz') an. Xólotl sowie seinen Nachfolgern Nepaltzin ('verehrte Kaktusfrucht') und Tlotzin ('Falke') gelang es, die in Culhuacán neu angesiedelten Tolteken 1246 zu besiegen. Anfang des 14. Jh.s verlegten die bereits stark von den Tolteken beeinflußten Chichimeken ihre Hauptstadt nach Texcoco. Von da an stand Tenayuca unter dem wechselnden Einfluß von anderen Völkern wie den Tepaneken, Tlahuicas und den Mexica. Von der Mitte des 15. Jh.s an wurden die Bewohner dieser Region weitgehend von dem benachbarten Tenochtitlán beherrscht.

Geschichte

Nach der Eroberung zerstörten die Spanier die Tempel auf der Pyramide und setzten Rodrigo de Paz Moctezuma, einen Sohn des Aztekenherrschers Moctezuma II., zum Gouverneur von Tenayuca ein. Die ersten archäologischen Arbeiten unternahm um 1900 Leopoldo Batres; sie wurden 1931 und 1957 von Ignacio Marquina fortgesetzt.

❊ Schlangenpyramide

Man nimmt an, daß die Schlangenpyramide, die dem Sonnenkult geweiht war, dem aztekischen Kalenderzyklus entsprechend alle 52 Jahre neu ummantelt wurde. Dies geschah die letzten Male unter vorwiegend aztekischer Einwirkung in den Jahren 1351, 1403, 1455 und 1507. Die zwei vorhergegangenen von insgesamt sieben Überbauungen könnten 1247 und 1299 unter chichimekisch-toltekischem Einfluß stattgefunden haben.

Der Kern des Gebäudes hat die Ausmaße 31 x 12 m und eine Höhe von 8 m, die letzte Mantelstruktur maß 66 x 62 m bei einer Höhe von 19 m. Obwohl keine observatoriumsartigen Bauten gefunden wurden, schließt man aufgrund von verschiedenen Merkmalen, daß diese An-

Aztekische Türkisschlange in Tenayuca

Teotihuacán

Tenayuca
(Fortsetzung)

lage auch astronomischen Beobachtungen diente bzw. der Bau nach Himmelskörpern ausgerichtet war. So deuten Pfähle in den Wänden der Pyramide genau auf den Punkt, an dem die Sonne am 21. März und am 23. September, also zur Tag- und Nachtgleiche, untergeht. Wie in → Chichén-Itzá und → Teotihuacán ist daher auch in Tenayuca die Nord-Süd-Achse um 17 Grad nach Osten verschoben.

Die heute vorwiegend sichtbaren Teile stammen aus den letzten drei Überbauungen. Die letzte Anlage ähnelt in wesentlichen Merkmalen dem Haupttempel (Templo Mayor) von Tenochtitlán (→ Mexiko-Stadt), der fast ganz zerstört und dessen Reste erst vor wenigen Jahren entdeckt wurden. Die Pyramide ist auf drei Seiten von einem Sokkel umgeben, der mit liegenden Schlangenkörpern geschmückt ist. Diese 'Schlangenwand' (Coatepantli) zählt heute 138 Schlangenskulpturen. Ursprünglich soll die Pyramide mit insgesamt 800 Steinschlangen verziert gewesen sein. Aus der Zeit des fünften Überbaus stammen die eingerollten Feuer- oder Türkisschlangen (Xiuhcóatl) neben den kleinen Plattformen (zwei auf der Nord- und eine auf der Südseite), die vermutlich als Träger des Sinnbilds der Sonne dienten. Eine mit Schädeln und Totengebein verzierte Gruft rechts von der Pyramide symbolisiert wahrscheinlich den Sonnenuntergang. Zwei breite, parallele Freitreppen führten einst über die vierstöckige Pyramide zu dem Doppeltempel.

Umgebung von Tenayuca

*Tempelpyramide von Santa Cecilia Acatitlán

Etwa 3 km nördlich der Schlangenpyramide befindet sich die gänzlich restaurierte, 10 m hohe Tempelpyramide von Santa Cecilia Acatitlán. Diese war vermutlich der Sonne und dem Regengott Tláloc geweiht. Besonders interessant ist das wiederhergestellte, noch originale Tempelgebäude auf der Pyramide. Das der Pyramide angeschlossene Museum befindet sich in einem Haus mit schönem Patio.

Tenochtitlán

→ Präkolumbische Kulturen: Das Leben im Aztekenreich; → Distrito Federal; → Mexiko-Stadt

Teotihuacán

Bundesstaat: México (Mex.)
Höhe: 2281 m ü.d.M.

Anreise von Mexiko-Stadt

Mit der Metro-Linie 5 zur Station Autobuses del Norte, von dort weiter mit dem Bus (Schalter 8, Halteplatz 6) oder mit der Linie 3 zur Station Indios Verdes, dort ebenfalls in den Bus umsteigen; mit dem Auto ca. 50 km auf der Insurgentes Norte, die in die MEX 85 übergeht.

Lage und Allgemeines

Am Rand des Hochtals von Anáhuac liegt Teotihuacán, die bisher größte ausgegrabene altindianische Stadt Mesoamerikas. Wegen der Symmetrie der gigantischen Anlage und ihrer einheitlichen Architektur gehört sie zu den eindrucksvollsten Ruinenstätten der Welt. Teotihuacán war in den ersten 600 Jahren unserer Zeitrechnung die einflußreichste politische und religiöse Macht in Mittelamerika. 1988 wurde Teotihuacán von der UNESCO zum Weltkulturerbe erklärt.

Teotihuacán

Großer Andrang auf der Sonnenpyramide von Teotihuacán

Über die Erbauer von Teotihuacán (Náhuatl: 'Platz, an dem man zum Gott wird'), ihre Sprache und nähere Geschichte weiß man nichts. Früher glaubte man, daß die Tolteken die Bewohner dieser Stadt gewesen waren. Erst durch die Ausgrabungen in Tula stellte man fest, daß Teotihuacán schon rund 200 Jahre verlassen bzw. zerstört war, als die Tolteken zur Macht kamen. Die Namen, die der Ort und die einzelnen Gebäude tragen, entstammen dem Náhuatl oder sind neuzeitlichen Ursprungs und haben also sprachlich nichts mit den Erbauern zu tun.

Geschichte

Während des als Proto-Teotihuacán bezeichneten Zeitabschnitts (600–200 v. Chr.) haben sich dörfliche Gruppen und gegen Ende der Phase im Nordwestteil der späteren Stadt ein Großdorf gebildet. Zu dieser Zeit entstanden auch die ersten Obsidian-Werkstätten. Das glasartige, meist graue und grüne Obsidiangestein war als Material für viele Feinwerkzeuge und als Handelsware unentbehrlich.

Proto-Teotihuacán

Die eigentliche Entwicklung zur Stadt fiel in die Epoche Teotihuacán I (200 v. Chr.–0), in der bereits die Nord-Süd-Achse der 'Straße der Toten' und die Kernbauten der Sonnen- und Mondpyramide errichtet wurden. In diesem Zeitabschnitt machen sich auch Einflüsse aus Oaxaca bemerkbar, wie man aus Fundstücken der Epoche Monte Albán II schließen kann.

Teotihuacán I

In der darauffolgenden Phase Teotihuacán II (0–350 n. Chr.) erreichte die Stadt mit errechneten 20 km² bereits ihre größte Ausdehnung und übertraf damit das damalige Rom. Zu dieser Zeit wurden die Sonnen- und Mondpyramide vorerst fertiggestellt und der Quetzalcoátl-Tempel und die Zitadelle errichtet. Im Bereich der bildenden Kunst schuf man bedeutende 'Thin Orange'-Keramik, dreifüßige zylindrische Deckelgefäße und monumentale Skulpturen.

Teotihuacán II

Der Zeitabschnitt Teotihuacán III (350–650 n. Chr.) ist die Blütezeit der Stadt, die damals wahrscheinlich 200 000 Einwohner hatte. In

Teotihuacán III

Teotihuacán

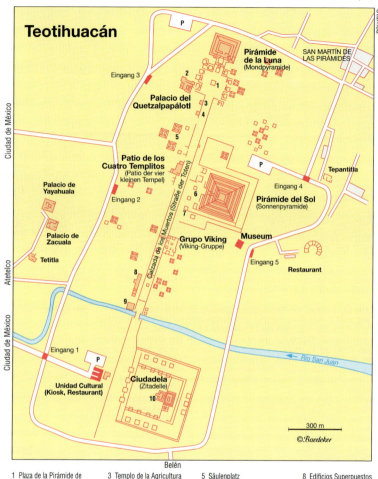

1 Plaza de la Pirámide de la Luna
(Platz der Mondpyramide)
2 Palacio de los Jaguares
(Palast der Jaguare)
3 Templo de la Agricultura
(Tempel des Ackerbaus)
4 Templo de los Animales Mitológicos
(Tempel der Mythologischen Tiere)
5 Säulenplatz
6 Plaza de la Pirámide del Sol
(Platz der Sonnenpyramide)
7 Casa de los Sacerdotes
(Haus der Priester)
8 Edificios Superpuestos
(Überlagerte Gebäude)
9 Gruppe Los Patolli
10 Templo de Quetzalcóatl
(Pyramide des Quetzalcóatl)

Geschichte,
Teotihuacán III
(Fortsetzung)

diese Zeit fallen die meisten Überbauungen vorwiegend am Quetzalcoátl-Tempel und an der Mondpyramide. Der Quetzalpapálotl-Palast wurde errichtet und die meisten Wandmalereien entstanden. Die gegenseitige kulturelle Befruchtung zwischen Teotihuacán und Monte Albán, El Tajín, Panuco, Cholula, Guerrero und dem Maya-Gebiet des Südens erreichte erstaunliche Ausmaße. Von der Metropole Teotihuacán ging zwischen dem 5. und 6. Jh. der größte Einfluß auf die Kultu-

Teotihuacán

ren Mesoamerikas aus. Es ist unklar, ob dies auf dem Wege militärischer Eroberungen oder durch friedliche Mittel der Politik, des Handels oder der Religion geschah. Jedenfalls fand man aus dieser Zeit stammende Merkmale in von Teotihuacán weit entfernten Orten wie Xochichalco (Mor.), Cacaxtla (Tlax.), Kaminaljuyú (Guatemala) und im Petén (Guatemala, v.a. in Tikal).

Geschichte, Teotihuacán III (Fortsetzung)

In der letzten Periode Teotihuacán IV (650–750 n. Chr.), zu deren Beginn noch an der 'Straße der Toten' weitergebaut wurde und hervorragende Wandmalereien und Keramik entstanden, kam es zum plötzlichen und gewaltsamen Ende der Stadt, ähnlich dem der anderen klassischen Hochkulturen Mesoamerikas, allerdings 200 Jahre früher. Obwohl man heute nach wie vor die Ursache nicht kennt, läßt doch die methodische Zerstörung des Zeremonialzentrums die Vermutung zu, daß die Priester unter dem Druck eines äußeren Feindes (barbarische Stämme aus dem Nordwesten) ihre Tempel selbst vernichteten. Auch Aufstände gegen die Priesterherrschaft oder eine Wirtschaftskrise können zum Untergang beigetragen haben. Die einstige Metropole war zu einem Regionalzentrum reduziert, seine 30 000 Einwohner lebten in den Ruinen neben den fremden Eindringlingen.

Geschichte Teotihuacán IV

Zweifellos löste der Zusammenbruch Teotihuacáns eine Schockwirkung in ganz Mesoamerika aus, da in der Folge die Machtzentren verfielen und die Handelswege abbrachen. Damit war ein wirtschaftlicher Niedergang eingeleitet. Für die nachfolgenden Kulturvölker, wie die der Tolteken und Azteken, war das verlassene Teotihuacán eine Geisterstadt mythischen Ursprungs.

Als die Spanier 1519 nach ihrer Niederlage in Tenochtitlán (Noche triste) hier vorbeikamen, war die alte Stadt ganz mit Erde bedeckt. Die ersten Ausgrabungen wurden 1864 durch Almaraz vorgenommen, ihnen folgten in den achtziger Jahren des 19. Jh.s weitere von Désiré Charnay und Leopoldo Batres. Anfang des 20. Jh.s durchgeführte Rekonstruktionen zerstörten und verfälschten teilweise die ursprünglichen Formen einiger Hauptgebäude. Manuel Gamio und Ignacio Marquina in den zwanziger Jahren sowie seit 1962 das Instituto Nacional de Arqueología e Historia haben mit ihren Ausgrabungen und Restaurierungen wertvolle Arbeit geleistet, die von der Arizona State University fortgesetzt wurde. Die UNESCO hat die Stätte 1988 zum Weltkulturerbe erklärt.

Nach der Conquista

Besichtigung der **Ruinenstätte

Die Stätte ist nur zu einem Teil freigelegt. Die archäologische Zone bedeckt eine Fläche von mehr als 20 km², das eigentliche Zeremonialzentrum, umfaßt lediglich 4,2 km². Beim Betrachten der etwas gleichförmig wirkenden Architektur der Anlage sollte man bedenken, daß ursprünglich sämtliche Fassaden mit einer vielfarbigen Stuckschicht bedeckt und z. T. mit Skulpturen geschmückt waren.

Nach dem Eingang befindet sich in der Unidad Cultural ein Museum, das durch seine Exponate, die durch Zeittafeln und ein großes Modell der Anlage ergänzt werden, eine gute Übersicht über die Entwicklung Teotihuacáns gibt. An dieser Stelle lag einst in einer riesigen Anlage der Markt von Teotihuacán.

Unidad Cultural

Hinter der Unidad Cultural gelangt man zu der 4 km langen und 45 m breiten Hauptstraße 'Miccaotli', fälschlicherweise als 'Straße der Toten' (Calle de los Muertos) bezeichnet, die von der Mondpyramide von Norden nach Süden läuft. Nach Überqueren der Straße kommt man zu einer eindrucksvollen rechteckigen, von vier Plattformen begrenzten Anlage, die als Zitadelle (Cíudadela) bezeichnet wird. Es wird ver-

*'Straße der Toten'

Zitadelle

Teotihuacán

Skulpturen am Tempel des Quetzalcóatl

Zitadelle (Forts.)

mutet, daß es sich um Kult- und Wohnstätten der Priester und Regierenden handelte. Die Zitadelle ist ein schönes Beispiel für den in Teotihuacán immer wiederkehrenden Talud-Tablero-Stil (Schrägwand/Steilwand), bei welchem in diesem Falle der steile Teil mit den gerahmten Paneelen überwiegt. Rahmen und Paneel waren früher mit einer dicken Mörtelschicht überzogen, die von mehrfarbigen Fresken bedeckt war. Die Talud-Tablero-Bauweise wurde in anderen präkolumbischen Stätten (Monte Albán, Xochicalco, Kaminaljuyú, Tula u. a.), meist in leicht abgeänderter Form, übernommen.

*Tempel des Quetzalcóatl

Inmitten der Ciudadela liegt der Tempel des Quetzalcóatl. Diese zweimal überbauten Pyramide zeichnet sich vor allem durch die ursprünglich 366 Skulpturen aus, eine Seltenheit in einer Stadt, in der wenig Steinplastiken gefunden wurden. Wem dieses Heiligtum geweiht war, weiß man nicht, doch steht es mit Regen und Mais in Zusammenhang. Einer der beiden abwechselnden Typen von Skulpturen ist eine Schlange, deren Kopf von Blütenblättern oder Federn eingerahmt wird und deren Leib von Muschel- und Schneckenmotiven umgeben ist, die das Wasser darstellen. Der andere Typus ist eine stilisierte Maske, vielleicht die des Regengottes Tláloc oder eines Maisgottes, der mit großen runden Augen und zwei Fängen dargestellt wird. Farbreste an den einst mit Stuck überzogenen Steinfiguren sind noch zu erkennen. 1986 fand man eine Grabstätte mit den Skeletten von 18 Priestern, die offenbar um 150 n. Chr. rituell geopfert worden waren. Dieser sensationelle Fund bewies, daß auch hochrangige Persönlichkeiten und nicht nur Sklaven oder Gefangene auf diese Art zu Tode gebracht wurden. Die Opfer, deren Hände auf den Rücken gebunden waren, hatten mit Jade und anderen wertvollen Steinen eingelegte Zähne und waren von Muscheln, Pfeilspitzen und kleinen Tonfiguren umgeben.

Teotihuacán

Geht man die 'Straße der Toten' in Richtung der Mondpyramide weiter, sieht man nach etwa 400 m links die Überreste der Überlagerten Gebäude (Edificios Superpuestos), die einst u.a. eine Vorhalle mit Säulen, einen Hof mit Treppe, Tempel und verschiedene Räume umfaßten. An einigen Wänden kann man noch Reste von Fresken sehen.

Überlagerte Gebäude

Etwas weiter nördlich trifft man auf die Viking-Gruppe (Grupo Viking), nach einer hier tätig gewesenen US-Stiftung benannt. In dieser Anlage, die zwei Innenhöfe umschließt, fand man u. a. in einem Hof zwei je 6 cm dicke Glimmerschichten, über deren Zweck viel gerätselt wird.

Viking-Gruppe

Südlich der Sonnenpyramide (Eingang Nr. 5) liegt das 1995 eröffnete erstklassige Museum. Es gibt eine Übersicht über die Stätte und ihre ehemaligen Bewohner und enthält u.a. kürzlich ausgegrabene Fundstücke sowie ein Sammelgrab mit neun männlichen und vier weiblichen Opfern, die an dem Quetzalcoátl-Tempel gefunden wurden. Besonders eindrucksvoll ist im Hauptsaal der Glasboden mit dem großen Modell von Teotihuacán.

*Museum

Vorbei am Haus der Priester (Casa de los Sacerdotes) auf der rechten Seite kommt man über eine breite Treppe zum Platz der Sonnenpyramide (Plaza de la Pirámide del Sol), der ca. 70 m breit ist. In der Mitte befindet sich ein Altar; an den Ecken Überreste von Tempeln und anderen Anlagen.

**Sonnenpyramide

Im Osten des Platzes ragt der größte Bau Teotihuacáns, die Sonnenpyramide (Pirámide del Sol), empor. Dieses gigantische Bauwerk, an Umfang in Mesoamerika nur noch von der Pyramide von Cholula übertroffen, ist so angelegt, daß die Sonne am Tag der Sommersonnenwende genau gegenüber seiner Frontseite untergeht. Die Grundfläche (220 x 225 m) ist fast so groß wie die der ägyptischen Cheopspyramide, die Höhe (63 m, mit dem ehemaligen Tempel 74 m) jedoch um 70 m niedriger. Als Rauminhalt, der zum Großteil mit Adobeziegeln angefüllt ist, hat man 1 Mio. m³ errechnet. Im Zuge mißglückter Restaurierungsarbeiten Anfang dieses Jh.s ging von der Originalverkleidung dieser Pyramide eine nicht weniger als 7 m dicke Stuck- und Steinschicht verloren.

Zwei Reihen von Treppen führen über den dreiteiligen Vorbau zum ersten Absatz der Pyramide. Von hier aus geht eine breite Freitreppe über mehrere Etagen zur Spitze, auf der einst der Tempel stand. Von oben hat man eine großartige Aussicht über die gesamte archäologische Zone.

Am Fuße der Haupttreppe wurde 1971 durch Zufall ein Schacht von 7 m Tiefe entdeckt, von dem aus ein 103 m langer Gang zu einer Gruppe von vier kleeblattförmig angelegten Räumen führt. Im Innern dieser Kammern, die bis heute der Öffentlichkeit nicht zugänglich sind, hat man Reste von Keramikobjekten und Schieferscheiben (Spiegel?) entdeckt, die offenbar nach Plünderungen übriggeblieben sind. Über die Bestimmung dieses Höhlensystems, das wahrscheinlich um 250 n. Chr. angelegt wurde, sind die verschiedensten Spekulationen angestellt worden – sie reichen von Opferstätte oder Gruft bis zu Kultplatz zu Ehren des Regen- oder Maisgottes.

Kehrt man zurück auf die 'Straße der Toten', liegen links auf einer Terrasse die Reste von vier Tempeln, die man Patio der Vier Kleinen Tempel (Patio de los Cuatro Templitos) nennt. Im weiteren Verlauf sieht man auf der rechten Seite eine den Chichimeken zugeschriebene lange primitive Mauer; dahinter befinden sich unter einem Schutzdach interessante Wandmalereien, die einen Jaguar von ungefähr 2 m Länge darstellen. Bevor sich die Straße zum Platz der Mondpyramide öffnet, befinden sich links der Tempel der Mythologischen Tiere

Entlang der 'Straße der Toten'

473

Teotihuacán

'Straße der Toten' (Fortsetzung)
: (Templo de los Animales Mitológicos), in dem Überreste von Fresken von Tiergestalten gefunden wurden, und der Tempel des Ackerbaus (Templo de la Agricultura), dessen ursprüngliche Fresken, die Pflanzen zeigten, heute nur noch als Kopien zu sehen sind.

*Platz der Mondpyramide
: Die Symmetrie seiner Anlage und die Gestaltung des Raumes macht den die Straße abschließenden Platz der Mondpyramide (Plaza de la Pirámide de la Luna) zum eindrucksvollsten Beispiel für die architektonische Planung Teotihuacáns. Dieser Zeremonialplatz besteht aus Treppen und pyramidenartigen Plattformen von meist vier Stockwerken, die ursprünglich wie die Hauptpyramiden durch Tempel gekrönt waren. In der Mitte erhebt sich ein großer viereckiger Altar.

Palast des Quetzal-Schmetterlings
: Auf der linken Seite steht der Palast des Quetzal-Schmetterlings (Palacio del Quetzalpapálotl). Dieser wahrscheinlich den Hohenpriestern als Wohnstätte dienende Palast ist wohl der prächtigste Wohnbau der Stadt. Er ist reich verziert und zeigt gut erhaltene Fresken. Eine mit einem großen Schlangenkopf versehene Treppe führt zu einer mit Wandmalereien geschmückten Vorhalle. Der nun folgende Arkadenhof hat viereckige Säulen mit Flachreliefs, welche die mythologische Figur des Quetzal-Schmetterlings sowie Vögelsymbole darstellen. Die Reliefs waren ursprünglich bemalt und mit Obsidianscheiben eingelegt. Zu beachten sind auch die auf rotem Grund gemalten stilisierten Figuren sowie die mit Jahressymbolen versehenen Dachzacken.

Palast der Jaguare
: Der sich anschließende Palast der Jaguare (Palacio de los Jaguares) ist mit bemerkenswerten frühen Wandmalereien versehen, die u. a. Raubkatzen mit Menschenköpfen und Jaguare, die in Muschelhörner blasen, darstellen. An einem Fries sind noch die Symbole des Regengottes und des Jahres zu erkennen.

*Unterbau der gefiederten Schneckenhörner
: Durch einen Tunnel gelangt man zu einem Teil des wahrscheinlich ältesten Bauwerks Teotihuacáns, den man Unterbau der gefiederten Schneckenhörner (Subestructura de los Caracoles Emplumados) nennt und der unterhalb des Palastes des Quetzal-Schmetterlings versteckt liegt. Die größte der übriggebliebenen Fassaden, die einst zu einem Tempelbau gehörte, ist mit herrlichen Reliefs geschmückt. Man sieht mit bunten Federn geschmückte Schneckenhörner (Musikinstrumente?), grüne Vögel (Papageien?) und vierblättrige Blumen.

*Mondpyramide
: Im Norden des Platzes erhebt sich die eindrucksvolle Mondpyramide (Pirámide de la Luna). Ihre Vorderseite wird durch einen fünfstöckigen pyramidenartigen, im Talud-Tablero-Stil gehaltenen Bau gebildet. Über die breite Freitreppe gelangt man zu der eigentlichen Pyramide, die aus vier versetzten Stockwerken besteht. Die Grundfläche mißt 140 x 150 m und die Höhe erreicht 46 Meter. Obwohl 17 m niedriger als die Sonnenpyramide, liegt ihre Spitze dank des höhergelegenen Terrains auf dem gleichen Niveau. Die Treppe führt lediglich bis zum dritten Absatz. Auch von der Spitze der Mondpyramide hat man eine schöne Aussicht über das Gelände.

Außerhalb des Zeremonialzentrums

Etwas außerhalb des Zeremonialzentrums liegen einige am besten mit dem Auto erreichbare Ruinen von Wohnstätten.

*Tepantitla
: Die 500 m östlich der Sonnenpyramide gelegene Anlage von Tepantitla (Náhuatl: 'Ort der dicken Mauern') zeigt verschiedene sehr schöne Wandmalereien; man sieht u. a. Abbildungen reich ge-

Teotihuacán

Reste einstiger Wohnanlagen

Klassischer 'Talud-Tablero-Stil'

Tepic

Tepantitla
(Fortsetzung)

schmückter Priester, des aus dem Ozean steigenden und Regen spendenden Gottes Tláloc und das Paradies des Regengottes.

Tetitla

Etwa 1,5 km von der Sonnenpyramide, auf der Westseite der 'Straße der Toten', liegt die Stätte Tetitla (Náhuatl; 'Platz mit Steinen'), wo man ebenfalls schöne Fresken aus zwei Bauperioden besichtigen kann. Sie stellen Jaguare mit Federkopfschmuck, reich gekleidete Priester, den Regengott Tláloc, den Quetzalvogel, symbolische Hände u. a. dar. 100 m davon liegen der Zacuala-Palast (Palacio de Zacuala) und der Yayahuala-Palast (Palacio de Yayahuala).

*Atetelco

Rund 400 m westlich von Tetitla befindet sich die Ruinenstätte Atetelco mit zwei Patios. Bemerkenswert an dieser Stätte ist der eingelassene Patio mit prächtigen Fresken u. a. von Priesterfiguren, von Koyoten und Vögelköpfen. Im Weißen Patio, dem älteren der beiden, mit drei prächtigen Säulengängen, stellen die Fresken Jaguare und Koyoten mit gefiedertem Kopfschmuck sowie Tláloc-Symbole dar.

Grabfund

Im April 1997 entdeckte man bei Straßenarbeiten (Autopista Mexiko-Stadt-Tulancingo), etwa 2,5 km in nordöstlicher Richtung von der Mondpyramide entfernt, bei der Ortschaft Metepec eine 500 km² große Plattform. Unter dieser befindet sich ein außerordentliches Grab mit den Resten einer hochstehenden Persönlichkeit im Kindesalter. Das Besondere an dieser Grabstelle ist, daß die 50 reichkostümierten weiblichen Figurinen eine theatralische Darstellung des Lebens in Teotihuacán zu symbolisieren scheinen. Bekanntlich fand man in Teotihuacán keinerlei Schriftzeichen, so daß diese Verkörperung von historischer Bedeutung sein könnte. Daneben fand man zahlreiche Keramikgefäße, Meeresmuscheln und Meeresschnecken.

Tepic   G 7

Bundesstaat: Nayarit (Nay.)
Höhe: 915 m ü.d.M.
Einwohnerzahl: 390 000
Telefonvorwahl: 01 321

Anreise von
Mexiko-Stadt

Mit der Eisenbahn über Guadalajara in ca. 19 Std.; mit dem Bus in ca. 14 Stunden.

Lage und
Allgemeines

Tepic, die Hauptstadt des Bundesstaates Nayarit, am Fuße des erloschenen Vulkans Sangangüey (2360 m ü.d.M.), liegt inmitten grüner Hügel etwa 50 km östlich der Pazifikküste. Im Osten der Stadt erstreckt sich eine weite Ebene mit Tabak- und Zuckerrohrplantagen.

Geschichte

Die Ortschaft Tepic (Náhuatl: 'harter Stein') wurde 1531 von Nuño Beltrán de Guzmán gegründet. Im Jahre 1711 verlieh Philipp V. Tepic das Stadtrecht. Erst mit dem Bau einer Eisenbahnverbindung – 1912 – begann die moderne Entwicklung der Stadt und der Region.

Sehenswertes

Die Stadt eignet sich als Ausgangspunkt für Ausflüge zu den Stränden der Küste oder zu den umliegenden Indianerdörfern. Erwähnenswert sind die Kathedrale an der Plaza Principal mit neogotischen Türmen sowie die Kirche La Cruz de Zacate, benannt nach einem Kreuz aus Zacate-Gras, das, von den Indianern verehrt, in einem Hof wächst.

Tepic

Das Museo Amado Nervo (Zacatecas 284) ist dem bekannten mexikanischen Dichter gewidmet, der hier geboren wurde. Interessant ist das Regionalmuseum (Museo Regional de Antropología e Historia), Av. México 91, das archäologische Funde aus der Gegend, Gemälde der Kolonialzeit sowie Exponate zum Leben der Cora und Huicholes zeigt.

Museen

*Regionalmuseum

Umgebung von Tepic

Nach 70 km auf der MEX 15 in Richtung Guadalajara führt die Straße durch eine von Lavamassen des Vulkans Ceboruco bedeckte bizarre Landschaft und kurz danach in das Städtchen Ixtlán del Río (Náhuatl: 'Ort des Obsidians'; 1024 m ü.d.M.; 40 000 Einw.; Fiestas: letzter Sonntag im Oktober, Día de Cristo Rey und 8.–12. Dezember, Virgen de Guadalupe). 3 km nach dem Ort liegt linker Hand eine der wenigen, nicht nur aus Gräberfeldern bestehenden archäologischen Stätten Westmexikos, das 'Centro Ceremonial Rincón de Ixtlán y Los Toriles'. Die teilweise freigelegte Zone dürfte schon im 6. und 7. Jh. bewohnt gewesen sein. Die heute sichtbaren Bauwerke stammen vermutlich aus der frühen Nachklassik (900–1250 n. Chr.), einer Periode, die hier sicherlich von den Tolteken beeinflußt war. Zu den interessantesten Bauwerken gehören ein L-förmiges Gebäude auf einer niedrigen Plattform und ein Rundbau mit kegelförmigen Fenstern und zwei Altarplattformen, der wahrscheinlich dem Quetzalcóatl in seiner Eigenschaft als Windgott geweiht war. Daneben sieht man noch Wohnbauten, Plattformen, Altäre und noch nicht freigelegte Gebäude.

Ixtlán del Río

Etwa 40 km südlich von Tepic liegt Compostela (1020 m ü.d.M.; 55 000 Einw.; Fiestas: erster Freitag im Dezember, Día del Señor de la Misericordia und 25. Juli, Día de Santiago Apóstol). Dieser alte Minenort besitzt eine interessante Pfarrkirche aus dem 16. Jh. und liegt in einem Tabakanbaugebiet. Einige der südwestlich gelegenen Fischerdörfer sind zu beliebten Badeorten geworden, darunter das pittoreske Peñita de Jaltemba und Rincón de Guayabitos.

Compostela

Von der MEX 15 in Richtung Mazatlán biegt nach 34 km eine Straße zu dem 36 km entfernten, bereits seit über zehn Jahren populären Seebad San Blas ab (12 000 Einw.; Fiesta: 3. Februar, Día de San Blas). Der Ort ist von Tepic auch über Santa Cruz (51 km) und dann 25 km entlang der Strände zu erreichen. In der Kolonialzeit war San Blas ein wichtiger Handelshafen für die Schiffsverbindungen nach Ostasien, wie man aus den Überresten des alten spanischen Forts Fuerte San Basilio ersehen kann. Von diesem malerischen Fischerdorf kann man schöne Bootsfahrten durch tropische, vogelreiche Fluß- und Lagunenlandschaften machen. Zu den herrlichen kilometerlangen Stränden gehören die südlich gelegene Playa El Borrego und die sich südöstlich erstreckenden Playas Las Islitas (9 km), Matanchén (11 km), Los Limones, de los Cocos und Miramar (23 km).

San Blas

Das beliebte Strandrevier Playa Los Corchos erreicht man, wenn man von Tepic nordwestlich auf der MEX 15 nach Santiago Ixcuintla fährt und dort zum Meer nach Westen abbiegt (Gesamtstrecke ca. 100 km).

Playa Los Corchos

Von Santiago Ixcuintla lohnt ein Abstecher von der Straße nach Playa Los Corchos zu der 25 km entfernten Laguna Mexcaltitán. Das Dorf Mexcaltitán (Fiesta: 28./29. Juni, Peter und Paul und Eröffnung der Fischfangsaison), eine Art Klein-Venedig, liegt auf einer kreisrunden Insel inmitten des fisch- und vogelreichen Sees. Manche Historiker sehen in dieser Insel das legendäre Aztlán, die Urheimat der Nahua-Völker und damit auch der Azteken.

Laguna Mexcaltitán

Tepotzotlán K 8

Bundesstaat: México (Mex.)
Höhe: 2270 m ü.d.M.
Einwohnerzahl: 40 000

Anreise von Mexiko-Stadt

Mit der Metro-Linie 2 bis zur Station Cuatro Caminos/El Toreo, weiter mit dem Bus (ca. 1 Std.); mit dem Auto auf der MEX 57 Richtung Norden, nach etwa 42 km Abzweigung nach Tepotzotlán (2 km).

Lage und Allgemeines

Unweit von Mexiko-Stadt liegt Tepotzotlán, ein hübsches Städtchen aus der Kolonialzeit, das einst ein Zentrum der geistlichen Unterweisung in Neuspanien war. Heute beherbergt es in seinem Kloster ein hochinteressantes sakrales Museum und besitzt in der gut restaurierten Kirche ein Juwel mexikanischer Barockkunst.

Geschichte

1582 wurde in Tepotzotlán (Náhuatl: 'Ort des Buckligen'), einer alten Otomí-Siedlung, das Jesuitenkolleg San Martín gegründet und mit Unterstützung indianischer Kaziken von einheimischen Handwerkern erbaut. Es diente der Unterweisung der Spanier in den Indianersprachen Náhuatl und Otomí und der religiösen Erziehung der Söhne der indianischen Elite. Im 17. und 18. Jh. wurde das Kloster wesentlich ausgebaut. Einer der bedeutendsten Stifter war Pedro Ruiz de Ahumada, der den Umbau der nach dem heiligen Franziskus Xavier benannten Kirche ermöglichte. Sie wurde 1682 neu geweiht, aber erst 1762 vollendet. Mit der 1767 erfolgten Ausweisung der Jesuiten aus Neuspanien gingen auch Kolleg und Kirche in andere Hände über. Nach der Unabhängigkeit Mexikos kehrten die Jesuiten, allerdings mit geringerem Einfluß, nach Tepotzotlán zurück, wo sie bis zur Säkularisierung der Klöster 1859 blieben. In neuerer Zeit wurden Kloster und Kirche dem Instituto Nacional de Antropología e Historia unterstellt. Seit 1964 ist im ehemaligen Kolleg und in der Kirche ein sakrales Museum untergebracht.

**Klosteranlage

Klosterkirche

Öffnungszeiten
Di.–So. 10.00–17.00

Die Fassade der im wesentlichen zwischen 1628 und 1762 errichteten Klosterkirche gehört neben der von La Valenciana bei → Guanajuato und jener von Santa Prisca in → Taxco zu den hervorragendsten Beispielen des churriguereskes Stils in Mexiko. Sie wurde von 1760 bis 1762 von verschiedenen Künstlern ausgeführt und zeigt u. a. in herrlich harmonischer Gestaltung 'Estípites' (auf der Spitze stehende Wandpfeiler), Nischen mit Sockeln und Skulpturen sowie Medaillons mit Reliefs. Über dem Fenster sieht man die Statue des San Francisco Xavier und in den Seitennischen die der Heiligen Ignacio de Loyola, Francisco de Borja, Luis Gonzaga und Estanislao de Kotska, der bedeutendsten Persönlichkeiten des Jesuitenordens. Der zweistöckige Turm ist ebenfalls mit 'Estípites' geschmückt. Der kleine nach hinten versetzte Turm zur Linken gehört zu der Casa de Loreto.

Innenraum

Durch das Kloster betritt man das Innere der Kirche, die in ihrem breiten Schiff sieben prachtvolle, vorwiegend holzgeschnitzte, vergoldete Altäre im typisch churriguereskes Stil zeigt. Der dreiteilige Hauptaltar, im Entwurf ähnlich der Kirchenfassade, zeigt in der Mitte die Statue des San Francisco Xavier sowie besonders ausdrucksvolle Skulpturen der Unbefleckten Empfängnis in der oberen Mitte und Johannes des Täufers in der linken Nische. Der Altaraufsatz zur Rechten ist Luis Gonzaga, der zur Linken San Estanislao de Kotska geweiht. Hervorzuheben sind die zwischen 1733 und 1758 entstandenen weiteren Altäre bzw. Kapellen San Ignacio de Loyola mit Skulpturen des Ordensgründers, Nuestra Señora de Guadalupe mit einem Gemälde und Fresken der Schutzpatronin Mexikos von Miguel Cabrera, Nuestra Señora de la Luz mit einer prachtvollen Statue, und Nuestra Señora de Loreto, die eine Nachbildung des Hauses der Jungfrau Maria in Nazareth und einen Altaraufsatz mit einer frühen italienschen Statue birgt.

Innenraum (Fortsetzung)

An die letztgenannte Kapelle schließt sich ein achteckiger Raum, der Camarín an, der einen Höhepunkt des mexikanischen Hochbarock darstellt. Den Formen und der Ausarbeitung der Retablos wie auch der Decke merkt man die Hand indianischer Künstler an. Beachtenswert sind die Figuren der Erzengel und die schwarzen, oxydierten Darstellungen aus Silber. Das frühe Kreuzrippengewölbe des Camarín zeigt noch Mudéjar-Einfluß. Zum grandiosen Gesamteindruck trägt das durch Alabasterfenster eindringende Licht bei.

Camarín

Ins Kirchenschiff zurückgekehrt, sieht man rechts die Kapelle Relicario de San José, die ein Gemälde von José Ibarra und einen besonders schönen kleinen Altaraufsatz enthält.

Im Gebäude des ehemaligen Jesuitenkollegs ist heute das Nationalmuseum des Vizekönigreichs (Museo Nacional del Virreinato) untergebracht. Der Kreuzgang der Brunnen (Claustro de los Aljibes) enthält vorwiegend Ölgemälde von Cristóbal de Villalpando.

Museo Nacional del Virreinato

Von hier gelangt man in die Hauskapelle (Capilla Doméstica), in deren Vorhalle (Portería) Bilder von Miguel Cabrera zu sehen sind. Die aus der Mitte des 17. Jh.s stammende Kapelle, die später umgestaltet wurde, hat ein Gewölbe, dessen Dekor die Wappen der sechs wichtigsten in Neuspanien tätigen Orden zeigt. Besonders interessant ist der Altar mit seinen Skulpturen, Spiegeln und Bildern der Jesuitenheiligen. Links die kniende Stifterfigur des Pedro Ruiz de Ahumada.

Hauskapelle

In den zahlreichen Sälen und Gängen des Museums sind meist sakrale Kunstschätze aus dem 16. bis 19. Jh. in wechselnder Folge ausgestellt, die aus allen Teilen des einstigen Vizekönigreichs Neuspanien stammen, wie z. B. Skulpturen, Altartafeln und Gemälde der bedeutendsten Künstler dieser Epoche sowie Möbel, Porzellan, Rüstungen, Waffen und Kirchengerät jeder Art. Einige Räumlichkeiten werden regelmäßig für Konzerte und Theateraufführungen benutzt.

Umgebung von Tepotzotlán

Nach etwa 27 km in südwestlicher Richtung über San Miguel Cañadas erreicht man Los Arcos del Sitio, einem von den Jesuiten für die Wasserversorgung von Tepotzotlán im 18. Jh. errichteten, mehrstöckigen Aquädukt, der mit 60 m der höchste Mexikos ist.

Los Arcos del Sitio

Kehrt man von Tepotzotlán auf die MEX 57 zurück und fährt diese in Richtung Querétaro weiter bis zur Abzweigung nach Tepeji del Río (27 km), sind es von dort noch ca. 20 km bis zu der großen toltekischen Ruinenstätte → Tula.

Tepoztlán

→ Morelos

Texcoco

San Francisco Xavier in Tepotzotlán

Netzahualcóyotl-Denkmal in Texcoco

Tequila

→ Jalisco

Texcoco de Mora   K 8

Bundesstaat: México (Mex.)
Höhe: 2278 m ü.d.M.
Einwohnerzahl: 150 000
Telefonvorwahl: 01 595

Anreise von Mexiko-Stadt
Mit dem Bus (Abfahrt Terminal del Oriente in der Nähe der Metro-Station Candelaría); mit dem Auto am Flughafen vorbei 20 km auf der über den ausgetrockneten Texcoco-See führenden Straße oder 44 km auf der MEX 190 und 136 über Los Reyes.

Lage und Allgemeines
Texcoco spielte zwischen dem 14. und dem 16. Jh. eine historisch wichtige Rolle. Am Rande des gleichnamigen, heute ausgetrockneten Sees angesiedelt, rivalisierte die Stadt mit Tenochtitlán, der auf einer Insel im damaligen See erbauten Metropole der Azteken. Heute ist Texcoco, unweit nordwestlich von Mexiko-Stadt günstig gelegen, ein Markt für Wollbekleidung, Keramik und Glas in einer Umgebung, die zahlreiche archäologische Stätten und Kunstschätze aus der Kolonialzeit aufweist.

Geschichte
Chichimeken unter ihrem Führer Xólotl, die im 13. Jh. Tenayuca gründeten, verlegten Anfang des 14. Jh.s unter Quinatzín ihre Hauptstadt

Texcoco

Geschichte (Fortsetzung)

nach Texcoco (Náhuatl: 'Platz der großen Felsen'), das schon in der Toltekenzeit gegründet worden war. In der zweiten Hälfte des 14. Jh.s geriet die Stadt unter den beherrschenden Einfluß der Tepaneken von Atzcapotzalco (Náhuatl: 'Ameisenhügel der Menschen'). Schließlich wurden 1428 die Tepaneken von einem Bündnis zwischen den Mexica und Texcoco besiegt und das Königreich Texcoco 1431 wiederhergestellt. Sein gütiger Herrscher Netzahualcóyotl (Nezahualcóyotl = 'Hungriger Koyote'; 1418–1472), als Dichter und Krieger legendär geworden, schloß eine Dreierallianz mit Tenochtitlán und Tlacopán (Tacuba) und leitete so die Blütezeit Texcocos ein. Politisch war der Stadtstaat, der als geistiges und künstlerisches Zentrum galt, den kriegerischen Mexica unterlegen. Nach dem Tod von Netzahualcóyotls Sohn und Nachfolger Netzahualpilli (1472–1515) kam es zu Erbstreitigkeiten, die von den Mexica zum Nachteil von Texcoco ausgenutzt wurden. Nachdem es von den Spaniern 1521 ohne größeren Widerstand besetzt worden war, wurden in Texcoco die in Tlaxcala erbauten Schiffe zu Wasser gelassen, die einen entscheidenden Anteil an der Eroberung der Seestadt Tenochtitlán hatten. Man schätzt, daß die Einwohnerzahl Texcocos nach der Eroberung über 150 000 betrug. Die Franziskaner errichteten bald nach ihrem Eintreffen eine Klosterschule für Indianer. Hernán Cortés, der zeitweise in Texcoco lebte, soll 1530 hier seine erste Frau, später seine Mutter und 1536 einen Sohn begraben haben. Die Pestepedemie der Jahre 1575/76 dezimierte die Bevölkerung, und ein Jahrhundert später war Texcoco nur noch eine unbedeutende Kleinstadt.

Der alte Glanz der Stadt ist kaum mehr spürbar. Von dem neben dem Palast des Netzahualpilli erbauten Franziskanerkloster sind die Vorhalle mit der Offenen Kapelle und ein Renaissancekreuzgang übriggeblieben. An der Pfarrkirche ist das schöne spanisch-platereske Nordportal zu beachten. Das Portal der Capilla de la Concepción ('La Conchita') ist ein besonders schönes Beispiel für die 'Tequitqui' genannte indianische Steinmetzkunst des 16. Jahrhunderts.

Sehenswertes

Umgebung von Texcoco

Etwa 7 km nördlich liegt das Dorf Chiconcuac, das für seine Wollwaren (Sarapes, Rebozos u. a.) bekannt ist. Unweit befindet sich die Ortschaft Papalotla, deren hübsche kleine Kirche Santo Toribio geschnitzte Barockretablos und einen Atriumeingang mit schön gearbeiteten Bögen aus dem 18. Jh. besitzt.

Chiconcuac
Papalotla
Santo Toribio

Etwa 20 km nordöstlich von Texcoco befindet sich in Tepetlaoxtoc ein Dominikanerkloster von 1529, dessen Kreuzgang noch Reste von Fresken aufweist. Ein schöner Brunnen und eine Kirche aus dem 18. Jh. sind im Dorf ebenfalls sehenswert.

Tepetlaoxtoc

Im Jahre 1616 wurde die 7 km östlich von Texcoco gelegene Hacienda Molino de las Flores ('Mühle der Blumen') gegründet, die heute jedoch recht verkommen ist. Beachtenswert sind die kleinen Barockkapellen und die schönen Gärten. In der Nähe, am Cerro de Texcotzingo, finden sich Reste der einst prächtigen Sommerresidenz Netzahualcóyotls mit Bädern und 'hängenden' Gärten.

Molino de las Flores

3 km südlich von Texcoco findet man im Hauptgebäude der Landwirtschaftsschule (Escuela Nacional de la Agricultura) von Chapingo einige der besten Fresken Diego Riveras, in denen er die mexikanische Agrarrevolution, die Fruchtbarkeit der Erde und eine bessere Zukunft der Menschheit darstellt.

Chapingo

Teziutlán

Umgebung von Texcoco (Forts.)
*Huexotla

Nur wenige Kilometer von Chapingo entfernt kommt man in die Ortschaft Huexotla (Náhuatl: 'Platz der Weiden'), einst eine wichtige, allerdings unter der Vorherrschaft von Texcoco stehende Stadt. Heute sieht man noch die Festungsmauer, die ursprünglich das zentrale Heiligtum (Teocalli) umgab. Es handelt sich um eine ausgedehnte archäologische Zone, die allerdings nur zu einem Bruchteil erforscht ist.
Am kleinen, bescheidenen Franziskanerkloster aus dem Jahre 1541 sind die Steinkreuze auf den beiden Absätzen des Atriums zu beachten. Im Gegensatz dazu steht die eigenwillige, reich verzierte churriquereske Fassade der Kirche San Luis Obispo aus dem 17. und 18. Jh. mit deutlich indianischem Einschlag. Im Innern befindet sich eine bemerkenswerte steinerne Kanzel aus dem 16. Jahrhundert.

San Miguel Coatlinchán

Etwas weiter südlich liegt das Dorf San Miguel Coatlinchán (Náhuatl: 'Haus der Schlange') mit einer hübschen, dem heiligen Michael geweihten Kirche, einem Wehrbau mit barocker Fassade und gekacheltem Turm. In der Nähe fand man die 167 t schwere Steinplastik der Wassergöttin Chalchiuhtlicue, der Schwester und Frau des Regengottes Tláloc, die heute am Eingang zum Anthropologischen Nationalmuseum in Mexiko-Stadt steht.

Von Texcoco sind es 25 km zu dem berühmten Kloster → Acolman und 35 km zu der Ruinenstadt → Teotihuacán.

Teziutlán   L 8

Bundesstaat: Puebla (Pue.)
Höhe: 1990 m ü.d.M.
Einwohnerzahl: 105 000
Telefonvorwahl: 01 231

Anreise

Mit dem Auto von Jalapa ca. 110 km über Perote und Altotonga.

Lage und Allgemeines

Die freundliche Kolonialstadt Teziutlán liegt an einer in den Felsen gehauenen kurvenreichen Straße inmitten von bewaldeten Bergen. Obwohl Teziutlán selbst keine besonderen Sehenswürdigkeiten bietet, ist der Ort – an einer der Verbindungsstraßen zwischen Mexiko-Stadt und der Küste des Golfes von Mexiko günstig gelegen – ein guter Ausgangspunkt für Ausflüge in interessante Bergregionen.

Sehenswertes

Der bereits 1520 gegründete Ort besitzt noch viele Merkmale der Kolonialzeit, die in schönen großen Bauten sichtbar werden. Zu erwähnen sind der hübsche Hauptplatz sowie die Kirche El Carmen.

Umgebung von Teziutlán

Zacapoaxtla

Nach 15 km in westlicher Richtung kommt man zunächst an den Quellen von Chignautla vorbei. 46 km von Teziutlán in derselben Richtung zweigt hinter Zaragoza eine Straße zu dem 17 km nördlich gelegenen Ort Zacapoaxtla ab (1800 m ü.d.M.; 31 000 Einw; Fiesta: Anfang Mai und 29. Juni, San Pedro; Mittwochsmarkt). Der Ort liegt in einer prächtigen, oft nebligen Bergwelt, die sich durch eine unberührte, abwechslungsreiche Landschaft und das Brauchtum der Indianer verschiedener Stämme auszeichnet. Die althergebrachten Feste der Nahua, Otomí und Totonaken gehören zu den buntesten und interessantesten des Landes. In dem Städtchen findet man die Kirchen Guadalupe de Libres und die Pfarrkirche San Pedro.

Von Zacapoaxtla führt eine herrliche Bergfahrt über 95 km in nördlicher Richtung nach Cuetzalán (Náhuatl: 'Ort der Quetzal'; 1200 m ü.d.M.; Fiestas: 15.–18. Juli, Ortsfest; 2.–6. Oktober, San Francisco und Kaffeemesse; 12. Dezember, Guadalupe; Sonntagsmarkt). Der malerische Ort, inmitten der Sierra Norte des Bundesstaates Puebla gelegen, ist ein Zentrum verschiedener Indianergruppen, die in ihren hübschen Trachten vor allem an Markt- und Festtagen das Bild des Ortes beleben. Berühmt sind die jährlichen Feste, an denen ausgewählte Folkloregruppen des Gebietes (Quetzales, Negritos, Santiagos und Voladores) ihre typischen Tänze vorführen. An Sehenswürdigkeiten kann Cuetzalán das Rathaus (Palacio Municipal) mit europäisch anmutender Architektur, die Parroquia mit dem ungewöhnlichen Torre de los Jarritos und etwas außerhalb die Kirche Guadalupe mit davorliegenden kunstvoll geschmückten Gräbern vorweisen. Der wichtigste Erwerbszweig in Cuetzalán und Umgebung ist der Anbau und die Verarbeitung von Kaffee.

Umgebung von Teziutlán (Forts.)
*Cuetzalán

Für den archäologisch Interessierten empfiehlt sich ein Besuch der mit geländegängigem Fahrzeug von Cuetzalán in etwa 50 Minuten erreichbaren Ausgrabungsstätte von Yohualichán (Náhuatl: 'Haus der Nacht'). Dieses auf vier verschiedenen Terrassen erbaute Kultzentrum ist der bisher einzige bekannte Ort außerhalb von → El Tajín, der im gleichen Stil errichtet wurde. Heute sind insgesamt fünf Bauten freigelegt. Am sehenswertesten sind die mit Nischenfriesen verzierten Pyramiden, darunter eine siebenstöckige, und der Ballspielplatz, mit einer Länge von 90 m einer der größten in Mesoamerika. Da dieser Ort wie El Tajín bei Ankunft der Spanier von Totonaken bewohnt war, hat man ihn lange irrtümlich diesem Volke zugeschrieben. Man weiß bis heute noch nicht genau, wer die Erbauer dieser Stätten aus der Klassik (300–900 n. Chr.) waren. Die bisherigen Funde ergaben, daß Yohualichán nicht an das künstlerische Niveau El Tajíns heranreicht und manches läßt darauf schließen, daß es früher gegründet wurde.

*Yohualichán

Tijuana A 1

Bundesstaat: Baja California Norte (B.C.)
Höhe: 152 m ü.d.M.
Einwohnerzahl: 1 300 000
Telefonvorwahl: 01 66

Zahlreiche Flugverbindungen aus mexikanischen und US-amerikanischen Flughäfen; mit dem Bus aus den USA (Greyhound-Terminal auf der US-Seite); mit dem Auto aus den USA oder von dort gar zu Fuß über die Grenze.

Anreise

Tijuana ist die wichtigste mexikanische Grenzstadt zu den Vereinigten Staaten von Amerika (US-Bundesstaat California), unter deren Einfluß es von allen Städten Mexikos am meisten steht. Die vorwiegend vom Tourismus und der 'Veredelungsindustrie' lebende Stadt lockt alljährlich viele Millionen Besucher an, vor allem aus den Einzugsgebieten der US-kalifornischen Großstädte San Diego (25 km) und Los Angeles (260 km). Tijuana verzeichnet mit ca. 50 Mio. Besuchern die meisten Grenzgänger und ist Ausgangspunkt der Carretera Transpeninsular (MEX 1) durch Niederkalifornien.

Lage und Allgemeines

Tijuana (Cochimí: 'Ticuán' = 'nahes Wasser') hat eine kurze Geschichte. Aus einer Rinder-Hacienda namens Tía Juana ('Tante Anna'), die 1829 von José María Echandi gegründet wurde, entwickelte

Geschichte

Tijuana

Geschichte (Fortsetzung)

sich die heutige Großstadt. Ihr Aufstieg begann während der Prohibitionszeit (1920–1933), als der Genuß alkoholischer Getränke in den USA verboten war und zahlreiche durstige Seelen einen kurzen Ausflug über die Grenze unternahmen.

Grenzstadt

Eines der wenigen bemerkenswerten Gebäude der Stadt ist die der Jungfrau von Guadalupe geweihte Kathedrale (20. Jh.). Einen ersten Eindruck für Mexiko-Urlauber, die in Tijuana ihre Reise beginnen, vermittelt das auch architektonisch interessante Centro Cultural Tijuana (P. de los Heroes e Independencía) durch eine Multimedia-Show und ein Museum. Ihm angeschlossen ist das Museo de Identidades Mexicanas, das dem Besucher einen guten Überblick über Land und Leute, Traditionen und Bräuche gibt. Tijuanas Bedeutung liegt in dem großen Angebot zollfreier Waren sowie mexikanischer Volkskunst und Souvenirs, in seinen Veranstaltungen (Stierkampf, Pferde- und Hunderennen, Jai Alai, Frontón, Baseball) und seinem Nachtleben. Mittelpunkt des Geschehens ist der Hauptplatz Parque Municipal Guerrero, das Einkaufsviertel um die Avenida Revolución und der Bulevar Agua Caliente mit Hotels, Restaurants, Läden und Sportarenen.

Museum Mexitlán

Das Museum Mexitlán, Calle 2 und Av. Ocampo, das 1991 eröffnet wurde, zeigt in einem großen Park 150 Modelle der bekanntesten präkolumbischen und modernen Monumente des Landes. Außerdem finden dort Musik- und Ballettvorführungen statt.

Umgebung von Tijuana

Tecate

Fährt man von Tijuana auf der MEX 2 in Richtung Osten, erreicht man nach ca. 50 km die Stadt Tecate (480 m ü.d.M.; 110 000 Einw.; Fiestas: erster Sonntag im Juli und 12. Dezember, Día de Nuestra Señora de Guadalupe), ein Grenzübergang sowie ein Agrar- und Industriezentrum mit großer Bierbrauerei.

*La Rumorosa

Der weitere Verlauf der MEX 2 in östlicher Richtung führt durch La Rumorosa, wo man von bizarren Felsformationen aus einen prachtvollen Ausblick über das Wüstenpanorama hat.

Laguna Salada

Nach weiteren 30 km beginnt die sich nach Süden erstreckende Laguna Salada, ein flacher See, der über Nacht austrocknen kann.

Mexicali

Von Tecate sind es 140 km bis Mexicali (3 m ü.d.M.; 880 000 Einw.), dessen Name eine Schöpfung aus den Anfangssilben von "Mexico" und "California" ist. Noch 1898 stand hier ein Dorf der Cucapá-Indios mit dem Namen Laguna del Álamo. Heute ist es die dynamische Hauptstadt von Baja California Norte, ein Zentrum der 'Veredelungsindustrie' und der Agrarwirtschaft (Baumwolle, Obst, Gemüse) und Grenzübergang nach der Schwesterstadt Calexico in den USA. Im Museum der Universität kann man Paläontologie, Archäologie, Ethnographie und Missionsgeschichte Niederkaliforniens studieren.

Cerro Prieto

24 km südlich von Mexicali biegt von der MEX 5 eine Straße zu der geothermischen Zone von Cerro Prieto ab. Dieses vulkanische Feld ist der zweitgrößte geothermische Generator der Erde und liefert einen guten Teil des Stromes für das Tal von Mexicali.

San Felipe

Ein vielbesuchter Badeort ist der 193 km südlich von Mexicali gelegene Fischerort San Felipe (30 000 Einw.) am Meer des Cortés. Der Ort ist auch beliebt bei Hochseeanglern. Die mexikanische Regierung plant hier ein großes Touristenzentrum.

Tlacolula

→ Oaxaca (Stadt)

Tlaquepaque

→ Guadalajara

Tlaxcala (Bundesstaat)

Kürzel: Tlax.
Hauptstadt: Tlaxcala
Fläche: 4027 km²
Bevölkerungszahl: 883 900

Tlaxcala ist der kleinste, aber auch einer der am dichtesten besiedelten Bundesstaaten Mexikos. Er wird an drei Seiten durch den Staat Puebla, im Westen durch den Estado de México und im Norden durch Hidalgo begrenzt. Das hochgelegene Land hat ein angenehm kühles Klima. Der 4461 m hohe Berg La Malinche ist der fünfthöchste Mexikos. Von den archäologischen Stätten sei → Cacaxtla angeführt.

Lage und Landesnatur

Über die frühe Geschichte des heutigen Bundesstaates weiß man wenig. Zwischen 650 und 900 n. Chr. brachten die Olmeca-Xicalanca ihre Kultur in das heutige Tlaxcala. Um die Mitte des 14. Jh.s kamen aus Texcoco Nahua-Indianer vom Stamme der Tlatepotzca und ver-

Geschichte

Mexiko
Vereinigte Mexikanische Staaten
Estados Unidos Mexicanos

Tlaxcala

Bundesstaaten
Estados

1a Baja California Sur
1b Baja California Norte
2 Sonora
3 Chihuahua
4 Sinaloa
5 Durango
6 Coahuila
7 Nuevo León
8 Zacatecas
9 San Luis Potosí
10 Tamaulipas
11 Nayarit
12 Aguascalientes
13 Jalisco
14 Guanajuato
15 Querétaro
16 Hidalgo
17 Colima
18 Michoacán
19 México
20 Morelos
21 Tlaxcala
22 Puebla
23 Veracruz
24 Guerrero
25 Oaxaca
26 Chiapas
27 Tabasco
28 Campeche
29 Yucatán
30 Quintana Roo

D.F. Distrito Federal (Bundesdistrikt)

© Baedeker

Tlaxcala (Stadt)

Tlaxcala (Bundesstaat), Geschichte (Forts.)

mischten sich mit den hier ansässigen Otomí. Es entstand Tlaxcala, eine Art Republik, die von vier autonomen Herrschaften getragen wurde. Im Kampf gegen die in Tenochtitlán herrschenden Azteken (Mexica) spielte Tlaxcala eine wichtige Rolle. Nach einer vorübergehenden Ausbreitung bis an die Golfküste wurden die Tlaxcalteken durch die Azteken in der zweiten Hälfte des 15. Jh.s wieder auf ihr Stammesgebiet zurückgedrängt und jahrzehntelang belagert. Anfang des 16. Jh.s schlossen die Azteken mit den unbesiegten Tlaxcalteken einen Vertrag, der die Kriegshandlungen auf periodische Scharmützel begrenzte, bei denen es lediglich darum ging, Gefangene für die religiösen Opferungen zu machen ('Blumenkrieg' = Xochiyáoyotl).

Den 1519 eindringenden Spaniern setzten die Tlaxcalteken anfänglich heftigen Widerstand entgegen, schlossen jedoch bald mit Cortés eine Allianz gegen die verhaßten Azteken. Nur Xicoténcatl der Jüngere, ein Sohn eines der vier Herrscher, lehnte dieses Bündnis ab und wurde dafür zwei Jahre später von den Spaniern hingerichtet. Auch nach dem ersten mißlungenen Versuch der Spanier, Tenochtitlán, die Hauptstadt der Azteken, zu erobern ('Noche Triste' = traurige Nacht), hielten die Tlaxcalteken ihre Unterstützung aufrecht. Cortés und seine Truppen bereiteten sich in Tlaxcala auf die endgültige Belagerung Tenochtitláns vor. So wurden hier auch die Brigantinen vorgefertigt, welche dann den entscheidenden Angriff auf dem Texcoco-See gegen die Metropole ermöglichten. Mit diesen sowie mit Hilfe von Tausenden von Tlaxcalteken gelang es Cortés und seinen Konquistadoren, 1521 die Aztekenhauptstadt zu erobern und zu zerstören. Als Dank für die Hilfe wurden Tlaxcala von der spanischen Krone verschiedene Privilegien verliehen, die das Leben der indianischen Bewohner etwas erleichterten. Noch in späterer Zeit waren die Bande zwischen Tlaxcala und Spanien so stark, daß man sich hier gegen die 1810 ausbrechende Unabhängigkeitsbewegung stellte. Zur Zeit der französischen Invasion und des Kampfes zwischen Konservativen und Liberalen (Guerra de Reforma) kam es 1862 bis 1864 auf tlaxcaltekischem Boden zu mehreren Schlachten. Eine 1910 gegen den Präsidenten Porfirio Díaz ausbrechende Bauernrevolte leitete die Revolution der folgenden Jahre ein.

Wirtschaft

Die Landwirtschaft stützt sich auf den Anbau von Getreide und Maguey-Agaven sowie auf die Viehzucht. Die handwerkliche und industrielle Fertigung von Wollstoffen und Bekleidung spielt neben der Töpferei ebenfalls eine Rolle.

Tlaxcala (Stadt)

Bundesstaat: Tlaxcala (Tlax.)
Höhe: 2255 m ü.d.M.
Einwohnerzahl: 100 000
Telefonvorwahl: 01 246

Anreise von Mexiko-Stadt

Mit dem Bus in ca. 2 Std.; mit dem Auto 113 km über die MEX 150 und MEX 119.

*Lage und Allgemeines

Tlaxcala liegt im mexikanischen Hochland am Abhang der östlichen Sierra Madre und ist die Hauptstadt des gleichnamigen Bundesstaates. Die Stadt war einst Zentrum des Verschmelzungsprozesses zwischen Spaniern und Indios sowie der Christianisierung Mexikos. Heute spürt man die lange und wichtige Geschichte des Ortes nur noch in einigen alten Bauwerken der im übrigen etwas verschlafen wirkenden Stadt.

Tlaxcala (Stadt)

Geschichte

Tlaxcala (Náhuatl: 'Ort des Maises') erhielt später den Beinamen 'de Xicoténcatl' nach einem Herrscher zur Zeit der Conquista, der sich einem Bündnis mit den Spaniern widersetzte. Die Stadt wurde Mitte des 14. Jh.s von dem aus Texcoco eingewanderten Nahua-Stamm der Tlatepotzca gegründet und spielte fast 200 Jahre lang eine bedeutende Rolle als Hauptstadt einer sich gegen das umliegende Aztekenreich behauptenden Republik. Die vorspanische Geschichte des Ortes ist eng mit der des tlaxcaltekischen Staates verknüpft.

Die Spanier kamen bereits 1519 auf ihrem Weg nach Tenochtitlán hierher und nach anfänglichen Kämpfen verbündeten sich die Tlaxcalteken mit ihnen gegen die Azteken. Nach ihrem Rückzug aus Tenochtitlán ('Noche Triste') konnten sich die Spanier hier sammeln und mit Unterstützung der Einheimischen wieder aufrüsten. Ohne die Hilfe von Tlaxcala, das Cortés Schutz bot sowie Material und Krieger stellte, wäre vielleicht die Eroberung Tenochtitláns nicht gelungen. Franziskaner waren 1524 beim Ausbau der Stadt sowie bei der ersten Taufe von Indianern in Mexiko beteiligt. 1535 verlieh Kaiser Karl V. dem Ort das Stadtrecht und besondere Privilegien in Anerkennung der Unterstützung, welche die Tlaxcalteken den Spaniern geleistet hatten. Die bevölkerungsreiche Stadt, die damals zu den größten Mexikos gehörte, verlor 1544 bis 1546 durch den Ausbruch der Pest einen Großteil ihrer Einwohner. Von diesem Schlag konnte sich Tlaxcala nicht mehr erholen; seine Rolle in der späteren Geschichte blieb daher bescheiden.

Sehenswertes

An der Plaza de la Constitución liegt das um 1550 errichtete Rathaus (Palacio Municipal); die Fensterbögen des zweiten Stocks sind in bemerkenswertem indianisch-maurischen Stil gestaltet.

Palacio Municipal

Daneben steht der Regierungspalast (Palacio de Gobierno), dessen Bau 1545 begonnen wurde. In seinen Gängen kann man moderne Fresken des tlaxcaltekischen Malers Desiderio Hernández Xochitiotzin sehen, welche die Geschichte der Stadt darstellen.

Palacio de Gobierno

Front des Palacio Municipal

Tlaxcala (Stadt)

Palacio de Justicia	Der heutige Justizpalast (Palacio de Justicia), der sich an der Stelle der alten königlichen Kapelle (Capilla Real) befand, wurde 1528 begonnen, Ende des 18. Jh.s durch einen Brand und im Jahr 1800 durch ein Erdbeben teilweise zerstört. Von der Kapelle sind noch die Flachreliefs am Eingangsfries erhalten, die das Wappen von Kastilien und León und des Hauses Habsburg zeigen.
Pfarrkirche San José	Die Pfarrkirche San José mit ihrer mit bunten Kacheln verkleideten roten Ziegelfassade steht in der Verbindung vom Hauptplatz zum Markt.
*San Francisco	Nahe der Plaza in süddöstlicher Richtung liegen das Kloster und die Kirche San Francisco, gegründet im Jahr 1526 und damit eine der ersten Klostergründungen in Mexiko. Die Hauptanlage des Klosterkomplexes wurde zwischen 1537 und 1540 errichtet; hier befindet sich heute das renovierte und neu eingerichtete Regionalmuseum (Museo Regional de Tlaxcala).
Regionalmuseum	
Iglesia de la Asunción	Sehenswert ist in der Kirche de la Asunción (heute Kathedrale von Tlaxcala) die prächtige sternengeschmückte Zedernholzdecke im maurischen Stil sowie das Taufbecken in der Kapelle des Dritten Ordens, wo die vier Herrscher von Tlaxcala angeblich getauft wurden. Auf einer tieferen Ebene, durch zwei Treppen erreichbar, befindet sich die gotische Offene Kapelle (Capilla Abierta oder Capilla de Indios), eine der ersten in Mexiko. Im Atrium sieht man die Reste zweier der ursprünglich vier Capillas Posas (Prozessionskapellen).
Museo de Artes y Tradiciones Populares	In diesem Museum (C. Emilio Sánchez 1) führen Einheimische u.a. Weben und Teppichknüpfen vor, auch die Herstellung von Pulque wird erläutert (Öffnungszeiten: Di.-So. 10.00-18.00 Uhr).
**Basilika der Jungfrau von Ocotlán	Oberhalb der Stadt erhebt sich eines der schönsten Sakralgebäude Mexikos, die Basilika der Jungfrau von Ocotlán (Náhuatl: 'Platz der Pinie'). Sie ist eine Schöpfung des Indianers Francisco Miguel aus der Mitte des 18. Jahrhunderts. Die weißen Stuckornamente des inneren Teils der churriguereskeben Fassade und der Türme heben sich prächtig von den mit sechseckigen roten Kacheln bedeckten gewölbten Außenteilen ab. Diese Kombination und der überaus plastische 'Muschelbogen' lassen das Barockgebäude ungemein graziös wirken. Das Portal wird gekrönt von der Figur des heiligen Franziskus, der die drei seine Orden symbolisierenden Welten stützt. Über ihm schwebt die gekrönte Jungfrau. Der Stuck und die Kacheln für diesen Bau wurden in Puebla hergestellt. Das Innere der Basilika wurde Mitte des 19. Jh.s fertiggestellt und in den dreißiger Jahren dieses Jh.s z. T. restauriert. Unverändert blieben der Hochaltar und die beiden Seitenaltäre sowie der achteckige Camarín (Nische oder Kammer, in der die Heilige Jungfrau steht), in diesem Fall eine kleine Kapelle hinter dem Hochaltar mit vielfarbigen indianisch beeinflußten Stuckdekorationen. Die Kuppel des reich ausgestatteten Raumes stellt inmitten eines goldenen Ringes Maria und die Apostel dar, über deren Köpfen der Heilige Geist schwebt. Der 1761 entstandene Tisch steht auf acht Beinen in Affenform (ozomatli), dem altindinischen Sinnbild für Freude.
Innenraum	
**Camarín	

Umgebung von Tlaxcala

San Esteban Tizatlán	Etwa 5 km nördlich der Stadt befindet sich an der Straße nach Apizaco der Ort San Esteban Tizatlán, einst eine der vier Herrschaften der Republik von Tlaxcala. Hier findet man Überreste vom Palast des Xicoténcatl sowie zwei Altäre mit interessanten präkolumbischen

Basilika der Jungfrau von Ocotlán ▶

Tlaxcala (Stadt)

Zedernholzdecke in San Francisco *Taufkapelle der Basilika von Ocotlán*

San Esteban Tizatlán (Forts.)	Wandmalereien. Diese im Stil der mixtekischen Bilderschriften gehaltenen Fresken stellen u. a. mythologische Gestalten dar wie Xochiquétzal, die Schutzgöttin von Tlaxcala, Tezcatlipoca ('Rauchender Spiegel'), den Kriegsgott des Nordens, Mictlantecuhtli, den Fürsten der Unterwelt und Tlahuizcalpantecuhtli, den Herrn des Morgensternes. In den Ruinen eine Kirche mit einer Offenen Kapelle (16. Jh.).
Huamantla de Juárez	Über die MEX 119 erreicht man nach etwa 20 km Apizaco (2408 m ü.d.M.; 45 000 Einw.), von wo die MEX 136 nach dem 27 km südöstlich gelegenen Huamantla de Juárez führt (2560 m ü.d.M.; 90 000 Einw.;). Sehenswert sind das von Franziskanern gegründete Kloster aus dem 16. Jh., die im 18. Jh. umgebaute Barockkirche und das Stierkampfmuseum (Museo Taurino).
Feste	Der Ort ist weithin bekannt durch seine im August stattfindenden farbenfrohen Feste , bei welchen am 15. (Mariä Himmelfahrt) Stiere wie im spanischen Pamplona durch die Straßen getrieben und der mildtätigen Jungfrau (Virgen de Caridad) mosaikartige Blumenteppiche ('Xochipetate') in den Straßen ausgelegt werden. Zur selben Zeit werden auch Vieh- und Kunsthandwerkmärkte abgehalten.
*Vulkan La Malinche	Auf der MEX 136 von Huamantla zurück nach Apizaco biegt nach ca. 13 km eine neue Straße zum 14 km entfernten 'Centro Vacacional Malintzín' in 3000 m Höhe ab. Der Platz ist idealer Ausgangspunkt zur Besteigung des erloschenen Vulkans La Malinche (4461 m), der nach Cortés indianischer Dolmetscherin und Geliebten benannt ist. Für den Aufstieg benötigt man ca. 3 bis 4 Std., für den Abstieg etwa 2 Stunden. Eine zweite Aufstiegsroute von San Miguel Canoa (nordöstlich von → Puebla) ist wesentlich länger und sollte nur von erfahrenen Bergsteigern unternommen werden.

Toluca de Lerdo K 8

Bundesstaat: México (Mex.)
Höhe: 2680 m ü.d.M.
Einwohnerzahl: 700 000
Telefonvorwahl: 01 72

Mit der Eisenbahn in ca. 2 Std.; mit dem Bus ca. 1 Std.; mit dem Auto 67 km auf der MEX 15.	Anreise von Mexiko-Stadt
Toluca, die Hauptstadt des Estado de México, liegt in dem gleichnamigen Hochtal westlich von Mexiko-Stadt. Es ist die höchstgelegene Großstadt Mexikos und hat als Verkehrs- und Handelsplatz sowie in den letzten Jahren auch als Industriezentrum Bedeutung gewonnen. Die Stadt bietet dem Besucher viele Museen.	Lage und Allgemeines
Das Gebiet um Toluca (Náhuatl: 'Tollucán' = 'Platz des Schilfrohrs') stand wahrscheinlich in der klassischen Zeit unter dem Einfluß von Teotihuacán. Die Matlatzinca (Náhuatl: 'die, die kleine Netze haben'), ein Nahua-Stamm mit sprachlichen Bindungen an die Otomí, siedelten sich wahrscheinlich Mitte des 13. Jh.s hier an. Im 14. Jh. gerieten sie abwechselnd unter die Herrschaft der im Tal von Anáhuac regierenden Fürsten. Anfang des 15. Jh.s noch mit den Azteken verbündet, wurden sie schließlich von diesen unterworfen und z. T. in das Gebiet des heutigen Michoacán vertrieben. Mehrere Rebellionen gegen die Aztekenherrscher mußten die Matlatzinca mit zahlreichen Menschenopfern bezahlen. Den Spaniern leisteten sie bei der Eroberung von Tenochtitlán begrenzte Hilfe. Bereits 1521 erforschten die Spanier unter Gonzalo de Umbria das Tal von Toluca. Die Franziskaner gründeten 1529 in Toluca ihr erstes Kloster und im Jahre 1667 wurde Toluca de San José das Stadtrecht verliehen. Im Jahre 1830 wurde es die Hauptstadt des Estado de México und Ende des 19. Jh.s erhielt die Stadt den Beinamen de Lerdo nach dem Staatsmann Sebastián Lerdo de Tejada.	Geschichte

Sehenswertes

An dem hübschen Hauptplatz (Zócalo, Plaza de los Mártires) steht die Kathedrale, ein neoklassizistisches Gebäude aus dem 19. Jh.; an seiner Nordseite der Regierungspalast (Palacio de Gobierno) aus dem Jahre 1872. Eine lange Einkaufsstraße mit 120 Arkaden (Portales) erstreckt sich einen Block rechts vom Hauptplatz. Unweit steht die barocke Kirche El Carmen aus dem 18. Jh.; in deren Konvent das Museum der schönen Künste (Museo de las Bellas Artes).	
Der Botanische Garten (Jardín Botánico; Juárez/Lerdo) befindet sich in einem Jugendstilgebäude mit wunderbaren Glasfenstern.	Botanischer Garten
An der Straße nach Mexiko-Stadt der riesige Markt (Mercado Juárez), einer der buntesten Mexikos, den man am besten freitags besucht.	*Markt
Zu den weiteren Museen gehört das Museo de Arte Popular (Ausstellung und Verkauf von Kunsthandwerk); weiterhin vier 1992 eröffnete Häuser – Museo José María Velasco (Landschaftsmaler 19./20. Jh.), Museo Gutiérrez (Porträtmaler 19. Jh.), Museo Nishizawa (japanisch-mexikanischer Maler), Museum für Aquarelle – sowie vier Museen im Centro Cultural Mexiquense (10 km südöstlich auf der Hacienda de la Pila): Museo de la Charrería (Reiterei), Museum für moderne Kunst, Museum für Volkskunst, Museum für Anthropologie und Geschichte.	Museen

Toluca

Umgebung von Toluca

Calixtlahuaca

Die MEX 55 verläßt die Stadt in nördicher Richtung. Nach 8 km zweigt nach links ein Feldweg zu der 2,5 km entfernten Ruinenstätte Calixtlahuaca (Náhuatl: 'Platz mit Häusern auf der Ebene') ab. Die frühe Geschichte dieser Kultstätte liegt weitgehend im Dunkeln. Vorgefundene Gebäudereste gehen auf die Kultur von Teotihuacán und in der frühen Nachklassik auf Xochicalco und die Tolteken zurück. Es folgten die Matlatzinca, die hier herrschten, bis sie von Eindringlingen aus dem Tal von Anáhuac unterjocht wurden. Die Azteken besetzten den Ort zum erstenmal 1474 und beeinflußten wesentlich die spätere Bautätigkeit. Mehrere erfolglose Aufstände der Matlatzinca gegen die Azteken endeten mit der Zerstörung der Tempel der Matlatzinca.

Tempel des Quetzalcóatl

Auf einer großen umbauten Terrasse liegt das wichtigste Gebäude dieser Stätte, der mehrmals überbaute Tempel des Quetzalcóatl (Estructura 3). Die vierstufige Rundpyramide hat eine breite Freitreppe und trägt einen Altar. Der Tempel war dem Windgott Ehécatl geweiht, der von den Huasteken übernommen und dann auch von Quetzalcóatl verkörpert wurde. Im Museum von Teotenango (s.u.) wird eine Statue des Gottes aufbewahrt, die man hier gefunden hat.

Auf einer höheren, nicht einsehbaren Ebene befindet sich ein Gebäudekomplex, der aus dem Tempel des Tláloc (Estructura 4) und einer Pyramidenplattform (Estructura 7) mit einer breiten Treppe besteht.

Schädelaltar

Auf der kleinen Plaza steht der T-förmige Altar der Schädel ('Tzompantli'), aus dessen Tablero Zapfen und Totenköpfe herausragen.

Eine dritte, noch höhere Ebene, weist die z.T. überwachsenen Reste zweier Plattformen (Estructura 5 und 6) und zwei behauene Steinplatten auf.

Calmecac

Verläßt man die Stätte in Richtung Wegkreuzung, liegt etwas weiter zur Linken die vierte Gruppe von Calixtlahuaca, die man nach der Eliteschule der Azteken Calmecac (Estructura 17) genannt hat. Die Anlage besteht aus mehreren Räumen und Plattformen, die sich um einen großen quadratischen Hof gruppieren.

Metepec

Etwa 8 km südöstlich von Toluca liegt das Städtchen Metepec (2060 m ü.d.M.; 50 000 Einw., Montagsmarkt) mit dem Franziskanerkloster San Juan Bautista aus dem 16./17. Jh. und der hübschen Kirche del Calvario mit großem Atrium. Der Ort ist bekannt durch das hier hergestellte grüne Steingut und polychrome Tonfiguren.
7 km südwestlich befindet sich bei der alten Hacienda Zacango ein Zoologischer Garten.

Teotenango

Nach rund 25 km auf der MEX 55 in südlicher Richtung von Toluca gelangt man zu der Ortschaft Tenango del Valle (oder de Arista), in deren unmittelbaren Nähe sich die große archäologische Stätte Teotenango (Náhuatl: 'Platz der göttlichen Wand') befindet. Es ist eine sehr ausgedehnte, einheitliche Anlage, deren Anfänge mindestens auf das 7. Jh. unserer Zeitrechnung zurückgehen. Die Blütezeit der Stätte lag zwischen dem 10. und 12. Jahrhundert. Auch hier gehen die Kulturkreise des späten Teotihuacán, der Tolteken, der Matlatzinca und der Azteken ineinander über. Ein großer Teil dieses ehemals bedeutendsten altindianischen Kulturzentrums im Tal von Toluca, das im wesentlichen von den Matlatzinca geprägt war, ist in den letzten 20 Jahren freigelegt worden. Man hat den Kern Nordgruppe (Sistema Norte) genannt und in sechs zusammenhängende Abschnitte (Conjuntos) eingeteilt. Typisch für diese Stätte sind die Pyramidenplattformen mit drei

Umgebung — Toluca

Tempel des Quetzalcóatl in Calixtlahuaca

oder vier zurückgesetzten Absätzen, auf denen einst die Tempelbauten ruhten, die man über teilweise gewaltige Freitreppen erreichte. Nach Betreten der Stätte gelangt man zunächst zum am Platz des Jaguars gelegenen Komplex A. Am zweiten Absatz der Stützmauer das Relief eines Jaguars mit der links eingemeißelten Glyphe '2 Kaninchen' ('2 tochtli') und rechts das Zeichen '9 Haus' ('9 calli').
Dahinter liegt der Komplex E mit einem Ballspielplatz von 23 m Länge und 10 m Breite und einem Schwitzbad. Für den Bau des Ballspielplatzes mußten einige Wohnräume weichen, deren Überreste noch zu sehen sind.
Das ausgedehnteste Areal der Nordgruppe ist der Komplex D. Neben Plattformen, Wohnbauten und Patios entdeckte man einen 120 m langen und 40 m breiten Bau, der 'Schlangensockel' (Basamento de la Serpiente) genannt wird. Davor breitet sich die Plaza de la Serpiente aus, die wahrscheinlich der Marktplatz gewesen ist. Sie wird im Westen von der Straße des Frosches (Calle de la Rana) und im Norden vom Platz des Pfirsichs (Plaza del Durazno) begrenzt. Der Schlangenplatz und die Straße des Frosches haben ihre Namen nach einem hier gefundenen Schlangenrelief und einer Froschskulptur.

Teotenango (Fortsetzung)

Im Museum sind beachtliche archäologische Funde des Estado de México, hauptsächlich aus Teotenango, → Malinalco und Calixtlahuaca, untergebracht. Besonders sehenswert ist die Statue des Ehécatl aus Calixtlahuaca und die geschnitzte Holztrommel (Panhuéhuetl) aus Malinalco.

Museum

Ein lohnender Ausflug führt von Toluca südwestlich über die Straßen Nr. 103, 134 und 3 zu dem etwa 50 km entfernten, oft schneebedeckten erloschenen Vulkan Nevado de Toluca oder Xinantécatl (Náhuatl: 'unbekleideter Mann'; 4575 m ü.d.M.; Albergue in 3750 m). Die Straße

*Nevado de Toluca

Toluca — Umgebung

Auf dem Nevado de Toluca

Nevado de Toluca (Fortsetzung) führt bis zu der 4200 m hoch gelegenen Laguna del Sol (Sonnensee) und der Laguna de la Luna (Mondsee). Von den Bergspitzen des Kraterrandes hat man eine herrliche Aussicht über das Tal von Toluca, die Berglandschaft von Guerrero, die Waldregion von Michoacán und die Gipfel der Sierra Nevada, den Popocatépetl und den Iztaccíhuatl.

*Valle de Bravo Von Toluca sind es nach Westen ca. 80 km bis zu dem hübschen Ferienort Valle de Bravo (1800 m ü.d.M.; 35 000 Einw.; Sonntagsmarkt). Er liegt inmitten üppiger Vegetation und gebirgiger Landschaft an einem Stausee (Presa de Valle de Bravo oder Presa Miguel Alemán). In der Umgebung können die Felsformation La Peña und der Wasserfall Salto de Ferrería besucht werden.

Tonantzintla

→ Acatepec

Topolobampo

→ Sinaloa

Torreón

→ Coahuila de Zaragoza

Tula (Tollán) K 7

Bundesstaat: Hidalgo (Hgo.)
Höhe: 2030 m ü.d.M.
Einwohnerzahl: 70 000 (Tula de Allende)
Telefonvorwahl: 01 773 (Tula de Allende)

Mit dem Bus (Terminal del Norte) in ca. 1 1/2 Std.; mit dem Auto auf der MEX 57 D Richtung Querétaro, Abzweigung nach 68 km nach Tepejí del Río, von dort weitere 20 km nach Tula de Allende und 3 km bis zur Ruinenstätte.

Anreise von Mexiko-Stadt

Von dem heutigen Städtchen Tula de Allende durch einen Fluß getrennt, liegen auf einem Hügel die Überreste von Tollán, der einstigen Hauptstadt der Tolteken. Dieses Volk beherrschte nicht nur die Entwicklung der frühen Nachklassik in Zentralmexiko, sondern beeinflußte in einer noch nicht geklärten Wechselwirkung die 1200 km entfernte Maya-Kultur in Yucatán.

Lage und Allgemeines

Das Gebiet des heutigen Tula war zunächst von Otomí-Indianern bewohnt, die sich mit den zwischen dem 7. und 9. Jh. aus dem Nordwesten einströmenden, Náhuatl sprechenden Nomaden (Chichimeken) vermischten. Wahrscheinlich zur selben Zeit kam eine andere Volksgruppe, die Nonoalca (Náhuatl: 'wo die Sprache wechselt') aus Tabasco an der südlichen Golfküste nach Tollán. Nach neuesten Erkenntnissen existierte bereits um 650 n. Chr. ein kulturelles Zentrum in Tula Chico.
Die nun folgenden Geschehnisse vermischen Mythos und Wirklichkeit in einem solchen Grade, daß die Überlieferung nur beschränkte Gültigkeit haben kann. Der Anführer der Nonoalcos, Mixcóatl ('Wolkenschlange'), eine legendäre Gestalt, der Begründer der Toltekendynastie, wanderte in das Tal von Anáhuac ein. Er heiratete Chimalma ('Liegender Schild'), eine Prinzessin aus Tepoztlán, die 947 n. Chr. Ce Ácatl-Topiltzín ('1 Rohr Unser Prinz') gebar. Nach Studium in dem Kultzentrum Xochicalco, das dem Gott Quetzalcóatl geweiht war, übernahm dieser die Führung der Tolteken und gründete 968 n. Chr. die neue Hauptstadt Tollán ('Platz des Schilfrohrs'). Er förderte als Lehrer der Künste und der Wissenschaften den friedfertigen Quetzalcóatl-Kult und nahm auch als Priesterkönig den Namen dieser Gottheit an. Etwa 20 Jahre später geriet er in Konflikt mit seinem mythischen Nebenbuhler Tezcatlipoca ('Rauchender Spiegel'), dem kriegerischen Gott der Nacht und Patron der bösen Geister. Im Streit unterlegen, mußte Topiltzín 987 Tollán verlassen und ging nach Cholula, wo er sich längere Zeit aufgehalten haben soll. Dann wanderte er weiter über Veracruz nach Yucatán und brachte toltekische Kultur zu den Maya, wo er als Gottkönig Kukulcán eine Renaissance der Maya-Kultur bewirkte. Nach einer anderen Version soll Quetzalcóatl das Land zu Schiff mit dem Versprechen einer Wiederkehr verlassen oder sich gar verbrannt und in den Morgenstern verwandelt haben.
Man glaubt, daß die Nonoalca-Tolteken in der zweiten Hälfte des 10. Jh.s in ihre ursprüngliche Heimat Tabasco zurückkehrten, nach Chichén Itzá weiterzogen und dieses schließlich beherrschten. Das Resultat der Mischung des toltekischen Militarismus mit der Kunstfertigkeit der Maya war die nachklassische Renaissance der Maya-Kunst.
Mit dem Sieg der Kriegspartei in Tollán entwickelte sich ein militaristisches Reich, das sich auf die elitären Kriegerorden der Adler und Jaguare stützte. Man nimmt auch an, daß mit den Tolteken die Massenopferung von Menschen zur Beschwichtigung der Götter begann. Im Jahr 1125 n. Chr. begann offenbar der Niedergang Tolláns

Geschichte

Tula

Geschichte (Fortsetzung)

mit einem Streit zwischen den Chichimeken und den Nonoalca, der zur ersten Auswanderung nach Cholula und zu dessen Eroberung führte. Es folgte der große Brand von Tollán sowie die Einwanderung anderer Chichimekengruppen, die sich am Kampf um Cholula beteiligten. Das Ende des toltekischen Tollán kam schließlich 1175 unter den beiden Herrschern Topiltzín (Quetzalcóatl, ein Nachfahre des legendären Gründers) und Huémac. Beide flüchteten nacheinander nach Süden. Die Mehrzahl der Bewohner Tolláns siedelte sich an einigen Orten im Tal von Anáhuac an oder wanderte weiter an die Küste des Golfes von Mexiko sowie nach Chiapas, Guatemala und Nicaragua. Die in diesen Gebieten lebenden Náhuatl sprechenden Pipil-Indios sind wahrscheinlich Überreste dieser Emigration. Die später die Region beherrschenden Azteken fühlten sich als Nachkommen der Tolteken und übernahmen Teile ihrer Kultur, vor allem ihrer Religion.

Die Niederschriften des 16. Jh.s, insbesondere die von Bernardino de Sahagún und Fernando de Alba Ixtlilxóchitl, berichteten als erste von der geheimnisvollen Stadt Tollán, die man allerdings durch vier Jahrhunderte hindurch nicht finden konnte. Daher nahm man bis Ende der dreißiger Jahre fälschlicherweise an, daß Teotihuacán die Hauptstadt der Tolteken gewesen sei. Antonio García Cubas (1873) und Désiré Charnay (1880) stießen zwar bei Tula auf Reste einer archäologischen Stätte. Aber erst 1938 entdeckte Wigberto Jiménez Moreno die alte Stadt, mit deren systematischer Ausgrabung in den vierziger Jahren unter Jorge R. Acosta begonnen wurde, was schließlich zweifelsfrei zu ihrer Identifikation als ehemalige Metropole der Tolteken führte. Grabungen unter der Leitung von Eduardo Matos Moctezuma ergaben, daß das Kerngebiet von Tollán in seiner Blütezeit ein Areal von 12 km² bedeckte und etwa 60 000 Einwohner hatte.

Besichtigung der *Ruinenstätte

Ballspielplatz

Nach Betreten der Stätte gelangt man am kleinen Nördlichen Platz (Plazuela Norte) zunächst zum Ballspielplatz Nr. 1 (Juego de Pelota No. 1), der 67 m lang und 12,50 m breit ist.

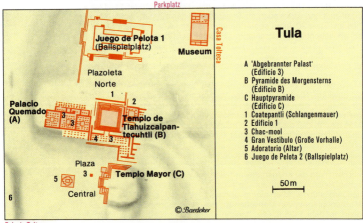

Tula

An der Südseite des kleinen Platzes verläuft die 2,20 m hohe und 40 m lange sogenannte Schlangenmauer (Coatepantli), die den Tempel des Morgensterns beschließt. Sie zeigt unterhalb von Schneckenmustern und geometrischen Ornamenten Reliefs von Schlangen, die menschliche Skelette verschlingen.

Schlangenmauer

Vorbei am Gebäude 1 (Edificio 1), einem mehrmals überbauten Palast, der wahrscheinlich Priestern als Wohngebäude diente, erreicht man den Hauptplatz der Stätte. An diesem steht der Tempel des Morgensterns (Templo de Tlahuizcalpantecuhtli), auch Pyramide des Quetzalcóatl oder Gebäude B genannt. Vom Hauptplatz führt eine Freitreppe auf die fünfstöckige, 10 m hohe Stufenpyramide (40 m im Quadrat), auf der einst der Tempel stand.

*Tempel des Morgensterns

Auf der Plattform der Tempelpyramide hat man die vorgefundenen Säulen und die Kolossalfiguren, die sogenannten Atlanten (der linke ist wie auch der obere Teil des rechten eine Reproduktion; Original im Anthropologischen Nationalmuseum in Mexiko-Stadt) aufgestellt. Diese prachtvollen, 4,60 m hohen Statuen, die einst das Dach des Tempels stützten, symbolisieren den Gott Quetzalcóatl als Morgenstern. In der rechten Hand halten sie eine Speerschleuder (Atlatl), in der linken ein Pfeilbündel, einen Weihrauchbeutel und ein kleines Schwert. Auf der Brust tragen sie einen Schild in Form eines Schmetterlings. Die hintere Gürtelschnalle wird als untergehende Sonne gedeutet. Die eckigen Säulen zeigen Reliefs mit dem Symbol der Erde (Krokodilkopf) sowie Darstellungen von Kriegern und Waffen; die unvollständige Säule trägt das Antlitz Quetzalcóatls. Die runden Säulen sind mit feinen Reliefs von Federmustern verziert, da sie ursprünglich Säulen in Form von Schlangen waren, deren Köpfe die Basis bildeten. Bei der Zerstörung von Tollán wurde der Tempel geschleift

*Atlanten

Tempel des Morgensterns

Tula

Die Atlanten auf dem Tempel des Morgensterns

Atlanten (Fortsetzung)	und die großen Atlanten mit den zerschlagenen Säulen über eine Rampe in die Tiefe geschleudert.
Seitenwände	An den in einem abgeänderten Talud-Tablero-Stil geformten Seitenwänden kann man noch an manchen Teilen der Steilwand Friese mit eindrucksvollen Reliefs von Jaguaren und Adlern sehen, die menschliche Herzen in ihren Krallen halten und verschlingen.
Vorhalle	In der ehemaligen großen Vorhalle (Gran Vestíbulo) sind alle Säulen Rekonstruktionen. In der Nordwestecke der Säulenhalle erkennt man noch Reste von bemalten Reliefs, die eine Prozession von Kriegern und Priestern darstellt. Rechts vom Treppenaufgang steht die Figur eines kopflosen Chac-mool.
	Die gesamte Anlage ähnelt in vielem dem Palast der Krieger in → Chichén Itzá. Typische 'exportierte' Merkmale toltekischer Architektur, wie Schlangensäulen, Friese mit Reliefs schreitender Jaguare und Adler, kleine Atlanten, die Altäre stützen, Chac-mools u. a. fand man zwar in manchen Regionen Mesoamerikas, vor allem jedoch in Chichén Itzá.
Abgebrannter Palast	Links vom Tempel des Morgensterns liegt das Gebäude 3, der Abgebrannte Palast (Palacio Quemado). Verschiedene große Räume, Säulenhallen (größtenteils rekonstruiert) und Höfe bildeten einst dieses Gebäude. Im mittleren Hof liegen zwei Chac-mool-Skulpturen und an seiner Nordwestecke befindet sich eine Einfassung mit bemalten Reliefs, die eine Prozession reichgeschmückter Noblen zeigen.
	Südlich des Palastes, in der Mitte des Zentralen Platzes (Plaza Central), befindet sich auf einer quadratischen Plattform ein kleiner Altar

(Adoratorio). Im Osten der Plaza liegt das Gebäude C (Edificio C), der Haupttempel (Templo Mayor). An den Stufen zur oberen Plattform wacht ein Chac-mool. Auf einer Steinplatte rechts der Treppe erkennt man die Glyphe Venus, eines der Symbole des Quetzalcóatl.

Tula, Abgebrannter Palast (Forts.)

Am Eingang zur Stätte liegt das Jorge R. Acosta-Museum, in dem Steinskulpturen und Keramik der Tolteken ausgestellt sind.

Museum

Umgebung von Tula

Etwa 1,5 km nördlich der Ruinenstätte stößt man auf ein seltsames Monument, El Corral ('Der Hof') genannt. Der mittlere Teil ist rund, während zwei rechteckige Strukturen an der Ost- und Westseite angefügt sind. Ein früher hier stehender interessanter Altar ist jetzt im Museum zu sehen.

El Corral

Auf einem 6 km südöstlich von Tula gelegenen Hügel, El Cielito ('Der kleine Himmel') genannt, findet man die Ruinen eines aztekischen Palastes, der auf einer älteren Toltekenstätte steht. Der Palast war auch noch in den frühen Jahren des Vizekönigreichs Neuspanien bewohnt und Historiker stellten fest, daß er Residenz von Pedro Moctezuma war, Sohn des Aztekenherrschers Moctezuma II. Dieser Aztekenprinz, ein gelehrter Schüler der ersten Franziskanerschule für die Indianerelite, wurde von den Spaniern zum Kaziken von Tula ernannt.

El Cielito

Auf dem Cerro de la Malinche, einem Hügel auf der anderen Seite des Río Tula westlich der Stadt Tula de Allende, fand man auf einem geglätteten Felsen eingemeißelt die Kalenderglyphe '1 Rohr 8 Feuerstein' (980 n. Chr.), die zwar auf die Regentschaft des Ce Ácatl Topiltzín schließen läßt, jedoch wahrscheinlich später von den Azteken angebracht wurde.

Cerro de la Malinche

In dem 3 km entfernten Städtchen Tula de Allende (2030 m ü.d.M.; 40 000 Einw.), welches 1529 von Franziskanermönchen gegründet wurde, steht die zwischen 1550 und 1553 errichtete wuchtige Wehrkirche San José. Ihre Fassade ist in reinem Renaissancestil gehalten; der Innenraum weist vor allem im Chor und in den Seitenkapellen bemerkenswerte Rippengewölbe auf.

Tula de Allende

Etwa 20 km von Tula, nahe der MEX 57 D, liegt der Ort Tepeji del Río (2175 m ü.d.M.; 50 000 Einw.; Fiesta Karfreitag). Die beachtliche 1586 fertiggestellte Klosterkirche San Francisco hat eine schöne kolonialplatereske Fassade. Ein Denkmal ehrt den 1861 auf seiner Hacienda erschossenen Wissenschaftler und Außenminister Mexikos Melchor Ocampo.

Tepejí del Río

Tulum   P 7

Bundesstaat: Quintana Roo (Q. R.)
Höhe: 14 m ü.d.M.

Mit dem Bus von → Cancún in ca. 2 Std., von → Chetumal in ca. 4 Std.; mit dem Auto von Cancún 131 km auf der MEX 307, von Chetumal 250 km auf der MEX 307, von → Mérida 315 km auf der MEX 180 und der Abzweigung von Nuevo Xcan über → Cobá.

Anreise

Tulum ist die einzige bekannte große Festungsstadt der Maya am Meer. Die auf der Landseite von einer Mauer umschlossene Stätte

*Lage und Allgemeines

Tulum

Tulum

1 Templo de los Frescos
   (Tempel der Fresken)
2 Estructura 20
3 Plattformen
4 Estructura 25
5 Estructura 34 und
   Plattformen
6 Casa de Cenote
   (Haus des Opferbrunnens)
7 Adoratorios
   (Altäre)
8 Templo de la
   Serie Inicial
   (Tempel der frühesten
   Jahreszahl)
9 Estructura 13
10 Recinto Interior
    (Innenhof)
11 Templo del Dios
    Descendante
    (Tempel des
    herabstürzenden Gottes)

Lage und Allgemeines (Forts.)

thront weithin sichtbar auf 12 m hohen Felsklippen über dem von weißem Sandstrand gesäumten Karibischen Meer. Obwohl architektonisch im Vergleich zu anderen Maya-Stätten von keiner besonderen Bedeutung, ist Tulum dank seiner einzigartigen Lage und der vorgefundenen Wandmalereien eine der sehenswertesten Ruinenstädte auf der Halbinsel Yucatán.

Geschichte

Über die Vergangenheit von Tulum (Maya: 'Befestigung') weiß man nicht allzuviel. Der ursprüngliche Name der Stadt soll Zamá (Maya: 'Morgendämmerung') gewesen sein. Die Stätte wird heute der späten Maya-Nachklassik (nach 1200 n. Chr.), also der Zeit der 'mayanisierten' Tolteken zugeschrieben. Die wichtigsten Bauwerke wurden wahrscheinlich erst um das Jahr 1450 errichtet. Man hat zwar in Tulum eine Stele mit dem Datum 564 n. Chr. gefunden, doch nimmt man heute an, daß dieser Kalenderstein von einem anderen Ort, wahrscheinlich aus dem benachbarten Tancah, stammt.

Mitglieder einer spanischen Expedition unter Juan de Grijalva segelten die Küste von Yucatán entlang und stießen hierbei 1518 als erste Europäer auf die Festung. Die Stadt scheint noch bis 1544, als die Spanier den Nordosten Yucatáns eroberten, bewohnt gewesen zu sein. Gegen Ende des vorigen Jh.s, im 'Krieg der Kasten', verschanzten sich noch einmal Maya-Indianer an dieser Stätte. Die erste genaue illustrierte Baschreibung des archäologischen Bezirks ist dem US-Amerikaner Stephens und seinem britischen Zeichner Catherwood zu verdanken, die Tulum 1842 erforschten. In diesem Jahrhundert waren zuerst die US-Amerikaner Morley und Howe für das Carnegie-Institut sowie später der Mexikaner Ángel Fernández und verschiedene mexikanische Organisationen hier archäologisch tätig.

Tulum

Einzigartig am Karibischen Meer gelegen: Tulum

Besichtigung der *Ruinenstätte

Die relativ kleine Ruinenstätte von Tulum ist wie die späten nachklassischen toltekisch beeinflußten Maya-Orte Mayapán und Ichpaatún auf der Landseite von einer Festungsmauer umgeben. Die ummauerte Fläche mißt von Norden nach Süden 380 m und von Osten nach Westen 165 m. Die steinerne Festungsmauer war ursprünglich 3 bis 5 m hoch und durchschnittlich 7 m breit und wies fünf mit Steinplatten versehene Ausgänge auf. Die Art der Anlage läßt darauf schließen, daß Tulum nicht nur eine religiöse Kultstätte war, sondern auch Wohnbezirke einschloß. Über den Wall führte ein von einer Brüstung beschützter Rundgang. An den beiden inneren Ecken befinden sich je ein kleiner Tempel, der als Wachturm angesehen wird.

Festung

Der archäologisch bedeutendste Bau in Tulum ist der Tempel der Fresken (Templo de los Frescos; Gebäude 16). Er steht etwa in der Mitte des ummauerten Stadtbezirks und der Ost-West-Achse. Er wurde in seinen wesentlichen Teilen wahrscheinlich um das Jahr 1450 errichtet. Wie so oft bei sakralen Maya-Gebäuden wurde auch dieser Tempel im Laufe der Zeit mehrfach überbaut.

*Tempel der Fresken

Der im Erdgeschoß liegende einzige Raum hat an der Westseite einen Eingang, der durch vier Säulen unterbrochen ist. Darüber befindet sich ein doppelter Sims, der durch drei Nischen in drei Abschnitte geteilt wird. In der mittleren Nische ist eine Stuckskulptur des Herabstürzenden Gottes angebracht. Die seitlichen Nischen sind mit anderen in Stuck modellierten Reliefs geschmückt, die sitzende Figuren mit kunstvollem Kopfschmuck zeigen. Die Ecken der Simse bilden große Flachreliefmasken; sie waren früher bemalt und stellten wahrscheinlich Itzamná dar, den alten Himmelsgott der yucatekischen Maya.

Erdgeschoß

Tulum

Tempel der Fresken (Forts.) Obergeschoß

Das Obergeschoß zeigt über der Tür eine Nische mit Resten eines Stuckreliefs, das wahrscheinlich ursprünglich den Herabstürzenden Gott verkörpert hat. Die Wand des Innenraums zieren interessante kodex-artige Malereien, die dem Inhalt nach Maya, dem Stil nach mixtekisch sind und vor allem Gestalten aus der Götterwelt der Maya darstellen. Im oberen Teil sieht man zwei sich gegenüberstehende Verkörperungen des Himmelsgottes Itzamná, rechts flankiert vom Regengott Chac. Der mittlere Teil der Fresken stellt neben zwei unbekannten Figuren die Mond- und Fruchtbarkeitsgöttin Ixchel dar, die Frau des Itzamná. Im unteren Teil ist auf der rechten Seite wiederum eine Darstellung der Göttin Ixchel erkennbar, deren Basis eine Meeresszene mit stilisierten Fischen bildet.

Stele 2

Vor dem Tempel steht auf einem Altar die 1,30 m hohe Stele Nr. 2, die eine Jahreszahl des nachklassischen Maya-Kalenders trägt, welche als 1261 n. Chr. entziffert wurde.

Castillo

Das auffälligste und größte Bauwerk wird Castillo (Gebäude 1) genannt; es erhebt sich an der Ostseite am Felsrand hoch über dem Meer. Wie man feststellen konnte, ist es in drei Bauperioden entstanden. Eine breite Treppe führt zu einer Terrasse, auf welcher der aus zwei Räumen bestehende Tempel ruht. Vor dem Tempel steht ein Stein, der vermutlich als Altar für Menschenopfer diente. Der Eingang zum Tempel ist durch zwei Schlangensäulen unterteilt. In der Nische über der mittleren Tür sieht man eine Steinfigur, die den Herabstürzenden Gott verkörpert.

Tempel des Herabstürzenden Gottes

Unmittelbar nördlich vom Castillo steht der Tempel des Herabstürzenden Gottes (Templo del Dios Descendente; Gebäude 5). Der Tempel wurde auf einem älteren Bauwerk errichtet; es fällt auf, daß seine

Malereien im Tempel der Fresken in Tulum

Wände sich nach unten verjüngen, eine Bauweise, die ihm eine besondere Standfestigkeit verleihen soll. Der Tempel des Herabstürzenden Gottes besitzt nur einen einzigen Raum; die Nische über dem Eingang enthält eine Stuckplastik des Herabstürzenden (herabfliegenden, tauchenden) Gottes. Diese in Tulum immer wieder auftretende Gottheit trägt an den Armen und Schultern Flügel und besitzt einen Vogelschwanz. Es gibt verschiedene Deutungen dieser Figur: Die herabfliegende Biene, der niedergehende Abendstern, die untergehende Sonne oder der Blitz. Von der Bemalung der Hauptfassade und der Ostwand im Inneren des Tempels ist heute fast nichts mehr zu sehen.

Tulum, Tempel des Herabstürzenden Gottes (Fortsetzung)

Der Tempel der Initialserie (Templo de la Serie Inicial, Gebäude 9) liegt südlich des Castillo. Dieser Tempel wurde nach der Stele 1 (mit 564 n. Chr. datiert), die Stephens hier auf seiner Reise durch Yucatán fand, benannt. Sie befindet sich heute im British Museum in London.

Tempel der Initialserie

Bemerkenswert sind noch das Gebäude 25 mit einem vielfarbigen Herabstürzenden Gott, das Gebäude 35, das über einem kleinen 'Cenote' erbaut wurde, und das Gebäude 45, mit einer runden Plattform und prächtiger Aussicht auf das Meer und das Castillo. Außerhalb der Mauer stehen die Gebäude 57 und 59, letzteres trägt als einziges in Tulum einen Dachkamm. Auf dem Gelände befindet sich seit kurzem ein Besucherzentrum, interessantes Museum und Restaurant.

Weitere Gebäude

Umgebung von Tulum

Auf der MEX 307 in Richtung Süden gelangt man nach 26 km nach Chunyaxché. Unweit der Straße beginnt eine etwa 2,5 km^2 umfassende Anlage mit aus der Spät- und Nachklassik stammenden Pyramiden, Tempeln und Palästen. Das höchste Gebäude ist eine 19 m hohe Pyramide. Die Ruinen dieses noch weitgehend unerforschten Platzes sind größtenteils von Vegetation bedeckt. 1997 fand man hier zwei frühe Grabstätten mit wertvollen Beigaben, darunter feingearbeitete Jadestücke, die mit 200 bis 600 n.Chr. datiert werden. Ein Weg führt zu der Laguna Chunyaxché, in der man schwimmen kann.

Chunyaxché

Wie an der Küste nördlich von Tulum findet man auch im südlichen Teil von Quintana Roo eine große Anzahl von vorspanischen Maya-Ruinen. Es seien nur Las Milpas, San Miguel de Ruz, Chamax, Chacmool (Santa Rosa) und Tupak erwähnt.

Weitere Maya-Stätten

Tuxpan

→ El Tajín

Tuxtla Gutiérrez N 9

Bundesstaat: Chiapas (Chis.)
Höhe: 530 m ü.d.M.
Einwohnerzahl: 450 000
Telefonvorwahl: 01 961

Mit dem Flugzeug von Mexiko-Stadt (1 1/4 Std.) und anderen mexikanischen Flughäfen; mit dem Bus von Mexiko-Stadt in ca. 16 Std., von → Oaxaca in ca. 7 Stunden.

Anreise

Tuxtla Gutiérrez

Lage und Allgemeines
: Tuxtla Gutiérrez, die Hauptstadt des Bundesstaates Chiapas, liegt an der Carretera Panamericana in einem fruchtbaren subtropischen Tal. Durch seine zentrale Lage und die Erdölfunde in Chiapas hat sich Tuxtla Gutiérrez zu einer modernen Stadt entwickelt.

Geschichte
: In der Region um das heutige Tuxtla lebten Angehörige des Mayastammes der Zoque, die den Platz Coyactocmo (Zoque: 'Ort der Kaninchen') nannten, aus dem dann später Tuxtlán (Náhuatl: 'Ort der Kaninchen') wurde.
Den ersten spanischen Mönchen im 16. Jh. folgten spanische Siedler. Diese mußten sich des öfteren der Angriffe der Zoque-Indianer erwehren, die die Gegend in der Mehrzahl bevölkerten. Anfang des 19. Jh.s war Tuxtla immer noch eine unbedeutende Ortschaft. 1848 erhielt es den Beinamen Gutiérrez und 1892 löste es San Cristóbal de Las Casas als Hauptstadt von Chiapas ab. Heute hat es als Verwaltungs- und Kulturzentrum sowie als Warenumschlagplatz Bedeutung erlangt.

Sehenswertes

Die Stadt ist relativ arm an alten Bauten. Zu erwähnen sind die mehrmals umgebaute Kathedrale sowie der in Weiß und Rot gehaltene Regierungspalast (Palacio de Gobierno).

*Regionalmuseum
: Im Nordosten der Stadt wurde im Parque Francisco Madero das Regionalmuseum für Anthropologie und Geschichte (Museo Regional de Antropología e Historia) eingerichtet, in dem archäologische Funde aus der Zeit der Olmeken und der Maya und ethnologische Objekte der Umgebung ausgestellt sind. Im Park befinden sich auch das moderne Theater Emilio Rabasa und der Botanische Garten.

*Zoologischer Garten
: Im Südosten der Stadt erstreckt sich im Waldgebiet El Zapotal auf einer Fläche von 100 ha der Zoologische Garten Miguel Álvarez del Toro, einer der interessantesten des Landes, in dem ausschließlich Tiere aus Chiapas gehalten werden.

Umgebung von Tuxtla Gutiérrez

**El Sumidero
: Etwa 22 km nördlich der Stadt hat man vom Aussichtspunkt Los Chiapas (Mirador) einen guten Einblick in die höchst eindrucksvolle Schlucht El Sumidero (Cañón del Sumidero). Vom Rande der Schlucht bis zu dem sich unten schlängelnden Río Grijalva (Río Grande de Chiapa) sind es gute 1000 Meter. Hier sollen 1528 die Chipaneken des Ortes Chiapa vor den herandrängenden Spaniern in den Tod gesprungen sein. Von Chiapa de Corzo aus werden dramatische Bootsfahrten durch die Schlucht organisiert.

Chiapa de Corzo
: Rund 18 km östlich von Tuxtla Gutiérrez, an der Carretera Panamericana, liegt das Städtchen Chiapa de Corzo (415 m ü.d.M.; 60 000 Einw.). Schon an der Straßenkreuzung sieht man eine einstöckige restaurierte Pyramide, in deren Innerem man ein Grab gefunden hat.
Die von der New World Archeological Foundation durchgeführten Ausgrabungen ergaben, daß das Gebiet von Chiapa de Corzo ähnlich dem von Izapa (→ Chiapas) eine der ältesten präkolumbischen Stätten Mesoamerikas war. Die hier entdeckten Keramiken lassen darauf schließen, daß die Region von 1400 v. Chr. bis 950 n. Chr., also vom Beginn der frühformativen Zeit bis zur Klassik, besiedelt war. Hier fand

Arból de Navidad im Cañón del Sumidero ▶

Tzintzuntzan

Brunnen in Chiapa de Corzo

Umgebung von Tuxtla Gutiérrez, Chiapa de Corzo (Fortsetzung)

man auch die in der Archäologie Amerikas bisher älteste Datumsinschrift auf der Stele 2, die dem Datum 8. Dezember im Jahr 36 v.Chr. entspricht. Die Stele hat heute ihren Platz im Regionalmuseum von Tuxtla Gutiérrez. Wer die Erbauer dieser Kultstätte waren ist unbekannt; man spricht von einem Übergang der Olmeken zu den Maya oder von einer Proto-Maya-Kultur.

Der heutige Ort wurde 1528 von dem Konquistador Diego de Mazariagos um einen riesigen Ceiba-Baum (ceiba pendantra) gegründet, der von den Indianern verehrt wurde. Der Baum ist heute noch als 'La Pochota' (Náhuatl: 'póchotl' = 'der Bucklige') bekannt. Einen Besuch wert ist die Kirche Santo Domingo, die Mitte des 16. Jh.s erbaut und seither mehrmals Änderungen unterworfen war. Kurios ist der von Pater Rodrigo de León 1552 begonnene und 10 Jahre später vollendete achteckige Brunnen am Zócalo, der im maurischen Stil gehalten ist und im Aufbau der spanischen Königskrone ähnelt. Ebenfalls am Zócalo steht das kleine Lackmuseum (Museo de Laca), das in anschaulicher Weise lokale mit chinesischen Lackarbeiten vergleicht.

*Brunnen am Zócalo

Stauseen

Von Tuxtla Gutiérrez sind mehrere große Stauseen zu erreichen, die z.T. gute Wassersportmöglichkeiten bieten. Etwa 35 km nördlich der Stadt liegt der Stausee Chicoasén (Presa Chicoasén) mit einem der größten Wasserkraftwerke Lateinamerikas; nach etwa 88 km über Ocotzocuatla erreicht man den nordwestlich liegenden Stausee Netzahualcóyotl oder Mal Paso und nach 68 km in südöstlicher Richtung über Las Limas den Stausee Angostura (Presa de la Angostura).
→ Villahermosa.

Tzintzuntzan | I 8

Bundesstaat: Michoacán (Mich.)
Höhe: 2100 m ü.d.M.

Anreise

Mit dem Bus von Pátzcuaro oder Quiroga (beide → Pátzcuaro-See); mit dem Auto von Pátzcuaro 18 km in nördlicher Richtung, von → Morelia 53 km in westlicher Richtung über Quiroga.

Tzintzuntzan

Die taraskische Ruinenstätte Tzintzuntzan liegt oberhalb des gleichnamigen Dorfes auf einem Hügel mit herrlicher Aussicht über den nahen Pátzcuaro-See. Die in ungewöhnlicher Bauweise errichtete Anlage war einst das bedeutendste Kultzentrum der Tarasken.

Lage und Allgemeines

Tzintzuntzan (taraskisch: 'Platz der Kolibris') dürfte im 12. Jh. n. Chr. erstmals erbaut worden sein. Zusammen mit Pátzcuaro und Ihuatzio bildete es später die herrschende Dreierliga im taraskischen Reich. Man weiß nicht, woher die Tarasken (Tarascue = Schwiegersohn), die sich selbst Purépechas nannten, stammen. Wahrscheinlich ist, daß sie im 10. und 11. Jh., also zur Zeit der toltekischen Epoche, ähnlich wie die Azteken aus dem Nordwesten eindrangen, aber nicht wie andere Stämme ins Hochtal von Mexiko weiterwanderten, sondern sich im Seengebiet des heutigen Michoacán niederließen. Ihr ursprüngliches Zentrum scheint Zacapu gewesen zu sein, bis sie sich unter Hireticátame ('Beleibter König') im 14. und später im 15. Jh., also in der späten Nachklassik, über ganz Michoacán sowie über große Teile von Jalisco und Colima ausbreiteten. Als wahrer Gründer des taraskischen Reiches, das aus einem Dreierbund bestand, gilt jedoch Tariácuri, dem die Vereinigung der verschiedenen Stämme des Gebietes gelang. Tzintzuntzan wurde mit einer Fläche von fast 7 km² und etwa 40 000 Einwohnern die beherrschende Stadt der Tarasken, die sich immer mehr zu hervorragenden Kriegern entwickelten. So schlugen sie 1478 unter Tzitzipandácuri, nicht zuletzt dank ihrer Kupferwaffen, die nach der Eroberung Tolucas eindringenden Azteken unter ihrem Herrscher Axayácatl. Auch spätere Versuche des Aztekenkönigs Ahuízotl, das Taraskenreich zu erobern, scheiterten.

Geschichte

Die Spanier erreichten 1522 unter Cristóbal de Olid Tzintzuntzan und einigten sich kampflos mit den Tarasken über eine Anerkennung der spanischen Herrschaft. Im Jahre 1529 erschien der berüchtigte Konquistador Nuño Beltrán de Guzmán und tötete den Taraskenherrscher Tangáxoan II., was zu Aufständen gegen die Spanier führte. Die Krone entsandte den Priester und Rechtsgelehrten Vasco de Quiroga (1470–1565), dem es gelang, den Frieden wiederherzustellen. Vasco de Quiroga wurde 1537 zum Bischof von Michoacán mit provisorischem Sitz in Tzintzuntzan ernannt; später wurde der Bischofssitz nach Pátzcuaro verlegt. Der Bischof förderte in großem Umfang die kunsthandwerklichen Fähigkeiten der Indios und entwickelte so die bis heute ausgeübten vielfältigen Handwerkskünste der Bewohner dieser Region. Schon in alten spanischen Chroniken wurde Tzintzuntzan im Detail beschrieben. Aber erst Charles Hartfort (1878), Carl Lumholtz um die Jahrhundertwende sowie Alfonso Caso, Daniel Rubín de la Borbolla und Jorge Acosta in den dreißiger und vierziger Jahren erforschten die Stätte gründlich und legten sie teilweise frei.

Die Tarasken, von denen es heute noch etwa 95 000 gibt, lebten im wesentlichen von Fischerei, Jagd und Maisanbau. Das Volk war in zwei Hauptklassen eingeteilt, die der militärischen Elite und der Priester sowie die der Fischer, Bauern und Sklaven. An der Spitze ihrer Götterwelt stand der Feuergott Curicaveri, daneben gab es Cuerauáperi ('Erdmutter'), Tata Uriata ('Vater Sonne') und Nata Cutzi ('Mutter Mond'). Obwohl hauptsächlich Krieger, waren die Tarasken in der Bearbeitung von Metallen, neben der von Gold und Silber auch von Kupfer, den meisten Völkern Mesoamerikas überlegen. Die Seltenheit der Bearbeitung von Kupfer in Mexiko läßt vermuten, daß diese Technik aus Peru oder Kolumbien eingeführt wurde. Aber auch die Qualität taraskischer Federarbeiten, Keramik, Textilien und der Obsidianverarbeitung war in Mesoamerika berühmt. Auffallend sind die archaisch wirkenden groben Steinskulpturen, von denen einige mit den toltekischen Chac-mool-Figuren identisch sind. In der relativ einfachen,

Tarasken

Tzintzuntzan

Tarasken (Forts.) aber durchaus originellen Architektur herrschen die Yácatas vor, Tempelplattformen mit runden Aufsätzen.

Besichtigung der Ruinenstätte

Große Plattform
Die alte Anlage, von der nur noch Teile vorhanden sind, ist mehr aufgrund ihres architektonischen Stils und als Ganzes als in der Ausführung interessant. Auf der riesigen Plattform (425 x 250 m) lagen fünf T-förmige flache Tempelbauten (Yácatas; Náhuatl: 'Nase'), deren rechteckige Unterbauten in ovalen Plattformen enden. Diese, ursprünglich von einem runden Aufsatz mit Dach gekrönt, dienten offenbar als Grabstätten, während die eigentlichen Yácatas als Kultstätten für den Feuergott Curicáveri benutzt wurden. Grabungen am Rundbau des Tempels V brachten Grüfte taraskischer Herrscher und ihrer Familien mit vielen Beigaben zutage. An der Ostseite führte eine monumentale, etwa 30 m breite Freitreppe auf die Terrasse.

Yácatas
Die von I bis V numerierten Yácatas (mit dem Rücken zum See rechts beginnend) wiesen einst je 12 Absätze von etwa 0,90 m auf und waren über Treppen zu erreichen. Diese Tempel wurden aus flachen, übereinandergelegten Steinen erbaut, die durch gestaffelte Wände zusammengehalten wurden. Für die äußere Verkleidung wurde der vulkanische Stein Xanamu verwendet, den man in gleichmäßigen Stücken mit einer Mischung aus Ton und Kieselsteinen verband.

Museum
Das 1992 eröffnete Museum zeigt Fundstücke aus der Stätte.

Ortschaft Tzintzuntzan
Auf der gegenüberliegenden Seite der Straße nach Quiroga liegt der heutige Ort Tzintzuntzan (2050 m ü.d.M.; 22 000 Einw.; Fiestas: 1.–7

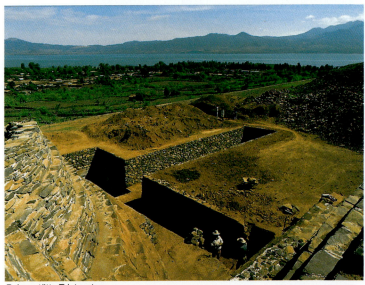

Ruinenstätte Tzintzuntzan

Februar, Día de Nuestro Señor del Rescate; Karwoche; Fronleichnam). Bemerkenswert ist das 1570 umgebaute Franziskanerkloster mit einem großen Atrium und den in Mexiko seltenen alten Olivenbäumen, deren Anbau die Spanier in ihren amerikanischen Kolonien verboten hatten. Die dazugehörige Kirche San Francisco (16. Jh.) mit Offener Kapelle wurde 1944 durch Feuer beschädigt und hat eine kolonialplatereske Fassade. Neben ihr steht die Kirche des Dritten Ordens. Der Ort ist bekannt für die hier hergestellte bemalte Keramik sowie Holzschnitzereien, Steinplastiken und Flechtarbeiten.

Tzintzuntzan
(Ortschaft, Forts.)

Umgebung von Tzintzuntzan

Von der Straße nach Pátzcuaro am gleichnamigen See führt eine Abzweigung nach rechts in die 5 km entfernte Ortschaft Ihuatzio (Purépecha: 'Platz der Koyoten'). Auf einem 2 km langen Feldweg erreicht man die Ruinenstätte der einstigen Hauptstadt der Tarasken, die etwa 1,3 km² groß war und wohl 5000 Einwohner hatte. Man sieht auf einem großen, von hohen Mauern eingefaßten Zeremonialplatz zwei teilrestaurierten Pyramidenstümpfe und etwas abseits drei noch unausgegrabene Yácatas. Wegen des schlechten Zufahrtsweges kann der Besuch der Stätte archäologisch nur besonders Interessierten angeraten werden.

Ihuatzio

Uruapan de Progreso   H 8

Bundesstaat: Michoacán (Mich.)
Höhe: 1610 m ü.d.M.
Einwohnerzahl: 350 000
Telefonvorwahl: 01 452

Mit der Eisenbahn in ca. 13 Std.; mit dem Bus in ca. 7½ Std.; mit dem Auto auf der MEX 15 über → Toluca, → Morelia und Pátzcuaro (→ Pátzcuaro-See).

Anreise von
Mexiko-Stadt

Am Río Cupatitzio inmitten einer bewaldeten Gegend liegt Uruapan, eine noch relativ wenig besuchte Stadt. Das milde Klima, die üppige Vegetation und die schönen Parks sind die hauptsächlichen Vorzüge dieses Ortes.

Lage und
Allgemeines

Der Ort Uruapan (Taraskisch: 'wo die Blumen blühen') wurde um 1532 durch den Franziskanerpater Juan de San Miguel als San Francisco de Uruapan gegründet. Er wurde schachbrettartig angelegt und in neun Distrikte (Barrios) aufgeteilt, die z. T. bis heute ihren eigenständigen Charakter bewahrt haben.

Geschichte

Sehenswertes

Mittelpunkt der Stadt ist die Plaza Principal (Jardín Morelos), die in der frühen Kolonialzeit als großer Markt entworfen wurde. An ihr steht die frühere, auf Juan de San Miguel zurückgehende Hospitalskapelle Guatápara oder Huatápera, die auch Santo Sepulcro genannt wird und ein schönes platereskes Portal mit der Statue des Gründers 'Santo de Uruapan' oder 'Tata Juanito' besitzt. Das Hospital mit einem schönen Patio beherbergt heute das Museum für Volkskunst (Museo de Artes Populares). Es zeigt vor allem die für den Ort seit dem 16. Jh. typischen Lackarbeiten.

Hospitalskapelle
Guatápara
Museum für
Volkskunst

Uruapan

Märkte

Auf dem sehr sehenswerten täglichen Markt (Mercado) werden neben Lackarbeiten handgewebte Stoffe und Trachten angeboten. Hinter der Hospitalskapelle liegt der Mercado de Antojitos, der Markt der Imbisse, auf dem man die mexikanische Küche probieren kann.

Parks

Von den schönen Parks sind in erster Linie der Jardín de los Mártires ('Garten der Märtyrer') und der Nationalpark Eduardo Ruiz an der Schlucht des Río Cupatitzio (Purépecha: 'wo sich die Wasser treffen') zu nennen. Schöne Spazierwege führen durch üppige Vegetation an Wasserfällen, Felsformationen und Quellen vorbei.

Umgebung von Uruapan

*La Tzaráracua

Nach rund 12 km auf der MEX 37 in Richtung Süden erreicht man den Wasserfall La Tzaráracua (Taraskisch: 'das Sieb'). Diese fast 40 m hohe Kaskade in hübscher Waldlandschaft an der Laguna Cupatitzio gehört zu den schönsten des Landes.

El Infiernillo

Nach weiteren ca. 70 km auf der MEX 37 sieht man den Stausee El Infiernillo ('Kleine Hölle'). Der über 100 km lange künstliche See mit einem 175 m hohen Damm wird von den Flüssen Tepalcatepec und Balsas gespeist.

Tingambato

Etwa 30 km westlich von Uruapan Richtung Pátzcurao liegt an der MEX 14 das Städtchen Tingambato (Purépecha: 'Ort des warmen Wassers'). Beim Ort findet man eine bemerkenswerte Ausgrabungsstätte, die auf 500 bis 1000 n.Chr. datiert wird. Neben einem Ballspielplatz fand man Pyramidenplattformen im Tablud-Tablero-Stil, die auf Einfluß aus Teotihuacán schließen lassen.

Von Lava eingeschlossen: San Juan Parangaricútiro

18 km nördlich von Uruapan zweigt von der MEX 37 eine Straße nach links zur 21 km entfernten Ortschaft Angahuan ab (35 000 Einw.). Die Pfarrkirche Santiago hat ein besonders eindrucksvolles mudéjar-platereskes Portal, das mit 1562 datiert ist. Es ist in 'Tequitqui', der indianischen Steinmetzkunst, ausgeführt, überreich verziert und ähnelt dem Portal der Guatápara-Kapelle in Uruapan.

Umgebung von Uruapan (Forts.) Angahuan

Von Angahuan kann man mit Maultieren oder Pferden in 50 Minuten oder 5 km zu Fuß einen Ausflug zum Lavafeld Paricutín (Taraskisch: 'das, was vorne liegt') unternehmen. Der Vulkan Paricutín (2575 m) wurde weltbekannt, als er am 20. Februar 1943 ausbrach und mit seinen Lavamassen mehrere Siedlungen unter sich begrub. Die Eruptionen hielten fast drei Jahre lang an, und mehr als 5000 Menschen mußten ihre Häuser verlassen. Aus dem Lavafeld ragt einsam der obere Teil der Kirche von San Juan Parangaricútiro hervor. Zur Besteigung des Vulkans ist es angeraten, einen einheimischen Führer zu nehmen.

**Paricutín

Die MEX 37 führt von der Abzweigung nach Angahuan weitere 20 km weiter nach Paracho de Verduzco (1567 m ü.d.M.; 40 000 Einw.; Fiestas: 8. August, Ortsfest; 16.–26. November, Kunsthandwerksmesse). Der Ort ist bekannt für seine Holzarbeiten, v.a. Gitarren, Geigen, Spielzeug und Möbel.

Paracho de Verduzco

Uxmal P 7

Bundesstaat: Yucatán (Yuc.)
Höhe: 12 m ü.d.M.

Mit dem Bus von → Mérida ('Via Ruinas') in ca. 1½ Std. oder von → Campeche; mit dem Auto von Mérida 80 km auf der MEX 261, von Campeche 172 km auf der MEX 261.

Anreise

Die berühmte Maya-Stätte Uxmal liegt auf einer von dichtem Busch bewachsenen Ebene 80 km südlich von Mérida im Nordwesten der Halbinsel Yucatán. Obwohl es nach der Fläche nicht zu den größten Ausgrabungsorten des Landes gehört, ist Uxmal, überwiegend im klassischen Maya-Puuc-Stil erbaut, architektonisch eine der geschlossensten und schönsten präkolumbischen Stätten Mexikos. 1996 wurde Uxmal von der UNESCO zum Weltkulturerbe der Menschheit erklärt.

Lage und Allgemeines

Man nimmt an, daß Uxmal (Maya: 'die dreimal erbaute') von einem aus dem Petén (Guatemala) eingewanderten Stamm im 6. Jh. unserer Zeitrechnung, also in der Zeit der Maya-Klassik, gegründet wurde. Eine frühere Besiedlung wird nicht ausgeschlossen. Die glanzvollste Phase der Baukunst in Uxmal fällt in das 9. und 10. Jahrhundert. Obwohl die indianischen Chroniken behaupten, daß die Xiú, ein Stamm aus dem Hochland, um die Jahrtausendwende Uxmal gründeten, war zu dieser Zeit der Höhepunkt der Entwicklung bereits überschritten. Wahrscheinlicher ist, daß sich die Xiú erst im 13. oder 14. Jh. in oder um das verlassene Uxmal niederließen und nach der Zerstörung von Mayapán in der Mitte des 15. Jh.s weiter nach Maní zogen, wo sie ihren letzten Stützpunkt vor dem Eindringen der Spanier hatten.
Als erster Spanier berichtete Fray Alonso Ponce über Uxmal, das er 1586 besucht hatte. Im Jahre 1836 forschte Jean Frédéric de Waldeck in Uxmal, und 1841 hielten sich John L. Stephens und Frederick Catherwood in der Ruinenstadt auf. Die ersten systematischen Ausgrabungen unternahm 1929 Frans Blom. Es folgten 1941 Silvanus

Geschichte

Uxmal

Geschichte (Fortsetzung)

Morley, José Erosa Peniche und später eine Reihe von mexikanischen Forschungsvorhaben – Ende der 70er Jahre von Jorge Acosta, César Saenz und Rubén Maldonado Cárdenas geleitet und jetzt von Alfredo Barrera Rubio und Tomás Gallareta Negrón fortgeführt.

Besichtigung der **Ruinenstätte

Puuc-Stil

Im Unterschied zu Chichén Itzá fehlen in der Architektur Uxmals fast gänzlich mexikanische (toltekische) Stilelemente, so daß in Uxmal die klassische Maya-Bauweise des Puuc-Stils (so benannt nach der Hügelkette Puuc im Nordwesten Yucatáns; 700–1000 n.Chr.) bewahrt blieb. Charakteristisch für diesen Stil sind dünne quadratische oder gitterförmige Kalksteinverkleidungen über glatten Wänden, die die Stuckverzierung der Maya-Klassik ersetzen. Diese Ornamentik, die fast ausschließlich den oberen Teil eines Gebäudes schmückt, wird ergänzt durch Paneele von Chac-Masken (Regengott) mit langen gekrümmten Nasen und Schlangen mit steifen Körpern, runden Steinsäulen in den Eingängen und eingebundene Säulen in langen Reihen.

Der freigelegte Teil der Maya-Stadt hat eine Ausdehnung von 700 x 800 m. Wie bei anderen vorspanischen Stätten ist auch hier bisher lediglich ein Teil der ursprünglichen Anlage ausgegraben. Uxmal wurde nicht wie andere Städte Yucatáns um einen oder mehrere 'Cenotes' angelegt, da es diese Art von natürlichen Wasserlöchern in der Gegend nicht gibt. Man behalf sich mit 'Aguadas' und 'Chultunes', abgedichteten Erdeinbrüchen bzw. künstlich geschaffenen Zisternen, in

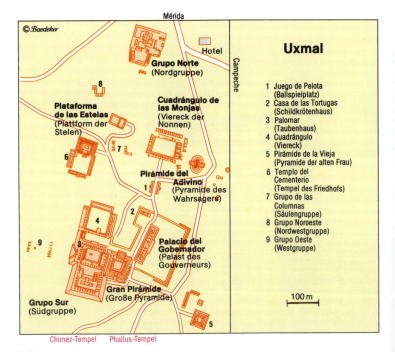

Uxmal

denen das Regenwasser gesammelt wurde. Das fehlende Grundwasser verhalf auch dem Regengott Chac zu seiner vorherrschenden Stellung, wie man aus den Schmuckformen deutlich sehen kann.

Puuc-Stil

Das Museum am Eingang zeigt u. a. vier den Regengott Chac darstellende Steinköpfe, Paneele mit Hieroglyphen, eine Phallusskulptur sowie eine steinerne Schildkröte.

Museum

Gegenüber dem Eingang erhebt sich das höchste Bauwerk Uxmals, die 35 m hohe Pyramide des Wahrsagers oder Zauberers (Pirámide de Adivino). Die Legende behauptet, daß diese Pyramide von einem Zwerg mit Hilfe seiner Mutter, die eine Hexe war, in einer Nacht geschaffen worden sei. Tatsächlich enthält sie jedoch fünf übereinanderliegende Baukörper, die über einen Zeitraum von mehr als drei Jahrhunderten errichtet wurden und deutlich voneinander unterschieden werden können.

*Pyramide des Wahrsagers

An der Westseite kann man am Fuß der Pyramide die Fundamente vom Tempel I, des ältesten Bauwerkes, sehen. Eine an einem Türsturz eingemeißelte Jahreszahl datiert den Bau auf 569 n. Christus. An der vor allem mit Masken des Chac, des Regengottes der Maya, reich dekorierten Fassade fand man die berühmte, 'Königin von Uxmal' genannte Skulptur. Diese Figur stellt einen tätowierten Priesterkopf im Rachen einer Schlange dar und befindet sich jetzt im Anthropologischen Nationalmuseum von Mexiko-Stadt.

Tempel I

Den Tempel II (Templo Interior Oriente), dessen mittlerer Innenraum auf Säulen gestützt ist, erreicht man durch die Öffnung in der oberen Mitte der Osttreppe. Der Tempel III (Templo Interior Poniente) ist von außen nicht sichtbar. Er schließt sich an den hinteren Teil des Tempels

Tempel II und III

Nonnenviereck und Pyramide des Wahrsagers

513

Uxmal

Angeblich von einem Zwerg erbaut: Pyramide des Wahrsagers

Pyramide des Wahrsagers, Tempel III (Forts.)	II an und besteht aus einem kleinen Schrein und einem Vorraum. Die 60° steile Treppe auf der Westseite hat keine Balustrade im herkömmlichen Sinn. Die zurückgesetzte Brüstung wird von stilisierten Chac-Masken gebildet, welche die Treppe umrahmen.
Tempel IV	Auf dieser Treppe gelangt man zum Tempel IV (Templo Chenes), dessen Eingang vom offenen Rachen einer stilisierten Maske gebildet wird. Im Gegensatz zu dem sonst in Uxmal üblichen Puuc-Stil ist dieser Tempel, wie schon der Eingang zeigt, im reinen Chenes-Stil gehalten. Die Fassade des würfelförmigen Bauwerks ist völlig von Chac-Masken und Gitterornamenten bedeckt.
Tempel V	Zu dem aus der letzten Bauepoche (um 1000 n. Chr.) stammenden Tempel V, auch Haus des Wahrsagers genannt, kommt man entweder direkt über die Treppe auf der Ostseite oder über zwei seitlich schmale Treppen entlang des Chenes-Tempels auf der Westseite. Das rechteckige Bauwerk scheint aus dem späten 9. Jh. zu stammen und eine verkleinerte Nachbildung des Gouverneurspalastes zu sein. Ein Teil der Fassade des Tempels, welcher aus drei Kammern besteht, ist mit Gitterornamenten verziert. Vom Gipfel der Pyramide des Wahrsagers bietet sich ein herrlicher Blick auf die anderen Bauten und die Umgebung von Uxmal.
***Viereck der Nonnen**	Unmittelbar nordwestlich neben der Pyramide des Wahrsagers steht der Prachtbau Viereck der Nonnen (Cuadrángulo de las Monjas; 900–1000 n. Chr.), dem die Spanier wegen der zahlreichen 'Zellen' diesen Namen gaben. Die vier langgestreckten Gebäude, die den etwa 64 x 46 m großen trapezförmigen Innenhof umschließen, stehen auf Terrassen verschiedener Höhe und sind zu unterschiedlichen Zeiten errichtet worden.

Uxmal

Man betritt den Innenhof durch den großen Kragbogeneingang am Südbau, dem zweitältesten Gebäude dieser Anlage. Der Bogen liegt auf einer Achse mit dem vor dem Viereck befindlichen stark zerstörten Ballspielplatz. Rechts und links vom Mittelgang sind jeweils acht Räume angeordnet, von denen die eine Hälfte nach außen, die andere Hälfte nach Norden in den Innenhof schaut. Der Fries über den Türen stellt Skulpturen von Maya-Hütten dar, die sich über Paneelen vom Gitterwerk abheben.

Viereck der Nonnen (Forts.)
Südbau

Gegenüber erhebt sich auf einer fast 7 m hohen Plattform das älteste und bedeutendste Gebäude des Nonnenevierecks, der fast 100 m lange Nordbau. Die 30 m breite Treppe ist flankiert von zwei kleinen Tempeln. Der linke (westliche) wird Venustempel genannt, weil ein Motiv im Fries mit dem Planeten Venus in Verbindung gebracht wird. Der Tempel ruht auf vier Säulen, die eine Halle bilden. Es ist das einzige Gebäude von Uxmal, das Säulen aufweist. Das Nordgebäude umfaßt 26 Kammern und elf Eingänge zum Innenhof. Wie üblich bei Puuc-Bauten, trägt das Untergeschoß keine Ornamente. Über dem Gesims erheben sich vier Maskentürme, die jeweils vier übereinandergesetzte Chac-Masken tragen. Daneben befinden sich kleine Abbildungen von strohgedeckten Häusern und Reliefs von Affen und Schlangen.

Nordbau

Die drittälteste Struktur ist der Ostbau mit fünf Eingängen. Das Gesims besteht aus einem Schlangenornament, die Köpfe schauen an der Nordseite hervor. Der Fries ist relativ streng gehalten und besteht vornehmlich aus Gitterwerk. Darauf folgen Trapeze, in die Eulenköpfe eingefügt sind.

Ostbau

Der jüngste Trakt, der Westbau, hat sieben Eingänge. Sein Fries gilt als der kunstvollste in der Puuc-Architektur. Über dem Haupteingang be-

Westbau

Viereck der Nonnen

515

Uxmal

Viereck der Nonnen, Westbau (Forts.)

findet sich ein Thron mit Baldachin, auf dem einst eine sitzende Figur, halb Mensch, halb Schildkröte, zu sehen war. Das herrliche Paneel zeigt abwechselnd Skulpturen von zwei Maya-Hütten, Maskenreihen, geometrischen Ornamenten und mäanderförmig gerollten Schlangen. Letztere gehören zu den wenigen toltekischen Stilelementen in Uxmal und wurden erst nachträglich hinzugefügt. An den Kanten des Gebäudes befinden sich jeweils drei übereinandergesetzte Masken des Regengottes Chac.

Ballspielplatz

Südlich vom Nonnenviereck erstreckt sich der 31 m lange und 10 m breite Ballspielplatz. Die beiden hier gefundenen verzapften Steinringe tragen das Kalenderdatum 649 n. Christus.

Haus der Schildkröten

Weiter südlich kommt man zu dem fast 7 m hohen, 29 m langen und 11 m breiten Haus der Schildkröten (Casa de las Tortugas; 800–900 n. Chr.), einem der in den Proportionen ausgewogensten Gebäude Uxmals. Von der Ostseite führen drei Eingänge durch das schmucklose Untergeschoß ins Innere des Hauses. Der über dem mittleren Sims verlaufende Fries besteht aus einer Reihe eng nebeneinanderstehender Säulen. Seinen Namen verdankt das Gebäude den Schildkröten, die in stilisierter Form das obere Gesims schmücken.

**Palast des Gouverneurs

Südlich anschließend erhebt sich das vielleicht architektonisch vollkommenste Gebäude des vorspanischen Amerika, der Palast des Gouverneurs (Palacio del Gobernador). Der auf einer riesigen Plattform und einer Terrasse liegende Palast ist 98 m lang, 12 m breit und 8 m hoch. Das Gebäude gliedert sich in einen Hauptbau und zwei Seitenflügel, die sich an zwei gewölbte Passagen anschließen. Diese wurden später durch Querwände geschlossen.

Im Untergeschoß mit glatter Fassade befinden sich an der Vorderseite elf Eingänge und je einer an den Seiten; sie führen zu 24 Kammern, die alle das typische Kraggewölbe aufweisen. Über dem mittleren Sims verläuft der 3 m hohe Fries, der im oberen Teil aus einer fast durchgehenden Reihe von 103 Chac-Masken besteht. Daneben gibt es wiederum eine Unzahl geometrischer Formen. Über dem Fries verläuft eine Reihe von s-förmigen Ornamenten, die eine Schlange bilden, welche wie ein Halsband einst das gesamte Gebäude umschloß. Die über dem mittleren Eingang restaurierte Figur mit einem Kopfschmuck aus Quetzalfedern könnte einen einstigen Herrscher von Uxmal darstellen. Man schätzt, daß für diesen riesigen Mosaikfries rund 20 000 behauene Steine mit einem Einzelgewicht von 20 bis 80 kg verwendet wurden.

Jaguar-Altar

Vor dem Palast steht ein Altar, in dessen Mitte sich ein doppelköpfiger Jaguar befindet. Diese Figur könnte ein Symbol der Herrschaft gewesen sein und als Thron gedient haben; sie ist aus einem Steinblock gehauen und wurde 1841 von Stephens entdeckt.

Große Pyramide

Südwestlich vom Gouverneurspalast steht die Große Pyramide (Gran Pirámide), die zum Teil restauriert wurde. Das einst neunstöckige Gebäude von 30 m Höhe war oben abgeflacht und trug keinen Tempel, sondern lediglich palastartige kleine Gebäude an den vier Seiten. Das oberste Stockwerk zeigt Ornamente im Puuc-Stil, darunter Masken, Papageien, Gitterwerk, Blumen und Mäander. Eine der Masken ist so gestaltet, daß die Nase eine Stufe oder einen Thron bildet, ähnlich wie bei der Codz-poop-Maske in → Kabah.

Taubenhaus

Westlich steht das Taubenhaus (Palomar); es bildet ähnlich wie das Nonnenhaus ein Viereck mit einem Innenhof von 60 x 40 m. Das nur teilweise restaurierte Gebäude erhielt seinen Namen von der originel-

Uxmal

Jaguar-Altar vor dem Gouverneurspalast   *Chac-Maske am Nonnenviereck*

Gestaltung des gezackten Dachkamms. Auf einer Säulenreihe erheben sich neun dreieckige Aufbauten mit fensterähnlichen Öffnungen, die ihnen das Aussehen eines Taubenschlags verleihen. Man nimmt an, daß dieses interessante Gebäude um etwa 200 Jahre älter ist als das Nonnenviereck und der Gouverneurspalast, also wahrscheinlich zwischen 700 und 800 n. Chr. erbaut wurde.

Taubenhaus (Fortsetzung)

Einen ähnlichen Grundriß wie das Taubenhaus haben die südlich und nördlich davon gelegenen noch nicht restaurierten Bauten Südgruppe (Grupo Sur) und Viereck (Cuadrángulo).

Südgruppe und Viereck

Eine der ältesten Anlagen Uxmals ist wohl die südöstlich gelegene Pyramide der Alten Frau (Pirámide de la Vieja; ca. 670–770 n. Chr.) mit ihrem Dachkamm, die ebenfalls noch der Ausgrabung harrt. Vom Gipfel dieser Pyramide läßt sich der Gouverneurspalast gut fotografieren.

Pyramide der Alten Frau

Von der Pyramide der Alten Frau führt ein Pfad zu den 400 m entfernten Gebäuderesten, denen man den Namen Phallus-Tempel (Templo de los Falos) gegeben hat, Hier findet man eine Reihe von Steinskulpturen in Phallusform, die wohl als Wasserspeier dienten.

Phallus-Tempel

Östlich des Nonnenvierecks liegt die Baugruppe mit dem Tempel des Friedhofs (Templo del Cementerio). Einige z. T. stark zerstörte Gebäude umgeben einen quadratischen Innenhof, darunter auf der Nordseite eine Pyramide, auf deren Spitze ein fast völlig zerstörter Tempel steht. Nur an der Westseite sieht man ein relativ gut erhaltenes Gebäude, in das drei Türen führen. Der Dachkamm des Tempels ist in ähnlicher Weise gebaut wie der des Taubenhauses. Dies läßt darauf schließen, daß es sich ebenfalls um ein Gebäude älteren Datums handelt. Die Anlage erhielt ihren Namen von den vier kleinen Plattformen,

Tempel des Friedhofs

Veracruz (Bundesstaat)

Uxmal, Friedhofstempel (Fortsetzung)	wahrscheinlich Altären, die mit Darstellungen von Totenköpfen mit Augen und gekreuzten Knochen und mit Hieroglyphen bedeckt sind.
Plattform der Stelen	Nicht weit vom Tempel des Friedhofs liegt die Plattform der Stelen (Plataforma de las Estelas). Hier standen ursprünglich 16 Stelen und 15 Altäre, von denen nur einige schlecht erhaltene übrig sind.
Ton- und Lichtschau	Jeden Abend wird im Nonnenviereck eine spektakuläre Ton- und Lichtschau abgehalten, bei der zu Trommel- und Flötenmusik markante Punkte der Stätte beleuchtet werden. Ein Sprecher erzählt die Geschichte Uxmals. Die 45 Min. lange Vorführung wird um 19.00 Uhr in spanischer Sprache, um 21.00 Uhr in englischer Sprache abgehalten. Wer Spanischen versteht, sollte diese Vorstellung besuchen.

Umgebung von Uxmal

Oxkintok	Von Uxmal sind es 16 km auf der MEX 261 zum Ort Muna, wo eine Straße nach Westen Richtung Maxcanú abgeht. Nach 25 km auf dieser Straße ist die Ortschaft Calzehtoc erreicht. Vom Ort führt eine nicht asphaltierte Straße zu den 3 km entfernten Grotten von Calzehtoc. Kurz vor den Grotten biegt ein Feldweg zu der noch 4 km entfernten großen Maya-Stätte Oxkintok, das als eines der ältesten bekannten Maya-Zentren Yucatáns gilt. Wahrscheinlich dominierte Oxkintok diesen Teil Yucatáns von 400 bis 800 n. Chr., bis es dann von Uxmal abgelöst wurde. Ausgrabungen haben 22 größere Gebäude und eine Anzahl Stelen freigelegt. Die meisten Fundstücke sind im Museum für Archäologie in → Mérida zu besichtigen. Man fand einen steinernen Türsturz, der mit 475 n. Chr. datiert ist, also aus der frühen Klassik stammt, während das jüngste auf einer Stele gefundene Datum 859 n. Chr. angibt. Die Architektur der Bauwerke entspricht in der frühklassischen Periode dem Petén-Stil, im spätklassischen Abschnitt dem Puuc-Stil. Calzehtoc und Oxkintok sind von Mérida und Campeche auch auf der MEX 180 über Maxcanú zu erreichen.

Valle de Bravo

→ Toluca

Venta, La

→ Catemaco-See

Veracruz (Bundesstaat)

Kürzel: Ver.
Hauptstadt: Jalapa
Fläche: 71 896 km^2
Bevölkerungszahl: 6 737 300

Lage und Landesnatur	Veracruz, einer der bevölkerungsreichsten Bundesstaaten Mexikos, wird im Norden von Tamaulipas, im Westen von San Luis Potosí, Hidalgo, Puebla und Oaxaca sowie im Südosten von Chiapas und Tabasco begrenzt. Die Landschaft ist voller Gegensätze. Von den rau-

Veracruz (Bundesstaat)

Mexiko
Vereinigte Mexikanische Staaten
Estados Unidos Mexicanos

Veracruz

Bundesstaaten
Estados

1a Baja California Sur
1b Baja California Norte
2 Sonora
3 Chihuahua
4 Sinaloa
5 Durango
6 Coahuila
7 Nuevo León
8 Zacatecas
9 San Luis Potosí
10 Tamaulipas
11 Nayarit
12 Aguascalientes
13 Jalisco
14 Guanajuato
15 Querétaro
16 Hidalgo
17 Colima
18 Michoacán
19 México
20 Morelos
21 Tlaxcala
22 Puebla
23 Veracruz
24 Guerrero
25 Oaxaca
26 Chiapas
27 Tabasco
28 Campeche
29 Yucatán
30 Quintana Roo

D.F. Distrito Federal (Bundesdistrikt)

© Baedeker

hen Gipfeln der Sierra Madre Oriental mit dem schneebedeckten Pico de Orizaba bis zu den weiten Stränden der Küste des Golfes von Mexiko wechseln Kaffeepflanzungen mit Maisfeldern, Industriestädte mit Vanilleplantagen und Erdölfelder mit tropischem Urwald ab. Einst das Wohngebiet der sagenhaften Olmeken, wird der Staat heute vorwiegend von Mestizen, aber auch von Nachkommen von Sklaven sowie von Totonaken, Huasteken und Nahua-Stämmen bewohnt.

Lage und Landesnatur (Fortsetzung)

Bedeutende Stätten der Olmeken sind Cerro de las Mesas, Tres Zapotes und San Lorenzo Tenochtitlán (alle → Catemaco-See). Die Huasteken, die Totonaken und andere hinterließen Spuren in El Zapotal (→ Catemaco-See), Zempoala El Pital, Quiahuitzlán (alle Umgebung von → Veracruz), Castillo de Teayo (Umgebung von → El Tajín) und → El Tajín.

Archäologische Stätten

Die früheste Zivilisation war wohl die der Huasteken und vor allem der Olmeken (etwa 1200–400 v.Chr.), deren Einfluß sich über einen beachtlichen Teil Mexikos erstreckte. Bis zum Erscheinen der Totonaken vermischten sich fremde Stämme mit den Einheimischen (z.B. Remojadas-Kultur). Im 15. Jh. unterwarfen die Azteken einen Großteil des Landes. Im Jahre 1519 begann die Eroberung Mexikos mit der Landung der Spanier unter Hernán Cortés in der Nähe der heutigen Stadt Veracruz. Unweit von Quiahuiztlán wurde die erste spanische Siedlung gegründet, die 1524 nach la Antigua verlegt wurde. In der spanischen wie auch in der mexikanischen Zeit war die Geschichte des Staates eng mit der seiner wichtigsten Stadt, Veracruz, verbunden.

Geschichte

Neben den vielfältigen tropischen und subtropischen Produkten der Plantagenwirtschaft stellt die Industrie des Staates u.a. Bier, Spirituosen, Tabak, Seife, Zement, Chemikalien, Glas und Leder her. Eine Rolle spielt auch das Transportgewerbe, die Viehzucht, der Fischfang,

Wirtschaft

Veracruz (Stadt)

Veracruz (Bundesstaat), Wirtschaft (Forts.)

und in zunehmendem Maße der Tourismus. Die erdölverarbeitende Industrie konzentriert sich im Süden des Landes um Minatitlán und Coatzocoalcos. Veracruz ist dadurch zwar ein reicher Bundesstaat, doch besteht ein deutliches Gefälle zwischen dem industrialisierten Süden und dem verarmten, agrarischen Norden des Staates.

Veracruz (Stadt) L 8

Bundesstaat: Veracruz (Ver.)
Höhe: 3 m ü.d.M.
Einwohnerzahl: 700 000
Telefonvorwahl: 01 29

Anreise von Mexiko-Stadt

Mit dem Flugzeug in ca. 45 Min.; mit der Eisenbahn in ca. 10 Std.; mit dem Bus in ca. 6 Std.; mit dem Auto 424 km auf der MEX 150 bzw. MEX 190 über ⟶ Puebla und ⟶ Córdoba.

Lage und Allgemeines

Die alte Stadt Veracruz liegt in der feuchtheißen Klimazone und wurde an einem sandigen Strand nur wenige Meter über dem Meeresspiegel erbaut. Mexikos wichtigste Hafenstadt ist mit der Landeshauptstadt durch zwei Eisenbahnlinien und mehrere Überlandstraßen verbunden. Ihre jahrhundertelange Bedeutung als Zollstation und Zentrum für das Küstengebiet am Golf von Mexiko und das tropische Hinterland bescherte der Stadt eine abwechslungsreiche Geschichte. Veracruz ist trotz des feuchtwarmen Klimas eine lebendige und vom inländischen Tourismus geschätzte Stadt, die eine sympathische Mischung von Kolonialbauten und moderner Architektur zeigt.

Geschichte

Vor Beginn unserer Zeitrechnung war die Gegend von Veracruz (spanisch: 'wahres Kreuz') wahrscheinlich von dem geheimnisvollen Volk der Olmeken und später von den Totonaken bewohnt. Die Hauptstadt ihres Königreiches war Zempoala, vom heutigen Veracruz etwa 40 km entfernt.

Am 22. April 1519, Karfreitag, landete Hernán Cortés mit seinen spanischen Soldaten an der Küste bei La Antigua und empfing wenig später eine Abordnung des Aztekenherrschers Moctezuma. Dieser mutmaßte, daß Cortés der zurückkehrende Quetzalcóatl sei, jene sagenhafte Herrschergestalt, die etwa 530 Jahre vorher aus der Toltekenhauptstadt Tula (Tollán) vertrieben worden war und mit dem Versprechen der Wiederkehr über das Meer verschwand. Cortés gründete symbolisch die Stadt Villa Rica de la Veracruz ('Reiche Stadt des wahren Kreuzes'), bevor sich die Spanier wenig später in der Nähe der Totonakenstadt Quiahuiztlán niederließen. Fünf Jahre später übersiedelte man in das 30 km entfernte heutige Antigua. In der Folge wechselten die Spanier mehrmals ihr Hauptquartier, bis sie schließlich 1599 La Nueva Veracruz an der Stelle der heutigen Stadt errichteten. Obwohl die Stadt zunächst nicht wesentlich entwickelt wurde, spielte der Hafen für den Schiffsverkehr zwischen Mexiko einerseits und Cádiz und Sevilla in Spanien andererseits eine überragende Rolle. Schon im 16., aber noch mehr im 17. Jh. wurde Veracruz das Ziel von Überfällen britischer, französischer und holländischer Piraten. Gegen Ende des Unabhängigkeitskrieges besiegte hier 1821 der mexikanische General Agustín de Iturbide den letzten Vizekönig Neuspaniens, Juan O'Donojú, der anschließend im Vertrag von Córdoba nach zehnjährigem Kampf die Unabhängigkeit Mexikos anerkannte.
Im Jahr 1838 besetzten französische Truppen, die für ihre Regierung Schadenersatz eintreiben sollten, die Hafenstadt; 1847 waren es US-

Veracruz (Stadt)

Geschichte
(Fortsetzung)

Amerikaner, die während des Krieges zwischen Mexiko und den USA Veracruz zeitweise besetzt hielten. Das Eingreifen der Spanier, Franzosen und Briten in die Auseinandersetzung zwischen Liberalen und Konservativen in Mexiko endete mit der Besetzung der Hafenstadt durch ein französisches Expeditionskorps. Der mit Unterstützung der Franzosen zum Kaiser von Mexiko berufene Maximilian von Habsburg landete hier 1864 auf seinem Weg nach Mexiko-Stadt. Sein Schicksal wurde besiegelt, als die französischen Truppen, die auf seiner Seite standen, 1867 Mexiko endgültig verließen. Ein Interventionskorps des US-Heeres besetzte 1914 abermals für kurze Zeit die Hafenstadt.

Veracruz (Stadt)

Sehenswertes

*Plaza de Armas

Obwohl Veracruz zu den ältesten Städten Mexikos zählt, findet man dort nur wenige bedeutende Bauten im Kolonialstil. Sehenswert sind das Rathaus (Palacio Municipal) aus dem frühen 17. Jahrhundert, das eine interessante Fassade hat sowie einen stimmungsvollen Patio, und die Pfarrkirche (La Parroquia), die 1734 eingeweiht wurde und heute "Kathedrale Nuestra Señora de la Asunción" heißt. Beide liegen an der Plaza de Armas, auch Plaza de la Constitución genannt. Dieser von Palmen, blühenden tropischen Gewächsen und Arkaden eingerahmte hübsche Platz bildet das Zentrum des abendlichen Lebens, wo man zusammensitzt, in einem Restaurant etwas ißt und im übrigen den Klängen der Marimba-Spieler lauscht.

Santo Cristo del Buen Viaje

Die Kirche Santo Cristo del Buen Viaje aus dem Jahr 1610 an der Plaza Gutiérrez Zamora gilt als die älteste Kirche der Stadt.

Museen

Das Museo de la Ciudad (Calle Zaragoza Nr. 397) zeigt archäologische Funde und Kunst der in Veracruz heimischen Indianerkulturen der Olmeken, Totonaken und Huasteken; ausgestellt sind ferner Gemälde, Kunsthandwerk und Fotografien aus der Geschichte der Stadt. Im Leuchtturm Faro Carranza (Figueroa y Arista), von dem aus der Revolutionsgeneral Venustiano Carranza 1914/15 die Regierungsgeschäfte führte, ist zur Erinnerung an diese Zeit das Museo de la Revolución mit Möbeln und Dokumenten des Revolutionshelden eingerichtet. Der Baluarte de Santiago ist das einzige Überbleibsel der einstigen Stadtmauer aus dem 18. Jahrhundert und birgt das kleine historische Museum mit den 'Juwelen des Fischers', 35 präkolumbischen Schmuckstücken, die ein Fischer 1976 fand; man rätselt daran herum, ob sie zum verschwundenen Schatz des Moctezuma gehören.

Hafenpromenade und Zollamt in Veracruz

Veracruz (Stadt)

Mitten in einem modernen Einkaufszentrum liegt das 100 000 m² große Aquarium. Haie, Schildkröten, Barrakudas und eine beachtliche Anzahl tropischer Meerestiere kann man dort bewundern.

*Aquarium

Am Wasser liegt eine Nachbildung der Galeone "Santa María", des Flagschiffs von Christoph Kolumbus aus dem 15. Jahrhundert. Das seetüchtige Schiff wurde zwischen 1981 und 1987 hier gebaut und enthält u.a. alte nautische Instrumente und Kunsthandwerk.

"Santa Maria"

Empfehlenswert ist ein Besuch des Hafens, wo man am Malecón (Kai) entlanggehen und das Hafengeschehen beobachten kann. Vom Hafen aus besteht die Möglichkeit einer Bootsfahrt zur großen Inselfestung Castillo de San Juan de Ulúa, dem Wahrzeichen der Stadt. Im Jahre 1528 begannen die Spanier mit dem Bau des Forts, das die Küste gegen die Piratenüberfälle schützen sollte, was allerdings nicht immer gelang. Im 19. Jh. war die Festung ein berüchtigtes Gefängnis, dessen Zellen bei Flut teilweise unter Wasser standen. Die Insel ist auch durch eine Straße mit der Stadt verbunden.

Hafen

Castillo de
San Juan de Ulúa

Die der Stadt am nächsten gelegenen Strände sind Playa de Hornos und Playa Villa del Mar. In südlicher Richtung gelangt man nach etwa 8 km zum Strand von Mocambo. Danach folgt das Fischerdorf Boca del Río und etwas weiter das Dorf Mandinga mit seinen Stränden. Das Meer an den stadtnahen Stränden ist z.T. stark verschmutzt.

Strände

Umgebung von Veracruz

Fährt man auf der Küstenstraße nach Norden, zweigt nach 25 km eine Straße zu dem Ort La Antigua ab. Das heutige Fischerdorf ist historisch bedeutsam durch die Tatsache, daß Cortés dort 1519 landete und vorübergehend sein Hauptquartier aufschlug. In der Bucht von Antigua verbrannte er seine Schiffe, um so den geplanten Eroberungsfeldzug unwiderruflich zu machen. 1524 wurde an diesem Ort die spanische Hauptverwaltung eingerichtet, die man später nach dem heutigen Veracruz verlegte; Reste des Forts sind noch sichtbar.

La Antigua

Folgt man der Küstenstraße noch 10 km über José Cardel hinaus, führt eine Abzweigung nach links zu dem 3 km entfernten Zempoala oder Cempoala (Náhuatl: 'Cempoatl' = '20 Wasser'). Dieser Ort war vom 13. Jh. bis zur Eroberung durch die Spanier die letzte Hauptstadt der Totonaken. In der zweiten Hälfte des 15. Jh.s besiegten die Azteken die Totonaken und machten sie tributpflichtig. 23 Tage nach seiner Landung in Mexiko traf Cortés am 15. Mai 1519 in Zempoala mit dem Totonakenkönig Chicomacatl zusammen, den die Spanier 'Ca-

*Zempoala

Veracruz (Stadt) **Umgebung**

Templo Mayor in Zempoala

Zempoala (Fortsetzung)

cique Gordo' ('dicker König') nannten. Es gelang dem Konquistador, die Totonaken, die den Azteken feindlich gesinnt waren, als Verbündete zu gewinnen.

Besichtigung der Ruinenstätte

Die Ruinenstätte von Zempoala (Cempoala) umfaßt insgesamt 5 km² und zehn Gruppen von Gebäuden, jedoch sind heute nur einige restaurierte Bauten zu besichtigen. Sie stammen aus den letzten 300 Jahren vor dem Eintreffen der Spanier. Einige der Gebäude zeigen deutlich aztekische Stilelemente. Manche weisen darauf hin, daß Zempoala wohl schon im ersten Jahrtausend n.Chr. besiedelt war.

Haupttempel

An der Nordseite des großen Platzes liegt der Haupttempel (Templo Mayor) oder Tempel der Dreizehn Absätze. Die Pyramide ist elf Meter hoch, d. h. die Höhe jeder der dreizehn Stufen beträgt 85 cm. Die Plattform, auf welcher der Bau errichtet wurde, mißt 67 x 40 m. An der Spitze der Pyramide kann man noch die Reste eines rechteckigen Tempels erkennen.

Tempel der Kamine

Im Osten des Platzes sieht man den Tempel der Kamine (Templo de las Chimeneas). Eine breite Freitreppe führt auf die Spitze des sechsstöckigen Gebäudes. Auf der oberen Plattform stehen noch Säulenreste, die dem Bau den Namen gaben.

Große Pyramide

Ein später errichteter Bau ist die im Westen des Platzes gelegene Große Pyramide (Gran Pirámide). In Wirklichkeit handelt es sich um eine Reihe von übereinandergeschichteten Plattformen, die sich nach oben hin verjüngen.

Tempel der Kleinen Gesichter

Östlich des Platzes steht der interessante Tempel der Kleinen Gesichter (Templo de las Caritas). Der Aufbau ähnelt dem der Großen Pyramide. Die in die Mauern eingelassenen Nischen enthielten insgesamt 360 kleine Tonköpfe, von denen das Bauwerk seinen Namen hat.

Museum

Am Eingang zur archäologischen Zone steht ein kleines Museum mit Fundstücken aus der Stätte.

Auf der MEX 180 20 km nördlich von Zempoala liegt die Stätte Quiahuitzlán (in Náhuatl "Platz des Regens"), erst olmekisch, dann totonakisch und toltekisch, schließlich von den Azteken erobert. Zu sehen sind drei Pyramiden und drei Friedhöfe.

Quiahuitzlán

15 km einwärts von Nautla wurde Anfang der neunziger Jahre die riesige Ruinenstadt El Pital entdeckt, wohl 100 bis 600 n.Chr. bewohnt und kultureller und wirtschaftlicher Korridor zwischen dem Hochland und der nördlichen Golfküste. Unter dem dichten Wald verbergen sich vermutlich mehr als 100 Pyramiden. El Pital ist seit der Entdeckung von ⟶ El Tajín 1785 der wichtigste Fund in dieser Region.

El Pital

Villahermosa

N 9

Bundesstaat: Tabasco (Tab.)
Höhe: 11 m ü.d.M.
Einwohnerzahl: 640 000
Telefonvorwahl: 01 93

Mit dem Flugzeug in ca. 1¼ Std.; mit dem Bus in ca. 15 Std.; mit dem Auto 863 km.

Anreise von Mexiko-Stadt

Villahermosa, die Hauptstadt des Bundesstaates Tabasco, war bis vor wenigen Jahren ein verschlafener Ort am Río Grijalva in tropischer Umgebung. Neue Straßenverbindungen und vor allem die reichen Erdölfunde in Tabasco und Chiapas haben Villahermosa zu einer schnell wachsenden, modernen Großstadt gemacht. Der wichtige Verkehrsknotenpunkt und Handelsplatz liegt in einer von Wasserwegen durchzogenen Niederung und hat feuchtheißes Klima.

Lage und Allgemeines

Über eine altindianische Geschichte ist nichts bekannt. Er wurde 1598 unter dem Namen Villa Felipe II von den Spaniern gegründet und später in Villahermosa (spanisch: 'schönes Dorf') umbenannt. Mit der Zeit entwickelte er sich zur größten Stadt im Bundesstaat Tabasco.

Geschichte

Sehenswertes

In Villahermosa gibt es nur wenige historische Gebäude, jedoch zwei der interessantesten Museen Mexikos.

Im Kulturkomplex CICOM (Centro de Investigaciones de las Culturas Maya y Olmeca) am Westufer des Río Grijalva befindet sich das Regionalmuseum der Anthropologie Carlos Pellicer Cámara (Museo Regional de Antropología Carlos Pellicer Cámara), benannt nach dem Dichter, Sammler und Museumsgründer Carlos Pellicer (1897 – 1977).

*Anthropologisches Regionalmuseum (Museo Carlos Pellicer)

Der Rundgang beginnt im zweiten Stock mit einer Übersicht über die Kulturen der präkolumbischen Zeit, veranschaulicht durch einzelne Stücke, darunter Steinmasken und Keramik aus Teotihuacán, Keramikurnen und -köpfe der Zapoteken und Totonaken und aztekische Steinplastiken. Der erste Stock beschäftigt sich mit den Olmeken und Maya und zeigt u.a. außergewöhnliche Tonfiguren der Maya aus Jaína und olmekische Jade aus La Venta. Im Hochparterre werden ausgesuchte Funde dieser beiden Kulturen besonders präsentiert. Zu sehen sind u.a. die 'Teyapa-Urne' mit der Figur eines sitzenden Maya-Priesters, ein fein bemaltes Trinkgefäß der Maya und ein Jadeit-Dolch aus La Venta mit der Gravur eines Jaguarkriegers.

Rundgang

Villahermosa

Anthropologisches Regionalmuseum (Fortsetzung)

Zum CICOM-Komplex gehören noch ein Auditorium, das Staatstheater 'Esperanza Iris', eine Bibliothek, Ausstellungs- und Verkaufsräume für Kunsthandwerk, Restaurants, Läden und eine im Bau befindliche Kunsthalle mit einem Garten.

Tabasco 2000

Weiter westlich schließt sich die neue Anlage 'Tabasco 2000' an, in der sich u.a. ein Planetarium, ein Tagungszentrum, Kaufhäuser und das Rathaus befinden.

**Parque-Museo de La Venta

Das archäologische Freilichtmuseum Parque-Museo de la Venta liegt am Südwestufer der Laguna de los Illusiones. In diesem tropischen Park wurden monumentale Funde der Olmekenkultur, die von 1200 bis 400 v. Chr. ihre Blütezeit hatte, aufgestellt, darunter Altäre, Stelen, Tierskulpturen und die berühmten Kolossalköpfe aus La Venta (Hinweis: die Anordnung der Objekte wird von Zeit zu Zeit verändert). Schon mehrere Steinskulpturen wurden durch Reproduktionen aus Kunststoff ersetzt, um die Originale vor den Witterungseinflüssen zu schützen. Dem aus Tabasco stammenden Anthropologen Carlos Pellicer ist es hier auf eindrucksvolle Weise gelungen, der Öffentlichkeit die Relikte einer großen Kultur in einer ihr angemessenen Umgebung zu zeigen. Die ursprünglichen Fundorte liegen in unzugänglichen Sumpfgebieten der Bundesstaaten Tabasco und Veracruz.

Olmeken

Manche Archäologen sprechen den Olmeken die Ursprünge aller Kulturen in Mesoamerika zu. Sicher ist, daß dieses geheimnisvolle Volk die heute älteste bekannte Kultur Mexikos darstellt, die starken Einfluß auf weite Teile des Landes ausübte. Nach unserem Wissen waren die Olmeken neben den Proto-Zapoteken die ersten, die eine Glyphenschrift entwickelten und mit Zahlen umgehen konnten; sie werden daher als Vorgänger der Maya angesehen. Ihre bisher älteste

Museo de La Venta: Olmekenkopf ...

... und Altar mit Herrscherfigur

Villahermosa

bekannte Datierung (31 v. Chr.) stand auf der Stele C in Tres Zapotes. Sie schufen nicht nur prächtige Großskulpturen, sondern waren auch wahre Meister in der feinen Modellierung von Tonfiguren und der kunstvollen Bearbeitung von Jade. Neben La Venta sind San Lorenzo Tenochtitlán, Tres Zapotes und Cerro de las Mesas als bedeutende Fundorte im Olmekengebiet zu nennen.

Museo de La Venta (Forts.)

Noch heute ist es rätselhaft, wie es diesen Menschen möglich war, die bis zu 20 t schweren und bis zu 3 m hohen Kolossalköpfe aus Basalt zu bewegen. Der Steinbruch, der benutzt wurde, liegt nämlich rund 120 km von La Venta entfernt. Die aus Stein gemeißelten Gesichter haben zum Teil negroide Züge, bei anderen mischen sich menschliche Merkmale mit denen des Jaguars. Das Aussehen dieser Gesichter,

Kolossalköpfe

A Kleiner Menschenkopf (Basalt)
B Relief eines Menschen
C Steinzapfen
D Behälter und Abflußfragment
1 Feliner Kopf
2 Affensäule
3 Menschliche Jaguargestalt
4 Wal
5 Anthromorphes Tier
6 Altar mit Herrscherfigur
7 Schlangenstein (Reproduktion)
8 Jaguar-Mosaik
9 Menschliche Figur mit Umhang
10 Herrscherstele
11 Kolossalkopf
12 Stele des bärtigen Mannes
13 Akrobat
14 Gespaltener Menschenkopf
15 Altar mit sitzendem Menschen
16 Silhouette
17 Skulpturfragment mit Liniengravur
18 Stele mit Frauenplastik
19 Sitzblock
20 Großmutter
21 Zeremonialgestalten
22 Monument eines Schreitenden
23 Jaguarmaske
24 Grab der Basaltsäulen
25 Kolossalkopf
26 Altar mit sitzender Person
27 Kolossalkopf
28 Unvollendeter Kopf
29 Figur mit Kind
30 Nischenaltar

Villahermosa

Museo de La Venta (Fortsetzung)

das so unindianisch scheint, hat zu den kühnsten Theorien geführt. So behaupten manche, daß es sich bei den Kolossalköpfen um Abbildungen nubischer Fürsten handle, die Ramses III. von Ägypten auf der Suche nach der Unterwelt nach Westen sandte. Andere wiederum wollen in ihnen die Darstellung von Herrschern aus den vorgeschichtlichen Megalithkulturen Südenglands und Nordfrankreichs sehen.

Weitere Museen

In der 'Casa de los Azulejos' zeigt das Historische Museum von Tabasco Dokumente, Karten und Fotos zur Geschichte des Staates; im Museum für Volkskultur sieht man regionale Trachten und Kostüme.

Umgebung von Villahermosa

Eco-Park 'Yumká'

Etwa 15 km außerhalb von Villahermosa erstreckt sich in der Nähe des Flughafens der 1993 gegründete, 100 ha große Eco-Park 'Yumká'. Er umfaßt Savanne, Urwald und Lagune, wo asiatische, afrikanische und heimische Wildtiere angesiedelt wurden. Man kann die Region zu Fuß, per Kleinbahn oder mit dem Boot (je nach Wasserstand) besichtigen.

*Comalcalco

Von Villahermosa sind es 52 km über Nacajuca oder 82 km auf der MEX 180 und 187 über Cárdenas bis zur Ortschaft Comalcalco (Náhuatl: 'Im Haus der Comales'; 'Comalli' = 'Tortillapfanne'; 50 000 Einw.). 5 km nordöstlich der Stadt liegt die archäologische Stätte Comalcalco, die westlichste aller bedeutenderen Maya-Stätten. Sie stammt aus der späten Maya-Klassik (600–900 n.Chr.) und hatte wahrscheinlich ihre Blütezeit im 8. Jahrhundert. Die Anlage der Tempel, die Art und Anwendung der Stuckdekoration sowie die Ornamentik des vorgefundenen Grabmals haben eine gewisse Ähnlichkeit mit der Kunst von Palenque. In Ermangelung von Stein und wegen der Nähe des Meeres wurden abgeflachte gebrannte Ziegel und Mörtel aus zerstoßenen Muscheln benutzt, was in der Maya-Klassik einzigartig ist.

Nordplatz

An der Westseite des Nordplatzes (Plaza Norte) steht der Tempel I, eine mehrgeschossige Pyramide mit Resten eines Tempels auf der Spitze. Linker Hand, an der Basis der Freitreppe, sieht man beschädigte Stuckfiguren. An der Nordseite der Plaza erhebt sich auf einer Anhöhe der Tempel II, weitere Bauten werden freigelegt.

Akropolis

Im Süden der Stätte schließt eine große künstliche Plattform, die Akropolis, den Platz gleichen Namens ein (Plaza de la Acrópolis). Auf der Plattform stehen zwei kleine Tempel und ein als Palast (Palacio) bezeichnetes Gebäude. Unweit davon wurde das Grab der Neun Herren der Nacht entdeckt (Tumba de los Nueves Señores de la Noche). Neun Stuckreliefs, drei an jeder Seite der Grabwände, stellen wohl die neun Herrscher der Unterwelt dar. Die Figuren waren einst rot bemalt und zeigen nur zum Teil klassische Maya-Züge. Grabungen förderten 1993 eine in der Maya-Region bisher einzigartige Abwasseranlage aus Tonröhren zutage. Etwas unterhalb liegen der Tempel VI mit einer Stuckmaske und der Tempel VII, ebenfalls mit Stuckornamentik.

Museum

Das neue Museum am Ausgrabungsort zeigt in Tabasco gefundene Zeugnisse der präkolumbischen Besiedelung.

Teapa

Fährt man von Villahermosa auf der MEX 195 nach Süden, erreicht man nach 58 km Teapa (72 m ü.d.M.; 50 000 Einw.), die regenreichste Stadt Mexikos. Sie hat ein Museum für Anthropolgie und Geschichte. Die Stadt ist Ausgangspunkt für einen Besuch der Höhlen Grutas de Cocaná (Maya: 'Wasser, das vom Himmel fällt'), die einst als Piratenunterschlupf dienten, und der Schwefelquellen von El Azufre.

Xel-há P 7

Bundesstaat: Quintana Roo (Q. R.)

Die Caleta (Bucht) von Xel-há liegt .1 km von der MEX 307 entfernt. Man erreicht sie von → Cancún nach 116 km in südlicher Richtung (10 km südlich von → Akumal), von → Chetumal 263 km in nördlicher Richtung (15 km nördlich von → Tulum).

Anreise

In dem interessanten Naturschutzpark Xel-há gibt es auf relativ engem Raum einen Süßwassersee, eine Meeresbucht und Maya-Ruinen. Für Spaziergänger, Schwimmer und Schnorchler bietet diese reizvolle Gegend Gelegenheit zur Beobachtung der reichen Fauna und Flora über und unter Wasser. Man kann Tauchausrüstungen leihen. Am Wochenende allerdings ist die Lagune hoffnungslos überlaufen, so daß man auf einen Besuch verzichten sollte.

Lage und Allgemeines

☀ Naturschutzpark

Der heute beliebte Ausflugsort wurde erst 1959 während einer Küstenexpedition des Club de Exploraciones y Deportes Acuáticos de México (CEDAM) für die Öffentlichkeit entdeckt. Mehr noch als andere an Buchten liegende Orte dieser Region scheint Xel-há (Maya: 'wo die Wasser geboren wurden') eine wichtige Kultstätte der Maya schon in der klassischen Zeit gewesen zu sein; dies geht schon aus dem Umfang des Gewässers und den dort gemachten archäologischen Funden hervor.

Ruinen

Xel-há

Wie bei den meisten Caletas in Quintana Roo hat auch in Xel-há die typische Mischung von Süß- und Salzwasser ein außerordentlich vielfältiges Unterwasserleben bewirkt. Die durch Höhlen, Kanäle und kleine Buchten gestalteten Ufer sind häufig mit exotischen Pflanzen bewachsen und bilden einen malerischen Rahmen für die farbenprächtige Unterwasserwelt. Für Schwimmer und Schnorchler ist Xel-há ein ideales Ausflugsziel.

Xochicalco

Xel-há
(Fortsetzung)
Maya-Funde

Man entdeckte unter anderem Teile einer in der Nachklassik erbauten Festungsmauer sowie mehrere unter Wasser liegende Altäre, darunter einen in einer kapellenartigen Grotte, die offenbar als Heiligtum diente. Hier fand man Reste von zwei Kaminen, die zu der Theorie führten, daß es sich um ein Krematorium der Maya gehandelt haben könnte. Leider sind in den letzten Jahren und offenbar schon früher Teile des Altars entfernt worden. Diese Höhle, die auf der Südseite der Lagune unweit des Ausgangs zum offenen Meer liegt, kann ein guter Schwimmer leicht erreichen, zeitweise allerdings nur tauchend.

In jüngerer Zeit wurden auch die nahe der MEX 307 landeinwärts gelegenen Maya-Ruinen ausgegraben und teilweise restauriert. Der Besuch der drei Gruppen Mercado, Palacio und Jaguar mit ihren Pyramiden, Palast- und Tempelbauten und eines romantisch gelegenen Cenotes ist empfehlenswert.

Umgebung von Xel-há

Tancah

Etwa 10 km südlich liegen innerhalb einer Hacienda die Maya-Ruinen von Tancah mit einem Cenote. Die vorgefundenen Tempel ähneln denen von Tulum, obwohl sie zum Teil wesentlich älteren Datums zu sein scheinen. Man nimmt an, daß Tancah in der späten Nachklassik (ab 1200 n. Chr.) eine Art Satellitenstadt des nahen → Tulum war.

Xochicalco   K 8

Bundesstaat: Morelos (Mor.)
Höhe: 1525 m ü.d.M.

Anreise

Mit dem Bus von → Cuernavaca Richtung Miacatlán, an der Abzweigung nach Xochicalco aussteigen und 4 km zu Fuß; mit dem Auto von Cuernavaca 28 km auf der MEX 95 südlich bis zur Ortschaft Alpuyeca, dann nach rechts abzweigen Richtung 'Grutas' und 8 km bis zur Abzweigung nach dem 4 km entfernten Xochicalco.

Lage und
Allgemeines

Die festungsartige Ruinenstätte von Xochicalco liegt 130 m über einer weiten Ebene auf einem Bergkegel, an dem durch Aufschüttung und Abtragung Plattformen geschaffen wurden. Da man über die Erbauer dieses Ortes fast nichts weiß und die bisherigen Funde Einflüsse mehrerer Hochkulturen aufweisen, ist die Geschichte von Xochicalco eines der großen Rätsel in der Archäologie Mesoamerikas.

Geschichte

Wahrscheinlich war Xochicalco (Náhuatl: 'im Haus der Blumen') schon um 500 n. Chr. besiedelt. Bedeutung erlangte die Stätte erst im 7. und vor allem im 8. Jh., als sie sich nach dem Niedergang Teotihuacáns zu einem wichtigen Handelszentrum entwickelte. Hier, am Schnittpunkt nördlicher und südlicher Hochkulturen, findet man Einflüsse von Teotihuacán sowie aus den Kulturkreisen der Maya, Zapoteken, Mixteken und Tolteken. Später wurde Xochicalco ein wichtiges Lehrzentrum, in welchem angeblich auch Ce Ácatl Topiltzín um die Mitte des 10. Jh.s seine Erziehung erhalten haben soll, die ihn später zum legendären Kulturschöpfer und Gottkönig in Tula mit dem Beinamen Quetzalcóatl machte. Als Festung wurde Xochicalco vermutlich erst im 9. Jh. ausgebaut. Bereits nach 900 n. Chr. verlor die Stadt an Bedeutung und nicht viel später kam das Ende, als die Stadt entweder von anderen Stämmen erobert oder aus wirtschaftlichen Gründen verlassen wurde. Tolteken, Tlahuicas und Azteken sogen die Bevölkerung im Laufe der Zeit auf.

Xochicalco

Pyramide der Gefiederten Schlangen in Xochicalco

Die erste spanische Beschreibung von Xochicalco stammt aus dem 16. Jh. und wurde von Pater Bernardino de Sahagún verfaßt. Die ersten Ausgrabungen unternahm 1777 Pater José Antonio Alzate. Anfang des 19. Jh.s hielt sich auch Alexander von Humboldt hier auf. Im Jahre 1877 waren es A. Peñafiel und 1910 Leopoldo Batres, die hier forschten und restaurierten. Seit den sechziger Jahren arbeitet das Instituto Nacional de Arqueología e Historia mit den mexikanischen Archäologen Eduardo Noguera und César A. Sáenz in Xochicalco.

Geschichte (Fortsetzung)

In Xochicalco finden sich Merkmale für den Einfluß verschiedener mexikanischer Hochkulturen:
Maya: Ballspielplatz, Reliefs sitzender Personen, Balken und Punkte als Zahlen, Schwitzbad.
Teotihuacán: abgewandelter Talud-Tablero-Stil, Glyphen, Figurinen, Keramik.
Zapoteken: Balken und Punkte als Zahlen.
Tolteken: Namen von Kriegern und Priestern, Keramik.
Mixteken: Keramik.

Stilrichtungen

Besichtigung der *Ruinenstätte

Die Gesamtfläche der einstigen religiösen und militärischen Metropole umfaßt mehr als 12 km², während sich das eigentliche Kultzentrum über ca. 1200 m von Norden nach Süden und über ca. 700 m von Osten nach Westen erstreckt. Von der Höhe hat man einen prachtvollen Ausblick über Berge, Ebenen und Seen.

Ausdehnung

Beginnt man den Besuch auf dem Vorplatz (Plaza Inferior), sieht man zwei restaurierte Pyramidenbauten mit gestaffelten Absätzen, die als

Plaza Inferior

Xochicalco

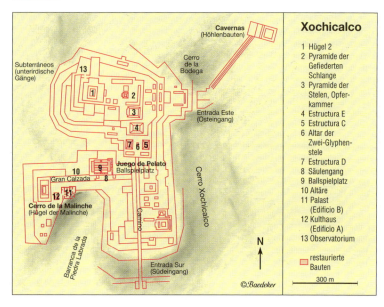

Xochicalco

1 Hügel 2
2 Pyramide der Gefiederten Schlange
3 Pyramide der Stelen, Opferkammer
4 Estructura E
5 Estructura C
6 Altar der Zwei-Glyphenstele
7 Estructura D
8 Säulengang
9 Ballspielplatz
10 Altäre
11 Palast (Edificio B)
12 Kulthaus (Edificio A)
13 Observatorium

restaurierte Bauten

Plaza Inferior (Fortsetzung)

Bauten C und D bezeichnet werden. An dem dazwischen befindlichen Altar der Zwei-Glyphen-Stele (Adoratorio de la Estela de los Glifos) wurde eine große, fast 3 m hohe und 6 t schwere Stele mit Hieroglyphen ausgegraben.

Pyramide der Stelen

Vorbei an dem schlecht erhaltenen Bau E gelangt man auf der höchsten Ebene der Stätte zu der Pyramide der Stelen (Pirámide de las Estelas), zu deren Tempel eine 15 m breite Treppe führt. Hier fand man drei 1,80 m hohe Stelen mit Reliefs der Gottheiten Tláloc, des Sonnengottes und seiner Frau, der Mondgöttin. Diese mit 600 und 700 n.Chr. datierten Plastiken stellen wohl einen landwirtschaftlichen Zyklus dar, der den Wunsch nach reichlicher Ernte ausdrückt. Die Symbolik erinnert an El Tajín, aber auch an das Maya-Zentralgebiet. Die drei Stelen sind im Anthropologischen Museum von Mexiko-Stadt ausgestellt.

Opferkammer

Rechts der Treppenbasis befand sich einst das Heiligtum der Opferkammer (Cámara de las Ofrendas), in der verschiedene Opfergaben wie Steinfigurinen, ein Jadekopf, Obsidianpfeilspitzen und menschliche Knochen gefunden wurden.

*Pyramide der Gefiederten Schlangen

Etwas weiter nördlich erreicht man das bedeutendste Gebäude Xochicalcos, die Pyramide der Gefiederten Schlangen (Pirámide de las Serpientes Emplumadas), die auch Ungedecktes Monument (Monumento Descubierto) genannt wird. Man mutmaßt, daß dieses Gebäude (Basis 21 x 18,60 m) zum Gedenken an eine bedeutsame Versammlung von Priester-Astronomen errichtet wurde.

Unterer Teil

Der Bau besteht aus zwei Absätzen, von welchen nur der Untere Teil als Ganzes erhalten geblieben ist. Er ist im Talud-Tablero-Stil erbaut, wobei zum Unterschied von der in Teotihuacán üblichen Bauweise

Xochicalco

Schlangenrelief

hier die Schrägwand überwiegt. An dieser Wand sieht man herrliche Flachreliefs von acht gefiederten Schlangen, die sich um Hieroglyphen und sitzende Personen schlingen. Einst waren sie weiß, rot, schwarz, blau und gelb gefärbt, zuletzt aber wurden sie ganz mit Rot, der Farbe des Todes, übermalt, wahrscheinlich als Zeichen des kommenden Untergangs. Die Hieroglyphen (drei Tageszeichen) zu beiden Seiten der Treppe deuten möglicherweise auf eine Korrektur des heiligen Kalenders hin. An den Seiten der Steilwand erkennt man Reliefdarstellungen von sitzenden Personen, stilisierten Schlangen und Kalenderglyphen in schlechtem Erhaltungszustand. Über dem vorspringenden Sims oberhalb der Steilwand der ersten Etage stellt ein Fries Muster von stilisierten Muscheln dar, die zu dem Gott Quetzalcóatl in Beziehung gesetzt werden.

*Flachreliefs

Vom Oberen Teil des Gebäudes ist nur die Schrägwand übriggeblieben, die mit z.T. schlecht erhaltenen Reliefs bedeckt ist. Die Mauer begrenzt eine fast quadratische Tempelhalle (11 x 10,50 m), die nach der umstrittenen Meinung einiger Forscher ungedeckt gewesen sein soll, weswegen man dem Gebäude den Namen 'Monumento Descubierto' gab. An den rechtwinkligen Mauern zu beiden Seiten des Eingangs erkennt man die Darstellung eines Kojoten und die Symbole für das Feuer.

Oberer Teil

Geht man von der Pyramide der Gefiederten Schlange westlich zum Hügel 2 und dort den Nordabhang hinunter, liegt zur Linken der Eingang zu unterirdischen Gängen und Kammern (Subterráneos). Von einer großen Halle führt eine breite Treppe über drei Absätze zu einem Gang. Ein anderer Weg von der Eingangshalle endet in einem höhergelegenen Raum (19 m lang, 12 m breit und 3,50 m hoch), in dem sich drei rechteckige Säulen (4 x 2 m) befinden. In der Ecke sieht man einen

Unterirdische Gänge, Kammern und Observatorium

Yagul

Xochicalco, unterirdische Gänge, Kammern und Observatorium (Fortsetzung)

Lichtschacht, der wahrscheinlich als Observatorium diente. Zur Sonnenwende am 21. Juni fällt das Sonnenlicht durch den Schacht und erhellt das Gewölbe. Es gibt noch eine Anzahl von bekannten und unbekannten Untergrundpassagen, die sukzessive freigelegt werden. Die Subterráneos sind zeitweise für Besucher geschlossen.

Ballspielplatz

Etwa in der Mitte des Kultzentrums liegt der Ballspielplatz (Juego de Pelota), der einzige bisher restaurierte von mehreren in Xochicalco. Er mißt von Osten nach Westen 69 m und ist an den Seiten und Enden von Schrägwänden begrenzt. Die als Male für das rituelle Spiel (Tlachtli) dienenden Steinringe waren in die Seitenwände eingelassen.

Weitere Gebäude

Vom Ballspielplatz führt eine 20 m breite Straße (Gran Calzada) nach Westen zu einer Reihe von Gebäuden. Parallel zur Gran Calzada eine Reihe von niedrigen Plattformen, die wahrscheinlich Altäre waren. Zunächst erreicht man Gebäude B (Edificio B), auch Palast genannt, mit Priesterwohnräumen, Schwitzbad und Patios, dann das Gebäude A (Edificio A), ein Kulthaus, und schließlich den Hügel der Malinche (Cerro de la Malinche), eine Aufschüttung mit Terrasse.

Eco-Museum

Etwas außerhalb der archäologischen Zone liegt das 1996 eröffnete Eco-Museum (mit Sonnenenergie und Regenwasser gespeist). In sechs Räumen werden vor allem die seit 1993 in Xochicalco gefundenen Stücke ausgestellt, u.a. eine große Keramikfigur eines Jaguars.

Umgebung von Xochicalco

Cuahtetelco

Etwa 20 km südwestlich (4 km von Mazatepec) liegt die Ortschaft Coatetelco (Náhuatl: 'Hügel der Schlangen') am gleichnamigen See. Hier befindet sich in einer archäologischen Zone die teilweise freigelegte Stätte Cuahtetelco; im archäologischen Museum sind Steinplastiken, Keramik und Zeugnissse verschiedener Kulturen zu sehen.

Xochimilco

→ Mexiko-Stadt

Yagul   L 9

Bundesstaat: Oaxaca (Oax.)
Höhe: 1650 m ü.d.M.

Anreise

Mit dem Bus von → Oaxaca (Stadt) Richtung → Mitla, an der Abzweigung nach Yagul aussteigen und 2 km zu Fuß; mit dem Auto von Oaxaca auf der MEX 190 Richtung Tehuantepec, nach 34 km Abzweigung nach links zu dem 2 km entfernten Ausgrabungsort.

Lage und Allgemeines

Am Abhang eines Hügels im Nordosten von Tlacolula liegt in einer von Kakteen bewachsenen Landschaft Yagul, einst ein religiöses Zentrum der Zapoteken und Mixteken. Die auf drei Ebenen erbauten Tempel und Paläste werden von einer auf dem Gipfel gelegenen Festung überragt, von der man das Tal von Oaxaca überblicken kann.

Geschichte

Yagul (zapotekisch: 'altes Dorf') war bereits in der vorklassischen Zeit in den Phasen Monte Albán I und II (600 v. Chr. – 100 n. Chr.) besiedelt

Yagul

Man entdeckte mehr als 30 oft paarweise angeordnete Gräber. Einen Höhepunkt erreichte die Bautätigkeit zwischen 800 und 1200 n.Chr. (Phase Monte Albán IV) und danach, als mit der Aufgabe Monte Albáns der Niedergang des Reiches der Zapoteken begann. Gleichzeitig nahm der Einfluß der Mixteken zu, und man nimmt an, daß das etwa 15 km entfernte Mitla eine ähnliche Entwicklung nahm. Trotzdem weiß man im Grunde heute noch nicht genau, wer die wirklichen Erbauer der präkolumbischen Stätten um Yagul waren.

Ende der fünfziger Jahre dieses Jh.s wurde die Ruinenstätte wiederentdeckt und von der University of the Americas und dem Instituto Nacional de Arqueología e Historia unter der Leitung von Ignacio Bernal ausgegraben und restauriert. Ein Teil der Stätte ist noch nicht freigelegt.

Geschichte

Besichtigung der *Ruinenstätte

Der untere, vorwiegend ausgegrabene Teil der Zone ist der Patio des Dreifachen Grabes (Patio de la Triple Tumba), der von vier Tempeln gebildet wird und in der Mitte einen Opferplatz aufweist. An der linken Platzseite befindet sich die Skulptur einer sitzenden Kröte, die den Regengott symbolisiert. Von einer Plattform in der Mitte des Patio steigt man durch die linke Öffnung hinunter in ein Grab, das aus drei Räumen besteht. Diese haben z. T. kunstvoll bearbeitete Fassaden mit steinernen Menschenköpfen und enthielten Skelette von Würdenträgern sowie reiche Grabbeigaben. Die Grabplatte ist beidseitig mit fein gearbeiteten Hieroglyphen geschmückt.

Patio des Dreifachen Grabes

In der zweiten Bautenreihe liegt der Ballspielplatz (Juego de Pelota), einer der größten und architektonisch perfektesten unter den bisher in

*Ballspielplatz

Panorama der Ruinenstätte Yagul

535

Yagul

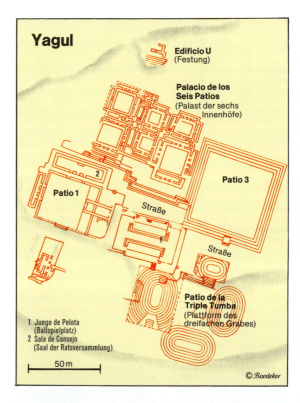

Ballspielplatz (Fortsetzung)

Mesoamerika gefundenen. Wie bei allen Ballspielplätzen in Oaxaca fehlen auch ihm die sonst üblichen schweren Steinringe an den Seitenwänden. Im Unterschied zu Monte Albán fehlen hier jedoch noch der Markierstein und Nischen.

Patio I

Im Westen schließt sich der große, von niedrigen bebauten Terrassen eingerahmte Patio I an. Der 30 x 36 m messende Hof, der mehrere fassadengeschmückte Gräber enthält, wird im Norden vom Saal der Ratsversammlung (Sala del Consejo) begrenzt.

Palast der Sechs Patios

Die letzte Bautenreihe wird als Palast der Sechs Patios (Palacio de los Seis Patios) bezeichnet; auch hier wurden zapotekische Bauwerke von den Mixteken überbaut. In diesem weitläufigen Labyrinth, das als Unterkunft für die Elite gedient haben könnte, haben die Räume ein bis drei Eingänge, die zu den Patios führen. In einem schmalen langen Gang kann man Steinmosaikmuster im typischen Stil von Mitla sehen.

Festung

Der Aufstieg zu der von einer gewaltigen Verteidigungsmauer umgebenen Festung ist eher mühsam, wird jedoch durch ihre interessante Bauweise und die großartige Aussicht belohnt. Man fand hier Gräber, die auf die Epoche Monte Albán I (600–200 v. Chr.) zurückgehen.

Umgebung von Yagul

Kurz nach der Abzweigung nach Yagul führt rechts ein Weg ab zu dem historisch interessanten Caballito Blanco. Hier sieht man an einer Steinwand Reste von weißen Zeichnungen stilisierter menschlicher Figuren. Über einen Stufenpfad gelangt man zu den spärlichen Resten eines Bauwerks, welches dem Gebäude J von Monte Albán gleicht. Eine hier vorgenommene Datierung ergab das Jahr 240 v.Chr., also gegen Ende von Monte Albán II.

Caballito Blanco

Yaxchilán O 9

Bundesstaat: Chiapas (Chis.)
Höhe: 320 m ü.d.M.

Mit dem Kleinflugzeug von ⟶ Tuxtla Gutiérrez, ⟶ San Cristóbal de Las Casas, ⟶ Palenque oder Tenosique oder ebenfalls mit Kleinflugzeugen nach Água Azul am Río Usumacinta und von dort mit dem Boot den Fluß hinunter bis Yaxchilán. Alternativ kann man – empfohlenerweise mit geländegängigem Fahrzeug – von ⟶ Palenque zur Grenzstadt Frontera Echeverría und von dort 20 km flußaufwärts mit dem Boot nach Yaxchilán gelangen.

Anreise

Die große Maya-Stätte Yaxchilán im Osten des Bundesstaates Chiapas wird fast ganz von einer Schlinge des hier 200 m breiten Río Usumacinta umschlossen, der die Grenze zu Guatemala bildet. Da er zum großen Teil von der dichten Vegetation des Regenwaldes überwuchert ist, kann man den Ausgrabungsort vom Fluß her kaum sehen. Die Stadt, die sich einst über fast 1,5 km entlang des Flusses und über eine Anzahl von terrassierten hohen Hügeln weit ins Innere erstreckte, gehört zu den fesselndsten archäologischen Fundorten in Mexiko.

Lage und Allgemeines

Yaxchilán war in der Maya-Klassik (300–900 n.Chr.) zusammen mit Palenque (Chiapas), dem 60 km flußabwärts liegenden Piedras Negras, Tikal und Quiriguá (alle in Guatemala) sowie Copán (Honduras) eines der großen religiösen und politischen Zentren des im Tiefland liegenden Zentralgebietes des Maya-Reiches. Zur Zeit seiner größten Blüte im 8. Jh. scheint Yaxchilán, wie aus entzifferten Glyphen entnommen werden konnte, etliche Orte in der Umgebung, z. B. auch Bonampak, beherrscht zu haben. In neuerer Zeit gelang es, Glyphen zu entziffern, welche die Chronik einer Dynastie aufzeigen, deren sagenhafter Gründer 'Jaguar Penis' ('Yat-balam') angeblich 320 n.Chr. Herrscher wurde und 359 verstarb. Etwa 130 Monumente wurden zwischen 514 (Stele 27) und 808 n.Chr. (Türsturz 10) datiert, von denen drei Viertel in die Herrschaft von 'Schild Jaguar I' (647–742 n.Chr., ab 681 Regent) und 'Vogel Jaguar II' (709–771? n.Chr., ab 752 Regent) fallen. Es folgte 'Schild Jaguar II' (752–806?) n. Chr., ab 771 Regent). Wie alle Maya-Stätten des Zentralgebiets wurde auch Yaxchilán aus unbekannten Gründen im 9. Jh. n.Chr. verlassen. Bis vor wenigen Jahren haben noch wandernde Lacandon-Indianer in den Ruinen der Tempelpaläste ihre alten Riten abgehalten.
Edwin Rockstroh drang 1881 als erster von Guatemala her bis Yaxchilán vor; es blieb jedoch dem Engländer Alfred P. Maudslay vorbehalten, die Stätte ein Jahr später für die Wissenschaft zu entdecken. Er nannte den Ort Menché (Maya: 'grüner Baum'). Mit Genehmigung der guatemaltekischen Regierung, die man damals für dieses Gebiet für zuständig hielt, veranlaßte Maudslay die Entfernung von sieben Türsturzen, die heute in London im British Museum ausgestellt sind. Kurz

Geschichte

537

Yaxchilán

Geschichte (Fortsetzung)

darauf folgte der Franzose Désiré Charnay. Der Österreicher Teobert Maler, der zwischen 1897 und 1900 hier arbeitete, gab der Stätte den Namen Yaxchilán (Maya: 'Ort der grünen Steine'), den er von dem nahen Flüßchen gleichen Namens ableitete. Zu Beginn des 20. Jh.s waren die US-amerikanischen Archäologen A. M. Tozzer, S. G. Morley und H. Spinden wissenschaftlich tätig. In den letzten Jahren wurden von der mexikanischen I.N.A.H. unter Leitung von Roberto García Moll wertvolle Restaurierungsarbeiten unternommen.

Besichtigung der *Ruinenstätte

Hinweis

Vor der Besichtigung sollte man sich bei den örtlichen Tourismusbüros nach Zustand und Zugänglichkeit der Stätte erkundigen. Es empfiehlt sich, vor Ort einen kundigen Führer zu nehmen und eine angemessene Ausrüstung mitzuführen.

Gesamtbild

Die entlang des Río Usumacinta und auf den Hügeln verteilten Bauwerke sind nur zu einem geringen Teil ausgegraben und restauriert, die meisten noch oder schon wieder vom Urwald überwachsen und daher schwer zugänglich. Es handelt sich hier um in vier Reihen gestaffelte Gebäudegruppen, die sich vom Flußufer über das hügelige Gelände in westlicher Richtung erstrecken. Die Gebäude weisen keine architektonischen Besonderheiten auf; es sind weniger Pyramidentempel als Paläste, meist mit jeweils drei Eingängen und zwei parallelen Gängen. Die oberen Teile der Fassaden sowie die ausgeprägten Dachkämme (Cresterías) waren einst mit Stuck- und Steinfiguren geschmückt. Wie in der großen Maya-Stätte Palenque zeigen die Dächer den sogenannten Mansardeneffekt; die Dachkämme erheben sich in der Mitte.

*Reliefs

Bedeutend in Yaxchilán sind die einzigartig feinen und doch kraftvollen Reliefs, die in die Stelen, Altäre, Türsturze und Stufen eingemeißelt

Yaxchilán

wurden. Bisher fand man Inschriften auf nicht weniger als 125 dieser Steintafeln. Ihre Jahreszahlen reichen von 454 bis 807 n. Christus. Die Reliefs zeigen oft zwei Figuren, die offenbar einen Machtwechsel versinnbildlichen. Die größere und wichtigere Persönlichkeit zeigt ihr Gesicht im Profil, Körper und Beine dagegen sind frontal dargestellt, die Füße nach außen gedreht. Die zweite, wesentlich kleinere Figur ist ganz im Profil dargestellt. Andere Steinbilder zeigen Gefangene, Schlachtenszenen und Weihe- und Blutopferriten. Bei letzteren dominieren Darstellungen von Herrschern und ihren Gemahlinnen, die sich stachelbewehrte Schnüre durch Zunge oder Geschlechtsteile ziehen. Seit den bahnbrechenden Forschungsarbeiten Heinrich Berlins und Tatiana Proskouriakoffs gelang es Wissenschaftlern in den achtziger und neunziger Jahren, die Glyphen größtenteils zu entziffern und damit die lange gehegte Vermutung zu bestätigen, daß hier in einmaliger Weise historische Ereignisse und Personen verewigt sind.
Ein Teil der Stelen u.a. ist beschädigt oder wurde ins Anthropologische Nationalmuseum von Mexiko-Stadt oder ins Ausland gebracht.

Reliefs (Forts.)

Von der über dem Flußufer gelegenen ersten Bautenreihe sind das Gebäude 18 mit einer Stele, das Gebäude 16 mit zwei Türsturzen, der Ballspielplatz mit fünf Skulpturen und das Gebäude 5 mit einer Hieroglyphentreppe zu nennen. Auf dem Hauptplatz die Stele 11, die 1966 nach Mexiko-Stadt gebracht werden sollte, sich aber für den Transport als zu schwer erwies und so in Yaxchilán blieb. Diese Steinplastik mit mehreren Daten zwischen 743 und 755 n. Chr. zeigt auf der Vorderseite die Thronbesteigung des Herrschers 'Vogel Jaguar', bei der ein heiliges Banner zwischen ihm (rechts) und seinem Vorgänger 'Schild Jaguar' gewechselt wird. Auf der Rückseite sieht man 'Vogel Jaguar' über gefesselten Gefangenen stehen. Die Darstellung unterstreicht, daß Kriegsführung die Grundlage der Dynastie war.

Erste Bautenreihe

Stele 11

Palacio del Rey (Gebäude 33)

Yucatán

**Yaxchilán
(Fortsetzung)
Zweite Bautenreihe**

Südlich des Hauptplatzes verläuft die zweite Bautenreihe, in der das Gebäude 19 oder 'Labyrinth' mit zwei Altären am bemerkenswertesten ist. Das Gebäude hat mehrere Eingänge, miteinander verbundene Räume auf zwei Ebenen und Überreste eines Dachkammes (Crestería). Gebäude 22 wird auch Tempel der Inschriften genannt und hat einen sehenswertem Türsturz und zwei Altäre. Das Gebäude 20 oder auch Tempel der Vogelopfer besitzt drei Eingänge, von denen jedoch nur einer intakt ist. Dieser wird von einem kunstvollen Türsturz gekrönt, der drei hohe Persönlichkeiten in reicher Kleidung zeigt.

Große Akropolis

Auf einer isolierten Anhöhe steht, über Treppen erreichbar, eine Baugruppe, die Große Akropolis (La Acrópolis Grande) genannt wird.

*Palast des Königs

Ihr bedeutendstes Bauwerk ist das Gebäude 33 oder der Palast des Königs (Edificio 33, Palacio del Rey), der wahrscheinlich aus dem Jahre 757 n.Chr. stammt. Dieser imposante Bau mißt etwa 22 x 5 m bei einer Höhe von 7 m, wobei ihn der Dachkamm noch um 6 m überragt. Die 1974 entdeckte Hieroglyphentreppe ist mit 13 Paneelen versehen, die die Thronbesteigung von 'Vogel Jaguar' 752 n.Chr. zum Thema haben. Elf der Paneele zeigen Ballspielszenen, in denen u.a. der Herrscher Menschen schlägt, deren gebrochene Körper sich in Bälle verwandeln. Möglicherweise ist hier ein Ballspiel wiedergegeben, das wohl 744 n.Chr. zwischen 'Vogel Jaguar' und seinem bedeutenden Gefangenen 'Juwelen-Kopf' ausgetragen wurde. Die drei Eingänge sind mit Türbalken geschmückt, die Szenen aus dem Leben des Herrschers zeigen; darüber befinden sich Nischen, in denen einst Steinfiguren saßen. Der Fries zeigt noch Reste von früheren Dekorationen. Der besonders schöne doppelte Dachkamm weist rechteckige Vertiefungen auf, die acht waagerechte Reihen bilden. In der Mitte saß einst die 2,50 m große Statue einer Herrschergestalt mit prächtigem Kopfschmuck. Vor dem Gebäude steht der Torso einer im Inneren gefundenen Figur, die als 'König' (Rey) bezeichnet wird; der Kopf dieser Statue liegt etwas abseits. Bis vor wenigen Jahren verehrten die Lacandon-Maya ihren in der Figur wohnenden Gott Hachakyum.

Vierte Bautenreihe

Weiter aufwärts kommt man zur vierten Bautenreihe (Gebäude 39 bis 41). Diese hoch gelegene Anlage war einst durch eine große Freitreppe mit einer 100 m tiefer liegenden Plattform verbunden.

Kleine Akropolis

Nordwestlich des Palastes des Königs erhebt sich die als Kleine Akropolis (Acrópolis Pequeña) bezeichnete Baugruppe, die von den Gebäuden 49 bis 52 gebildet wird.

Yucatán

Bundesstaat
Kürzel: Yuc.
Hauptstadt: Mérida
Fläche: 38 508 km²
Bevölkerungszahl: 1 556 600

Lage und Landesnatur

Der Bundesstaat Yucatán ist nur ein Teil der großen gleichnamigen Halbinsel, die auch die mexikanischen Bundesstaaten Campeche und Quintana Roo einschließt, außerdem aber den nördlichen Teil von Guatemala (Petén) und von Belize (ehem. Britisch-Honduras) umfaßt. Die Halbinsel Yucatán wird im Westen und Norden vom Golf von Mexiko und im Osten vom Karibischen Meer begrenzt. Die Küste im Westen und Norden besteht im wesentlichen aus Sandbänken, Lagunen und Mangrovensümpfen. Die Küste im Osten wird von Korallenriffen

Mexiko
Vereinigte Mexikanische Staaten
Estados Unidos Mexicanos

Yucatán

Bundesstaaten
Estados

1a Baja California Sur
1b Baja California Norte
2 Sonora
3 Chihuahua
4 Sinaloa
5 Durango
6 Coahuila
7 Nuevo León
8 Zacatecas
9 San Luis Potosí
10 Tamaulipas
11 Nayarit
12 Aguascalientes
13 Jalisco
14 Guanajuato
15 Querétaro
16 Hidalgo
17 Colima
18 Michoacán
19 México
20 Morelos
21 Tlaxcala
22 Puebla
23 Veracruz
24 Guerrero
25 Oaxaca
26 Chiapas
27 Tabasco
28 Campeche
29 Yucatán
30 Quintana Roo

D.F. Distrito Federal (Bundesdistrikt)

© Baedeker

und Inseln (Cozumel, Isla Mujeres) gekennzeichnet. Yucatán ist eine riesige, flache, nach Süden leicht ansteigende Kalkplatte, die als Karstlandschaft zum überwiegenden Teil von Savannen und Buschwald bedeckt ist. Die nach Süden hin zunehmenden Niederschläge sickern schnell durch die dünne Erdschicht und das Kalkgestein und bilden so unterirdische Flüsse und Seen. Durch Einbrechen von Höhlendächern entstehen etwa kreisförmige, brunnenartige Wasserlöcher unterschiedlicher Größe, sogenannte Cenotes (von dem Maya-Wort 'dzonot'). Vor der Eroberung bauten die Maya-Indianer ihre großen Kultstätten um die Cenotes, die auch heute noch für die Wasserversorgung wichtig sind.

Lage und Landesnatur (Fortsetzung)

Im dichten Busch von Yucatán gibt es noch Jaguare und Ozelots, obwohl sie sich im Laufe der Zeit immer mehr in unzugängliche Gegenden zurückgezogen haben. Auch der Alligator wurde erbarmungslos gejagt und ist jetzt kaum mehr anzutreffen. Daneben gibt es Rehwild, Wildschweine, Fasane, Wildenten, wilde Truthähne und Affen. Leguane findet man ebenso wie die Abgottschlange Boa Constrictor und andere Schlangen. Eine große Anzahl tropischer Vögel wie z. B. Papagei, Tukan, Flamingo und Kolibri bevölkern die Halbinsel.
Die reichen Palmenbestände der Halbinsel sind in den letzten Jahren durch eine Baumkrankheit, die auch schon in den vergangenen Jahrhunderten aufgetreten ist, erheblich geschädigt worden. Man versucht, die Strände durch Anpflanzen resistenter südostasiatischer Bäume wieder mit einem Palmengürtel aufzuforsten.

Fauna und Flora

Ein Hauptzweig der Wirtschaft ist der Anbau und die Verarbeitung der aus Agaven gewonnenen Sisalfaser (Henequén), deren Bedeutung allerdings durch die Entwicklung von Kunstfasern stark abgenommen hat. Daneben spielen die Nutzholzgewinnung und der Fischfang eine erhebliche Rolle. Bis zum 20. Jh. war Yucatán mehr nach Europa aus-

Wirtschaft

Yucatán

Wirtschaft
(Fortsetzung)

gerichtet als mit dem Zentrum von Mexiko verbunden, da die Eisenbahnverbindungen und Bundesstraßen erst seit den fünfziger Jahren angelegt wurden. Der wichtigste Seehafen ist Progreso am Golf von Mexiko, über den sich ein guter Teil des Handels abwickelt. In den letzten Jahren hat sich der Tourismus zu den archäologischen Stätten der Maya sowie zu den Stränden erheblich gesteigert.

Geschichte

Mit seinen zahlreichen Zeugnissen der Maya-Kultur aus der Klassik (300–900 n.Chr.) und Nachklassik (900–1450 n.Chr.) spielt Yucatán eine wichtige Rolle in der Archäologie.

In der neueren Geschichte kam es zwischen 1512 und 1519 zu den ersten Kontakten der spanischen Eroberer mit den Ureinwohnern Yucatáns. Zu dieser Zeit waren die klassischen Maya-Stätten mit wenigen Ausnahmen bereits verlassen. Erst nach 20 Jahren harter Kämpfe konnten die Konquistadoren unter der Führung der beiden Montejos die spanische Herrschaft über eine knappe Hälfte der Halbinsel festigen. In der Kolonialzeit blieb Yucatán wegen seiner isolierten Lage ein recht unbedeutender Teil des Vizekönigreiches. Immer wieder versuchten rebellische Maya-Stämme, Teile des Landes zurückzugewinnen. Vor allem in der zweiten Hälfte des 19. Jh.s kam es zu erbittert geführten Kämpfen, die sogar zur zeitweisen Unabhängigkeit vom mexikanischen Zentralstaat führten ('Krieg der Kasten'). Erst zu Beginn des 20. Jh.s konnte der mexikanische Staat die volle Souveränität über Yucatán erlangen. Viele der besiegten Indianer zogen sich in die Wildnis von Quintana Roo zurück. Neben einer Anzahl von Spaniern vor allem in und um Mérida besteht die Bevölkerung des Bundesstaates Yucatán vornehmlich aus Maya-Indianern und Mestizen. Zum Teil wird ausschließlich die Maya-Sprache gesprochen.

Maya

Kaum ein Gebiet in Mexiko kann so viele archäologische Stätten aufweisen wie Yucatán. Die Nachklassik der Maya (900–1450 n.Chr.), die durch ansässige und zugewanderte Maya-Stämme und von aus dem mexikanischen Hochland eingewanderten Tolteken getragen wurde, schuf eine großartige Architektur, in der sich frühe Maya-Elemente mit toltekischem Stil mischten. Allerdings erreichte die Kunst der Keramik und der Steinplastik nicht mehr die hohe Qualität der Früh- und Spätklassik (300–900 n.Chr.), die vornehmlich in Süd-Campeche, Chiapas, Guatemala, Belize und Honduras beheimatet war.

Kalender

Auch der sogenannte 'Long Count', der historische Kalender, der jeden Tag vom Beginn der Maya-Zeitrechnung zählt, der unserem Datum 13. August 3114 v.Chr. (Nulltag) entspricht, wurde in der Nachklassik nur noch in einer abgekürzten Form verwendet. Der ursprüngliche Maya-Kalender gilt als der vollständigste und genaueste der damaligen Zeit. Die Maya waren auch die ersten, welche die Zahl Null benutzten, wodurch es ihnen möglich war, Daten zu errechnen, die gewaltige Zeiträume umfaßten. Das älteste bisher gefundene sichere Maya-Kalenderdatum ist 292 n.Chr. auf der Stele 29 in Tikal, Guatemala (die 'Hauberg-Stele' mit dem Datum 199 n.Chr. ist unsicheren Ursprungs).

Hieroglyphenschrift

Die Maya besaßen die einzige sowohl logographisch als auch phonetisch voll entwickelte Hieroglyphenschrift. Die bisher rund 800 identifizierten Glyphen können sowohl für eine Silbe als auch für ein Wort stehen. Heutzutage können 25 bis 35% der Glyphen gelesen und ausgesprochen werden, vom Rest hat man zumindest eine Vorstellung von ihrer Bedeutung. Der Durchbruch zur Entzifferung gelang 1958, als der in Mexiko lebende Deutsche Heinrich Berlin die sogenannten Wappen-Glyphen fand. Er entdeckte, daß bestimmte Zeichen immer nur an bestimmten Plätzen erscheinen. So konnten die Glyphen der acht klassischen Maya-Städte Palenque, Yaxchilán (Mexiko), Tikal, Piedras Negras, Quiriguá, Seibal, Naranjo (Guatemala) und Copán (Honduras) entziffert werden. Daraus schloß Berlin, daß auf den Stelen und anderen Monumenten die Geschichte der jeweiligen Plätze aufgeschrieben sei. Tatjana Proskouriakoff ermittelte daraufhin, daß die Datierungen in speziellen Stelengruppen die Regierungszeit, Geburts- und Heiratsdaten eines Herrschers angaben. Gleichzeitig gelang es, aus den Glyphen die Namen bestimmter Herrscher und ihrer Familienmitglieder herauszufinden. In den fünfziger und sechziger Jahre leistete Jurij Knorosow wichtige Arbeit; in den siebziger Jahren dokumentierten Linda Schele, Peter Mathews und Floyd Lounsbury die Genealogie der Herrscher-Dynastie von Palenque und anderen bis zum Ende dieser Stätten um 800. Im letzten Jahrzehnt trugen Berthold Riese, Nikolai Grube und Claude F. Baudez maßgeblich zur weiteren Entzifferung bei (→ *Baedeker Special*, S. 82 / 83).

Gleichsam die 'Bücher' der Maya sind die aus gipsbeschichtetem Rindenpapier bestehenden und wie ein Leporello gefalteten Maya-Codices. Diejenigen, die nicht von den Spaniern vernichtet wurden oder verschwunden sind, kamen meist als Geschenke an Karl V. nach Europa und befinden sich heute in Dresden, Madrid und Paris. Der sog. Grolier-Codex, 1971 vorgestellt und zunächst umstritten, wird derzeit in Mexiko-Stadt aufbewahrt.

Hieroglyphen-schrift (Fortsetzung)

Reiseziele im Bundesstaat Yucatán

Zu den bedeutenden Maya-Stätten in Yucatán gehören → Chichén Itzá, Yaxuná (→ Cobá), → Izamal, → Dzibilchaltún, → Uxmal, → Kabah, → Sayil, → Labná, Chacmultún (Umgebung von → Labná), Xlapak (Umgebung von → Sayil) und Mayapán (Umgebung von → Mérida). Die anderen bedeutenden Stätten der Halbinsel liegen in den Bundesstaaten Campeche und Quintana Roo.

Maya-Stätten

Die Ende der achtziger Jahre geschaffene Ruta Maya umfaßt die archäologischen Zonen und kolonialen Städte von Mexiko, Guatemala, Belize, Honduras und El Salvador. Das Programm beinhaltet die Modernisierung der Verkehrswege, Restaurierung der Stätten und die Schaffung neuer Übernachtungsmöglichkeiten. Die Region erstreckt sich östlich vom Isthmus von Tehuantepec über die ganze Halbinsel von Yucatán bis hinein nach Honduras und El Salavdor.

Ruta Maya

Wie in → Mérida, Izamal, Valladolid (Umgebung von → Chichén Itzá), Motul und Tikul (Stadt → Campeche) findet man in fast allen Orten des Staates Yucatán Zeugnisse der Kolonialkunst, vor allem von den Franziskanern errichtete Kirchen und Klöster aus dem 16. und 17. Jahrhundert. Diese liegen z.T. noch in einer ursprünglichen Landschaft und sind auch ihrer Atmosphäre wegen einen Besuch wert. Zu diesen Orten gehören südöstlich und südwestlich von Mérida:

Kolonialkunst

Iglesia de San José; auch bekannt für seine yukatekischen Gerichte;
Iglesia de Nuestra Señora de la Natividad am Hauptplatz neben einer Maya-Pyramide;
Iglesia y Convento de La Asunción; in einem Henequén-Anbaugebiet gelegen; zahlreiche Cenotes in der Umgebung;
Iglesia de San Antonio de Padua;
Iglesia y Convento La Asunción mit schöner Espadaña und altem Schöpfrad im Kloster;
Iglesia de la Purísima Concepción mit schwarzem Christus über dem Altar; der Ort ist bekannt durch den Fund eines der "Bücher des Chilam Balam", der großen Maya-Chronik;

Kanasín
Acanceh

Tecoh

Tekit
Mama

Chumayel

Zacatecas (Bundesstaat)

Teabo	Iglesia San Pedro y San Pablo;
Tipical	Iglesia de La Magdalena auf einem Hügel;
Maní	Iglesia y Convento de San Miguel (Umgebung von → Labná);
Oxkutzcab	Iglesia y Convento San Francisco de Asís; Zitrusfruchtanbau; in der Nähe Höhlen wie Kukikán und Lol-tún (Umgebung von → Labná);
Tikul	Iglesia de San Antonio; Nachbildungen von Maya-Skulpturen und Keramik;
Muná	Iglesia y Convento de La Asunción; in einem Tabakanbaugebiet; Cenotes in der Umgebung;
Uman	Iglesia y Convento de San Francisco de Asís; in einem Heneqén-Anbaugebiet.

Yuriria

→ Celaya

Zacatecas (Bundesstaat)

Kürzel: Zac.
Hauptstadt: Zacatecas
Fläche: 73 454 km²
Bevölkerungszahl: 1 336 500

Lage und Landesnatur

Der hochgelegene Bundesstaat Zacatecas, der wegen der geringen Niederschläge nur wenige ständig Wasser führende Flüsse besitzt, wird im Norden von Coahuila, im Westen von Durango, im Süden von Jalisco und Aguascalientes sowie im Osten von San Luis Potosi be-

Mexiko
Vereinigte Mexikanische Staaten
Estados Unidos Mexicanos

Zacatecas

Bundesstaaten Estados

1a Baja California Sur	12 Aguascalientes
1b Baja California Norte	13 Jalisco
	14 Guanajuato
2 Sonora	15 Querétaro
3 Chihuahua	16 Hidalgo
4 Sinaloa	17 Colima
5 Durango	18 Michoacán
6 Coahuila	19 México
7 Nuevo León	20 Morelos
8 Zacatecas	21 Tlaxcala
9 San Luis Potosí	22 Puebla
10 Tamaulipas	23 Veracruz
11 Nayarit	24 Guerrero
	25 Oaxaca
	26 Chiapas
	27 Tabasco
	28 Campeche
	29 Yucatán
	30 Quintana Roo

D.F. Distrito Federal (Bundesdistrikt)

© Baedeker

Zacatecas (Bundesstaat)

grenzt. Schroffe Bergzüge und sandige Hochebenen prägen die Landschaft des Staates, der für seinen Erzreichtum bekannt wurde. Er wird vorwiegend von Criollos (Nachkommen von Spaniern) und Mestizen sowie in der Gegend um Colotlán von den Huichol-Indianern bewohnt. Hinzu kommen die beiden starken Kolonien La Batea und La Honda der 1923 aus Kanada eingewanderten Mennoniten.

Lage und Landesnatur (Fortsetzung)

Neben bekannten archäologischen Stätten wie La Quemada (Chicomóztoc) und Chalchihuites gibt es noch eine Anzahl von kleineren Fundorten, von denen Teul de González Ortega und Estación Canutillo zu erwähnen sind.

Archäologische Stätten

Zacatecas (Náhuatl: 'Land, wo Zacate-Gras wächst') war in vorspanischer Zeit von verschiedenen Indianerstämmen wie z. B. den Caxcanes, Tecuexes, Hachichiles, Huicholes, Coras und Tepehuano bevölkert, von denen bis auf die letzten drei alle verschwunden sind. Sicherlich gehörte das Gebiet in der nachklassischen Zeit zum Kulturkreis von Chalchihuites, der vermutlich wiederum von den Tolteken beeinflußt war. Die später in Zentralmexiko herrschenden Azteken zogen von Nordwesten nach Süden und erreichten daher diese Region wohl nicht.
Die nach der Conquista auf der Suche nach Edelmetallen eindringenden Spanier, angeführt von Pedro Almíndez Chirinos, wurden bald in Kämpfe mit den Indios verwickelt. Mit Hilfe der später teilweise befriedeten Stämme wurden um die heutige Hauptstadt die ersten reichen Silberminen entdeckt. Die Ausbeutung der Minen brachte dem Staat Wohlstand, der sich im Bau und der reichen Ausstattung sakraler und profaner Bauten ausdrückte. Im Verlauf des Reformkrieges (1858–1861) und der Revolutionskämpfe (1910–1920) waren der Staat und vor allem einige seiner Städte Schauplatz blutiger Gefechte.

Geschichte

Zacatecas ist einer der erzreichsten Staaten Mexikos; die wichtigsten Bodenschätze sind Gold, Silber, Kupfer, Zink, Quecksilber und Blei. Die Industrie beschränkt sich auf die Verhüttung der Erze und auf die Verarbeitung von Zuckerrohr, Agaven, Wolle und Baumwolle. Neben der wichtigen Viehzucht spielt der Ackerbau mit der Erzeugung von Getreide, Zuckerrohr und Maguey-Agaven eine geringere Rolle. Die Entwicklung des Tourismus nimmt zu.

Wirtschaft

Reiseziele im Bundesstaat Zacatecas

Neben der Hauptstadt → Zacatecas und den in der Umgebung gelegenen Reisezielen wie La Quemada (Chicomóztoc), Jérez García de Salinas und Fresnillo, sind folgende Orte anzuführen:

In diesem malerischen Städtchen (2351 m ü.d.M.; 80 000 Einw.; Fiesta: 2.–10. Februar, La Candelaria = Mariä Lichtmeß) im Westen des Staates an der Grenze zum Bundesstaat Durango befinden sich die Kirchen San Francisco (16. Jh.), Santo Domingo (18. Jh.; churrigureske Fassade) und San Juan Bautista (18. Jh.).

Sombrerete

51 km südwestlich von Sombrerete liegt die Ortschaft Chalchihuites (Náhuatl: 'Chalchihuitl' = 'grüner Stein'), von wo es noch 7 km bis zum Rande der ausgedehnten archäologischen Stätte von Chalchihuites sind, die auch unter dem Namen Alta Vista bekannt ist. Über die Erbauer der Anlage, die sich über die Haciendas Alta Vista und El Vergel sowie El Chapín erstreckt, weiß man wenig. Bereits zu Beginn unserer Zeitrechnung besiedelt, dürfte die Blütezeit der Stätte zwischen dem 5. und 7. Jh. gelegen haben. Erst im 11. Jh. verlor der Ort an Bedeu-

Chalchihuites

Zacatecas (Stadt)

Ruinenstätte von Chalchihuites

Reiseziele im Bundesstaat Zacatecas, Chalchihuites (Forts.)

tung und man nimmt an, daß er um 1400 verlassen wurde. Die Stätte scheint aufgrund astronomischer Berechnungen an dieser Stelle unmittelbar am Wendekreis des Krebses angelegt worden zu sein. Sie erlangte Bedeutung als religiöses Zentrum und als Handelsplatz einer Minenregion, an dem Feuerstein, Jade und Türkis gehandelt wurde.

Besichtigung der Ruinenstätte

Die flach gelegene Ruinenstätte weist einen ummauerten Gang auf, der in seiner Anlage und Ausstattung offenbar als Observatorium diente. Daneben findet man eine Schlangenmauer mit entsprechender Zeichnung, die Säulenhalle (Salón de las Columnas) mit 28 Pfeilern und Priesterhöfe mit Opfer- und Feueraltären. In den Felsen des Cerro El Chapín gehauene Kreuzsymbole sind wie fast alle Bauten nach astronomischen Regeln geschaffen worden.

Zacatecas (Stadt) H 6

Bundesstaat: Zacatecas (Zac.)
Höhe: 2496 m ü.d.M.
Einwohnerzahl: 315 000
Telefonvorwahl: 01 492

Anreise von Mexiko-Stadt

Mit dem Flugzeug in ca. 1 Std.; mit der Eisenbahn in ca. 17 Std.; mit dem Bus in ca. 8 Std.; mit dem Auto 613 km auf der MEX 75 D und MEX 45 über → León, → Querétaro und → Aguascalientes.

Lage und Allgemeines
*Stadtbild

Die reizvolle Kolonialstadt Zacatecas, Hauptstadt des gleichnamigen Bundesstaates, liegt in einer engen Schlucht, die von den Hügeln La Bufa, Mala Noche und El Padre beherrscht wird. Umgeben von ei-

Zacatecas (Stadt)

ner durch Berge unterbrochenen Hochebene war diese Stadt durch Jahrhunderte ein wichtiges Zentrum des Silberbergbaus. Heute gehört Zacatecas mit seinen hübschen alten Bauten und kopfsteingepflasterten Gassen zu den schönsten Kolonialstädten des Landes.

Lage und Allgemeines (Fortsetzung)

Die Region um Zacatecas (Náhuatl: 'Land, wo Zacate-Gras wächst') wurde in vorspanischer Zeit von verschiedenen Indianervölkern bewohnt, über die man sehr wenig weiß. Ihre Geschichte dürfte zeitweise unter dem Einfluß der Kulturkreise von Chalchihuites und La Quemada (Chicomóztoc) gestanden haben. Einige Konquistadoren unter Juan de Tolosa, die auf der Suche nach Silber waren, gründete 1546 die Ortschaft. Der durch den Silberbergbau schnell reich gewordenen Siedlung wurde 1585 durch Philipp II. das Stadtrecht verliehen. Während des Revolutionskrieges kam es hier 1914 zu einer erbitterten Schlacht zwischen Truppen des Diktators Victoriano Huerta und Francisco ('Pancho') Villa, in welcher der letztere siegte. 1993 erklärte die UNESCO das historische Zentrum zum Weltkulturerbe.

Geschichte

Sehenswertes

An der Plaza Hidalgo steht die prächtige Kathedrale, die von manchen als das perfekteste Beispiel für den mexikanischen Churriguerismus angesehen wird. Der Bau wurde an der Stelle einer Kirche aus dem Jahr 1612 begonnen, erhielt aber seine heutige Form vorwiegend zwischen 1730 und 1760.

Kathedrale

Die überaus reich geschmückte Fassade, typisch für den Formenreichtum des spanisch-mexikanischen Barock, zeigt eine Darstellung Christi mit den 12 Aposteln, vier Kirchenväter um das Chorfenster sowie am oberen Teil Gottvater umgeben von acht musizierenden En-

**Fassade

Panorama von Zacatecas

Zacatecas (Stadt)

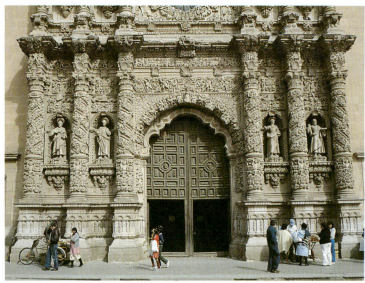

Die prächtige Fassade der Kathedrale von Zacatecas

Kathedrale (Fortsetzung)	geln. Die Darstellungen sind in einer Mischung romanischer Elemente mit Motiven des indianischen Weltbildes gehalten. Die Kuppel wurde 1836 umgebaut. Das karge Innere, vorwiegend im neoklassizistischen Stil gehalten, ist enttäuschend; die einst ungewöhnlich reiche Ausstattung (Gegenstände aus Gold und Silber, europäische Gemälde u. a.) ist während des Reformkrieges und der Revolutionswirren abhanden gekommen.
Palacio de Gobierno	Ebenfalls an der Plaza Hidalgo befindet sich der Regierungspalast (Palacio de Gobierno), ein Palais aus dem 18. Jh. mit hübschen schmiedeeisernen Balkons.
Santo Domingo	Über den am Regierungspalast beginnenden Callejón de Veyna kommt man zu der Kirche Santo Domingo, einem nüchternen Barockbau aus der Mitte des 18. Jahrhunderts. Die Fassade ist in der Form einer 'spanischen Wand' ausgeführt. Im Innern findet man an den Seiten acht schön geschnitzte churriguereske Retablos und einen neoklassizistischen Hauptaltar. Beachtenswert sind die Gemälde aus dem 18. Jh. in der Sakristei. Der Kirche schließt sich das alte Jesuitenkolleg mit Kreuzgang an.
San Agustín	Der einst prunkvollste Sakralbau in Zacatecas besticht – obwohl größtenteils verfallen – durch ein platereskes Seitenportal, dessen Ausarbeitung die Bekehrung des heiligen Augustin darstellt und zu den schönsten des Landes gehört. Seit kurzem ist hier das Naturhistorische Museum des Staates untergebracht.
Cerro de la Bufa	Ein Wahrzeichen der Stadt ist der 4 km vom Stadtzentrum entfernte Cerro de la Bufa (2700 m ü.d.M.), auf dem sich die Ende des 18. Jh.s errichtete Capilla de los Remedios oder Virgen del Patrocinio Señora

Zacatecas (Stadt)

de los Zacatecos befindet. Die Anhöhe bietet eine schöne Aussicht über die Stadt und ist Startpunkt der Seilbahn, die zum 650 m entfernten Cerro El Grillo und wieder zurück führt. Hier kann man das 'Museum der Einnahme von Zacatecas' (Museo de la Toma de Zacatecas) besuchen, das Bilder und Dokumente der Schlacht von 1914 enthält.

Cerro de la Bufa (Forts.)

Nordwestlich vom Stadtzentrum (C. Antonio Doval) gibt der Besuch der Mine El Edén, die per Minenbahn befahren werden kann, einen Einblick in die harte und oft unmenschliche Arbeit in den Silberminen.

El Edén

In der früheren Casa del Pueblo unweit des Aquädukts sollte man das Museo Francisco Goitia besichtigen. In dem neoklassizistischen Gebäude sind die Werke des aus Fresnillo stammenden Expressionisten und Chronisten des Revolutionskrieges Francisco Goitia (1884 bis 1960) und zeitgenössischer mexikanischer Maler ausgestellt.

*Museo Goitia

Im ehemaligen Kloster San Francisco zeigt das Museo Rafael Coronel 4000 hauptsächlich prähispanische Masken aus ganz Mexiko, Zeichnungen von Coronel und eine Marionettensammlung. An der Plaza de Santo Domingo werden im Colegio de San Luís Gonzaga Werke des älteren Bruders von Rafael, Pedro Coronel, sowie präkolumbische, europäische, afrikanische und asiatische Kunst ausgestellt.

*Coronel-Museen

Zu den weiteren Sehenswürdigkeiten gehören die eigenartige Metallkonstruktion des Marktes Jesús Gonzáles Ortega vom Ende des 19. Jh.s, das Teatro Calderón, Kirche und Kloster San Francisco mit gotischem Kreuzgang (16./17. Jh.), das Teatro Calderón (Ende 19. Jh.), das Volksmuseum der Huichol-Indianer (Museo Arte Huichol) und der Aquädukt (18./19. Jh.) am südlichen Ende der Stadt.

Weitere Sehenswürdigkeiten

In der Osterwoche findet eine internationale Kulturwoche statt. Am Jahrestag der Gründung von Zacatecas, dem Freitag vor dem 8. September, beginnt eine zweiwöchige Messe, während der auch Stier- und Hahnenkämpfe, Sportbegegnungen und Konzerte stattfinden.

Veranstaltungen und Feste

Umgebung von Zacatecas

An km 2,5 der MEX 45 steht das Herrenhaus von Don Ignacio de Bernardez, in dem man heute Silberschmieden bei der Arbeit zusehen und ihre Erzeugnisse erwerben kann. Diese Produkte kann man auch nahe der Kathedrale im Centro Comercial 'El Mercado' kaufen.

Casco de la Hacienda Bernardez

Etwa 7 km östlich liegt an der MEX 45 die Ortschaft Guadalupe, die wegen ihres Klosters bekannt geworden ist. Das Kloster Nuestra Señora de Guadalupe wurde 1707 von den Franziskanern gegründet und ist heute in ein reichhaltiges Museum (Museo Regional de Guadalupe) umgewandelt. Es enthält eine nicht-öffentliche Bibliothek und eine zugängliche Sammlung wertvoller Gemälde aus der Kolonialzeit, u. a. von den Malern Cristóbal de Villalpando, Rodríguez Juárez, Miguel Cabrera, Antonio Torres und Antonio Oliva.
Die 1721 geweihte Klosterkirche hat eine interessante barocke Fassade. Zu beiden Seiten des Eingangstores sieht man je ein Paar Säulen, die Nischen mit Statuen flankieren. Wie die Säulen im oberen Teil sind sie in drei Abschnitten mit Figuren, Spiralen und Flechtwerk geschmückt. Über der Tür sieht man ein Hochrelief mit der Jungfrau von Guadalupe und dem sie malenden Apostel Lukas. Der obere Teil der Fassade ist im Stil einheimischer Meister ausgeführt, der an die Gestaltung der Kathedrale von Zacatecas erinnert. Der im späten 19. Jh. hinzugefügte linke Turm stört das Gesamtbild erheblich.

*Nuestra Señora de Guadalupe

Zacatecas (Stadt) — Umgebung

Nuestra Señora de Guadalupe (Fortsetzung)

Im Kircheninneren ist die neoklassizistische Capilla de la Purísima (Capilla de Napoles; 19. Jh.) reich mit Blattgold dekoriert und mit Gemälden ausgestattet. Einzigartig ist der aus Mesquite-Holz gefertigte Parkettfußboden, in den eine kunstvoll gearbeitete und phantasievolle Kombination aus Windrose, Tierkreiszeichen und Heiliger Schrift eingelegt ist. Rechter Hand vom Kloster befindet sich das Museo Regional de la Historia, das eine interessante Kollektion alter Automobile, Droschken und anderer Fahrzeuge besitzt. Diese gehörten ehemaligen Präsidenten und anderen berühmten Persönlichkeiten Mexikos.

Jerez de García Salinas

Von Zacatecas auf der MEX 45, Abzweigung rechts nach 23 km, sind es insgesamt 56 km zum andalusisch Stadt Jerez de García Salinas (2190 m ü.d.M.; 70 000 Einw.; Fiestas: 23., Januar Día de San Ildefonso; Karsamstag; 8. September, Día de la Virgen de le Soledad).

Fresnillo

Rund 60 km nordwestlich von Zacatecas an der MEX 45 liegt die alte Silberstadt Fresnillo (2250 m ü.d.M.; 190 000 Einw.; Fiestas: 23. August, Gründungstag; im 7 km entfernten Plateros 15. Juni, Día del Santo Niño), in deren Nähe sich Thermalbäder befinden.

La Quemada

Etwa 53 km südlich von Zacatecas an der MEX 54 liegt die vorkolumbische Ruinenstätte La Quemada oder Chicomóztoc (Náhuatl: 'sieben Höhlen'). Dieses sich über einen großen Hügel erstreckende Kultzentrum hatte seinen Anfang wahrscheinlich schon in der frühen Klassik. Ob es allerdings mit dem legendären Ort Chicomóztoc identisch ist, aus dem der Sage nach die sieben Nahua-Völker zu ihrer Wanderung nach Süden aufgebrochen sein sollen, ist mehr als zweifelhaft. Tatsache ist, daß La Quemada zusammen mit Chalchihuites und anderen Orten in Zacatecas und Durango in einer Zone liegt, welche die nördliche Grenze der Kulturen Mesoamerikas bildet.

Geschichte

Der festungsartige Ort, wahrscheinlich der bedeutendste in der Nordregion, hatte seine Blütezeit in der späten Klassik bzw. Nachklassik, also zwischen 700 und 1100 n. Chr. und dürfte zu Beginn des 13. Jh.s zugrunde gegangen sein. Eine Legende der Indianer berichtet von der Zerstörung einer Stadt in dieser Gegend, nachdem sie versucht hatte, den Peyotl-Handel an sich zu reißen. Schon 1650 beschrieb Pater Antonio Tello diese Stätte. Die erste wissenschaftliche Beschreibung stammt aus dem Jahr 1826. 1903 begannen Ausgrabungen unter der Leitung von Leopoldo Batres, die in den fünfziger und sechziger Jahren von José Corona Nuñez und Pedro Armillas fortgeführt wurden. Das neue kleine Museum ist durchaus sehenswert.

Besichtigung

Die Ruinenstätte kann sich trotz des deutlichen mesoamerikanischen Einflusses nicht mit der Architektur der südlicher gelegenen Stätten messen. Die über einen Bergrücken verteilten Bauten sind vorwiegend aus Steinplatten und Adobe-Ziegeln errichtet.

Königspalast

Zunächst gelangt man linker Hand zu einem Komplex, der Königspalast oder auch Kathedrale (Palacio del Rey; Catedral) genannt wird. Erhalten geblieben ist eine, von Mauern begrenzte Terrasse mit einer Ausdehnung von 67 x 64 Metern.

Säulenhalle

An der Ostseite führt ein Eingang in die 40 x 31 m große Säulenhalle (Salón de las Columnas). Die steinernen Pfeiler sind bis zu 5 m hoch.

Ballspielplatz

Unweit des Palastes sieht man in nördlicher Richtung eine kleine Plattform, von der eine 10 m breite Straße zum Ballspielplatz (Juego de Pelota) führt, der für diese Region äußerst selten ist.

*Votivpyramide

Es schließt sich die eindrucksvolle Votivpyramide (Pirámide Votiva oder Pirámide del Sol) an. Die aus zwei Geschossen bestehende Pyramide ist 11 m hoch. Westlich davon erstrecken sich die als Zitadelle oder Akropolis (Ciudadela oder Acrópolis) bezeichneten Gebäude.

Auf der 'Zweiter Absatz' (Segundo Cuerpo) genannten Ebene sieht man einen großen Hof, der auf allen Seiten von Plattformen umgeben ist. Eine nach Norden führende und von fast 7 m hohen Mauern flankierte Treppe mündet in einen Hof, in dem eine stark beschädigte Pyramide steht.

Umgebung von Zacatecas (Stadt), La Quemada, 'Zweiter Absatz'

Den 'Dritten Absatz' (Tercer Piso) erreicht man über eine von einer bis zu 10 m hohen Stützmauer getragene Treppe. An einem offenen, versenkten Hof steht der Opfertempel (Templo de los Sacrificios), eine schöne fünfstöckige Pyramide. Ihre Südtreppe führt zu einem kleinen rechteckigen Altar (Altar de los Sacrificios), der als Opferstelle gedient haben soll. Am gut erhaltenen Ostflügel des Hofes erstreckt sich ein 22 x 30 m messender Saal mit einem Erker.

'Dritter Absatz'

Eine Treppe und ein schmaler Gang führen auf die höchste Ebene, wo sich eine Reihe von verfallenen Bauten mit Terrassen und Galerien befindet. Von dem über eine steile Treppe an seiner Südseite zu erklimmenden, La Terraza genannten Gebäude hat man einen schönen Blick über die gesamte archäologische Zone und ihre Umgebung.

La Terraza

Zihuatanejo-Ixtapa I 9

Bundesstaat: Guerrero (Gro.)
Höhe: Meereshöhe
Einwohnerzahl: 60 000
Telefonvorwahl: 01 753

Mit dem Flugzeug täglich von Mexiko-Stadt und von anderen mexikanischen und US-amerikanischen Flughäfen; mit dem Bus von Mexiko-

Anreise

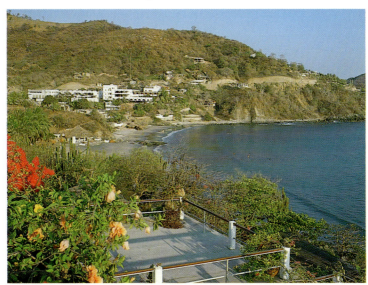

Bucht beim alten Dorf Zihuatanejo

Zihuatanejo-Ixtapa

Anreise (Fortsetzung) — Stadt in 9 Std., von → Acapulco in ca. 4 Std.; mit dem Auto von Mexiko-Stadt auf der gut ausgebauten Autopista del Sol (MEX 95) und MEX 200 in ca. 7½ Std., von Acapulco 240 km auf der MEX 200. Die Strecke über Toluca und Ciudad Altamirano sollte man wegen der schlechten Straßenverhältnisse und der Überfallgefahr meiden.

Lage und Allgemeines

✲Seebad

Der ehemalige Fischerhafen Zihuatanejo, an einer geschützten Bucht gelegen, ist von schönen Stränden, bewaldeten Hügeln und Felsen umgeben. Zusammen mit dem erst 1975 gegründeten mondänen Badeort Ixtapa gehört er zu den erholsamsten Seebädern der mexikanischen Pazifikküste.

Geschichte — In vorspanischer Zeit soll Zihuatanejo (Náhuatl: 'dunkles Weib') ein Winterbadeort des letzten Königs der Purépecha (Tarasken), Tangáxoan II. Caltzontzín, gewesen sein.
In der Kolonialzeit hatte der Ort zeitweise eine gewisse Bedeutung als Handelshafen. Der verträumte Fischerort wurde erst in den sechziger Jahren dieses Jh.s von Touristen entdeckt, die abgelegene Strände bevorzugten. Durch die Gründung des ca. 10 km entfernten Nachbarortes Ixtapa (Náhuatl: 'wo es oben weiß ist') hat auch Zihuatanejo einen Aufschwung genommen.
Der Ort wurde modernisiert und hat dadurch aber etwas von seinem Charme verloren.

Zihuatanejo

Der Fischerort Zihuatanejo bietet kaum Bemerkenswertes, obwohl in der letzten Zeit eine Fußgängerzone mit Geschäften und Restaurants entstanden ist. Die Hauptstrände vom Flughafen in Richtung Ixtapa

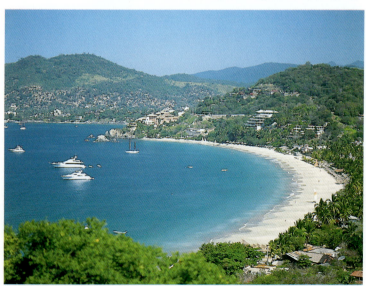

Playa La Ropa bei Zihuatanejo

Zihuatanejo-Ixtapa

sind: Playa de las Gatas, nur per Boot oder über einen steinigen Pfad zu erreichen, mit einem Steinwall unweit des Ufers, der der Legende nach auf den Taraskenkönig Tangáxoan II. zurückgehen soll, der hier ungestört baden wollte; Playa de la Ropa; Playa de la Madera; Playa del Malecón und der zwischen Zihuatanejo und Ixtapa liegende Playa de Majahua.

Ixtapa

Noch vor dem knapp 10 km entfernten modernen Seebad Ixtapa liegt die Playa Hermosa. Es folgen die attraktiven Strände Don Juan, San Juan de Dios, Rodrigo, Las Cuatas, Quieta und Linda.
Zu den vorgelagerten Inseln mit hübschen Stränden, teilweise guten Schnorchelmöglichkeiten und einer vielfältigen Fauna und Flora ge hören die Isla Ixtapa (Isla Grande), die Isla de la Pie und die Morro de los Pericos. In Ixtapa gibt es auch eine tropische Lagune inmitten üppiger Vegetation. Ein großer Jachthafen ist im Bau.

Die Umgebung von Zihuatanejo und Ixtapa mit ihren Fischerdörfern, Kokos-, Bananen- und Kaffeeplantagen bietet interessante Ausflugsmöglichkeiten.

Umgebung

Praktische Informationen von A bis Z

Anreise

Mit dem Flugzeug

Für den Urlaubsreisenden kommt aus zeitlichen Gründen in der Regel nur die Anreise per Flugzeug in Frage. Der internationale Flughafen von Mexiko-Stadt ist von den wichtigsten europäischen Flughäfen in 12-14 Stunden zu erreichen (→ Flugverkehr).

Direktflüge

Von europäischen Flughäfen werden folgende Direktverbindungen mit Linienflügen angeboten:
Frankfurt/M.–Mexiko-Stadt (Lufthansa: täglich), Frankfurt/M. und Köln/Bonn–Cancún (Condor: 2 x die Woche), München–Düsseldorf–Cancún bzw. Acapulco (LTU), Paris–Mexiko-Stadt (Air France: 6 x die Woche), Paris–Madrid–Cancún–Mexiko-Stadt (Aeroméxico: 5 x die Woche), London–Mexiko-Stadt (British Airways: 2 x die Woche), Amsterdam–Mexiko-Stadt (KLM: 4 x die Woche), Madrid–Mexiko-Stadt (Iberia: 5 x die Woche).
Austrian Airlines und Swissair sowie die Gesellschaft Alitalia fliegen von Europa aus nicht direkt nach Mexiko.

Mit Zwischenstop

Eine preisgünstige Alternative kann u. U. die Anreise über die USA mit einer US-Fluggesellschaft sein: Frankfurt/M.–Dallas–Mexiko-Stadt (American Airlines), Frankfurt/M.–Atlanta–Mexiko-Stadt (Delta Airlines), Frankfurt/M.–New York–Mexiko-Stadt (Continental Airlines) und Frankfurt/M.–Washington DC–Mexiko-Stadt (United Airlines). Von anderen US-Städten bestehen ebenfalls Flugverbindungen nach Mexiko, die von Aeroméxico, Mexicana und US-Gesellschaften bedient werden. Solche Flüge empfehlen sich vor allem, wenn ein USA-Aufenthalt mit einem Abstecher nach Mexiko verbunden werden soll.

Mexico Airpass
Mexi-Pass
Mexi-Plan
Maya-Pass

Für weitere Flüge innerhalb Mexikos bieten die Fluggesellschaften Mexicana de Aviación und Aeroméxico günstige Flugscheine zu über 30 Destinationen an. Diese Pakete (Mexico Airpass, Mexi-Pass, Mexi-Plan und Maya-Pass) müssen die Reisenden direkt in Europa beim Kauf ihres Tickets für den Transatlantikflug erwerben. Sie können nicht nachträglich in Mexiko gekauft werden.

Mit dem Schiff

Frachtschiffe

Wer viel Zeit (ca. 2–3 Wochen) erübrigen kann, kann auch auf dem Seeweg nach Mexiko gelangen. Alle Schiffspassagen geschehen durch Frachtschiffe mit Passagierkabinen im Linienverkehr. Es besteht auch die Möglichkeit, Rundreisen – etwa Ostküste der USA und Golf von Mexiko – zu buchen. Von Europa fahren Schiffe verschiedener Reedereien regelmäßig von Hamburg, Bremen, Kiel, Rotterdam, Antwerpen und Genua nach Tampico und Veracruz. Von US-Häfen nehmen ebenfalls Frachter Passagiere nach Mexiko mit.

Auskunft

Hamburg-Süd Reiseagentur
Ost-West-Str. 59, D-20457 Hamburg
Tel.: 0 40 / 3 70 50

Frachtschiff-Touristik Kapitän Peter Zylmann
Exhöfter Damm 12, D-24404 Maasholm
Tel.: 0 46 42 / 62 02

◀ *Alles bereit für die Ferien in Cancún...*

Anreise

Kreuzfahrten
Sowohl von Europa als auch von den USA steuern Passagierschiffe auf Karibik-Kreuzfahrten mexikanische Häfen – meist Cancún oder Cozumel – zu einem kurzen Aufenthalt an.

Auskunft
team reisen
Potsdamer Straße 109, D-10785 Berlin
Tel.: 0 30 / 2 64 61 65

Auf dem Landweg
Die Anreise auf dem Landweg geschieht in aller Regel aus den USA. Die wichtigsten Grenzübergänge sind San Diego (California) / Tijuana (B.C.N.), Calexico (California) / Mexicali (B.C.N.), Nogales (Arizona) / Nogales (Son.), El Paso (Texas) / Ciudad Juárez (Chih.), Presidio (Texas) / Ojinaga (Chih.), Del Rio (Texas) / Ciudad Acuña (Coah.), Eagle Pass (Texas) / Piedras Negras (Coah.), Laredo (Texas) / Nuevo Laredo (N.L.), McAllen (Texas) / Reynosa (N.L.) und Brownsville (Texas) / Matamoros (Tamps.)

Mit dem Auto
Der Kauf eines Autos lohnt sich nur bei einem längeren Aufenthalt und sollte dann in den USA getätigt werden. Daß Fahrzeug wird auf der Touristenkarte und im Reisepaß vermerkt und muß wieder ausgeführt werden. Die Einfuhrgenehmigung wird für maximal 180 Tage erteilt; man bemühe sich rechtzeitig um Verlängerung, da eine Überschreitung mit empfindlichen Geldbußen geahndet wird.

Eine in den USA abgeschlossene Versicherung erstreckt sich nicht auf Mexiko. Obwohl in Mexiko eine Haftpflichtversicherung nicht vorgeschrieben ist, wird der Abschluß einer solchen angeraten.
Als zuverlässig hat sich die Gesellschaft Sanborn's erwiesen, die in allen wichtigen mexikanischen Grenzstädten Büros unterhält.
(→ Sicherheit; → Straßenverkehr).

Mit dem Bus
US-amerikanische Busse fahren die wichtigen Grenzorte an, von wo man mit den billigeren mexikanischen Busgesellschaften nach Mexiko-Stadt und anderen Orten weiterfahren kann. Von den USA aus lassen sich auch Direktfahrten von den Grenzorten in die mexikanische Hauptstadt buchen.
(→ Busverkehr).

Mit der Eisenbahn
Anschlußmöglichkeiten vom US-amerikanischen Eisenbahnnetz zum mexikanischen bestehen von den US-amerikanischen Grenzorten Calexico (California; mit dem Bus von Phoenix oder San Diego), Nogales (Arizona; mit dem Bus von Tucson), El Paso (Texas), Presidio (Texas; mit dem Bus), Del Rio (Texas), Eagle Pass (Texas), McAllen (Texas; mit dem Bus) und Nuevo Laredo (Texas) zu den Bahnhöfen der mexikanischen Nachbarstädte.
Man sollte bedenken, daß die Bahn das mit Abstand langsamste Verkehrsmittel in Mexiko ist.
(→ Bahnverkehr).

Apotheken

→ Gesundheit

Ärztliche Hilfe

→ Gesundheit

Artenschutzabkommen

Im Sinne des Washingtoner Artenschutzabkommens ('Convention on International Trade in Endangered Species of Wild Fauna and Flora') kann jeder Reisende zum Erhalt bedrohter Tier- und Pflanzenarten beitragen, wenn er auf den Kauf von 'Souvenirs' in Form von wildlebenden Tieren und wildwachsenden Pflanzen verzichtet.
In Mexiko gehören zu diesen Arten: Kakteen, Schildpatt, schwarze Korallen, Schildkrötenpanzer, Echsenhäute, lebende oder präparierte Krokodile, Papageien, Schildkröten und Vogelspinnen.
Auch Gegenstände, die aus geschützten Tieren oder Pflanzen hergestellt sind, fallen unter das Artenschutzabkommen. Ebenso sollte man das Einfangen von Tieren und Ausgraben von Pflanzen unterlassen.

Auskunft

Staatliches Mexikanisches Verkehrsamt — In Deutschland
Wiesenhüttenplatz 26
D-60329 Frankfurt am Main
24-Stunden-Informationsservice: Tel. 0 69 / 25 34 13
Presse und Marketing: Tel. 0 69 / 25 35 09, Fax 25 37 55
Internet: http://mexico-travel.com/ (englisch und spanisch)

Das Büro in Frankfurt am Main ist zuständig für Deutschland, ferner für Österreich, die Schweiz, die Tschechische Republik, Polen und Rußland. In den europäischen Städten, in denen Mexiko bisher sowohl durch ein Verkehrsamt als auch durch eine Botschaft vertreten ist, sollen die Verkehrsämter in die Botschaften integriert werden (Stand: April 1998).

Deutsch-Mexikanische Gesellschaft e.V.
Adenauerallee 132 a
D-53113 Bonn
Tel.: 02 28 / 22 30 21

Ibero-Amerika Verein e.V.
Alsterglacis 8
D-20354 Hamburg
Tel.: 0 40 / 41 47 82 02

Mexikanische Handelsmission
Adenauerallee 100
D-53113 Bonn
Tel.: 02 28 / 22 30 21

Der Studienkreis für Tourismus und Entwicklung gibt 'Sympathie-Magazine' heraus, die das Verständnis für die Probleme und Einblick in das Leben in Ländern der Dritten Welt wecken möchten. Unter der angegebenen Adresse ist das Heft "Mexiko verstehen" zu beziehen, dessen Lektüre auf die Reise einstimmt und vorbereitet und eine sinnvolle Ergänzung zu diesem Reiseführer ist. — "Mexiko verstehen"

Studienkreis für
Tourismus und Entwicklung e.V.
Kapellenweg 3
D-82541 Ammerland/Starnberger See
Tel.: 0 81 77 / 17 83

Auskunft

Auskunft in Mexiko

Ministerium für Tourismus	Secretaría de Turismo Av. Presidente Masaryk 172 11587 México, D.F. Tel.: 01 5 / 2 50 85 55 und 01 5 / 2 50 01 51 Secretaría de Promoción y Fomento M. Escobedo 726, Delegación Miguel Hidalgo 11590 México, D.F. Tel.: 01 5 / 2 11 00 99
Telefon-Hotline	Dieser zweisprachige (spanisch und englisch) Telefonservice des Tourismusministeriums erteilt rund um die Uhr Auskünfte, Tel:. 01 5 / 2 50 01 23, 2 50 05 89; 91 80 09 03 92 (gebührenfrei)
Deutsches Tourismusbüro	Oficina Nacional Alemana de Turismo Av. Paseo de las Palmas, Lomas de Chapultepec, 11000 México, D.F. Tel.: 01 5 / 2 02 88 66
Rechtsbeistand für Touristen	Calle Florencia 20, Zona Rosa, Tel.: 01 5 / 6 25 87 61 Calle Argentina y Ildefonso, Centro, Tel.: 01 5 / 7 89 01 33
Industrie- und Handelskammer	Camara México-Alemana de Comercio e Industria A.C. Bosque de Ciruelos No. 130-1202, México 11700, D.F. Tel.: 01 5 / 2 51 40 22
Tourismusämter der Bundesstaaten	Im folgenden sind die Tourismusämter der einzelnen Bundesstaaten in deren Hauptstädten als übergeordnete Behörden angeführt, die Auskünfte über die Orte und Sehenswürdigkeiten auf ihrem Territorium erteilen. Auf lokaler Ebene sind die örtlichen Tourismusbüros (Delegación bzw. Subdelegación de Turismo) zuständig.
Aguascalientes	Oficina Estatal de Turismo Av. Universidad 1001, Aguascalientes, Ags. Tel.: 01 49 / 12 35 11, Fax: 12 19 30
Baja California Norte	Oficina Estatal de Turismo Blvd. Díaz Ordáz, Edificio Plaza Patria, Tijuana, B.C.N. Tel.: 01 66 / 81 20 74, Fax: 81 95 79
Baja California Sur	Oficina Estatal de Turismo Carr. Transpeninsular km 5,5, La Paz, B.C.S. Tel.: 01 112 / 4 01 99, Fax: 4 07 22
Campeche	Oficina Estatal de Turismo Calle 12 No. 153, Campeche, Camp. Tel.: 01 981 / 6 60 68, Fax: 6 67 67
Chiapas	Oficina Estatal de Turismo Blvd. Belisario Domínguez 950, Tuxtla Gutiérrez, Chis. Tel.: 01 961 / 2 45 35, Fax: 2 55 09
Chihuahua	Oficina Estatal de Turismo Aldama 1300, 1er Piso, Chihuahua, Chih. Tel.: 01 14 / 16 21 06, Fax: 16 00 32
Coahuila	Oficina Estatal de Turismo Periferico Luis Echeverria 1560, Saltillo, Coah. Tel.: 01 84 / 15 017 14, Fax: 30 07 23

Auskunft

Auskunft in Colima

Oficina Estatal de Turismo
Portal Hidalgo 20, Colima, Col.
Tel.: 01 331 / 2 43 60, Fax: 2 83 60

Durango

Oficina Estatal de Turismo
Hidalgo 408 Sur, Durango, Dgo.
Tel.: 01 18 / 1 11 07, Fax: 1 96 77

Estado de México

Secretaría de Turismo
Av. Urawa 100, Edif. Servicios Administrativos,
Toluca, Edo. de México
Tel.: 01 72 / 12 58 36, 12 59 98

Guanajuato

Oficina Estatal de Turismo
Plaza de la Paz 14, Guanajuato, Gto.
Tel.: 01 473 / 2 19 82, Fax: 2 42 51

Guerrero

Oficina Estatal de Turismo
Av. Costera Miguel Aleman 187, Acapulco, Gro.
Tel.: 01 74 / 86 91 67, Fax: 86 45 50

Hidalgo

Oficina Estatal de Turismo
Centro Minero km 85,5, Pachuca, Hgo.
Tel.: 01 771 / 1 42 34, Fax: 1 41 95

Jalisco

Oficina Estatal de Turismo
Morelos 102, Plaza Tapatía, Guadalajara, Jal.
Tel.: 01 3 / 6 14 01 23, Fax: 6 14 43 65

México (Distrito Federal)

Oficina Estatal de Turismo
Amberes 54, Zona Rosa, Méxiko, D.F.
Tel.: 01 5 / 5 33 47 00, 5 33 47 60

Michoacán

Oficina Estatal de Turismo
Av. Madero Poniente 63, Michoacán, Mich.
Tel.: 01 43 / 12 52 44, Fax: 12 98 16

Morelos

Oficina Estatal de Turismo
Av. Morelos Sur 802, Cuernavaca, Mor.
Tel.: 01 73 / 14 37 90, Fax: 14 38 81

Nayarit

Oficina Estatal de Turismo
Av. México 34 Sur, Tepic, Nay.
Tel.: 01 3 21 / 4 80 71, Fax: 4 80 74

Nuevo León

Oficina Estatal de Turismo
Zaragoza Sur 1300 Centro, Monterrey, N.L.
Tel.: 01 8 / 3 45 67 45, Fax: 3 44 11 69

Oaxaca

Oficina Estatal de Turismo
Av.Independencia 607, Oaxaca, Oax.
Tel.: 01 951 / 6 07 17, Fax: 6 15 00

Puebla

Oficina Estatal de Turismo
5 Oriente 3, Puebla, Pue.
Tel.: 01 22 / 46 20 44, Fax: 46 12 85

Querétaro

Oficina Estatal de Turismo
Paster Norte 4, Querétaro, Qro.
Tel.: 01 42 / 12 13 92, Fax: 12 10 94

Auskunft

Auskunft in Quintana Roo
Oficina Estatal de Turismo
Carr. Calderitas 622, Chetumal, Q.R.
Tel.: 01 983 / 2 08 55, Fax: 2 86 61

San Luis Potosí
Oficina Estatal de Turismo
Av. Alvaro Obregon 520, San Luis Potosí, S.L.P.
Tel.: 01 48 / 12 99 39, Fax: 12 67 69

Sinaloa
Oficina Estatal de Turismo
Paseo Olas Altas 1300, Mazatlán, Sin.
Tel.: 01 69 / 81 09 83, Fax: 85 12 22

Sonora
Oficina Estatal de Turismo
Centro de Gobierno, Edif. Estatal, Hermosillo, Son.
Tel.: 01 62 / 17 00 44, Fax: 13 04 97

Tabasco
Oficina Estatal de Turismo
Tabasco 2000, Paseo Tabasco, Villahermosa, Tab.
Tel.: 01 93 / 16 28 89, Fax: 16 28 90

Tamaulipas
Oficina Estatal de Turismo
Rosales y 5 de Mayo 272, Ciudad Victoria, Tamps.
Tel.: 01 131 / 2 10 57, Fax: 2 11 95

Tlaxcala
Oficina Estatal de Turismo
Av. Juárez, Ex-Palacio Legislativo, Tlaxcala, Tlax.
Tel.: 01 246 / 2 27 87, Fax: 2 53 09

Veracruz
Oficina Estatal de Turismo
Av. Avila Camacho 191, Jalapa, Ver.
Tel.: 01 28 / 18 72 02, Fax: 18 77 03

Yucatán
Oficina Estatal de Turismo
Calle 59 Nr. 514 entre 62 y 64, Mérida, Yuc.
Tel.: 01 99 / 23 45 10, 28 65 47

Zacatecas
Oficina Estatal de Turismo
Prolog. Gonzalez Ortega s/n, Zacatecas, Zac.
Tel.: 01 492 / 4 04 93, Fax: 2 93 29

Badestrand bei Playa del Carmen (Halbinsel Yucatán)

Badeurlaub

Badestrände

Mit einer Küstenlinie von annähernd 10 000 km Länge am Golf von Mexiko und am Pazifischen Ozean bietet Mexiko eine Vielzahl abwechslungsreicher Badestrände ('playas'). An der Golfküste (Atlantik) und im Golf von Kalifornien (Pazifik), der durch die Halbinsel Niederkalifornien gegen die offene See abgeschirmt ist, ist das Meer im allgemeinen ruhig. An der offenen Pazifikküste muß mit stärkerer Brandung und Strömungen gerechnet werden.

In der Nähe der großen Häfen wie Tampico, Veracruz, Coatzacoalcos und Lázaro Cárdenas ist die Wasserqualität schlecht. Durch den Ölboom und die Ansiedlung petrochemischer Industrie ist die Golfküste besonders in Mitleidenschaft gezogen worden, wobei die Küste um Coatzocoalcos ein besonders abschreckendes Beispiel ist. In den großen Badeorten wie Acapulco, Puerto Vallarta und Mazatlán wechselt die Qualität, an allen übrigen Stränden ist sie gut bis ausgezeichnet (→ Sport, Wassersport).

Wasserqualität

Thermalquellen

Die meisten mexikanischen Thermalquellen liegen im südlichen Teil der Sierra Madre Occidental und im südlichen zentralen Hochland. Einen durchorganisierten Kurbetrieb mit entsprechender Infrastruktur gibt es nur in den wichtigen Badeorten Aguascalientes, Ixtapán de la Sal, Río Caliente, Comanjilla und Tehuacán, aus dem auch das bekannteste mexikanische Mineralwasser 'Agua Tehuacán' stammt. In den anderen Orten sind die Badeeinrichtungen sehr einfach; vielerorts treten nicht gefaßte Mineralquellen zutage, die nur von den Einheimischen der unmittelbaren Umgebung genutzt werden.

→ Übersichtskarte S. 562/563.

Bahnverkehr

Das Streckennetz der mexikanischen Eisenbahnen ('ferrocariles'; kurz FFCC) mit einer Gesamtlänge von ca. 21 000 km ist bis auf die Gegend zwischen Manzanillo am Pazifik und Veracruz am Golf von Mexiko relativ weitmaschig. In den Bundesstaaten Baja California Sur und Quintana Roo gibt es keine Bahnlinie. Die meisten Hauptstrecken werden von der staatlichen Eisenbahngesellschaft Ferrocarriles Nacionales de Méxcio befahren. Private Gesellschaften wie Ferrocarril del Pacifico, Ferrocarril de Chihuahua al Pacifico und Ferrocarril Sonora – Baja California bedienen weitere Strecken; die Fahrkarten sind auf allen Strecken gültig, unabhängig von der Ausgabestelle.

Streckennetz

Die Eisenbahn ist das mit Abstand billigste Verkehrsmittel in Mexiko, doch muß man dafür geringen Komfort, Unpünktlichkeit und extrem lange Fahrzeiten in Kauf nehmen.

Eigenheiten

Die mexikanischen Züge bestehen aus Waggons der ersten und der zweiten Klasse. Schlafwagen dürfen nur von Passagieren der ersten Klasse benutzt werden. Das rollende Material stammt z.T. noch aus den vierziger und fünfziger Jahren und ist meist in keinem guten Zu-

Thermalquellen und Badestrände

● Thermalquellen

1 Guadalupe
2 San Carlos
3 Buenavista
4 Imuris
5 San Diego de Alcalá
6 Cañón de Huajul
7 Ciudad Camargo
8 Los Remedios
9 Cuatro Ciénegas
10 Estación Hermanas
11 Los Herrera
12 Peñón Blanco
13 Juan Aldama
14 Durango
15 Mezquital
16 Atotonilco
17 Valparaiso
18 Jesús Maria
19 Aguascalientes
20 Villa de Reyes
21 Balneario de Lourdes
22 Atotonilco
23 Ciudad Valles
24 Taninul
25 Amatlán de Cañas
26 Tequila
27 Villa Corona
28 La Primavera
29 Cañón de las Flores
30 San Juan Cosala
31 Yahualica
32 Pajácuaran
33 Comanjilla
34 Abasolo
35 Huandácareo
36 Cointzio
37 San Miguel de Allende
38 Celaya
39 Apaseo
40 Zinapécuaro
41 Los Azufres
42 Queréndaro
43 San José Purua
44 Tequisquiapan
45 San Juan del Rio
46 Huichapan
47 Ixmiquilpan
48 Atotonilco el Grande
49 Ajacuba
50 Atotonilco Tula
51 Chignahuapan
52 Puebla
53 Ixtapan de la Sal
54 Tehuacán
55 Santa Maria Tamazulapan
56 Teapa
57 El Carmen

Thermalquellen und Badestrände in Mexiko

● **Badestrände**

- 58 Ensenada
- 59 San Felipe
- 60 Bahía Concepción
- 61 La Paz
- 62 Cabo San Lucas
- 63 Puerto Peñasco
- 64 Bahía Kino
- 65 San Carlos
- 66 Altata
- 67 El Dorado
- 68 Mazatlán
- 69 San Blas
- 70 Rincón de Guayabitos
- 71 Puerto Vallarta
- 72 Tenacatita
- 73 Barra de Navidad
- 74 Manzanillo
- 75 Playa Azul
- 76 Zihuatanejo/Ixtapa
- 77 Acapulco
- 78 Puerto Escondido
- 79 Puerto Ángel
- 80 Huatulco
- 81 Puerto Madero
- 82 Tulum
- 83 Isla Cozumel
- 84 Isla Cancún
- 85 Isla Mujeres
- 86 Progreso
- 87 Celestún
- 88 Ciudad del Carmen
- 89 Veracruz
- 90 Nautla
- 91 Tecolutla
- 92 Tuxpan

Aus der Vielzahl von Stränden wurden solche ausgewählt, die ohne Schwierigkeiten zu erreichen sind und über entsprechende Einrichtungen verfügen.

Bahnverkehr

Zugführerwagen der Ferrocaril de Chihuahua al Pacífico

Bahnverkehr (Fortsetzung)

stand, so daß man in aller Regel und insbesondere bei Nachtfahrten (Diebstahlgefahr; gegen Aufpreis Liegesitze und einfache Schlafabteile) die erste Klasse buchen sollte. Rechtzeitige Buchung ist auf jeden Fall zu empfehlen.

Trotz vieler Nachteile kann eine Bahnfahrt – vorausgesetzt, man hat genügend Zeit – in Mexiko zu einem Erlebnis werden. Die Bahnstrecken führen oft durch Landschaften, die der Reisende sonst kaum zu Gesicht bekommen würde. Im Zug sitzt man mitten im mexikanischen Alltagsleben, an vielen Bahnhöfen bieten Campesinos Erfrischungen und Verpflegung an.

Äußerst lohnend ist eine Fahrt mit der Ferrocarril de Chihuahua al Pacífico, dem 'Espreso Cañon del Cobre', und zwar auf dem Streckenabschnitt von Chihuahua nach Los Mochis – durch den zerklüfteten Kupfercañon in der nördlichen Sierra Madre Occidental (→ Reiseziele von A–Z, Barranca del Cobre).

Auskunft

Ferrocarriles Nacionales de México
Estación Buenavista (Hauptbahnhof Mexiko-Stadt)
Departamento de Tráfico de Pasajeros
Av. Insurgentes Norte 140, Colonia Buena Vista,
06358 México, D.F.
Tel.: 01 5 / 5 47 65 93

Ferrocarril de Chihuahua al Pacífico, S.A. de C.V.
Apartado Postal 46, Chihuahua, Chih., México
Tel.: 01 14 / 15 77 56

→ Übersichtskarte S. 566/567.

Banken

→ Geld und Devisenbestimmungen

Behindertenhilfe

Der Bundesverband Selbsthilfe für Körperbehinderte vermittelt Reisehelfer und organisiert Gruppenreisen. Informationen bei BSK-Reisehelferbörse, Altkrautheimerstraße 17 D-74238 Krautheim/Jagst, Tel. 0 62 94 / 6 83 03

BSK-Reisehelfer-Börse

Ein Hotel- und Reiseratgeber für Körperbehinderte ist erschienen bei der Fremdenverkehrsmarketing GmbH Hotel- und Reiseratgeber "Handicapped Reisen – Ausland", Postfach 1547, D-53005 Bonn

Hotel- und Reiseratgeber

Busverkehr

Der Bus ('camión', 'autobús') ist das beliebteste öffentliche Verkehrsmittel in Mexiko. Fast jeder Ort läßt sich mehr oder weniger komfortabel mit den Linien der verschiedenen Busgesellschaften erreichen. Mehrmals täglich, teilweise sogar stündlich, gibt es Verbindungen zwischen den wichtigsten Städten im Landesinneren, an den Grenzen und an der Küste. Neben den lokalen Bussen gibt es Busse erster und zweiter Klasse.

Die Busse der ersten und der Luxusklasse ('primero', 'de lujo', 'ejecutivo') sind vor allem für Überlandfahrten zu empfehlen; sie sind 10 bis 20 Prozent teurer als die Busse der zweiten Klasse. Sie verfügen oft über Klimaanlagen und komfortable Sitze. Rechtzeitige Platzreservierung, möglichst schon am Tag vorher, ist erforderlich, da man auf den nächsten Bus vertröstet wird, wenn alle Plätze besetzt sind.

Erste Klasse

Die Busse der zweiten Klasse sind oft recht betagt und daher auch langsamer. Sie halten häufig, auch zu Erfrischungspausen, ständig steigen neue Fahrgäste ein und überfüllen oft den Bus – dennoch ein idealer Ort, mit der Bevölkerung in Kontakt zu kommen.

Zweite Klasse

Generell ist es ratsam, sich rechtzeitig um Abfahrtszeiten, Fahrkarten, Anschlüsse und Platzreservierungen zu kümmern. Während der Schulferien, an Ostern, im August und um Weihnachten und Neujahr ist der Andrang zu den Bussen besonders groß, so daß man in dieser Zeit das Busfahren nach Möglichkeit vermeiden oder schon Wochen im voraus buchen sollte.

Hinweise

Auskunft und Fahrkarten erhält man in den meistens an der Stadtperipherie liegenden Busterminals ('camionera'). In manchen Orten gibt es nach Klassen und Busgesellschaften getrennte Autobushöfe.

Auskunft

In Mexiko-Stadt fahren die Busse in die verschiedenen Landesteile von fünf großen Autobushöfe in den Außenbezirken ab:

Autobushöfe in Mexiko-Stadt

Terminal Indios Verdes
Metro-Station: Indios Verdes (Linie 3)
Busse nach Teotihuacán und in die nördlichen Vororte

Fernverkehrswege

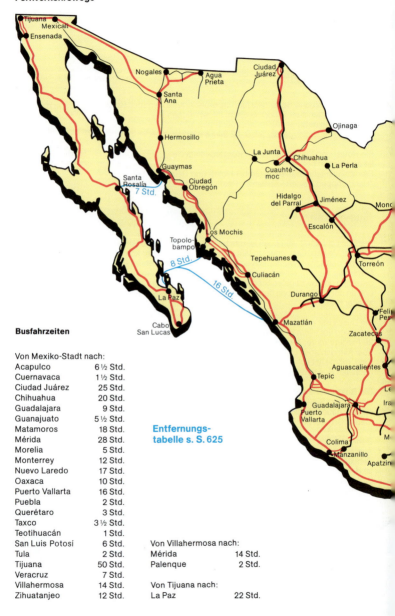

Busfahrzeiten

Von Mexiko-Stadt nach:
Acapulco	6 ½ Std.
Cuernavaca	1 ½ Std.
Ciudad Juárez	25 Std.
Chihuahua	20 Std.
Guadalajara	9 Std.
Guanajuato	5 ½ Std.
Matamoros	18 Std.
Mérida	28 Std.
Morelia	5 Std.
Monterrey	12 Std.
Nuevo Laredo	17 Std.
Oaxaca	10 Std.
Puerto Vallarta	16 Std.
Puebla	2 Std.
Querétaro	3 Std.
Taxco	3 ½ Std.
Teotihuacán	1 Std.
San Luis Potosí	6 Std.
Tula	2 Std.
Tijuana	50 Std.
Veracruz	7 Std.
Villahermosa	14 Std.
Zihuatanjeo	12 Std.

Von Villahermosa nach:
Mérida	14 Std.
Palenque	2 Std.

Von Tijuana nach:
La Paz	22 Std.

Entfernungs-tabelle s. S. 625

Fernverkehrswege in Mexiko

Camping und Caravaning

Busbahnhof auf dem Land

Busverkehr, Autobushöfe in Mexiko-Stadt (Fortsetzung)

Terminal del Norte (T.A.N.)
Av. de los Cien Metros 4907, Col. Magdalena, Tel.: 01 5 / 5 87 15 52
Metro-Station: Terminal del Norte (Linie 5)
Busse nach Tula, Querétaro, Guanajuato, San Luis Potosí, Nordmexiko und in die USA

Terminal del Oriente (T.A.P.O.)
Calz. Ignacio Zaragoza 200, Col. 1er de Mayo, Tel.: 01 5 / 7 62 59 77
Metro-Station: San Lázaro (Linie 1)
Busse nach Puebla, Oaxaca, Mérida und Yucatán

Terminal del Sur (T.A.S.)
Av. Taxqueña 1320, Col. Campestre Churubusco,
Tel.: 01 5 / 6 89 97 45; Metro-Station: Taxqueña (Linie 2)
Busse nach Cuernavaca, Taxco, Acapulco und nach Süden

Terminal del Poniente (T.A.P.)
Av. Sur 122, Esq. Río Tacubaya, Col. Real del Monte,
Tel.: 01 5 / 2 71 04 81
Metro-Station: Observatorio (Linie 1)
Busse nach Toluca, Morelia und an die Westküste

Camping und Caravaning

Relativ verbreitet und fest in US-amerikanischer Hand sind die 'Trailer-Parks' für Wohnmobile ('campos para remolques'). Zeltplätze ('campamentos') dagegen sind weniger häufig. Ein Verzeichnis billiger Unterkunftsmöglichkeiten, das auch die Liste der Campingplätze ent-

Diplomatische und konsularische Vertretungen

hält ("Directorio de albuerges, cabañas, campamentos, campos para remolques"), ist beim mexikanischen Tourismusministerium erhältlich (→ Auskunft). Wer über die Vereinigten Staaten von Amerika einreist, kann sich dort beim US-amerikanischen Automobilklub AAA (American Automobile Association) erkundigen oder an der Grenze bei einer mexikanischen Versicherungsgesellschaft Unterlagen besorgen. Obwohl nicht verboten, ist von wildem Zelten abzuraten, auch wenn einsame Strände und schöne Gegenden dazu verleiten mögen.

Camping und Caravaning (Fortsetzung)

Diplomatische und konsularische Vertretungen

Mexikanische Vertretungen

Botschaft:
Adenauerallee 100
D-53113 Bonn
Tel.: 02 28 / 9 14 86-0

Deutschland

Außenstelle Berlin:
Kurfürstendamm 72
D-10709 Berlin
Tel.: 0 30 / 32 77 11-0

Generalkonsulat:
Hochstraße 35-37
D-60313 Frankfurt am Main
Tel.: 0 69 / 29 98 75-0

Hallerstraße 76
D-20146 Hamburg
Tel.: 0 40 / 45 01 58-0

Mexikanische
Handelsmission:
Adenauerallee 100
D-53113 Bonn
Tel.: 02 28 / 22 30 21

Botschaft:
Türkenstraße 15
A-1090 Wien
Tel.: 01 / 310 73 83

Österreich

Konsulat:
Südtiroler Platz 6
A-6020 Innsbruck
Tel.: 0 52 12 / 58 00 21

Botschaft:
Bernastrasse 57
CH-1005 Bern
Tel.: 0 31 / 3 51 18 75

Schweiz

Konsulat:
Kaufhausgasse 7
CH-1051 Basel
Tel.: 0 61 / 2 72 88 33

Diplomatische und konsularische Vertretungen

Mexikanische Vertretungen in der Schweiz (Fortsetzung)

Konsulat:
Rue de Candolle 16
CH-1205 Genève
Tel.: 0 22 / 3 28 39 20

Konsulat:
Kirchgasse 38
CH-8024 Zürich
Tel.: 01 / 2 51 04 62

Vertretungen in Mexiko

Deutschland

Botschaft:
C. Lord Byron No. 737, Col. Polanco/Chapultepec
11560 México D.F.
Tel.: 01 5 / 2 83 22 00 99

Honorarkonsulat:
Antón de Alaminos 26,
Col. Costa Azul
Acapulco, Gro., Tel.: 01 74 / 84 18 60, 84 84 37

Honorarkonsulat:
Punta Conoco 36
Cancún, Q.R., Tel.: 01 98 / 84 53 33, 84 15 98

Honorarkonsulat:
Blvd. Fuentes Mares 8804
Chihuahua, Chi.
Tel.: 01 14 / 20 20 30, 20 03 57

Honorarkonsulat:
Casa Wagner de Guadalajara S.A., Av. Ramón Corona 202
Guadalajara, Jal.
Tel.: 01 3 / 6 13 14 14, 6 13 96 23

Honorarkonsulat:
Jacaranda 10, Loma Linda
Mazatlán, Sin., Tel.: 01 69 / 82 28 09, 13 51 00

Honorarkonsulat:
Calle 7 Nr. 217, zwischen 20 und 20 a
Mérida, Yuc.
Tel.: 01 99 / 81 29 76

Honorarkonsulat:
Calzada del Valle 400, Local 77, Col. del Valle
Monterrey, N.L.
Tel.: 01 8 / 3 35 17 84

Honorarkonsulat:
Av. Fuentes de San Miguel 5, Club de Golf Las Fuentes
Puebla, Pue.
Tel.: 01 22 / 24 24 06

Honorarkonsulat:
Agencia Naviera de México, 2 de Enero 102-A Sur
Tampico, Tmps.
Tel.: 01 12 / 12 97 84, 12 98 17

Drogen

Honorarkonsulat: Cantera 400/304, Edificio Olé Secc Terrazas de Mendoza Tijuana, B.C.N. Tel.: 01 66 / 80 18 30	Deutsche Vertretungen in Mexiko (Fortsetzung)
Honorarkonsulat: Distribudor Volkswagen, Av. Salvador Diaz Mirón 1500 Veracruz, Ver. Tel.: 01 29 / 37 34 90, 37 55 54	
Botschaft: Sierra Tarahumara 420, Col. Lomas de Chapultepec 11000 México, D.F. Tel.: 01 5 / 2 51 97 92, 2 51 16 06	Österreich
Konsulat: Mar Negro 1221, Lomas del Country Guadalajara, Jal. Tel.: 01 3 / 23 07 57, 6 23 07 57	
Konsulat: Calle Juan R. Escudero 1, despacho 3 und 4 Acapulco, Gro. Tel.: 01 748 / 82 21 66	
Konsulat: Río Orinoco 105 Poniente, Col. del Valle Monterrey, N.L. Tel.: 01 83 / 56 40 08	
Konsulat: Blvd. Agua Caliente 3401, Edificio Gallego, Piso 8, Despacho 803 Tijuana, B.C.N. Tel.: 01 66 / 86 53 80	
Botschaft: Paseo de las Palmas 405, Edif. Torre Optima, 11 St. 11000 México, D.F. Tel.: 01 5 / 5 20 30 03	Schweiz
Botschaft: Paseo de la Reforma 305 06 500 México, D.F. Tel.: 01 5 / 2 11 00 42	USA

Drogen

Mexiko ist eines der Hauptlieferländer des US-Marktes für Marihuana und Heroin und das Haupttransitland für Kokain. In dem Bundesstaat Chihuhua, der an die USA grenzt, sowie in Sinaloa und Durango wird vielfach Schlafmohn angebaut, der den Grundstoff für Heroin liefert. Drogengenuß ist in Mexiko verboten. Auf Druck der USA verfolgt die Polizei unnachsichtig Anbau, Schmuggel und Besitz auch kleiner Drogenmengen. Mit gründlicher Gepäckdurchsuchung – sowohl an der Grenze als auch im Landesinneren – müssen auch Urlauber, insbesondere jüngere Einzelreisende, rechnen. Es sei daher eindringlich davor gewarnt, Drogen mitzuführen.

Einreisebestimmungen

→ Reisedokumente

Einkäufe und Souvenirs

Beliebte Reiseandenken sind die vielfältigen Erzeugnisse des mexikanischen Kunsthandwerks. Man kauft sie am günstigsten direkt am Herstellungsort oder auf dem Markt. Silber- und Goldwaren sollte man keinesfalls bei Straßenhändlern, sondern ebenfalls beim Hersteller (vor allem in Taxco) oder aber in seriösen Geschäften kaufen. Echte Silberwaren müssen einen Stempel ('Sterling' oder '925') tragen.

Antiquitäten

Vom Erwerb von Antiquitäten ist abzuraten, da deren Ausfuhr verboten ist. Im Anthropologischen Nationalmuseum von Mexiko-Stadt werden aber hervorragende Repliken verkauft. Die an den archäologischen Stätten häufig angebotenen größeren 'Ausgrabungsfunde' sind ausnahmslos Fälschungen, die kurz zuvor erst verscharrt wurden. Da die Technik der Keramikherstellung auch heute noch vollendet beherrscht wird, sind sie aber selbst für Fachleute nur schwer von Originalen zu unterscheiden.

Handwerk und Volkskunst

Hinsichtlich Qualität und Vielfalt der Volkskunst braucht Mexiko keinen Vergleich zu scheuen. Zwar ist auch hier in den letzten Jahren eine Tendenz zu industrieller Massenfertigung minderer Güte zu beobachten, aber das Angebot guter und phantasievoller Handarbeit ist noch immer sehr groß. Wie vieles andere im Land zeigt auch die Volkskunst eine reizvolle Mischung aus spanischen und mexikanischen Elementen. Viele Landschaften haben ihren eigenen Kunststil entwickelt, so daß man auf dem Land ein abwechslungsreiches Angebot für jeden Geschmack und Geldbeutel antrifft.

Keramik
(cerámica)

Michoacán: Pátzcuaro, Tzintzuntzan, San José de Gracia
Jalisco: Tonalá, Tlaquepaque, Tateposco
México: Texcoco, Metepec
Guanajuato: Dolores Hidalgo, Guanajuato
Oaxaca: San Bartolo Coyotepec
Chiapas: Amantenango
Puebla: Puebla, Acatlán

Korb- und
Flechtwaren
(cestería)

Querétaro: Tequisquiapan, San Juan del Río
Michoacán: Pátzcuaro
México: Toluca, Lerma

Sarapes
(Umhänge aus Wolle
oder Baumwolle,
für Männer)

Querétaro: Bernal
Tlaxcala: Santa Ana Chiantempan, Tlaxcala
México: Toluca, Tenancingo, Texcoco, Coatepec Harinas
Guanajuato: San Miguel de Allende
Jalisco: Jocotepec
Oaxaca: Teotitlán del Valle

Bestickte Blusen
(blusas bordas)

Distrito Federal: Mexiko-Stadt
México: Tenancingo
Michoacán: Pátzcuaro, Morelia

Einkäufe und Souvenirs

Kupfergeschirr – Handwerk aus Zentralmexiko

Distrito Federal: Mexiko-Stadt Guerrero: Taxco Jalisco: Guadalajara	Silberwaren (objetos de plata)
Guanajuato: San Miguel de Allende Michoacán: Santa Clara del Cobre (Villa Escalante) Guerrero: Taxco	Kupfer und Messing (objetos de cobre, latón)
Oaxaca: Oaxaca, Tehuantepec Yucatán: Mérida	Goldfiligranarbeiten (filigrana de oro)
Querétaro: Querétaro, San Juan del Río, Tequisquipan	Halbedelsteine
Nuevo León: Monterrey Puebla: Puebla Guanajuato: San Miguel de Allende	Mundgeblasenes Glas (vidrio soplado)
Michoacán: Uruapan, Pátzcuaro, Quiroga Guerrero: Olinalá Oaxaca: Oaxaca Chiapas: Chiapa de Corzo	Lackarbeiten (lacas)
Michoacán: Paracho, Quiroga Guanajuato: Apaseo el Alto	Holzschnitzereien (labrados de madera)
Guanajuato: León Zacatecas: Jerez de García Salinas Chiapas: San Cristóbal de Las Casas Oaxaca: Oaxaca	Lederwaren (objetos de cuero)

Einkäufe · Elektrizität

An jedem Ort und fast zu jeder Zeit: Markt in Mexiko

Hängematten (hamacas)	Veracruz, Tabasco, Campeche, Yucatán und Chiapas
Hüte (sombreros)	Besonders gute Qualität in Michoacán, Campeche und Yucatán.

Markt (mercado)

Ein wesentliches Element des täglichen Lebens in Mexiko ist der Markt. Schon die spanischen Konquistadoren waren von der Größe der mexikanischen Marktplätze, der Vielfalt des Warenangebots und der perfekten Organisation überrascht. Noch heute spielt sich das Marktgeschehen in einer wesentlich ruhigeren Weise ab als in anderen südlichen Ländern. Auf dem Markt ist das Feilschen um den Preis noch allenthalben üblich, es wird sogar erwartet. Sehenswert ist die Fülle von Handwerkserzeugnissen, Volkskunst, Blumen, Obst, Gemüse und vielem anderen. Indianische Wandermärkte werden 'Tianguis' genannt.

→ Artenschutzabkommen
→ Zollbestimmungen

Elektrizität

Das mexikanische Stromnetz führt im allgemeinen 110 Volt, gelegentlich auch 126 Volt oder 220 Volt Wechselspannung. Die Steckkontakte entsprechen meist der US-Norm (Flachstecker), so daß für europäische Geräte ein Zwischenstecker mitgebracht werden sollte.

Essen und Trinken

In Mexiko hat sich aus der kulinarischen Tradition der indianischen Bevölkerung sowie unter dem Einfluß der verschiedenen Einwanderernationen eine eigenständige Küche entwickelt, die in den einzelnen Landesteilen lokaltypische Varianten zeigt.
In den großen Hotels findet man auch die internationale Küche.

Allgemeines

Nahezu allgegenwärtig sind die Tortillas, aus Mais bereitete Fladen, die entweder als Beilage gereicht oder mit einer Füllung aus Fleisch, Gemüse, Gewürzen, Käse u. ä. angeboten werden. Weiter sind die verschiedenen Arten von Pfefferschoten (chiles) sowie die sehr beliebten diversen Saucen charakteristisch. Häufig ist Geflügel; es gibt vorzügliche Meeresfrüchte, aber erstaunlicherweise relativ wenige Fischsorten. Beliebte Beilagen sind 'Frijoles refritos', mit Gewürzen gekochte und in Öl gebratene passierte Bohnen, sowie Reis (arroz). Kartoffeln und Teigwaren sind selten.

Ein beliebtes mexikanisches Festtagsgericht ist 'Mole poblano' nach einem indianischen Rezept mit vielen Zutaten, darunter zahlreiche Gewürze, mehrere Sorten Pfefferschoten und bittere Schokolade.

Mole poblano

Mexikanische Speisekarte (Lista de comídas)

Gedeck, Besteck: cubierto; Löffel: cuchara; Teelöffel: cucharita; Messer: cuchillo; Gabel: tenedor; Teller: plato; Glas: vaso; Tasse: taza; Serviette: servilleta; Korkenzieher: sacacorchos.

Tischgerät

Frühstück: desayuno; europäisches Frühstück: desayuno continental, café con pan; zweites Frühstück: almuerzo; Mittagessen: comida; Abendessen: cena.

Mahlzeiten

Guacamole: passierte Avocados; tacos: eingerollte gefüllte Tortillas; frijoles refritos: gebratene Bohnenpaste; ostiones: Austern; coctel de camarones: Garnelencocktail; ceviche: in Limonensaft marinierte Fische oder Meeresfrüchte.

Vorspeisen (antojitos)

Pozole veracruzano: Maissuppe mit gesondert gereichtem geschnittenem Gemüse, Gewürzen u. a.; cocido: dicke Suppe; gazpacho: kalte Gemüsesuppe; menudo: Suppe mit Innereien von Kalb, Schwein oder Geflügel.

Suppen (sopas)

Huevo: Ei; crudo: roh; fresco: frisch; duro: hartgekocht; tibio: wachsweich; huevos revueltos: Rührei; huevos rancheros: Spiegeleier mit pikanter Sauce.

Eierspeisen (platos de huevos)

Pescado: Fisch; frito: gebacken; asado: gebraten; a la parrilla: gegrillt; cocido: gekocht; ahumado: geräuchert.

Fisch und Meeresfrüchte (pescado y mariscos)

Trucha: Forelle; carpa: Karpfen; anguila: Aal; bagre: Wels.
Atún: Thunfisch; bonito: Bonito, Weißer Thunfisch; corvina: Meerrabe; jurel: Gelbschwanzmakrele; lisa: Meeräsche; mero: Seebarsch, Zakkenbarsch; lenguado: Seezunge; sardina: Sardine; sierra: Makrelenhecht; pez espada: Schwertfisch; marlin: Fächerfisch; bacalao: Stockfisch; tiburón, cazón: Haifisch.
Mariscos: Meeresfrüchte; camerón: Garnele; langosta: Languste; langostino: Krebs; jaiba, cangrejo: Krabbe; pulpo, calamar: Tintenfisch; ostión: Auster; abalone: Abalone, Meerohr; tortuga: Schildkröte.

Essen und Trinken

Speisekarte (Fortsetzung) Fleisch (carnes)	Asado: Braten; pierna: Keule; chuleta: Kotelett; gordo, graso: Fettes. Cerdo: Schwein; cochinillo, lechón: Spanferkel; carnero: Lamm; ternera: Kalb; vaca: Rind; bistek: Beefsteak; rosbif: Roastbeef; carnitas: gebratenes Schweinefleisch; chicharrón: gebratene Schwarte; carne ahumada: Rauchfleisch; tocino: Speck; jamón: Schinken; chorizo: scharfe Wurst; longaniza: scharfe Dauerwurst; tamales: Fleischpastete mit Maisteig.
Geflügel (aves)	Pavo, guajolote: Truthahn; faisán: Fasan; ganso: Gans; pato: Ente; pichón: Taube; pollo: Huhn.
Wild (caza)	Venado: Rotwild; jabalí: Wildschwein; liebre: Hase; conejo: Kaninchen; cabrito: Kitz.
Saucen (salsas)	Mole poblano: scharfe, mit Rohkakao gebundene Sauce; salsa verde: Sauce aus Kräutern, Pfefferschoten und grünen Tomaten; salsa roja: Sauce aus Tomaten, Chilis und Gewürzen; salsa borracha: mit Pulque angesetzte Gewürzsauce.
Gemüse (verduras)	Aguacate: Avocado; alcachofas: Artischocken; calabacitas: Zucchini; flor de calabaza: Kürbisblüten; col: Kohl; col lombarda: Rotkohl; col de Bruselas: Rosenkohl; coliflor: Blumenkohl; repollo: Weißkohl; acelgas: Mangold; cebollas: Zwiebeln; espárragos: Spargel; espinacas: Spinat; guisantes: Erbsen; garbanzos: Kichererbsen; frijoles: dicke Bohnen; jitomates: Tomaten; zanahorias: Karotten.
Salat (ensalada, lechuga)	Pepino: Gurke; apio: Sellerie; escarola: Endivie; vinagre: Essig; aceite: Öl; pimienta: Pfeffer (molida: gemahlen); sal: Salz (salado: gesalzen, salzig); mostaza: Senf; guacamole: passierte Avocados mit Zwiebeln, Tomaten, Chili und Koriander.
Tortillas	Chilaquiles: gebratene Tortillas mit Fleisch und Käse; tacos: in Öl gebratene gerollte Tortillas mit Füllung; enchiladas: Tortillas mit scharfer Chilisauce und Fleisch; chalupas: in Öl gebackene schalenförmige Tortillas mit Fleisch, Wurst und Salat; tamales: Maispastete mit verschiedenen Füllungen.
Nachtisch (postres)	Helado: Eis; budín, flan: Pudding.
Obst (frutas)	Cerezas: Kirschen; higos: Feigen; tunas: Kaktusfeigen; fresas: Erdbeeren; manzanas: Äpfel; duraznos: Pfirsiche; chabacanos: Aprikosen; melones: Melonen; naranjas: Orangen; peras: Birnen; piñas: Ananas; plátanos: Bananen; uvas: Weintrauben. Ferner gibt es verschiedene tropische Früchte wie Papaya, Mango, Guaven und Zapotes.

Getränke (bebidas)

Bier (cerveza)	Bier hat zunehmend das einstige Nationalgetränk Pulque verdrängt. Es werden helle (clara), halbdunkle (semioscura) und dunkle Biere (oscura) gebraut. Die drei größten Brauereien des Landes sind Cuauhtémoc in Monterrey, Moctezuma in Veracruz und Modelo in Mexiko-Stadt/Toluca. Mexikaner trinken ihr Bier oft mit etwas Salz und Zitrone; wem der Sinn nach stärkerem steht, trinkt ein 'calichal', eine Mischung aus Pulque und Bier, oder ein 'submarino', Bier mit Tequila.
Wein (vino)	Wein wird zunehmend angebaut und ist z.T. in guter Qualität vorhanden, aber nicht billig. Weinanbaugebiete sind u.a. in der Baja California und um Aguascalientes zu finden.

Pulque, ein milchig-trübes Getränk mit etwa 3 % Alkoholgehalt, wird aus dem Saft der Maguey-Agave bereitet. Getrunken wird Pulque in Pulquerías, zu denen nur Männer Zutritt haben, und auch der Fremde wird ohne einen mexikanischen Bekannten kaum Einlaß finden.

Essen und Trinken, Getränke (Forts.) Alkoholika

Der Maguey-Saft (agua miel) ist auch der Grundstoff für das starke Destillat Tequila, dessen qualitätvollere Variante Mezcal genannt wird. Als Beweis der Qualität schwimmt in gutem Mezcal ein kleiner Maguey-Wurm, den Kenner mit dem letzten Schluck trinken und zerbeißen. Auch Tequila wird mit etwas Salz und Zitrone – auf den Handrücken geträufelt – getrunken. Aus Zuckerrohr werden das wasserklare Aguardiente und Rum (ron) gebrannt.

Kaffee ist ein verbreitetes Getränk. Die Bohnen werden sehr dunkel gebrannt. Im Hochland bevorzugt man schwarzen Kaffee (café solo), an der Küste eher Milchkaffee (café con leche).

Kaffee (café)

Mexiko ist das Ursprungsland des Kakao, der – schaumig geschlagen und mit etwas Vanille oder Zimt gewürzt – ein fester Bestandteil des landesüblichen Frühstücks ist.

Kakao (chocolate)

Erfrischungsgetränke sind reine Fruchtsäfte (jugos) in z.T. exotischen Geschmacksrichtungen, mit Wasser verdünnte Fruchtsaftgetränke (agua fresca), Milchshakes (z.B. leche de mango) und Mineralwasser (agua mineral, 'Tehuacán'; con gas: mit Kohlensäure, sin gas: ohne Kohlensäure). Man erhält sie überall.

Erfrischungsgetränke (refrescos)

Ein beliebtes Erfrischungsgetränk ist die Kokosmilch. Vor allem an Strandbuden werden ganze Kokosnüsse verkauft.

Fähren

Zwischen dem mexikanischen Festland und der Baja California verkehren Autofähren der Reedereien Baja Express und Sematur de California, die sich anbieten, wenn man sich die zeit- und kräfteraubende Fahrt um den Golf von Kalifornien herum ersparen will. Es empfiehlt sich die rechtzeitige Reservierung in den Büros in Mexiko-Stadt oder den Büros in den einzelnen Häfen.

Im Pazifik

Sematur de California
Calle de Texas 36, Co. Napoles
03810 México, D.F.
Tel.: 01 5 / 5 23 86 68

Buchungsbüros in Mexiko-Stadt

Fahrtdauer:
6½ Stunden (Sematur)

Guaymas – Santa Rosalía

Fahrplanauskunft im den Büros der Baja Express;
Fahrtdauer 8 Stunden

Topolobampo – La Paz

Hin- und Rückfahrt täglich;
Fahrtdauer 17 Stunden (Sematur)

Mazatlán – La Paz

Die Fähren der Reedereien Cruceros Marítimos del Caribe und Naviera Turistíca de Quintana Roo verbinden täglich mehrmals das Festland mit den Inseln Cozumel und Isla Mujeres.
Reservierungen sind nicht erforderlich, die Fahrkarten werden an der Anlegestelle verkauft.

In der Karibik

Feiertage und Fiestas

Fähren in der Karibik (Forts.) Playa del Carmen – Cozumel	Cruceros: Tgl. zehn Verbindungen hin (7.30 – 21.00 Uhr) und zurück (6.30 – 20.00 Uhr); Naviera: Tgl. sechs Verbindungen hin (6.30 – 20.00 Uhr) und zurück (7.30 – 21.00 Uhr); Fahrtdauer ca. 1 Stunde
Puerto Aventuras – Cozumel	tgl. hin 9.30 und 17.30 Uhr, zurück 8.30 und 16.30 Uhr; Fahrtdauer ca. 2 Stunden (Naviera)
Puerto Morelos – Cozumel	regelmäßige Verbindung (Autofähre) zwischen Puerto Morelos und Cozumel
Cancún – Isla Mujeres	tgl. vier Verbindungen hin (9.00 – 19.00 Uhr) und zurück (10.0 – 20.00 Uhr); Fahrtdauer ca. eine halbe Stunde (Cruceros)
Puerto Juárez – Isla Mujeres	regelmäßige Verbindung (Autofähre) zwischen Puerto Juárez (Punta Sam) und Isla Mujeres

Feiertage und Fiestas

Jeder Ort Mexikos hat seine eigene Fiesta zu Ehren des Ortsheiligen oder Schutzpatrons (Hinweise auf die Fiestas kleinerer Orte → Reiseziele von A – Z, Umgebung von...). Bei den Feiern mischen sich Lebensfreude, altindianische Riten und christliches Brauchtum.
Besonders wichtige Fiestas sind das Dreikönigsfest (Día de los Reyes; 6. Januar) mit Bescherung der Kinder; Mariae Lichtmeß (Día de la Candelaría; 2. Februar); Karneval (Carnaval; Februar) mit europäischen und indianischen Elementen; Karwoche (Semana Santa), mit spanischer Tradition; Fronleichnam (Jueves de Corpus) mit stark indianischem Einschlag; Unabhängigkeitstag (Día de la Independencia; 15./16. September) mit mehrtägigen Feiern; Allerheiligen und Allerseelen (Todos los Santos, Día de los Muertos; 1./2. November), an welchen mit Tanz und Festmahl der Verstorbenen gedacht wird, die man auf dem Friedhof besucht; Revolutionstag (Día de la Revolución; 20. November); das Fest der Muttergottes von Guadalupe (12. Dezember) mit Indianerwallfahrt nach Mexiko-Stadt; die Posadas (neun Tage ab 16. Dezember), die die Wanderschaft von Maria und Joseph nach Bethlehem symbolisieren; schließlich Weihnachten (Navidad), das eher laut und fröhlich als mit Besinnlichkeit gefeiert wird.

Gesetzliche und religiöse Feiertage

1. Januar	Año Nuevo (Neujahr)
6. Januar	Día de los Reyes (Dreikönigstag)
5. Februar	Día de la Constitución (Verfassungstag)
21. März	Geburtstag des Nationalhelden und Staatspräsidenten (1858 – 1872) Benito Juárez (geb. 1806)
1. Mai	Día del Trabajo (Tag der Arbeit)
5. Mai	Aniversario de la Batalla de Puebla (Jahrestag der Schlacht von Puebla, 1862)
1. September	Día de la Nación (Tag der Nation)
16. September	Día de la Independencia (Unabhängigkeitstag, 1810)

Feiertage und Fiestas

Prozession in Zacatecas

Día de la Raza (Tag der Rasse)	12. Oktober
Todos los Santos, Día de los Muertos (Allerheiligen, Allerseelen)	1. und 2. November
Día de la Revolución (Revolutionstag, 1910)	20. November
Día de la Virgen de Guadalupe (Tag der Muttergottes von Guadalupe, 1531)	12. Dezember
Navidad (Weihnachten)	25. Dezember
Semana Santa (Karwoche) Jueves de Corpus (Fronleichnam)	Bewegliche Feiertage

Fiestas

In ganz Mexiko: Neujahrsfest mit Festessen, Umzügen, Pferderennen, Hahnenkämpfen, Tanz und Musik.	1. Januar
In ganz Mexiko: Dreikönigstag (Día de los Reyes). Die Kinder stellen ihre Schuhe vor die Tür, die mit Süßigkeiten gefüllt werden.	6. Januar
In ganz Mexiko: San Antonio Abad, Segnungsfest der Haustiere, die mit Blumenkränzen geschmückt werden. Besonders schön in Taxco, Tlalpan und in Mexiko-Stadt in Coyoacán in der Kirche San Juan Bautista, auf der Plaza de las Tres Culturas in der Kirche Santiago und im Vorort Xochimilco in den "Schwimmenden Gärten".	17. Januar

Feiertage und Fiestas

18. Januar	Taxco: Patronatsfest der Kirche Santa Prisca
20. Januar	Chiapa de Corzo (Chis.): nachgestelltes 'Seegefecht' auf dem Río Grijalva. Guanajuato: Stadtfest (bis 22. Januar)
31. Januar	Morelia (Mich.): Tag der Unbefleckten Empfängnis (Día de la Inmaculada Concepción). Ausschmückung der Stadt mit Blumen und Lichtern.
2. Februar	In ganz Mexiko: Mariae Lichtmeß (Día de la Candelaría), besonders farbenprächtig in Cholula, Taxco und Tlacotalpan (Ver.).
5. Februar	In ganz Mexiko: Verfassungstag (Día de la Constitución) mit Reiterparaden und Stierkämpfen. Colima: Fiesta Brava
Mitte / Ende Februar *Karneval	In ganz Mexiko: Karneval. Berühmt ist der Karneval von Veracruz, aber auch Mazatlán, Villahermosa und Mérida halten rauschende Feste ab.
Aschermittwoch	Amecameca de Juárez (Mex.): Wallfahrt zum Señor de Sacromonte
Karwoche / Ostern	Prozessionen und Wallfahrten in ganz Mexiko. Besonders sehenswert sind am Karfreitag die Darstellung des Leidensweges Christi in Mexiko-Stadt im Stadtteil Ixtapalapa und während der ganzen Karwoche die Passionsspiele bei der Kirche Santa Prisca in Taxco.
3. April	Izamal (Yuc.): Patronatsfest San Ildefonso
5. April	Ticul (Yuc.): Tabakfest
Mitte April	Hopelchén (Camp.): Mais- und Honigfest Fortín de las Flores (Ver.): Blumenfest (manchmal auch Mitte Mai).
25. April *Fería de San Marcos	Aguascalientes (Stadt): Fería de San Marcos zu Ehren des Stadtheiligen mit Stier- und Hahnenkämpfen, Gesang und Tanz. Das seit 1604 gefeierte Fest ist eines der lebendigsten und schönsten in ganz Mexiko. Es beginnt schon eine Woche vor dem offiziellen Termin und dauert drei Wochen.
3. Mai	In ganz Mexiko: Tag des Heiligen Kreuzes (Día de la Santa Cruz). Bauarbeiter schmücken Baustellen; Feuerwerk, Tänze. Besonders schön in Tepotzotlán und Valle de Bravo (beide Mex.).
15. Mai	In ganz Mexiko: Fería de San Isidro, des Schutzheiligen der Landarbeiter, mit Schmücken der Arbeitstiere und Segnung der Äcker. In Huistan (Chis.) Stelzentänze der Tzotzil-Indianer.
20. Mai	Tecoh (Yuc.): Beginn des Hängemattenfestes
Fronleichnam	In ganz Mexiko: Tänze, Gesänge von Kindern in Bauerntracht, Spielzeugesel aus Maishülsen werden angeboten. In Papantla (Ver.) treten acht Tage lang die 'Fliegenden Menschen' (Voladores) auf.
23. Juni	Guanajuato: Fiesta de la Olla
24. Juni	In ganz Mexiko: Tag des Heiligen Johannes (Día de San Juan Bautista) mit Jahrmärkten und Taufen in Flüssen. In San Juan Chamula (Chis.) feierliche Fahnenprozessionen der Indianer des südlichen Hochlandes.

Feiertage und Fiestas

In ganz Mexiko: Tag der Heiligen Jungfrau vom Berge Karmel (Día de Nuestra Señora del Carmen). In Mexiko-Stadt im Stadtteil San Ángel Jahrmarkt und Blumenschau.	16. Juli
Cuetzalán (Pue.): Folkloregruppen (Quetzales, Negritos, Santiagos und Voladores) der Umgebung führen ihre traditionellen Tänze vor.	15. – 18. Juli *Tanzfest in Cuetzalán
Oaxaca (Stadt): Die Guelaguetza (zapotekisch: 'Darbietung') zeigt eine Mischung vorspanischer und christlicher Tanztraditionen von Indianern aus dem Staate Oaxaca in Originaltrachten. Die Tänze finden statt zu Ehren der Korngöttin.	Letzte zwei Montage im Juli *Guelaguetza
Guanajuato: Fiesta de la Bufa	31. Juli
Juchitán (Oax.): viertägiges Ortsfest mit Tänzen. Mexiko-Stadt: Auf dem Platz der Drei Kulturen indianische Tänze zum Gedenken an den Kampf um Tenochtitlán.	13. August
Huamantla (Tlax.): An Mariae Himmelfahrt werden mosaikartige Blumenteppiche ('xocipecate') ausgelegt. Im ganzen Land Tänze, Wallfahrten und Jahrmärkte.	15. August
Tapachula (Chis.): Beginn des zehntägigen Patronatsfestes des Heiligen Augustin (San Agustín).	20. August
San Luis Potosí (Stadt): Patronatsfest mit Tänzen der Matachines und Malinches	25. August
San Juan Chamula: Tag der Heiligen Rosa (Día de la Santa Rosa).	30. August
Juchitán (Oax.): Vela Pineda (Kerzenfest)	3. – 5. September
Tepozteco (Mor.).: altindianische Darbietungen in den Ruinen. Tepotztlán (Mor.): Legendenspiel auf dem Marktplatz (8. Sept.).	7. / 8. September
In ganz Mexiko: Día de la Independencia; in Mexiko-Stadt Militärparaden und patriotische Darbietungen auf dem Zócalo.	16. September
Huejotzingo (Pue.): Beginn des einwöchigen Apfelmostfestes	23. September
San Miguel de Allende (Gto.): Patronatsfest des Erzengels Michael (Día de San Miguel Arcángel) mit großem Stadtfest.	29. September
Cuetzalán (Pue.): Kaffeefest	2. Oktober
Cuetzalán (Pue.): San Francisco	4. Oktober
Guadalajara (Jal.): Große Fiesta zu Ehren der Jungfrau von Zapopán mit Umzügen, Tänzen, Stier- und Hahnenkämpfen. Das Bildnis der Jungfrau wird in einer eindrucksvollen Prozession von der Kathedrale in ihre Kirche in Zapopán gebracht.	12. Oktober
Uruapan (Mich.): Tanzfest mit Sängerwettbewerben	24. Oktober
In ganz Mexiko: Allerheiligen und Allerseelen (Todos los Santos, Día de los Muertos). Die Angehörigen besuchen ihre Toten auf den Friedhöfen und bringen ihnen Geschenke, Essen und Trinken mit oder bauen zu Hause einen Gabentisch auf, der auch persönliche Gegenstände des Toten enthält. Überall werden bunte Totenköpfe aus Zuckerguß und Totenbrote (pan de muertos), die mit Knochen aus Zuk-	1. / 2. November *Allerheiligen und Allerseelen

Flugverkehr

Fiestas, 1./2. November (Forts.)	kerguß oder Teig verziert sind, angeboten. Besonders feierlich wird das Fest auf der Insel Janitzio im Pátzcuaro-See begangen.
22. November	Zapotitlán (Jal.): Fest der Mariachis
Erster Sonntag im Dezember	Coyutla (Ver.): Tag des Heiligen Andreas (Día de San Andrés) mit einer Kreuzesprozession.
8. Dezember	Pátzcuaro (Mich.): Tag der Erlöserin (Día de Nuestra Señora de la Salud) mit Jahrmarkt.
12. Dezember *Tag der Hl. Jungfrau von Guadalupe	In ganz Mexiko: Tag der mexikanischen Nationalheiligen, der Jungfrau von Guadalupe (Día de la Virgen de Guadalupe). Höchster religiöser Feiertag in Mexiko. Vor der Basilika der Jungfrau in Mexiko-Stadt folkloristische und religiöse Darbietungen in einer unübersehbaren Menschenmenge.
16. – 24. Dezember	In ganz Mexiko: Posadas, 9 Tage, die die Flucht der Hl. Familie aus Ägypten und ihre Herbergssuche symbolisieren. Prozessionen.
28. Dezember	In ganz Mexiko: Tag der Unschuldigen Kinder (Día de los Niños inocentes), ähnlich dem 1. April.

Flugverkehr

Flughäfen	Mexiko verfügt über 59 nationale und internationale Flughäfen. Wichtigste Drehscheibe ist der Aeropuerto Internacional Benito Juárez in Mexiko-Stadt, der von US-amerikanischen, südamerikanischen und von europäischen Flughäfen aus angeflogen wird. Von Frankfurt am Main startet die Lufthansa fünfmal in der Woche direkt nach Mexiko-Stadt (Flugzeit ca. 12 St.).
Fluggesellschaften	Die der Aervías de México gehörende private Fluggesellschaft Aeroméxico besitzt auch die Kontrollmehrheit bei Mexicana. Zusammen decken sie 85% des mexikanischen Marktes ab. Neben inländischen Zielen fliegt die Aeroméxico u.a. täglich nach New York, Miami, Houston, Los Angeles, Tucson, San Diego und New Orleans, fünfmal wöchentlich nach Madrid, dreimal wöchentlich nach Paris und zweimal wöchentlich nach Frankfurt bzw. Rom. Die Mexicana bedient neben Routen in die USA und Zentralamerika vor allem inländische Strecken. Mehrere Regionalgesellschaften schließen die Lücken im Flugnetz.
Aeroméxico	Frankfurt Airport Center, PF 72 D-60549 Frankfurt am Main Tel.: 0 69 / 69 07 03 81
	Paseo de la Reforma 445, Col. Cuauhtémoc 06500 México, D.F. Tel.: 01 5 / 3 27 40 00
Mexicana	An der Trift 65 D-63303 Dreieich Tel.: 0 61 03 / 98 79 31
	Paseo de la Reforma y Amberes 06600 México, D.F. Tel.: 01 5 / 3 25 09 90

	Fotografieren
Paseo de la Reforma 332	Flugverkehr (Forts.)
06500 México, D.F.	
Tel.: 01 5 / 2 07 13 92	Aero California
Sevilla 4 esq. Paseo de la Reforma	Aeromar
06600 México, D.F.	
Tel.: 01 5 / 6 27 02 07	
Av. Paseo de las Palmas 239, Col. Lomas de Chapultepec	Lufthansa
06600 México, D.F.	
Tel.: 01 5 / 2 30 00 00	in Mexiko-Stadt
José Benitéz Pte. 1850	in Monterrey
Monterrey, N.L.	
Tel.: 01 8 / 3 48 72 16, 3 48 86 79	
Calle de Hamburgo 66	Swissair
06 600 México, D.F.	
Tel.: 01 5 / 2 07 24 55, 2 07 46 66	
Aeroméxico und Mexicana bieten aus Europa und den USA Anreisenden günstige Gutscheinpakete ('Mexi Pass') für Weiterflüge innerhalb Mexikos an (→ Anreise).	Fluggutscheine

→ Übersichtskarte S. 584/585

Fotografieren

Bei der Einreise nach Mexiko ist das Mitführen einer Kamera und einer Filmkamera mit jeweils 12 Filmen erlaubt. Es empfiehlt sich, Filme schon zu Hause zu kaufen, da sie in Mexiko recht teuer sind.	Allgemeines
In Museen und archäologischen Stätten ist das Fotografieren mit Stativ nur mit einer offiziellen Erlaubnis gestattet. Diese erhält man in Mexiko-Stadt bei: Instituto Nacional de Antropología e Historia (I.N.A.H.), Tonalá 10, Ciol. Roma, Tel.: 01 5 / 2 08 65 02, 2 08 35 65 und Córdoba 42, Col. Roma, Tel.: 01 5 / 33 20 15, 5 33 22 63	
In Mexiko weicht die Länge der Tage im Wechsel der Jahreszeiten nicht so sehr voneinander ab wie in Europa. Im Norden Mexikos dauert der längste Sommertag nur 13 Stunden, der kürzeste Wintertag immerhin noch 11 Stunden. Im Süden des Landes ist dieser Unterschied noch geringer.	Lichtverhältnisse
Auch die Dämmerungszeit ist mit durchschnittlich 20 Minuten deutlich kürzer als in Mitteleuropa. Zur Mittagszeit steht die Sonne hoch am Himmel und ist daher noch weniger für Farbaufnahmen geeignet: Licht und Schatten sind hart.	
Man sollte die Abneigung der indianischen Bevölkerung, fotografiert zu werden, respektieren, insbesondere bei mit großem Ernst begangenen religiösen Feierlichkeiten. Man unterlasse tunlichst heimliche, 'aus der Hüfte geschossene' Aufnahmen und Blitzlichtaufnahmen in Kirchen.	Hinweis
Wer fotografieren will, sollte vorher in einem Gespräch seinen Wunsch erläutern. Es empfiehlt sich, ggf. beim Dorfvorsteher eine Erlaubnis einzuholen.	

Flugverkehr

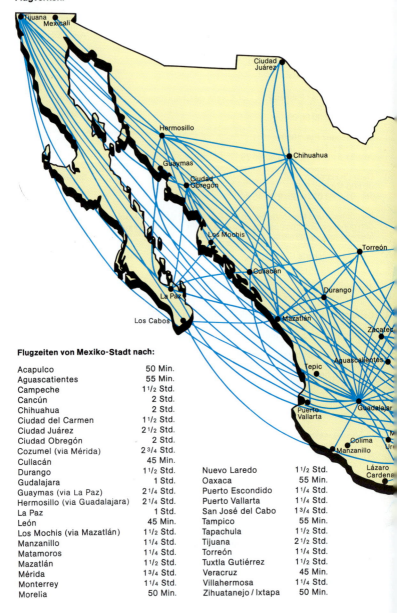

Flugzeiten von Mexiko-Stadt nach:

Acapulco	50 Min.
Aguascatientes	55 Min.
Campeche	1 1/2 Std.
Cancún	2 Std.
Chihuahua	2 Std.
Ciudad del Carmen	1 1/2 Std.
Ciudad Juárez	2 1/2 Std.
Ciudad Obregón	2 Std.
Cozumel (via Mérida)	2 3/4 Std.
Cullacán	45 Min.
Durango	1 1/2 Std.
Gudalajara	1 Std.
Guaymas (via La Paz)	2 1/4 Std.
Hermosillo (via Guadalajara)	2 1/4 Std.
La Paz	1 Std.
León	45 Min.
Los Mochis (via Mazatlán)	1 1/2 Std.
Manzanillo	1 1/4 Std.
Matamoros	1 1/4 Std.
Mazatlán	1 1/2 Std.
Mérida	1 3/4 Std.
Monterrey	1 1/4 Std.
Morelia	50 Min.
Nuevo Laredo	1 1/2 Std.
Oaxaca	55 Min.
Puerto Escondido	1 1/4 Std.
Puerto Vallarta	1 1/4 Std.
San José del Cabo	1 3/4 Std.
Tampico	55 Min.
Tapachula	1 1/2 Std.
Tijuana	2 1/2 Std.
Torreón	1 1/4 Std.
Tuxtla Gutiérrez	1 1/2 Std.
Veracruz	45 Min.
Villahermosa	1 1/4 Std.
Zihuatanejo / Ixtapa	50 Min.

Flugverkehr

Flugverkehr in Mexiko

— **Aeroméxico und Mexicana**

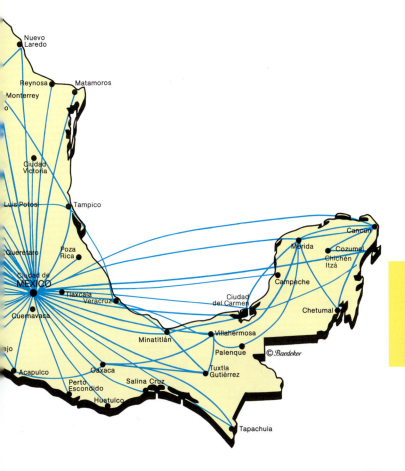

Frauenspezifisches

Alleinreisende Frauen müssen leider damit rechnen, von nicht wenigen mexikanischen Männern als Objekt ihrer Annäherungsversuche und Anzüglichkeiten ausgespäht zu werden. Nicht auszurottende Vorstellungen über die angebliche sexuelle Freizügigkeit der Europäerinnen und Amerikanerinnen in Verbund mit dem 'machismo' mexikanischer Männer verhelfen diesen zu der irrigen Meinung, die Touristinnen würden auf einen Liebhaber nur warten. Wie sich eine Frau dagegen wehren soll, muß sie letztendlich zwar selbst wissen, doch sollte eine alleinreisende Frau möglichst einsame Spaziergänge, besonders nachts, vermeiden, in ländlichen Gegenden auf ihre Kleidung achten und keine männerbeherrschten Cantinas betreten.

Die Mexikanerinnen selbst waren jahrhundertelang benachteiligt. Sie hatten keine Bürgerrechte und waren bis zum Jahre 1946 rechtlich völlig von ihrem Vater bzw. dem Gatten abhängig. In den siebziger Jahren bildete sich in Mexiko eine Frauenbewegung, 1975 tagte in Mexico-Stadt die erste Weltfrauenkonferenz der Vereinten Nationen.

Geld und Devisenbestimmungen

Währung

Währungseinheit ist der Peso (Kurzzeichen: $, nicht zu verwechseln mit demselben Zeichen für den US-Dollar). Nachdem 1993 der 'Nuevo Peso' eingeführt wurde, wird die Währung seit 1. 1. 1996 wieder als 'Peso' bezeichnet. Es gibt Banknoten zu 10, 20, 50, 100, 200 und 500 Pesos, Münzen zu 5, 10, 20 und 50 Centavos und zu 1, 2 und 5 Pesos.

Mexikanische Pesos

Die Wechselkurse basieren auf dem US-Dollar und schwanken daher entsprechend gegenüber den europäischen Währungen.
Für den Tourismus gilt ein am US-Dollar orientierter Kurs, der sich nach Angebot und Nachfrage richtet; Ende März 1998 lag er bei $ 8,40 bis $ 8,60 (Ankauf = 'Compra').

Geld- und Devisenbestimmungen (Fortsetzung)

Wechselkurse

Die Ein- und Ausfuhr von Landeswährung und ausländischen Zahlungsmitteln im Wert von mehr als 10 000 US $ ist anmeldepflichtig.

Devisenbestimmungen

Geldwechsel ist möglich in Banken, Wechselstuben ('casas de cambio') und in manchen Hotels. Es empfiehlt sich, Travellerschecks in US-Dollar und einige Dollars in bar (kleine Scheine) mitzunehmen. Europäische Währungen sind nur schwer umzutauschen.

Geldwechsel

Hotels, Restaurants, Autovermietungen und große Warenhäuser akzeptieren die gängigen Karten. Abseits der Tourismuszentren wird man mit Kreditkarten jedoch kaum Erfolg haben.

Kreditkarten

Die wichtigsten mexikanischen Banken sind die Banco Nacional de México (BANAMEX), Bancomer, Banco Bital, Banco del Atlántico und Serfin.

Banken

Öffnungszeiten:
Mo.–Fr. 9.00–13.30 Uhr; manche Filialen großer Banken auch bis 17.00 und Sa. 9.00–12.00 Uhr.

Gesundheit

Von verschiedenen Stellen sind Broschüren über die Gesundheitsvorsorge bei Reisen in tropische Länder erhältlich:

Information

Institut für Infektions- und Tropenmedizin der Universität München
Leopoldstr. 5
D-80802 München
("Medizinischer Ratgeber für Tropen- und Fernreisen" gegen Vorausgebühr)

World Health Organization (Weltgesundheitsorganisation, WHO)
Global Epidemiological Surveillance and Health Situation Assessment
CH-1211 Genf 27 (Schweiz)
("Impfvorschriften und Hygieneratschläge für den internationalen Reiseverkehr" gegen Vorausgebühr)

Bei Einreise aus Gelbfieber-Infektionsgebieten wird eine entsprechende Impfbescheinigung verlangt, ansonsten bestehen keine Impfvorschriften. Es empfehlen sich dennoch Impfungen gegen Typhus, Wundstarrkrampf, Kinderlähmung und eine Hepatitis-Vorsorge mit Immunoglobulinen. Bei Reisen ins tropische Tiefland ist eine Malaria-Prophylaxe angeraten.

Impfungen

Von den mexikanischen Klimaverhältnissen können Beeinträchtigungen der Gesundheit ausgehen, wenn nicht bestimmte Vorbeugemaßnahmen beachtet werden. Die für Mitteleuropäer ungewohnte Höhenlage kann zu Kreislaufbeschwerden führen, vor allem dann, wenn man sich in den ersten Tagen des Aufenthaltes zu große körperliche Anstrengungen zumutet oder zuviel und zu fett ißt oder Alkohol trinkt. Dasselbe gilt für die feuchtheißen Regionen des Tieflandes. Man gönne sich – auch aufgrund der Zeitverschiebung – auf jeden Fall

Klima

Hotels

Gesundheit, Klima (Forts.)

einige ruhige Tage der Eingewöhnungszeit. Der intensiven Sonneneinstrahlung sollte man mit ausreichendem Sonnen- und Lichtschutz sowohl die Kleidung betreffend (Kopfbedeckung) als auch mit Sonnenöl u.ä. begegnen. Ein Mittel gegen Insektenstiche ist ebenfalls zu empfehlen. Das tropische Klima läßt Nahrungsmittel leichter verderben und fördert das Wachstum von Krankheitskeimen, so daß das Risiko von Magen- und Darmkrankheiten ('Moctezumas Rache') immer gegeben ist.

Darmstörungen

Vorbeugung

Man trinke auf keinen Fall Leitungswasser. Die meisten Restaurants und Hotels halten 'agua purificado' (gefiltertes Wasser in Flaschen) bereit. Wer ganz sicher gehen will, trinke nur Mineralwasser ('agua mineral') und nur aus der Flasche. Auch zum Zähneputzen benutze man kein Leitungswasser. Von mit Eiswürfeln gekühlten Getränken ist abzuraten. Gemüse und Salat wasche man mit 'agua purificado', Obst ebenfalls waschen und schälen.
Im übrigen muß jedem überlassen bleiben, welche Speisen und Getränke er von den vielerorts in Markthallen zu findenden Garküchen zu sich nehmen will. Man werfe zuerst einen Blick auf die hygienischen Verhältnisse.

Abhilfe

Trotz aller Vorsichtsmaßnahmen kann einen dennoch 'Moctezumas Rache' ereilen. In diesem Falle ist die wichtigste Regel: liegen und viel trinken, um den Flüssigkeitsverlust auszugleichen. Ein bewährtes Mittel ist das frei verkäufliche, in Deutschland rezeptpflichtige Imodium. Mit einer schweren und fiebrigen Darminfektion sollte man auf jeden Fall zum Arzt gehen.

Ärztliche Hilfe

In den meisten Hotels wird man Hilfesuchenden einen Arzt nennen können. Ansonsten wende man sich an die örtlichen Tourismusbüros oder an ein Konsulat seines Heimatlandes (→ Diplomatische und konsularische Vertretungen), welche auch deutsch- oder englischsprachige Ärzte nennen. Zum Arzt sollte man immer ein Wörterbuch mitnehmen.
Arztrechnungen müssen sofort beglichen werden. Man verlange eine Quitttung.

Krankenhäuser (hospitales)

Krankenhäuser mit englischsprachigem Personal findet man u.a. in Mexiko-Stadt und Guadalajara.

Hospital Inglés (American-British Cowdray)
Calle Sur 136, Col. Americas
01120 México 18, D.F.
Tel.: 01 5 / 2 77 50 00

Hospital México-Americano
Colomos 2110
Guadalajara (Jal.)
Tel.: 01 3 / 41 31 41

Apotheken (farmacias)

In den Apotheken, die außer Arzneimitteln oft auch noch andere Waren führen, sind manche Medikamente rezeptfrei erhältlich. Apotheken Erster Klasse werden von einem Arzt geleitet.

Hotels (Hoteles; Auswahl)

Allgemeines

Die Hotels der gehobenen Klassen haben in den Großstädten und Ferienzentren mitteleuropäischen Qualitätsstandard, entsprechen aber

Hotels

häufig eher US-amerikanischen Geschmacksvorstellungen (praktische Annehmlichkeiten, aber wenig Atmosphäre). Die unter mexikanischer Leitung stehenden Häuser sind insofern individueller. Ferner gibt es Hotels unter deutscher und schweizerischer Leitung, die gleichfalls in der Regel angenehmer sind. Abseits der Hauptreiseziele wird man manchmal nicht den gewohnten Komfort antreffen.

Hotels, Allgemeines (Forts.)

Die Hotels sind nach einem System klassifiziert, das von der obersten Kategorie GT (Gran Turismo, Luxusklasse) über fünf bis zu einem Stern reicht. Seit Inkrafttreten des Tourismusgesetzes 1993 sind alle Hotelpreisbindungen aufgehoben worden, so daß sich die Zimmerpreise nach Angebot und Nachfrage richten. Die hier angegebenen Preise können daher nur grobe Anhaltspunkte sein. Sie richten sich auch nach der regionalen Situation und können gegebenenfalls individuell ausgehandelt werden.

Hotelkategorien

Hotelkategorie offiziell	in diesem Buch	Richtpreise für Übernachtungen in DM pro Doppelzimmer
GT	L	200–450
*****	L	200–350
****	A	150–250
***	A/B	120–200
**	B/C	50– 70
*	D	20– 50

Ferngespräche innerhalb Mexikos beginnen mit "01".

Hinweis

Sb = Schwimmbad; T = Tennis; G = Golf; Lp = Landepiste; Sf = Sportfischen; Sg = Segeln; R = Reiten; Gt = Gerätetauchen; W = Wasserski; Z = Zimmer

Abkürzungen

*Acapulco Princess, Playa Revolcadero, Tel. 74 / 69 10 00 (1032 Z, Sb, T, G). Größtes Hotel Acapulcos, Pyramidenbauweise; Park mit Seen und kleinen Wasserfällen. 8 Restaurants, 5 Bars, 1 Diskothek. L

Hotels in Acapulco

*Camino Real Acapulco Diamante, Baja Catita 18, Tel. 74 / 66 10 10 (155 Z, Sb, T). Neue Anlage mit eigenem Strand. L

*Hyatt Regency Acapulco, Av. Costera Miguel Alemán 1, Tel. 74 / 69 12 34 (645 Z, Sb, T). 5 Restaurants, 4 Bars, 6 Konferenzsäle. L

*Las Brisas, Carr. Escénica 5255, Tel. 74 / 84 15 80 (265 Z, Sb, T). Hotel mit 4 Restaurants und 2 Konferenzsälen. Weitläufige Anlage, daher stehen Hoteljeeps zur Verfügung. L

Sheraton Acapulco, Costera Guitarrón 110, Tel. 74 / 81 22 22 (230 Z, Sb). Die Zimmer sind auf 17 Bungalows verteilt. Es gibt 4 Restaurants und 2 Bars. Transport zu Strand und Schwimmbad mit Tramway. L

Hinweis: Alle genannten Hotels bieten Möglichkeiten zum Sportfischen, Segeln, Gerätetauchen, Wasserski und z.T. auch Reiten.

Acapulco Tortuga, Av. Costera Alemán 132, Tel. 74 / 84 88 89 (252 Z, Sb). Nahe dem Condesastrand. 3 Restaurants, Konferenzräume. A

Hotels

Hotels in Akumal

Akumal Cancún, Carr. Cancún-Tulum km 105, Tel. 987 / 2 25 67 (185 Z, Sb, T). A

Las Casitas Akumal, Carr. Cancún-Tulum km 104, Tel. 9 87 / 5 90 71 (18 Z, Sb, T). Das Hotel hat ein Restaurant. A.

Club Oasis Akumal, Carr. Chetumal-Pto. Juárez km 251, Tel. 987 / 3 08 43 (120 Z, Sb, T). A

Barranca del Cobre

In Divisadero: *Divisadero Barrancas, Bahnstation Divisadero, Telefon in Chihuahua 14 / 15 11 99 (50 Z, Lp, R). Großartige Rundsicht. A

Bahnstation Posada Barrancas: Rancho Posada Barrancas, Tel. in Los Mochis 68 / 18 70 46 (37 Z, R). Rustikales Hotel, von dem sich ein herrlicher Blick bietet. B

Cabo San Lucas

Manche Hotels sind in den Sommermonaten geschlossen.

*Hotel Cabo San Lucas, Rancho el Tule, Tel. 114 / 4 00 18 (76 Z, Sb, T, Lp, R). L

*Finisterra, Bahía Cabo San Lucas, Tel. 114 / 3 33 33 (240 Z, Sb). L

Calinda Quality Beach, Carr. Transpeninsular a la Paz, km 4,5, Tel. 114 / 5 80 44 (125 Z, Sb). Direkter Blick auf El Arco. A

Campeche (Stadt)

Ramada Hotel Campeche, Av. Ruíz Cortines 51, Tel. 981 / 6 22 33 (148 Z, Sb), an der Küstenstraße. L

Cancún In der Touristenzone

Caesar Park Beach & Golf Resort, Paseo Kukulcán km 17, Tel. 98 / 81 80 00 (427 Z, Sb, T, G). L

*Casa Turquesa, Paseo Kukulcán km 13,5, Tel. 98 / 85 29 24 (33 Z, Sb, T, G, W). Sehr elegantes kleines Hotel. L

Hyatt Cancún Caribe, Paseo Kukulcán km 10,5, Tel. 98 / 83 00 44 (200 Z, Sb, T). Eher intimes Hotel in hellen Farben. L

*Presidente Inter-Continental, Paseo Kukulcán km 7,5, Tel. 98 / 83 02 00 (298 Z, Sb, T). Eines der ersten Hotels in Cancún, yukatekische 'conchuela'-Steinfußböden; am Schwimmbad Wasserfall in Form einer Pyramide. L

*The Ritz Carlton, Retorno del Rey 36, Tel. 98 / 85 08 08 (369 Z, Sb, T). Viel Luxus mit Brunnen in Patios sowie europäischen und amerikanischen Antiquitäten in der Lobby; Marmor-Badezimmer (mit Tel.). L

Royal Solaris Caribe, Paseo Kukulcán km 20,5, Tel. 98 / 85 01 00 (480 Z, Sb, T). Zwei Hotel-Gebäude; Park mit tropischer Vegetation. A

Careyes (Costa Alegre)

*Bel Air Costa Careyes, Carr. Barra de Navidad km 53,5, 96 km nördlich vom Flughafen von Manzanillo, Tel. 335/ 1 00 00 (60 Z, Sb, T, R). Das Hotel hat Konferenzräume und einen Privatstrand. L

*Club Mediterranée, Playa Blanca, Cihuatlán, Tel. 335 / 1 00 01 (315 Z, Sb, Sg, Gt, W, R). A

Catemaco-See

Am See: La Finca, Carr. Costera del Golfo km 147, Tel. 294 /3 03 22 (36 Z, Sb). Konferenzräume und großer Garten. A

Am See: Casa Hotel Playa Azul, Carr. a Sontecomapan km 2, Tel. 294 / 3 00 01 (80 Z, Sb). B

Hotels

Brisas de Chapala, Carr. Guadalajara-Chapala km 39, Tel. 376 / 5 25 90 (41 Z, Sb). A
 — Hotels in **Chapala**

Chapala Hacienda, Carr. Guadalajara-Chapala km 40, Tel. 376 / 5 27 20 (18 Z, Sb). B

Holiday Inn Chetumal, Av. Héroes 171, Tel. 983 / 2 11 00 (86 Z, Sb). Konferenzräume. Gegenüber dem "Museo de la Cultura Maya". L
 — **Chetumal**

*Chicaná Eco-Village Ramada Resort, Carr. Fed. 186, km 145, Escárcega-Chetumal, Telefon in Campeche 981 / 6 22 33 (60 Z, Sb, T). Einrichtung im Maya-Stil mit viel Komfort. L
 — **Chicaná**

Club Med Villa Chichén Itza, Carr. Pisté, Tel. 985 / 1 00 34 (40 Z, Sb, T). In der Lobby archäologische Ausstellungsstücke. A
 — **Chichén Itzá**

*Hacienda Chichén, Carr. Mérida-Puerto Juárez, km 120,5, Tel. 985 / 1 00 45 (18 Z, Sb). Eine umgebaute Hacienda; Zimmer im yukatekischen Kolonialstil und mit Veranda. A

Mayaland, Carr. Mérida-Puerto Juárez km 120, Tel. 985 / 1 00 77 (95 Z, Sb). Das am nächsten zu den Ruinen gelegene Hotel; im Kolonialstil eingerichtete Zimmer und Bungalows. A

*Camino Real Chihuahua, Barranca del Cobre 3211, Tel. 14 /29 29 29 (220 Z, Sb, T). 1996 eröffnet; Konferenzräume. L
 — **Chihuahua**

Villas Suites, Escudero 702, Tel. 14 / 14 33 50 (74 Z, Sb). Das bisher einzige Nur-Suiten-Hotel in der Stadt. A

*Villa Arqueológica (Club Med), 2 Pte. Nr. 501, Tel. 22 / 47 19 66 (40 Z). A
 — **Cholula**

Chula Vista, Paseo T. de la República/Av. del Charro, Tel. 16 /17 12 07 (138 Z, Sb). L
 — **Ciudad Juárez**

Holiday Inn Express Juárez, Av. Paseo Triunfo de la República 3745, Tel. 16 / 29 60 00 (152 Z, Sb). Konferenzräume. A

Isla del Carmen, Calle 20 A Nr. 11, Tel. 938 / 2 12 46 (123 Z). B.
 — **Ciudad del Carmen**

*Villa Arqueológica Cobá (Club Med), Tel. 987 / 4 20 87 (40 Z, Sb). In unmittelbarer Nähe der archäologischen Zone; interessante Maya-Exponate und reichhaltige Bibliothek. A
 — **Cobá**

Real Villa Florida, Av. 1 Nr. 3002, Tel. 271 / 4 33 33 (82 Z, Sb). A
 — **Córdoba**

*Coral Princess Hotel + Resort, Carr. Costera Norte km 2,5, Tel. 987 / 2 32 00 (140 Z, Sb). 10 Minuten vom Flughafen entfernt. L
 — **Cozumel** (Insel)

El Cozumeleño Beach Resort, Playa Santa Pilar, Tel. 987 / 2 00 50 (100 Z, Sb, T). Lage: am schönsten Strand von Cozumel. L

Fiesta Americana Cozumel Reef, Carr. Chankanaab km 7,5, Tel. 987 / 2 26 22 (162 Z, Sb, T). Das Hotel liegt am südlichen, weniger entwickelten Ende der Insel. L

*Presidente Intercontinental Cozumal, Costa Residencial km 6,5, Tel. 987 / 2 03 22 (253 Z, Sb, T). Moderne große Zimmer mit Terrassen auf das Meer. Besonders gut ausgestattet für Sporttaucher. L

Hotels

Hotels in Cozumel (Fortsetzung)

Crown Princess Club Sol Caribe, Playa Paraíso km 3,5, Tel. 987 / 2 07 00 (321 Z, SB, T). Hotel mit verschiedenen Preiskategorien, je nach dem, ob man im neuen oder alten Teil des Hauses wohnt. A

Galápago Inn, Carr. Costera Sur km 1,5, Tel. 987/ 2 11 33 (58 Z, Sb). Bevorzugt von Tauchern besucht; hübscher Garten mit typisch mexikanischen Kachelbänken. B

Hinweis: Alle Hotels am Strand haben entweder Tauchstationen oder bieten Möglichkeiten zu jeglicher Art Wassersport.

In der Stadt

Villas Las Anclas, Av. 5 Sur Nr. 325, Tel. 987 / 2 19 55 (7 Appartements, die pro Tag, Woche oder Monat gemietet werden können). B

Cuautla

*Hacienda Cocoyoc, Carr. Cuernavaca-Cuautla km 32,5, Tel. 735 / 6 22 11 (290 Z, Sb, T, G). Frühere Hacienda mit Park. L

Cuernavaca

*Camino Real Sumiya, Fracc. Sumiya, Colonia José Parres, Tel. 73 / 20 91 99 (163 Z, Sb, T). Weitläufiges Gelände mit Gärten und Seen; japanische Architektur. 5 Restaurants, 9 Konferenzsäle. L

*Las Mañanitas, Ricardo Linares 107, Tel. 73 / 14 14 66 (22 Z, Sb). Hotel im Kolonialstil; im Park tropische Pflanzen und Tierplastiken. L

*Hacienda de Cortés, Plaza Kennedy 90, Col. Atlacomulco, Tel. 73 / 15 88 44 (22 Z, Sb). Frühere Hacienda mit schönen Gärten. A

*Hostería Las Quintas, Blvd. Díaz Ordáz 107, Tel. 73 / 18 39 49 (60 Z, Sb). Gebäude im Kolonialstil; Garten mit tropischen Pflanzen. A

La Posada de Xochiquetzal, Leyva 200, Tel. 73 / 18 57 67 (15 Z, Sb). Das Haus ist ein Kolonialbau mit Garten und Brunnen. B

Ensenada

Baja Beach Resort, Coronel Esteban, Tel. 61 / 73 02 30 (116 Z, Sb, T). A

Fortín de las Flores

*Fortín de las Flores, Av. 2 zwischen Calle 5 und 7, Tel. 271 /3 00 55 (104 Z, Sb). Herrliche Gartenanlage. A

Gómez Palacio

Best Western Posada del Río, Av. Francisco Madero 144 Sur, Tel. 17 / 14 33 99 (100 Z, Sb). Konferenzsäle. 10 Min. vom Flughafen. A

Guadalajara

*Camino Real Guadalajara, Av. Vallarta 5005, Tel. 3 / 1 21 80 00 (205 Z, Sb, T). Außerhalb. Tropische Gartenanlage. L

*Fiesta Americana Guadalajara, Aurelio Aceves 225, Tel. 3 / 8 25 34 34 (390 Z, Sb, T). Auffallende Fassade aus Glas. L

*Presidente InterContinental, Av. López Mateos Sur y Av. Moctezuma, Tel. 3 / 6 78 12 34 (414 Z, Sb). Glasfassade; Eislaufplatz. L

*Quinta Real, Av. Méxcio 2727, Tel. 3 / 6 15 00 00 (78 Z, Sb). Mexikanische Architektur. L

*Francés, Maestranza 35, Tel. 3 / 6 13 11 90 (72 Z). Das älteste Hotel (1610) im Herzen der Stadt, unter Denkmalschutz. Steinsäulen und koloniale Bögen umschließen einen Marmorbrunnen. A

Guanajuato

*Misión Guanajuato Park Plaza, Camino Antiguo a Marfil km 2,5, Tel. 473/ 2 39 80 (163 Z, Sb). Am Eingang von Guanajuato. L

Hotels

*Castillo Santa Cecilia, Salida a la Valenciana, Tel. 473 / 2 04 85 (88 Z, Sb). A   Hotels in Guanajuato (Fortsetzung)

*Parador San Javier, Plaza Aldama 92, Tel. 473 / 2 06 50 (115 Z, Sb). Ehem. Hacienda San Javier; Stierkampfarena. A

Posada Santa Fé, Jardín Union 12, Plaza Principal, Tel. 473 /2 00 84 (49 Z). Im Stadtzentrum gelegen, gegenüber vom Theater Juárez; seit 1862 Hotel. A

Bahía de San Carlos:*Club Mediterranée, Playa de los Algodones, Tel. 622 / 6 01 76 (375 Z, Sb, T, G, R, Sg, W). A   **Guaymas**

Hacienda Tetakawi Best Western, Carr. San Carlos km 10, Tel. 622 / 6 02 20 (22 Z, Sb, T, Sg, W). A

*Casa del Mar, Balcones de Tangolunda Nr. 13, Tel. 958 / 1 01 04 (25 Z, Sb). Hotel zwischen den Buchten Conejos und Tangolunda. L   **Huatulco**

*Sheraton Huatulco, Paseo Benito Juárez, Bahía Tangolunda, Tel. 958 / 1 00 55 (347 Z, Sb, T, Sf, W). L

*Zaashila Resort, Bahía Tangolunda, Tel. 958 / 1 04 60 (128 Z, Sb, T, Sf, Sg, W). Mehrere Zimmer mit eigenem Schwimmbecken. L

*Club Mediterranée, Bahía Tangolunda, Tel. 958 / 1 00 33 (554 Z, Sb, T, Sf, Sg, Gt, W). Blick auf die Bucht; Strände. 5 Restaurants. L

Cabañas María del Mar, Carlos Lazo 1, Tel. 987 / 7 01 79 (57 Z, Sb). Beste Lage am Strand Cocoteros. A   **Isla Mujeres**

*Continental Plaza Ixtapa, Blvd. Ixtapa, Tel. 753 / 3 11 75 (84 Z, Sb, Sg, W); 1996 eröffnet. L   **Ixtapa**

Fontan Ixtapa, Blvd. Ixtapa, Tel. 753 / 3 16 66 (480 Z, Sb, Sf, T, W). Drei achtstöckige Türme; Blick auf die Palmar-Bucht. A

*Hotel Spa Ixtapán, Blvd. Arturo San Román, Tel. 741 / 3 00 21 (215 Z, Sb, T, G). Schönheitsfarm. A   **Ixtapán de la Sal**

Fiesta Americana Léon, Blvd. López Mateos 1102, Tel. 47 /13 60 40 (211 Z, Sb, T). Im Kolonialstil gebaut; Konferenzräume. L   **Léon** de los Aldamas

Santa Anita, Leyva y Hidalgo, Tel. 68 / 18 70 46 (133 Z). Ausgangspunkt für Fahrten zu den Schluchten 'Barranca del Cobre'. A   **Los Mochis**

*Camino Real Las Hadas Resort, Av. de los Riscos y Vista Hermosa, Tel. 333 / 4 20 00 (230 Z, Sb, T, G). 4 Restaurants, 5 Bars. L   **Manzanillo** An den Stränden

Plaza Las Glorias Club de Playa, Calle del Mar 1865, Tel, 333 / 3 24 60 (Sb, T, G). Das Haus liegt im Zentrum der Halbinsel. A

* Camino Real Mazatlán, Punta del Sábalo, Tel. 69 / 13 11 11 (165 Z, Sb, T, Sf, W). Beste Lage, da etwas abseits. L   **Mazatlán** An der Uferstraße von Süden nach Norden

*Marina El Cid Hotel y Club de Yates, Punta de Sábalo, Tel. 69 / 13 33 33 (210 Z, Sb, Sf, Sg, T, W); am Eingang des Yachthafens. L

Days Inn Don Pelayo, Av. de Mar 1111, Tel. 69 / 83 22 21 (168 Z, Sb, Sg, Sf, T, W). A

Hotels

Hotels in Mérida

*Fiesta Americana Mérida, Paseo Montejo 451, Tel. 99 / 42 11 11 (350 Z, Sb). Konferenzräume. Fast 100 m hohes gläsernes Atrium. L

*Hyatt Regency Mérida, Av. Colón esq. Calle 60, Tel. 99 / 42 02 02 (300 Z, Sb), eines der höchsten Gebäude der Stadt (17 Stockwerke). L

Außerhalb

Hacienda Katanchel, Tixkokob, Tel. 99 / 23 40 20 (40 Z, Sb). Gepflegte Anlage im Grünen. Yukatekische und internationale Küche. A

Mexicali

Crowne Plaza Mexicali, Av. López Mateos und Av. de los Héroes 201, Tel. 65 / 57 36 00 (158 Z, Sb). L

Mexiko-Stadt
Zentrum, Paseo de la Reforma und Umgebung

*Camino Real, Mariano Escobedo 700, Tel. 5 / 2 03 21 21 (713 Z, Sb, T). Konferenzsäle, Restaurants, Bars; Gemälde und Skulpturen. L

*Four Seasons, P. de la Reforma 500, Tel. 5 / 2 86 60 20 (240 Z, Sb); nahe der Zona Rosa. Neues Hotel im Kolonialstil. L

*Nikko México, Campos Elíseos 204, Tel. 5 / 2 80 11 11 (746 Z, Sb, T); in der Nähe des Chapultepec Parks in Polanco. 4 Restaurants, davon 2 japanische. L

*Presidente Intercontinental, Campos Elíseos 218, Tel. 5 / 3 27 77 00 (659 Z, Sb). Blick auf den Chapultepec Park in Polanco. L

Westin Galería Plaza, Hamburgo 195, Tel. 5 / 2 30 17 17 (440 Z, Sb). Inmitten der Zona Rosa; 4 Restaurants. L

*Gran Hotel Ciudad de México, 16 de Septiembre 82, Tel. 5 / 5 10 40 40 (124 Z). Nahe des Zócalo im historischen Zentrum; Halle im Belle-Epoque-Stil mit farbiger Glaskuppel von Tiffany. A

La Casona, Durango 280, Ecke Cozumel, Tel. 5 / 2 86 30 01 (30 Z). Etwas außerhalb der Zona Rosa. Bei europäischen Besuchern beliebt. A

*Majestic, Av. Francisco Madero 73, Tel. 5 / 5 21 86 02 (85 Z). Hotel im Kolonialstil; am Zócalo mit Blick auf den Nationalpalast. A

Catedral, Donceles 95, Tel. 5 / 5 18 52 32 (116 Z). Hinter der Kathedrale; älteres Hotel im historischen Zentrum, kürzlich renoviert. B

Del Angel, Río Lerma 154, Tel. 5 / 5 33 1032 (100 Z). In der Nähe vom Unabhängigkeitsdenkmal an der Reforma (Dachrestaurant). B

Flughafen

Marriot Airport, Av. Puerto México 80, Tel. 5 / 2 30 05 05 (600 Z). Durch einen Gang mit dem Flughafen verbunden. 2 Restaurants. L

Monterrey

*Sheraton Ambassador, Hidalgo 310 Ote, Tel. 8 / 3 40 63 90 (239 Z, Sb, T). Hotel in zentraler Lage mit Konferenzräumen, gut geeignet für Geschäftsreisende. L

*Radisson Plaza Gran Hotel Ancira, Av. Hidalgo/Escobedo, Tel. 8 / 3 45 10 60 (240 Z, Sb). L

Morelia

*Holiday Inn Morelia, Av. Camelinas 3466, Tel. 43 / 14 31 11 (123 Z, Sb, T), gegenüber der Plaza de las Américas. Konferenzsäle. L

Holiday Inn Express, Av. Camelinas 5000, Tel. 43 / 15 71 00 (80 Z, Sb). Kolonialhaus, das zwischen der Plaza des las Américas und der Plaza Morelia liegt. A

Hotels

*Villa Montaña, Patzimba 201, Tel. 43 / 14 02 31 (40 Z, Sb, T). Kolonialgebäude, das stilvoll eingerichtet ist (Steinplastiken). Schöner Blick auf die Stadt von den Santa-María-Hügeln. L
    Morelia (Fortsetzung) Außerhalb

*Camino Real Oaxaca, 5 de Mayo 300, Tel. 951 / 6 06 11 (91 Z, Sb). Restauriertes Kloster aus dem 16. Jh., steht unter Denkmalschutz; drei Innenhöfe, Gärten. L
    Oaxaca

Posada Casa Oaxaca, García Vigil 407, Tel. 951 / 6 44 12 (5 Z). Das ansprechende Haus ist zentral gelegen. Geführt wird es von deutsch-österreichischen Besitzern. A

*Fiesta Cascada, Autopista Puebla–Córdoba km 275, Tel. 272 / 4 15 96 (34 Z, Sb). A
    Orizaba

*Hacienda San Miguel Regla, Huasca de Oacampo, Tel. 771 /5 44 00 (53 Z, Sb). 30 km nordöstlich von Pachuca bei dem Dorf Huasco, in einer ehemaligen Hacienda aus dem 18. Jh.; präkolumbischer Aquädukt im Park. A
    Pachuca de Soto Außerhalb

Maya Tukan, Blvd. Pakal, Tel. 934 / 5 02 90 (56 Z, Sb). Am Ortseingang gelegen, modern. A
    Palenque Im Ort

Misión Palenque Park Plaza, Rancho San Martín de Porres, Tel. 934 / 5 02 41 (210 Z, Sb). Am nördlichen Ortsrand, 8 km von der Ruinenstätte entfernt. A
    Außerhalb

Chan-Kah Resort Village, Carr. a las Ruinas km 3, Tel. 9 34 / 5 11 34 (66 Z, Sb). 4 km vor den Ruinen, tropischer Garten. B

Posada San Rafael, Poratl Allende 15, Tel. 434 / 2 07 70 (104 Z). An der Plaza Quiroga gelegenes Haus, im Kolonialstil erbaut. B
    Pátzcuaro-See In Pátzcuaro

Posada Don Vasco Best Western, Lázaro Cárdenas 450, Tel. 434 / 2 02 27 (102 Z, Sb, T). An der Straße zum See gelegen. A
    Außerhalb

Continental Plaza, Bahía del Espíritu Santo, Playacar, Tel. 987 / 3 01 00 (180 Z, Sb, Gt, G). L
    Playa del Carmen

Carribean Village , Lt. Hotelero 1, Playacar, Tel. 987 / 3 05 06 (300 Z, Sb, G, Gt, T). 1994 eröffnet. A

*Camino Real Puebla, 7 Poniente 105, Tel. 22 / 29 09 09 (210 Z, Sb). Kloster aus dem 16. Jh., nahe dem Zentrum. L
    Puebla de Zaragoza

*El Méson Del Angel, Hermanos Serdán 807, Tel. 22 / 24 30 00 (192 Z, Sb, T), am Eingang zur Stadt. L

Palacio San Leonardo, 2 Oriente 211, Tel. 22 / 46 05 55 (80 Z, Sb). Im historischen Zentrum der Stadt gelegen; zwei Straßen von der Kathedrale entfernt. A

Posada Real Puerto Escondido, Blvd. Benito Juárez, Tel. 958 /2 01 33 (100 Z, Sb). Zwei Gebäude auf einem Hügel. A
    Puerto Escondido

Santa Fé, Calle del Morro, Tel. 9 58 / 2 01 70 (47 Z, Sb). Gebäude im Kolonialstil; Zicatela-Strand. A

Arco Iris, Calle del Morro, Tel. 958 / 2 04 32 (24 Z, Sb). Dreistöckiges Haus im Kolonialstil am Zicatela-Strand. B

Hotels

Hotels in Puerto Vallarta

Buenaventura, Av. México 1301, Tel. 322 / 2 37 37 (210 Z, Sb). In Stadtnähe am Strand. A

Außerhalb

Bel-Air Puerto Vallarta, Marina Vallarta, Pelícanos 311, Tel. 322 / 1 08 00 (79 Z, Sb, G, T), auf dem Golfplatz im Marina-Komplex. L

*Camino Real P. Vallarta, Playa las Estacas, Tel. 322 / 1 50 00 (337 Z, Sb, T). Liegt an einer kleinen Bucht südlich der Stadt. L

*Presidente Inter-Continental, Carr. a Barra de Navidad km 8,5, Tel. 322 / 8 05 07 (120 Z, Sb, T). Luxushotel am Strand, von tropischen Gärten umgeben. L

Plaza Las Glorias, Av. de las Garzas, Tel. 322 / 4 44 44 (389 Z, Sb, T). Haus im Kolonialstil, Konferenzräume. A

Querétaro

*Mesón de Santa Rosa, Pasteur Sur 17, Tel. 42 / 24 26 23 (21 Z, Sb). Restaurierte Hacienda, an der Plaza de la Independencia. A

Amberes, Corregidora Sur 188, Tel. 42 / 12 86 04 (140 Z). Modernes Hotel gegenüber dem Alameda-Hildago-Park. B

Außerhalb

*Hacienda Jurica, Carr. México-San Luis Potosí km 229, Tel. 42 / 18 00 22 (180 Z, Sb, T, R). Frühere Hacienda mit einer großen Gartenanlage. L

*Misión Juriquilla Park Plaza, Juriquilla, Carr. Querétaro-San Luis Potosí km 14, Tel. 42 / 34 00 00 (225 Z, Sb, G, R); Stierkampfarena. L

Salamanca

Aliana Suites, Paseo de los Prados 129, Tel. 464 / 1 09 66 (40 Z). A

Saltillo

*Camino Real Saltillo, Blvd. de los Fundadores 2000, Tel. 84 / 30 00 00 (140 Z, Sb, T). L

San Andrés Tuxtla

Del Parque, Francisco Madero 5, Tel. 294 / 2 01 98 (75 Z). Im Stadtzentrum. B

San Cristóbal de las Casas

*El Jacarandal, Calle Comitán 7, Tel. 967 / 8 10 65 (4 Z, R). Schönes Kolonialhaus im Stadtzentrum, mit Patios und gepflegten Gärten; Reitstall. L

*Na-Bolom, Av. Vicente Guerrero 33, Tel. 967 / 8 14 18 (12 Z). Rustikale, indianisch eingerichtete Zimmer mit Photos der verschiedenen Stämme der früheren Besitzerin Gertrude Duby-Bolom; Museum und reichhaltige Bibliothek. B

San Juan del Rio
Außerhalb

*La Mansión Galindo, Carr. a Amalco km 5, Tel. 427 / 5 02 50 (166 Z, R, Sb, T). Konferenzräume, Billard. Sehr schön eingerichtete frühere Hacienda. L

*Misión La Mansión, Autopista México-Querétaro km 172, Tel. 427 / 1 00 30 (140 Z, Sb, T, G). Eine frühere Hacienda (16. Jh.) mit großem Garten; Konferenzräume. L

San Luis Potosí

*Quinta Real, Real de Lomas 1000, Tel. 48 / 25 01 25 (124 Z, Sb). Ausgestattet mit geschmackvollem mexikanischen Dekor und Volkskunst. L

Panorama, Av. V. Carranza 315, Tel. 48 / 12 17 77 (127 Z, Sb). Im historischen Zentrum der Stadt; Konferenzräume. A

Hotels

Außerhalb: Holiday Inn San Luis Potosí Quijote, Carr. 57 km 420, Tel. 48 /18 13 12 (211 Z, Sb, T). Konferenzräume; schöner Garten. L
    Hotels in San Luis Potosí (Fortsetzung)

*Casa de Sierra Nevada, Hospicio 35, Tel. 415 / 2 70 40 (33 Z, Sb). Ehemaliger Besitz des Erzbischofs von Guanajuato, später der Marquise de Sierra Nevada, auf verschiedene Kolonialhäuser verteilt. Wunderschöner Patio mit Restaurant und Bar. L
    San Miguel de Allende

*La Puertecita Boutique Hotel, Santo Domingo 75, Tel. 415 /2 22 50, (8 Z, Sb). Oberhalb der Stadt in schöner Gartenanlage. A

*Hacienda Taboada, Carr. a Dolores Hidalgo km 8, Tel. 415 /2 08 50 (70 Z, Sb, T). Konferenzräume. Schöner Garten mit alten Bäumen, zwei Thermalschwimmbädern und Kinderpool. L
    Außerhalb

La Pinta, Playa Santa María, Valle de San Quintín, Tel. 616 / 5 28 78 (60 Z, Sb). 5 km nördlich des Ortes, mitten in der Wüste. B
    San Quintín

El Morro, Carr. Transpeninsular Sur km 1,5, Tel. 115 / 2 04 14 (29 Z). 1,5 km südlich der Stadt mit Blick auf das Mar de Cortés. B
    Santa Rosalía

Posada de Tampico, Prol. Av. Hidalgo 5300, Tel. 12 / 28 05 15 (130 Z, Sb, T). An der Straße von Tampico nach Ciudad Mante km 2,2. L
    Tampico

Inglaterra Best Western, Salvador Díaz Mirón 116 Ote, Tel 12 / 19 28 57 (121 Z, Sb). Gegenüber dem Hauptplatz. A

Kamico, Prol. Central Oriente, Tel. 962 / 6 23 53 (92 Z, Sb). 15 Autominuten von der guatemaltekischen Grenze; schöner Palmengarten. A
    Tapachula

*Montetaxco, Fracc. Lomas de Taxco, Tel. 762 / 2 13 01 (156 Z, Sb, R, T, G). Konferenzräume. Oberhalb des Ortes mit herrlicher Sicht (mit Drahtseilbahn 'Teleférico' zu erreichen). L
    Taxco de Alarcón

*Hacienda Del Solar, Pareje El Solar, Tel. 762 / 2 03 23 (22 Z, Sb, T). Südlich der Stadt, schöner Blick auf Taxco. A

Los Arcos, Juan Ruíz de Alarcón, Tel. 762 / 2 18 36 (21 Z, Sb). Zentral gelegen; früheres Kloster aus dem 17. Jh. B

Casa Cantarranas, Av. Las Americas 2457, Tel. 238 / 3 49 22 (50 Z, Sb, T). Konferenzräume; schöner Garten. L
    Tehuacán

Calli, San Cristóbal Colón km 790, Tel. 971 / 5 00 85 (100 Z). B
    Tehuantepec

*Villa Arqueológica Teotihuacán, Zona Arqeológica, Tel. 595 /6 02 44 (40 Z, Sb, T). L
    Teotihuacán

Amatlán de Quetzalcóatl, Amatlán de Quetzalcóatl, Tel. 739 /5 18 80 (20 Z). A
    Tepoztlán

*Hacienda Vista Hermosa, Carr. Alpuyeca – Tequesquitengo km 7, Tel. 734 / 6 53 61 (105 Z, Sb, T, R). Park mit alten Bäumen. L
    Tequesquitengo (außerhalb)

Las Cavas de Tequisquiapán, Paseo de la Media Luna 8, Tel. 427 / 3 05 03 (70 Z, Sb, T, R). Konferenzräume; schöner Garten. A
    Tequisquiapán

*Grand Hotel Tijuana, Blvd. Agua Caliente 4558, Tel. 66 / 81 70 00 (422 Z, Sb, T). Konferenzräume. Die beiden Türme mit Spiegeln sind ein Wahrzeichen der Stadt. L
    Tijuana

Hotels

Hotels in Tijuana (Forts.)	*Holiday Inn Pueblo Amigo, Via Oriente 9211, Tel. 66 / 83 50 30 (108 Z, Sb). 1995 eröffnet in der Zona Río, nicht weit von der Grenze. L
Tlaxcala	*Club Med Posada San Francisco, Plaza de la Constitución 17, Tel. 246 / 2 60 22 (68 Z, Sb). L
Außerhalb	*Misión Tlaxcala Park Plaza Resort, Carr. Tlaxcala–Apizaco km 10, Tel. 246 / 10 00 (103 Z, Sb, T). L
Torreón	Palacio Real, Av. Morelos 1280 Pte., Tel. 17 / 16 00 00 (139 Z). Im Zentrum der Stadt; Konferenzräume. L
Tulancingo	La Joya, Carr. Pirámides–Tulancingo km 92, Tel. 775 / 3 32 00 (61 Z, Sb, T). Konferenzräume. A
Tulum	An der Abzweigung der MEX 307: Acuario, Carr. Cancún-Tulum km 127, Tel. 988 / 4 48 56 (12 Z, Sb). Hinter dem Restaurant El Faisán y Venado. C
Tuxtla Gutiérrez	Camino Real Tuxtla Gutíerrez, Blvd. Belisario Domínguez 1195, Tel. 961 / 7 77 77 (210 Z, Sb, T). Nicht weit vom Flughafen entfernt. Konferenzräume; schöner Garten. L
Uruapan de Progreso	*Mansión de Cupatitzio, Parque Nacional, Tel. 452 / 3 21 00 (56 Z, Sb). Die Zimmer sind um einen Innenhof gruppiert. A
Uxmal	*Club Med Villa Uxmal, Carr. Mérida-Santa Elena, Tel. 99 / 28 06 44 (43 Z, Sb, T); nahe der archäologischen Stätte. Bibliothek; tropischer Garten und Vögel. A
	*Hacienda Uxmal, Carr. Mérida–Campeche km 80, Tel. 99 / 24 71 42 (82 Z, Sb). Gegenüber den Ruinen; die Zimmer liegen um den Patio. A
Valladolid	El Mesón del Marqués, Calle 39 Nr. 203, Tel. 985 / 6 20 73 (25 Z, Sb). Haus im Hacienda-Stil, am Hauptplatz. B
Valle de Bravo	*Avándero Golf & Spa, Fracc. Avándero, Tel. 726 / 6 03 70 (100 Z, Sb, T, G, R). Umrahmt von einer spektakulären Bergkulisse. Bungalows mit Kaminen; Konferenzräume. L
Veracruz	*Imperial, Miguel Lerdo 153, Tel. 29 / 32 30 31 (94 Z, Sb). Im historischen Zentrum der Stadt; Konferenzräume. L
	*Torremar Resort, Blvd. Ruíz Cortines 4300, Tel. 29 / 21 34 66 (230 Z, Sb). Nahe dem Kongreßzentrum am Mocambo-Strand. L
	Suites Jaragua, Blvd. A. Ruíz Cortines, Tel. 29 / 21 21 21 (51 Z, Sb). 10 Minuten vom Flughafen; Konferenzräume, schöner Garten. A
	Gran Hotel Diligencia, Av. Independencia 1115, Tel. 29 / 31 21 16 (118 Z). Das Haus wurde 1850 als Luxushotel erbaut und 1960 renoviert. Es liegt nur einen Block vom berühmten Café de la Parroquia entfernt. B
Villahermosa	*Hyatt Regency Villahermosa, Av. Juárez 106, Tel. 93 / 13 12 34 (211 Z, Sb, T). Gegenüber vom La-Venta-Park. L
Zacatecas	*Quinta Real Zacatecas, Av. Rayón 434, Tel. 492 / 2 91 04 (49 Z). Unter einem Aquädukt, innerhalb einer ehemaligen Stierkampfarena – das originellste Hotel Mexikos. L

Kleidung

*La Casa Que Canta, Playa La Ropa, Carr. Escenica, Tel. 753 / 4 27 22 (28 Z, Sb). "Das Haus, das singt" – sitzt auf einer Klippe oberhalb des La-Ropa-Strandes. Geschmackvolle mexikanische Möbel; keine Kinder unter 16 Jahren. L

Hotels in
Zihuatanejo

Catalina und Sotavento, Playa La Ropa, Tel. 753 / 4 20 32 (124 Z). Beide Hotels haben den gleichen Besitzer. Herrlicher Blick auf Strand und Bucht (Treppen zum Strand). B

*Royal Spa Posada del Rey, Carr. México-Laredo km 205, Tel. 772 / 8 20 61 (47 Z, Sb). A

Zimapán

Haciendas sind großzügige Landgüter, mit denen spanische Eroberer für ihre Taten belohnt wurden. In einigen sind heute luxuriöse Hotels im Kolonialstil eingerichtet. Die bekanntesten Hacienda-Hotels sind bei den jeweiligen Orten aufgeführt.

Hacienda-Hotels

Für einfache Ansprüche gibt es eine große Zahl von Casas de Huespedes (Gasthöfe) sowie Posadas Familiares (Familienunterkünfte), deren Übernachtungspreise sehr niedrig sind.

Gasthöfe und Familienunterkünfte

Jugendherbergen (Albergues de la Juventud)

In Mexiko gibt es Jugendherbergen in den folgenden Orten:

Aguascalientes, Cabo San Lucas, Campeche, Cancún, Chetumal, Ciudad Obregón, Cuautla, Durango, Guadalajara (2), La Paz, Mexicali, Monterrey, Morelia, Oaxaca, Playa del Carmen, Querétaro, San Luis Potosí, Tijuana, Tuxtla Gutierrez, Veracruz, Villahermosa, darüber hinaus in Zacatecas (2) und Zihuatanejo.

In diesen Unterkünften besteht keine Altersbeschränkung. Die Anmeldung muß bis 20.00 Uhr erfolgen; man kann bis zu 15 Tage in ein und derselben Jugendherberge bleiben.

Coordinación Nacional de Turismo
Glorieta Metro Insurgentes, Local CC-11, Col. Juárez
06600 México, D.F.
Tel.: 01 5 / 5 25 25 48 und 5 25 29 74

Auskunft

Kleidung

Je nach Jahreszeit und Region, die man bereisen will, sollte man auch die entsprechende Kleidung mitnehmen (→ Zahlen und Fakten, Klima). Neben leichter, sommerlicher Kleidung ist auch ein wärmender Pullover anzuraten, da die Nächte im Hochland oder in der Baja California durchaus sehr kühl sein können. Ein Regenschutz ist während der Regenzeit von Mai bis Oktober nützlich.

Ein Reisender, der ausgiebig archäologische Stätten und ländliche Gebiete erforschen will, wird gute Wanderstiefel zu schätzen wissen. Unbedingt erforderlich sind eine Kopfbedeckung und eine Sonnenbrille zum Schutz vor der hochstehenden Sonne.

Die Mexikaner kleiden sich meist sehr korrekt. Auch als Tourist gilt es, sich darauf einzustellen. Außerhalb der Touristenzentren sollte man

Literaturhinweise

Kleidung (Fortsetzung)

daher möglichst nicht in kurzen Hosen oder gar in Badekleidung unterwegs sein. Wer Restaurants der gehobenen Klasse aufsuchen will, muß sich auch von der Kleidung her anpassen. In Kirchen findet man mit kurzen Hosen und nackten Schultern keinen Einlaß.
Frauen sollten bedenken, daß vor allem in ländlichen Gegenden luftige Kleidung Männer zu Anzüglichkeiten herausfordern kann (→ Frauenspezifisches).

Klima

→ Zahlen und Fakten, Klima

Literaturhinweise

Zur Reisevorbereitung

GEO-Special "Mexiko" (Nr. 2/1986)
GEO-Special "Die Welt der Maya" (Nr. 5/1993)

Merian: "Mexiko", Hoffmann und Campe, Hamburg

"Mexico and Central American Handbook", Trade and Travel Publications, Bath, England

Studienkreis für Tourismus und Entwicklung e.V.: "Mexiko verstehen"
Studienkreis für Tourismus und Entwicklung e.V.,
Kapellenweg 3, D-82541 Ammerland/Starnberger See

Präkolumbische Kunst und Kultur

Anton, Ferdinand: "Das Alte Amerika" (Kunst im Bild), Holle, Baden-Baden 1967

Anton, Ferdinand: "Kunst der Maya", Seemann, Leipzig 1968

"Azteken, Maya, Inkas", Kunst und Kultur in Mittel- und Südamerika, Skira, Klett-Cotta, Stuttgart 1981

Bernal, Ignacio: "Mexico before Cortés", Doubleday, New York 1975

Bollinger, Armin: "Die Indio-Völker Alt-Mexikos", Verlag Im Waldgut, Bern 1981

Bollinger, Armin: "Die Maya", Verlag Im Waldgut, Bern 1984

Cardoza y Aragón, Luis: "Mexikanische Malerei von heute", Artia, Prag 1965

Coe, Michael D.: "Die Maya", Lübbe, Bergisch-Gladbach 1968

Cordan, Wolfgang: "Popol Vuh – Mythos und Geschichte der Maya", Diederichs, Düsseldorf 1974

Davies, Nigel: "Die Azteken", Econ, Düsseldorf 1974

Literaturhinweise

Präkolumbische Kunst und Kultur (Fortsetzung)

Cyrus, Irene Salome: "Die Indianer Lateinamerikas", hpt.Verl.-Ges., Wien 1992

Eggebrecht, Eva und Arne/Grube, Nikolai: "Die Welt der Maya", Philipp von Zabern, Mainz 1992 (Ausstellungskatalog)

Krickeberg, Walter: "Altmexikanische Kulturen", Safari, Berlin 1971

Morley, S. G.: "The ancient Maya", Stanford University Press, 1963

Prem, H.J. und Dyckerhoff, Ursula: "Das Alte Mexiko", Bertelsmann, Gütersloh 1986

Rätsch, Christian: "Chactun – Die Göttter der Maya", Eugen Diederichs, Köln 1986

Ramírez Vásquez, Pedro: "Mexiko und seine Kunstschätze", Kohlhammer, Stuttgart 1968

Riese, Berthold: "Die Maya", Verlag C. H. Beck, München 1995

Schele, Linda/Freidel, David: "Die unbekannte Welt der Maya", Albrecht Knaus Verlag, München 1991

Seler, Eduard: "Gesammelte Abhandlungen zur Amerikanischen Sprach- und Altertumskunde", Behrend, Berlin 1902 – 1915

Seler-Sachs, Cäcilie: "Frauenleben im Reich der Azteken", Reimer, Berlin

Simpson, Lesley Byrd: "Many Mexicos", University of California Press, Berkeley, L.A., 1966

Soisson, Pierre: "Das Leben der Azteken im alten Mexiko", Herbig, München 1978

Soustelle, Jacques: "Das Leben der Azteken", Manesse, Zürich 1986

Soustelle, Jacques: "Die Olmeken", Atlantis, Zürich, Freiburg i. Br.

Stierlin, Henri: "Das Alte Mexiko" (Architektur der Welt), Office du Livre, Fribourg 1967

Thompson, J. Eric S.: "Die Maya", Kindler, München 1968

Trimborn, Hermann: "Das Alte Amerika" (Große Kulturen der Frühzeit), Kilpper, Stuttgart 1959

Westheim, Paul: "Die Kunst Alt-Mexikos", Du-Mont Schauberg, Köln 1966

Wilhelmy, H.: "Welt und Umwelt der Maya", Piper, München 1981

Historische Texte

Cortés, Hernán: "Die Eroberung Mexikos", Insel, Frankfurt 1980

Díaz del Castillo, Bernal: "Wahrhafte Geschichte der Entdeckung und Eroberung von Neu-Spanien", Steingrüben, Stuttgart 1965

Literaturhinweise

Historische Texte (Fortsetzung)

Hamann, Brigitte (Hg.): "Mit Kaiser Max in Mexiko. Tagebuchaufzeichnungen des Grafen Khevenhüller", Amalthea, Wien

Humboldt, Alexander von: "Reisen in die Tropen Amerikas", Stuttgart 1969

Las Casas, Bartolomé de: "Kurzgefaßter Bericht von der Verwüstung der Westindischen Länder", Insel, Frankfurt 1981

Prescott, William: "Die Eroberung Mexikos", C.H. Beck, München

Sahagún, Bernardino de: "Historia general de las cosas de Nueva España" (Aztekisch-deutsch), Kohlhammer, Stuttgart 1950

Stephens, John L.: "Reisen in Zentralamerika und Yucatán 1839 bis 1840", Atlantis, Zürich/Freiburg i. Br. 1969

Moderne Geschichte, Politik und Gesellschaft

Buche, I., Metzger, J. und Schell, R.: "Die versteinerte Revolution", Lamuv, Bornheim-Merten 1985

Hafkemeyer, Jörg: "Mexiko. Zwischen Maya und Moderne", Westermann, Braunschweig 1988

Harrer, Hans-Jürgen: "Die Revolution in Mexiko 1910 – 1917", Köln 1973

Oppenheimer, Andrés: "Bordering on Chaos", Little Brown, Boston 1996

Tobler, Hans W.: "Die mexikanische Revolution. Gesellschaftlicher Wandel und politischer Umbruch 1867 – 1940", Frankfurt 1984

Womack, John: "Sterben für die Indios", Atlantis, Zürich, Freiburg i. Br. 1972

Mexikanische Autoren der Gegenwart

Fuentes, Carlos: "Landschaft im klaren Licht", "Terra Nostra", "Chac mool", "Das Haupt der Hydra", alle dtv, München

Paz, Octavio: "Das Labyrinth der Einsamkeit", "Der menschenfreundliche Menschenfresser", "Gedichte", alle Suhrkamp, Frankfurt am Main

Poniatowska, Elena: "Das Schweigen ist stark", Lamuv, Bornheim-Merten

Juan Rulfo, "Pedro Paramo. Der Llano in Flammen", Hanser, München

Romane und Prosa

Artaud, Antonin: "Revolutionäre Botschaften". Vom Leben bei den Tarahumara-Indianern, Rogner & Bernhard, München

Literaturhinweise

Romane und Prosa (Fortsetzung)

Greene, Graham: "Die Kraft und die Herrlichkeit", Rowohlt, Reinbek 1979

Jennings, Gary: "Der Azteke", Frankfurt 1986

Kerouac, Jack: "Tristessa", Rowohlt, Reinbek

Kisch, Egon Erwin: "Entdeckungen in Mexiko", Kiepenheuer & Witsch, Köln

Lowry, Malcolm: "Unter dem Vulkan", Rowohlt, Reinbek 1984

Reed, John: "Mexiko in Aufruhr", Dietz, Ost-Berlin 1972

Steinbeck, John: "Die Perle", Suhrkamp, Frankfurt

Traven, B.: "Land des Frühlings", "Der Schatz der Sierra Madre", "Die Rebellion der Gehenkten" u.a., alle Büchergilde Gutenberg, Frankfurt, oder Diogenes, Zürich

Williams, Tennessee: "Die Nacht des Leguans", Frankfurt 1963

Karten und Pläne

Die meisten US-amerikanischen Autoatlanten enthalten Übersichtskarten von Mexiko.

Vom mexikanischen Fremdenverkehrsamt (→ Auskunft) erhält man kostenlos die Straßenkarte "Mapa turistíco de carreteras".

Straßenatlanten ("Atlas de carreteras") werden herausgegeben von der staatlichen Ölgesellschaft PEMEX, den Automobilklubs (→ Straßenverkehr) und von Guía Roji. In diesem Verlag erscheinen ferner gute Karten der einzelnen Bundesstaaten, die im mexikanischen Buchhandel erhältlich sind.

In Westeuropa kann man auch deutschsprachige Karten kaufen.

Märkte

→ Einkäufe und Souvenirs

Maße und Gewichte

In Mexiko ist das metrische System gebräuchlich.

Mehrwertsteuer (Impuesto al valor agregado, IVA)

Die allgemeine Mehrwertsteuer beträgt seit dem 1. 4. 1995 15 % und wird auf Konsumgüter sowie in Hotels und Restaurants erhoben. Grundnahrungsmittel und Medikamente sind bisher mehrwertsteuerfrei. Auf Luxusgüter wird 20 % erhoben. Im kleinen Grenzverkehr wird eine geringe Steuer verlangt.

Mietwagen (coches de alquiler)

Mietwagen sind nicht billig in Mexiko. In allen Großstädten und Ferienzentren gibt es Autoverleihfirmen. Die Fahrzeuge internationaler Unternehmen befinden sich meist in ordentlichem Zustand, während man die kleinerer örtlicher Firmen genau anschauen sollte.
Zum Mieten eines Fahrzeugs genügt der nationale Führerschein, die Mitnahme eines internationalen Führerscheins ist jedoch zu empfehlen. Das Mindestalter ist in aller Regel 25 Jahre. Bei den meisten Firmen wird eine Kreditkarte verlangt; wo bar bezahlt werden kann, muß eine hohe Kaution hinterlegt werden. Zum Mietpreis kommen 10 % Mehrwertsteuer hinzu (in manchen Orten weniger). Der Wagen muß in Mexiko zurückgegeben werden, bei Rückgabe nicht am Ort der Anmietung werden Rückführgebühren erhoben.

AVIS	Reforma 308, Col. Juárez 06600 México, D.F. Tel.: 01 5 / 5 11 22 28
Budget	Atenas no. 40 06600 México, D.F. Tel.: 01 5 / 7 84 31 18
Dollar	Chapultepec 322 06700 México, D.F. Tel.: 01 5 / 2 07 40 60
Europcar	Marsella 48, Col. Juárez 06600 México, D.F. Tel.: 01 5 / 5 75 16 44
Hertz	Versailles No. 6, Col. Juárez 06600 México, D.F. Tel.: 01 5 / 5 66 00 99
Wohnmobile ab Mexiko-Stadt	Global Transport Touristik Service Mittelweg 19 D-73733 Frankfurt am Main Tel.: 0 69 / 5 97 00 89 oder 4 17 06 19

Notrufe (in Mexiko-Stadt)

Unfallrettung (Cruz Verde): Tel.: 06
Rotes Kreuz (Cruz Roja): Tel.: 5 57 58 60
Polizei (Policía Judicial): Tel.: 6 25 92 21
Polizei (Feuerwehr, Ambulanz) Tel.: 08
Polizei (Procuradoría, D.F.): Tel.: 6 25 72 22
Polizei (Ausfall- und Überlandstraßen): Tel.: 6 84 21 42
Pannenhilfe (Angeles Verdes = 'Grüne Engel'): Tel.: 2 50 82 21
Vermißtensuchdienst (Locatel): Tel.: 6 58 11 11

Öffnungszeiten (horarios)

Geschäfte	Die Einzelhandelsgeschäfte haben keine allgemein gültigen Öffnungszeiten. Sie sind meist bis in die Abendstunden und teilweise

Post, Telefon, Telegraf

Polizeimotorrad in Mexiko-Stadt

auch sonntags geöffnet. In den heißen Gegenden wird zwischen 14.00 und 17.00 eine Ruhepause eingehalten.	Öffnungszeiten (Fortsetzung)
Mo.–Fr. 9.00–13.30 Uhr; in Großstädten z.T. bis 17.00 Uhr	Banken
Mo.–Fr. 9.00–18.00, Sa. 9.00–13.00 Uhr	Post
In der Regel nur vormittags bis 14.00 Uhr	Behörden
In der Regel Di.–So. 9.00–17.00 Uhr	Museen

Post, Telefon, Telegraf

Postkarten (tarjeta postal) und Briefe (carta) per Luftpost (correo aéreo, por avión) nach Europa haben verschiedene Tarife. Mit einer Laufzeit von zwei bis drei Wochen ist zu rechnen. Da die Tarife sich mehrmals im Jahr ändern, ist eine Angabe in diesem Reiseführer wenig hilfreich. Die aktuellen Tarife hängen in den Postämtern aus. Frankierte Post (Briefmarken = timbres) werfe man zur Sicherheit in einem Postamt ein und nicht in einen Briefkasten (buzón) auf der Straße.	Briefpost (correo)
Wer ein Paket aus Mexiko nach Hause schicken möchte, sollte bedenken, daß dieses auf dem Seeweg drei bis fünf Monate unterwegs ist. Als Luftfracht wiederum kommen Pakete jedoch sehr teuer.	Pakete (paquetes)
Postlagernde Sendungen nach Mexiko müssen an ein bestimmtes Postamt adressiert und mit dem Vermerk 'lista de correos' versehen sein. Sie werden zehn Tage lang aufbewahrt.	Postlagernd (lista de correos, poste restante)

Reisedokumente

Telefon (teléfono)
Ortsgespräche

Für Ortsgespräche von Telefonzellen benötigt man Münzen zu 1 Peso für drei Minuten. Nach dem Freizeichen ist der Gesprächspartner anzuwählen und erst, wenn er sich meldet, die Münze einzuwerfen. Ein 'Ladatel'-Telefon kann man mit Telefonkarte benutzen.

Auskunft

Für Mexiko-Stadt: Tel.: 04

Ferngespräche
(larga distancia)

Ferngespräche lassen sich von Telefonzellen aus führen, die mit 'Ladatel' bezeichnet sind. Man kann sie auch von einer 'Oficina de Larga Distancia' aus tätigen, die es in fast allen Orten gibt. Dort werden Ferngespräche sowohl für das Inland als auch für das Ausland handvermittelt. Man gibt die gewünschte Nummer an, und wenn die Verbindung hergestellt ist, wird man aufgerufen und in eine Kabine gewiesen. In manchen Läden und Drogerien finden sich 'casetas de larga distancia', gekennzeichnet mit einem blauen Telefon, die ebenfalls für Ferngespräche vorgesehen sind.

Gespräche ins Ausland sind sehr teuer. Es werden immer Einheiten zu drei Minuten berechnet, auch wenn die Gesprächsdauer kürzer ist. Zur Gesprächsgebühr kommt noch die Mehrwertsteuer von 15% hinzu. Hotels erheben noch einmal einen kräftigen Zuschlag. Man kann bei der Vermittlung die voraussichtlichen Gebühren erfragen. R-Gespräche in die Bundesrepublik Deutschland sind nicht möglich.

Selbstwählferngespräche

Hierfür kommen nur Privattelefone in Frage. Telefoniert werden kann entweder direkt oder über die telefonische Vermittlung.

Vorwahlnummern

Selbstwahl Inland: Tel.: 01
Selbstwahl Ausland: Tel.: 00

Vermittlung Inland: Tel.: 02
Vermittlung Ausland (operador internacional; englisch): Tel.: 09

Nach Deutschland: 00 49
Nach Österreich: Tel.: 00 43
In die Schweiz: Tel.: 00 41
In die USA: Tel.: 0 01
Von Deutschland: Tel.: 00 52
Von Österreich: Tel.: 90 052
Von der Schweiz: Tel.: 00 52

Telegramme
(telegrama)

Der Telegrammdienst ist von der Post getrennt. Telegramme müssen in dafür zuständigen Ämtern (oficinas de telégrafos) aufgegeben werden. Man unterscheidet 'extra urgente' (sehr dringend), 'urgente' (dringend) und 'ordinario' (gewöhnlich).

Reisedokumente

Touristenkarte

Bürger der Bundesrepublik Deutschland, Österreichs und der Schweiz benötigen zur Einreise nach Mexiko einen noch mindestens sechs Monate gültigen Reisepaß und eine Touristenkarte. Diese erhält man nur im Ausland von den mexikanischen Botschaften, Konsulaten und Fremdenverkehrsämtern, von Reiseveranstaltern oder von den Mexiko anfliegenden Fluggesellschaften im Flugzeug in doppelter Ausführung. Das Original dient zur Einreise, die Kopie zur Ausreise und sollte daher sicher aufbewahrt werden.
Die Touristenkarte berechtigt in der Regel zu einem Aufenthalt von 30 Tagen. Es besteht jedoch die Möglichkeit, die Aufenthaltsdauer auf 90 oder 180 Tage verlängern zu lassen. Dies ist in Mexiko nur bei der

Restaurants

Einreisebehörde in Mexiko-Stadt (Secretaría de Gobernación, Av. Chapultepec 284) gegen Nachweis finanzieller Absicherung möglich. Dort werden auch eventuell verlorengegangene Karten ersetzt. Da die Wartezeiten bei dieser Stelle recht groß sind, empfiehlt es sich, eine längere Aufenthaltsdauer schon zu Hause genehmigen zu lassen. Beim mexikanischen Konsulat in Frankfurt (→ Diplomatische und konsularische Vertretungen) ist nach Ausfüllen eines Einreiseantrages eine Touristenkarte mit einer Aufenthaltsdauer von 180 Tagen erhältlich. Ein Aufenthalt über 180 Tagen ist in aller Regel nicht möglich. Man kann jedoch, wenn man mit den nötigen Visa versehen, in einen der Nachbarstaaten Mexikos ausreisen und nach einem Tag mit einer neuen Touristenkarte wieder einreisen.

Reisedokumente, Touristenkarte (Fortsetzung)

Wer in Mexiko mit dem Auto unterwegs sein möchte, benötigt lediglich den nationalen Führerschein. Die Mitnahme eines internationalen Führerscheins ist dennoch anzuraten.

Führerschein

Tiere benötigen ein Tollwutimpfzeugnis, das nicht älter als ein halbes Jahr ist und von einem mexikanischen Konsulat beglaubigt wurde.

Tiere

Restaurants

Mexiko bietet vom Spitzenrestaurant mit internationaler Küche über kleine Schnellgaststätten bis zur Garküche auf offener Straße reichlich Möglichkeiten, den Hunger zu stillen, wobei die Garküchen allerdings skeptisch betrachtet werden müssen. Besonders preiswert und unverfälscht mexikanisch ißt man an den gekachelten Küchentheken der 'fondas' in den Markthallen.
In Restaurants sind die Mahlzeiten meist reichlich und bestehen aus mehreren Gängen. Meist wird auch ein Mittagsmenü ('comida corrida') angeboten, das oft erheblich preiswerter ist als die Speisen à la carte. Man scheue sich nicht, nach diesem Menü zu fragen. Das Mittagessen wird im allgemeinen zwischen 14.00 und 16.00 Uhr, das Abendessen nicht vor 20.00 Uhr eingenommen.

Allgemeines

Restaurants befinden sich in den meisten der genannten → Hotels; ferner in den nachfolgend alphabetisch aufgeführten Häusern.

Ferngespräche innerhalb Mexikos beginnen mit "01".

Hinweis

Carlos n' Charlie's, Costera Alemán 112, Tel. 74 / 84 00 39, das beliebteste Lokal. Junges Publikum, Musik. Gutes preiswertes Essen.

Restaurants in Acapulco

Casanova, Carr. Escénica, Tel. 74 / 84 68 15. Herrlicher Blick von der Terrasse auf die Bucht. Italienische Spezialitäten, hohe Preise.

*Coyuca 22, Av. Coyuca 22, Tel. 74 / 83 50 30. Junger deutscher Küchenchef. Spezialitäten: Fleisch vom Grill und Meerestiere.

*Madeiras, Carr. Escénica 39, Tel. 74 / 84 43 78. Lokal mit Blick auf die Bucht. Spanisch-mexikanische Küche, angemessene Preise.

Sirocco, Av. Costera 106, Tel. 74 / 85 2386. Spanisches Strandlokal mit zehn verschiedenen Paellas. Mittlere Preisklasse.

*Suntory, Av. Costera 36, Tel. 74 / 84 80 88. Japanisches Lokal mit orientalischem Garten. Hohe Preise; doch es ist eines der wenigen Luxusrestaurants, die mittags geöffnet sind.

Restaurants

Restaurants in Cabo San Lucas	Río Grill, Marina Blvd. 31 A, Tel. 114 / 3 34 75. Lobster und Steak sowie mexikanische Gerichte; moderne Musik. Mittlere Preisklasse.
Campeche	La Pigua, Av. Miguel Alemán 197 A, Tel. 981 / 1 33 65. Vorzügliches Fischrestaurant mit angenehmer Atmosphäre, preiswert.
Cancún In der Stadt	Bucanero, Av. Cobá 88, Tel. 98 / 84 22 80. Fischrestaurant, ähnelt dem Inneren einer span. Galeone. Große Portionen, mittel bis teuer.

La Dolce Vita, Kukulcán Blvd., Tel. 98 / 85 01 50. Gemütliche Atmosphäre, norditalienische Speisen. Preise mittel bis teuer.

*La Habichuela, Margaritas 25, Tel. 98 / 84 31 58. In einer alten Villa; im Garten steht eine Statue des Maya-Gottes Pakal. Mittlere Preisklasse.

In der Hotelzone Carlos'n Charlie's, Paseo Kukulcán km 5,5, Tel. 98 / 83 08 46. Gutes Essen und herrlicher Blick auf die Lagune. Preise mittel bis teuer.

La Fishería, Plaza Caracol, Tel. 98 / 83 13 95. Ultramodernes Lokal. Pizza, geräucherter Lachs und Hummer. Mittlere bis hohe Preise.

Chapala-See
In Ajijic *Los Telares, Calle Morelos 6, Tel. 376 / 6 04 28. Ein Adobe-Haus mit schönem Garten und exotischen Pflanzen. Internationale Küche und perfekter Service. Mittlere Preislage.

Chihuahua Los Parados de Tony Vega, Av. Juárez 3901, Tel. 14 / 15 35 09. Historisches Haus mit Grillspezialitäten und köstlichen mexikanischen Gerichten; privater Speiseraum mit Photos von berühmten Persönlichkeiten aus Chihuahua wie Anthony Quinn. Mittlere Preisklasse.

La Mansión del Gourmet, Av. Universidad, Tel. 14 / 13 38 78. Hier ist die Atmosphäre wie in einem stattlichen Privathaus. Es gibt internationale Küche; Klavierspieler. Mittel bis teuer.

Cozumel El Capi Navigante, Av. 10 Sur 312, Calle 3, Tel. 987 / 2 17 30. Wahrscheinlich das beste Fischrestaurant der Insel; Einrichtungsstücke mit nautischen Motiven. Mittlere Preisklasse.

*Morgan's, 5. Av. Norte 4 an der Plaza, Tel. 987 / 2 05 84. Nach einem Piraten benannt, mit Schiffseinrichtungsgegenständen. Verschiedene Sorten von Steaks, Fisch und Geflügel. Mittlere Preise.

Cuernavaca *La India Bonita, D. Morrow 106 B, Tel. 73 / 12 50 21. Das Restaurant liegt neben dem Hotel Palacio zwischen Matamoros und Comonfort. Mexikanische Küche zu mittleren Preisen.

Durango La Casa de la Monja, Negrete 308, Tel. 18 / 1 71 62. Im Innenhof eines alten Hauses. Internationale Küche zu mittleren Preisen.

Guadalajara *Café Pablo Picasso, Av. Américas 1939, Tel. 3 / 6 36 61 41. Sehr gute spanische Spezialitäten; neben der Galerie "El Boutique".

*Copenhagen, 77 López Cotilla/Marcos Castellanos, Telefon 3 / 8 25 28 03. Seit 1952 ist dieses Haus 'das' Paella-Restaurant sowie ein beliebter Treffpunkt der Jazzfreunde, da abends die besten Jazzmusiker der Stadt hier spielen. Mittel bis teuer.

*Maximino's, Lerdo de Tejada 2043, Tel. 3 / 6 15 34 35. In einem Haus der Jahrhundertwende. Französisches Restaurant. Teuer.

Restaurants

Auch ein Restaurant

Casa Valadéz, Jardín Unión 3, Tel. 473 / 2 11 57. Beliebtes Lokal in bester Lage, Blick auf das Theater Juárez. Mexikanische und internationale Küche. Mittel bis preiswert.	Restaurants in **Guanajuato**
*La Hacienda de Marfil, Arcos de Guadalupe 3, Marfil, Tel. 4 73 / 3 11 48. Elegantes, zugleich rustikales Restaurant in einer früheren Hacienda, französische und mexikanische Küche. Mittel bis teuer.	
Del Mar, Av. Serdán/Calle 17, Tel. 622 / 4 02 25. An der Hauptstraße. Fischspezialitäten. Mittlere Preisklasse.	**Guaymas**
Chez Magaley, Av. Rueda Medina, Playa Norte, Tel. 9 87 / 7 02 59. Französisches Restaurant mit einem elegantem Ambiente, auch Fisch und Mariscos. Preise mittel bis teuer.	**Isla Mujeres** Im Zentrum
El Sombrero de Gomar, Av. Hidalgo 35, Tel. 9 87 / 2 01 42. Ein Haus mit Eisdiele und Restaurant im oberen Stock. Mexikanische und internationale Küche. Preise mittel bis preiswert.	
María's Kan Kin, an der Straße nach Garrafón, Tel. 987 / 7 00 15, am südlichsten Ende der Insel. Französische Küche in gepflegtem Strandlokal. Preise mittel bis teuer.	Außerhalb
La Casa de Mama, Avila Camacho 113, Tel. 28 / 17 31 44. An einer lebhaften Straße östlich vom Zentrum gelegen. Mexikanische Küche, große Portionen. Mittlere Preisklasse.	**Jalapa**
Trattoría La Pasta, Allende 36-B, Tel. 1 12 / 5 11 95. Ein elegant eingerichtetes italienisches Lokal mit schwarzen Lackmöbeln, weißen Wänden und weißem Boden. Mittlere Preisklasse bis teuer.	**La Paz**

Restaurants

Restaurants in Manzanillo (bzw. außerhalb)

Pancho's, Av. Miguel López de Legazpi 53, Tel. 333 / 7 01 76. Eines der besten Fischlokale. Mittel bis teuer.

*Willy's, Crucero Las Brisas, Tel. 333 / 3 17 94. Das Haus präsentiert sich als gemütliches französisches Restaurant mit hervorragendem Service; abends Gitarrenspiel. Mittel bis teuer.

Mazatlán

*Casa Loma, Av. Gaviotas 104, Tel. 69 / 1 353 98. Elegantes Restaurant in einer früheren Villa; französische Küche. Teuer.

*El Shrimp Bucket, Olas Altas 11, Tel. 69 / 82 80 19. Ein ansprechendes Garten-Patio-Restaurant mit Marimbamusik am Abend, Blick aufs Meer. Mittlere Preislage.

Mérida

*Alberto's Continental Patio, Calles 64 und 57, Nr. 482, Tel. 99 / 28 63 36, in der Nähe des Hotels El Castellano. Ein Gebäude aus dem 18. Jh. mit Mosaikböden aus Kuba und einem romantischen Patio; mexikanische Küche und Küche des Mittleren Ostens. Teuer.

El Pórtico del Peregrino, Calle 57, Nr. 501, zwischen Calle 60 und 62, Tel. 99 / 28 61 63. Patiorestaurant im Kolonialstil mit nur zwölf Tischen; Spezialitäten des Landes. Mittlere Preisklasse.

Mexiko-Stadt
Centro Historico

*Café de Tacuba, Tacuba 28, Tel. 5 / 5 12 84 82, zwischen República de Chile und Bolívar. Schöner Innenraum eines ehemaligen Klosters mit Kachelgemälden an den Wänden. Seit 1912 traditionelles mexikanisches Restaurant. Mittlere Preisklasse.

*Hostería Santo Domingo, Belisario Dominguez/Plaza Santo Domingo, Tel. 5 / 5 26 52 76. Das älteste Restaurant der Stadt, in einem Kolonialhaus. Mexikanische Spezialitäten. Mittlere Preisklasse.

Mesón del Cid, Humboldt 61, Tel. 5 / 5 12 76 29. Spanische Taverne mit Spezialitäten der Heimat des Besitzers; am Wochenende mittelalterliches Bankett. Mittlere Preisklasse.

Sanborn's, Madero 4, Tel. 5 / 5 12 22 33, "Casa de los Azulejos". Im früheren Palast des Grafen de Orizaba, mit Kacheln und Wandgemälde, wird mexikanische Küche zu mittleren Preisen geboten.

Zona Rosa und Umgebung

*Champs Elysées, Amberes 1, an der Ecke Reforma und Amberes, Tel. 5 / 5 14 04 50. Restaurant mit Sicht auf das Unabhängigkeitsdenkmal (El Angel). Eines der besten Restaurants der Stadt. Teuer.

*Fonda El Refugio, Liverpool 166, zwischen Florencia und Amberes, Tel. 5 / 5 25 81 28. Vielleicht das authentischste mexikanische Restaurant mit Speisen aus verschiedenen Regionen des Landes. Teuer.

*Marinera, Liverpool 183, liegt zwischen Florencia und Varsovia, Tel. 5 / 5 11 35 68. Seit 50 Jahren eines der beliebtesten Fischrestaurants der Stadt. Mittel bis teuer.

Chapultepec – Polanco

*El Buen Comer, Edgar Allan Poe 50, Polanco, Tel. 5 / 2 82 03 25. Ein originelles Mittagslokal im Garten und der Garage eines Privathauses. Internationale Küche. Mittlere Preisklasse.

*Hacienda de los Morales, Vazquez de Mella 525, zwischen Horacio und Homero, Polanco, Tel. 5 / 2 81 45 54. Von Gärten umgebene ehemalige Hacienda aus dem 17. Jh., erbaut im Kolonialstil. Internationale und mexikanische Küche. Teuer.

Restaurants

*Lago de Chapultepec Restaurant, Lago Mayor, 2. Sección, Chapultepec Park, Tel. 5 / 5 15 95 86. Mit dem Auto ca. 10 Minuten von der Zona Rosa: Blick auf den See und nachts auf den beleuchteten Springbrunnen. Internationale und französische Küche. Teuer.

Restaurants in Mexiko-Stadt (Fortsetzung)

*Spago, Presidente Masaryk 214, zwischen Arquimedes und Lamartine, Polanco, Tel. 5 / 2 80 78 00. Ein Restaurant des österreichischen Gourmet-Kochs Wolfgang Puck. Kalifornischer Küche. Teuer.

*Suntory, Montes Urales Nr. 535, Lomas de Chapultepec, Telelefon 5 / 5 36 94 32. Japanische Küche in passender Umgebung. Teuer.

*Antiguo San Angel Inn, Calle Diego Rivera 50/Altavista, Tel. 5 / 6 16 14 02. Eine ehmalige Hacienda, neben dem Museum Estudio Diego Rivera. Mexikanische Küche gehobener Qualität. Teuer.

San Angel

*El Tajín, Miguel Angel de Quevedo 687, Centro Cultural Veracruzana, Coyoacán, Tel. 5 / 6 59 44 47. Benannt nach der archäologischen Zone in Veracruz, ist das Restaurant eine Mischung aus alter Kunst und modernem Stil. Fisch und Mariscos. Mittel bis teuer.

Coyoacán

*Luisiana, Hidalgo Ote 530, Tel. 8 / 3 43 15 61. Es gilt als das eleganteste Restaurant der Stadt. Internationale Küche. Teuer.

Monterrey

*Las Mercedes, León Guzmán 47, Telefon 43 / 12 61 13. Blumengeschmückter Patio mit exotischen Vögeln und Wandmalereien; gutes regionales Essen. Mittlere Preislage.

Morelia

El Asador Vasco, Portal de Flores 10-A, Tel. 951 / 6 97 19. Direkt am Zócalo, Eingang unter den Arkaden. Baskische sowie regionale Küche; Blick von der Terrasse auf den Platz. Preise mittel bis teuer.

Oaxaca

El Paraíso, an der Straße zu den Ruinen, kein Telefon. Man sitzt dort unter einem großen Palmendach; mexikanische Grillgerichte. Mittlere Preisklasse.

Palenque

La Selva, an der Straße zu den Ruinen, Tel. 934 / 5 03 63; zehn Min. zu Fuß von der Maya-Statue in Richtung Ruinen. Speisesaal unter einem Strohdach, gute mexikanische Küche. Mittlere Preisklasse.

El Patio, Plaza Vasco de Quiroga 19, Tel. 434 / 2 04 84. In einem alten Gebäude mit ungewöhnlich dekorierter Bar; Spezialitäten der Gegend wie Weißfisch aus dem See. Mittlere Preisklasse.

Pátzcuaro-See
In Pátzcuaro

*Fonda de Santa Clara, Av. 3 Poniente 307, Tel. 22 / 42 26 59. Traditionelles Restaurant gegenüber dem Museo Bello. Regionale Speisen zu mittleren Preisen.

Puebla
de Zaragoza

La Perla, Av. Rafael Ortega Velarde, Tel. 958 / 2 04 61, oberhalb der Touristenzone. Ein besonders gutes und preiswertes Fischlokal.

Puerto Escondido

*Le Bistro Café, Río Cuale Insel 16 A, Tel. 322 / 2 02 83. Eines der besten Restaurants in Puerto Vallarta. Internationale Küche; gleichzeitig Jazz-Café. Mittel bis teuer.

Puerto Vallarta
In der Stadt

*Chico's Paradise, Carr. a Manzanillo km 20, Tel. 322 / 2 07 47. Ausflugsziel mit Pool. Fisch und Mariscos. Mittel bis teuer.

Außerhalb

*El Set, Conchas Chinas km 2,5, Tel. 322 / 1 53 42. Auf einer Klippe. Mexikanische und internationale Küche (nur abends). Teuer.

Restaurants

Restaurants in Querétaro
El Arcángel, Guerrero/Madero, kein Telefon, zwei Blocks westlich der Plaza Obregón gelegen. Das Café-Restaurant bietet mexikanische Gerichte an. Preiswert.

San Cristóbal de las Casas
La Galería, Hidalgo 3, Tel. 967 / 8 15 47. Treffpunkt der ortsansässigen Ausländer und der Touristen; im ersten Stock eine Kunstgalerie. Mexikanisch-amerikanische Speisen. Mittlere Preisklasse.

San Luis Potosí
*La Virreina, Av. V. Carranza 830, Tel. 48 / 12 37 50. Geboten wird gutes mexikanisches Essen zu mittleren Preisen.

San Miguel de Allende
*Antigua Trattoría Italiana, Codo 9, Tel. 415 / 2 37 90, wird nach dem Besitzer kurz 'Andrea' genannt. Italienische Küche zu mittleren bis gehobenen Preisen.

Tampico
Diligencias, Ayuntamiento 2702, Tel. 12 / 13 76 42. Die Fassade des Fischrestaurants zeigt farbige Wandmalerei. Mittlere Preisklasse.

Taxco de Alarcón
Cielito Lindo, Plaza Borda 14, Tel. 762 / 2 06 03. Ein beliebtes Restaurant in bester Lage. Internationale und mexikanische Küche. Mittlere Preisklasse.

Außerhalb
La Ventana de Taxco, Carr. 95 in Richtung Acapulco, Tel. 762 / 2 05 87. Herrlicher Blick aus riesigen Fenstern ('Ventana') auf Taxco. Italienische und mexikanische Küche. Teuer.

Teotihuacan
La Gruta, zehn Minuten zu Fuß östlich zur Sonnenpyramide, Tel. 595 / 6 01 27. Eine natürliche kühle Grotte mit einem Tagesmenü oder kleinen Gerichten zu mittleren Preisen.

Tijuana
El Taurino, Calle 6 Nr. 7531, Tel. 66 / 85 70 75, westl. der Av. Revolución im Zentrum. Grillspezialitäten und Mariscos. Mittlere Preise.

Tía Juana Tilly's, Av. Revolución/Calle 7, Tel. 66 / 85 60 24. Große Portionen mexikanischer und besonders yukatekischer Spezialitäten. Mittlere Preisklasse.

Tuxtla Gutíerrez
La Selva, Blvd. B. Dominguez 1360, Tel. 961 / 5 07 18. Spezialitäten von Chiapas in einer tropischen Atmosphäre mit Marimba-Musik. Mittlere Preisklasse.

Uruapan de Progreso
Parrilla Tarasca, Alvaro Obregón 4, kein Telefon. Zweistöckiges Restaurant mit Grillspezialitäten zu mittleren Preisen.

Veracruz
*Grand Café del Portal, Independencia Zamora, gegenüber der Kathedrale, Tel. 29 / 32 25 84. Das Café ist immer voll, und auf der Straße vor den Tischen spielen Musikkapellen. Es gibt Kaffee, Kuchen und kleine Gerichte.

La Bamba, Avila Camacho/Zapata, Tel. 29 / 32 53 55. An der Uferstraße mit Terrasse serviert man hier z.T. ungewöhnliche Fischgerichte und Mariscospeisen. Mittlere Preisklasse.

La Paella, Zamora 138, Tel. 29 / 32 03 22. Das Haus, an der südöstlichen Ecke der Plaza de Armas gelegen, hat eine gekachelte koloniale Fassade. Spanische Küche, vorwiegend Paella.

Außerhalb
Mariscos Villa Rica, Calle Mocambo in Boca del Río, 10 km südlich, Tel. 29 / 37 76 80. Palapa-Restaurant, in das kaum Touristen kommen, da es etwas versteckt liegt. Sehr gute Fischgerichte. Teuer.

Restaurants

Los Tulipanes, CICOM-Zentrum, Carlos Pellicer 511, Tel. 93 / 29209. Es bietet sich ein schöner Blick auf den Grijalva-Fluß. Spezialitäten sind hier Fisch und Steaks. Mittlere Preisklasse.
   *Restaurants in **Villahermosa***

La Cantera Musical Fonda y Bar, Tacuba 2, El Mercado, Telefon 492 / 2 88 38; neben der Kathedrale gelegen. Ein beliebtes Restaurant mit Zacateca-Spezialitäten. Preiswert bis mittlere Preisklasse.
   Zacatecas *(Stadt)*

La Cuija, El Mercado, Tel. 4 92 / 2 82 75. Gute regionale Speisen, dazu Wein von den Cachola-Weinbergen. Preise mittel bis hoch.

Casa Elvira, Paseo del Pescador 8, Tel. 7 53 / 4 20 61. Das älteste Restaurant der Stadt, Fisch- und Fleischgerichte zu mittleren Preisen.
   Zihuatanejo *In der Stadt*

La Sirena Gorda, Paseo del Pescador 20 A, Tel. 753 / 4 26 87. Wandmalerei mit Meerjungfrau ('sirena gorda'). Fisch. Preiswert.

La Gaviota, Playa de la Ropa, Tel. 753 / 4 38 16. Ein Strandlokal, wo man den ganzen Nachmittag nach einem guten Fisch- oder Marisco-Essen verbringen kann. Mittlere Preisklasse.
   Am Strand

*Villa de la Selva, Paseo de la Roca, Tel. 753 / 3 03 62, in der Nähe des Hotels Westin Ixtapa. Tische auf Terrassen, romantische Atmosphäre und Blick auf Felsen. Internationale Küche. Abends teuer.
   In Ixtapa

→ Essen und Trinken

Gratisbeilage: Mariachi-Musik im Restaurant

Sicherheit

Sichere Reise

Grundvorsorge

Die Versicherungen, die zur üblichen 'Grundausstattung' gehören, bieten während einer Reise weitgehenden Schutz: Lebensversicherung, Unfallversicherung und Privat-Haftpflichtversicherung gelten in der ganzen Welt, die Rechtsschutzversicherung in Europa und in den außereuropäischen Mittelmeerstaaten.

Privat-Haftpflichtversicherung

Gerade auf Reisen gibt es immer wieder ungewohnte Situationen, die besondere Aufmerksamkeit erfordern. Wer da nicht sehr gut aufpaßt – zum Beispiel eine Straße unvorsichtig zum Fototermin nutzt und einen Wagen zum Ausweichen zwingt, braucht eine gute Rückendeckung; eine Haftpflichtversicherung zahlt nicht nur bei berechtigten Ansprüchen, sondern wehrt auch unberechtigte Forderungen ab.

Rechtsschutzversicherung

Haben hingegen Sie Schadenersatzansprüche durchzusetzen, bezahlt die Rechtsschutzversicherung Ihren Anwalt. Sie kommt auch für die Verteidigungskosten in einem Strafverfahren auf. Sie nützt Ihnen auch bei Reisen außerhalb des eigentlichen Geltungsbereichs – zum Beispiel, wenn Ihr deutscher Reiseveranstalter Ihre Urlaubsunternehmung nur mangelhaft organisiert hat und Sie einen Teil Ihres Geldes zurückhaben wollen.

Unfallversicherung

Wenn Sie bisher keine Unfallversicherung haben, wäre Ihr Urlaub ein guter Anlaß, eine solche abzuschließen. Sie gilt rund um die Uhr, im Beruf, im Haushalt, auf Reisen und in der Freizeit. Sie läßt sich in Leistungen und Beitrag der allgemeinen Einkommensentwicklung anpassen; bei einer besonderen Form erhalten Sie sogar alle Beiträge mit Gewinnbeteiligung zurück.

Auslands-Reisekrankenversicherung

Sie sollten auch an den Abschluß einer speziellen Auslands-Reisekrankenversicherung denken. Sie ist äußerst preiswert, schützt vor unvorhergesehenen Krankheitskosten im Ausland und bietet darüber hinaus noch weitere interessante Leistungen wie z.B. Kostenübernahme bei einem medizinisch notwendigen Rücktransport.

Reise-Rücktrittskosten-Versicherung

Für den Fall, daß Sie vor Reiseantritt krank werden oder daß andere gewichtige Gründe Sie von der Reise abhalten, ist eine Reise-Rücktrittskosten-Versicherung nützlich. Sie kommt für Schadenersatzforderungen von Reisebüros, Hotels und Fluggesellschaften auf.

Reisegepäckversicherung

Folgen von Verlusten oder Schäden beim Gepäck mildert eine Reisegepäckversicherung – die für Reisen während des ganzen Jahres gilt.

Hausratversicherung

Während Ihrer Abwesenheit bewahrt Sie zwar die Hausratversicherung nicht vor Schäden durch Brand, Blitzschlag, Explosion, Einbruchdiebstahl, ausströmendes Leitungswasser, Sturm oder Hagel, aber vor den finanziellen Folgen solcher Schäden. Wenn Ihre Wohnung allerdings länger als 60 Tage unbewohnt bleibt und auch nicht beaufsichtigt wird, müssen Sie das Ihrer Versicherung mitteilen.

Reise-Organisation

Vorbereitungen

Ein wichtiges Hilfsmittel bei den Vorbereitungen sind Checklisten, auf denen Sie notieren, woran Sie noch denken müssen, und auf denen Sie abhaken, was Sie erledigt haben.

Sicherheit

Klären Sie rechtzeitig, wer Ihre Blumen gießt, Haustiere versorgt und den Briefkasten vor verdächtigem Überquellen bewahrt. Besorgen Sie beizeiten Papiere, Gutscheine, Tickets, Visa und Zahlungsmittel. Hinterlassen Sie Wertsachen, Fotokopien Ihrer Papiere und Ihre Urlaubsanschrift bei einer Vertrauensperson oder einer Bank.

Reisevorbereitungen (Fortsetzung)

Gültiger Reisepaß (ggf. mit Visa-Unterlagen)
Führerschein (ggf. mit Internationalem Führerschein)
Allianz AutoCard
Automobilclub-Ausweis
Reise-Versicherungen
Auslandskrankenschein
Fahrkarten, Schiffs- und Flugtickets, Buchungsbestätigungen
Impfzeugnisse
Fotokopien aller wichtigen Papiere (im Gepäck)
Reiseschecks, Kreditkarten, Geld
Landkarten, Reiseführer

Wichtige Unterlagen

Ihre Reiseapotheke sollte neben den notwendigen Dingen gegen leichte Verletzungen und Unpäßlichkeiten auch einen Vorrat jener Medikamente enthalten, die Sie regelmäßig einnehmen. Bedenken Sie bei Reisen in warme Gegenden, daß sich dort nicht alle Arzneimittelzubereitungen aus unseren Breiten halten, und daß sie eventuell gegen dortige Krankheitserreger nicht wirken. Lassen Sie sich vom Arzt für Ihr Reiseland etwa zusätzlich erforderliche Schutzimpfungen oder geeignete Medikamente empfehlen. Beachten Sie bitte auch, daß Medikamente die Reaktionsfähigkeit und damit auch die Fahrtüchtigkeit beeinträchtigen können.
Ersatzbrille nicht vergessen!

Reiseapotheke

Sicher Autofahren

Wenn Sie sich einen Wagen mieten wollen, wenden Sie sich möglichst an namhafte internationale Automietfirmen. Hier können Sie darauf vertrauen, daß die Fahrzeuge den von zu Hause gewohnten Sicherheitsstandards für Lenkung, Motor, Bremsen, Beleuchtung und Karosserie entsprechen. Schließen Sie gegebenenfalls zusätzliche Versicherungen (Kraftfahrzeug-Haftpflicht, Fahrzeug-, Unfallversicherungen) ab, falls die landesübliche Vorsorge Ihnen nicht ausreicht. Übrigens geben Ihnen viele Vermieter Rabatt, wenn Sie Ihre Allianz Autocard oder den Mitgliedsausweis eines Automobilclubs vorlegen.

Mietwagen

Gurten Sie sich immer richtig an und achten Sie darauf, daß Ihre Mitfahrer es – sowohl auf dem Vordersitz als auch auf den Rücksitzen – ebenfalls tun. Die Bänder sollen straff und nicht verdreht am Körper anliegen. Ein falsch angelegter Gurt kann bei einem Unfall zusätzliche Verletzungen verursachen. Nur zusammen mit richtig eingestellten Kopfstützen am Autositz erfüllen Gurte optimal ihren Zweck. Die Kopfstützen sollten so hoch eingestellt werden, daß der ganze Kopf Halt findet; nur so ist die Halswirbelsäule wirksam geschützt.

Gurte

Brillenträger fahren nachts sicherer mit entspiegelten Gläsern. Von einer getönten Brille bei Dämmerung oder Dunkelheit muß abgeraten werden. Weil jede Glasscheibe einen Teil des einfallenden Lichtes reflektiert, erreichen selbst durch eine klare Windschutzscheibe nur 90% des auf der Straße vorhandenen Lichtes die Augen des Autofahrers. Durch beschmutzte Scheiben und getönte Brillengläser gelangt nur noch etwa die Hälfte der auf der Straße vorhandenen Lichtmenge bis zum Auge – die Fahrsicherheit wird erheblich eingeschränkt.

Sicht für Brillenträger

Sicherheit · Sport

Verkehrsunfall: Was tun?

Sofortmaßnahmen	Sie können am Steuer noch so vorsichtig sein – es kann trotzdem einmal etwas passieren. Auch wenn der Ärger groß ist: Bitte bewahren Sie Ruhe und bleiben Sie höflich. Behalten Sie einen klaren Kopf und treffen Sie nacheinander folgende Maßnahmen:
Absichern	1. Sichern Sie die Unfallstelle ab. Das heißt: Warnblinkanlage einschalten, Warnzeichen (Blinklampe, Warndreieck etc.) in ausreichendem Abstand aufstellen.
Verletzte	2. Kümmern Sie sich um Verletzte. Sorgen Sie gegebenenfalls für einen Krankenwagen.
Polizei	3. Verständigen Sie sicherheitshalber die Polizei.
Notizen	4. Notieren Sie Namen und Anschrift anderer Unfallbeteiligter, außerdem Kennzeichen und Fabrikat der anderen Fahrzeuge sowie Namen und Nummern der Haftpflichtversicherungen. Wichtig sind auch Ort und Zeit des Unfalles sowie die Anschrift der eingeschalteten Polizeidienststelle.
Beweismittel	5. Sichern Sie Beweismittel: Schreiben Sie Namen und Adressen von nach Möglichkeit unbeteiligten Zeugen auf. Machen Sie Skizzen von der Situation am Unfallort; noch besser sind einige Fotos aus verschiedenen Perspektiven.
Unterschriften	Unterschreiben Sie kein Schuldanerkenntnis und vor allem kein Schriftstück, dessen Sprache Sie nicht verstehen!
Andere Rechtsvorschriften	Im Ausland gelten für Schadenregulierung und in den rechtlichen Fragen bei einem Unfall vielfach andere Regeln – für Deutsche oft höchst ungewohnt. Recht wird grundsätzlich nach den Rechtsvorschriften des jeweiligen Landes gesprochen, und die Bearbeitung des Schadens dauert meist länger als daheim. Oft wird nicht alles ersetzt.

→ Straßenverkehr

Sport

Publikumssport	Den meisten Publikumszuspruch erfährt in Mexiko der Stierkampf, der jedoch schwerlich unter die Kategorie Sport fällt.
Charreadas	Weniger blutig geht es bei den Charreadas zu, rodeoähnlichen Reiterspielen, bei denen die Reiter ('charros') ihre Geschicklichkeit unter Beweis stellen müssen (→ Kunst und Kultur, Folklore). In Mexiko-Stadt können Charreadas im Hipódromo de las Américas, Blvd. A.M. Camacho e Industria Militar, von Mitte Oktober bis Mitte September verfolgt werden (Di., Do., Sa., So. ab 14.00 Uhr).
Jai Alai (Frontón)	Jai Alai ist eine äußerst attraktive Sportart, bei der die Spieler einen kleinen Ball mittels eines langen Fanggeräts aus Korb an eine Wand schleudern. In Mexiko-Stadt finden jeden Abend außer montags und freitags Spiele im Frontón México an der Plaza de la Revolución statt.
Aktivsport Wassersport	Die Stauseen des Binnenlandes bieten Gelegenheit zur Ausübung praktisch aller Wassersportarten (deportes acuáticos) wie Bootfahren, Segeln, Windsurfen, Wasserski etc.

Sport

Surfen in der Baja California

An der offenen Pazifikküste (Westküste von Niederkalifornien und Festlandküste südlich von Mazatlán) bietet die von der Hochsee kommende starke Dünung gute Voraussetzungen für das Wellenreiten (Surfen).
Sehr gut sind die Möglichkeiten für das Tauchen (buceo); Schnorchler und Gerätetaucher finden vorzügliche Reviere, insbesondere vor der Ostküste von Yucatán (Cancún, Cozumel, Isla Mujeres). Die Flora und Fauna der dortigen Korallenriffe bieten prächtige Motive für die Unterwasserfotografie.

⟶ Badestrände und Thermalquellen

Früher eher ein Privileg mondäner Privatklubs, hat sich das Tennisspielen (tenis) durch den Tourismus stark ausgebreitet. Viele große Hotels unterhalten Tennisplätze; in Vereinen sind manchmal auch Gastspieler willkommen. — Tennis

Die Mexikaner sind große Pferdeliebhaber. Etliche Hotels bieten Gelegenheit zum Reiten (equitación). Bei einem Haciendabesuch läßt sich meist ein Ausritt arrangieren. — Reiten

Golfplätze, meist von örtlichen Klubs oder von Hotels unterhalten, befinden sich in der Nähe der größeren Städte und in den Zentren des Tourismus. — Golf

Die Möglichkeiten für das extreme Bergsteigen (alpinismo) sind in Mexiko begrenzt. Die großen Gebirgszüge, die Sierra Madre Oriental, Occidental und del Sur, bieten aber gute Bedingungen für Bergwanderungen. Weil die Baumgrenze bei etwa 4000 m Höhe liegt, hat die Berglandschaft kaum den alpinen Charakter, der von den europä- — Bergsteigen

Sprache

Sport, Bergsteigen (Forts.)

ischen Hochgebirgen her bekannt ist. Da Unterkunftsmöglichkeiten selten sind, beschränke man sich auf Tagestouren. Die Vegetation verdeckt oft das Geländeprofil, so daß man Umwege und das Überwinden von aus der Ferne nicht sichtbaren Schluchten einkalkulieren muß. Hochalpinen Charakter haben die Berge Popocatépetl (5452 m), Iztaccíhuatl (5286 m) und Citlaltépetl (Pico de Orizaba; 5700 m). Gelände für Felskletterei befindet sich meist in Höhen bis etwa 4000 m. In größeren Höhen erstrecken sich ausgedehnte Felder von vulkanischer Asche und Büßerschnee. Auskunft erteilt der Bergsteigerklub:

Club Alpino Chomolumna
C. Lago Superior 188,
Colonia Torre Blanca
11280 México, D.F.
Tel.: 01 5/ 5 27 14 71

Associación Mexicana de Alpinismo
Huertes 93 C,
Colonia del Valle
México, D.F.
Tel.: 01 5 / 5 24 97 20

Radtouren

Auch geführte Touren mit Mountain Bikes werden angeboten. Im Bundesstaat Chiapas – Südosten von Mexiko – erteilt das folgende Unternehmen, das auch Fahrräder verleiht, Auskunft:

Bici Tours "Los Pinguinos", Av. 5 de Mayo Nr. 10 B
29240 San Cristóbal de las Casas
Tel.: 01 967 / 8 02 02, Fax: 967 / 8 66 38

Angeln

Die Küstengewässer und Schelfzonen Mexikos sind überaus fischreich und werden von Hochseeanglern geschätzt. Beliebt ist das Bootsangeln auf Großfische. Harpunen und Speere sind verboten.
Das Süßwasserangeln ist nicht sehr verbreitet, da Mexiko nur wenige Flüsse mit ganzjähriger Wasserführung hat. In manchen Seen und Stauseen ist das Angeln hingegen gut. Voraussetzung für das Angeln (pesca con caña) ist ein Erlaubnisschein (permiso de pesca), der im Binnenland meist von den örtlichen Verwaltungsbehörden, an der Küste vom zuständigen Hafenkapitän oder den Dienststellen des Ministeriums für Industrie und Handel ausgestellt wird. Auskunft erteilt:

Departamento de Pesca, Av. Álvaro Obregón 269
06700 México, D.F.; Tel.: 01 5 / 2 86 74 08

Sprache

Die Staatssprache in Mexiko ist Spanisch, als Umgangssprache allerdings von vielen Lehnwörtern der indianischen Náhuatl-Sprache durchsetzt.
Die spanische Sprache ist als Muttersprache von über 320 Millionen Menschen die wichtigste romanische Sprache und nach Englisch die bedeutendste Handelssprache der Erde. Zahlreich sind die Wörter arabischen Ursprungs.

Ganz ohne Kenntnis der spanischen Sprache das Land zu bereisen, wird mancherlei Unbequemlichkeiten mit sich bringen. Bedingt durch den hohen Anteil von Reisenden aus den USA und Kanada ist die Kenntnis der englischen Sprache in den großen Touristenzentren und Städten relativ weit verbreitet. Man riskiert als englischsprechender Ausländer allerdings, mit der wenig schmeichelhaften Bezeichnung 'Gringo' klassifiziert zu werden, so daß zumindest Grundkenntnisse der spanischen Sprache auch insofern von großem Nutzen sind. Zumal wenn man das Land abseits der Haupttouristenrouten bereist, sind Kenntnisse der Landessprache unerläßlich.

Sprache

Aussprache

ch	tsch
j	guttural wie deutsches ch in ach (auch am Wortanfang, z.B. Jalisco)
y	deutsches j (nur am Wortende i)
ll	lj
ñ	nj
z	gelispeltes s, ähnlich dem scharfen englischen th
c	vor e und i wie spanisch z, sonst k
g	vor e und i wie spanisch j
v	ungefähr wie w, am Wortanfang span. b
h	stumm
gue, gui, que, qui	ge, gi, ke, ki; mit Trema wird in gue und gui das u gesprochen (vergüenza)
b	sehr weich, zwischen Vokalen fast w
d	am Wortende schwach (stimmhaftes englisches th in the) oder ganz stumm
r	Zungenlaut, am Wortbeginn und rr (= 1 Buchstabe) stark rollend
s	immer scharf
x	vor Konsonanten wie s; bei manchen Wörtern indianischen Ursprungs sch

Betonung

Die Betonung wird durch den Akzent nur bezeichnet, wenn sie von der Regel abweicht. Als Regel gilt: Mehrsilbige Wörter, die auf einen Vokal oder n oder s enden, haben den Ton auf der vorletzten, solche, die auf einen der übrigen Konsonanten enden, auf der letzten Silbe (ist also die drittletzte Silbe betont, so steht stets der Akzent). Daher ohne Akzent: Tampico, Esteban (mit dem Ton auf der vorletzten Silbe) und Cozumel, Veracruz (mit dem Ton auf der letzten Silbe); mit Akzent: México, Tonalá, Yucatán, Juárez usw. Dabei gelten für die Akzentsetzung die Vokalverbindungen ae, ao, ea, eo, oa, oe als zweisilbig, alle übrigen als einsilbig; also hat paseo den Ton auf e, patio den Ton auf a, beide ohne Akzent. Dagegen muß der Akzent gesetzt werden, wenn in den Doppelvokalen ia, ie, io, iu, ua, ue, ui, uo, uy der erste Vokal den Ton haben soll, also sillería, río usw., und wenn in ai (ay), au, ei (ey), eu, oi (oy), ou der zweite Vokal den Ton hat, also paraíso, baúl.

Kurzgrammatik

Der Artikel ist el = der, la = die, lo = das, in der Mehrzahl los, las, los. Die Deklination geschieht mit Benutzung der Präposition de für den Genitiv und a für den Dativ, die im Singular des Maskulinums mit den Artikeln zu del und al zusammengezogen werden. Der Akkusativ ist gleich dem Nominativ; nur bei den Hauptwörtern, die Personen oder personengleiche Dinge bezeichnen, wird er wie der Dativ durch die Präposition a ausgedrückt.

Wichtige Redewendungen

Guten Morgen, guten Tag!	¡Buenos días!
Guten Tag (nachmittags)!	¡Buenas tardes!
Guten Abend, gute Nacht!	¡Buenas noches!
Auf Wiedersehen!	¡Adiós! ¡Hasta luego!
Ja, nein (mein Herr)!	¡Sí, no (señor)!
Entschuldigen Sie!	¡Perdón!
Bitte (Entschuldigung o. Dank)	¡De nada!
Bitte (um Gefälligkeit)!	¡Por favor!
Bitte (bedienen Sie sich)!	¡Sírvase (Vd)!
Danke (sehr)!	¡(Muchas) gracias!
Gestatten Sie, bitte!	¡Con permiso!

Sprache

Wichtige Redewendungen (Fortsetzung)

Ich verstehe nicht(s)	No entiendo (nada)
Wie heißt auf spanisch?	¿Cómo se dice en español?
Wie heißt diese Kirche?	¿Cómo se llama esta iglesia?
Wo ist die Straße X?	¿Dónde está la calle X?
... die Autostraße nach...?	¿el camino para...?
Rechts, links	A la derecha, izquierda
Immer geradeaus	Siempre derecho
Oben, unten	Arriba, abajo
Wann ist geöffnet?	¿A qué horas está abierto?
Wie weit?	¿Qué distancia?
Heute	Hoy
Gestern	Ayer
Vorgestern	Anteayer
Morgen	Mañana
Sind Zimmer frei?	¿Hay habitaciones libres?
Ich möchte gern...	Quisiera...
Ein Zimmer mit Bad	Una habitación con baño
Mit Vollpension	Con pensión completa
Was kostet es?	¿Cuánto vale?
Alles inbegriffen	Todo incluído
Das ist zu teuer	Es demasiado caro
Kellner, zahlen bitte!	¡Mesero, la cuenta, por favor!
Wo ist die Toilette?	¿Dónde está el baño?
Wecken Sie mich um sechs!	¡Llámeme Vd. a la seis!
Wo gibt es einen Arzt?	¿Dónde hay un médico?
... einen Zahnarzt?	¿Dónde hay un dentista?
... eine Apotheke?	¿Dónde hay una farmacia?

Im Straßenverkehr

Aduana	Zoll
¡Al Paso!	Schritt fahren!
¡Alto!	Halt!
¡Atención!	Achtung!
Autopista	gebührenpflichtige Autobahn (nicht immer zweispurig)
Avenida	Allee, breite Straße
Bifurcación	Abzweigung
Calzada	Straße, früher Dammweg
Carretera (de cuota)	Landstraße (gebührenpflichtig)
Caseta de Cobro	Mautstelle
¡Ceda el paso!	Vorfahrt achten!
¡Cuidado!	Vorsicht!
Cuota	Benutzungsgebühr
Curva peligrosa	Gefährliche Kurve
Desvío	Umleitung
Dirección única	Vorgeschriebene Fahrtrichtung
Estacionamiento	Parkplatz
Grúa	Abschleppdienst
¡Llevar la derecha (la izquierda)!	Rechts (links) fahren)!
¡Obras!	Baustelle!
Paso a nivel	Schienenübergang
Paso prohibido	Durchfahrt verboten
Pavimento	Befestigte Straße
Peatones	Fußgänger
¡Peligro!	Gefahr!
Prohibido de rebasar	Überholverbot
Prohibido estacionar	Parkverbot
Puente	Brücke

Sprache

Sentido único	Einbahnstraße	Sprache im
Terracería	Unbefestigte Straße	Straßenverkehr
Topes	künstliche Bodenwellen	(Fortsetzung)

Für den Bahn- und Busreisenden

Abfahrt	Salida
Ankunft	Llegada
Aufenthalt	Parada
Aussteigen!	¡Bajar!
Autobus	Camión, autobus
Bahnhof	Estación
Bahnsteig, Bussteig	Salida
Einsteigen!	¡Subir!
Eisenbahn	Ferrocarril
Erste Klasse	Primera clase
Fahrkarte	Boleto
Fahrplan	Horario
Fahrpreis	Precio, importe
Gepäck	Equipaje
Haltestelle	Parada
Nichtraucher	No fumadores
Raucher	Fumadores
Schaffner	Revisor
Schalter	Taquilla de billetes
Umsteigen!	¡Cambiar de ...!
Wartesaal	Sala de espera
Zug	Tren
Zweite Klasse	Segunda clase

Himmelsrichtungen

Norte (Nte.)	Norden
Sur (S.)	Süden
Oeste, Poniente (Pte.), Occidente	Westen
Este, Oriente (Ote.)	Osten

Häufige kunstgeschichtliche und andere Ausdrücke

Adobe	luftgetrockneter Lehmziegel
Alfiz	Umrahmung des maurischen Torbogens
Artesanía	Kunsthandwerk
Artesonado	Stuckarbeit, Täfelung
Ayuntamiento	Rathaus
Azulejos	Glasierte, urspr. blau (azul) bemalte Tonfliesen
Barranca	Schlucht
Barrio	Vorstadt, Stadtviertel
Cantina	Bar, Kneipe
Capilla Abierta	Offene Kapelle
Capilla Mayor	Hauptkapelle mit dem Hochaltar
Cementerio, panteón	Friedhof
Churrigerismo	Überladener Barockstil (nach dem span. Architekten José de Churriguera)

Sprache

Kunstgeschichtliche Ausdrücke (Fortsetzung)

Claustro	Kreuzgang
Colegio	Konvikt, Erziehungsanstalt
Concepción	Empfängnis
Convento	Kloster
Coro	Chor, die Sitze der Geistlichkeit
Cueva	Höhle
Custodia	Sakramentshäuschen, Monstranz
Ermita	Kleine Landkirche, Wallfahrtskapelle
Estrella	Fensterrose
Fuente	Brunnen
Huerta	Bewässertes und gartenartig bebautes Ackerland
Indígena	Eingeborener, Indianer
Mirador	Söller, Dachterrasse, Aussichtsterrasse
Mudéjar-Stil (arab. 'mudejalat' = unterworfen)	maurischer Stil
Muralismo	Monumentale Wandmalerei
Palacio Arzobispal	Erzbischöflicher Palast
Palacio Episcopal (Obispal)	Bischöflicher Palast
Parroquia	Pfarrkirche
Paso	Prozessionsgruppe mit Heiligenfiguren
Patio	Hof
Picota	Pranger, Schandpfahl
Plateresker Stil (span. 'platero' = Silberschmied)	Filigraner Ornamentstil
Poblanostil	Volkstümlicher Barockstil in und um Puebla
Portería	Vorhalle
Posa	Prozessionskapelle
Puerta del Perdón	Name des Haupttors vieler Kathedralen, weil den Eintretenden Ablaß zugesichert war
Puerto	Hafen, Gebirgspaß
Quinta	Landhaus
Reja	Gitter
Retablo	Altaraufsatz
Riera	Bach, Wildbach
Sagrario	Sakristei, Sakramentsbehälter, Kapelle
Sala Capitular	Kapitelsaal
Selva	Wald
Serpiente	Schlange
Sierra	Gebirgskette
Sillería	Chorgestühl
Tianguis	Markt
Tiburón	Haifisch
Torrente	Gießbach, Schlucht
Tumba	Grab

Zahlen

Grundzahlen

0	cero		4	catro
1	uno (una)		5	cinco
2	dos		6	seis
3	tres		7	siete
			8	ocho

Sprache

9	nueve		2200	doscientos	Zahlen (Fortsetzung)
10	diez		1000	mil	
11	once		1 Mio.	un millón	
12	doce				
13	trece		Ordnungszahlen		
14	catorce				
15	quince		1.	primero (primera)	
16	dieciséis		2.	segundo	
17	diecisiete		3.	tercero	
18	dieciocho		4.	cuarto	
19	diecinueve		5.	quinto	
20	veinte		6.	sexto	
21	veintiuno		7.	sétimo/séptimo	
22	veintidós		8.	octavo	
30	treinta		9.	nono/noveno	
31	treinta y uno		10.	décimo	
40	cuarenta		20.	vigésimo	
50	cincuenta		100.	centésimo	
60	sesenta				
70	setenta		Bruchzahlen		
80	ochenta				
90	noventa		1/2	medio (media)	
100	ciento (cien)		1/4	un cuarto	
101	ciento uno		1/10	un décimo	
153	ciento cincuenta y tres				

Indianische Sprachen

Die meisten Träger der präkolumbischen Hochkulturen gehörten der Náhuatl-Sprachfamilie an, einer Untergruppe der uto-aztekischen Sprachgruppe. Náhuatl bezeichnet mehrere Dialekte und wird noch heute von nahezu einer Million Menschen gesprochen.

Náhuatl

Die grammatikalische Struktur des Náhuatl ist grundsätzlich verschieden von derjenigen der indoeuropäischen Sprachen. Es wird zu den polysynthetischen Sprachen gerechnet, die eine ganze Satzaussage in einem einzigen Wort zusammenfassen können. Der charakteristische Lautkomplex des Náhuatl, das 'tl', hat sich im Laufe der Zeit zu einem einfachen 't' abgeschliffen, so daß heute auch allgemein von 'Náhuat' oder 'Náhua' gesprochen wird. Eine schriftliche Fixierung des Náhuatl fand – nachdem es bis zur spanischen Conquista nur eine Glyphenschrift gegeben hatte – erst mit dem lateinischen Alphabet statt. Da das Náhuatl nur etwa zwanzig verschiedene Laute kennt, bereitete dies keine größeren Schwierigkeiten. Lehnwörter aus dieser Sprache finden sich vorwiegend als Pflanzen- und Tiernamen.

Auch im Deutschen hat – über das Spanische – das Náhuatl Einzug gefunden: Kakao und Schokolade.

Weitere noch heute in Mexiko lebende indianische Sprachen sind u.a. Otomí, Maya, Taraskisch (Purépecha), Zapotekisch, Mixtekisch, Totonakisch und Mazatekisch, die sich gänzlich sowohl voneinander als auch vom Náhuatl unterscheiden. Den meisten Indianersprachen Mesoamerikas ist die Tatsache gemein, daß sie einst von einer kulturell hochstehenden Klasse gesprochen wurden, aber nach dem Verschwinden dieser gebildeten Oberschicht zur ländlichen Umgangssprache wurden.
Nach Schätzungen sprechen rund 2 % der Mexikaner ausschließlich Indianersprachen.

Andere Indianersprachen

Straßenverkehr

Straßennetz

Das mexikanische Straßennetz umfaßt 363 000 km (Ende 1996), davon sind 42 928 km autobahnähnliche Straßen (40 109 km mit zwei Fahrbahnen und 2 619 km mit vier Fahrbahnen). Das Straßennetz richtet sich weitgehend nach der Bevölkerungsdichte der Bundesstaaten. Im Norden, u.a. in Baja California, ist das Netz weitmaschig, vorwiegend die Nord-Süd-Verbindungen sind ihrer Bedeutung entsprechend ausgebaut. Besser ist die Erschließung im mittleren und südlichen Teil des Landes, etwa zwischen der Linie Mazatlán – Monterrey – Matamoros und der Grenze zu Guatemala bzw. Honduras. Autobahnen (autopistas) gibt es vor allem in der Nähe der großen Städte bzw. Verkehrsknotenpunkte (Mexiko-Stadt, Guadalajara, Monterrey, Saltillo, Coatzacoalcos, Villahermosa, Veracruz, Hermosillo, Mazatlán, Tijuana, Chihuahua, Puebla, Querétaro, Colima). Sie sind meist – wie auch viele Brücken – gebührenpflichtig. Seit 1990 hat die Regierung Konzessionen mit einer Laufzeit von 30 Jahren für den Bau mehrerer Tausend Kilometer vierspuriger Autobahnen an Privatunternehmen vergeben. Die dort erhobenen Gebühren sind verglichen mit Europa und den USA sehr hoch. Mitte 1997 mußte der mexikanische Staat 23 von 42 konzessionierten Autobahnen (insgesamt 5 683 km), die mit 2,4 Mrd. Dollar verschuldet waren, zurücknehmen. Das Rückgrat des Straßennetzes bilden die numerierten Bundesstraßen (rutas federales), die durch Tafeln mit der Aufschrift MEX und einer Nummer gekennzeichnet sind (z.B. MEX 180). Ergänzt werden sie durch die ebenfalls numerierten Staatsstraßen der einzelnen Bundesstaaten (z.B. GTO 49). Oftmals nicht befestigte Nebenstraßen stellen die Verbindung zu kleineren Orten und abgelegenen Gebieten her.

Warnung

In der Regenzeit werden unbefestigte Straßen für normale Kraftfahrzeuge meist unpassierbar und können selbst mit Geländewagen nur unter Schwierigkeiten befahren werden. Das Tourismusministerium (→ Auskunft) gibt ein monatliches Bulletin heraus, in dem über den Straßenzustand berichtet wird. Die verläßlichsten Auskünfte für längere Abschnitte erhält man jedoch von den Fahrern der Autobusse.

Verkehrsregeln

Es gilt das Rechtsfahrgebot. An gleichberechtigten Einmündungen und Kreuzungen hat das von rechts kommende Fahrzeug Vorfahrt. Kreisverkehr hat ebenfalls Vorfahrt. Die Verkehrszeichen entsprechen im wesentlichen den internationalen Normen. Innerorts gilt eine Höchstgeschwindigkeit von 40 km/h, auf Fernstraßen 80 km/h, auf Autobahnen 110 km/h. Vor Ortsdurchfahrten zwingen oft künstliche Bodenwellen ('topes') in der zur Herabsetzung der Geschwindigkeit.

Hinweis

Die Verkehrsregeln haben allenfalls theoretischen Charakter. Im Alltagsverkehr, insbesondere in den Großstädten, sollte man sich nicht unbedingt darauf verlassen, daß die einheimischen Autofahrer die Vorschriften strikt befolgen. Man fahre daher grundsätzlich defensiv; in den äußerst lebhaften Straßenverkehr von Mexiko-Stadt sollten sich nur geduldige, geübte und reaktionsschnelle Fahrer mit guten Nerven begeben. Im übrigen verfügt die mexikanische Hauptstadt über ein gutes Nahverkehrsnetz. Eine Vorschrift sollte man jedoch strikt beachten: das Parkverbot. Mexikanische Verkehrspolizisten haben eine sinnige Methode entwickelt, Parksünder zu stellen: Sie schrauben die Nummernschilder ab. Diese erhält man gegen einen Strafzettel oder eine 'Gebühr' zum Nutzen des Polizisten zurück.

Pannenhilfe: 'Ángeles Verdes'

Das mexikanische Tourismusministerium unterhält eine Flotte von Pannenhilfsfahrzeugen, die als 'Grüne Engel' ('Ángeles Verdes') bekannt sind und auf den Straßen patrouillieren. Sie führen Reparaturen

Straßenverkehr

Entfernungen in km	Acapulco	Chetumal	Chihuahua	Ciudad Juárez	Durange	Guadalajara	Guanajuato	Hermosillo	La Paz	Manzanillo	Metamoros	Mérida	Mexico City	Nogales	Nuevo Laredo	Oaxaca	Piedras Negras	Puebla	Querétaro	San Luis Potosí	Tampico	Tapachula	Tijuana	Veracruz	Villahermosa
Acapulco		1849	1852	2227	1300	949	762	2372	4700	1195	1334	1946	397	2677	1588	656	1714	497	619	821	869	1326	3283	821	1278
Chetumal	1849		2832	3308	2352	1984	1804	3407	5781	2292	2078	446	1449	3684	2346	1275	2558	1323	1671	1873	1556	1256	4290	1054	571
Chihuahua	1852	2832		375	709	1144	1161	1921	4221	1469	1141	2960	1455	2198	1046	1971	1036	1581	1233	1031	1276	2630	2804	1869	2308
Ciudad Juárez	2227	3308	375		1084	1519	1536	2297	4596	1844	1516	3350	1830	2573	1423	2346	1411	1956	1608	1406	1723	3076	3179	2255	2737
Durange	1300	2352	709	1084		600	609	1212	3512	925	938	2408	903	1489	825	1419	833	1029	681	479	871	2088	2095	1327	1766
Guadalajara	949	1984	1144	1519	600		301	1423	3723	325	1010	2040	535	1700	998	1051	1124	706	348	354	746	1720	2306	1004	1398
Guanajuato	762	1804	1161	1536	609	301		1724	4031	626	866	1860	355	2001	977	881	1103	491	133	210	602	1540	2607	789	1218
Hermosillo	2372	3407	1921	2297	1212	1423	1724		2300	1634	2150	3463	1958	277	2057	2519	2045	2129	1781	1691	2083	3143	883	2427	2821
La Paz	4700	5781	4221	4596	3512	3723	4031	2300		3934	3450	5852	4303	2293	3357	4819	4345	4429	4061	3991	4383	5549	1457	4727	5210
Manzanillo	1195	2292	1469	1844	925	325	626	1634	3934		1335	2348	843	1911	1323	1274	1449	969	667	679	1071	2004	2517	1267	1706
Metamoros	1334	2078	1141	1516	938	1010	866	2150	3450	1335		2490	960	2427	346	1445	765	1024	858	656	492	1892	3033	1024	1507
Mérida	1946	446	2960	3350	2408	2040	1860	3463	5852	2348	2149		1505	3740	2409	1346	2599	1379	1227	1929	1627	1327	4346	1125	642
Mexico City	397	1449	1455	1830	903	535	355	1958	4303	843	960	1505		2280	1191	516	1317	126	222	424	468	1185	2841	424	863
Nogales	2677	3684	2198	2573	1489	1700	2001	277	2293	1911	2427	3740	2280		2334	2796	2322	2406	2058	1968	2360	3465	822	2704	3143
Nuevo Laredo	1588	2346	1046	1423	825	998	977	2057	3357	1323	346	2409	1191	2334		1652	756	1284	969	767	752	2152	2940	1284	1767
Oaxaca	656	1275	1971	2346	1419	1051	881	2519	4819	1274	1445	1346	516	2796	1652		1833	408	738	940	953	669	3402	421	704
Piedras Negras	1714	2558	1036	1411	833	1124	1103	2045	4345	1449	765	2599	1317	2322	756	1833		1443	1095	893	972	2372	2928	1504	1987
Puebla	497	1323	1581	1956	1029	706	491	2129	4429	969	1024	1379	126	2406	1284	408	1443		348	550	532	1077	3012	298	737
Querétaro	619	1671	1233	1608	681	348	133	1781	4081	667	858	1727	222	2058	969	738	1095	348		202	539	1407	2664	646	1085
San Luis Potosí	821	1873	1031	1406	479	354	210	1691	3991	679	656	1929	422	1968	767	940	893	550	202		392	1609	2574	848	1287
Tampico	869	1556	1276	1723	871	746	602	2083	4383	1071	492	1627	468	2360	752	953	972	532	539	392		1370	2966	502	982
Tapachula	1326	1256	2630	3076	2088	1720	1540	3143	5549	2004	1892	1327	1185	3465	2152	669	2372	1077	1407	1609	1370		4026	868	685
Tijuana	3283	4290	2804	3179	2095	2306	2607	883	1457	2517	3033	4346	2841	822	2940	3402	2928	3012	2664	2574	2966	4026		3310	3704
Veracruz	821	1054	1869	2255	1327	1004	789	2427	4727	1267	1024	1125	424	2704	1284	421	1504	298	646	848	502	868	3310		480
Villahermosa	1278	571	2308	2737	1766	1398	1218	2821	5210	1706	1507	642	863	3143	1767	704	1987	737	1085	1287	982	685	3704	480	

durch, leisten Erste Hilfe und geben Auskunft. Bezahlt werden müssen nur Ersatzteile und Benzin. Auch der mexikanische Automobilklub AMA betreibt mit gelben Fahrzeugen einen Pannenhilfsdienst.
Es gibt keine landeseinheitliche Rufnummer für die 'Grünen Engel', so daß man im Zweifel gezwungen ist, am Straßenrand zu warten und mit geöffneter Motorhaube anzuzeigen, daß man Hilfe benötigt. In abgelegenen Gegenden ist man jedoch auf sich selbst angewiesen. An Tankstellen und in Dörfern wird man aber oft jemanden finden, der Reparaturen ausführen kann. Es empfiehlt sich, bei längeren Fahrten, vor allem in entlegene Gebiete, eine Anzahl sinnvoller Ersatzteile mitzunehmen.

Pannenhilfe (Fortsetzung)

Das Tankstellennetz der staatlichen PEMEX ist nicht sehr dicht, so daß man rechtzeitig den Tank wiederauffüllen sollte. Der PEMEX-Straßenatlas verzeichnet die Tankstellen. An den meisten Tankstellen ist auch bleifreies Benzin ('magna sin' und 'premium') erhältlich.

Tankstellen

Asociación Mexicana Automovilísta (AMA)
Orizaba 7, Colonia Roma
06700 México, D.F.
Tel.: 01 5 / 2 08 83 29

Automobilklub

Umgangsregeln

Auf einer 'ruta federal'

Straßenverkehr, Automobilklub (Forts.)

Geschäftsstellen des Automobilklubs befinden sich in allen größeren mexikanischen Städten.

→ Übersichtskarte S. 566/567
→ Anreise
→ Mietwagen
→ Sprache, im Straßenverkehr

Tiere

→ Reisedokumente

Trinkgeld

In Hotels und Restaurants sind Trinkgelder nicht im Rechnungsbetrag enthalten, man gibt etwa 10–15 % der Summe. Taxifahrer erwarten kein Trinkgeld, man runde jedoch den Betrag auf.

Umgangsregeln

Allgemeines

Mehr noch als im einstigen Mutterland Spanien wird in Mexiko Wert auf höfliche Umgangsformen gelegt, was vor allem bei der nichtindianischen Bevölkerung zu einer an Formalismen bisweilen überreichen Etikette geführt hat. Überheblichkeit ist fehl am Platze, taktvolles

Umgangsregeln

Allgemeines (Fortsetzung)

Auftreten unerläßlich. Für Ungeduld hat man kein Verständnis, und ganz allgemein ist Pünktlichkeit – gemessen an mitteleuropäischen Verhältnissen – nicht üblich, so daß man bei Verabredungen, Öffnungszeiten u. a. mindestens eine halbe Stunde zugeben muß.

Siesta

Die mittägliche Siesta zwischen 14.00 und 17.00 Uhr ist dem Mexikaner heilig, und Störungen sollte man tunlichst vermeiden.

Einladungen

Leicht sprechen Mexikaner eine Einladung aus. Solange diese nicht wiederholt und eine genaue Zeit angegeben wird, handelt es sich um eine reine Höflichkeit, und der Einladende selbst rechnet keineswegs damit, daß sie befolgt wird. Kommt eine Verabredung zustande, so findet sie meist im Restaurant oder Café statt. Eine Einladung in das Haus des Gastgebers ist ein großer Vertrauensbeweis und eine wirkliche Auszeichnung. Äußert man seine Anerkennung über einen Gegenstand, der dem Gastgeber gehört, so wird er oft antworten, er wolle ihn dem Gast schenken. Auch dies ist nur eine Floskel, die wörtlich zu nehmen man sich hüten muß.

'La mordida'

Zur Überwindung von Schwierigkeiten kann das Überreichen eines Geldbetrages in angemessener Höhe Wunder bewirken. So erwarten die recht knapp besoldeten Beamten auch für Amtshandlungen, zu denen sie verpflichtet sind, eine pekuniäre 'Anerkennung' (span.: 'mordida' = 'der Biß'), die für mexikanische Begriffe jedoch nichts mit Bestechung zu tun hat, sondern den Gang der Dinge in den Amtsstuben beschleunigt. Eine 1990 eingeleitete Regierungskampagne gegen die 'mordida' hat gewisse Erfolge gezeitigt.

Einkauf

Die Ladengeschäfte Mexikos haben feste Preise. Auf den Märkten dagegen ist Handeln üblich, auch als Mittel zum Anknüpfen eines Gesprächs. In den ausgesprochenen Fremdenverkehrsorten sind die Preise, welche den Touristen abverlangt werden, oft überhöht, so daß man sein Gebot tiefer ansetzen kann.

Indianische Bevölkerung

Einige Besonderheiten sind beim Umgang mit der indianischen Bevölkerung zu beachten. Man sollte diesen Menschen, die jahrhundertelang im Schatten der Eingewanderten standen und immer noch stehen, mit Achtung vor ihren Bräuchen und Respekt gegenüber ihrer Lebensführung begegnen. Vor allem in Chiapas, wo besonders farbenprächtige religiöse Riten zelebriert werden, hat sich in den letzten Jahren eine verstärkte Abneigung gegen fotografierende Touristen entwickelt, die auch schon zu Handgreiflichkeiten geführt hat. Beim Fotografieren sollte man sich daher sehr zurückhalten.
Wer die Korrumpierung der indianischen Kultur durch den Tourismus bedauert und gleichzeitig einen Ausflug zu entlegenen Indianerdörfern – etwa in Chiapas zu den 'letzten' Lacandonen – unternimmt, mag selbst sehen, wie er dies vereinbaren kann. In diesem Reiseführer wurde bewußt darauf verzichtet, detailliert anzugeben, wie nur noch wenige hundert oder tausend Mitglieder zählende Indianerstämme erreicht werden können.

→ Fotografieren
→ Frauenspezifisches
→ Kleidung

Wetter

→ Zahlen und Fakten, Klima

Zeit

Zeit

Zeitzonen

Mexiko ist in drei Zeitzonen eingeteilt, die um eine bzw. um zwei Stunden differieren.

Hora Oficial del Centro (MEZ –7 Std.):
im Osten und im Hochland

Hora Oficial de las Montañas (MEZ –8 Std.):
Nayarit, Sinaloa, Sonora und Chihuahua

Hora Oficial del Pacífico (MEZ –9 Std.):
Baja California Norte

Sommerzeit
('hora de verano')

1996 wurde eine in ganz Mexiko gültige Sommerzeit eingeführt. Für 1998 gilt sie vom ersten Sonntag im April bis zum letzten Sonntag im Oktober und beträgt eine Stunde; somit liegt der Großteil von Mexiko eine Stunde hinter der Eastern Standard Time (EST) in den USA. Der Bundesstaat Quintana Roo bleibt seit Oktober 1997 bei der Eastern Standard Time.

Zollbestimmungen

Einreise

Touristen dürfen Gegenstände des täglichen Bedarfs und der Ausrüstung zollfrei einführen. Dazu gehören u.a. 1 Stange Zigaretten oder 50 Zigarren oder 250 g Tabak, 3 l Spirituosen (für Personen über 18 Jahren), je eine Foto-, Film- und Videokamera mit jeweils 12 Filmen bzw. Kassetten, Geschenke im Wert von bis zu 300 US-Dollar, drei gebrauchte Sportgeräte. Außerdem darf man seit 1997 je ein tragbares Fernseh-, Radio- und Kassettengerät, CD-Spieler, Schreibmaschine und einen Computer einführen.

Nicht erlaubt ist die Einfuhr von Harpunen und Speeren zur Unterwasserjagd, von Waffen, Pflanzen und Früchten, Pornographie.

Ausreise

Verboten ist die Ausfuhr von Gold, Antiquitäten und archäologischen Gegenständen. Eindringlich gewarnt sei vor der Mitnahme auch kleinster Drogenmengen.

Wiedereinreise
in die EU-Länder
Deutschland und
Österreich

Zollfrei sind alle bereits nach Mexiko mitgenommenen persönlichen Gebrauchsgegenstände (vgl. oben), zudem 200 Zigaretten oder 100 Zigarillos oder 50 Zigarren oder 250 g Tabak, 1 l Spirituosen mit über 22 Vol.-% Alkohol oder 2 l Spirituosen unter 22 Vol.-% oder 2 l Schaumwein. Ferner 2 l Wein, 500 g Kaffee oder 200 g Kaffee-Extrakt (Pulverkaffee), 100 g Tee oder 40 g Tee-Extrakt, 50 g Parfüm, 0,25 l Toilettenwasser (Tabakwaren und alkoholische Getränke nur bei Personen über 17 Jahre, Kaffee nur bei über 15jährigen). Andere Waren und Geschenke sind bis zu einem Wert von 350 DM zollfrei. Waren aus Duty-Free-Shops dürfen einen Wert von 170 DM nicht übersteigen. Reist man von einem EU-Land wieder nach Deutschland oder Österreich ein, sind die Mengen für zollfrei eingeführte Waren größer.

Wiedereinreise
in die Schweiz

Für die Schweiz gelten folgende Freimengengrenzen: 250 g Kaffee, 100 g Tee, 200 Zigaretten oder 50 Zigarren oder 250 g Tabak, 2 l Wein oder andere Getränke bis 22 Vol.-% Alkoholgehalt sowie 1 l Spirituosen mit mehr als 22 Vol.-% Alkoholgehalt. Souvenirs dürfen in die Schweiz bis zu einem Wert von 100 sfr zollfrei eingeführt werden.

Register

Üm die Orientierung zu erleichtern, wurde den einzelnen Namen die amtliche Kurzbezeichnung betreffenden Bundesstaates angefügt. Hiervon ausgenommen sind historische Ortsnamen, soweit sie heute nicht mehr verwendet werden, sowie Namen größerer Landschaften, die Anteil an mehreren Bundesstaaten haben.

Es bedeutet:

Ags.	=	Aguascalientes	Dgo.	=	Durango	O.R.	=	Quintana Roo
B.C.N.	=	Baja California Norte	Gto.	=	Guanajuato	Qro.	=	Querétaro
			Gro.	=	Guerrero	Sin.	=	Sinaloa
B.C.S.	=	Baja California Sur	Hgo.	=	Hidalgo	S.L.P.	=	San Luis Potosí
			Jal.	=	Jalisco			
Camp.	=	Campeche	Mex.	=	México	Son.	=	Sonora
Chih.	=	Chihuahua	Mich.	=	Michoacán	Tab.	=	Tabasco
Chis.	=	Chiapas	Mor.	=	Morelos	Tamps.	=	Tamaulipas
Coah.	=	Coahuila	Nay.	=	Nayarit	Tlax.	=	Tlaxcala
Col.	=	Colima	N.L.	=	Nuevo León	Ver.	=	Veracruz
D.F.	=	Distrito Federal	Oax.	=	Oaxaca	Yuc.	=	Yucatán
			Pue.	=	Puebla	Zac.	=	Zacatecas

Acanceh (Yuc.) 543
Acapulco (Gro.) 131
Acatepec (Pue.) 135
Acatlán de Osorio (Pue.) 409
Acatlán (Gro.) 202
Acatzingo (Pue.) 416
Acayucan (Ver.) 176
Acolman de Netzahualcóyotl (Mex.) 137
Actopan (Hgo.) 139
Adolfo López Mateos, Stausee (Sin.) 451
Ärztliche Hilfe 588
Africam (Pue.) 415
Agaltepec (Ver.) 173
Agua Azul (Chis.) 400
Agua Hedionda (Mor.) 220
Agua Linda (Mor.) 220
Aguascalientes (Bundesstaat) 141
Aguascalientes (Stadt) 142
Ajijic (Jal.) 179
Akumal (Q.R.) 144
Álamos (Son.) 254
Alvarado (Ver.) 175
Amayuca (Mor.) 220
Ameca (Jal.) 270
Amecameca de Juárez (Mex.) 145
Anáhuac, Tal von (D.F.) 226
Angahuan (Mich.) 511
Angangueo (Mich.) 367
Ángeles Verdes 624
Angeln 618
Angostura, Stausee (Chis.) 506

Anreise 555
Apaseo el Alto (Gto.) 178
Apatzingán de la Constitución (Mich.) 347
Apizaco (Tlax.) 488
Apotheken 588
Aquiles Serdán (Chih.) 200
Architektur 102
Arco de San Rafael (Chis.) 357
Armería (Col.) 214, 287
Arrecifes Alacranes (Yuc.) 293
Arroyo de Guaynopa (Chih.) 195
Artenschutzabkommen 557
Atcholollán 204
Atemajac, Hochtal von (Jal.) 241
Atenquique (Jal.) 215
Atetelco (Mex.) 476
Atezca, Lagune (Hgo.)
Atlatlahuacan (Mor.) 371
Atlixco (Pue.) 415
Atotonilco el Grande (Hgo.) 391
Atotonilco (Gto.) 445
Atotonilco (Mor.) 220
Aura, Alejandro 124
Auskunft 557
Außenhandel 40
Außenpolitik 39
Automobilindustrie 45
Automobilklub 625
Aztatlán 226
392

Azteken → "Präkolumbische Kulturen" und 87, 226
Aztlán 226

Bacalar (Q.R.) 180, 428
Bacochibampo, Bucht (Son.) 252
Badestrände 561
Badeurlaub 561
Bahía Careyes (Col.) 287
Bahía Concepción (B.C.S.) 152
Bahía de Banderas (Jal.) 418
Bahía de los Ángeles (B.C.N.) 150
Bahía de Magdalena (B.C.S.) 152
Bahía de Manzanillo (Col.) 286
Bahía de Santiago (Col.) 286
Bahía Kino, (Son.) 258
Bahía Sebastián Vizcaino (B.C.S.) 151
Bahnverkehr 561
Bahuichivo (Chih.)156
Baja California 14, 147
Baja California Norte 147
Baja California Sur 147
Balamkú (Camp.) 182
Balankanché (Yuc.) 193
Bandas Sinaloenses (Sin.) 451
Banderas, Bahía de (Jal.) 418

Register

Banken 587
Barra de Navidad (Jal.) 287
Barranca de Tonaltongo (Hgo.) 140
Barranca del Cobre (Chih.) 153
Basaseáchic, Wasserfälle (Chih.) 155, 201
Batopilas (Chih.) 155
Baum von Tule (Oax.) 384
Becal (Camp.) 169
Becán (Camp.) 182
Bergbau 43
Bergsteigen 617
Bermejillo (Dgo.) 230
Bernal (Qro.) 425
Berühmte Pers. 67
Beschäftigungsstruktur 34
Bevölkerung 28
Bevölkerungsentwicklung 32
Bevölkerungsstruktur 32
Bildhauerei 99
Bildungssystem 35
Boca de Pascuales (Col.) 287
Bonampak (Chis.) 157
Boquilla, Stausee (Chih.) 201
Botschaften 569
Bucerías (Nay.) 419
Bucht von Acapulco (Gro.) 134
Bucht von Bacochibampo (Son.) 252
Bucht von Bahía Kino (Son.) 258
Bucht von Chetumal (Q.R.) 180
Bucht von El Garrafón (Q.R.) 264
Bucht von Puerto Marqués (Gro.) 134
Buenavista (B.C.S.) 153
Bundesdistrikt 225
Busverkehr 565

Caballito Blanco (Oax.) 537
Cabo Catoche (Q.R.) 265
Cabo Punta la Banda (B.C.N.) 149
Cabo San Lucas (B.C.S.) 161
Cacahuamilpa, Grotten (Gro.) 464
Cacaxtla (Tlax.) 162
Cadereyta de Montes (Qro.) 425
Caguama (B.C.S.) 149

Calakmul (Camp.) 182
Calimali (B.C.S.) 149
Calixtlahuaca (Mex.) 492
Calkiní (Camp.) 169
Calpan (Pue.) 263
Calzehtoc (Yuc.) 518
Calzehtoc, Grotten (Yuc.) 518
Camanito (Sin.) 450
Campeche (Bundesstaat) 164
Campeche (Stadt) 166
Camping 568
Cancún (Q.R.) 170
Cañón de la Huasteca (N.L.) 363
Caravaning 568
Cárdenas, Lázaro 67
Carrizalejo (Sin.) 451
Casas Grandes (Chih.) 195
Casasano (Mor.) 220
Cascadas Cola de Caballo (N.L.) 363
Castillo de Teayo (Ver.) 240
Cataviña (B.C.N.) 150
Catazaja (Q.R.) 182
Catemaco (Ver.) 174
Catemaco-See (Ver.) 173
Catherwood, Frederick 67
Catoche, Cabo (Q.R.) 265
Cayal (Camp.) 169
Ceboruco, Vulkan (Nay.) 477
Celaya (Gto.) 177
Celestún (Yuc.) 294
Cenote Xtojil (Yuc.) 267
Cercahui (Chih.) 156
Cerralvo (N.L.) 376
Cerro de Fortín de Zaragoza (Oax.) 384
Cerro de la Cantera (Mor.) 220
Cerro de la Malinche (Hgo.) 499
Cerro de la Mitra (N.L.) 359
Cerro de la Silla (N.L.) 359
Cerro de las Campanas (Qro.) 421, 425
Cerro de las Mesas (Ver.) 175
Cerro de los Idolos (Mex.) 284
Cerro de San Pedro (S.L.P.) 441
Cerro del Cubilete (Gto.) 251
Cerro Delgado (Mor.) 220
Cerro El Gallo (Qro.) 420
Cerro Prieto (B.C.) 484

Chacmool (Q.R.) 503
Chacmultún (Yuc.) 280
Chakalal, Lagune (Q.R.) 144
Chalcatzingo (Mor.) 220
Chalchihuites (Zac.) 545
Chalco (Mex.) 146
Chalma (Mex.) 286
Chamax (Q.R.) 503
Chametla (Sin.) 450
Champotón (Camp.) 168
Chan Santa Cruz (Q.R.) 180
Chankanab (Q.R.) 218
Chapala (Jal.) 179
Chapala, Lagune (B.C.N.) 150
Chapala-See (Jal.) 178
Chapingo (Mex.) 481
Charreada 114, 616
Charterflüge 555
Chelem (Yuc.) 293
Chencoyi (Camp.) 169
Chenes-Kultur (Camp.) 169
Chetumal (Q.R.) 179
Chiapa de Corzo (Chis.) 504
Chiapas (Bundesstaat) 17, 183
Chiapas, Hochland 17
Chicaná (Q.R.) 182
Chichén Itzá (Yuc.) 185
Chicoasén, Stausee (Chis.) 506
Chiconcuac (Mex.) 481
Chicxulub (Yuc.) 293
Chignautla, Quellen von (Pue.) 482
Chihuahua (Bundesstaat) 194
Chihuahua (Stadt) 197
Chilapa (Gro.) 202
Chilpancingo de los Bravos (Gro.) 201
Chinkultic (Chis.) 358
Chiquilá (Q.R.) 265
Cholula (Pue.) 203
Chumayel (Yuc.) 543
Chunyaxché (Q.R.) 503
Chupícuaro (Mich.) 404
Churriguerismus 104
Chuviscar (Chih.) 200
Citlaltépetl 216, 389, 416
Ciudad Camargo (Chih.) 201
Ciudad de México (D.F.) 296
Ciudad del Carmen (Camp.) 168
Ciudad Guzman (Jal.) 215, 271

Register

Ciudad Hidalgo (Chis.) 185
Ciudad Hidalgo (Mich.) 367
Ciudad Juárez (Chih.) 197
Ciudad Obregón (Son.) 254
Ciudad Valles (Tamps.) 459
Ciudad Victoria (Tamps.) 457
Coahuila de Zaragoza 206
Coatepec (Ver.) 269
Coatzacoalcos (Ver.) 176
Cobá (Q.R.) 208
Cocoyoc (Mor.) 370
Codices 94, 543
Cofre de Perote (Ver.) 269
Colima (Bundesstaat) 212
Colima (Stadt) 214
Colima, Nevado de (Jal.) 271
Colima, Volcán de (Jal.) 271
Colotlán (Zac.) 545
Comalá (Col.) 215
Comalcalco (Tab.) 528
Comanjilla (Gto.) 283
Comitán de Domínguez (Chis.) 357
Compostela (Nay.) 477
Concordia (Sin.) 289
Cononá, Grotten (Tab.) 528
Contoy, Isla (Q.R.) 265
Copala (Sin.) 289
Copilco (D.F.) 226
Cora 374
Córdoba (Ver.) 215
Corepán (Nay.) 374
Cortés, Hernan 67
Cortés-Paß 406
Costa Alegre (Jal.) 419
Coxcatlán (Pue.) 408
Coyactocmo (Chis.) 504
Cozumel (Q.R.) 216
Creel (Chih.) 155
Cruz Grande (Gro.) 134
Cruz, Juana Inés de la 68, 111
Cuahtetelco (Mor.) 534
Cuajincuilapa (Gro.) 134
Cuanax-huato 247
Cuarenta Casas (Chih.) 195
Cuauhnáhuac 221
Cuauhtémoc 68
Cuauhtémoc (Chih.) 200
Cuautla (Mor.) 219
Cuernavaca (Mor.) 221
Cuetzalán (Pue.) 483
Cueva de la Olla (Chih.) 194
Cuicuilco (D.F.) 226, 342

Cuilapan (Oax.) 386
Cuitzeo (Mich.) 366
Cuitzeo-See (Mich.) 366
Culiacán (Sin.) 451
Cuyutlán, Lagune (Col.) 287
Cuzárare (Chih.) 155

Dainzú (Oax.) 385
Devisenbestimmungen 586
Díaz del Castillo, Bernal 110, 118
Díaz, Porfirio 68
Diplomatische Vertretungen 569
Distrito Federal 225
Divisadero (Chih.) 156
Dolores Hidalgo (Gto.) 446
Dolores (Nay.) 374
Don Martín, Stausee (Coah.) 208
Drogen 571
Durango (Bundesstaat) 228
Durango (Stadt) 230
Dzehkabtún (Camp.) 170
Dzibilchaltún (Yuc.) 231
Dzibilnocac (Camp.) 170

Ébano (Tamps.) 459
Edzná (Camp.) 234
Einkäufe 572
Einreisebestimmungen 606
Eisenstein, Sergeij M. 122
El Almeal (Mor.) 220
El Arbolillo (D.F.) 226
El Arco 162
El Callejón (Ver.) 175
El Chanal (Col.) 212
El Chico, Nationalpark (Hgo.) 391
El Cielito (Hgo.) 499
El Corral (Hgo.) 499
El Fuerte (Sin.) 254
El Garrafón, Bucht (Q.R.) 264
El Infiernillo, Stausee (Mich.) 510
El Lencero (Ver.) 269
El Novilio (Son.) 259
El Pital (Ver.) 525
El Real de Tetzelcingo (Gro.) 461
El Rosarito (B.C.N) 149
El Saltito (Dgo.) 231
El Salto (Dgo.) 231
El Sumidero (Chis.) 504
El Tabasqueño (Camp.) 170
El Tajín (Kultur) 85
El Tajín (Ver.) 236

El Tamuín (Tamps.) 459
El Triunfo (B.C.S.) 153
El Willy (Chih.) 194
El Zacatal (Camp.) 169
El Zapotal (Ver.) 175, 268
Emiliano Zapata (Tab.) 454
Energiewirtschaft 44
Ensenada (B.C.N.) 149
Ensenada de los Muertos (B.C.S.) 282
Epazoyucan (Hgo.) 261
Erdölwirtschaft 43
Erongaricuaro (Mich.) 404
Espíritu Santo (B.C.S.) 282
Essen und Trinken 575
Estación Canutillo (Zac.) 545
Estado de México (Bundesstaat México) 294
Estrella, Grotte (Gro.) 464
Estrella, Grotten (Mex.) 286
Etchojoa (Son.) 254
Etzatlán (Jal.) 270

Fähren 577
Familienunterkünfte 599
Fauna 26
Feiertage 578
Felipe Carillo Puerto (Q.R.) 180, 428
Feria de San Marcos 143
Fiestas 578
Film 113
Flora 24
Fluggesellschaften 582
Flughäfen 582
Flugverkehr 582
Folklore 114
Forstwirtschaft 43
Fortín de las Flores (Ver.) 216
Fotografieren 583
Frachtschiffe 555
Francisco Escárcega (Camp.) 182
Francisco Madero, Stausee (Chih.) 200
Francisco Villa (Q.R.) 181
Frauen 586
Fresnillo (Zac.) 545, 550
Frontera (Tab.) 454
Frontón 115, 616
Führerschein 607
Fuentes, Carlos 112

Garabitos, Stausee (Dgo.) 231
García, Grutas de (N.L.) 363
Gasthöfe 599

631

Register

Geld 586
Geldwechsel 587
Geschichte 49
Gesellschaftsordnung, aztekische 90
Gesundheit 587
Getränke 575
Gogorrón (S.L.P.) 441
Golf 617
Golf von Kalifornien 148
Golfküste 14
Gómez Palacio (Dgo.) 229
Grauwale 151, 153
Grotten von Calzehtoc (Yuc.) 518
Grotten von Juxtlahuaca (Gro.) 202
Grotten von Lol-tún (Yuc.) 280
Grotten von Oxtotitlán (Gro.) 202
Grutas de Cacahuamilpa (Gro.) 464
Grutas de Coconá (Tab.) 528
Grutas de García (N.L.) 363
Grutas de la Estrella (Mex.) 286, 464
Grutas de San Cristóbal (Chis.) 434
Grutas Xtacumbil-xunan (Camp.) 170
Guadalajara (Jal.) 241
Guadalupe (Zac.) 549
Guadalupe Etla (Oax.) 388
Guadalupe Victoria, Stausee (Dgo.) 231
Guanajuato (Bundesstaat) 246
Guanajuato (Stadt) 247
Guasave (Sin.) 254, 450
Guaymas (Son.) 252
Guelaguetza 384
Guerrero (Bundesstaat) 255
Guerrero Negro (B.C.S.) 150
Guiengola (Oax.) 466

Hacienda Xaaga (Oax.) 350
Hacienda Yaxcopil (Yuc.) 293
Hacienda-Hotels 598
Hahnenkampf 114
Haie, Höhlen der schlafenden (Q.R.) 264
Halbinsel Yucatán 15
Hall, Basil 120

Handwerk 117, 572
Hecelchakán (Camp.) 169
Heiliges Land Wirikuta 373, 439
Hermosillo (Son.) 257
Hidalgo (Bundesstaat) 259
Hidalgo del Parral (Chih.) 201
Hidalgo y Costilla, Miguel 69
Hochland von Chiapas 17
Hochland, mexikanisches 10
Hochland, nördliches 10
Hochland, südliches 11
Hochob (Camp.) 170
Hochtal von Atemajac (Jal.) 241
Höhlen der schlafenden Haie (Q.R.) 264
Holactún (Camp.) 169
Holbox, Isla (Q.R.) 265
Hopelchén (Camp.) 169
Hormiguero (Camp.) 182
Hotels 588
Huamantla de Juárez (Tlax.) 490
Huasca de Ocampo (Hgo.) 391
Huatabampo (Son.) 254
Huatulco (Oax.) 417
Huauchinango (Pue.) 409
Huaxyaca 380
Huaynopa (Chih.) 195
Huejotzingo (Pue.) 261
Huejutla de Reyes (Hgo.) 392
Huetepec 431
Huexotla (Mex.) 482
Huexotzingo (Pue.) 261
Huichapan (Hgo.) 260
Huicholes 373, 439
Huijazoo (Oax.) 388
Huimanguillo (Tab.) 454
Huitzo (Oax.) 388
Huixtán (Chis.) 434
Humboldt, Alexander von 119

Ignacio de la Llave (Ver.) 175
Iguala (Gro.) 257
Ihuatzio (Mich.) 509
Imalá (Sin.) 450
Impfungen 587
Indianertrachten 117
Indianische Sprachen 623
Indianische Urbevölkerung 29

Indígenas 29
Industrieentwicklung 44
Irapuato (Gto.) 430
Isla Aguada (Camp.) 168
Isla Contoy (Q.R.) 265
Isla de Cedros (B.C.S.) 149
Isla de Changos (Ver.) 174
Isla de la Pasión (Q.R.) 218
Isla de la Piedra (Sin.) 289
Isla de Santa Margarita (B.C.S.) 153
Isla del Carmen (Camp.) 168
Isla Holbox (Q.R.) 265
Isla Mujeres (Q.R.) 263
Isla Pájaros (Sin.) 289
Isla Tanaxpilo (Ver.) 174
Isla Tiburón (Son.) 258
Isla Venados (Sin.) 289
Islas Revilla Gigedo (Col.) 212
Islotes (B.C.S.) 282
Isthmus von Tehuantepec (Oax.) 16, 465
Istmo de Tehuantepec 16, 465
Iturbide, Agustín de 69
Itzimté (Camp.) 170
Ixmiquilpan (Hgo.) 140
Ixtaccíhuatl 407
Ixtapa (Gro.) 551, 553
Ixtapan de la Sal (Mex.) 286
Ixtepete (Jal.) 270
Ixtlán del Río (Nay.) 477
Izamal (Yuc.) 265
Izapa (Chis.) 184
Iztaccíhuatl 405
Izúcar de Matamoros (Pue.) 409

Jade 95
Jai Alai 115, 618
Jaína (Camp.) 165
Jalapa (Ver.) 267
Jalisco (Bundesstaat) 270
Jalpan (Qro.) 426
Janítzio, Insel (Mich.) 401 f.
Jarácuaro, Insel (Mich.) 401
Jardín Lecuona (Ver.) 269
Jerez de García de Salinas (Zac.) 545, 550
Jesús María (Nay.) 374
Jiquilpan de Juárez (Mich.) 347
Jocotepec (Jal.) 179
Juárez, Benito 70
Juchitán de Zaragoza (Oax.) 466
Jugendherbergen 599

Register

Juxtlahuaca, Grotten (Gro.) 202

Kabah (Yuc.) 272
Kahlo, Frida 70
Kanasín (Yuc.) 543
Karten und Pläne 603
Kessler, Harry Graf 121
Kichmool (Camp.) 170
Kino, Eusebio Francisco 70
Kisch, Egon Erwin 122
Kleidung 599
Klima 17, 587
Klimaregionen 18
Klimazonen 17
Kocha (Camp.) 169
Kohunlich (Q.R.) 274
Kojunrich (Q.R.) 274
Konsularische Vertretungen 569
Konsulate 569
Krankenhäuser 588
Kreditkarten 587
Kreuzfahrten 556
Kriegswesen, aztekisches 93
Kulturen, Präkolumbische 77
Kunst und Kultur 96
Kupfercañon 153

La Antigua (Ver.) 523
La Batea (Zac.) 545
La Bufa (Chih.) 155
La Bufadora (B.C.N.) 149
La Honda (Zac.) 545
La Joya (Pue.) 407
La Junta (Chih.) 201
La Malinche (Tlax.) 485, 490
'La mordida' 627
La Muñeca (Q.R.) 182
La Nanchita (Sin.) 450
La Partida (B.C.S.) 282
La Paz (B.C.S.) 281
La Piedad Cavadas (Mich.) 347
La Pintada (Son.) 253
La Quemada (Zac.) 550
La Rumorosa (B.C.N.) 484
La Tinaja, Stausee (Dgo.) 231
La Trinitaria (Chis.) 357
La Tzaráracua, Wasserfall (Mich.) 510
La Valenciana, Silbermine (Gto.) 252
La Venta (Tab.) 176
La Venta-Kultur 77
La Ventosa (Oax.) 466
Labná (Yuc.) 276
Lacandonen 160, 627
Lacan-há (Chis.) 161
Lage 10
Lago de Pátzcuaro (Mich.) 401
Lago Tziscao (Chis.) 357
Lagos de Colores (Chis.) 357
Laguna Atezca (Hgo.) 392
Laguna Bacalar (Q.R.) 180
Laguna Chankanab (Q.R.) 218
Laguna Chapala (B.C.N.) 150
Laguna de Alvarado (Ver.) 175
Laguna de Catemaco (Ver.) 173
Laguna de Chapala (Jal.) 178
Laguna de Coyuca (Gro.) 133
Laguna de Cuyutlán (Col.) 287
Laguna de Terminos (Camp.) 165
Laguna Encantada (Ver.) 174
Laguna Mexcaltitán (Nay.) 477
Laguna Salada (B.C.) 484
Lagunas de Chacahua, Nationalpark (Oax.) 417
Lagunas de Montebello (Chis.) 357
Lagunas de Zempoala (Mex.) 286
Lagune Chakalal (Q.R.) 144
Lagune Yal-ku (Q.R.) 144
Lambityeco (Oax.) 386
Landa, Diego de 110
Landbevölkerung 33
Landenge von Tehuantepec 16
Landschaftsräume 10
Landwirtschaft 40
Las Bocas (Pue.) 408
Las Casas, Bartolomé de 71, 119
Las Coloradas (Yuc.) 193
Las Limas (Chis.) 506
Las Milpas (Q.R.) 503
Las Pilas (Mor.) 221
Las Ranas (Qro.) 426
Las Tres Virgenes 151
Las Virgenes, Stausee (Chih.) 200

Leben im Aztekenreich 89
Lecuona, Jardín (Ver.) 269
León (Gto.) 283
Lerma (Camp.) 168
Libre Unión (Yuc.) 267
Linares (N.L.) 376
Linienflüge 555
Literatur 109
Literaturhinweise 600
Lizardi, José Joaquin Fernández de 72, 111
Lol-tún, Grotten (Yuc.) 280
Loreto (B.C.S.) 152
Los Alzati (Mich.) 367
Los Arcos del Sitio (Mex.) 479
Los Azufres, Nationalpark (Mich.) 367
Los Barriles (B.C.S.) 153
Los Cabos (B.C.S.) 153
Los Manchones, Riff (Q.R.) 264
Los Mochis (Sin.) 254, 451
Los Ortices (Col.) 212
Los Planes (B.C.S.) 282
Lourdes (S.L.P.) 441

Macurimi (Sin.) 451
Magdalena de Kino (Son.) 453
Majada de Abajo (Sin.) 450
Majada de Arriba (Sin.) 450
Mal Paso, Stausee (Chis.) 506
Malantzín (Tlax.) 485
Malerei 96
Malinalco (Mex.) 283
Mama (Yuc.) 543
Maní (Yuc.) 280, 544
Manzanillo (Col.) 286
Mapimí (Dgo.) 230
Maquiladoras 46
Marfil (Gto.) 251
Mariachis 108
Markt 574
Maße und Gewichte 603
Matamoros (Tamps.) 457
Matehuala (S.L.P.) 438
Maxcanú (Yuc.) 518
Maximilian I. 72
Maya 80, 542
Maya-Kalender 82
Mayapán (Yuc.) 294
Maycoba (Son.) 259
Mayo-Indianer 254
Mazatlán (Sin.) 288
Mehrwertsteuer 603
Mennoniten 200
Mensäbaäk (Chis.) 161
Mérida (Yuc.) 289

Register

Mesa Chipinque (N.L.) 363
Mesa del Nayar (Nay.) 374
Metate Comondú (B.C.S.) 149
Metepec (Mex.) 492
Metzquititlán (Hgo.) 391
Metztitlán (Hgo.) 391
Mexcaltitán (Nay.) 477
Mexicali (B.C.) 484
México (Bundesstaat) 294
Mexico City (D.F.) 296
Mexikanisches Hochland 10
Mexiko-Stadt 296 ff.
– Castillo de Chapultepec 327
– Centro Histórico 302
– Ciudad Universitaria 341
– Coyoacán 338
– Cuicuilco 342
– Frida-Kahlo-Museum 338
– Guadalupe 334
– Kathedrale 306
– Leo-Trotzkij-Museum 339
– Museo de la Ciudad de México 317
– Museo del Templo Mayor 311
– Museo Nacional de Antropología 329
– Nationalpalast 306
– Palacio de Bellas Artes 318
– Park von Chapultepec 326
– Parque Alameda Central 320
– Paseo de la Reforma 324
– Platz der Drei Kulturen 323
– Plaza de Santo Domingo 314
– Rivera-Fresken 306
– Sagrario Metropolitano 308
– Schwimmende Gärten 345
– Templo Mayor 309
– Tlatelolco 322
– Torre Latinoamericana 315
– Verkehr 303
– Villa Obregón 339
– Xochimilco 343
– Zócalo 312

Michoacán (Bundesstaat) 345
Mietwagen 604
Mil Cumbres (Mich.) 367
Minatitlán (Ver.) 176
Mineral de Pozos (Gto.) 446
Mineral del Chico (Hgo.) 391
Mineral del Monte (Hgo.) 391
Miraflores (B.C.S.) 153
Mismaloya (Jal.) 418
Mitla (Oax.) 347
Mixteca Alta (Oax.) 378
Mixteken 84
Mizol-há (Chis.) 400
Moctezuma I. 72
Moctezuma II. 72
Mohóvano (Dgo.) 230
Molango (Hgo.) 392
Mole poblano 575
Molino de las Flores (Mex.) 481
Monclova (Coah.) 208
Monte Albán (Oax.) 350
Montebello-Seen (Chis.) 357
Montecillos (Gro.) 134
Montemorelos (N.L.) 376
Montepio (Ver.) 174
Monterrey (N.L.) 358
Morelia (Mich.) 363
Morelos (Bundesstaat) 368
Mormonen 197
Mudéjar-Stil 103
Mujeres, Isla (Q.R.) 263
Mul-chic (Yuc.) 274
Mulegé (B.C.S) 151
Multún (Q.R.) 182
Muna (Yuc.) 518, 544
Muralismo 97
Musik 107
Mythologie, aztekische 91

NAFTA 40
Na-há (Chis.) 161
Náhuatl 623
Najera, Manuel Gutiérrez 112
Nationalpark El Chico (Hgo.) 391
Nationalpark Lagunas de Chacahua (Oax.) 417
Nationalpark Los Azufres (Mich.) 367
Naturreservat Sian Ka'an (Q.R.) 429
Nauhcampatépetl (Ver.) 269

Navacoyan (Dgo.) 231
Navojoa (Son.) 254
Nayarit (Bundesstaat) 372
Netzahualcóyotl 109
Netzahualcóyotl, Stausee (Chis.) 506
Nevado de Colima (Jal.) 215, 271
Nevado de Toluca (Mex.) 493
Niederkalifornien 14, 147
Nördliches Hochland 10
Nogales (Son.) 453
Nordpazifische Region 13
Notrufe 604
Nuevo Casas Grandes (Chih.) 195
Nuevo Kino (Son.) 258
Nuevo Laredo (Tamps.) 457
Nuevo León (Bundesstaat) 375
Nuevo Vallarta (Nay.) 419
Nuevo X-can (Q.R.) 194

Oaxaca (Bundesstaat) 376
Oaxaca (Stadt) 380
Oaxtepec (Mor.) 370
Ocampo (Chih.) 201
Ocosingo (Chis.) 400, 434
Ocuituco (Mor.) 372
Öffnungszeiten 604
Ohuira-Bucht (Sin.) 452
Ojo Caliente (S.L.P.) 441
Olinalá (Gro.) 202
Olmeken 77
Ometepec (Gro.) 134
Ópata-Indianer 259
Orizaba (Ver.) 388
Orozco, José C. 73, 97
Otomí 420
Oxkintok (Yuc.) 518
Oxkutzcab (Yuc.) 280, 544
Oxtotitlán, Grotten (Gro.) 202
Ozumba de Aizate (Mex.) 146

Pacanda, Insel (Mich.) 401
Pachuca (Hgo.) 389
Palancar-Riff 218
Palenque (Chis.) 392
Palmensterben 26
Pannenhilfe 624
Pápago-Indianer 454
Papalotla (Mex.) 481
Papantla (Ver.) 239
Paquimé (Chih.) 195

Register

Paracho de Verduzco (Mich.) 511
Paricutín (Mich.) 511
Parque Nacional Cascadas (Chih.) 156
Parque Nacional de Nevado de Colima (Jal.) 215
Parque Nacional de Volcán de Fuego (Jal.) 215
Parras (Coah.) 208
Parteien 38
Paso de Cortés 146, 406
Pátzcuaro (Mich.) 367, 401
Pátzcuaro-See (Mich.) 401
Paz, Ocatvio 112, 123
Peña del Águila (Dgo.) 231
Peñita de Jaltemba (Nay.) 419
Periquillos (Col.) 212
Perote (Ver.) 269
Perritos Chihuahuenses 200
Petrochemische Industrie 44
Peyotl-Kaktus 157, 439
Pflanzen und Tiere 24
Pico de Orizaba 216, 389, 416
Piedra Grande (Pue.) 416
Piedras Encimadas (Pue.) 409
Piedras Negras (Ver.) 175
Piedras Negras (Coah.) 208
Pima-Indianer 259
Pinotepa Nacional (Oax.) 135
Plateresker Stil 103
Playa Azul (Mich.) 347
Playa del Carmen (Q.R.) 173
Playa Los Corchos (Nay.) 477
Playa Tenacatita (Jal.) 287
Poblano-Stil 105
Politische Kultur 38
Popocatépetl 405
Popol Vuh 110
Posadas Familiares 599
Post 605
Poza Rica (Ver.) 240
Präkolumbische Kulturen 77
Präsidialverfassung 35
Presa de Tuxpango (Ver.) 389
Presa Francisco Madero (Chih.) 200
Presa Manuel Ávila Camacho (Pue.) 415

Progreso (Yuc.) 293
Puebla (Bundesstaat) 408
Puebla (Stadt) 410
Puente Ojuela (Dgo.) 230
Puente Talismán (Chis.) 185
Puerto Ángel (Oax.) 417
Puerto Arista (Chis.) 184
Puerto Escondido (Oax.) 417
Puerto Juárez (Q.R.) 428
Puerto Madero (Chis.) 185
Puerto Morelos (Q.R.) 173, 428
Puerto Peñasco (Son.) 454
Puerto San Carlos (B.C.S.) 153
Puerto Vallarta (Jal.) 418
Punta Arenas Las Ventanas (B.C.S.) 282
Punta Beté (Q.R.) 173
Punta Chueca (Son.) 258
Punta Sam (Q.R.) 428
Punto Maldonaldo (Gro.) 134

Quellen von Chignautla (Pue.) 482
Querétaro (Bundesstaat) 419
Querétaro (Stadt) 421
Quiahuitzlán (Tab.) 435
Quiahuitzlán (Ver.) 525
Quintana Roo (Bundesstaat) 427
Quiroga (Mich.) 404

Rancho Conchita (Qro.) 427
Real de Catorce (S.L.P.) 438
Real del Monte (Hgo.) 391
Reisedokumente 606
Reiten 617
Restaurants 607
Reynosa (Tamps.) 457
Riff Los Manchones (Q.R.) 264
Rineón de Guayabitas (Nay.) 419
Río Balsas 256
Río Bascán 400
Río Bavispe 259
Río Bec (Camp.) 182
Río Blanco 389
Río Chiquito 176
Río Colorado 148
Río Comitán 357
Río Cuetzalapa 173
Río Cupatitzio 509
Río Grande de Chiapa 504

Río Grande de Morelia 364
Río Grijalva 504
Río Lacan-há 157
Río Lagartos 193
Río Lerma 429
Río Papagayo 256
Río San Pedro y Pablo 169
Río Seco 215
Río Sonora 257
Río Tamazula 451
Río Tehuantepec 465
Río Tonalá 176
Río Tulijá 400
Río Turbio 283
Río Tuxtla 175
Río Usumacinta 183, 537
Río Yaqui 253
Río Zanjón 257
Río-Bec-Stil 182
Rivera, Diego 73, 97
Routenvorschläge 125
Ruta Maya 46, 543

Sabinas (Coah.) 208
Sabinas Hidalgo (N.L.) 376
Sahagún, Bernardino de 109
Sahuaripa (Son.) 259
Salada, Laguna (B.C.) 484
Salamanca (Gto.) 429
Salina Cruz (Oax.) 466
Saltillo (Coah.) 208
Salvatierra (Gto.) 177
San Andrés Calpan (Pue.) 263
San Andrés Tuxtla (Ver.) 174
San Blas (Nay.) 477
San Blas (Sin.) 254
San Borjita (B.C.S.) 149, 151
San Carlos (Son.) 253
San Cristóbal de Las Casas (Chis.) 431
San Cristóbal, Grotten (Chis.) 434
San Esteban Tizatlán (Tlax.) 488
San Felipe (B.C.) 484
San Francisco (Nay.) 374
San Francisco de Acatepec (Pue.) 135
San Francisco Javier (B.C.S.) 152
San Gervasio (Q.R.) 219
San Ignacio (B.C.S.) 149, 151
San Ignacio (Chih.) 155
San Joaquin (Qro.) 426
San José de Guaymas (Son.) 253

Register

San José del Cabo (B.C.S.) 153
San José del Centro (Dgo.) 230
San José Mogote (Oax.) 388
San José Purúa (Mich.) 367
San Juan Bautista Coixtlahuaca (Oax.) 379
San Juan Chamula (Chis.) 436
San Juan del Río (Qro.) 425
San Juan Hueyapan (Hgo.) 391
San Juan Parangaricútiro (Mich.) 511
San Lorenzo Tenochtitlán (Ver.) 176
San Luis Acatlán (Gro.) 134
San Luis de la Paz (Gto.) 446
San Luis Potosí (Bundesstaat) 437
San Luis Potosí (Stadt) 439
San Marcos (Gro.) 134
San Martín, Vulkan (Ver.) 173
San Martín Texmelucan (Pue.) 409
San Miguel Cañadas (Mex.) 479
San Miguel Canoa (Tlax.) 490
San Miguel Coatlinchán (Mex.) 482
San Miguel de Allende (Gto.) 441
San Miguel de Cozumel (Q.R.) 218
San Miguel de Milagro (Tlax.) 162
San Miguel de Ruz (Q.R.) 503
San Miguel de Zapotitlán (Sin.) 452
San Miguel Regla (Hgo.) 391
San Miguel Zapotitlán (Son.) 452
San Pedro Garza García (N.L.) 363
San Pedro Tlaquepaque (Jal.) 245
San Pedro Tututepec (Oax.) 417
San Pedro y San Pablo Teposcolula (Oax.) 379
San Quintín (B.C.N.) 150
San Vicente Tancualayab (Tamps.) 459
Sanalona, Stausee (Sin.) 451
Santa Catarina, Tal von (N.L.) 359
Santa Cecilia Acatitlán (Mex.) 468
Santa Clara del Cobre (Mich.) 404
Santa Elena (Yuc.) 274
Santa Eulalia (Chih.) 200
Santa María Asunción Tlaxiaco (Oax.) 379
Santa María de Tonantzintla (Pue.) 136
Santa María del Río (S.L.P.) 441
Santa María del Tule (Oax.) 384
Santa María Xoxoteco (Hgo.) 391
Santa Rosalía (B.C.S.) 151
Santa Teresa (Nay.) 374
Santiago Apóstol de Tupátero (Mich.) 404
Santiago Tuxtla (Ver.) 174
Sayil (Yuc.) 447
Schlangenerscheinung 187
Schmidt, Johann 135
Schwerindustrie 45
Seler, Eduard Georg 110
Selva Lacandona (Chis.) 357
Seri-Indianer 258
Seybaplaya (Camp.) 168
Sian Ka'an, Naturreservat (Q.R.) 429
Sicherheit 614
Sierra del Rosario 230
Sierra Gorda 426
Sierra Madre del Sur 16
Sierra Madre Occidental 12
Sierra Madre Oriental 13
Sierra Nayar (Nay.) 374
Siesta 627
Silbermine La Valenciana (Gto.) 252
Simons, Menno 200
Sinaloa (Bundesstaat) 449
Singuilucan (Hgo.) 261
Siqueiros, David Álfaro 73, 98
Sisal (Yuc.) 293
Sombrerete (Zac.) 545
Sonora (Bundesstaat) 452
Soustelle, Jacques 124
Souvenirs 572
Speisenkarte 575
Sport 616
Sprache 618
– Redewendungen 619,
– im Straßenverkehr 620,
– für Bahn- und Busreisende 621,
– Himmelsrichtungen 621,
– kunstgeschichtliche Ausdrücke 621,
– Zahlen 622
Sprachen, indianische 623
Staat und Verfassung 35
Stadtbevölkerung 33
Stauffer, Teddy 74
Stephens, John Lloyd 74, 120
Stierkampf 114
Strände 561
Straßenverkehr 624
Südliches Hochland 11
Südliches Mexiko 15

Tabasco (Bundesstaat) 454
Tänze 115
Tal von Anáhuac (D.F.) 226
Tal von Santa Catarina (N.L.) 358
Tal von Tehuacán (Pue.) 408
Tamaulipas (Bundesstaat) 456
Tamazunchale (S.L.P.) 460
Tampico (Tamps.) 457
Tampuchamay (Col.) 215
Tancah (Q.R.) 530
Tankstellen 625
Tapachula (Chis.) 184
Tarahumara-Indianer 156
Tasquillo (Hgo.) 140
Taxco (Gro.) 460
Teabo (Yuc.) 544
Teapa (Tab.) 454, 528
Tecali (Pue.) 416
Tecate (B.C.) 484
Tecoh (Yuc.) 543
Tecolutla (Ver.) 240
Tecomán (Col.) 214
Tecuén, Insel (Mich.) 401 f.
Tehuacán (Pue.) 409
Tehuacán, Tal von (Pue.) 408
Tehuantepec (Oax.) 465
Tehuantepec, Landenge 16
Tekit (Yuc.) 543
Telefon 605
Telegraf 605
Tenabo (Camp.) 169
Tenancingo (Mex.) 286

Register

Ténapi (Ver.) 173
Tenayuca (Mex.) 466
Tenejapa (Chis.) 435
Tennis 617
Tenochtitlán 89, 299
Tenosique (Tab.) 454
Teotenango (Mex.) 492
Teotihuacán Kultur) 78
Teotihuacán (Mex.) 468
Teotitlán del Valle (Oax.) 385
Tepalcingo (Mor.) 220
Tepantitla (Mex.) 474
Tepeaca (Pue.) 415
Tepejí del Río (Hgo.) 499
Tepejí del Río (Mex.) 479
Tepetlaoxtoc (Mex.) 481
Tepexpan (Mex.) 139
Tepic (Nay.) 476
Tepotzotlán (Mex.) 478
Tepozteco (Mor.) 370
Tepoztlán (Mor.) 369
Tequesquitengo, Kratersee (Mor.) 225
Tequila (Jal.) 271
Tequisquiapan (Qro.) 425
Tesila (Son.) 254
Tetitla (Mex.) 476
Teuchtitlán (Jal.) 270
Teul de González Ortega (Zac.) 545
Texcoco (Mex.) 480
Teziutlán (Pue.) 482
Thermalquellen 561
Tiburón, Isla (Son.) 258
Ticomán (D.F.) 226
Tiere 607
Tijuana (B.C.N.) 483
Tikul (Yuc.) 544
Tingambato (Mich.) 510
Tipical (Yuc.) 544
Tizimin (Yuc.) 193
Tlachichuca (Pue.) 416
Tlacochahuaya (Oax.) 385
Tlacolula (Oax.) 386
Tlahualompa (Hgo.) 391
Tlalixcoyán (Ver.) 175
Tlalmanalco (Mex.) 146
Tlamacas (Mex.) 146, 406
Tlapa (Gro.) 202
Tlapacoya (Mex.) 146
Tlaquiltenango (Mor.) 225
Tlaxcala (Bundesstaat) 485
Tlaxcala (Stadt) 486
Tlaxcalancingo (Pue.) 137
Tlayacapan (Mor.) 371
Todos Santos (B.C.S.) 162
Tollán 495
Tolsá, Manuel 74

Tolteken 85
Toluca (Mex.) 491
Toluquilla (Qro.) 426
Tonalá (Chis.) 184
Tonalá (Jal.) 245
Tonantzintla (Pue.) 136
Toniná (Chis.) 434
Topolobampo (Sin.) 452
Torreón (Coah.) 208
Totolapan (Mor.) 371
Tourismus 47
Tourismusämter 558
Tourismusministerium 558
Touristenkarte 606
Traven, B. 123
Tres Zapotes (Ver.) 174
Tresguerras, F. E. 74
Trinkgeld 626
Trotzkij, Leo 74
Tula de Allende (Hgo.) 499
Tula (Hgo.) 495
Tulancingo (Hgo.) 260
Tulum (Q.R.) 499
Tupak (Q.R.) 503
Tupátero, Santiago Apóstol de (Mich.) 404
Tuxacuesco (Jal.) 270
Tuxpan (Ver.) 241
Tuxpango, Stausee (Ver.) 389
Tuxtla Gutiérrez (Chis.) 503
Tzalahua (Col.) 287
Tzindijeh (Hgo.) 140
Tzintzuntzan (Mich.) 506
Tzontehuitz 431

Uman (Yuc.) 544
Umgangsregeln 626
Umweltprobleme 47
Urbevölkerung, indianische 29
Ures (Son.) 259
Uruapan (Mich.) 509
Uxmal (Yuc.) 511

Valladolid (Yuc.) 193
Valle de Bravo (Mex.) 494
Vallecito (Chih.) 195
Valsequillo, Stausee (Pue.) 415
Venta Prieta (Hgo.) 390
Veracruz (Bundesstaat) 518
Veracruz (Stadt) 520
Verkehrsregeln 624
Vertretungen, diplomatische 569
Vertretungen, konsularische 569

Viejo Kino (Son.) 258
Villa, Francisco 'Pancho' 75
Villahermosa (Tab.) 525
Voladores 240
Volcán de Colima (Jal.) 215, 271
Volcán de Fuego (Jal.) 215
Volkskunst 117, 572
Volksmusik 107
Vorwahlnummern 606
Vulkan Ceboruco (Nay.) 477
Vulkan San Martín (Ver.) 173

Wasserfälle von Basaseáchic (Chih.) 155, 201
Wassersport 616
Wirtschaft 39

Xalapa (Ver.) 267
Xcalak (Q.R.) 180
Xcalumkin (Camp.) 169
Xcaret (Q.R.), Eco-Park 145
Xel-há (Q.R.) 529
Xicalango (Camp.) 169
Xilitla (S.L.P.) 427
Xinantécatl (Mex.) 493
Xlapan (Yuc.) 449
Xochicalco (Mor.) 530
Xochimilco (D.F.) 343
Xochitécatl (Pue.) 164
Xpuhil (Camp.) 181
Xtacumbil-xunan, Grotten (Camp.) 170

Yagul (Oax.) 534
Yal-ku, Lagune (Q.R.) 144
Yanhuitlán (Oax.) 378
Yaqui-Indianer 253
Yautepec (Mor.) 370
Yaxcabá (Yuc.) 267
Yaxchilán (Chis.) 537
Yecapixtla (Mor.) 371
Yécora (Son.) 259
Yelapa (Jal.) 419
Yepáchic (Chih.) 201
Yohualichán (Pue.) 483
Yucalpetén (Yuc.) 293
Yucatán (Bundesstaat) 540
Yucatán (Halbinsel) 15, 540
Yumka, Eco-Park (Tab.) 528
Yunuén, Insel (Mich.) 401
Yuriria (Gto.) 177

Zaachila (Oax.) 387
Zacango (Mex.) 493
Zacapoaxtla (Pue.) 482

Register

Zacapu (Mich.) 404
Zacatecas (Bundesstaat) 544
Zacatecas (Stadt) 546
Zacatenco (D.F.) 226
Zacualpan de Amilpas (Mor.) 220
Zacualtipán (Hgo.) 392
Zahlen und Fakten 9

Zamora de Hidalgo (Mich.) 347
Zapata, Emiliano 75
Zapopan (Jal.) 245
Zapoteken 84
Zapotépetl 215
Zeit 628
Zempoala (Ver.) 523
Zempoala, Lagunen (Mex.) 286

Kartenverzeichnis

Zihuatanejo-Ixtapa (Gro.) 551
Zimapán (Hgo.) 140
Zinacantán (Chis.) 436
Zirahuén-See (Mich.) 404
Zitácuaro (Mich.) 367
Zollbestimmungen 628
Zone des Schweigens (Dgo.) 230

Verzeichnis der Karten und graphischen Darstellungen

Lage Mexikos in Amerika 9
Landschaftsräume in Mexiko 11
Die wichtigsten Gebirge und Gewässer in Mexiko 14
Klimazonen in Mexiko 18
West-Ost-Querschnitt durch das südliche Mexiko 18/19
Klima in Mexiko mit sieben Diagrammen 20/21
Vegetationszonen in Mexiko 26
Indianische Bevölkerung in Mexiko 30/31
Politische Gliederung 36/37
Synopse der präkolumbischen Hochkulturen 76
Maya-Kalender 82/83
Tenochtitlán: Stadtplan von 1564 89
Aztekischer Kalenderstein 92
Acapulco: Plan der Bucht von Acapulco mit Zentrum 133
Aguascalientes (Bundesstaat): Lage des Staates in Mexiko 141
Baja California Sur y Norte (Bundesstaaten): Lage der Staaten in Mexiko 148
Barranca del Cobre: Situation an der Bahnstation Divisadero Barrancas 154
Bonampak: Ruinenstätte 158
Cacaxtla: Ruinenstätte 164
Campeche (Bundesstaat): Lage des Staates in Mexiko 165
Cancún: Festlandbrücke zwischen Stadt und Badestränden 171
Chiapas: Lage des Staates in Mexiko 183
Chichén Itzá: Ruinenstätte 188
Chihuahua (Bundesstaat): Lage des Staates in Mexiko 194
Chihuahua (Stadt): Plan der Innenstadt 198
Coahuila: Lage des Staates in Mexiko 207
Cobá: Ausgrabungsgelände 210
Colima (Bundesstaat): Lage des Staates in Mexiko 212
Cozumel: Inselkarte 217
Cuernavaca: Plan der Innenstadt 222
Distrito Federal: Lage des Distrikts in Mexiko 227
Durango (Bundesstaat): Lage des Staates in Mexiko 229
Edzná: Ruinenstätte 235
El Tajín: Ruinenstätte 237
Guadalajara: Plan der Innenstadt 242
Guanajuato (Bundesstaat): Lage des Staates in Mexiko 246
Guanajuato (Stadt): Plan der Innenstadt 248
Guerrero: Lage des Staates in Mexiko 256
Hidalgo: Lage des Staates in Mexiko 260
Isla Mujeres: Karte des Nordteils der Insel 264
Jalisco: Lage des Staates in Mexiko 270
Kabah: Ruinenstätte 273
Labná: Ruinenstätte 277
Malinalco: Ruinenstätte 284

Kartenverzeichnis

Mérida: Plan der Innenstadt 290
México: Lage des Staates in Mexiko 294
Mexiko-Stadt: Metro-Plan 303
   Plan der Innenstadt 304/05
   Kathedrale: Grundriß 308
   Templo Mayor: Ruinenstätte 310
   Anthropologisches Nationalmuseum: Museumsplan 330
Michoacán: Lage des Staates in Mexiko 346
Mitla: Ruinenstätte 348
Monte Albán: Ruinenstätte 353
Monterrey: Plan der Innenstadt 360/61
Morelos: Lage des Staates in Mexiko 368
Nayarit: Lage des Staates in Mexiko 372
Nuevo León: Lage des Staates in Mexiko 375
Oaxaca (Bundesstaat): Lage des Staates in Mexiko 376
Oaxaca (Stadt): Plan der Innenstadt 381
Palenque: Ruinenstätte 394
Puebla (Bundesstaat): Lage des Staates in Mexiko 408
Puebla (Stadt): Plan der Innenstadt 411
   Kathedrale: Grundriß 412
Puerto Vallarta: Stadtzentrum um den Río Cuale 419
Querétaro (Bundesstaat): Lage des Staates in Mexiko 420
Querétaro (Stadt): Plan der Innenstadt 421
Quintana Roo: Lage des Staates in Mexiko 427
San Cristóbal de Las Casas: Plan der Innenstadt 432
San Luis Potosí (Bundesstaat): Lage des Staates in Mexiko 437
San Luis Potosí (Stadt): Plan der Innenstadt 439
San Miguel de Allende: Plan der Innenstadt 442
Sayil: Ruinenstätte 448
Sinaloa: Lage des Staates in Mexiko 450
Sonora: Lage des Staates in Mexiko 452
Tabasco: Lage des Staates in Mexiko 454
Tamaulipas: Lage des Staates in Mexiko 456
Taxco: Stadtplan 461
   Grutas de Cacahuamilpa: Gesteinsformationen im Höhlensystem 464/65
Teotihuacán: Ruinenstätte 470
Tlaxcala (Bundesstaat): Lage des Staates in Mexiko 485
Tula: Ruinenstätte 496
Tulum: Ruinenstätte 500
Uxmal: Ruinenstätte 512
Veracruz (Bundesstaat): Lage des Staates in Mexiko 519
Veracruz (Stadt): Plan der Innenstadt um den Hafen 521
   Zempoala: Ruinenstätte 523
Villahermosa: Plan des Freiluftmuseums 'Parque-Museo de La Venta' 527
Xel-ha: Gesamtsituation an der Lagune 529
Xochichalco: Ruinenstätte 532
Yagul: Ruinenstätte 536
Yaxchilán: Ruinenstätte 538
Yucatán: Lage des Staates in Mexiko 541
Zacatecas (Bundesstaat): Lage des Staates in Mexiko 544
Zihuatanejo-Ixtapa: Bucht von Zihuatanejo 552
Thermalquellen und Badestrände in Mexiko 562/63
Fernverkehrswege in Mexiko 566/67
Flugverkehr in Mexiko 584/85
Entfernungstabelle 625
Touristische Höhepunkte in Mexiko   hintere Umschlaginnenseite

Bildnachweis

Anton: S. 101 (re.), 213 (li.), 269 (li.), 332 (re.), 480 (re.); Bächle: S. 323; Baedeker-Archiv: S. 94, 175, 379; Beyerle: S. 278, 279 (oben), 447, 449; Bildagentur Mauritius (Pigneter): S. 1; Bildagentur Schapowalow: S. 45; Bildagentur Schuster: S. 42, 132, 161, 224, 552; von Bleyleben: S. 79 (li.), 87, 88, 152 (2×), 155, 167, 179, 181, 196 (oben), 203, 205, 211, 213 (re.), 232, 251 (re.), 419, 426, 493, 494, 506, 531, 533, 546; Braunstein: S. 79 (re.), 81 (li.), 192, 199, 312, 435, 444, 501, 502, 526 (re.), 574; Consejo Nacional de Turismo México: S. 16, 255, 264, 267; Eid: S. 6 (beide), 7 (beide), 164, 172, 292, 382, 469, 554, 560; Gauß: S. 29 (li.), 33, 41 (oben), 104, 309, 326, 335, 351, 356, 395 (re.), 396, 399 (li.), 433 (li.), 472, 475 (2×); Gormsen: S. 239, 359, 362, 416, 440, 458, 489, 490 (2×); Grathwohl: S. 262 (re.), 298/299, 407, 497; HB-Verlag, Hamburg: S. 136, 289, 463, 613; Historia-Photo: S. 51, 58, 69 (Mitte), 71 (Mitte, re.); Imago Mexiko: S. 99 (2×); Internationaler Sortenerkennungsdienst: S. 586; Kober: S. 400, 467, 508, 510, 535; Lufthansa-Bildarchiv: S. 324, 332 (li.); México Desconocido: S. 143, 438, 467, 524; Mexikanisches Fremdenverkehrsamt: S. 41 (unten), 48, 95, 106, 134 (li.), 219, 223, 245 (re.), 269 (re.), 272, 274, 279 (unten), 319, 350, 365, 384 (re.) 395 (li.), 514; Möhle: S. 12, 13, 15, 25, 27, 28, 29 (re.), 34, 85, 86 (2×), 108, 115, 116, 130, 134 (re.), 147, 150, 190 (2×), 240, 243, 249, 251 (li.), 297, 307, 316, 341, 342, 344, 349, 355, 403 (2×) 405, 406, 412, 423, 424, 433 (re.), 460, 498, 526 (li.), 564, 573, 605, 617; Remmers: S. 329, 333, 547, 548, 568, 579, 609, 626; Rode: S. 103 (2×), 138, 140, 178, 262 (li.), 370 (re.), 384 (li.), 387, 480 (li.), 487; Sacher: S. 539; Schütz-Gormsen: S. 285, 551; Schmid: S. 156; Smettan: S. 385, 505; Sprattler: S. 8, 25 (2× oben), 80, 81 (re.), 90, 98, 100 (2×), 101 (li.), 189, 245 (li.), 393, 399 (re.), 429, 513, 515, 517 (2×); Ullstein: S. 60, 63, 69 (li., re.), 71 (li.), 73 (3×); Verplanken: S. 31; Württembergische Landesbibliothek: S. 54, 186; ZEFA: S. 196 (unten), 370 (li.), 522

Impressum

Ausstattung:
247 Abbildungen (Bildnachweis s. oben)
281 Karten und graphische Darstellungen (Kartenverzeichnis s. zuvor), 1 große Reisekarte

Textbeiträge: Anita und Karl Anton von Bleyleben, Vera Beck, Rainer Eisenschmid, Prof. Dr. Hans-Dieter Haas, Prof. Dr. Wolfgang Hassenpflug, Frank J. Klug, Peter M. Nahm

Bearbeitung: Baedeker-Redaktion (Rainer Eisenschmid, Gisela Bockamp)

Gesamtleitung: Rainer Eisenschmid, Baedeker Stuttgart

Kartographie: Christoph Gallus, Hohberg-Niederschopfheim; Franz Huber, München; Mairs Geographischer Verlag, Ostfildern (Reisekarte)

7. Auflage 1998

Urheberschaft: Verlag Karl Baedeker GmbH, Ostfildern
Nutzungsrecht: Mairs Geographischer Verlag GmbH & Co., Ostfildern

Der Name *Baedeker* ist als Warenzeichen geschützt.
Alle Rechte im In- und Ausland sind vorbehalten.
Jegliche – auch auszugsweise – Verwertung, Wiedergabe, Vervielfältigung, Übersetzung, Adaption, Mikroverfilmung, Einspeicherung oder Verarbeitung in EDV-Systemen ausnahmslos aller Teile dieses Werkes bedarf der ausdrücklichen Genehmigung durch den Verlag Karl Baedeker GmbH.

Druck: Mairs Graphische Betriebe GmbH & Co., Ostfildern
Printed in Germany
ISBN 3-87504-515-7   **Gedruckt auf 100% chlorfrei gebleichtem Papier**